GW01607113

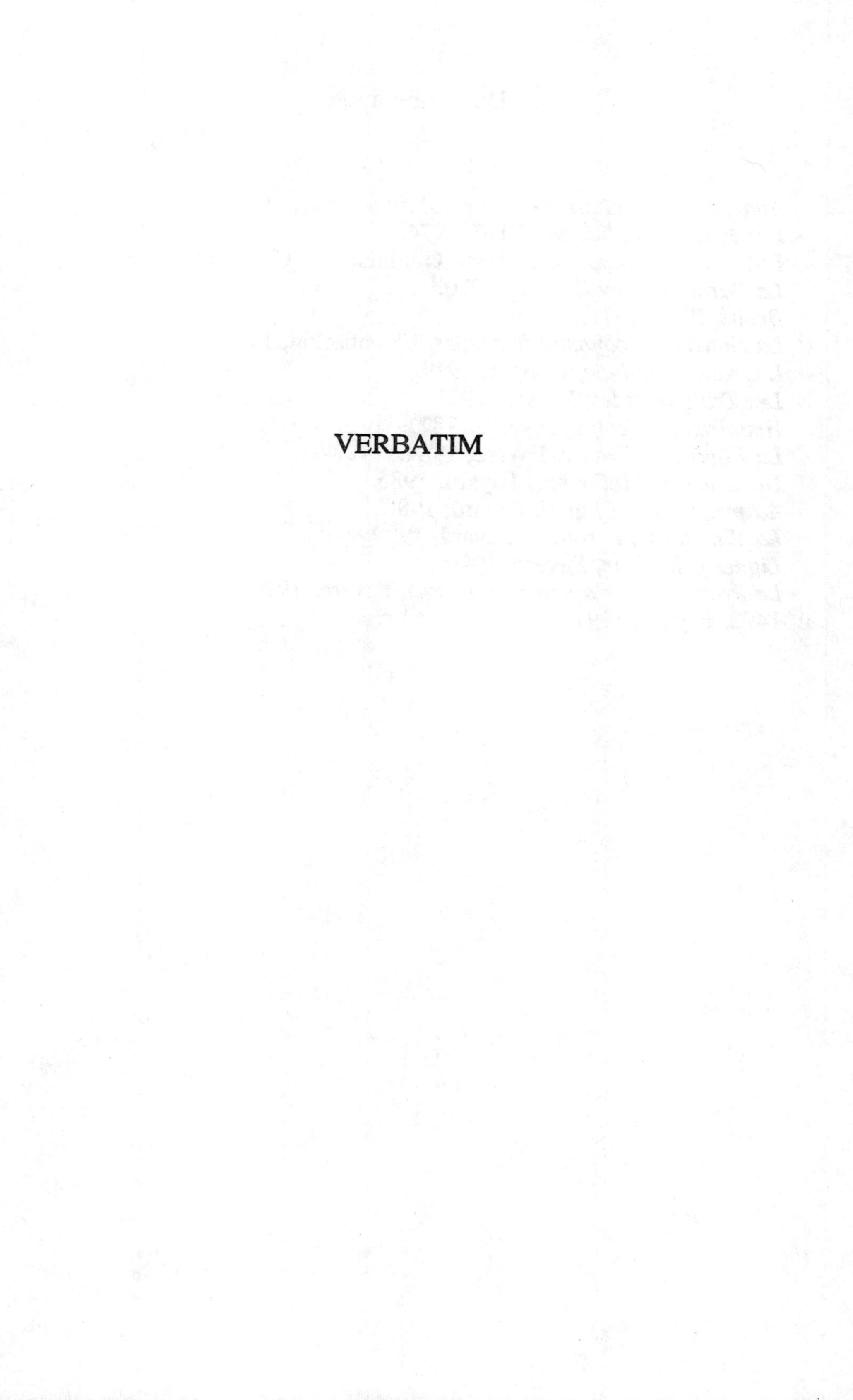

VERBATIM

Du même auteur

*Analyse économique de la vie politique,* PUF, 1973.
*Les Modèles politiques,* PUF, 1974.
*L'Anti-économique* (avec Marc Guillaume), PUF, 1975.
*La Parole et l'outil,* PUF, 1976.
*Bruits,* PUF, 1977.
*La Nouvelle Économie française,* Flammarion, 1978.
*L'Ordre cannibale,* Grasset, 1979.
*Les Trois Mondes,* Fayard, 1981.
*Histoires du Temps,* Fayard, 1982.
*La Figure de Fraser,* Fayard, 1984.
*Un Homme d'influence,* Fayard, 1985.
*Au propre et au figuré,* Fayard, 1988.
*La Vie éternelle,* roman, Fayard, 1989.
*Lignes d'horizon,* Fayard, 1990.
*Le Premier Jour après moi,* roman, Fayard, 1990.
*1492,* Fayard, 1991.

Jacques Attali

# Verbatim

Tome 1

*Chronique des années 1981-1986*

Fayard

*Verbatim* est un journal. Écrit au cœur d'un des pouvoirs parmi les plus influents de la planète, à un moment très particulier de ce siècle barbare, à l'apogée de la tension soviéto-américaine, au périgée de la construction européenne.

Disposant de l'arme nucléaire et d'une économie puissante, la France avait alors les moyens d'influer sur le destin du continent et sur la paix du monde. Elle pouvait, par ses choix, imprimer sa marque sur l'« ordre » international.

Les circonstances voulurent qu'un homme, incarnant une espérance écartée des affaires depuis quarante-cinq ans, accédât alors au pouvoir. Il voulut se donner les moyens de transformer la France. Il disposait pour cela des pouvoirs immenses, disproportionnés, potentiellement dictatoriaux que détient, en France, le Président de la République lorsque la majorité du Parlement le soutient.

Cette période est difficile à comprendre aujourd'hui. Le paysage international a été bouleversé par l'effondrement du communisme ; l'Europe s'est unie ; en France, l'État a perdu de ses prérogatives, renvoyées vers les régions, vers Bruxelles, vers les entreprises. Et la magie de l'arme nucléaire, qui fit du Président français un des cinq thaumaturges de la planète, s'affaiblit en même temps que disparaît la menace soviétique. Aussi, ce dont il est question ici a-t-il rejoint plus vite que prévu les rayonnages de l'Histoire. Et le moment est venu à présent de faire autre chose, autrement, à une autre échelle, face à d'autres dangers, pour servir d'autres révoltes, en s'appuyant sur d'autres forces.

En ce temps, à cette place, j'ai été témoin et acteur de la presque totalité de la politique étrangère et d'une partie importante de la politique intérieure de la France.

On se demandera peut-être ce que je venais y faire. En ces années de grandes espérances, dans ce pays qui m'a tant donné — à commencer par ma langue d'écrivain —, la passion de la justice s'accommodait mal, à mon goût, de l'inaction. Et l'action s'accommodait tout aussi mal de l'éphémère et du secret.

Aussi, dès le premier jour où je me suis installé dans le bureau jouxtant celui du Président de la République, ai-je pensé que mon devoir serait, un jour ou l'autre, d'en rendre compte aussi intégralement que possible, de témoigner, d'expliquer.

C'est ce que je fais ici, dans la limite de ce que l'intérêt de la République permet de dévoiler à si brève échéance. Sans décrire — sauf lorsque cela paraît absolument nécessaire à la compréhension du récit — le rôle que j'ai pu moi-même jouer dans tel ou tel de ces événements. Sans répéter que j'ai assisté à presque toutes les scènes que je raconte ou qu'elles me furent rapportées immédiatement par un témoin direct. Sans non plus préciser les idées que j'ai suggérées, qu'elles aient été retenues ou écartées.

Depuis ces journées éblouies de mai 1981, j'ai consigné quotidiennement, aussi honnêtement mais aussi crûment que possible, les faits, les impressions, les dialogues. On les retrouvera tels quels. J'ai aussi utilisé ici mille et une notes — manuscrites pour la plupart — rédigées à l'intention du seul Président, en particulier les très nombreux *verbatim* rendant compte des tête-à-tête entre chefs d'État. Enfin, j'ai puisé dans ma mémoire qui, comme toute faculté humaine, est imparfaite.

Dans la plupart des cas, nul n'est à même de corroborer mon témoignage : j'ai été seul à entendre la plupart des propos que je rapporte ici, et ma parole vaudra donc seule contre tous les démentis.

Cette forme — un journal quotidien — présente l'inconvénient de ne pas esquisser de synthèse, de ne pas tracer de lignes de force, de ne pas dégager de grandes cohérences, de lois, voire de théorie du pouvoir. C'est volontaire. J'ai entendu faire ici une chronique et montrer ce qu'est l'autorité suprême : morcelée, hachée, sans cesse ramenée à l'urgence, éloignée des perspectives longues, des traces durables.

Cette lecture permettra, je l'espère, de comprendre l'extrême complexité et la diversité étourdissante de l'exercice de ce pouvoir si particulier, celui d'un homme isolé de tout, pour qui rencontres, réunions, voyages sont de rares moments d'échanges volés à un protocole de confinement. Un homme dont l'essentiel du pouvoir se résume à l'annotation quotidienne de dizaines de parapheurs de notes, lettres, requêtes, décrets, lois, grâces, avis, études, rapports de police, suggestions, demandes de décisions émanant de tous les horizons, filtrés — ou non — par ses conseillers.

Ce journal se voulait exhaustif ; il ne peut l'être, évidemment. Il se voulait aussi objectif ; il ne peut l'être non plus : il n'est de témoignage qui ne vise, consciemment ou inconsciemment, d'une manière ou d'une autre, à magnifier le rôle de celui qui écrit et de ceux qui l'ont entouré. Le choix des lettres, dialogues, comme celui des sujets retenus, ne peut être innocent, même s'il se veut honnête. Aussi, à certains, ce *verbatim* paraîtra-t-il trop louangeur. D'autres le trouveront injustement critique. Pour me tenir à égale distance de ces deux écueils, j'ai tenté de n'être là que l'observateur d'épisodes singuliers de la comédie humaine. On y trouvera le récit de réussites et d'erreurs, de mesquineries et de grandeurs.

Naturellement, ce texte est marqué par l'étrange rôle que j'y ai tenu : l'intellectuel dont le Prince se méfie assez pour le tenir en lisière, mais en qui il a assez confiance pour en faire le témoin de toutes les rencontres, le filtre de tous les documents, pour lui confier maintes missions et l'accepter comme son confident quotidien. Celui dont on garde l'avis pour soi sans jamais le mêler à l'action collective.

Je dis cela sans aucune amertume ; je l'ai voulu ainsi.

Les épreuves de ce livre, une fois achevées, n'eurent que deux lecteurs : Claude Durand, mon éditeur, comme pour chacun de mes livres ; et le Président de la République, qui eut le droit de rayer ce qu'il voulait. Droit qu'il n'a pas exercé, sans que cela ait constitué pour moi une surprise. Seul, il connaît la totalité des facettes de son action. Nul autre que lui n'écrira, s'il le veut, le récit de tous les événements qu'il a eu à connaître.

*
* *

Tout commence en mai 1981 par une espérance, une ambiguïté, un homme.

L'*espérance* s'appelait alors *socialisme*. Idéal conçu dans la Cité de Platon au IV^e siècle avant J.-C., théorisé dans l'*Utopie* de Thomas More en 1516, celle de Campanella en 1560, celle de Morelly en 1755, le mot n'apparaît qu'en 1822, dans une lettre d'un certain Edward Oppen à l'utopiste anglais Robert Owen, créateur de *« cités idéales »* et tenant de la conception coopérative. Devenu, avec Marx et Proudhon, une théorie économique, avec Lénine et Staline une pratique politique totalitaire, le socialisme est, depuis Jaurès, en France et ailleurs, le mot servant à désigner le rêve de justice, de liberté et de tolérance.

L'*ambiguïté* concerne la politique du moment : à l'Est, une abominable dictature usurpant l'appellation de « socialiste » ; en France, un parti communiste qui soutient cette dictature. A l'extérieur, il faut dialoguer avec les dictateurs ; à l'intérieur existe une alliance avec le parti qui les soutient. Les uns et les autres, pense-t-on, sont là pour longtemps. Il faut donc composer avec eux, pour mieux les mater.

Un *homme*, enfin, incarne en France à la fois cette espérance et cette ambiguïté : dans la situation de quasi-dictature qu'autorisent et organisent les institutions du pays, son caractère façonnera le tour des événements. Aussi est-il nécessaire de s'y attarder.

Que dirai-je de lui ? Si je ne le pensais homme d'État, je ne l'aurais pas accompagné. Si je n'avais pas admiré sa culture, sa mémoire, son sens de l'essentiel, sa haine des mondanités et du lucre, sa passion du service public, je n'aurais pas supporté ce que ces dix ans ont par ailleurs véhiculé de désillusions.

Sa marque tient en un mot : il est d'abord et avant tout un homme de province. De la province il aime le secret, la diversité des paysages, la variété des espèces d'arbres, les soirées passées à lire ou à raconter des histoires, la soupe qui tient lieu de dîner, les plats simples, même s'ils sont riches — choucroute, fruits de mer —, les belles reliures, les tirages de tête, la force des traditions, la longue trace des générations, la solidité des amitiés, l'argent qu'on hérite, l'exercice discret du pouvoir, la modestie des ambitions.

De Paris il hait la frénésie, la vanité des aventures, la superficialité des relations, l'argent qu'on gagne, le pouvoir des bureaux, les carrières trop convenues, les vies trop publiques. Il n'en accepte que ce qu'en aiment les provinciaux : dîner avec des comédiennes et bavarder avec des bouquinistes, aller à l'aéroport pour partir au loin, voir le monde.

De cela, tout ou presque découle.

Provincial, il dresse de hauts murs autour de lui : quiconque s'en approche est éloigné d'un geste, d'un mot. Il déteste dire *merci*, même s'il est profondément généreux et fidèle en amitié — il n'a jamais su éloigner un camarade, renvoyer un ministre ou se séparer d'un collaborateur. L'indifférence est sa façon de détester, l'oubli sa façon de faire du mal, le silence sa façon de dire du mal. La pire injure qu'il puisse proférer sur quelqu'un est : *« Il m'a déçu »*, ou encore : *« Lui ? Ne m'en parlez jamais plus. »* J'ai entendu assez souvent ces deux phrases pour savoir qu'elles ont détruit, rarement sans motif, bien des espérances.

Provincial, il n'a qu'une ambition : rester libre, n'avoir de dettes — financières ou morales — à l'égard de personne. Ce goût de l'indépendance va jusqu'à ne jamais porter de montre, pour ne pas être soumis au temps, mais à avoir assez d'argent liquide dans ses poches pour affronter une longue grève générale des banques. Il déteste gagner de l'argent, il n'aime pas non plus le dépenser, sauf dans des choses qui restent — vieilles reliures, vieilles granges, un étang, des vêtements qui durent. Le reste se néglige. Ses amis ont des racines, un terroir, une province ; ses relations sont nomades. Sans doute faut-il voir là la source de ses choix politiques. Manquant de culture économique et financière, il confond volontiers originalité et ingéniosité, créativité et marginalité, générosité et polémique. Une idée fausse, si elle lui semble iconoclaste, le séduira bien plus qu'une idée juste si elle est admise par la majorité. Une idée provinciale a plus de chance d'être vraie qu'une idée parisienne. Là-dessus, sa formidable mémoire le fera progresser très vite au contact des dossiers.

Provincial, il n'aime du monde que ce qui lui rappelle la province française : les villes-États (Venise, Florence, Séville). Il préfère les pays qu'on peut atteindre par la route à ceux qui exigent de traverser les mers. Aussi est-il un Européen ; et la Russie est-elle l'extrême station sur le trajet de ses promenades. Rien de l'Amérique ne le touche : ni la langue, ni la musique, ni l'architecture. Seule, en ce qu'elle a de provinciale, la littérature (Steinbeck, Dos Passos, Styron).

Provincial, ses écrivains favoris sont eux aussi provinciaux : Chateaubriand, Zola, Valéry. Il n'aime ni Malraux, ni Gracq, trop parisiens à son goût. Il dévore tout ce qui paraît. En peinture, il s'arrête avant *Les Demoiselles d'Avignon*, en musique plus tôt encore, et la chanson populaire, parce qu'elle s'enracine dans le peuple, l'amuse et l'intéresse.

Provincial, il est protestant dans l'âme, même s'il est né catholique. Fasciné par la Bible et par la lecture de Renan, indifférent aux chapelles, il a d'abord la religion des textes et la morale des forts — pas vu, pas pris. Il ne néglige ni la transcendance, ni la prière. Mais dans le confort des solitaires et la rigueur du monologue avec les souvenirs. Fasciné par le destin du peuple juif, furieusement anti-hitlérien, il ne porte sur le génocide qu'un regard distant : ce n'est pour lui qu'un fait de guerre, pas une monstruosité de la nature humaine.

Provincial, il n'a retenu de la guerre que l'occasion de brûler les étapes. Il déteste la Résistance de Londres et d'Alger qui symbolise pour lui une revanche de Paris. Il lui préfère celle de la province, qu'incarnent Jean Moulin, Bertie Albrecht et Henri Frenay. Il parle plus volontiers de son expérience de prisonnier — où il a appris la méfiance des hommes, échangeant tabac et cigarettes pardessus un mur — que de ses années de résistance dont il a retenu que vrais héros et vrais lâches n'étaient pas forcément ceux dont l'Histoire a gardé souvenir.

Avec de Gaulle, le choc ne pouvait être que frontal : ils se ressemblaient trop par leur passé, leur quête respective, leur destin. L'un et l'autre sont provinciaux et mystificateurs. L'un et l'autre ont rêvé d'incarner la France, patrie et terroir. Le premier permit aux Français de se croire résistants alors qu'ils avaient accepté dans l'ensemble la collaboration. Le second leur a permis de se croire réformateurs alors qu'ils sont, dans leur très grande majorité, conservateurs.

Au cours des années 80, cet homme-là incarne l'espérance et gère l'ambiguïté française au milieu d'une crise économique, idéologique et militaire qui affecte la planète : un chômage installé, une Europe désorganisée, une URSS en train de gagner la course aux armements, un Tiers Monde surendetté, un Moyen-Orient au bord de l'explosion.

La fonction présidentielle exige alors des qualités très particulières : caractère, sang-froid, culture, mémoire, lucidité, disponibilité, distance. Surtout de la distance, sans doute. Ces qualités, François Mitterrand les possède et il a eu la chance de pouvoir les mettre au service d'un projet et d'une ambition.

Mais ces qualités portaient à l'exigence, et cette ambition aux extrêmes.

Et, en ces années-là, la France n'est pas passée loin d'une radicalisation économique et politique à laquelle tout poussait — les institutions, les ambitions, les alliances, l'environnement international. Expliquons-nous : en politique intérieure, François Mitterrand aurait pu devenir léniniste ; en politique extérieure, il aurait pu devenir pacifiste. D'autres dirigeants socialistes contemporains ont été l'un ou l'autre. S'il avait fait alors ces choix, et si les socialistes français l'avaient fait avec lui, l'Europe d'aujourd'hui serait sans doute fort différente.

En ce sens, l'histoire de cette période, vue de France, est une leçon de science politique de portée universelle. On la résume trop sommairement à l'histoire d'une relance excessive, d'ailleurs vite corrigée. Ce fut en réalité une période infiniment plus complexe : des réformes audacieuses ont libéré les forces du marché, d'autres ont réduit ses injustices, d'autres enfin ont ouvert la voie à la construction politique de l'Europe.

J'y ai appris que l'exercice du pouvoir ramène à l'essentiel. Il grossit les caractères des êtres comme la loupe ceux de l'imprimerie. Il est une drogue qui rend fou quiconque y touche, qui corrompt quiconque s'y installe, qui détruit quiconque s'y complaît. Aveuglés par les phares de la renommée, les chenilles dévouées ont tôt fait de se métamorphoser en vaniteux papillons.

J'ai découvert que le pouvoir politique donne à celui qui y accède l'illusion de disposer de quelque chose comme un gage d'éternité : insouciance, impunité, flagornerie, tout concourt à laisser l'homme de pouvoir se croire affranchi des contraintes de l'humain, donc de la loi et de la morale. A le pousser à confondre renommée et réputation, gloire et célébrité, reconnaissance et révérence, curiosité et admiration. A cesser de douter, à perdre l'esprit critique, à ne plus être soi. Bref, à être, au sens propre du mot, aliéné.

Mais j'ai pu constater aussi que les hommes au pouvoir, comme ceux qui aspiraient à l'exercer, étaient en général des hommes honorables, ayant le goût du service public, le souci de laisser une trace digne dans la vie de leur peuple. En écrivant ces mots, une exception me vient à l'esprit : un homme rendu puérilement fou par l'exercice de prérogatives parfois minuscules. Il n'était pas de ceux dont on attendait une telle singularité, mais il eut la folie discrète. Ce fut sa seule prudence. Peut-être sa vraie lâcheté. Je ne le nommerai pas : il trouverait sans doute moyen d'en tirer gloire.

*
* *

Ce récit pourrait commencer en 1966, quand j'ai rencontré François Mitterrand, alors vaincu du gaullisme ; ou en 1974, avec sa seconde campagne présidentielle, la plus belle de nos communes aventures, celle de tous nos rêves et de toutes nos exigences ; ou encore en 1978, quand tout parut à jamais perdu pour cette génération et ses rêves.

Je le fais débuter dans ce premier tome avec le pluvieux mois de mai 1981 et se terminer, dans le second, avec celui, plus ensoleillé, d'avril 1991 où j'ai quitté, au premier étage du Palais de l'Élysée, le bureau dessiné jadis pour le Premier consul et qui devint celui de tous les Présidents de toutes les Républiques jusqu'à la fin de la IV^e^.

# 1981

**Lundi 4 mai 1981**

Robert Badinter, Serge Moati, Régis Debray et moi revoyons, consternés, le film du débat télévisé de 1974 pour préparer celui de demain. François Mitterrand l'avait perdu plus manifestement que nous ne l'avions mesuré à l'époque.

Cette fois, la seule escarmouche, au stade préparatoire, porte sur le choix des journalistes qui vont arbitrer le débat. Ce seront Jean Boissonnat et Michèle Cotta.

La préparation elle-même est plus aisée qu'il y a sept ans. Tout est construit autour de citations de Jacques Chirac expliquant les erreurs du Président sortant dont il fut le Premier ministre. François Mitterrand est obsédé par une chose : ne pas dire s'il prendra ou non des ministres communistes au gouvernement. Il n'a d'ailleurs pas encore décidé. Sinon que, si les socialistes n'ont pas à eux seuls la majorité parlementaire aux législatives qui suivront l'élection présidentielle, il n'en prendra pas : surtout ne pas dépendre d'eux.

**Mardi 5 mai 1981**

Pour ne pas rééditer l'erreur de 1974 — il s'était endormi à la campagne, l'après-midi précédant le débat, et ne s'était pas vraiment réveillé au cours de celui-ci ! — François Mitterrand reste toute la journée rue de Bièvre à réviser des fiches.

En fin d'après-midi, il va se promener sur les quais, près de Notre-Dame. *« Il suffirait,* dit-il, *de faire match nul. Pas besoin de s'inquiéter beaucoup. »* Il me dit le plus grand bien du Président sortant, de sa gestion, de sa tactique. Je m'inquiète : *« Comment s'opposer à un homme qu'on admire ? »* Il sourit, s'éloigne, contemple Notre-Dame et revient sur ses pas : *« Ne vous inquiétez pas, s'il va trop loin, j'ai mes arguments. »* Lesquels ? Mystère. Je suis rassuré.

Nous arrivons au Studio 101 : un homme alors inconnu de moi, chargé par la commission électorale de tirer au sort l'ordre dans lequel les deux candidats vont prendre la parole, me glisse dans la bousculade : *« Vous préférez qu'il parle le premier ou qu'il conclue ? — Qu'il conclue. »* Le sort en décide ainsi... Hasard ? Manipulation ? Je n'ai jamais su ni cherché à savoir.

Le débat ne ressemble en rien à celui de 1974. Comme si les ressorts de Giscard étaient cassés. « *Vous êtes l'homme du passif.* » La formule, longuement méditée la veille, fait mouche.

**Mercredi 6 mai 1981**

Les sondages sont toujours favorables : 52 % pour François Mitterrand. Je boucle, avec les experts, le dossier des premières mesures à prendre, ministère par ministère.

A la télévision, Valéry Giscard d'Estaing attaque violemment le programme de François Mitterrand et marque des points. François Mitterrand, en meeting, n'a pas vu l'émission. Tard dans la nuit, je l'appelle à son domicile pour lui faire part de mes inquiétudes. Serein, il accepte mes suggestions. Réagir, et vite.

**Jeudi 7 mai 1981**

Nous improvisons une réponse pour ce soir. François Mitterrand dialoguera avec Anne Sinclair, dans son émission officielle, et parlera des « *sept mensonges* » proférés par Giscard la veille.

Dans la nuit, Giscard obtient un nouveau droit de répondre, cette fois hors campagne, pour demain à 13 heures.

**Vendredi 8 mai 1981**

Dans la matinée, Gaston Defferre fait l'impossible pour obtenir un droit de réponse à l'antenne. Il appelle Jean-Marie Cavada ; j'en fais autant auprès de Jean-Pierre Elkabbach. L'un et l'autre font honorablement leur travail et acceptent. Michel Rocard se fait tirer l'oreille pour prendre la parole : « *Il ne m'appelle que quand tout va très mal.* »

Le général Alain de Boissieu, grand chancelier de l'ordre de la Légion d'honneur et beau-frère du Général de Gaulle, attaque violemment François Mitterrand sur son attitude pendant la guerre. François Mitterrand est très affecté. Pour la première fois, il me raconte longuement l'histoire de sa guerre, son évasion d'Allemagne en 1941. Il se souvient de chaque village où il est passé, de la vieille fille libraire à Metz qui l'a aidé, de Vichy où il créa l'Association des Prisonniers. Puis il évoque Londres où, à l'été 1943, il a refusé de signer son allégeance à la France Libre — même s'il jouait au bridge à Kensington avec le colonel Passy. Il se souvient d'Alger, en novembre 1943, où il rencontre de Gaulle qui lui propose de siéger à l'Assemblée consultative... à condition de ne pas rentrer en France et de laisser la direction de son mouvement à son neveu, Michel Charrette. Son refus, la colère du Général, son voyage jusqu'à Marrakech où il est hébergé chez Joséphine Baker, puis de Marrakech à Glasgow dans l'avion de Montgomery, puis de Londres à Paris par la Bretagne et la gare Montparnasse en mars 1944. Enfin, il raconte sa nomination dans le premier gouvernement de Gaulle en 1944, à vingt-sept ans, en charge des anciens prisonniers de guerre. Et le mot prémonitoire de De Gaulle qui, le voyant dans la salle du Conseil, rue de Solférino, s'exclame : *« Mitterrand, encore vous !... »*

Étrange coïncidence : en 1974, dans des circonstances à peu près semblables — l'insulte proférée par un gaulliste à la veille du second tour —, il m'avait raconté l'affaire de l'Observatoire, que ses adversaires ressortent à chaque élection. Dans les deux cas, il explique ces tentatives gaullistes pour le discréditer par son refus ancien de se ranger derrière la Croix de Lorraine.

Cependant que Rocard répond — très bien — à Giscard, François Mitterrand enregistre son dernier message télévisé de la campagne officielle. Angoisse : seul face à la caméra, il n'a droit qu'à trois prises ; les deux premières sont très mauvaises... La troisième est décente.

Avant de partir pour Épinal, Mulhouse et Nantes, il se recueille devant le mémorial de la Déportation. Giscard est ce soir à Verdun, Tours, Bordeaux.

**Samedi 9 mai 1981**

Les sondages de ce matin, non publiés, sont sans équivoque : 52 % pour François Mitterrand. Le cocktail donné par l'hebdomadaire *Le Point*, qui les divulgue, réunit tout le pouvoir du temps. Premiers sourires de hauts fonctionnaires inconnus, d'ambassadeurs empesés...

**Dimanche 10 mai 1981**

Nous saurons plus tard que Shimon Pérès obtient ce matin du Premier ministre israélien, Menahem Begin, qu'il retarde le bombardement de la centrale nucléaire irakienne de Tamouz, prévu pour aujourd'hui, afin de ne pas peser sur les élections françaises. Double symbole : déjà le Proche-Orient, déjà l'héritage du septennat précédent...

La journée se traîne, longue, interminable. A 17 heures, rue de Solférino, se retrouvent les principaux dirigeants de la campagne : il y a là Jospin, Quilès, Poperen, Fabius, Estier, Mauroy, Bérégovoy et moi. Les mêmes — sauf Georges Dayan — qui, depuis mai 1974, tous les jeudis matin, se réunissaient chez François Mitterrand pour préparer ce moment-là, sans trop y croire. Une bande de copains, réunis par un idéal et par leur confiance en un homme, s'apprête à prendre le pouvoir dans une conjoncture on ne peut plus difficile : 14 % d'inflation, 1,5 million de chômeurs, 40 milliards de décifit extérieur, et rien pour espérer : ni l'Europe, en crise ; ni les rapports Est/Ouest, en pleine tension.

Autour d'une grande table où n'est posé qu'un seul téléphone, on rit, on attend. Les instituts de sondage vont appeler. On sait ce qu'ils vont dire. Nul n'ignore que, sauf énorme surprise, François Mitterrand sera, dans une heure, Président de la République française. Chacun des présents sait que, demain, lui-même sera quelque chose dans le gouvernement de la France. A cet instant précis, pourtant, aucun n'ose plus croire à l'évidence. Plus rien ne subsiste des disputes antérieures ni des perspectives de rivalités futures.

Le téléphone sonne enfin. Lionel Jospin, le plus rapide, décroche. On entend une voix — celle de Jérôme Jaffré, de la SOFRES, je crois : *« François Mitterrand est élu : 52 %. Aucune erreur possible. »* Le silence se prolonge, puis c'est l'explosion, on s'embrasse... Ai-je vraiment vu Mauroy pleurer ? Lionel Jospin appelle le candidat à Château-Chinon. Longue attente avant de l'obtenir au téléphone.

— *Voilà, c'est sûr, vous êtes élu.*

Long silence : il est sans doute déjà au courant, mais feint l'ignorance.

— *Quelle histoire, hein !... Quelle histoire !*

Éclats de rire. Quelques mots simples pour nous donner rendez-vous rue de Solférino, vers minuit. Il doit s'interrompre, dit-il, pour *« finir son pensum »* : rédiger sa première déclaration télévisée (*« Au-delà des luttes politiques et des contradictions, c'est à l'Histoire qu'il appartient maintenant de juger chacun de nos actes... »*)

Quilès, Jospin, Joxe déclenchent avec calme et professionnalisme l'opération prévue depuis trois semaines à la Bastille. Déjà la préfecture de police vient aux ordres. Paris bascule, et le pouvoir aussi.

Dalida téléphone du Koweït. Elle vient aux nouvelles. On les lui donne. Elle appellera tout Paris : quelques privilégiés apprendront ainsi l'élection de François Mitterrand, avant 20 heures, par un coup de téléphone en provenance du Golfe Persique !

A son arrivée rue de Solférino, vers 23 heures, François Mitterrand s'irrite de voir la foule qui a envahi son bureau. Il s'isole avec Pierre Mauroy après avoir pointé son doigt sur Pierre Bérégovoy : *« Vous, je vous vois demain... à 11 heures. »*

Tout est dit : les deux principaux rôles de la nouvelle République sont distribués.

Un cocktail s'étire, rue de Solférino, tandis qu'il pleut sur la Bastille. Coluche est là. Plus tard, rentrant chez lui dans la nuit, il est frappé par des inconnus.

Honteuse attaque également contre Jean-Pierre Elkabbach. Avant-goût d'épuration.

Crié sous la pluie, à la Bastille, le plus beau slogan de toute la campagne : *« Mitterrand, du soleil ! »* Tout y est : l'humour et la révolte, le rêve et la désillusion, comme un avertissement...

**Lundi 11 mai 1981**

Apprenant par la radio que Coluche a été blessé, François Mitterrand lui fait porter un mot de sympathie.

En fin de matinée, je reçois du comédien, écrite à l'encre verte, la lettre suivante :

> *« Cher Jacques,*
>
> *J'ai été ravi de l'invitation mais comme le "cocktail" n'est pas mon mode d'expression favorite, j'aimerais vous rencontrer avec moins de monde peut-être dans la période du 5 juin au 15 août où je serais à Paris.*
>
> *On fait un disque pour la rentrée si des fois tu as des slogans à faire passer nous le ferons avec plaisir. Mitterrand m'a envoyé un petit mot charmant je vais lui répondre de cette plume pour le remercier. J'espère "comme tout le monde" que*

*cette fois j'aurai l'occasion de le rencontrer, en tout cas si vous croyez que je peux vous être utile je me met à votre disposition quelque soit la besogne avec la discrétion et le dévouement de rigueur.*

*A part ça, ton frère est super, à bientôt peut-être. Connaissant la demande dont font l'objet les "vedettes" je garderais le silence jusqu'à ce que tu m'appelle.*

*Je suis bien content de votre victoire. J'ai confiance en vous.* »

Cette lettre — dont je n'ai modifié ici ni l'orthographe ni la ponctuation — m'accompagne encore. Michel, mon ami, sera, au fil de toutes ces années, l'impitoyable gardien de nos rêves. Celui qui, par ses moqueries et ses colères, poussera à bout les conformistes, refusant de croire que la misère ne puisse être mise hors la loi.

Le général Alain de Boissieu démissionne de ses fonctions de grand chancelier de la Légion d'honneur pour ne pas avoir à décorer François Mitterrand. Le général Biart le remplace.

Rue de Bièvre, François Mitterrand reçoit Pierre Bérégovoy à qui il confie le secrétariat général de la Présidence. Celui-ci est déçu : il espérait être ministre.

L'après-midi il reçoit Pierre Mauroy et lui donne les premiers noms devant figurer dans un gouvernement. Mauroy ne choisira lui-même qu'un seul ministre, Jean Le Garrec.

Avec Pierre Bérégovoy, nous nous installons à côté du siège du PS, au 5 de la rue de Solférino, dans un appartement vide, sur quelques caisses. Il y a là Jacques Fournier, Alain Boublil, Hubert Védrine, Nicole Questiaux, Michel Vauzelle, Christian Goux, Régis Debray, André Rousselet et Jean-Claude Colliard. L'État n'a pas pensé à nous fournir un lieu. Et nous n'avons rien demandé. Commence une noria de charlatans et de courtisans, de listes et d'organigrammes, d'experts et de clients. On appellera ça l'« antenne présidentielle ».

Dans l'après-midi, le Président se rend sur la tombe de Georges Dayan, au cimetière Montparnasse. Beaucoup l'accompagnent, certains pour s'y montrer.

Georges aurait dû être là. Son duo avec François Mitterrand, un soir de l'été 1978, à la terrasse de *Chez Francis*, Place de l'Alma, mimant la conversation entre Hitler (Dayan) et Daladier (Mitterrand) à Munich, restera un souvenir éblouissant.

Mort de Bob Marley. Deuil pour l'immense cohorte de ceux aux yeux de qui il a incarné le talent, le rêve, la rébellion. J'en suis.

### Mardi 12 mai 1981

François Mitterrand déjeune avec Roger Leray (grand-maître du Grand Orient), Michel Jobert et Mario Soares.

Le directeur du Trésor, Jean-Yves Haberer, fait demander par Daniel Lebègue, son adjoint, les instructions du Président à propos de la tenue du franc, attaqué depuis quelques jours. Dévaluation ? Contrôle des changes ? François Mitterrand refuse de donner quelque instruction que ce soit avant la passation des pouvoirs : il n'est pas en charge. Dans ces conditions, Raymond Barre, informé par Haberer, refuse d'agir.

*Libération* reparaît après douze semaines de silence. Plusieurs journalistes, dont Max Gallo et Jean-François Revel, quittent *L'Express* après le licenciement d'Olivier Todd, accusé d'avoir soutenu François Mitterrand.

Jean-Paul II est grièvement blessé lors d'un attentat Place Saint-Pierre à Rome.

**Mercredi 13 mai 1981**

Les réactions à l'étranger ne sont pas enthousiastes. La Maison Blanche s'inquiète de l'entrée éventuelle de communistes au gouvernement. Les Américains se déclarent cependant prêts à travailler avec les nouveaux dirigeants français *« pour la protection des intérêts de l'Occident et dans le but d'améliorer les relations bilatérales. Les résultats du scrutin présidentiel ont été discutés à une réunion du Conseil national de Sécurité, lundi matin, en présence du Président et du Secrétaire d'État. M. Reagan y a réaffirmé son désir de travailler avec le nouveau Président français et de le rencontrer à Ottawa lors du prochain Sommet occidental. »*

L'Union soviétique, elle non plus, n'est pas particulièrement réjouie. Les dictateurs n'aiment guère le changement. Giscard était prévisible. Moscou sait que François Mitterrand a pris position pour les accords de Camp David et, surtout, pour l'installation de Pershing en RFA, en réponse à l'installation des SS 20 en URSS.

En RFA, la réaction de Helmut Schmidt est à peine plus chaleureuse. Il a perdu, en Giscard, celui avec qui il gouvernait l'Europe depuis plus de dix ans, tous deux d'abord comme ministres des Finances, puis respectivement comme Chancelier et Président.

Seuls en Europe, les Anglais détestent trop Giscard et l'axe Giscard-Schmidt pour ne pas se féliciter d'un événement qui devrait, pensent-ils, affaiblir la France.

Le Tiers Monde se réjouit lui aussi. On vérifiera plus tard que d'autres chefs d'État, en leur for intérieur, ne furent point mécontents.

Le gouvernement Barre continue d'expédier les affaires courantes. Le Président charge Pierre Bérégovoy d'organiser la passation des pouvoirs avec Jacques Wahl, secrétaire général de l'Elysée. Giscard propose qu'elle ait lieu mercredi 20 en fin d'après-midi, afin de tenir un ultime Conseil des ministres à l'heure habituelle. Sur le conseil de Lang, Rousselet et Bérégovoy, François Mitterrand fait savoir qu'il préfère que la cérémonie ait lieu un matin, et donc, constitutionnellement, le mercredi matin. Giscard accepte.

**Jeudi 14 mai 1981**

Contrordre, Jacques Wahl rappelle Bérégovoy : *« Giscard tient à présider son dernier Conseil des ministres à l'heure habituelle et au jour habituel. »* François Mitterrand hésite, puis accepte : la passation des pouvoirs aura lieu le jeudi 21 à 9 heures.

Je remets à François Mitterrand, rue de Bièvre, les dossiers préparés par l'équipe de campagne, traduisant en projets de lois et de décrets son programme de candidat. Il y a là le programme de relance économique et social, le contrôle des changes, les projets de lois de nationalisations, sur la retraite, sur la peine de mort, sur la décentralisation. Préparé depuis deux mois par une bonne moitié de la direction du Budget, le collectif budgétaire y est annexé : une relance de 30 milliards de francs, la moitié de celle de Chirac en 1975. Il refuse de l'ouvrir : *« Ce sera plus tard au gouvernement de voir ça. »* Sa philosophie est là. Le gouvernement gouvernera ; il présidera. Il ajoute incidemment : *« Vous m'accompagnerez au Sommet d'Ottawa, n'est-ce pas ? »* J'apprends ainsi que j'aurai peut-être un rôle dans la suite des événements. Rien de plus sur ce sujet. On passe à la discussion détaillée de l'organisation des cérémonies du 21 mai.

**Vendredi 15 mai 1981**

A l'« antenne présidentielle », au milieu des caisses et des conciliabules, déboule le chef du protocole de l'Élysée, Jean-Bernard Mérimée, venu s'enquérir des formalités de la passation des pouvoirs. Très à l'aise, il évite de donner l'impression du majordome de grand seigneur commis au milieu de parvenus. Il est tout de suite des nôtres, sans que jamais nul n'ait su ni cherché à savoir ses opinions politiques.

Au Proche-Orient, les événements s'accélèrent. L'OLP lance une importante offensive sur des villages israéliens proches de la frontière libanaise. Pour la première fois depuis la guerre de Kippour, il y a de nombreux dégâts et des victimes en Israël, qui commence à étudier comment paralyser les centres logistiques de l'OLP au Liban.

Dîner avec le Président et Jack Lang chez André Rousselet pour préparer la cérémonie du Panthéon. Le Président est précis, rigoureux, concentré. Impossible de lui parler de quoi que ce soit d'autre que de la journée du 21 mai.

**Dimanche 17 mai 1981**

A l'« antenne présidentielle », chacun s'affaire à répondre au courrier et à préparer des listes de toutes sortes. Un inconnu demande à me parler. Élégant, charmant, il se présente en anglais ; son nom m'est inconnu. Il me demande si le Président compte dévaluer le franc, et son avis sur l'installation des euromissiles en République fédérale d'Allemagne pour lesquels, dit-il, *« les Allemands ont absolument besoin du soutien de la France »*.

Je m'apprête à éconduire ce curieux — sans doute un journaliste — quand passe Claude Cheysson, qui l'embrasse avec effusion et me tire d'embarras : *« Tu connais naturellement Manfred Lahnstein ? On ne présente pas le secrétaire général de la Chancellerie fédérale allemande. »*

La conversation prend alors un autre tour. On s'assied sur deux caisses. Rentrant de Washington, Lanhstein est venu proposer que Helmut Schmidt se rende à Paris dimanche prochain.

**Lundi 18 mai 1981**

Je vois pour la première fois la feuille de change qui renseigne trois fois par jour le ministre des Finances, Matignon et l'Élysée sur les sorties de devises et les taux d'intérêt. La situation est mauvaise. Il faudrait dévaluer tout de suite, ou pour le moins prendre des mesures de contrôle des changes. Malgré la demande renouvelée de Haberer et de La Genière, gouverneur de la Banque de France, Barre s'obstine dans son immobilisme sans instructions formelles du Président élu, lequel refuse encore d'en donner.

François Mitterrand reçoit Claude Cheysson et évoque avec lui l'idée de lui confier les Affaires étrangères. Commissaire à Bruxelles, diplomate enthousiaste et encyclopédique, infatigable voyageur et bavard impénitent, Cheysson voudrait reprendre l'intitulé « Relations extérieures », choisi par Talleyrand. Jacques Delors aussi est reçu. Il n'est question de rien de particulier. Il rêvait d'être secrétaire général de l'Élysée, tout comme Laurent Fabius (qui, avant les législatives de mars 1978, se voyait secrétaire général du gouvernement). Il pense qu'il ira aux Finances. François Mitterrand effleure à peine le sujet. Christian Goux, le professeur d'économie qui nous accompagne depuis dix ans, est également reçu, cette fois à sa demande. Il suggère au Président une dévaluation immédiate. François Mitterrand ne répond rien. Goux se croit déjà ministre. François Mitterrand reçoit de nouveau Pierre Mauroy et l'informe : Cheysson aux Relations extérieures et Delors aux Finances. Jack Lang s'inquiète : on ne lui a rien demandé.

A la demande de François Mitterrand, Hubert Védrine, qui a dirigé la cellule diplomatique de la campagne, et Claude de Kémoularia, diplomate de la Quatrième République devenu banquier sous la Cinquième, font la tournée des ambassadeurs arabes à Paris pour expliquer la future politique de la France au Moyen-Orient (*« Un bon contact de la France avec Israël sera dans votre intérêt. »*).

**Mardi 19 mai 1981**

A la fin de sa dernière allocution télévisée depuis l'Élysée, Giscard se lève, tourne le dos à la caméra et quitte la pièce avant le générique final. François Mitterrand me fait part de sa surprise devant cette *« insolence à l'égard du peuple »*.

**Mercredi 20 mai 1981**

Dernier Conseil des ministres du gouvernement Barre, qui présente un *« Rapport sur l'état économique et social de la France au 30 avril 1981 »*. Nous n'avons pas la même conception de cet héritage : inflation, chômage, faillite des grandes entreprises, déficit extérieur, profits immobiliers, non, la France n'est pas en bon état.

L'idée surgit d'un autre rapport qui ferait le point sur l'état de la France tel que nous l'avons trouvée. Pierre Bérégovoy suggère d'en confier la direction à Pierre

Mendès France. Il en parle à François Mitterrand. Pas de réponse. Le Président élu travaille seul toute la nuit à son discours de demain.

**Jeudi 21 mai 1981**

A 9 heures, François Mitterrand arrive à l'Élysée où il est accueilli par Valéry Giscard d'Estaing. L'entretien dure trois quarts d'heure. Giscard demande qu'on prenne soin de quelques collaborateurs, dont Jacques Wahl et Alexandre de Marenches, patron du SDECE. Il annonce la mort prochaine de Brejnev et son remplacement probable par Tchernenko, fait part des recherches secrètes menées par Elf sur de nouveaux procédés de prospection pétrolière, de l'attaque que Sadate prépare contre la Libye, et du détail des diverses formes de coopération nucléaire avec les États-Unis. Il lui transmet les procédures d'emploi de l'arme nucléaire.

**Valéry Giscard d'Estaing :** *On est prisonnier ici.*

**François Mitterrand :** *Vous n'avez commis qu'une seule erreur dans votre campagne, celle de vous représenter.*

Les membres de l'« antenne présidentielle » s'éparpillent dans les bureaux. Pas moi. Nul, hormis Pierre Bérégovoy qui vient d'être nommé secrétaire général de l'Élysée, n'a de titre à le faire. A la demande de Bérégovoy, Jacques Fournier s'installe dans le bureau jouxtant le sien, au premier étage. André Rousselet lorgne sur le bureau d'angle qu'occupait Giscard. Alain Boublil a choisi le sien et Michel Vauzelle se voit dans celui du porte-parole. Tout est vide, sauf un coffre où l'on trouve la moitié d'un billet de 500 francs déchiré.

Dans le grand bureau central du premier étage, celui qu'occupèrent Pompidou et de Gaulle, le Président reçoit Marceau Long, secrétaire général du gouvernement en poste depuis trois ans, et signe le décret de nomination de Pierre Mauroy, qui s'installe à Matignon.

Puis il descend pour la cérémonie d'intronisation au cours de laquelle il doit prêter serment devant Roger Frey et l'ensemble des corps constitués : *« Que cet homme soit devenu président du Conseil constitutionnel et que ce soit devant lui que j'aie à prêter serment dit tout de ce régime... »*

Il prononce alors son discours :

> *« En ce jour où je prends possession de la plus haute charge, je pense à ces millions et ces millions de femmes et d'hommes, ferment de notre peuple, qui, deux siècles durant, dans la paix et la guerre, par le travail et par le sang, ont façonné l'Histoire de France, sans y avoir accès autrement que par de brèves et glorieuses fractures de notre société.*
>
> *C'est en leur nom d'abord que je parle, fidèle à l'enseignement de Jaurès, alors que, troisième étape d'un long cheminement après le Front populaire et la Libération, la majorité politique des Français démocratiquement exprimée vient de s'identifier à sa majorité sociale.*
>
> *J'adresse mes vœux personnels à M. Valéry Giscard d'Estaing. Mais ce n'est pas seulement d'un homme à l'autre que s'effectue cette passation de pouvoirs, c'est tout un peuple qui doit se sentir appelé à exercer les pouvoirs qui sont en vérité les siens.*
>
> *De même, si nous projetons notre regard hors de nos frontières, comment ne pas mesurer le poids des rivalités d'intérêts et les risques que font peser sur la paix de multiples affrontements ? La France aura à dire avec force qu'il ne saurait y avoir*

*de véritable communauté internationale tant que les deux tiers de la planète continueront d'échanger leurs hommes et leurs biens contre la faim et le mépris...* »

François Mitterrand fait le tour des invités et embrasse Pierre Mendès France (« *Sans vous, rien de tout cela n'aurait été possible* »). Il ne lui a pourtant jamais pardonné de ne pas l'avoir avisé, en 1954, des calomnies du commissaire Dides qui l'avait accusé dans l'« Affaire des fuites ».

Puis le Président monte à l'Arc de Triomphe. On découvre un intrus, hilare, parmi les personnes conviées. Comment a-t-il pu parvenir jusque-là ?

A Matignon, Michel Rocard conseille à Pierre Mauroy de dévaluer ou de faire sortir le franc du SME, « *pour prendre du champ* ». Mauroy hésite et téléphone à François Mitterrand, revenu à l'Élysée. Il lui parle de dévaluer. Le Président refuse : « *On ne va pas mêler les genres ni brouiller les images. Cela peut attendre une semaine.* » Le Premier ministre propose alors d'instaurer le contrôle des changes. François Mitterrand accepte.

François Mitterrand n'a pas encore décidé où installer son bureau : au rez-de-chaussée, où il a toujours connu les Présidents de la IV^e^ République ? Dans celui du Général de Gaulle, au premier étage, comme Michel Vauzelle le lui conseille ? Mais il n'en aime ni les meubles, ni les issues, ni l'exposition. Dans l'ensemble, il trouve l'Élysée trop petit — « *C'est la plus petite résidence présidentielle d'Europe* » — et rêve d'un déménagement aux Invalides.

Un déjeuner réunit deux cents invités. L'intrus, devenu pique-assiette, est encore là, présentant chacun à tout le monde. Roger Hanin, à qui un serveur sert trop de foie gras, s'exclame : « *Ça suffit ! Vous savez, il m'est déjà arrivé d'en manger avant aujourd'hui !* »

Le café est servi sur la terrasse. Le délicieux Paul Guimard me glisse : « *Dépêche-toi de finir, la salle est réservée pour l'après-midi.* » Chacun se sent, ici, perçu comme un parvenu. Plus tard, les diplomates diront à l'un de leurs collègues démis de ses fonctions pour incompétence unanimement reconnue : « *Te rends-tu compte, mon pauvre ami, même les socialistes t'ont trouvé vulgaire !* »

Au début de l'après-midi, le Président me fait appeler. Comme toujours, tout en feuilletant son courrier, il réfléchit à haute voix :

« *Cela va être dur. Très vite, la droite va se reprendre et les illusions de la gauche vont se dissiper. Il faut dissoudre l'Assemblée. Rocard, Badinter et Colliard sont contre. Mais les juristes ne comprennent jamais rien à la politique. Ils veulent que la droite renverse d'abord un gouvernement que je nommerai ! On ne peut attendre. Il faut nous donner vite les moyens de gouverner ; sinon, l'enthousiasme retombera et on ne pourra installer nos réformes.* »

Il tombe sur un télégramme de félicitations de Juan Carlos.

— *Comme c'est gentil ! J'aimerais lui parler. Vous pouvez voir ça ?*

Je passe à côté, dans le secrétariat vide dont le pupitre téléphonique m'est étranger. Tâtonnant, je trouve une touche reliant au standard. Je m'entends dire :

— *Le Président de la République voudrait parler au Roi d'Espagne...*

La réponse vient, calme et claire :

— *Je vous le passe sur quel poste ?*

Si bien peu d'erreurs furent commises cette année-là, c'est parce qu'il y avait partout des hommes qui, comme ce standardiste, surent assurer à leur poste la continuité de l'État.

Le Roi d'Espagne dit au Président : *« J'espère que vous, vous n'avez pas de conseils à me donner ! »*, faisant là allusion aux innombrables recommandations, inutilement paternalistes, de son prédécesseur à l'Élysée.

Puis François Mitterrand me demande d'aller déposer une rose sur la tombe de Léon Blum, un peu plus tard dans l'après-midi, à l'heure où il en déposera une sur celles de Jean Moulin, de Victor Schoelcher et de Jean Jaurès.

Le président part pour l'Hôtel de Ville. Reçu par Jacques Chirac, il lui fait part de son idée d'une Exposition universelle à Paris pour 1989. Il me dira en revenant : *« L'État doit toujours se méfier du maire de Paris. N'oubliez jamais Étienne Marcel ! »*

A Matignon, Pierre Mauroy rencontre Jacques Delors et le gouverneur de la Banque de France, Renaud de La Génière. Ils parlent contrôle des changes.

Une voiture de l'Élysée m'emmène vers Jouy-en-Josas. Elle roule à contre-sens sur les Champs-Élysées, gyrophare clignotant et sirène hurlante. Premier contact choquant avec les petits signes extérieurs du pouvoir. Plus tard, à l'issue d'un dîner apparemment désintéressé, un des hommes les plus riches et les plus puissants de Paris me demandera — évidemment en vain — la faveur de pouvoir équiper d'un gyrophare son véhicule personnel.

A N'Djamena, le Colonel Kadhafi et le Président Goukouni Oueddeï ne parviennent pas à s'entendre. Le gouvernement tchadien, protégé par les armées libyennes occupantes, vacille.

Cette nuit, aucun collaborateur du Président n'assure de permanence : on ne nous a pas encore expliqué qu'il en fallait une. Les militaires de l'état-major particulier, toujours là, s'en chargent.

**Vendredi 22 mai 1981**

Gaston Defferre tient absolument à être ministre. Il est le plus jeune d'esprit de tous les postulants. La présidence de l'Assemblée, que François Mitterrand lui suggère, ne le tente pas du tout. Maurice Faure, au contraire, ne souhaite absolument pas être au gouvernement. Il sera garde des Sceaux. Rocard rêve de l'Éducation nationale, il aura le Plan. Savary songe aux Affaires étrangères, il recevra l'Éducation nationale. François Mitterrand refuse à Jacques Delors de se choisir un secrétaire d'État au Budget et lui impose Laurent Fabius comme ministre-délégué. La plupart des autres ministres, dont Jack Lang, apprendront leur nomination par la radio.

Conformément à la Constitution, François Mitterrand reçoit Alain Poher, qu'il n'apprécie guère, et Jacques Chaban-Delmas, qu'il respecte. Il les consulte pour la forme, puis dissout l'Assemblée.

La droite, assommée par sa défaite, crée l'Union pour la Nouvelle Majorité et annonce des candidatures uniques dans plus des trois quarts des circonscriptions.

Chacun escompte une dévaluation pour demain. Resserrement du contrôle des changes. Le taux directeur de la Banque de France passe à 22 %.

Le Président me demande d'être son « Conseiller spécial ». Plusieurs me jureront qu'ils lui ont soufflé l'idée de ce titre. Il ajoute : *« Vous occuperez le bureau d'à côté »* — celui où se tenaient les aides de camp de De Gaulle.

Je m'installe. Dans le tiroir de droite, je trouve un mot très amical de François Polge de Combret qui occupait ce bureau sous Giscard, comme s'il avait prévu qu'il me serait destiné. Le tiroir de gauche est plus court : le bureau fut celui de tous les Présidents de la République jusqu'à Vincent Auriol, lequel y avait fait dissimuler le magnétophone qui lui permit ultérieurement d'alimenter ses mémoires.

**Samedi 23 mai 1981**

Première — et dernière — réunion du « cabinet » de François Mitterrand dans son propre bureau. Il y a là Pierre Bérégovoy, André Rousselet, Michel Vauzelle, Nathalie Duhamel, Hubert Védrine, Alain Boublil, Jacques Fournier.

Le Président : *« Le cabinet n'existe pas. Chacun de vous est mon collaborateur direct. »*

Jacques Fournier visite l'Élysée en quête d'un bureau convenable. Stupeur : en dehors des quatre du premier étage, tous les autres bureaux des collaborateurs sont sales et sinistres. Il y avait en somme ici la demeure du Prince et les « communs ».

Delors se démène pour obtenir que, dans les décrets d'attributions, Laurent Fabius lui soit subordonné. En vain.

**Dimanche 24 mai 1981**

François Mitterrand accepte la suggestion de Claude Cheysson d'envoyer deux ambassadeurs en mission dans le monde arabe : Serge Boidevaix se rend à Amman, Jacques Andreani au Caire. Le premier deviendra ensuite ambassadeur à Delhi, l'autre directeur des Affaires politiques. Deux grands professionnels qui contribuent à remettre le Quai en marche, avec Claude Cheysson.

Charles Hernu obtient de François Mitterrand le report des essais nucléaires à Mururoa.

Helmut Schmidt est à Paris. François Mitterrand et lui se rencontrent pour la première fois depuis 1977. Schmidt qui, en février, avait déclaré en public : *« La victoire de Mitterrand ? Ne me parlez pas de malheur ! »*, réaffirme la solidarité monétaire franco-allemande. Il réclame le soutien de la France à l'installation en Allemagne des Pershing américains, prévue en décembre 1983 en réponse à l'installation par l'URSS, à partir de 1977, de SS 20 en Europe de l'Est. A l'initiative de Schmidt, l'OTAN avait décidé en 1979 de placer les Soviétiques devant ce marché : soit ils retirent leurs SS 20, soit l'OTAN déploiera, à partir de décembre 1983, 108 Pershing II en Allemagne, d'une portée de 1 800 km, et 464 missiles de croisière (d'une portée de 2 500 km) en Grande-Bretagne, en Italie, aux Pays-Bas, en Belgique et en RFA, chacun équipé d'une tête nucléaire.

Schmidt avait demandé au Président Carter — qui avait accepté — de prendre cet engagement. Giscard avait tergiversé, redoutant d'entraîner la France dans les négociations de désarmement entre Américains et Soviétiques.

Ce soir, François Mitterrand accepte : la solidarité franco-allemande sera la clé de sa politique étrangère. Si Schmidt lui avait demandé de prendre une attitude hostile au déploiement des Pershing, comme le réclament les sociaux-démocrates pacifistes, peut-être l'aurait-il fait aussi pour raison de solidarité. Il plaide cependant pour qu'une négociation entre les deux Grands aboutisse à ne pas les installer.

225 SS 20 sont actuellement déployés, dont les deux tiers visent l'Europe. Le temps de vol des Pershing II (six à huit minutes) pour atteindre l'URSS depuis l'Europe est du même ordre que celui des missiles stratégiques tirés depuis les sous-marins soviétiques quand ils sont proches des côtes des États-Unis. Moscou restera hors d'atteinte de deux tiers des Pershing.

Après le dîner, le Président fait un compte rendu de cet entretien à quelques-uns de ses collaborateurs. Il le refera rarement.

**Lundi 25 mai 1981**

Deux avocats, tout sourires, traversent mon bureau pour entrer dans celui de François Mitterrand : ils viennent sans angoisse solliciter la grâce de Philippe Maurice, condamné à mort il y a deux ans pour le meurtre d'un policier. Six autres condamnés attendent leur exécution. François Mitterrand les graciera l'un après l'autre jusqu'à l'abolition de la peine capitale.

Suivant le conseil de son frère, le général Mitterrand, président de la SNIAS, François Mitterrand nomme le général Saulnier chef de son état-major particulier : *« On ira ensemble au PC Jupiter. Mais est-ce urgent ? Puis-je prendre deux ou trois jours ? »* Saulnier : *« Non, ce n'est pas urgent. En cas de nécessité, tout est prévu. »*

Le Président envoie son frère à Ryad remettre un message au Roi Khaled. Celui-ci invite le Président à se rendre en Arabie Saoudite *« au plus vite »*.

Le franc se stabilise. Les taux d'intérêt nominaux et réels sont, dans tous les pays, égaux ou proches de leurs records historiques. Et la réappréciation considérable du dollar (+ 36 % en un an par rapport au mark) provoque l'équivalent d'un troisième choc pétrolier en Europe. Les exonérations fiscales décidées par Reagan risquent d'obliger les États-Unis à maintenir longtemps encore les taux d'intérêt à des niveaux insupportables.

Dans une note, Gaston Defferre signale au Président *« l'urgence et l'extrême gravité du problème au Pays basque »*. Il réclame une réunion rapide sur ce sujet.

**Mardi 26 mai 1981**

Des hommes neufs, n'ayant pas la moindre idée des rouages de l'État, s'installent à l'Élysée. Autour du Président, quatre équipes s'organisent. Celle d'André Rousselet, chargé des affaires policières et des médias. Celle de Pierre Bérégovoy, chargé des rapports avec l'administration et le gouvernement. La mienne, chargée des sommets internationaux et *« d'avoir des idées »*. Enfin, l'état-major particulier que dirige le général Saulnier. Avec moi, quatre collaborateurs : Jean-Louis Bianco, Pierre Morel, Ségolène Royal et François Hollande.

Pierre Mauroy choisit comme directeur de cabinet Robert Lion, inspecteur des Finances spécialiste du logement social, et comme directeur adjoint Jean Peyrelevade, un polytechnicien qui le conseille depuis dix ans.

Gaston Defferre obtient l'accord du Président pour suspendre les expulsions d'étrangers, sauf en cas de *« nécessité impérieuse d'ordre public »*.

A Ryad, le général Mitterrand est reçu par le Prince héritier Fahd. *« La visite du Président en Arabie Saoudite,* précise celui-ci, *est acquise à la condition qu'elle constitue le premier déplacement du Président dans cette région. »* Par ailleurs, *« l'Arabie Saoudite souhaite recevoir tous apaisements en ce qui concerne le maintien des conditions actuelles d'investissement et de dépôt de fonds privés saoudiens dans les secteurs économiques français »*.

**Mercredi 27 mai 1981**

A 9 heures, juste avant le premier Conseil des ministres du premier gouvernement Mauroy, le Président reçoit le Premier ministre avec le secrétaire général de l'Élysée et celui du gouvernement pour confirmer l'ordre du jour. Il le fera désormais tous les mercredis. Une fois l'ordre du jour fixé, les deux secrétaires généraux laissent le Président et le Premier ministre en tête à tête.

Vers dix heures, François Mitterrand descend au Conseil avec Pierre Mauroy. Il impose ses règles aux ministres : *« Ne pas lire de notes, ne pas prendre de notes. Pas de dialogues entre ministres. »* Il veut un Conseil lisse et formel. C'est pour lui un lieu solennel de décisions, pas un lieu de discussion. Il s'y ennuie et écoute rarement ce qui s'y dit. Parfois, il prête l'oreille sans en donner l'impression. En partie A, les ministres présentent les lois et décrets pour décision ; en partie B, les nominations (Alexandre de Marenches est nommé ce jour-là au Conseil d'État, comme Giscard l'a demandé) ; en partie C, les projets futurs du gouvernement sont discutés sans donner lieu à décision.

Le Président reçoit ensuite à déjeuner les principaux dirigeants socialistes : Mauroy, Joxe, Bérégovoy, Jospin, Defferre, Quilès, Mermaz, Estier. Il fera désormais ainsi tous les mercredis.

Dans l'après-midi, le Président apprend par Gaston Defferre, lui-même informé par la DST, l'existence d'un agent secret travaillant pour Paris sous le nom de code « Farewell ». Cet agent communique à la France des documents manuscrits essentiels émanant de Brejnev et du chef du KGB, Andropov. Par peur des fuites, les espions du SDECE, qui dépendent de la Défense, n'ont pas été mis au courant par la DST. Saulnier lui-même cachera l'existence de cette source à sa propre hiérarchie aux Armées. « Farewell » travaillera encore pour nous pendant plusieurs années, jusqu'à ce qu'une passion amoureuse le conduise à se démasquer. Arrêté pour crime passionnel, il avouera tout et sera fusillé. Telle sera en tout cas la version officielle.

Ensuite, François Mitterrand visite, sous les jardins de l'Élysée, le PC Jupiter d'où le Président contrôle les forces nucléaires et leur maniement. Saulnier lui explique aussi le rôle du poste souterrain de Taverny où sont regroupées les commandes du gouvernement en cas de crise.

Radieux, Jack Lang assiste à son premier festival de Cannes. *L'Homme de fer* d'Andrzej Wajda reçoit la Palme d'Or. La Pologne annonce ainsi son retour dans l'histoire de l'Europe.

**Jeudi 28 mai 1981**

Les responsables de l'enseignement catholique affirment que leurs établissements sont mis en danger par le projet annoncé du Président visant à unifier enseignement privé et enseignement public.

Les principaux théâtres d'opérations intérieurs et extérieurs des cinq années à venir — le franc, l'école, les euromissiles, la Pologne, le Liban, le Tchad — sont ainsi en place.

**Vendredi 29 mai 1981**

Gaston Defferre installe une commission chargée de réglementer les écoutes téléphoniques.

François Mitterrand : *« Mon septennat se déroulera en trois phases : une brève période d'euphorie, une longue période difficile, et une fin plus facile, car enfin la crise ne peut pas durer encore sept ans ! »* Il n'évoque pas l'hypothèse d'une « cohabitation » possible après 1986.

Il décide de son programme de voyages à l'étranger. Son intention est toujours d'aller en Israël avant de se rendre en Arabie Saoudite, puis ce seront les Etats-Unis. Il écrit au Roi Khaled pour accepter son invitation sans s'engager à ce que ce soit son premier voyage dans la région. Dans sa lettre, il insiste sur le rôle propre que doit jouer à son avis l'Arabie Saoudite non seulement dans la région, mais dans la politique mondiale :

> *« Il lui revient une part essentielle de responsabilité dans le maintien des équilibres indispensables au développement des peuples et à leurs échanges. Je suis convaincu que nos deux pays peuvent ensemble animer, dans un monde en mutation profonde, une politique à la fois généreuse et réaliste au service de la justice et du progrès... Sur le plan régional, la politique de modération et de réalisme de votre pays constitue un facteur déterminant de stabilité... »*

**Lundi 1er juin 1981**

André Rousselet annonce à Xavier Gouyou-Beauchamps son éviction de la Sofirad. Pénible moment. Élégante réaction d'un homme de qualité qui saura mettre son intelligence au service d'ambitions plus hautes.

Le courrier commence à s'accumuler sur le bureau du Président. Chaque soir amène décrets, notes, requêtes, recours en grâce... Il paraphe tout lui-même, des heures durant.

Ce soir, le Président signe, sans le lire en détail, un projet de lettre au Roi Hussein de Jordanie préparé par le Quai d'Orsay et décrivant le cadre de son action — celle que le Quai voudrait lui voir adopter — au Proche-Orient. Le nom d'Israël n'y est même pas mentionné ; la Déclaration de Venise — qu'il a pourtant condamnée pendant la campagne électorale — y est confirmée :

> *« Jamais la France ne portera sur le monde arabe un regard indifférent. Jamais elle ne fera abstraction des aspirations des peuples qui le composent. C'est sur la base de cet héritage de connaissance mutuelle, et en fonction des réalités profondes qui caractérisent chaque pays du Moyen-Orient, que la France s'efforcera de traduire dans les faits les grands principes universels qui, plus que jamais, doivent guider l'action internationale (...).*
>
> *Il en est ainsi du peuple palestinien. La France s'est prononcée sur ce sujet en son nom propre et elle l'a affirmé de nouveau, avec ses partenaires de l'Europe des Dix, dans le cadre de la Déclaration de Venise. Vous savez de plus que je me suis moi-même, à différentes reprises, exprimé clairement sur ce sujet. Mon gouvernement veillera à ce que la politique de la France, au sein de la Communauté internationale, s'exerce dans ce sens.*
>
> *La sécurité des États signifie que tous les États du Proche et Moyen-Orient, tels que reconnus par la Communauté internationale, doivent pouvoir vivre en paix dans des frontières sûres, reconnues et garanties. L'application de ce principe est, aux yeux de la France, indissociable de l'application du principe précédent. C'est seulement par leur mise en œuvre conjuguée que l'on parviendra à établir au Moyen-Orient une situation conforme au droit international, aux aspirations des peuples et tenant compte des droits légitimes de toutes les parties concernées. »*

Cette lettre, qui aurait pu être signée par son prédécesseur, sert aussi de modèle à celles envoyées ce même jour à Saddam Hussein et au Président Sadate.

Le programme économique de relance de Jacques Delors est celui préparé durant la campagne. La hausse du SMIC sera de 10 %. Au total, moins de 3 % du Budget (30 milliards), soit la moitié de la relance effectuée par Jacques Chirac en 1976. On en escompte un peu plus d'emplois et de justice sociale. On craint beaucoup plus une poussée de l'inflation que le déficit extérieur.

**Mardi 2 juin 1981**

Le Président tchadien Goukouni Oueddeï forme un nouveau gouvernement dont le Premier ministre est M. Djidingar, originaire du Sud et opposant au colonel Kamougué. Les Libyens sont toujours à N'Djamena.

Faut-il remplacer tous les titulaires aux principaux postes de l'État ? *« Pas de chasse aux sorcières »*, dit le Président qui demande qu'on s'en tienne à quelques préfets et aux deux ou trois hommes politiques mis en place dans l'audiovisuel.

On établit la liste des postes à pourvoir avant la fin de l'année — soit qu'il y ait vacance du poste, soit que le titulaire parte à la retraite, soit qu'il souhaite lui-même s'en aller. Dans l'ordre des urgences et de l'importance relative : Budget, Douanes, Impôts, Trésor, Police, Télécommunications, Postes, Aviation civile, Relations économiques extérieures, Production et Échanges agricoles, Universités, gouverneur de la Banque de France, secrétaire général de l'Éducation nationale, secrétaire général des Relations extérieures, secrétariat général de la Coopération interministérielle pour les questions européennes, délégué à l'Aménagement du Territoire, commissaire au Plan, directeur général de la Caisse des Dépôts, président de la RATP, des Charbonnages de France, de l'Agence France-Presse, de l'Institut du Développement industriel.

Le Président demande à Pierre Mauroy de se préparer à soumettre au plus vite au futur Parlement toutes les réformes sociales et toutes les nationalisations : *« Si on ne le fait pas maintenant, on ne le fera jamais. Mais cela doit être fait avec réalisme économique. »* Le Premier ministre exhorte les partenaires sociaux à la *« progressivité »* et à la *« rigueur »* dans les mesures à prendre.

**Mercredi 3 juin 1981**

Le Conseil des ministres décide la hausse du SMIC (10 %), des allocations familiales (25 % au 1er juillet), des allocations logement, du minimum vieillesse... Jacques Delors me dit être *« surpris et soulagé »* que ces mesures — exactement celles préparées avant le 10 mai — n'aillent pas plus loin.

Ce programme, selon les modèles disponibles, conduira à une très faible amélioration de la croissance en 1981, et un peu plus forte en 1982, à une reprise faible de l'investissement des entreprises mais relativement forte de la consommation des familles, à une stabilisation de l'inflation et du chômage (à un million et demi de chômeurs à la fin de 1982), mais également à une aggravation moyenne du déficit extérieur en 1981, qui deviendra très forte en 1982, et à un déficit considérable du Budget et de la Sécurité sociale en 1982 (plus de 4 % du PIB au lieu de 2 % aujourd'hui).

Il faudra donc ultérieurement un autre plan, de plus grande ampleur : à la fois pour lutter contre le chômage (par la relance de l'investissement public et privé, par la réduction de la durée du travail), pour diminuer le déficit extérieur (par une forte incitation à la reconquête du marché intérieur) et pour réduire le déficit budgétaire (par une réforme de la fiscalité et de la Sécurité sociale).

Après déjeuner, le Président reçoit Georges Fillioud et Pierre Mauroy qui lui parlent de nominations dans l'audiovisuel. François Mitterrand : *« Il faut prendre son temps. Je ne veux pas de licenciements excessifs. Ne doivent partir que ceux qui sabotent ! »* Il demande à Fillioud d'obtenir la démission des présidents de chaînes.

François Mitterrand continue d'écrire aux dirigeants du Proche-Orient. Mais il relit maintenant de très près les projets de lettres avec Hubert Védrine avant de les parapher. Il apporte ainsi une modification significative à la lettre à Hafez el Assad préparée par le Quai d'Orsay : au lieu de la formule *« aux aspirations des peuples... »*, il écrit : *« permettant de régler le problème des relations entre l'État d'Israël, tel que reconnu par la Communauté internationale, et les pays arabes voisins »*. Il vient de se rendre compte que les projets qu'il a signés jusqu'ici ne lui convenaient pas ! Échaudé, il retravaille notamment le projet de lettre destinée au Premier ministre israélien, Menahem Begin. Cette lettre devient :

> *« La France ne s'est pas contentée d'apporter un soutien déterminant à la décision de la Communauté internationale qui, en reconnaissant l'État d'Israël, a voulu pallier une des plus douloureuses injustices de l'Histoire. Par une coopération substantielle, elle a été parmi les nations qui ont le plus contribué à l'essor du nouvel État. Depuis lors, Israël a trouvé de nombreux partenaires dans la Communauté internationale, et le dialogue avec la France, parfois assombri, quoique jamais interrompu, par le traumatisme de deux conflits majeurs et par les divergences qu'ils ont amenées, doit retrouver sa vocation originelle. Aujourd'hui, je voudrais que la*

*compréhension entre les États redevienne ce que l'amitié entre les peuples n'a jamais cessé d'être.*

*J'ai la conviction profonde que les règles de droit doivent constituer la trame des rapports entre les nations. Dans ses rapports avec Israël, les États et les peuples de la région, la France s'y conformera. Ainsi sera réaffirmée et garantie à l'État d'Israël la pleine jouissance de ses droits, et d'abord de son droit de vivre en paix et en sécurité dans des frontières sûres, reconnues et garanties, tout en établissant avec ses voisins des relations harmonieuses fondées sur le respect mutuel. Un règlement de paix qui n'assurerait pas sa sécurité ne serait conforme ni à l'équité, ni aux réalités du Proche-Orient.*

*Dans le code de conduite des Nations, la sécurité des États va de pair avec la justice pour les peuples. Ce principe signifie que chaque peuple a le droit de déterminer son destin, d'exprimer sa volonté nationale et de consacrer, par son adhésion librement exprimée à l'organisation politique de son choix, le sentiment de son identité et de sa culture.*

*C'est pourquoi je suis préoccupé par la situation du peuple palestinien. Vous savez que j'ai approuvé les accord de Camp David et que j'ai exprimé à de multiples reprises mon souhait de voir le peuple palestinien disposer d'une patrie. La position d'Israël est à cet égard déterminante. »*

Plus question de la Déclaration de Venise... Dans la soirée, il fait retaper cette lettre à Begin, mais s'abstient encore de la signer.

Dans la nuit, en représailles contre les attaques visant les kibboutz du Nord, l'aviation puis la marine israéliennes bombardent deux bases palestiniennes au Liban, l'une près de Tyr, l'autre au nord de la ville de Tripoli.

**Jeudi 4 juin 1981**

Au contraire de Pierre Mauroy qui n'aime pas lire de notes et préfère réfléchir à haute voix, François Mitterrand exige de ses collaborateurs et des ministres des notes brèves : deux à trois pages au maximum, sauf cas exceptionnel. S'il annote d'un *« vu »*, cela signifie en général « trop long », ou « pas mon affaire ». S'il entend décider, il annote alors la première page de façon précise et détaillée.

Claude Cheysson, Jack Lang et Pierre Bérégovoy excellent rapidement dans la rédaction de notes courtes et claires.

Première discussion avec le Président sur la préparation du prochain Sommet des Sept à Ottawa. François Mitterrand : *« Les Sommets précédents n'ont servi à rien, ni dans les rapports entre les Sept, ni dans les rapports entre les pays développés, ni dans le dialogue Nord/Sud. Je voudrais aborder les problèmes autrement : en mettant la politique en première ligne, en faisant de l'emploi la première des priorités économiques, en ayant une vision réaliste mais généreuse des relations internationales. Je n'aime pas ces réunions où les États-Unis réunissent leurs clients, contraints de tout accepter d'eux, sans règle. »*

Il approuve une note où l'on peut lire : *« Nos propositions seront une relance concertée de l'économie mondiale par la réduction des inégalités, par la réduction des taux d'intérêts mondiaux, par une aide générale et massive aux pays les moins avancés, par l'augmentation des dépenses de recherche en matière d'économies d'énergie, d'énergies de substitution, d'agriculture et de réseaux de communication, en mettant la technologie au service et à la disposition des pays les moins avancés. On proposera un code de bonne conduite des multinationales, un plan mondial pour l'emploi des jeunes, une organisation volontariste des échanges internationaux, une préparation concertée du Sommet de Cancún.* »

Claude Cheysson part pour Washington rencontrer le secrétaire d'État américain, le général Haig. Beaucoup croient qu'il va y annoncer l'entrée prochaine des communistes au gouvernement. Il n'en est rien. De toute façon, il ne connaît pas les intentions du Président en la matière. Il résume à Haig la position de la France sur l'Alliance atlantique : *« Elle est fondamentale, parce que nous défendons certains grands concepts, et nous sommes ainsi aux côtés des Américains. »* Haig évoque la participation des communistes à la majorité présidentielle, mais à aucun moment leur entrée au gouvernement. *« Reagan*, dit-il, *souhaite envoyer le vice-président Bush en France. »* Cheysson téléphone l'information à l'Élysée, qui propose deux dates, le 24 juin et le 6 juillet. Bush choisit le 24 juin. Cheysson fait remarquer à Haig que ce sera le mercredi suivant le second tour des élections législatives en France, et le jour de la première réunion d'un éventuel nouveau gouvernement. *« Pas de problème. »*

Un peu plus tard se tient à l'Élysée la première réunion préparatoire à un Sommet européen, celui de Luxembourg, dans un mois. Les hauts fonctionnaires nous expliquent ce qu'est un *« dossier du Président »* : des fiches par thèmes émanant des ministères, précédées d'une note de synthèse préparée par ses collaborateurs.

Sur le fond, l'appréciation est pessimiste. Le Marché commun est moribond : de trop nombreux pays rassemblés autour de trop rares intérêts communs ; une montée des égoïsmes qui vide les Sommets européens de toute substance. Alors que Washington et Tokyo ont déjà réglé entre eux plusieurs problèmes épineux, les pays européens ne se sont encore mis d'accord ni sur la réponse aux critiques des Américains (agriculture et crédits à Est), ni sur celles à adresser aux États-Unis (sur les taux d'intérêt) et au Japon (sur l'automobile et la construction navale). L'Angleterre, désindustrialisée, ne pense qu'à obtenir une réduction de sa contribution au budget communautaire. L'Allemagne, menacée d'un impossible neutralisme, s'engage dans une fuite en avant institutionnelle. Leur coalition est le plus grand péril qui nous menace.

Le Président veut prendre une initiative sociale européenne. On lui conseille de proposer la tenue de Conseils conjoints économiques et sociaux, de faire étudier la réduction du temps de travail à trente-cinq heures dans l'ensemble de la Communauté, et l'harmonisation de la protection sociale. Il lance l'expression *« espace social européen »*.

Ce soir, dîner chez Claude Cheysson pour faire mieux connaissance avec les mêmes hauts fonctionnaires : bien peu étaient des nôtres dans les années d'opposition. Rares sont ceux qui s'opposent publiquement à nous, tel cet ambassadeur, collaborateur du Président précédent, à qui ses insultes proférées à notre encontre vaudront d'obtenir et de conserver pendant dix ans l'un des postes les plus convoités de la diplomatie, celui d'ambassadeur à l'OTAN. Les autres nous apprendront notre métier. La droite leur reprochera d'ailleurs de s'être *« commis »* (étrange, comme ce mot revient !...) avec la gauche. Sans eux, l'alternance n'aurait pu être sans failles.

J'apprends d'eux, ce soir, l'existence de « représentants personnels » des chefs d'État, ou *sherpas*, qui gèrent la préparation des Sommets. Le *sherpa* américain, Myer Rashish (un homme d'affaires, transfuge des démocrates, recruté comme secrétaire d'État adjoint aux Affaires économiques), a déposé, me dit-on, une très longue note demandant que le Sommet d'Ottawa décide d'un blocage des échanges économiques Est/Ouest.

Par ailleurs, l'enjeu majeur du prochain Sommet des Sept est de savoir si on lancera des « Négociations Globales », aux Nations-Unies, entre le Nord et le Sud. Cela permettrait à l'Assemblée générale, où le Tiers Monde est dominant, de reprendre un peu du pouvoir qu'exercent le FMI et la Banque mondiale, au sein desquels les États-Unis exercent un droit de veto. Ces « Négociations Globales » devraient se dérouler en trois phases : une phase de définition des objectifs à l'Assemblée générale, une phase de négociations détaillées au sein des institutions spécialisées, une phase finale de constatation des résultats à l'Assemblée. Il importe de trouver, à Ottawa, le moyen de finaliser cela. Le nouvel ordre international semble à portée de main.

Nous caressons l'idée de préparer des propositions pour Ottawa sur des sujets jamais évoqués au cours de tels Sommets : code des multinationales, coordination financière en matière de taux d'intérêt, coopération technologique, durée et conditions de travail (une charte internationale des droits sociaux de l'homme), rapports entre pays développés riverains de l'Atlantique et pays développés riverains du Pacifique, dissémination du nucléaire civil...

Il faut désigner un *sherpa* pour représenter le Président à la prochaine réunion. Celui du Président Giscard d'Estaing, Georges Clappier (par ailleurs allié lointain du nouveau Président de la République !...) a élégamment démissionné. Claude Cheysson évoque les noms de Pierre Mendès France et de François Bloch-Lainé.

**Vendredi 5 juin 1981**

Journée de liquidation de l'héritage : François Mitterrand demande à Pierre Mauroy de rapporter la directive du 9 mai 1980 de Raymond Barre par laquelle la France acceptait de se soumettre au boycott décidé par certains pays arabes à l'encontre d'Israël.

Après les bombardements israéliens sur le Sud-Liban, le Président Mitterrand ne signe pas la lettre qu'il avait écrite à Menahem Begin. Mais il reste plus que jamais décidé à effectuer en Israël son premier voyage officiel à l'étranger. A sa demande, Claude Cheysson propose à son homologue israélien, Itzhak Shamir, d'envoyer des experts français à Jérusalem expliquer que la centrale irakienne de Tamouz, construite par la France, sera rendue inoffensive en remplaçant l'uranium enrichi par un combustible inutilisable militairement, dit « caramel ». Autre problème épineux hérité de l'ancien gouvernement.

Encore l'héritage : en Corse, des discussions s'ouvrent entre Defferre et le FLNC. Defferre propose une trêve en échange de l'amnistie (dans le cadre de l'amnistie générale présidentielle que prépare la Place Vendôme).

Le Président inaugure le Salon aéronautique du Bourget. Saulnier a cru utile de faire dire que le Président n'aimerait pas voir d'armes équiper les appareils. *« On »* en a conclu qu'il fallait les désarmer. La presse ricane. *« Absurde, ridicule, excès de zèle ! »* dira le Président, constatant les dégâts. Qui est ce *« on »* ? Chacun repassera à l'autre la responsabilité de la décision. Jean Glavany, chef de cabinet à l'Élysée, chargé de préparer les visites en France, écope ainsi de sa première réprimande, alors qu'il n'y est pour rien. Il part diriger la première mission préparatoire à un voyage du Président en province, dans la Drôme, la semaine prochaine. Première illustration, par l'absurde, du formidable pouvoir de l'Élysée : un seul mot d'un de ses occupants, quel qu'il soit, entraîne des conséquences imprévues. Si cela tourne bien, chacun se dispute la paternité de l'initiative ; sinon, nul n'en assume la responsabilité.

Pendant toute la matinée, François Mitterrand retravaille avec Defferre et Mauroy, maires de Marseille et de Lille, le projet de loi de décentralisation. Les provinciaux sont au pouvoir.

Au vu des chiffres de réserves de change, Jacques Delors vient dire au Président qu'il faut tout de suite dévaluer et préparer un nouveau budget de rigueur. Il me dit en sortant : *« C'est la Bérézina ! »* Cette phrase reviendra dans sa bouche chaque fois que le franc sera attaqué. Le Président : *« Ce n'est pas si grave. La crise dure depuis trop longtemps, elle n'est pas éternelle, elle ne durera pas sept ans et je dois faire toutes les réformes de structures au plus vite. La vague de croissance emportera tout cela. Sans compter que la France est un pays riche. »*

**Samedi 6 juin 1981**

Une première réunion des *sherpas* se tient à Paris. La France — qui n'a pas encore désigné le sien — y est représentée par un haut fonctionnaire qui ne fait que prendre note. Les critiques allemandes sur les taux d'intérêt américains et les taux de change sont particulièrement acerbes. Soumis à un feu roulant de reproches, le directeur du Trésor américain, Baryl Sprinkel, fait front avec entrain : les États-Unis sont les premiers à souhaiter la baisse des taux, mais celle-ci ne pourra intervenir qu'à la fin de la récession. Les Américains, soutenus par les Anglais, s'opposent aux « Négociations Globales ». Canadiens, Italiens et Français plaident en leur faveur et soutiennent aussi le projet d'une « filiale pour l'énergie » de la Banque mondiale. Le document américain sur les relations économiques Est/Ouest, déposé en avril, est discuté. Le *sherpa* allemand, Horst Schulmann, secrétaire d'État aux Finances, explique que l'Est est beaucoup plus dépendant de nos livraisons que nous ne le sommes des siennes.

Gaston Defferre réunit les préfets : *« J'attends de vous que vous serviez loyalement le nouveau pouvoir. »*

L'ancien directeur de cabinet de François Mitterrand en 1956, le conseiller d'État Pierre Nicolaÿ, est nommé à la présidence de Havas en attendant que la vice-présidence du Conseil d'État se libère, pour lui, dans un an. André Rousselet lui fait tenir ses directives avec l'enthousiasme sceptique qu'il met en toutes choses.

**Dimanche 7 juin 1981**

Israël n'a pas répondu à la proposition de la France : son aviation détruit la centrale nucléaire de Tamouz. Pas beaucoup de réactions. L'Arabie Saoudite redoute que le survol de son territoire par les appareils israéliens lui soit reproché.

L'Égypte, tout occupée par la restitution du Sinaï, ne s'en mêle pas. Les voisins de l'Irak, à commencer par l'Iran, la Syrie et les États du Golfe, éprouvent un certain soulagement en dépit des protestations de rigueur.

La France est doublement concernée : d'abord, un Français est tué ; ensuite, Israël a rejeté les procédures proposées la veille par Cheysson pour contrôler Tamouz. Certains se demandent si les Israéliens ne vont pas engager maintenant des actions contre l'usine pakistanaise ou contre l'Afrique du Sud, l'Inde, la Libye, l'Argentine, Taiwan ou tout autre pays détenteur de centrales dans le Tiers Monde.

Face à cette situation, François Mitterrand fait adopter une position modérée : *« Bien qu'il y ait entre l'Irak et Israël un état latent de belligérance, il n'est pas acceptable qu'un pays, quelle que soit la qualité de sa cause, règle ses contentieux par une intervention armée — contraire, à l'évidence, au droit international. Donc, je réprouve l'initiative prise par M. Begin. Bien entendu, je comprendrais l'affaire autrement s'il était démontré qu'il y avait danger réel et proche pour Israël en raison d'un détournement éventuel par l'Irak de la technologie nucléaire à des fins militaires. Mais cette démonstration n'est pas faite, c'est le moins qu'on puisse dire. En tout cas, M. Begin pouvait faire confiance au Président de la République française, dont les sentiments à cet égard sont bien connus. J'ai toujours placé et je place toujours au premier rang de mes préoccupations la sécurité d'Israël et la paix au Proche-Orient. Je suis un ami d'Israël, et le seul homme politique responsable d'un grand parti français qui ait approuvé les accords de Camp David (...). Lorsque nous demandons condamnation au Conseil de sécurité après l'affaire de Tamouz, nous condamnons le raid, pas Israël. Nous critiquons l'action des dirigeants, nous ne demandons pas de sanction contre le peuple. Et nous restons disponibles pour tout accord amiable, pour tout règlement pacifique, pour tout ce qui contribuera à de bonnes relations avec Israël dans le respect des grands principes... »*

Exemple du décalage entre le Président et le Quai d'Orsay : aux Nations-Unies, le représentant de la France, Luc de Nanteuil, suggère que le gouvernement israélien contribue financièrement aux réparations de Tamouz. Son voisin, l'Israélien Yehuda Blum, s'indigne : *« Nous ne donnerons pas un sou ! »*

C'est maintenant décidé : après l'affaire de Tamouz, François Mitterrand fera son premier voyage à l'étranger en Arabie Saoudite. Il le dira au Roi Khaled, qui vient à Paris la semaine prochaine.

Au Tchad, Hissène Habré progresse vers le Sud. François Mitterrand : *« Habré n'est pas un ami de la France. Je n'aime pas cet homme. Il est entre les mains des Américains. Mais nous devrons le soutenir s'il gagne. Ce qui compte, c'est l'unité du Tchad. Sinon, toutes les frontières africaines voleront en éclats. Pour l'instant, nous soutenons le gouvernement légitime, celui de Goukouni. »* Aussi fait-il interrompre les livraisons d'armes à Habré, commencées avant l'élection présidentielle.

Pour la sixième fois, Björn Borg remporte les internationaux de tennis de Roland Garros.

La campagne électorale des législatives s'accélère. Elle n'est pas d'une violence notable. La droite est encore sous le coup de sa défaite.

**Lundi 8 juin 1981**

Les procédures élyséennes se mettent doucement en place : Rousselet, Bérégovoy, Saulnier et moi passons au Président les notes de nos collaborateurs. Son annotation vaut décision, à transmettre au Premier ministre. Le Président reçoit chaque lundi soir le secrétaire général du gouvernement avec le secrétaire général de l'Élysée, venus présenter l'ordre du jour du mercredi. Le mardi, il petit-déjeune avec le Premier ministre, le secrétaire général de l'Élysée et le premier secrétaire du Parti socialiste. Le mercredi matin, avant le Conseil, il voit le Premier ministre, d'abord avec les deux secrétaires généraux, puis en tête à tête. A l'issue du Conseil, il déjeune avec les principaux hiérarques du PS, qu'il reçoit de nouveau le jeudi au petit déjeuner, cette fois sans le Premier ministre. Le vendredi, il voit le ministre des Finances.

Gaston Defferre présente le projet de décentralisation à Pierre Mauroy qui le qualifie de *« révolution tranquille »*.

Le Président choisit Jean-Marcel Jeanneney comme *sherpa*. L'ancien ministre de De Gaulle a pour gendre le directeur des Affaires économiques au Quai d'Orsay, Jean-Claude Paye. Cheysson tutoie tout ce monde.

**Mardi 9 juin 1981**

Le petit déjeuner hebdomadaire entre le Premier ministre, le secrétaire général de l'Élysée, le premier secrétaire du PS et le Président devient le principal centre de décision de l'État. On y délibère pendant une heure et demie du Conseil du lendemain, des nominations futures, des grands projets.

Cheysson s'inquiète des voyages trop nombreux de Michel Jobert. Et Delors des propos trop indépendants de Laurent Fabius. Nature humaine !...

Acyl Ahmat, ministre des Affaires étrangères du GUNT, est reçu par Jean-Pierre Cot. L'homme est sombre, pessimiste et courageux. Il m'impressionne.

Dans l'après-midi, François Mitterrand est à Montélimar ; il appelle à voter socialiste dimanche prochain. Rentrant à Paris tard dans la soirée, il est furieux d'apprendre que les journaux télévisés n'ont presque pas mentionné son discours. Il y voit un complot des chaînes. L'horaire tardif de son intervention en est à mon avis la principale cause, mais on ne le lui a pas expliqué : trop de gens commencent à voir des complots partout, notamment du côté des médias.

**Mercredi 10 juin 1981**

Au Conseil des ministres, on discute d'un premier collectif budgétaire destiné à financer 7,7 milliards de francs de dépenses publiques, dont la création de 55 000 emplois publics et des prêts aux entreprises ; puis, en partie C, du projet d'amnistie présidentielle. Personne ne s'aperçoit que ce projet, préparé par d'anciens collaborateurs d'Alain Peyrefitte comme le procureur Sadon et l'avocat général Béteille — que Maurice Faure n'a pas jugé utile de remplacer —, est truffé de pièges. D'une part, après l'accord secret passé une semaine plus tôt entre Defferre et le FLNC, les autonomistes corses figurent dans la liste. D'autre part, les militants d'Action Directe inculpés d'attentats sans homicide, Nathalie Ménigon et Jean-Marc Rouillan, s'y trouvent aussi par le jeu normal de l'amnistie : *« De toute façon,* explique le ministre, *ils seraient tous sortis de prison en avril prochain. »* Rien n'est décidé.

Claude Cheysson annonce des difficultés avec l'Espagne, qui a réclamé l'extradition des réfugiés basques. Il dénonce l'attitude équivoque du gouvernement français précédent et estime qu'il faut rappeler aux Espagnols nos grands principes. Le Premier ministre ajoute : *« Nous prenons notre temps. Nous restons tenus par notre tradition de terre d'asile. »* Cheysson se dit *« accablé de coups de fil émanant des autorités espagnoles »*, et souhaite qu'on taise le fait que ce sujet a été abordé ce jour en Conseil des ministres. Le Président demande que les Espagnols soient soutenus. Il faut leur parler, puis avoir des conversations entre ministres de l'Intérieur. *« Il s'agit non de corriger une mauvaise impression, mais de bâtir une politique. »*

A la sortie du Conseil, le Président me demande de sonder Maurice Faure sur son désir de rester au gouvernement. Celui-ci est véhément : *« Je veux partir au plus vite, je m'ennuie ici. Et puis, tu sais, j'ai un gros poil dans la main. Dis-le à François. »* Robert Badinter, qui attendait qu'une place se libère au Conseil constitutionnel, entrera au gouvernement, à sa grande surprise, au seul poste qui l'intéresse.

Au Tchad commence le retrait de la Force interafricaine protégeant le gouvernement de Goukouni.

**Jeudi 11 juin 1981**

Le Président visite Taverny.

Nouvel héritage délicat : le Premier ministre apprend, au moment où les matériels vont être embarqués à Dunkerque, que Thomson a signé avant les élections présidentielles les contrats de vente d'un commutateur téléphonique électronique central MT 20 pour Léningrad, d'une usine d'assemblage de centraux MT 20 installée à Oufa, toujours en Russie, et d'un atelier de fabrication de composants électroniques à Kiev, ce dernier en violation des règles du COCOM qui contrôle l'exportation de matériaux sensibles vers les pays communistes.

Le Président est embarrassé : la parole de la France, donnée par son prédécesseur, doit être respectée ; mais les règles du COCOM aussi. Il décide d'annuler la vente de l'atelier de fabrication — aspect le plus litigieux — et fait proposer à l'URSS de lui fournir, à la place, les composants eux-mêmes, après vérification avec le COCOM. Informé, l'ambassadeur d'Union soviétique à Paris, M. Tchervonenko, fait part à Pierre Bérégovoy du mécontentement de son pays : *« Les Soviétiques sont préoccupés par les dispositions qui viennent d'être prises (...). Nous savons bien que la tendance aux États-Unis est de réaliser un blocus économique.*

*Ils peuvent essayer : ils ne nous mettront pas à genoux. L'évolution de cette situation est telle que nos inquiétudes sont vives et nous devons attirer votre attention sur le fait que cette évolution constitue une menace sur nos relations. »*

Le Président, en marge de la note qui relate cette réaction, indique : *« Être très attentif à cette question. Thomson a manqué aux obligations qui lui étaient imposées. »*

**Vendredi 12 juin 1981**

Ouverture, à l'initiative de Pierre Mauroy, des négociations entre partenaires sociaux sur la réduction du temps de travail. L'espérance des syndicats est grande : retraite à soixante ans, trente-cinq heures..., si possible par la concertation. Le patronat est hébété. Il n'a rien vu venir, rien préparé.

Le franc est encore attaqué. Le déficit s'accroît de façon inquiétante. En un an, le dollar s'est apprécié d'un tiers, ce qui a relevé d'autant la facture pétrolière. On peut parler de troisième choc pétrolier.

Les nouveaux « convertis » se multiplient : un banquier, partant à une obscure réunion à Mexico à laquelle assistera aussi le Président du Mexique, Lopez Portillo, demande à être chargé d'un message du Président français, lequel n'a rien à transmettre, surtout par ce canal !

**Samedi 13 juin 1981**

Premier chef d'État reçu à déjeuner à l'Élysée par le nouveau Président, le Roi Khaled. François Mitterrand, juste avant son arrivée : *« Jusqu'ici, on n'a parlé avec ces gens-là que de pétrole et du Moyen-Orient. Je veux les traiter comme de vraies puissances et leur parler de toutes les affaires du monde. »*

Au début de l'entretien, le Roi Khaled, lisant un court texte : *« La France a été le premier pays à condamner l'agression israélienne de 1967. Elle s'est mise au premier rang des États européens pour la recherche d'une solution juste et durable à la question du Moyen-Orient. J'espère que l'inspiration de la politique française demeurera identique. »*

C'est l'occasion pour François Mitterrand de faire son premier exposé de politique étrangère devant un autre chef d'État : *« La France est résolue à mener une politique active et fermement européenne au sein de la CEE, tout en préservant l'autonomie de ses décisions. Ses rapports avec la RFA, qui constituent la pierre angulaire de l'Europe, resteront bons, comme ils l'ont été traditionnellement. Avec la Grande-Bretagne, elle s'efforcera de parvenir à un rapprochement des points de vue des deux pays, qui divergent souvent sur les problèmes européens. Elle a beaucoup d'estime et d'amitié pour la jeune démocratie espagnole, et elle est toute disposée à lui apporter son appui, mais dans le respect des droits de l'homme. La mutation politique intervenue en France n'a pas affecté les rapports avec Washington, qui sont toujours amicaux et fondés sur la coopération et l'alliance (sans qu'il puisse être question d'un retour de la France dans les structures militaires intégrées de l'OTAN). Les deux pays ont des conceptions identiques en ce qui concerne l'équilibre stratégique nécessaire avec la puissance de l'URSS. Mais, sur cette toile de fond d'une entente primordiale, des dissentiments et des conflits d'intérêts peuvent se présenter, tel celui résultant de l'actuelle politique monétaire américaine qui crée de sérieuses difficultés aux autres économies occidentales. Or, il ne saurait y avoir de bonne coopération politique ni de bonne alliance militaire dans le désordre économique.*

*Il y a entre l'URSS et la France, situées aux deux extrémités du continent européen, une tradition de relations pacifiques et même de coopération aux fins de leur sécurité commune. Aujourd'hui, ces rapports sont troublés à cause de l'inacceptable invasion de l'Afghanistan, du risque d'ingérence en Pologne, du déploiement par l'URSS des missiles SS 20 au-delà du seuil, déjà critique, de 150 fusées. Sans être directement concernée par cette dernière affaire, puisqu'elle a une stratégie nucléaire autonome, la France y est de toute évidence intéressée. Tout en comprenant et admettant que les États-Unis veuillent, à titre de réplique et de contre-mesure, positionner des missiles Pershing en Europe occidentale, la France n'est pas spécialement favorable à cette perspective. Elle souhaite que des négociations s'engagent en vue d'une réduction parallèle et d'un retrait de ces armements.* »

Le Président se montre ici plus prudent qu'avec Helmut Schmidt sur le déploiement des Pershing. Il est aussi très en retrait sur ses positions antérieures à propos du Proche-Orient :

« *Les relations franco-égyptiennes sont traditionnellement bonnes. La solution du problème du Proche-Orient viendra-t-elle d'un règlement global, comme le pensent les pays arabes, ou d'une suite d'accords particuliers qui conduiraient, pas à pas et comme par contagion, à la paix juste et durable que nous souhaitons nous aussi ? Seule l'Histoire pourra le dire.*

*Le problème est clair sur le plan des principes, plus complexe dans ses aspects pratiques. Le respect des résolutions de l'ONU, qui s'impose, implique la reconnaissance de l'existence d'Israël dans des frontières sûres et garanties. En application également de ces principes, l'aspiration du peuple palestinien à une patrie doit être elle aussi reconnue. Mais nous ne nous substituons pas aux intéressés et ne prétendons pas définir l'assiette et la consistance de cette patrie palestinienne. Israël devrait accepter d'ouvrir des discussions directes avec les représentants des Palestiniens sur cet ensemble de problèmes. Il conviendrait néanmoins de distinguer entre deux questions, substantiellement différentes : celle de la Palestine, d'une part, qui concerne les Palestiniens (et, par solidarité, les pays arabes) ; celle de Jérusalem, des Lieux saints, d'autre part, qui concerne trois grandes religions, dont l'Islam. Il serait normal qu'à ce titre, l'Islam se vît permettre d'avoir une présence à Jérusalem. Le nouveau gouvernement français souhaite avoir de bonnes relations avec Israël, mais sans complaisance (comme l'a montré sa condamnation du raid israélien contre la centrale nucléaire irakienne). Le droit est le même pour tous et doit bénéficier à tous.* »

Le Président sait que le monde arabe s'inquiète de la future politique de vente d'armes de la France.

« *En matière d'équipements et d'armements, la France honorera les engagements contractés en son nom. Elle pourra dans certains cas, notamment en ce qui concerne l'Amérique du Sud, apporter des restrictions aux livraisons d'armes. Mais, généralement parlant, la seule limite qu'elle introduira à l'exécution des accords résultera de sa volonté bien établie de non-prolifération nucléaire. Elle se réjouirait particulièrement de poursuivre sa coopération avec l'Arabie Saoudite dans le domaine de la défense, selon les convenances mutuelles des deux pays. »*

Le Roi Khaled répond d'abord sur Tamouz : *« Je me félicite de ce que le gouvernement français ait vigoureusement condamné l'attaque israélienne sur Tamouz et je suis prêt à coopérer financièrement avec la France pour la reconstruction du centre nucléaire irakien dont les objectifs sont exclusivement pacifiques. Je souhaite que la France agisse, de concert avec les États-Unis, pour que les installations nucléaires d'Israël — sur la vocation desquelles on est fondé à avoir de très sérieux doutes — soient soumises à inspection internationale. »*

François Mitterrand : *« Dans le domaine des exportations de matériel nucléaire, une distinction nette entre usages civils et militaires sera notre règle d'action. Les mêmes principes de non-dissémination doivent s'appliquer à tous, à l'Irak comme à Israël. Nos décisions seront suspendues à l'établissement de contrôles très stricts, de nature à donner toutes les assurances requises sur ce point essentiel. »*

Puis, sentant qu'il faut rassurer à l'avance sur l'éventuelle présence de communistes au sein du gouvernement dans une semaine : *« Les socialistes français sont des démocrates, fondamentalement attachés aux libertés publiques et à la paix civile, se guidant dans leur action sur les valeurs morales et les idéaux humanistes. »*

**Dimanche 14 juin 1981**

Premier tour des élections législatives. Raz-de-marée socialiste. Le Président est inquiet : *« C'est trop, c'est trop ! »*

Gaston Defferre, rencontrant Jean-Pierre Elkabbach dans les couloirs de la télévision, remarque à haute voix : *« Tiens, mais il est encore là, celui-là ? Il en a de la chance ! »* Ainsi, même Defferre est pris dans le climat d'épuration.

**Lundi 15 juin 1981**

Le Président du CCF (l'une des banques nationalisables), Jean-Maxime Lévêque, demande à me voir. Je le reçois pour un petit déjeuner dans une des salles à manger de l'entresol, si mal entretenu. Il me parle de sa nostalgie du temps où il travaillait ici avec le Général de Gaulle, du rôle de l'Élysée dans l'État, de l'ENA... Charmant. Puis il ajoute : *« Bien, maintenant, puisque nous sommes entre gens sérieux : François Mitterrand a certes promis de nationaliser les banques pour gagner les élections, mais, naturellement, il ne va pas le faire, en particulier pas le CCF. Alors, que va-t-il se passer ? »*

Ma réponse semble l'avoir surpris. Je ne l'ai jamais revu.

Jacques de Fouchier, ancien président de Paribas, l'homme qui en a fait la grande banque qu'elle est devenue, m'écrit pour plaider lui aussi contre la nationalisation : *« Bien que je croie connaître vos idées sur ce sujet, je ne veux pas désespérer de parvenir à vous dissuader d'encourager le Président Mitterrand dans une voie que toute mon expérience me prouve déplorable. J'espère donc que vous aurez le loisir de me lire et de pouvoir considérer, pour un moment, que cette cause n'est pas d'ores et déjà entendue. »*

On ne saurait dire les choses plus élégamment. Il me demande de rencontrer son successeur, Pierre Moussa. Rendez-vous est pris pour demain.

**Mardi 16 juin 1981**

Pierre Moussa me reçoit chez lui. Un des plus beaux appartements de Paris, aux fenêtres en arceaux dominant la Seine. J'admire cet homme qu'une intelligence intègre a protégé des ambitions médiocres. Il m'explique en détail son projet : ne nationaliser, si c'est inévitable, que Paribas-France, en laissant Paribas international « à l'abri », sous forme d'une holding suisse à majorité privée regroupant toutes les participations de Paribas à l'étranger. *« Jamais,* dit-il, *un Paribas nationalisé ne pourrait travailler, à l'étranger, avec des partenaires privés. »* Éloquent, séduisant. Je ne lui laisse pourtant aucune illusion ; c'est politiquement impossible, et économiquement indéfendable : l'État nationaliserait les pertes et laisserait le bras industriel de la Banque à des intérêts étrangers. Il m'informe qu'il fera part de son idée à d'autres. Nous nous quittons fort aimablement.

**Mercredi 17 juin 1981**

Au Conseil des ministres, adoption du Plan « Avenir-Jeunes » et de l'aide à l'investissement, en particulier en faveur de la machine-outil. Il comporte une exonération de 50 % des cotisations sociales patronales pendant un an pour l'embauche d'un jeune de moins de 26 ans, une prime à l'embauche pour les entreprises artisanales, des contrats emploi/formation et diverses autres mesures en faveur de l'emploi.

Ce plan porte essentiellement sur des autorisations de programmes qui ne pourront avoir leur effet réel que d'ici deux ou trois ans. Leur coût budgétaire pour 1981 est quasi nul, leur impact sur la croissance et l'investissement sera très faible : le PIB n'augmentera que de 0,5 %, l'investissement de 1,5 %. Il est donc économiquement urgent — et financièrement possible — de relancer l'investissement par un second collectif, en juillet, et par de grands travaux. Un montant total de 5 milliards de francs pour un tel collectif serait réaliste et efficace.

L'après-midi, le Président arrête une liste de projets de grands travaux à faire étudier par le gouvernement pour ce collectif : programme d'investissements des onze grandes entreprises nationalisables, modernisation des gares et du réseau RATP ainsi que du réseau banlieue, modernisation du réseau autoroutier, TGV Paris-Brest et Paris-Marseille, canal Rhin-Rhône, éradication des bidonvilles et de l'habitat insalubre, développement du programme de bioénergies et d'économies d'énergie.

François Mitterrand demande au général Saulnier de lui organiser la visite d'un sous-marin nucléaire.

**Jeudi 18 juin 1981**

Sur *Europe 1*, Georges Fillioud, secrétaire d'État à la Communication, appelle les journalistes à faire pression sur les dirigeants de l'audiovisuel public pour qu'ils démissionnent. Choquant.

La campagne se termine. La victoire des socialistes est assurée. Après, quel gouvernement ? Badinter, Cheysson, Delors, Defferre et Hernu font le siège du Président — chacun à sa façon, plus ou moins subtile — pour qu'il n'y nomme pas de communistes. Delors menace même de démissionner. François Mitterrand : *« Je n'y crois pas... Il veut seulement retarder les nationalisations. »*

Le Président reçoit Kathy Graham, propriétaire du *Washington Post*. Ils parlent du Proche-Orient : *« Tout peuple a droit à une patrie. Mais tant que l'OLP déniera aussi au peuple israélien le droit à une patrie, elle s'exposera à voir ses propres revendications repoussées. Il faut que les Israéliens et les Palestiniens, un jour, discutent autour de la table. De même que les Israéliens ont eu la sagesse de négocier directement avec l'Égypte même, il faudra qu'ils discutent avec d'autres, et un jour avec les Palestiniens. »*

Le Premier ministre du Japon, Suzuki, est à Paris. Il fait une tournée pour rencontrer les dirigeants européens qui assisteront au Sommet d'Ottawa. Il garde presque toujours les yeux fermés : concentration ou décalage horaire ? On parle commerce et protectionnisme. Le Président lui explique à nouveau la stratégie économique du gouvernement et propose la création de trois instituts de recherche franco-japonais : un institut de la Mer, un institut du Génie vivant et un institut du Pacifique. Le Japonais approuve sans vraiment se réveiller. Rien ne verra jamais le jour.

Conseil restreint sur la conduite de la politique nucléaire, instance créée par le Président précédent. François Mitterrand y précise les conditions d'une éventuelle nouvelle collaboration nucléaire avec l'Irak : *« « Le principe est le même pour tous : pas de centrale nucléaire dont les techniques pourraient permettre le passage du civil au militaire. »*

Il n'aime pas ce type de réunions aux dossiers tout faits, où on lui indique même ce qu'il doit dire et ce qu'il doit conclure. Pour décider, il préfère le secret de son bureau, la solitude devant un rapport longuement étudié et annoté.

**Vendredi 19 juin 1981**

Le Premier ministre lance la préparation du Budget 1982. Il adresse à tous les ministres une lettre très importante exprimant le souci de rigueur qui déjà l'anime :

> *« La loi de finances pour 1982, qui constitue le premier Budget que nous présenterons au Parlement et au pays, devra traduire nettement les orientations et les priorités du gouvernement.*
>
> *Vos propositions devront s'inscrire dans une politique d'ensemble dont la réussite repose sur un contrôle effectif des dépenses publiques et, en particulier, du déficit budgétaire. Vous savez que les perspectives financières dont hérite le gouvernement sont à cet égard très préoccupantes.*
>
> *Dans ces conditions, vous voudrez bien examiner dès à présent les mesures à prendre, en ce qui concerne le Département dont vous avez la charge, pour :*
>
> *— écarter les actions et financements prévus dans le budget de reconduction qui ne correspondent pas aux priorités du gouvernement ;*
>
> *— financer les actions correspondant à la mise en œuvre d'une première tranche annuelle des orientations du programme présidentiel.*
>
> *Je vous rappelle que le Président de la République a clairement marqué son intention de ne pas accroître de façon significative la pression fiscale globale et de*

*maintenir le découvert budgétaire dans des limites compatibles avec les possibilités de financement.*

*Vous devrez donc faire preuve d'une grande rigueur dans le choix des mesures nouvelles que vous proposerez. Vous envisagerez systématiquement toutes les possibilités d'économies de nature à gager une fraction aussi importante que possible d'entre elles.*

*Je vous demande de ne pas proposer l'octroi d'avantages nouveaux de carrière ou de rémunération aux corps de fonctionnaires relevant de votre Département ; en effet, toute réforme statutaire ou indemnitaire doit être suspendue tant que n'aura pas été menée à son terme la réflexion d'ensemble que j'ai prescrite sur l'évolution du rôle et des missions des fonctionnaires.*

*Vous ferez parvenir vos propositions au ministre-délégué chargé du Budget pour le 1er juillet, délai de rigueur. »*

En matière de recettes, de façon à ne pas tout bouleverser précipitamment, Laurent Fabius s'oriente vers un impôt sur les grandes fortunes, une réforme du quotient familial à lier à une réforme des prestations familiales, et diverses recettes « de poche » : droits indirects, super-bénéfices des banques...

Succès du troisième lancement expérimental d'Ariane.

Le Président écrit à Jean-Marcel Jeanneney pour lui exposer ses positions de négociations dans la préparation du Sommet d'Ottawa. Cette lettre est particulièrement intéressante en ce qu'elle définit la position de la France sur tous les grands sujets d'économie internationale du moment :

*« Vous insisterez en particulier sur la gravité des conséquences qu'entraîne la montée des taux d'intérêt aux États-Unis. Il importera de rechercher sur ce point l'accord des autres pays face aux États-Unis et de faire preuve de la plus grande fermeté.*

*S'agissant du dialogue Nord/Sud, la France entend désormais établir des rapports d'un type nouveau avec les pays en voie de développement, fondés sur la stabilisation des cours des matières premières et l'acceptation d'une entrée raisonnable de leurs produits sur les marchés des pays industrialisés. Un effort d'explication peut être utile entre les Sept et nous devrions rallier les pays européens à nos thèses. La question de l'énergie est évidemment un enjeu considérable. Vous insisterez plus particulièrement sur le développement nécessaire des économies d'énergie, des énergies nouvelles et du charbon. Pour ce qui est du nucléaire, vous soulignerez la nécessité d'un développement donnant toute garantie économique et sociale aux citoyens. Enfin, vous appellerez l'attention de vos interlocuteurs sur la fragilité de la situation pétrolière actuelle.*

*Pour les échanges commerciaux, vous ferez valoir l'urgence d'une certaine organisation de la concurrence pour les secteurs les plus menacés. En ce qui concerne le projet des États-Unis de voir libéraliser les échanges de services, vous marquerez nos réticences à l'égard d'une initiative dont les multinationales financières seraient les seules bénéficiaires.*

*Par ailleurs, les États-Unis chercheront à engager la discussion sur le document qu'ils ont préparé à propos des relations économiques Est/Ouest. Sans nous opposer de façon catégorique à cette discussion qui pourrait présenter un certain intérêt, vous montrerez qu'avant d'engager un effort de concertation sur nos relations avec les pays de l'Est, il faut commencer par progresser sur le problème le plus urgent, celui des taux d'intérêt américains.*

*Enfin, en raison de l'importance de la cohésion européenne, je souhaite que vous puissiez développer des contacts particulièrement étroits avec les représentants allemand, britannique et italien. »*

La lettre a été préparée par Claude Cheysson. Elle révèle déjà une attention passionnée portée aux problèmes Nord/Sud, mais également une certaine bienveillance à l'égard des thèses américaines sur l'Est/Ouest. Le malentendu avec le Président sur ce dernier sujet va s'installer : Cheysson est prêt à accepter une cogestion du commerce Est/Ouest avec les Américains ; le Président pense au contraire que tout accord de ce genre restera illusoire aussi longtemps que les Européens n'auront pas une stratégie cohérente capable de faire contrepoids à la volonté américaine de blocus.

**Samedi 20 juin 1981**

Georges Fillioud appelle les professionnels de l'audiovisuel à se réunir pour faire des propositions de transformation des chaînes françaises.

**Dimanche 21 juin 1981**

Second tour des législatives : raz-de-marée ! PS-MRG : 285 sièges ; PC : 44 sièges ; RPR : 88 sièges ; UDF : 63 sièges. Le système majoritaire renforce les majorités. C'est formidablement injuste. François Mitterrand : *« On ne pourra jamais redécouper les circonscriptions, c'est trop compliqué. Il faudra aller à la proportionnelle. Je n'aime pas ce système, mais ce sera inévitable. D'ailleurs, il n'y a pas de bon système. Il faut en changer de temps en temps. »*

Soirée à l'Élysée, évidemment euphorique. Quelques centaines de personnes envahissent le premier étage. Mon bureau sert de buffet. Le Président : *« Regardez bien cette Assemblée, vous n'en verrez jamais plus de ce genre. »* Il ajoute : *« Je proposerai à des communistes d'entrer au gouvernement uniquement parce que je ne suis pas contraint de le faire... mais ils devront se transformer, sinon ils disparaîtront... Ils m'appuieront jusqu'aux municipales. Après, on verra. »*

Jean-Pierre Elkabbach est agressé au *Palace*. Absurde et scandaleux.

**Lundi 22 juin 1981**

A Pierre Mauroy qui le lui a demandé, Maurice Ulrich remet son mandat de président d'*Antenne 2*. Pierre Desgraupes le remplacera. Jacques Boutet obtiendra *TF1* dès que Guillaud aura accepté de partir. Claude Contamine, président de *FR3*, et Roland Faure, directeur de l'information à *Radio France*, démissionnent. Jobert obtient de François Mitterrand la nomination de Guy Thomas à *FR3*.

Les contacts avec les communistes commencent. Ils passent d'abord par Jacques Fournier et Guy Braibant, deux conseillers d'État. Le Président leur fait proposer quatre ministères, en excluant Affaires étrangères, Finances, Intérieur, Défense. Ils en veulent cinq, dont Anicet Le Pors aux PTT, Gisèle Moreau au Travail, Jack Ralite à la Culture. Ils parlent aussi de Guy Hermier, mais Defferre s'oppose à la nomination de son rival communiste à Marseille. Edmond Maire et Jacques Delors interviennent auprès de François Mitterrand pour que Gisèle Moreau ne soit pas ministre du Travail. Le Président accepte dans un premier temps les propositions du PC, puis leur refuse les PTT et, plus tard, la Culture. Où mettre Ralite ? A la Santé. Où mettre Le Pors ? Il refuse la Consommation et finit par accepter la Fonction publique et les Réformes administratives.

L'ambassadeur de France à Washington, M. de Laboulaye, fait savoir que si des communistes entrent au gouvernement, George Bush ne viendra pas à Paris après-demain.

Badinter devient garde des Sceaux. Fabius renforce son indépendance vis-à-vis de Delors. Bombard et Debarge quittent le gouvernement sur un malentendu : le Président les croyait désireux de prendre du champ...

Longue journée qui laisse une impression de désordre. François Mitterrand est furieux qu'on ait laissé les caméras attendre à l'intérieur de la cour de l'Élysée. Le soir, rien n'est annoncé et la presse du lendemain s'en gargarise. Le Président : *« Que me reprochent-ils ? Sous la IVe République, il fallait plusieurs jours pour faire un gouvernement ! »*

Le gouvernement allemand s'inquiète de la nationalisation de Roussel-Uclaf, me dit Manfred Lahnstein. Pas question de reculer. Mais on trouvera des accommodements.

Les éditorialistes des radios obsèdent littéralement le Président. Michel Droit sur *France Inter*, Henri Amouroux sur *RTL* sont pour lui des adversaires politiques, des hommes de combat.

**Mardi 23 juin 1981**

L'accord est fait. Fiterman aura les Transports, mais pas l'Équipement, que garde Quilliot. Ralite aura la Santé. Rigout, le Travail.

Jack Lang reste à la Culture. Il arrivera à François Mitterrand de regretter Ralite.

Edgard Pisani est nommé commissaire à Bruxelles à la place de Claude Cheysson, qui reste au gouvernement.

En fin de matinée, tout est prêt ; François Mitterrand : *« Il faut préparer les Américains à ce qui va arriver »*. Vers 15 heures, Claude Cheysson joint Alexander Haig à Honolulu ; je téléphone à Dick Allen, conseiller pour la Sécurité de Reagan, à qui j'annonce l'entrée des communistes au gouvernement : *« La politique étrangère et la politique de sécurité de la France sont inchangées. »* Très cordial, il me remercie d'avoir songé à le prévenir. Haig interroge Cheysson : *« Et Bush, il vient toujours demain ? »* Cheysson : *« Mais c'est lui qui a choisi de se rendre à Paris à cette date ! »* L'après-midi, après consultation de Reagan, la venue de Bush est confirmée.

Enfin, ces deux choses faites, par le télétype spécial qui relie l'Élysée à la Maison Blanche, dit « télétype bleu » (pourquoi bleu ? en tout cas, il n'est pas bleu à Paris), le Président de la République écrit au Président Reagan :

> *« Je tiens à vous remercier personnellement d'avoir bien voulu convenir de la venue du vice-président Bush à Paris. Je me réjouis de le voir demain et de pouvoir longuement et franchement m'entretenir avec lui. A ce moment, un nouveau gouvernement français aura été constitué sous la direction de Pierre Mauroy. Ce gouvernement sera représentatif de la nouvelle majorité parlementaire issue des élections*

*législatives des 14 et 21 juin 1981. La démocratie se sera pleinement exprimée. Le deuxième gouvernement Mauroy assumera, sous ma direction, tous les engagements de la France, tels que définis à plusieurs reprises dans les dernières semaines par moi-même, le Premier ministre et mon ministre des Relations extérieures. Ces engagements sont clairs et précis en matière de sécurité, dans le cadre de l'Alliance atlantique, dans le domaine économique, suivant les principes de l'économie ouverte où nous voulons nous développer. »*

Peu après, le secrétaire général de l'Élysée annonce la composition du second gouvernement Mauroy. André Bergeron, secrétaire général de Force ouvrière, téléphone à l'Élysée pour protester contre la nomination de Le Pors à la Fonction publique.

Nouvel héritage : une note apprend à François Mitterrand que, le 3 mars dernier, le ministre de l'Industrie de l'époque, André Giraud, aurait décidé de *« souscrire un nouveau contrat d'approvisionnement en gaz soviétique à hauteur de 5 milliards de mètres cubes afin de pouvoir assurer le développement prévu des stockages souterrains et des fournitures de contrats interruptibles ».*

Il faudra pour cela construire un gazoduc de 4 000 km de Tuymen, en Sibérie, jusqu'à la frontière orientale de la Tchécoslovaquie ; les firmes européennes espèrent en être chargées. Énorme projet : l'Europe achètera plus de gaz à l'URSS, et l'URSS commandera du matériel à l'Europe. La dépendance de la France à l'égard de l'URSS augmentera un peu, mais nos stocks de sécurité s'en trouveront accrus. Faut-il le faire ? Met-on là en cause notre indépendance ? Non, disent les experts.

Pierre Trudeau, qui présidera le prochain Sommet, déjeune à Paris. Le Premier ministre canadien souhaite que le communiqué final soit un « message » relativement bref. François Mitterrand insiste sur la gravité des conséquences de la hausse des taux américains pour les Européens. Trudeau souhaite obtenir à Ottawa une décision sur la création d'une « Filiale énergie » » de la Banque Mondiale. L'un et l'autre s'inquiètent de voir que les Américains entendent imposer un boycott de l'URSS. Trudeau tient beaucoup à une déclaration des Sept sur le terrorisme, comme les années précédentes. Le Président français y est hostile *(« C'est un Sommet économique, pas le directoire policier du monde. »).* Trudeau s'inquiète de savoir si le Président a des objections à la présence du Président de la Commission européenne, Gaston Thorn, invité pour la première fois à l'occasion d'un tel Sommet, au dîner des chefs d'État où l'on parlera de questions politiques sur lesquelles la Commission n'a pas de compétence.

### Mercredi 24 juin 1981

François Mitterrand ouvre le premier Conseil des ministres du second gouvernement Mauroy par une déclaration : *« Le gouvernement n'est pas celui des représentants des partis, même s'il y a des membres des partis. »* En réponse, Charles Fiterman assure le Président de *« l'esprit de solidarité et de loyauté des ministres communistes ».*

Juste après la fin du Conseil, le gouvernement s'en allant par la cour d'honneur, George Bush entre par la grille du Coq.

L'homme est sympathique, ouvert, attentif et professionnel : ancien ambassadeur à l'ONU et en Chine, il sait de quoi il parle. François Mitterrand évoque d'abord ses racines et les raisons qui l'ont rendu socialiste. Il évoque sa *« souche rurale et chrétienne »* et précise : *« L'adhésion au Parti socialiste n'a nullement signifié pour moi un ralliement au marxisme, mais le moyen, pour la gauche, de parvenir au pouvoir, le moyen aussi de ramener le communisme à son vrai niveau. En France, le communisme a atteint un niveau exagéré, en partie en raison de son attitude héroïque pendant la guerre. Mais, politiquement et historiquement, depuis la Libération, le moment le plus important a été celui où le Parti socialiste a dépassé le Parti communiste. On parvenait ainsi à une situation dans laquelle, pour un homme de gauche, voter utile ne signifiait plus voter communiste. Ainsi on pouvait obtenir que seuls les vrais communistes votent communiste. Les avoir dans le gouvernement leur fait perdre leur originalité, puisqu'ils sont associés aux socialistes dans toutes les décisions. Ils devraient donc être de moins en moins capables de rallier des voix au-delà des communistes. Mais je crois qu'ils resteront très longtemps au gouvernement. »*

Se tournant vers Cheysson, il ajoute : *« C'est là que Cheysson manque de sens politique : il croit que les communistes ne resteront pas ; moi, je pense qu'ils resteront. Ils vont se cramponner aux postes, à ce qu'ils pourront obtenir, et leur érosion sera grande (...). Il faut comprendre ce qu'est le communisme dans un pays catholique. N'avez-vous jamais été frappé par le fait que les communistes sont plus nombreux en pays catholiques qu'en pays protestants ? C'est que l'Église romaine a appris la discipline aux catholiques qui, ainsi habitués, ne discutent pas les ordres d'une autre Église. En revanche, les protestants doivent trouver leur salut par eux-mêmes ; il n'y a pas de hiérarchie pour leur dire comment penser...* [Les communistes] *ont introduit dans le socialisme un poison totalitaire. C'est incompatible avec le "socialisme humanitaire", avec la tradition de Jaurès, de Léon Blum. »*

George Bush me dira à maintes reprises avoir été très impressionné par cette première conversation.

Ce soir, l'ambassadeur américain donne un grand dîner en l'honneur de George Bush et de Pierre Mauroy. Y assiste également notre ambassadeur à Washington, M. de Laboulaye, qui nous avait juré que Bush annulerait son voyage en cas de nomination de ministres communistes ; il fait grise mine. Bush, appelé par deux fois au téléphone, prend Mauroy à part : *« Il y a un ennui. Contrairement à ce qui avait été convenu avant mon départ, la Maison Blanche a décidé de publier un communiqué à propos de votre gouvernement. »* Le texte tombe peu avant minuit : *« La France est un allié estimé et un ami des États-Unis. Comme nation souveraine et démocratique, elle a choisi un nouveau Président et une nouvelle Assemblée législative. Nous nous réjouissons de cette occasion qui nous est donnée de poursuivre les excellentes relations entre nos deux pays (...). Tout en reconnaissant et respectant pleinement le droit du gouvernement de la France de déterminer sa propre composition, c'est un fait que le ton et le contenu de nos rapports en tant qu'alliés seront affectés par l'arrivée de communistes dans ce gouvernement, comme dans tout gouvernement d'un de nos alliés ouest-européens. »* Pierre Mauroy est consterné. Cela n'a rien à voir avec le ton de la conversation de l'après-midi.

George Bush : *« Je rectifierai ça. Ne vous inquiétez pas ! »*

**Jeudi 25 juin 1981**

George Bush quitte Paris pour Londres après avoir fait une déclaration très modérée à Orly.

Le Président commente le communiqué de la Maison Blanche : *« Je ne me suis pas posé la question de savoir si ma décision correspondait au désir ou à la volonté de tel ou tel pays, et je ne me la poserai pas. La réaction des Américains, c'est leur affaire ; ma décision, c'est la mienne. Plus les décisions de la France seront libres, plus la France sera respectée et je ne prendrai donc pas davantage de précautions dans l'avenir. »*

Hernu obtient du Président que Charles Fiterman n'ait pas d'attributions en cas de mobilisation des transports. De même pour Ralite à la Santé.

Pour préparer la réforme de l'audiovisuel, on décide de demander un rapport à une commission. Un écrivain, haut fonctionnaire, Pierre Moinot, est choisi pour la présider. Georges Fillioud essaiera de faire passer ses idées par le biais de cette commission.

**Vendredi 26 juin 1981**

Héritage encore : dépôt de bilan du groupe textile Agache-Willot. Dix mille emplois sont concernés. Premier grand dossier industriel à traiter d'urgence. Faut-il subventionner ? Accepter la faillite ? Nationaliser ?

Le Président laisse là-dessus les coudées franches au gouvernement. Il eût suffi qu'il en décide autrement pour que ce dossier — puis, s'il l'avait voulu, toute la politique industrielle — passent aux mains de son cabinet. Nul n'aurait pu l'empêcher.

Le Président est à Dun-lès-Places, dans la Nièvre, comme tous les ans, pour la commémoration d'un haut fait de la Résistance. Devant les journalistes, venus nombreux, il commente les déclarations de Washington sur un ton apaisant : *« La France est un* "bon allié" *des États-Unis. Nous avons des intérêts communs qui ne sont pas à la merci des événements du moment. Mais les Américains sont loin de chez nous, et ils ne comprennent pas nos évolutions. Tout cela, c'est l'humeur du moment. »*

A Londres, le vice-président Bush insiste sur les *« très utiles efforts »* faits par François Mitterrand pour expliquer exactement *« la signification de la présence de ministres communistes »*.

Au même moment, Reagan déclenche une nouvelle offensive pour entraver le commerce des Européens avec l'Est. Notre ambassade à Washington nous alerte : *« La politique américaine ne vise à rien moins qu'à contrôler l'exportation de tout ce qui peut renforcer le potentiel de l'URSS dans quelque domaine que ce soit. A cette fin, le champ d'application des contrôles sera élargi... Au Pentagone, on n'hésite pas à brandir la menace de boycott contre la production des agriculteurs occidentaux qui agiraient en francs-tireurs et contre certains projets européens. »*

*Boycott* : le mot est écrit. Reagan veut assiéger Moscou pour le faire plier. Formidable volonté, appuyée sur une médiocre connaissance des faits. Comme souvent en politique, l'ignorance soutient la fermeté.

**Samedi 27 juin 1981**

De retour à Washington, Bush est reçu par Reagan. Il minimise à nouveau le différend avec la France. *« Ronald Reagan,* dit Bush à la sortie de cet entretien, *n'attache pas une importance excessive à ce problème et, au contraire, met l'accent sur les nombreuses zones d'intérêt commun entre les deux pays. »* La consigne est donnée ; même Alexander Haig, dans une interview à CBS, fait machine arrière : *« Nous devons reconnaître que la nomination d'un gouvernement est une affaire intérieure. »*

En l'absence du Colonel Kadhafi, l'OUA vote une résolution sur les conditions du retour à la paix au Tchad : la légitimité du GUNT de Goukouni est confirmée.

**Lundi 29 juin 1981**

La mutation des responsables de l'audiovisuel se termine. Antoine de Clermont-Tonnerre est *« déchargé de ses fonctions »* de P-DG de la SFP. Au cours d'un conseil d'administration extraordinaire à *Antenne* 2, Jean-Pierre Elkabbach est démissionné de ses fonctions de responsable de l'information. Au total, une dizaine de personnes quittent leur poste. A la même date, il y a sept ans, quatre-vingts étaient parties. Cela n'empêche pas l'opposition et la quasi-totalité de la presse de parler d'« épuration ».

En route pour le Sommet européen de Luxembourg, première réunion internationale où nous nous rendons et premier voyage à l'étranger, discussion avec le Président sur les exigences du capitalisme mondial. François Mitterrand : *« Il faut entreprendre une politique industrielle hardie qui utilise le progrès technique né de la modernisation des structures industrielles. Ne pas subir, mais utiliser, planifier, investir le progrès technique et matériel, et aboutir à une réduction du temps de travail. »* Le Président contre Cheysson qui souhaite faire confirmer à Luxembourg la Déclaration européenne adoptée l'an dernier à Venise sur le Moyen-Orient. François Mitterrand : *« Je suis pour ses objectifs et contre ses moyens. »*

Je découvre le cérémonial des Conseils européens : en séance, seuls le Président et le ministre des Affaires étrangères. Dehors, les autres ministres et les hauts fonctionnaires, englués dans une interminable attente. Toutes les heures, un compte rendu est fait à chaque délégation par le secrétaire du Conseil. Chacun joue l'affairé. Des notes s'échangent. Des discussions bilatérales s'ébauchent. Claude Cheysson, frénétique, rédige lui-même en séance des télégrammes diplomatiques, jusqu'à leur adresse codée...

Deux questions dominent la réunion : la contribution britannique au budget communautaire et l'élargissement à l'Espagne et au Portugal. Sans résultat. Mme Thatcher a obtenu de Giscard, pour quatre ans, un remboursement partiel de sa contribution au budget communautaire, sorte d'allongement de la période transitoire d'adhésion. Cet accord se termine ; elle en veut le prolongement indéfini. Pour nous qui, dans l'opposition, avions tant critiqué cet accord, il est exclu de céder autant que nos prédécesseurs : un milliard d'écus par an. Nul n'est d'ailleurs prêt à rembourser à Margaret Thatcher, en 1982, autant que ce qu'elle a reçu en 1981.

François Mitterrand propose la création d'un *Espace social européen*, la relance par la consommation et par de grands emprunts européens destinés à financer de grands travaux. Il est mal reçu.

Le soir, Michel Vauzelle et moi réunissons des journalistes à l'hôtel... pour ne rien leur dire. Nous nous taillons auprès d'eux une solide réputation de silencieux.

**Mardi 30 juin 1981**

Le Conseil européen prend position contre le protectionnisme japonais et les taux d'intérêt élevés des États-Unis. Rien de nouveau sur la contribution britannique ni sur l'élargissement.

Henri Fiszbin est exclu du Comité fédéral de Paris du PCF.

Cheysson propose à François Mitterrand de nommer Bernard Vernier-Pallez, président de Renault, ambassadeur à Washington. *A priori*, c'est une très bonne idée : un homme d'affaires chez Reagan.

Au Liban, levée du blocus de Zahlé. Relève des miliciens phalangistes par les Forces de sécurité intérieure libanaises.

Le Président est averti par Marceau Long, qui lui présente l'ordre du jour du Conseil de demain, que Robert Badinter demandera le remplacement du Président Béteille par Michel Jéol, et du procureur général Sadon par Pierre Arpaillange. Il accepte, mais fixe une règle : pour figurer à l'ordre du jour du Conseil suivant, une nomination doit être proposée le vendredi précédent au Premier ministre, et le lundi au Président.

Rashish, le *sherpa* américain, vient dîner à Paris : « *L'Union soviétique et quelques-uns de ses alliés du Pacte de Varsovie font l'expérience de difficultés internes inhabituelles, en particulier dans le domaine économique. Toutes nos études montrent qu'il y aura un déclin très lent de l'économie soviétique au début des années 80. Les difficultés économiques dans les autres pays de l'Est sont aussi sévères et exerceront une pression constante sur les ressources soviétiques.* »

Il explique, tout en prenant ses propres distances vis-à-vis du message qu'il transmet : « "Ils" *veulent interdire aux Européens d'ouvrir des crédits à l'URSS, et même interdire toute vente de haute technologie.* »

Voilà qui est incompatible avec la situation dont nous héritons. La France figure parmi les trois premiers créanciers des pays de l'Est et est le premier créancier de l'URSS. L'Allemagne se trouve dans une situation comparable. La RFA et la France assurent le tiers des exportations de l'Ouest vers l'Est. Alors que le commerce avec l'Est ne représente que 0,8 % des importations et 2,1 % des exportations américaines dont plus des trois quarts sont constitués par les seules céréales.

François Mitterrand hésite à autoriser la publicité sur les radios libres. Pierre Mauroy ne veut pas en entendre parler. Son argument est simple : *« Je ne veux pas, à Lille, de Radio Auchan. »* Le Président se range à son avis. Georges Fillioud défendra fort bien cette interdiction à laquelle, personnellement, il ne croit pas.

André Rousselet et moi déjeunons avec Jacques Rigaud à *RTL*. Il est question de satellites, mais aussi de chaînes de télévision privées, hypothèse que Rousselet écarte absolument.

Guy Thomas et Serge Moati sont nommés l'un président, l'autre directeur général de *FR3*.

**Mercredi 1er juillet 1981**

Au Conseil des ministres, Robert Badinter présente le projet de loi d'amnistie préparé par Maurice Faure. Alors même qu'il est opposé à l'inclusion des terroristes dans la loi, il les y a laissés. Il en a en revanche exclu les délits économiques et fiscaux, la drogue, le proxénétisme, le racisme, le port d'arme, la conduite en état d'ivresse. François Mitterrand trouve qu'il y a trop d'exceptions : il ne s'agit, de toute façon, que de condamnés à moins de six mois. Il rejette le texte.

Fillioud fait le point sur la situation dans l'audiovisuel. Le Conseil des ministres crée la commission que dirigera Pierre Moinot afin d'élaborer des *« réflexions et orientations »* sur l'avenir de la Communication.

A déjeuner, après le Conseil, Michel Colucci m'explique que sans publicité, les radios privées ne pourront pas vivre : *« Elles passeront sous le contrôle des puissances d'argent et rien n'y résistera. »* Raisonnement imparable.

François Mitterrand répond à une lettre d'André Bergeron sur le chômage :

> *« Tout doit être fait pour lutter durablement contre ce fléau à l'échelle de l'Europe, dans un espace social apaisé par l'aménagement du temps de travail, la consultation des syndicats et la pleine utilisation de la dimension européenne (...). J'entends m'appuyer sur le cadre européen pour mettre en œuvre une relance sélective de la consommation populaire et un soutien aux secteurs industriels présentant les meilleures perspectives en matière d'innovation et de création d'emplois. »*

Les autres syndicats protesteront contre le fait que le Président a répondu en premier à FO. Enfantillages...

Poussé par le ministre de l'Industrie, Pierre Dreyfus, et contre l'avis de Claude Cheysson qui s'inquiète des réactions américaines, Pierre Mauroy confirme l'achat de gaz à l'Union soviétique.

Louis Mermaz est élu Président de l'Assemblée nationale. Celle-ci vote la confiance au gouvernement Mauroy.

Jean-Marcel Jeanneney s'envole pour sa première réunion de *sherpas*, à Vancouver. Le Président lui adresse une nouvelle lettre d'instructions, cette fois très spécifique, préparée à l'Élysée. Il s'agit en particulier d'éviter que Ottawa se transforme en tribunal où la politique de la France, si différente des autres, serait jugée :

*« S'agissant de la politique économique française, on écartera l'idée que la rencontre d'Ottawa pourrait constituer un "examen de passage". La discussion sur la situation économique et sociale au Conseil européen de Luxembourg a permis de préciser la façon dont peuvent s'établir nos rapports avec nos principaux partenaires : la politique de la France relève d'une inspiration nettement différente de celle de nos principaux partenaires, mais on évitera de s'enfermer dans un débat idéologique, et il existe de nombreux domaines à partir desquels nous pouvons travailler ensemble.*

*Je note à cet égard avec satisfaction que ce Conseil européen a permis de confirmer la cohésion des Dix sur plusieurs points inscrits à l'ordre du jour d'Ottawa : taux d'intérêt, rapports Nord/Sud, relations avec le Japon. A propos des relations commerciales Est/Ouest, je pense qu'il faut prendre acte des réflexions présentées par les États-Unis, qui sont utiles, mais ne devraient pas conduire à des modifications d'ordre institutionnel. L'enjeu est avant tout politique, et lié pour une bonne part à l'évolution des relations Est/Ouest au cours des prochains mois. En matière énergétique, on confirmera les engagements pris à Tokyo et à Venise, mais on soulignera autant que possible l'idée selon laquelle la crise est loin d'être achevée. Et il faudra rappeler qu'en dépit de la relative détente constatée en ce moment, il convient de ne pas relâcher les efforts en cours. Pour les accords à long terme sur les prix du pétrole, la France est prête à signer avec certains pays, tels que le Mexique par exemple, des accords globaux portant également sur des projets industriels, mais il ne s'agit pas d'un sujet qui relève de la conférence d'Ottawa. »*

La discussion entre ministres sur les nationalisations devient sérieuse. Deux questions dominent le débat : faut-il nationaliser les groupes industriels à 100 % ou seulement à 50 % ? faut-il nationaliser toutes les banques ou seulement les principales ?

Pierre Mauroy recherche un consensus par de grandes réunions confuses où ministres et hauts-fonctionnaires mêlés ont bien du mal à s'exprimer.

Remarque de François Mitterrand : *« La précipitation actuelle du travail gouvernemental, qui n'est qu'en partie inévitable, a une grave conséquence : les problèmes ont tendance à être traités sans perspective stratégique et, trop souvent, par modification à la marge de ce qui se faisait avant. »*

### Jeudi 2 juillet 1981

Gaston Defferre parle au Président d'un nouveau projet de Jean-Jacques Servan-Schreiber : créer un Centre d'informatique *« qui ferait venir travailler à Paris les plus grands chercheurs du monde »*. Le Président est enthousiaste. Pour lui, la science est le facteur essentiel du progrès, et la modernisation de la France passe par l'introduction à marches forcées des dernières technologies. Carte blanche est donnée à Gaston Defferre pour aider Jean-Jacques Servan-Schreiber.

### Vendredi 3 juillet 1981

Discussion avec le Président sur quelques réformes à lancer dans les années à venir : ouverture des grands corps de l'Administration aux responsables syndicaux, création d'une quatrième chaîne de télévision à vocation culturelle, rénovation des lieux publics (bureaux de poste, centres de Sécurité sociale, dispensaires...), création dans les mairies et les lieux publics de conseillers, choisis notamment parmi les retraités, afin d'aider les gens à remplir les formulaires administratifs et les orienter dans leurs démarches. Donner un téléphone gratuit aux retraités, des instruments de musique gratuits aux enfants, comme le sont déjà les livres scolaires. Rendre obligatoire une bibliothèque dans toute entreprise de plus de 500 personnes.

Le Président adresse ces propositions au Premier ministre avec communication à Fillioud, Lang, Defferre, Henry, Avice. Avec beaucoup d'entêtement, quelques-unes deviendront réalité.

L'OCDE modifie ses prévisions ; la situation économique internationale s'annonce plus mauvaise que l'organisation elle-même l'avait prévue, en France et ailleurs. La croissance en 1981 sera faible aux États-Unis (aux environs de 2 %), et ralentie au Japon (de l'ordre de 3 %). L'Allemagne ne devrait pas connaître de reprise avant le dernier trimestre. En 1982 et 1983, les taux d'intérêt américains pourraient baisser. La reprise allemande devrait s'affirmer. Pas de quoi s'inquiéter. De l'avis de l'OCDE, la reprise mondiale est pour l'an prochain.

Selon les mêmes prévisions, en France, la relance dégradera la balance des paiements, et la réduction de la durée du travail aura des conséquences différentes sur l'emploi selon la manière dont elle s'opérera : l'introduction d'une cinquième équipe améliore ainsi la situation de l'emploi, mais pas la cinquième semaine de congés payés. Le déficit budgétaire en 1982 devrait être de l'ordre de 140 milliards ; le point noir sera le déficit extérieur qui devrait atteindre 45 milliards en 1981 et 80 milliards en 1982.

Nous aurions préféré disposer de ces chiffres avant d'annoncer la relance ! Maintenant, c'est trop tard. L'excès d'optimisme initial de l'OCDE nous fait apparaître comme excessivement généreux dans une relance par ailleurs fort modeste. Tout repose donc à présent sur le dynamisme industriel de l'État et la reconquête du marché intérieur.

La Force interafricaine s'est retirée de N'Djamena. Goukouni est sans défense face à Hissène Habré.

**Lundi 6 juillet 1981**

A Matignon, nouveau Conseil interministériel sur les nationalisations. Interminable, confus, indécis. Toujours les deux mêmes questions sur la table : combien de banques faut-il nationaliser ? dans les entreprises industrielles, faut-il prendre la majorité ou la totalité du capital ? Delors plaide pour qu'on s'en tienne, dans l'industrie et dans cinq banques (Suez, Paribas, CIC, CCF, Crédit du Nord) à une majorité simple, un représentant de l'État faisant le tri des participations industrielles. Il met sa démission dans la balance. Pierre Mauroy pense, lui, qu'on doit nationaliser la totalité du capital dans l'industrie et dans toutes les banques ayant plus de 400 millions de francs de dépôts. Les communistes, Chevènement et Fabius sont de l'avis de Mauroy. Badinter, Cheysson et Rocard soutiennent Delors.

André Rousselet reçoit Robert Hersant et lui demande de vendre *France-Soir* à l'ancien président de la FNAC, Max Théret. En vain.

A Ryad, le Prince Fahd reçoit Claude de Kémoularia. Celui-ci rend compte au Président par télégramme :

*« Le Roi Khaled est venu à Paris pour démontrer à tous que les relations entre la France et l'Arabie Saoudite étaient toujours excellentes, répondant ainsi aux rumeurs qui circulaient, indiquant que les relations entre les deux pays allaient se détériorer avec le changement politique intervenu en France. Le Roi souhaite voir se développer ces bonnes relations dans l'avenir. Il a gardé un excellent souvenir de son entretien avec le Président Mitterrand. Le Prince Fahd souligne "le danger que représentent les communistes partout dans le monde", mais ajoute qu'il garde sa confiance au peuple français, qui finira par comprendre dans les proches années à venir que le communisme n'est pas conforme à son intérêt. »*

Kémoularia fait ça très bien.

**Mardi 7 juillet 1981**

Coluche insiste : *« L'absence de publicité tuera les radios vraiment libres. »* Petite guerre pour la distribution des fréquences, notamment en Région parisienne. Chacun mise sur le fait accompli ; il faudra sans doute définir une règle de priorité.

Parfois, la diplomatie emprunte des chemins détournés. A l'initiative des Américains, l'ambassadeur d'Autriche auprès de l'OCDE est chargé par le directeur de l'Agence internationale de l'Énergie de *« tâter le terrain »* pour voir si la France serait disposée à rejoindre l'Agence, créée par Washington pour faire front commun contre l'OPEP. La réponse est négative. La position prise par Pompidou et Jobert en 1973 n'est pas modifiée : les Américains le sauront dans l'heure. Un signe parmi d'autres des limites de notre bonne volonté à leur égard.

**Mercredi 8 juillet 1981**

Jacques Chérèque, de la CFDT, vient me rappeler que les seuls affiliés de la Confédération mondiale des syndicats (TUAC) pour la France sont la CFDT, FO, la CGC et la FEN. La CGT et *« les autres syndicats communistes »* ne font pas partie de ce comité de coordination syndicale. Puis il entre dans le vif du sujet : *« L'objectif d'Ottawa doit être le plein emploi. »* Certes !

Au Conseil des ministres, Robert Badinter présente une nouvelle version du projet de loi d'amnistie ; cette fois, Robert Hersant lui-même est couvert ! Le projet est adopté sans débat : 6 200 détenus sortiront des prisons, soit un sur sept. Le Conseil adopte aussi un projet de loi d'abrogation de la Cour de Sûreté de l'État. Hernu suggère de maintenir la peine de mort... en temps de guerre !

Première discussion au Conseil sur les nationalisations, mais en partie C, c'est-à-dire sans décision. Jacques Delors explique qu'une nationalisation à 51 % de la grande industrie, de cinq banques de dépôt et de deux banques d'affaires suffirait à contrôler l'essentiel de l'économie. Badinter, Dreyfus, Rocard et Cheysson abondent dans le même sens. Pierre Mauroy balaie leurs arguments d'un revers de main : se contenter de 51 % est politiquement et juridiquement impossible, car cela ne permet aucun contrôle des filiales et laisse un trop grand sentiment de réversibilité. Le Président est du même avis, mais n'éprouve pas le besoin de le dire.

Dans l'après-midi, le Président regarde à la télévision, dans son bureau, la lecture de son message au Parlement par Louis Mermaz : « *M'adressant au Parlement, j'en appelle à la volonté de tous, à l'esprit de responsabilité, au civisme, à l'imagination de notre peuple qui a su faire face, chaque fois qu'on lui a fait confiance, aux épreuves de son Histoire.* »

Pierre Mauroy présente le programme de son gouvernement à l'Assemblée.

Le Président reçoit de l'état-major général de l'Armée et du secrétariat général de la Défense nationale une étude sur le rapport des forces dans le monde : Américains et Russes peuvent s'anéantir réciproquement une dizaine de fois, l'URSS dispose d'une considérable supériorité nucléaire, conventionnelle et chimique en Europe. L'installation de Pershing s'impose si rien n'est fait.

Pour préparer la nouvelle loi de programmation militaire 1984-1988, plusieurs décisions devront être prises assez rapidement : construire ou non le missile mobile SX ? l'arme nucléaire tactique Hadès ? des sous-marins nucléaires supplémentaires ? des porte-avions pour remplacer le *Foch* et le *Clemenceau* ? le Mirage 4000 ? Les différentes armes formulent évidemment des demandes concurrentes et contradictoires.

François Mitterrand sur les risques de guerre : « *Je ne crois pas que les Russes désirent la guerre, car ils ont été très marqués par la Seconde Guerre mondiale et par leurs 20 millions de morts. Mais Russes et Américains sont engagés dans une course aux armements, et le rôle d'un pays comme la France est de peser dans le sens d'un ralentissement de cette course... Dans l'équilibre européen, les Russes savent que la France peut être leur principal interlocuteur, car la Grande-Bretagne a tendance à s'aligner sur les thèses américaines et l'Allemagne n'a pas l'entière liberté de décision en la matière. Je ne crois pas à la guerre, du moins dans un avenir prévisible, mais le problème est que les deux grandes puissances veulent obtenir, sans faire la guerre, les résultats qu'elles pourraient escompter d'une victoire militaire.* »

Je reçois un des sous-secrétaires au Trésor américain, Mark Leland, qui fait un tour d'Europe avant Ottawa. Jeune, sympathique, il insiste sur la nécessité d'un « *bon contact* », lors du Sommet, entre les deux Présidents et entre Jacques Delors et Don Regan, secrétaire américain au Trésor. Il cite l'exemple du Mexique : « *Les points de désaccord sont multiples avec les États-Unis, mais le fait que le premier contact personnel ait été réussi entre Reagan et Lopez Portillo a facilité les choses.* »

Je l'interroge sur l'aide à la Pologne, très endettée : « *Les États-Unis feront peut-être quelque chose, mais en laissant les Européens en première ligne. Le Japon, qui ne dépense que 1 % de son PNB pour la Défense, devrait aider la Pologne ou la Turquie.* » Curieux : on doit aider la Pologne, mais pas l'URSS...

Sur le projet de « Filiale énergie » de la Banque mondiale, son attitude est très négative : « *Les pays de l'OPEP n'en veulent pas, et il y a déjà des investissements énergétiques privés dans une centaine de pays en développement.* »

Il évoque sur un ton mi-sérieux, mi-blagueur l'éventualité d'une dévaluation du franc au cours de l'été. Je lui rétorque qu'elle n'est pas d'actualité. Le Président, à qui je rapporte cette conversation : « *On la fera quand les événements nous l'imposeront.* »

**Jeudi 9 juillet 1981**

Si on achète du gaz aux Russes, il faut leur vendre de quoi construire un gazoduc. Cela devrait rapporter 10 milliards de francs à la France. Ainsi en avait décidé le précédent Président. Il faut là encore annuler ou confirmer cette décision.

Claude Cheysson redoute que l'on *« fournisse à l'Union soviétique l'occasion de devenir un allié objectif de l'OPEP, ou, en tout cas, de renforcer notablement leur communauté d'intérêts ».* Hernu craint une coalition de l'Algérie et de l'Union soviétique, vendeurs de gaz. A l'inverse, Pierre Dreyfus défend le contrat : *« Gaz de France a agi raisonnablement en négociant avec la partie soviétique à hauteur de 8 milliards de mètres cubes qui, s'ajoutant aux 4 milliards de mètres cubes déjà contractés, couvriront 30 % de nos besoins en 1990. Le gazoduc soviétique se réalisera et nos partenaires européens en bénéficieront également. »* Ce point de vue l'emporte, comme il l'avait emporté sous le précédent septennat.

*« On ne peut pas douter*, écrit la *Pravda* ce matin, *que les communistes français sauront, comme par le passé, repousser les attaques de ceux qui pensent pouvoir ébranler leurs positions internationalistes de classe. »* Qui en doute ? A qui est adressé ce message ?

**Vendredi 10 juillet 1981**

Rentrant de la réunion de *sherpas* à Vancouver, Jean-Marcel Jeanneney écrit qu'il lui *« paraît illusoire de penser que l'on peut infléchir la politique américaine sur les taux d'intérêt (...). Je crains malheureusement que, compte tenu des incertitudes allemandes, des difficultés britanniques, des positions catégoriques du Président des États-Unis et de la confiance du Japon en ses capacités et en son destin, les chefs d'État et de gouvernement réunis à Ottawa dans quelques jours ne puissent eux-mêmes s'accorder sur des politiques ou des projets propres à donner quelque espoir aux peuples ».* Analyse prémonitoire.

**Lundi 13 juillet 1981**

Devant le groupe socialiste, à l'Assemblée, Georges Fillioud, contredisant le projet présenté par Robert Badinter en Conseil, obtient des députés socialistes que les délits pour lesquels Robert Hersant est poursuivi — violation des lois sur la concentration dans les entreprises de presse — ne soient pas amnistiés. François Mitterrand s'étonne de ce revirement.

Les Américains demandent aux quatre pays européens concernés de ne pas financer la construction d'un gazoduc à travers l'URSS : *« Utilisant la technologie occidentale — en particulier américaine — de pompage et de surveillance la plus avancée,* [ce projet] *apporterait à l'URSS des technologies que le COCOM interdit d'exporter. »* Première nouvelle !

**Mardi 14 juillet 1981**

En dehors du cadre de l'amnistie soumise au Parlement, la grâce présidentielle est accordée à plus de 4 000 détenus.

Le Président reçoit le Bureau de l'Assemblée nationale, puis les chefs de partis avant Ottawa. Étrange cohorte : Chirac, Jospin, Marchais. Giscard a refusé de venir. François Mitterrand leur explique qu'il va dire aux États-Unis *« combien il est difficile d'exiger une solidarité politique quand il n'y a pas de solidarité économique et monétaire. Je compte exposer la stratégie économique de la France, et plaider pour une véritable amorce du dialogue Nord/Sud comme moyen d'aider à sortir de la crise l'ensemble du monde industrialisé ».*

Le Président nicaragayen, Daniel Ortega, est à Paris. Beaucoup plus modéré et raisonnable que je ne le croyais, il rêve d'un dialogue avec les États-Unis : *« Qu'ils me laissent une chance ! »* Il assiste au défilé depuis la tribune présidentielle. Pas très loin de lui, le nouvel ambassadeur américain, Evan Galbraith, enrage. Pour lui comme pour Reagan, Ortega est aussi dangereux que les SS 20. Et même davantage, puisqu'il est dans leur arrière-cour.

**Mercredi 15 juillet 1981**

Au Conseil des ministres, Gaston Defferre présente le projet de loi sur la décentralisation. En bon élu de province, François Mitterrand a trop souffert des préfets de la Nièvre pour ne pas s'en réjouir, même s'il sait que cette réforme donnera le pouvoir à la droite, pour longtemps, dans la quasi-totalité des régions.

L'application de la loi à Paris est difficile : le risque est d'en faire trop (en plaçant le préfet de police sous les ordres du maire), ou trop peu (en maintenant Paris hors du droit commun).

Plusieurs ministres, dont Jack Lang, s'opposent au projet afin de conserver le droit de répartir eux-mêmes les subventions. Lang bombarde le Président de notes depuis quinze jours. Le Président s'irrite de le voir réclamer en Conseil — c'est-à-dire publiquement — ce qu'il n'a pu obtenir en privé : *« C'est l'honneur de la gauche de vouloir des réformes, même lorsqu'elles ne lui profitent pas. Sans le vote des femmes, la gauche eût été au pouvoir dès 1946. Et pourtant, Léon Blum était pour. La décentralisation pose le même problème, et il faut donner la même réponse. »*

A la sortie, François Mitterrand me confie : *« Qu'est-ce que je peux m'ennuyer au Conseil ! C'est trop long, et ils lisent tous leurs notes. Il faut les empêcher de lire ! »*

A Bonn, pour le trente-huitième Sommet franco-allemand, le premier auquel nous assistons, le Président dit à Schmidt : *« ... L'évolution des taux d'intérêt et la hausse du dollar créent dans les économies occidentales et dans celles du Tiers Monde des situations de nature à entraîner des troubles sociaux, des désordres politiques, des catastrophes financières. Je suis optimiste pour Ottawa si la coopération entre la France et la RFA s'affirme. Il faut ramener les États-Unis à une notion plus universelle de leur rôle. Ce que j'attends d'Ottawa, c'est une modification des données psychologiques et donc politiques : le monde aura-t-il le sentiment que les Sept sont davantage soudés face aux crises militaires et économiques, ou bien ceux-ci se réfugieront-ils dans le verbalisme ?... Le seul fait de se réunir est déjà une chose considérable dans ce monde troublé. Mais il faut faire preuve de volonté politique. A défaut, les égoïsmes nationaux reprendraient le dessus. C'est seulement à cette condition qu'il sera possible de surmonter la crise mondiale. »*

**Jeudi 16 juillet 1981**

Le ministre du Plan, Michel Rocard, qui prépare un plan intérimaire pour deux ans, vient interroger le Président : « *Faut-il afficher les prévisions catastrophiques du chômage pour la fin de 1982 ? Faut-il afficher les besoins financiers, énormes, du Plan dans le budget de 1982 ?* »

On a le choix : soit un budget sans rien pour le Plan, suivi d'un collectif en 1982 pour le financer, soit un budget prévoyant 15 à 30 milliards pour le Plan dans un Fonds d'Action structurelle. La première solution est en apparence plus rigoureuse. La seconde, plus sérieuse. C'est celle que Rocard préconise, avec un fonds de 25 milliards. Laurent Fabius aussi, mais avec une dotation d'une quinzaine de milliards seulement.

**Vendredi 17 juillet 1981**

Les affaires se traitent de plus en plus à Matignon. Le Président écrit sur plusieurs notes que lui adressent les ministres : « *Laissez le gouvernement décider.* » Les membres du secrétariat général de l'Élysée, et d'abord Jacques Fournier, assurent la liaison entre les deux maisons.

Je reçois de Jeanneney le projet de communiqué pour le Sommet d'Ottawa, préparé par les Canadiens après la réunion de Vancouver. Sur les relations économiques Est/Ouest, le texte est plus anodin que prévu : « *Nous reconnaissons qu'il y a un équilibre complexe d'intérêts politiques et économiques dans nos relations Est/Ouest, et nous en concluons qu'une poursuite des consultations et une coordination, lorsqu'elle s'avère utile, sont nécessaires pour s'assurer que nos politiques économiques continuent d'être compatibles avec nos objectifs en matière de politique internationale et de sécurité.* »

Signature entre le patronat et les syndicats — sauf la CGT — d'un protocole de négociation sur la réduction de la durée du travail à trente-neuf et l'instauration d'une cinquième semaine de congés payés. Reste à en régler le financement.

Début de la session extraordinaire du Parlement. Le Président aurait voulu l'éviter. Impossible : il y a trop de projets de lois en attente. Et les ministres veulent tout faire voter au plus vite.

L'aviation israélienne bombarde Beyrouth. Le Président rédige lui-même un communiqué : « *... La France est prête à favoriser tout effort en faveur du dialogue et de la négociation avec toutes les parties intéressées, mais elle tient à mettre en garde quiconque céderait à la tentation d'une nouvelle escalade de la violence.* »

**Samedi 18 juillet 1981**

La préparation du Budget 1982 est très difficile. Les Finances font tout pour reprendre de la main gauche ce que le Premier ministre a accordé de la main droite, il y a un mois, dans le collectif. Elles proposent ainsi de supprimer, dans le budget des Transports, la subvention d'équilibre pour l'exploitation de *Concorde*. Menaçant de démissionner, Fiterman en obtient le maintien. François Mitterrand, prévenu après coup, trouve que c'était là une bien mauvaise manière de Delors, même si Fabius, en charge du Budget, en est responsable. Pour la première fois, je l'entends parler du déménagement des Finances qui *« occupent indûment la moitié du Musée du Louvre »*. Il demande à Robert Lion de réfléchir à un autre endroit où installer le ministère, et de prendre contact à cette fin avec le Maire de Paris.

Des membres du Service d'action civique (SAC) assassinent six personnes à Auriol, dans les Bouches-du-Rhône. François Mitterrand : *« Ces gens-là sont encore très puissants. Ils essaieront de déstabiliser le régime. Ce qui est arrivé à Allende peut m'arriver. Je le sais. »* Il me confie, sans précisions, qu'il a reçu des menaces après le 10 mai. Un jour, lors d'un voyage en province, quelqu'un lui glissera dans la main un message pour lui prouver qu'on peut l'assassiner, le moment venu, sans difficulté. Je l'interroge, il hausse les épaules : *« Contre cela on ne peut rien, il faut le savoir, mais ne pas en faire une obsession. »*

Le Président me demande d'aller rencontrer le Chancelier d'Autriche, Bruno Kreisky, pour étudier l'expérience économique autrichienne : *« Ils ont bien réussi. Ils n'ont pas de chômage. Allez voir ça de près ! »*

Le *Journal Officiel* publie la circulaire signée Pierre Mauroy annulant la circulaire Barre sur le boycott des entreprises travaillant en Israël : *« Le régime des échanges (...) ne doit comporter aucune discrimination, quelle qu'en soit la raison. »* Un groupe de travail présidé par Claude de Kémoularia est chargé d'élaborer les propositions *« qui devraient permettre de répondre à la volonté du Président d'exclure toute discrimination et de préserver nos échanges essentiels avec les pays des législations de boycott »*.

Violentes émeutes en Angleterre : aurons-nous les mêmes, cet été, dans les banlieues ? Robert Badinter et Charles Hernu en sont convaincus.

**Dimanche 19 juillet 1981**

Nous partons pour Ottawa à la réunion du Club des pays riches. Mais surtout à celui des trois puissances nucléaires d'Occident. Ce sera la première rencontre des deux Présidents américain et français. Michel Jobert a insisté pour en être, Pierre Bérégovoy aussi.

Dans l'avion, le Président consulte son dossier. Selon la note de synthèse, *« la France veut obtenir qu'on parle de la nécessaire coordination des politiques monétaires et financières en matière de taux d'intérêt et de chômage ; de la création de la "Filiale énergie" de la Banque mondiale ; des "Négociations Globales" sur les problèmes économiques ; du nécessaire respect des principes commerciaux internationaux par le Japon et les États-Unis. L'opinion s'attend, peut-être excessivement, à ce que nous demandions une baisse des taux d'intérêt américains. Il serait donc essentiel de faire savoir que tel n'était pas l'enjeu du Sommet, pour éviter de décevoir ».*

Il est d'autre part conseillé au Président d'insister sur les quatre points suivants :

*« 1) La France parle pour l'avenir en montrant l'importance de la priorité du plein emploi, de l'harmonisation sociale et du dialogue Nord/Sud ;*

*2) L'important est aujourd'hui la "solidarité globale". Il n'y a pas de solidarité militaire ni politique sans solidarité économique et sociale ;*

*3) Pour mettre fin à la crise, la France oppose à la doctrine du monétarisme sauvage une conception moderne et raisonnée de relance industrielle concertée ;*

*4) La France se fait l'interprète de ses partenaires européens et montre que Ottawa est pour elle une suite logique du Sommet de Luxembourg et du Sommet franco-allemand. »*

Je fais plus ample connaissance avec quelques-uns des hauts fonctionnaires qui nous accompagnent. Chacun me confie ses espérances en fonction des postes qui, naturellement ou non, devraient se libérer. Bien plus important, semble-t-il, que l'enjeu du Sommet !

En débarquant, nous découvrons le rituel de ces rencontres. Néophytes mais sûrs de notre bon droit, nous y introduisons maintes fantaisies : sièges tournants, délégations fluctuantes, discours improvisés. Les autres nous accueillent avec défiance, impressionnés par cette audace, inquiets de ses conséquences.

Pierre Trudeau est à la fois le président et le doyen. Intellectuel, charmant, détestant Reagan, aimant être détesté de lui, c'est un hôte délicieux et attentif.

Bataille dérisoire à propos des chambres : Jobert exige une suite, comme Cheysson. Petits côtés d'hommes ordinaires qui se croient grands.

Dès l'arrivée, François Mitterrand et Ronald Reagan se rencontrent sur la pelouse de l'hôtel Montebello où se tient la réunion.

Le Président Reagan impressionne d'emblée par sa voix chaude, douce, enveloppante, heureuse. Cette caractéristique n'est pas anecdotique. Cet homme ne parle jamais de choses tristes et place toujours un filtre d'optimisme devant tout ce qu'il regarde. Il ne fait rien pour communiquer à son peuple la peur de ses rivaux, le goût de l'effort, la crainte de l'échec. Il lui fait croire — et ses compatriotes ne demandent que ça — qu'après le temps de l'humiliation revient celui de la puissance. Une fois passé l'obstacle de ce charme, il est difficile de ne pas percevoir l'extraordinaire vide de sa conversation. Il ne fait que lire des fiches minuscules qu'il extrait de sa poche intérieure gauche. Souvent, elles ne portent que cinq mots et se terminent par un point d'interrogation : l'ambition de ses collaborateurs n'est jamais de le voir exposer une doctrine complète, mais de le faire questionner son interlocuteur afin que les services en retirent quelque chose. Quand la conversation s'emballe, le Président américain, parfaitement conscient de ses limites, dérive sur ses souvenirs du temps où il était comédien ou gouverneur de Californie. Ou bien encore sur une blague. Les premiers sont d'une naïveté confondante, les secondes généralement très drôles.

(Une seule fois, beaucoup plus tard — lors du dernier dîner à la Maison Blanche, sous sa seconde présidence, où Jacques-Yves Cousteau voisinait avec Rudolf Noureïev — il fit un très joli discours qui me parut à la fois sincère et improvisé. Mais, avec ce diable d'homme dont le sourire masque parfois un désarmant bon sens, comment savoir ?)

On parle d'économie : *« François, il n'y a aucun problème, la reprise économique chez nous sera pour janvier, février au plus tard. »* Du gazoduc : *« Vous ne devriez pas construire ce gazoduc, les États-Unis vous fourniront plus de charbon à la place. »*

François Mitterrand apprend ce jour-là à Reagan l'existence de l'agent « Farewell » et l'importance des informations qu'il nous transmet. Il lui dit son intention de communiquer à la Maison Blanche tout ce que « Farewell » nous dira sur les agents soviétiques en Amérique. Épaté, Reagan s'exclame : *« C'est le plus gros poisson de ce genre depuis 1945 ! »*

Reagan se méfie de Trudeau en qui il ne voit qu'un play-boy gauchiste. Il lui a proposé de venir à Washington préparer le Sommet. Mais Trudeau a traîné, préférant faire d'abord le tour des capitales européennes. Pour être sûr que Trudeau ne lui vole pas la vedette et ne présente pas ses positions de façon caricaturale, les Américains ont organisé un centre de presse à l'extérieur, à soixante kilomètres de là, où Haig viendra parler, attirant tous les journalistes.

Le conseiller pour la Sécurité de Reagan, Dick Allen, que j'ai déjà eu au téléphone à propos de l'entrée des communistes au gouvernement, demande à me voir. Un déjeuner en tête à tête est organisé demain à l'hôtel.

Le Sommet s'ouvre par un dîner. On y parle des relations Est/Ouest, de la Pologne, du Moyen-Orient. L'ordre du jour des débats de demain est arrêté : économie générale, commerce, énergie, Nord/Sud, commerce Est/Ouest.

Assis à côté de François Mitterrand, Ronald Reagan lui explique qu'il se méfie depuis toujours des communistes. Quand il était candidat à la présidence du syndicat des acteurs à Hollywood, son adversaire était un prêtre : *« Il était communiste. Il avait été formé à Moscou. Je suis sûr que là, on avait décidé de le renvoyer aux États-Unis pour qu'il devienne prêtre et président du syndicat des acteurs. »* François Mitterrand dissimule mal son sourire : *« Vous ne trouvez pas que c'est un investissement énorme et bien aléatoire pour un poste finalement secondaire ? »*

Ronald Reagan : *« Mais non, pas du tout, ils font ça partout. Il y a beaucoup de gens aux États-Unis qui sont ainsi des taupes soviétiques et que nous ne savons pas identifier. »*

Lorsqu'il me racontera cet échange, François Mitterrand conclura : *« Il a trop regardé* Les Envahisseurs *! »*

**Lundi 20 juillet 1981**

La réunion commence. Les sept pays dont les représentants sont assis autour de la table produisent 80 % du « produit mondial brut ». Trois sièges par pays. Le *sherpa* ou un autre haut fonctionnaire se tient derrière. Jobert est fou de rage d'avoir à laisser Cheysson et Delors en séance. Helmut Schmidt, fondateur de ces Sommets, joue les blasés ; Margaret Thatcher est pleine d'enthousiasme ; le Japonais Suzuki dort ; l'Italien Spadolini parle d'histoire et de littérature.

**Ronald Reagan** prend le premier la parole sur la situation économique : *Contre l'inflation qui sévit dans le monde entier, la plus longue qu'on ait connue, il faut agir. Chez nous, on a considéré pendant plusieurs décennies que les dépenses gouvernementales étaient un stimulant pour l'économie. Quand j'ai été élu Président, j'ai présenté au Congrès la plus forte réduction des dépenses gouvernementales à avoir jamais été entreprise : 40 milliards de dollars ! D'ici la fin de 1984, nous aurons réalisé une économie budgétaire de 280 milliards de dollars. Ainsi, nous allons pouvoir réduire la charge fiscale. On n'a pas à choisir entre l'inflation et le chômage. Je sais que les taux d'intérêt élevés sont gênants pour certains* *pays. Nous espérons qu'au fur et à mesure que l'inflation diminuera, ces taux pourront baisser. Ils sont, aux États-Unis mêmes, très néfastes pour la construction, la production automobile. Certaines entreprises ne peuvent plus financer leurs stocks ; elles seront obligées de disparaître. Nous ne pouvons intervenir en leur faveur. D'ici trois ans, nous aurons réduit l'inflation : ce sera bénéfique pour le monde entier.* Il ajoute, sans que cela ait le moindre rapport avec ce qui précède : *J'espère qu'une réunion du COCOM pourra discuter du commerce avec l'Est.*

Trudeau organise un tour de table. Les Européens mettent tous l'accent sur le problème de l'inflation. Pas un ne relève la phrase de Ronald Reagan sur le commerce Est/Ouest.

**Helmut Schmidt :** *Quand nous reviendrons de Montebello, rien ne sera changé dans la politique américaine. Il nous faudra réduire les besoins d'emprunt pour permettre aux banques centrales de baisser les taux d'intérêt. Nous allons donc devoir réduire nos dépenses et nos emprunts publics. Cela ne sera pas bon dans l'immédiat pour les chômeurs, car nous en profiterons d'abord pour restructurer nos économies. Nous devons en être conscients. Nous ne blâmons personne. Nous disons simplement que les faits sont ainsi. Chacun ici est hypocrite, prônant le libre-échange et maintenant son protectionnisme.*

**Spadolini :** *Il faut affronter simultanément les problèmes de l'inflation et du chômage. Évitons, en voulant réduire l'inflation, de faire croître le chômage, ce qui affaiblirait en outre le système démocratique.*

**François Mitterrand** expose sa conception de la crise et la politique économique des socialistes français. Il critique la politique américaine de façon très modérée : *Les causes de la crise sont structurelles, et la cause des hauts taux d'intérêt est dans la politique des États-Unis. Indirectement, nous souffrons ainsi des idéologies. On a voulu d'abord lutter contre l'inflation, puis contre le chômage, puis à nouveau contre l'inflation. Le résultat est que nous avons à la fois inflation et chômage. Je ne pense pas que des taux d'intérêt élevés soient l'unique réponse possible à l'inflation, comme le prétend la théorie monétariste. Mais ce serait certes une absurdité de dire que la monnaie ne compte pas. La France souffre de 14 % d'inflation, de 7 % de chômage : c'est trop. Chacun de nos pays lutte comme il peut contre la crise qui est la sienne, dont notre système est responsable — chacun dans le cadre de sa politique nationale et de nos politiques communes, celle de l'Europe et celle de l'Alliance. Il serait absurde de rendre contradictoires politiques nationales et politiques communes.*

*Cependant, il faut bien tenir compte du fait que nous ne partageons pas les mêmes analyses. En France, le suffrage universel a sanctionné les expériences passées. Il y a un seuil de chômage au-delà duquel les risques d'explosions sociales dépasseraient les risques découlant de l'inflation. Je ne dis pas qu'il vaut mieux lutter contre le chômage que contre l'inflation, mais je dis que nous avons atteint le seuil au-delà duquel les réalités sociales balaieraient les réalités économiques.*

*Quant à nous, nous avons fait le choix de la croissance par la consommation populaire et l'investissement productif. Ce n'est pas seulement parce que cela correspond à nos idées, mais parce que nous ne pouvons pas faire autrement (...). Les taux d'intérêt élevés rendent notre tâche plus rude. Le poids des dettes devient menaçant pour les moyennes entreprises et même pour quelques grandes. Nous ne pouvons accepter de jeter notre économie dans le marasme, comme ce fut le cas avant la Seconde Guerre mondiale. Cela risquerait de nous conduire à la dictature, au protectionnisme et de briser, à la fin, notre communauté...*

*Pour relancer la croissance, nous butons contre les taux d'intérêt. Mais nous ne disons pas aux Américains : vous êtes coupables. Nous savons que vous faites ce que vous pouvez. Ronald Reagan nous dit : ce n'est pas là de la théorie, mais une nécessité pour lutter contre une situation intérieure. J'essaie de vous comprendre. Essayez de nous comprendre aussi, afin que nous nous entraidions. Je n'accuse pas les États-Unis, mais je veux qu'ils sachent que cela nous gêne, que cela nous crée des risques de désordres économiques et sociaux, que cela nous affaiblit, et donc engendre des risques politiques et militaires. Il faut le consentement populaire pour défendre les valeurs de civilisation, la sécurité et l'indépendance de nos patries...*

*Nous avons à tenir compte de notre population, de nos disparités sociales, de nos injustices, de nos inégalités. Nous n'avons pas toutes les vertus. Nous avons nos démagogies, nos faiblesses. Si nous n'avons pas le soutien de nos partenaires, comment ferons-nous face aux arrivages massifs de biens de consommation japonais ? Le libre-échange, c'est très bien en théorie, mais je constate qu'en pratique, nous en sommes loin. Je suis de l'avis de Helmut Schmidt lorsqu'il déplore le protectionnisme auquel recourent, en fait, tous les pays. Et je demande qu'il soit fait un bilan sérieux de tous les dispositifs que nous avons les uns et les autres adoptés, cela afin de les organiser et de les réduire. Nous aurons à parler du vin italien, des textiles, de la sidérurgie dans la Communauté, des huiles végétales et du soja américains importés en Europe... On ne doit pas parler de règles commerciales sans avoir rendu visibles certaines pratiques, notamment en ce qui concerne les pays du Tiers Monde, qui ne résultent pas du libre jeu des marchés, mais sont l'expression de dominations économiques. Or, nous n'avons pas défini de véritable politique entre nous sur ce plan-là.*

Une fois le tour de table terminé, la séance est levée. Je vais, comme prévu, déjeuner avec le principal conseiller du Président américain. Il ne sait pas — moi non plus — qu'en dix ans j'en verrai six autres occuper après lui le même bureau à la Maison Blanche !...

Dick Allen est charmant, professionnel, et connaît assez bien la France. Ancien étudiant en Allemagne, il me dit avoir été un temps chauffeur de taxi à Toul ! Il ne s'intéresse visiblement qu'à une seule chose : le rôle des communistes dans la politique étrangère du gouvernement français. J'explique qu'avec ou sans les communistes, notre politique étrangère sera entre les mains du seul Président et obéira à des orientations claires qui sont d'ailleurs publiques.

Il m'écoute d'un air très aimable et ajoute, manifestement sincère : *« Je comprends. Ça devrait coller. Passons à autre chose : je ne vois pas la différence entre votre politique économique et celle de l'Union soviétique... »*

Interloqué, je m'évertue néanmoins à la lui expliquer. Il écoute poliment et prend même des notes. Mais je sens bien que je perds mon temps. Ainsi s'annonce ce formidable mur d'incompréhension, ce fossé culturel qui caractérisera nos rapports avec les Américains durant de longues années.

En sortant de ce déjeuner, je découvre qu'en créant leur propre service de presse à soixante kilomètres du lieu du Sommet, les Américains ont gagné d'avance la bataille des médias : s'ils veulent entendre les *briefings* de Haig, les plus courus, tous les journalistes doivent camper sur place. Se déplaçant en hélicoptère, Haig s'y rend sans cesse. Les *briefings* des autres pays se dérouleront à Montebello devant des salles vides.

L'après-midi, le débat est consacré aux rapports Nord/Sud. Reagan nous explique qu'il a trouvé la solution à ces problèmes. Il la doit à l'un de ses amis qui possède une très vaste exploitation agricole en Californie. Cet ami, voyageant au Mexique, voit un paysan qui arrose son champ avec un vieil arrosoir, faisant sans relâche le va-et-vient entre la source et le champ : *« Mon ami californien s'est dit : il faudrait un tuyau d'arrosage ; il y a chez moi de vieux tuyaux d'arrosage qui ne servent à rien, je vais les lui envoyer et le problème sera réglé... Voilà ce qu'il faut faire partout ! »* Là s'arrête son discours.

Pendant cet exposé, Suzuki dort la bouche ouverte, Mme Thatcher se poudre, François Mitterrand signe des cartes postales, Spadolini papote avec son *sherpa* Sergio Berlinguer, cousin du tout-puissant patron du PC italien, Schmidt fouille dans ses dossiers et Trudeau vérifie méticuleusement la bonne tenue de l'œillet rouge qui orne sa boutonnière. Seuls les collaborateurs de Reagan ont l'air aux anges.

Je ne suis pas près d'oublier ce premier contact avec les Grands de ce monde.

Faute d'une conclusion quelconque sur l'aide au développement, Trudeau passe aux relations avec l'URSS.

**François Mitterrand :** *Un recours au COCOM pour savoir ce que nous pouvons vendre est peut-être nécessaire. Je ne m'y oppose pas. Mais il faut une épreuve de vérité. Est-ce qu'on nous demande précisément de ne pas vendre ce que nous vendons ? Qu'est-ce que l'Amérique, elle, a besoin de vendre ? On nous parle de stratégie. Mais on ne va pas faire un blocus, comme Napoléon ! Cela n'a d'ailleurs pas bien marché... Il n'est pas question de créer la disette dans des pays déjà affamés.*

**Ronald Reagan** répond clairement : *Oui, il faut affamer les Russes, afin qu'ils retournent leurs armes contre le Kremlin !* Puis, il se met à lire une note : *Une étude de la CIA prévoit un déclin quasi inéluctable de la production pétrolière russe d'ici trois ans, en raison d'une exploitation désordonnée et excessive des champs pétrolifères en activité, de l'incapacité des Soviétiques à découvrir des réserves suffisantes et de l'inadéquation technique de l'outil de recherche et de production. Moscou va dès lors se trouver acculé à choisir entre ses livraisons aux pays de l'Europe de l'Est et ses exportations vers l'Occident. Les Soviétiques tenteront de compenser ce ralentissement de la croissance de leur production énergétique totale en substituant au pétrole d'autres sources d'énergie et en limitant leur consommation en ce domaine par le biais d'économies d'énergie. Nul ne peut ralentir le déclin de la production pétrolière soviétique. Mais l'utilisation d'équipements occidentaux tels que des pompes, du matériel de forage et de transport, pourrait améliorer leur production de gaz. Le projet de la France, de la République fédérale d'Allemagne et de l'Italie de construire un gazoduc est scandaleux.*

**François Mitterrand :** *Les Américains vendent bien du blé à l'URSS !*

**Ronald Reagan :** *Ça n'a rien à voir. Le blé, ce sont les fermiers américains qui le produisent. Le gazoduc, c'est l'Europe qui se met à genoux. Il faut empêcher ce gazoduc par tous les moyens !*

Dans la soirée, les *sherpas* négocient le communiqué final. J'entre dans la salle et m'assied à côté de Jean-Marcel Jeanneney pour le seconder. Un peu plus tard, je me rends compte que j'ai fait scandale : la règle est de n'admettre qu'un seul négociateur par pays. Mais nul ne m'en tient rigueur.

**Mardi 21 juillet 1981**

Avant que la séance ne reprenne, Michel Jobert, commentant des incidents survenus dans les banlieues anglaises, me dit : *« Il y a encore eu des émeutes à Londres ; c'est la faute des travaillistes qui ont naturalisé tous les gens du Commonwealth ! »*

Le communiqué est bouclé vers 3 heures du matin : *« La première de nos priorités : la nécessité de réduire l'endettement public. »* Sur Cancún, on ne mentionne que *« la volonté d'explorer toutes les voies de consultation et de coopération avec les pays en développement dans toute enceinte appropriée »*. Rien de précis sur les « Négociations Globales », sauf que l'expression est dorénavant écrite avec des minuscules. C'était la condition mise par les Américains pour en parler ! Sur les problèmes démographiques : *« Nous sommes gravement préoccupés des conséquences de la croissance démographique mondiale. De nombreux pays en développement ont entrepris de régler, dans le respect des valeurs et de la dignité humaines, ces problèmes et d'assurer parallèlement le développement de leurs capacités humaines, notamment dans les domaines des techniques et de la gestion. »*

Sur les relations économiques Est/Ouest, on aboutit à un texte suffisamment vide pour recueillir l'assentiment de tous : *« Nous entreprendrons de nous consulter en vue d'améliorer le système actuel de surveillance du commerce avec l'URSS des produits stratégiques et des technologies qui y sont associées. »*

Une fois la séance levée, j'obtiens du *sherpa* canadien que les textes du communiqué rédigés en français et en anglais aient valeur égale.

En conférence de presse, François Mitterrand prend de nouveau parti en faveur du déploiement des Forces nucléaires intermédiaires américaines en Europe *« pour rétablir l'équilibre européen »*. Pierre Morel, un des conseillers diplomatiques de l'Élysée, s'inquiète : *« Cette déclaration peut être récupérée par nos adversaires et conduire la France là où, précisément, elle ne veut pas aller, c'est-à-dire vers l'intégration ou le neutralisme (...). Raisonner en termes d'"équilibre européen", comme François Mitterrand l'a fait, serait admettre qu'il doit y avoir un équilibre nucléaire en Europe distinct de l'équilibre Est/Ouest global, ce qui ne sera malheureusement pas le cas avant longtemps. La supériorité de l'URSS, acquise aujourd'hui à tous les niveaux, ne peut être compensée que par le couplage entre la défense de l'Europe occidentale et l'équilibre stratégique global entre les États-Unis et l'URSS. Le principal mérite de la décision de l'OTAN du 12 décembre 1979 n'est pas de compenser, nombre pour nombre, les SS 20, mais de rétablir un couplage entre l'Europe et les États-Unis dans le domaine des missiles à moyenne portée, où les moyens soviétiques ne sont pas compensés jusqu'à présent. »*

Remarquable analyse que le Président approuvera : preuve, ô combien utile, qu'avec un peu de diplomatie il est possible à un collaborateur d'expliquer au Président qu'il s'est tout simplement trompé.

**Mercredi 22 juillet 1981**

Ce Sommet nous laisse à tous une impression d'amertume et de perplexité. C'est donc cela, une rencontre internationale : une réunion où rien ne se décide, aux séances vides, aux communiqués assez insignifiants pour être acceptables par tous, où le meilleur manipulateur de médias apparaît comme le gagnant ? L'an prochain, puisqu'il nous appartiendra de l'organiser, il faudra veiller autant à l'image qu'au fond.

Kreisky me recevra demain à Vienne.

L'Assemblée nationale discute du projet d'amnistie. Robert Hersant en est exclu.

**Jeudi 23 juillet 1981**

De retour à Paris, François Mitterrand réunit le Conseil des ministres. Pierre Desgraupes est nommé président d'*Antenne 2*, Jacques Boutet de *TF1*.

Lors du tour d'horizon de politique étrangère qui ouvre la partie B du Conseil, le Président raconte le Sommet : *« La rencontre d'Ottawa s'est déroulée dans un climat de travail et de coopération dont j'ai tiré le plus grand profit. Après ces deux journées de rencontres au sommet et d'entretiens privés, j'en retire pour ma part cinq conclusions :*

*— la France a préservé dans ses conversations et dans le texte du communiqué l'intégralité de l'autonomie de sa politique économique et financière ;*

*— aidée par les autres nations européennes, la France a fait admettre aux États-Unis que leur politique des taux d'intérêt et l'excessive instabilité des taux de change étaient nocifs pour l'économie mondiale ;*

*— pour la première fois dans une telle réunion, il a été reconnu que la lutte contre le chômage était une priorité au même titre que la lutte contre l'inflation ;*

*— en matière de relations économiques Est/Ouest, nous avons pu faire admettre qu'il était essentiel pour chaque nation d'organiser comme elle l'entend ses échanges et qu'en particulier, nos importations de gaz soviétique s'inscrivaient dans le contexte normal des échanges économiques raisonnables ;*

*— enfin, j'ai été très heureux de ce que l'ensemble des chefs d'État et de gouvernement aient accepté de se rendre à l'invitation que je leur ai faite de venir en France l'année prochaine pour un nouveau Sommet des nations industrialisées.*

*Un Sommet n'est pas un spectacle ni le lieu de décisions. C'est une occasion de rencontre utile, studieuse et riche d'enseignements, dont on ne voit les effets que beaucoup plus tard. A Ottawa, la France a parlé pour l'avenir. Je rappellerai à mes interlocuteurs, si nécessaire, les engagements qu'ils ont pris, au cours de ce Sommet, de tout faire pour la stabilité des monnaies, le développement des pays pauvres et la lutte contre le chômage. Enfin, je ferai en sorte que la préparation du prochain Sommet de Paris nous amène à une plus large compréhension des enjeux de la mutation économique mondiale d'aujourd'hui. »*

Le Conseil décide l'envoi d'une mission médicale au Liban et le gouvernement se déclare déterminé à apporter son appui au gouvernement de Beyrouth dans la réorganisation de son Armée nationale, en vue de reprendre progressivement le contrôle de son territoire.

En partie C, premier débat sur le prix unique du livre. Jack Lang est pour, Gaston Defferre aussi, Edmonde l'a convaincu. Pierre Mauroy est réticent, mais, sentant que le Président y tient, approuve le projet. Pas par courtisanerie, plutôt par dévouement. Je sais qu'il saura dire non quand il le faudra.

On parle de la « régularisation » des étrangers en situation illégale ; Defferre s'y oppose : *« Cela amènerait 200 000 chômeurs de plus. »*

A Vienne, je déjeune avec Bruno Kreisky dans la salle même où se tint le Congrès de 1815. Nous parlons d'abord du Moyen-Orient. Ce qui nous rapproche et ce qui nous sépare crée entre nous une étrange complicité dont sont exclus les autres convives, le ministre des Finances et celui des Affaires étrangères. Cet homme a tout connu ; il rayonne d'intelligence et voit loin. La veille, il a dîné avec Gromyko qui fêtait le cinquantième anniversaire de son entrée dans la diplomatie soviétique. Le Chancelier autrichien l'a interrogé : *« Qu'est-ce qui a le plus changé, à votre avis, pour la Russie depuis cinquante ans ? »* Gromyko lui a répondu sans hésiter : *« Il y a cinquante ans, il y avait une Allemagne. Aujourd'hui, il y en a quatre. »* Kreisky sourit : *« Sans doute comptait-il les territoires prussiens annexés par la Pologne et la Russie. »*

Je n'ai jamais oublié cette phrase de Gromyko. L'obsession allemande explique mieux que tout combat idéologique le comportement stratégique russe en ce siècle. Probablement aussi celui du siècle prochain.

Kreisky me parle de l'Autriche. Naturellement, dit-il, *« la France n'est pas aujourd'hui dans la même situation que nous. Mais vous pouvez peut-être vous inspirer des mêmes principes : un déficit budgétaire, financé sans création de monnaie, peut aller jusqu'à 3 % du PIB sans danger pour les prix et les comptes extérieurs ; l'usage volontariste et quotidien du secteur public des banques est la clé du plein emploi ; le fonds de garantie des entreprises est un outil utile pour financer l'investissement ; élever le coût des licenciements pour les entreprises est un moyen astucieux de les freiner ; les impôts directs peuvent être indolores s'ils sont prélevés à la source ; une monnaie forte est le meilleur moyen de lutte contre l'inflation ; les partis et les syndicats peuvent être des outils de formation et de promotion efficaces. Au total, l'Autriche a choisi une voie opposée à celle dans laquelle s'engagent les autres pays industrialisés : elle privilégie la demande sur l'offre »*.

Au retour, je note que *« cette politique est un exemple intéressant pour la France à trois conditions : elle doit servir à privilégier le financement des modernisations et non celui des canards boiteux ; elle doit contrôler l'évolution des prix, de la monnaie et des revenus ; elle doit disposer des cadres politiques et administratifs capables de conduire cette gestion détaillée d'une recherche permanente de la compétitivité »*.

De cela, je ne suis pas sûr que la France d'aujourd'hui ait ni les moyens, ni la culture, ni la volonté.

Héritage encore, mais très ancien.

**Vendredi 24 juillet 1981**

François Mitterrand déjeune à bord d'un sous-marin nucléaire à Brest.

Encouragé par la réaction du Président, Pierre Morel approfondit pour lui sa réflexion sur l'équilibre nucléaire en Europe dans une note remarquable :

> *« S'engager dans une discussion sur les données chiffrées sur les armes en Europe serait entrer dans le jeu des Soviétiques et définir le cadre d'une négociation. Chercher à définir des équivalences dans le domaine des forces nucléaires en Europe avec les Soviétiques, c'est accepter tôt ou tard d'entrer dans leur logique : toute*

*arme nucléaire susceptible de frapper le territoire soviétique est "stratégique" ; la menace chinoise justifierait* a priori *un surcroît d'armement de l'URSS ; les armes déployées derrière l'Oural ne devraient pas être décomptées, même si elles peuvent atteindre l'Europe, etc. Enfin, accepter sous quelque forme que ce soit le décompte de la force française dans le cadre du théâtre nucléaire européen reviendrait à banaliser nos moyens de dissuasion : nos partenaires de l'Alliance nous convieraient à participer au moins à la mise au point des positions de négociations. Les Soviétiques demanderaient de plus en plus fortement que nos forces soient décomptées avec les "euromissiles", et chercheraient par ailleurs à nous séduire en proposant un dialogue "privilégié". Les neutralistes chercheraient à souligner l'intérêt d'une négociation globale sur tous les armements nucléaires en Europe et à se servir de nous pour faire pression sur les États-Unis. Ils tireraient prétexte de tout geste soviétique un peu substantiel pour demander l'arrêt total des nouveaux déploiements nucléaires en Europe.*

*L'aboutissement d'une telle démarche, ce serait l'intégration ou la neutralisation, qui sont les deux faces d'une même réalité : le refus ou l'impossibilité de prendre la responsabilité de sa propre défense, qui est la condition de l'existence internationale.*

*Nous sommes en mesure d'assurer la sécurité de la France et de ses abords face à l'URSS par le jeu de la dissuasion du faible au fort. Mais le couplage assuré par l'Alliance avec les États-Unis reste indispensable à la sécurité de l'Europe occidentale dans son ensemble. La force française de dissuasion, par son autonomie, accroît l'imprévisibilité de la réaction occidentale en cas de crise majeure et contribue donc à la sécurité de l'Europe dans son ensemble. A terme, la France pourra jeter les bases d'une défense européenne autonome, même si ses modalités politiques ne peuvent être encore définies.*

*La force française de dissuasion est indépendante, différente par nature de celles des deux superpuissances, dispersées sur plusieurs continents. Elle obéit à une logique propre de dissuasion du faible au fort. Elle ne peut être non plus assimilée, ni de près ni de loin, aux euromissiles qui ne sont qu'un élément parmi d'autres dans l'ensemble des moyens de l'escalade concevable entre Washington et Moscou, tandis que la force nucléaire française est un tout indissociable appelé à jouer comme un ultime recours. Négocier la réduction d'une force qui n'est qu'au seuil minimum de crédibilité n'aurait donc pas de sens. Isoler un espace nucléaire européen ferait, en fin de compte, le jeu des neutralistes et des Soviétiques, en mettant progressivement en place une zone à statut spécial qui interdirait à tout jamais aux pays d'Europe occidentale d'affirmer, individuellement et collectivement, leur personnalité. Il faut réaffirmer la responsabilité primordiale des deux superpuissances qui doivent plus que jamais négocier, car c'est bien la compétition technologique des deux Grands qui peut, par sa logique absurde, conduire à des catastrophes. »*

Cette note me paraît contenir la formulation la plus précise et la plus concise de ce qui sera, au cours de ces années, la doctrine nucléaire de la France. Pierre Morel et Hubert Védrine en seront les gardiens vigilants et farouches.

Pour éviter un dépôt de bilan, le gouvernement accorde une aide de 100 millions de francs au groupe Boussac. Inculpation de Jean-Pierre Willot.

Coïncidence incroyable : un ami m'informe que la veille, déjeunant dans un restaurant de Genève, il a entendu à la table voisine deux dirigeants de Paribas expliquer comment Pierre Moussa a commencé de transférer subrepticement à Paribas-Genève, vendu par ailleurs à des étrangers, la propriété de tous les titres des autres filiales étrangères. Si c'est exact, cela videra la nationalisation de la maison mère de son contenu. Or, c'est exactement le plan dont Pierre Moussa m'a parlé il y a un mois. J'espère que personne ne lui a donné l'autorisation de le mettre en application ! Je demande à Jacques Delors de convoquer Pierre Moussa. Celui-ci vient au Louvre et donne sa parole au ministre que tout cela est faux. Pas de raison de mettre sa parole en doute. Mon ami a dû mal comprendre.

**Lundi 27 juillet 1981**

Jacques Delors n'a toujours pas accepté son rang protocolaire qui le place au seizième rang des ministres.

Delors, Fabius, Rocard et Lang s'opposent toujours à la décentralisation. Ils entendent conserver la haute main sur la totalité de leur budget. Et Jack Lang tient à distribuer lui-même à chaque artiste sa subvention. Impossible de l'en faire démordre !

Le Président accepte que l'ancien président iranien Bani Sadr et le chef des Moudjahidin du Peuple, Massoud Radjavi, se réfugient en France. Ils arrivent dans deux jours. Le Quai s'attend à des représailles de la part des nouveaux dirigeants iraniens. Le Président : *« Faire ce que doit. »*

Henry Kissinger me fait savoir qu'il vient à Paris. Le Président souhaite le voir. On s'organise pour passer une journée ensemble à Latché la semaine prochaine.

**Mardi 28 juillet 1981**

L'Assemblée nationale vote la suppression de la Cour de Sûreté de l'État.

Convoqué chez le Premier ministre, Jacqueline Baudrier, P-DG de *Radio-France*, accepte le poste d'ambassadeur auprès de l'UNESCO. François Mitterrand choisit Michèle Cotta pour la remplacer.

**Mercredi 29 juillet 1981**

Le Budget 1982 est vraiment difficile à élaborer : Delors veut un déficit de 2,2 %, Fabius de 3 %. A l'issue du Conseil, Delors menace de démissionner. Le Président, vacciné : *« N'y croyez pas. »*

**Jeudi 30 juillet 1981**

Je suis à Alger pour rendre compte du Sommet d'Ottawa à Chadli, parler de l'achat de gaz par la France, en cours de négociation, et préparer Cancún. Chadli m'accueille par un : *« Vous êtes Algérien, soyez le bienvenu ! »* L'homme me plaît, comme le pays, confluent de tant de souffrances.

François Mitterrand déjeune avec Pierre Mauroy à Matignon, puis reçoit un Jacques Delors alarmiste : *« Le projet de Budget 1982 est très menacé. Le déficit budgétaire réel sera supérieur aux 100 milliards annoncés, car des dépenses inévitables ne sont pas encore comptabilisées, telles les nationalisations. Et des recettes sont surestimées, tel l'impôt sur les grandes fortunes. Il ne faut pas espérer créer plus de 100 000 emplois. Et les perspectives sont, à fin 1982, de 2 millions de chômeurs et de 54 milliards de déficit des paiements. L'un et l'autre sont inacceptables. Le plan de relance de juin était raisonnable. Ce Budget ne l'est pas. Mauroy et Fabius n'ont su dire non à personne. »* Delors demande à contrôler la préparation budgétaire. Le Président refuse : *« C'est à Fabius de prendre les mesures. Parlez-en avec lui et intégrez des mesures complémentaires pour l'emploi. »*

Les représailles attendues après l'accueil à Paris de Bani Sadr commencent. A Téhéran, l'ambassade de France est assiégée par cinq mille Gardiens de la Révolution. Pour apaiser les esprits, le Président laisse partir les trois dernières vedettes lance-missiles commandées par le Shah en 1974 et bloquées à Cherbourg depuis deux ans.

Je vois Nicole Questiaux, ministre des Affaires sociales. Elle tient à descendre à la terrasse d'un café, hors de son ministère. Nous parlons du rapport qu'elle a préparé sur les inégalités dont nous héritons, et ce qui en découle.

Ce document est très intéressant, même s'il est incomplet. En 1980, le revenu disponible de 25 % des ménages était inférieur à 3 000 F par mois. En revanche, 4 % disposaient de plus de 14 000 F. La moitié des ouvriers ne partent pas en vacances, 17 % travaillent à la chaîne ou en cadence. 700 000 salariés travaillent plus de 40 nuits par an. Les trois quarts des fils de cadres supérieurs entreront à l'Université, mais seulement 4 % des fils d'ouvriers. Près de 25 % des jeunes sortent sans formation du système scolaire.

Pour lutter efficacement contre les inégalités les plus criantes, la politique des transferts n'est pas la plus efficace. La famille « ni riche ni pauvre » glisse dans une situation de grande précarité, alors qu'elle était auparavant à l'abri de telles difficultés.

Il faudra du temps pour changer cela.

**Vendredi 31 juillet 1981**

Afin de corriger l'impact de ses déclarations d'Ottawa sur les Forces nucléaires intermédiaires, François Mitterrand reçoit l'ambassadeur d'URSS Stepan Tchervonenko avant que celui-ci ne se rende en consultation à Moscou. Le Président : *« Les Soviétiques nous disent : il faut compenser notre infériorité stratégique. Les Américains, eux, affirment : si nous ne prenons pas de mesures maintenant, dans cinq ou six ans nous serons en position d'infériorité grave. Où est la vérité ? Moi je suis pour l'équilibre stratégique. Si les Américains sont plus forts aujourd'hui, il faut négocier tout de suite ; sinon, ils doivent au préalable se renforcer. La difficulté est que tout le monde dit être favorable au désarmement et s'arme pourtant. Ce qu'il faut, c'est fixer un délai avant la fin duquel la négociation devrait débuter entre les États-Unis et l'Union soviétique. Pour moi, ce serait avant la fin 1981. Je dis cela bien que je ne sois que spectateur de cette négociation. Je ne suis pas dans l'organisation militaire de l'OTAN et je n'ai pas l'intention d'y rentrer. Mais c'est mon avis, car je m'inquiète devant l'accumulation des SS 20. Ceux-ci ne peuvent pas traverser l'Atlantique. C'est donc l'Europe occidentale qui est visée. Nous ne sommes pas partie prenante à cette affaire, comme je vous l'ai dit. Mais les États-Unis, la Grande-Bretagne, la RFA sollicitent notre avis. En fait, ni M. Brejnev ni M. Reagan n'ont besoin des avis des autres, car eux sont directement impliqués. Si vous revenez me voir à votre retour d'URSS, vous pourrez me dire ce que vous souhaitez pour que des discussions sérieuses s'ouvrent. »*

Nous proposons au Président de créer, sur le modèle existant du Conseil de défense, un Conseil de technologie réunissant à intervalles réguliers les trois ou quatre ministres compétents à propos des grands enjeux technologiques à long terme pour le pays. Un premier sujet : la politique informatique, dangereusement incohérente. C'est non : le Président a décidément horreur des réunions, surtout si elles sont formelles et assorties d'un ordre du jour.

Le Président décide de reprendre la coopération française avec le Tchad en y envoyant quelques experts.

François Mitterrand reçoit chez lui le général de Bénouville, vieux compagnon de collège, venu lui parler de la nationalisation de Dassault dont il est un des dirigeants. L'accord sera vite conclu, donnant la majorité du capital à l'État.

Vote définitif de la loi d'amnistie.

**Dimanche 2 août 1981**

A Cancún, les ministres des Affaires étrangères des 24 pays invités sont réunis pour préparer le prochain Sommet d'octobre. L'accord ne se fait sur rien, pas même sur l'ordre du jour. Il est seulement convenu que chacun des participants pourra indiquer à l'avance aux coprésidents autrichien et mexicain les thèmes sur lesquels il entend intervenir...

Cheysson en profite pour négocier avec les Mexicains une déclaration commune de soutien au régime du Salvador menacé par les Américains.

**Lundi 3 août 1981**

Pierre Juquin, spécialiste de l'audiovisuel du PC, vient me voir pour se plaindre : *« La coupe est pleine, je subis une très forte pression du Comité central. Il faut nommer des communistes dans l'audiovisuel. Si on ne le fait pas, je serai remplacé et le PC deviendra très agressif. »*

Henry Kissinger est à Latché. Nous ne sommes que trois. Je sers d'interprète. Déjeuner, puis promenade dans les bois. Le Président parle des communistes, de l'Union soviétique, de l'Amérique et de la construction européenne : *« Les Américains ne sont pas toujours tels que l'on voudrait qu'ils soient. Quel contraste entre Jefferson, Washington ou Roosevelt et les équipes qui se succèdent depuis quelques années à la Maison Blanche ! (...) Mon sentiment me porte vers les Anglo-Saxons et le calcul me conduit à afficher sans aucun complexe cet attachement. Ma politique extérieure n'est pas prisonnière des communistes. Je condamne la politique de laxisme de Giscard envers l'Union soviétique. Mais je veux aussi étouffer dans l'œuf toute tentative de marginalisation de la France socialiste par les grands pays développés libéraux. »*

L'ancien secrétaire d'État est charmé. Nous avons là, pour longtemps, un ami lucide, un critique sévère, un allié attentif.

Kissinger parti, François Mitterrand me dit : *« De Gaulle avait besoin de passer par Moscou pour aller à Washington ; moi, j'ai besoin de passer par Washington pour aller à Moscou. »*

Spectaculaires manifestations de protestation contre les hausses de prix à Varsovie et dans d'autres villes de Pologne.

Fernando Ordoñez, ministre de la Justice du gouvernement espagnol, est à Paris pour y rencontrer Robert Badinter. Il lui remet un document dans lequel sont présentés les fondements juridiques de la position espagnole en matière d'extradition. Badinter confirme à Ordoñez la volonté des autorités françaises de poursuivre en France les auteurs de toutes infractions commises sur le territoire français en relation avec des infractions commises sur le territoire espagnol. S'agissant des demandes d'extradition, le gouvernement français procédera à un examen attentif de tous les dossiers et prendra sa décision conformément à ses propres principes.

**Mardi 4 août 1981**

Claude Cheysson est à Latché. Les Égyptiens nous demandent de participer à la Force internationale chargée de contrôler le départ des Israéliens du Liban. Cheysson est contre ; le Président est pour.

Visite à Paris de Félix Houphouët-Boigny, vieil ami de François Mitterrand et de Gaston Defferre avec qui il a géré la décolonisation sous la IVe République.

**Mercredi 5 août 1981**

Pierre Mauroy gouverne avec passion, sans calcul personnel. Il lit peu, voit beaucoup de gens, prend de bonnes décisions.

Première discussion avec François Mitterrand sur le prochain Sommet des Sept en France. Il faut parvenir à organiser un Sommet restreint, studieux, consacré à l'approfondissement de quelques thèmes préparés par des rapports confiés à des chefs d'État. On fera tout pour éviter que le commerce Est/Ouest soit retenu comme thème dominant.

Où tenir ce Sommet ? Tous les lieux possibles ont été recensés. François Mitterrand hésite. S'il est réduit aux seuls chefs d'État, il peut se tenir à Latché ; si les ministres sont là, ce sera le Trianon ou Rambouillet. *« Et pourquoi pas Versailles ? »* lance François Mitterrand. Renseignements pris, ce serait difficile : les travaux de rénovation sont en cours.

Olof Palme, en séjour privé à Paris, est venu rendre visite à l'Élysée. Le Président lui dit : *« Je me sens social-démocrate, c'est-à-dire que je ne tente jamais une réforme lorsque je suis sûr qu'elle échouera. »*

Tapie quelque part existe aussi la tentation — ou plutôt une nostalgie — léniniste : aller au bout des choses, quoi qu'il en coûte.

**Jeudi 6 août 1981**

Première discussion du Président avec Savary sur l'école privée où sont scolarisés 2 millions d'enfants sur 12. Le Président souhaite réaliser la quatre-vingt-dixième proposition de son programme : *« Un grand service public unifié et laïc de l'Éducation nationale mis en place sans spoliation ni monopole »*, c'est-à-dire par la négociation et sans contrainte. Or, Savary pense qu'on ne pourra obtenir cela que par la loi, sans perdre de temps à négocier et en présentant immédiatement un texte devant le Parlement. Le Président refuse : *« Il faut réfléchir. Il y a d'autres urgences. Voyez tout le monde. Faites-vous un avis. »*

Savary repart, déçu et furieux. Pour lui, si on n'agit pas rapidement, on n'agira jamais. Pierre Mauroy est de son avis, mais se rallie à la stratégie du Président.

Le Président reçoit Jean Auroux. *« Près de 50 % des chômeurs*, dit le ministre du Travail, *ont moins de vingt-cinq ans. Chaque année, il faudrait créer 230 000 emplois nouveaux uniquement pour stabiliser le chômage à son niveau actuel. Or, de juillet 1980 à juillet 1981, on a perdu 170 000 emplois industriels. »* François Mitterrand : *« La réduction de la durée du travail constitue un mouvement inéluctable qu'il faut non pas ralentir, mais accélérer vers les trente-cinq heures. Il faut cependant que chacun y trouve son compte : les salariés, grâce au temps libre dégagé ; les entreprises, grâce aux progrès de productivité. »*

Jean Auroux demande au Président de l'autoriser à oublier la promesse présidentielle d'accorder un droit de veto aux comités d'entreprise en matière de licenciements. Le Président accepte avec réticence.

Après son départ : *« Ces ministres reculent au moindre obstacle. Ils ne font rien pour convaincre de la valeur de nos thèses. Dites-leur d'aller sur le terrain expliquer leur politique ! »*

En Iran, les représailles contre la France continuent. Téhéran interdit à 66 Français d'embarquer à bord de l'avion d'Air France. Première réunion d'une cellule de crise à l'Élysée dans le bureau de Pierre Bérégovoy. Y est décidée une évacuation de tous les ressortissants français, les 10 et 11 août. Au cabinet de Claude Cheysson, Bruno Delaye demande à Bani Sadr et à Radjavi de s'abstenir de parler à la presse pendant quelque temps. Je téléphone à Pierre Desgraupes pour demander aussi qu'*Antenne 2* fasse silence sur l'Iran pendant quelques jours. Il accepte sans hésiter. C'est la seule fois, en l'espace de dix ans, que j'interviendrai auprès d'un responsable de l'audiovisuel.

**Vendredi 7 août 1981**

A Ryad, le Prince Fahd propose un plan de règlement du conflit du Proche-Orient : reconnaissance de tous les États, retrait d'Israël des territoires occupés, liberté d'accès aux Lieux saints, création d'un État palestinien. En stipulant la *« confirmation du droit des États de la région à vivre en paix »*, il reconnaît implicitement l'État d'Israël. La France approuve immédiatement cette *« contribution positive à la recherche d'une paix négociée »*.

Charles Hernu se dit publiquement favorable à la bombe à neutrons et, en privé, hostile à la réduction de la durée du service national. François Mitterrand s'insurge. Hernu lui répond : *« Cela bouleverserait l'appareil militaire. Aujourd'hui,*

*le service est pour ceux qui ont besoin d'une instruction de combattant spécialisé, tels les servants des engins sol-sol ou sol-air et les tireurs de chars. Avec un service de douze mois, ils seraient à peine utilisables quelques mois. »* François Mitterrand : *« Autrement dit, on ne pourrait réduire la durée du service sans détruire l'armée ? »*
Charles Hernu est le sympathique porte-parole de son administration. D'autres ministres ne tarderont pas à le devenir : « ressembler pour rassembler », une vieille histoire qui a déjà conduit à trahir bien des idéaux !

**Lundi 10 août 1981**

L'opération a réussi : 106 Français quittent Téhéran à bord de vols réguliers iraniens. Téhéran a laissé faire.

**Mardi 11 août 1981**

Signature de la circulaire « régularisant » 300 000 étrangers. Cela provoquera la venue d'un nombre équivalent de nouveaux clandestins espérant une « régularisation » future.

Nouvelle réunion de conciliation des opposants tchadiens, à Franceville, entre Hissène Habré, Kamougué, Cheikh ibn Oumar, Abba Siddik. Hissène Habré conforte son influence.

Dîner avec Pierre Mauroy à Matignon. Encore une fois, nous ne parlons que de nominations. Cette fois, il s'agit du futur commissaire au Plan et de banquiers.

Avoir du pouvoir, c'est user du droit d'influer sur le destin des hommes : par la guerre, par la justice sociale, par le travail. Toujours la trilogie de Dumézil : Mars, Jupiter, Quirinus.

**Mercredi 12 août 1981**

François Mitterrand gracie Christina von Opel, condamnée pour usage et trafic de drogue.

**Jeudi 13 août 1981**

Manque de chance : alors que Téhéran a laissé partir les Français, des monarchistes iraniens détournent vers la France une des vedettes en route pour l'Iran. Ils sont appréhendés quelques heures plus tard.

**Lundi 17 août 1981**

Pierre Mauroy est en visite chez François Mitterrand à Latché. Les deux hommes s'entendent parfaitement bien. Là encore, l'essentiel de leur conversation est consacré aux futures nominations dans les entreprises publiques. Ils évoquent aussi la préparation du Budget 1982.

Jacques Delors déclare publiquement qu'il faut *« davantage de rigueur »* : voilà qui ne sert pas la tenue du franc sur le marché des changes !

**Mercredi 19 août 1981**

Le vice-premier ministre irakien, Tarek Aziz, arrive à Paris pour obtenir le renforcement de la coopération militaire entre les deux pays et la reconstruction de Tamouz.

Incident américano-libyen dans le Golfe de Syrte. Deux appareils libyens sont abattus alors qu'ils attaquaient des avions américains survolant la Méditerranée. L'Égypte n'a toujours pas attaqué la Libye, contrairement à ce que Giscard avait prédit en mai dernier.

Jacques Delors me dit que son pronostic pour l'an prochain est de plus en plus pessimiste : il prévoit maintenant un déficit budgétaire de 120 milliards, soit 20 de plus que la semaine dernière ; un déficit extérieur de 67 milliards de francs, dont 40 milliards seulement pourront être financés par des emprunts sur le marché et 27 devront être trouvés par des emprunts d'État à État. La France va devoir mendier ! Il faut réagir. Mais comment ? Et la dévaluation qui reste à faire !

Antoine Lefébure, de chez Havas, parle à André Rousselet d'une chaîne à péage comme il en existe en Amérique. Pourquoi pas ? Le monopole d'État doit céder. La France ne peut rester exclusivement informée par des chaînes d'État. Pourquoi avoir accepté le privé pour la radio et le refuser pour la télévision ? Cela reposera le problème de la publicité ? Tant mieux !

**Jeudi 20 août 1981**

Tarek Aziz est reçu par Cheysson et Hernu. Tous les lobbies diplomatiques, militaires, industriels, craignent la victoire de l'Iran et se liguent en faveur de l'Irak. Toutefois, ils souhaitent manifestement que la guerre dure le plus longtemps possible : pour user l'un et pour vendre plus d'armes à l'autre. François Mitterrand est d'ailleurs convaincu que cette guerre bimillénaire durera encore longtemps.

Claude Cheysson se déclare *« pour le vote des immigrés »*. Defferre explose. Hernu l'imite. Pour une fois, le Président trouve que Cheysson n'a pas tort.

**Vendredi 21 août 1981**

Dans le Palais vidé par la canicule, le banquier anglais Siegmund Warburg me rend visite : *« Je ne suis pour rien dans les manœuvres de Pierre Moussa à propos de Paribas »*, me jure-t-il, et il me propose un schéma très subtil pour faciliter son rachat par l'État. Une holding privée acquerrait les participations industrielles de la Compagnie Financière de Paribas qui rachèterait à Paribas-Warburg sa participation dans la Banque Paribas. Par ailleurs, Paribas-Belgique achèterait à la Compagnie Financière ce qu'il lui reste de participations dans les quatre filiales européennes de la banque, et le gouvernement français nationaliserait alors la Compagnie Financière. Un an plus tard, Paribas-Belgique échangerait — si S.G. Warburg en fait la demande — ses actions dans S.G. Warburg contre les actions de S.G. Warburg dans Paribas-Warburg. On procéderait à une augmentation de capital de Paribas-Belgique : Paribas-France y aurait 10 %, S.G. Warburg aussi. Au terme du schéma, Warburg posséderait ainsi une part égale à celle de l'État dans Paribas-Belgique, regroupant toutes les participations internationales.

Ce n'est pas très éloigné du schéma de Pierre Moussa, dont il dit pourtant le plus grand mal. Sauf que c'est Warburg qui empocherait le contrôle de la holding internationale de Paribas. Bien joué !

Au bout d'un quart d'heure, il me parle de Sénèque. Nous nous récitons des vers latins tandis que je le raccompagne, à pied, à son hôtel voisin.

Semaine fertile : Hernu a gaffé publiquement sur le service militaire et la bombe à neutrons, Claude Cheysson sur le vote des immigrés, Jacques Delors sur le déficit budgétaire.

**Mardi 25 août 1981**

Danger : le chômage atteint 1 849 000 personnes. Il a augmenté de 26 % en un an. La pente, qui était de 20 000 par mois, est, depuis mai, de 60 000 par mois ! 18 % des jeunes de moins de 25 ans sont chômeurs, et 600 000 chômeurs ont entre 16 et 21 ans. Le nombre d'offres d'emplois a baissé de 23 %. Le chômage des jeunes est la pire menace pour la société.

Il faut faire plus pour la croissance ; mais comment ? Le secteur public pourrait être utile, mais les nationalisations ne sont pas encore faites et il est impossible de fournir à ces entreprises, encore privées, des moyens d'investir et d'embaucher. Panique.

François Mitterrand : *« Il faut faire plus pour l'emploi. Nous avons la durée avec nous. La relance de mai 1981, c'est moins que celle de Chirac en 1975. On ne peut ni en espérer, ni en craindre grand-chose. Mais, dans cinq ans, que se passera-t-il ? On sent déjà venir l'impopularité. Il faut mettre au plus vite en chantier celles des réformes qui prendront le plus de temps à produire leur effet. »*

Avec l'appui des dissidents des Forces armées tchadiennes opposés à Kamougué, les FAN de Hissène Habré prennent le contrôle de la zone méridionale du Tchad.

**Mercredi 26 août 1981**

Le Conseil des ministres adopte le projet de loi abrogeant la loi Sauvage de 1980 sur la composition des conseils d'université. C'était une des principales revendications du SNESUP et du SGEN.

Encore sous le coup des informations d'hier sur l'emploi, le Président demande aux ministres *« de répondre d'abord aux besoins des électeurs qui ont voté pour la gauche, en s'attaquant au chômage »*. Il prie Pierre Mauroy de préparer un nouveau plan pour l'emploi et un programme de grands travaux, en particulier d'ordre culturel. Il travaille dans l'après-midi à une lettre au Premier ministre sur ce dernier sujet :

> *« La renaissance culturelle est la condition du plein épanouissement de la Nation. Elle figure au premier rang de nos ambitions pour les années à venir. En particulier, le Budget de 1982 témoignera avec éclat de ce que le gouvernement, en dépit des difficultés, entend se donner les moyens de mettre ses actes en accord avec son projet. Mais l'effort culturel d'une nation ne se mesure pas aux seules dépenses inscrites dans le Budget de l'État. Il prend sa source dans d'innombrables lieux et sous de multiples formes. Aussi, je souhaite que le gouvernement étudie très rapidement des mesures qui puissent préfigurer cette profonde transformation à laquelle aspire le pays tout entier. Ces mesures pourraient s'ordonner autour de trois idées essentielles : un environnement plus humain, la culture à portée de la main, le droit à la création (...). L'année 1936 reste associée, dans la mémoire collective, aux congés payés. L'année 1982 devrait être le point de départ d'une "année sabbatique pour tous", c'est-à-dire un an de libre formation indemnisée tous les sept ans, en commençant modestement par la libération de quelques semaines au milieu de la vie active. »*

Mais le Budget 1982 est déjà bouclé et tout cela restera lettre morte. D'autres urgences s'annoncent. Comment parvenir à traduire la vision à long terme en humbles décisions à court terme ?

**Jeudi 27 août 1981**

Les Européens continuent à discuter de la construction du gazoduc avec les Russes et sont bien décidés à aboutir, quelles que soient les pressions américaines. Sa longueur sera de 5 400 kilomètres. Le budget total sera supérieur à 20 milliards de francs. L'URSS retient les offres de Thomson pour les télécoms et de Matra pour la supervision. De gros marchés s'annoncent pour deux entreprises qui vont devenir publiques.

**Vendredi 28 août 1981**

Pendant que Claude Cheysson est à Amman, le Quai d'Orsay publie la déclaration conjointe franco-mexicaine sur le Salvador, préparée par Régis Debray et Claude Cheysson il y a quelques semaines à Cancún : *« Les deux ministres tiennent à manifester en commun la grave préoccupation de leurs gouvernements devant les souffrances du peuple du Salvador dans la situation actuelle, source de dangers potentiels pour la stabilité et la paix de toute la région, étant donné les risques d'internationalisation de la crise. (...) Ils demandent que soit évitée toute ingérence dans les affaires intérieures du Salvador. »*

François Mitterrand : *« Le rôle qu'entend jouer la France en Amérique centrale est assez bien exprimé par cette déclaration franco-mexicaine. Elle ne doit ni ne peut souffrir aucune distorsion ni malentendu. C'est un* non *clair et net à l'intervention étrangère, et un* oui *résolu à la négociation pacifique entre toutes les parties prenantes à une guerre civile atroce (...). Quiconque s'en tient à une position de principe comme celle-là décourage toute velléité d'agression. Ce n'est pas un vœu pieux. C'est une exigence morale et politique. C'est celle de la France, et je ne doute pas qu'elle sera de mieux en mieux partagée. »*

Les Américains prennent très mal la chose. Allen me téléphone pour savoir quelle suite nous comptons donner à ce texte : *« Allez-vous envoyer des troupes françaises au Nicaragua ? »* Ne sachant trop s'il plaisante, je réponds : *« Sans doute pas. Mais rien n'est encore décidé... »* Il éclate de rire.

Paris autorise les monarchistes iraniens qui avaient détourné pendant quelques heures une vedette vendue à Téhéran à rester en France. Mais nous restituons la vedette à l'Iran.

**Samedi 29 août 1981**

Attentat contre une synagogue à Vienne : deux morts et dix-sept blessés.

Claude Cheysson est maintenant à Beyrouth. Bien que le Président commence à s'inquiéter de ses déclarations publiques, il lui a extorqué la permission d'y rencontrer Arafat.

Sur l'insistance de l'ambassadeur de France à Beyrouth, Delamare, et au grand dam de la Syrie, la France livre des armes aux forces libanaises. Il faut renforcer l'autorité d'un État sans pouvoir face aux occupants israéliens au sud, syriens à l'est, palestiniens au centre...

**Dimanche 30 août 1981**

Le nouveau Président iranien Alikadjani et son Premier ministre sont tués dans un attentat.

A Bagdad, Cheysson évoque le calvaire du peuple juif pendant la Seconde Guerre mondiale pour justifier la création de l'État hébreu : *« Cette réparation a engendré une autre injustice, cette fois subie par les Palestiniens qui, à leur tour, ne sont pas étrangers à la tragédie libanaise. D'où la nécessité impérieuse d'un compromis fondé sur la justice, qui mettrait fin aux souffrances de tous les peuples concernés et qui établirait une paix durable dans la région. »*

**Lundi 31 août 1981**

Cheysson expose au Président ses doutes à propos de la négociation d'achat de gaz algérien en cours depuis trois ans : *« De deux choses l'une : ou bien les Algériens veulent essayer d'obtenir mieux du nouveau gouvernement en présumant que la mise en place de nouvelles équipes crée des conditions favorables ; ou bien ils sont vraiment prêts à faire un geste, mais alors, qu'attendent-ils de nous en contrepartie ?* François Mitterrand répond : *« Il faut être audacieux, généreux, et faire un accord au plus haut niveau. Plus nous achèterons de gaz à l'Algérie, plus nous lui vendrons de produits français. Qu'on négocie un accord à un prix supérieur au prix du marché en obtenant en échange que le surprix soit utilisé à acheter des produits français. »*

On décide d'envoyer Jean-Marcel Jeanneney, qui fut le premier ambassadeur de France à Alger, négocier ce que le Président espère voir devenir un modèle pour d'autres accords de codéveloppement avec les pays du Sud.

Jean-Pierre Cot reçoit deux émissaires du GUNT qui lui remettent un message de Goukouni pour le Président et un mémorandum sur la relance de la coopération franco-tchadienne. Pendant ce temps, Hissène Habré progresse vers N'Djamena par l'est et le nord. Toutes les tentatives du GUNT pour s'opposer à cette progression échouent. La Force interafricaine n'est plus là. Les Libyens n'interviennent pas.

**Mardi 1er septembre 1981**

La presse espagnole nous attaque avec violence parce que nous hésitons encore à livrer à Madrid des terroristes basques arrêtés en France. François Mitterrand : *« Il est triste d'extrader, mais il faudra faire payer le crime. Je vois venir cela avec angoisse, mais c'est inévitable. »*

Installation de la Commission Moinot. Son mandat est défini par le Premier ministre : rechercher la *« garantie d'une pleine autonomie des organismes chargés du service public de la radio et de la télévision ».*

Réunion à l'Élysée pour confirmer ou annuler le lancement de deux satellites de télévision directe TDF1 et TDF2. Ils sont prévus depuis deux ans, mais on hésite encore à concrétiser. L'un concerne l'Allemagne, à la fin de 1984 ; l'autre la France, au début de 1985. On doit choisir d'urgence les programmes à mettre sur ces satellites ; *RTL* est candidat.

François Mitterrand ne se fait guère d'illusions : *« Il n'y a qu'un quart de bons ministres. Ce n'est déjà pas mal... Il y a trop de professeurs dans le groupe socialiste à l'Assemblée. Ils ne sont pas à l'image de la France. »*

Le Président ouvre la conférence des Nations-Unies sur les Pays les moins avancés à Paris : *« Aider le Tiers Monde, c'est s'aider soi-même à sortir de la crise. »* L'aide au Tiers Monde doit atteindre au moins 0,7 % de notre PNB.

Réunion avec François Mitterrand pour préparer le memorandum à adresser aux Présidents du prochain Sommet de Cancún. Pour lui, *« ce Sommet ne doit pas être plus que l'occasion d'un échange de vues sur l'ensemble des problèmes».* On décide de se concentrer sur deux sujets : le lancement des « Négociations Globales » et la création d'une « Filiale énergie » spécialisée de la Banque mondiale.

Dans une lettre, Jack Lang proteste contre son budget pour 1982. Il a compris que la méthode la plus efficace pour obtenir un arbitrage du Président consiste à lui adresser directement une courte missive — jamais plus d'une page —, véhémente et proposant toujours, à la fin, une solution lumineuse. Portée directement au secrétariat du Président, cette lettre ne recèle jamais la moindre allusion au point de vue contraire. Et une annotation favorable du Président vaut alors décision. Du moins en fut-il ainsi au début. Plus tard, le cabinet du Président saura faire remarquer que tel ou tel argument a été omis, et l'impact de telles lettres diminuera. Laurent Fabius — par de longues missives manuscrites —, Robert Badinter et Charles Hernu — dans de brèves notes commençant par *« Cher Président »* — emploieront la même méthode pour contourner les arbitrages du Premier ministre. Aucun autre n'osera, sauf problème majeur.

**Mercredi 2 septembre 1981**

Le Conseil des ministres a exceptionnellement lieu à Rambouillet. On y parle pour la deuxième fois des nationalisations, sans espérer conclure. Dix-huit ministres prennent la parole. Rocard parle vingt minutes en faveur du 51 %, suivi de Badinter, de Cheysson, de Delors, de Fabius qui opinent dans le même sens. Fiterman et Chevènement s'expriment en sens contraire. François Mitterrand, excédé par la longueur des débats, ne tranche pas. Rocard est sûr de l'avoir convaincu.

A la sortie, le Président prend à part Pierre Mauroy : *« Naturellement, vous connaissez mon point de vue, qui n'a pas changé : on nationalise à 100 %. »*

Au déjeuner qui réunit tout le gouvernement dans la Salle des Marbres, Jean-Pierre Chevènement interpelle Mauroy : *« Dassault vous a eus. Cet accord est scandaleux ! »*

Après le déjeuner, le Président me demande de faire devant le Conseil un exposé des leçons qu'on peut tirer de l'expérience autrichienne en matière d'emploi.

Shamir accuse Cheysson *« d'avoir jugé convenable de comparer la situation d'ici* [celle des Israéliens dans les territoires occupés] *à celle de l'Afghanistan, et d'avoir assimilé la lutte des assassins palestiniens à la résistance des Français contre l'occupation nazie ».*

**Jeudi 3 septembre 1981**

Deux autres choix restent à faire sur les nationalisations. Comment indemniser : par une Caisse nationale des Banques ou par simple échange entre actions et obligations ? Comment évaluer la valeur de l'entreprise : en ne tenant compte que des cours de Bourse sur deux ou trois ans, ou bien en combinant plusieurs critères ?

Un Conseil interministériel est réuni à Matignon : Pierre Mauroy y confirme que, *« naturellement »*, on nationalisera les entreprises industrielles à 100 %. L'ultime hésitation porte sur le nombre des banques à nationaliser.

La nationalisation totale des cinq principales banques (CCF, CIC, Paribas, Suez et Crédit du Nord) est acquise. Tout le monde est également d'accord pour nationaliser les douze suivantes. Si l'on s'en tient là, le secteur public et mutuel représentera déjà 96,6 % du crédit.

Pierre Mauroy pense qu'il faut aller plus loin et nationaliser les établissements ayant plus de 400 millions de dépôts, soit 47 banques de plus (26 indépendantes, 11 contrôlées à plus de 50 % par les banques nationalisées ou nationalisables). La part supplémentaire du crédit contrôlé serait alors de 1,8 %. Le groupe parlementaire, dit-il, ne permettra pas de faire moins, et lui-même ne veut pas se trouver classé parmi les *« défenseurs des banques »*.

Jacques Delors est contre : *« La nationalisation de petites banques coûterait très cher en temps, en argent et en hommes, sans rapporter réellement un contrôle significatif du crédit. Elle conduirait à nationaliser des banques beaucoup plus petites que les banques étrangères qui ne le seraient pas, ce qui ouvrirait la porte à un contentieux dont aucun juriste ne nous garantit aujourd'hui que la France l'emporterait. L'image économique et politique du pays en serait atteinte. »*

Pas de conclusion.

Réunion sur le gazoduc à l'Élysée : certains équipements que Matra et Thomson doivent livrer sont interdits à l'exportation par le COCOM. Hernu est inquiet : *« Si les Américains bloquent leurs livraisons à nos entreprises, notre industrie militaire est en faillite. »*

L'enjeu est donc incroyablement complexe. Pierre Dreyfus est partisan de tout livrer, sans réserve. Claude Cheysson est contre. Pierre Mauroy choisit *« de dissocier le contrat d'équipement électronique du gazoduc proprement dit, des prolongements suggérés par les Soviétiques, tout à fait contraire au COCOM »*. On décide d'informer très rapidement les États-Unis pour leur montrer qu'il n'y a là rien de nouveau.

Après la réunion, Cheysson écrit à Dreyfus :

> *« L'affaire a une importance considérable dont je ne suis pas sûr que ton Département ait eu clairement conscience dans la période initiale des entretiens avec les Soviétiques. Ignorer les règles du COCOM pour un marché de cette dimension serait un défi que nous risquerions de payer cher à propos d'autres marchés. »*

Le principal collaborateur de Margaret Thatcher est à l'Élysée. Robert Armstrong cumule les fonctions de Marceau Long, Pierre Bérégovoy, André Rousselet et les miennes, avec une équipe minuscule. Homme d'une grande finesse, plus passionné d'orgue, dont il joue admirablement, que de politique, il deviendra mon ami. Pierre Bérégovoy tient absolument à le prévenir que Charles Fiterman sera, la semaine prochaine, parmi la délégation française au premier Sommet franco-britannique du septennat. Robert Armstrong s'en moque : *« C'est un problème français. »* Il est surtout venu parler du « chèque » britannique.

**Vendredi 4 septembre 1981**

François Mitterrand souhaite une quatrième chaîne culturelle. André Rousselet travaille à une *« chaîne à péage »*. Jack Lang est contre : *« Je ne veux pas de ces chaînes à l'américaine, réservées aux classes riches et diffusant des films américains.»* Fabius est du même avis : *« En tout cas, il n'aura pas un sou du Budget. »*

Notre ambassadeur à Beyrouth, Louis Delamare, est assassiné. François Mitterrand est profondément ému par la mort de cet homme qu'il admirait sans le connaître et dont les télégrammes témoignaient d'une très grande hauteur de vues.

Pierre Moussa mène maintenant une campagne publique contre la nationalisation de Paribas. Dans l'*International Herald Tribune* d'aujourd'hui, on peut lire : *« Pierre Moussa estime que des partenaires comme Becker, importante banque d'affaires américaine, mettraient fin à leurs participations si le secteur international de Paribas était nationalisé. Ceci a été confirmé au journal par un des dirigeants de Becker. M. Moussa a également cité d'autres partenaires "prêts à partir", dont un groupe financier d'Arabie Saoudite. »*

Faut-il prendre cela au sérieux ? Jacques Delors est inquiet, mais pense que Pierre Moussa ne peut rien faire. D'autant qu'il a donné sa parole qu'il ne ferait rien.

Jean Riboud, qui détient 10 % de la CLT, veut faire rompre l'accord entre Havas et les Belges de Bruxelles-Lambert qui assure à leur coalition le contrôle de la CLT.

## Samedi 5 septembre 1981

Jack Lang refuse d'assister au festival du Cinéma américain à Deauville. Le Président trouve cela *« enfantin »*.

## Lundi 7 septembre 1981

Savary commence à rencontrer toutes les parties intéressées par un projet de réforme de l'école privée. Il recevra cinquante délégations. Trois points essentiels sont en débat : l'intégration des écoles privées dans la carte scolaire en un *« Établissement d'intérêt public »*, que refusent les parents d'élèves. La titularisation dans la fonction publique des maîtres du privé, que refuse la hiérarchie catholique. La suppression de l'obligation de financement du privé par les communes, que refusent les premiers et la seconde.

Les parents d'élèves, conduits par Pierre Daniel, et la hiérarchie catholique, représentée par le père Guiberteau, n'ont pas les mêmes intérêts.

Conversation avec François Mitterrand sur l'environnement religieux de son enfance : *« Ma famille était très pratiquante. Mes parents étaient des gens très disponibles. Ils parlaient peu. Mon père disait qu'on n'apprend rien par la parole, mais tout par l'exemple. Vivant sur la défaite de 1870, mes parents et mes grands-parents étaient tout naturellement portés, vers 1900, à être patriotes, clémencistes, républicains, avec une tendance nationaliste. Paul Déroulède était charentais. Quand il a été condamné à l'exil à San Sebastian, en Espagne, mon grand-père allait le voir. C'était un long voyage. Une fois, il y est allé avec ma mère, qui avait dix-sept ans. Elle était fière d'aller voir le "grand patriote" Déroulède. Ils pensaient que c'était un vrai patriote, qui avait lutté contre la défaite. Ma mère, qui était un bon peintre, lui a apporté un tableau fait par elle avec des coquelicots (rouges), des bluets (bleus), des lilas (blancs). Ce jour-là, Déroulède recevait aussi les dirigeants des Ligues, antidreyfusards et antisémites. Ils revinrent tous ensemble par le train. Le train, à cette époque, était lent. Ils ont discuté avec mon grand-père et ma mère. La conversation a dévié sur l'affaire Dreyfus, sur la haine antisémite. Peu à peu, les yeux de ma mère s'agrandissaient. Elle était surprise. Quand elle est rentrée à Jarnac, elle était définitivement rebelle à l'antisémitisme. Elle a écrit cette histoire. J'ai ses notes. Elle écrit :* "Cette haine n'est pas chrétienne." *Mes parents étaient des gens de bonne volonté.*

*Il y a eu un second fait important dans la vie de mes parents. A la fin de la Seconde Guerre mondiale, un jeune médecin juif, nommé Stein, et sa femme se sont réfugiés chez des amis de mon père. Mon père s'est pris d'une très grande affection pour cet homme qui disait :* "Le monde est fou." *Plus tard, celui-ci s'est suicidé. Sa femme s'est remariée ensuite aux États-Unis à un Prix Nobel.*

*Au total, ma famille était plutôt représentative de la petite-bourgeoisie de province, mais avec une certaine indépendance d'esprit. Je n'ai jamais eu à combattre un carcan initial. Je n'ai pas eu de révolte... »*

Le rapport demandé par le Président à Jean Auroux sur la réforme des conditions de travail est terminé. A Matignon, les économistes sont terrifiés et souhaitent l'enterrer. C'est pourtant un rapport équilibré, qui a le courage de tourner le dos aux promesses électorales impossibles à tenir (le « droit de veto » sur les licenciements est remplacé par un « droit d'alerte », et le « droit d'arrêt des machines » par « un droit de retrait de l'ouvrier »). Pierre Mauroy l'appuiera.

Dick Allen vient déjeuner avec moi à Paris. Charmant. Difficile de parler avec lui de quoi que ce soit de professionnel. Il me dit que les Américains ne sont plus totalement hostiles au projet de « Filiale énergie » de la Banque mondiale et que les « Négociations Globales » ne sont pas exclues ! Trop beau pour être vrai...

François Mitterrand : *« Le discours gouvernemental devrait s'appuyer sur trois idées-force : informer, négocier, innover. Il n'y a pas eu, jusqu'ici, de doctrine suffisamment claire quant à la manière dont le gouvernement informe sur son action. L'une de ses ambitions devrait être d'introduire la négociation comme un nouveau style de la vie collective française, à tous les niveaux. C'est affaire de temps, mais aussi de persuasion permanente et de valorisation des initiatives qui vont en ce sens. A mesure que le temps passe, le poids des contraintes financières se fait plus lourd. Ne serait-ce que pour cette raison, il est indispensable d'innover, de faire* autrement *au lieu de seulement faire* plus. *»*

Tard dans la soirée, François Mitterrand, Pierre Mauroy, Pierre Bérégovoy et moi regardons où se trouvent placées les banques étrangères sur la liste des banques classées selon leur volume de dépôts. Le souci de ne pas les nationaliser conduit à fixer une fois pour toutes le seuil des nationalisations à un milliard de dépôts. Pierre Mauroy s'y rallie sans grande amertume.

**Mardi 8 septembre 1981**

Lors d'un nouveau Conseil interministériel sur les nationalisations, Pierre Mauroy confirme définitivement que les entreprises industrielles seront nationalisées à 100 %. Le seuil est fixé à un milliard pour les banques. Jacques Delors boude. Rocard quitte la séance.

Jacques Chirac propose un terrain à Bercy où reconstruire le ministère des Finances. François Mitterrand accepte après avoir pensé choisir le Quai Branly.

Le Président déclare à la *BBC* que *« l'armée française n'aurait pas un équipement aussi moderne si notre industrie d'armement devait se contenter du marché intérieur »*.

Visite à l'Élysée de l'ambassadeur d'Union soviétique, à son retour de Moscou. Il transmet les *« amicales félicitations du camarade Brejnev »*, le jour même où la *Pravda* attaque très brutalement la politique militaire française.

L'Ambassadeur : *« M. Brejnev est très sensible à vos prises de positions et est tout à fait d'accord pour examiner l'équilibre des forces en Europe. »*

François Mitterrand lui précise : *« Non pas en Europe, mais dans le monde. »*

Toutes les dix minutes, l'ambassadeur reprend : *« M. Brejnev est, comme vous, tout à fait d'accord pour examiner l'équilibre des forces en Europe. »* Le Président le corrige à nouveau à quatre reprises. Quand il sort, l'ambassadeur s'adresse à la presse sur les marches du perron : *« M. Mitterrand s'est déclaré tout à fait d'accord avec moi en ce qui concerne l'équilibre des forces en Europe... »*

Début d'une nouvelle session extraordinaire du Parlement. Il y a tant de projets de lois à faire voter, tant de réformes à conduire ! Vite, vite...

Les Égyptiens nous redemandent d'envoyer un contingent dans le Sinaï pour garantir l'application des accords de Camp David. Seuls les États-Unis, Fidji et la Colombie ont accepté. L'Italie et la Grande-Bretagne ont refusé. Claude Cheysson y est hostile : *« Si la France,* écrit-il au Président, *est seule à côté des États-Unis, de Fidji et de la Colombie dans la force du Sinaï, elle perdra son autorité pour une initiative possible au Sud-Liban... En refusant, Peter Carrington n'a d'ailleurs pas prétendu obéir à une noble préoccupation, mais a souligné froidement qu'il n'entendait pas perdre un grand nombre de contrats dans les pays arabes comme prix d'une participation à la mise en œuvre de Camp David. Colombo ne l'a pas fait devant les collègues, mais m'a dit mot pour mot la même chose en privé... »*

Le Prince Fahd est à Paris pour présenter son plan à François Mitterrand. L'Arabie souhaite reprendre le leadership dans le règlement du conflit pour des raisons à la fois de sécurité et d'ambition régionale. Le Prince estime qu'il n'y a rien à attendre d'Israël, que seuls les États-Unis peuvent agir. Ceux-ci ont pour le moment une vision limitée, à ses yeux, du problème. Il cherche à peser sur l'Europe afin que celle-ci soit capable d'exercer une influence positive sur les États-Unis ; Fahd est venu « tâter le terrain », c'est-à-dire expliquer et convaincre, mais sans se livrer, comme le montre le contraste entre la précision de son exposé et son mutisme face aux questions.

C'est l'occasion, pour le Président, de définir sa propre politique au Moyen-Orient.

**François Mitterrand :** *Le conflit au Proche-Orient créant un risque de guerre, les deux super-puissances sont incitées à y intervenir dans le sens de leur politique propre. La France n'a pas d'ambitions particulières dans cette région. Mais elle éprouve vis-à-vis d'elle, pour des raisons historiques, un très grand intérêt. Elle cherche à y préserver ses amitiés, qui sont nombreuses.*

*Avec le Liban, nous avons des liens historiques profonds, mais entre les luttes religieuses et politiques, les affrontements de clans et de factions, on n'arrive plus à s'y reconnaître. La France est pourtant amie de tout le monde, mais à qui aujourd'hui donner un conseil ? Nous ne voulons intervenir que pour rendre service. Voilà une première contradiction.*

*Contradiction aussi en ce qui concerne Israël. La France a été un des premiers pays à reconnaître Israël. L'histoire a créé entre nous des liens. Nous sommes héritiers de la même civilisation judéo-chrétienne. Nous voulons que les droits d'Israël soient garantis, mais nous ne voulons pas que ses visées ou ses ambitions nuisent au droit des autres : voilà une autre contradiction.*

*Contradiction également en ce qui concerne les Palestiniens. J'ai reconnu leur droit à une patrie et nous avons dit — ce qui est logique et que personne n'avait dit avant nous — que, dans cette patrie, ils pourraient établir les structures étatiques de leur choix. Il leur faut pour cela une terre, qui est désignée par l'histoire et les réalités présentes. Mais nous ne pouvons pas suivre aveuglément les Palestiniens quand ils veulent et où ils veulent : voilà une autre contradiction à surmonter.*

*Contradiction même vis-à-vis de l'ensemble de ce que l'on appelle la* Nation arabe. *Il n'y a pas à mes yeux de liens plus profonds que les liens historiques entre la France et le monde arabe. Or, il existe des contradictions au sein de celui-ci. Ainsi, entre le Président Sadate et presque tous les autres Arabes, ou encore entre la Syrie et l'Irak, pour ne pas parler de la guerre entre l'Irak et l'Iran : voilà encore des problèmes.*

*Votre proposition récente de règlement du conflit du Proche-Orient constitue le seul élément nouveau positif depuis longtemps.*

*En raison des bonnes relations que vous avez avec l'Irak, de la sagesse dont vous avez fait preuve, en fait, dans vos rapports avec l'Égypte, de l'influence que vous avez sur les Palestiniens, de l'autorité morale que vous détenez, je porte la plus grande attention à nos relations politiques et aux échanges que nous aurons sur ces problèmes.*

*Au Moyen-Orient, nous sommes également préoccupés par la guerre entre l'Irak et l'Iran et par l'évolution interne de l'Iran. Il nous était impossible de fermer notre porte à des responsables politiques iraniens qui nous demandaient asile, mais cela ne veut pas dire que nous les encouragions.*

*La situation entre l'Iran et l'Irak entraîne une accumulation inquiétante d'armements dans le nord de l'océan Indien. Il y a aussi la présence des flottes russe, américaine, française dans ce foyer d'insécurité. Si vous aviez décidé de vivre tranquillement, l'histoire et la géographie vous en empêcheraient !*

**Le Prince Fahd :** *Je remercie le Président de la République pour son exposé exhaustif et n'y puis ajouter quoi que ce soit, tant j'y ai relevé une parfaite concordance de vues avec nos positions. Je voudrais cependant insister sur certains des aspects qui ont été évoqués.*

*Lorsque le Président de la République a dit qu'on ne comprenait plus la situation au Liban, il a parfaitement exprimé notre point de vue. Au Liban sont à l'œuvre aujourd'hui plusieurs partis, qu'ils soient internationaux ou de la région. C'est un problème qui a été créé au départ de façon factice et qui a également porté tort aux chrétiens et aux musulmans. Il ne faut pas oublier la responsabilité de certains dirigeants libanais qui ont ouvert la porte aux interventions extérieures. La présence des Palestiniens et de l'OLP a également contribué à l'aggravation de cette situation. Pour ce qui nous concerne, nous, Arabie Saoudite, nous essayons d'avoir des entretiens simples et sereins avec les Libanais, les Palestiniens et les Syriens, afin de dégager des solutions acceptables par tout le monde.*

**François Mitterrand :** *La France a pris une position qui se veut claire : il n'est pas question de perdre l'amitié d'Israël, et il faut encore renforcer notre amitié avec les Arabes. Nous n'y parviendrons pas en tenant un double langage, mais un seul. Reconnaître le droit des Palestiniens à une patrie et à un État : je l'ai dit à Tel-Aviv et à Jérusalem, et je le redirai de nouveau. C'est pourquoi on a un peu caricaturé ma position. Les Arabes, surtout comme vous, ont le sens de l'honneur. Ils savent que pour une amitié on ne peut pas en renier une autre, et qu'il faut parler clair.*

**Mercredi 9 septembre 1981**

Le psychanalyste Jacques Lacan est mort. Encore un signe à décrypter ? Où est maintenant le nom du Père ?...

Au Conseil des ministres, nouvelle discussion sans conclusion sur l'évaluation des entreprises à nationaliser.

Begin est à Washington pour sa première rencontre avec Reagan.

Le Président Mitterrand reçoit le président de la Banque mondiale, Tom Clausen, venu lui parler de la « Filiale énergie ». Elle devrait financer 30 milliards de dollars d'infrastructures énergétiques dans le Tiers Monde sur quatre ans. La France y est favorable, mais le projet paraît mal parti. La Banque mondiale n'a pas la force de convaincre et son président semble bien désabusé :

**François Mitterrand :** *Y a-t-il une chance, d'ici le Sommet de Cancún, d'obtenir une position plus claire des Américains ?*

**Tom Clausen :** *Non.*

**François Mitterrand :** *L'évolution actuelle des pays de l'OPEP vers une position nettement favorable peut-elle influencer les États-Unis ?*

**Tom Clausen :** *Non.*

**François Mitterrand :** *La Banque mondiale pourrait-elle accepter que le siège de la filiale soit à Paris ?*

**Tom Clausen :** *Non.*

La conversation tourne court : à ma grande stupéfaction, je comprends que Clausen est hostile à la création d'une « Filiale énergie » de sa Banque, car elle serait quelque peu indépendante de la Banque elle-même !...

François Mitterrand décide de charger Jean-Marcel Jeanneney de la reprise des négociations sur l'achat de gaz avec les Algériens.

**Jeudi 10 septembre 1981**

Premier Sommet franco-britannique à Londres. On suit le rituel hérité : un tête-à-tête entre François Mitterrand et Margaret Thatcher, puis un dîner, un autre tête-à-tête le lendemain, puis des entretiens élargis et une conférence de presse. Au-delà de leurs soucis budgétaires, les Britanniques ont une stratégie : profitant du changement intervenu en France, ils souhaitent mettre fin à vingt ans de prédominance franco-allemande en Europe.

Rien ne nous rapproche d'eux. Il y a là deux conceptions de la Communauté : libre-échange ou solidarité. Dans les secteurs sensibles (électronique, automobile), l'Angleterre est prête à jouer le cheval de Troie des investissement japonais au sein de la CEE. Pour l'aide au Tiers Monde, Londres s'est engagé dans une direction inverse de la nôtre en décidant de ramener la part de son PNB qui y est consacrée de 0,5 à 0,3 %.

Margaret Thatcher relance l'idée du tunnel sous la Manche et veut un accord sur le remboursement de sa contribution au Sommet de Londres, en décembre prochain.

**François Mitterrand :** *Nous avons une conception des choses que je crois différente en ce qui concerne le* "mandat du 30 mai", *le Budget et ce qu'on appelait naguère le* "juste retour", *théorie selon laquelle les États membres obtiendraient de l'Europe des avantages qui soient l'équivalent des efforts consentis. La France et moi-même avons toujours été hostiles à cette pratique qui tient l'existence de la Communauté pour nulle, en la considérant comme une simple confédération dans laquelle régnerait le libre-échange. Il y a donc une difficulté qui réside dans cette distance entre nos conceptions.*

*Par conséquent, quand la Grande-Bretagne décrète que le "juste retour" devrait être la règle permanente, il est difficile d'être d'accord. Bien sûr, une année donnée, dans une circonstance particulière, il est parfaitement possible de rendre service à tel ou tel pays membre qui se trouve en difficulté. Mais en faire un principe permanent est impossible.*

**Margaret Thatcher :** *Je n'ai jamais considéré que le Budget ou la Politique agricole commune devaient être fondés sur un* "juste retour" *dans le sens d'une équivalence exacte entre ce que chaque pays apporte et ce qu'il en retire. Mais si on fait la somme de toutes les politiques, si on se penche sur un bilan d'ensemble, il faudrait que les flux d'ensemble aillent des États les plus riches vers les États les plus pauvres. Il serait normal que des pays comme l'Irlande, l'Italie ou la Grèce, par exemple, en profitent le plus. Et il serait anormal que les États les plus riches soient bénéficiaires de l'ensemble des politiques. Ce serait là le vrai principe d'équité. Ce n'est pas ce qui se passe actuellement.*

*Je veux redire que, pour moi, la Communauté est quelque chose de très important. Elle verrouille ensemble des pays qui autrefois s'étaient souvent fait la guerre, ce que nous ne voulons plus jamais voir, et cela est fondamental.*

**François Mitterrand :** *Je ne refuse pas du tout la discussion sur ce qui inquiète Mme Thatcher, mais la France ne peut pas renoncer à des avantages acquis dans un domaine essentiel pour elle, où elle est la plus forte, alors que dans le domaine industriel, par exemple, elle est moins avancée. De plus, la France n'a pas votre génie commercial !*

**Margaret Thatcher :** *Vous êtes trop flatteur ! Il est utile d'examiner nos différences pour y voir plus clair. Une grave situation de crise budgétaire va survenir, si cela continue comme maintenant. La Politique agricole commune conduit à des excédents de plus en plus élevés, entraînant des dépenses communautaires de plus en plus importantes. La RFA et nous-mêmes sommes décidés à ce que le plafond de 1 % de TVA ne soit pas dépassé. C'est une affaire de bon sens ; il n'est pas rationnel de dépenser une part croissante du budget communautaire pour fabriquer des excédents de plus en plus coûteux qui entraînent de surcroît la dislocation de secteurs entiers de l'économie d'autres pays.*

*D'autre part, la Communauté devrait négocier en tant que telle avec le Japon. La concentration de produits japonais dans un domaine donné produit en effet de grands dommages.*

**François Mitterrand :** *A ce propos, je me permettrais de faire des reproches à la Grande-Bretagne, qui s'est trop ouverte au Japon, notamment en ce qui concerne les automobiles. Le Japon a ainsi trouvé une façon d'entrer dans la Communauté qui est dangereuse pour l'ensemble des pays qui font partie de celle-ci.*

**Margaret Thatcher :** *Nous avons toujours eu un système d'échanges très très ouvert, comme d'ailleurs l'Allemagne, et c'est ce qui se passe en ce qui concerne l'importation des voitures japonaises.*

**François Mitterrand :** *Je pense que nous donnerions plus de poids à la Communauté si la Grande-Bretagne, la RFA et la France avaient plus souvent des démarches communes. Votre pays est très avancé, le plus avancé dans la Communauté pour la recherche scientifique, mais les retombées que cela entraîne pour vous sont faibles, car votre marché intérieur est insuffisant. Nous pourrions davantage en profiter ensemble. Par exemple, les moteurs Rolls Royce sont les meilleurs. Or, nous, Français, traitons surtout avec d'autres, comme General Electric. Nous pourrions avoir des conversations à ce sujet. L'Airbus est un exemple de réussite. Or, çà et là, on entreprend des constructions parallèles. Pour les télécommunications, la Grande-Bretagne est remarquable, mais la France aussi : peut-être pourrait-il y avoir des rapprochements ? Vos grands ordinateurs sont les meilleurs au sein de la Communauté. Nous avons, nous, en dehors des grands ordinateurs proprement dits, une gamme large et intéressante. Ne pourraient-ils être complémentaires ? En matière d'automobiles, il y a également des coopérations possibles dans l'outillage...*

**Margaret Thatcher :** *Je vous remercie beaucoup. Je voudrais pouvoir examiner vos propositions de façon plus approfondie. Nous avons d'ailleurs déjà l'habitude de la coopération aéronautique : le Concorde, le Jaguar... En ce qui concerne l'Airbus, je vais voir si nous pouvons faire plus.*

*Nous avons suivi des voies différentes en ce qui concerne les satellites européens. Vous avez travaillé avec les Allemands, nous avons préféré agir au sein de l'Agence spatiale européenne où sont regroupés tous les Européens, sauf la France et l'Allemagne. C'est dommage... Dans l'avenir, nous espérons utiliser votre lanceur Ariane, et je vais essayer de voir si on peut faire davantage en ce domaine.*

*En matière d'ordinateurs, il est exact que nous maintenons une entreprise indépendante. Cette entreprise représente beaucoup de savoir et de technologie. Nous tenons beaucoup à ce qu'elle demeure un outil indépendant de fabrication d'ordinateurs en Europe. J'ajoute qu'en ce qui concerne les ordinateurs à l'école, il me semble que nous empruntons des voies semblables.*

**François Mitterrand :** *Un accord de coopération portant sur les grands ordinateurs de votre côté, et sur le reste de la gamme du nôtre, constituerait un contrepoint dynamique à notre négociation agricole.*

La conversation quitte alors l'épineux terrain européen pour celui, plus feutré, des affaires du monde :

**Margaret Thatcher :** *Le plus grave danger pour l'Union soviétique consiste dans l'effet de contagion que* Solidarnosc *pourrait avoir en Allemagne de l'Est, en Hongrie, en Roumanie, etc. C'est ce qui explique que les chefs d'État de ces pays soient beaucoup plus engagés encore que l'Union soviétique contre ce mouvement. Ainsi Ceausescu : c'était auparavant un homme assez indépendant à* *l'égard de l'Union soviétique. Mais, vis-à-vis de* Solidarité, *il a adopté une position très dure.*

**François Mitterrand :** *... Tant que le Parti communiste polonais tiendra bon, le danger d'intervention soviétique ne sera pas réel. Paradoxalement, c'est le degré de résistance du parti communiste à* Solidarité *qui, s'il est suffisant, pourra empêcher l'invasion.*

**Margaret Thatcher :** *Cela est vrai tant que le Parti communiste polonais reste vraiment aux commandes du pays. Mais il est possible qu'il soit miné par* Solidarité. *Selon certaines informations, il ne dirigerait plus vraiment le pays.*

**François Mitterrand :** *Le Parti communiste polonais tient quand même les commandes. Mais peut-être est-il plus miné que je ne le crois. S'il se disloque, alors le moment sera venu d'une grande aventure, d'une aventure soviétique. Pour moi, ce sera le signal d'alarme. S'il n'y a pas d'exemple d'intervention, c'est parce que l'URSS espère que le Parti communiste arrivera à juguler le mouvement. Voilà le dilemme.*

**Margaret Thatcher :** *Il est assez cocasse de penser que le Parti communiste est le meilleur bouclier de la Pologne !*

**François Mitterrand :** *Le slogan "plutôt rouge que mort" est employé maintenant dans certains milieux de la gauche allemande. Il faut tenir compte de cette situation. L'Allemagne est un pays bourré d'explosifs et qui se refuse à être le champ de bataille de la guerre des autres...*

**Vendredi 11 septembre 1981**

La discussion reprend sur l'Irlande où des membres de l'IRA emprisonnés font la grève de la faim pour obtenir la reconnaissance d'un statut de prisonniers politiques. Huit sont déjà morts. Sans la moindre émotion, Margaret Thatcher les appelle des *« malfaiteurs »*.

**Margaret Thatcher :** *Je vous remercie de n'avoir pas protesté au sujet de l'Irlande du Nord et de n'avoir pas présenté de demandes ni fait de représentations actives, alors que je sais que vous avez été très sollicité de le faire. Je souhaite vous expliquer ma position, qui est mal comprise.*

*L'Irlande du Nord est une communauté divisée. La majorité des deux tiers est composée de protestants qui font allégeance au Royaume-Uni. Ce sont ceux que l'on appelle les Unionistes. La minorité catholique comprend de très nombreuses personnes — quoique pas la totalité — qui éprouvent une affinité avec la République d'Irlande.*

*Les protestants comme les catholiques se sont dotés de véritables organisations militaires. Quand elles sont actives — et je dois dire qu'en ce moment, c'est l'IRA qui l'est —, nous traduisons les criminels devant les tribunaux ordinaires de droit commun d'Irlande du Nord.*

*Tous les prisonniers qui se trouvent à la prison de Maze ont été condamnés pour des crimes de droit commun : des meurtres, des tentatives de meurtres, des dépôts de bombes. Ce sont tous des criminels. C'est la même chose en ce qui concerne les protestants qui se trouvent dans cette prison. Tous ont commis en général des crimes abominables.*

*Les Unionistes comme les Républicains sont représentés au Parlement. Vous avez vu que, dans une élection partielle récente, un représentant des grévistes de la faim a été élu. On ne peut pas dire qu'ils soient privés de moyens d'expression. Cependant, la majorité de la population de l'Irlande du Nord souhaite rester liée au Royaume-Uni. Lors du référendum de 1973, une majorité écrasante s'est dégagée en faveur du maintien de l'union avec le Royaume-Uni. Cela ne plaît pas à la minorité. Mais, au lieu d'employer la persuasion, elle a recours à la violence.*

*C'est inscrit dans le droit : il ne peut y avoir de modification constitutionnelle du statut de l'Irlande du Nord sans le consentement de la majorité des habitants d'Irlande du Nord.*

*En ce qui concerne la prison de Maze, je peux dire que c'est une des plus modernes, et les conditions de détention y sont parmi les plus libérales du monde. Ce que les criminels revendiquent, en fait, c'est un statut de prisonniers de guerre. Or, ce ne sont pas des prisonniers de guerre, mais des malfaiteurs. Donc, le refus du directeur de la prison de satisfaire à leurs revendications est normal.*

*Nous avons consenti beaucoup d'efforts pour réconcilier les deux communautés. Dans le passé, il y avait un Parlement d'Irlande du Nord. Nous avons essayé de le réactiver. Mais il s'est révélé impossible de partager les pouvoirs. Nous nous sommes heurtés au refus de tout accord entre la majorité et la minorité. Mon prédécesseur a essayé, son prédécesseur l'avait tenté lui aussi. Nous-mêmes avons fait deux tentatives. Elles ont connu, elles aussi, l'échec. Nous avons dit aux Irlandais : "Acceptez au moins la constitution d'un Conseil représentatif." Nous avons essayé de tourner le problème en développant une coopération pratique entre la République d'Irlande du Sud et l'Irlande du Nord, de façon à aboutir à une sorte de* modus vivendi *pour faire cesser les hostilités. Les deux derniers Premiers ministres d'Irlande du Sud nous ont apporté une collaboration totale. Ils ont arrêté des malfaiteurs et les ont traduits devant les tribunaux. Malheureusement, ceux-ci ne les ont pas condamnés, car ils ont considéré que les actes commis entraient "dans le cadre des hostilités".*

*Nous aimerions beaucoup que les grèves de la faim cessent, car c'est gâcher la vie de ces jeunes. C'est d'ailleurs ridicule car, bien qu'ils soient des malfaiteurs, ils obtiennent des remises de peine qui vont jusqu'à 50 % de leur temps. Nous savons qu'il existe des divisions, au sein de l'IRA, sur ces grèves. En ce qui concerne les deux derniers, dès qu'ils sont tombés dans le coma et à la demande des familles, nous les avons fait alimenter par goutte à goutte.*

*En Irlande du Nord, nos troupes ont à protéger les citoyens du terrorisme. Au départ, elles ont d'ailleurs été envoyées plutôt pour protéger la minorité que la majorité. Car il est vrai que autrefois, avant qu'il y ait un ministre spécial pour l'Irlande du Nord, la minorité n'y était pas traitée équitablement par la majorité. Nous avons modifié la loi.*

*Rien ne pourrait nous donner plus de joie que de voir ces deux communautés vivre ensemble, que de pouvoir retirer nos troupes et que de voir s'instaurer une situation de coexistence qui apparaisse normale à vos yeux et aux nôtres.*

*Je dis aux terroristes : "Employez plutôt les armes de la démocratie et de la persuasion !"*

**François Mitterrand :** *Je vous remercie d'avoir pris l'initiative de m'en parler. (...) Mais, voyez-vous, la mort affreuse que s'infligent ces prisonniers entraîne une simplification dans la façon dont ce problème est perçu par l'opinion internationale. Les données historiques et légales du problème s'estompent. Seule demeure l'image d'une minorité passionnée qui veut vivre, et l'émotion que cela engendre passe les frontières.*

*En ce qui concerne votre politique générale sur ce point, je ne vous pose pas de questions. C'est votre souveraineté. Vous décidez. Mais, dans la mise en œuvre, un adoucissement ne serait-il pas souhaitable, étant donné que le sentiment d'horreur qui se répand va toucher demain les institutions internationales ? Est-ce que l'horreur de voir mourir un neuvième, un dixième, un onzième gréviste de la faim va entraîner un arrêt de ce mouvement ? Cela serait souhaitable. Que souhaitez-vous que nous disions sur cette question ?*

**Margaret Thatcher :** *Je pense que nous pourrions avoir quelques phrases... J'indiquerais que j'ai pris l'initiative de vous expliquer quelle est la situation et que nous souhaitons ardemment tous les deux voir se terminer la grève de la faim.*

Conclusion sur les problèmes pétroliers :

**François Mitterrand :** *Des pays comme le Niger ou le Mali connaissent bien le coût du pétrole. Il faut mettre les pays pétroliers sur le devant de la scène.*

**Margaret Thatcher :** *Par leur action, les pays pétroliers ont aggravé la situation.*

**François Mitterrand :** *J'ai oublié, dans mon petit discours, que la Grande-Bretagne est un pays pétrolier et que le prix de son pétrole n'est pas inférieur à celui des autres...*

**Margaret Thatcher :** *Nos prix ne sont pas aussi élevés que nous le souhaiterions ! Nous sommes obligés de suivre les prix mondiaux, car c'est la condition posée par les compagnies...*

Dans l'avion du retour, François Mitterrand évoque Margaret Thatcher : *« Elle a les yeux de Staline et la voix de Marilyn Monroe. »*

Le Président apprend que l'ambassadeur de France à Santiago, Robert Picquet, a assisté aux fêtes données à l'occasion de l'anniversaire du coup d'État de Pinochet. Il est rappelé immédiatement.

La décision de lancement du satellite franco-allemand TDF1 doit être confirmée. Il est décidé qu'avec trois canaux, il servira exclusivement à la desserte des zones d'ombre de *TF1* et *A2* et à des programmes éducatifs et culturels expérimentaux. Une position commune doit être recherchée avec d'autres pays européens pour faire pression sur le Luxembourg afin qu'il accepte un code de bonne conduite et retarde le lancement de ses propres chaînes commerciales sur un autre satellite. La CLT a sa place sur TDF.

**Samedi 12 septembre 1981**

Discussion entre François Mitterrand et Laurent Fabius à propos de l'impôt sur les grandes fortunes : la France est le pays dont le niveau de pression fiscale sur les patrimoines est le plus faible d'Europe ; il ne représente que 0,76 % du total des recettes fiscales. Fabius souhaite un impôt maximal.

François Mitterrand promène un regard rêveur sur le parc et, au-delà, sur le dôme des Invalides : *« Lorsque je me suis retrouvé étudiant dans une petite chambre laide, étroite, mal foutue, je n'ai pas pensé "A moi Paris !" Je me suis senti perdu, tout petit au bas d'une montagne à gravir. J'étais sans identité, dans un monde indifférent, dans des conditions d'âpreté, de solitude qui exigeaient de ma part la mobilisation de toutes mes ressources pour la lutte et la conquête... »*

**Lundi 14 septembre 1981**

Le Président prépare sa première conférence de presse, qui aura lieu dans dix jours. Il réclame à tous des fiches sur tous les sujets. Il est bientôt noyé sous le flot. Gaston Defferre écrit : *« Il serait intéressant de savoir de façon précise, pour votre conférence de presse, s'il est exact, comme le dit J.J.S.S., qu'au Japon le nombre de chômeurs et l'inflation sont très réduits (2 %), et ont diminué ces dernières années, du fait du développement de la micro-informatique, dans un pays au moins aussi importateur de pétrole et de matières premières que la France. »*

L'informatique est Dieu, et J.J.S.S. son prophète...

Mauroy annonce à l'Assemblée que la France continuera de développer sa force nucléaire tactique et stratégique, et que le service militaire reste fixé à douze mois. Hernu a gagné.

Georges Fillioud plaide encore avec conviction pour qu'on autorise la publicité sur les radios locales : *« Exclure totalement la publicité revient à favoriser les radios qui disposent d'un support politique. Les réactions des fédérations de radios locales, amplifiées par la presse, ne manqueraient pas d'en faire le premier accroc aux libertés. L'impact réel sur le marché publicitaire serait faible. En Italie, 2 000 stations n'ont draîné que 1 à 2 % du marché publicitaire total. L'hostilité publique des organisations représentatives de la presse locale recouvre souvent des positions privées plus nuancées (...). Il est difficile de soutenir devant les parlementaires une position d'interdiction, alors que la publicité est admise à la télévision comme sur les radios périphériques contrôlées par l'État, et que Havas s'apprête à passer un accord de régie avec* Radio K, *située hors du territoire français. »*

Le Président laisse Pierre Mauroy décider. Ce sera non : *« Pas de "Radio Auchan"... »*

Je reçois Jean-Marcel Jeanneney avant qu'il ne parte pour Alger amorcer la négociation sur le prix du gaz.

Paul Legatte, qui conseille François Mitterrand depuis trente ans, critique les procédures de nominations : *« Des propositions de nomination d'agents de l'État de très haut rang sont soumises au Président sans que lui-même ou ses collaborateurs disposent d'un temps suffisant pour recueillir un minimum d'informations sur les intéressés. Le nombre des candidats connus du Président et ayant vocation et capacité à accéder à des emplois publics s'accroît. Des demandes de mutations de hauts fonctionnaires émanant de ministres et signalées à l'Élysée ne peuvent être satisfaites qu'à la faveur de mouvements triangulaires ou plus complexes. »*

Il est décidé d'établir un fichier des emplois de responsables de la haute administration et des grands établissements publics, des conseils d'administration, des emplois de direction des filiales des entreprises nationalisées et des postes de dirigeants sur lesquels l'État a une faculté de contrôle. Pierre Bérégovoy, André Rousselet et moi, Jacques Fournier, Michel Charasse, Jean-Claude Colliard et Paul Legatte nous réunirons désormais chaque semaine pour proposer des noms au Président.

**Mardi 15 septembre 1981**

J'irai demain à Rome tenter d'éclaircir la position italienne sur l'Europe et de débrouiller le malentendu sur le vin italien, violemment attaqué dans la presse française.

En France, Pierre Mauroy fait sa déclaration de politique générale à l'Assemblée : nationalisations, trente-cinq heures, réduction de l'âge de la retraite, contrats de solidarité...

Première réunion à Alger entre Jeanneney et Ben Yayia, ministre des Finances algérien. Le *verbatim* en est passionnant ; il révèle l'esquisse d'une nouvelle politique Nord/Sud et met au jour le différend entre l'un et l'autre : la France souhaite un accord de développement ; les Algériens, eux, veulent simplement obtenir le prix le plus élevé possible afin de relever les tarifs appliqués à leurs autres clients.

**Jean-Marcel Jeanneney :** *Je suis saisi du dossier depuis moins de huit jours. Je l'ai regardé, mais ne le possède pas (...). Je ne suis pas membre du Parti socialiste, mais, sur bien des points, je me trouve sur la même longueur d'onde. La France a pris un tournant fondamental qui est aussi une victoire posthume du gaullisme, grâce à la Constitution qui a permis cette alternance. Le nouveau gouvernement a eu à prendre un héritage très lourd du point de vue de l'économie et des relations extérieures de la France. C'est une nouvelle donne, et c'est dans cet esprit que je viens.*

*J'avais fondé de grands espoirs sur la coopération franco-algérienne lorsque j'étais ambassadeur. J'ai soixante-dix ans. Dans la mesure où je pourrai contribuer à développer ou à faire reprendre une véritable politique de coopération, de codéveloppement entre la France et l'Algérie, je considérerai que c'est une belle fin de carrière politique... Ce que je viens de vous dire, c'est peut-être un peu sentimental, mais je suis sûr que vous me comprendrez. C'est émouvant, vingt ans après l'avoir fait pour le Général de Gaulle, de revenir ici pour Mitterrand.*

*... Comme l'a rappelé M. Cheysson, il y a sûrement plus de contentieux entre la France et le Luxembourg qu'entre la France et l'Algérie. Le problème de l'immigration est réglé. Reste le problème du gaz. Vous avez parlé d'irritation justifiée...*

**Ben Yayia :** *En Algérie nous estimons que si la question du gaz a été un échec, c'est parce que le gouvernement français a eu une attitude politique hostile. D'autres pays, qui n'ont pas avec nous la qualité des relations de la France et de l'Algérie, ont accepté de payer le gaz un bon prix. Le Japon paie à l'Indonésie 6,35 , et un peu plus à Abou Dhabi. La Norvège vous vend le gaz plus cher que la facturation provisoire de Sonatrach à Gaz de France. On a voulu traiter l'Algérie comme la République Centrafricaine, la Tunisie ou le Maroc. Nous voulons être différents. Nous avons d'excellents rapports avec la Tunisie ou la Côte d'Ivoire, mais nous sommes différents d'elles.*

**Jean-Marcel Jeanneney :** *Il y a un prix de codéveloppement et de solidarité qui est le prix algérien, et il y a un prix du marché européen. Entre ces deux prix, il y aura un écart en faveur de l'Algérie. La charge serait à partager entre Gaz de France et le Budget français, pour empêcher une hausse trop forte du prix du gaz en France, qui entraînerait une baisse de la consommation. Pour cette partie de la rémunération, il faut imaginer des mécanismes originaux afin de permettre le codéveloppement. Il faut l'indexer de façon équitable sur l'indice des prix des produits que la France vend à l'Algérie. Il faut trouver une formule qui corrige* *les variations des termes de l'échange. L'"écart" serait versé à un Fonds de développement économique et social comparable au FDES français, avec un conseil d'administration commun, présidé par les Algériens, car c'est votre argent, et comprenant une minorité de Français. Ce Fonds verserait des subventions pour des projets ou des opérations à fonds perdus, des prêts, des bonifications d'intérêts. Il pourrait également emprunter sur les marchés financiers avec la garantie du gouvernement algérien. Mais, en principe, les achats seraient pour 80 % réalisés en France.*

**Ben Yayia :** *Je voudrais vous dire qu'au niveau le plus élevé, nous ne perdrons pas de vue la situation en France, ni la nécessité pour nous de contribuer si peu que ce soit à l'amélioration de l'économie française et à aider à ce que le régime soit conforté. C'est notre intérêt. Mais nous avons aussi nos problèmes (...). L'Assemblée nationale a voté une résolution disant qu'il convient de sauvegarder les intérêts du développement algérien. Sachez qu'il nous faut 100 milliards de dollars pour le plan quinquennal et qu'il est très important de faire baisser notre dette extérieure.*

*... Le fait que nous ayons nos problèmes ne nous dispense pas de songer aux problèmes qui se posent à nos amis. Il y a des formules à trouver dans le cadre de l'amitié et de la solidarité pour trouver des solutions exemplaires.*

**Jean-Marcel Jeanneney :** *Quand allons-nous parler de projets précis et des problèmes qui se posent actuellement ?*

**Ben Yayia :** *Dès qu'il y aura accord sur le principe et sur le prix du gaz, on pourra passer au reste.*

Dialogue de sourds : les Algériens veulent un prix opposable aux tiers et considèrent tout achat de matériel en France comme un acte de générosité politique indépendant. La France, elle, ne peut accepter un surprix sans cet accord global.

En aparté, le ministre algérien est d'une violence inouïe contre Giscard : *« Nous savons ce que l'on préparait à l'égard de l'Algérie en 1975-1977. Nous n'en parlons pas, mais nous le savons (...). Nous sommes sans prétention, mais courageux ; nous savons faire face, à notre manière, à la difficulté. Nous n'avons toujours pas compris ce qui s'est passé après la visite de Giscard. Il avait été très bien reçu, mieux qu'aucun autre chef d'État avant lui. Il n'y avait pas de ressentiment contre la France. Les choses se sont détériorées dès le lendemain de son retour. Boumediene ne l'a jamais compris ni digéré. Comment Giscard a-t-il pu dire, dès le lendemain de son retour, aux rapatriés : "J'ai vu vos volets clos et vos maisons tristes." Pourquoi a-t-il dit ça ? Giscard considérait que, pour amener l'Afrique et le monde arabe là où il voulait, il fallait se débarrasser de l'Algérie, d'un point de vue économique et également aussi d'autres manières. Nous étions prêts pour un retour subit de nos compatriotes ; nous avions un "Plan Orsec" de retour. Nous y étions prêts, avec sérénité et courage. Nous n'avions rien fait pour précipiter cette brouille ; elle a beaucoup peiné Boumediene. Comment Giscard a-t-il pu faire cela alors que Boumediene lui avait rendu visite à l'ambassade de France, ce qu'il n'avait fait pour aucune autre ambassade ? De bonne foi, nous n'avions rien fait pour nous brouiller avec la France. Peut-être avions-nous fait quelque chose sans le savoir ? »*

Georges Fillioud reçoit Pierre Moinot, dont la Commission doit remettre son rapport à la fin du mois. Il convient d'éviter, si possible, des divergences graves avec le futur projet de loi. Fillioud indique à Moinot le « noyau non négociable » : *« On transférera à une Haute Autorité indépendante une partie des pouvoirs aujourd'hui exercés par l'exécutif, mais la composition de cette Haute Autorité ne doit pas en faire l'instrument de l'opposition. Le schéma à neuf membres, dont trois nommés par le Président de la République, trois élus par le personnel, et trois désignés par le Conseil national de la Radio et de la Télévision, qu'envisage la Commission, n'est pas acceptable par le gouvernement. Par contre, un schéma : 3 par le Président + 3 par le Parlement + 3 par qui on voudra, ne pose pas de problème.* »

Je suis à Rome pour tenter d'apaiser le dérisoire conflit sur le vin entre la France et l'Italie. On parle de bien autre chose. Le Président Pertini accepte de se rendre à Paris au printemps prochain. Il demande, sans insister, qu'on rende à l'Italie la *Vierge au Rocher* de Raphaël, qu'il estime injustement retenue. Il m'annonce qu'après Spadolini, il y aura inévitablement un Premier ministre démocrate-chrétien.

Le Président du Conseil, fin et amical, me dit souhaiter instamment pouvoir lui aussi annoncer que François Mitterrand l'invite à Paris pour un déjeuner de travail avant le Sommet européen du 26 novembre : « *C'est,* dit-il, *absolument nécessaire pour permettre de contenir les réactions violentes qui se préparent contre la France à propos du vin.* » Concernant le Moyen-Orient, « *je souhaite entrer dans la force multilatérale du Sinaï et suis prêt à le faire si la France y va aussi* ». Comme Pertini, Spadolini, qui a vu Helmut Schmidt il y a quatre jours, me dit qu'il est désabusé, fatigué, « *orphelin de Giscard* ».

Bettino Craxi, chef du PSI, s'inquiète : « *Le Parti communiste italien est en train de se fermer sur lui-même à cause de ce qui se passe en Pologne. Les dirigeants communistes italiens prévoient l'invasion de la Pologne par l'URSS et s'apprêtent à rompre avec Moscou. Pour cela, le PCI doit d'abord refaire son unité dans l'isolement.* »

**Jeudi 17 septembre 1981**

Les relations entre la France, Israël et l'Égypte ne sont pas bonnes après toutes les déclarations de Cheysson. François Mitterrand décide de m'envoyer à Jérusalem et au Caire. J'irai la semaine prochaine.

Le Président Goukouni est à Paris en visite officielle.

S'ouvre au Parlement le débat sur l'abolition de la peine de mort. Badinter fait un très beau discours. Un sondage montre que 62 % des Français sont pour le maintien. Mais le vote est acquis d'avance.

**Samedi 19 septembre 1981**

François Mitterrand : « *Nous avons à nous battre à la fois contre la presse et le Mur de l'argent. C'est bien plus difficile que de se battre contre la droite politique.* »

Dans la nuit, assassinat à Nouméa de Pierre Declercq, secrétaire général de l'Union calédonienne.

**Mardi 22 septembre 1981**

Le Président inaugure le TGV Paris-Lyon avec Charles Hernu et Charles Fiterman. Il ironise : « *Tiens, voilà mes deux traîneurs de sabre ! Si on vous écoutait tous les deux, on mettrait le service militaire à trois ans !...* »

A Jérusalem, je rencontre d'abord le Président Navon : « *La paix avec l'Égypte est irréversible, mais le processus de normalisation sera très long. Il n'y a pas d'autre possibilité que de trouver un moyen de dialoguer avec l'Arabie Saoudite. La France est le seul pays capable de servir d'intermédiaire.* »

Menahem Begin : « *Je veux bien admettre que les déclarations de Cheysson sont des "erreurs de citation", comme l'a dit Cheysson lui-même à New York...* » Il me confie à l'intention du Président, sans en prévenir les Américains, la sténographie complète de toutes ses conversations récentes avec Reagan. Il demande à la France d'intervenir pour sauver les quatre cents Juifs encore retenus en Syrie. « *Les Saoudiens sont prêts maintenant à jouer un rôle dans la paix. Ils ont commencé à le faire, puisque c'est eux qui ont payé l'OLP pour qu'elle accepte le cessez-le-feu au Liban. Je suis très optimiste sur les relations israélo-égyptiennes et je pense arriver à un accord, sous forme d'une charte d'autonomie administrative des territoires occupés, avant la fin de l'année. (...) Au Liban, je souhaite que la France joue son rôle pour obtenir la réélection de Sarkis, le seul qui ne soit pas un agent syrien.* »

Le chef de l'opposition, Shimon Pérès, est, lui, très pessimiste sur l'évolution du Parti travailliste. Il envisage de demander, après les élections d'avril 1982, une coalition nationale, car il pense qu'il ne pourra jamais remporter les élections sans être au gouvernement.

**Mercredi 23 septembre 1981**

Au Caire, Anouar el Sadate me reçoit dans la modeste maison qu'il occupe près d'un barrage, hors de la ville. L'homme est serein, libre. Il pense arriver à un accord avec Israël avant la fin de l'année.

Moubarak entre peu après. Sadate me le présente : « *C'est comme mon frère.* » Il me fait part de son souci de démocratiser l'Égypte et de libérer rapidement les prisonniers, « *sauf les Frères musulmans, qui sont un danger pour la politique de modernisation depuis cinquante ans* ». Il souhaite travailler avec la France en Afrique et approuve totalement notre politique au Tchad et en Centrafrique. Il souhaite, comme les Israéliens, que la France l'aide à se rapprocher des Saoudiens : « *Le Roi de Jordanie est un être irresponsable, menteur, corrompu... Giscard était flou, vague, irresponsable... Jamais Israël n'acceptera de négocier avec l'OLP, et je comprends cela très bien...* »

Dans le ciel passent des avions : « *Ils répètent pour la fête du 6 Octobre* », me précise-t-il.

Je dîne avec Boutros Boutros-Ghali, ministre d'État chargé des Affaires étrangères, très inquiet de la montée du fondamentalisme.

Je retire de ce voyage l'impression qu'un accord formel entre l'Égypte et Israël sur l'autonomie des territoires occupés est possible. Mais qu'en l'absence d'une élite palestinienne qui accepte de prendre en main la gestion des territoires, et sans l'accord de l'OLP, il ne pourra être appliqué.

Il est donc probable que le processus de Camp David s'essoufflera, à moins d'une avancée avec l'Arabie Saoudite. Celle-ci pourrait parfaitement trouver son intérêt à un progrès de la paix dans la région, qui éviterait l'engagement des Soviétiques. Le voyage du Président en Arabie Saoudite pourrait être l'occasion d'amorcer un rapprochement égypto-saoudien, de proposer une sorte de « Camp David n° 2 » entre les deux grandes nations du monde arabe, dans la perspective de la création ultérieure d'un État pour les Palestiniens.

A Paris, le projet de loi sur les nationalisations est adopté par le Conseil des ministres en partie A.

Delors souhaite présenter le Budget, Laurent Fabius aussi. Le Président choisit Fabius. Delors en est humilié. Jamais un ministre des Finances n'a été aussi dépossédé de ses prérogatives traditionnelles.

Ben Yayia et Jean-Marcel Jeanneney parviennent à un accord de principe sur la formule proposée par Jeanneney : l'écart entre le prix du marché et le prix versé mesurera *« le handicap économique du gaz par rapport au pétrole brut »*, comme le veut l'Algérie. Comme le veut la France, *« les subventions ou prêts consentis par le Fonds et le produit des emprunts bonifiés par le Fonds devraient être, dans chaque cas, consacrés à raison de 80 % au moins à des achats de produits français ou à la rémunération transférable de Français travaillant en Algérie. Ce pourcentage pourrait toutefois être abaissé dans certains cas et avec l'accord des membres français du conseil d'administration, sans qu'il puisse être inférieur à 60 % »*.

Reste à négocier l'essentiel : le volume de gaz acheté, son prix unitaire et la formule d'évaluation de l'*écart*.

**Jeudi 24 septembre 1981**

Prise d'otages au consulat de Turquie à Paris : les quatre terroristes, des Arméniens de Beyrouth, sont arrêtés le lendemain.

A New York, au cours d'un tête-à-tête en marge de l'Assemblée générale de l'ONU, Claude Cheysson tente de convaincre Alexander Haig à propos des équipements destinés au gazoduc : *« Il n'y a rien de dangereux dans cette livraison, nous nous en sommes assurés. Rien que les Soviétiques n'aient déjà reçu par ailleurs. Il n'empêche que l'opération a été engagée sans que toutes les consultations préalables aient été pleinement faites... »*

Haig approuve bruyamment : si les Français le reconnaissent, il peut demander davantage !

Contre l'avis de Claude Cheysson, François Mitterrand accepte de participer à la force d'observation dans le Sinaï. Le Président prévoit de se rendre en Israël le 10 février prochain.

Confirmation : j'apprends par un autre ami banquier que les titres de Paribas-Maroc glissent peu à peu de la Banque Paribas à Paris vers Paribas-Genève. Pierre Moussa aurait-il menti à Jacques Delors il y a un mois ?

Convoqué par Philippe Lagayette, directeur de cabinet de Jacques Delors, le président de Paribas donne à nouveau sa parole que rien d'illégal n'est en cours. Ment-il ? Quelqu'un lui aurait-il laissé entendre qu'il pouvait agir sans risques ?

Le Président tient sa première conférence de presse qu'il ouvre par une déclaration liminaire dont il a longuement pesé tous les mots : *« J'entends exercer la plénitude de mes responsabilités tout en veillant à l'équilibre des pouvoirs. Beaucoup reste à faire, mais j'en ai les moyens. Le temps ni le courage ne me manquent (...). Je n'écarte personne du combat pour la France (...). Le secteur public ne sera pas de nouveau étendu sans consultation nationale (...). Les chefs d'entreprise doivent pouvoir déduire de l'impôt sur la fortune tout ce qui servira à l'investissement (...). Pas d'augmentation de la pression fiscale en 1982 (...). Le Mur de l'argent existe (...). »*

Pour l'enseignement, l'objectif des socialistes reste *« un grand service public laïc et unifié »*.

A propos des radios locales : *« Ne pas livrer des libertés nouvelles aux forces de la revanche. »*

Sur l'emploi : *« Pas un chômeur aujourd'hui n'est imputable à la politique que nous menons. Prenons garde que nous ne puissions dire la même chose dans quelques mois. »*

Sur le Proche-Orient : *« L'initiative saoudienne est positive... Tout ce qui pourrait menacer l'existence d'Israël sera refusé par la France. »*

Sur l'Afrique : *« Il convient d'être présent. »*

Sur le désarmement : *« Nous comptons apporter, dans cette affaire, des éléments de transaction et de discussion. »* (Il propose Paris comme lieu d'une grande négociation sur le désarmement.)

Le Président annonce aussi le transfert du ministère des Finances hors du Louvre et sa reconstruction à Bercy. Un concours est lancé. On retiendra cinq projets entre lesquels le Président choisira. Son intention est de prendre l'avis du maire de Paris, et de le suivre. Jacques Delors est furieux : *« Avec quoi va-t-on financer cela ? Ce n'est pas prévu dans le Budget ! »*

**Samedi 26 septembre 1981**

François Mitterrand est à Taïf, puis à Riyad, pour la première visite d'État de son septennat. Il annonce à ses interlocuteurs son voyage en Israël et parle avec les Saoudiens de l'Europe, des rapports Nord/Sud et des questions stratégiques.

**Lundi 28 septembre 1981**

La « Commission du Bilan », présidée par François Bloch-Lainé, rend son rapport sur l'état de la France. Très décevant. Ni subtil, ni critique. Catalogue administratif sans intelligence.

Lors de son rendez-vous hebdomadaire destiné à préparer l'ordre du jour du Conseil, Marceau Long interroge François Mitterrand : *« Qui doit présenter le projet de loi de finances en Conseil des ministres ? »* Le Président : *« Le ministre du Budget. »*

**Mardi 29 septembre 1981**

Trois des quatre fédérations de radios locales prennent position contre la décision d'interdire la publicité et annoncent des *« manifestations spectaculaires et originales ».*

Magnifique tour de force de Robert Badinter : il obtient que le Sénat vote par 160 voix contre 126 l'abrogation de la peine de mort. Pas besoin de revenir devant l'Assemblée.

Dernière discussion entre ministres sur le Budget 1982, qui sera présenté demain en Conseil. Delors est toujours contre le projet dans son ensemble, qu'il trouve truqué, et il est opposé en particulier à la création de l'impôt sur les grandes fortunes, comme Rocard, Badinter, Cheysson et quelques autres. Pierre Mauroy le maintient. André Rousselet obtient de François Mitterrand qu'il impose l'exemption des œuvres d'art, contre l'avis de Laurent Fabius qui craint que cette dérogation ne lui soit attribuée, son père étant antiquaire. La discussion entre Rousselet et Fabius, fort vive, laissera des traces.

**Mercredi 30 septembre 1981**

Laurent Fabius présente en Conseil des ministres le projet de loi de finances 1982. Les dépenses augmentent de 27 % ; le déficit sera de 95 milliards de francs, soit 2,6 % du PIB. On lève l'anonymat sur les transactions en or. Jacques Delors reste silencieux durant toute la discussion.

En décalage complet avec la conjoncture mondiale, ce budget est naturellement très mal reçu par les marchés. Les attaques contre le franc s'accélèrent dans l'après-midi.

*« Ce week-end,* me téléphone Delors, *il faudra dévaluer le franc. »* Le Président en accepte le principe. Delors prépare alors un nouveau Budget 1982 pour le Conseil de la semaine prochaine... Le projet de Laurent Fabius n'aura tenu que trois heures !

Thomson signe à Moscou le contrat de vente du système de télécommunications du gazoduc. Le gouvernement a un mois pour avaliser ou refuser le contrat.

Les Algériens veulent que l'accord sur le gaz soit signé avant le Sommet de Cancún où François Mitterrand et Chadli se verront : *« Nous devons,* dit Yayia à Jeanneney, *annoncer, le 3 ou le 5 octobre, un accord de principe sur le gaz avec un pays qui est un de vos amis et qui va également à Cancún. Nous en sommes déjà au stade de la rédaction. Et il y a d'autres négociations. Nous avons été approchés par les Grecs, les Yougoslaves, les Autrichiens. Il y a toujours des négociations avec les Espagnols, et les Anglais ont déjà conclu... »*

Mais il n'y a toujours pas accord sur la formule d'indexation des prix. Les Algériens veulent qu'elle soit fondée sur le prix du pétrole brut, nous persistons à souhaiter qu'elle le soit sur les termes de l'échange entre la France et l'Algérie.

Rousselet rencontre à nouveau Hersant, chez Jacques Douce, pour évoquer l'avenir de *France-Soir*. Sans plus de succès.

**Jeudi 1er octobre 1981**

La situation de l'emploi s'améliorerait-elle ? Le nombre de licenciements économiques a baissé de près de 16 % en juillet.

Le secrétaire général du ministère des Affaires étrangères italien, Malfatti, vient me parler de l'inquiétude croissante des Italiens devant l'évolution yougoslave : les Soviétiques y ont repris leurs contacts avec les militaires et achètent des produits, même de mauvaise qualité, pour s'y faire des alliés.

L'Université de Jérusalem souhaite accorder au Président le titre de docteur *honoris causa*, mais elle ne désire pas rendre publique cette offre avant de savoir s'il l'accepterait. Claude Cheysson, consulté, se montre réservé.

**Vendredi 2 octobre 1981**

La dévaluation est pour demain, et chacun le sait. Delors pense qu'une inflexion de la politique économique suffira à calmer les marchés. Il prépare activement le collectif de mercredi avec François Stasse, à l'Élysée, et Jean Peyrelevade, à Matignon. Son obsession est de réduire les dépenses budgétaires. Rien sur les prix, ni sur les salaires, ni sur les importations.

La France autorise les recours individuels auprès des juridictions européennes contre les décisions des institutions françaises.

L'Assemblée adopte définitivement la loi sur les radios libres (sans publicité). Formidable libération des ondes.

**Samedi 3 octobre 1981**

En Irlande du Nord, les détenus républicains de la prison de Maze suspendent leur grève de la faim : dix de ceux que Madame Thatcher appelait des *« malfaiteurs »* sont morts en cinq mois, pour rien.

Au Caire, Pierre Mauroy déclare que *« les mesures unilatérales prises par Israël vis-à-vis de Jérusalem sont illégales, les implantations israéliennes dans les territoires occupés sont elles aussi illégales en droit international »*.
Comme le gouvernement irakien s'inquiète de l'ouverture à Jérusalem-Est d'un bureau d'expansion économique français, Cheysson précise que *« sa localisation dans telle ou telle partie de la ville ne saurait être interprétée comme une prise de position sur la question de la souveraineté »*.

François Mitterrand : *« Les conditions de la sécurité nous obligent à un seuil minimal de crédibilité. C'est la suffisance nucléaire. On ne va pas se lancer dans la course nucléaire, on ne va pas jouer au jeu dangereux des Russes et des Américains, à voir qui va s'essouffler le premier. Les Russes ne pensent qu'à dépasser les Américains. Ce surarmement russe et américain n'est pas sage. Il n'est pas raisonnable de pousser les Russes au désespoir. En Union soviétique, on constate que chez les dirigeants, la qualité qui l'emporte, c'est la force. Avec les États-Unis, le droit ne triomphe jamais sans la force : dans la mémoire collective américaine, la lumière du juste n'existe pas seule ; le juste doit mettre la force à son service. Dire le droit n'a pas la même signification pour les deux Grands et pour nous.* »

**Dimanche 4 octobre 1981**

A Bruxelles, les ministres des Finances décident d'une dévaluation du franc français de 8,5 % ; le mark et le florin sont réévalués de 5,5 %, le franc belge et la lire sont dévalués de 3 %.

En échange, Jacques Delors s'engage auprès de ses collègues à réduire le déficit budgétaire français de 95 à 70 milliards de francs en gelant des investissements publics.

**Lundi 5 octobre 1981**

Une note de Jean-Louis Bianco sur l'avenir de la télévision :

> « *Autour du satellite se déroule une étrange partie de poker dans laquelle aucun des joueurs n'est tout à fait certain de sa stratégie mais où chacun souhaite voir le jeu des autres pour bien miser au bon moment.*
>
> *Un intérêt se manifeste, des deux côtés du Rhin, pour une aventure industrielle, l'impasse totale étant faite sur les aspects culturels.*
>
> *Le satellite de télévision directe constitue un élément essentiel de l'existence du Luxembourg en tant qu'État et une importante source de recettes pour son budget.*
>
> *La plupart des pays européens sont partagés entre trois considérations : l'intérêt éventuel pour leur industrie, la crainte très vive d'être colonisés culturellement à travers les ondes, et, contradictoirement, le désir d'exporter leur propre culture. Au fond, et c'est une constatation capitale, la perception du problème est souvent assez voisine de celle qu'on peut avoir aujourd'hui en France.*
>
> *A long terme, la fin du monopole paraît inéluctable. A une échéance difficile à déterminer, disons vers l'an 2000, le panorama d'Europe de l'Ouest sera inexorablement constitué par une multiplicité de programmes — locaux, nationaux et transnationaux — offerts au libre choix du consommateur. Aucun pays non totalitaire ne pourra durablement et efficacement interdire la réception sur son territoire de programmes diffusés par satellite. Aucun gouvernement ne pourra empêcher la fragmentation de la télévision qui, partant d'un programme national unique, se diversifiera de plus en plus pour satisfaire des demandes potentiellement très diverses selon les centres d'intérêt, les âges, les catégories.* »

Le Président s'étonne de voir certains de ses ministres renier leurs idées. En fait, les moins technocrates des ministres deviennent souvent les plus dépendants de leurs services, parce qu'ils veulent en être acceptés. C'est une des raisons principales de la lenteur de toute transformation sociale par ce gouvernement.

Le gouvernement allemand vient de reprendre à son compte les propositions de Genscher sur l'Union européenne. Il propose « *une déclaration fondamentale sur l'Union politique européenne* » et souligne que « *le maintien et le renforcement de la Communauté comme facteur de l'équilibre mondial constituent un intérêt allemand prioritaire ».* Il devient urgent de revoir Helmut Schmidt. Rendez-vous est pris pour mercredi à Latché.

**Mardi 6 octobre 1981**

Le domaine réservé est maintenant bien défini : la politique étrangère, la Défense, l'économie internationale, l'Europe, les principales nominations.

Épouvantable nouvelle : Anouar el Sadate est assassiné par quatre fanatiques musulmans au cours du défilé militaire dont, il y a deux semaines, nous avions ensemble aperçu la répétition.

Claude Cheysson déclare : *« Cette mort, horrible en elle-même, fait disparaître un obstacle au rapprochement à l'intérieur de la nation arabe. »*

François Mitterrand me dit : *« En entendant cela, j'étais au volant, j'ai failli aller dans le fossé ! »*

Jean-Marcel Jeanneney informe le Président de son *« désir de ne pas avoir la responsabilité de l'organisation du prochain Sommet en France... »* Il est convenu que j'assumerai désormais la charge de tout ce qui concernera cette affaire. Pierre Morel, Jean-Louis Bianco, Ségolène Royal, Yves Stourdzé et François Hollande m'y aideront.

Michel Rocard vient à l'Élysée me faire l'apologie du flottement du franc.

**Mercredi 7 octobre 1981**

A Gdansk, le Congrès de *Solidarité* s'achève par l'adoption d'un programme de transformation totale de la vie économique et politique de la Pologne.

Au Conseil des ministres, Jacques Delors annonce que la loi de finances approuvée la semaine précédente doit être revue. Il réclame 25 milliards d'économies de dépenses. Laurent Fabius n'en demande que 15 milliards. Le Pors critique violemment la politique économique du gouvernement. François Mitterrand donne raison à Delors, mais ne gèle que 15 milliards de francs. Le Conseil s'est prolongé jusqu'à 14 h 15.

Cheysson termine la rédaction d'un mémorandum sur la relance de la construction européenne : il propose un *« espace social »* permettant l'association des partenaires sociaux aux débats européens, la consultation des travailleurs des firmes multinationales, l'aménagement du temps de travail et l'amélioration de la protection sociale ; une politique d'économies d'énergie par des emprunts communautaires, étendue au charbon, au gaz, aux énergies nouvelles ; la mise en œuvre de projets de coopération industrielle afin d'aider à la modernisation d'activités ou de développer les activités de la troisième révolution industrielle. Il demande une attitude plus ferme dans les négociations commerciales avec les États-Unis et le Japon (l'ouverture du marché nippon, l'obligation pour les investissements japonais en Europe d'incorporer une majorité de valeur ajoutée européenne), une relance des relations avec les pays en voie de développement (aide publique, aide alimentaire, stabilisation accrue des recettes à l'exportation des matières premières, « Filiale énergie » de la Banque mondiale). Rien sur les institutions, la monnaie, la libre circulation des capitaux.

Helmut Schmidt est à Latché. Il restera dîner et passera la nuit. La conversation s'étendra sur deux jours : étonnante galerie de portraits évoqués par les deux hommes, passage de témoin entre deux générations de responsables en Europe. Passionnant dialogue sur les Pershing, l'avenir de l'Europe de l'Est, le destin allemand. François Mitterrand s'y révèle relativement plus optimiste que Schmidt sur la réunification de l'Allemagne.

Le Président évoque pour la première fois la relance de la coopération franco-allemande en Europe et remet au Chancelier un brouillon de son mémorandum sur l'Europe.

**Le Président :** ... *Quant aux rapports Est/Ouest, nous sommes aujourd'hui dans une situation nouvelle. Nous étions d'accord pour que les Américains prennent leurs dispositions pour réatteindre une position de force d'ici quelques années. Mais nous souhaitions qu'à partir de cette décision, des négociations soient entamées. Les États-Unis devaient accepter cela. Maintenant, l'Union soviétique sait que les États-Unis ont entamé cet effort militaire, puisque Reagan en a parlé. Les États-Unis doivent dorénavant accepter de se mettre autour de la table.*

*En gros, les États-Unis ont eu raison de se réarmer, mais ils auraient tort de ne pas saisir maintenant l'occasion d'ouvrir le dialogue.*

En réponse, **le Chancelier** se lance dans un grand discours sur l'Amérique : *Je suis d'accord avec vos conclusions, mais je voudrais faire quelques remarques.*

*Il y a douze ans, j'ai été ministre de la Défense. Pendant dix ans, auparavant, je m'étais déjà préoccupé de l'équilibre Est/Ouest. J'ai donc connu tous les responsables américains en ce domaine : MacNamara, Melwin Laird, Schlesinger, Brown, Weinberger.*

*Depuis vingt ans, les États-Unis sont passés d'un extrême à l'autre, ce qui est très dangereux pour la cohérence de leur politique, d'autant plus que les relations entre la Présidence et le Sénat la déterminent aussi en grande partie.*

*A plusieurs reprises, les États-Unis ont affirmé qu'ils se trouvaient dans une situation d'infériorité et que c'était pour eux une nécessité de réarmer. Par exemple, Kennedy avait "découvert" un retard en matière de missiles qui, en fait, n'existait pas du tout.*

*A d'autres moments, au contraire, l'idée des États-Unis était que leurs efforts étaient excessifs et qu'il fallait, par exemple, retirer les troupes américaines d'Europe. C'était la proposition de M. Mansfield ; il pensait qu'il y avait trop d'armements.*

*Trois Présidents américains successifs ont négocié SALT II. Mais, à eux trois, ils n'ont même pas eu la force d'arriver jusqu'à la conclusion, c'est-à-dire la ratification du traité.*

*Maintenant que la décision de s'armer a été prise, ils devraient pouvoir négocier, et je crois que Reagan, personnellement, le désire.*

*Mais beaucoup de choses sont en jeu et le comportement américain est toujours difficile à interpréter. Brejnev était très troublé à ce sujet, et je dois dire que moi aussi. Si les grandes puissances ne se comprennent pas, il y a un vrai danger. A l'heure actuelle, beaucoup de gens en Scandinavie, en Hollande, en Belgique et même le stupide Labour Party et une partie de l'opinion publique de mon pays ne comprennent pas non plus la politique américaine.*

**Le Président :** *Ce serait également le cas en France si nous n'avions pas l'arme nucléaire.*

**Le Chancelier :** *La Grande-Bretagne est, en effet, moins inquiète sur ces points, même si son armement nucléaire reste très inférieur à la force française. Ce sont les peuples non nucléaires qui sont inquiets à propos de la politique américaine. Dans mon pays, il y a beaucoup de difficultés à ce sujet, car une partie de mon parti et, par exemple, notre ami commun Willy Brandt, n'ont pas confiance dans les États-Unis. Ce sentiment est particulièrement répandu parmi les intellectuels, les pasteurs et les multiples composantes de la gauche. Tous ces gens-là pensent que les États-Unis recherchent un niveau d'armement bien plus élevé que ce qui serait nécessaire et qu'ils abusent pour cela du territoire allemand, devenu un véritable entrepôt d'armes américaines. Il existe en Allemagne 6 000 sites nucléaires à la disposition du gouvernement américain ! Cette inquiétude de mon peuple m'inquiète. Dans trois jours, il y aura à Bonn une grande manifestation qui regroupera des protestants, des communistes, des compagnons de route des communistes, des socialistes.*

*Dans cette situation, j'ai deux soucis principaux. Premièrement, il faudrait que les négociations entre les États-Unis et Moscou commencent très bientôt. Il s'est déjà passé vingt-quatre mois depuis la double décision liant retrait des SS 20 et non-installation des Pershing. Il faut négocier, et vite, pour rechercher un équilibre stable au plus bas niveau possible. Deuxièmement, je veux diminuer cette accumulation d'armes nucléaires en Allemagne.*

*Le gouvernement américain actuel ne comprend rien à ces questions, sauf le général Haig, sans doute parce qu'il a été en poste en Europe. Mais il ne faut pas l'en féliciter trop fort, car cela lui nuirait auprès des autres ! Il faudrait que ce gouvernement américain comprenne. Weinberger ne comprend rien. Reagan, lui, aimerait comprendre. C'est un homme simple, mais j'ai confiance en lui, je préfère d'ailleurs les gens simples dont on sait ce qu'ils pensent. Nos intellectuels sont compliqués et imprévisibles. Mais ce désir de supériorité américaine peut avoir de très graves répercussions psychologiques dans les opinions publiques.*

*Les États-Unis doivent annoncer clairement leurs intentions sur les armes stratégiques intermédiaires, j'en suis d'accord avec vous.*

*Des négociations vont s'engager. Mais si, en Allemagne, on a le sentiment qu'elles ne sont pas sérieuses, si on pense qu'un véritable résultat n'est pas recherché par les Américains, il y aura un fort glissement vers la défiance, qui sera encore beaucoup plus considérable qu'à l'époque de la guerre du Vietnam.*

*Je suis allé plus d'une cinquantaine de fois aux États-Unis. Je crois que je connais bien ce pays et son histoire. J'y ai rencontré toutes les personnalités importantes. Je m'en sens très proche, mais je voudrais vous dire que, sans l'alliance avec la France, je me sentirais beaucoup trop lié à une alliance américaine dépendant, elle, de Présidents qui changent souvent et ne sont généralement pas préparés à leur tâche quand ils arrivent.*

*Un appui démonstratif de la France à l'Allemagne est vital pour nous, comme cela a été le cas de la part du Général de Gaulle et de Valéry Giscard d'Estaing.*

Le Président semble irrité par cette nouvelle référence à Giscard, si fréquente chez Schmidt.

**Le Président :** *J'ai dit que je ne souhaitais pas d'axe Paris-Bonn, mais je suis tout à fait conscient de la nécessité d'une amitié privilégiée entre nos deux pays, y compris en ce qui concerne les questions communautaires. Notre bon accord proclamé est le seul moyen de ne pas être le jouet des États-Unis ou de l'URSS, et il est faux de dire que nos relations seront moins intimes sous prétexte que nous ne parlons pas la même langue.* [La réplique, cinglante, est venue : Schmidt avait un jour fait allusion au fait que François Mitterrand ne parlait pas l'anglais, à la différence de Giscard.] *Nos relations sont dictées par la raison, et elles sont fondées sur l'intérêt de nos deux peuples. J'ai les mêmes dispositions que vous sur ces questions.*

*Préparons d'un commun accord nos positions en ce qui concerne les États-Unis. Je suis prêt à tout geste, comme une déclaration commune, maintenant ou dans quelque temps, qui manifesterait la cohésion franco-allemande. Sur bien des points, elle est le dernier rempart avant la folie.*

*J'ai la même impression que vous de Reagan. C'est un homme sans idées et sans culture. C'est bien sûr une sorte de libéral, mais, sous cette croûte, vous trouverez un homme qui n'est pas sot, qui a un grand bon sens et qui est profondément bienveillant. Et ce qu'il ne perçoit pas par son intelligence, il y arrive par sa nature...*

**Le Chancelier :** *C'est un homme fiable et c'est un homme prévisible.*

**Le Président :** *En revanche, on peut s'interroger quant à son autorité réelle sur son gouvernement. Selon les cas, quel est le rôle d'Allen, de Mease, de Haig ? En matière économique, par exemple, M. Volker ne tient pas le même langage que le Président.*

**Le Chancelier :** *Il faut ajouter que c'est le seul pays où la Banque centrale est totalement autonome.*

**Le Président :** *La mienne l'est de moins en moins !...*

*Moi, j'aimais bien Carter, qui était un homme sympathique, quoique pas très cohérent. Il est vrai qu'aujourd'hui les États-Unis se sont trouvés dans une situation psychologique (et peut-être militaire ?) d'infériorité. Les récentes décisions de Reagan en matière d'armement vont avoir des effets psychologiques positifs très importants. Mais, maintenant, cela suffit. La France et l'Allemagne doivent dire non aux Faucons, et elles seront d'autant mieux écoutées que nous avons su dire oui au plan d'armement.*

*Mais quelles sont les chances réelles de la négociation ? Brejnev est-il prêt à une négociation sérieuse ? Je pense, en ce qui me concerne, que les Russes ne négocient sérieusement que lorsqu'ils y sont obligés, et je serais heureux de connaître votre avis là-dessus.*

**Le Chancelier :** *On ne peut pas imaginer plus russe que Brejnev. Il tient à la fois des personnages de Tourgueniev, de Tolstoï et de Dostoïevski. Il est extrêmement méfiant envers tout ce qui est étranger et en même temps très cordial, capable d'une grande hospitalité. Il est à la fois émotionnel, enthousiaste et très discipliné. Une chose est sûre, c'est qu'il a véritablement souffert de la guerre.*

*Il est venu à Bonn pour la dernière fois il y a trois ans, il est aujourd'hui très usé, il fait plus âgé que ses soixante-quatorze ans, il doit se reposer environ trois heures à midi et ne peut pas travailler plus de six heures par jour. Il ne commande plus vraiment, ses collaborateurs ont les mains libres. Il est une sorte de* primus inter pares, *mais ils ont toujours besoin de lui pour pouvoir exhiber à l'extérieur un symbole unique.*

*Je connais moins bien les autres : Gromyko, qui jouera un rôle important tant qu'il vivra, Oustinov, ministre de la Défense, qui a pesé dans toutes les grandes décisions stratégiques, notamment sur l'Afghanistan, et, aujourd'hui, sur la Pologne, et Souslov, bien sûr.*

*Je pense que Brejnev est le plus pacifique. Il veut certainement négocier sérieusement, mais tout cela dépend de sa durée de vie. J'ai confiance en lui. Mais, évidemment, si notre homologue devait dans l'avenir être Souslov...*

**Le Président :** *Je n'ai rencontré Brejnev qu'une seule fois. A l'issue de cette première conversation où il m'avait beaucoup parlé de son amour de la paix, il m'a dit brusquement : "Me croyez-vous ?" C'est un peu difficile de se faire une* *idée assurée sur les convictions de quelqu'un au bout d'un seul entretien. Mais comme je voulais être courtois, je lui ai dit : "Je désire vous croire." A ce moment-là, il s'est levé et, saisissant ses bretelles d'une main et faisant semblant de les couper avec deux doigts de l'autre main, il m'a dit — ce doit être une expression populaire russe : "Vous désirez seulement me croire ? Vous ne me croyez pas vraiment ? C'est donc comme si vous me coupiez les bretelles !"*

*Ce n'est là qu'une anecdote, mais je pense comme vous que si les États-Unis affirment vouloir discuter sérieusement, les Russes diront oui, et si les États-Unis ne le font pas, ce sont les Russes qui auront raison devant l'opinion.*

**Le Chancelier :** *Très juste. Très vrai. Dites-le à Reagan.*

**Le Président :** *Je le lui dirai, et je lui dirai aussi que si la France ne se sentait pas protégée par sa propre force atomique, il en irait de même ici.*

**Le Chancelier :** *Les Français ont toujours fait confiance à leur Président de la République en matière de défense, beaucoup plus qu'ils ne feraient confiance à un Président américain...*

**Le Président :** *Les États-Unis ne devraient pas s'abriter derrière l'affaire de l'Afghanistan. Naturellement, il faut continuer à dire que l'armée soviétique doit évacuer ce pays. Mais il ne faut pas en faire un préalable à la négociation.*

**Le Chancelier :** *Très juste.*

**Le Président :** *Je voudrais vous parler maintenant des Pershing. La menace de mise en place de ces missiles est une bonne chose pour obliger les Soviétiques à négocier. Si j'avais appartenu à l'OTAN, j'aurais accepté le principe de leur implantation, dans l'idée de pousser les Soviétiques à négocier.*

*Comme vous le savez, le rapport de forces entre l'Est et l'Ouest est, pour l'essentiel, une simple question de temps. Celui des deux qui atteint l'autre le premier est le plus fort. Avec les Pershing munis de perfectionnements techniques, les États-Unis pourront atteindre Moscou plus vite que l'Union soviétique ne pourra atteindre New York. C'est une menace utile pour les contraindre à la négociation. Faites-vous le même raisonnement ? Toute l'opinion croit que je suis simplement pour les Pershing. Je ne trompe pas l'opinion, mais c'est quand même plus compliqué !*

(Proposition implicite au Chancelier : un compromis sans Pershing et avec quelques SS 20. Va-t-il saisir la perche ainsi tendue ?)

**Le Chancelier :** *Tout cela est très clair. Mon opinion est voisine de la vôtre. Cependant, les Soviétiques ont déjà commencé à installer les SS 20, qui sont des fusées bien meilleures que les Pershing, pratiquement invulnérables, comportant trois têtes ; 250 sont déjà en place. Il y a aujourd'hui des SS 20 qui menacent la Grande-Bretagne, la France, l'Allemagne ainsi qu'Israël et l'Égypte et tout le Bassin méditerranéen. Ils ne seront sans doute jamais envoyés, mais les dirigeants actuels pourraient succomber à la tentation de les utiliser comme moyen de pression. Naturellement, je souhaiterais qu'il n'y ait pas de Pershing, mais pas non plus de SS 20. Je souhaiterais, si c'était possible, l'option zéro.*

**Le Président :** *Ce point est tellement important que les SS 20 ont été une des raisons de notre rupture avec le Parti communiste en 1978. Cependant, les SS 20 n'atteignent pas les États-Unis, alors que les Pershing atteignent l'URSS, c'est donc pire pour les Soviétiques. Pour les Américains, la situation serait très différente si les SS 20 étaient en mesure d'atteindre les États-Unis.*

*Se faire craindre est certainement la condition de la négociation, mais il faut aussi vouloir vraiment la négociation...*

**Le Chancelier :** *Tout à fait d'accord. Un seul homme aux États-Unis peut envisager cela ainsi, c'est Haig, car il connaît les données de la situation européenne. Il faudrait que vous parliez ainsi à Reagan, cela conforterait la position* *de Haig, car, pour les autres dirigeants américains, l'idéal serait des Pershing installés, et pas de négociations contraignantes...*

**Le Président :** *Notre conversation porte sur un sujet qui ne va cesser de prendre de l'importance jusqu'en 1983.*

**Le Chancelier :** *Aux Pays-Bas, en Belgique et dans divers pays, il va y avoir un combat formidable contre le stationnement des Pershing, qui risque d'entraîner un véritable délitement du pouvoir de décision. L'URSS utilise très adroitement toutes sortes d'organisations à cette fin.*

**Le Président :** *Peut-on exclure l'hypothèse d'un calcul machiavélique des dirigeants américains ? Ils connaissent le trouble qu'entraîne leur refus des négociations et savent le péril que cela crée pour vous. Mais peuvent-ils avoir l'illusion qu'avec de futurs partenaires de la CDU, votre opposition, ce serait plus facile ? Je ne crois pas que Reagan le pense.*

**Le Chancelier :** *Reagan sait que j'ai menacé de démissionner s'il n'y avait pas de négociations Est/Ouest. Les pacifistes savent que j'ai menacé aussi de démissionner s'il n'y a pas de stationnement des Pershing. Reagan lui-même n'est pas machiavélique, mais je n'en dirais pas autant de deux ou trois autres.*

(Le Chancelier confirme ainsi que les Américains souhaitent son départ !)

**Le Président :** *Je vais prendre une comparaison avec les événements de 1968. Après 1965, j'avais en France une position politique forte, j'avais obtenu 45 % des voix contre de Gaulle, et les sondages me donnaient de plus en plus de poids. Survinrent les événements de 68 ; la jeunesse, les gauchistes, les intellectuels partirent en guerre contre de Gaulle. De Gaulle était un grand stratège et la partie de la gauche qui m'accusait de ne pas en faire assez contre de Gaulle, celle qui a provoqué les événements de 68, a rendu, par réaction, lors des élections de juin 1968, de Gaulle plus fort que jamais, et la gauche plus faible que jamais.*

**Le Chancelier :** *Ça se passerait ainsi en Allemagne.*

**Le Président :** *La seule chose qu'ils aient obtenue, c'est de retarder mon arrivée au pouvoir de treize ans ! J'aurais facilement battu Pompidou, alors que je ne me suis même pas présenté.*

(Inédit pour moi : François Mitterrand reproche à ceux qui ont agi pendant les événements de 68, et donc d'abord Rocard et Mendès... de lui avoir fait perdre treize ans ! Il aurait dû, pense-t-il, gagner les élections présidentielles... de 1969 !)

**Le Chancelier :** *La France est une des puissances qui garantissent Berlin et son statut. Or, l'évolution de cette ville nous préoccupe. Il y a de plus en plus de vieux, de Turcs, et tout un afflux de jeunes qui ne viennent là que pour échapper au service militaire. Il y vit une minorité qui se développe et qui est en opposition totale à l'État. C'est une proie facile pour le communisme.*

*En fait, il manque aux Allemands ce que les autres peuples ont : le Français moyen est bien chez lui dans son État-nation. Tous les Européens se sentent bien dans leur État-nation, sauf les Allemands. Pour nous, il y a le fardeau de l'histoire, Hitler, Auschwitz. Les Allemands vivent dans l'angoisse, en manque de sécurité. J'essaie — et Willy Brandt a essayé avant moi — de combler ce manque par des relations normales avec la RDA.*

*La moitié des membres de mon gouvernement et du Parlement sont nés à l'Est, ce qui veut dire que c'est là qu'ils pensent que se trouve leur foyer...*

*L'Est nous fait payer cher chacune de ses concessions. Je sais qu'il existe en France la crainte de voir l'Europe centrale choisir le neutralisme pour favoriser un rapprochement entre les deux Allemagnes. Mais ces craintes sont à peu près sans objet. Je ne crois pas qu'il y ait un véritable danger neutraliste, ne le craignez pas non plus.*

*Je rendrai bientôt visite à Honecker. Cette visite sera brève et pas très cordiale, mais ce sera un exemple pour les autres Allemands, une invitation à se rendre visite. L'Allemagne de l'Est voudrait obtenir des concessions économiques ou financières. Les Allemands de l'Est qui veulent visiter l'Ouest ont droit à 32 DM par jour. Ce chiffre a été doublé ces dernières années. Sur ces questions, Honecker cédera un peu, et deux ans plus tard il reviendra dessus. Nous aurons sans cesse à renégocier, c'est notre destin et cela restera comme ça. Mais il est vital pour nous que ces liens ne soient pas rompus.*

*Je ne pense pas que la réunification intervienne d'ici ma mort, mais elle aura lieu après l'an 2000. Je pense que le manque profond de sécurité qu'éprouve l'Allemagne distinguera toujours nettement la politique allemande de celle de la France. Tout est si différent. En fait, vous êtes une puissance nucléaire, vous êtes l'un des garants du statut de Berlin, vous êtes dotés d'une protection indépendante. Alors que nous, nous sommes interdits de nucléaire, nous dépendons des autres pour notre protection, nous portons le poids d'Auschwitz et nous souffrons d'une blessure psychique et morale. C'est pourquoi nous traitons Brejnev mieux que nous ne le ferions si tout cela n'existait pas, mais il ne s'agit pas d'un flirt !*

**Le Président :** *Il vous faudra du temps pour atteindre la réunification. Elle est inscrite dans l'Histoire. Elle correspond à des réalités objectives et subjectives. Il faudra qu'une génération passe. Il faudra que l'empire soviétique se soit affaibli, ce qui interviendra dans les quinze ans.*

(Pronostic intéressant : il voit la fin de l'URSS pour 1996...)

**Le Chancelier :** *A mon avis, cela durera beaucoup plus longtemps !*

**Le Président :** *Est-ce qu'une information mutuelle en cas de conflit avait été envisagée entre la France et l'Allemagne ? Il me semble que non...*

## Jeudi 8 octobre 1981

François Mitterrand et Helmut Schmidt reprennent leur entretien en abordant la situation en Pologne :

**Le Président :** *Je continue à penser que c'est l'attitude du Parti communiste qui sera décisive. Bien sûr, les dernières attitudes du secrétaire, général du PC polonais, Kania, ont de quoi inquiéter Brejnev. Il y a une contradiction de fond entre cette expérience politique et l'Union soviétique. Mais Brejnev préférera, tant qu'il le pourra, garder la possibilité de parler avec l'Ouest, ce qui serait irrémédiablement compromis en cas d'intervention soviétique en Pologne.*

**Le Chancelier :** *Je suis à peu près d'accord avec vous, mais cela dépend grandement de la personne de Brejnev. Si Brejnev disparaissait et qu'il soit remplacé par exemple par Souslov, ce serait très grave.*

**Le Président :** *Vous voyez Souslov comme un successeur possible ?*

**Le Chancelier :** *Non, il est trop âgé, mais son influence sera grande, malgré tout.*

*Ce qui est préoccupant à propos de la Pologne, c'est le poids de la dette. Notre aide à ce pays atteint maintenant un quart de notre aide au développement, et nous devons continuer notre effort pour ne pas donner prétexte à une intervention. Par exemple, nous avons agi pour que l'invitation faite à Walesa soit reportée. Je sais par ailleurs que les Russes ont aussi du mal à maintenir leurs prêts et leur aide.*

**Le Président :** *En fait, les Polonais ne travaillent plus du tout.*

**Le Chancelier :** *Pour la Pologne, je ne vois plus que deux solutions. La première est la solution rationnelle : l'archange saint Michel intervient et remet tout en ordre. La seconde est de l'ordre du miraculeux : les Polonais recommencent à travailler...*

**Le Président :** *Nous aussi, nous sommes un peu épuisés. Mais que faire ?*

**Le Chancelier :** *Une Europe où il y a un million et demi de chômeurs en Allemagne, deux millions en France et trois millions en Grande-Bretagne ne peut pas s'épuiser à l'Est...*

**Le Président :** *Nous allons être en effet obligés de réexaminer cette aide. Il faudrait diminuer votre aide et nous aussi, mais il faut que nous en parlions avant. Plus la Pologne sera misérable, plus elle sera révoltée contre les Russes ; plus elle sera révoltée, plus elle sera misérable. C'est sans fin, mais la perspective de négociations avec l'Ouest aura pour effet de reporter dans le temps l'intervention soviétique.*

**Le Chancelier :** *Il semblerait que les modérés aient repris le dessus.*

**Le Président :** *En effet. Je persiste à penser que le point de repère essentiel est Kania.*

**Le Chancelier :** *Je crois que les Russes ont plus confiance en Jaruzelski qu'en Kania...*

Ils passent aux rapports Nord/Sud :

**Le Président :** *Il y a, à la conférence de Cancún, dans un mois, un risque de mise en accusation du monde occidental si celui-ci ne jette pas de lest sur les "Négociations Globales". Car ce qu'il faut redouter, c'est un refus brusque, par les USA, des revendications très fortes qui seront présentées à Cancún par les pays en développement, ce qui conduirait à un grave échec.*

**Le Chancelier :** *Si nous disons cela tous les deux, Reagan sera seul. Il y aura donc, de gré ou de force, des "Négociations Globales" à l'ONU. Il est prévisible qu'elles seront interminables et inutiles. Nous les acceptons uniquement pour éviter des heurts à Cancún.*

*Il n'y a pas de stratégie déterminée à l'Ouest sur ces questions. Il y a pléthore de paroles creuses.*

*En ce qui me concerne, je n'ai pas envie de transformer le FMI ni la Banque Mondiale en instituts de fabrication de papier-monnaie. Le monde ne souffre pas d'un manque d'argent. Le monde souffre d'inflation et d'erreurs structurelles :*

*— non-maîtrise de l'explosion démographique ;*

*— volonté d'industrialisation à tout prix des pays en voie de développement, alors qu'ils devraient chercher avant tout à se nourrir eux-mêmes ;*

*— choc de l'augmentation du prix du pétrole sur les pays en voie de développement qui sont dépourvus d'énergie.*

*Vous et nous, ou nous ensemble, devrions donner dans les tout prochains mois à la Communauté un rôle leader : bien faire comprendre le sens de l'aide au développement en vue d'émettre des propositions concrètes.*

*Les États-Unis ne peuvent pas jouer ce rôle de leader, car leur position ne dépend pas de leur gouvernement, mais du conseil d'administration de l'United Fruit, d'ITT ou de n'importe quelle autre compagnie. Ils ont une incapacité structurelle à comprendre ces problèmes.*

*Le rôle de la Communauté et des autres partenaires européens devrait en être renforcé. Personne n'a plus d'expérience que le Portugal, l'Italie, l'Espagne, la France, la Grande-Bretagne, et même nous, dans certains cas, sur les problèmes du Tiers Monde. C'est un domaine d'intervention très intéressant pour la Communauté.*

**Le Président :** *Si on ne peut aboutir à rien sur ces questions, alors une réunion du type de celle de Cancún est une erreur. Mais, à partir du moment où on y va, l'expression "Négociations Globales" peut être retournée. Il faut leur dire : "Vous voulez des négociations globales ? Eh bien, d'accord, mais il faut qu'elles soient vraiment globales." Il faut passer des revendications particulières des pays en voie de développement à des négociations sur l'ensemble des problèmes de ces pays, mais aussi des pays pétroliers et des pays industrialisés.*

*Cela veut dire que, par "globales", il faut entendre non seulement la question démographique, mais aussi le sérieux dans la gestion des fonds qui sont octroyés, la fourniture de garanties pour l'emploi de ces fonds, la démographie contrôlée, le refus de gonfler la masse monétaire de manière artificielle...*

*A cet égard, les relations entre la Communauté et l'Afrique sont déjà une réussite. J'ai même constaté que certains pays africains ne connaissent pas toutes les aides prévues par l'Europe. Il est certainement possible d'intégrer les États-Unis à cela. Je crois qu'il y a d'ailleurs un début de changement de la position américaine sur la filiale et sur la politique de l'énergie...*

*Un autre très grand problème est celui du cours des matières premières. En voyant plusieurs responsables de l'Afrique francophone, je me suis intéressé à la formation des prix du café ou du cacao. Eh bien, tout effort de codéveloppement est impossible, car les prix du café sont inconnus pour l'année suivante. En fait, les prix du café dépendent de trois ou quatre bureaux de spéculateurs professionnels situés en général à Londres. C'est quand même un formidable manque de structures économiques ! Régler le problème des cours des matières premières serait une trop vaste ambition, mais limiter cette spéculation et ses effets, stabiliser les cours sur deux ou trois ans dans le cadre de contrats de codéveloppement serait déjà remarquable. Prenez l'exemple de la Côte d'Ivoire en ce qui concerne les cours du café : ils en sont réduits chaque année à souhaiter que le café gèle pendant l'hiver au Brésil !*

**Le Chancelier :** *Le rôle de Trudeau pourrait être très important. Il est hors de la Communauté, tout en ayant de bons rapports avec elle. Mais où en êtes-vous avec Trudeau ? Il s'entendait très mal avec Giscard d'Estaing...*

**Le Président :** *C'est sans doute parce qu'ils se ressemblaient trop. Moi, je m'entends très bien avec Trudeau...*

**Le Chancelier :** *Pourrions-nous maintenant parler des questions de la Communauté ?*

*Je suis un adepte des idées que Robert Schuman et Jean Monnet ont défendues ; et, depuis maintenant trente ans, je n'ai pas changé sur ce point.*

*Il y a trente ans, le problème de l'Europe n'était pas de savoir si elle se faisait à Huit, à Dix ou à Treize. Il s'agissait d'établir une relation solide entre la France et l'Allemagne et de construire autour un anneau de pays. Aujourd'hui, ce concept s'est trop élargi. La situation et l'indécision de la Grande-Bretagne affaiblissent la Communauté. Les contacts avec le Maghreb sont intervenus trop tôt, l'association de la Turquie est arrivée trop tôt, l'élargissement à la Grande-Bretagne, puis au Danemark, à l'Irlande et à la Grèce : trop tôt, elles aussi. L'adhésion de l'Espagne et du Portugal serait prématurée. Nous nous chargeons de beaucoup trop de responsabilités.*

*Mais ce qui est fait est fait. C'est bien du point de vue de la démocratie, pour certains pays qui étaient vulnérables sur ce plan, mais la Communauté en tant que telle a eu les yeux plus gros que le ventre.*

*Quand nous étions à Six dans la Communauté, les décisions étaient prises de façon unanime sur la base d'un accord entre Adenauer et de Gaulle. On trouvait également dans le peuple hollandais une très grande volonté communautaire. A Dix, cela est devenu impossible.*

*Valéry Giscard d'Estaing avait souvent parlé d'une Europe à deux vitesses. C'est très difficile, car les autres pays se sentent rejetés. Cela donne prétexte à la Grande-Bretagne pour sortir. Je n'ai donc pas été d'accord avec cette idée, car je voudrais que la Grande-Bretagne reste dans la Communauté, si c'est possible. Mais il faut nous habituer à ce que la Communauté devienne une union beaucoup plus souple.*

**Le Président :** *Delors emploie une expression que je trouve meilleure que celle d'"Europe à deux vitesses" : c'est celle d'"Europe à géométrie variable". Elle correspond au surplus à une réalité. Ainsi, des réalisations comme l'Airbus, comme le Concorde, comme Ariane ou d'autres, ont été ou seraient menées à bien par des ensembles de pays différents. Il ne faut pas rechercher un système. D'ailleurs, l'Europe à géométrie variable peut être complétée de temps en temps par un pays extérieur à la Communauté. Sur ces points, le pacte communautaire peut être interprété avec beaucoup plus de souplesse.*

**Le Chancelier :** *D'accord. Qu'en dit Mme Thatcher ?*

**Le Président :** *Elle se dit plus européenne que les travaillistes. Elle se dit d'ailleurs la seule européenne véritable. Au Sommet franco-britannique de Londres, la Grande-Bretagne nous a fait cinq ou six propositions d'actions bilatérales communes, comme le tunnel, par exemple.*

**Le Chancelier :** *Vous voulez le construire ?*

**Le Président :** *Oui, et nous coopérerons aussi sans doute pour le nouveau train à grande vitesse.*

*Des actions communes ont également été envisagées en matière de télécommunications, de moteurs. La Grande-Bretagne montre, sur ces points, une attitude plus positive, car elle a pris conscience que son marché national était trop étroit. Il y a aussi le domaine de la recherche, dans lequel la Grande-Bretagne est la plus avancée d'entre nous.*

**Le Chancelier :** *Je ne le crois pas du tout. La recherche chez vous et chez nous est bien meilleure !*

**Le Président :** *En tout cas, ce sont eux qui consacrent le plus d'argent à la recherche fondamentale.*

**Le Chancelier :** *Je ne le crois pas. Je suis très déçu par les Britanniques, ils ne travaillent pas. Ils arrivent trop tard au bureau, s'arrêtent constamment pour prendre le thé et repartent tôt.*

**Le Président :** *Mme Thatcher m'a même fait des reproches sur le satellite, à propos duquel elle se considère comme plus européenne que nous !*

**Le Chancelier :** *Mme Thatcher en a pour deux ans et demi au plus. Après, j'espère bien que ce ne seront pas les travaillistes qui gagneront. Je souhaite que ce soit Jenkins ou Shirley Williams, ils sont tous deux prêts à coopérer avec nous et ils comprennent les travailleurs, sens qui fait totalement défaut à Mme Thatcher. Mais peut-on revenir à ce qu'elle pense à propos de la Communauté ?*

**Le Président :** *En fait, Mme Thatcher n'est pas du tout communautaire. Quand elle m'a parlé du "juste retour", je lui ai dit que c'était incompatible avec l'esprit et les règles de la Communauté. Elle m'a dit qu'elle voulait simplement un "juste retour" pour la Grande-Bretagne, l'Allemagne et la France. Naturellement, il faut nous entraider ; des facilités à la Grande-Bretagne, en 1982, seront sans doute nécessaires, même si elle n'y a pas droit.*

**Le Chancelier :** *Cette revendication britannique ne repose ni sur le Traité de Rome, ni sur la politique institutionnelle de la Communauté. Cependant, les fondateurs du Traité ne pensaient pas que deux pays seulement deviendraient les* *financiers de toute la Communauté. Sur le plan économique, social et intellectuel, l'Angleterre c'est le passé. Ils sont, comme en 1931, à la veille d'une profonde dépression. Si les choses continuent ainsi, dans quatre ou cinq ans, le revenu italien par habitant sera supérieur au revenu britannique. Donc, c'est vrai, il est injuste que la contribution financière britannique soit aussi élevée. Bien sûr, la manière dont Mme Thatcher s'était rebellée nous avait tous braqués. Puis, à la réflexion, nous avons pensé qu'un allégement était nécessaire et qu'il fallait un compromis. Ce n'est pas une infraction. Cela a conduit le Conseil, l'an dernier, à modifier les règles, à introduire les concessions nécessaires. Rendez-vous compte aussi que les niveaux de vie danois, belge et hollandais sont aujourd'hui plus élevés que ceux de la Grande-Bretagne...*

*Parlons maintenant de l'autre pays qui paie beaucoup, c'est-à-dire de l'Allemagne. Nous sommes prêts à rester des payeurs nets. Mais nous ne voulons pas être les seuls, et nous ne continuerons pas sans limite.*

*Pour l'instant, nous connaissons en Allemagne la récession la plus forte et le taux de chômage le plus élevé depuis la guerre. Or, les Allemands ont une sensibilité névrotique sur ces points. Si nous avions en Allemagne le même taux de chômage que chez vous, je serais déjà parti, car le conflit entre le gouvernement et les syndicats aurait atteint un seuil insupportable. Le mouvement syndical pense en effet que nous pouvons réduire le chômage par des plans gouvernementaux, et moi je sais que ce n'est pas possible. L'Allemagne verse six milliards et demi de marks pour l'Europe. Si je pouvais les utiliser autrement, je pourrais créer des emplois et, en plus, ils ne seraient pas inflationnistes !*

*Malheureusement, nos paiements extérieurs sont très lourds et ils s'additionnent : aide à la Pologne, aide à la Turquie, aide au développement, contribution communautaire...*

*En tant qu'économiste, je dois dire aussi que je suis convaincu de la nécessité absolue de combattre l'inflation et de la réduire, faute de quoi le chômage augmentera inéluctablement. Nous devons donc ne pas dévaluer notre monnaie. Si l'argent perd de sa valeur, le chômage, à terme, augmentera.*

*Je désire seulement vous faire comprendre que les versements financiers de mon pays à la Communauté ne pourront plus être augmentés et devraient même être diminués, si possible.*

*En ce qui concerne la Communauté, pour l'heure, je dois vous demander que nous en restions à cette limite de 1 % de la TVA et que notre contribution nette soit contenue.*

*Je vois d'ailleurs l'ensemble de la situation économique en Europe de façon très sombre, car je suis très sceptique sur la politique économique américaine. Il y a 20 % de risques que la politique de Reagan conduise à une dépression. L'économie américaine restera, qu'on le veuille ou non, pour dix ou vingt ans encore, la seule économie dominante. Après, peut-être le Japon jouera-t-il un rôle très important. Le rôle de la Communauté, à la fin du siècle, sera peut-être, lui aussi, très important. Mais ce n'est pas le cas pour le moment, car les possibilités d'impulsions financières de la Communauté sont réduites. Donc, nous dépendons des États-Unis. Eux peuvent se permettre d'avoir 9 % de chômeurs, car leur attitude en ce domaine est très différente.*

*J'ai examiné les idées et propositions de Delors, suivi ses ballons d'essai avec un intérêt critique, car j'en comprends les motifs. Mais je doute profondément de la possibilité de mettre en place une zone monétaire européenne et des taux d'intérêt indépendants des États-Unis, car nos politiques monétaires, fiscales et budgétaires sont trop différentes.*

*L'Allemagne est hypersensible à l'inflation (comme la Suisse, d'ailleurs), elle est véritablement allergique au déficit budgétaire comme au chômage, ce qui nous empêche de lutter contre le chômage par des politiques de déficit.*

*En France, c'est très différent. Les Français sont plus sereins par rapport à ces questions. Vous avez un budget plus sain, et cela vous permet d'avoir un déficit plus élevé pendant un an ou deux, et donc une inflation plus élevée. Mais les Français acceptent des mesures de contrôle des prix ou de contrôle des changes. En Allemagne, tout le monde serait indigné si je prenais de telles mesures. Je vais évoquer un petit exemple pour illustrer cela : les Allemands dépensent des milliards de marks pour des voyages privés à l'étranger, c'est une perte de devises importante ; mais si je m'avisais de réglementer cela, il y aurait une véritable rébellion ! Donc, la politique que nous menons en RFA est la seule que nous puissions mener.*

*Mme Thatcher et Ronald Reagan se trompent en ce qui concerne le monétarisme. En réalité, leur déficit s'accroît et même, du point de vue de leur politique monétaire, leurs taux d'intérêt sont idiots.*

*En Allemagne, nous essayons de nous maintenir dans le juste milieu, de réduire l'inflation par un mélange de déficit public et de politique des revenus modérée.*

*... Vous, vous avez choisi de suivre un chemin différent. J'espère que vous réussirez. Mais vos moyens, vos méthodes et les nôtres sont tels que nous ne pouvons plus les harmoniser. Celles de Mme Thatcher sont encore plus dures à harmoniser avec les nôtres. Les douze mois à venir seront donc un test de cohésion. Nous avons eu un premier test, le week-end dernier, en matière monétaire ; nous l'avons surmonté, ce qui permet d'espérer.*

(Autrement dit, pour Helmut Schmidt, l'arrivée des socialistes au pouvoir en France rend impossible tout progrès dans la construction européenne !)

**Le Président :** *Je ne crois pas qu'il y ait autant de contradictions que vous le pensez entre nos politiques économiques. Nous avons besoin de dominer notre héritage :*

*— l'inflation a atteint un taux moyen de 10 % sur quatre ans et de 14 % pour les deux dernières années,*

*— le chômage a été multiplié environ par quatre de 1973 à 1981.*

*Que pouvais-je en conclure ? Il était normal d'essayer à tout prix d'obtenir une croissance modérée par une relance de la consommation. Pour cela, nous injectons dans l'économie 35 milliards de francs en un an, et nous ferons en sorte que cette relance se fasse en limitant au maximum la part de ce qui doit être importé. Cependant, je suis bien obligé d'acheter le pétrole à l'extérieur !*

*C'est un moment difficile à passer pour l'économie française. J'essaie de relancer les investissements. J'essaie de maintenir l'inflation à 14 ou 15 % sur un an ou deux. Il faut ensuite que j'arrive à la ramener à 10 % au maximum.*

*Je viens déjà de prendre des mesures qui visent à la fois à contenir puis à réduire l'inflation en relançant l'investissement. Je sais que je courrais à un échec si l'inflation ne pouvait être maîtrisée.*

*Mais ce qui est sûr, c'est que la théorie de M. Barre, selon laquelle les profits créent des investissements et que ceux-ci permettent la création d'emplois, s'est traduite par un échec.*

(Autre pique : François Mitterrand sait fort bien que cette phrase n'est pas de Barre, mais du Chancelier Schmidt lui-même !)

**Le Chancelier :** *Est-ce que les entreprises françaises font des profits en ce moment ?*

**Le Président :** *Oui, beaucoup d'entre elles en font, mais elles ne font plus d'investissements depuis longtemps. Peut-être par peur de la gauche ? L'objectif* *que nous nous sommes fixé n'est d'ailleurs pas très ambitieux, il consisterait à faire environ 3 % de croissance. Mais 3 % de croissance, cela fait approximativement 100 milliards, dont 42 seraient versés en charges sociales, ce qui diminuerait d'autant un déficit qui reste d'ailleurs modéré. Nous sommes donc à peu près à la même hauteur.*

**Le Chancelier :** *Moi, mon déficit est trop élevé.*

**Le Président :** *Ceux qui nous critiquent disent : ils ont prévu un déficit de 95 milliards, mais, en fait, cela fera 120. Nous venons donc de prendre des mesures strictes pour que le déficit ne dépasse pas 95 milliards. Nous avons même gelé 15 milliards pour lesquels l'autorisation de dépense ne sera donnée que plus tard en cours d'année, et je vois maintenant qu'un représentant du patronat nous critique pour avoir gelé ces 15 milliards !*

*Nous allons mettre en œuvre un contrôle d'une partie des prix de détail, et peut-être même aussi de certains prix industriels et des grandes surfaces. Cette politique des prix sera complétée par une "politique des revenus", bien que je n'aime pas cette expression. Nous allons avoir des contacts avec les syndicats. Ils ont d'ailleurs déjà commencé et je crois que ce sera la première fois qu'une négociation réelle sera possible sur les bas salaires (...). Une diminution du pouvoir d'achat n'est pas possible. Son maintien serait une victoire. Nous voulons réaliser une discipline contractuelle concernant les salaires, et d'ailleurs aussi les autres revenus. Nous ferons en 1982 une importante réforme fiscale qui y contribuera. Mais je dois rappeler que les engagements de ma campagne seront mis en œuvre sur sept ans...*

(Le Chancelier se lance alors dans un subtil interrogatoire du Président sur la politique économique française.)

**Le Chancelier :** *Est-ce que les sociétés nationalisées, comme la SNCF, ont la possibilité d'emprunter ?*

**Le Président :** *Oui. Ce serait d'ailleurs bien commode de faire un plus large appel à l'emprunt, mais nous sommes stricts sur ce point.*

**Le Chancelier :** *Ces emprunts sont-ils placés auprès des épargnants français ? Auprès des banques ? Auprès de l'argent arabe ?*

**Le Président :** *D'habitude, les investisseurs institutionnels prennent 50 % au moins des emprunts. En ce qui concerne le grand emprunt récent, les institutions ont souscrit moins de 30 %. Le taux de cet emprunt était de 16,5 % à cinq ans. C'est trop cher, mais moins que l'emprunt Giscard qui avait été indexé sur l'or et qui, au lieu de coûter 6 milliards, en aura coûté 100 !*

**Le Chancelier :** *En fait, compte tenu de votre taux d'inflation, vous versez environ 2 % d'intérêt ; ce n'est pas excessif et ce n'est pas énorme. Nous, nous versons un intérêt réel de 4 %.*

**Le Président :** *Je sais bien que ce que nous faisons n'est pas génial.*

**Le Chancelier :** *Si, c'est très bien !*

**Le Président :** *Mais notre politique est plus stricte qu'on ne le dit. Ce qui compte le plus, c'est la maîtrise des salaires.*

**Le Chancelier :** *Excusez-moi pour toutes ces questions qui ne contiennent aucune part de critique, c'est simplement pour y voir clair...*

**Le Président :** *Mais tout cela vous concerne aussi. Je trouve tout à fait normal que vous posiez des questions...*

**Vendredi 9 octobre 1981**

Suivant l'avis de Claude Cheysson, Pierre Mauroy interdit l'exécution du contrat Thomson, tel qu'il a été négocié l'an dernier, comme *« contraire aux instructions du gouvernement et aux règles du COCOM »*. La négociation des avenants au contrat échappe aux industriels et passe au ministre du Commerce extérieur.

Promulgation de la loi abrogeant la peine de mort. La gauche a déjà accompli l'essentiel des réformes pour lesquelles elle avait rêvé du pouvoir. Maintenant, il va lui falloir gérer et s'occuper de l'emploi.

Le Premier ministre réunit un Conseil interministériel sur Matra. Un protocole est prêt. L'ensemble des activités médias (17 % d'*Europe n° 1*, 20 % de Marlis qui contrôle Hachette, 90 % des *Dernières Nouvelles d'Alsace*) va être apporté à une nouvelle société dont les actions seront distribuées aux anciens actionnaires de Matra.

Rendant compte au Président des travaux du groupe de travail, qui propose en fait de perpétuer en partie le boycott commercial d'Israël, Charles Salzmann écrit, embarrassé : *« Quatre principes ont été dégagés : l'affirmation positive de l'origine ("Ce produit est fabriqué en France" au lieu de "Ce produit n'est pas fabriqué en Israël") ; la prise en compte de l'état de guerre entre les protagonistes ; un boycott circonscrit à des faits concrets ; des règles claires qui s'appliquent dans la pratique quotidienne des affaires. »* En marge, le Président de la République annote : *« Il ne doit pas y avoir reconnaissance du boycott... D'accord, sous réserve qu'on ne peut pas concéder le boycott à nos partenaires arabes. »*

Pierre Joxe écrit au Président pour se plaindre des injustices contenues dans le projet de Budget : *« Il aggrave la pression fiscale pesant sur les seuls salariés, notamment les titulaires de salaires moyens. En conséquence, il paraît en contradiction avec la réforme de la fiscalité que nous entendons promouvoir et fait peser une menace sur la cohésion de l'alliance politique qui a porté la gauche au pouvoir. »*
Il ajoute une perfidie contre Jacques Delors : *« J'en adresse copie à Laurent Fabius, car je suis persuadé qu'il n'est pas en désaccord total avec moi. »*

François Mitterrand offre à Robert Badinter le parchemin authentique de la loi d'abrogation de la peine de mort.

Le Président me répète : *« 1982 sera l'année la plus noire. Il faudra y faire approuver toutes les mesures de redressement financier, nécessairement impopulaires. »*

**Samedi 10 octobre 1981**

A Bonn, une manifestation pacifiste rassemble près de trois cent mille personnes.

Nous partons pour les obsèques de Sadate. Le Président est de méchante humeur.

Les obsèques se tiennent sur les lieux mêmes de l'attentat, les traces de balles sont encore visibles. Capharnaüm et inquiétude. Chacun s'attend à une nouvelle fusillade. Sous une tente improvisée, on parque toutes les personnalités et ceux qui se sont imposés. Jean-Pierre Bloch me présente... au Prince Charles ! Kissinger va de l'un à l'autre comme dans un cocktail. Un sabre bat la jambe du Roi Baudouin. Nixon est en grande conversation avec Carter, Ford avec Giscard.

Deux officiers viennent l'un après l'autre fouiller les bottes des soldats formant la haie d'honneur pour vérifier qu'aucune arme blanche n'y est cachée. La confiance règne.

Le cortège se forme alors, derrière le cercueil placé sur l'affût d'un canon. En première ligne, on place les Présidents en exercice : parmi eux, François Mitterrand et Alessandro Pertini, avec d'autres, pour la plupart africains. Ils sont bousculés par les médecins et les gardes du corps, portant valises de sang et armes de poing, qui veulent rester au plus près de leur “client”.

Le défilé s'ébranle dans un roulement de tambours, sous la protection — ou la menace ? — de mitrailleuses placées sur les toits. Bousculade inouïe. Pour ralentir le cortège, un cordon de soldats le traverse soudain et bloque les derniers rangs. Paniqués, les agents secrets américains plaquent au sol les trois anciens Présidents des États-Unis.

### Lundi 12 octobre 1981

Malaise parmi les députés socialistes. Il leur est demandé beaucoup : sessions extraordinaires, votes de nuit, travail dans les nouvelles circonscriptions. Quant aux suites données par les ministres à leurs interventions, elles sont très insuffisantes. Deux, surtout, sont plus particulièrement mis sur la sellette : Édith Cresson et Jean Auroux. Tout cela risque de provoquer une épreuve de force sur des questions sensibles (droits des travailleurs) ou inattendues (immigrés). Conjugué avec les critiques sur l'absence de changement dans la vie quotidienne, cet état de chose tend à développer chez eux un certain clientélisme : triplement des interventions pour exemption de service national, surestimation de l'enjeu représenté par les créations d'emplois publics...

L'électorat qui a voté pour François Mitterrand ne voit pas les prolongements directs de sa victoire dans la réalité quotidienne : les licenciements économiques, les règlements judiciaires, les dépôts de bilan se poursuivent ; la rentrée scolaire est une de celles qui se sont le plus mal déroulées depuis cinq ans ; pas de développement de la vie associative ; le comportement de l'administration dans ses relations avec les administrés demeure immuable ; le gel des crédits bancaires à l'immobilier est mal ressenti.

Pour certaines catégories sociales, la politique actuelle constitue même une régression : les agriculteurs (réduction de la prime à la vache, renchérissement des prêts aux jeunes agriculteurs, remise en cause de la détaxation des carburants) ; les cadres (augmentation de la pression fiscale ajoutée à une hausse des prélèvements sociaux, hausse des impôts locaux).

**Mardi 13 octobre 1981**

Henri Fiszbin et ses amis sont placés « hors du parti » par le PCF.

Début de l'examen du projet de loi sur les nationalisations à l'Assemblée. Cela promet d'être long.

**Mercredi 14 octobre 1981**

Rocard présente son « Plan intérimaire » au Conseil des ministres, qui promet la création de 400 000 emplois par an grâce à des contrats État/régions. Rocard s'est décidé à donner un chiffre. Matignon le pousse à élaborer un texte plus réformiste qu'il ne le voudrait. En fait, Rocard sait qu'il faut gérer dans la durée.

Visite de Lech Walesa en France à l'invitation de syndicats.

Le Président adresse aux deux coprésidents de Cancún un mémorandum indiquant ses deux priorités pour le Sommet (en dehors de la « Filiale énergie » et des « Négociations Globales ») : la stabilisation des cours des matières premières *(« la France prend la décision formelle de souscrire au Fonds commun de garantie des matières premières »)* et l'agriculture *(« les grands pays agricoles constitueraient des stocks d'urgence, les autres pays développés verseraient une contribution financière, et ce dispositif serait géré paritairement par le Nord et le Sud »).*

L'accord se précise entre Jean-Marcel Jeanneney et les Algériens. Mais le surprix n'est pas encore fixé : nous payons actuellement 4,27 dollars l'unité ; les Algériens en veulent 5,30. Ils attendent beaucoup de la rencontre entre Chadli et François Mitterrand à Cancún.

Nous savons maintenant de façon certaine que Pierre Moussa a bien fait transférer à Paribas-Genève des participations industrielles que détenait Paribas-Paris, et qu'il a vendu à un consortium belge, COPEBA, auquel il appartient, 30 % de Paribas-Genève, ce qui en fait perdre le contrôle à la maison mère.

Pour parler clair, dans cette affaire, le gouvernement s'est fait berner. Si on laisse faire, la nationalisation de Paribas sera vidée de l'essentiel de son contenu. Et cela peut donner des idées à d'autres patrons d'entreprises nationalisables !

Que faire ? Demander à Pierre Mauroy de décréter publiquement une « période suspecte » afin d'empêcher le processus ? Obtenir la démission de Pierre Moussa ? Déclarer que si, après nationalisation, l'entreprise est vide, il n'y aura pas d'indemnisation ?

**Jeudi 15 octobre 1981**

Je reçois discrètement Yvon Gattaz, candidat à la présidence du CNPF, qui plaide contre l'IGF et pour que les entreprises nationalisées ne quittent pas le CNPF, dont elles assurent l'essentiel des ressources. Intéressant... Personne n'y avait pensé !

### Vendredi 16 octobre 1981

Je déjeune avec Jean Riboud, président de Schlumberger, et Félix Rohatyn, associé-gérant de la Banque Lazard. Je leur confie mes inquiétudes à propos de Paribas. Jean s'insurge : *« Comment as-tu pu laisser cela aller si loin ! Je suis administrateur de Paribas, mon frère Antoine aussi. Tu ne sais pas qu'on peut faire convoquer le Conseil ? On va le faire. A nous, il ne peut mentir ! »*

Le conseil d'administration a lieu. Jacques de Fouchier exige de son successeur, qu'il appelle son « fils spirituel », la vérité. Pierre Moussa reconnaît : *« Tout est vrai. »* Jacques de Fouchier a ce mot superbe : *« Je suis contre la nationalisation, mais,* right or wrong, it's my country *! »* Il exige la démission de Pierre Moussa et reprend provisoirement la présidence, le temps de gérer la crise.

Moshe Dayan, vainqueur de la guerre des Six-Jours, meurt à Jérusalem.

### Samedi 17 octobre 1981

Décès d'Albert Cohen. Discussion avec François Mitterrand : il n'aime pas l'essentiel de *Belle du Seigneur*, que j'adore ; il connaît par cœur de longs passages de *Mangeclous*, que j'apprécie moins.

On part pour Yorktown, Mexico et Cancún.

### Dimanche 18 octobre 1981

Comme l'avait prévu Helmut Schmidt, le général Jaruzelski, chef du gouvernement et ministre de la Défense, est élu Premier secrétaire du Parti polonais en remplacement de Stanislaw Kania, mis en minorité par le Bureau politique. Un militaire au pouvoir : est-ce l'annonce de l'arrivée des Russes ou l'ultime protection contre eux ? François Mitterrand penche pour la seconde hypothèse. L'homme n'a pas eu un destin ordinaire : son père a été exilé en Sibérie, où il est mort, et lui-même y a passé de terribles années de jeunesse.

Le Parti socialiste panhellénique remporte les élections législatives en Grèce. Andréas Papandréou, chef du Pasok, formera, le 21, un gouvernement socialiste homogène.

Aux États-Unis, cérémonies somptueuses pour le bicentenaire des batailles de Cheasapeake et Yorktown. Au cours de leur entretien, Reagan remercie le Président de l'autorisation de passage accordée dans les ports français aux sous-marins nucléaires américains, et de la participation de la France à la Force multinationale dans le Sinaï.

**François Mitterrand :** *L'Europe est partie prenante à Camp David en tant que démarche politique et diplomatique.*

**Ronald Reagan :** *La paix ne peut réussir qu'avec l'aide de l'Arabie Saoudite.*

**François Mitterrand :** *Camp David doit aller à son terme entre Israël et l'Égypte, mais ne résoudra pas le problème palestinien. S'il réussit, tant mieux,* *mais nous pensons que le Plan Fahd est un bon plan intermédiaire s'il permet aux adversaires de discuter. Nous n'approuvons pas pour autant son contenu.*

**Ronald Reagan** (qui lit une fiche) **:** *Je vous pose une question : "Faut-il d'autres dirigeants palestiniens qu'Arafat ?"*

(Il n'est décidément qu'une machine à poser des questions au nom de son Administration.)

**François Mitterrand :** *Tous les chefs palestiniens des territoires occupés désirent qu'Arafat soit leur représentant. Il n'y a pas de Palestinien plus modéré qu'Arafat. Nous ne voulons pas du monopole de l'OLP sur la Palestine, ni même d'un État palestinien indépendant. Il vaudrait mieux arriver à créer une petite Palestine fédérée avec la Jordanie.*

**Ronald Reagan :** *Oui, mais la Jordanie ne veut pas d'un État palestinien.*

**François Mitterrand :** *Hussein voudrait un petit État palestinien pour faire une petite fédération. L'État d'Israël croit qu'on est à la fin du processus, alors qu'on n'en est qu'à son début.*

**Ronald Reagan** prend une autre fiche et lit : *Pour Cancún, je pense que nous pouvons trouver des voies pour aider à développer les économies du Sud, comme l'ont fait la Corée du Sud ou Singapour. Qu'attendez-vous de Cancún ?*

**François Mitterrand :** *Je n'attends rien de Cancún, sinon vingt-deux discours. Et quand le dernier sera fini, on s'en ira. On jugera Cancún non à ses résultats, mais à la tonalité des discours. Si le Tiers Monde a le sentiment d'être floué, il aurait mieux valu ne pas aller à Cancún. Trois points me paraissent importants. Sur les "Négociations Globales" : il ne s'agit pas de créer une nouvelle institution ; il faut discuter sur un agenda précis et sérieux (démographie, énergie). Sur la "Filiale énergie" : on peut discuter des quatre points qu'a présentés Clausen. Sur le soutien aux cours des matières premières : on ne peut ignorer le problème, même si on ne peut décider encore.*

**Ronald Reagan :** *Nous ne sommes pas contre les "Négociations Globales", si elles aident à lutter... contre le protectionnisme.*

**François Mitterrand :** *Elles ne sont pas faites pour ça, mais pour aider à diversifier les sources de croissance ! Si on n'y parvient pas, on va créer le désespoir chez ceux qui ont toute leur économie fondée sur une seule ressource. Quand les prix s'effondrent, tout s'écroule chez eux. Si vous voulez la révolution partout, laissez faire ça !*

Comme Ronald Reagan admire sa connaissance des *« Pères de la Révolution »* américaine, François Mitterrand répond : *« J'en ai beaucoup entendu parler quand j'étais enfant, mes parents étaient profondément attachés à la Révolution ; mais ils étaient très chrétiens et ils me parlaient peut-être plus de l'indépendance des États-Unis que de la Révolution française, en raison du caractère laïque et anticlérical de celle-ci. »*

Le soir, par petites tables, dans une superbe maison coloniale, grand dîner financé par de « généreux donateurs ». Je m'attends à être assis à côté de tel ou tel des responsables américains. A ma table présidée par un ami de Reagan, le Juge Clark, désigné comme numéro deux du State Department pour y surveiller Haig, deux marchands de vin californiens qui ne savent pas très bien si la France est plus grande ou plus petite que le Luxembourg. Et qui s'en moquent ! Le Juge n'adresse d'ailleurs pas un mot aux Français assis à sa table.

**Lundi 19 octobre 1981**

Arrivée au Mexique. Lopez Portillo est encore Président, mais il a déjà désigné celui qui lui succédera dans un peu plus d'un an. C'est déjà moins un interlocuteur qu'un symbole. D'où l'idée de Régis Debray de faire de ce voyage une tribune pour s'adresser à l'Amérique latine tout entière. Il a suggéré trois idées : *« Une réplique à la mexicaine du "scénario Panthéon à Paris", consistant à déposer trois roses, l'une à Juarez, l'autre à Cardenas, la dernière à un personnage plus contemporain (Allende ?) ; la restitution au Mexique d'un trophée (fanion ou drapeau enlevé par l'armée française lors de l'expédition bonapartiste) ; et un grand discours permettant, dans les meilleures conditions d'écoute internationale, de faire passer l'essentiel du message français qui, sinon, risque d'être, à Cancún même, parasité ou banalisé par le tohu-bohu. »*

Le Président ne retient que la troisième suggestion et, curieusement, ce discours de Mexico restera dans les mémoires comme le « discours de Cancún » au point que, plus tard, Alain Peyrefitte, ne l'y voyant pas figurer sous ce titre, reprochera au Président de ne pas l'avoir inséré dans son recueil de discours...

Le syndicat national des médecins proteste contre la suppression du secteur privé annoncée par Jack Ralite dans un discours prononcé à Martigues.

**Mardi 20 octobre 1981**

Après la première rencontre avec Lopez Portillo, François Mitterrand se rend devant le monument de la Révolution à Mexico. Aucun lustre ; peu de gens, malgré les efforts du PRI pour faire venir des volontaires. Très beau texte du Président qui lance, le premier, le concept du droit d'ingérence humanitaire :

> *« C'est une lourde responsabilité que d'être placé par le destin à la frontière du plus puissant pays du monde, juste à la charnière du Nord et du Sud. Bastion avancé des cultures d'expression latine, le Mexique a pu devenir le lieu naturel du dialogue entre le Nord et le Sud, comme l'attestera demain la conférence de Cancún. Parce que le Mexique, réfractaire aux dominations de toute nature, a su puiser en lui-même sa volonté d'autonomie...*
>
> *Il existe dans notre droit pénal un délit grave, celui de non-assistance à personne en danger. Lorsqu'on est témoin d'une agression dans la rue, on ne peut pas impunément laisser le plus faible seul face au plus fort, tourner le dos et suivre son chemin. En droit international, la non-assistance aux peuples en danger n'est pas encore un délit. Mais c'est une faute morale et politique qui a déjà coûté trop de morts et trop de douleurs à trop de peuples abandonnés, où qu'ils se trouvent sur la carte, pour que nous acceptions à notre tour de la commettre.*
>
> *... A tous les combattants de la liberté, la France lance son message d'espoir. Elle adresse son salut aux femmes, aux hommes, aux enfants mêmes, oui, à ces "enfants héros" semblables à ceux qui, dans cette ville, sauvèrent jadis l'honneur de votre patrie et qui tombent en ce moment même, de par le monde, pour un noble idéal.*
>
> *Salut aux humiliés, aux émigrés, aux exilés sur leur propre terre, qui veulent vivre et vivre libres !*
>
> *Salut à celles et à ceux qu'on bâillonne, qu'on persécute ou qu'on torture, qui veulent vivre et vivre libres !*
>
> *Salut aux séquestrés, aux disparus et aux assassinés qui voulaient seulement vivre et vivre libres !*

*Salut aux prêtres brutalisés, aux syndicalistes emprisonnés, aux chômeurs qui vendent leur sang pour survivre, aux indiens pourchassés dans leur forêt, aux travailleurs sans droits, aux paysans sans terre, aux résistants sans armes, qui veulent vivre et vivre libres !*
*A tous, la France dit : Courage, la liberté vaincra !* »

L'explosion d'une bombe près d'une synagogue, à Anvers, tue deux personnes et en blesse une centaine d'autres.

Dans la nuit, multiples incidents à l'Assemblée à propos des nationalisations.

**Mercredi 21 octobre 1981**

Assassinat du juge Michel à Marseille.

Malgré la démission de Pierre Moussa, la tentative de rachat des filiales étrangères de Paribas par COPEBA réussira si 31 % des actions aujourd'hui dans le public (sur les 35 % en circulation) viennent s'ajouter aux 20 % détenus par la holding belge. Le pronostic est incertain.

Nous déjeunons à Mexico avec Miguel de La Madrid, le Président élu. On voit naître là un tout autre Mexique, plus jeune, plus rationnel. Derrière lui, Carlos Salinas de Gortari, assisté d'un de mes anciens étudiants, un polytechnicien devenu secrétaire d'État, José Cordoba ; il est décidé que je reviendrai bientôt parler avec eux de la dette mexicaine.
Départ pour Cancún. Là, le Président Chadli n'ayant pu rencontrer François Mitterrand à déjeuner, l'entretien a lieu avant le dîner-buffet. Ils n'ont rien à se dire : le contrat sur le gaz n'est pas prêt et François Mitterrand ne veut rien négocier lui-même.

A Paris, séance houleuse à l'Assemblée sur la médecine. Le député Mesmin interroge le ministre de la Santé : « *Lors de sa campagne électorale, le 7 mai dernier, le Président de la République avait promis que les secteurs privés existants seraient maintenus pour ceux qui entendent suivre leur clientèle à l'hôpital. Pouvez-vous préciser si cette promesse sera tenue et quelles sont vos intentions quant au maintien de la médecine libérale ?* » Jack Ralite : « *Pour les lits privés, c'est facile à régler : il n'y en aura plus. Pour les consultations privées, il faut les stopper. Pour les consultations existantes, nous publierons le 1er janvier les résultats d'une concertation qui va commencer dès la semaine prochaine pour le calendrier de retrait de cette pratique, concertation qui sera accompagnée d'une négociation pour une nouvelle couverture sociale de tous les intéressés.* »
Cela va plus loin que les engagements électoraux du Président. Celui-ci n'aime pas ça, mais ne réagit pas.

**Jeudi 22 octobre 1981**

Début du Sommet à Cancún. En séance, chaque chef de délégation est accompagné de trois personnes, en général des ministres ou des hauts fonctionnaires. Pour la France, Claude Cheysson, Jean-Pierre Cot et moi. J'admire, à notre droite

— conséquence de l'ordre alphabétique espagnol — les trois compagnons du président philippin Marcos : sa femme et ses deux filles qui changent de toilette toutes les heures.

A notre gauche, Ronald Reagan. Dans cette salle-bunker, au sous-sol d'un hôtel-bunker au cœur d'une ville-bunker, deux des trois sièges américains sont occupés par ses gardes du corps qui jouent consciencieusement aux preneurs de notes.

Les « Négociations Globales » sont au centre de la discussion : doit-il s'agir de négociations telles que les conçoit le Sud, dans le cadre des Nations-Unies, ou bien d'autre chose ? En coulisse, on cherche un compromis sur la procédure. Les États-Unis exposent habilement leur doctrine : ils sont pour le remplacement des « Négociations Globales » par des forums multiples (ONU, Banque mondiale, FMI). La France propose une formule en trois étapes : Assemblée de l'ONU, puis institutions spécialisées, puis à nouveau Assemblée. Les Américains ne veulent ni de la première, ni de la troisième étapes ; autrement dit, ils ne veulent rien qui échappe aux institutions de Bretton Woods.

Émotion quand Nyerere explique qu'il est suspendu, chaque matin, au cours du café que donne la BBC et qui détermine la survie de son peuple. Le poids de la dette zambienne a réduit de moitié le revenu par habitant en six ans.

François Mitterrand prend la parole : *« Cette réunion n'aurait pas de signification si ses participants n'étaient pas convaincus — surtout par ces temps de crise — que tous les pays du monde sont interdépendants. Or, ils agissent pour la plupart comme s'ils ne l'étaient pas. Ce qui a réalisé des coalitions d'intérêts qui, par définition, changent avec l'intérêt. Certes, l'effort de concertation réalisé dans les institutions internationales ou autour d'elles, et particulièrement à l'ONU, a permis de réels progrès. Pourtant, celle-ci constatait elle-même, dans sa Résolution 34/138 du 8 février 1980, qu'en dépit de grands efforts (je cite) "faits par de nombreux pays, il n'y a eu que des progrès limités" ; c'est pourquoi elle a invité l'ensemble de nos pays à engager entre eux (je cite encore) "des négociations globales afin d'assurer la restructuration de relations économiques internationales". C'est l'utilité d'une réunion comme celle-ci que de s'inscrire dans cette perspective en nous fournissant l'occasion de comparer nos analyses et, je l'espère, de préparer une réponse commune aux questions posées. Avant que ne s'engage notre débat, j'insisterai sur la méthode. Je crois que beaucoup sera fait si nous parvenons à nous entendre sur le sens des mots et le contenu des formules.*

*Par exemple, qu'appelons-nous "Négociations Globales" ? Quels rôles respectifs joueront l'Assemblée des Nations unies et ses institutions spécialisées ? Quel rôle entendons-nous jouer ici même ? Les "Négociations Globales" supposent-elles la création de nouvelles institutions ? J'indique dès maintenant que mon sentiment est que rien ne sera possible si tout n'est pas mis sur la table, les besoins du Sud comme les besoins du Nord, les facteurs structurels permanents aussi bien que les circonstances conjoncturelles, mais qu'il serait bien imprudent de multiplier les instruments bureaucratiques et de fabriquer de nouveaux services avant d'avoir tiré des services existants — le cas échéant, réformés — tout ce qu'ils peuvent donner... »*

François Mitterrand reçoit un message de Goukouni réclamant l'aide de la France contre Hissène Habré qui progresse. Le Président écrit au Président Arap Moi pour demander la mise en place d'une force de l'OUA au Tchad.

Jacques Delors m'appelle de Paris : Jacques de Fouchier pose maintenant comme condition pour prendre la présidence par intérim de Paribas que Haberer, le directeur du Trésor, lui succède. J'en fais part à Haberer qui se trouve avec nous à Cancún. Il refuse : Paribas est trop petit pour lui. Fouchier le sait fort bien, qui n'aurait jamais rêvé, six mois auparavant, d'un tel successeur !

Le Brésilien Figuereido s'est endormi. Zhao Ziyang prend des notes. Indira Gandhi est sans cesse sortie pour voir l'un ou l'autre. Shagari, le Nigérian, brille par ses tenues. Le Suédois Falldin, le Vénézuelien Campins, le Yougoslave Khrajcher ne disent mot. Le Prince Fahd est attentif. Houphouët-Boigny sommeille. Margaret Thatcher refuse tout ce qu'elle peut. Le Chancelier Schmidt n'espère rien. Trudeau s'agite. Suzuki ronfle. Lopez Portillo semble obsédé par la blancheur de sa chemise. Nyerere espère tout. Le Bangladeshi Sattar est silencieux. Le Guyanais Bishop passe inaperçu. Kreisky manque...

**Vendredi 23 octobre 1981**

Le long tour de table se poursuit. On discute surtout de deux points : les « Négociations Globales » et la « Filiale énergie ».

Sur la « Filiale énergie », le texte final, rédigé sous la responsabilité des seuls Canadiens, donne : *« On a souligné la nécessité d'accroître les investissements énergétiques privés et publics dans les pays en développement. Plusieurs participants ont appuyé l'élargissement du programme de prêts à l'énergie de la Banque mondiale et on a préconisé, à ce chapitre, l'établissement d'une Filiale énergétique. »* Ce n'est pas du tout ce qu'on espérait.

Sur les « Négociations Globales », la séance est suspendue pour permettre la négociation d'un texte commun. Je m'attends à ce que François Mitterrand en profite pour aller parler à Reagan et le convaincre d'accepter un compromis. Non, il retourne dans sa chambre où je le retrouve une heure plus tard, lisant du Lamartine. Il n'avait pas tort : l'agitation n'a rien changé.

François Mitterrand : *« Beaucoup de chefs d'État oublient cette nécessité : tout ce qui permet de prendre de la distance sans perdre le contact est nécessaire à l'action. Je parle de la distance entre soi et soi. »*

Finalement , le paragraphe du communiqué consacré aux « Négociations Globales » dit que *« les Vingt-Deux s'entendent pour ouvrir au sein des Nations-Unies des négociations sur un nouvel ordre économique international »*. La procédure à suivre n'est pas définie, bien que la première phase des négociations doive être terminée avant la fin de l'année. Enterrement ?

**Samedi 24 octobre 1981**

Au cours de sa conférence de presse, le Président parle d'un succès relatif sur les « Négociations Globales », sur la politique agricole et sur la « Filiale énergie ». Mais il regrette que rien n'ait été décidé sur la stabilisation des cours des matières premières et sur les questions de monnaies et de finances.

François Mitterrand : *« Un accord réel s'est déjà fait sur ces propositions. Vous pourrez dire qu'il faut toujours distinguer entre les pensées, les arrière-pensées, et, quand les textes sont écrits, ce qui est écrit entre les lignes... »*

Il écrira aux deux coprésidents pour marquer son étonnement devant la présentation à la presse de la partie relative à l'investissement énergétique dans le commentaire final de la Présidence. Les Canadiens signaleront à cette occasion que leur interprétation est bien la même que la nôtre.

La plupart des pays du Tiers Monde manifestent leur satisfaction, estimant que les conditions posées à la reprise du dialogue sont acceptables. La presse indienne se dit déçue. L'agence Chine Nouvelle constate qu'un pas en avant a été fait.

Congrès du PS à Valence : catastrophique. Claude Estier : *« Le système d'information reste le produit de l'ancien pouvoir et n'est pas en mesure d'expliquer concrètement la politique du gouvernement. »* Paul Quilès fait très exactement ce que François Mitterrand répète depuis longtemps qu'il ne faut jamais faire : il parle de *« couper les têtes »* ! Citant Robespierre, il explique qu'il faut toujours désigner nommément ceux qu'on veut renvoyer afin d'éviter toute incertitude ! Mais comme lui non plus ne les nomme pas, on ne retient que l'expression *« couper les têtes »*. Il devient *Robespaul* !

Tandis qu'à Valence on parle de couper des têtes, on travaille ici à Cancún, en parfaite intelligence, dans l'intérêt de la France, avec *tous* les hauts fonctionnaires.

Après une brève visite de Chichén Itzá, dans l'avion du retour, le Président évoque Valence : *« Si je critique Quilès, j'approuve en revanche la dénonciation des médias par Estier. »* Il dit sa colère devant *« la bêtise crasse de ceux qui se croient tout permis. Veulent-ils une radicalisation ? Mais alors, il faut aller au bout ! La social-démocratie n'est qu'une demi-mesure condamnée à l'échec. Seul le léninisme peut transformer durablement les choses. Mais, naturellement, cela conduit à la dictature, alors il vaut mieux s'abstenir... »*.

**Lundi 26 octobre 1981**

Jacques de Fouchier vient me répéter ce qu'il a dit à Jacques Delors il y a deux jours : il est prêt à prendre la présidence de Paribas à condition d'obtenir la promesse qu'avant même la nationalisation, Jean-Yves Haberer lui succédera. Il sait bien que Haberer rêve de la Banque de France ou du Crédit Lyonnais, et que Paribas serait pour lui bien moins prestigieux. Mais, selon Fouchier, les principaux directeurs de la banque sont *« en rébellion ouverte contre le gouvernement et décidés à faire échapper à la nationalisation non seulement Paribas-Genève, mais également Paribas-Bruxelles, Paribas-New York, Paribas-Hong Kong et l'ensemble des filiales étrangères. La seule solution serait de faire nommer d'urgence par l'actuel conseil d'administration, qui y est non seulement préparé mais est aussi demandeur, un nouveau président en anticipant sur la nationalisation. Sans une telle décision, Paribas, cinquième banque d'affaires au monde, pourrait être entièrement détruite dans les trois semaines. L'autorisation par le gouvernement d'une telle nomination d'urgence est d'intérêt public »*.

L'Assemblée adopte le projet de loi sur les nationalisations.

L'OCDE décide une hausse de 3 % du taux minimal du crédit à l'URSS. La France s'y résigne, malgré les pertes de contrats que cela entraîne.

**Mardi 27 octobre 1981**

Le rapport de J.J.S.S. sur la création d'un Centre informatique est remis. Il ne dépasse pas le niveau d'un article de journal. Son hymne à l'informatique individuelle ne contient rien de nouveau. Il n'y a pas de raisons pour que les conséquences sur l'emploi, la vie quotidienne et la réduction des inégalités soient plus fortes à travers les micro-ordinateurs qu'à travers le câble, les terminaux télématiques ou la robotique. Aucun chiffrage sérieux ni aucune stratégie.

Le seul intérêt de ce projet réside dans la venue en France de grands scientifiques étrangers. Encore s'agit-il, pour la plupart d'entre eux, de généralistes dont je doute qu'ils soient capables de réaliser eux-mêmes les percées technologiques nécessaires. De surcroît, le projet se présente comme une création *ex nihilo*. Rien n'est dit sur les articulations, pourtant indispensables, avec ce qui existe déjà en France et qui n'est — pour dire le moins — pas dépourvu de valeur...

Mais le Président y tient, et tous les directeurs de cabinet des ministres réunis doivent dégager des ressources grâce à des économies opérées dans chaque ministère pour financer ce centre.

Sans compter que J.J.S.S. a trouvé un nom : *« Centre Mondial »*. C'est tout ? *« Planétaire »* aurait mieux convenu...

**Mercredi 28 octobre 1981**

Le Sénat américain autorise la vente de cinq avions-radars Awac à l'Arabie Saoudite.

Le Conseil des ministres adopte le projet de loi Quilliot régissant les relations entre locataires et propriétaires.

Le déjeuner habituel à l'Élysée : Pierre Mauroy, Gaston Defferre, Louis Mermaz, Pierre Joxe, Pierre Bérégovoy, Lionel Jospin, Jean Poperen, Paul Quilès, Claude Estier. A propos du Congrès de Valence, François Mitterrand les tance : *« Vous êtes tombés dans le piège de la droite. Vous n'avez pas trouvé le ton juste. Maintenant, c'est moi qui vais payer cela pour longtemps ! »*

Une réunion à Matignon, présidée par Jean Peyrelevade, arrête les modalités techniques de la nationalisation de Matra. Pierre Joxe est très réservé sur le principe même de l'accord.

Le Sénat repousse le projet de loi sur les nationalisations.

Gaston Defferre pousse le Président à recevoir J.J.S.S. afin qu'il lui remette son rapport. Le maire de Marseille est prêt à trouver les locaux et à payer le fonctionnement du Centre à l'université de Luminy. Il suggère de convier l'équipe de scientifiques et les représentants de certains pays du Golfe. François Mitterrand accepte.

Jacques Delors vient faire part au Président de son inquiétude devant le déficit explosif de la Sécurité sociale. De 1981 à 1982, il passera de 8 à 26 milliards, compte tenu du relèvement du minimum vieillesse à 2 000 francs au 1er janvier et d'une nouvelle augmentation des allocations familiales au 1er juillet, et sans tenir compte encore des effets de la réforme des prestations familiales et de l'abaissement de l'âge de la retraite.

J.-Y. Haberer me téléphone. Il ne souhaite pas être proposé à la présidence de Paribas, le *« projet de loi de nationalisation ayant démantelé le groupe »*. Je lui demande de venir m'en parler.

Goukouni Oueddeï fait savoir qu'il entend demander le retrait total, avant le 31 décembre, des troupes libyennes encore au Tchad. François Mitterrand souhaite qu'il fasse cette demande publiquement. Il hésite. Dans la nuit, on réveille le Président pour lui annoncer que, selon des informations en provenance de Washington, un coup d'État pro-libyen a eu lieu à N'Djamena. L'armée américaine est à la disposition de la France si celle-ci décide d'intervenir.

Le Président appelle lui-même l'ambassadeur français, Roucaute, à N'Djamena : il ne se passe rien ! Les Américains voulaient donc pousser la France à les appeler à la rescousse. Cette nuit-là un Président plus impulsif aurait provoqué un débarquement américain en Afrique.

**Vendredi 30 octobre 1981**

Jean-Pierre Cot est à N'Djamena pour étudier avec Goukouni les conditions d'un départ des Libyens.

Au Conseil de Défense, on parle du Hadès et des sous-marins. Le Président se prononce en faveur du nouveau sous-marin — le septième —, mais se montre très réticent à l'égard du Hadès, à la portée trop courte (350 km), arme du champ de alors que, pour lui, le nucléaire n'est qu'une arme de dissuation.

La question est d'éviter que nos forces nucléaires soient impliquées dans la négociation américano-soviétique qui s'ouvre dans trois semaines à Genève. Il sera impossible d'empêcher que les Soviétiques procèdent à des décomptes impliquant indirectement nos forces. Mais il faut éviter toute mention explicite de notre force stratégique et *a fortiori* toute contrainte qui nous viserait. Les Soviétiques, puis les Allemands, puis les Américains chercheront à nous fléchir, soi-disant pour « faire avancer » la négociation. Afin de nous prémunir contre ce risque de chantage, le Président décide d'une position très dure : demander explicitement aux Américains de s'engager à écarter toute mention des forces françaises dans un accord bilatéral avec l'URSS, en contrepartie de notre soutien au programme militaire américain.

**Lundi 2 novembre 1981**

Pierre Bérégovoy et Marceau Long proposent au Président des nominations pour le prochain Conseil des ministres. Il s'agit de pourvoir au remplacement de hauts fonctionnaires en fin de mandat. François Mitterrand : *« Je suis très mécontent du conformisme des propositions. Pas de chasse aux sorcières. Aucun renvoi avant l'expiration des mandats. Mais on ne fait pas assez appel à "nos" notables du Conseil d'État ou d'ailleurs. »*

Concernant Matra, Delors et Fabius sont contre la prise de contrôle par augmentation de capital : elle aboutirait à mettre de l'argent public dans le seul groupe nationalisable qui n'en ait pas besoin.

Le *sherpa* américain, Myer Rashish, vient me revoir. Il ne croit absolument pas aux propositions qu'il est chargé de transmettre sur le gazoduc. Reagan craint que les Allemands ne signent leur part du contrat à l'occasion de la visite de Brejnev à Bonn, le 23 novembre prochain. Il est allé à Bonn et a essayé, en vain, de s'y opposer...

**Rashish :** *Vous n'avez rien à y gagner. L'opération d'Ourengoï donnerait un ballon d'oxygène à l'URSS (7 à 8 milliards de dollars de recettes annuelles après le remboursement des achats d'équipements) lui permettant d'acheter les céréales dont elle aura besoin pendant longtemps encore, en raison de la persistance prévisible de la crise de son agriculture. Ses achats ne se porteraient d'ailleurs pas sur l'Europe occidentale, sauf un peu sur la France, mais plutôt sur les États-Unis, le Canada et l'Argentine. Chaque année, on donnerait les moyens à l'URSS de se doter de l'équivalent de deux porte-avions supplémentaires. Nous demandons donc à nos partenaires européens de réfléchir jusqu'au 1er février 1982.* Il fait une proposition de substitution : *Nous vous proposons de mettre en place avec nous un groupe de travail informel sur la situation énergétique mondiale, qui préparerait pour le 1er février 1982 une évaluation des besoins énergétiques réels de l'économie européenne. Nous sommes prêts, le cas échéant, à vous apporter une aide pour vous aider à faire face à vos besoins énergétiques.*

Incroyable : ils veulent maintenant étudier avec nous nos besoins *réels* d'énergie ! « Réels » ? Pour mieux nous rationner ? Puis vient la menace :

**Rashish :** *Jusqu'à présent, la perspective de la signature du contrat avec l'URSS n'a pas inquiété l'opinion publique américaine. Mais cet état d'esprit est susceptible d'évoluer très rapidement. Si le contrat gazier devait être passé avec l'URSS, il serait alors très difficile pour les pays européens de demander aux États-Unis de défendre leurs approvisionnements pétroliers dans le Golfe Persique. Or, les besoins américains en pétrole venant de cette région iront en décroissant d'ici la fin de la décennie, ce qui n'est pas le cas pour les pays européens.*

Stupéfiant : « Débrouillez-vous avec le Golfe ! »

**Rashish :** *Pourquoi voulez-vous signer avec les Russes alors que vous pouvez disposer du gaz de la mer de Baffin, dans l'Arctique ?*

Je lui réponds que ce gisement se trouve sous une très épaisse couche de glace ; avant qu'on n'ait fabriqué assez de méthaniers brise-glaces, bien des années passeront. Nous avons à assurer l'approvisonnement de notre pays ; nous ne pouvons compter seulement sur cet espoir canadien.

En fait, cette proposition a avant tout pour but de permettre à Reagan de se couvrir vis-à-vis de son opinion le jour où la décision de la France, de la RFA et de l'Italie de construire le gazoduc sera rendue publique. Une fois de plus, dans une affaire jugée par eux comme essentielle, les États-Unis ont recours à un chantage caractérisé : ou vous cédez sur le gazoduc, ou vos pétroliers ne sont plus protégés dans le Golfe. Notre propre présence dans l'océan Indien ne nous laisse pas, le cas échéant, sans moyens de riposte, mais les Allemands et surtout les Italiens seront sans doute troublés. Je doute pourtant qu'ils cèdent à la pression. Rashish aussi.

La machine judiciaire se met en branle contre divers dirigeants et clients de Paribas pour une affaire de fuite de capitaux.

François Mitterrand à propos du prophète Jérémie : *« Je ne l'aime pas. Il est, disons, fatigant. De tous les prophètes que je connais, il me paraît le plus antipathique, d'où ma peine lorsque mes amis appellent leurs enfants Jérémie. C'est un beau nom, comme ça, mais surtout phonétiquement... »*
François Mitterrand est victime de son admiration pour Ernest Renan qui fit de Jérémie le prototype du « collaborateur ». Justement, le Président a entrepris de relire tout Renan.

**Mardi 3 novembre 1981**

Première Conférence franco-africaine à Paris. Jean-Pierre Cot, déchaîné contre les violations des droits de l'homme au Zaïre, a obtenu qu'elle n'ait pas lieu à Kinshasa, comme l'avait décidé l'an dernier Giscard.

Colère du Président : à la soirée au château de Versailles, qui suit la Conférence, le protocole du Quai a invité le président du CNPF au dîner, et les dirigeants des syndicats ouvriers seulement au café ! Vieille tradition... Il faudra quatre ans et quatre chefs du protocole pour en changer.

Je rencontre Acyl Ahmat, le sombre ministre des Affaires étrangères de Goukouni : *« Sans les Libyens, nous sommes perdus... »*

**Mercredi 4 novembre 1981**

Au Conseil des ministres, le Président se plaint de ce que les ministres ne vont pas assez souvent assister aux débats de l'Assemblée nationale : *« Ceux qui ne veulent pas représenter le gouvernement n'ont qu'à démissionner. »*

J.-Y. Haberer a peut-être changé d'avis. Il vient m'exposer ses conditions pour accepter de prendre la présidence de Paribas. Il veut des modifications au projet de loi de nationalisations. Il les a consignées au crayon sur une toute petite feuille de papier blanc intitulée : *Maintien et promotion de l'outil Paribas au service de l'État :*

*« 1. Compagnie Financière et Banque restant intégrées : même président pour les deux et même représentation de l'État au Conseil d'administration ;*
*2. Pas de démantèlement de la Compagnie Financière : pas d'évolution vers une société d'investissement, pas de dispersion des participations dans les entreprises privées ;*
*3. Adaptation de participations internationales aux obstacles spécifiques (Pb du % de participation) ;*
*4. Crédit du Nord non séparé ;*
*5. Maintien des rémunérations au niveau approprié pour éviter la dispersion des cadres ;*
*6. Paribas pôle de regroupement en cas de remembrement du système bancaire ;*
*7. Coopération avec les anciens dirigeants pour la phase de transition internationale (présentation à l'étranger pour assurer la continuité) ;*
*8. Liberté du Président pour le choix des directeurs généraux ;*
*9. Libre appréciation des risques bancaires ;*
*10. Maintien des actuels actionnaires publics. »*

Conditions honorables et acceptables. Il sera donc président de Paribas.

Le nombre de chômeurs dépasse les deux millions. Il faut agir, retrouver la croissance par tous les moyens.

De multiples rumeurs sur une maladie du Président courent tout Paris. François Mitterrand, accueillant Mgr Vilnet : *« Vous voyez, Monseigneur, mon cancer se porte bien ! »*

Le Syndicat national des médecins, chirurgiens, spécialistes, biologistes des hôpitaux publics envisage une grève pour protester contre le projet de suppression du secteur privé dans les hôpitaux. François Mitterrand : *« Ralite est allé plus loin que mon programme. Le lui dire. »*

**Jeudi 5 novembre 1981**

Mécontent, comme Pierre Joxe, de l'absence de toute réforme fiscale dans le Budget 1982, François Mitterrand veut prendre les devants pour celui de 1983. Il écrit à Pierre Mauroy pour lui donner le détail d'un programme de réforme fiscale qu'il souhaite voir mis en œuvre :

*« Le récent débat budgétaire a montré qu'il était indispensable pour le gouvernement de disposer rapidement d'une vision d'ensemble de la réforme fiscale qu'il entend mettre en œuvre. Certes, il n'était matériellement pas possible de préparer une telle réforme dans le cadre du Budget 1982. Mais il faut dès maintenant engager une réflexion sur son contenu, afin de pouvoir intégrer certaines mesures significatives dans le Budget 1983.*

*Elles devront porter notamment sur les points suivants :*

*— réexamen de l'imposition des plus-values ;*

*— réexamen de toutes les exonérations, déductions ou abattements accumulés au fil des ans ;*

*— réforme de la fiscalité de l'épargne, à la suite du rapport de la Commission mise en place par les ministères de l'Économie et du Budget ;*

*— intensification de la lutte contre la fraude fiscale ;*

*— modification des taux de TVA vers plus de justice ;*

*— étude des modifications d'imposition susceptibles de favoriser l'investissement ;*

*— réforme de la fiscalité locale dans le cadre de la décentralisation (en particulier, taxe professionnelle et taxe d'habitation).*

*Je souhaite que les premiers projets portant sur ces divers aspects puissent être examinés lors d'un Conseil restreint avant la fin de l'année.*

*Ce délai est nécessaire à leur insertion réfléchie dans le cadre de la préparation du Budget 1983. »*

Matignon — pas Pierre Mauroy — accueille mal cette lettre. De façon générale, on y reçoit avec de plus en plus d'irritation les orientations présidentielles.

**Vendredi 6 novembre 1981**

Nouvelle remarque de François Mitterrand sur les nominations aux conseils d'administration à propos d'un nom déjà rayé par lui mais qui revient : *« Pourquoi cet inspecteur des finances est-il partout ? »*

La visite en Chine de Michel Jobert s'achève dans un climat pesant après l'annonce de la condamnation à deux ans de rééducation de Li Shuang, une jeune artiste chinoise fiancée à un diplomate français. Jobert fait tout pour lui venir en aide. Cheysson est contre : *« Il va nous faire tout rater avec la Chine pour un amour de passage ! »*
Li Shuang fera ses deux ans, sera expulsée, épousera le diplomate ; tous deux s'occuperont d'une galerie de tableaux à Paris.

Jean-Marcel Jeanneney propose à M'hamed ben Yayia un compromis : l'indexation du prix du gaz à la fois sur le prix du pétrole et sur les termes de l'échange.

Le Président me demande de dire à l'ambassadeur d'Israël qui quitte son poste que *« la France n'a pas d'ambitions au Moyen-Orient ; elle n'a pas l'intention de jouer un rôle ni de proposer un plan ».*

Certains présidents d'entreprises nationalisables négocient avec l'État. D'autres se battent contre lui. D'autres encore se terrent. Intéressante comédie humaine.

**Samedi 7 novembre 1981**

François Mitterrand gracie Roger Knobelspiess à la demande de Robert Badinter.

Dans certains milieux, le climat de guerre civile s'accentue. Jean Foyer déclare à la radio : *« Tout est permis à la majorité, rien ne l'est plus à la minorité. »*

53 % des Français ont un jugement positif sur les six premiers mois de gouvernement de la gauche. Pas si mal.

850 radios privées existent à présent. Formidable libération. Georges Fillioud revient à la charge pour obtenir qu'elles soient autorisées à diffuser de la publicité. Mauroy n'en veut toujours pas.

**Lundi 9 novembre 1981**

Le rapport de la commission Moinot est mal accueilli par Fillioud qui croyait mieux la contrôler. Pour la commission, la Haute Autorité devrait être composée de trois membres désignés par le Président, trois par les juridictions suprêmes, et trois cooptés par les six premiers sur une liste proposée par un Conseil national de l'audiovisuel. Cela ne convient pas du tout à Fillioud. La Haute Autorité élaborerait la Charte régissant le fonctionnement des organismes de radio et de télévision et la répartition de la redevance entre les chaînes. Le gouvernement conserverait la définition de l'action extérieure et de l'action culturelle. Une société nationale unique de diffusion regrouperait *TF1*, *A2*, *FR3* et la SFP, et une autre société nationale, les satellites.

La Commission propose aussi que la Haute Autorité et le ministère des PTT exercent une tutelle conjointe sur TDF, et que l'INA éclate entre un établissement public des Archives audiovisuelles, sous la responsabilité du ministère de la Culture, et un établissement universitaire pour la Formation audiovisuelle.

Cela n'arrange pas les affaires de Georges Fillioud : *« La Haute Autorité, telle que l'a proposée Moinot, exercerait l'ensemble des pouvoirs jusqu'ici détenus par le gouvernement ou le Parlement »*, et *« l'unité du système audiovisuel serait détruite »*. Pour lui, l'État doit rester seul maître des décisions d'investissement (nouveaux réseaux, nouvelles chaînes, satellites). Il veut que la tutelle de la Sofirad, de TDF (exercée jusqu'ici par les PTT), de l'INA, de la Régie française de publicité continue de relever de son ministère.

### Mardi 10 novembre 1981

Face aux prévisions catastrophiques pour la Sécurité sociale en 1981 et 1982, Pierre Mauroy décide le déplafonnement des cotisations patronales et le rétablissement du 1 % pour les salariés (instauré puis supprimé par Barre). Premiers grincements de dents des syndicats et des patrons. Premières mesures courageuses. Delors et Mauroy sont ici sur la même ligne. Le Président les laisse gouverner.

Haberer quitte la direction du Trésor pour prendre la présidence de Paribas. Il a du panache. Il risque sa carrière pour entrer dans un métier, la banque d'affaires, qu'il ne connaît guère.

Il faut le remplacer. Pierre Bérégovoy : *« Il ne faut pas renoncer à X... pour le Trésor. »* Contre ce candidat, Michel Camdessus, proposé par Delors, sera retenu par le Président.

### Jeudi 12 novembre 1981

Indira Gandhi est reçue à Paris en *« partenaire privilégié »*. Elle explique sa politique d'amitié avec son voisin soviétique et ses positions sur le Cambodge, le Laos et l'Afghanistan. Ses relations avec le Pakistan sont une obsession. Des perspectives commerciales s'ouvrent pour la France en matière de télécommunications, de Mirage 2000, de sidérurgie. Un petit conflit hérité du passé : l'Institut franco-indien de technologie, dont la création a été désirée lors de la visite de Giscard en janvier 1980. Pour les Indiens, il s'agit en fait de faire financer par la France un établissement supérieur classique, alors que, pour nous, l'intérêt serait de créer une vraie coopération dans le domaine de la recherche appliquée de haut niveau.

Jacques Rigaud, administrateur général de la CLT, souhaite être reçu par le Président. Le débat sur les satellites de télévision directe s'accélère. Deux satellites franco-allemands devront être lancés avant la fin 1984 ; l'un des deux doit être mis en fabrication dès maintenant. Rigaud ne veut pas d'un code de bonne conduite des télévisions européennes par satellite qui limiterait la publicité et réserverait une part à la création nationale et européenne, ni d'un espace culturel européen (développement des coproductions, préparation d'une chaîne culturelle européenne, politique européenne de développement du cinéma) : *« Cela ne vise qu'à retarder le lancement de chaînes commerciales diffusées par satellite. »*

**Dimanche 15 novembre 1981**

Arrivée au Tchad du contingent zaïrois de la Force interafricaine : au total, 3 400 hommes pour surveiller le départ des Libyens, ainsi que l'a demandé la France et l'a décidé l'OUA.

**Lundi 16 novembre 1981**

La France s'inquiète de ne plus recevoir aucune commande de l'URSS. Claude Cheysson propose d'user d'un moyen de chantage ; pas d'achat de gaz si on n'obtient pas de commandes industrielles : *« Notre participation en tant qu'acheteurs de gaz étant essentielle au succès du projet d'Ourengoï, nous disposons d'un moyen d'agir auprès des Soviétiques. »* Gérard Renon, qui est en charge du problème à l'Élysée, en rend compte à Pierre Bérégovoy, qui transmet à son tour au Président. Le contrat de Gaz de France n'est pas encore signé.

Les cotes de popularité de François Mitterrand et Pierre Mauroy commencent à décliner.

**Mardi 17 novembre 1981**

L'interdiction de la publicité soulève un vent de fronde parmi les animateurs de radios menés par Coluche et Patrick Meyer, de *RFM*, la radio privée qui a les plus forts taux d'écoute en région parisienne. Comme nous n'avons aucun moyen de leur proposer un autre mode de financement à la fois équitable et non bureaucratique, ils vont être obligés de fermer. A l'inverse, les radios « politiques », sans publicité, vont fleurir, alors que la frontière n'est pas toujours facile à tracer entre l'information-service et la propagande politique émanant par exemple d'un maire. A terme, la vraie question n'est donc pas celle de la publicité, mais de savoir qui va occuper les ondes. Si on autorise la publicité, on donne leur chance à des radios vraiment libres, dont certaines sont capables de capter une audience bien supérieure à toutes les radios de service ou « politiques », surtout chez les jeunes.

Le Président l'admet. Il faut maintenant choisir la date et les motifs d'un tel revirement. Le débat autour du projet de loi sur l'audiovisuel constituera, en avril prochain, l'occasion naturelle. Mais il viendra tard et le gouvernement sera confronté d'ici là à l'alternative suivante : laisser se développer dans l'anarchie les radios qui font appel à la publicité ou provoquer l'affrontement en les poursuivant devant les tribunaux et en y envoyant les CRS.

J.J.S.S. tient maintenant à ce que le nom complet de son Centre soit : *« Centre mondial pour la promotion des usages sociaux de l'informatique ».*

**Mercredi 18 novembre 1981**

Conseil des ministres. Pour accélérer les réformes sociales (retraite à soixante ans, trente-huit heures, cinquième semaine de congés payés), Pierre Mauroy obtient du Conseil l'autorisation de procéder par ordonnances.

**Pierre Mauroy :** *Il faut aller vite pour organiser le partage du temps de travail.*

**Charles Fiterman** bougonne : *Les gens n'ont pas encore ressenti beaucoup de changements.*

**François Mitterrand :** *Nous n'avons pas, comme la droite, les moyens économiques, alors nous contre-attaquons avec tous les moyens que nous donne la Constitution.*

On en reparlera la semaine prochaine. On enchaîne sur le problème hospitalier :

**François Mitterrand :** *Je connais, j'apprécie l'activité de Jack Ralite, mais il faut faire attention à la suppression annoncée de l'hospitalisation privée dans les hôpitaux publics. Évitons toute agitation supplémentaire, toute grève ou menace de grève dans un milieu qui irradie. On ne va pas tout supprimer au 1er janvier, donc épargnons-nous une agitation, épargnons-nous des campagnes. J'avais dit, au cours de ma campagne électorale, que l'hospitalisation privée dans le secteur public serait supprimée. Il faut en effet la supprimer. Quant aux délais, j'avais employé une formule un peu molle, j'avais parlé d'une disparition par extinction ! Cela fait long pour des médecins bien portants, cela peut faire vingt-cinq ans ! Mais, à l'intérieur de ces groupes de médecins, il y a des gens très différents : les uns n'ont voulu que gagner de l'argent, les autres non, qui sont d'honnêtes gens. Il faut faire attention. J'en appelle à la sensibilité politique de M. Ralite. Il s'agit d'un secteur facile à fragiliser.*

**Jack Ralite :** *Il y a des avis différents chez ces médecins. En outre, la presse parle à côté des propos tenus ! J'ai dit simplement que le 1er janvier, on pourrait annoncer où l'on va et comment. Je n'ai pas l'impression, d'ailleurs, que tout le corps médical se lève contre nous. Je m'apprêtais à réagir dans le sens que souhaite le Président de la République, mais il faut savoir que l'attitude de certains nantis est critiquée au sein de la profession ; il suffit de lire certaines revues pour s'en rendre compte.*

**Gaston Defferre :** *Pour nos hôpitaux, il est utile que les grands patrons y entrent et qu'ils y amènent leur clientèle. Les hôpitaux publics en ont tiré grand profit. La formule de l'extinction est la meilleure. Si l'on y allait trop fort, les gens retourneraient dans les cliniques privées.*

**François Mitterrand :** *Je n'ai pas à me plaindre de la façon dont l'action est conduite, je rends hommage à l'énergie et à la rapidité du ministre, mais il faut que tout le monde marche du même pas.*

Conclusion du Premier ministre sur la situation économique :

**Pierre Mauroy :** *Il faut tenir sur les prix et tenir sur les salaires. Je suis d'accord avec M. Delors. Il y a certes des risques de dérapage. Il faut que nous maintenions le pouvoir d'achat comme nous nous y sommes engagés. Je crois beaucoup aux nationalisations pour relancer le développement industriel. Comme le ministre du Budget, je crois aussi que nous aurons plus facilement un accord avec les grandes entreprises qu'avec les PME, malgré notre discours qui privilégie les PME, mais elles sont viscéralement contre nous.*

*En 1982, il faudrait aussi éponger l'arrivée de plus de 600 000 jeunes sur le marché du travail. Mais nous avons pris la bonne route. Et l'offensive qui est lancée contre nous est beaucoup plus politique qu'économique.*

Alerte : les nouvelles prévisions de l'OCDE pour 1982 sont sensiblement moins optimistes que celles publiées début septembre. La reprise est hypothéquée par la récession mondiale. Aux États-Unis, la production ne s'accroîtra pratiquement pas en 1982, ce qui provoquera un gonflement du déficit public (proche de 100 milliards de dollars) et une remontée des taux d'intérêt ; une crise financière est possible et se traduira par une forte instabilité du dollar et un redoublement du désordre monétaire mondial.

Pour l'économie française, les prévisions sont les suivantes : le chômage atteindra 2,2 millions de personnes à la fin de 1982. L'inflation pourrait être limitée à 12 % environ en 1982. Le déficit budgétaire et social atteindra sans doute 120 milliards de francs, compte tenu des dérapages prévisibles (aide à l'agriculture, dotation en capital des entreprises publiques, Sécurité sociale...). Il faudra trouver en plus 80 milliards pour le financement des entreprises publiques. Cela dépasse la capacité actuelle du marché financier (130 milliards en 1980 et 1981).

La relance de juin commence à faire sentir ses effets. Les achats des ménages ont augmenté de près de 2,5 % en volume ; tous les secteurs de biens de consommation sont en reprise, sauf l'ameublement. Mais l'investissement faiblit encore : — 2,5 % depuis le début de l'année. D'où une baisse d'activité dans les industries de biens d'équipement.

Dans le même temps, les prélèvements obligatoires passeront de 42,9 % à 43,8 % du PIB en 1982. Ce point supplémentaire, contraire à l'engagement du Président de plafonner le taux des prélèvements, est essentiellement supporté par les cadres moyens et supérieurs.

Le déficit de la balance des paiements courants atteindra 55 milliards en 1982, contre 40 en 1981. Il faudra trouver près de 90 milliards pour financer la balance des paiements, ce qui nécessitera un recours direct à des capitaux des pays pétroliers pour au moins 45 milliards. Sinon, il faudra puiser sur nos réserves d'or, au risque de les épuiser. Le Franc aura dans ces conditions bien du mal à résister aux pressions.

Pierre Mauroy : *« Si nous avions su tout cela en juin 1981, si les experts de l'OCDE avaient été moins optimistes, la relance eût certainement été plus modeste. »*

Jacques Delors s'emporte : *« J'en ai marre de ces instituteurs qui me donnent des cours d'économie ! Et le cabinet de Mauroy est composé de prétentieux incompétents qui me font sans cesse la leçon ! »*

L'après-midi à l'Assemblée, une députée socialiste interroge Ralite :

**Françoise Gaspard :** *Monsieur le ministre de la Santé, à la suite de votre décision de supprimer à compter du 1er janvier 1982 l'activité hospitalière privée dans les hôpitaux publics, les médecins-chefs ou assistants mettent en avant le statut du 8 mars 1978 qui, s'il couvrait certains abus — et nous les connaissons —, permettait de pallier quelques carences au niveau de la couverture sociale et de la retraite des médecins intéressés...*

**Jack Ralite :** *Je rappelle que la suppression du secteur privé à l'hôpital public a été l'un des points du programme du Président de la République, alors candidat, et sur lequel s'est porté le vote des Françaises et des Français. Au lendemain du 10 mai, personne n'a exprimé d'émotion. Pensait-on ici ou là que les engagements* *pris ne seraient pas respectés ? J'ai présenté au début du mois de juillet dernier les dix points du programme du gouvernement pour la Santé : l'un de ces dix points concernait cette question. J'avais dit que nous allions, conformément au programme du Président de la République, supprimer le secteur privé à l'hôpital public sans hésitation, mais sans précipitation. Personne n'a réagi.*

*Lors de mon tour de France, lors de l'étape de nuit à La Pitié-Salpêtrière, en parlant de la réforme des structures hospitalières, j'ai réaffirmé cet engagement. Là encore, personne n'a rien dit.*

*Ce n'est qu'à la suite de la réponse faite à M. Georges Mesmin, ici même, le 21 octobre 1981, où j'ai annoncé qu'une concertation s'ouvrirait le 19 novembre, c'est-à-dire demain, et que les modalités de la suppression du secteur privé devraient être connues le 1er janvier 1982, que certaines oppositions ont commencé. De quoi s'agit-il ?...*

Tournant dans les négociations Est/Ouest : Reagan se décide. Dans une lettre à Brejnev, il propose à l'URSS de démanteler les fusées SS 20, SS 4 et SS 5, en échange de l'abandon par l'OTAN de l'installation de fusées Pershing 2 et de missiles de croisière. Cette proposition, l'*« option zéro »*, est immédiatement qualifiée de *« pure propagande »* par l'agence Tass. Ce sera sans doute pourtant le point de référence des négociations.

**Jeudi 19 novembre 1981**

*France-Soir* annonce en première page que François Mitterrand est soigné depuis plusieurs années à Villejuif, hôpital spécialisé dans le traitement du cancer. Au téléphone, une amie journaliste qui passe pour une des mieux informées de Paris : *« Je ne te demande pas confirmation, mais je t'annonce que nous savons sans le moindre doute que le Président est actuellement hospitalisé dans le service de cancérologie du Professeur X..., à l'Hôpital militaire de Lyon. Si tu l'as au téléphone, dis-lui que ce n'est plus la peine de se cacher ! »* Je lui réponds : *« Mais je vais le lui dire tout de suite : il est dans mon bureau ! »*

Le Président : *« Ces rumeurs fonctionnent comme une sorte de meurtre sacrificiel, comme si on plantait des aiguilles sur ma photo. Ils finiront par m'avoir..., mais pas cette fois ! »*

Dès le retrait libyen, Abéché passe sous le contrôle de Hissène Habré. La Force interafricaine n'intervient pas. François Mitterrand préférerait que Goukouni tienne, mais ne fera rien pour l'aider : c'est une lutte interne, non une agression extérieure.

**Vendredi 20 novembre 1981**

Comme prévu, la RFA signe un contrat pour la livraison annuelle de 10,5 milliards de mètres cubes de gaz sibérien. Fureur à Washington. Les jours de Rashish au State Department sont comptés.

François Mitterrand reçoit en grande pompe J.-J. Servan-Schreiber et son groupe. Il y a là quatorze « savants », dont Nicholas Negroponte, Seymour Papert, Radj Reddy, Terry Winograd. Le Président prononce un discours d'une vingtaine de minutes qu'il a relu ce matin : *« Il est essentiel pour chaque nation de devenir un des cœurs du développement et de l'usage social de ces nouvelles techniques. Cela ne se fera pas sans volonté ni sans action (...). Ce Centre ne se fera pas à la place des centres de recherche existant déjà en France, et que j'entends développer. Il se fera* avec *la recherche française, et contribuera à lui donner un plus grand rayonnement international. »* Quatre savants représentant quatre continents répondent brièvement, chacun dans sa langue, pour dire qu'ils sont heureux de venir y travailler.

Le mécanisme des discours présidentiels se rode : un technicien de l'Élysée s'en charge quand il s'agit d'un discours sectoriel ; le Président y travaille lui-même quand c'est un plus grand discours ; l'improvisation est de règle, autant qu'il est possible.

**Dimanche 22 novembre 1981**

Brejnev est à Bonn. Il a empoché l'achat de gaz par la RFA.

**Lundi 23 novembre 1981**

Pierre Bérégovoy renvoie à Gérard Renon sa note mentionnant les réserves de Cheysson sur la signature du contrat gazier par la France. En marge, il écrit : *« Il me semble que le Quai d'Orsay est très sensible à la pression américaine. »* Il la passe au Président qui, lui, y écrit : *« Il faut régler le contrat avec les Soviétiques avant le 30 novembre, sur une base sérieuse mais positive. Toute autre attitude serait dilatoire et ne saurait être approuvée. »*
Le 30 novembre, car à cette date le Président doit se rendre en Algérie et il ne veut pas que les négociations des deux contrats gaziers puissent interférer. Bérégovoy transmet cet « accord de principe » du Président directement à Gaz de France.

Le Sénat vote la question préalable et rejette le projet de loi sur les nationalisations.

Contre l'avis et le pronostic de Claude Cheysson, la Grande-Bretagne, l'Italie et les Pays-Bas acceptent de participer avec la France à la Force internationale au Sinaï à partir d'avril prochain.

Au cours d'un déjeuner, Robert Armstrong me remet le projet de relevé de conclusions qu'il a préparé pour le Conseil européen qui se tiendra bientôt à Londres sous présidence anglaise :

> *« L'objet du budget communautaire est de financer les politiques communautaires convenues. En même temps, il est nécessaire d'éviter la création ou la réapparition d'une situation inacceptable pour tout État membre, et de favoriser la convergence globale des économies sans imposer à aucun un fardeau excessif (...). Les arrangements détaillés ainsi convenus seront réexaminés au bout d'une période de sept ans afin d'étudier les progrès réalisés en ce qui concerne les objectifs budgétaires à longue échéance de la Communauté et de considérer s'il est nécessaire d'y apporter des modifications. »*

Il veut donc obtenir un accord de remboursement des dépenses anglaises pour sept ans ! Même Giscard n'avait cédé que pour deux ans...

Impossible d'obtenir des Sept un Sommet restreint aux seuls chefs d'État ; je leur propose donc une date : les 7 et 8 juin 1982 ; et le lieu sera Versailles.

Malgré les efforts déployés notamment par le Premier ministre, le message du gouvernement aux chefs d'entreprise n'est pas passé : 87 % d'entre eux estiment que leur tâche n'est pas facilitée par les mesures prises par le gouvernement.

Selon le Service d'observation des programmes, le temps consacré depuis un mois par la radio et la télévision à la majorité (Président + gouvernement + partis de la majorité + CFDT + CGT) est sept fois plus important que celui consacré à l'opposition !

Le Président sermonne le Premier ministre : *« Cela ne sert à rien. N'intervenez jamais auprès des chaînes. Plus on vous voit, plus vous êtes impopulaire. Plus on les voit, plus on se souvient de ce qu'ils ont été ! »*

**Mardi 24 novembre 1981**

L'Égypte se réjouit de l'accord des Européens de participer à la force du Sinaï. Le Premier ministre en charge des Affaires étrangères, Kamal Hassan Ali, remercie Claude Cheysson : *« Le gouvernement égyptien attend beaucoup de l'aide de ses amis du Conseil des Dix. »*

Conseil restreint sur la préparation du Conseil européen de Londres avec Pierre Mauroy, Michel Jobert, Claude Cheysson, Jacques Delors, Édith Cresson, Laurent Fabius, André Chandernagor.

Édith Cresson souhaite venir à Londres, parce qu'il y sera question des prix agricoles. Le Président l'y autorise. Michel Jobert se renfrogne. Deux problèmes dominent : celui du prix des céréales et celui de la contribution britannique.

Le Président s'ennuie ostensiblement. C'est la première et sans doute la dernière fois qu'il tiendra ce genre de réunion. Il préférera dorénavant travailler sur notes.

**Mercredi 25 novembre 1981**

Le Conseil des ministres adopte la loi d'habilitation pour les ordonnances en matière sociale.

Yvon Gattaz, qui vient d'être élu patron du CNPF, demande à me voir en secret. J'emmène Jean-Louis Bianco avec moi au rendez-vous. En fait, rien d'essentiel : il souhaite être reçu par le Président pour parler des charges des entreprises.

Le ministre anglais des Affaires étrangères, Peter Carrington, répond à l'Égypte, au nom des Dix, que la Force européenne viendra dans le *« cadre de l'Accord de Venise et non de Camp David »* et qu'*« il n'est pas possible de reconsidérer ce point»*. Begin proteste auprès du Président français : *« Israël n'acceptera la présence d'une Force européenne dans le Sinaï que sur la base des documents de Camp David. Cela rend donc impossible la participation des Européens. J'en suis désolé et j'assure le Président de mon amitié.* » Le Président demande à Cheysson de protester officiellement auprès de Londres. Mais Cheysson n'aurait-il pas autorisé Carrington à parler ainsi en notre nom ?...

La douzième conférence des chefs d'État arabes, réunie à Fès, est ajournée, aucun accord ne s'étant révélé possible sur le plan saoudien de règlement au Proche-Orient.

Les Russes, informés de l'accord de principe de Gaz de France, refusent de fixer une date pour la signature du contrat. Les négociateurs s'inquiètent.

**Jeudi 26 novembre 1981**

Conseil européen de Londres, à Lancaster House, présidé par Margaret Thatcher. Délégation française pléthorique.

Le débat sur les céréales — quelle évolution des prix communautaires par rapport aux prix mondiaux ? quelles importations de soja américain ? — occupe l'essentiel des débats. Vers neuf heures du soir, François Mitterrand et Helmut Schmidt parviennent à décrocher un accord :

> *« Les prix des céréales pratiqués dans la Communauté devraient être fixés dans les années à venir de manière à assurer une meilleure hiérarchie des prix agricoles et de telle sorte que les prix communautaires des céréales se rapprochent progressivement de ceux qui sont pratiqués dans les principaux pays concurrents. Cette politique permettra de réduire et, à long terme, d'éliminer les avantages dont bénéficient, sur le plan de la concurrence, les importations de produits de substitution des céréales. La Communauté devrait entamer des discussions avec les principaux pays tiers fournisseurs, là où c'est nécessaire, en vue de stabiliser le volume des importations de ces produits de substitution à court et à moyen terme. Une modulation des garanties pour les céréales devrait prendre la forme d'une réduction des prix d'intervention lorsque la production dépasse un niveau fixé à l'avance. »*

Autrement dit, victoire pour la France sur le soja, de la RFA sur les prix des céréales.

Avant de partir dîner, François Mitterrand charge Édith Cresson, ministre de l'Agriculture, de « finaliser » les détails, dans la nuit, avec les autres experts, en particulier allemands.

**Vendredi 27 novembre 1981**

Au matin, il n'y a plus d'accord ! Sauf sur un paragraphe vide de sens : *« Un consensus général s'est dégagé au Conseil européen pour que ce point soit adopté une fois qu'un accord aura été conclu sur le libellé à insérer au point suivant concernant la relation entre la modulation des garanties pour les céréales et les progrès accomplis en matière de stabilisation des importations de produits de substitution des céréales. »* Édith Cresson a réussi à tout bloquer afin que les concessions des Français sur les prix des céréales n'interviennent qu'après celles des Américains sur les produits de substitution.

La leçon sera retenue : ne jamais emmener de ministres techniques à un Sommet européen.

*Paris-Match* prétend que François Mitterrand s'est rendu, le samedi 7 novembre, au Val-de-Grâce, hôpital militaire parisien, au petit matin et en secret : *« Des témoins qui le reconnaissent diront qu'il a le teint "jaune citron", marche avec difficulté, mais qu'il n'est pas nécessaire — à moins qu'il ne l'ait refusé — de le placer sur un brancard ou dans une chaise roulante. »*

La Ligue arabe adresse à ses États membres une note leur demandant d'intervenir auprès de la France, de la Grande-Bretagne et de l'Italie pour les dissuader de participer à la future Force multinationale de paix dans le Sinaï : *« Une telle collaboration de l'Europe serait interprétée comme un ralliement aux accords de Camp David. »*

A nouveau d'énormes sorties de capitaux cette semaine. François Mitterrand reçoit Jacques Delors qui lui explique qu'il faut ralentir le rythme des réformes. Le Président ne dit pas non. Delors est ravi.

**Dimanche 29 novembre 1981**

Sur *RTL*, Delors demande une *« pause dans l'annonce des réformes »*. Pierre Mauroy est furieux ; François Mitterrand aussi : *« Quel jeu joue-t-il ? Pourquoi le dire ? »*

**Lundi 30 novembre 1981**

A l'aube, en accompagnant à Roissy François Mitterrand partant pour Alger, Mauroy se plaint de Delors. Le Président : *« Remettez-le à sa place. Vous êtes Premier ministre ! »*

Plus tard dans la matinée, Pierre Mauroy part avec Delors pour Grenoble où il doit exposer la politique économique du gouvernement. Mauroy affirme que *« sans accélération ni précipitation »*, les réformes continueront. Delors : *« Il faut que tu me débarrasses de Nicole Questiaux. Elle va mettre le franc en l'air ! »*

Le projet de loi sur les nationalisations revient en seconde lecture devant l'Assemblée. L'opposition multiplie les incidents, exploite à fond la procédure pour retarder l'inévitable.

A Alger, après le dîner dans l'ancien palais du gouverneur général, le Président souhaite conclure l'accord sur le gaz. Les deux Présidents discutent sur un coin de table, au milieu des invités, avec, au téléphone, les experts oubliés à Paris. L'accord se fait sur l'achat de 9 millions de mètres cubes de gaz par an, à un prix supérieur de 25 % au cours mondial. Le surcoût sera de 500 millions de francs pour 1982. Les contrats attendus en retour sont estimés à 12 milliards de francs.

Le Président Moubarak écrit au Président :

> *« Je voudrais vous exprimer, à vous et à votre peuple ami, ma sincère gratitude pour la décision que vous avez prise de contribuer à la Force multinationale. Une telle décision, aussi courageuse, reflète une profonde compréhension de la situation au Moyen-Orient. »*

A Genève, début des discussions américano-soviétiques sur le désarmement nucléaire, en particulier sur les euromissiles.

**Mercredi 2 décembre 1981**

François Mitterrand écrit à Leonid Brejnev pour lui demander de laisser sortir d'URSS la fille d'Andreï Sakharov qui fait la grève de la faim avec sa femme, Elena Bonner, pour obtenir son visa de départ.

Déjeuner rituel des dirigeants socialistes à l'Élysée. Tous se plaignent de Jacques Delors. François Mitterrand est inquiet : il craint que Delors ne retarde les réformes fiscales. Il en reparle à Mauroy : *« Où en êtes-vous dans la mise en œuvre de ma lettre ? »*

**Jeudi 3 décembre 1981**

L'Assemblée adopte en seconde lecture le projet de loi sur les nationalisations. Retour devant le Sénat.

Débat au sujet de l'impôt sur les grandes fortunes au Parlement. De nombreuses voix s'élèvent pour mettre en garde contre le risque de voir le patrimoine historique vendu à des étrangers, les dépenses d'entretien arrêtées, les objets d'art bradés pour payer l'impôt. Laurent Fabius ne souhaite pas faire de concessions. Jack Lang propose d'exonérer de l'impôt les 12 000 monuments classés ou inscrits à l'inventaire, comme le suggèrent M. Chastel et les associations concernées. Le Sénat vote un amendement en ce sens. Du coup, les vannes sont ouvertes. Le ministre de l'Environnement veut qu'on exclue les « espaces naturels sensibles », notamment les espaces littoraux. Le Président souhaite qu'on exclue aussi les forêts. Lang réclame l'exonération de tous les monuments, même non classés, mais se résigne à l'engagement verbal pris par Fabius, selon lequel les inspecteurs des Impôts tiendront compte, dans l'évaluation des monuments historiques privés, de la charge d'entretien qu'ils représentent pour leurs propriétaires.

La bataille pour les nominations fait rage. Un ministre recommande ainsi un ami :

> *« Il est très candidat à la présidence d'une banque tournée vers les échanges extérieurs, en raison de la connaissance des problèmes et des hommes qu'il a acquise dans ses fonctions antérieures. Cette banque le tente beaucoup. Je n'ai pas compétence pour apprécier l'opportunité d'une telle solution, ne connaissant pas suffisamment les exigences de cette banque. Mais, sur le plan de la qualification pour l'expansion vers l'extérieur, il est difficile* a priori *de présenter un meilleur profil que lui... »*

Le « Centre Mondial » est en place. J.J.S.S. veut 100 millions de budget. Des pouvoirs très larges sont accordés au président, et très faibles au directeur, Yves Stourdzé, choisi pour contrôler les choses. Le Centre a l'ambition, prétend J.J.S.S., de mettre au point des *« machines conceptuelles »* et d'en expérimenter les usages. Il ne s'agit donc plus, comme au début, de *« mettre au point l'ordinateur personnel »*.

Il serait pour le moins souhaitable que les 7 millions prévus en 1982 pour l'acquisition de matériel aillent en priorité à du matériel français. Mais est-ce possible ? Et comment éviter que les industriels américains et japonais ne soient les seuls à tirer parti des prototypes élaborés ? De plus, il est important que les savants étrangers soient recrutés sur les mêmes bases que les français ; or, à travers des compléments qui n'auront pas un caractère de salaire, ils gagneront bien plus : on a même parlé de *« prime de dépaysement »* !

Jacques Delors est reçu par François Mitterrand. Il boude encore. Le Président : *« Soyez l'homme des réformes ! Vous seul pouvez les rendre économiquement raisonnables et socialement audacieuses... »*

Ravi, Delors se plaint de n'être pas soutenu par les autres ministres : *« Ils font tout pour me démolir à vos yeux. »*

Le Président : *« J'en prends, j'en laisse... »*

Shamir communique à Claude Cheysson la déclaration conjointe américano-israélienne publiée *« à l'issue d'amples entretiens avec le secrétaire d'État américain Alexander Haig »* et lui demande, comme à chaque pays, de lui confirmer que le rôle de la Force multinationale reste celui défini dans les accords israélo-égyptiens, et rien de plus.

**Vendredi 4 décembre 1981**

Les Soviétiques font savoir à Gaz de France qu'ils ne pourront signer le contrat la semaine prochaine. Que se prépare-t-il ?

Je reçois le futur directeur scientifique du « Centre Mondial », un Américain, narquois, qui ne me parle que des frais d'aménagement de son appartement de fonctions. J'enrage : il nous prend pour des bourgeois gentilshommes ! Il n'est ni le premier ni le dernier.

**Lundi 7 décembre 1981**

Paris et Vientiane rétablissent leurs relations diplomatiques interrompues en juin 1978.

Pour la première fois depuis son élection, au centenaire de HEC, le Président dit du bien du profit et des chefs d'entreprises.

Les réformes, cependant, n'avancent pas assez vite. François Mitterrand décide de prendre l'économie en main et de tenir des Conseils restreints toutes les semaines, sans ordre du jour ni décision préétablie. Matignon voit l'initiative d'un très mauvais œil.

Je prépare la prochaine réunion de *sherpas*, la première à laquelle j'assisterai et que je présiderai. Elle aura lieu ce week-end au château de La Celle-Saint-Cloud, propriété du ministère des Affaires étrangères. Je serai accompagné du directeur du Trésor, J.-Y. Haberer, et du directeur des Affaires économiques du

Quai, Jean-Claude Paye. La haute administration, dans ce qu'elle a de meilleur, est au travail.

**Mercredi 9 décembre 1981**

Lisa Alexeïeva, la belle-fille de Sakharov, est autorisée à émigrer aux États-Unis, comme l'a demandé François Mitterrand. Andreï Sakharov et Elena Bonner cessent leur grève de la faim.

Au Conseil des ministres, Henri Emmanuelli, secrétaire d'État aux DOM-TOM, présente ses ordonnances sur la Nouvelle-Calédonie. Christian Nucci est nommé haut commissaire. Le Président : *« La situation là-bas est épouvantable ; on n'a laissé aucun Kanak arriver jusqu'au bac ou posséder une terre. »*

A Paris, un diplomate russe, I. Baranovski, prend en aparté le directeur général de Gaz de France, Pierre Delaporte, et lui dit : *« C'est pour demain matin. »*
Le contrat de gaz ? Signé demain ?

**Jeudi 10 décembre 1981**

Contrordre à Moscou, les Russes font savoir que les négociations sur le contrat de gaz leur paraissent inutiles et qu'en tout état de cause, il convient d'attendre les résultats des conversations françaises avec l'Algérie. Baranovski vient revoir Delaporte : *« Il n'y a plus rien de fait. Nous sommes soumis à un pilonnage très dur des Algériens qui nous reprochent de signer avec la France un contrat capitaliste, alors qu'eux-mêmes veulent vendre du gaz à la France sur d'autres bases. Les Algériens redoutent que les négociations entre Soïouzgazexport et Gaz de France ne nuisent à leurs propres transactions. »*
Michel Jobert, informé par Pierre Bérégovoy, juge qu'il n'y a pas lieu de s'en faire : *« Cette affaire se réglera. »*

**Vendredi 11 décembre 1981**

L'agence Tass accuse *Solidarité* de préparer le « renversement du pouvoir » en Pologne. Le voyage que Pierre Mauroy devait faire à Varsovie est ajourné à la demande des Polonais.

Javier Perez de Cuellar est désigné par le Conseil de sécurité comme secrétaire général de l'ONU et succédera le 1er janvier 1982 à Kurt Waldheim, dont la Chine a refusé la réélection.

Jean-Baptiste Doumeng me dit : *« Brejnev est mourant. Le prochain secrétaire général du PC sera Andropov, il est très efficace. Et après, ce sera Gorbatchev. Andropov installera Gorbatchev. Celui-là, vous verrez, c'est un ami. Je le connais bien, je l'ai reçu chez moi il y a vingt ans, et il est unique. Il fera triompher l'URSS économiquement et idéologiquement. »*

Je l'interroge sur Souslov, que Schmidt donnait comme successeur de Brejnev. Il éclate de rire.

**Samedi 12 décembre 1981**

La réunion des *sherpas* commence à La Celle-Saint-Cloud. Pour le Canada, c'est Gotlieb, responsable de l'organisation du Sommet d'Ottawa. Pour la RFA, c'est Horst Schulmann, le secrétaire d'État aux Finances. Robert Armstrong, secrétaire général du Cabinet Office, représente Londres. Enrico Berlinguer, conseiller diplomatique du président du Conseil, est là pour l'Italie. Pour le Japon, c'est Kikuchi, vice-ministre des Affaires étrangères, accompagné de Nobuo Matsunaga qui lui succédera à partir de janvier. Sont également présents Jean Durieux, directeur du cabinet de Gaston Thorn, et Myer Rashish, secrétaire d'État adjoint pour les Affaires économiques au Département d'État. La présence de Rashish nous fait plaisir. Il nous comprend et sera peut-être à même de faire passer le message des Européens à Washington.

Le Sommet aura lieu les 5 et 6 juin à Versailles. Deux thèmes domineront : les conséquences de l'instabilité des cours des marchés et le chômage. On parle aussi de la Pologne.

**Dimanche 13 décembre 1981**

Coup de tonnerre à Varsovie : l'état de guerre est proclamé. Un Conseil militaire de salut national est constitué. Plusieurs milliers de personnes sont arrêtées, parmi lesquelles de nombreux cadres syndicaux et intellectuels, et d'anciens responsables, dont Gierek, ancien Premier secrétaire. Walesa, mis en résidence surveillée, refuse de négocier avec les autorités. Mgr Glemp lance un « appel à la raison ».

Les *sherpas* en discutent.

La démarche initialement « nationaliste » et « centriste » du général Jaruzelski a duré le temps d'un discours. La volonté de poursuivre le renouveau sans *Solidarité* débouche sur une impasse. Les responsables du syndicat, vrais médiateurs de la société polonaise, sont éliminés. L'armée se coupe de la nation et s'use sans prestige dans une tâche d'auxiliaire de la milice. Le Parti peut-il espérer se refaire une crédibilité autour du clan des « durs » ? Sa quasi-disparition actuelle est un redoutable aveu, et les tentatives ultérieures de restauration se feront plus encore que dans le passé « dans les fourgons de l'étranger ».

Les hésitations du pouvoir militaire polonais rendent plus visible l'engagement de l'URSS, qui a orchestré l'opération et veut effacer le renouveau, quoi qu'il en coûte. On retrouve l'URSS partout, dans la préparation technique (communications) et diplomatique (ouvertures politiques multiples vers l'Ouest), mais surtout dans l'exécution, même si elle n'y apparaît pas directement. L'expérience tirée de l'invasion de la Tchécoslovaquie, puis de l'Afghanistan, a conduit le Kremlin à choisir un nouveau mode d'intervention, par procuration, qui, par son respect des formes, se révèle politiquement d'une efficacité remarquable. Très soigneusement conduite, la manipulation de l'information occupe une place centrale tant vis-à-vis des Polonais que du monde occidental.

C'est la première fois que l'Acte final de la CSCE, signé par tous les États européens, est aussi gravement atteint. Il est donc essentiel d'invoquer avec force le sixième principe (non-intervention dans les affaires intérieures), le septième (respect des droits de l'homme et des libertés fondamentales) et le huitième (égalité des droits des peuples et droit des peuples à disposer d'eux-mêmes).

La situation en Pologne doit être le point unique de l'ordre du jour à Madrid tant que durera l'état de guerre.

Conférence à Quatre par téléphone (entre Cheysson, Haig, Carrington et Genscher) : accord pour ne rien faire.

Claude Cheysson est interviewé à la radio : *« Le gouvernement a-t-il l'intention de faire quelque chose en Pologne ? — Absolument pas. Bien entendu, nous n'allons rien faire. »*

François Mitterrand explose, comme tout le monde, en entendant cette scandaleuse naïveté, cette honteuse franchise...

Delaporte interroge G. Renon sur l'attitude à adopter dans la négociation sur le gaz. *« Trois hypothèses sont possibles : refuser purement et simplement la reprise des négociations, prévues pour le mois de janvier 1982, en alléguant les volte-face successives des Soviétiques depuis plus d'un an ; ou demander que cette négociation ait lieu à Moscou, ce qui lui donnera un caractère plus discret ; ou encore — ce qui, à la limite, serait plus normal — poursuivre les négociations comme si de rien n'était. »*

Ces propositions ne sont pas transmises au Président.

Il faut évidemment reporter la signature et envisager l'abandon du contrat. Le Président : *« C'est le moment ou jamais de démontrer que nous ne sommes pas dépendants et que nous pouvons l'ajourner, voire y renoncer. Inversement, la signature de ce contrat dans les circonstances actuelles viendrait, malgré toutes les déclarations qui pourraient être faites, confirmer de façon spectaculaire la réalité de notre dépendance. »*

Entre *sherpas*, épineuse et dérisoire discussion : qui représentera la Communauté à Versailles ? Cette délégation ne doit avoir qu'un seul chef, comme les autres. Or, les Belges président la Communauté à partir de juillet. Le Japon et la RFA sont hostiles à leur présence. Discussion surréaliste : si le président de la Commission est désigné par le Conseil européen comme chef de délégation, il n'y aura que 22 places à la table de travail. Si c'est le président du Conseil qui est désigné, il y aura 23 places (une pour Martens, une pour Thorn) en séance, mais une seule place pour la Communauté aux dîners...

Incroyable, le temps que tout cela peut prendre !

Malgré l'objection de l'Allemand (qui a souligné qu'il y avait plus de germaphones que de francophones en Europe), il est décidé que les textes seront simultanément produits en français et en anglais.

**Lundi 14 décembre 1981**

Au téléphone, Mgr Glemp dit à Pierre Mauroy que Jaruzelski est un patriote. François Mitterrand : *« Après tout, c'est peut-être la seule façon d'éviter l'entrée des Russes. Je n'exclus pas que Jaruzelski soit un patriote. »*

Le PC et la CGT refusent de s'associer aux manifestations de solidarité avec les Polonais.

*Le Matin* publie une interview de l'ambassadeur américain, Evan Galbraith, dénonçant la présence dans notre pays *« d'agents d'une force extérieure à la France » :* les communistes.

Un Sommet syndical doit précéder le Sommet des chefs d'État. Pour nous, aucun syndicat français ne saurait être exclu d'une telle consultation. A Ottawa, l'AFL-CIO a pour la première fois accepté de venir en même temps que la CGIL. Je ferai inviter la CGT. Jacques Chérèque, qui conduit la délégation de la CFDT, aimerait bien me faire plaisir, mais il est sceptique : *« Les Américains n'accepteront pas. »* Encore eux !...

L'annexion du Golan est votée par le Parlement israélien à l'initiative de Begin. Elle est violemment critiquée tant par les pays arabes (sauf l'Égypte) que par les États-Unis et la Communauté. Itzhak Shamir écrit à Claude Cheysson :

> *« L'annexion du Golan, loin de remettre en cause les accords de Camp David, est une preuve de la volonté d'Israël de les appliquer fidèlement. Israël a, comme vous le savez, fait d'énormes sacrifices pour arriver à une paix durable avec l'Égypte. Nous avons accepté de nous retirer des territoires qui nous donnaient une profondeur stratégique. Les risques que nous avons courus dans le Sud, pour arriver à la paix, nous rendent encore plus déterminés à sauvegarder notre sécurité dans le Nord, face à l'implacable hostilité que les Syriens manifestent à notre encontre. »*

**Mardi 15 décembre 1981**

Laurent Fabius rédige une réflexion d'ensemble à l'intention du Président sur les économies à réaliser en 1982 et 1983. Il s'inquiète des conséquences pour la monnaie du différentiel d'inflation avec l'Allemagne, des dangers d'une hausse excessive des prélèvements obligatoires et de la difficulté de tenir les promesses sociales. Enfin, il trace les premières lignes d'une réforme fiscale. Il souhaite une hausse de l'impôt indirect, *« indolore politiquement »*, et de très hautes tranches d'impôts directs, *« nécessaires symboliquement »*. Il suggère d'organiser un séminaire gouvernemental pour *« prendre les grandes décisions en matière fiscale et pour l'emploi, qui devraient s'inscrire dans le Budget 1983 »*.

Vote définitif de l'abrogation de la loi « anticasseurs ».

Michel Rocard me demande de présider la Commission « méthodologie » du Plan après que Pierre Mendès France lui a refusé ce gadget. Je refuse à mon tour. Mendès ? Pourquoi Michel Rocard lui a-t-il infligé une telle humiliation ?

A la demande de François Mitterrand, Pierre Bérégovoy reçoit Charles Fiterman à l'Élysée pour parler de la Pologne. Fiterman est sincèrement scandalisé par le coup d'État, mais refuse d'assister aux manifestations : *« Si ces manifestations mêlent des socialistes à des gens peu fréquentables, le PC n'en fera pas une crise. »*

Rocard fait une imprudente déclaration, malicieusement reprise par la presse, prônant l'envoi de la Marine sur les plages polonaises...

François Mitterrand : *« J'en ai assez de voir les ministres se contredire. C'est un péché de jeunesse, mais cela dure depuis trop longtemps ! »*

**Mercredi 16 décembre 1981**

Débat sur la Pologne en Conseil des ministres. Discussion très longue de politique étrangère.

**Michel Rocard** attaque violemment Claude Cheysson : *Il y a devoir d'assistance à personne en danger. Il faut agir.*

**Robert Badinter** intervient dans le même sens : *Il faut réagir et ne pas s'aligner sur la prudence des autres. Il faut interrompre les crédits à la Pologne.*

C'est aussi le point de vue d'Yvette Roudy, de Jean Auroux, d'André Henry.

**Gaston Defferre** est d'un avis contraire : *Il faut garder l'esprit froid et attendre.*

C'est aussi la position de Delors, de Chevènement et de Hernu. Pierre Mauroy propose de n'interrompre aucun crédit, mais de protester politiquement.

**Charles Fiterman :** *Un communiste est toujours réservé quand un général fait arrêter des syndicalistes.*

**François Mitterrand :** *Jamais l'URSS n'acceptera que la Pologne sorte de son orbite. Le monde occidental ne bougera pas. Nous n'abandonnerons pas les Polonais, mais il n'est pas dans notre pouvoir de les sauver. Peut-être dira-t-on un jour que Jaruzelski a agi de façon intelligente, au prix de la perte provisoire des libertés ? Je pense que tout le monde est d'accord pour qu'on n'envoie pas de divisions en Pologne ?*

Chacun lorgne vers Michel Rocard qui trépigne.

Les ministres ne sont pas autorisés à aller à la manifestation de solidarité avec la Pologne.

François Mitterrand me dit après le Conseil : *« Le plus grave, avec cette affaire, c'est que cela peut inciter un maréchal soviétique à tenter la même chose à Moscou. Il ne faut surtout pas refaire la même erreur qu'en 1956 en Hongrie, où l'OTAN avait laissé entendre aux Hongrois qu'elle interviendrait et avait ainsi causé le massacre des résistants. »*

Washington suspend son aide à la Pologne. Pas les Européens.

La décision israélienne provoque au Golan une grève générale de trois jours. En Cisjordanie, les incidents se multiplient.

Le Conseil des Dix déclare la décision israélienne « nulle et non avenue ». Le gouvernement français dénonce cette initiative contraire au droit international et aux résolutions des Nations-Unies. Dans une lettre qu'il adresse à Claude Cheysson, Kamal Hassan Ali, ministre égyptien des Affaires étrangères, stigmatise *« la grave atteinte aux efforts de paix au Moyen-Orient (...) le défi lancé en premier lieu contre l'ensemble de la communauté internationale (...). Nous espérons que votre pays, ainsi que la Communauté européenne, s'uniront à l'effort mené pour annuler les conséquences de la décision israélienne et qu'ils participeront à l'accélération du processus de paix au Moyen-Orient — cela, dans l'intérêt de la Communauté internationale ».*

**Jeudi 17 décembre 1981**

Les Brigades rouges enlèvent le général américain James Dozier, commandant en chef adjoint des forces de l'OTAN en Europe du Sud.

Le « Centre Mondial » entrera dans ses murs en février à Paris — naturellement, dans les beaux quartiers. Le programme de travail se dessine. J.-J. Servan-Schreiber veut s'arroger des pouvoirs exorbitants et décider seul du programme scientifique et de l'usage des crédits. Robert Lion présidera le Conseil scientifique du Centre et assurera la liaison avec les scientifiques français. Les crédits sont dégagés.

François Mitterrand s'étonne : *« Pourquoi ne fabrique-t-on pas des magnétoscopes français ? »*

**Vendredi 18 décembre 1981**

L'Assemblée vote définitivement le projet de loi sur les nationalisations. L'opposition saisit le Conseil constitutionnel.

Aux Nations-Unies, la France vote une résolution condamnant Israël et lui donnant huit jours pour revenir sur sa décision d'annexer le Golan.

François Mitterrand répond par écrit à Laurent Fabius : *« Les documents que vous m'avez communiqués en annexe à votre lettre du 15 décembre 1981 ont retenu toute mon attention. J'ai noté, en particulier, l'importance des problèmes posés par le projet de réforme fiscale auquel vous savez que je suis particulièrement attaché. »*

**Samedi 19 décembre 1981**

Malgré les récentes augmentations de recettes, le déficit de la Sécurité sociale et de l'UNEDIC sera de 40 à 50 milliards en 1982. Il n'y a pas de réforme miracle, pas de recette indolore pour des dépenses en forte croissance, à la fois en raison de l'évolution de la société et de notre programme social.

François Mitterrand : *« Les événements de Pologne marquent le début de la fin du Parti Communiste français. Parce qu'il ne peut ni soutenir Moscou, ni prendre position contre lui. »*

Pierre Morel : *« Aujourd'hui, le 75e anniversaire d'un Brejnev moribond n'est pas sans rappeler, toutes proportions gardées, le jubilé de la Reine Victoria : l'URSS vit à Kaboul sa guerre des Boers, et à Varsovie sa révolte irlandaise. »*

Quelle jolie métaphore !

Adoption en seconde lecture à l'Assemblée du projet de loi sur la décentralisation.

**Dimanche 20 décembre 1981**

La réussite du quatrième et dernier tir d'essai d'Ariane assure l'avenir commercial du lanceur européen.

Abolition des discriminations à l'égard des homosexuels.

**Lundi 21 décembre 1981**

Nouvelles vagues de propositions de nominations pour les banques nationalisées résultant de discussions entre Delors, Mauroy et les collaborateurs de l'Élysée. Quelques points d'accrochage : Mauroy hésite à accepter Michel Camdessus au Trésor, il tient beaucoup à Michel Albert à l'UAP et à Jean Saint-Geours à la Caisse des Dépôts.

Chaque ministre, pour placer ses hommes, écrit directement au Président, toujours avec les mêmes arguments : *« Il partage nos idées. Il a toujours refusé de faire partie des cabinets ministériels de 1958 à 1981. Son expérience nationale et internationale en ferait un excellent responsable de banque nationalisée. »* Ou encore : *« Il est un de nos camarades. Jeune et compétent, il possède déjà une importante expérience bancaire. Je le connais personnellement. »* Ou bien : *« Elle partage nos idées. C'est une excellente négociatrice. »* Ou enfin : *« Il est un de nos camarades. Sa compétence est reconnue. Il ferait un bon directeur ou responsable de banque nationalisée. »*

On finit de boucler toutes les nominations dans les banques déjà nationalisées. Pierre-Brossolette, Calvet, Lévêque s'en vont. Arrivent Deflassieux, Thomas, Dromer. Pas encore Jean Saint-Geours.

Pierre Mauroy déjeune avec les quatre ministres communistes. Il me confie peu après : *« Le mot "solidarité"* [gouvernementale] *est revenu au moins cinquante fois dans la conversation. Je leur ai dit que j'avais plus confiance en eux qu'en plusieurs ministres socialistes. Ce que je pense vraiment. »*

François Mitterrand déjeune avec Willy Brandt, très modéré sur les événements de Pologne.

Pierre Mauroy, de son côté, reçoit Mgr Vilnet qui s'interroge sur ce que le Pape peut tenter pour la Pologne.

Le Président décide de maintenir son voyage en Israël, du 8 au 11 février prochain. François Mitterrand : *« La date ne dépend nullement d'une appréciation du Conseil de sécurité, mais du seul Président de la République. Après l'affaire du Golan, Israël ne pouvait s'attendre à ce que nous lui donnions raison, mais il était erroné que nous parlions de sanctions... La visite doit pouvoir contribuer à la paix, et c'est cela qui importe. »*

**Mardi 22 décembre 1981**

Les ministres sont informés par Jacques Delors que la « régulation » peut conduire, en 1982, à l'annulation des crédits mis en réserve. Hurlements. Mais nous sommes le 22 décembre, et il y a beaucoup d'absents : bonne date pour les décisions impopulaires !

Le gouvernement israélien poursuit sa politique d'implantation dans les Territoires. L'Université de Naplouse est fermée pour huit jours. Décidément, toujours la politique du fait accompli...

**Mercredi 23 décembre 1981**

En Conseil des ministres, Rocard propose d'envoyer une mission d'enquête du Parti socialiste à Varsovie. Fiterman souhaite au contraire que *« le gouvernement soit silencieux sur la situation polonaise »*. François Mitterrand, en colère, lance à Rocard : *« Pas de diplomatie parallèle ! »*, et à Fiterman : *« Ne posez pas des problèmes qui aboutiraient à la rupture de la coalition gouvernementale. »*

Gaston Defferre propose un statut spécial pour la Corse, en dépit de l'opposition du Conseil d'État. François Mitterrand s'y oppose, pour maintenir l'égalité entre citoyens et éviter une annulation du texte par le Conseil constitutionnel. Defferre est furieux : il prédit des attentats en Corse et demande l'annonce de principe d'un futur statut spécial. Le Président refuse. Je me demande si Defferre n'a pas négocié avec le FLNC plus qu'il n'en dit.

Adoption définitive du projet de loi autorisant le gouvernement à procéder par ordonnances dans le domaine social.

Je fais retenir mille chambres d'hôtel pour le Sommet de Versailles et accélérer les travaux de réhabilitation du château. Accélérer, c'est aussi réduire les coûts, m'explique le conservateur.

**Samedi 26 décembre 1981**

Les FAN de Hissène Habré contrôlent l'est du Tchad et progressent vers le centre du pays. La Force interafricaine mise en place par l'OUA, chargée uniquement du « maintien de la paix », n'intervient pas.

**Mardi 29 décembre 1981**

Reagan annonce diverses mesures de « représailles » économiques contre l'URSS : réduction des importations ; hausse des taux de crédit à l'URSS de 8,60 % à 11,50 %, voire peut-être même 12,30 % ; obligation de délivrance de licences pour l'exportation des matériels électroniques et informatiques ainsi que des équipements de haute technologie ; interdiction d'exporter des équipements destinés à l'exploitation et au transport des hydrocarbures.

Nombre de firmes européennes sont indirectement concernées. Parmi elles, des entreprises qui préparent les équipements destinés au gazoduc : françaises (Creusot-Loire, responsable avec Mannesmann de l'ingénierie de 22 stations de compression ; Alsthom-Atlantique, fournisseur de 40 rotors de turbines et de l'ingénierie de 19 stations de compression), allemandes (AEG pour les turbines, Mannesmann) et britanniques (John Brown pour les turbines). Elles peuvent encore fournir l'URSS, mais en demandant des licences pour fabriquer en Europe. Dans ce cas, il n'y a pas d'embargo.

**Mercredi 30 décembre 1981**

Création des Forces armées nationales tchadiennes (FANT) par fusion des FAN et des FAT ralliées.

**Jeudi 31 décembre 1981**

Dans son allocution de fin d'année, le Président parle de la Pologne. Il explique que le meilleur moyen de *« refuser le système qui l'opprime »*, tout en sachant *« mesurer les lenteurs de l'Histoire »*, c'est de défendre le droit, les libertés et l'aspiration à l'indépendance de la Pologne à partir de la seule *« réalité »* sur *« laquelle nous pouvons nous appuyer, à savoir l'Acte final d'Helsinki, qui consacre d'une certaine façon le partage dit de Yalta, bien que celui-ci ne soit évidemment nulle part mentionné en tant que tel. Mais il permet également d'en sortir, car il est aussi et surtout, à mes yeux, l'ébauche d'un ordre politique et juridique pour l'ensemble du continent européen, qui reconnaît l'égale souveraineté des États et pose en principe que le respect des droits de l'homme dans chaque pays fait partie du contexte des relations internationales ».*

Le Président me glisse une note manuscrite : *« 1981 : 1) — Combien a-t-on dépensé ? 2) — Pour qui ? »*
Bonnes questions !

# 1982

**Lundi 4 janvier 1982**

Cérémonies des vœux à l'Élysée. Je découvre l'incroyable lourdeur du rituel en place depuis trente ans au moins, qui oblige le Président à improviser — il n'aime pas, en ces occasions, lire un texte, sauf cas exceptionnel — onze discours en deux jours : au gouvernement, à la Ville de Paris, aux ambassadeurs d'Afrique, puis à tout le corps diplomatique, aux députés, aux sénateurs, au Conseil constitutionnel, aux autorités religieuses, aux hauts fonctionnaires, à la presse, et enfin à ses propres collaborateurs. François Mitterrand ajoute à cette liste les syndicats, jusqu'ici oubliés, qu'on cachera pudiquement sous l'appellation un peu ridicule de « forces vives de la Nation ».

Au cours de ces vœux, discussion avec l'ambassadeur soviétique. L'URSS veut équiper le champ gazier d'Astrakhan. Des entreprises françaises, Technip et Creusot-Loire, sont en concurrence avec des allemandes. *« Le taux de crédit sera le critère de décision : tâchez de le réduire !... »* Les Soviétiques semblent nous considérer comme le maillon le plus faible de la chaîne unissant les Occidentaux sur le principe d'un taux fixe pour tous les prêts à l'URSS. Afin de faire baisser ce taux, ils comptent sur l'obligation où nous sommes d'exporter à tout prix. Sans être dupes, nous pouvons négocier le contrat.

Les dix ministres des Affaires étrangères de la Communauté condamnent l'instauration de la loi martiale en Pologne, sans s'associer aux sanctions américaines.

En fin d'après-midi, devant l'aggravation de la tension à la frontière israélo-libanaise, où les bombardements s'intensifient, le Président décide de reporter son voyage en Israël, prévu dans un mois, jusqu'au début mars. *« Et là, s'il se passe encore quelque chose ? »* interroge Cheysson. François Mitterrand : *« J'irai quand même. De toute façon, il n'y aura jamais de bonne date. »*

**Mardi 5 janvier 1982**

Le Président demande à Robert Badinter de se présenter à l'une des quatre élections partielles faisant suite à l'annulation par le Conseil constitutionnel de certains résultats de juin 1981 — celle de Provins, donc contre Alain Peyrefitte. Le Garde hésite, puis refuse. François Mitterrand : *« Tant pis, je le regrette. Mais vous auriez sans doute été battu. De toute façon, les partielles sont toujours perdues par la majorité en place, quelle qu'elle soit. Il faut donc s'attendre au pire.* »

### Mercredi 6 janvier 1982

Pierre Joxe demande au Président de faire sortir les entreprises publiques du CNPF dont elles assurent l'essentiel du financement : « *Pourquoi financer nos adversaires ?* » François Mitterrand : « *Mais bien sûr, il a raison ! Que Mauroy s'en occupe.* »

Au Conseil des ministres, on discute du projet de loi sur le statut de la Corse. Labarrère, Cheysson, Chevènement s'opposent à l'emploi de l'expression « *peuple corse* » dans l'exposé des motifs. Sur la suggestion de Gaston Defferre, on écrit « *peuple corse, composante du peuple français* ».

### Jeudi 7 janvier 1982

Charles Hernu, en visite à Washington, annonce à Caspar Weinberger qu'un contrat de vente d'armements a été signé, fin décembre, entre la France et le Nicaragua, mais qu'il s'agit d'armes défensives ; Weinberger ne le croit pas et lui demande avec véhémence de faire annuler ce contrat.

Hernu prévient le Président par téléphone. Celui-ci refuse, mais envisage d'aller en parler lui-même avec Reagan.

François Mitterrand reçoit Jacques Delors.

« *Le Budget 1982 est à peine voté*, annonce le ministre des Finances, *et déjà je puis vous dire que le déficit ne sera pas de 95 milliards, mais de 130 milliards de francs.*

— *40 % d'écart,* s'étonne le Président, *excusez du peu !* »

Delors rejette l'erreur sur Fabius : « *Recettes fiscales et tarifs des entreprises publiques surestimés, besoins de l'UNEDIC et coût de la dette publique sous-évalués. Il y a pire,* renchérit-il : *les projets annoncés par les ministres après le vote du Budget : dotations en capital des groupes industriels nationalisables, création de 6 400 emplois à la SNCF, revalorisation des salaires des instituteurs, des fonctionnaires, des cheminots, créations d'emplois liées à une réduction à trente-huit heures de la durée du travail dans la fonction publique — tout cela portera le déficit à 150 milliards au moins. On va dans le mur !* »

Il est décidé de tenir fin janvier un séminaire sur la réforme fiscale.

### Vendredi 8 janvier 1982

Délation : un très haut fonctionnaire de la police me communique, sous le sceau du secret le plus absolu, les noms de quatre de ses collègues, placés dans divers ministères, « *appartenant au SAC et pouvant à eux seuls bloquer la totalité des services publics en cas de catastrophe naturelle* ».

Fantasme ou réalité ? Délation, en tout cas. Fréquente par ces temps de changement et de turbulences. Rien à voir avec les années 40 ; mais, tout de même, comme un arrière-goût d'épuration. Ça ne durera pas, heureusement.

Claude Cheysson déclare à la radio que l'aspect fondamental du conflit Est/Ouest est la *« lutte contre le totalitarisme »*, et qu'il faut *« saisir l'horrible occasion des événements de Pologne pour démonter la logique du système. Devant la faillite du Parti communiste, l'armée polonaise,* dit-il, *a été amenée à prendre le pouvoir pour défendre le système, lui-même menacé par l'Union soviétique ».*

Charles Fiterman vient me demander si l'on compte continuer longtemps à avoir cette attitude vis-à-vis de l'Est. Réponse : *« Retournez la question à Moscou. »*

**Lundi 11 janvier 1982**

Le Conseil des ministres de l'OTAN ne parvient pas à un accord sur les sanctions contre la Pologne et l'URSS. Genscher et Cheysson ne veulent rien entendre. L'un et l'autre pensent que Jaruzelski vaut mieux que l'invasion russe, et qu'il n'y a pas de raison, en punissant la Pologne, d'ajouter à la dureté de son sort. Le Conseil laisse chaque pays agir *« selon sa situation et sa législation propres ».*

**Mardi 12 janvier 1982**

Alors que tous les autres partenaires ont accepté de se réunir les 5 et 6 juin à Versailles et que Rashish avait transmis l'accord de Ronald Reagan lors de la réunion des *sherpas*, Alexander Haig téléphone à Claude Cheysson pour lui dire que ce dernier n'accepte finalement de venir que *« si, juste avant ou juste après, se tient en Europe un Sommet des chefs d'État et de gouvernement de l'Alliance atlantique. Il n'a pas l'intention de se rendre deux fois, cette année, en Europe ».* Incroyable désinvolture ! D'abord, François Mitterrand n'a nulle envie de se rendre à un Sommet de l'Alliance, ni avant ni après Versailles. Ensuite, si un autre Sommet était accolé à celui de Versailles, celui-ci deviendrait l'appendice d'une grand'messe de l'Alliance. Enfin, si les dates des 5 et 6 juin ont été proposées et retenues, c'est parce que Schmidt et Suzuki ont prévenu qu'ils entendaient se rendre à la session des Nations-Unies sur le désarmement juste après le Sommet des Sept.

Cheysson répondra que Versailles aura lieu à la date déjà acceptée par les États-Unis et que la date d'un Sommet de l'OTAN nous est indifférente ; la France n'y sera représentée que par un ministre. François Mitterrand : *« J'irai au dîner, c'est tout. »*

**Mercredi 13 janvier 1982**

Fait rare : le Président s'oppose au Premier ministre en plein Conseil. Il est question des ordonnances sur la réduction à trente-neuf heures de la durée du travail et sur la cinquième semaine de congés payés. Pierre Mauroy et Jean Auroux souhaitent que le passage aux trente-neuf heures s'accompagne d'une réduction de salaire. Charles Fiterman et Jean-Pierre Chevènement demandent au contraire qu'il se fasse à salaire constant. Pour les uns, c'est un moyen de lutter contre le chômage ; pour les autres, d'augmenter le pouvoir d'achat. Même discussion pour la cinquième semaine. Le Président prend parti contre le Premier ministre : *« Seuls les ouvriers les plus mal rémunérés sont payés à l'heure. Réduire les salaires avec la réduction de la durée du travail ne toucherait qu'eux. Ce serait aggraver les inégalités. Je ne veux pas l'imposer au privé. Pour le secteur public, la réduction du temps de travail ne doit donc pas s'accompagner d'une réduction du salaire. »*

Mais Pierre Bérégovoy, rendant compte du Conseil des ministres et rapportant la déclaration du Président, généralise en oubliant la restriction *« pour le secteur public »* : ce sera à salaire constant, y compris donc dans le privé !

Dans l'après-midi, devant les réactions violentes de la droite et du patronat, le Président me dit approuver la déclaration de Bérégovoy à un mois des cantonales. Ce tollé est à ses yeux inacceptable : *« On peut aussi l'imposer au privé, pourquoi pas ? Peu d'ouvriers sont encore payés à l'heure. Seuls le sont les plus défavorisés des ouvriers de l'industrie et les salariés agricoles. Ne pas faire ce choix aggraverait les inégalités entre fonctionnaires et ouvriers. Par contre, en-dessous de trente-neuf heures, la réduction de la durée du travail doit se faire à salaire réduit, pour créer des emplois. »*

Cette décision bloque les négociations en cours sur la réduction à trente-cinq heures avec diminution du salaire. 100 000 emplois étaient espérés, 20 000 seront créés. Les autres l'auraient-ils été ? Impossible de le savoir.

Dans une lettre au Président français — et sans doute à d'autres —, Ronald Reagan tire argument des événements de Pologne pour demander qu'une nouvelle réunion du COCOM établisse des contrôles plus stricts sur les exportations à destination de l'Est :

> *« Au cours des dix dernières années, les exportations occidentales ainsi que les achats soviétiques illégaux ont apporté une contribution significative au renforcement des capacités militaires de l'URSS et du Pacte de Varsovie. Ces contributions ont encore accru l'écart en ce qui concerne l'équilibre militaire global, écart que nous devons maintenant compenser à grand prix. L'exportation sans contrôle de technologies et d'équipements sensibles au bénéfice des infrastructures militaires soviétiques doit être stoppée. »*

Le gazoduc n'est plus sa seule cible : Reagan entend maintenant bloquer toutes les exportations européennes vers l'Est par un contrôle *a priori*, à la fois politique et économique. Certes, les Américains se cachent derrière des instances multilatérales, tel le COCOM, mais on sait bien qu'ils y sont les maîtres. Les Européens, divisés, cèdent toujours : les Anglais par tradition, les Allemands par nécessité.

Éternel souci : ne rien négocier avec les Américains avant d'avoir créé un cadre européen de concertation.

**Jeudi 14 janvier 1982**

Pierre Mauroy rêve depuis longtemps d'une Banque nationale d'investissement qui regrouperait toutes les entreprises publiques en un seul ensemble financier. Cette idée, retenue dans le Programme commun de 1973, en a explicitement été écartée en 1981. Premier ministre, Mauroy revient à la charge et propose de créer auprès de lui un ministère des Participations publiques, ou du moins un secrétariat général aux Entreprises publiques.

Le Président refuse : *« Ce serait créer une bureaucratie supplémentaire qui aurait naturellement tendance à limiter l'autonomie des entreprises nationales en réduisant l'influence du ministère de l'Industrie, déjà trop faible. »*

Chaque entreprise publique restera donc sous la tutelle du ministre responsable, Industrie ou Transports pour l'essentiel.

Décidément, ces sept années d'opposition supplémentaires n'ont pas été inutiles. Elles ont permis de faire l'économie de quelques erreurs.

**Samedi 16 janvier 1982**

Le Conseil constitutionnel annule les dispositions des lois de nationalisation relatives à l'indemnisation des actionnaires : elles ne sont pas assez généreuses. Il faut recommencer et repasser devant le Parlement. Le Président : *« De quoi se mêlent-ils ? Décidément, ce Roger Frey est bien l'agent du grand capital ! »*

L'ordonnance sur les trente-neuf heures sans réductions de salaire est promulguée.

**Dimanche 17 janvier 1982**

Législatives partielles. Comme prévu, raz de marée : l'opposition emporte dès le premier tour les quatre sièges ; le PC n'a pas fait voter pour les candidats de gauche. Le Président : *« Le PC nous fait payer notre attitude sur la Pologne. C'est normal. Vous imaginez où l'on en serait si je n'avais pas décidé de dissoudre l'Assemblée tout de suite après les présidentielles ! Je vous le répète, une assemblée comme celle-là, vous ne la reverrez jamais. Les socialistes sont des naïfs. Ils se comportent comme si le pouvoir leur était acquis pour vingt ans ! »*

**Lundi 18 janvier 1982**

Les élections cantonales de mars s'annoncent mal. Les électeurs de gauche sont déçus. Après l'annulation par le Conseil constitutionnel de la loi sur les nationalisations, il ne faut plus tarder : François Mitterrand décide de renvoyer au plus vite la loi, avec les modifications demandées, devant le Parlement afin de la faire voter au moyen de l'Article 49-3, qu'il avait refusé d'utiliser lors du premier débat.

Tentation : le secrétaire général de l'Élysée veut imposer un patron selon son cœur pour EDF. Il n'y réussit pas. Ce sera Marcel Boiteux incontestable et incontesté.

Depuis mai 1981, seulement 50 des 400 directeurs d'administrations centrales ont changé de poste, et rarement pour des raisons politiques. La gauche, de toute façon, n'a pas à se plaindre de la manière dont la haute administration a jusqu'ici servi l'État : magnifiquement.

Émotion : l'attaché militaire adjoint américain, Charles Ray, est assassiné à Paris. Le crime est revendiqué par les FARL (Fractions armées révolutionnaires libanaises), organisation jusqu'ici inconnue.

Déjeuner, prévu de longue date, du Président avec l'ambassadeur américain, Evan Galbraith. On parle encore du gazoduc :

**François Mitterrand :** *Vous leur vendez bien du blé. Nous leur vendons des équipements pour un gazoduc.*

**Evan Galbraith :** *Si vous leur achetez du gaz, vous leur donnez des devises, c'est mal ! Quand nous leur vendons du blé, nous leur prenons des devises : c'est bien !*

Il n'y a là aucun humour. Cet homme mène une croisade : pour lui, à l'Est est le diable ; il faut l'asphyxier par un blocus total.

Les maires palestiniens d'Hébron et d'Halhoul, expulsés de Cisjordanie en mai 1980, sont reçus à l'Élysée. Ils approuvent le prochain voyage du Président en Israël : *« Cette visite constituera une contribution décisive à la prise de conscience en Israël de la nécessité d'apporter une autre solution au problème palestinien. »*

Le contrat BAZ est signé (26 Mirage, 140 Exocet). Il permet aux Irakiens d'emporter des Exocet sur leurs avions. Mais ceci ne sera réalisable qu'après livraison des Mirage, donc à partir de juillet 1984, compte tenu du délai nécessaire pour les essais en vol. (Les appareils eux-mêmes sont livrables en 1983.) Jusqu'ici, les Exocet pouvaient être emportés par les Superfrelon, mais le rayon d'action de ces hélicoptères est limité et ne permet pas d'atteindre le principal terminal pétrolier iranien, l'île de Kharg.

**Mardi 19 janvier 1982**

Hosni Moubarak demande à la France d'envoyer des forces dans le Sinaï. Le Président accepte, malgré l'opposition de Claude Cheysson.

Un député socialiste néerlandais, Piet Dankert, succède à Simone Veil à la Présidence de l'Assemblée européenne.

Pierre Joxe se plaint de plus en plus souvent de Pierre Mauroy auprès du Président : *« Le groupe socialiste n'est pas assez associé à la préparation des projets du gouvernement ; par exemple, pour contrer la décision du Conseil constitutionnel sur les nationalisations, le gouvernement a préparé un projet beaucoup trop généreux sur l'indemnisation, et le groupe ne peut le voter sans l'amender. »*

Le Président lui demande de céder : *« Pierre Mauroy est le chef de la majorité et le texte doit passer au Parlement au plus vite. »*

Il décide alors de fixer de grands objectifs au gouvernement et me demande, à cette fin, de rédiger plusieurs lettres définissant sa politique à moyen terme sur certains sujets. L'une, particulièrement importante, doit préciser la politique de la Ville : *« Le socialisme, c'est la Ville »*, aime-t-il à répéter.

François Mitterrand est mécontent de ce que Valéry Giscard d'Estaing, de retour du Kenya, ait été mal reçu par les douaniers français à son arrivée à Roissy. Il travaille lui-même, la plume à la main, à un statut des anciens Présidents de la République.

**Mercredi 20 janvier 1982**

En Conseil des ministres, le gouvernement est autorisé à recourir à l'Article 49-3 pour faire voter le projet de loi remanié sur les nationalisations. Le Conseil adopte aussi les ordonnances sur les contrats de solidarité. Le Président s'impatiente de voir le rythme des réformes se ralentir : *« Ce qu'on ne fera pas maintenant, on ne le fera plus jamais. »*

Il travaille, pendant le Conseil, à sa lettre sur la Ville, à partir d'un projet, vite dépassé, du secrétariat général. Six versions successives seront nécessaires avant le texte final :

*« En un siècle, la France est passée d'une société principalement rurale à une société essentiellement urbaine. Il s'agit là de l'un des plus grands bouleversements de l'histoire moderne et nous commençons seulement à en prendre toute la mesure.*

*Ce prodigieux changement des conditions de vie n'a pas encore donné naissance à une manière de vivre répondant aux aspirations de l'homme. C'est pourtant, j'en suis convaincu, sur notre capacité à faire émerger une civilisation de la ville que nous serons jugés par les générations futures.*

*Les sources du désordre urbain sont profondes et elles touchent aux racines mêmes du capitalisme industriel. Il a draîné les hommes et les femmes vers les villes pour qu'ils viennent y servir ses machines et y consommer ses objets, sans créer des lieux de culture et de communication authentiques.*

*Il nous appartient de renverser cette tendance et de faire les premiers pas vers une civilisation urbaine.*

*Aussi, je souhaite que le gouvernement étudie très rapidement les mesures capables d'organiser cette transformation. Elles pourraient s'ordonner autour de trois idées essentielles :*

*— la ville ne doit pas être un lieu d'isolement,*

*— la ville ne doit pas être un lieu de ségrégation,*

*— la ville doit être un lieu de culture.*

*Il faut d'abord assurer le droit au logement. Les habitations, précaires, l'habitat vétuste et surpeuplé, mais aussi l'habitat social dégradé, dans les périphéries, doivent disparaître de notre pays.*

*Au-delà du logement, la ville doit être un lieu où la communication aide à la naissance de nouveaux rapports entre les hommes.*

*Pouvoir communiquer, c'est d'abord ne pas être victime du bruit. C'est pourquoi j'attache une importance particulière à l'engagement rapide de programmes de lutte contre le bruit.*

*Il faut aussi que les habitants des villes aient des projets à réaliser ensemble : la vie en société suppose l'encouragement à toutes les formes de solidarité, d'entraide, d'auto-organisation au niveau du voisinage ou du quartier. Je souhaite que soient donc systématiquement examinés les moyens de faire une meilleure place à l'initiative collective des citadins.*

*L'urbanisme, par sa forme et sa richesse, par la succession des volumes tour à tour fermés ou ouverts, intimes ou solennels, au gré des rues et des places, peut favoriser la rencontre et réduire la solitude. Le piéton, et d'abord l'enfant, doit sentir que la ville a été construite à sa mesure, à son rythme et à son échelle.*

*Les nouveaux moyens de communication peuvent renforcer l'individualisme ou ouvrir la voie à des formes d'urbanisme radicalement différentes. Je souhaite qu'une grande réflexion soit lancée sur l'utilisation, pour une meilleure vie urbaine, des nouveaux transports collectifs, des réseaux câblés et de la télématique.*

*La création à La Villette d'un grand musée de l'avenir, la rénovation du Palais de la Découverte, la multiplication, partout en France, dans les maisons de jeunes, d'ateliers pour l'usage de la micro-informatique, me paraissent quelques-uns des moyens susceptibles de mettre les Français en situation d'utiliser les techniques de la société de demain.*

*Enfin, trop souvent, les lieux publics où la vie moderne contraint chacun à passer une part de son temps sont marqués du signe de la laideur. Or, la pierre, le béton ou le verre peuvent exprimer l'esprit d'un peuple. Ainsi, les bureaux de postes, les centres de Sécurité sociale, les dispensaires, les commissariats de police n'ont nulle raison d'être des lieux moins accueillants que telle succursale de banque. De même, beaucoup de gares, qu'il s'agisse du train ou du métro, devraient être rénovées, de façon à offrir au public un visage plus avenant, un lieu où la beauté soit présente.*

*La spéculation immobilière a provoqué une lutte pour l'espace, et les centres des villes ont souvent changé de vocation. Ils se sont spécialisés en devenant des lieux artificiels de commerce de luxe et de résidence pour les plus riches, en même temps que le pouvoir s'y concentrait.*

*Or la ville ne vit pas seulement de la sédentarité, elle joue un rôle de transit et de carrefour. C'est un lieu symbolique dont personne ne doit être exclu. C'est pourquoi il convient d'avoir maintenant un grand projet pour les banlieues : leur croissance désordonnée n'est pas une fatalité. La ségrégation de l'espace doit y faire place au droit pour tous de s'approprier les centres urbains hérités du passé, en maîtrisant leur évolution et les luttes dont ils sont l'enjeu.*

*La ville ne doit pas être non plus un lieu de ségrégation du temps : une des dimensions essentielles du grand projet urbain pour les banlieues devra être un programme ambitieux de transports. Il faut tout faire pour rendre moins longs et moins pénibles les trajets entre le domicile et le travail. Le programme prévu dans le plan intérimaire pour améliorer la desserte des banlieues et développer les transports collectifs doit donc être engagé sans délai. Les initiatives tendant à faciliter les échanges de logements et d'emplois devraient également être encouragées.*

*... Espace privilégié de la vie collective, la ville est le lieu des fêtes, des manifestations, des spectacles de toutes sortes.*

*La fête s'improvise dans la rue, ou bien elle est tout simplement le spectacle du quotidien. La protection des sites, la qualité de la recherche architecturale doivent permettre que la plupart des villes ne perdent pas leur identité. L'unité du quartier et sa chaleur particulière appartiennent à ceux qui l'habitent. Une sorte de droit à l'intimité s'y attache.*

*Il faut multiplier les espaces de liberté, ceux que la jeunesse demande pour s'y rencontrer, pour y faire du bruit, de la musique.*

*Plus même, il n'y aura de vraie vie urbaine que si sont améliorées les possibilités offertes aux adultes pour accéder aux équipements collectifs hors des heures de travail. On peut penser notamment à l'ouverture en soirée et en fin de semaine des bibliothèques, des centres sociaux et des musées.*

*Sur tous ces sujets, je souhaite que soient organisées dans le courant de l'année 1982 des assises régionales, puis des assises nationales, pour "changer la ville".*

*La ville pourra alors cesser d'être l'inscription dans l'espace des inégalités économiques et sociales que produit la société industrielle, et devenir enfin un lieu où chacun aura le droit de s'épanouir. »*

Cette lettre est reçue dans l'après-midi, avec intérêt par le maire de Lille ; avec des ricanements par les collaborateurs du Premier ministre...

A ma connaissance, aucune réunion ne sera organisée pour la mettre en œuvre. Mais il est difficile, en ce lieu d'exercice immédiat du pouvoir qu'est Matignon, de faire autre chose que répondre aux urgences, qui se bousculent. Or, une instruction aussi globale aurait exigé une vision d'ensemble qui n'existe pas à Matignon, hormis chez Robert Lion ou Michel Delebarre.

Après le Conseil, le Président part pour l'Ile-Longue participer à une patrouille d'un sous-marin nucléaire. Il remarque que, sur les cinq sous-marins dont dispose la France, deux seulement sont en général en mission, les trois autres étant immobilisés pour entretien. Le Président demande : *« Ne peut-on en avoir trois en mer en permanence ? »* On lui répond que la cadence de révision et d'entretien des sous-marins ne le permet pas. La réponse le contrarie : *« Ce n'est pas normal ».*

Au Conseil de sécurité, une seconde résolution réclame des sanctions contre Israël. La France s'abstient ; les États-Unis opposent leur veto.

**Jeudi 21 janvier 1982**

Michel Noir, Charles Millon et François d'Aubert présentent à la presse leur programme de « lutte parlementaire » contre le nouveau texte sur les nationalisations. La bataille sera longue et difficile. Le 49-3 se révélera nécessaire.

**Vendredi 22 janvier 1982**

Ce matin, à Moscou, Gaz-Prom accepte de signer la vente de gaz russe à la France. Averti directement par Gaz de France, Gérard Renon donne le feu vert de l'Élysée. Pierre Bérégovoy, qu'il informe, laisse faire, s'appuyant sur l'accord de principe du Président, donné avant le coup de force de Varsovie. Le contrat est signé l'après-midi même. Deux mois d'attente, deux heures de précipitation...

**Samedi 23 janvier 1982**

En arrivant au bureau ce matin, le Président apprend par une note anodine de Renon la signature du contrat. Il en est furieux : *« C'est trop tôt par rapport à l'affaire polonaise. Comment a-t-on pu faire cela sans me prévenir ? »* Mais il couvre la décision ; il n'y a plus rien d'autre à faire.

Les deux responsables quitteront l'Élysée — et deviendront ministres.

**Dimanche 24 janvier 1982**

Naissance d'Amandine, premier « bébé-éprouvette » français. Sans nul doute l'événement le plus important de l'année. Maints problèmes éthiques surgissent face à de tels développements : qui est le père ? peut-on naître après la mort de ses parents ?

L'éthique biologique fascine François Mitterrand. L'idée vient à Michel Serres d'un Comité d'éthique. Saisi, le Président approuve le philosophe : il faut le créer rapidement.

Les pressions continuent de s'exercer pour amener le Président à reporter son voyage en Israël. *Radio Monte-Carlo-Proche-Orient* souhaite *« qu'il explique la philosophie de ce voyage aux neuf millions d'auditeurs de langue arabe ».* Le Président réplique : *« Je n'ai pas à m'excuser d'aller en Israël ; une déclaration précédant mon voyage me semble inopportune. »*

**Lundi 25 janvier 1982**

Rencontrant Andreï Gromyko à Genève, le général Haig subordonne la reprise des négociations sur le désarmement stratégique à un geste de Moscou en faveur de la Pologne.

Mort de Mikhaïl Souslov, membre du Bureau politique du PCUS, numéro deux du régime soviétique, que Margaret Thatcher et Helmut Schmidt désignaient comme le successeur probable de Brejnev, lui aussi mourant, dit-on.

François Mitterrand aime à raconter que Souslov était considéré comme l'auteur de l'ensemble de la propagande de tous les partis communistes d'Europe, jusques et y compris la moindre proclamation lue par un secrétaire de parti dans le plus petit canton. Aussi, le rencontrant en 1980, alors que lui-même n'était encore que premier secrétaire du PS, fut-il surpris de le voir, lui, l'auteur de tous ces textes, lire une déclaration qui n'était manifestement pas de son cru. Où donc se situait la véritable source de tous ces textes ? Dans quelle obscure et omnipotente bureaucratie ? Et d'ailleurs, y en avait-il une ? Vertige, entre Kafka et Borges...

Alain Savary engage les premières négociations avec les dirigeants de l'enseignement catholique en vue d'une réforme de l'école privée.

En Finlande, le social-démocrate Mauno Koivisto succède à Urho Kekkonen comme Président de la République. L'un et l'autre sont de remarquables experts de l'URSS, qu'ils observent avec prudence et distance, sombres vigiles.

**Mardi 26 janvier 1982**

Le Roi Hassan II est en visite en France. Première rencontre avec François Mitterrand. La suspicion est visible et réciproque. Le subtil Reda Guedira, conseiller du roi, arrondit les angles.

Vu Issam Sartaoui, chirurgien jordanien devenu l'un des principaux collaborateurs d'Arafat, que Kreisky m'a présenté. Impressionnant de calme et de force. Il a tout abandonné pour la cause de son peuple. Il sait que le temps lui est compté. Il veut la paix et la reconnaissance mutuelle. Il me dit avoir demandé publiquement, il y a quatre jours, la reconnaissance d'Israël par l'OLP. Il suggère que lors de son séjour en Israël, le Président rencontre les maires de Bethléem et Gaza. Il attend un signe du ministre français des Relations extérieures donnant acte de sa déclaration, *« pour renforcer le camp de la paix »*. Cheysson le recevra.

Cet homme fébrile, promeneur lumineux, sans autres armes que ses rêves, sans autre force que sa passion pour la paix, toujours aux aguets, essaie de jeter une passerelle entre Israël et l'OLP contre les dirigeants des deux camps. Dix ans trop tôt, je le crains.

**Mercredi 27 janvier 1982**

Le Conseil des ministres adopte les ordonnances sur le travail temporaire, les contrats à durée indéterminée, le temps de travail dans l'agriculture.

**Jeudi 28 janvier 1982**

Les nationalisations à marches forcées : le nouveau projet de loi est adopté en première lecture à l'Assemblée, avec recours au 49-3. La loi autorisant le gouvernement à mener des réformes par ordonnances en Nouvelle-Calédonie l'est également.

La Jordanie demande la convocation d'urgence d'une session extraordinaire de l'Assemblée générale des Nations-Unies. La France vote pour. Notre représentant souligne *« le caractère nul et non avenu de la décision d'Israël concernant le Golan »*, mais refuse toute sanction contre Israël, *« ce qui outrepasserait les compétences des Nations-Unies »*.

Trois mois après le Sommet de Cancún, les « Négociations Globales » sont au point mort. Revenant sur leur engagement de principe de les lancer, les États-Unis refusent maintenant d'approuver même le texte de compromis mis au point début décembre à New York par l'ambassadeur Kittani, président irakien de l'Assemblée générale. Le Tiers Monde a pourtant accepté de ne pas remettre en cause le rôle dominant des pays industrialisés, c'est-à-dire le droit de veto des États-Unis, ni l'indépendance des institutions spécialisées. Malgré cela, la Trésorerie américaine considère l'idée de « Négociations Globales » comme dépassée — Reagan n'est pas Carter. Elle entend mettre l'accent sur les relations commerciales, pour lesquelles les États-Unis sont en bien meilleure position que les Européens.

Les pays du Tiers Monde manifesteront leur impatience fin février, lors de la réunion à New Delhi de trente-quatre pays du Sud. Ils dénonceront alors l'échec de Cancún.

Versailles est la dernière occasion de réagir ; après, il sera trop tard. François Mitterrand décide de demander aux deux coprésidents du Sommet de Cancún, Trudeau et Lopez Portillo, de relancer les consultations à New York sur la base du texte de Cancún. Si elles restent sans résultat, il écrira au président Reagan afin d'obtenir une décision à Versailles.

**Vendredi 29 janvier 1982**

La dévaluation d'octobre a porté ses fruits. Les devises sont revenues. La Banque de France finit de rembourser les 4 milliards d'écus prêtés par nos voisins d'Europe, en août dernier, quand le Franc était au plancher du système monétaire européen.

Rencontre discrète à l'Élysée entre François Mitterrand et Yvon Gattaz. Volubile, empressé, aimable, le nouveau président du CNPF manifeste son souci de coopérer avec le pouvoir. Son obsession est d'éviter que les entreprises devenues publiques cessent de financer son organisation.

Laurent Fabius refuse de faire étudier pour le Budget 1983 la proposition de Pierre Joxe de créer une tranche à 70 % sur l'IRPP. D'autres réformes fiscales lui paraissent plus urgentes.

Le Roi du Maroc vient dîner à l'Élysée, en retard comme d'habitude. Très en retard, même. Le Président est furieux. Le Roi lui parle du Sahara occidental. Le

Président ne s'y intéresse guère et n'entend pas s'engager en faveur d'un camp ou de l'autre.

**Samedi 30 janvier 1982**

Répression brutale des manifestations de Gdansk contre les hausses de prix. François Mitterrand : *« Le peuple polonais souffre aussi de misère et de faim. C'est pourquoi la France lui apporte son aide alimentaire, la plus importante des pays d'Occident. Le peuple polonais sait enfin qu'il subit encore les conséquences de la Seconde Guerre mondiale et qu'il n'y échappera que le jour où auront disparu et la coupure de l'Europe en deux blocs, et le système qui l'opprime. Son étonnant courage dans l'adversité montre que cette évolution, même s'il y faut du temps, a dores et déjà commencé. »*

**Lundi 1er février 1982**

Le CCF est nationalisé et Jean-Maxime Lévêque, qui le quitte pour diriger une banque privée, écrit à chaque client :

> *« Vous savez que j'ai toujours été opposé — et que je reste opposé — à ces mesures de nationalisation qui ne peuvent avoir à la longue que des effets néfastes. Mais, au-delà de la tristesse que j'éprouve, je sais qu'après mon départ, les hommes et les femmes qui travaillent au CCF — dont j'ai pu apprécier les qualités morales, intellectuelles et professionnelles — feront tout pour que vous continuiez à recevoir le meilleur service possible. Je vous demande donc de leur maintenir votre confiance. Pour ma part, je poursuivrai — peut-être avec certains d'entre vous, et par tous les moyens dont je pourrai disposer — ma lutte en faveur de toutes les libertés, en particulier la liberté d'entreprendre. Un jour, j'en suis sûr, nous nous retrouverons. »*

Le Président s'inquiète de cette tentative de la droite de ranger la liberté de son côté : *« Faites attention : la liberté n'est pas une valeur de droite ; s'ils la récupèrent, cela fera des ravages jusque dans nos rangs. »*

Entrée en vigueur de l'ordonnance sur les trente-neuf heures. Le sentiment est général : on ne descendra pas plus bas. Les trente-cinq heures ne sont plus l'objectif.

Le ministre polonais des Affaires étrangères, Joseph Czyrek, rencontre Claude Cheysson à Paris. Trop amical.

Le Président **Moubarak** est à Paris : *Les relations avec Israël se poursuivent sans problèmes,* dit-il à François Mitterrand, *sauf quand il s'agit d'une demande impossible à satisfaire, comme celle du Premier ministre israélien d'accorder l'autorisation à des avions israéliens transportant des touristes européens d'atterrir dans le Sinaï, près d'Eilat. Quant aux relations avec nos frères arabes, nous sommes prêts à les reprendre au moment où nos frères le jugeront opportun. Mais il est entendu que ces relations ne se feront pas au détriment d'Israël, car nous avons choisi le chemin de la paix des relations diplomatiques avec Israël, et, loin de les remettre en question, nous pensons au contraire que c'est là un facteur* *positif propre à atténuer la gravité des crises qui pourraient éclater dans la région. Et nous pensons de même concernant les relations de la France avec ce pays.*

*Toutefois, nous avons découvert, au cours des pourparlers avec Israël, un fossé immense séparant nos conceptions respectives de l'autonomie palestinienne. Les Israéliens comprennent par là le transfert d'un pouvoir qui s'exercerait par la suite sur les personnes, non sur le territoire. Or cela est inacceptable. Ils voudraient remplacer l'administration militaire actuelle par un pouvoir dénué des attributs de légiférer, de défense, de sécurité intérieure, d'affaires étrangères, de tout droit véritable. Ceci révèle un écart énorme entre nos deux points de vue, un fossé infranchissable entre nous. Je ne suis pas en position de faire des concessions en ce domaine (...). Je suis reconnaissant de la réaction prompte et favorable de la France à la demande égyptienne.*

**François Mitterrand :** *J'ai immédiatement adopté l'idée, dans l'intérêt de l'Égypte, mais j'ai rencontré quelques difficultés à convaincre mes partenaires européens — notamment la Grande-Bretagne — de l'accepter. Qu'attend l'Égypte de la Force multinationale du Sinaï ?*

**Hosni Moubarak :** *Les compétences de cette Force sont clairement définies par les clauses des traités. Il s'agit simplement de veiller à l'application pure et simple de ces clauses et d'empêcher Israël de les détourner de leur sens par des manœuvres flagrantes. Le chef des troupes américaines a tenté d'outrepasser ses prérogatives en portant par là même atteinte à la souveraineté de l'Égypte. Mais les Égyptiens se sont opposés vivement à ces manœuvres. Sinon, nous nous serions aliénés les pays arabes, même les plus modérés d'entre eux. D'où l'importance capitale de la participation de pays européens, notamment de la France, à cette force.*

**François Mitterrand :** *Au sujet de la Déclaration de Venise, j'approuve bien entendu son objectif final, à savoir le droit à l'existence d'Israël et le droit des Palestiniens à fonder une patrie. Mais je reste en désaccord avec les procédés. La Communauté européenne a considéré que seules des « Négociations Globales » permettaient d'aboutir à un accord. Pour ma part, je suis d'avis qu'on ne saurait attendre de réunir autour d'une même table la Syrie, l'Arabie Saoudite, Arafat, Israël, l'Égypte et Kadhafi pour tenter de parvenir à une solution, et qu'il vaut mieux essayer d'avancer par des négociations partielles.*

*Quant aux États-Unis, ils sont nos amis, nos alliés même, mais je comprends les réserves qu'ils peuvent susciter, car ils ont une certaine tendance à la domination. La stratégie mondiale des deux Grands est inquiétante. Aussitôt qu'un conflit surgit entre deux pays moyens, les deux superpuissances tentent d'exploiter la situation. C'est ainsi que l'Union soviétique a poussé son avantage dans la région du Moyen-Orient, renforçant sa présence en Syrie, en Libye, au Yémen et en Éthiopie. D'où la nécessité d'observer une certaine prudence dans les relations avec les deux Grands, pour sauvegarder son indépendance.*

**Hosni Moubarak :** *Je suis d'accord. Il faut également être réaliste : les États-Unis devraient amorcer le dialogue avec l'OLP afin d'atténuer la gravité de la crise et le risque d'escalade dans la région. Car l'Union soviétique, qui domine en Syrie, en Libye, est également présente au sein de l'OLP. Ce qui met en péril toute la région. Depuis l'époque où j'étais vice-président, j'ai constamment refusé d'accorder des bases militaires aux Américains, car cela aurait immanquablement attiré les Soviétiques dans les pays comme la Syrie ou la Libye, qui leur auraient fourni toutes facilités pour s'installer. A plusieurs reprises, j'ai tenté de faire admettre ce danger aux Américains, de leur expliquer cette réalité pourtant très simple. En vain. Ainsi, lorsque, tout récemment encore, en réponse à une question* *de la télévision italienne, j'ai reconnu qu'on ne pouvait nier le rôle de l'URSS dans le processus de paix au Proche-Orient, les Américains se sont inquiétés de ce qu'ils pensaient être un changement de politique. Alors qu'il n'y avait là que la reconnaissance d'un fait : l'Union soviétique est présente dans la région à travers des pays comme la Syrie et la Libye, et il faut bien que ces pays participent au processus. Sinon, toute tentative de parvenir à une solution est inutile. Mais les Américains ne veulent pas comprendre !*

*De même, lorsque nous parlons de non-alignement, ils manifestent leur appréhension. Or il n'y a là rien de nouveau. L'Égypte est cofondatrice de ce mouvement. Nasser s'en est réclamé ; Sadate a poursuivi cette politique et je ne fais que prendre le relais. Cela ne signifie nullement un changement de politique. Cela ne veut nullement dire que nous renonçons à notre amitié avec les États-Unis, à notre profonde amitié avec la France. Simplement, ce que nous refusons, c'est d'adhérer à des pactes.*

Le voyage en Israël est maintenant fixé à mars. Cheysson pense qu'il en obtiendra encore le report. Il dit à Moubarak : *« La visite en Israël du Président de la République sera encore retardée, mais on ne sait à quand. Mon avis est qu'elle le sera jusqu'après le retrait des Israéliens du Sinaï. Si François Mitterrand y va avant, il faut s'attendre, aussitôt après, à une nouvelle surprise de la part des Israéliens. »*

**Hosni Moubarak :** *Je pense comme vous. Si j'y vais, moi aussi, ils feront quelque chose dès le lendemain, comme ils ont fait avec Haig : il est venu en Israël et, juste après, ils ont annexé le Golan.*

Des réfugiés basques ne respectent pas le devoir de réserve. Pierre Mauroy souhaite les extrader. Robert Badinter s'y oppose. D'autres ministres protestent également.

**Mardi 2 février 1982**

Au petit déjeuner réunissant François Mitterrand, Pierre Mauroy, Lionel Jospin et Pierre Bérégovoy, il est question des Conseils régionaux, des nominations des présidents des chaînes de télévision, de l'emploi, du devoir de réserve des réfugiés basques, des Charbonnages, des mouvements préfectoraux.

A propos des Basques, le Président lance à Pierre Mauroy : *« Alors, comme ça, le gouvernement vous laisse tomber ? »*

L'après-midi, Conseil restreint à l'Élysée sur les finances publiques. Mauroy reconnaît que le déficit de 1982 dérape, Fabius parle de 100 milliards, mais Delors ne veut pas citer le vrai montant, qu'il a déjà annoncé au Président (150 milliards). Il faut annuler au moins 10 milliards de francs de crédits de paiement sur les 15 bloqués en octobre, au moment de la dévaluation. Chacun grogne ! Mais c'est encore très insuffisant. Conseil sans conclusion, comme toujours. Le Président aime de moins en moins ce genre de réunions.

Le maire de Gaza convie à déjeuner tous les consuls généraux en poste à Jérusalem et leur demande de transmettre un appel à leurs gouvernements respectifs : *« Si l'on ne met pas le holà aux ambitions d'Israël, la vague de fond radicale et religieuse va s'étendre dans le monde arabe. Les régimes en place, contrairement à ce que l'on croit généralement, n'attendront pas d'être renversés. Ils chevaucheront la vague, au grand dam de l'Occident. »*

L'ambassadeur de Commynes est chargé de m'assister dans la préparation du Sommet de Versailles. Il sera en charge du protocole, avec Rougagnou qui a remplacé Mérimée. On ne fait pas plus « ambassadeur »... Mais le Quai ne se résignait pas à être totalement exclu de cette préparation.

**Mercredi 3 février 1982**

L'accord gazier franco-algérien est signé : le surcoût est de 2 milliards de francs par an par rapport au prix du marché. Combien de contrats obtiendrons-nous en échange ?

Début du XXIVe congrès du PCF à Saint-Ouen. La machine reste puissante, efficace, capable encore d'incarner un espoir.

**Vendredi 5 février 1982**

L'Assemblée générale de l'ONU, réunie en session extraordinaire, demande l'« isolement total » d'Israël. La France vote contre.

Adoption définitive de la loi portant statut particulier de la Corse, ainsi que de la loi sur les nationalisations. On peut désormais s'intéresser aux nominations des P-DG.

Conversation avec François Mitterrand et Élie Wiesel. Le Président : *« La mort laisse une immense nostalgie. Je n'oublierai jamais un mort. D'ailleurs, je n'ai oublié aucun des morts qui m'ont entouré. J'ai souvenir de tous les cas précis. Même ceux qui ne me touchaient pas au vif de mes affections. J'ai découvert la mort avec celle d'un petit camarade d'enfance, un jeune camarade de collège, il s'appelait Alphonse, il était un peu plus âgé que moi. Il s'est baigné après un effort : hydrocution. J'étais à cent mètres de là. Je n'ai pas assisté à la noyade ; j'étais là quand on l'a sorti. Je suis allé aux obsèques d'autres camarades de classe. Cela me frappait beaucoup. Mais je n'imaginais pas même la mienne. Je pleurais un peu sur ma propre vie quand les autres mouraient. J'ai toujours eu le sentiment que moi, je serais le tombeau du souvenir. Chaque jour, je pense à "mes" morts. Penser aux morts, c'est assurer, pour son temps de vie, la survie des gens qu'on a aimés, en attendant que d'autres le fassent. C'est comme un devoir. Je me vois en gardien à la porte d'une forteresse. Gardien de la mémoire, gardien du souvenir. »*

Étranges et morbides formules : *« Tombeau du souvenir », « gardien de la mémoire »...*

**Dimanche 7 février 1982**

Nous découvrons le résultat du concours pour le nouvel immeuble du ministère des Finances, qui doit être déplacé à Bercy afin de laisser place au Grand Louvre. Le règlement, établi par Robert Lion, oblige le Président à retenir l'une des quatre sélections du jury. Le Président penche nettement pour un projet. Jacques Chirac, à qui il a demandé son avis, en préfère un autre. Jack Lang propose d'annuler et de refaire le concours. Le Président : *« Pas question, il faut aller vite et tenir la parole donnée. Je suivrai de toute façon le point de vue du maire de Paris. »* François Mitterrand surveillera la réalisation du projet de Chemetov et le détail du choix des matériaux. Le déménagement doit absolument avoir lieu avant les élections de mars 1986.

**Lundi 8 février 1982**

Comme il était prévisible après l'échec des discussions lors du Sommet de Londres sur les céréales, la négociation à Bruxelles entre ministres de l'Agriculture sur la fixation des prix agricoles pour 1982 échoue. Crise en Europe, probablement longue, car chacun tient tel ou tel de ses partenaires sur un sujet ou un autre.

Le prochain Conseil de mars, à Bruxelles, sous présidence belge, est préparé par une réunion de ministres à l'Élysée. Il est décidé de représenter notre projet d'*« espace social européen »* avec un programme précis d'harmonisation du droit social ; d'insister sur la politique industrielle commune, en particulier sur la politique commune de l'énergie, et de proposer la création d'un *« espace culturel européen »* (normes d'utilisation des satellites, création d'une chaîne culturelle européenne, d'un « groupement d'intérêt économique européen » pour des coproductions européennes afin d'éviter l'envahissement de cet espace par des chaînes commerciales...).

**Mardi 9 février 1982**

A Madrid, à la Conférence sur la Sécurité et la Coopération en Europe, le général Haig se lance dans une violente diatribe contre les Soviétiques et les Polonais. Les débats sont interrompus par le ministre polonais des Affaires étrangères, président de la séance.

Nouveau Conseil restreint sur la réforme fiscale à l'Élysée. L'ambiance est lourde. Pierre Mauroy veut faire supprimer la taxe professionnelle, tout comme Defferre. Laurent Fabius veut augmenter l'impôt sur le revenu, tout comme Rocard. Delors, lui, ne veut rien faire.

Le Président n'aime décidément pas ces réunions trop larges où chacun — sauf Gaston Defferre — ne fait que répéter le point de vue de son cabinet. Homme de l'écrit, il ne sait ni ne veut organiser une discussion pour faire naître un consensus, hormis autour d'un déjeuner.

Après la réunion, il garde auprès de lui Claude Cheysson, Pierre Dreyfus et Michel Jobert : *« Il n'est pas question de livrer aux Russes l'usine permettant de construire des composants pour les centraux téléphoniques MT 20, ce serait violer les règles du COCOM. Il faudra le dire aux Américains.* »

Seul Pierre Dreyfus semble au courant de ce contrat signé du temps de Giscard. Encore une bombe à retardement de l'héritage...

**Mercredi 10 février 1982**

Houphouët-Boigny et Eyadema assurent Hissène Habré de leur soutien contre le gouvernement de Goukouni.

Les projets de lois se bousculent à Matignon. Chaque ministre les prépare et les fait entériner par un Conseil interministériel que dirige le secrétaire général du gouvernement.

Le Conseil des ministres fixe ce matin l'agenda de la prochaine session parlementaire. Et le Président a prévenu : « *Pas de session extraordinaire ; je ne veux pas d'un Parlement en session permanente.* » Il faut donc retenir un nombre limité de textes pour la session de printemps. Or, tous les ministres considèrent leurs réformes comme prioritaires. Charles Fiterman veut moderniser les statuts de la SNCF, Rocard est tenu par des délais précis pour faire approuver le Plan, Gaston Defferre tient à son statut des fonctionnaires locaux, Yvette Roudy considère que rien n'est plus urgent que son texte sur les droits des femmes, Robert Badinter plaide pour l'abrogation immédiate de la loi « Sécurité et Liberté », Édith Cresson a besoin d'une loi agricole, Alain Savary considère la réforme de l'enseignement supérieur comme prioritaire, Laurent Fabius ne voit rien de plus pressant que la réforme fiscale, en particulier l'indexation de l'épargne, Jack Ralite pense que le pays est suspendu à une réforme de la loi associative, Georges Fillioud ne peut se passer d'un nouveau statut de l'audiovisuel...

François Mitterrand définit les priorités : l'audiovisuel, l'agriculture et l'indexation de l'épargne.

Fabius s'inquiète : « *Le déficit pour 1982 sera d'au moins 100 milliards de francs.* » Le Président sait depuis un mois, par Delors, qu'il sera de 150 milliards. Pourquoi le ministre du Budget ne partage-t-il pas le même diagnostic que celui des Finances ? Ne le connaît-il pas ?

Avec un aplomb incroyable, l'ancien Président Valéry Giscard d'Estaing déclare : « *Je n'aurais pas signé l'accord sur le gazoduc, qui aggrave la dépendance de la France vis-à-vis des ressources énergétiques soviétiques.* » C'est pourtant lui qui, le 12 décembre 1979, a engagé la négociation de ce contrat et poussé à sa réalisation. Il aurait dû savoir alors à quel point il « aggravait la dépendance » !

En politique, on peut vraiment dire n'importe quoi. Peut-être est-ce la raison pour laquelle ce métier discrédite les meilleurs et exalte les plus médiocres.

François Mitterrand confirme son voyage en Israël. Ce sera début mars. « *Il appartient aux dirigeants d'Israël de chercher la meilleure voie au milieu d'immenses périls, car l'esprit lui-même n'arrive pas très bien à se reposer. D'une part, les plus anciennes terres juives sont aujourd'hui peuplées par une minorité de Juifs. D'autre part, il y a des tentations israéliennes de s'emparer de terres qui ne correspondent pas à l'histoire juive. C'est donc une grande confusion. Je pense qu'il faut essayer de se défaire de part et d'autre de l'esprit de domination. Israël doit être intransigeant sur son droit à être sur cette terre-là, dans cette patrie ; mais il doit être beaucoup plus souple et plus humble pour que l'amour de sa patrie ne se transforme pas en instinct de domination. Et c'est très difficile ; parce que l'instinct de domination est quelquefois confondu par les dirigeants politiques, et même par les peuples, dans leur profondeur, avec l'instinct de survie : si on ne domine pas, on ne survit pas. Dans la relation entre les Juifs et les Arabes, à l'intérieur d'Israël ou dans des territoires de la Cisjordanie, ce problème se pose tous les jours. Les Palestiniens ont le droit de vivre, le droit de vivre en communauté nationale, et ils ne peuvent pas dénier au peuple israélien ses lettres de noblesse.* »

**Jeudi 11 février 1982**

Le Conseil constitutionnel rejette l'ultime recours de l'opposition contre les lois de nationalisations. Il faut maintenant songer aux dirigeants des entreprises. Beaucoup resteront, quelques-uns partiront. Les nominations se préparent, les listes s'échangent, les commentaires s'aiguisent, les royaumes se constituent, les zones d'influence se dessinent.

Le Président veut des hommes compétents mais non conformistes. Leur appartenance au Parti socialiste ne constitue pas un avantage. Leur appartenance aux grands corps de l'État est un handicap.

François Mitterrand reçoit Jacques Chirac à propos des « grands projets » parisiens. Rencontre fort aimable. Pas de problème avec le Louvre, ni pour le ministère des Finances à Bercy. A propos de la Tête Défense, le Président explique qu'il n'aime pas le projet choisi par Giscard. Chirac ne peut être plus conciliant : un nouveau concours sera organisé, sans limiter la hauteur du bâtiment. Le Président évoque également le projet d'une Exposition universelle à Paris pour 1989. Chirac approuve, en principe.

L'OUA adopte un plan de paix sur le Tchad prévoyant un cessez-le-feu le 28 février et une « réconciliation des parties concernées ». Goukouni Oueddeï refuse : il ne veut pas négocier avec le « rebelle » Hissène Habré dont les troupes contrôlent maintenant les deux tiers du territoire. Acyl Ahmat avait raison de me dire à Versailles que, sans les Libyens, Goukouni était perdu.

Dans la nuit, vingt-cinq attentats en Corse. Bravo, l'amnistie !

**Samedi 13 février 1982**

La loi sur les nationalisations est promulguée. François Mitterrand : « *Eh bien, comme ça, maintenant, les banques ne joueront pas contre l'État. Même si elles n'aident pas notre politique, elles ne lui nuiront pas. Quant aux entreprises industrielles, il convient de leur donner les moyens financiers. Elles sont ruinées et à vendre par appartements. Il faut les sauver ! Même s'il faut mener une politique de rigueur, cela n'entraînera pas nécessairement un arrêt des investissements industriels.* »

### Mardi 16 février 1982

Nouveau Conseil restreint sur la réforme de la fiscalité. Le Président a étudié plusieurs notes et se montre très précis dans ses instructions : *« La réforme de la fiscalité locale doit entrer en pratique avant les élections municipales de l'année prochaine. Pour cela, elle doit être votée à la session de printemps et les grands principes doivent en être arrêtés au plus tard le 15 mars de cette année. Pour la fiscalité d'État, je veux qu'on allège les charges des entreprises, qu'on moralise les droits de succession, qu'on incite à l'épargne par l'indexation d'un livret spécial, comme je l'ai promis dans la campagne. »*

*« Réduire les charges des entreprises »* : la petite musique de Jean Riboud commence à se faire entendre.

A l'issue de la réunion, Jacques Delors redit au Président ses inquiétudes : *« Au rythme actuel des dépenses, le déficit sera, en 1983, de 220 milliards. Une crise financière est certaine. Il faut réduire les dépenses et ne pas se lancer dans des réformes fiscales inconsidérées. »* François Mitterrand lui demande de revenir avec des propositions concrètes. *« Mais attention : il ne faut pas toujours demander des sacrifices aux mêmes »*, ajoute-t-il. Hantise du conformisme, obsession des contraintes extérieures.

Dans la nuit, dix-sept attentats à Paris, revendiqués par le FLNC.

Un ami, banquier de haut niveau, fidèle de longue date de Michel Rocard, se voit proposer pour la présidence d'une très grande banque.

### Mercredi 17 février 1982

Ivresse du seul vrai pouvoir : nommer. On nomme donc aux présidences de l'industrie et des banques. Georges Valbon, le président communiste du Conseil général de la Seine-Saint-Denis, est nommé président des Charbonnages de France. Ce sera le seul poste important du secteur public qu'obtiendra un communiste. Roger Fauroux garde son siège à Saint-Gobain. Jean Gandois aussi, à Péchiney. Jacques Calvet pensait garder le sien, mais quitte la Générale. Plescoff va à Suez, Jean Deflassieux au Crédit Lyonnais, à la place de Claude Pierre-Brossolette. Choix raisonnables.

Juste avant le Conseil, le banquier rocardien se trouve rétrogradé de la présidence de sa grande banque à celle de la Banque de Bretagne ; à la fin du Conseil, il n'a plus rien du tout, parce qu'il a fallu caser un représentant d'un autre courant politique — qui se révélera d'ailleurs excellent banquier. Et surtout parce que le Président avait dit à son propos il y a six mois : *« Lui ? Jamais, rien ! »* Très rare oukase. Deux seulement, à ma connaissance.

### Jeudi 18 février 1982

De plus en plus souvent, le Président aime à réunir à sa table parlementaires, comédiens, écrivains, artistes. Il y a là parfois quelqu'un qu'il n'a jamais vu, amené par un ami. Pratiquement jamais de ministres, jamais de hauts fonctionnaires. Cela donne souvent des rencontres saugrenues où des gens n'ayant pas la moindre probabilité de se rencontrer ailleurs, après quelques minutes d'intimidation, se mettent à parler de tout. Et, très souvent, à un moment ou à un autre, de leurs problèmes d'impôts ! On fera ainsi se côtoyer Fernand Braudel et Françoise Sagan, Pierre Miquel et tel ou tel député de province, Régine Deforges et Georges Kiejman, Raymond Devos et Michel Serres.

Aujourd'hui, déjeuner avec, parmi d'autres, le délicieux démographe Alfred Sauvy et le journaliste Roger Priouret. Sauvy applaudit aux nationalisations. Mais pas à la réduction de la durée du travail, dont il est l'adversaire depuis 1936 : *« Elle ne créera pas d'emplois. Le chômage est dû à l'inadaptation de la formation. Il faut établir un bilan des emplois nécessaires et en déduire les formations. Le partage de l'emploi ne crée pas d'emplois. Ce qui en crée, c'est le savoir. »* François Mitterrand : *« Très bonne idée. Parlez-en au ministre du Plan. »* Alfred Sauvy : *« J'ai voulu le lui proposer, mais Michel Rocard a annulé mon rendez-vous. »*

Cet homme aurait eu vingt ans de moins, François Mitterrand en faisait un ministre : son hétérodoxie le ravit.

Cela ne manque pas : un des hôtes du Président parle des problèmes d'impôts des écrivains.

François Mitterrand, avec un sourire : *« Serait-il légitime qu'une catégorie, si éminente soit-elle, bénéficie des avantages du salariat sans en supporter les contreparties ? »*

Un jour, interrogé sur sa prétendue vulgarité, Michel Colucci dira : *« Je ne suis pas vulgaire. Être vulgaire, c'est être une star parlant de ses problèmes d'impôts à la table du Président de la République. »*

**Vendredi 19 février 1982**

Claude Cheysson est dans les Émirats. François Mitterrand : *« Pourquoi y est-il ? Il ne m'a pas prévenu ! Que va-t-il y faire encore, à quinze jours de mon voyage en Israël ? Qu'il se taise, surtout ! »*

Le FLNC annonce une trêve. Gaston Defferre est triomphant. Mais sera-t-elle respectée ?

François Mitterrand accepte de participer à l'émission télévisée spéciale, organisée par Ronald Reagan, où tous les chefs d'État de l'OTAN parleront de la Pologne : *« Laissez la Pologne être la Pologne ! »*

Comme accepté entre *sherpas* en décembre dernier, le Président français doit présenter un rapport au prochain Sommet. Entre l'instabilité monétaire et les problèmes d'emploi, il choisit de parler de l'emploi ; puis demande de le rattacher au progrès technique. Cela devient : *« Technologie et Emploi. »*

La conversation d'hier avec Sauvy n'a pas été inutile.

Gaston Thorn vient expliquer que les Anglais veulent obtenir au Sommet de Bruxelles une nouvelle réduction de leur contribution au budget communautaire.

**Le Président** l'interroge : *Pourquoi la Grande-Bretagne a-t-elle un tel déficit ?*

**Gaston Thorn :** *Parce qu'elle importe plus de produits venant de l'extérieur de la Communauté que les autres. Elle doit donc payer au budget de la Communauté la différence entre les prix de la Communauté et ceux des marchés mondiaux.*

**François Mitterrand :** *Eh bien, mais c'est la règle !*

**Gaston Thorn :** *Oui, mais le 30 mai 1980, ses neuf partenaires, et d'abord votre prédécesseur, se sont engagés à lui rembourser les deux tiers de son déficit, soit 1,17 milliard d'écus en 1980, et 1,4 milliard en 1981. La France paie le tiers du total.*

**François Mitterrand :** *Giscard a échangé cela contre de bons prix agricoles avant les élections de 1981. Voyez ce que cela lui a rapporté ! Et combien veulent-ils, maintenant ?*

**Gaston Thorn :** *1 400 millions d'écus pour 1982. Mais la RFA ne veut plus payer que 10 %.*

**François Mitterrand :** *C'est hors de question ! Je veux payer moins en 1982 que Giscard n'a payé en 1980 et 1981.*

**Gaston Thorn :** *Je vous comprends.*

Il faut vraiment décider du lieu du prochain Sommet des Sept. Enquête faite, le choix se réduit entre Latché et Rambouillet si le Sommet est restreint aux seuls chefs d'État, et le Trianon si c'est un Sommet classique, avec les ministres.

Le Président : *« Et pourquoi pas le Château de Versailles ? »*

Difficile, les travaux de réfection sont en cours et seront loin d'être terminés en juin.

*« Voyez si on peut les accélérer. »*

On peut. Cela coûtera même un peu moins cher que de suivre le cours normal, m'explique le Conservateur. Délicieux experts !

### Samedi 20 février 1982

Nouvelle gaffe du ministre des Relations extérieures. Le président explose en découvrant qu'il a déclaré aujourd'hui à Abou Dhabi : *« Un État palestinien doit être créé dans les territoires occupés. »* Et cela, à dix jours de son propre départ pour Israël !

François Mitterrand : *« Mais qu'il se taise, qu'il se taise ! »* Il ajoute : *« Si j'étais israélien, je ne renoncerais pas à la Judée et à la Samarie, pas plus qu'à Jérusalem... Ce peuple est l'un des rares peuples anciens à n'avoir jamais voulu d'autre territoire que le leur... C'est d'ailleurs ce qui, à mon avis, marque les limites de certaines de ses tentatives actuelles, très imprudentes. Chaque fois que j'ai vu Israël hors de ses frontières naturelles, de ses terres historiques, sur le Golan, au Liban ou au Sinaï, cela s'est révélé une faute historique. La situation de l'Israël contemporain est ambiguë, puisque la plupart des terres où il se trouve appartiennent bien à l'histoire juive, mais que le cœur de leur Histoire ne leur est pas reconnu par la société internationale, c'est-à-dire Jérusalem, le royaume de Juda et une bonne partie de l'ancien royaume d'Israël. Lorsque Begin décrète que le Golan fait partie d'Israël, c'est une erreur, une erreur qui sera payée... Toutes les erreurs sont toujours payées. »*

**Dimanche 21 février 1982**

Le franc belge est dévalué de 8,5 %, et la couronne danoise, de 3 %. Le Luxembourg, dont le franc doit obligatoirement suivre le franc belge, demande un réexamen de l'Union économique belgo-luxembourgeoise.

Le franc français aurait pu suivre. Mais nul n'est encore préparé aux économies budgétaires et au contrôle des prix que cela exigerait. L'OCDE continue de nous rassurer : la politique économique française devrait parvenir à dominer l'inflation.

A l'Élysée, François-Xavier Stasse s'inquiète : par des notes rigoureuses, impitoyables, sans le moindre commentaire superflu, il informe le Président sur la situation de plus en plus incontrôlée du déficit budgétaire. Celui-ci annote : *« Vu »*, ou *« Qu'en pense Jacques Delors ? »*

**Lundi 22 février 1982**

Au Conseil de Défense, le second du septennat, réunissant le Président, le Premier ministre, quatre ministres et les principaux chefs militaires, François Mitterrand décide de faire poursuivre les études permettant de décider un jour de la fabrication de l'arme à neutrons. Il décide aussi que l'objection de conscience donnera lieu désormais à une forme de service national. *« Il faut choisir d'abord entre une armée de métier et une armée de conscription. Cette dernière demeure pour nous la règle, même s'il y a une forte proportion de professionnels dans les forces nucléaires et dans la Marine notamment. Notre armée reste une armée nationale. On a veillé à ne pas faire des coupes trop importantes. Au départ, il avait été envisagé une réduction d'effectifs de 50 000. On arrive finalement à une réduction de 35 000, dont 22 000 pour l'armée de terre. Ceci est compensé par une rapidité d'intervention accrue. Le service militaire devra être réduit un jour, mais pas trop, précisément pour préserver cet aspect d'armée nationale. Nous pouvons considérer que nous avons réalisé une bonne synthèse, sans trop pencher du côté de l'armée de métier et sans renverser la stratégie, ce qui aurait été nécessaire si l'on avait voulu pencher davantage du côté de l'armée nationale. »*

Première discussion sur la loi de programmation. Les uns préfèrent parler en francs courants, d'autres en francs constants. Jean-Louis Bianco propose d'établir une liste des réalisations de matériels, d'équipements, de personnels qui sont indispensables pour la Défense, quel qu'en soit le prix. François Mitterrand : *« Très bien. Ceci ne veut pas dire que le prix soit indifférent. Les considérations de prix devront conduire à un examen critique des demandes formulées par l'armée et à une appréciation sur le caractère indispensable ou non des éléments qui sont ainsi retenus. Il n'y a pas de raison de penser que les demandes de l'état-major sont toujours fondées. Pour la réalisation de cette liste, on prend rendez-vous en 1986 afin de voir où l'on en est et procéder éventuellement aux réévaluations nécessaires. »* Charles Hernu : *« Tout cela correspond à une estimation de 700 milliards de francs 1983. »*

Ronald Reagan remercie François Mitterrand d'avoir accepté de participer à l'émission sur la Pologne. Recevant le message, le Président lui téléphone : *« Et si je venais déjeuner avec vous ? »* Reagan, surpris, accepte.

Cheysson, prévenu par François Mitterrand, doit convenir de la date avec Haig, sans en prévenir qui que ce soit à Paris, ni notre ambassadeur à Washington. Sur son agenda auquel a accès, entre autres, le secrétaire général de l'Élysée, le Président fera écrire « Latché » face aux dates possibles : *« Trop de gens,* explique-t-il, *auraient intérêt à faire capoter cette rencontre. »*

**Mardi 23 février 1982**

Le quarante et unième Sommet franco-allemand est pour jeudi prochain. Bien des choses à voir avec nos voisins. Comme il le fait parfois, Jacques Delors adresse trois notes au Président à ce propos : l'une sur la nécessité de réduire en commun les taux d'intérêt, une autre suggérant de créer un groupe de travail conjoint pour décider de la coopération industrielle franco-allemande, la troisième pour établir une position commune face au protectionnisme nippon, avant le Sommet de Versailles.

Dans une interview à la télévision colombienne, Menahem Begin, critiquant la déclaration de Claude Cheysson sur la création d'un État palestinien, souhaite que la France *« s'occupe de ses affaires et de l'autonomie de la Corse, au lieu de se soucier des territoires d'Israël ».*

François Mitterrand : *« Bien vu ! Begin a raison. Cheysson aurait mieux fait de se taire ! »*

Dans la même interview, Begin évoque *« la possibilité d'une intervention militaire au Sud-Liban en cas d'opération terroriste ».* La phrase passe inaperçue.

Par référendum, le Groenland refuse d'adhérer à la CEE.

**Mercredi 24 février 1982**

Au Conseil des ministres, Claude Cheysson, dans son exposé hebdomadaire de politique étrangère, relève ce que Begin a dit de lui. François Mitterrand réplique : *« La réplique de Begin ne m'a pas choqué. La Corse, après tout, n'est française que depuis 1768 ; c'est tout de même plus récent que le temps d'Abraham ! Même si nous nous indignons, c'est une bonne réplique. Mieux vaut en tout cas ne pas s'exposer à ce qu'il la fasse une deuxième fois. Je comprends le jeu des Israéliens ; ils se font de plus en plus menaçants afin de nous amener à prononcer des paroles allant de plus en plus loin, pour les rassurer. Il n'est d'ailleurs pas besoin de tout approuver dans la politique d'un pays pour y aller. Je vais dans beaucoup de pays sans approuver leur politique. J'irai en Amérique du Sud, aux États-Unis. Pourquoi n'irais-pas en Israël ? Si je ne vais pas au Chili ou en Afrique du Sud, ce n'est pas parce que je suis empêché d'y aller, c'est par ma propre volonté. De même, je n'irai pas dans la Pologne de Jaruzelski. Mais pourquoi n'irais-je pas en Israël ? J'y vais même avec un certain plaisir, conscient des difficultés à vaincre. Dans ce petit canton du monde, chaque pierre cache un serpent. Inutile de les soulever inconsidérément (...).*

*Il y a manifestement, en ce moment, des tentatives de sabotage de la politique que nous menons au Proche-Orient. On redoute notre politique et on s'attache à en réduire les effets. Tout mot favorable aux Arabes est tiré dans un sens hostile à Israël ; toute manifestation de solidarité à l'égard d'Israël est considérée comme une trahison envers les Arabes. Ce n'est pas d'un double langage que nous souffrons, mais de notre volonté de tenir un langage unique. Je rappelle l'importance du langage codé dans la diplomatie, c'est pourquoi tout changement de mot, tout changement de virgule est considéré comme un changement de fond. C'est d'ailleurs la raison pour laquelle je parle le moins possible, afin de ne pas entrer dans l'engrenage, afin de ne pas donner prise aux accusations de renversement de politique ! C'est une matière délicate qui exige qu'on ne parle pas, ou qu'on parle le moins possible. Nos interlocuteurs doivent apprécier notre politique d'après les faits, d'après nos actes, et non d'après ce que nous disons. C'est d'ailleurs ce que j'avais déjà compris, et c'est ce que je faisais naguère comme chef d'un parti politique.*

*Notre thèse est toujours la même : Israël doit avoir les moyens d'exister ; cela, pratiquement plus personne ne le conteste. Ces moyens d'exister, ce sont des garanties de toutes sortes. Il y a aussi le problème des territoires occupés. Ces territoires ne sont pas tous de la même nature. On peut distinguer entre ceux qui sont considérés comme historiquement dévolus par un contrat entre un peuple et son Dieu : la Samarie et la Judée, c'est-à-dire la quasi-totalité de la Cisjordanie ; mais il se trouve qu'elle est peuplée surtout d'Arabes. Puis il y a les autres territoires, qui n'ont jamais appartenu aux Juifs : le Golan, le Sinaï... Ceux-ci, c'est de la conquête pure et simple, ils n'ont aucun caractère sacré ; ils ne font pas partie du contrat entre le peuple élu et son Dieu. La Cisjordanie a des frontières fixées depuis la Seconde Guerre mondiale et qui ne sont pas très commodes pour Israël ; on peut comprendre qu'Israël ne puisse laisser certains de ses territoires sous le feu de l'ennemi. J'ai moi-même parcouru la route qui longeait la frontière ; s'il y avait négociation, les négociateurs pourraient rectifier légèrement ces frontières. De même faudrait-il trouver un statut particulier pour Jérusalem, mais qui ne soit pas la validation de l'occupation. Les Juifs y ont un droit depuis trois mille ans, mais c'est une ville à 95 % arabe... En le disant, nous ne nous mêlons pas des affaires de M. Begin, mais des affaires de la paix ! C'est un casse-tête effroyable, mais certainement soluble par la négociation. Mais qui veut négocier ? Seulement, si on ne négocie pas, on laisse le champ libre à l'action des deux Grands...*

*D'ici mercredi, date de mon départ, nous ferons certainement l'objet de mille provocations pour empêcher mon voyage. Le moindre mot sera interprété et exploité. C'est pourquoi je préfère ne rien dire, même si le silence aussi est interprété. Le peu que je dirai en Israël sera déjà de trop ; et le moindre mot que l'on dit en pays arabe est aussi de trop !*

*Notre situation dans les pays arabes est finalement meilleure qu'on ne le dit. Nos rapports sont très bons avec l'Égypte, l'Algérie, la Tunisie ; ils ne sont pas mauvais avec le Maroc ; pas mauvais avec la Jordanie, et même, ils deviennent plutôt bons ; certainement bons avec l'Irak : on entend rarement des mots aussi encourageants que ceux que j'ai entendus. Nous avons quelques problèmes avec le Koweït et Abou Dhabi. Mais Aden demande la coopération avec la France. Nous avons de bonnes relations avec les deux Yémen. Nous avons des relations acceptables avec la Libye. Par contre, nous avons des rapports tendus avec la Syrie, à la fois en raison de ses vues expansionnistes sur le Liban et aussi parce qu'elle redoute l'invasion d'Israël. Il faut que les ministres sachent cela et ne se laissent pas entraîner d'un côté ou de l'autre. La valeur symbolique de mon voyage en Israël devrait balayer les soupçons de ce côté. Il ne m'appartient pas de définir exactement sur la carte quelles seront les limites géographiques de l'entité de la patrie palestinienne. On discute : Jordanie, Cisjordanie... Ce sont les négociateurs qui décideront. La France n'est pas un arbitre, n'est pas un médiateur, n'est pas non plus un négociateur, mais les Palestiniens ont droit à une patrie. »*

Départ pour une « visite officielle de travail » à Rome. C'est l'expression utilisée jusqu'ici pour désigner ce type de réunions. Il est décidé de les appeler dorénavant « Sommet », comme ceux qui existent déjà avec l'Allemagne et l'Angleterre, de sorte à rééquilibrer la Communauté vers le sud. Il en faudra aussi avec l'Espagne. Ces rencontres sont très utiles et permettent de régler bien des problèmes.

Décidément, l'emploi ne relève pas du remède miracle : malgré la relance de juin, malgré les nationalisations du mois dernier, la durée du chômage s'allonge ; jamais les offres d'emplois n'ont été aussi faibles. Au rythme actuel, il y aura en 1987 deux millions de chômeurs. Inacceptable !

Or il n'y a pas de solution simple au problème. Une croissance de 3 % ne crée que 150 000 emplois, alors que 250 000 personnes arrivent chaque année sur le marché du travail. Et, de toute façon, une telle croissance créerait un déficit extérieur de 100 milliards. Le choix est donc clair : chômage ou déficit extérieur. Ni les contrats de solidarité ni la réduction de la durée du travail, sauf si elle est massive, ne pourront y pallier.

Je communique au Président ces informations, reçues des Finances et transmises par F.-X. Stasse. Il annote : *« Me garder cette note pour la mi-avril. »* Pourquoi mi-avril ? Envisage-t-il de réaménager le gouvernement après le Conseil européen de mars ?

Sur les ondes de *Radio Chamalières libre*, le Président Giscard d'Estaing annonce qu'il sera candidat aux... cantonales.

Le Sommet franco-allemand a lieu cette fois à Paris. Le rituel, hérité du précédent septennat, est maintenu : chaque Sommet commence par un entretien entre François Mitterrand et le Chancelier, suivi d'un autre entre le Chancelier et le Premier ministre français, puis d'un dîner des deux délégations. Le lendemain, pendant que le Premier ministre français parle d'économie avec les ministres allemands, le Président et le Chancelier se revoient avec leurs ministres des Affaires étrangères. Le tout est suivi d'une réunion élargie où chacun rend compte devant les autres de ce qu'il a fait. Une conférence de presse, puis un déjeuner clôturent la rencontre.

Cette fois, on parle surtout de la politique vis-à-vis de l'Est. Pour Helmut Schmidt, tout s'articule autour de l'idée qu'il faut tout faire pour préserver la possibilité d'une réunification. La plupart des diplomates allemands chargés de ces affaires sont originaires de Prusse orientale ou de Saxe et ont fait toute leur carrière professionnelle dans l'*Ostpolitik*. Ils considèrent qu'à l'Ouest, personne ne connaît mieux les Russes qu'eux. Ils sont, disent-ils, en première ligne, la France n'est qu'« au premier balcon », et la Grande-Bretagne « au second ». Ils ne nourrissent guère d'illusions sur la détente, incriminant à tout propos le manque de fermeté occidental. Ils n'ont aucun doute sur la capacité de l'Ouest (plus particulièrement de la RFA) de gagner, à long terme, la compétition économique avec l'Union soviétique. Pour eux, aucun contact politique ne doit être exclu, alors qu'il convient de limiter au maximum les contacts économiques —, ce qui est très exactement l'inverse de la position française.

**Jeudi 25 février 1982**

Au petit déjeuner, François Mitterrand et Helmut Schmidt discutent des « Négociations Globales ». La France et la RFA demanderont ensemble à Versailles qu'elles commencent dans les principaux forums spécialisés — FAO et Banque mondiale —, sur les questions les plus mûres (alimentation et énergie), en contournant l'obstacle d'un démarrage formel en Assemblée générale de l'ONU, qui inquiète si fort les Américains. Le caractère global des négociations se confirmerait peu à peu, au fur et à mesure de leurs progrès. C'est une grande concession faite aux Américains. Le Tiers Monde tenait beaucoup à marquer d'emblée la prééminence de l'Assemblée générale.

Réunion destinée à préparer le Comité interministériel du 3 mars sur les droits de la femme. De nombreux projets sont proposés par Yvette Roudy : emploi-formation, loi antisexiste, loi sur le statut des femmes de commerçants et d'artisans, droits propres pour la retraite, capacité fiscale et autonomie fiscale de la femme mariée, système de recouvrement des pensions alimentaires impayées, libéralisation des conditions d'accès à la contraception et à l'IVG.

Par un message déposé à l'ambassade de France à La Haye, Carlos exige la libération de Magdalena Kopp et Bruno Bréguet. Gaston Defferre en avise le Président ; il est très inquiet : en cas de refus, Carlos annonce des représailles.

Merril Lynch, la firme dont le secrétaire au Trésor, Don Regan, était président jusqu'en avril 1981, organise des sorties de capitaux de France. Cette filière fonctionnait déjà à l'époque où Don Regan présidait le groupe et il était donc au courant. Le Président décide pourtant de ne pas soulever le problème avec les Américains.

En raison de la tension grandissante en Cisjordanie et de l'annexion du Golan, le Conseil de sécurité décide de renforcer de 1 000 hommes la Force intérimaire des Nations-Unies au Liban (FINUL), qui atteint maintenant 7 300 hommes.

**Vendredi 26 février 1982**

Un Sommet des pays du Sud s'ouvre à New Delhi. Indira Gandhi demande à voir d'urgence le *sherpa* français afin d'en faire connaître les conclusions aux Sept.

**Samedi 27 février 1982**

Nouvelle réunion des *sherpas*, cette fois à Rambouillet, là même où se tint le premier Sommet à Quatre en 1974.

Myer Rashish est remplacé par son adjoint, Robert D. Hormats, qui fait office de *sherpa* « provisoire ». Il n'est que numéro quatre au Département d'État et n'a donc accès ni au Président ni même, sans doute, au secrétaire d'État : difficile d'être assuré qu'il engage l'Administration. Le nouveau *sherpa* canadien,

Marchand — au prénom étrange de « De Montigny » — est, lui, très proche de Pierre Trudeau.

Pas de consensus ni sur la politique des taux d'intérêt, ni sur le commerce Est/Ouest, ni sur le Nord/Sud. Français et Allemands veulent que priorité soit donnée à la lutte contre le chômage. Les Américains et les Anglais, à la lutte contre l'inflation. Nul n'espère obtenir une baisse des taux américains. Le communiqué sera très bref. Un seul rapport sera présenté, sur « Technologie, Croissance et Emploi », par le Président français. Aucun autre chef de délégation ne souhaite en faire. Dommage : cela aurait pu donner de la rigueur à ces réunions.

L'Europe y est représentée par deux *sherpas* : l'un est envoyé par Gaston Thorn, l'autre est le Premier ministre belge. C'est inévitable puisque, cette année, les présidences de la Communauté sont assurées au premier semestre par les Belges et au second par les Danois. Le Premier ministre belge, invité au Sommet, sera donc présent aux deux dîners des chefs d'État, avec le président de la Commission.

Trudeau, me dit Marchand, souhaiterait voir François Mitterrand avant Versailles. Le Président ira le voir en rentrant de Tokyo, à la mi-avril. Compte tenu de son prochain voyage à Washington, il aura ainsi rencontré chez eux tous les participants au Sommet dont il est l'hôte. *« Simple courtoisie »*, dit-il. Nul ne l'avait fait avant lui.

**Lundi 1er mars 1982**

Le Président, provincial, n'aime pas les énarques : *« Conformistes, incapables d'écrire en français, coupés du peuple, réactionnaires. »* Dans son entourage, ces techniciens sont tenus en lisière. Au sein du gouvernement, mis à part Claude Cheysson et Jean-Pierre Chevènement, aucun énarque n'occupe un rang élevé.

Le rapport qu'il a demandé il y a quelques mois à un ami sociologue, Jean-François Kessler, sur la réforme de l'ENA, propose la transformation et la démocratisation du recrutement (2 places sur 10 seraient laissées aux syndicalistes, élus locaux, militants associatifs), l'égalisation des carrières, l'intégration des Grands Corps dans des filières plus vastes, le regroupement des instances de contrôle en une Inspection générale de l'Administration.

Enthousiaste, le Président écrit à Le Pors :

> *« Les principales propositions du rapport concernant la démocratisation du recrutement à l'ENA à travers la préparation au concours externe et l'augmentation de l'importance du concours interne, emportent ma conviction. L'adaptation de l'ENA à de nouvelles missions va de soi ; enfin, l'intégration dans la haute fonction publique de personnalités ayant acquis une expérience dans d'autres activités est hautement souhaitable ; de même qu'un effort pour homogénéiser, du point de vue financier, les carrières de tous les anciens élèves de l'ENA, est probablement nécessaire (...). J'ai lu avec une grande attention les propositions concernant les "Grands Corps" et je suis acquis à l'idée de leur intégration dans des ensembles plus vastes autour de fonctions spécifiques. Enfin, je ne vois que des avantages à la création d'une Inspection générale de l'Administration, si celle-ci doit favoriser une meilleure coordination des instances de contrôle et un retour de l'Inspection des Finances à sa vocation première. »*

Si cette lettre avait été mise en œuvre, l'administration française en aurait été bouleversée. Les meilleurs fonctionnaires auraient été contraints d'aller dans les ministères les moins à la mode. Syndicalistes et cadres d'entreprises auraient rejoint l'État... Mais l'idée de réforme sera rapidement enterrée. Au lieu d'être considérée comme une chance par les élites, cette ouverture est perçue comme une punition. Robert Lion à Matignon, Claude Cheysson au Quai, Jacques Delors aux Finances bloqueront toutes les velléités du Président en la matière. La leçon est malheureusement simple : il est impossible de réformer l'État sans l'accord de la haute fonction publique. Surtout quand on a tant besoin d'elle.

Le projet de décret sur l'IVG est transmis pour avis au Conseil d'État sans avoir été soumis au Président. Telle est la pratique normale.

Le Président attache la plus extrême attention aux mouvements de préfets. Je découvre qu'il en connaît personnellement plus de la moitié.

**Mardi 2 mars 1982**

Le Président part demain pour Israël alors que des bruits de bottes se font entendre à la frontière libanaise. Une note du Quai résume la situation :

> *« L'attitude israélienne à l'égard de Paris est fondée sur la méfiance née en 1967, qui ne s'est pas totalement dissipée depuis mai 1981, et la conviction que ni Paris ni l'Europe ne doivent jouer de rôle au Proche-Orient. Israël attend donc de la visite du Président la fin d'un ostracisme et la légitimation d'un état de fait. Et probablement une certaine "autoneutralisation" de notre pays, paralysé entre le refus d'Israël de lui voir jouer un rôle et le rejet des Arabes qui lui reprochent de s'être "compromis avec Israël". »*

Fine analyse où filtre le mépris critique des diplomates vis-à-vis de la politique actuelle. François Mitterrand s'en amuse : *« J'aimerais mieux avoir ce voyage derrière moi que devant moi. »*

Claude Cheysson n'a pas encore compris : il veut convoquer l'ambassadeur d'Israël et lui demander des explications sur les critiques de Begin à son égard. Interrogé, le Président répond : *« Laissez tomber pour l'instant. »*

En Pologne, la crise use tous les acteurs. Tandis que la main du Kremlin se fait plus lourde, quitte à risquer de déstabiliser le général Jaruzelski et à entraîner l'Armée rouge dans l'action, *Solidarité*, l'Armée et l'Église polonaises ne communiquent plus. Une liaison s'amorce entre le Vatican et Moscou par Polonais interposés. Dans un message confidentiel adressé au général Jaruzelski, Jean-Paul II demande l'abrogation de l'état de guerre avant Noël : *« La paix dépend du respect des droits de l'homme et de la nation. »* L'URSS lui répond publiquement *« que le partage de l'Europe est irrévocable »*. Les Soviétiques misent, comme toujours, sur le temps et le désespoir des Polonais.

François Mitterrand : *« Nous devons par tous les moyens possibles contribuer à leur donner tort et, en tout cas, nous préparer à une crise longue. »*

Le Conseil d'État rend son avis sur le projet de décret concernant le remboursement de l'IVG : si le motif de l'IVG n'est pas thérapeutique, il n'entre pas dans le cadre prévu par le Code de Sécurité sociale, et il faut créer une nouvelle catégorie de prestations. Pour cela, il faudrait modifier le code de la Sécurité sociale et voter une nouvelle loi.

**Mercredi 3 mars 1982**

Mort de Georges Perec dont la rigueur, l'humour et l'inventivité m'éblouissaient. *Le Cabinet d'amateur* ? Un des grands livres du siècle.

La loi de décentralisation est promulguée. Formidable affaiblissement de l'État parisien. Les préfets, devenus commissaires de la République, vivent ce changement comme une apocalypse.

Le PCF et le PC chinois rétablissent des relations. Il ne faudrait pas que, par là, s'installe quelque chose comme une diplomatie parallèle. Cheysson y veille.

Comité interministériel, en présence du Premier ministre, sur le remboursement de l'IVG. Il est décidé que, dans le projet de loi sur la Sécurité sociale, figurera une disposition visant à compléter l'Article L. 283 du Code de la Sécurité sociale ; et que le remboursement de l'IVG sera effectif à partir du 1er septembre 1982.

Une fuite dans la presse du soir révèle la décision de faire voter une loi autorisant ce remboursement de l'avortement. Le Président est fou de rage ; il lance à Mauroy : *« Je n'ai pas autorisé cette décision, je suis contre cette banalisation de l'avortement et on ne me forcera pas la main par presse interposée ! »*

François Mitterrand s'envole pour Israël. Dans l'avion, il travaille à son discours de demain matin à la Knesset. Il invite à sa table trois journalistes transfigurés par cette insigne faveur.

Premier chef d'État français — depuis saint Louis en 1251 — à venir en Terre sainte, François Mitterrand s'y rend en fait pour la septième fois. Un de ses fils y a même passé un an dans un kibboutz. A l'aéroport Ben Gourion, Menahem Begin, malade, est en chaise roulante. A Jérusalem, la cérémonie du pain, du sel et du vin, avec le maire de la ville, Teddy Kolek, est émouvante. Consigne a été donnée qu'aucun d'entre nous n'aille en Vieille ville.

En fin d'après-midi, premier entretien avec Begin dans une grande pièce austère jouxtant son bureau, comme une salle d'état-major. Il fait déployer des cartes pour désigner d'où, au Liban, viennent les commandos palestiniens. Les officiers qui l'entourent approuvent : *« Je suis prêt à accepter le renforcement de la FINUL si cela peut accroître la sécurité du pays. Il n'est pas question pour moi d'entrer au Liban, sauf si Israël est attaqué. »* Cette obsession du Liban n'annonce pourtant rien de bon.

Pendant le dîner à la Knesset, François Mitterrand laisse de côté le texte préparé par le Quai d'Orsay et improvise :

*« Je me souviens de l'enseignement de ma mère qui, déjà, me décrivait la Bible, sa lecture quotidienne, comme le livre de raison d'un peuple, le peuple juif, et qui ajoutait : "Juifs, nous ne le sommes pas, et pourtant cette histoire, elle est un peu la nôtre"...*

*Il me semble que cette volonté exprimée à travers les temps, au long des millénaires, dans la joie et dans le malheur, épouse la philosophie, la quête permanente de l'homme en lutte avec son destin, la recherche de l'unité. L'unité d'une famille et l'unité d'un peuple, l'unité d'une nation. L'unité des nations et des peuples sur la surface de la terre. Mais, à travers tout cela, l'unité en soi-même, pour soi-même rechercher sa propre explication du monde dans l'unité du monde. Y a-t-il recherche plus noble ? Je crois que bien peu de peuples, à travers leur histoire, ont apporté une égale contribution à cette recherche et peut-être à cette découverte que le peuple qui, aujourd'hui, me reçoit dans cette ville...*

*Je me souviens de ces premiers jours, alors que j'étais captif, prisonnier de guerre en Allemagne, dans l'Allemagne de Hitler, après avoir été blessé, je me souviens de ce premier questionnaire dans un petit commando au cœur de l'Allemagne, en Thuringe, dans ce monde inconnu où nous étions devenus des soldats anonymes, pour combien de temps, face à cette Allemagne-là, triomphante. Et ce questionnaire, parmi bien d'autres choses, interrogeait : Quelle est votre religion ? Et je me souviens de ce camarade qui est resté un ami de ma vie — j'ai demandé à son fils de m'accompagner dans ce voyage, il est là. "Quelle est ta religion ? — Eh bien, je suis juif. Bon, ce n'est pas que je sois très religieux, mais je suis obligé de l'être maintenant, je ne peux pas laisser tomber. Après tout, je ne crois pas, mais, puisqu'on me le demande, eh bien, je suis de religion juive..." Et il a signé, dans cette Allemagne de Hitler, en 1941, sur sa fiche : "Je suis de religion juive." C'était, je crois, la première fois qu'il s'en apercevait...*

*J'avais trente ans et j'étais ministre des Anciens Combattants. Les Anciens Combattants, en France, en 1947, moins de deux ans après la fin de la guerre, il y en avait beaucoup. C'était un problème moderne. L'*Exodus *: je me souviens qu'auprès d'Édouard Depreux, nous avions été quelques-uns à demander, puis à obtenir de la France qu'elle pût se montrer plus généreuse que d'autres, ne pas laisser l'errance se poursuivre. Par fierté, courage ou insolence, les passagers de ce bateau dirent "merci bien" et continuèrent leur route...*

*Quel est le rôle d'un Français dans tout cela ? Il n'est pas de se substituer à ceux qui vivent dans cette partie du monde. Mais vous comprendrez fort bien qu'un ami ne puisse être votre ami que s'il garde sa liberté de jugement et si, croyant vous servir en même temps qu'il convient de servir la paix, il vous dit ce qu'il pense plutôt que le contraire...*

*Je ne suis pas venu pour regarder un arbre en fleurs. Si toutefois j'en aperçois, comme tout à l'heure sur la route, j'essaierai de comprendre le symbole de ce printemps qui vient avec la pluie qui m'accueillait : cette promesse de la moisson. Me pardonneriez-vous si j'y voyais un symbole ? J'attends des relations entre Israël et la France, dans un moment où il convient d'ensemencer, j'y vois la promesse de moissons futures. Le pas du paysan est un pas lent. Il doit épouser le relief du terrain. Il n'a pas beaucoup de temps pour regarder derrière lui. Sa raison d'être est d'avancer et que la terre fructifie. Je souhaite que l'amitié entre Israël et la France soit une façon comme une autre, et parmi les meilleures, de préparer la moisson. Celle qui nous apportera les fruits après les fleurs. Les fruits de la paix, de la prospérité, les fruits de l'amitié. »*

François Mitterrand me confiera plus tard que, pendant le dîner, il a beaucoup insisté auprès de Begin pour que l'armée israélienne n'entre pas au Liban. *« Je crois l'avoir convaincu. S'ils y vont, ce sera seulement sur quelques kilomètres. »*

Après le dîner, le physicien-philosophe Henri Atlan me propose d'aller chez un grand maître religieux, le Rav Kook. Comme le Président me retient pour travailler sur son discours de demain, Atlan emmène Michel Rocard. Surréaliste rencontre.

**Jeudi 4 mars 1982**

De Paris, Georgina Dufoix, ministre délégué à la Famille, écrit au Président pour suggérer de mettre, dans son discours du 8 mars, l'accent sur la politique familiale (en raison des réactions suscitées par l'annonce du remboursement de l'IVG).

A Jérusalem, après le dîner, François Mitterrand et moi travaillons jusqu'à trois heures du matin dans sa chambre. Il ne reste rien du projet du Quai, pourtant déjà revu par Hubert Védrine. Ce discours devant la Knesset n'a rien à voir avec le texte improvisé tout à l'heure. Il faut y parler de la paix, des Palestiniens, de l'OLP. Chaque mot va compter et sera scruté à la loupe dans toutes les capitales.

A 5 heures, le Président me fait revenir dans sa chambre, cette fois avec Claude Cheysson. Il nous lit son discours à haute voix. Plusieurs fois, en d'autres occasions, il l'a fait et le refera devant moi. Ici, la scène revêt ce matin-là un tour particulier dont chacun de nous est conscient.

Une phrase nous prend vingt minutes de mise au point : *« Comment l'OLP, par exemple, qui parle au nom des combattants, peut-elle espérer s'asseoir à la table des négociations tant qu'elle déniera le principal à Israël, qui est le droit d'exister et les moyens de sa sécurité ? Le dialogue suppose que chaque partie puisse aller jusqu'au bout de son droit, ce qui, pour les Palestiniens comme pour les autres, peut, le moment venu, signifier un Etat. »*

Pour sa conclusion, Henri Atlan a traduit en hébreu une phrase qui passera inaperçue, sauf de Begin : *« Longue vie au peuple d'Israël ; longue vie aux peuples d'Israël ! »*

Pas le temps de faire retaper le discours. Le Président s'arrangera avec le brouillon. Michel Vauzelle s'arrache les cheveux : il n'a pas de texte à donner aux journalistes.

A la Knesset, le silence s'installe :

*« Pourquoi ai-je souhaité que les habitants arabes de Cisjordanie et de Gaza disposent d'une patrie ? Parce qu'on ne peut demander à quiconque de renoncer à son identité ni répondre à sa place à la question posée. Il leur appartient, je le redis aux Palestiniens comme aux autres, de quelque origine qu'ils soient, de décider eux-mêmes de leur sort. A l'unique condition qu'ils inscrivent leur droit dans le respect des autres, dans le respect de la loi internationale et dans le dialogue substitué à la violence. Je n'ai, pas plus qu'un autre, à trancher qui représente ce peuple et qui ne le représente pas.* "N'excluez de la négociation aucun sujet quel qu'il soit (...). Je propose, au nom de l'immense majorité des membres du Parlement, que tout soit négociable", *disiez-vous, ici même, Monsieur le Premier ministre, vous adressant au Président Sadate, le 20 novembre 1977.*

*... Je ne sais s'il y a une réponse acceptable par tous au problème palestinien. Mais nul doute qu'il y a un problème et que, non résolu, il pèsera d'un poids tragique et durable sur cette région du monde. J'en parle non seulement parce que j'obéis à ce que je crois être mon devoir, mais aussi parce que la paix mondiale, déjà si compromise, voit s'accumuler de nouvelles menaces dans les secousses de l'Europe et dans les conflits multiples du Proche-Orient et du Moyen-Orient. Toute crise locale, Mesdames et Messieurs, toute crise régionale qui dure, attire comme un aimant les puissants de ce monde qui cherchent toute occasion d'exercer leurs rapports de force. Toute crise locale ou régionale qui dure échappe un jour à ses protagonistes au bénéfice de plus forts qu'eux. »*

La phrase sur l'OLP provoque des ondes dans les rangs des religieux. Begin répond avec fureur, mettant de nouveau en cause les déclarations de Claude Cheysson de la semaine dernière : *« Le principal obstacle à l'unité profonde de la France et d'Israël est le soutien de la France au principe d'un État palestinien. »* François Mitterrand reste impassible.

Dans l'après-midi, Begin propose d'acheter à la France une centrale nucléaire ; le Président se dit prêt à étudier cette demande *« dans les mêmes conditions que la reconstruction de Tamouz »*.

Suicide à Marseille de René Lucet, directeur de la Caisse primaire d'Assurance maladie des Bouches-du-Rhône, à qui Nicole Questiaux, ministre de la Solidarité nationale, a retiré son agrément à la suite de la découverte de pratiques douteuses dans la gestion de la Caisse.

La droite se déchaîne contre cette femme remarquable, ministre intègre, dont l'idéal, depuis si longtemps, est de conjuguer rigueur de gestion et générosité sociale. Et qui, depuis un an, par son exceptionnelle capacité, a fait plus pour la modernisation de la Sécurité sociale que tous les ministres des vingt années précédentes.

Gaston Defferre dit avoir des preuves des liens existant entre les terroristes corses, irlandais et palestiniens. Sans plus. L'affaire Carlos continue de l'inquiéter.

**Vendredi 5 mars 1982**

Au Conseil des ministres, déplacé en raison de sa visite en Israël, François Mitterrand rend compte de son voyage. Il se montre optimiste sur l'avenir de la paix à la frontière libanaise : *« Je ne veux pas en dire plus : mon voyage a évité au Liban une aventure douloureuse. »*

Dans l'après-midi, il écrit au Président Moubarak pour l'informer des conversations qu'il a eues en Israël, en particulier sur le Liban :

> *« S'agissant du Sud-Liban, ils se sont défendus d'avoir envisagé une intervention armée et ont dénoncé à ce sujet la* "campagne d'intoxication" *dirigée contre eux. Ils affirment toutefois, dans le même temps, qu'ils sont prêts à agir si les Palestiniens mènent des actions de force contre Israël. Je note cependant qu'ils n'expriment pas d'objections au renforcement de la FINUL, auquel la France est prête à contribuer. »*

Par une indiscrétion, si fréquente dans la police, l'ultimatum de Carlos au gouvernement français est communiqué à la presse.

Chaque jour, je constate davantage à quel point les institutions poussent à l'hypercentralisation du pouvoir. Pas un détail dont l'Élysée ne soit saisi ; pas une note d'un collaborateur, informant le Président d'une réunion tenue à Matignon ou au groupe socialiste, qui n'appelle décision. Le plus souvent, sur ces notes, il inscrit un *« Vu »* ou un *« Laissez le gouvernement décider »*, destinés à rappeler ses correspondants aux règles constitutionnelles.

Si l'ivresse du pouvoir saisissait un Président appuyé sur une majorité confortable, il ne serait pas une vie privée, pas une carrière, pas une réputation qui resteraient à l'abri de ce pouvoir absolu. Sans doute trente ans de vie parlementaire dans l'opposition protègeront-elles François Mitterrand de pareils dérapages. Mais voilà un effrayant système, bien menaçant pour l'avenir.

**Samedi 6 mars 1982**

Les assassins d'Anouar el Sadate sont condamnés à mort.

Ronald Reagan insiste ; il s'inquiète à nouveau des conditions de crédit consenties par les Européens de l'Ouest à l'Union soviétique :

> *« Lors de notre rencontre à Ottawa en juillet dernier, j'avais exprimé ma profonde préoccupation face à la manière dont nous avions laissé l'URSS utiliser ses relations économiques et commerciales avec l'Ouest pour améliorer sa puissance industrielle et militaire dans un sens profondément menaçant pour les intérêts occidentaux (...). Un autre sujet qui me préoccupe est la façon dont les gouvernements occidentaux, ainsi que les banques, ont, en entrant en compétition pour octroyer des crédits à l'URSS, pris des risques financiers croissants en ce domaine, lequel est principalement subventionné par les gouvernements. Le résultat de ce processus est que l'Occident subventionne le développement économique de l'URSS et permet ainsi aux Soviétiques d'affecter davantage de ressources à leurs projets militaires. Je crois que nous devrions agir conjointement pour stopper ou réduire ce flot de ressources vers l'URSS et limiter nos engagements. Une telle action serait particulièrement appropriée maintenant, compte tenu de la menace croissante que fait peser sur la vie internationale le comportement de l'URSS ainsi que la poursuite de son programme d'armement, à un moment où, par ailleurs, l'ensemble du bloc soviétique se trouve dans une situation financière précaire. »*

Reagan ajoute qu'il demande à un sous-secrétaire d'État, James L. Buckley, de *« rendre visite à l'Europe de l'Ouest (...). Mon but, en vous écrivant aujourd'hui, est de vous exprimer mon espoir que cette mission sera bien reçue en France. »*

Sa lettre n'est qu'une circulaire. L'expression *« rendre visite à l'Europe de l'Ouest »* nous choque : comme si l'Europe n'était qu'un tout indissociable, un magma. Ces crédits, lui-même en accorde de semblables pour vendre du blé américain. Seulement voilà : il n'a pas de gazoduc à construire...

François Mitterrand : *« Quelle mauvaise foi ! Il faut crever l'abcès ! »*

Claude Cheysson rappelle le général Haig et confirme le rendez-vous entre François Mitterrand et Ronald Reagan. Il faut parler du contrat avec le Nicaragua, de l'usine de composants pour les centraux téléphoniques MT 20 : *« Je veux lui dire que j'y renonce avant qu'il ne me le demande. Sinon, je ne pourrai pas y renoncer. »*

Ce sera le 12 mars, et nous irons en avion de ligne, pour éviter que qui que ce soit ne soit trop à l'avance au courant.

Afin d'empêcher le déploiement des Pershing, Leonid Brejnev annonce l'arrêt du déploiement des SS 20 à l'ouest de l'Oural. Au lieu des 324 initialement prévues, il n'y aura que les 189 fusées déjà déployées. Les Soviétiques poursuivront leur déploiement à l'est de l'Oural, d'où ils peuvent d'ailleurs encore atteindre la France.

Le geste est donc de pure propagande. Mais les opinions de l'Ouest peuvent se laisser séduire. Et la double décision de 1979 serait sans doute impossible à prendre aujourd'hui. L'Allemagne glisse, Helmut Schmidt est de plus en plus affaibli. Si Genscher le lâche, qu'arrivera-t-il ?

**Lundi 8 mars 1982**

Journée de la Femme : des femmes sont reçues à l'Élysée et le Président annonce diverses réformes, mais pas le remboursement de l'IVG. Insistant sur la liberté de choix, il encourage les mesures en faveur de l'égalité professionnelle. Il rappelle également ce que le gouvernement a déjà fait pour les familles.

Au même moment, Pierre Mauroy, au ministère des Droits de la Femme, confirme publiquement la décision du Comité interministériel du 3 mars : le remboursement de l'IVG sera effectif le 1er septembre.

Le Président est extrêmement mécontent : une décision, prise en Comité interministériel et annoncée publiquement sans qu'on lui ait demandé son avis, se trouve confirmée. Il a pourtant déjà fait part à Mauroy de son opposition.

Pour tenir compte de la nouvelle loi de nationalisations, l'État doit aussi payer plus cher les 51 % de Matra. En Comité interministériel présidé par le Premier ministre, on constate que le prix est de 1 200 francs au lieu de 900 francs l'action ; 400 millions de plus qu'on ne peut trouver qu'en réduisant la dotation d'investissements de la Régie Renault. Bravo au Conseil constitutionnel qui fait ainsi la fortune d'une quinzaine de personnes et réduit d'autant les investissements des entreprises publiques !

Après l'affaire de l'avenue Trudaine et les manifestations policières, les sanctions continuent de pleuvoir. Le chef de la brigade criminelle à la préfecture de police de Paris est muté ; le directeur de la police judiciaire, relevé de ses fonctions.

Laurent Fabius s'affole : il ne contrôle pas l'exécution du Budget. Il transmet au Président de nouvelles prévisions pour 1982, encore plus alarmistes que celles d'il y a un mois. Certes, la croissance de la production sera de 2,5 %, et celle de l'investissement de 3 % ; l'inflation baissera de 14 % à 11 %. Mais le chômage augmentera jusqu'à frapper 2,1 millions de personnes ; le déficit extérieur dépassera 70 milliards, et le déficit budgétaire atteindra 210 milliards. Inacceptable !

Il faut, dit Fabius, *« une très grande rigueur dans la préparation du Budget 1983 et une très grande sélectivité des dépenses par rapport au critère de l'emploi. En 1982, il faut s'en tenir à un déficit de 3 % du PIB, comme en 1981. Reste un problème politique : faut-il afficher cette rigueur budgétaire ? Cela peut être un thème populaire, mais à condition d'être utilisé au moment adéquat ».*

*« Moment adéquat »*... Autrement dit, ne rien faire jusqu'aux municipales de mars 1983, dans un an. Mais pourra-t-on tenir jusque-là ? Delors pense qu'une dévaluation est inévitable dans les prochains jours. François Mitterrand : *« Rigueur ? Rigueur, pourquoi ? Il faut que la rigueur soit juste socialement ; sinon, je suis contre ! »*

Nicole Questiaux est de plus en plus mal vue par Fabius, par Delors et par Matignon. Lorsqu'elle déclare : *« Je ne suis pas le ministre des Comptes »,* son sort est réglé. Injustement : nul ne connaît mieux qu'elle l'importance des équilibres financiers. Elle n'a fait que rappeler la nécessité d'accélérer les réformes et sa hantise de voir la rigueur, qu'elle sent venir, servir de prétexte à leur arrêt.

Comme tous les lundis, le secrétaire général du gouvernement, Marceau Long, vient soumettre au Président l'ordre du jour du Conseil, proposé par le Premier ministre. Aujourd'hui : mouvements d'ambassadeurs, réglés directement entre le Président et le ministre des Affaires étrangères, sans que le Premier ministre soit consulté.

Ces nominations ne cesseront jamais de me surprendre. La hiérarchie des postes établie par la tradition diplomatique en dit plus sur la nature du Quai d'Orsay que sur la réalité du rayonnement de la France. Les postes sont d'autant plus convoités des diplomates que les résidences sont belles ou les puissances anciennes : Londres avant Tokyo, Rome avant Alger ou Pékin, Lisbonne avant Delhi. Loin derrière, viennent les postes de directeurs à l'Administration centrale à Paris : un diplomate vit mal sans l'apparat de la fonction, et, à Paris, le Quai est pauvre. Les ministres qui s'y sont succédé ne l'ont jamais, jusqu'ici, défendu budgétairement : pour eux, ce serait déroger que de quémander des crédits.

**Mardi 9 mars 1982**

La colère du Président à propos du remboursement de l'IVG par la Sécurité sociale prend une forme écrite. A son opposition personnelle à cette mesure s'ajoute son profond mécontentement face au fonctionnement de la machine gouvernementale. Il n'a pas admis d'avoir été placé devant le fait accompli. Désormais, avant d'être soumis par le Premier ministre au Conseil d'État, tout projet de loi devra recevoir son aval. Le Président écrit donc au Premier ministre, Pierre Mauroy :

> *« Je viens de prendre connaissance de votre exposé d'hier sur les droits nouveaux de la femme. J'y vois le premier dissentiment sérieux entre nous dans la conduite du gouvernement. Non seulement plusieurs des mesures par vous annoncées me paraissent contestables, et en tout cas inopportunes, mais encore et surtout, je ne puis accepter ni la méthode suivie — la nature et l'objet des Conseils interministériels — ni votre volonté d'imposer des décisions que je récuse et à propos desquelles je vous ai fait connaître mes réserves. Cette situation, source de conflits institutionnels et politiques, ne saurait durer sans dommage pour le pays. Je souhaite que nous en parlions sans tarder. »*

Nul ne sait alors dans le pays que l'affaire est bloquée. Tout le monde est convaincu que le remboursement de l'IVG est décidé.

Le Président s'étonne : *« Pourquoi un tel déficit budgétaire ? Pourquoi tout cela dérape-t-il ? »* Parmi les raisons, on lui cite le coût du contrat de fourniture du gaz algérien. *« Comment ? Mais on aurait dû le prévoir dans le Budget ! Ce n'est pas un projet nouveau ! »*

Comme il le fera souvent, le Budget invoque des décisions du Président pour expliquer des dépassements importants de dépenses.

Jack Lang vient présenter à l'Élysée plusieurs grands projets d'architecture pour Paris et la province : la Cité des Sciences de La Villette, le nouvel Opéra, le T.E.P., la Tête Défense, le Louvre, l'Institut du Monde arabe, la Salle de rock à

Bagnolet, le Musée d'Orsay. Le Président ne tient pas spécialement à l'Opéra, dont Lang se fait l'avocat. *« Je ne considère comme mes propres grands travaux que le Louvre et la Tête Défense. Le reste, ce sont des idées de Giscard ou les vôtres. »*

Formidable renouveau du théâtre, dont Lang est l'architecte : Chéreau à Nanterre, Vitez à Chaillot, Mesguish à Saint-Denis.

**Mercredi 10 mars 1982**

Malgré les signaux d'alarme de Delors et de Fabius, les dépenses continuent de déraper. Le Conseil des ministres adopte le plan de revalorisation des traitements des instituteurs.

Pour tenter de calmer la spéculation contre le franc, on rend publique la décision de limiter en 1982 le déficit budgétaire à 3 % du PIB.

Parlant de la livraison éventuelle d'une centrale nucléaire civile française à Israël, dont la presse fait état après son voyage, le Président répète : *« Nous leur poserons les mêmes conditions qu'à l'Irak. »*

A l'issue du Conseil, Pierre Bérégovoy apprend par des journalistes qu'une dépêche d'agence annonce le prochain voyage à Washington du Président. Mortifié, il dit avoir toujours été au courant.

L'ambassadeur américain à Paris, informé par le même canal, fait tout pour assister à la rencontre. De même que notre ambassadeur à Washington : *« Sans quoi,* dit ce dernier, *cette réunion n'aurait aucune chance d'avoir une traduction concrète. »*

William Clark, numéro deux du State Department, placé là par Reagan pour surveiller Haig, et lui aussi tenu à l'écart, demande carrément au Président américain d'annuler l'invitation.

Au déjeuner hebdomadaire des principaux dirigeants socialistes à l'Élysée, la conversation porte sur les trente-neuf heures. Les critiques contre Mauroy fusent. Le Président, toujours furieux à propos de l'IVG, lance au Premier ministre : *« Ces hésitations, ces incohérences sont insupportables... Comment a-t-on pu accepter de surpayer de 2 milliards de francs le gaz algérien alors que rien n'a été prévu à l'avance au Budget pour le financer ? Si le gouvernement est impopulaire, c'est parce que vous supportez les conséquences de la Pologne, de Valence et de l'incohérence gouvernementale ! »*

Rarement François Mitterrand a laissé ainsi éclater sa colère. L'algarade sera rapportée par l'AFP. Qui a parlé ? Jospin pense que c'est Poperen, qui pense que c'est Quilès, qui pense que c'est Joxe. Le Président aimerait annuler ce rendez-vous régulier *(« Ça ne sert à rien, si tout est dans la presse. »)* Il s'en abstient, mais, dorénavant, il y parlera moins librement.

Condamnation à perpétuité d'Anis Naccache et de ses complices.

Un contrat signé en mars 1979 par LMT (filiale de Thomson) prévoyait la livraison d'une usine de centraux téléphoniques à l'URSS et, par un avenant confidentiel, la fourniture d'une usine de composants électroniques nécessaires à ces centraux.

En réunion interministérielle, la décision est prise d'exécuter le contrat principal et de remplacer la fourniture de l'usine de composants par un engagement de livrer seulement les composants nécessaires, fabriqués en France et « dégradés » (c'est-à-dire inutilisables dans le domaine militaire). On informe les autorités américaines de cette décision de principe, sans laisser entendre que Thomson avait, en 1979, accepté de transférer une technologie américaine.

Notre ambassadeur à Alger, Mérillon, est mal vu de ses collègues : trop cultivé, trop intelligent, trop inventif, trop enthousiaste. Les diplomates ont d'ailleurs inventé un verbe : « mérillonner ». Naturellement, celui-ci est péjoratif. Pas à mon goût.

Il me raconte que la venue de Yasser Arafat à Paris avait déjà été envisagée durant l'été 1970 par le Président Pompidou. Le Président s'en était ouvert à lui, alors ambassadeur à Amman. Mérillon avait répondu : *« En invitant M. Arafat, vous allez au-devant de graves problèmes intérieurs. »* Georges Pompidou : *« Ça ne vous regarde pas. »*

Les hommes de pouvoir acceptent volontiers de faire des confidences à leurs subordonnés... à condition que ceux-ci n'en profitent pas pour donner leur avis.

### Vendredi 12 mars 1982

Départ pour Washington par le vol régulier d'Air France en compagnie de Claude Cheysson et du général Saulnier, chef de l'état-major particulier.

Déjeuner dans la petite salle à manger de la Maison Blanche. Il n'y a avec nous que Haig, Clark et Allen. François Mitterrand parle d'abord des taux d'intérêt américains, trop élevés. Puis il en vient à l'Amérique centrale. Il explique qu'à son avis, la politique d'affrontement que pratiquent les États-Unis ne réussit pas et qu'il vaudrait mieux qu'ils emploient en Amérique latine la stratégie que la France a utilisée en Afrique, la « politique du tapis rouge » : *« Noyez-les sous l'assistance, et ils vous rejoindront. Sinon, à force d'avoir tort, vous finirez par avoir raison, car votre politique provoque la révolte et développe le marxisme. Mais si vous ne suivez pas ce conseil, tant pis. Nous n'avons pas l'intention de vous gêner en Amérique latine. »*

**Ronald Reagan :** *Nous ne pouvons tolérer la moindre présence marxiste au sud du Rio Grande. Nous avons peur que, de proche en proche, le Mexique soit atteint par le communisme.*

François Mitterrand cite, pour appuyer sa démonstration, le succès de Carter à Saint-Domingue. Le visage de Reagan se ferme. On passe aux rapports Est/Ouest.

**Ronald Reagan :** *Nous ne sommes pas pressés de négocier. Nous voulons installer les fusées Pershing avant.*

**François Mitterrand :** *L'ennui, c'est que, lorsque vous ne vous entendez pas avec les Russes, les choses deviennent dangereuses pour nous ; mais quand vous vous entendez avec eux, c'est encore pire !*

François Mitterrand explique alors qu'il renonce à la vente de l'usine de composants électroniques à l'URSS, dont ni Reagan ni Haig n'ont entendu parler. A notre grande surprise, les Américains ne parlent pas du gazoduc, mais seulement des conditions de crédit faites aux Soviétiques.

**Ronald Reagan :** *Vendez-leur plus cher vos produits.*

**François Mitterrand :** *Vous aussi, vendez-leur votre blé plus cher !*

Au bout d'une heure de déjeuner, et alors que la conversation revient sur les Pershing, Haig annonce : *« Pas de négociation avant l'installation des fusées. »* Reagan, qui n'a presque pas parlé, intervient : *« Moi je ne crains pas que les Soviétiques fassent la guerre. »* Étonné, François Mitterrand renchérit : *« En effet, ils ont trop souffert de la précédente guerre, cette génération a connu des horreurs. »* Ronald Reagan : *« Non, ce n'est pas cela ! Le Kremlin sait que s'il y a une guerre, les armes du peuple soviétique se retourneront d'abord contre lui. Nous avons des renseignements précis. Jamais les dirigeants soviétiques ne prendront un tel risque. »*

François Mitterrand glisse et parle d'autre chose.

Haig dira un peu plus tard à Claude Cheysson : *« Il n'y a pas eu que Reagan à dire des bêtises pareilles. Quand j'étais commandant de l'OTAN, j'ai entendu Carter déclarer à Schmidt : "Si vous êtes attaqués, ne vous faites pas d'illusions, ne croyez pas que les États-Unis utiliseront l'arme atomique pour vous protéger." Schmidt en fut terrifié. Carter s'est repris, mais trop tard. »*

Les Présidents s'éloignent, pendant le café, dans l'embrasure d'une fenêtre. François Mitterrand explique à Reagan que les dernières livraisons d'armes françaises au Nicaragua soldent un contrat ancien et que ce seront les dernières.

Pendant ce temps, toujours attablé autour du café, Dick Allen me dit à haute voix : *« Tu sais quelle est la dernière blague qui court ici ? Un autobus tombe dans un ravin. Il y a une bonne et une mauvaise nouvelle : la bonne, c'est que tous les collaborateurs du Président étaient dedans ; la mauvaise... c'est que sa place était restée vide ! »* Il rit beaucoup, puis enchaîne : *« Tu sais, ce type est nul. Tu l'as vu ? Il ne fait que lire à haute voix les projets de discours qu'on lui prépare, sans faire aucun commentaire, ni avant ni après. J'en ai assez de travailler pour lui ! En ce moment, je rédige son discours de politique étrangère devant le Congrès. J'ai bien envie de lui faire un coup : je lui donnerais un discours qui dirait quelque chose comme ça...* (Et il se met à déclamer, à deux mètres du Président américain). *"Mesdames et Messieurs les Membres du Congrès, je voudrais vous parler du Moyen-Orient. J'ai voulu réfléchir profondément sur ce sujet et, pour cela, je me suis isolé tout un week-end à Camp David. Et je dois vous dire que j'ai eu une illumination : je suis revenu avec une solution à tous ces problèmes. Pas seulement ceux d'aujourd'hui, mais aussi ceux du millénaire prochain. Pas seulement ceux d'Israël, mais aussi ceux de la Palestine, de l'Irak, de la Jordanie, de l'Égypte, de la Syrie, du Liban..." Là, le Président commencera à s'intéresser à ce qu'il lit et continuera : "Cette solution est simple, si aveuglante que je me demande pourquoi nul n'y a pensé avant moi. Elle tient en fait dans les trois principes suivants..." Là, devant une salle soudain très attentive, il tournera la page et lira : "Et maintenant, fils de pute, tu te démerdes tout seul !" »*

Il conclut dans un grand éclat de rire qui fait se retourner Reagan, lequel lui adresse un bon sourire...

Quelques semaines plus tard, Richard Allen aura quitté la Maison Blanche.

Nous rentrons à Paris après une escapade pour visiter l'East Wing du Musée d'Art moderne, construite par Peï à qui François Mitterrand pense confier le projet de réaménagement du Louvre.

Cheysson raconte l'entretien à l'ambassadeur, lequel en fait un télégramme à l'intention du Quai.

A Paris, les bonnes âmes diront dans les dîners en ville que le Président n'est allé aux États-Unis que pour y consulter un cancérologue.

La conférence de Madrid sur la Sécurité et la Coopération en Europe ajourne ses travaux jusqu'au 9 novembre, dans la confusion totale.

Pour soutenir le cours du franc, la Banque de France a dépensé 900 millions de dollars cette semaine. Nos réserves s'épuisent. On ne tiendra pas longtemps à ce rythme. Faut-il dévaluer avant le Sommet de Versailles ? Le Président voudrait l'éviter.

**Dimanche 14 mars 1982**

Les élections cantonales constituent un grave échec pour les socialistes. Le Président n'en est pas surpris : *« Cela sera ainsi jusqu'aux législatives de 1986. »*

Dans la soirée, Pierre Joxe vient dire au Président que Pierre Mauroy est responsable : *« Il n'a pas su gérer les décisions gouvernementales. Mis à part une hausse de 80 francs des allocations familiales pour le deuxième enfant, l'exécution des mesures sociales a été renvoyée au 1er juillet pour le complément familial, au 1er septembre pour l'allocation-orphelin et l'allocation pour le dernier enfant à charge ! L'allocation de solidarité pour les agriculteurs n'a commencé à être versée qu'à partir de la première semaine de mars, et beaucoup d'agriculteurs ne la recevront qu'à la fin du mois. Les collectivités locales n'ont rien touché de l'indemnisation des inondations en raison du temps mis pour décider quel ministère devrait payer ; de même, de longs délais ont été nécessaires pour rembourser les entreprises qui ont participé au Plan Orsec. Enfin et surtout, le deuxième trimestre du minimum vieillesse a été inférieur au premier pour quelque sombre raison bureaucratique... »*

François Mitterrand s'étonne et promet de demander à Pierre Mauroy d'enquêter là-dessus.

Pierre Joxe : *« Ce n'est pas assez. Il faut qu'il parte. »*

François Mitterrand : *« Ce n'est pas à vous d'en décider. »*

Alain Savary demande aux présidents d'universités d'engager des consultations afin de préparer la réforme de la loi d'orientation sur l'enseignement supérieur.

Après sa défaite aux cantonales, Georges Fillioud propose sa démission au Président, qui la refuse.

Un attentat au centre culturel français de Beyrouth fait 15 blessés.

François Mitterrand sur la mort de sa grand-mère : *« Ma grand-mère a été très importante dans ma vie. Elle s'appelait Eugénie. Elle avait quatre enfants. Elle a pratiquement cessé de vivre après la mort, à vingt ans, de son second fils, emporté par une phtisie galopante. Elle avait beaucoup de tendresse pour moi. Elle est morte une nuit, au mois d'août, pendant les vacances. Tout le monde était là. Mais mes parents n'avaient pas voulu qu'on reste près d'elle au moment où elle est morte. Dès que sa mort a été annoncée, je ne l'ai pas quittée. J'étais là, pétrifié, assis dans un fauteuil. Je me remplissais les yeux de son image, pendant des heures. J'aurais eu l'impression de la trahir si je m'en étais allé. J'avais de la peine à exprimer mon chagrin. C'était la première mort dans le cercle que j'aimais. Je ne pensais pas à la mort, mais à la morte. J'avais encore plus de chagrin quand je pensais qu'un jour, j'en aurais moins. Je pensais que l'œuvre du temps, les occupations me feraient oublier, et que je trahirais un peu. Je me sentais responsable de sa mémoire, témoin de sa vie. Je me disais qu'il faudrait, pendant ma vie, être fidèle aux morts. Je me faisais le serment à moi-même : qu'il ne se passe pas un jour sans que je me souvienne. Je l'ai refait souvent. J'ai tenu ces serments.* »

**Lundi 15 mars 1982**

Le Président de la Commission, Gaston Thorn, et le Premier ministre belge, Wilfried Martens, sont ensemble à Paris pour préparer le Sommet européen de la semaine prochaine. Thorn explique : « *Le principal sujet du Sommet sera la contribution britannique. Mme Thatcher veut 1 400 millions d'écus cette année. On devrait lui en accorder 1 300. — C'est beaucoup trop, pas question de dépasser 600* », proteste le Président français. L'écart est énorme.

Thorn et Martens souhaitent représenter la Communauté aux dîners de Versailles et se plaignent de ce que la France serait le seul pays hostile à leur double présence. Pas de quoi s'inquiéter. Ils disent cela partout pour obtenir un consensus général par assentiments successifs.

**Mardi 16 mars 1982**

Le résultat des élections cantonales et la hausse des taux d'intérêt aux États-Unis affaiblissent le franc.

Les réserves de change filent : 300 millions sont sortis hier, et presque autant aujourd'hui. Il n'y a rien à faire. Les cambistes s'attendent à une réévaluation du mark de 8 %. Sinon, il faudra dévaluer. Quand ? François Mitterrand préférerait attendre que le Sommet de Versailles soit passé. Jacques Delors pense qu'on ne tiendra pas jusque-là, et qu'aussi longtemps que Pierre Mauroy sera Premier ministre, le marché attendra dévaluation sur dévaluation.

Chez Mauroy, on commence à réfléchir à un plan de stabilisation en pestant contre l'Élysée, « *qui n'en veut pas* ». Déjà, la recherche du bouc émissaire s'annonce. Le ton n'est plus à revendiquer la paternité des réformes, mais à s'en renvoyer la responsabilité...

**Mercredi 17 mars 1982**

Au Conseil, François Mitterrand rend compte de son voyage aux États-Unis : « *Nous avons fait une économie en y allant en avion de ligne au lieu de prendre un avion spécial ! Bien sûr, j'ai voulu prendre le Concorde. Après tout, les hommes d'affaires vont bien à New York pour régler leurs affaires en un jour. Pourquoi ne ferions-nous pas la même chose que les chefs d'entreprise ?... Sur le plan économique, nous avons évidemment parlé des taux d'intérêt. J'en viens à penser que cette politique gêne tellement les États-Unis qu'elle connaîtra un infléchissement. Nous avons parlé aussi des relations Est/Ouest. L'interruption de la négociation entre États-Unis et URSS à Genève ne me paraît pas due à un mouvement d'humeur. Je suis persuadé que l'on ne négocie pas sérieusement à Genève, notamment du côté américain. Il est clair que les Américains préfèrent installer leurs Pershing avant de commencer à négocier sérieusement. Cette situation n'est pas très satisfaisante. Il faut dire, d'un autre côté, que le gel proposé par les Russes n'est pas plus crédible que ne l'était l'option zéro des Américains ! Si les Américains installent des Pershing en Europe, ils auront ainsi en Europe une arme stratégique leur permettant d'atteindre la Russie en cinq à six minutes, alors que les Russes, pour atteindre depuis leur propre territoire les États-Unis, doivent mettre vingt à vingt-cinq minutes. Donc l'installation des Pershing n'est pas simplement une question de degré d'armement, mais de nature. Les Russes n'ont pas envie de faire la guerre, ils veulent négocier. Que se passera-t-il si nous ne trouvons pas de solution avant le second semestre 1983 ? Il y aura là un moment crucial. Il faut qu'il se passe quelque chose. La proposition de gel avancée par Brejnev n'est pas très sérieuse, parce qu'elle parie sur la supériorité soviétique actuelle. De même que le point zéro des Américains, qui consistait à faire retirer aux Russes tous leurs SS 20, leur aurait assuré la supériorité. L'équilibre est sans doute entre ces deux propositions : des SS 20, certes, mais pas trop, et très contrôlés. Le vrai point zéro serait le désarmement complet ; mais enfin, il ne faut pas y songer, il faut être réaliste. Il faudrait donc, pour définir un point zéro acceptable, réaliste, faire une analyse de l'état des forces et écarter le bluff dont les deux parties enveloppent leurs propositions.*

*A ce sujet, il est clair, concernant l'analyse de l'équilibre des forces, que les Russes englobent l'armement anglais et l'armement français dans l'ensemble des armements américains. On les comprend, au fond : ces armes ont toujours été dirigées contre la Russie, non sous forme offensive, certes, mais défensive. Russes et Américains sont au fond complices et d'accord entre eux pour faire entrer nos armements dans l'un des deux camps. Cela simplifie les choses et cela les met tous les deux face à face. Nous serions obligés, si l'on suivait la logique de ce raisonnement, de nous en remettre totalement à l'OTAN pour notre défense, ce qui, bien sûr, ferait l'affaire des Américains. Les Russes connaissent d'ailleurs notre position. Nos relations ne sont pas aussi tendues qu'il le semble. Ils ont conscience de la particularité de notre situation et ils comptent sur nous pour peser sur les Américains en certains domaines. Reagan ne m'a même pas parlé du gaz, dont Haig avait parlé à Cheysson. Il est probable qu'ils ont abandonné toute tentative de faire pression sur nous pour que le contrat soit abandonné. Mais ils vont essayer par d'autres moyens de peser sur l'URSS sur le plan du coût du crédit et sur celui des exportations de technologies fines.*

*Au sujet de l'Amérique centrale, quelques échanges très brefs... Reagan se sent atteint par les incertitudes de l'opinion américaine. Les Américains redoutent en Amérique centrale la politique des dominos, c'est-à-dire une contagion du socialisme qui fasse que, parti des petits pays, il n'atteigne un jour le Mexique. Ils se sont imaginés pendant longtemps qu'il s'agissait d'une stratégie soviétique, sans voir que si Cuba était tombé de ce côté, c'est parce qu'on l'y avait poussé. S'ils sont étranglés, les pays des Caraïbes chercheront de l'air du côté de Cuba et de l'URSS. Si ces pays des Caraïbes se sentent à l'aise, par contre, il s'établira un équilibre. Mais ce ne sera plus, comme maintenant, un domaine réservé de la politique des États-Unis. Ils ont, je crois, compris que nous ne voulons pas, cependant, leur chercher inutilement querelle sur ce plan. Et la réunion, au total, s'est déroulée dans un bon climat. »*

La suite va prouver que le climat n'est pas si bon que cela.

**Jeudi 18 mars 1982**

Je reçois le sous-secrétaire d'État américain, James Buckley, charmant, attentif, professionnel, venu demander aux Européens de cesser de subventionner leurs crédits à l'URSS : *« Il faut*, dit-il, *contrôler le flot de crédits officiels et garantis à l'URSS afin de s'assurer que nous ne permettons pas ainsi aux Soviétiques de bâtir une montagne de dettes qui leur donnerait la possibilité d'influencer notre politique et d'alléger en même temps le fardeau colossal que représente leur effort militaire. Nous ne pratiquons pas — et nous ne suggérons pas à nos alliés — une politique économique de guerre contre l'URSS, mais nous les pressons de comprendre que des motifs de prudence économique et de sécurité nationale nous obligent à travailler ensemble dans le domaine du crédit vis-à-vis des pays de l'Est. »* Buckley ajoute : *« Nous voulons obtenir la suppression de toute subvention de crédits à l'exportation à destination de l'URSS et la suspension de toute garantie publique aux crédits accordés à ce pays. »*

Comme Myer Rashish avant lui, il brosse un tableau dramatique de la situation économique et financière de l'URSS et me remet une étude de la CIA : *« Après des décennies d'une économie autarcique, la dépendance de l'URSS à l'égard des importations occidentales a, depuis les années 70, fait rapidement augmenter ces importations. »* Mais ses difficultés financières sont telles qu'il lui est difficile de les payer. Le gazoduc sibérien permettra à l'URSS d'y parvenir. *« Lorsque, à la fin des années 80, le gazoduc sibérien sera achevé, ses capacités d'exportation devraient s'accroître et l'URSS cessera d'être dépendante, ella aura les moyens de financement de ses importations de blé comme de ses dépenses d'armement. »* Pour lui, des *« mesures devraient être prises à l'occasion du Sommet de Versailles, sans que les chefs d'État en soient nécessairement saisis eux-mêmes ».* Il ajoute que, *« d'ici là, les travaux d'experts sur ces sujets devraient progresser à un rythme soutenu ».*

Étrange, comme les études de la CIA sont flexibles ! Lorsqu'il faut obtenir davantage de crédits pour les armées, elles expliquent que l'URSS devient une superpuissance. Ici, le contraire est nécessaire, donc démontré.

Pour nous, la question est simple : faut-il ou non négocier les crédits à l'Est, et ce, dans le cadre de la préparation du Sommet de Versailles ? Négocier, sans aucun doute : le sujet est d'importance, et l'Europe n'a pas intérêt à renforcer l'économie soviétique. Lier ce problème à Versailles est moins évident. De trois choses l'une : soit on laisse traîner, en reportant les travaux des experts après le Sommet des Sept, comme les Allemands l'ont dit à Buckley, ce qui a été très mal reçu à Washington ; soit on réunit des experts avant mars, mais sans lier cette réunion à la préparation de Versailles, avec le risque qu'elle ait une large couverture de presse accréditant l'idée que les pays occidentaux créent un « COCOM financier » ; soit, enfin, on mène ces consultations d'experts dans le cadre de la préparation du Sommet de Versailles, en essayant de ne discuter au Sommet que du « commerce Est/Ouest » en général, sans entrer dans les détails. Ce serait un moindre mal. Essayons.

Pour la première fois depuis 1967, les autorités israéliennes destituent un maire de Cisjordanie régulièrement élu, celui d'El Bireh. Grève générale et violentes manifestations.

Le Quai d'Orsay prépare un communiqué de protestation : « *Le gouvernement français (...) déplore qu'une autorité démocratiquement élue se voie privée du moyen d'assumer ses responsabilités et il s'émeut des actes de violence dont ont été victimes plusieurs Palestiniens de Jordanie (...). Toute décision portant atteinte aux droits reconnus aux populations de ces territoires rend plus difficile la recherche d'une paix juste et durable.* »

Le Président, à qui ce projet est soumis avant publication, raye la phrase suivante : « *Le gouvernement prie instamment les autorités israéliennes de renoncer à tout acte qui porterait atteinte aux droits reconnus des populations de ces territoires...* » Pourquoi ? François Mitterrand : « *Pour éviter l'accusation d'ingérence dans la politique israélienne.* »

Robert Hormats m'informe que le Président Reagan ne veut pas d'un temps libre pour se rendre à un office, le dimanche, à Versailles, ainsi que le programme le prévoit, mais qu'« *une heure lui soit réservée pour une méditation privée* ».

Méditation ? D'après ce que je crois comprendre, il méditera en dormant une heure de plus ce matin-là.

**Vendredi 19 mars 1982**

L'annonce par le Président, à Washington, de l'annulation de la vente d'une usine de composants électroniques à l'URSS ne semble pas avoir été clairement comprise par Reagan. Notre ambassadeur à Washington, rencontrant un haut fonctionnaire du Département d'État, rapporte que Haig a dit à des diplomates américains, à l'issue de cette rencontre : « *A propos du contrat téléphonique Thomson-LMT destiné à l'URSS, M. Mitterrand s'est engagé à annuler la partie sensible du contrat et à poursuivre sur le reste. M. Mitterrand se demandait s'il n'en résulterait pas une annulation par les Soviétiques de la totalité du contrat. En tout état de cause, la France soumettrait cette vente au COCOM. La France considère cela comme un geste politique important.* »

Le compte rendu fait par Claude Cheysson à l'ambassadeur de France à l'issue de cet entretien ne contient pas cet engagement de passer devant le COCOM, que le Président n'a pas pris devant Reagan.

Cette semaine, la Banque de France a encore dépensé près de 1,3 milliard de dollars pour soutenir le franc, attaqué surtout hier et avant-hier. Elle ne dispose plus que de 4,7 milliards de dollars de réserves, sans compter l'or. Il faut y ajouter 4 milliards d'écus que les autres membres du SME doivent nous prêter automatiquement et sans condition, comme ils l'ont fait en août 1981.

D'où viennent ces sorties de devises ? Y a-t-il eu spéculation ? Sans doute pas. Il y a eu d'abord, comme chaque semaine, une sortie inévitable, égale au déficit de notre commerce extérieur, soit environ 300 millions de dollars. Par ailleurs, des opérations normales de règlement de dépenses du budget de la Communauté. Des étrangers, détenteurs d'actions d'entreprises nationalisées, ont vendu leurs titres et rapatrié leurs fonds. De plus, le Nigeria a sorti de France 140 millions de dollars. Enfin, le paiement rétroactif à l'Algérie de l'accord gazier a coûté 280 millions de dollars. Une spirale s'est alors déclenchée et des entreprises françaises, en particulier pétrolières, ont géré « au mieux » leur trésorerie.

Rien d'anormal ; c'est d'ailleurs bien là le pire !

On ne pourra tenir très longtemps ainsi... Une nouvelle dévaluation est sans doute inéluctable, avant juin, faute de réserves suffisantes pour soutenir le franc. Flotter sans avoir de réserves, c'est se condamner à laisser dériver le cours, ce qui renchérit les importations, aggrave l'inflation et entraîne une nouvelle dévaluation. Nous n'avons même pas le choix entre dévaluer et flotter : le flottement nous condamnerait à la même déroute que les travaillistes de Harold Wilson en 1967. L'expérience anglaise fut un désastre.

**Lundi 22 mars 1982**

Après la défaite aux cantonales, la volonté décentralisatrice se fait moins audacieuse, même chez Gaston Defferre. Les préfets garderont l'essentiel des pouvoirs qu'ils conservent encore. Même s'ils s'appellent désormais commissaires de la République, on a besoin d'eux pour préparer les municipales. Les socialistes reconnaissent qu'ayant l'État en mains, il serait quelque peu naïf, de leur part, d'en confier les instruments à leurs adversaires.

Au Liban, la gendarmerie libanaise remplace à Tripoli la Force arabe de dissuasion. Les Palestiniens, maîtres de la région, acceptent avec difficulté.

A Delhi, Mme Gandhi me reçoit au Parlement, dans le capharnaüm d'un petit bureau identique à celui des autres parlementaires, entre deux députés venus lui présenter leurs requêtes. Elle me raconte le Sommet Sud/Sud qu'elle vient de présider : *« Le prochain Sommet des Sept est pour nous un moment crucial. Seule la France peut réussir à obtenir des Américains un compromis pour lancer les "Négociations Globales". S'il n'y a pas d'accord, après Versailles, les Américains enterreront tout. Le Sud retournera au désespoir. La priorité pour le Sud est de faire progresser l'aide à l'agriculture et à l'énergie. J'espère beaucoup du projet de "Filiale énergie" de la Banque Mondiale (l'énergie représente les trois quarts de mes importations). Je compte en parler aux Saoudiens dans quinze jours ; mais je suis pessimiste, car les princes sont de plus en plus divisés et la baisse du pétrole peut les rendre réticents. Là encore, une initiative européenne est nécessaire. Nous n'avons rien à attendre des Russes, qui nous exploitent, et encore moins des Américains, qui nous détestent. Autour de nous, la guerre s'annonce. Une explosion nucléaire pakistanaise est inévitable avant la fin de l'année, et je réagirai. »* Elle m'annonce d'ailleurs que le contrat d'achat de 40 Mirage à Dassault sera signé très prochainement. Elle souhaite voir François Mitterrand bientôt en Inde.

Pourquoi sa tristesse me touche-t-elle tant ? Est-ce parce que la séduisante douceur de sa voix contraste avec la démesure de sa tâche ?

**Mardi 23 mars 1982**

On défendra le franc. La Banque de France relève le taux d'intervention à 18 %. Jacques Delors me téléphone sur l'interministériel : *« C'est la Bérézina !* (La formule revient comme un tic.) *On ne tiendra pas longtemps comme ça. Il faut que Mauroy s'en aille. Tant qu'il est là, rien ne peut fonctionner. Les ministres n'en font qu'à leur tête et le déficit dérape. »* Gaston Defferre, un peu plus tard, devant le Président : *« Ces taux d'intérêt élevés, ça va nous faire perdre les élections. »*

Jean Riboud, au cours de la même réunion : *« C'est absurde ! Il faut au contraire baisser les taux, ce qui permettra aux entreprises d'investir et d'embaucher, même si l'on doit pour cela quitter le SME. »*

Les ministres des Affaires étrangères des Dix se réunissent à Bruxelles avant le Conseil européen de lundi prochain. La Commission propose un nouveau mécanisme de remboursement à la Grande-Bretagne, valable pour cinq ans, non encore chiffré dans le détail. Claude Cheysson le trouve « intéressant ».

Simultanément, dans une pièce voisine, les ministres de l'Agriculture discutent du réajustement des prix agricoles : la Commission propose 9 %, les Anglais ne veulent pas plus de 7 %, et la France pas moins de 12 %. Mme Thatcher fait bloquer par son ministre tout accord sur les prix agricoles — auquel la France tient tant — aussi longtemps qu'elle n'aura pas obtenu d'accord sur « son » chèque. Comme en 1980, les prix agricoles sont ainsi pris en otages par les Anglais ; Giscard avait alors capitulé pour ne pas mécontenter les paysans avant l'élection présidentielle.

Signal : plusieurs dizaines de milliers de paysans manifestent à Paris. Nous ne céderons pas. Il n'y a pas d'élections à redouter et, de toute façon, le blocage anglais est juridiquement intenable.

L'Amérique centrale est bien sous contrôle. Au Guatemala, une junte militaire dirigée par le général Efraim Rios Mont, candidat battu à l'élection présidentielle de 1974, destitue un autre général, Romeo Lucas, président élu. Le craignait-on, plus au nord, comme trop réformiste ?

Dans un discours, à Tachkent, Leonid Brejnev propose à la Chine et au Japon de négocier, et se félicite des bonnes relations de son pays avec l'Inde. Il n'a pas entendu ce qu'Indira Gandhi m'a dit hier...

**Mercredi 24 mars 1982**

En Syrie, la ville de Hama, où des opposants s'étaient réfugiés, a été, dit-on, rasée : 1 000 ? 6 000 ? 10 000 morts ?

Les réformes avancent à grand train, à coups d'ordonnances. Le Conseil des ministres adopte sept ordonnances sociales (sur la retraite à 60 ans, le cumul emploi-retraite, le travail à temps partiel, l'insertion des jeunes, la création du chèque-vacances), ainsi que les projets de lois sur les nouveaux droits des travailleurs et sur la suppression des tribunaux permanents des armées en temps de paix.

On discute enfin de l'aide fiscale à l'installation des jeunes agriculteurs. Le Président se trompe et donne la parole au ministre de l'Agriculture au lieu de celui du Budget. Édith Cresson balbutie : *« Je préférerais que ce soit le ministre du Budget qui fasse cette communication. »* François Mitterrand : *« Non, c'est à vous que j'ai donné la parole, et c'est moi qui préside. »*

Yvon Gattaz vient encore se plaindre : *« Les lois Auroux coûteront 50 milliards aux entreprises. C'est de la folie ! »* Pourquoi pas 100 ou 200 milliards ? N'importe quoi ! Plus c'est gros, plus ça marche.

Rencontre à Londres avec Robert Armstrong, secrétaire général du gouvernement britannique. Pour le Conseil européen de lundi prochain, il me propose le marché suivant : si François Mitterrand ne parle pas des prix agricoles, le Premier ministre britannique ne parlera pas de son chèque. De toute façon, l'accord est impossible. *« Elle demande*, dit-il, *qu'on lui rembourse 1,620 milliard d'écus cette année, soit 85 % de ce que nous payons, et la même somme indexée jusqu'en 1985, c'est-à-dire après les élections législatives anglaises. »* Je lui réponds que c'est exclu : *« Si le remboursement à la Grande-Bretagne est supérieur à 1,2 milliard d'écus, le gouvernement de François Mitterrand paierait davantage encore que celui de Giscard. Politiquement, c'est impensable. »* Il le comprend, mais dit-il, *« elle* [Margaret Thatcher] *ne cédera pas. »*

Il y a chez lui un mélange d'admiration, de tendresse et de distance vis-à-vis de cette femme qu'il sert du mieux qu'il peut : nommé par les Travaillistes, la tradition veut qu'il reste à son poste, le plus élevé de la fonction publique britannique, quel que soit le Premier ministre.

Décidément, les chefs de gouvernement d'Europe sont englués dans des problèmes d'intendance qu'ils n'ont ni le goût ni le temps de comprendre. Tant qu'ils demeurent prisonniers de leurs spécialistes, aucun compromis n'est possible. Il s'agit là pourtant d'une négociation simple, mais qui va tout empoisonner.

**Jeudi 25 mars 1982**

Le Nicaragua accuse les États-Unis de préparer une intervention armée chez eux et d'aider les *contras*. Il demande la convocation du Conseil de sécurité. La France l'appuie, au grand dam de Washington. L'aller et retour à la Maison Blanche n'a pas été plus qu'une embellie.

La spéculation contre le franc ne se relâche pas. Beaucoup croient que la dévaluation aura lieu ce week-end, avant le Conseil européen. Pour le Président, de plus en plus furieux de ce que la dévaluation d'octobre n'ait pas suffi, il n'en est pas question. Jacques Delors renforce encore le contrôle des changes. Jusqu'à quand tiendra-t-on comme ça ?

Le directeur général des Charbonnages de France accuse le gouvernement de ne pas tenir les promesses de production émises par le candidat à l'élection présidentielle. Il est révoqué. On ne touche pas au président des Charbonnages, pourtant solidaire de son directeur général.

Georges Marchais estime devant le Comité central du PCF que les événements de Pologne *« portent préjudice au socialisme »*. Audace suprême !

Les Soviétiques proposent à Genève *« l'interdiction du déploiement en Europe de nouveaux types d'armements à moyenne portée »*. Séduisant. En réalité, cela ne vise qu'à empêcher l'installation des Pershing II et des missiles de croisière américains. Ils suggèrent *« aussi la réduction des systèmes à moyenne portée »*, c'est-à-dire des missiles russes et des avions américains, à 300 dans chaque camp. Toujours rien de sérieux : pur jeu de vocabulaire pour pacifistes naïfs.

Nul ne s'intéresse vraiment à la réalité de la société russe. Le système semble immuable, éternel. En dehors du Président américain, dont chacun se moque, et de François Mitterrand, personne ne pense qu'avant longtemps l'empire s'affaiblira. Nul ne parie sur l'échec financier, encore moins sur la défaite idéologique du régime. Chacun espère son enlisement mais craint la prise du pouvoir par une nouvelle génération d'ingénieurs et de militaires. Aux yeux de l'Occident, l'Europe de l'Est n'est qu'une menace militaire globale et aveugle, parfois aussi un client pour ses entreprises. Rien d'autre. Et si Reagan avait raison ? Et si la simplicité de l'homme masquait un formidable bon sens ?

Chaque jour, des dizaines de requêtes parviennent sur le bureau du Président. Reçues directement par la poste — le service du courrier conserve celles des anonymes, pour lesquelles on fait préparer une réponse —, transmises par les ministres ou par les collaborateurs, le Président les lit, les annote d'un mot, demande un avis ou donne une instruction à l'encre bleue, en haut, à droite. Il y consacre au moins deux heures par jour et fait en sorte que l'analyse du reste du courrier lui soit remise chaque semaine.

Ce soir, c'est un célèbre physicien, Francis Perrin, qui s'inquiète de la création à La Villette d'un musée des Sciences et des Techniques : *« Ne risque-t-elle pas d'entraîner la disparition du Palais de la Découverte* [dont son père, Jean Perrin, fut le fondateur] *? Jack Lang,* dit-il, *propose le rattachement du Palais de la Découverte à La Villette. »* Horreur : *« La Science ne s'expose pas dans une ambiance de fête foraine ! »* Le Président annote : *« Qu'on protège l'indépendance du Palais de la Découverte. »*

Georges Fillioud suggère les noms de six membres de la Haute Autorité de l'audiovisuel : trois pour le Président de la République, trois pour celui de l'Assemblée.

**Vendredi 26 mars 1982**

Nul n'a son enthousiasme, nul ne se sent plus, autant que lui, déjà au XXI^e^ siècle : Gaston Defferre voit dans l'informatique la solution de tous les problèmes de la France. Il pressent confusément ce qui va devenir peu à peu l'« autre politique » : réduire les charges des entreprises par la productivité, la baisse des impôts et des taux d'intérêt, et, s'il le faut, par le protectionnisme et le flottement du franc. Toujours ébloui par Jean-Jacques Servan-Schreiber, dont il vante encore les mérites à François Mitterrand, il se fait l'agent de promotion du Centre Mondial. *« J.J.S.S. m'a indiqué que la presse américaine avait largement rendu compte de la création du Centre Mondial de la micro-informatique. Negroponte et lui sont convoqués devant le Congrès qui veut savoir pourquoi ces savants sont venus travailler en France plutôt qu'aux U.S.A. C'est excellent pour vous ! »* Il se fait également le relais des idées de Jean Riboud en matière économique : il faut informatiser à tout prix, rattraper le Japon...

Suit une très jolie analyse de la situation politique du moment, qui mérite d'être citée intégralement dans la mesure où elle résume bien les conseils que Gaston Defferre prodigue alors au Président : *« Si Giscard avait été réélu, la France serait sans doute secouée par de graves conflits sociaux et par une situation économique plus difficile encore que celle que nous connaissons. Ce climat social nous donne quelques mois pour préparer, annoncer et mettre en œuvre les mesures nécessaires pour engager une nouvelle politique industrielle. L'avenir en dépend... La solution semble être, comme cela a été fait au Japon, la mise en place d'une mécanisation et d'une automatisation, d'un emploi de robots de plus en plus étendus. Les prix de revient diminueraient, le nombre des chômeurs aussi. »*

En conclusion, Gaston Defferre propose *« une politique industrielle, une modernisation qui tiennent compte des découvertes de la dernière génération d'informatique et d'électronique, sans avoir à subir le choc d'un chômage accru pendant la période de transition marquant le passage de l'industrie actuelle à la nouvelle industrie. Les perspectives que cette solution nouvelle, mise en œuvre par un gouvernement volontariste, offrirait aux Français, sont de nature à les mobiliser, à leur donner à nouveau un espoir concret. Cela pourrait permettre qu'une solution soit trouvée. Je crains que, si elle ne l'est pas, la situation économique, sociale et politique prenne mauvaise tournure. Cela provoquerait des troubles politiques qui, étant donné l'affaiblissement du Parti communiste et la difficulté dans laquelle se trouverait le Parti socialiste, ne pourraient qu'ouvrir la voie à Chirac ou à l'extrême-droite, ou aux deux. Leur arrivée au pouvoir ne résoudrait rien, mais risquerait de priver les Français de beaucoup de leurs libertés. »*

L'investissement comme substitut à la discipline. La volonté comme substitut à l'équilibre... Le choix est là : l'Europe ou la politique industrielle ? L'une et l'autre passionnent François Mitterrand...

**Lundi 29 mars 1982**

Un attentat contre le train Paris-Toulouse fait 5 morts et 27 blessés. Il est signé Carlos, évidemment. Le Président accueille la nouvelle avec sang-froid, le visage fermé. C'était prévu, annoncé, inévitable : l'histoire d'amour de Carlos avec Magdalena Kopp coûte cher à la France.

A Vienne, plastiquage de l'ambassade de France, de la Mission commerciale et des bureaux d'Air France. A Beyrouth, attentat contre l'AFP et contre un officier français.

Dans ce climat de violence, Robert Badinter continue de préparer l'abrogation de la loi Peyrefitte régissant en particulier les modalités des contrôles d'identité. Gaston Defferre souhaite que la police puisse continuer de contrôler sans entraves ; Badinter veut que ces contrôles soient subordonnés à l'existence d'indices donnant à penser que la personne visée est suspecte. Le Conseil d'État n'accepte pas son concept d'« indice objectif ». Le Président n'apprécie guère ce débat dont la presse commence à se faire l'écho.

Le Sommet de Bruxelles s'ouvre sous présidence belge. A l'initiative anglaise, on étudie, au dîner, une déclaration sur le Moyen-Orient stipulant que la Force multinationale « garantit » le départ des Israéliens du Sinaï. Les Britanniques obtiennent là ce qu'ils n'avaient pu faire entériner lors de la négociation définissant le mandat de la force.

**Mardi 30 mars 1982**

Le Conseil européen discute du prochain Sommet de Versailles : il en attend *« que s'établisse entre les grands partenaires industrialisés une coopération renforcée, notamment en vue de favoriser une baisse des taux d'intérêt, diminuer la volatilité des taux de change et renforcer les relations Nord/Sud. »* En prévision du Sommet, Français, Anglais, Allemands et Italiens se mettent d'accord sur un texte prudent à propos des rapports commerciaux avec les pays de l'Est. Ceux-ci *« devraient faire l'objet, de toute urgence, d'un examen attentif de la part de la Communauté Européenne, des gouvernements des États membres et d'autres gouvernements, aussi bien au niveau national qu'au niveau international, en étroite consultation avec les États-Unis et les autres pays à économie de marché. »*

Le Conseil se prononce en faveur d'un renforcement du système monétaire européen. François Mitterrand laisse dire et faire. Toute tentative pour empêcher cette déclaration aurait un effet désastreux sur les marchés.

La réunion traîne en longueur : on n'y parle ni des prix agricoles, ni du chèque britannique, ni de la relance de l'Europe. Vingt-quatre heures pour rien.

A la frontière libanaise, les échanges de tirs continuent. 17 morts du côté palestinien, un du côté israélien.

**Mercredi 31 mars 1982**

Action Directe mitraille des locaux israéliens à Paris.

Le Conseil des ministres adopte le nouveau statut de l'audiovisuel et crée la Haute Autorité. François Mitterrand ramène le nombre de ses membres de dix à neuf : trois nommés par lui, trois par le Président du Sénat, trois par le Président de l'Assemblée nationale.

Le Président : *« Il faut tirer la leçon des cantonales et ne plus se laisser surprendre pour les municipales de l'année prochaine. Matignon devrait avoir une cellule de communication de haut niveau afin de préparer l'explication des réformes aussi soigneusement que l'on prépare le texte des lois et des décrets ; les séminaires gouvernementaux devront faire des choix à long terme et esquisser une programmation politique des réformes. »*

Menahem Begin écrit à François Mitterrand pour protester contre la déclaration des Dix à Bruxelles présentant la force du Sinaï comme une « garantie du départ des Israéliens du Sinaï » :

> *« Je ne me serais jamais imaginé qu'à un moment où le représentant et le porte-parole principal de la France au sein du Marché commun est notre grand et cher ami le président François Mitterrand, une telle résolution puisse être adoptée. Il faut garder présent à l'esprit le fait qu'aucun État européen n'a protesté quand 6 000 personnes ont été massacrées au cours du bombardement de Hamas, attaque menée sur les ordres du Président Assad et de son frère. Des femmes, des enfants, des familles entières ont été décimées dans une campagne de liquidation sans précédent, par sa cruauté, depuis le massacre de Lidice. Il est de même de mon devoir de rappeler qu'en septembre 1970, le Roi Hussein a donné l'ordre à l'artillerie jordanienne de bombarder les camps de réfugiés et a massacré des milliers de Palestiniens arabes, hommes, femmes et enfants, en déclarant clairement que son but était de liquider l'OLP. Je voudrais poser une question à mon ami Mitterrand : où sont les principes moraux des Dix ? Comment le peuple d'Israël pourrait-il être impressionné par la dénonciation d'aujourd'hui et par le silence total d'il y a deux semaines en ce qui concerne les événements de Hamas, et par le silence d'il y a douze ans concernant les événements sanglants de 1970 en Jordanie ? »*

Le Président note en marge : *« Dites à Begin les difficultés que provoque la politique menée en Cisjordanie, et nos efforts pour en atténuer les conséquences en Europe. »*

L'ambassadeur de France à Damas se demande, dans un télégramme, si la tension nouvelle en Cisjordanie n'est pas créée artificiellement par les Israéliens afin de justifier une action à venir au Sud-Liban : *« Une intervention au Sud-Liban pourrait trouver une justification supplémentaire dans la situation d'"insécurité" régnant sur la rive occidentale. »* Intéressante prévision d'un grand diplomate.

Le Président reçoit le Dr Olievenstein, venu lui faire part de son inquiétude devant la montée de la drogue : *« Les jeunes ont constitué une des forces du changement. Depuis lors, ils ont été déçus en plusieurs domaines : nucléaire, service national, radios locales. La jeunesse risque de retourner à l'indifférence hostile, à l'absentéisme. C'est une catégorie à part entière, avec des problèmes propres, que l'on doit traiter avec sérieux. Il faut leur donner des espaces bruts pour le bruit, pour la musique, pour rien. Aussi, l'idée de créer un "Opéra rock" au milieu de l'échangeur de la Porte de Bagnolet est choquante. Il faut prendre des mesures simples et immédiates pour les motards, comme la gratuité des autoroutes, réduire le coût du permis de conduire (il doit être moins cher et moins difficile pour une 250 cm³ que pour une 1 000 cm³) et des assurances.*

*Une réduction symbolique du service national, compensée par une plus grande sévérité sur les exemptions, est urgente. Les jeunes doivent recevoir un message qui les valorise ; il faut encourager les associations et les coopératives de jeunes, remobiliser les jeunes autour du thème du Tiers Monde. Sinon, la drogue et le désordre s'empareront des banlieues. »*

François Mitterrand approuve et demande que l'on transmette ces idées au gouvernement. Ce sera fait. Olievenstein n'aura de cesse de revenir mettre en garde contre l'autosatisfaction des ministères face à la montée de la drogue, du désespoir, de la solitude chez les jeunes.

Le Président reçoit Yvon Gattaz, venu protester contre les occupations d'entreprises par leur personnel : *« La police ne les fait pas évacuer. La loi n'est pas respectée. »* Interrogé, Gaston Defferre répond qu'il n'y avait que vingt-cinq occupations fin février, et qu'on n'en dénombre plus que huit aujourd'hui.

**Jeudi 1er avril 1982**

Attentat contre l'ambassade d'Israël à Paris.

**Vendredi 2 avril 1982**

Coup de tonnerre dans l'hémisphère Sud : des fusiliers marins argentins prennent possession de l'archipel britannique des Malouines, depuis longtemps revendiqué par Buenos-Aires. La dictature a trouvé un moyen de refaire l'unité nationale.

Claude Cheysson demande au Président de soutenir l'Argentine : *« C'est une opération de libération coloniale, même si elle est menée par des dictateurs. »* Il ajoute : *« Avec les Anglais, nous n'avons rien à gagner ; tout le Tiers Monde sera derrière les Argentins. »*

C'est vrai. Déjà, l'Amérique latine et l'Inde se mobilisent. Et il n'y a rien à attendre des Anglais, qui viennent de faire échouer le Sommet de Bruxelles. Mais le Président refuse net : *« Il n'en est pas question. La solidarité européenne passe avant tout. »*

Cheysson reviendra sans relâche à la charge.

**Samedi 3 avril 1982**

A la première heure, François Mitterrand téléphone à Margaret Thatcher : *« Naturellement, nous sommes avec vous dans cette affaire. La France vous soutiendra à l'ONU (...). Ah non, nous ne romprons pas les relations diplomatiques avec l'Argentine. N'en demandez pas tant ! (...). Tenez-moi au courant jour par jour, je verrai ce que je peux faire pour vous aider (...). Je pense à vous (...). Mais non, c'est normal. »*

Il raccroche : *« Elle croyait que je soutiendrais l'Argentine. Elle m'a dit que j'étais le premier à l'appeler, qu'elle ira jusqu'au bout, et qu'elle va envoyer toute la marine britannique. Je la crois. A sa place, j'en ferais autant. »*

Margaret Thatcher me reparlera souvent de ce coup de téléphone.

Le Président demande qu'on fasse annuler les commandes d'Exocet du Pérou, de peur que ce pays ne les cède à son voisin argentin. Mais une telle annulation serait difficile à justifier auprès des Péruviens. Les armes auront donc simplement du mal à quitter Limoges : les papiers nécessaires se sont perdus dans les arcanes bureaucratiques...

Assassinat, à Paris, d'un diplomate israélien, Yaakov Barsimantov.

Les attaques menées par les Palestiniens à partir du Sud-Liban contre les kibboutz continuent. Les Libanais eux-mêmes se plaignent de leur présence envahissante.

François Mitterrand : *« Mon grand-père s'appelait Jules, comme Favre, Guesde, Gambetta. C'était une personnalité chatoyante, ayant des idées sur tout. Il a vécu jusqu'à quatre-vingt-cinq ans. Quand il est mort, j'avais vingt ans. J'étais endurci. J'ai eu beaucoup de chagrin, mais c'était davantage dans l'ordre des choses. Ma mère était morte cinq ans plus tôt. J'étais à la maison. Elle a mis deux ans à mourir. Elle était cardiaque. Elle est restée allongée un an. Quand elle est morte, elle était inconsciente depuis trois semaines. Il n'y a pas eu de "moment" de la mort. Mon père a mis lui aussi un an à mourir. On se relayait auprès de lui, avec mes frères et mes sœurs. Quand il est mort, je me trouvais à Paris. Je l'avais vu trois jours auparavant... »*

**Lundi 5 avril 1982**

Une grande partie de la flotte de guerre britannique entame un périple de 14 000 kilomètres en direction de l'Atlantique Sud. François Mitterrand à propos de Mme Thatcher : *« Je l'admire... ou je l'envie ? »*

Comme avant chaque Sommet des Sept, les syndicats doivent se réunir pour préparer et transmettre une position commune au pays-hôte. Quand Jacques Chérèque vient m'en parler, je lui demande de surmonter l'ostracisme qui exclut depuis toujours la CGT de ces réunions. Après tout, la France peut inviter qui elle veut. Chérèque est sceptique : les Américains n'accepteront pas de côtoyer des communistes.

En raison des problèmes de terrorisme et de sécurité, le Président ajourne le projet de réforme pénale préparé par Robert Badinter, qui devait passer au Conseil d'après-demain.

Rien ne va plus avec la République fédérale d'Allemagne. Dans un discours prononcé à Hambourg, le Chancelier Helmut Schmidt critique violemment la politique économique française : *« La politique de relance pratiquée par le gouvernement actuel en France comportera des effets négatifs sur les prix, sur la monnaie et sur la balance des paiements. Ce qui suscitera une forte tentation de développer le protectionnisme pour les échanges commerciaux et de capitaux, et de rétablir le contrôle des prix. Même si le poids de son déficit budgétaire par rapport à son PNB demeure inférieur à celui de l'Allemagne en 1982, il est peu probable que la France pourra continuer de pratiquer l'actuel* policy mix *au-delà de la fin 1983. »*

Le Chancelier nous poignarde dans le dos : avec un pareil discours, la crise du franc ne peut que s'aggraver !

Il faudra donc dévaluer en juin au plus tard. Mais avec quel programme économique ? L'essentiel est d'aller plus vite dans la réduction de l'inflation. Le contrôle des prix est sans doute la seule solution.

Une négociation très discrète avec les Allemands devient nécessaire. Il faut préparer une dévaluation de 10 %. Si elle se révèle impossible, il faudra passer au flottement.

Pour calmer les marchés, Pierre Mauroy réfléchit à diverses annonces : reporter de deux ans l'entrée en vigueur des nouveaux droits des salariés et les charges nouvelles pour les entreprises ; limiter le déficit de 1982 à 110 milliards, soit 3 % du PIB ; déposer un projet de loi organique limitant constitutionnellement le déficit budgétaire et celui de la Sécurité sociale. Mais il finit par écarter ces idées.

Menahem Begin fait savoir au Président, par son ambassadeur à Paris, qu'il est *navré* du report *sine die* de la visite en Israël du chef d'état-major de l'armée de terre, le général Delaunay, *« même si c'est pour le mois prochain »*. Un report dont Claude Cheysson dit avoir pris l'initiative.

Le Président : *« Je ne suis pas au courant de ce report, personne ne m'en a parlé ! Pourquoi ? Il n'y a pas de raison. Delaunay peut y aller ! Dites-le à Cheysson ! »*

**Mercredi 7 avril 1982**

Les nominations à la tête des banques se poursuivent. Michel Albert, candidat au Crédit Agricole ou à la Caisse des Dépôts, est finalement nommé aux AGF. Le Crédit Agricole ira à un obscur banquier dont le principal mérite est de n'être pas inspecteur des finances. La Caisse des Dépôts reviendra à un inspecteur des finances, l'ancien directeur de cabinet du Premier ministre : Robert Lion.

Le Président réunit à Paris, pour deux jours, les ambassadeurs de France des pays riverains du Pacifique, pour les *motiver.* Ils verront ministres et industriels. Une note préparatoire à cette réunion résume la situation de notre pays dans la région :

> « *La France, depuis longtemps présente, souffre d'être* dans *le Pacifique sans être* du *Pacifique. Elle est une puissance semi-extérieure, en position précaire. L'Océanie reste un monde à part, nettement distinct du Tiers Monde, du fait même de sa cohésion idéologique, de sa structure particulière et de son éloignement. Nous sommes aujourd'hui mieux écoutés et, dans une certaine mesure, mieux compris qu'il y a dix ans. L'accession de ces pays à l'indépendance et la rigueur des campagnes contre nos essais nous conduisent à ouvrir des ambassades, à ne plus laisser aux moyens d'information australiens et néo-zélandais le monopole de la communication, et à tirer parti des possibilités offertes par l'aide de la CEE, dont l'impact est spectaculaire. Les essais nucléaires présentent notre capacité technologique sous son jour le plus défavorable : il faudrait mettre en avant nos capacités en matière de télécommunications et d'exploitation des fonds marins, ce qui impliquera le plus souvent une coopération avec les États-Unis et le Japon. Notre image politique, qui s'est améliorée, doit être transformée par un renforcement de notre présence culturelle au Japon et en Californie, pour participer activement au débat naissant sur la future "civilisation du Pacifique", en proposant une vision d'ensemble du Pacifique.* »

Le Président reçoit longuement les diplomates, mais ne s'intéresse vraiment qu'à ce que dit l'ambassadeur en poste à Moscou, Claude Arnaud, qui évoque les récentes propositions de désarmement de Brejnev et la situation intérieure russe.

Les prix du pétrole commencent à baisser. Divine surprise pour notre commerce extérieur. Patron de ELF, Albin Chalandon déclare à la presse que les contrats à prix fixe avec l'Arabie Saoudite pourraient être remis en cause. Michel Jobert, qui a signé ces contrats du temps de Pompidou, est furieux. Les Saoudiens aussi, qui menacent de retirer leurs capitaux de France. Ironie du sort : un règlement de comptes entre deux gaullistes menace de coûter cher au gouvernement socialiste...

Bertrand Schwartz s'occupera de l'insertion des jeunes dont est venu parler au Président le Dr Olievenstein.

**Jeudi 8 avril 1982**

Deuxième Conseil restreint consacré à la Sécurité sociale. On y parle statut et financement. Jacques Delors, Laurent Fabius, Jack Ralite et Nicole Questiaux sont d'accord pour abroger les ordonnances de 1967 et en revenir à l'élection des représentants des travailleurs dans les conseils. Mais faut-il rétablir le monopole syndical de désignation des candidats à ces élections, ou le supprimer ? Nicole Questiaux et Pierre Mauroy sont favorables au maintien, de peur que ne se créent des mouvements fascisants.

Jacques Delors se lance dans un exposé très alarmiste : « *Malgré les économies budgétaires du 10 novembre dernier, les perspectives financières sont catastrophiques. Pour la Sécurité sociale, le déficit sera de 8 milliards en 1982, de*

*15 milliards en 1983, de 50 à 60 milliards en 1987, même dans le cas où on réussirait à réduire la croissance des dépenses à 4,5 % au lieu du rythme actuel de 7 %, qui est supérieur à celui de tous les pays développés. Pour l'UNEDIC, il faudra, au plus tard en juillet, trouver 10 milliards pour 1982, qui passeront à 27 milliards pour 1983. Nous sommes dans un engrenage diabolique. »*

Douche glacée. Silence dans la pièce.

François Mitterrand, froidement : *« Il était très louable que le gouvernement tienne rapidement mes engagements. Encore eût-il été opportun qu'il mesurât dès le début où cela nous conduirait, et le dise. »*

A la sortie, François Mitterrand me glisse : *« Pourquoi Jacques Delors dit-il tout cela ? C'est à lui de mettre de l'ordre. Qu'il propose les solutions en même temps qu'il énonce le problème ! »*

Prévenu de nouvelles menaces d'attentats à Paris, Gaston Defferre fait surveiller le siège parisien d'un journal arabe d'opposition, *Al Watan Al Arabi*, rue Marbeuf... mais pas la rue elle-même.

Reprise du dialogue entre Paris et Hanoi. Visite à Paris de Nguyen Co Thach, ministre vietnamien des Affaires étrangères.

### Vendredi 9 avril 1982

Comme chaque vendredi, le marché parie sur une dévaluation pour ce week-end. Qui joue contre le franc, cette fois-ci ? Les Anglais, pour faire pression sur la négociation à propos de leur chèque ? Les Saoudiens, après les déclarations de Chalandon ? Impossible de savoir. En tout cas, nous avons perdu cette semaine 237 millions de dollars, qui s'ajoutent aux 3,5 milliards perdus depuis les cantonales. Il ne nous reste en réserves que moins de 4 milliards de dollars, non compris l'or.

La presse, à l'instar de l'opposition et du patronat, contribue à la panique des marchés. Au moment où le groupe socialiste s'apprête à durcir par ses amendements le projet de loi de Jean Auroux sur les droits des travailleurs, il faudrait expliquer qu'il ne s'agit là que de s'aligner sur la législation du travail allemande et suédoise.

Dévaluation ou flottement ? L'une est humiliante, l'autre est dangereux : si l'on n'a pas les moyens de défendre un cours, le dollar passera de 5 à 8 francs en trois jours. Et, sans le SME, on n'aura pas les moyens de tenir.

A l'Élysée, des camps se forment. Bérégovoy et Boublil sont favorables à la déconnexion des taux d'intérêt, au moratoire des dettes, au flottement. Stasse, Bianco et moi prenons le parti contraire, comme Matignon et Rivoli. Notes et réunions font circuler avis et arguments en circuits parallèles.

Le Président rejette l'idée du flottement. Une dévaluation est décidée pour après Versailles.

### Samedi 10 avril 1982

Pierre Bérégovoy transmet à l'ambassadeur israélien Meir Rosenne le message de François Mitterrand à propos du déplacement du général Delaunay. Ce voyage

*« n'est pas reporté* sine die, *mais simplement retardé. C'est affaire d'opportunité ».* Or le Président avait demandé qu'on laisse le général partir. Bérégovoy interprète et déforme les instructions.

François Mitterrand revient sur son voyage en Israël : *« J'étais très heureux d'aller là-bas ; c'est dans mon esprit une terre mythique, et la voir, la toucher, voir des Juifs vivre sur ces terres très anciennes, c'est un spectacle émouvant, évocateur, une formidable projection pour celui qui s'intéresse à ce passé.*

*J'aimerais écrire, là, à Jérusalem. C'est un des lieux qui éveillent en moi toute une série d'aspirations. Ce n'est pas le seul, mais c'est peut-être celui qui rassemble le plus d'éléments spirituels, intellectuels, historiques et politiques. Tout est intensité dans cette région, et on doit quand même s'interroger : tous les peuples de cette région, à travers les siècles et les siècles, ont été brûlés par la foi, les guerres civiles y sont toujours religieuses.*

*Je comprends l'embarras de la revendication historique. Il n'y a que deux citations dans la Bible grâce auxquelles on peut extrapoler une sorte de notion du Grand Israël dans les paroles prêtées à Dieu. Au cours de ces derniers siècles, les Arabes se sont installés là et se sont ancrés, ils s'en sont fait une patrie. Et on en arrive à cette situation incroyablement confuse dans laquelle nous sommes aujourd'hui.*

*Deux Dieux — en tout cas deux religions —, deux Prophètes et une seule terre. C'est très difficile ! Je préconise une conférence internationale à l'intérieur de laquelle les contacts bilatéraux s'établiraient. Je ne veux pas, comme Président de la République française, sembler dicter un chemin. Il appartient aux protagonistes de le faire. Je me suis aperçu que, chaque fois que je m'étais hasardé sur ce terrain, les gens étaient blessés et disaient : "Mais cela ne vous regarde pas ! " Je sens qu'il y a une telle espérance, liée à tant de détresse, que cela me fait peur. C'est presque une maladie incurable. Présentement, il n'y a pas de solution claire. Celle du droit international n'est pas parvenue, disons les choses, à recouvrir l'Histoire, les traditions. Deux peuples pour une seule terre. Il faudrait avoir beaucoup d'imagination pour arriver à dessiner les structures d'une sorte de fédération. »*

A Téhéran, l'ancien ministre des Affaires étrangères, Sadegh Ghotbzadeh, est arrêté. La situation financière et militaire du pays s'améliore. Les forces armées sont mieux organisées, chaque offensive est soigneusement préparée. Soutenu par la Syrie, la Libye, l'URSS, la Corée du Nord et l'Inde, l'Iran n'hésite plus à exprimer des buts de guerre maximalistes : abattre le régime de Saddam Hussein. L'URSS poursuit ses livraisons militaires à l'Irak tout en fournissant une aide à l'Iran. Les États-Unis, malgré quelques gestes envers Bagdad, continuent de donner la priorité au renforcement de l'armée iranienne, dans l'espoir d'un changement de régime. Au total, les armes arrivent de toutes parts.

L'administration française est restée entièrement favorable à l'Irak, même si François Mitterrand montre des réticences.

**Dimanche 11 avril 1982**

A Jérusalem, un attentat commis par un déséquilibré australien sur l'esplanade des mosquées d'Omar et d'Al Aqsa fait 2 morts et 38 blessés. Aux Nations-Unies, les adversaires d'Israël parlent de *« crime rituel »*. Begin écrit à François Mitterrand : *« L'Histoire retiendra que, durant la semaine de Pâques 5742 de notre calendrier, des forces de la noire réaction ont perpétré une accusation de "crime rituel" contre le peuple juif et sa patrie, tandis que le monde civilisé et démocratique, une fois de plus, se tenait silencieusement à l'écart. »*

**Mercredi 14 avril 1982**

Nous ferons donc le tour du monde. Départ pour un voyage officiel au Japon et au Canada avec une délégation hétéroclite : de J.J.S.S. à Georges Besse, président de PUK, du philosophe Michel Serres au professeur Bernard Frank, grand expert en littérature japonaise. A l'escale d'Helsinki, le Président fait téléphoner à Guy Béart pour qu'il nous rejoigne à Tokyo : *« Cela fait longtemps que je ne l'ai vu, qu'il vienne ! »* Il débarquera en smoking, guitare à la main.

**Jeudi 15 avril 1982**

Le Président est au Parlement nippon pour prononcer son discours. Le professeur Bernard Frank remplace au pied levé un interprète défaillant. Devant des parlementaires aux yeux clos — c'est signe de grande attention —, François Mitterrand commence par évoquer Hiroshima. Le professeur au Collège de France, debout à côté de lui à la tribune, traduit paragraphe après paragraphe. Surprise : le Parlement éclate de rire. Interloqué, le Président continue. Les rires s'accentuent. Malaise... On apprendra plus tard que la voix du professeur ressemble à s'y méprendre à celle d'un homme politique japonais très célèbre de l'entre-deux-guerres, et qu'il a traduit dans une langue très fleurie et quelque peu archaïque. Comme si un sosie de De Gaulle avait exprimé les idées de Willy Brandt avec les mots de Ronsard...

François Mitterrand est ensuite reçu par le Premier ministre japonais, Suzuki, chef ensommeillé d'une faction puissante. Rencontre très formelle, avec sept ou huit preneurs de notes. On y parle du prochain Sommet.

**François Mitterrand :** *Allons-nous partir du bon pied ou nous enfoncer dans la crise ? A Versailles, chacun aura à mettre quelque chose sur la table : les États-Unis devront justifier leurs taux d'intérêt trop élevés ; l'Europe, elle, s'inquiète des progrès du Japon et de son protectionnisme, sans lui faire de procès, dans un esprit de dialogue, de conciliation et d'amitié.*

**Suzuki :** *Mais le Japon est très accueillant aux étrangers...*

Sur les rapports Est/Ouest, **François Mitterrand :** *Je souhaite que les Russes fassent des concessions réelles afin d'éviter l'installation de fusées en Europe.*

**Suzuki :** *La session de l'ONU sur le désarmement est très importante. Il faut que vous y veniez vous-même (...). En matière de défense, nous ne voulons pas faire plus que de l'autodéfense. Mais nous voulons doubler notre aide au développement aux pays d'Asie avant 1985. C'est dans notre intérêt. Cela nous ouvre des marchés. Il faut que les Sept mettent en commun leurs efforts technologiques (mer, espace, nucléaire).*

**François Mitterrand :** *Avec plaisir. Faisons cela d'abord ensemble. Il faudra ensuite convaincre les États-Unis, qui ont une vision à court terme, de nous* *rejoindre dans de telles recherches. Par ailleurs, je vous propose que le Japon ait un pavillon à l'Exposition de Paris en 1989...*

Au Liban, un employé de l'ambassade de France, M. Cavallo, et son épouse sont assassinés dans leur appartement de Beyrouth-Ouest.

En France, les préfets de région transmettent le pouvoir exécutif aux Conseils régionaux.

Devant de hauts responsables policiers, Gaston Defferre plaide pour une pratique extensive des contrôles d'identité et pour un élargissement des conditions d'usage des armes par les policiers. La controverse avec Robert Badinter, qui souhaite l'abrogation de ces dispositions de la loi « Sécurité et Liberté », devient publique. Le Président est furieux : *« Après l'IVG, ça recommence ! Ce genre de débat est désastreux ! »*

**Vendredi 16 avril 1982**

Le Président de PUK, Georges Besse, s'étonne. Il a demandé à visiter une usine de sa filiale japonaise, après-demain dimanche, seul moment libre durant le voyage. Réponse du directeur : il doit consulter les syndicats. *« Vous vous rendez compte ! Ici, il faut consulter les syndicats pour que le patron ait le droit de visiter une usine vide, un dimanche matin ! Même la CGT n'a pas ce pouvoir en France ! »*

L'hémorragie de devises continue. A Tokyo, François Mitterrand s'inquiète devant les quatre ministres qui l'accompagnent : *« Il faut dévaluer. Mais faut-il changer de gouvernement ? Il faudrait au moins que le Premier ministre dispose réellement des moyens de la coordination gouvernementale. »* C'est décidé : au prochain remaniement, le Budget sera rattaché au Premier ministre.

A Paris, Pierre Mauroy, entouré de cinq ministres, reçoit secrètement Yvon Gattaz pendant cinq heures. Il lui concède l'allégement de la taxe professionnelle, la stabilisation de la durée du travail et le plafonnement des cotisations sociales. La bataille se concentre sur les charges des entreprises.

Critiques du PCF, critiques de la droite alternent ou convergent.

J'apprends que seront fixées lors de la prochaine réunion du bureau du conseil d'administration du « Centre Mondial informatique » les rémunérations des dirigeants. Leurs exigences sont scandaleuses : ces gens-là nous prennent pour des parvenus, disposés à payer n'importe quel prix pour avoir le privilège de les employer !

**Samedi 17 avril 1982**

Discussion : il convient de renforcer Matignon pour mieux contrôler les dépenses. Le Budget, le Plan et l'Aménagement du Territoire devront être rattachés directement au Premier ministre.

Malgré l'opposition du Québec, la nouvelle Constitution canadienne est proclamée. Elisabeth II, souveraine britannique, reste Reine du Canada. Trudeau a bien manœuvré.

A Tokyo, dîner offert par le Président à l'ambassade. Grande surprise : l'Empereur vient. A la fin du dîner, Guy Béart réussit à lui faire chanter *Le Temps des Cerises* devant les dignitaires japonais médusés.

**Dimanche 18 avril 1982**

A Kyoto, ville au quatre cents temples, lieu du conflit de pouvoir entre l'Empereur et le Shogun, le Sacré et la Violence, le Président me demande de l'accompagner chez le très vieux maître bouddhiste Hy Oshi, qu'il a souhaité rencontrer. L'homme a cent dix ans. Après un quart d'heure de marche, nous atteignons un petit temple au sein d'un plus grand, un peu hors de la ville. On nous guide vers une salle modeste aux cloisons coulissantes. Un jeune prêtre nous fait signe de nous déchausser et de nous mettre à genoux. Nous restons tous les deux seuls. Inconfortable. Dehors, une cloche retentit. Le maître entre, accompagné d'un « jeune homme » de quatre-vingts ans. Il s'incline et s'assied lentement. De quoi parler ? De rien. Silence. Il ferme les yeux. Fou rire difficilement contenu. Puis... Est-ce l'encens, ou la cloche qui résonne à intervalles réguliers ? Un vertige nous prend. Vingt minutes de méditation ou bien de transes ? En tout cas, un moment à part, de pure sérénité. Brusquement, les portes s'ouvrent. Flashes. Les photographes sont là, tout autour. Le vieillard se relève, très digne. Il enfile des pantoufles. J'ai le temps d'y lire la griffe : « Pierre Cardin »...

Georges Besse visite son usine : tous les ouvriers sont au travail. Il n'était pas question qu'un patron visite une usine vide ! Voilà pourquoi il fallait consulter les syndicats.

Pierre Joxe critique violemment Pierre Mauroy au « Club de la Presse ».

**Lundi 19 avril 1982**

Retour du Japon. Escale à Vancouver pour un dîner avec Pierre Trudeau. Étrange moment : on ne sait plus ni l'heure, ni le jour. Au rez-de-chaussée de l'hôtel, Guy Béart improvise un concert pour la délégation et les journalistes. Au dernier étage, nous sommes six à table. On parle Pakistan, Inde, Israël, Argentine, Chine, Afrique du Sud, désarmement.

**François Mitterrand :** *Les Américains ne veulent pas négocier avant de déployer leurs Pershing. Trois mois après le déploiement, les deux superpuissances parleront entre elles. Les Américains ne veulent pas d'un accord avant (...). Versailles sera vu comme un échec grave si la barre est mise trop haut ou si on n'en attend rien. J'aimerais seulement que cela soit l'occasion de progresser sur les "Négociations Globales" et sur la "Filiale énergie" de la Banque mondiale.*

**Pierre Trudeau :** *Vous avez raison. Il y a un risque d'échec du Sommet, par angélisme. Peut-on parler Est/Ouest sans parler de la nature de la menace* *soviétique ? Il faut tenter de mieux comprendre les Russes. Il y a un risque de polarisation et de caricature...*

Trudeau est incroyablement loin des Américains et de Ronald Reagan, qu'il voit peu et qu'il n'aime pas. Il redoute de voir des Pershing installés dans l'Alaska après décembre 1983.

Au beau milieu de notre dîner, la porte s'ouvre. Jean Daniel — qui faisait partie des invités du voyage — s'avance, décidé. Il s'arrête, comme surpris de notre surprise. Le Président le présente à Trudeau qui, impassible, fait comme s'il le connaissait bien. Un instant de silence, puis Jean Daniel repart.

La scène, pénible, aura duré moins d'une minute. Sans qu'il soit nécessaire de le préciser, chacun comprend que quelqu'un, en bas, aura fait croire au journaliste que les deux hommes d'État avaient demandé à le consulter ! Mauvaise plaisanterie dont je ne connaîtrai jamais l'auteur et dont Jean Daniel, plus tard, acceptera avec élégance de sourire.

A la fin du dîner, téléphonant à Paris, j'apprends que Pierre Mauroy, pour préparer le Conseil de mercredi sur l'abrogation de la loi Peyrefitte, a réuni Badinter et Defferre et leur a proposé un compromis sur l'usage des armes par la police et sur l'*« indice objectif »* permettant aux policiers de contrôler l'identité d'un suspect. Le Président donne son accord.

Pierre Mauroy, dans un article du *Monde* de cet après-midi intitulé « Gouverner autrement », autorise les ministres à ouvrir un « débat » public sur les sujets de leur compétence. Dans l'avion du retour, le Président me dit combien il est furieux de cet usage du mot « débat » : *« Il ne faut pas de débat public entre ministres. Un ministre doit s'imposer à son ministère. S'ils continuent, je les renvoie tous ! Ce sont tous des débutants. C'est ça, le drame de la Ve République. Mis à part Gaston Defferre et moi, personne n'avait été ministre ; ils manquent tous d'expérience et obéissent à leurs services. C'est bien dangereux. »*

### Mardi 20 avril 1982

Au cours du petit déjeuner hebdomadaire, Pierre Mauroy se plaint des critiques de Joxe d'avant-hier. La classe politique ne parle que des conflits entre les ministres, et la presse relaie naturellement ces débats. Je rapporte au Président une remarque d'un dénommé Ernest Bersot, directeur de l'École normale supérieure en 1882, dans *Un moraliste* : *« Cette nation fait sa politique comme elle fait ses romans et son théâtre : elle veut aller vite, elle veut du dramatique et du nouveau, des coups d'éclat, des coups imprévus, des changements à vue, sans fin. Avec cet esprit-là, on a une politique de roman, de théâtre : on se lève tous les matins sur une surprise ou dans l'attente de quelque grand combat entre l'opposition et le gouvernement, combat dans la rue, dans la presse, dans la Chambre ; on a une "journée" par jour... »* Rien de nouveau sous le soleil.

Loi instituant le Livret d'épargne populaire et indexant l'épargne des salariés. Cette grande promesse de la campagne électorale est enfin tenue. Il aura tout de même fallu un an pour prendre une mesure aussi simple, à laquelle le Président tenait tant.

Le secrétaire général adjoint de l'Élysée, Jacques Fournier, propose de remplacer certaines dépenses publiques par des réductions d'impôts : on perçoit moins d'impôts et, en échange, on verse moins d'aide à la même catégorie sociale. Idée féconde, qui permettrait de réduire à la fois la bureaucratie et les prélèvements obligatoires. Mais il faut s'attendre à bien des résistances : prendre et donner sont les attributs du pouvoir.

**Mercredi 21 avril 1982**

Le Conseil des ministres examine enfin le projet de loi abrogeant la loi Peyrefitte. Robert Badinter tente à nouveau de faire ajouter l'épithète *« objectif »* à l'indice autorisant à réclamer ses papiers à un individu. Gaston Defferre, en tant que ministre d'État, est assis à côté de François Mitterrand ; il lui souffle que le Conseil d'État, lors de l'examen du projet, a déjà rejeté cet épithète. Ce que le Président reprend pour rejeter la demande du garde des Sceaux et conclure. On ne soulignera jamais assez l'importance de la position de chacun autour de la table du Conseil, dans ces débats brefs et décisifs où même les petits billets n'ont pas le temps de circuler... Le Président : *« Ce sont les régimes faibles qui ont besoin de lois d'exception (...). Il faut surtout que les policiers soient davantage visibles. Que notre texte soit dix fois meilleur, cela ne rassurera pas un Français de plus. Ce qui les rassurera, ce sont les agents en uniforme, surtout s'ils sont à bicyclette. »*

Par ailleurs, il répète devant les ministres ce qu'il m'a dit dans l'avion, au retour de Vancouver : *« La controverse publique a un effet déplorable. Si le gouvernement veut se détruire lui-même, je peux lui donner un coup de main ! »*

Charles Hernu expose ensuite le projet de loi de programmation militaire tel qu'il résulte du précédent Conseil de Défense. Ce projet décide non plus de la proportion des dépenses militaires dans le budget ou dans le PIB, mais de la réalisation d'un programme physique de matériels et d'équipements, avec un rendez-vous à la fin de l'année 1985 pour réévaluer les dépenses. Il confirme la priorité des forces nucléaires ; décide du lancement d'un nouveau sous-marin nucléaire lance-engins et du programme « Hadès » qui remplacera en 1992 les missiles Pluton ; de la construction d'un porte-avions nucléaire ; de la mise en service des avions de patrouille Atlantic-Nouvelle génération ; de la commande supplémentaire de trois sous-marins nucléaires d'attaque ; de la mise en œuvre du Mirage 2000, et de la création de la Force d'action rapide (FAR), dotée notamment d'hélicoptères antichars. Hernu : *« Le pays tout entier devra mobiliser ses ressources pour assurer sa défense, grâce à quoi il pourra honorer ses engagements et contribuer au maintien de la paix dans le monde. »*

Une discussion s'ensuit. Jacques Delors demande si ces dépenses sont chiffrées en francs courants ou en francs constants. Michel Rocard, évoquant les exemples des Malouines et du Tchad, s'interroge sur notre capacité de transport aérien rapide à longue distance. Charles Fiterman donne son accord sur *« les objectifs affichés et sur les moyens »* ; il s'inquiète de la construction éventuelle d'un char franco-allemand.

François Mitterrand intervient alors longuement, de façon tout à fait improvisée, pour définir avec grande précision le « cœur » de la doctrine militaire du septennat :

*« J'ai pris, dans le cadre de mes fonctions, un certain nombre de décisions dont on trouve la traduction dans le projet de loi qui est présenté au Conseil des ministres...*

*Des progrès sont réalisés dans le monde en ce qui concerne le développement des mécanismes de détection. Nous devons tenir compte de ces progrès pour moderniser au fur et à mesure nos forces. Le fait que les engins utilisés par ces sous-marins aient une portée de 3 500 km leur permet d'agir sans s'approcher trop des côtes et en restant par conséquent à l'abri de l'océan.*

*Le gouvernement va être l'objet d'attaques très violentes et tous azimuts de la part de l'opposition, qui va l'accuser de sacrifier l'armée. A cela, il répondra que la précédente majorité a retardé pendant trois ans la réalisation du sixième sous-marin nucléaire, alors que nous avons aussitôt commandé un septième sous-marin (...). Les forces françaises ne doivent pas être considérées comme étant fixées sur un adversaire déterminé, et notamment sur l'URSS ou ses alliés. Par ailleurs, notre stratégie est une stratégie anticités. Il en est ainsi parce qu'aucune autre n'est possible en ce qui nous concerne : nous n'avons pas de recul. Nous ne pouvons agir que par la terreur et en menaçant l'adversaire de la mort de millions d'hommes. C'est parce que nous avons cette force, cette capacité de destruction, que nous espérons ne pas avoir à nous en servir. Les Russes et les Américains peuvent se payer le luxe d'envoyer des coups de semonce, d'avoir une défense flexible, d'avoir une stratégie dite antiforces. Ces possibilités, nous, nous ne les avons pas. Ceci dit, personne ne redoute une agression soudaine de la France. Les Soviétiques nous encourageraient plutôt à avoir une force nucléaire, à condition que celle-ci soit réellement indépendante. Si nous étions totalement liés aux forces atlantiques, il serait normal que les Soviétiques nous comptent dans le recensement qu'ils font des forces armées. Il faudra que la démonstration soit faite de notre indépendance totale vis-à-vis des uns et des autres.*

*Cette stratégie anticités ne peut être utilisée qu'une fois. Toute notre défense est fondée là-dessus. Elle nous oblige à rester au-dessus du niveau d'emploi et de crédibilité de ces armes. Les financiers doivent le comprendre.*

*Les armées françaises, même celles qui n'ont pas de missiles, participent de la stratégie de dissuasion. L'infanterie, même non nucléaire, fait partie d'une défense qui est globablement nucléaire. En ce sens, on peut parler de défense globale. Mais ceci ne veut pas dire que notre défense est géographiquement globale. Ceci ne veut pas dire que nous engagerons la guerre nucléaire à partir d'une menace planant sur un pays quelconque de l'Alliance atlantique. Nous avons à apprécier* nos intérêts vitaux, *qui sont permanents ou circonstanciels ; c'est au Président de la République d'apprécier ces intérêts. La France doit faire jouer la guerre nucléaire si son territoire est menacé : s'il est menacé directement, cela va de soi ; s'il est menacé indirectement, c'est au Président de la République de l'apprécier. La stratégie de dissuasion s'applique au sanctuaire, au territoire national, et elle peut s'appliquer là où nous avons des intérêts vitaux. On pense que cela peut être le cas en cas d'agression contre l'Allemagne de l'Ouest, mais il peut y avoir d'autres hypothèses. Nous devons avoir notre défense à nous.*

*Si nous utilisons les missiles Pluton, dont la portée est de 120 km, et que nous ne voulons pas que le projectile tombe en Allemagne de l'Ouest, il faut placer ce missile en territoire allemand : à ce moment-là, on dira que nous jouons la bataille de l'avant. Nous ne pouvons adopter une stratégie qui supposerait cela, car notre stratégie est une stratégie de dissuasion. En revanche, la portée des missiles Hadès est de 400 à 450 km, c'est-à-dire qu'on peut les utiliser vers l'extérieur à partir du territoire national. Le projectile tombera non pas en URSS, mais en Allemagne de l'Est ou en Tchécoslovaquie. C'est la seule supposition raisonnable, car si on les tire dans l'autre sens, ils tomberont au milieu de l'Atlantique. Par conséquent, si on insiste sur cette portée du missile Hadès, on donne à penser que la seule chose qui soit dangereuse se situe du côté de l'URSS. De plus, au lieu de toucher l'URSS elle-même, on se donne seulement la possibilité de toucher certains de ses alliés.*

*Bien entendu, nous n'allons pas nous donner le ridicule de dire qu'il n'y a pas de danger. Le Général de Gaulle, dans le même temps qu'il parlait de défense tous azimuts, vouait l'URSS aux gémonies dans ses discours. Mais, à ce moment-là, on ne croyait pas à la guerre. Aujourd'hui, on y croit davantage. Dans ce contexte, l'Hadès a deux inconvénients : il signe une stratégie dirigée uniquement vers l'Est et vise non pas les Soviétiques, mais les Allemands et les Tchèques. Il faut éviter de mettre en avant cette idée.*

*Le même raisonnement pourrait s'appliquer par rapport à une éventuelle bombe à neutrons. Je rappelle que la décision n'est pas prise en ce qui concerne cette arme. On dit que c'est une arme horrible. Sur ce point, il faudrait s'entendre : n'est-elle pas plus propre que les baïonnettes avec lesquelles on s'embrochait dans les tranchées en 1914 ? La combinaison de la bombe à neutrons et du missile Pluton interdirait en fait au Président de la République de tenir à sa seule disposition l'usage de ces armes qui, compte tenu de leur faible portée, dépendrait à la limite de l'ordre d'un général, voire d'un capitaine. L'utilisation des missiles Hadès serait plus concentrée et permettrait d'établir davantage l'autorité du chef de l'État... »*

Au cours du même Conseil des ministres, Georgina Dufoix présente diverses mesures pour la famille. Le Président intervient ; il fait l'éloge des familles nombreuses et souhaite une reprise de la démographie : *« Nous n'interdirons pas la contraception, c'est normal, c'est la liberté, mais cela est négatif... La libération de la femme, c'est souvent d'avoir des enfants. »*

Le Président demande qu'on trouve un poste au Quai d'Orsay pour Jacques Bouchacourt, un diplomate qui fut candidat gaulliste dans la Nièvre aux élections législatives de 1968. « Impossible », répondent les services. Cela se fera quand même.

L'aviation israélienne lance six raids sur le littoral libanais, entre Saïda et Beyrouth : 25 tués et 60 blessés.

**Jeudi 22 avril 1982**

Le franc est toujours violemment attaqué. Faut-il attendre ? Peut-on attendre ? Doit-on décider d'une autre politique économique ?

Pourtant, nos résultats ne sont pas si mauvais. Même si, depuis mai dernier, le SMIC a augmenté de près de 25 % et le minimum vieillesse mensuel de 45 %, la hausse des prix est passée de 15 % à 11 % par an, la France a le plus faible déficit budgétaire des grands pays et reste l'un de ceux dont l'endettement public est le moins important (14 % du PIB contre près de 28 % en RFA). Pourquoi cet acharnement contre notre monnaie ?

Yasser Arafat insiste : il a reçu le message, mais ne veut pas venir à Paris s'il n'est pas admis à rencontrer le Président de la République. Claude Cheysson plaide en sa faveur auprès de François Mitterrand : *« Jamais l'OLP n'a été aussi proche de nous, multipliant les avances et les informations. »* Le Président maintient son refus.

Malgré les menaces de Carlos, Bréguet et Kopp sont condamnés respectivement à cinq et quatre ans de prison. Quelques minutes après le verdict, une bombe explose rue Marbeuf, à Paris, au siège de l'hebdomadaire pro-irakien *Al Watan Al Arabi*, mal protégé en dépit des nombreuses menaces. Elle fait un mort et 63 blessés. Gaston Defferre suggère au Président l'expulsion de deux suspects syriens. C'est fait le jour même.

André Rousselet, toujours attentif au sort de l'impôt sur les grandes fortunes, s'inquiète du nombre de ceux qui quittent la France pour s'y soustraire. Il propose d'instituer un droit de suite permettant, durant cinq ans, de continuer d'imposer les personnes qui auraient transféré leur domicile fiscal à l'étranger. Ce sera fait.

Le Président, qui finit de travailler au discours qu'il prononcera demain à Hambourg devant le même club où Helmut Schmidt s'en est pris à la politique économique de la France, est ébranlé par la lettre qu'il a reçue du président de la Commission des Finances de l'Assemblée nationale, Christian Goux :

> *« La situation économique de notre pays est préoccupante (...). La condition du succès réside dans un blocage s'appliquant à l'ensemble des revenus, et non aux seules rémunérations des salariés. Une telle politique se heurtera à des résistances très fortes. Mais les bénéfices à en attendre sont certains : amélioration immédiate de notre monnaie, assouplissement du contrôle des changes, redressement des échanges extérieurs et de la compétitivité interne, réduction des taux d'intérêt permettant une mise en cohérence de la politique monétaire avec la politique économique. »*

Blocage des prix et des salaires. Christian Goux, en excellent analyste du capitalisme mondial, est le premier, à ma connaissance, à en évoquer la nécessité, alertant à la fois l'Élysée, Matignon et les Finances. François Mitterrand : *« Faut-il vraiment le faire ? S'il le faut, on le fera, mais en veillant à ce que cela soit socialement juste. »*

Le Président doit nommer trois membres de la Haute Autorité. Le Président de l'Assemblée, Louis Mermaz, doit en nommer trois autres. On agite des noms : Jean Darcy, Jacques Boutet, Michel Caste, Alain Decaux, Stéphane Hessel, Marcel Huart, Gilbert Lauzun, Jean Marin, Michel May, Jacques Pomonti, Yves Stourdzé, Jacques Thibau...

Cette semaine, les réserves de la Banque de France ont encore baissé de 3,7 milliards de francs.

Le rapport préparé pour Versailles, sur « Technologie et Emploi », s'élabore. Il contient les propositions suivantes : augmentation (chiffrée) de l'effort de recherche et de développement des Sept ; recherche conjointe sur des technologies de base ayant un impact précis sur l'emploi du Nord et sur le développement du Sud (fusion nucléaire, informatique, santé, alimentation) ; efforts parallèles de formation de tous les jeunes de seize à dix-huit ans ; mise au point de nouveaux programmes d'enseignement ; analyse de l'impact de l'informatique et de la robotique sur les conditions de travail.

Ces propositions sont personnellement revues par Jacques Delors, Claude Cheysson et Jean-Pierre Chevènement.

**Samedi 24 avril 1982**

Nouvelle réunion de *sherpas* à La Celle-Saint-Cloud. Je soumets aux autres le premier projet de déclaration du Sommet. Il est révélateur des ambitions françaises : nous espérons voir décider une stabilisation des taux d'intérêt américains, mais pas leur baisse.

*« Nous avons décidé de mettre en œuvre immédiatement les cinq orientations suivantes :*

*— un développement concerté de l'économie mondiale sera préparé sur la base du rapport présenté ici par le Président de la République française. L'accent sera mis en particulier sur les trois actions que voici : engager un programme de croissance par la technologie, faire une part nouvelle à la formation des hommes et à l'amélioration des conditions de travail, favoriser partout l'affirmation des cultures. Ces propositions seront communiquées aux autres nations et aux institutions internationales concernées pour leur permettre de donner leur avis et de s'y associer. Elles seront approuvées définitivement lors du Sommet des pays industrialisés de 1983 qui se tiendra aux États-Unis, ce qui n'empêche pas de commencer dès avant leur mise en œuvre effective ;*

*— la stabilisation des taux d'intérêt et des taux de change, conforme à l'intérêt de chacun et dont l'urgence a été reconnue par tous les participants, sera activement recherchée, en particulier par une concertation aussi étroite que possible entre les trois pôles monétaires européen, américain et japonais ;*

*— le développement du commerce mondial, aujourd'hui menacé, est une nécessité, même s'il n'est pas la condition principale de la croissance. Pour le promouvoir, nous avons décidé d'assurer l'indispensable ouverture de nos marchés et d'examiner à cette fin, de façon libérale et multilatérale, les degrés d'ouverture de chaque économie. Le cas particulier des relations économiques avec les pays de l'Est a fait l'objet d'un examen qui sera poursuivi en tant que de besoin ;*

*— le lancement des "Négociations Globales", à très brève échéance, sur une base rééquilibrée, a été souhaité par tous les participants au Sommet, qui ont estimé que celui-ci pourrait se faire avant l'automne. Dans le même temps, nous sommes prêts à engager des actions concrètes de coopération entre le Nord et le Sud, notamment dans le cadre de la proposition pour le développement concerté de l'économie mondiale et par la création d'une "Filiale énergie" de la Banque mondiale ;*

*— le développement des économies d'énergie et des ressources énergétiques autres que le pétrole, dans une perspective à long terme, reste une impérieuse nécessité. Nous sommes dans le même temps disposés à engager avec tous les pays intéressés une concertation permanente dans le domaine de l'énergie. »*

A Paris, Porte de Pantin, un meeting réunit 100 000 personnes en faveur de l'école privée. Pierre Daniel et Mgr Lustiger y assistent.

Le Président est à Hambourg. Discours important. Le soutien apporté à Helmut Schmidt pour l'installation des Pershing passe presque inaperçu :

*« Il faut que l'Union soviétique sache que le point zéro n'est pas le point zéro jusque-là cité, que ce soit par les uns ou par les autres. Le point zéro ne peut pas être le simple retrait d'un type d'armement d'un côté, tandis que rien ne serait fait de l'autre. Le point zéro, c'est la force, la puissance, la portée des armes,*

*l'endroit où elles se trouvent, les contrôles exercés, que les techniciens détermineront comme créant la situation où les deux camps s'observeront sans avoir le goût de s'attaquer... »*

Jacques Delors, qui se trouve en RFA pour une autre raison, vient à Hambourg dire à François Mitterrand qu'il faut dévaluer dans les quinze jours, qu'on ne pourra attendre Versailles. Il est totalement paniqué par les sorties de devises d'hier.

Je revois James Buckley, à La Celle-Saint-Cloud, pendant une interruption de la réunion des *sherpas*. Je lui demande : *« Quel objectif poursuivent les États-Unis en proposant de limiter les crédits à l'Union soviétique ? »* Buckley : *« Notre objectif est de nous assurer que nous n'édifions pas une vaste montagne de dettes en URSS, qui donnerait aux Soviétiques la capacité, par une "dépendance inversée", d'influencer les politiques ou les institutions économiques de nos pays ; et, compte tenu du fait que la situation économique soviétique rend la décision d'accroître les dépenses militaires plus difficile, nous ne voulons rien faire qui puisse faciliter de telles décisions. La charge énorme et croissante que l'effort massif de défense soviétique impose à l'économie de l'URSS devrait être traitée franchement par les dirigeants soviétiques. Nous ne voulons pas atténuer les conséquences économiques de ce fardeau par des interventions gouvernementales sur les marchés financiers. »*

Chacun trouve le projet de déclaration générale trop favorable aux thèses françaises. L'accord se fait pour décider à Versailles de la création de deux groupes de travail à Sept, l'un chargé d'étudier l'utilité des interventions sur les marchés des changes, l'autre pour mettre au point des projets précis de coopération sur les nouvelles technologies.

**Dimanche 25 avril 1982**

Entre *sherpas*, on esquisse la répartition des thèmes entre les séances du Sommet : samedi matin, rapport introductif de François Mitterrand ; l'après-midi, macro-économie, monnaie et commerce ; dimanche matin, Nord/Sud, énergie et déclaration finale ; dimanche après-midi, relecture de la déclaration finale. Les problèmes politiques seront abordés au cours des dîners et déjeuners. Les Américains insistent pour que le Président Reagan dispose, au milieu de la journée de dimanche, d'un temps libre de deux heures. Il n'est pas possible d'amener les représentants de la Communauté à renoncer à leur double présence aux repas.

Les Américains proposent une dégressivité chiffrée des crédits à l'URSS : *« On n'a pas à faire de cadeaux à son adversaire. »* Cette proposition ne pénalise que les Européens et le Japon, car les céréales américaines sont payées au comptant ou avec un crédit inférieur à un an... Mais Bob Hormats n'insiste pas autant là-dessus que l'on pouvait craindre. Il est entendu que ce sujet sera approfondi à la prochaine réunion des *sherpas* et qu'au Sommet, il ne sera évoqué qu'au cours des repas, non en séance plénière. Pour l'instant, il n'y a d'ailleurs rien à ce sujet dans le projet de déclaration finale.

Sur le Nord/Sud, les États-Unis — et la Grande-Bretagne, sans doute à la suite de la médiation américaine sur les Malouines — s'opposent aux « Négociations Globales ». Selon le *sherpa* américain, on pourra peut-être obtenir au dernier moment l'accord de Reagan. On rappelle l'idée de la « Filiale énergie » de la

Banque mondiale et de la nécessité d'une solution au financement de l'Agence internationale pour le Développement.

Au chapitre de la macro-économie, j'insiste sur la gestion concertée du dollar, du yen et de l'écu, techniquement possible.

Dans l'après-midi, François Mitterrand me téléphone : *« Jacques Delors m'a dit hier qu'il est impossible de ne pas dévaluer avant Versailles. Qu'en pensez-vous ? — On peut attendre juin. »*

De retour en séance, je passe un mot à ce propos au nouveau directeur du Trésor, Michel Camdessus, qui m'assiste. Il me confirme : *« Jacques Delors a tort. On peut très bien ne pas dévaluer avant Versailles. »* Je lui demande de me l'écrire. Ce qu'il fait de manière détaillée.

Le soir même, dînant dans la cuisine de la rue de Bièvre, je montre cette lettre à François Mitterrand. La dévaluation est décidée pour le dimanche 12 juin. Pierre Mauroy travaillera sur le programme d'accompagnement. Le Président : *« Qu'il fasse le nécessaire, mais pas de rigueur purement économique. Une rigueur socialement juste. Que cela ne soit pas le prétexte, pour le ministre des Finances, de reprendre tout ce que l'on a déjà donné. Et que personne ne me propose de revenir sur la moindre conquête sociale. »*

Personne n'essaiera.

**Lundi 26 avril 1982**

Le Parlement va débattre dans quinze jours des lois sur les droits des travailleurs, qui deviendront les « lois Auroux ». Étrange : pourquoi une loi devient-elle ainsi la « propriété » d'un seul homme ? Auroux n'est pourtant pas, comme d'autres, un maître ès relations publiques !

Les socialistes proposent des amendements qui radicalisent le texte. Par exemple, les syndicats ne seront plus limités à un rôle *« exclusivement professionnel »*, et les salariés bénéficieront d'un crédit de deux heures par an et d'une heure par trimestre pour l'information syndicale. Le patronat proteste : les charges, toujours les charges !

Les députés examinent la réforme de l'audiovisuel. La Haute Autorité est créée par un vote à l'unanimité. La droite s'est abstenue.

Pierre Daniel, le président des parents d'élèves de l'enseignement catholique, et Mgr Lustiger font savoir au Président qu'ils ont été piégés à la réunion de Pantin : *« Nous ne voulons pas de récupération politique de l'école privée. Nous voulons trouver un accord avec le gouvernement sur le texte du projet de loi, et c'est possible. »*

Les problèmes sont maintenant réduits à trois, essentiels : pourra-t-on laisser créer des écoles privées en concurrence avec des écoles publiques, ou faudra-t-il rationaliser les implantations scolaires ? l'État et les communes seront-ils tenus ou libres de financer les écoles privées ? les maîtres du privé devront-ils, ou pourront-ils, à terme, devenir fonctionnaires de l'État ?

Georges Fillioud présente le projet de loi sur la Communication à l'Assemblée. La Haute Autorité n'est pas encore créée que, déjà, on s'y dispute les postes.

**Mardi 27 avril 1982**

Yvon Gattaz vient me dire qu'il s'inquiète des deux amendements apportés par le groupe socialiste à la loi Auroux.

Le Président demande au gouvernement de s'opposer à cette extension supplémentaire du rôle des syndicats dans l'entreprise. Jean Auroux en fait part sans déplaisir à Pierre Joxe, qui accepte en grommelant. Ainsi fonctionne le dialogue social...

**Mercredi 28 avril 1982**

Au Conseil des ministres, première discussion autour du projet de loi sur l'immigration, présenté par un secrétaire d'État, François Autain.

**Gaston Defferre :** *Ils apportent la délinquance, et la population va réagir, le racisme va se développer ; il faut expulser les clandestins.*

**Charles Hernu :** *Chez moi, il y a des gens qui s'arment et achètent des chiens policiers.*

**Alain Savary** abonde dans le même sens : *L'école ne peut rester comme ça, ouverte à tous les vents.*

**Jean-Pierre Chevènement** proteste : *Ce qui est dit ici conduit à glisser sur la pente dangereuse d'un discours de droite.*

François Mitterrand lit ostensiblement son courrier. En réalité, il ne manque pas une miette de la conversation.

Laurent Fabius demande que l'on distingue entre les étrangers en situation régulière et les autres.

Charles Fiterman ne veut pas d'un renvoi massif.

Algarade entre Gaston Defferre et Nicole Questiaux.

**Gaston Defferre :** *Moi, je ne suis pas conseiller d'État et je n'habite pas Neuilly !* Remarque très injuste. Nicole Questiaux en est profondément blessée. D'autant plus que la plupart des ministres, et non des moindres, sourient.

Robert Badinter accepte l'idée d'un renvoi massif des immigrés en situation illégale et la création de parcs administratifs de transit.

**François Mitterrand** est choqué : *Parcs administratifs ? Pas question ! Il faut intégrer les étrangers en situation régulière et être implacable avec ceux qui essaient d'entrer illégalement. Il faut certes expulser beaucoup plus les illégaux, mais pas de force...*

Il demande à Gaston Defferre et à Claude Cheysson de rester avec lui après le Conseil : il les charge de prendre contact avec Alger et Rabat pour les aviser de la nouvelle politique.

La Grande-Bretagne annonce l'instauration d'un blocus aérien et naval total dans la « zone de guerre de 200 miles » autour des Malouines. L'Argentine réplique : tout navire ou tout avion britannique se trouvant dans ses eaux territoriales ou dans son espace aérien sera considéré comme *« hostile »*. La guerre est là pour qui en doutait encore. Elle prend les formes légales, comme il se doit entre vieilles puissances maritimes.

Ronald Reagan surprend : il décide d'envoyer George Shultz, président de la grande entreprise d'ingéniérie Bechtel, en Europe pour rencontrer les participants à Versailles. Visiblement, ni Hormats, comme *sherpa*, ni Haig, comme secrétaire d'État, n'ont sa confiance. Cette mission est sans doute une idée de Clark.

Le Président américain écrit à François Mitterrand :

> *« Je suis attentivement le travail de nos représentants personnels et je crois que la façon dont ils ont centré leurs efforts et la direction qu'ils leur ont donnée sont très positives. Pour améliorer encore le dialogue entre nous, il me serait utile d'avoir un tableau à jour de vos préoccupations personnelles. Je voudrais de mon côté vous faire connaître nos perspectives. J'ai demandé à George Schultz de discuter de ces affaires avec vous et avec d'autres collègues. Il me fera directement rapport de ces conversations. »*

Et il fixe même la date : le 8 ou le 9 mai. Un week-end...

Encore une tournée européenne d'un envoyé américain, décidée et annoncée sans même l'accord de celui qui, présidant justement ce Sommet, est venu le voir il y a à peine un mois ! Conduite impériale qui, jour après jour, irrite et lasse. Naturellement, le Président recevra Shultz. Comment faire autrement ?

Les entreprises nationalisées sont exsangues. Terrible héritage. Les pertes du seul secteur industriel public pour 1981 sont estimées par Jacques Delors et Pierre Dreyfus à 4,5 milliards, et à 3 milliards par Pierre Mauroy. Il leur faut 9 milliards en 1982. C'est la preuve — s'il en fallait une — que, sans les nationalisations, elles couraient à la faillite, ou à la vente à l'étranger.

Mais qui va payer ? L'État ? Les banques ?

A cela s'ajouteront en 1983, prévient Dreyfus, les pertes de 1982 (qui ne sauraient être inférieures à 6,5 milliards), et ce, malgré les efforts de restructuration de cette année.

Les réunions budgétaires se multiplient chez Pierre Mauroy. Elles sont chaotiques. Aux raisonnements financiers se mêlent le choix des sites à fermer, les promesses électorales, les ambitions futures. Aujourd'hui, par exemple, il est décidé de financer par l'emprunt des constructions scolaires... et de ne rien décider pour la sidérurgie !

**Jeudi 29 avril 1982**

Robert Hersant prend le contrôle du *Dauphiné libéré*. Nul ne peut lui reprocher de bien jouer, même sans règle du jeu ni véritable adversaire...

Conformément à l'avis du Conseil d'État, un projet de loi est préparé par les ministères des Droits de la femme et de la Solidarité nationale, sur l'IVG. Il se propose de compléter l'Article L-283 du Code de la Sécurité sociale. Jeannette Laot présente ce projet au Président dans une note. Elle ajoute des considérations d'opportunité : la période actuelle paraît bien choisie pour faire adopter le projet ; les élections cantonales sont passées, les élections municipales sont encore loin. Ce projet, dit-elle, pourrait être présenté au Conseil des ministres du 12 mai. Ainsi, il serait voté à temps pour pouvoir être appliqué, conformément aux promesses de Pierre Mauroy, dès le 1er septembre. Le Président ne commente pas.

**Vendredi 30 avril 1982**

Formidable progrès de la coopération planétaire : après dix ans de négociations, la Convention du Droit de la Mer est adoptée à New York par 130 voix contre 4 (États-Unis, Venezuela, Turquie, Israël) ; 17 pays se sont abstenus, dont les pays de l'Est. Les grands fonds marins sont, pensent certains, très prometteurs en nodules polymétalliques, c'est-à-dire en nickel. Mais la loi du marché aboutit à l'anarchie, les sites les plus prometteurs étant revendiqués par tous et exploités par les plus riches. Aussi les États-Unis ont-ils peur de perdre leur monopole et ne signent-ils pas.

Nouvelle réunion chaotique, chez Pierre Mauroy, sur le financement du secteur public. Il faut trouver 9 milliards tout de suite, et autant en septembre. Jacques Delors fait une crise : il refuse de demander aux banques de financer autre chose que la sidérurgie... et, bien sûr, les banques elles-mêmes : *« Le cas de la sidérurgie, problème douloureux dans plusieurs pays industriels, et pour lequel le Président de la République a pris des engagements, est spécifique. Les sommes en jeu sont considérables, si l'on veut à la fois moderniser l'outil de production et assurer convenablement les reconversions nécessaires. Parce que le Budget 1982 est difficile à boucler, dans des conditions supportables, par notre économie et notre marché de capitaux, je suggère une opération exceptionnelle, étant entendu que je souhaiterais monter, pour les années suivantes, des procédures souples et diversifiées de financement du secteur public industriel. Les fonds propres des banques sont insuffisants, en situation (c'est le cas de toutes les banques de dépôt) ou en dynamique (c'est le cas des banques d'affaires). Là aussi, l'État actionnaire devrait assumer ses responsabilités. Mais, comme il y a des objectifs plus prioritaires que celui-ci, j'envisage d'autoriser — ou d'obliger — les groupes tels que Paribas et Suez à vendre certaines de leurs participations pour retrouver les capitaux nécessaires. Tel est le dispositif de bon sens et de rigueur financière que je vous propose. Pour l'avenir, j'ai d'autres idées, plus révolutionnaires, pour que les épargnants français puissent participer au financement du secteur public élargi. Des études sont actuellement menées dans la plus grande discrétion. »*

Il préfère aider toutes les entreprises en allégeant la taxe professionnelle. Pierre Mauroy lui répond que cela ne ferait qu'aggraver le déficit !

Laurent Fabius veut faire payer par les banques 950 millions pour Honeywell, et une somme à préciser pour la sidérurgie, Roussel-Uclaf et ITT. Pierre Mauroy décide que la nationalisation de Roussel-Uclaf et CII sera financée par un emprunt d'État à des banques, au taux du marché, en attendant le collectif de fin septembre. Il ajoute que le Budget versera 2,1 milliards et les banques 3,9 milliards. Et encore, ces chiffres sont-ils « indicatifs », le montant exact devant être précisé après discussions entre Delors et les banques.

Jacques Delors : *« On fait exagérément appel aux banques, qui ont elles-mêmes des besoins en fonds propres et dont, surtout, l'image à l'étranger risque d'être compromise par un financement direct de notre secteur public. »*

Pierre Dreyfus, en grand patron éberlué par ce désordre, écrit au Président pour lui raconter la réunion et réclamer son arbitrage :

> *« Le montant et les modalités du financement que l'État doit apporter à ces entreprises dès 1982 revêtent une importance déterminante. Sur le plan politique : l'opinion nationale et les milieux internationaux seront très attentifs à la manière dont l'État actionnaire prendra ses premières décisions financières. Sur le plan*

*économique et social : le rôle moteur confié au secteur industriel nationalisé dans la relance de l'investissement productif suppose que les travailleurs des entreprises et leurs équipes dirigeantes se sentent mobilisés et appuyés par l'État. Sur le plan industriel : le succès des nationalisations repose sur un engagement immédiat de programmes stratégiques de modernisation.*

*L'État actionnaire doit faire son devoir et apporter, en capital, les moyens d'une croissance respectant des équilibres de bilan qui permettent aux groupes de présenter des signatures de niveau international sans recourir à la garantie de l'État. »*

Pour que Pierre Dreyfus, si délicat et pondéré, en vienne à se plaindre, il faut vraiment que le chaos soit à son comble, et le sujet d'importance !

Alain Boublil, qui a représenté l'Élysée à cette réunion, confirme le récit de Dreyfus et en rajoute sur le désordre et l'absence de conclusions inhérents à toute réunion de ce genre à Matignon.

**Samedi 1er mai 1982**

A l'aube, l'aviation britannique bombarde l'aéroport de Port Stanley, capitale des Malouines. Si le porte-avions britannique est touché, dit-on à Londres, Mme Thatcher devra démissionner. On parle d'Heseltine pour lui succéder.

**Dimanche 2 mai 1982**

Le *General-Belgrano*, seul croiseur dont dispose la flotte argentine, est torpillé par un sous-marin britannique. Sur les 1 000 marins, plus de 600 sont portés disparus. La pression du Tiers Monde pour mettre fin à la guerre par un compromis honorable se fait plus forte. Cheysson demande au Président de cesser de soutenir la Grande-Bretagne. François Mitterrand refuse. Plus encore, à sa demande, les Anglais sont informés en détail des caractéristiques de celles de nos armes dont disposent les Argentins, en particulier les Exocet. Les marchands d'armes britanniques conseilleront immédiatement aux grands acheteurs du Moyen-Orient de ne plus acquérir d'armes françaises, puisque les Français en livrent les secrets aux adversaires. Informé, François Mitterrand ne modifie pas pour autant sa position d'un millimètre. Il réitère à Cheysson, mortifié, l'ordre de faire voter à l'ONU avec les Anglais, quelles que soient les réactions de l'Amérique latine.

Sur *RTL*, Christian Bonnet traite Robert Badinter de *« moisissure d'une certaine société parisienne évoluée »*. Le Président demande à Pierre Mauroy de prendre la défense du garde des Sceaux.

**Lundi 3 mai 1982**

Richard Allen doit démissionner de son poste de conseiller pour la sécurité du Président Reagan pour ne pas avoir déclaré la montre de pacotille que lui avaient offerte des visiteurs japonais. Le clan des Californiens, conduit par Nancy Reagan, qui le détestait, a gagné. Le juge ignare et prétentieux qui fut mon voisin à Williamsburg, William C. Clark, le remplace à la tête du Conseil national de sécurité. Le général Haig n'en a sûrement plus pour longtemps.

Selon les sondages, de 65 à 80 % des Français sont favorables au maintien de l'enseignement privé. Ce problème présente au moins une analogie avec le conflit des Malouines : on voit bien les concessions à la marge qui peuvent être faites et qui sont importantes aux yeux de chaque camp ; mais on voit très mal la ligne d'un compromis possible. Il y aura, comme aux Malouines, un vainqueur et un vaincu.

Le secrétaire général adjoint de l'Élysée, Jacques Fournier, indique au Président qu'il est difficile de ne pas donner suite à l'annonce faite par le Premier ministre du remboursement prochain de l'IVG. Il rappelle la proposition n° 67 du candidat aux élections présidentielles François Mitterrand, qui le prévoyait. Le Président n'a toujours pas réagi à la note de Jeannette Laot. Ce n'est pas dans ses habitudes de réfléchir aussi longtemps.

**Mardi 4 mai 1982**

Il n'a servi à rien d'informer les Anglais sur les qualités des Exocet : un de ces missiles touche le destroyer britannique *Sheffield* ; une vingtaine de marins sont tués. Robert Armstrong me téléphone : *« Mme Thatcher ne vous en veut pas. »* Geste élégant. Je ne sais si Armstrong était vraiment mandaté pour m'appeler. Un autre tir au but, et Margaret Thatcher devra démissionner.

Comme avant tout voyage important à l'étranger, une mission de chaque pays vient à Paris préparer les aspects logistiques du séjour des chefs d'État, dans un mois, à Versailles. La mission américaine est dirigée par Michael Deaver, secrétaire général de la Maison Blanche. Elle visite les lieux du Sommet, et demande à me voir. Nous réglons quelques détails puis, devant toute la délégation américaine narquoise et les Français consternés, Deaver m'explique que ce que nous avons préparé à l'Orangerie pour les journalistes est fort bien, mais qu'ils préféreront installer leur propre centre de presse à l'hôtel Méridien, Porte Maillot. La stratégie d'Ottawa se répète : si leurs ministres parlent depuis le Méridien, les journalistes de tous les pays viendront les y entendre, et il n'y aura personne, à vingt kilomètres de là, à l'Orangerie, pour entendre les autres délégations. Le Sommet ne sera donc commenté en permanence que par les Américains. Inacceptable !

Je lui réponds donc avec un sourire aussi large que le sien que, par malheur, ces jours-là, les ascenseurs, le téléphone, l'électricité de cet hôtel seront en panne. Et, de surcroît, tout le personnel sera en grève.

Les douze Américains me regardent, incrédules. Michael Deaver : *« Nous allons changer d'hôtel ! »* Il n'a pas encore compris. J'enfonce le clou : *« Ce sera la même chose dans tout endroit où un centre de presse privé, américain ou autre, serait installé pendant le Sommet de Versailles ! »*

Il n'insiste pas. Il n'y aura pas de centre de presse américain.

On compte aujourd'hui 324 SS 20 soviétiques, dont 90 dirigés contre la Chine et 234 contre l'Europe, dont 45 implantés à l'ouest de l'Oural. Et ces chiffres ne cessent de grossir.

Pierre Mauroy confirme par écrit son arbitrage sur le financement du secteur public. Jacques Delors téléphone de Tokyo pour protester.

**Mercredi 5 mai 1982**

Au Conseil, le ministre de la Santé présente le projet de loi abrogeant l'Article L. 680 du Code de la Santé publique, relatif à l'exercice des activités du secteur privé dans les établissements hospitaliers publics.

**Jack Ralite :** *Les observations de la Cour des Comptes au sujet de ce secteur privé des établissements hospitaliers ont été sévères. Le professeur Debré, qui a créé le système, estime qu'il ne devait être que transitoire. Les médecins n'ont aucun droit aux lits privés ; c'est ce qu'a constaté le Conseil d'État. Mais c'est la loi qui permet aux hôpitaux d'avoir ces lits. Il faut donc modifier la loi qui les supprimer, et c'est ce que fait le projet que je présente, qui est une loi de justice sociale.*

**Gaston Defferre :** *Le Président avait annoncé que le système disparaîtrait par extinction ; l'extinction me paraît un peu rapide. En outre, les consultations animent les hôpitaux, amènent des clients aux hôpitaux publics. Si les grands médecins ne donnent plus de consultations dans les hôpitaux publics, leur clientèle ira dans le secteur privé. Cette mesure, qui risque finalement de porter préjudice aux hôpitaux publics, n'est pas populaire, même chez les médecins qui, cependant, votent pour nous.*

**Michel Jobert :** *Tout est dans les mesures de transition.*

**Le Président :** *Certes, M. Ralite accélère un peu un mouvement qui n'était pas prévu comme devant "filer" à cette vitesse. Mais la bataille a été livrée. Un recul raviverait le débat, ranimerait peut-être des illusions. On ne peut pas dire, d'ailleurs, que le texte contredise ce que j'avais annoncé pendant la campagne. Au bout du compte, il vaut mieux en finir, pourvu que l'on ménage les intérêts légitimes pendant la période transitoire.*

**Le Premier ministre :** *Il y avait tout de même quelques situations scandaleuses. Je connais des médecins qui se faisaient 10 millions par mois !*

**Le Président :** *Le projet est adopté.*

Labarrère intervient avant la fin de la Partie A pour signaler qu'il y a un problème au Parlement. D'abord, une extrême lenteur des débats à l'Assemblée et au Sénat ; il cite comme exemples, à l'Assemblée, l'examen de la loi sur la réforme de l'audiovisuel, qui a traîné des semaines, et le fait que 3 500 amendements sont prévus pour les textes sur les droits des travailleurs ; autre exemple, au Sénat, l'enlisement de l'examen de la loi sur les bailleurs et locataires, du fait de l'obstruction systématique de l'opposition. Pendant que les débats sont ainsi ralentis sur les projets de lois déjà déposés, il n'en arrive plus, ce qui pose un problème d'alimentation des Commissions. Remède au premier inconvénient : ce peut être l'utilisation de l'Article 49 alinéa 3. Remède au second : transmettre au Parlement un certain nombre de projets de lois que les Commissions pourraient commencer à examiner.

Le Président : *« Il faudra peut-être,en effet, faire passer quelques projets de lois en Partie A dans les deux ou trois prochains Conseils des ministres. »*

**Vendredi 7 mai 1982**

Alain Savary annonce à Pierre Mauroy qu'il lui remettra vers la fin du mois de juin un rapport sur l'intégration de l'école privée dans le secteur public. Le gouvernement pourra décider au second semestre, ou au plus tard au printemps

1983, si l'on souhaite éviter tout incident avant les municipales. Il conseille au Premier ministre de tenir un discours très modéré, dimanche prochain, au Bourget, à la fête du Comité national d'action laïque. *« Il y aurait des raisons d'aller vite : la situation est trop favorable au privé. Les dépenses de l'État pour l'enseignement privé augmentent plus vite que celles pour le secteur public. Même en 1982, c'est 22 % contre 18 %. Dans certains départements, dix fois plus de taxe d'apprentissage va à l'enseignement privé qu'au public. Dans des départements comme le Finistère, le Morbihan, la Vendée, il y a très peu d'écoles maternelles publiques. L'an dernier, la population s'est même opposée par la force à la création d'une école publique dans le Finistère. A long terme, le principal facteur de réussite réside dans l'amélioration de la qualité de l'enseignement public et dans sa diversification. »*

Mauroy lui demande de continuer à consulter et d'arriver à un consensus. Il lui promet de se montrer modéré dimanche.

Le Premier ministre tunisien, M'Zali, indique à Pierre Mauroy, *« à titre confidentiel, que, dans les prochaines semaines, l'OLP va reconnaître le droit d'Israël à l'existence, par le moyen, sans doute, d'un article de presse non démenti qui ouvrirait la voie à une déclaration d'Arafat, s'il est toujours vivant. »*

Le débat sur le financement du nouveau secteur public prend un tour très vif. Comme prévu, Jacques Delors proteste contre la décision prise hier par Pierre Mauroy de financer en partie le déficit du secteur public par des prêts forcés des banques. Il écrit solennellement au Premier ministre :

> *« S'agissant d'une décision d'une aussi grande portée symbolique et d'une exemplarité certaine, je me dois de vous confirmer mon désaccord total sur la manière de procéder et de vous rappeler la philosophie du financement que j'avais développée devant vous au cours du Comité interministériel du vendredi 30 avril. Cette approche est également celle du ministre de l'Industrie, comme il vous l'a dit lui-même et comme il l'a depuis consigné dans une note qui a reçu mon complet accord.*
>
> *Avez-vous songé au bilan des banques et au moral de leurs nouveaux dirigeants ? Savez-vous les conséquences dramatiques qu'aurait une baisse du crédit des banques françaises à l'étranger ?*
>
> *Dans ces conditions, je vous dis solennellement que cet ensemble de décisions constitue un très mauvais départ pour l'ensemble du secteur public. Je ne saurais, pour ma part, m'y associer, soucieux que je suis de bien réussir nos nationalisations et d'en soigner l'image de marque en France et à l'étranger.*
>
> *Je suis absent de Paris, mercredi prochain. C'est une coïncidence opportune. Car je ne pourrais me taire devant tant d'incompréhension des conditions de réussite de notre expérience sur un point capital : le secteur public. Mais devant quarante ministres et secrétaires d'État, il est difficile de parler nettement... et surtout d'éviter des fuites. Or, je ne voudrais pas provoquer une nouvelle affaire au sein du gouvernement. La France a besoin de calme... mais aussi d'une bonne gestion.*
>
> *Dois-je vous rappeler mes alarmes successives sur les difficultés de financement interne et externe de notre économie, en raison de la structure et du déficit du Budget 1982, mais aussi en raison de la nécessité de soutenir l'investissement ? Dans ces conditions, il n'est pas raisonnable de prendre des mesures dont la philosophie sous-jacente est qu'il existe des possibilités illimitées de financement sur le marché des capitaux et des trésors cachés dans les banques. A moins de se laisser aller à un recours excessif à la création monétaire, ce qui est une menace constante et très dangereuse.*

*Le lundi 17 mai, à mon retour, je solliciterai une audience du Président de la République afin qu'il puisse tirer, avec vous-même en tant que chef du gouvernement, les conséquences d'un désaccord aussi fondamental. Car ce que je vous propose aujourd'hui comme principes directeurs de financement, est, je dois le souligner, dans le droit fil de la décision de nationaliser à 100 %. Je ne reviens donc pas en arrière. Je suis tout simplement logique avec les orientations que nous avons choisies. C'est donc bien, à travers le financement 1982, une question de principe qui engage l'avenir et conditionne la réussite de notre expérience. »*

Il ajoute à la main : *« Désolé de ce désaccord, mais la question est vitale. Amicalement. »*

Sa démission est donc sur la table. Cette longue lettre, visiblement écrite pour être rendue publique au cas où il aurait à quitter le gouvernement, oblige Pierre Mauroy à lui répondre le jour même par une longue missive remarquable et pleine de subtilité — sans doute rédigée par Jean Peyrelevade —, dont il envoie aussi copie au Président :

*« Les décisions que j'ai prises l'ont été après une large concertation interministérielle, plusieurs réunions tenues sous la responsabilité de mon cabinet, et un comité que j'ai moi-même présidé le 30 avril. Cette préparation se situait dans un contexte économique et budgétaire difficile. Pour contribuer à la relance de l'investissement privé, il convenait de faire un geste en faveur des entreprises, notamment du secteur privé. L'allégement de la taxe professionnelle et des charges sociales que j'ai finalement retenu, sensiblement moins élevé que celui que vous souhaitiez, rendait d'autant plus délicat l'équilibre en recettes et en dépenses du collectif (...). Pour ces différentes raisons, et en l'absence de toute proposition réelle d'économies budgétaires, je ne puis donc que maintenir les termes de l'arbitrage que j'ai rendu.*

*Reste l'avenir, et notre philosophie du financement du secteur public, industriel et bancaire, qui me paraît être de loin la question la plus importante. Je ne voudrais pas, de ce point de vue, que vous vous mépreniez sur le sens de mes décisions.*

*Je suis d'accord avec le principe que vous affirmez, suivant lequel il revient à l'actionnaire de combler les pertes et de rétablir les fonds propres. Ces pertes, pour l'année 1981, se montent à 4,5 milliards. L'État, à peine devenu actionnaire et alors même que l'arrêté des comptes 1981 vient tout juste de se produire, en couvre immédiatement les deux tiers. Je connais peu d'actionnaires privés qui fassent aussi rapidement leur devoir.*

*Il revient aux chefs d'entreprises publiques de faire également le leur, et de retrouver le plus vite possible un équilibre d'exploitation satisfaisant. Dès lors qu'ils déploieront en ce sens les efforts voulus, je continuerai, pour ma part, à faire que l'État remplisse ses responsabilités d'actionnaire.*

*Je partage également votre analyse sur la situation des banques françaises, qui sont des entreprises comme les autres, soumises aux mêmes règles d'équilibre. Je vous assure que je suis pleinement conscient des conséquences que pourrait avoir une détérioration de leur crédit à l'étranger. Il n'est donc pas question de mettre en danger l'ensemble de notre système bancaire par des décisions unilatérales. Nous sommes simplement tous d'accord sur le fait que le système bancaire français peut participer davantage, et mieux, au financement de l'investissement industriel, notamment dans le secteur public. Vous avez donc reçu un mandat de négociation pour voir avec les responsables des banques nationalisées comment elles pouvaient raisonnablement participer à cet effort, par exemple en vendant certaines de leurs participations ou en mobilisant les indemnisations de nationalisation auxquelles elles peuvent prétendre. Il vous revient de mener les discussions correspondantes et de m'en rendre compte, les chiffres qui ont été articulés n'ayant à ce stade qu'un caractère indicatif.*

> *Je tire enfin de cette situation deux conclusions : la première est qu'il est évident que dans toutes les lois de finances à venir, et dès la préparation du Budget 1983, puis celle du collectif de fin d'année, le financement satisfaisant des entreprises publiques doit constituer pour le gouvernement une priorité décisive ; la seconde est la difficulté extrême où nous sommes de procéder à des économies budgétaires* a posteriori. *Je suis donc tout à fait convaincu que c'est dès la préparation du Budget 1983 que nous devrons procéder aux arbitrages nécessaires, si douloureux soient-ils, afin de dégager les sommes nécessaires au bon développement du secteur public. Je ne doute pas de rencontrer votre accord sur ces principes, et de votre aide efficace pour leur mise en œuvre. »*

Pierre Mauroy ajoute à la main : *« Je crois vraiment que nous pouvons faire l'économie d'un désaccord. Amicalement. »*

Delors n'est plus démissionnaire.

Pierre Mauroy se révèle jour après jour un Premier ministre subtil et fidèle, soucieux de remplir son rôle sans en faire un tremplin pour une autre ambition. Mais sa façon de gouverner, par des réunions successives aux conclusions approximatives et changeantes, a de quoi stupéfier un Jacques Delors qui a connu, en d'autres temps, un Matignon moins désordonné.

Au-delà des questions techniques, cet incident révèle un mal plus profond : il est peu admissible qu'un ministre et un Premier ministre se parlent si peu et se comprennent si mal.

**Samedi 8 mai 1982**

L'anniversaire de la fin de la Seconde Guerre mondiale redevient jour férié et chômé.

Encore une impolitesse américaine : dans une nouvelle lettre-circulaire, Ronald Reagan entend imposer aux Sept un agenda pour Versailles et pour le Sommet de l'OTAN qui aura lieu finalement à Bonn, au lendemain de Versailles, comme si le Président américain était lui-même l'hôte des deux instances. François Mitterrand et Helmut Schmidt apprécient !

*« Un accord doit être trouvé à Versailles,* écrit-il, *sur une politique commune des crédits envers l'URSS. »* Il en fait la condition d'une attitude plus souple des États-Unis sur le « contrat gaz » (*« un succès dans ce domaine permettra d'aborder dans de meilleures conditions d'autres aspects des relations économiques Est/Ouest »*). Il souhaite également discuter des grands sujets politiques et évoquer la nécessité d'un effort particulier auprès des jeunes générations. Les questions des relations Nord/Sud et de l'énergie ne sont évoquées qu'en une seule et brève phrase au début de la lettre.

Pour le Sommet de Bonn, Reagan propose trois thèmes : célébrer les valeurs de l'Alliance et sa vitalité, symbolisée par l'adhésion de l'Espagne ; répondre avec une résolution renforcée au comportement soviétique menaçant ; confirmer l'engagement de faire progresser le contrôle des armements. Il considère enfin qu'il serait souhaitable de parler de la Pologne et de l'Afghanistan.

> *« Nous ne devrions laisser planer aucun doute sur le fait que nous partageons une perception commune de la conduite internationale soviétique, et conforter notre position selon laquelle des relations constructives Est/Ouest ne peuvent être basées que sur l'adhésion mutuelle aux principes de retenue et de responsabilité.*

*A cette fin, nous devons améliorer nos capacités de dissuasion vis-à-vis de toute agression ou intimidation soviétique.*

*Pour cette raison, je propose que ceux d'entre nous qui participent à l'organisation militaire intégrée de l'OTAN adoptent à Bonn, en annexe à la déclaration du Sommet, un document soulignant notre résolution d'améliorer nos efforts de défense conventionnels, en tant que contribution essentielle à la dissuasion de l'Alliance.* »

Le dernier paragraphe, qui ne concerne pas la France, n'a même pas été rayé du modèle standard !

Qui prépare ce genre de lettres ? Qui se permet de penser que l'ordre du jour, décidé à Sept il y a un mois, pourrait être dicté aujourd'hui de Washington ? La grossièreté de la forme est telle que le fond lui-même ne peut être discuté sereinement.

**Dimanche 9 mai 1982**

Violents bombardements israéliens contre des bases palestiniennes au Sud-Liban. Et réciproquement.

Devant 150 000 personnes réunies au Bourget pour le centenaire de l'École laïque, Pierre Mauroy prononce un discours modéré, conformément à la stratégie arrêtée avec Alain Savary : « *Y aura-t-il dans ce pays maintien de la liberté de l'enseignement ? La réponse est oui. Y aura-t-il dans ce pays le droit à l'existence d'un enseignement privé ? La réponse est oui. Allons-nous maintenir telles quelles les formules actuelles qui associent au service public des établissements privés qui ne sont pas tenus d'en respecter toutes les obligations ? La réponse est non. Allons-nous du jour au lendemain, de façon autoritaire, changer cette situation ? La réponse est non. Il n'est pas dans nos intentions de résoudre ce problème dans la précipitation et dans le dogmatisme (...). La mise en œuvre progressive d'un véritable service public de l'Éducation ne sera pas décrétée, mais négociée.* »

Le Président Reagan formule publiquement les propositions contenues dans sa lettre d'hier. Il avance une date pour la reprise des discussions avec les Soviétiques. C'est la première fois, depuis qu'il est Président, qu'il fait des propositions de négociations aux Soviétiques.

D'après Robert Armstrong, Margaret Thatcher a rabaissé ses prétentions. Elle ne veut plus que 1 008 millions d'écus pour 1982. Belle précision... Mais c'est encore beaucoup trop !

**Lundi 10 mai 1982**

Jacques Delors communique au Président de la République son échange de lettres avec Pierre Mauroy sur le financement du secteur public. Il ajoute : « *Avec l'accord du Premier ministre, je transmets au Président l'échange de correspondance que j'ai eu avec le chef du gouvernement. En agissant ainsi, je ne souhaite nullement provoquer un superarbitrage, mais vous soumettre les éléments d'une importante discussion de principes sur l'avenir du secteur public élargi, tant industriel que bancaire...* »

Le Président laisse le Premier ministre décider. *« Ceci est de la compétence gouvernementale. L'Élysée ne doit pas s'en mêler. »*

Le Premier ministre confirme sa décision : les banques devront faire un effort aussi important que possible ; mais ce financement devra rester confidentiel, pour ne pas affoler le marché des changes qui y verrait le signe d'un certain laxisme. On a nationalisé les banques et on s'en sert comme d'un substitut à l'impôt : à ne pas refaire.

**Mardi 11 mai 1982**

Le Président, piqué au vif de voir Ronald Reagan se comporter en maître de son Sommet, lui répond sèchement : *« L'ordre du jour est décidé collectivement par les* sherpas *et pas par vous. Et si quelqu'un doit décider, c'est l'hôte, c'est-à-dire la France. »* Ce long texte trace le cadre du Sommet à venir. Il annonce en outre que Pierre Mauroy présidera la délégation française au Sommet de l'OTAN à Bonn.

*« Comme vous, je suis convaincu que la paix, la prospérité et la sécurité sont indivisibles. Nous sommes l'un et l'autre soucieux de progresser, à l'occasion de ces rencontres, dans la voie de la solidarité dans tous les domaines. En tant qu'hôte du Sommet des pays industrialisés à Versailles, j'insisterai d'ailleurs particulièrement sur la nécessité d'éviter tout affrontement entre des pays que tout doit rapprocher.*

*Bien que, sur la plupart des sujets, mes propres réflexions rejoignent ou complètent les vôtres, je crois utile, à mon tour, de vous préciser la façon dont j'envisage le Sommet.*

*Pour le commerce, je crois comme vous que nous devons résister aux pressions protectionnistes. Il y va de notre commune prospérité. Cela implique, entre autres, une bonne préparation de la prochaine réunion ministérielle du GATT. Il me paraît aussi souhaitable qu'un échange de vues très franc ait lieu à Versailles sur les problèmes commerciaux, notamment en ce qui concerne le degré d'ouverture de nos économies.*

*Il est indispensable que nous parvenions dès le Sommet de Versailles à une meilleure concertation entre nos politiques économiques. J'ai déjà eu l'occasion de vous dire de vive voix, en mars dernier, combien la stabilisation des taux de change et des taux d'intérêt me paraît nécessaire, et je n'y reviendrai donc pas en détail ici. Il serait important de parvenir à Versailles à un accord sur ce point et de poser les premiers jalons d'une concertation entre les grandes monnaies. Au-delà, il serait utile de réfléchir à la mise en œuvre d'une croissance concertée de nos économies, fondée sur les formidables ressources que laissent entrevoir les nouvelles technologies.*

*S'agissant des relations Nord/Sud, je me permets d'insister auprès de vous, mon cher Ronald, pour vous demander de réexaminer d'ici le 4 juin prochain cette question très importante. Lors de la conférence de Cancún, en effet, un engagement politique solennel commun avait été pris de contribuer au plus tôt, dans le cadre des Nations-Unies, au lancement des "Négociations Globales". Depuis, les discussions entre experts n'ont pas permis d'aboutir à un accord sur la procédure de leur déroulement. Récemment, les pays du groupe des 77 ont présenté, grâce à l'action des plus modérés d'entre eux, un texte commun qui contient de très substantielles concessions, notamment sur le nécessaire respect de la compétence des institutions spécialisées, auquel je suis comme vous très attaché. Ma conviction profonde est que les quelques problèmes encore en discussion peuvent être réglés positivement.*

*Vous évoquez brièvement la question de l'énergie, et il ne semble pas en effet qu'elle doive être au premier plan le mois prochain. Nous pourrons cependant confirmer la nécessaire poursuite des efforts de diversification et d'économies et manifester notre disponibilité à engager une coopération avec tous les pays intéressés.*

*La question des relations économiques Est/Ouest est d'une nature quelque peu différente, et mérite un examen approfondi. Chacun de nos pays est placé dans une position particulière ; aussi, un échange de vues sur les perspectives économiques des pays de l'Est et sur les objectifs communs que nous pouvons poursuivre à leur égard est-il nécessaire. Je constate que des progrès appréciables ont été enregistrés en ce sens dans le cadre du COCOM. En outre, les discussions en cours sur la question des crédits me paraissent bien engagées et devraient permettre d'aboutir à des résultats acceptables par tous à Versailles.*

*S'agissant des questions politiques générales, il va de soi que je souhaite comme vous que nous ayons à Versailles des conversations informelles et confidentielles sur les sujets importants du moment. J'ai personnellement veillé à ce que le programme du Sommet et le cadre du Grand Trianon favorisent de tels échanges.*

*En ce qui concerne le Sommet de Bonn, le Premier ministre du gouvernement français y participera avec la volonté de manifester l'esprit de solidarité sans faille qui nous anime à l'égard de l'Alliance, essentielle pour notre commune sécurité. Tout en occupant une position particulière, la France comprend et partage le désir des autres pays membres de témoigner de la solidité des liens qui les unissent à un moment où les relations entre l'Est et l'Ouest traversent une phase difficile.*

*Nous serons amenés à dénoncer la gravité des attaques que l'Union soviétique a portées au développement des relations Est/Ouest : atteinte à l'équilibre des forces, intervention en Afghanistan, incitation directe au coup d'État militaire en Pologne. Nous devrions saisir cette occasion pour aller au-delà d'un simple rappel et souligner la profonde différence de nature qui existe entre l'Alliance atlantique, association de nations libres, et l'ensemble dirigé par l'Union soviétique, qui se comporte comme un bloc soumis à une seule puissance.*

*En ce qui concerne la maîtrise des armements, j'ai pris connaissance avec le plus grand intérêt du discours que vous avez prononcé dimanche dernier sur les START. J'ai relevé en particulier la perspective d'une reprise rapide de ces négociations, et votre volonté de parvenir à un abaissement du niveau des armements stratégiques des États-Unis et de l'URSS. Il s'agit là d'une initiative très importante, et j'aurai prochainement l'occasion de le dire publiquement.*

*S'agissant de votre souhait de voir approuver à Bonn un document annexe sur la défense conventionnelle, la France, qui poursuit pour sa part dans tous ces domaines un effort important et régulier, ne pourra pas être engagée par ce texte en raison de notre position particulière vis-à-vis de l'organisation militaire intégrée. »*

Le collectif de printemps est maintenant prêt pour être discuté demain en Conseil des ministres. Le Président en est informé par François-Xavier Stasse qui a assisté à toutes les réunions à Matignon : 5 milliards d'allégement de la taxe professionnelle ; suppression de la taxe d'habitation pour les personnes âgées de plus de 65 ans, et réduction de 10 % pour les locataires d'HLM. L'augmentation d'un point du taux moyen de TVA financera le débloquage d'une partie de la réserve budgétaire d'équipements publics (routes, télécommunications...) que divers ministres réclament. Un taux de TVA supermajoré pour la joaillerie, envisagé par Laurent Fabius, a provoqué des craintes dans d'autres secteurs. On y a renoncé.

Pierre Mauroy maintient la contribution des banques au financement des entreprises publiques tel qu'il l'a arbitré. Jacques Delors est à Tokyo.

François Mitterrand décide de tenir une conférence de presse juste après le Sommet de Versailles et avant le Sommet de l'OTAN. Donc, juste avant la dévaluation ? *« Oui. Je ne veux pas avoir à la commenter, c'est l'affaire du gouvernement. »*

**Mercredi 12 mai 1982**

Jacques Delors absent, le Conseil des ministres adopte le collectif budgétaire présenté par Laurent Fabius. La contribution des banques est annoncée assez discrètement : le communiqué précise seulement que *« le financement des entreprises publiques se fera dans le respect des règles de gestion du secteur bancaire ».* François Mitterrand : *« Encore faut-il veiller à ce qu'aucune déclaration ou rumeur intempestive ne vienne accréditer l'idée d'un circuit de financement privilégié reliant banques publiques et entreprises publiques sur ordre de l'État. »*

Le Conseil évoque aussi la politique de la Santé et la restructuration de l'industrie chimique. Le remboursement de l'IVG n'est pas mentionné. Chacun le croit décidé, alors qu'il ne l'est toujours pas.

**Vendredi 14 mai 1982**

Le Zaïre rétablit ses relations diplomatiques avec Israël. Plusieurs pays arabes rompent avec Kinshasa. Jean-Pierre Cot aimerait bien qu'on en fasse autant, mais à cause des violations des droits de l'homme perpétrées chez Mobutu !

Ultimes réunions préparatoires à Versailles : les directeurs politiques des ministères des Affaires étrangères des Sept s'affrontent sur les crédits à l'Est (ils ne décident rien) ; les directeurs du Trésor des Sept sur la coopération monétaire (ils élaborent quant à eux un texte qui sera annexé au communiqué du Sommet et engagent une réflexion constructive sur les interventions sur les marchés des changes).

André Rousselet fait travailler chez Havas, par Nicolaÿ interposé, à la création d'une chaîne cryptée. Il dit en avoir vu tout l'intérêt pour l'État. Il a raison. Une liberté durable passe par l'éclatement des monopoles.

**Samedi 15 mai 1982**

A Rambouillet, dernière réunion préparatoire au Sommet de Versailles. Robert Armstrong et Bob Hormats conduisent une offensive, à partir des communiqués des réunions de l'OCDE et du FMI de la semaine dernière, qui citent l'inflation comme la principale difficulté, afin d'inverser l'ordre de priorité, dans le projet de communiqué du Sommet, entre inflation et chômage. Sur le protectionnisme, le Japonais promet d'annoncer des décisions positives avant le 1er juin. Sur le commerce Est/Ouest, Hormats réclame encore qu'il soit mis fin aux subventions aux crédits accordés à l'URSS. Les autres acceptent ; la France est isolée.

Voulons-nous participer à ces sanctions ? Si c'est le cas, mieux vaut les accepter avant Versailles, pour ne pas donner l'impression de céder en séance aux pressions américaines. Sinon, le Sommet restera comme le lieu de naissance d'un COCOM financier plaçant toute la politique des Européens vis-à-vis de l'Est sous contrôle américain.

**Lundi 17 mai 1982**

A Luxembourg, discussions entre ministres des Affaires étrangères sur le communiqué du prochain Sommet de l'OTAN. Pour Haig, le Sommet de Versailles n'est que le prélude à celui de Bonn. Les Américains veulent avoir tous leurs alliés derrière eux avant d'approcher Moscou. Nul, mis à part Cheysson, n'y met le moindre obstacle.

Claude Cheysson : *« L'Alliance n'est pas un bloc au service des États-Unis. La déclaration préparée pour le Sommet atlantique de Bonn doit souligner que l'Alliance, contrairement au Pacte de Varsovie, réunit des nations libres, sans relation de domination. Le nécessaire retour à l'équilibre des forces ne doit pas inciter les États-Unis à prendre une sorte de revanche, à s'engager dans la voie du blocus économique, ou à instaurer une tutelle sur leurs alliés. Il s'agit au contraire de favoriser l'épanouissement progressif des nations dans leur diversité, en Europe, pour sortir de Yalta. »*

Nous sommes les seuls, surtout en ce moment, à avoir une vision d'ensemble susceptible d'équilibrer la démarche américaine au sein de l'Alliance. Les Britanniques considèrent à peu près toutes choses par rapport au conflit des Malouines et tendent à rejoindre partout les positions américaines, même lorsque cela comporte pour eux des inconvénients (« Négociations Globales », crédits à l'URSS). Les Allemands, obsédés par le souci de préserver leur dialogue avec la RDA, espèrent avant tout que la reprise des contacts soviéto-américains et le lancement de la négociation START leur permettront d'élargir leurs relations avec l'Est. Ainsi, lors du Sommet de Bonn, la RFA souhaite faire avaliser sa conception du couple « dissuasion-négociation » et accentuer, avec l'aide des Pays-Bas, de la Belgique et du Danemark, le dégel des rapports Est/Ouest, bloqués depuis l'invasion de l'Afghanistan et les événements de Pologne.

**Mardi 18 mai 1982**

Impolitesse : l'ambassadeur britannique à Paris vient dire à Pierre Mauroy que si la France cesse de soutenir l'Angleterre dans l'affaire des Malouines, Margaret Thatcher mettra fin au projet de tunnel sous la Manche. J'ai du mal à y croire quand on me rapporte cette démarche. Menace mal venue et en tout cas superflue : François Mitterrand est décidé à soutenir la Grande-Bretagne sans limite, contre l'avis de Mauroy et de Cheysson.

Dégel : dans un discours prononcé devant les Komsomols, Leonid Brejnev répond à Reagan. Ce qu'a dit le Président américain *« est un pas dans la bonne direction »*. Pour la première fois, l'un donne l'impression de s'adresser véritablement à l'autre, et non plus seulement de prendre l'opinion internationale à témoin de sa mauvaise foi. Mais aucune date n'est encore fixée pour une rencontre.

Bonne surprise : malgré l'échec du Sommet de Londres, en décembre, et de celui de Bruxelles, en mars, l'accord se fait entre neuf ministres de l'Agriculture sur dix sur les prix agricoles. Mieux encore, le ministre britannique n'a pas été autorisé par les autres à considérer qu'il s'agissait pour lui d'un intérêt vital lui permettant d'opposer son veto à l'accord. La fixation des prix prive donc Margaret Thatcher de son seul instrument de chantage pour obtenir un remboursement de la contribution britannique au Budget. Cette contribution est, disent les Neuf, d'un intérêt vital pour l'Angleterre, mais pas les prix agricoles. Par contre, entre ministres des Affaires étrangères, aucun accord ne se fait sur le montant de cette contribution. L'Anglais, Pymm, réclame maintenant 1 500 millions d'écus ; la décision est renvoyée à la semaine prochaine. François Mitterrand suit la question de près. Politiquement, il tient absolument à arriver à un résultat meilleur que celui qu'avait obtenu Giscard d'Estaing. Le Président : *« Le problème de la présence de la Grande-Bretagne dans la Communauté est posé. »*

**Mercredi 19 mai 1982**

Partant pour sa première tournée en Afrique, François Mitterrand fait escale à Alger. De ses conversations en strict tête à tête, on ne sait rien. Le Président a renoncé à informer ses collaborateurs.

**Jeudi 20 mai 1982**

Après deux semaines de consultations entre Londres et Buenos Aires, Perez de Cuellar reconnaît l'échec de sa tentative de règlement pacifique du conflit des Malouines.

On va vers une reprise des relations Est/Ouest dans de nombreux domaines : rencontre au Sommet à l'automne ; démarrage prochain des START ; une nouvelle session s'ouvre à Genève sur les Forces nucléaires intermédiaires ; Haig verra Gromyko le 12 juin à New York ; il y a aussi un certaine reprise des relations économiques, et la perspective d'achats de blé américain à grande échelle. Chacun des deux Grands recherche ce dialogue par nécessité : l'économie soviétique va mal ; Reagan rencontre des difficultés sur le budget militaire et doit faire face à la montée du pacifisme.

Niamey, première étape de la première tournée africaine.

**Vendredi 21 mai 1982**

A Abidjan, le Président donne ses instructions à Claude Cheysson qui part pour Bruxelles participer demain aux négociations sur le chèque britannique.

Matignon travaille au plan qui accompagnera la dévaluation du 12 juin. Très peu de gens sont au courant : moins de dix. Le principal problème est l'inflation. On se prépare au contrôle des prix. Pierre Mauroy estime publiquement qu'il faut

*« modérer davantage l'évolution des revenus et des salaires »*. Mais on ne touchera pas aux acquis sociaux.

Alain Savary annonce la titularisation des assistants non-titulaires, la cessation des créations d'emplois dans le corps des assistants, un plan de transformation des assistants en maîtres-assistants, et la poursuite du plan d'intégration des vacataires.

Les forces britanniques débarquent sur l'île malouine orientale. Les diplomates anglais exigent des Argentins qu'ils renoncent à toute revendication sur les îles. Buenos Aires refuse.

**Samedi 22 mai 1982**

De Dakar où il arrive dans la soirée, le Président téléphone encore à Cheysson, arrivé à Bruxelles, pour lui recommander la plus extrême fermeté face aux Anglais.

**Lundi 24 mai 1982**

A Bruxelles, durant la nuit, les ministres des Affaires étrangères s'entendent sur 850 millions d'écus. Pas mal ! Cheysson télégraphie triomphalement au Président :

> *« La pénible dispute avec les Britanniques s'est terminée très tard dans la nuit à Bruxelles. Je n'ai pas cru bon de tenter de vous joindre, car j'estimais être resté dans le cadre de ce que vous m'aviez dit à Abidjan, puis au téléphone de Dakar. Arguant du montant de + 400 millions d'écus accepté en mai 1980 pour l'année 1981 (à payer en 1982), les Anglais avaient d'abord demandé 1 300 pour 1982 (à payer en 1983). Lorsque vous avez rencontré le Premier ministre britannique, ils étaient revenus à 1 008, avec une clause d'indexation les garantissant contre un accroissement de leur déficit. Non sans peine, nous les avons ramenés d'abord à 875, puis à 850, chiffre finalement retenu et qui sera inscrit au Budget de 1983. »*

Ce que Cheysson ne dit pas, c'est qu'il a accepté de payer, en plus, la moitié de la part des Allemands, en échange de leur soutien sur la somme à rembourser aux Anglais. Genscher ne voulait d'ailleurs payer que le tiers de sa part, et il a même indiqué que, les années suivantes, ce serait le quart ! Si la répartition de la charge entre les Neuf était normale, des 850 millions d'écus, nous ne paierions que 240. Interrogé, Cheysson prétend que nous paierons en fait 290 ; Chandernagor, qui a été le spectateur impuissant de tout cela, parle, lui, de 320. Double erreur : nous paierons 400 millions d'écus, soit plus que Giscard n'avait payé en 1980 ! Exactement ce que le Président voulait éviter.

Le Président répond à Cheysson depuis Dakar :

> *« J'ai pris connaissance de la négociation qui a permis de fixer la compensation de la contribution budgétaire britannique pour 1982 à un niveau de 850 millions d'écus, sensiblement inférieur à celui qui avait été fixé par l'accord du 30 mai 1980 pour les années 1980 et 1981, et je vous en félicite. Il va de soi que le résultat final devra se traduire, pour la France aussi, par un coût sensiblement inférieur à celui que représentait pour notre pays l'accord de 1980. Les dispositions d'application en cours d'élaboration ne devront donc pas faire ressortir un transfert anormal de cette charge sur notre pays. En tout état de cause, nous ne saurions en supporter*

*une part plus importante que celle de la République fédérale d'Allemagne. Je vous serais reconnaissant de veiller à ce que le texte final de l'accord soit conforme à ces orientations. »*

Explosion d'une voiture piégée devant l'ambassade de France à Beyrouth : 11 morts. Un signe clair : nous sommes de trop ici aux yeux de beaucoup de gens. Quelque chose se prépare ?

Brejnev est mourant. Ni Ronald Reagan ni François Mitterrand — en tant que Président — ne l'auront rencontré. Le patron du KGB, Andropov, devient secrétaire du Comité central. Le signe est net : c'est lui le successeur. Nul ne le connaît vraiment à l'Ouest. Ce doit être un « dur », vu sa carrière, commencée comme ambassadeur à Budapest en 1956.

La situation économique du pays est catastrophique. La productivité s'effondre, la production agricole stagne. Peut-on espérer, comme Reagan, qu'une restriction des crédits obligerait l'URSS à choisir entre le beurre et les canons ? En tout cas s'annonce une période de très grande tension qui ne pourra qu'aggraver l'affaire des Pershing.

**Mardi 25 mai 1982**

François Mitterrand est à Nouakchott. Il entend la version du Polisario de l'affaire du Sahara espagnol.

Un porte-conteneurs anglais est coulé par un Exocet argentin.

Le ministre israélien des Affaires étrangères, Shamir, sera à Paris début juin. Ayant appris que le Président recevra Shimon Pérès, le chef de l'opposition, dans trois jours, il demande audience. Le Président refuse.

**Mercredi 26 mai 1982**

Pierre Mauroy est à Beyrouth pour rendre hommage aux victimes de l'attentat d'avant-hier.

De retour à Paris, discussion avec François Mitterrand sur la future dévaluation. Il faut obtenir une décote d'au moins 12 % par rapport au mark et décider d'un programme sévère contre l'inflation et le déficit extérieur ; bloquer les prix de détail pendant six mois ; contrôler sévèrement les prix à la production ; renforcer les économies d'énergie ; encourager les implantations commerciales à l'étranger et l'expatriation de nos cadres ; convaincre les opérateurs étrangers du caractère définitif du réajustement ; limiter le déficit budgétaire à 3 % du PIB par le vote d'une loi organique sur cette norme.

Entendant cela, le Président prend des notes, puis, d'un geste qui lui est familier, tapote sur la table, visage fermé : *« On a perdu trop de temps pour utiliser les moyens qu'on s'est donné. On a nationalisé une partie de l'industrie sans relancer l'investissement. On a nationalisé le secteur bancaire sans lui fixer de nouvelles règles du jeu. »*

Visage encore plus fermé, le Président écoute la suite : « *Une dévaluation doit suivre et non précéder la mise en place d'un nouveau gouvernement, car elle ne réussira que si elle annonce une nouvelle politique.* »
François Mitterrand ne répond pas.

**Jeudi 27 mai 1982**

Au second Conseil de Défense de l'année, le débat reprend sur la loi de programmation. François Mitterrand : « *Il nous faut décourager les tentatives de détournement de notre force de dissuasion par une attaque purement conventionnelle...*
*Un examen rigoureux montre qu'il sera nécessaire de diminuer les effectifs pour éviter d'avoir une armée mal équipée et mal entraînée. Je suis cependant soucieux de ne pas bouleverser totalement l'appareil militaire ; aussi cette diminution des effectifs sera-t-elle limitée et progressive : 35 000 hommes, soit 7 % des effectifs totaux des armées au bout de cinq ans. Il s'agit d'une décision saine, mais aussi courageuse, car une telle diminution d'effectifs signifie la remise en cause de quelques garnisons.*
*D'ailleurs, de nombreux représentants de l'opposition, dont Pierre Messmer, qui connaissent bien les problèmes de l'armement, ont reconnu le bien-fondé de cette mesure à laquelle il aurait fallu recourir plus tôt. Comme le dit le ministre de la Défense, "celui qui préfère garder une garnison en renonçant à un sous-marin nucléaire se trompe d'époque".*
*Le souci de maintenir un équipement moderne pour une armée légèrement réduite en nombre s'accompagne du souci de maintenir en état nos industries de recherche et de fabrication d'armements, qui représentent un intrument de l'indépendance de la France qu'il faut au moins préserver, voire développer.*
*Toutes les décisions nécessaires, de grande dimension, ont été différées sous le précédent septennat, alors que tous les éléments en étaient rassemblés et que le besoin n'en était contesté par personne.* »

Versailles se profile à l'horizon. Beryl Sprinkel, directeur du Trésor américain, me confirme qu'il accepte notre proposition d'étudier comment stabiliser les taux de change du dollar, du yen et de l'écu. Cet accord, purement académique, mais néanmoins hautement symbolique, doit être tenu secret jusqu'au Sommet.
Le Japon annonce la suppression ou la réduction de 200 obstacles tarifaires. Cela fera illusion avant Versailles. Et donnera à Suzuki de quoi sauver la face.

**Vendredi 28 mai 1982**

Pour la première fois depuis octobre dernier, Pierre Mauroy adresse à François Mitterrand une note expliquant la nécessité de la rigueur et d'une nouvelle dévaluation. Il y parle de « *changer de vitesse* ». En principe, ni Bérégovoy, ni F.-X. Stasse ni moi ne devrions connaître l'existence de cette note, pourtant conforme à notre propre analyse.
A Matignon, certains considèrent l'Élysée comme un repère de gauchistes. Et le font savoir. Si les deux hommes n'étaient si proches, la guerre des entourages les auraient depuis longtemps brouillés.

Nouvelle réunion des directeurs des Affaires économiques des Sept pour parler des crédits à l'URSS. L'Américain répète qu'on doit relever les taux du crédit à l'URSS et limiter le volume global des crédits accordés : c'est d'un vrai blocus qu'il parle. La Grande-Bretagne, qui serait très pénalisée économiquement par cette décision, est pourtant prête à l'accepter ; le Canada et le Japon sont heureux : ils y gagnent ; la RFA et l'Italie s'y rallient avec réticence. La France s'y oppose. On en reste à une solution boiteuse : le compte rendu des discussions de ce groupe sera tenu à la disposition des chefs d'État et de gouvernement à Versailles.

Les États-Unis veulent obtenir quelque chose à Versailles. Mais quoi ? Les ministres des Affaires étrangères en parleront au dîner du vendredi, les chefs d'État au déjeuner du samedi. Est-ce suffisant ? Les Américains rassurent : ils n'ont nul besoin que tout cela soit débattu au Sommet ni même inscrit dans le communiqué. Méfions-nous...

Parlant devant des journalistes américains, François Mitterrand n'exclut pas une réunion monétaire après Versailles. Naturellement, la chose ne passe pas inaperçue.

Claude Cheysson répond au Président à propos du chèque britannique :

*« A Bruxelles, nous n'avons accepté qu'une directive. La Commission est chargée de proposer les mesures précises qui seront soumises au Conseil de fin juin, seul habilité à prendre une décision exécutoire.*

*Je rappelle en effet que notre réunion des Dix ministres était informelle, comme l'avait prévu le Conseil européen de Londres. Ses conclusions doivent être transposées sous forme de décisions de principe, décisions qui s'inscriront elles-mêmes dans le Budget de 1983, le moment venu (à l'automne).*

*Les dangers que vous rapportez ont été examinés longuement lors de notre discussion. Je me suis prémuni — et avec nous les Pays-Bas, la Belgique, le Danemark — en précisant et répétant à gogo que tout se traiterait dans le cadre du Budget, selon les règles budgétaires, avec la clef budgétaire habituelle. Le chiffre allemand a été précisé (150 millions) et figure au procès-verbal. Il ne pouvait être inscrit dans la directive, mais je vous assure que tous les points sont couverts et le resteront. Cela ne peut différer des décisions exécutoires, car aucune n'est prise. Et le front des Neuf tiendra, je pense. Sinon, tout sera bloqué. »*

Peu convaincant.

Dans sa prochaine conférence de presse, le Président souhaite annoncer la création d'une quatrième chaîne de télévision afin de répliquer sur le terrain des libertés à la droite qui l'accuse de préparer le totalitarisme.

**Samedi 29 mai 1982**

Un journal américain reproduit de façon inexacte les propos tenus vendredi par François Mitterrand : il fait dire au Président qu'il est pour la dévaluation du franc. Heureusement, lundi, c'est la Pentecôte, et plusieurs marchés seront fermés.

**Dimanche 30 mai 1982**

L'Espagne devient le seizième membre de l'Alliance atlantique. Elle est entrée dans l'OTAN avant d'entrer dans le Marché commun.

La pression américaine sur les crédits à l'URSS ne se relâche pas. Alexander Haig écrit à Claude Cheysson :

> *« Mon gouvernement considère comme vital d'arriver à un accord sur la restriction des crédits garantis et officiels à l'URSS. Je regrette qu'avant-hier, le haut fonctionnaire français ait refusé cette fixation d'un plafond en volume. J'espère que nous pourrons œuvrer ensemble aux progrès indispensables afin que le prochain Sommet soit un succès. »*

C'est de plus en plus explicite : les Américains veulent la fixation d'un plafond en volume. Qui répartira alors ce volume des crédits à l'Est entre les différents exportateurs, sinon les États-Unis ?

**Lundi 31 mai 1982**

Le Président est à Solutré. Un rituel s'instaure. Devant des journalistes locaux, il improvise une conférence de presse. On l'interroge sur le franc. Haussement d'épaules.

Un des témoins du petit déjeuner, Flora Lewis, à qui je téléphone depuis Solutré, accepte aimablement de contredire demain l'article de son confrère sur le franc, paru samedi dans le même journal.

Washington et Moscou annoncent l'ouverture de négociations sur les armements stratégiques. Andropov va recueillir les fruits du dernier geste de Brejnev. Mais qu'en fera-t-il ?

**Mardi 1er juin 1982**

Le déficit commercial, depuis le début de l'année, atteint 30 milliards de francs. Désastre ! A ce rythme, c'est la faillite assurée dans moins d'un an. Et la prochaine dévaluation ne fera, dans un premier temps, que renchérir les importations et réduire la valeur des exportations. Où allons-nous ?
Notre industrie est décidément beaucoup moins compétitive que nous ne l'avions cru en arrivant.

Les États-Unis veulent faire de la prochaine réunion ministérielle du GATT, en novembre, le point de départ d'un « Reagan round » portant notamment sur l'agriculture et les services. Pas question pour nous d'accepter : la Politique agricole commune de l'Europe n'y résisterait pas.

L'ambassadeur De Commynes, qui m'aide à l'organisation logistique du Sommet de Versailles, croise dans un bureau André Bercoff, auteur, sous le pseudonyme de Philippe de Commynes, d'un livre de politique-fiction sur les élections présidentielles.

*« Pourquoi ne m'avez-vous pas demandé l'autorisation d'utiliser mon nom ?*

*— Heu... Je ne vous ai pas trouvé !*

Réponse somptueuse :

*— Nous, les Commynes, sommes dans l'annuaire ! »*

Ultime réunion des *sherpas* à trois jours du Sommet : il est convenu qu'aucun communiqué politique ne sera préparé à l'avance ; si nécessaire, on le fera sur place. Tout semble « sous contrôle ».

A l'Élysée, le Président reçoit Margaret Thatcher.

François Mitterrand : *« La solidarité avec la Grande-Bretagne est un des rares points solides pour la France dans le monde troublé où nous sommes. »*

On parle Malouines, crédits à l'Est, URSS, Pershing. Sur le chèque, le Président : *« L'accord de Bruxelles est excellent si chacun en paie sa juste part. »* Curieusement, Mme Thatcher semble ne pas comprendre la merveilleuse traduction de Christopher Thierry...

La France participe désormais à deux forces multinationales : la FINUL, au Liban, et la Force multinationale dans le Sinaï.

Formation d'un nouveau gouvernement à N'Djamena sous le contrôle de Goukouni, dont le Premier ministre est M. Djidingar, avec la bénédiction des Libyens. Hissène Habré guerroie dans le Nord.

**Mercredi 2 juin 1982**

Pierre Mauroy rencontre Kaddoumi et lui dit qu'il souhaite recevoir Yasser Arafat à Paris. Celui-ci se trouve à Beyrouth, au milieu de ses hommes, véritable maître de la ville et du Sud du pays.

Mouvement à Matignon. Robert Lion ayant été nommé à la Caisse des Dépôts, son adjoint, Michel Delebarre, lui succède à la tête du cabinet du Premier ministre. Un politique succède à un haut fonctionnaire. Marceau Long prend la direction d'Air Inter ; déjà, il est prévu qu'il ira plus tard à la vice-présidence du Conseil d'État, après Pierre Nicolaÿ, lequel quittera dans un mois la direction de Havas pour le Palais-Royal. Il sera remplacé à l'agence par André Rousselet. Jacques Fournier succède à Marceau Long comme secrétaire général du gouvernement. Il lui faut un successeur comme adjoint de Pierre Bérégovoy : douze candidats postulent, dont Jean-Louis Bianco et Christian Sautter.

Il faut aussi un successeur à André Rousselet. Jean-Claude Colliard, son adjoint, s'impose.

**Jeudi 3 juin 1982**

Attentat contre l'ambassadeur d'Israël à Londres. Begin menace de réagir au Liban. Les Américains semblent entrés en intenses conciliabules avec Tel Aviv. Quelque chose se prépare-t-il ?

**Vendredi 4 juin 1982**

Répondant à des lettres de protestation émanant d'associations familiales, Yvette Roudy expose une série d'arguments en faveur du remboursement de l'IVG, le principal étant la justice sociale.

Le Sommet de Versailles commencera ce soir par un dîner. Ronald Reagan est à Paris. Il déjeune à l'Élysée avant de rejoindre les autres participants à Versailles. Nous passons à table tout de suite, sans entretien préalable. François Mitterrand évoque la situation en Pologne et demande son avis à son hôte. Reagan sort ostensiblement des petites fiches rectangulaires de sa poche intérieure gauche, les compulse, trouve visiblement la bonne, la lit à haute voix, puis s'interrompt... Silence. Le Président français, surpris, passe à l'Afghanistan. Même manège. Nouveau silence. On passe à la guerre entre l'Iran et l'Irak. Là, Reagan feuillette ses fiches, ne trouve rien, les replace dans sa poche. Silencieux et souriant, il se remet à manger. Après un assez long moment, le général Haig répond à sa place.

L'après-midi, après avoir constaté que le franc est au plancher du SME, on part pour Versailles. Le spectacle y est surréaliste.

Dans les sept pays ici réunis, il y a cinq millions de chômeurs de plus qu'en juillet dernier ; la croissance mondiale est nulle, au lieu des 1,25 % prévus ; au Liban, la guerre gronde ; en Europe, la guerre froide risque de se durcir ; en France, la dévaluation est pour dans huit jours. Et l'on s'apprête à se disputer sur les taux de crédits à l'URSS dans le château du Roi-Soleil, somptueusement rénové !

Au Trianon, le premier dîner des Sept — qui sont neuf, Thorn et Martens étant là !... — est l'occasion d'une conversation très générale. Au menu : Moyen-Orient et négociations Est/Ouest.

Après ce dîner, François Mitterrand me fait appeler dans l'appartement qu'il occupe à Trianon. On discute des communiqués en cours de négociation, de la dévaluation de la semaine prochaine, du plan de rigueur en voie d'élaboration. Nous passons plus d'une heure à mettre au point le plan de table du grand dîner du surlendemain, dans la Galerie des Glaces. Trois cents personnes à placer. Deux doivent être particulièrement bien traitées : un célèbre avocat parisien et sa femme qui ont fait le siège des mille et un secrétariats possibles pour être invités. Ils ont fini par l'être. L'avocat écrira quelque temps après un livre dans lequel la réussite du Sommet de Versailles apparaîtra comme son œuvre, l'occasion pour lui de mener à bien de délicates négociations et de subtiles médiations. Alors qu'il ne fut que le figurant muet d'un dîner de trois cents couverts, qu'il passa assis entre la femme d'un haut fonctionnaire japonais et celle du conservateur du Château. Prodiges de l'imagination littéraire...

**Samedi 5 juin 1982**

Petit déjeuner au Trianon. Jacques Delors n'attend rien des Américains. Moi non plus. Il m'explique que la prochaine dévaluation doit être accompagnée de coupes budgétaires et d'un blocage des prix. Indiscutable.

Le Sommet commence dans une des salles du premier étage où trône le tableau de David représentant le couronnement de Napoléon. Chaque délégation est composée de trois personnes, deux ministres et un *sherpa*. François Mitterrand explique l'œuvre d'art à ses hôtes : *« La mère de Napoléon est représentée sur le tableau, mais, en réalité, elle n'était pas là. Elle a refusé d'y être en prononcant la phrase célèbre : "Pourvu que ça dure." Cela me fait penser à nos sociétés. Il nous faut changer le monde. C'est notre responsabilité à nous qui sommes riches, et ne pas se contenter de dire : "Pourvu que ça dure !" »*

Le Président passe à son rapport sur l'emploi et la technologie, préparé depuis un mois par trois experts, Yves Stourdzé, Érik Arnoult (l'écrivain Erik Orsenna) et Jean-Hervé Lorenzi :

*« Si nous réussissons, par notre action commune, à entreprendre ces projets, aurons-nous résolu les problèmes que nos sociétés affrontent ? Assurément non ; le progrès technique n'assure pas par lui-même le progrès économique et le progrès social. Il ne peut qu'y concourir, dans les sociétés qui sauront le mettre au service d'une volonté politique. Il restera bien du chemin à faire pour établir une croissance équilibrée et juste, pour en finir avec toutes les formes de misère et de servitude : il nous faudra reconstruire un système monétaire stable, procurer aux entreprises les moyens d'un financement peu coûteux, imaginer des rapports économiques et politiques équitables entre les continents, éliminer tous les obstacles au commerce. Il nous faudra enfin, et c'est l'essentiel, permettre à chaque homme d'utiliser librement le temps que le progrès dégagera.*

*Nous aurons alors rempli notre rôle de gouvernants. Chacun aura ensuite plus de moyens matériels à sa disposition pour vivre à sa façon la condition humaine, avec ce qu'elle a de limité et d'exaltant, d'inachevé et de grandiose, de fugitif et d'éternel. Nous aurons seulement, pour ce qui nous concerne, en prenant à bras le corps les problèmes qui nous assaillent et en accélérant leurs solutions, assuré à nos nations l'essentiel : la confiance en elles-mêmes.*

*S'il est des domaines où notre accord est difficile, il en est où nous pouvons avancer. J'ai retenu celui de la technologie.*

*Si nous ne pouvons éviter la crise actuelle liée à la transition technologique, nous pouvons raccourcir cette transition. Je crois au rôle de l'initiative et de la création. Il faut lancer des grandes aventures comme au lendemain de la Seconde Guerre mondiale.*

*Mon pays est un de ceux qui ont le moins de succès contre l'inflation, mais nous avons la plus forte croissance. Il y a beaucoup d'expérience à tirer des uns et des autres. Ceci permettra de donner à la jeunesse le goût d'un idéal. »*

François Mitterrand conclut son rapport en déclarant : *« Nous sommes des démocraties fondées sur des valeurs d'échange, de communication et de culture. »*

**Suzuki :** *La technologie a permis d'élever la productivité du travail. Le rapport de François Mitterrand a su finement dégager la relation entre croissance, emploi et dynamisation de l'être humain. Au Japon, la robotisation s'effectue sans heurts. En 1985 se tiendra l'Exposition technologique au Japon. Je lance un appel vibrant pour que, comme l'a proposé François Mitterrand, nous coopérions. Nous devons* *établir un groupe de travail dans tous ces domaines. Le Japon est prêt à coopérer dans les domaines suivants : biologie, nucléaire, espace, énergies renouvelables. Le Président François Mitterrand a raison de souligner les dangers de l'uniformisation des cultures. Prenons le commerce comme autre exemple : c'est une fois reconnue la position de l'autre que l'on peut définir une coopération technologique et commerciale. Nous avons à optimiser ensemble la technologie.*

**Helmut Schmidt :** *Vous avez enrichi les grands thèmes de nos réunions. Je suis très heureux que nous fassions connaître dans le communiqué notre accord sur votre rapport. Mais vous oubliez l'essentiel : la démographie. On a assisté au passage de 2 à 6 milliards d'hommes au cours de ce* XX^e^ *siècle. C'est pour moi un problème essentiel (...). Le groupe de travail doit étudier la relation entre technologie, population et épuisement des ressources.*

**Margaret Thatcher**, qui fut ingénieur-chimiste, se sent à l'aise avec ces sujets : *La science a toujours créé beaucoup plus d'emplois qu'elle n'en supprime. Or le premier effet des nouvelles technologies est de réduire les emplois, mais, comme le dit François Mitterrand, la transition ne doit pas faire peur.*

**Spadolini :** *Nous devons relever ce défi. Cela exigera des sacrifices. Le thème des nouvelles énergies est essentiel. Le thème de la technologie est un thème central. Les libres forces du marché donneront l'impulsion.*

**Pierre Trudeau :** *Nous savons que les deux précédentes révolutions ont entraîné des crises. Évitons-en une troisième. Il y a une question morale derrière ce rapport.*

**François Mitterrand :** *La charge la plus lourde en France est due aux dépenses sociales. L'État paie des dépenses dont il ne décide pas (...). Les biotechnologies vont bouleverser les données de santé en réduisant les dépenses dans ce secteur. C'est l'enjeu essentiel. Le développement de l'agriculture du Tiers Monde permettra de changer la nature de notre développement...*

**Ronald Reagan** prend la parole pour lire une longue note très caustique : *Dans les années 30, le Président Roosevelt avait fait faire une étude de ce genre pour tenter de savoir ce que donnerait le développement scientifique dans les vingt-cinq années à venir. Ce document, si on le relit aujourd'hui, ne mentionne ni la télévision, ni le rôle des matières plastiques, ni les avions à réaction, ni les transplantations d'organes, ni même quelque chose d'aussi simple et d'aussi banal que le stylo à bille que je tiens à la main... Nous ne pouvons pas prédire ce que les vingt-cinq années futures nous apporteront comme nouveautés et, par conséquent, il nous est impossible d'étudier les conséquences des innovations technologiques sur la société de demain. Nous n'avons pas peur de la technologie et nous n'avons pas à craindre que les innovations scientifiques ou technologiques nous amènent le chômage. On aurait pu redouter que l'automatisation du téléphone aux États-Unis, en faisant disparaître les standardistes, n'augmente le taux de chômage féminin. Mais les femmes ont tout simplement trouvé du travail dans d'autres secteurs de l'économie. Tout ce qui concerne la recherche est, aux États-Unis, essentiellement du ressort du secteur privé, et je ne vois pas ce que l'on peut faire ici à ce sujet.*

Malgré cette douche froide, un groupe de travail est créé pour étudier en commun des projets de haute technologie. S'ensuivront dix-huit opérations concrètes, en particulier un réseau de biotechnologies de pointe et un programme franco-japonais sur les robots. Là se trouve la genèse d'*Eurêka*.

On passe à la situation économique.

**Helmut Schmidt :** *Selon les prévisions de l'OCDE, dans nos sept pays, le PNB en 1982 sera égal à celui de 1981. Nos économies déraillent. Mais il existe des* *lueurs d'espoir : les prévisions pour 1983 sont plus favorables, les prix commencent à baisser, les balances de paiements s'améliorent. Nous dépendons d'une consultation efficace entre nous. Notre alliance politique dépend de notre force économique. Nous devons parler ici de notre responsabilité conjointe de la stabilité en matière de commerce et de monnaie. Les taux d'intérêt trop élevés sont inacceptables ; leur niveau aux États-Unis (6,5 %) est le plus élevé depuis un siècle ; et nous ne pouvons que nous aligner sur les taux d'intérêt américains, cette politique nous lie. Seule une réduction du déficit budgétaire américain permettra une baisse de ces taux.*

**Ronald Reagan** réplique, toujours en s'aidant d'une note : *Nous sommes tous confrontés au chômage. C'est la huitième récession depuis la Seconde Guerre mondiale (...). Aux États-Unis, on diminue les dépenses gouvernementales. Nous n'avons pas pu aider l'industrie automobile, le bâtiment et les travaux publics. Nous avons aujourd'hui, en même temps, un maximum de chômeurs et un maximum de gens au travail, en raison de la situation de nos sociétés : les femmes travaillent de plus en plus. 800 000 Américaines ont trouvé un emploi en un an. Les taux d'intérêt sont élevés pour des raisons psychologiques. Il y a encore de grandes menaces erratiques devant nous. Nous devons lancer une étude sur les taux de change. Les taux d'intérêt n'ont pas suivi, en raison du pessimisme financier, car notre Congrès est retombé dans son ornière budgétaire. Nous essayons de lutter contre cette tendance. Nous voulons faire décroître le déficit budgétaire (...). Nous allons nous en tenir au programme mis en place.*

**Pierre Trudeau** l'interrompt : *Le temps commence à manquer. Nos pays vont s'effondrer. Je vous le demande, Ronald, sur la réduction du Budget, comment parviendrez-vous à convaincre le Congrès ?*

**Ronald Reagan** répond, cette fois de manière improvisée : *Depuis cinquante ans, le pouvoir au Congrès appartient aux démocrates. Aussi les dépenses augmentent-elles. Certes, il faut stimuler l'économie pour lutter contre le chômage. Mais les aides publiques ne sont que des piqûres de cocaïne qui ne résolvent rien. Chez General Motors, 20 000 employés ne servent qu'à suivre les règles fixées par l'État. Cela est un frein à la compétitivité. Les taux d'intérêt sont trop hauts à cause de la cocaïne des aides publiques antérieures. Nous voulons réduire les aides, sauf pour les personnes réellement nécessiteuses. Mercredi prochain, le Congrès devrait voter le Budget en réduisant le déficit. Deux cents millions d'heures de travail bureaucratique inutiles vont être supprimées. Il existe déjà des signes de reprise. Dans les mois à venir, les mises en chantier vont croître. Ceci se traduit par la hausse de la capacité du privé à créer des emplois. General Motors a pu récemment remettre au travail des ouvriers en chômage technique. »*

Il a dit cela avec une telle conviction que **François Mitterrand** conclut : *Nous sommes au moins deux à dire que nous ne voulons pas changer de politique !*

Au cours du déjeuner, la discussion tant attendue s'engage sur les crédits à l'Est. Reagan réclame un contrôle du volume total. **François Mitterrand** réplique : *Nous ne pouvons pas accepter que vous mettiez en place une sorte de COCOM financier avec un contrôle* a priori *de nos exportations et, en fait, une première sélection de toutes les opérations, selon un critère politique. C'est inacceptable pour nous.*

**Helmut Schmidt** renchérit : *Dès le début de ces négociations, nous vous avons dit que cette affaire du commerce Est/Ouest nous paraît secondaire. Il est beaucoup plus important de renforcer la cohésion de l'Occident, et, pour cela, il faut que vous modifiiez votre politique monétaire. Vous vous livrez à un chantage entre taux de crédit et gazoduc. Nous autres Européens, nous lançons un appel à la* *raison. Nous vous disons : il faut garder le sens des proportions (...). On peut résumer ainsi le débat d'aujourd'hui : prévoit-on un régime spécial des crédits à l'exportation vers l'Est bénéficiant d'un soutien public, ou bien se contente-t-on d'une recommandation générale de prudence pour les crédits à l'exportation de toute nature vers l'URSS ? La mise en place d'un COCOM financier serait pour nous inacceptable.*

Schmidt, en aparté, désigne Reagan à François Mitterrand : *« Ce type me fatigue. Il est nul ! »*

Après déjeuner, la discussion reprend sur l'économie.

**Spadolini :** *Il y a un lien entre nos choix politiques et notre solidarité politique. L'ordre social et l'Alliance dépendent de notre stratégie économique. Nous devons envisager un dessein organique, comme l'a proposé ce matin François Mitterrand. Accroître la productivité est primordial. La lutte contre l'inflation exige la baisse des taux d'intérêt et des politiques fiscales plus strictes.*

**Pierre Trudeau :** *Dès que votre chômage se réduira, les salariés demanderont une hausse des salaires.*

**Suzuki :** *Il faut renforcer le système monétaire. Les interventions sont indispensables pour créer la confiance.*

**Wilfried Martens :** *Il y a eu des progrès notables dans la lutte contre l'inflation. Trois priorités existent aujourd'hui : la baisse des taux d'intérêt, celle des taux de change, l'équilibre entre le Nord et le Sud. Il faut diminuer les taux d'intérêt et les déficits publics. Il faut une coopération des monnaies entre Europe, USA et Japon. Il faut faire un effort sur les taux de change et revenir à plus de stabilité.*

**Margaret Thatcher :** *Il faut réduire durablement le déficit en maintenant les impôts au niveau nécessaire. Il faut "lisser" les marchés désordonnés. Le FMI n'est pas une agence pour le développement. Il doit rester indépendant des "Négociations Globales".*

**Helmut Schmidt :** *Nul ne pense que je défends l'inflation ; on ne saurait me faire dire que l'inflation a quelque utilité pratique. Mais l'inflation a commencé avant la hausse des prix du pétrole. Elle est due à une absence de discipline. Elle ne peut plus durer. Les banques centrales font des profits énormes grâce à l'inflation. Il faut des interventions de temps en temps pour lisser les fluctuations, lisser la courbe du dollar. Comme cela, personne ne paiera pour ajuster le dollar. C'est une question politique. Si j'étais Premier ministre au Bengladesh, je me plaindrais plus encore. Il y a 1 600 milliards d'eurodollars qui se baladent ! C'est à vous, Américains, d'en prendre la charge.*

**Ronald Reagan :** *Nous acceptons d'intervenir sur le marché des changes. C'est réglé. Nous acceptons la proposition des* sherpas.

**François Mitterrand :** *L'inflation a tué l'Empire romain. C'est une maladie mortelle. Nos* sherpas *proposent un texte. En juin sera mise en place l'étude monétaire. A Toronto, en septembre, sera décidée l'application par le FMI de notre déclaration de tout à l'heure. Le Groupe des Cinq va travailler à cette application.*

Impolitesse : le ministre des Finances américain, Donald Regan, sort parler aux journalistes au centre de presse de l'Orangerie. Il annonce qu'il s'attend à une dévaluation de 10 % du franc et qu'il ne fera rien pour freiner la montée du dollar. Tout l'effet attendu de l'annonce de l'étude des interventions sur le marché des changes est ruiné.

Une autre, de Haig, un peu plus tard, qui se plaint de la chaleur régnant dans l'Orangerie : *« Ces Français, au lieu de parler de haute technologie, ils feraient mieux d'apprendre à installer la climatisation !»* Climatiser l'Orangerie ? Sommet de la civilisation...

En fin d'après-midi, une fois la séance levée, une brève promenade sur le Canal est prévue. Mais Gaston Defferre est formel : ses limiers auraient repéré des tireurs au bazooka dans le parc... *« Ils sont là »*, dit-il en désignant une hauteur. François Mitterrand trouve cela grotesque et souhaite maintenir la promenade. On annule : de toute façon, Reagan ne serait pas venu. Naturellement, il n'y a personne dans le parc...

Plus tard, tandis que les présidents et les ministres dînent, les *sherpas* se réunissent dans une aile du Trianon pour mettre au point le communiqué économique qui sera approuvé demain matin. Les collaborateurs de Reagan (Clark, Baker et Deaver) exigent de dîner à la table des ministres. Mais y installer plusieurs Américains alors que les autres pays n'ont qu'un ministre est impossible. Je les convie à la mienne. Ils préfèrent dîner entre eux à l'ambassade.

Vers 11 heures, traversant le jardin de Le Nôtre, Ségolène Royal, qui m'assiste, tombe sur un homme couvert de paillettes, accompagné d'une otarie et de deux chiens : c'est l'un des artistes venus divertir les chefs d'État et de gouvernement.

Cette nuit, le communiqué est long à mettre au point. Discussion mot à mot : en anglais, naturellement, et Robert Armstrong trouve toujours l'élégante formulation qui nous mettra d'accord.

Dans le paragraphe monétaire, on écrit qu'il faut *« maîtriser les déficits et contrecarrer les situations de désordre. Il est essentiel d'intensifier la coopération économique monétaire. A cet égard, nous travaillerons à une évolution constructive et ordonnée du Système monétaire international par une coopération plus étroite entre les autorités représentant les monnaies d'Amérique du Nord, du Japon et des Communautés européennes, en vue de poursuivre des objectifs économiques et monétaires à moyen terme. A cet effet, nous avons pris l'engagement contenu dans le texte ci-joint. »* On discute sur le point de savoir s'il faut dire, dans cette annexe, que les interventions sur le marché des changes auront lieu « si nécessaire » ou « quand nécessaire ». La première expression — moins contraignante que la seconde — l'emporte après une heure et demie de discussion. Le texte dit que *« nous acceptons la responsabilité conjointe qui est la nôtre de travailler à une plus grande stabilité du Système monétaire mondial (...). Nous sommes prêts, si nécessaire, à procéder à des interventions sur le marché des changes pour contrecarrer des situations de désordre. »* C'est la première fois depuis 1971 que les Américains acceptent de reconnaître l'utilité d'une intervention sur le marché des changes.

A propos des « Négociations Globales », on se met d'accord sur un amendement à proposer au paragraphe 5 de la proposition des 77, pour affirmer que les groupes de travail créés *« ne devront pas faire double emploi avec les organes actuels »*. Ce qui revient en fait à n'autoriser que la création d'un seul groupe, sur l'énergie, domaine où il n'existe pas d'institution internationale. C'est la « peau de chagrin ».

Sur le commerce Est/Ouest, le bref paragraphe que j'ai rédigé est adopté sans difficultés, à ma grande surprise. Il se contente d'inciter chacun à la prudence. Hormats n'a pas insisté pour obtenir davantage, mais il fait inscrire qu'il n'a pu consulter le Président à ce propos.

On va se coucher, traduction faite en français, vers six heures du matin.

**Dimanche 6 juin 1982**

Petit déjeuner au Trianon ; je rends compte à François Mitterrand de l'état du texte. Pas de problème. On entre dans la salle. Mais ni Cheysson, ni Haig, ni les autres ministres des Affaires étrangères ne sont là. Le Président s'impatiente, puis ouvre la séance par la discussion du communiqué, paragraphe par paragraphe. Un quart d'heure plus tard, Cheysson fait irruption, triomphant. Sans en aviser qui que ce soit, il a décidé hier soir, au cours de son dîner, d'une réunion des ministres des Affaires étrangères pour ce matin, afin de rédiger un autre texte sur les relations commerciales Est/Ouest, qu'il fait distribuer sans rien demander à personne :

> *« Nous sommes d'accord pour poursuivre une approche économique prudente à l'égard de l'URSS et de l'Europe de l'Est, tenant compte de nos objectifs politiques et de sécurité. D'abord, nous échangerons des informations entre nous et avec d'autres sur nos relations économiques, commerciales et financières avec l'Union soviétique et l'Europe de l'Est. Ensuite, nous avons décidé de [réglementer et] réviser nos relations Est/Ouest en ayant à l'esprit que de telles relations doivent se dérouler sur des bases économiques saines et tenir compte pleinement des considérations de sécurité dans les domaines technologique, économique et financier, y compris [des limites sur] les crédits à l'exportation. Enfin, nous poursuivrons activement le développement et la diversification de nos sources d'énergie afin d'éviter toute dépendance. »*

Les crochets indiquent les modestes réserves formulées par Cheysson. Il est content de lui. Par ce texte, pourtant, l'Europe se met entre les mains des Américains !

François Mitterrand le parcourt et sursaute : *« Mais ce texte est inacceptable ! Il vise à exclure la France et l'Italie du commerce avec l'Est. Ce texte n'a pas mon accord ! »*

Haig, tout sourire, remarque suavement : *« Je ne comprends pas ; c'est Claude Cheysson qui nous l'a proposé ce matin... »*

Moment difficile.

La négociation reprend. Au bout d'une heure de discussion tendue, au cours de laquelle le gazoduc n'est pas évoqué, on parvient à un compromis : *« Le commerce aussi bien que les crédits, les crédits privés aussi bien que les crédits bénéficiant d'un soutien public, sont à examiner ».* Ce texte est vide. Chacun continuera donc d'agir à sa guise. Les échanges d'informations se dérouleront dans le cadre normal des institutions de l'OCDE, et non pas dans un cadre spécifique, à Sept ou plus. Ils porteront sur l'ensemble des relations, et non pas sur les seuls crédits export subventionnés ou garantis.

Le Président de la République précise que les mesures adoptées par la France l'engagent déjà largement dans la voie d'un ralentissement et d'un renchérissement des crédits, et qu'il attendra que les autres pays aient suivi notre exemple avant de passer, si la prudence commerciale l'exige, à une seconde phase de restrictions.

Un peu plus tôt dans la matinée, à la frontière israélo-libanaise, le général Callaghan, patron de la FINUL, a vu des chars israéliens passer la frontière. Il téléphone à tous les bataillons le nom de code « Rubicon » afin qu'ils appliquent les consignes prévues en pareille éventualité : opposer une résistance symbolique et rester sur leurs positions tant que leur sécurité n'est pas mise en péril.

A 10 heures, Yasser Arafat fait téléphoner à l'Élysée, de Beyrouth, et laisse le message suivant au permanent : *« Depuis hier soir, Israël a commencé l'assaut sur*

*Beyrouth, attaquant sur tous les fronts avec une intensité de feu sans précédent. Je m'adresse à vous, Monsieur le Président, pour vous demander de venir au secours des peuples libanais et palestinien afin de faire arrêter la destruction et le massacre préparés par le général Sharon contre la ville résistante de Beyrouth. Je suis confiant que vous n'épargnerez, comme d'habitude, aucun effort pour aider le peuple palestinien et sa juste cause. Je vous prie d'agréer, Monsieur le Président, l'expression de ma haute considération, ainsi que mes remerciements. »*

François Mitterrand en est informé pendant la laborieuse discussion du paragraphe sur le commerce Est/Ouest. Il annonce la nouvelle aux Sept. Chacun est surpris. En tout cas, Ronald Reagan fait comme s'il l'était. Les ministres sortent téléphoner.

On me passe alors en séance le message suivant :

> *« Le Conseil de sécurité se réunira en séance de consultations à 16 h 30, heure de Paris. Le secrétariat des Nations-Unies remettra un rapport sur les événements aux pays membres dans environ deux heures. Les Américains ont annoncé l'évacuation dans les jours prochains d'une partie de leur personnel au Liban. Nous ne pouvons pas joindre Beyrouth par téléphone. La Défense essaie sans succès de se mettre en contact avec le bataillon français. D'après Nanteuil, notre ambassadeur à l'ONU, outre la colonne qui se dirige vers Tyr, il y aurait une deuxième incursion près de la trouée, qui pourrait écorner le secteur français. »*

A 12 heures, les colonnes blindées israéliennes progressent vers Tyr. Je passe au Président, toujours en séance, une lettre de Menahem Begin, portée de l'Élysée, exposant les raisons de l'entrée de l'armée israélienne au Sud-Liban, avec copie de celle qu'il a adressée le même jour à Ronald Reagan. Dans les deux messages, Begin plaide *« la légitime défense »* contre *« un agresseur assoiffé de sang »* et annonce *« qu'il veut faire reculer les terroristes de l'OLP à 40 kilomètres vers le nord »*. Il affirme son respect de l'intégrité territoriale du Liban, dénonce le rôle de l'Union soviétique dans les agressions terroristes perpétrées contre Israël, et se sert de l'exemple des Malouines : *« Y a-t-il une nation au monde qui tolérerait une situation dans laquelle, après un accord de cessez-le-feu, les attaques se répètent sans cesse ? La réponse est clairement donnée dans l'action toute récente du Royaume-Uni, qui poursuit à l'heure actuelle une guerre en bonne et due forme à une distance de 15 000 kilomètres de ses côtes, en vertu de l'Article 51 de la Charte des Nations-Unies. »*

Chaque mot est pesé, jusqu'aux formules de politesse adaptées aux usages en vigueur dans le pays destinataire : *« Avec l'aide de Dieu,* écrit-il à Reagan, *nous remplirons notre devoir sacré. »* Pour François Mitterrand, une courtoisie plus laïque...

Pendant que se termine la discussion sur les crédits à destination de l'Est, le Président demande à Claude Cheysson de préparer un texte sur le Liban. Il est prêt à tolérer une incursion jusqu'à 40 kilomètres si elle est suivie d'un retrait, comme il l'a laissé entendre à Begin en mars. Cheysson, en grand professionnel, improvise le texte suivant : *« Nous appuyons fermement les appels urgents du Conseil de sécurité et du secrétaire général pour un arrêt immédiat et simultané des violences, et nous appelons toutes les parties à écouter ces appels afin que soient sauvegardées la paix et la sécurité dans toute la région. Chacun de nos gouvernements utilisera tous les moyens à sa disposition pour atteindre ce but. »* Le texte est approuvé presque sans discussion.

On apprendra plus tard que les Américains savaient déjà tout à l'avance et que la surprise de Reagan, quelques minutes plus tôt, était une preuve de ses talents de comédien.

Le Sommet se termine par un déjeuner rapide, ministres et présidents mêlés, suivi de conférences de presse séparées. Allant à la sienne dans la Salle du Congrès, François Mitterrand remarque qu'il est déjà venu là en 1939, comme simple soldat, chargé de garder l'hémicycle lors de l'élection du Président Lebrun.

Sur le Liban, François Mitterrand : *« La France n'hésite pas à condamner l'intervention israélienne, pas plus qu'elle n'a hésité à condamner les autres interventions militaires sur le territoire du Liban dès lors qu'elles se faisaient contre la volonté des dirigeants légitimes du Liban. Nous n'avons jamais cessé, par notre diplomatie, de contribuer à défendre ces principes d'unité, d'indépendance, de souveraineté, d'aide. Nous nous sommes bornés aux actions diplomatiques, parce que tel est notre rôle. »*

Il explique que le texte sur le commerce Est/Ouest n'implique pas d'engagement nouveau. Dans une autre salle, au même moment, Reagan dit exactement le contraire.

A Beyrouth, à 18 h 15, le Président de la République libanaise reçoit l'ambassadeur de France, Paul-Marc Henry. Sarkis réitère sa *« demande d'intervention de la part des puissances occidentales et de la France en particulier, pour obtenir un cessez-le-feu effectif qui ne préjugerait pas d'un règlement politique, mais qui allégerait les souffrances des populations martyres »*. Il pense que les forces israéliennes vont poursuivre leur invasion jusqu'à Beyrouth. D'ores et déjà, *« elles ont rendu impraticables toutes les communications avec la Zone Sud, en violant en particulier tous les barrages des contingents de la FINUL, y compris des deux bataillons français »*.

A Versailles, juste après que la merveilleuse voix d'Esther Lamandier a masqué pour un bref instant les grondements de la guerre à Beyrouth, le Président confirme à Pierre Mauroy que la dévaluation sera pour le week-end prochain.

La soirée doit se poursuivre par un court opéra qui sera simultanément diffusé en direct à la télévision et interprété par la compagnie des Arts Florissants de William Christie devant toutes les délégations et la classe dirigeante française. Le rideau de scène ne se lève pas : panne du réseau électrique. Une heure de retard. Reagan s'impatiente, Poher s'endort. François Mitterrand, très calme, me demande d'aller sur scène annoncer que le spectacle est annulé. J'y vais sans hâte excessive. Juste avant que je n'entre en scène, le rideau se lève : quelqu'un s'est souvenu opportunément de l'existence d'un groupe électrogène.

A 23 heures, après l'élégant dîner, les feux d'artifice nous laissent un goût amer : on meurt en ce moment même à Beyrouth ; la rigueur est devant nous. Et pourtant, bien des choses importantes viennent de se jouer ici : on a jeté les bases d'un retour à une coopération des banques centrales, le premier depuis 1971 ; on a lancé la première grande coopération technologique internationale...

**Lundi 7 juin 1982**

De retour à Paris, François Mitterrand : « *Ces Sommets sont des rings de boxe. On cherche un vainqueur et un vaincu. Nous sommes isolés et cela offre une tribune de propagande à nos adversaires. Mais je ne regrette pas d'avoir choisi Versailles. Il faut bien recevoir les hôtes de la France. Qu'aurait-on dit si le Sommet avait eu lieu à Hénin-Liétard ? Que nous faisions honte à la France...* »

Israël occupe maintenant Tyr, Nabatieh, Hasbaya. Selon Paul-Marc Henry, l'OLP ne s'attend pas à ce que Tsahal essaie d'atteindre la banlieue de Beyrouth. L'Émir du Qatar demande « *avec la plus grande insistance à la France d'agir* » en exerçant sans délai la plus forte pression possible sur Israël pour l'amener à accepter un cessez-le-feu immédiat et un retrait de ses troupes hors du territoire envahi.

L'envoyé spécial américain, Philip Habib, part en mission de bons offices. Il veut obtenir le retrait des Israéliens en échange du départ des Palestiniens.

Même si peu de résultats doivent être attendus de la deuxième session spéciale des Nations-Unies sur le désarmement, qui s'ouvre aujourd'hui, c'est un rendez-vous important. Schmidt s'y rend avec l'intention de prononcer un grand discours et de faire des propositions sur les mesures de confiance. Suzuki y parlera également et soulignera l'importance que le Japon accorde au désarmement. Le général Haig, de son côté, saisira cette occasion pour rencontrer Gromyko. Représentée par son ministre des Relations extérieures, la France y fera aussi entendre sa voix.

Le Président est mis au courant par Gaston Defferre de l'enlèvement fictif, par la DST, d'un exilé roumain, Virgile Tanase, menacé par la Securitate. Il doit rester à l'abri. Cet enlèvement, immédiatement rendu public, fait scandale : on l'attribue à la Securitate.

Goukouni Oueddeï quitte N'Djamena pour Tripoli. Hissène Habré entre en vainqueur dans la capitale tchadienne. François Mitterrand : « *Je n'aime pas cet homme. Il est entre les mains des Américains. Mais nous devons le soutenir parce qu'il incarne maintenant le pays dans son ensemble. Ce qui compte, c'est l'unité du Tchad. Si on ne la protège pas, toutes les frontières africaines voleront en éclats.* »

André Rousselet s'apprête à quitter l'Élysée pour la présidence de Havas, avec le projet d'y récupérer le projet d'une quatrième chaîne qu'il veut, lui, cryptée.

**Mardi 8 juin 1982**

La seconde dévaluation se prépare. Pierre Mauroy demande au Président d'annoncer demain, en conférence de presse, la réunion prochaine des partenaires sociaux. Mais pas de dire, évidemment, qu'il s'agira d'y instaurer le blocage des salaires et des prix.

Charles Hernu reçoit l'ambassadeur d'Arabie Saoudite, venu lui faire part de la crainte du Roi Khaled d'une victoire de l'Iran sur l'Irak : *« On ne peut plus exclure que cette guerre débouche sur un affrontement international. L'URSS a des relations étroites avec la Syrie, Israël aide ouvertement l'Iran, et les États-Unis d'Amérique savent tout cela. Une partie biaisée se déroule donc sous nos yeux. Les Saoudiens, qui ont des intérêts considérables en France et savent que, grâce à vous, la France ne joue pas le jeu des deux grandes puissances, pourraient donc, dans cette affaire, tenir un rôle international de première ampleur. Quel rôle politique la France va-t-elle décider de jouer dans une situation qui se dégrade rapidement ? Les Iraniens n'ont pas encore précisé leurs intentions, mais Bagdad pense que l'URSS peut les pousser à passer les frontières de l'Irak. Après la conquête du Sud-Liban, la guerre entre l'Iran et l'Irak fait craindre aux dirigeants saoudiens une explosion dans le monde arabe, une accumulation de rancœurs et des gestes inconsidérés et dangereux, y compris pour la sécurité des Européens. »* Bien vu...

Le Président Moubarak écrit au Président de la République *« pour obtenir le retrait immédiat des forces israéliennes et le rétablissement du cessez-le-feu qui a été violé ».*

Veto américain à une résolution du Conseil de sécurité exigeant le retrait *« immédiat et inconditionnel »* d'Israël du Liban.

**Mercredi 9 juin 1982**

François Mitterrand donne sa seconde conférence de presse. Fausses confidences. Virgil Tanase est à l'abri ; mais pas question de le reconnaître. La dévaluation est pour après-demain ; mais pas question de l'annoncer. Il parle seulement d'une « deuxième phase » du changement, annonce une table ronde avec les syndicats.

A une question sur Tanase, le Président répond comme il peut, sans mentir ni rien dévoiler. A propos du Liban : *« La politique de la France n'est pas, dans la plupart des régions du monde, de se faire gendarme, même si ce gendarme est fondé à intervenir au nom de la paix civile et militaire. Tout appel du gouvernement légitime du Liban sera entendu par la France. Je rappelle la condamnation sans réserve que nous portons contre l'agression israélienne au Liban. Si les pays arabes ont refusé de reconnaître l'existence d'Israël, de mon point de vue, ils ont eu tort. Qu'Israël ne veuille pas reconnaître la réalité palestinienne et le droit de ce peuple à disposer d'une patrie, c'est aussi une erreur historique. Je n'ai pas cessé de le dire aux uns et aux autres, et je le répète (...). Je ne suis pas en train d'examiner une responsabilité historique, elle serait souvent partagée (...). Le pourtour d'un futur État palestinien, je n'en suis pas juge, je n'en sais rien. Il importera aux négociateurs de le dire. Par contre, j'ai toujours dit que si la question se posait, elle se posait d'abord en Cisjordanie et à Gaza, et que, s'il m'est impossible d'en définir les contours, j'en aperçois quand même bien le centre. Je souhaite que ces frontières soient déterminées de sorte que les autres frontières, celles d'Israël, soient intégralement défendues par la société internationale. »*

La réunion des chefs d'État et de gouvernement de l'OTAN commence à Bonn, accompagnée de manifestations pacifistes. Le Président n'y vient que pour le dîner, au cours duquel rien ne se dit.

L'aviation israélienne détruit des rampes de missiles palestiniennes dans la Bekaa. L'armée israélienne est à 100 kilomètres de Beyrouth. François Mitterrand se montre encore indulgent à l'égard de ce qu'il croit être une simple opération de sauvegarde élargissant la zone de sécurité d'Israël. Le Roi Khaled d'Arabie Saoudite lui écrit (comme à d'autres, sans doute) :

*« En raison de votre souci constant de la paix, nous vous exhortons à poursuivre votre effort pour mettre un terme à l'agression israélienne. Les États membres de la Communauté Européenne condamnent vigoureusement la nouvelle invasion israélienne du Liban, tout comme les bombardements qui l'ont précédée et qui ont causé un nombre intolérable de pertes en vies humaines. Cette action est injustifiable. Elle constitue une violation flagrante du droit international, ainsi que des principes humanitaires les plus élémentaires. En outre, elle compromet les efforts en vue d'un règlement pacifique des problèmes du Proche-Orient et présente un risque imminent de déboucher sur un conflit généralisé. »*

Dans la nuit, Brejnev écrit à Reagan ; il lui demande d'intervenir auprès des Israéliens pour qu'ils arrêtent les combats et se retirent du Liban. Le Président américain répond immédiatement qu'il le fera si l'URSS agit de même auprès de Damas.

**Jeudi 10 juin 1982**

Brejnev écrit de nouveau à Reagan, plus menaçant : *« La préparation de l'intervention israélienne était visiblement si élaborée que les États-Unis en avaient certainement eu connaissance à l'avance. »* C'est vraisemblable.

Les négociations entre les États-Unis et la CEE sur la sidérurgie sont rompues.

Le Parlement adopte la loi Quilliot.

La crise des changes est à son paroxysme. La dévaluation est devenue un secret de polichinelle. Jacques Delors fait convoquer le Comité monétaire européen pour demain soir.

**Vendredi 11 juin 1982**

La Commission européenne confirme que la contribution allemande au remboursement consenti à la Grande-Bretagne est réduite de moitié : Claude Cheysson avait bel et bien engagé la parole de la France, contrairement à ce qu'il a écrit au Président.

A la demande de Jacques Delors, le Comité monétaire, composé des dix directeurs du Trésor de la Communauté, est réuni. Il n'accepte qu'un écart de 7 % entre le franc et le mark. C'est insuffisant pour nous. Il faudrait au moins le double pour réussir. Tout est renvoyé à une réunion des ministres.

L'OLP demande à la France d'empêcher les Israéliens d'entrer dans Beyrouth, et de pousser Béchir Gemayel et les Phalangistes à un dialogue avec l'OLP. Israël propose un cessez-le-feu à la Syrie, qui l'accepte.

**Samedi 12 juin 1982**

Les ministres des Finances des Dix discutent de l'ampleur de la dévaluation française. Consulté par Manfred Lahnstein, appelé par Delors, le Chancelier Schmidt accepte un écart de 10 % : la dévaluation du franc est de 5,75 %, la réévaluation du mark, de 4,25 %.

Qu'a promis Delors en échange aux ministres ? *« Rien »*, répond-il à François Mitterrand qui l'interroge au téléphone depuis Latché.

A New York, 750 000 personnes manifestent contre l'installation des Pershing.

Haig rencontre Gromyko. Le dialogue américano-soviétique reprend, dans le sillage de la double négociation de Genève, sur les armements stratégiques et sur les armements en Europe.

Les Américains se disent convaincus que les Soviétiques recherchent véritablement un accord, d'abord à cause du réarmement américain, puis par souci de restaurer certains éléments de stabilité, enfin en raison d'une certaine foi dans la détente, nourrie chez les dirigeants soviétiques par la conscience des avantages de la coopération économique avec l'Ouest. Chacun s'attend à une négociation longue ; Gromyko confirme à Haig la nécessité de progresser *« pas à pas, avec patience »*. Les deux parties redoutent une lassitude des opinions publiques face aux surenchères verbales des uns et des autres.

Dans son intervention à la session spéciale de l'ONU, Reagan réveille de vieilles polémiques (armes chimiques, violations des accords de Yalta par les Soviétiques). Certains membres de l'Administration américaine maintiennent l'offensive : Stoessel, le secrétaire d'État adjoint, fait une déposition devant la commission des Affaires étrangères du Sénat sur *« les tentatives soviétiques de déstabiliser le Pacifique et l'Asie orientale »* ; il parle d'une *« menace croissante »* contre les intérêts des États-Unis et de leurs alliés et amis en Extrême-Orient.

Les Israéliens investissent Beyrouth-Est et encerclent Beyrouth-Ouest. François Mitterrand est furieux : *« Begin m'a menti. Il m'avait écrit qu'il n'irait pas plus loin que 40 kilomètres ! »* A Damas, un responsable syrien rappelle à notre ambassadeur le mot de Bonaparte, en l'appliquant à Begin : *« Je ne peux pas gagner, mais je ne veux pas perdre. »*

Claude Cheysson prévient le Président qu'Alexander Haig, au téléphone, lui *« a fait part des efforts, enfin couronnés de succès, pour obtenir de M. Begin* [en fait, de Sharon] *l'extension du cessez-le-feu aux Palestiniens, c'est-à-dire la renonciation au nettoyage de Beyrouth »*. Cheysson ajoute : *« Il m'a aussi parlé de la dernière idée qui est ébauchée à Washington et à Ryad : la constitution d'un "groupe de contact" de quatre pays : deux de la région, l'Arabie Saoudite et le Koweït, deux extérieurs, les États-Unis et la France. »* Le général Haig esquisse aussi l'idée de la création d'une force multinationale à Beyrouth, qui gérerait les retraits simultanés des Israéliens et des Syriens. François Mitterrand y est d'emblée favorable. Cheysson pose mille conditions, parfaitement sensées. Il n'y a pas, pour l'instant, de démarches formelles. Elles viendront plus tard.

Les lettres de dirigeants arabes continuent de parvenir dans les chancelleries occidentales. Le Roi Hussein de Jordanie écrit au Président de la République :

*« Au nom du respect de l'humanité, je fais appel à vous pour exercer au nom de votre pays un effort immédiat et maximum afin de mettre un terme à l'holocauste sans précédent qui se déroule aujourd'hui sur le sol libanais... »*

**Dimanche 13 juin 1982**

Tôt le matin, le Président revient de Latché à l'Élysée pour entériner le plan de rigueur : d'abord avec Mauroy, Delors et moi, dans son bureau ; puis, un peu plus tard dans la matinée, dans le Salon des Ambassadeurs, en Conseil restreint que je convoque en l'absence de Bérégovoy, alors à Fès avec le Roi du Maroc. La discussion est sereine ; chacun ressent l'humiliation de cette seconde dévaluation et écoute surtout, abasourdi, sonner la fin des largesses sociales. Heureusement, pas de remise en cause des réformes de structures.

Conversation importante, que je rapporte ici en détail, car elle marque un tournant majeur dans l'attitude des différents acteurs à l'égard de la rigueur : désormais, elle est légitime ; elle doit être massive pour faire effet rapidement. Le tournant est pris.

**Jacques Delors :** *La France a connu une grave crise. Vous nous avez donné mandat d'obtenir un réalignement monétaire. Je l'ai obtenu. Mais, maintenant, nous avons à redresser la croissance, à arrêter la marée noire du chômage, à nous donner les outils de notre politique économique. Nous avons à nous donner les moyens de la deuxième phase.*

*Il y a trois causes à cette crise des changes. D'abord des causes économiques : l'attitude égoïste des États-Unis a créé une récession mondiale ; le chômage a augmenté de 50 % en RFA, mais la désinflation s'y est accélérée ; l'appareil de production français n'a pas répondu à la demande des ménages ; les hausses excessives des salaires et des charges, par laxisme du patronat, ont créé un écart de 10 % avec la RFA. Il faut aussi y ajouter des causes psychologiques et des causes politiques, tel l'incivisme de l'opposition. La priorité est de réduire l'inflation.*

Pierre Mauroy l'interrompt. Il propose de décider le blocage des salaires pendant trois mois par la loi. Delors préférerait le négocier avec les syndicats.

**François Mitterrand :** *Quitte à le faire, décidons-le vite, pour que cela fasse effet au plus tôt ; on le fera pendant quatre mois, et non trois.*

**Pierre Mauroy**, qui tient à tout exposer lui-même : *Je propose une réunion des partenaires sociaux jeudi prochain et l'adoption du projet de loi le mercredi suivant. Il faut ramener le taux d'inflation de 12 % en 1981 à 10 % en 1982 et à 8 % en 1983. Pour cela, je propose le blocage de tous les prix jusqu'au 30 septembre — sauf pour les prix agricoles, les prix alimentaires frais, les prix pétroliers. La sortie du blocage se fera par la négociation. Pour les revenus, suspension pendant trois mois des clauses conventionnelles, sauf le SMIC. On maintiendra les dispositions légales du SMIC et le pouvoir d'achat des prestations familiales. Pour les finances publiques, le déficit du Budget 1982 sera limité à 108 milliards ; le Budget 1983 connaîtra un déficit de 120 milliards, avec une réserve de 20 milliards. La lutte contre le chômage sera intensifiée par un programme en faveur des 16-18 ans, une réforme du service public de l'emploi, la mise en place de mécanismes pour les chômeurs de longue durée et la relance de l'investissement par les entreprises nationales et de grands travaux.*

**Jacques Delors :** *Il faut arriver à un niveau de chômage inférieur à 2 millions avant la fin 1983. Mais le déficit du commerce extérieur sera de 70 milliards en*

*1982, et de 42 milliards en 1983. On ne pourra donc pas faire des miracles tous les jours.*

**Charles Fiterman :** *Le changement de 1981 n'a pas dégagé de ressources suffisantes. Le pouvoir d'achat n'a pas augmenté autant que Jacques Delors le dit. La spéculation a accéléré ce processus. Comment être sûr que le blocage des prix sera réellement efficace et que le pouvoir d'achat sera maintenu ? L'indice des prix est truqué, c'est inacceptable.*

**Michel Rocard** trépigne : *Depuis mai 1981, je suis en désaccord avec la stratégie monétaire suivie. La stratégie générale aurait dû être définie à froid. J'étais pour le flottement. Je ne crois pas que le déficit budgétaire annoncé pour 1983 sera tenu. Il faut soumettre les dépenses publiques à des choix explicites. Mais les choix faits ici mettent en cause l'emploi et la croissance. Monsieur le Président, si l'on s'en tient à cette politique, c'en est fini du rayonnement de votre septennat.*

**Jean-Pierre Chevènement :** *Je suis, moi aussi, contre cette politique. Nous chaussons les bottes de Barre. La France du travail s'affole. Nous devons nous donner plus de liberté, déconnecter notre politique financière interne pour mobiliser mieux nos richesses. Pour cela, peut-on garder l'actuel gouverneur de la Banque de France ? Non, évidemment. Il faut décider du flottement du franc, mettre en place un contingentement des importations.*

Rocard approuve. Étrange alliance !

**Nicole Questiaux**, très professionnelle : *Il n'y a qu'une façon de réussir, c'est de casser toutes les indexations. Il faut casser l'inflation au plus vite.*

**Laurent Fabius :** *Il faut réduire les charges et remplacer les allocations familiales par des déductions fiscales, et augmenter la TVA pour réduire le déficit.*

**Jacques Delors :** *Pas question ! Les prix deviendraient incontrôlables.*

Nul ne parle de revenir sur les nationalisations, les trente-neuf heures, la retraite ou les lois Auroux. Il ne s'agit que d'une nouvelle phase de la gestion conjoncturelle. Cela, même les communistes l'admettent. Mais personne ne voit qu'au-delà de l'inflation, il faudra s'attaquer au déficit extérieur, c'est-à-dire à la croissance et à l'emploi.

Au quarante et unième Congrès de la CGT, Krasucki succède à Séguy. Les attaques contre le contrôle des prix et des salaires y sont plutôt modérées.

Les Israéliens font leur jonction avec les milices chrétiennes au palais présidentiel de Baabda. C'est clair maintenant pour tous : Béchir Gemayel et Ariel Sharon ont partie liée depuis longtemps. Blocus de Beyrouth-Ouest, la partie musulmane de la ville.

Le Président américain calme le jeu avec Moscou. Il assure Brejnev de l'appui de son pays aux résolutions du Conseil de sécurité, dément que M. Habib ait pu jouer un rôle contraire aux intérêts de la paix et que Washington ait eu connaissance à l'avance des projets de Tel Aviv.

Aux Malouines, les troupes britanniques reprennent Port Stanley. La guerre s'achève par la déroute de la dictature argentine, qui ne veut cependant pas renoncer à sa revendication historique sur les îles.

**Lundi 14 juin 1982**

Le Roi Khaled meurt. Le Prince Fahd accède au trône d'Arabie Saoudite : un maître en politique étrangère, subtil et ouvert.

Après dix jours de très violents combats, Tyr et Saïda tombent aux mains de l'armée israélienne, cependant que Damas rejette un ultimatum de Jérusalem lui intimant de retirer ses quelque 2 000 soldats de Beyrouth.

Devant Beyrouth assiégée, le paquebot *Azur* embarque 1 200 personnes, dont 800 Français. Un communiqué de l'Élysée demande solennellement l'arrêt des opérations israéliennes.

Les relations entre la France et Israël sont évidemment gelées : la réunion qui devait se tenir à Jérusalem aujourd'hui à propos de l'accord culturel et scientifique est annulée ; la négociation d'un protocole de protection et d'encouragement des investissements est suspendue, comme la négociation d'achat d'une centrale nucléaire.

Le Président écrit à nouveau à Begin :

> *« Devant l'aggravation de la situation à Beyrouth et dans le Liban tout entier, devant l'amoncellement des ruines et les victimes innocentes, la France ne peut rester indifférente. Très préoccupé par les risques que tout ceci comporte pour la paix du monde, j'estime de mon devoir de m'adresser personnellement et directement à vous. J'ai gardé souvenir de nos rencontres à Jérusalem et de votre souci d'alors de rechercher les voies d'une paix durable dans la région. Je souhaite que vous puissiez faire la preuve que telle est plus que jamais votre intention. Mon amitié pour votre pays et les relations personnelles que nous avons nouées m'autorisent à vous demander de faire tout ce qui est en votre pouvoir pour que cessent au plus tôt les combats au Liban ; ainsi seront créées les conditions d'un retrait de toutes les armées étrangères présentes dans ce pays, et d'une restauration de la souveraineté nationale libanaise. »*

Itzhak Shamir est reçu à l'Élysée. Pour lui, *« l'opération israélienne au Liban était justifiée par la menace terroriste. Elle n'est une surprise pour personne. Elle permet maintenant de rechercher une solution politique en favorisant l'émergence d'un gouvernement libanais indépendant s'appuyant sur des forces multinationales. Je ne comprends pas la sympathie de la France pour les terroristes »*. Le Président est pessimiste : *« Au moindre accrochage entre Israël et les Syriens, les Russes peuvent entrer dans la bataille et la guerre mondiale se déclencher. »*

Shamir rencontre aussi Cheysson. La conversation se passe mal : les deux hommes sont entiers, passionnés et brutaux.

Capitulation des troupes argentines. Toujours sans renonciation de Buenos-Aires à sa revendication sur les îles.

Les Américains reviennent à la charge sur le commerce avec l'URSS dans toutes les instances possibles, pour donner un sens contraignant au texte de Versailles. Jacques Delors vient expliquer au Président que notre représentant à une réunion de niveau moyen à l'OCDE, tout à fait isolé, a accepté *« ad referendum »* la réduction des subventions aux crédits publics à l'Est, que nous avions repoussée lors du Sommet. François Mitterrand : *« Je refuse tout engagement de la France en ce sens. »*

**Mardi 15 juin 1982**

A l'ONU, Gromyko annonce que *« l'URSS ne sera pas le premier utilisateur de l'arme nucléaire »*. Formidable acte de propagande, qui ne réduit en rien la force dissuasive des 10 000 ogives soviétiques.

Pierre Bérégovoy semble s'ennuyer à l'Élysée. Dès son retour du Maroc, il demande au Président l'autorisation d'accompagner Claude Cheysson aux obsèques du Roi Khaled. Accepté.

**Mercredi 16 juin 1982**

Au Conseil des ministres, Jacques Delors rend compte de la dévaluation et présente le plan de rigueur. Deux ministres seulement s'expriment contre : Chevènement, ministre de l'Industrie, et Delelis, ministre du Commerce. François Mitterrand : *« La situation est difficile. Nous ne pouvons compter sur personne. Si la situation s'aggrave, cela pourrait nous conduire à quitter le SME, qui nous lie à ceux qui nous combattent. Mais, vivant en économie libre, il faut en payer les conséquences. »* Naturellement, la phrase centrale sera connue à l'extérieur. Il faudra tout faire pour démontrer à la presse qu'elle n'a pas été dite.

Dans l'après-midi, départ pour l'Autriche. Énorme délégation, parfaitement inutile. Rencontre avec l'éblouissant Kreisky : *« Il faut éviter l'anéantissement de l'OLP à Beyrouth : sans Arafat, ce serait pire, les désespérés l'emporteraient ; pourquoi les Israéliens ne le comprennent-ils pas ? »*

**Jeudi 17 juin 1982**

Au petit déjeuner à la résidence de France à Vienne, discussion avec François Mitterrand et Laurent Fabius sur la situation intérieure.

**François Mitterrand** s'inquiète : *Avec cette dévaluation, n'est-on pas en train de se mettre entre les mains des inspecteurs des Finances ? Avons-nous perdu notre liberté ?*

**Laurent Fabius :** *Pas encore. Mais on est en train de la perdre. On pourrait faire autre chose. La France est un des pays occidentaux dont la dette interne est la plus faible (12 % du PIB contre 60 % en Italie, 30 % aux États-Unis et près de 20 % en RFA). Mais, en raison des taux d'intérêt, le service de la dette augmente fortement et l'endettement extérieur, encore faible, est de plus en plus coûteux (5 % du PIB, contre 30 % pour la RFA, 26 % pour le Royaume-Uni, 38 % pour l'Autriche). Il faut baisser la charge qui pèse sur les entreprises et l'investissement repartira.*

**François Mitterrand :** *Oui. Il faut relancer la croissance par de grands travaux, et les investissements des entreprises publiques.*

**Laurent Fabius :** *Mauroy et Delors n'en veulent pas et vont geler les réformes.*

Le Président décide d'écrire en ce sens au Premier ministre. L'idée progresse qu'on peut aller plus loin, mélanger rigueur et volontarisme, conservatisme social et léninisme politique.

Claude Cheysson, dans un coin, bavarde avec des journalistes : *« Israël mène une politique suicidaire qui peut se retourner contre le peuple israélien sous la forme du terrorisme le plus sauvage. »* Naturellement, il sera cité. Une vérité de plus — une gaffe de plus. Personne n'a encore osé rappeler à Claude Cheysson qu'il était diplomate.

A Paris, Pierre Mauroy reçoit les syndicats ; tous refusent de s'engager à l'avance sur la modération des revendications salariales lors de la sortie du blocage, en novembre. Sortir du blocage occupera toutes les énergies : il faudra éviter qu'il n'ait été en fait qu'une réduction artificielle des prix et que l'on retrouve la même inflation après. Il faut donc casser les mécanismes accumulés depuis vingt ans et créer un consensus sur une répartition artificielle des richesses.

A la suite de Versailles, le groupe d'experts à Sept chargé d'étudier l'intervention sur les marchés des changes se réunit à Paris pour la première fois, sous la présidence d'un haut fonctionnaire français, numéro trois du Trésor, Jean-Claude Trichet. Par ailleurs, nous rappelons aux Canadiens, qui ont présidé à Cancún, qu'ils doivent engager rapidement les consultations avec le Groupe des 77 — les pays du Sud —, comme convenu à Versailles, pour se mettre d'accord sur le nombre de forums à créer. Se met aussi en place le groupe de travail prévu sur la coopération technologique à Sept. Yves Stourdzé, infatigable et magnifique, en prend la direction.

Le Président envoie des messages à plusieurs chefs d'État, en particulier ceux qui étaient à Cancún, pour leur expliquer les résultats de Versailles. Il ajoute lui-même à la liste : Gabon, Guinée, Togo, Nicaragua, Panama, Équateur. Il est convenu que j'irai à Mexico et à Alger.

Ségolène Royal, qui m'a aidé, avec Jean-Louis Bianco, Pierre Morel et François Hollande, à préparer Versailles, reste officiellement à l'Élysée. Remarquable compétence au service d'une conviction sincère.

A Beyrouth, le commandant en chef des Forces phalangistes, Béchir Gemayel, s'adresse à ses partisans : *« Le Palestinien a un seul choix : c'est de sortir du Liban de son plein gré. Et nous sommes même prêts à l'aider à sortir de Beyrouth-Ouest, par pitié pour ses habitants qui supportent les agissements des Palestiniens depuis 1967. Nous allons construire le Liban et élaborer un nouveau Pacte national afin que ce pays puisse vivre et se développer entre ses voisins dans le respect total. »* Un avertissement qui ne passe nulle part inaperçu.

A Buenos Aires, le chef de l'État, le général Galtieri, est démis de ses fonctions par la junte militaire. En éliminant l'un des leurs, les militaires essaient de se sauver.

**Vendredi 18 juin 1982**

Selon les prévisions faites après la dévaluation, les prix n'augmenteront en 1982 que de 9,5 % si le gouvernement parvient à imposer un blocage effectif des salaires. Ce n'est pas si mal. Mais on doit s'attendre à un déficit commercial de plus de 85 milliards, parce que la croissance n'est pas ralentie et que la dévaluation renchérit les importations. Catastrophique.

Pierre Mauroy reçoit le CNPF : *« La sortie du blocage,* leur explique-t-il, *doit s'effectuer sans rattrapage des prix et des salaires. »* Grincements de dents ; haussements d'épaules.

A la suite de la lettre adressée par François Mitterrand à Pierre Mauroy après le voyage à Vienne, l'idée d'un Fonds pour les grands travaux se concrétise. François Mitterrand s'inquiète néanmoins : *« Dire à qui de droit que je souhaite que l'on consacre au moins 100 millions du Fonds des grands travaux au Patrimoine (monuments historiques, etc.). »*

Le Président n'entend pas voir la lutte contre l'inflation interdire toute réforme. Il travaille avec Bérégovoy et Boublil à une nouvelle lettre à Mauroy qui relancerait les réformes sociales. Jean Riboud vient lui expliquer que la lutte contre l'inflation est mortelle pour les entreprises : leurs profits baissent, mais pas leurs charges, en particulier la charge de leur dette. Il faut baisser les taux d'intérêt et, pour cela, ne pas avoir à s'en servir pour maintenir le cours du franc.

Coup de tonnerre : Ronald Reagan décrète l'extraterritorialité de l'embargo vers l'Est. C'est-à-dire un embargo sur l'usage, dans la construction du gazoduc eurosibérien, de tout matériel utilisant des licences américaines, très exactement de *« tout produit fabriqué à partir de données techniques américaines, lorsque celles-ci ont fait l'objet d'un accord de licence avec toute personne soumise à la juridiction des États-Unis et lorsque la société licenciée s'est engagée par contrat à respecter la réglementation américaine »*. Cette décision vise à empêcher en particulier la livraison à l'Union soviétique de 50 rotors d'Alsthom et de compresseurs de Creusot-Loire et Dresser-France, utilisant des licences de General Electric. Si les entreprises passent outre à la décision américaine, elles courent le risque d'amendes de cinq fois la valeur de la transaction, soit 2 milliards de dollars, et la dénonciation des accords de licence, qui interdirait à Alsthom de travailler aux États-Unis et lui ferait perdre un chiffre d'affaires de 1,2 milliard de francs par an. L'extension des sanctions à la maison mère, la CGE, pourrait toucher une vingtaine de filiales et coûter 4 milliards de dollars.

Cheysson au téléphone : *« Haig avait évoqué cette menace à Versailles dans notre discussion du matin. »*

Pourquoi ne l'a-t-il pas dit alors ? Par peur de la réaction du Président devant ce chantage ? Jamais Hormats n'en a soufflé mot. Ce que Reagan n'a pu obtenir par le communiqué de Versailles, il nous l'impose ici, sans préavis.

Michel Jobert écrit à son homologue américain, Malcolm Baldridge, sa *« vive surprise et sérieuse préoccupation... »*. Il évoque une *« interprétation abusive des règles du jeu communément admises dans le commerce international »*.

Un nouveau Conseil de gouvernement est nommé en Nouvelle-Calédonie.

Shimon Pérès dit à Willy Brandt avoir la certitude que l'invasion du Liban *« avait été arrangée avec les Américains »*.

Test : un sac d'explosifs a pu franchir les grilles de l'Élysée, arriver jusqu'à mon bureau, le traverser et être déposé dans celui du Président. Il faut faire quelque chose !

**Samedi 19 juin 1982**

Kaddoumi est reçu à Paris par Pierre Mauroy et Claude Cheysson, qui insistent sur la nécessité d'une négociation entre les deux parties, ce qui suppose leur reconnaissance réciproque. Kaddoumi répond que *« l'OLP est plus que jamais ouverte au dialogue. Mais, quant à l'exigence de la reconnaissance, l'OLP ne peut, dès le départ, se dessaisir d'une carte aussi importante »*. Pierre Mauroy lui redit qu'il est prêt à recevoir Arafat à Paris. Un Arafat assiégé et mal en point à Beyrouth.

Les Américains étaient certainement prévenus avant Versailles de l'imminence de l'invasion israélienne. Ronald Reagan écrit à François Mitterrand que celle-ci présente quelques avantages :

> *« Un retour à la situation qui prévalait avant le 5 juin ne servirait pas les intérêts de la région dans son entier. Avec le temps, je le crains, la même situation instable, qui a abouti à la tragédie actuelle, réapparaîtrait d'elle-même. Au lieu de cela, il faut saisir cette opportunité pour restaurer l'intégrité territoriale du Liban, et le gouvernement libanais doit être mis en mesure d'étendre son autorité sur l'ensemble du pays aussi vite que possible. »*

Devant les journalistes, Claude Cheysson qualifie sa dernière conversation avec Itzhak Shamir, le 15 juin dernier, d'*« hallucinante »*. *« Cet entretien a révélé entre nous un divorce total sur le fond. »*

Hissène Habré se proclame chef de l'État tchadien. Il est à N'Djamena, donc légitime.

Le cadavre du premier banquier privé d'Italie est retrouvé à Londres : pendu sous un pont ! Le scandale de la Banque Ambrosiano commence. Il éclaboussera le Vatican.

**Dimanche 20 juin 1982**

Une « marche pour la paix », organisée par le PCF et la CGT, rassemble 200 000 personnes à Paris.

L'ambassadeur d'Israël proteste contre les propos de Cheysson et contre la réception à Paris de Farouk Kaddoumi : *« On s'interroge à Jérusalem sur l'éventualité d'une participation française à un règlement du problème du Proche-Orient, en raison des positions anti-israéliennes adoptées par la France ces derniers jours. »*

Les diplomates partout s'affairent. Nouvelle déclaration du Conseil de sécurité sur le Liban : *« Profondément ému par les souffrances des populations civiles libanaise et palestinienne, se référant aux principes humanitaires des conventions de Genève de 1949 et aux obligations résultant des règlements annexes à la Convention de La Haye de 1907, réaffirmant ses Résolutions 508 (1982) et 50 (1982) :*

*1/ enjoint à toutes les parties au conflit de respecter les droits des populations civiles, de s'abstenir de tout acte de violence à l'encontre de ces populations, et de prendre toutes mesures utiles pour atténuer les souffrances engendrées par le conflit, en particulier en facilitant l'acheminement et la distribution des secours apportés par les agences de l'ONU et par les organisations non gouvernementales, notamment par le Comité international de la Croix-Rouge (CICR),*

*2/ fait appel aux États membres pour qu'ils continuent à apporter l'aide humanitaire la plus large. »*

A Luxembourg, les Dix ministres des Affaires étrangères *« suivent avec anxiété la situation au Liban, qui s'est gravement détériorée depuis leur déclaration publiée à l'issue de la réunion ministérielle de Bonn du 9 juin ; ils rappellent également qu'ils ont demandé au gouvernement israélien une série d'assurances portant sur des problèmes immédiats soulevés par la situation dramatique qui existe dans la région, mais doivent constater qu'ils n'ont pas reçu jusqu'à présent de réponse satisfaisante ».*

Des mots, des mots...

**Lundi 21 juin 1982**

Première fête de la Musique. Grand succès. *« Fête de la Musique, Faites de la musique »*, avait dit Jack Lang. La culture n'est pas un divertissement ; elle exige un apprentissage. Sa pratique ne saurait se substituer à son enseignement. Ne pas l'oublier...

A Washington, Begin rencontre Reagan qui, semble-t-il, ne critique pas la politique de Jérusalem au Liban. Lawrence Eagleburger, sous-secrétaire d'État, dit à notre ambassadeur : *« Le moment est venu pour les États-Unis d'avoir recours à certains pays qui pourraient s'entremettre auprès de l'organisation palestinienne : l'Arabie Saoudite, l'Égypte et peut-être la France. »* L'idée revient de négocier le départ des uns et des autres.

Nouvelle réunion des ministres des Affaires étrangères des Dix à Bruxelles sur la contribution britannique. Pas de conclusion. Cheysson est coincé entre ce qu'il a accepté le 22 mai et ce que le Président lui a écrit le 23.

Répondant enfin à la lettre du Président lui enjoignant de mettre en œuvre la réforme de la Haute Fonction publique, le ministre Anicet Le Pors propose : *« Elle doit être un meilleur reflet de la réalité sociale de la nation ; elle doit s'adapter en permanence à l'évolution des sciences et des techniques ; elle doit rationaliser ses structures en favorisant les liaisons interministérielles. Elle doit prendre toute sa place dans la décentralisation... »* Tout cela annonce un bel enterrement !

La lettre au Premier ministre, à laquelle le Président travaille depuis une semaine pour éviter que la stabilisation économique n'interdise toute réforme, est maintenant au point. Sur les quatre sujets majeurs — inflation, investissement, commerce extérieur, emploi —, le Président fixe des directives radicales. Elles susciteront à Matignon colère et commisération :

> *« La mise en œuvre de la seconde phase de notre politique économique implique le lancement immédiat d'un certain nombre d'actions qui pourront utilement compléter le plan que le gouvernement vient de décider.*

*Il est important en effet de s'attaquer immédiatement et profondément aux causes structurelles de l'inflation, de relancer l'investissement industriel, de réduire notre déficit extérieur et d'adapter notre appareil de lutte contre le chômage.*

*Sur le premier point, je vous demanderai de bien vouloir faire préparer immédiatement l'ensemble des mesures qui permettront d'approfondir la lutte contre l'inflation, lorsque la période de blocage des prix et des revenus aura pris fin. En particulier, il importe d'obtenir que l'ensemble des mécanismes d'indexation qui incitent à l'inflation soient réexaminés afin que, dès le mois de novembre, il soit clair pour chacun que l'inflation est un obstacle à une croissance réelle et durable des revenus. Dans le même temps, une réforme de la Commission de la Concurrence et de la Direction générale de la Concurrence pourra être envisagée.*

*La relance des investissements industriels et un grand programme de travaux devront être entrepris. Pour cela, la réforme du secteur bancaire devra être accélérée de façon à ce que soient immédiatement créées les conditions de la nécessaire baisse des taux d'intérêt sur le marché intérieur. Il importe par ailleurs d'accélérer la répartition des ressources affectées aux entreprises publiques pour leurs investissements. Je vous demande de vous assurer que les dirigeants des entreprises publiques sont conscients des responsabilités qui sont les leurs dans cette période et de vérifier qu'ils s'emploient à réaliser au plus tôt leurs programmes d'investissement. En complément, un grand programme de travaux devra être préparé, en particulier dans les transports collectifs, les routes, le logement, les économies d'énergie et les télécommunications. Il devra pouvoir attirer les capitaux dont disposent les institutions publiques et privées. Lorsqu'il aura été établi et sans qu'il soit nécessaire de créer de nouvelles structures, le ministère des Transports pour une part, et la DATAR pour une autre part, pourront en être les animateurs principaux.*

*Au-delà de la lutte contre l'inflation, la défense de la monnaie passe par le rétablissement durable de notre équilibre extérieur. Outre le renforcement de la capacité commerciale de la France à l'étranger, auquel s'est déjà attaché votre gouvernement, je vous demande de mettre en œuvre immédiatement toutes les mesures qui pourront se révéler utiles à la reconquête de notre marché intérieur et au freinage des importations, en particulier par une action énergique auprès des différents organismes ou entreprises dépendant de l'autorité de l'État.*

*Enfin, une révision des mécanismes de l'ANPE et des conditions d'indemnisation des chômeurs pourrait être entreprise de façon à garantir que, là comme ailleurs, la justice sociale et l'efficacité sont assurées.*

*Conscient de l'ampleur de la tâche qui vous attend dans la mise en œuvre de l'ensemble de la politique économique du gouvernement, je vous prie d'agréer, Monsieur le Premier ministre, l'expression de ma haute considération. »*

Pierre Bérégovoy, lui, est très content de cette lettre dont il fait comprendre, à mots plus ou moins couverts, qu'il en est l'auteur. Il se voit bientôt aux Finances ou, à défaut, aux Affaires étrangères.

Dans l'après-midi, François Mitterrand reçoit une note très alarmiste de Laurent Fabius sur la situation de la Sécurité sociale : *« Le besoin de financement du régime général, évalué avant la dévaluation à 35 milliards d'ici la fin 1983, peut être estimé aujourd'hui à 45, voire 50 milliards. C'est dire l'étendue du problème posé. »*

Le Président l'annote ainsi avant de me la renvoyer : *« Remettre une photocopie de cette note à M. Bérégovoy et garder celle-ci pour un prochain Conseil restreint. »*

Pourquoi remettre au secrétaire général de l'Élysée cette note très alarmiste sur la Sécurité sociale ? C'est que François Mitterrand a décidé de le nommer ministre des Affaires sociales.

Pierre Bérégovoy l'ignore encore, ou ne veut pas en entendre parler.

Protestation des ministres de la Communauté contre les restrictions imposées par les États-Unis aux exportations européennes d'acier à destination de l'URSS et contre l'embargo vis-à-vis de ce pays.

**Mardi 22 juin 1982**

François Mitterrand est en voyage officiel en Espagne. Il est question des Basques, de l'adhésion au Marché commun. Tension. Le Premier ministre espagnol, Calvo Sotelo, remet une note au Président : *« Des cartes de réfugiés politiques ont été accordées malgré l'engagement du gouvernement français ; si la France ne veut pas extrader, au moins qu'elle assigne à résidence de façon efficace. La loi française devrait être appliquée ; les contrôles français ne sont pas efficaces ; l'échange d'informations entre les polices doit s'intensifier. »* Le Président assure le président du gouvernement espagnol que nous allons tenter d'améliorer les choses. Maurice Grimaud, directeur du cabinet de Gaston Defferre, est chargé d'y veiller.

L'ETA a assassiné 29 personnes depuis mai 1981, et l'opinion publique s'émeut de voir des assassins remis en liberté en France, du fait de notre législation. Le Président souligne que ce problème des extraditions n'est pas propre à l'Espagne.

François Mitterrand au dîner offert par le Roi : *« ... Je dirai que c'est la liberté et le droit qui doivent l'emporter, que les hommes de violence doivent être écartés (...). Seulement voilà : le droit c'est le droit, et nous avons nos propres lois (...). La France entend vous tenir un langage honnête et ne pas permettre, dans la mesure de son pouvoir, c'est-à-dire chez elle, qu'aboutissent les tentatives engagées contre la renaissance de la démocratie espagnole... »*

Le Cheikh Zayed ben Sultan al Nayane, chef de l'État des Émirats Arabes Unis, écrit au Président français afin qu'il œuvre à faire cesser le *« massacre inhumain des peuples libanais et palestinien »*.

A Washington, le général Haig reçoit notre ambassadeur : *« La situation que connaît le Liban (...) ne peut se prolonger indéfiniment. Les États-Unis se sont donc concentrés sur deux points : l'organisation d'élections présidentielles libres, en dehors de toute pression syrienne, et un effort pour dissuader les Israéliens d'intervenir militairement. Cette politique a eu quelques succès, au début. Par trois fois, l'intervention a été arrêtéc* in extremis. *»*

Enfin l'aveu tant attendu : tout ce qui s'est passé en juin était donc parfaitement contrôlé et connu par les Américains, qui se sont bien gardés de nous en prévenir.

Haig ajoute : *« Le destin de l'Amérique est d'être tenue pour responsable de ce qu'elle ne peut contrôler. »* Très profond commentaire, et bonne définition de l'*imperium*. L'homme est amer, distant, et semble de moins en moins en charge. On voit souvent Shultz à la Maison Blanche, ces temps-ci.

**Mercredi 23 juin 1982**

Dans une conférence de presse à Madrid, le Président : *« J'ai à défendre des notions de droit et de justice ; j'ai aussi à tenir compte du fait que la France ne peut pas être le refuge des actes de violence. »*

Le Conseil des ministres adopte le projet de loi sur le blocage des prix et des revenus — SMIC excepté — pour quatre mois.

Le Livret d'épargne populaire est institué après le vote de la loi qui le rend possible. François Mitterrand en parlait depuis 1974 !

Lancement à Cherbourg du sixième sous-marin nucléaire, *L'Inflexible*. Trois sous-marins seront désormais en permanence en patrouille, pour deux mois et demi chacun, ce qui paraissait impossible jusqu'à ce jour.

Le gouvernement obtient la confiance de l'Assemblée pour sa politique économique. Vote sans problème : 329 voix contre 157.

La France présente à l'ONU un texte proposant *« la neutralisation de Beyrouth-Ouest sous le contrôle des observateurs de l'ONU »*. Haig téléphone à Cheysson pour lui dire qu'il est *« terrifié par cette initiative »*.
Les Américains veulent le départ des Palestiniens. La neutralisation fausse ce plan.

Tandis que la dictature argentine est encore sous le coup de sa défaite, la Grande-Bretagne insiste auprès des Européens pour qu'ils maintiennent leurs sanctions économiques et l'embargo sur les armes aussi longtemps que le vaincu n'aura pas accepté sa reddition. François Mitterrand, encore une fois contre l'avis de tous, accepte le point de vue britannique.

Le remboursement de l'IVG n'est toujours pas confirmé. Le Président n'en veut pas. Cela va finir par se savoir ! Jeannette Laot propose à Jacques Fournier une lettre type de réponse au courrier reçu à l'Élysée. Elle modifie la réponse type précédemment utilisée : au lieu d'annoncer que des dispositions *« devraient être prochainement fixées »*, elle se borne à indiquer que ces dispositions *« ne sont pas encore fixées »*. Mais Pierre Bérégovoy, secrétaire général, arrête ce projet de réponse : *« Non, m'en parler. »*

**Jeudi 24 juin 1982**

L'astronaute français Jean-Loup Chrétien participe à une mission spatiale soviétique.

Le déficit de la Sécurité sociale s'aggrave. Laurent Fabius conseille au Président de remplacer Nicole Questiaux par Jacques Delors, dont il convoite le poste. Le Président téléphone à Delors pour le lui proposer. Celui-ci refuse et, se sentant désavoué, propose sa démission. François Mitterrand hausse les épaules et envisage plutôt de changer de Premier ministre. Puis il se ravise : *« Ne serait-il pas dangereux d'user vite un nouveau gouvernement sur les dossiers difficiles des mois à venir ? Ne vaut-il pas mieux attendre de voir comment se passe le blocage et mettre un nouveau gouvernement en place au moment de la sortie du blocage, à la rentrée ? »* Aucune décision n'est prise.

Selon un télégramme diplomatique en provenance du Caire, l'OLP dit savoir qu'Israël donnera l'assaut à Beyrouth-Ouest dans les quarante-huit heures. François Mitterrand : *« L'assaut de Beyrouth compromettrait l'avenir du Liban et la paix dans la région. »* Claude Cheysson a encore une idée : après en avoir parlé au Président, il propose au Conseil de sécurité *« d'ordonner le repli des troupes israéliennes et des éléments armés palestiniens de Beyrouth »*, tandis que s'interposeraient des forces de sécurité libanaises et que seraient mis en place *« des observateurs des Nations-Unies, voire une Force internationale »*. Cela prendrait de court une initiative américaine, unilatérale, dans le même sens.

Naturellement, Haig est contre, parce que Begin est contre. Si des forces internationales débarquent à Beyrouth, les Palestiniens ne partiront plus et, surtout, pas question d'un plan français quand un plan américain se prépare !

De son côté, Habib discute en effet, à Beyrouth, d'un autre plan d'évacuation de l'OLP, protégé lui aussi par une Force multinationale. Mais les points en litige sont sérieux : les Palestiniens emporteront-ils leurs armes ? garderont-ils une présence politique au Liban ? faut-il que les Israéliens se retirent eux aussi ? Les Israéliens craignent, s'ils se retirent, que les Palestiniens ne partent plus. Du coup, il ne s'agit plus que de négocier le départ des seuls Palestiniens et, dans l'esprit de Sharon, de la manière la plus humiliante possible.

Selon l'OCDE, la croissance française sera cette année de 2,5 %. Encore un pronostic trop optimiste ? Désormais, on n'y croit plus !

**Vendredi 25 juin 1982**

Nouvelle réunion des ministres des Affaires étrangères à Bruxelles, qui confirme une troisième fois l'accord sur un remboursement aux Britanniques de 850 millions d'écus. La France refuse maintenant ouvertement l'allégement allemand, qu'elle a accepté le 24 mai. Cheysson se trouve dans une position difficile.

Le Conseil d'État demande que la loi de décentralisation qui vient d'être votée s'applique aussi à Paris. *« Inacceptable »*, dit François Mitterrand : le maire hériterait des pouvoirs du préfet de police, et le Président ne veut pas d'un maire de Paris aussi puissant. Pour lui, l'indépendance de la capitale est le principal danger qui puisse menacer le pouvoir central. Il demande qu'on étudie une loi spéciale réduisant les pouvoirs du maire de Paris, sans remettre en cause la décentralisation. Une seule solution : faire de Paris, comme Londres, une communauté urbaine composée de vingt villes indépendantes. Révolutionnaire, mais pas sans précédent. La mesure concernerait les trois métropoles : Paris, Lyon, Marseille. L'idée émane, entre autres, de Paul Quilès et des socialistes parisiens. Le maire de Marseille, Gaston Defferre, est contre. Il aura assez de mal à gagner ses élections, l'an prochain, pour se permettre ce genre de plaisanterie. La province n'est plus unie : Defferre, c'est la ville ; Mitterrand, la campagne. Le Président demande pourtant que ce projet soit préparé en grand secret, pour être présenté au Conseil, dès mercredi prochain.

Alexander Haig s'efface. Reagan ne lui a jamais pardonné d'avoir pris le pouvoir dans l'heure qui suivit l'attentat perpétré contre lui en mars 1981. George Shultz lui succède. Les Californiens sont au pouvoir. Cela n'arrange pas nos affaires.

Les Israéliens bombardent Beyrouth-Est. Au moins 200 morts et plusieurs centaines de blessés. Pour inciter la population à évacuer la ville, l'aviation israélienne lance des tracts :

> *« Aux habitants de Beyrouth-Ouest,*
> *Toi qui te trouves à Beyrouth aujourd'hui, n'oublie pas que le temps presse. A chaque instant que tu perds, le danger augmente pour ton salut et celui de ceux qui te sont chers.*
> *Sache que les axes de sortie Est et Sud de la ville sont garantis. Dépêche-toi et ne perds pas de temps. Sache que les forces de défense israéliennes réaffirment qu'elles ne se sentent pas concernées par les civils innocents ni par ceux qui ne s'opposent pas à elles par les armes. Dépêche-toi de sauver ta vie et celle de ceux qui te sont chers avant qu'il ne soit trop tard. »*

Texte terrible. Qu'est-ce que cela veut dire ? Que ceux qui ne partiront pas ne seront pas des « civils innocents » ? Tout habitant de Beyrouth est donc un ennemi en puissance ?... Le massacre s'annonce.

Shultz téléphone à Cheysson pour confirmer la demande de Haig que la France fournisse un bataillon *« dans le cadre d'une force multinationale qu'il conviendrait de déployer conjointement avec l'armée libanaise, afin de permettre le départ des troupes de l'OLP. »* Cheysson consulte François Mitterrand. Le Président accepte cette formule si le gouvernement libanais en fait formellement la demande et si toutes les parties concernées donnent leur accord. Mais où envoyer l'OLP et ses troupes ? Selon quelles modalités pratiques s'effectueraient et leur désarmement et leur départ ?

Cheysson tente d'organiser à ce propos avec le ministre égyptien, Boutros-Ghali, une initiative franco-égyptienne afin de ne pas laisser agir seuls les Américains.

Leonid Brejnev écrit à Ronald Reagan : *« Les Israéliens doivent quitter le Liban, sinon la situation actuelle peut avoir des conséquences internationales imprévisibles. »*

François Mitterrand est inquiet. Les Russes ont aussi des soldats aux portes de Beyrouth . *« La guerre mondiale est inévitable. Aujourd'hui ou plus tard. Jamais les hommes n'ont construit d'armes sans s'en servir. Si la guerre Est/Ouest est évitée, les riches lanceront leur armement nucléaire contre le Sud. Or le Liban est au confluent des deux affrontements. »*

**Samedi 26 juin 1982**

Dans la matinée, l'ambassadeur d'URSS remet à l'Élysée un message de Brejnev, presque identique à celui envoyé la veille à Reagan : *« Nous espérons que la France élèvera sa voix contre les crimes que commet Israël au Liban, qu'elle fera pression — dans les formes qu'elle jugera les plus efficaces — pour que l'agresseur quitte le Liban et que l'effusion de sang cesse. »*

**Lundi 28 juin 1982**

Le Président libanais adresse un appel pathétique aux grandes puissances :

> *« Sauver la vie de centaines de milliers de civils innocents, préserver Beyrouth, haut lieu de culture et de civilisation de l'homme, tel est l'objet de l'appel urgent que je vous adresse afin que vous joigniez vos efforts aux nôtres en vue d'épargner à cette ville un désastre aux conséquences incalculables. »*

Le Président égyptien écrit lui aussi au Président français :

> *« Mettre un terme le plus rapidement possible à cette terrible tragédie, éviter les conséquences désastreuses qui peuvent en découler pour toute la région... La continuation de la situation qui prévaut actuellement n'aura d'autres effets qu'une escalade dangereuse des extrémistes de droite et de gauche, l'encouragement des aventurismes qui se nourrissent du désespoir, vivent de pessimisme et engendrent la violence. »*

Triste été, pluie sur nos rêves : dévaluation et chômage, guerre au Liban, accrochages avec les États-Unis, disputes en Europe pour quelques écus...

Nous partons pour le deuxième Conseil européen, sous présidence belge, à Bruxelles. On discute à nouveau des modifications des taux de crédit à l'Est. Pour en finir et éviter une guerre économique à laquelle nous ne sommes pas préparés, le Président approuve une légère augmentation des taux.

Au dîner, les Dix parlent du Moyen-Orient. La Présidence belge a préparé un communiqué condamnant Israël, liant les problèmes libanais et palestinien, assorti d'un appel à la négociation, notamment entre Israël et l'OLP :

> *« Les Dix maintiennent leur vigoureuse condamnation de l'invasion israélienne du Liban. Ils sont vivement préoccupés par la situation dans le pays, en particulier à Beyrouth. Ils croient que le cessez-le-feu actuel doit être maintenu à tout prix.*
>
> *Ce cessez-le-feu devrait être accompagné d'une part d'un retrait immédiat des forces israéliennes de leurs positions autour de la capitale libanaise, d'autre part d'un retrait simultané des forces palestiniennes de Beyrouth-Ouest, selon des modalités à convenir entre les parties.*
>
> *En vue de faciliter ce retrait, la séparation des forces serait contrôlée pendant cette courte période de transition par les forces libanaises et, en accord avec le gouvernement libanais, par des observateurs ou des forces des Nations-Unies. »*

Au cours de la discussion, plusieurs proposent une référence explicite *« à l'ensemble des principes contenus dans la Déclaration de Venise »*. François Mitterrand refuse. La Grande-Bretagne insiste pour que le texte parle sinon de sanctions, du moins de *« mesures à prendre concernant les relations avec Israël »*, en particulier dans le domaine des armements.

Martens évoque ensuite la question du chèque britannique. Margaret Thatcher rappelle qu'au Sommet de Londres, il a été décidé de lier cette question à la réforme de Politique agricole commune et du budget. Elle conteste l'accord réalisé en mai sur les prix agricoles, où *« son ministre aurait dû pouvoir faire jouer le droit de veto. Chaque État doit seul pouvoir décider du caractère vital des intérêts en jeu dans une décision du Conseil. Ce qui a eu lieu le 18 mai ne devra plus jamais se reproduire »*. Le Danois et le Grec la soutiennent. Au contraire, l'Italien et le Belge estiment que la pratique de l'unanimité et le compromis de Luxembourg doivent être progressivement abandonnés. Avec Helmut Schmidt, François Mitterrand soutient que l'on ne peut faire valoir à toute heure son intérêt vital ; certaines règles doivent être respectées.

**Mardi 29 juin 1982**

François Mitterrand obtient du Conseil la relance de l'investissement grâce à un « nouvel instrument communautaire », pour 3 milliards d'écus. Il demande en vain que le Conseil conjoint des ministres de l'Économie, du Travail et des Affaires sociales se tienne avant la fin de l'année.

En fin de Conseil, escarmouches à propos de l'élargissement de la Communauté. François Mitterrand : *« Avant de poursuivre dans la négociation avec l'Espagne, chacun des États membres doit prendre ses responsabilités, notamment en ce qui concerne les conséquences financières de l'élargissement. Il faut également parler des productions agricoles, des matières grasses, des relations de la CEE avec les pays du Bassin méditerranéen, et du fonctionnement des institutions de la CEE à Douze. Tous nos partenaires, sauf l'Italie, escamotent les difficultés et pressent le pas de la négociation sur les mesures transitoires. »*

A Genève, reprise des négociations américano-soviétiques sur les armements stratégiques. Il n'y a, pour l'instant, aucune proposition sur la table. Brejnev et Reagan ne sont pas allés plus loin que les généralités. On parle de conversations secrètes entre le Soviétique Kvitsinski et l'Américain Nitze, mais on n'en sait pas davantage.

La mission de Habib piétine. On envisage d'envoyer un contingent français à Beyrouth pour protéger l'évacuation des Palestiniens, même s'il n'y a pas accord avec les Américains sur le rôle d'une force internationale.

Mais par où atteindre Beyrouth ? Si l'on voulait y envoyer le contingent français de la FINUL, déjà installé au Sud-Liban, il se heurterait dès son premier mouvement à l'armée israélienne. Et s'il pouvait passer, il aurait ensuite 400 kilomètres à parcourir dans des conditions extrêmement périlleuses. Si, au contraire, un contingent venait de France, il devrait atterrir à Tripoli, puis, pour atteindre Beyrouth, traverser la partie du pays tenue par les troupes phalangistes, qui s'y opposeraient. On décide donc, si nécessaire, de le faire atterrir à Chypre et d'aller en barges jusqu'aux plages de Beyrouth-Ouest.

Le secrétaire général de la Ligue Arabe, Klibi, conseille au gouvernement français *« d'entreprendre un certain nombre d'actions montrant qu'on ne laisse pas les États-Unis agir seuls au Proche-Orient »*. Il souhaite une intervention personnelle et directe du Président de la République auprès de Ronald Reagan pour attirer l'attention de celui-ci sur l'aspect dramatique de la situation à Beyrouth. Le Président Sarkis insiste pour que la France œuvre au succès des négociations que mène Habib, en agissant à la fois sur les Israéliens et sur l'OLP. François de Grossouvre reçoit une demande identique de Béchir Gemayel. Tout converge vers un compromis entre les Israéliens et les Américains d'un côté, les Français et les Palestiniens de l'autre.

Pendant le vol de retour de Bruxelles, François Mitterrand ne me parle que du Liban et de l'Europe. Dans la voiture qui roule sur les quais de la Seine : *« Il faut trouver une façon de sortir de ces petits débats sur la composition de la Force. On doit agir. C'est dans l'intérêt même d'Israël. On doit être généreux avec le vaincu, dans ces moments-là. L'humilier, c'est aggraver sa violence ultime. En Europe aussi, il faut trouver une façon de sortir de ces petits débats sur les prix et le budget. Coincés entre une épicière anglaise et un Allemand blasé, nous n'irons pas loin.* »

En rentrant, il trouve un message de Mauroy : « *Nicole Questiaux doit partir. C'est urgent maintenant.* »

L'affaire du remboursement de l'IVG a laissé des traces entre les deux hommes. Le départ de Nicole Questiaux a des allures de réconciliation expiatoire.

Le Président appelle Pierre Bérégovoy, qui traverse mon bureau. En sortant, dix minutes plus tard, il me dit sans enthousiasme : « *Je suis ministre des Affaires sociales.* » Pierre Dreyfus quitte lui aussi le gouvernement. Jean-Pierre Chevènement étendra son territoire. Le Président, sur le téléphone intérieur, me dit : « *Ne partez pas ce soir sans m'avoir vu.* » Une heure plus tard, il m'explique ne pas avoir de candidat au poste de secrétaire général et me demande de remplacer Bérégovoy, en tout cas pour demain, au Conseil, et comme porte-parole.

Je dis au Président que le secrétariat général ne m'intéresse pas, sauf s'il exige que je l'assume. J'espère en tout cas qu'il écoutera mon conseil dans le choix du remplaçant de Bérégovoy. Il sourit. Sans doute ai-je devancé ses désirs...

**Mercredi 30 juin 1982**

Ce matin, beaucoup d'intrigues. Les candidats se bousculent pour remplacer Bérégovoy. J'en compte dix-sept. Un ministre explique que n'importe qui serait mieux que moi. D'aucuns, même, sur le point de quitter les lieux, proposent de renoncer à leur nouvelle fonction pour ne pas laisser le Président seul avec moi !...

Je pense à Jean-Louis Bianco. Depuis le départ de Fournier à Matignon, il espérait obtenir le poste de secrétaire général adjoint, pas davantage. Il n'a d'ailleurs jamais rencontré le Président bien qu'il travaille ici depuis mai 1981.

Avant le Conseil des ministres, Lionel Jospin est reçu par François Mitterrand pour reparler du projet concernant Paris.

J'assiste pour la première fois à la réunion préparatoire au Conseil qui réunit chaque mercredi matin François Mitterrand, Mauroy et Fournier dans sa nouvelle fonction de secrétaire général du gouvernement. On y vérifie en quelques instants l'ordre du jour, puis J. Fournier et moi laissons le Président et le Premier ministre en tête à tête.

Je descends pour mon premier Conseil des ministres, assis à la petite table près de la fenêtre d'angle, avec Jacques Fournier, face au Président. Pendant que le secrétaire général du gouvernement établit le procès-verbal officiel du Conseil, mon principal travail consiste à passer au Président, avant chaque point de l'ordre du jour, les notes préparées par ses collaborateurs (et des commentaires que je rédige à la hâte, si le sujet l'exige), de transmettre à l'extérieur ses instructions et de modifier les projets de communiqués du Conseil selon le cours de la discussion.

En séance, Claude Cheysson fait passer au Président un télégramme relatant une conversation de la nuit dernière entre notre ambassadeur à Washington et Lawrence Eagleburger, numéro deux du State Department, à propos du Liban. La proposition d'une force d'interposition au Liban gagne du terrain avec l'arrivée de Shultz au Département d'État :

*« Trois points,* écrit notre ambassadeur, *me frappent à l'issue de mon entretien de ce matin avec M. Eagleburger :*

*1/ L'attitude à notre égard et vis-à-vis du rôle que nous jouons dans l'affaire de Beyrouth a changé du tout au tout.*

*Après avoir reçu le feu vert du secrétaire d'État, les dernières propositions américaines nous ont été communiquées avant même que M. Habib en ait eu connaissance. M. Eagleburger m'a quitté pour lui téléphoner. L'ensemble de l'équipe Liban du Département d'État participait à l'entretien (MM. Velioles et Hill, et Mme Jones, directeur géographique compétent). L'atmosphère était détendue et ouverte.*

*Au cours de l'entretien, je suis revenu sur l'idée que notre initiative au Conseil de sécurité avait finalement été utile aux États-Unis dans la négociation en cours. Paradoxalement, le veto américain avait renforcé la main de Washington vis-à-vis de Tel Aviv pour exiger une prolongation du cessez-le-feu. Mon interlocuteur en est convenu en souriant.*

*Je relève enfin que de nombreuses fuites de presse, visiblement inspirées par le Département d'État, prêtent aujourd'hui à la France un rôle actif dans la partie en cours.*

*Comme, me fondant sur l'entretien de M. Boidevaix avec M. Kaddoumi à Tunis, j'insistais sur la nécessité de laisser aux combattants palestiniens leurs armes personnelles : (a) pour des motifs de sécurité, afin de ne pas les laisser sans défense face à certaines factions libanaises et aux Israéliens ; (b) parce que cela leur permettrait de sauver la face, ce qui reste toujours très important au Moyen-Orient, mon interlocuteur s'est laissé convaincre sans trop de mal. Il m'a précisé qu'il comprenait mieux maintenant cette exigence.*

*A ma demande, M. Eagleburger s'est dit entièrement d'accord avec l'idée qu'il convenait de préserver l'OLP en tant qu'interlocuteur politique. La disparition de la centrale palestinienne ne pourrait que contribuer à un dangereux regain du terrorisme au Moyen-Orient et dans le reste du monde, sous l'influence de groupuscules extrémistes qui ne manqueraient pas de saisir l'occasion pour prendre la relève.*

*Les dernières propositions américaines et le point de vue de l'OLP me paraissent maintenant différer sur trois points seulement :*

*(a) l'ampleur du retrait israélien. Les propositions transmises à M. Habib sont particulièrement vagues à ce sujet. M. Eagleburger, en revanche, m'a nettement dit qu'un retrait de 5 miles serait inacceptable ; sans doute entendait-il par là que les États-Unis ne pourraient le faire accepter aux Israéliens.*

*(b) l'exigence du désarmement immédiat (à l'exception des armes légères) de l'ensemble des forces de l'OLP présentes à Beyrouth, ainsi que de leur départ du Liban. Il n'est toujours pas question d'un processus en deux étapes, tel que celui souhaité par l'OLP.*

*(c) à un moindre degré, enfin, la question de la présence politique de l'OLP au Liban. Les Américains, et sans doute les Israéliens, qui acceptent une présence politique de l'OLP au Liban (ambassade et/ou bureau d'information), ne veulent pas entendre parler de maintien du quartier général de l'organisation à Beyrouth. Ils laissent le soin au gouvernement libanais d'en négocier le détail. »*

La négociation progresse : les Israéliens acceptent, semble-t-il, deux des conditions posées par l'OLP à sa reddition : garder leurs armes de poing et laisser une représentation politique au Liban.

Le Conseil des ministres rappelle que la France avait *« tenté de provoquer une trêve qui desserre l'étau autour de la capitale libanaise »* et que *« le vote d'un des membres permanents du Conseil de sécurité a fait échouer cette tentative ».* Il affirme : *« L'espoir n'est cependant pas perdu de franchir une première étape vers un apaisement plus général par la mise en œuvre des résolutions du Conseil de sécurité et dans le respect des principes élémentaires de justice et de droit. »*

Après le message qu'a transmis Cheysson, le communiqué ne contient pas la moindre critique à l'égard de personne. Mais le Président tient à marquer le coup : la force d'interposition proposée par la France aurait pu organiser le départ de toutes les forces étrangères du Liban, et pas seulement celui des Palestiniens.

En fin de Conseil, une communication bâclée par Gaston Defferre sur la loi électorale municipale est l'occasion d'annoncer la division de Paris en vingt communes. Stupeur des ministres. Mauroy propose que Paris soit une communauté urbaine et, soutenu par Lang et Labarrère, de supprimer le titre de maire de Paris. François Mitterrand refuse, mais, pour ne pas singulariser Paris, décide d'inclure Marseille et Lyon dans le même texte.

Le Conseil est levé dans le brouhaha. Gaston Defferre me glisse un projet de communiqué manuscrit, fait de remarques fébriles et contradictoires. Bérégovoy m'aide à le remettre en forme.

Pour mon premier compte rendu du Conseil, j'ai notamment à lire ce texte :

> *« Le Conseil des ministres a entendu une communication sur le statut de Paris et sur la loi électorale municipale. La loi électorale sera la même dans toute la France. Le nombre d'habitants de Paris, l'existence depuis de très nombreuses années de mairies d'arrondissement, la nécessité de rapprocher les élus des administrés ont orienté le gouvernement vers la création d'une municipalité de plein exercice par arrondissement. Conformément à l'ensemble des dispositions sur la décentralisation, les municipalités d'arrondissement désigneront leurs représentants à une communauté urbaine de Paris, qui élira elle-même le Maire de Paris. Les compétences du Maire de Paris, en raison de l'importance de la ville, excéderont les pouvoirs déjà accordés par la loi aux présidents de communautés existantes. »*

Apprenant cela, Jacques Chirac commence par ne pas y croire, puis réagit avec violence.

Dans l'après-midi, nouvelle discussion avec François Mitterrand sur l'organisation et le rôle de l'Élysée. Le Président : *« Le gouvernement doit gouverner et l'Élysée doit rester en retrait. Bérégovoy s'ennuyait parce que, de plus en plus, je laisse à Mauroy les mains libres. Les ministres ont maintenant un peu plus d'expérience. Ils doivent être les vrais patrons de leur administration. Vous pouvez prendre son poste si cela vous intéresse, mais, à votre place, je ne le prendrais pas. Cela consiste de plus en plus à recevoir évêques et préfets, et moi je m'y ennuierais. »* Tel est aussi mon avis. Je lui propose Jean-Louis Bianco. *« Pourquoi pas ? »* Il le reçoit dix minutes. Puis il me dit : *« On le prend. Choisissez son adjoint. »* Ce sera Christian Sautter.

Je mets au point avec le Président les nouvelles règles de fonctionnement. Il me les écrit : *« Tous, dans la maison, dépendent du secrétaire général, sauf vous qui ne dépendez que de moi et devez avoir accès à tout. Vous assisterez, seul, au Conseil des ministres et au déjeuner du mercredi avec les dirigeants socialistes où restera, dans ses nouvelles fonctions, Pierre Bérégovoy. Bianco et vous assisterez désormais au petit déjeuner du mardi avec le Premier ministre et le premier secrétaire du PS. »* Je propose de laisser le secrétaire général assister aussi au Conseil des ministres, comme c'est la tradition républicaine. François Mitterrand accepte. Il me demande d'être le porte-parole du Conseil. Il insiste : *« Seulement pour quelques mois en attendant que je trouve un ministre pour le faire. »*

Le Président supprime en outre le petit déjeuner du jeudi avec les dirigeants socialistes : ils parlent trop. Première rupture du lien entre le Président et le Parti.

Devant la Knesset, Menahem Begin s'engage à *« faire déguerpir l'OLP de Beyrouth dans quelques jours... »*

**Jeudi 1er juillet 1982**

Jacques Chirac tient une conférence de presse au canon sur la réforme du statut de Paris.

Ronald Reagan répond à Leonid Brejnev sur le Liban. Le ton monte : *« Les États-Unis usent de toute leur influence pour mettre fin au conflit. Je regrette que l'URSS ait fourni des armes à ceux qui ont déstabilisé le Liban et provoqué la réaction d'Israël. »* La situation menace de devenir le théâtre d'un affrontement masqué Est-Ouest.

Voyage de Béchir Gemayel à Taëf. Il sera candidat aux élections présidentielles lors du départ de Sarkis, dans trois mois.

François Mitterrand répond au Roi de Jordanie : *« La France est prête, dans le cadre du Conseil de sécurité, à apporter tout son concours aux efforts que déciderait le gouvernement légitime du Liban »*, et ajoute : *« Conscient de la gravité de la situation au Proche-Orient, comprenant vos inquiétudes, je veux, Sire, vous donner l'assurance que mon pays saisira toutes les chances de peser en faveur de la paix. »*

**Vendredi 2 juillet 1982**

Harcelé par plusieurs ambassades, Cheysson s'inquiète auprès de Hernu : *« La France vend-elle encore des armes à Israël ? »*

L'initiative franco-égyptienne à l'ONU, qui fixe le cadre d'une solution globale au problème du Liban, et enfin au point :

> *« Affirmant certains principes de base : intégrité territoriale et souveraineté du Liban, retrait total du pays des forces non libanaises, droit de tous les États de la région de vivre en paix dans la sécurité, confirmation des droits nationaux du peuple palestinien, y compris le droit à l'autodétermination avec tout ce que cela implique, association de l'OLP aux négociations, reconnaissance mutuelle et simultanée des parties concernées :*
>
> *1/ exige que toutes les parties aux hostilités qui ont éclaté au Liban observent un cessez-le-feu immédiat et durable sur l'ensemble du territoire de ce pays ;*
>
> *2/ exige le retrait immédiat, à une distance convenue, des forces israéliennes engagées autour de Beyrouth, en tant que première étape de leur retrait complet du Liban, et le retrait simultané de Beyrouth-Ouest des forces armées palestiniennes qui se replieraient avec leurs armements légers, dans un premier temps dans des camps à préciser, de préférence hors de Beyrouth, selon des modalités à convenir entre les parties, mettant ainsi un terme à leurs activités militaires ;*
>
> *3/ demande la conclusion d'un accord entre les forces armées palestiniennes et le gouvernement du Liban sur la destination et le sort de leurs armements autres que ceux dont il s'agit ci-dessus ;*

*4/ demande le départ de toutes les forces non libanaises, sauf celles qui seraient autorisées par les autorités légitimes et représentatives du Liban ;*
*5/ appuie le gouvernement du Liban dans ses efforts pour reprendre le contrôle exclusif de sa capitale et, à cette fin, pour y installer ses forces armées qui prendraient position dans Beyrouth et s'interposeraient à sa périphérie ;*
*6/ appuie en outre tous les efforts du gouvernement libanais pour assurer sa souveraineté sur l'ensemble du territoire ainsi que l'intégrité et l'indépendance du Liban dans ses frontières internationales reconnues. »*

Les Américains n'aiment pas : *« Il ne faut pas lier le cas du Liban à la reconnaissance de l'OLP ; avec cela, on n'obtiendra rien des Israéliens. »*

Appel de Pierre Mendès France, Nahum Goldmann et Philippe Klutznick pour que l'assaut ne soit pas donné contre Beyrouth-Ouest et pour la reconnaissance mutuelle d'Israël et des Palestiniens.

Confirmation du revirement américain sur le commerce Est/Ouest. Un mois après Versailles, George Shultz, conscient de l'inquiétude des industriels américains, qui perdent ainsi de gros marchés, et des réactions plus que réservées de la presse et du Congrès, fait savoir à Paris qu'il veut trouver une façon de se débarrasser de l'embargo. Mais pas tout de suite : il ne juge pas *« opportun de se battre, dès sa prise de fonctions, en faveur des Européens dans une telle affaire »*. A Washington, le Président de la Commission des Affaires étrangères du Sénat, Percy, souhaite lui aussi *« trouver un prétexte qui permette au Président Reagan de revenir sur la décision prise »*.
Cheysson est très heureux de la négociation qui s'annonce : n'est-ce pas le rôle des diplomates que de permettre à un partenaire en difficulté de sauver la face ?

**Samedi 3 juillet 1982**

Les forces israéliennes encerclent maintenant totalement Beyrouth-Ouest. A Tel Aviv, plus de 100 000 personnes manifestent contre cette guerre.
Les Américains essaient d'organiser l'accueil des Palestiniens de Beyrouth dans divers pays de la région. L'ambassadeur américain au Caire, Atherton, remet au Président Moubarak une lettre du Président Reagan lui demandant d'accueillir les combattants palestiniens lorsqu'ils seront évacués du Liban. La même lettre est remise dans plusieurs pays arabes. Selon le diplomate américain, *« sans attendre d'en avoir achevé la lecture, M. Moubarak a déclaré sur le ton le plus ferme qu'"il n'en était pas question" ; l'idée d'avoir un gouvernement palestinien en exil est très mal reçue en Égypte,* a fortiori *les troupes de l'OLP... Les raisons invoquées par M. Moubarak touchent essentiellement à la sécurité et à l'équilibre internes du pays »*.
La Syrie, l'Irak, la Jordanie, le Yémen acceptent plus aisément.

**Dimanche 4 juillet 1982**

George Shultz, qui n'est pas encore officiellement confirmé par le Sénat, apparaît peu. Les diplomates américains souhaitent maintenant envoyer le gros des forces palestiniennes de Beyrouth en Libye. L'idée semble *« détestable »* à Cheysson. *« C'est une idée incroyable : ou bien la proposition est irréfléchie —*

*je suis tenté de la penser —, ou bien elle relève d'un comportement machiavélique, mais je n'ai pas le sentiment que l'heure appartienne aux Machiavel, à Washington, pendant cet interrègne. »*

Le Conseil de sécurité vote à l'unanimité une résolution demandant à Israël de desserrer l'étau autour de Beyrouth-Ouest, par *« respect du droit des populations civiles »*. On est loin de l'initiative franco-égyptienne que les Américains font tout pour enterrer.

A Alger, Chadli et Kadhafi conviennent de soumettre au Président Mitterrand *« des propositions susceptibles, si la France voulait bien les avancer en son nom, de sortir de l'impasse actuelle »*.

Toutes ces négociations constituent un étrange jeu d'ombres et d'esquives. Tout le monde parle du départ des Palestiniens et de l'intervention d'une force internationale ou multinationale. Mais nul — ou presque — n'accepte d'étudier concrètement les modalités de ces opérations.

Arafat, assiégé dans Beyrouth, proclame qu'il *« vit dans l'Histoire »*. S'il accepte de quitter le Liban, *« il cherche*, dit un télégramme de l'ambassadeur de France à Beyrouth, *à gagner du temps pour ne pas perdre la face, y compris vis-à-vis de ses militants, pour tenter de transformer sa défaite militaire en semi-victoire politique, et aussi sans doute parce qu'un délai est nécessaire au redéploiement de l'OLP hors du Liban »*.

Succession sans heurts dans un pays-charnière : Miguel de la Madrid est élu officiellement Président du Mexique. Il prendra ses fonctions en décembre. Tout était réglé depuis octobre dernier, quand le Président sortant l'avait choisi, très tôt, comme successeur potentiel et candidat officiel du Parti révolutionnaire institutionnel. José Cordoba devient secrétaire d'État à l'Économie, derrière Carlos Salinas de Gortari qui prend le poste de ministre qu'occupait Miguel de la Madrid.

Lopez Portillo a eu raison de faire ce choix : la crise financière s'annonce très grave, au Mexique plus qu'ailleurs. Il fallait un technicien de l'économie au pouvoir. Chaque jour davantage, les capitaux sortent du pays. Si le Mexique vient à faire défaut, la réaction en chaîne sur le système financier international sera terrible. J'irai voir. Sans doute y a-t-il à imaginer une action du G 7 ?

**Lundi 5 juillet 1982**

Laurent Fabius transmet au Président un nouveau diagnostic économique, plus pessimiste encore que le précédent : cette année, la croissance sera inférieure à 2 % ; le chômage atteindra 2,1 millions de personnes ; le déficit du commerce extérieur sera de 75 milliards de francs, la hausse du dollar compensant l'effet de la dévaluation ; l'inflation sera de l'ordre de 10 %. *« Cet appauvrissement et cette dépendance sont inacceptables, car ils aboutissent inéluctablement à une sortie du SME »*, écrit-il en préconisant un plan de guerre et la création de nouveaux instruments d'épargne pour stimuler l'investissement productif. *« Au-delà de l'économique, c'est notre capacité politique à mobiliser les Français qui sera déterminante pour les prochaines échéances. »* Certes !

Reçu à Paris, le Président de la République italienne, Alessandro Pertini, nous charme tous. Intelligence, impertinence, aristocratie de l'âge.

L'ambassadeur d'Irak apporte à Pierre Mauroy une lettre de Tarek Aziz demandant à acquérir 69 Mirage 2000 équipés de missiles air-sol, des Exocet.

La quatrième chaîne coûtera, si elle émet en clair, un milliard et demi de francs. Et si on la faisait à péage ? Georges Fillioud est chargé d'étudier la question. Rousselet travaille lui aussi dans son coin. « *Elle doit être prête,* dit le Président, *pour Noël 1983.* »

**Mardi 6 juillet 1982**

Ronald Reagan souhaite convaincre François Mitterrand de ne pas exiger un vote favorable du Conseil de sécurité comme condition préalable pour participer à la Force internationale. Alors que, jusqu'ici, cette force n'avait à ses yeux qu'un but : protéger le départ des Palestiniens, il en ajoute un second, plus proche des thèses françaises : consolider le gouvernement libanais à Beyrouth.

> *« La décision française de principe de participer à une force destinée à observer et superviser l'accord en cours d'élaboration par le gouvernement du Liban pour le départ de l'OLP et des autres éléments armés de Beyrouth, est un événement important (...). Je suis satisfait de ce que la France ait envisagé de se joindre aux États-Unis dans une force internationale destinée à aider le gouvernement du Liban à établir son autorité dans sa capitale.* [Je suis sceptique quant] *aux possibilités d'obtenir l'approbation des Nations Unies au sujet de l'envoi d'une force d'interposition à Beyrouth composée notamment de Français et d'Américains, en raison de l'opposition vraisemblable de l'Union soviétique.*
>
> *La position française serait d'exiger l'"assentiment" ou l'approbation de la participation française par les Nations-Unies ou le secrétaire général. De notre point de vue, cela conduirait inévitablement à des consultations avec le Conseil de sécurité et provoquerait une réponse négative des Soviétiques qui rendrait impossible une réponse positive du secrétaire général. Une telle procédure mettrait en outre la décision de déployer ou non la force entre les mains de tierces parties au moment même où les Libanais nous sollicitent pour un engagement et un déploiement de forces rapides. Je comprends, François, le désir de la France de recueillir sous une forme ou sous une autre l'approbation des Nations-Unies. Moi aussi, je le voudrais, si je pensais qu'il y eût un moyen de s'assurer qu'elle puisse être obtenue rapidement, sans amendements ni conditions qui la dénaturent. Malheureusement, je ne vois aucun moyen d'éviter l'intransigeance soviétique.*
>
> *Il est regrettable que, si près d'un accord comme nous le sommes, cette divergence de vues risque de couper court au projet de force franco-américaine que nous avions envisagé. Dans la mesure où la situation s'aggrave rapidement, je suis certain que vous comprendrez que les États-Unis doivent dès aujourd'hui commencer à rechercher d'autres partenaires. »*

Claude Cheysson note en marge de la traduction : *« La lettre montre que les États-Unis tiennent à nous ! ! ! »*

Ce n'est pas du tout mon interprétation du dernier paragraphe : pour moi, c'est plutôt comme la menace — ou le désir — de se libérer de la France et d'avoir, dans cette aventure, des partenaires moins encombrants !

Pour relancer l'emploi, quels grands travaux ? A la liste que prépare le gouvernement, après les monuments et le patrimoine, François Mitterrand ajoute les réseaux câblés et les aéroports de Paris.

Conseil de Défense à l'Élysée. Le Président décide une diminution des effectifs de l'armée de terre, sans bouleverser l'appareil militaire, pour éviter d'avoir une armée à la fois trop nombreuse et mal équipée.

François Mitterrand : *« Si l'Alliance ne parvenait pas à contenir une agression conventionnelle, au moment choisi par nous interviendrait la menace d'utilisation de l'armement nucléaire tactique, car nous dirions : "Nous y sommes acculés." On nous répondrait : "Vous n'oseriez pas." Nous répliquerions : "Nous oserons. Nous frapperons vos combattants avec nos armes, nous recevrons une volée de bois vert en échange, mais nous montrerons que nous ne reculerons pas devant l'usage de notre force de dissuasion." Il nous faut en effet décourager les tentatives de contournement de notre force de dissuasion par une attaque purement conventionnelle (...). Aussi ne pouvons-nous que refuser l'engagement du* "No first use" *qui conduirait à nous faire promettre de ne pas nous servir les premiers des armes atomiques. Ce serait renoncer à nous défendre. Nous n'avons qu'une fronde de David en face de Goliath et, en plus, on nous demande comment nous prévoyons de nous en servir ! Nous ne marchons pas ! »*

François Mitterrand doit partir demain en voyage officiel en Hongrie — son premier voyage à l'Est. Première querelle de protocole, première susceptibilité ridicule : un député socialiste, président du groupe d'amitié avec la Hongrie, est, comme il est normal, l'invité personnel du Président. En conséquence, il est protocolairement placé hors de la délégation officielle qui assiste aux entretiens. Découvrant cela dans le livret de voyage qu'il reçoit, comme chaque participant, il exige d'être inscrit dans la délégation officielle, au rang des ministres. *« Sinon,* dit-il, *je ne viens pas ! »* Tout en admettant que c'est impossible — un parlementaire ne fait pas partie de l'exécutif et ne peut figurer dans la délégation —, le Président accède néanmoins à sa requête : *« Le Parlement a toujours raison... »* Par la suite, le même homme fera sans cesse preuve d'une mégalomanie et d'une paranoïa qu'il saura rendre d'autant plus redoutables qu'elles ne s'exerceront jamais qu'aux dépens de ses subordonnés.

**Mercredi 7 juillet 1982**

Le Conseil des ministres décide la création d'un Fonds spécial de grands travaux, notamment pour relancer le logement et les économies d'énergie. François Mitterrand : *« Ils constituent en effet un des instruments essentiels d'une politique visant à une plus forte croissance, à la diminution du chômage et à la réduction du déficit extérieur. »* Le communiqué qui annonce cette décision rappelle en outre la nécessité d'une politique ferme de reconquête du marché intérieur. Quand je lui soumets le texte, le Président ajoute : *« Le gouvernement, dans son action quotidienne comme dans ses objectifs, doit être à l'image de cette volonté. »* Beaucoup d'espoirs sont mis dans ce Fonds spécial.

Dans les *Nouvelles Littéraires*, Philippe Alexandre accuse André Rousselet d'avoir demandé sa tête à Jacques Rigaud. Quand ? Où ? Qui s'intéresse ici à

Philippe Alexandre ? J'apprends qu'André Rousselet en a parlé à Rigaud, qui en a fait part à Alexandre, sans insister. Alexandre a réagi.

Découverte à Marseille d'une affaire de fausses factures au détriment de la ville.

Ronald Reagan a changé d'avis, comme le voulait la France : il tente d'obtenir l'accord de Brejnev à la création de la Force multinationale au Liban et lui demande de ne pas faire jouer le veto soviétique au Conseil de sécurité. Leonid Brejnev lui répond par une lettre — identique à celle qu'il envoie à François Mitterrand — d'une étonnante violence, rare entre chefs d'État, dans laquelle il formule de vagues menaces en cas d'envoi au Liban d'une force multinationale autre que la FINUL déjà en place :

*« Ceux qui doivent partir, ce sont les Israéliens. Pas les Palestiniens ! (...) Les troupes israéliennes anéantissent partout les Libanais et les Palestiniens, femmes, enfants, vieillards. Israël commet à Beyrouth des actes de véritable vandalisme à l'égard de la population pacifique et détruit l'activité vitale de cette ville. Quels que soient les critères politiques appliqués aux événements du Liban, il est impossible de nier ce fait absolument évident : Israël, qui est un allié de fait des États-Unis, y extermine d'une manière barbare des êtres humains. Par toutes ses actions, surtout ces derniers jours et ces dernières heures, l'agresseur manifeste son empressement à faire aboutir ses crimes, sans réfléchir du tout au fait qu'il crée de nouvelles montagnes de haine autour de l'État d'Israël et de la population juive. Et pourtant, ces montagnes-là peuvent dans l'avenir s'écrouler sur eux de tout leur poids. Aujourd'hui, il n'y a peut-être pas un seul homme d'État responsable, pas un seul honnête homme sur la Terre qui puisse rester insensible aux appels de ceux qui périssent à Beyrouth et au Liban de la main des envahisseurs israéliens. Sans doute vous aussi vous rendez-vous compte clairement de ce que la politique des États-Unis, protecteurs d'Israël, est actuellement dominée par des calculs conjoncturels qui, à ce jour, n'ont pas cédé devant les considérations de l'ordre fondamental et du bon sens, et que la mission de l'émissaire américain au Proche-Orient ne sert que de paravent à l'agression perpétrée par Israël.*

*Si on voit surgir maintenant différents plans de participation de certaines forces internationales en vue du désengagement des forces qui défendent Beyrouth-Ouest, d'un côté, et des forces israéliennes, de l'autre, pourquoi ne pas utiliser les contingents militaires des Nations-Unies qui se trouvent déjà sur le sol du Liban par décision du Conseil de sécurité ? Nous connaissons la déclaration du Président des États-Unis selon laquelle il serait prêt à envoyer un contingent de troupes américaines au Liban. Je dois le dire clairement : si cela doit vraiment avoir lieu, l'Union soviétique ajustera sa politique en conséquence. En ce moment critique, alors que l'agresseur israélien multiplie, jour après jour et d'heure en heure, ses crimes au Liban et à Beyrouth, une ferme déclaration de votre part en faveur d'un cessez-le-feu immédiat, pour ne pas permettre une nouvelle effusion de sang et la mort de milliers et de milliers de Libanais et de Palestiniens, revêtirait une grande importance et serait appréciée par tous ceux qui chérissent la cause de la justice et de la paix au Proche-Orient. »*

Étrangement, François Mitterrand est le seul à prendre ces menaces au sérieux. Les Américains n'y attachent pas la moindre importance. Comme s'ils savaient déjà que les Soviétiques ont décidé de ne rien faire.

Pierre Mauroy demande à notre ambassadeur à Beyrouth de rappeler à Arafat l'invitation, transmise à Kaddoumi, de le recevoir à Paris dès qu'il aura quitté Beyrouth. Le Premier ministre craint que, compte tenu des circonstances, le message ne lui ait pas été transmis.

Discussion sur l'urbanisme de Paris. Depuis dix ans, reste à régler un problème particulier : quel bâtiment construire à la Défense, dans l'axe du Louvre et de l'Arc de Triomphe ? Cette affaire a toujours été considérée comme relevant de la compétence présidentielle. Pompidou eut un projet qu'il ne put mener à bien. Giscard a choisi à la place un bâtiment triste, de faible hauteur, pour n'être pas vu des Champs-Élysées. François Mitterrand reçoit Robert Lion qui lui propose de reprendre le projet à zéro. On trouve un nouveau thème : la Communication. On lancera un concours, sans limiter la hauteur du bâtiment. Le jury sera présidé par Robert Lion, avec un programme défini par un groupe de quatre experts — Lion, Dauge, Biasini et Sautter —, groupe qui suivra aussi l'Opéra, La Défense et La Villette.

Le pacte liant Havas à Bruxelles-Lambert dans la CLT bloque toute réforme de celle-ci. Le Président souhaite que Havas en sorte. André Rousselet n'y tient pas. Rigaud et Rousselet s'opposent violemment sur ce sujet.

**Jeudi 8 juillet 1982**

La loi sur l'audiovisuel est définitivement adoptée par l'Assemblée.

A Budapest, Janos Kadar reçoit le Président dans son immense bureau lambrissé. L'homme reste hanté par les souvenirs de 1956. Il raconte : Andropov, alors ambassadeur soviétique, lui avait donné sa parole qu'Imre Nagy ne serait pas exécuté s'il le livrait. Il le livra et Nagy fut exécuté. *« La Hongrie a toujours été sous la tutelle d'un Empire, turc ou autrichien. Nous sommes revenus aujourd'hui sous l'Empire russe. Il y a en Hongrie plus de soldats russes que hongrois. Que puis-je faire ? Alors je fais le contraire de Ceausescu. Je ne fais pas de grandes déclarations d'indépendance politique, mais je libéralise l'économie. Et, comme cela, ils m'oublient, ils me laissent faire... »*
L'homme est pathétique et sincère.

A l'ambassade, François Mitterrand précise, avec Claude Cheysson, les conditions de notre participation à une force multinationale à Beyrouth : demande libanaise expresse, accord explicite de l'OLP, agrément des Nations-Unies et définition claire du mandat.
Claude Cheysson les rappelle aux Américains, puis ajoute à l'adresse de notre ambassadeur à Washington : *« Le vent fraîchit. Nous allons traverser une zone de forte mer. On nous critiquera, on nous dénoncera, on tentera de justifier des erreurs par notre attitude, on essaiera de nous faire changer de cap. Or, après m'en être entretenu avec le Président, je confirme nos positions et nos directions telles qu'elles sont. »*

Les Israéliens maintiennent leur pression sur la ville. Ils contrôlent l'axe Beyrouth-Damas. Andréas Papandréou, nouveau Premier ministre de Grèce, appelle au téléphone François Mitterrand : *« Il faut que la France reconnaisse l'OLP et invite Yasser Arafat à Paris pour renforcer sa position de négociation et faciliter les efforts des Libanais. »* Le Président répète qu'Arafat peut venir à Paris quand il veut, mais qu'il ne sera reçu que par Pierre Mauroy.

Finale de la Coupe du monde de football. François Mitterrand, qui a invité ses ministres à dîner dans un restaurant de Budapest, regarde le match sans trop s'occuper d'eux. Michel Jobert tourne ostensiblement le dos à l'écran.

Le Président laisse enfin faire : le décret obligeant tous les établissements hospitaliers publics à pratiquer des IVG est signé (il ne paraîtra au *Journal Officiel* que le 27 septembre). Ces établissements devront fournir un rapport annuel sur le nombre d'actes pratiqués. Il devront assurer l'information sur la contraception.

L'affaire du statut de Paris est un désastre. Le gouvernement, à la recherche d'une porte de sortie, recule sur tous les aspects du projet.

A Genève, les négociateurs, l'Américain Nitze et le Russe Kvitsinski, évoquent un accord sur les fusées intermédiaires au cours de promenades dans les bois. Mais l'un et l'autre sont sans mandat. Ils rendent compte à leurs capitales. Nous ne savons rien de leurs conclusions. Inquiétant.

**Vendredi 9 juillet 1982**

Bombardements et duels d'artillerie à Beyrouth.

Le voyage à Budapest se termine par une conférence de presse. Un journaliste demande ce que le Président compte faire contre l'« Oradour de Beyrouth ». François Mitterrand : *« Le propre des interventions militaires, lorsqu'elles rencontrent une résistance, c'est de provoquer, comme vous le dites, des Oradour (...). Pas plus que je n'ai accepté l'Oradour provoqué par l'occupation allemande, je n'accepterai les autres Oradour, y compris à Beyrouth. »*

Brejnev répond à Reagan : *« Pourquoi intervenez-vous ? Aucune raison ! »* Le ton est plus serein.

**Samedi 10 juillet 1982**

Pierre Mauroy travaille à la fin de la période de blocage des prix, dans la hantise d'un retour de l'inflation en novembre. Pour l'éviter, il faut recevoir syndicats et groupes de pression, afin de créer une nouvelle atmosphère où l'inflation ne sera plus un élément du jeu social. Il s'y entend fort bien.

Dans une nouvelle lettre à Reagan, François Mitterrand confirme que, pour la France, la Force internationale chargée de surveiller l'évacuation des Palestiniens hors de Beyrouth doit être placée sous contrôle de l'ONU.

L'ambassadeur de France en Égypte est reçu par le Président Moubarak qui lui demande de transmettre au Président de la République un *« conseil solennel et amical : que la France, sous aucun prétexte et à aucun moment, n'apparaisse comme pressant les Palestiniens de quitter Beyrouth. Les Arabes et surtout l'Union soviétique auraient vite fait de nous le reprocher si les choses tournaient mal. L'affaire, en effet, est loin d'être réglée »*. Selon lui, *« aucun pays arabe ne veut des Palestiniens »*.

L'initiative franco-égyptienne a du plomb dans l'aile. Moubarak ne veut rien faire qui puisse gêner la manœuvre américaine.

**Dimanche 11 juillet 1982**

La *Pravda* met en garde la France contre l'*« aventure, dictée par les ambitions impérialistes »* de Washington, que serait une force d'interposition au Liban. Message adressé aux communistes français, qui ne s'en mêlent pas. La situation est néanmoins bloquée.

**Lundi 12 juillet 1982**

François Mitterrand, qui reconnaît la maladresse de sa déclaration à propos d'Oradour à Budapest, rédige lui-même une note en réponse aux protestations israéliennes. Elle est publiée par la Présidence de la République :

> *« Les autorités israéliennes, en s'élevant contre les propos prêtés au Président de la République lors de sa conférence de presse de Budapest, ont mis en cause ce dernier de façon incorrecte, sans avoir pris la peine de vérifier le bien-fondé de leurs protestations. En conséquence, le Président de la République, qui a toujours montré son attachement à Israël et à son peuple, n'a pas besoin de le réaffirmer et renvoie le gouvernement israélien à la réalité des faits. »*

Malgré les messages de Shultz, les Américains confirment l'embargo sur les licences américaines dans l'équipement du gazoduc d'Ourengoï. La réaction anglaise est violente. Margaret Thatcher déclare devant la « Confederation of British Industry » (équivalent du CNPF) : *« Il faut à l'avenir essayer de nous passer des brevets sous licence américaine à cause de cette affaire d'embargo. »* Les Américains déclarent qu'ils ne comprennent pas l'étonnement européen, compte tenu de la situation en Pologne qui les oblige à la sévérité. Les assouplissements que le général Jaruzelski va probablement annoncer ne seront pas considérés comme suffisants ; il faudrait au moins la libération de Walesa.

George Shultz cherche cependant toujours une porte de sortie pour Reagan. Certains, à Washington, continuent à dire de temps à autre qu'un effort des Européens dans le domaine financier les amènerait à reconsidérer leur position sur le gazoduc. Shultz propose même à Cheysson de remplacer l'embargo par *« une concertation permanente entre alliés avant toute opération commerciale avec l'URSS »*. Cheysson accepte avec enthousiasme. François Mitterrand, informé, refuse : *« Pas de compromis ! Les Américains doivent retirer leur embargo unilatéralement, sans l'échanger contre quelque concession de notre part. »* Cheysson laisse quand même l'ambassadeur de France, Vernier-Pallez, se lancer dans la négociation d'un texte fixant une procédure de concertation sur les crédits à l'Est, en échange de la levée de l'embargo.

Étrange équipage : trois ambassadeurs commencent à négocier, tout fiers, avec le secrétaire d'État. Vernier-Pallez fait le plus gros des suggestions. Shultz est ravi : il a trouvé une porte de sortie à l'embargo et tient son COCOM financier, un mécanisme de contrôle à quatre des crédits bilatéraux à l'URSS...

La fin du blocage des prix s'annonce difficile : la croissance est très faible ; l'investissement ne sort que très partiellement de sa léthargie ; la remise en état des entreprises nationales et le Fonds spécial de grands travaux ne suffiront pas à créer des emplois ; les exportations sont ralenties et la dévaluation entraîne un transfert de richesses vers l'extérieur. Au total, les négociations sociales de novembre se feront sur la répartition d'un gâteau dont la taille n'augmente pas. Le choix est donc entre une négociation globale, sur tous les problèmes en suspens, avec tous les partenaires sociaux, ou une négociation graduelle dont les temps forts seraient les deux rendez-vous de concertation à Matignon, l'un après-demain, l'autre en octobre. Mauroy décide d'avoir, si possible, une négociation globale. Approche hasardeuse, qui risque de tout bloquer. Et pourtant, quelque chose se passe chez les salariés français qui semblent accepter de la gauche la désindexation qu'ils refusaient à la droite. Le patronat a bien plus de mal à l'accepter : l'inflation dévalorise les dettes ; sans elle, celles-ci sont plus élevées...

**Mardi 13 juillet 1982**

Après l'incident des explosifs introduits jusque dans le bureau du Président, Charles Hernu lui propose de voir le commandant Prouteau, le héros des libérations d'otages, et de lui demander de s'occuper de la sécurité de l'Élysée. Reçu pour la première fois par François Mitterrand, intimidé, il m'interroge : *« Est-ce que je peux lui dire que je n'ai pas voté pour lui ? »*

L'ambassadeur de France à Beyrouth est inquiet de l'évolution du siège. Il évoque *« la menace de plus en plus claire d'un nouveau coup de poing israélien sur une ville en état de siège dont les défenses sont de mieux en mieux organisées et dont l'état de d'esprit n'est certainement pas celui qui mènerait à une capitulation sans conditions »*.

Au Conseil des ministres, avancé en raison de la Fête nationale, Claude Cheysson, Jean-Pierre Chevènement, Michel Rocard et André Chandernagor expriment leur préoccupation au sujet de l'embargo américain. Chandernagor pense que *« nous sommes devant un problème d'indépendance nationale. Il ne faut pas subir la loi américaine. Il faut créer un groupe de travail sur les aspects juridiques de la question »*.

François Mitterrand : *« Il faut distinguer la méthode et le principe. En ce qui concerne la méthode, il faut être solidaire des autres pays de la Communauté intéressés par ces contrats avec l'URSS. Mais, même si cette négociation échouait, c'est-à-dire s'il n'y avait pas de position solidaire, il faudrait refuser l'ingérence. Là, c'est le principe qui est en cause. Même si nous étions seuls, nous devrions refuser l'ingérence américaine. »*

La seule négociation qu'il autorise est une négociation entre Européens pour organiser le refus de l'ingérence américaine. Cheysson n'entend toujours pas et croit qu'il est autorisé à négocier avec les Américains pour leur sauver la face !

Le Président revient, en Conseil, sur l'« affaire d'Oradour » : *« Je n'ai évidemment jamais accusé Israël d'avoir commis un acte de cette nature au Liban. J'ai seulement souligné, en réponse à une question, que toute guerre, identifiée à une résistance nationale, expose les belligérants à commettre des violences contre les populations civiles, comme cela a été le cas dans de nombreux conflits récents, en Afghanistan, au Salvador ou ailleurs. »*

La renégociation du contrat par Thomson est engagée avec les Soviétiques : elle aboutit à un protocole soumis à l'approbation des autorités françaises pour être signé au plus tard le 1er octobre 1982. La vente de l'usine de composants électroniques est annulée.

**Mercredi 14 juillet 1982**

Le défilé militaire traditionnel n'a pas lieu, comme d'habitude, le matin, à Paris, mais de nuit, précédé dans la matinée par une revue navale à Toulon.

Ronald Reagan répond à Leonid Brejnev en rejetant la responsabilité de la situation à Beyrouth sur les Palestiniens. Les Américains, répète-t-il, n'interviendront qu'à la demande du gouvernement libanais.

Shimon Pérès, interrogé par la presse, déclare que l'« affaire d'Oradour » *« a été grossie ; M. Mitterrand n'est pas un ennemi d'Israël ».* Itzhak Shamir déclare au contraire : *« M. Mitterrand était notre ami, mais quelque chose a changé. »*

A Londres, ainsi qu'il l'avait annoncé, Issam Sartaoui déclare que *« l'OLP reconnaît officiellement le droit à l'existence d'Israël sur une base de réciprocité ».* Le Foreign Office s'en réjouit.

**Jeudi 15 juillet 1982**

Gaston Defferre proteste auprès du Premier ministre contre la suppression du secteur privé dans les hôpitaux publics :

> *« Les décisions prises par le gouvernement sur la proposition de Jack Ralite et le projet de loi actuellement en discussion devant le Parlement peuvent avoir des conséquences très graves sur la qualité des soins donnés dans les hôpitaux publics. Depuis quelque temps, des médecins des hôpitaux et de jeunes assistants appelés à devenir plus tard médecins des hôpitaux abandonnent les hôpitaux pour le secteur privé. Ce mouvement risque d'attirer dans les cliniques privées des praticiens plus compétents que ceux qui resteront dans les hôpitaux.*
>
> *La réforme Debré avait eu l'avantage, en créant le temps plein, d'imposer aux médecins et aux chirurgiens des hôpitaux de travailler uniquement pour le secteur public. Avant la réforme Debré, les médecins et les chirurgiens des hôpitaux pouvaient exercer à la fois à l'hôpital et dans le secteur privé. Il est à craindre désormais que les médecins et les chirurgiens des hôpitaux publics ne soient plus considérés comme les meilleurs professionnels.*
>
> *Or, du fait des remboursements de la Sécurité sociale, dans le secteur privé notamment, les cliniques privées se sont développées considérablement, ce qui ne peut que creuser davantage le déficit de la Sécurité sociale.*
>
> *Par ailleurs, la suppression des services privés des hôpitaux aura pour conséquence un manque à gagner qui peut être chiffré pour l'ensemble des hôpitaux à plus de 150 millions de francs (15 milliards de centimes). Les caisses de retraite encaisseront environ 800 millions de francs de moins. Si l'on ajoute à cela la question des couvertures sociales des non-CHU, la perte totale pour l'État sera de l'ordre de 200 millions de francs (20 milliards de centimes).*
>
> *Est-il encore temps de revoir les décisions prises qui vont bouleverser les rapports entre les hôpitaux publics et les cliniques privées, abaisser la qualité des médecins*

*et chirurgiens des hôpitaux publics et coûter près de 200 millions à l'État à un moment où il n'y a pas d'argent à gaspiller ? Je le souhaite. »*

Après avoir un moment hésité, le Président reçoit une délégation de la Ligue Arabe composée de Taleb Ibrahimi, ministre algérien des Affaires étrangères, Rachid Abdallah, ministre d'État chargé des Affaires étrangères des Émirats Arabes Unis, et Farouk Kaddoumi, chef du Département politique de l'OLP. Madame Thatcher, elle, a refusé de les recevoir.

La délégation, élargie à MM. Yazid et Souss, a été reçue ce matin par Claude Cheysson. Elle a approuvé les initiatives françaises au Conseil de Sécurité. Mais, tout en marquant son accord sur l'essentiel du projet franco-égyptien, elle a demandé que la France dépose un nouveau texte à objectifs plus limités (cessez-le-feu à Beyrouth-Ouest — désengagement — Force internationale).

Pour la première fois, un homme de l'OLP entre à l'Élysée. Il ne dira pas un mot. Le Président expose le sens des récentes initiatives françaises : *« Israël a commis une erreur en acculant un peuple à une résistance acharnée. Il fallait au contraire chercher la négociation, et alors l'OLP s'imposait comme représentant d'un des deux combattants ; je rends honneur à ce combat. Je m'étonne que les Arabes n'aient pas reconnu Israël, ignorant ainsi une réalité établie depuis 1948 et à laquelle la France est irrévocablement attachée. »*

Une délégation du CRIF (Conseil représentatif des institutions juives de France), conduite par Alain de Rothschild, est reçue par Jean-Louis Bianco. Elle regrette la réception par le Président de la République de Kaddoumi, qui *« redore le blason de l'OLP »*. Par contre, dit-elle, *« le malentendu à propos d'Oradour est réglé »*.

Les positions syriennes implantées dans la Bekaa et à cheval sur la frontière syro-libanaise comporteraient deux à trois divisions, soit 45 à 50 000 hommes. Elles ne sont séparées que d'environ 400 mètres des positions israéliennes ou israélo-phalangistes. Et les troupes soviétiques ne sont pas loin. Jamais, depuis Cuba, l'affrontement direct Est/Ouest n'aura été aussi menaçant.

**Vendredi 16 juillet 1982**

En réponse à la question de Claude Cheysson, Charles Hernu indique qu'il donne *« les instructions nécessaires pour interrompre toute livraison de matériels militaires à Israël »*.

Séminaire de travail à Maisons-Laffitte entre le groupe socialiste de l'Assemblée et le gouvernement. Jacques Delors est très critiqué : *« le blocage des prix ne fonctionne pas », « il n'y a aucune relance de l'emploi », « le chômage nous fera perdre les élections »*. Joxe apprécie de moins en moins Mauroy et le laisse voir.

Réflexion sur la préparation du budget de la Culture. Jack Lang pense qu'il faut accorder davantage de moyens financiers au théâtre et à l'architecture. La musique — mise à part la musique populaire — ne l'intéresse pas. Il oublie, à mon sens, qu'un pouvoir politique ne peut pas grand-chose pour la Culture, sinon favoriser et protéger les pôles d'excellence et les mécanismes universitaires et sociaux qui permettent de les renouveler. Mais qui s'en soucie ? Pas Savary, en tout cas, tout occupé à séduire les syndicats sur l'université, parce qu'il va leur déplaire sur l'école privée. Le Président y est sensible ; mais il n'est pas ministre de l'Éducation nationale...

**Lundi 19 juillet 1982**

Le Colonel Kadhafi écrit à Paris pour dénoncer *« l'immonde campagne militaire sioniste au Liban, qui vise l'extermination du peuple palestinien (...). Nous, au sein du Front de la Fermeté, comptons sur votre magnanimité et celle de votre pays ami pour soutenir la lutte légitime du peuple palestinien ».*

**Mardi 20 juillet 1982**

La troisième motion de censure déposée contre le gouvernement à propos du blocage des prix et des salaires est repoussée. Danger d'une majorité trop large qui laisse un gouvernement sans contrôle, et ne le pousse pas à négocier avec le Parlement.

Bonne nouvelle : un mois après sa création, le Livret d'épargne populaire, permettant enfin l'indexation de l'épargne populaire, est un franc succès : 568 000 livrets ont été ouverts et ont drainé 2,3 milliards de francs. Enfin un peu de justice sociale en ce domaine !

Mauvaise nouvelle : le déficit de l'UNEDIC sera de 37 milliards de francs à la fin 1983. Conçue pour indemniser quelques centaines de milliers de chômeurs, elle n'est pas en mesure de supporter la charge d'un million et demi de sans-emploi. Des mesures exceptionnelles de financement devront être prises d'ici la fin de l'année : hausse des cotisations d'un point et demi, contribution des agents du secteur public, relèvement de la participation de l'État, économies. Avec cela, le gouvernement ne verra pas monter sa cote de popularité. Tant pis. Il faut vite mettre les comptes en ordre si l'on veut être prêt pour les élections de 1986.

**Mercredi 21 juillet 1982**

Le Conseil des ministres adopte un plan d'économies de 10 milliards pour la Sécurité sociale.

François Mitterrand : *« Je désire obtenir le départ de l'OLP du Liban avec celui des autres forces armées ; je désire ne pas avoir de contacts officiels avec l'OLP avant qu'elle n'ait renoncé à détruire l'État d'Israël. Il faut avoir le souci de renforcer le processus de Camp David dans sa dimension israélo-égyptienne. Si Israël attaque Beyrouth, certains diront que c'est de la faute de la France, parce que notre action diplomatique aura empêché une reddition sans conditions de l'OLP il y a quinze jours. »*

Le Président signe la loi instituant la Haute Autorité de l'audiovisuel. Il faut maintenant en choisir les membres.

**Jeudi 22 juillet 1982**

Conflit frontal avec Washington : Paris, Londres, Rome et Bonn annoncent qu'ils honoreront les contrats afférents au gazoduc sibérien malgré l'embargo américain. La France décide d'informer les Américains de la « configuration » des contrats, mais refuse de les présenter au COCOM. *« Nous estimons que la renégociation du contrat l'a rendu acceptable au regard des règles du COCOM. Même si certains éléments du contrat justifieraient un passage devant le COCOM, l'obstruction systématique des États-Unis est un facteur de blocage qui nous conduit à cette procédure. »*

Dix-huit radios privées reçoivent un avis favorable de la Commission consultative. La liberté s'installe. Étrange, comme le monopole paraît loin !

Les « Négociations Globales » sont en panne. Aux réserves américaines s'ajoutent maintenant celles des pays producteurs de pétrole et des pays modérés du Tiers Monde. A moins d'un revirement des uns ou des autres — fort improbable —, on va vers un échec définitif lors de la prochaine session de l'Assemblée générale des Nations-Unies. Il faudra prendre acte de la fin d'un rêve qui aurait pu vraiment conduire à instaurer un nouvel ordre économique mondial. Avons-nous tout fait pour son succès ?

La France fait part de ses préoccupations aux pays les plus influents du Tiers Monde.

La hausse des prix en France est un peu inférieure à 10 %, ce qui représente un gain de 4 points par rapport à l'année dernière. Mais les autres indicateurs économiques sont de plus en plus mauvais : en 1982, la croissance du PIB ne dépassera pas 1,5 % (ce qui est loin des 3,3 % prévus par la Loi de finances et des 2,5 % que l'OCDE a prévus le mois dernier, mais plus que nos voisins) ; le chômage atteindra 2,2 millions de personnes ; l'investissement diminuera d'au moins 1 % en volume ; surtout, le déficit extérieur sera voisin de 80 milliards, contre 59 en 1981. Et cela, le marché le sait, qui attaque le franc dès cette semaine, un mois à peine après la dévaluation de juin ; il est clair que celle-ci ne suffira pas. Il faudra très vite un autre plan plus sévère. François Mitterrand enrage : *« Le pouvoir d'achat des salaires a déjà baissé de près de 2 % cette année. »* Il est furieux *« contre le grand capital et les petits socialistes »*. Il me redit qu'une solution léniniste eût été la seule capable d'imposer une victoire réelle contre le capitalisme et que toutes les solutions réformistes sont condamnées à l'échec.

**Vendredi 23 juillet 1982**

Le numéro trois de l'OLP, Fadl el Dani, est assassiné à Paris.

La loi fixant les compétences de la région Corse est adoptée.

Illusion : le Budget travaille déjà à annuler des dépenses budgétaires d'un montant équivalent à celles du Fonds pour les grands travaux, créé pourtant pour échapper à la rigueur budgétaire.

**Samedi 24 juillet 1982**

Raid de l'aviation israélienne contre les forces syriennes dans la Bekaa, pour détruire les rampes de lancement des missiles Sam nouvellement installées.

Béchir Gemayel est seul candidat à la Présidence libanaise. Les Phalangistes s'apprêtent à s'emparer de l'État dont sont chassés les Palestiniens.

**Dimanche 25 juillet 1982**

Pressé par Cheysson, Arafat signe un document *« reconnaissant toutes les résolutions de l'ONU sur la question palestinienne »*. Un grand pas vers la reconnaissance mutuelle des deux parties. Il passe à peu près inaperçu dans le violent vacarme en provenance de Beyrouth.

Philip Habib est au Caire. Boutros Boutros-Ghali appelle l'ambassadeur de France, Cuvillier, à midi, aussitôt après l'entretien de l'Américain avec le raïs. L'envoyé de Reagan aurait affirmé à son interlocuteur qu'il était à la veille d'aboutir, que rien ne devait donc être fait qui vînt troubler la négociation et risquer de provoquer une réaction d'Israël. Plus précisément, Philip Habib a demandé au Président Moubarak de retarder de trois à quatre jours la discussion du document franco-égyptien par le Conseil de sécurité. Boutros-Ghali a été chargé de transmettre cette demande, à laquelle il souscrit.

C'est clair : les États-Unis veulent en finir avec l'initiative franco-égyptienne. Elle les gêne, s'ils ne veulent pas faire un pas en direction des Palestiniens ; elle leur enlève la vedette, s'ils veulent le faire.

**Mardi 27 juillet 1982**

L'Assemblée supprime la dernière référence du Code civil au « délit d'homosexualité ».

Les ponts sont coupés. Shultz travaille maintenant à créer la Force multinationale sans les Français. Il refuse de recevoir Claude Cheysson, comme de répondre à son invitation à se rendre à Paris. Les Américains nous traitent en concurrents et non plus en partenaires.

Pour la première fois, les bombardements israéliens atteignent les quartiers résidentiels de Beyrouth, malgré la signature d'un septième cessez-le-feu. Arafat écrit à nouveau au Président français en décrivant la dureté du siège de Beyrouth : bombardements, coupures d'eau et d'électricité, obstacles à l'entrée de produits alimentaires et de fournitures médicales.

Adoption définitive à Bruxelles d'une organisation commune du marché des vins dont les principes ont été dessinés au Conseil européen de juin. Grand progrès qui dégage la voie pour un accord budgétaire de la Communauté.

A Mexico, dans un discours nuancé et subtil, lors d'une conférence organisée par l'UNESCO, Jack Lang appelle à une mobilisation contre *« l'impérialisme financier et culturel »* des États-Unis, qu'il ne nomme pas. Tollé des intellectuels et des médias.

Étrange, comme l'Amérique domine les pensées ! Et comme l'Europe est étrangère à elle-même... Nous qui nous battons tant, pied à pied, jour après jour, pour que la solidarité atlantique, si nécessaire, ne déborde pas de son champ de compétences et pour que les Européens, enfin adultes, définissent entre eux une attitude commune sur tous les sujets, sommes-nous à contre-sens de ceux des intellectuels qui connaissent mieux Stanford que Cambridge, Harvard que Tübingen ?

Jean-Pierre Cot obtient de Pierre Mauroy et de Jacques Delors que son ministère ait compétence sur l'ensemble des relations diplomatiques et financières avec le Tiers Monde. Il veut sortir la France de son pré-carré, lui ouvrir d'autres horizons. Cheysson n'en est pas content. François Mitterrand non plus, pour qui le ministère de la Coopération doit rester le ministère de l'Afrique et seulement de l'Afrique. Il en veut à Mauroy, à Cheysson et à Delors d'avoir accepté, et n'aura de cesse d'obtenir l'annulation de cette réforme. La seule bonne façon de l'obtenir serait de nommer Jean-Pierre Cot à un autre poste...

Matignon est toujours le lieu d'un aimable désordre. La négociation, si utile pour créer le consensus social autour de la désinflation, ne doit pas empêcher la décision. Il est urgent que le Premier ministre, si courageux, dévoué et généreux par ailleurs, démontre sa capacité de prendre des décisions et de s'y tenir, sans se réfugier dans un œcuménisme vague, en faisant croire à chacun qu'il lui donne raison. Il vaut mieux des choix contestables qu'une absence de choix. Enfin, il faut imposer le silence aux ministres avant que les décisions ne soient prises, et la discipline quand elles l'ont été.

Il manque un chef d'orchestre régissant la communication du gouvernement, planifiant les relations entre les ministres et les médias. Cela devrait être un ministre, porte-parole du gouvernement et du Conseil, doté d'un budget important. Le Président cherche pour cela un journaliste. Il a plusieurs noms en tête.

**Mercredi 28 juillet 1982**

Le Conseil des ministres dissout le SAC. Il est d'autre part informé par Jean-Pierre Chevènement d'un programme exceptionnel d'investissement pour la « filière électronique ».

En dépit de l'opposition américaine, la France et l'Égypte déposent au Conseil de sécurité leur projet de résolution qui traite à la fois du Liban et du problème palestinien. Les Américains se prononcent contre, tout comme ceux qui ne se soucient que de sauver les Palestiniens. Face à cette coalition d'intérêts contradictoires, aucune chance de recueillir les neuf voix nécessaires. De toute façon, si on les obtenait, les Américains opposeraient leur veto.

**Jeudi 29 juillet 1982**

Dans le cadre du programme sur la « filière électronique » annoncé hier, l'État rachète les principales filiales de ITT. Promesse politique sentimentale, après la tragédie chilienne. Trop cher payé.

Déjeuner du Président avec Guy Lux, venu lui demander d'intervenir pour qu'il retrouve du travail.

C'est officiel : l'OLP s'engage à évacuer Beyrouth-Ouest ; les 5 000 combattants palestiniens seront accueillis en Syrie, en Égypte — qui a finalement accepté —, en Irak et en Jordanie. Arafat, qui l'annonce, ne précise ni le calendrier ni la procédure de leur retrait. Le mandat de Sarkis se termine dans vingt jours. Il vaudrait mieux ne pas laisser ce problème à son successeur. D'autant plus que le seul candidat, pour l'instant, est le chef des Phalangistes, Béchir Gemayel.

**Vendredi 30 juillet 1982**

La discussion de la loi sur les radios libres et les télévisions privées s'achève. Elle met fin à un siècle de dirigisme. Le monopole sur la programmation est aboli. On fera éclater *FR 3* en douze stations régionales, suggère Pierre Mauroy. François Mitterrand est contre.

Cynisme : reconduction pour un an de l'accord céréalier entre les États-Unis et l'URSS.

Explosion d'une bombe, place Saint-Michel à Paris. Un groupe arménien revendique l'attentat en évoquant la « rupture d'un accord secret » avec le ministre de l'Intérieur. Qu'y a-t-il là-dessous ?

Difficile de réformer la fiscalité, même avec la majorité absolue au Parlement. Le Président voudrait une réforme des droits de succession : *« C'est le cœur du capitalisme. A la limite, je serais pour la suppression totale de l'héritage. En tout cas, le système actuel est très injuste. Il n'est même pas progressif ! »* L'impôt est de 10 % sur un héritage moyen, et de 19 % seulement pour un héritage important. Et la différence a été constamment réduite depuis 1959. Aux États-Unis, les taux vont de 0 à 33 % ; ils s'échelonnent de 12 % à 60 % en Grande-Bretagne. Et pourtant, on ne peut rien faire ! explique Laurent Fabius. *« Je vous l'avais bien dit,* sourit François Mitterrand, *sans léninisme, on ne change rien. »*

**Samedi 31 juillet 1982**

Un accident sur l'Autoroute A6, près de Beaune, fait 53 morts, dont 46 enfants. Le pouvoir politique en est accusé ; comme si, thaumaturge, il devait aussi faire en sorte que la société ait de la chance. Décidément, rien ne lui réussit.

Version douce de l'initiative franco-égyptienne : les Égyptiens demandent aux Américains des compensations politiques pour les Palestiniens.

**Dimanche 1er août 1982**

Le Conseil de sécurité décide de l'envoi d'observateurs à Beyrouth. Ce n'est pas encore la force d'interposition que Français et Américains demandent. Séparément, Philip Habib continue de négocier le processus d'évacuation des Palestiniens. Israéliens et Américains ne veulent pas de Français dans la Force multinationale, ni que celle-ci débarque avant le départ des derniers Palestiniens, de peur que ces derniers ne partent plus, des forces étrangères leur servant désormais de rempart. Enfin, les Américains ne veulent pas que l'ONU exerce un droit de regard. A l'inverse, l'OLP n'accepte de partir que si cette force d'interposition inclut les Français, en qui ils ont confiance, et si le Conseil de sécurité l'approuve. Pour réussir, les Américains vont donc devoir passer par nous et par le Conseil de sécurité. Amère victoire.

Après quatorze heures de bombardements, 165 morts et 400 blessés, les Israéliens prennent l'aéroport de Beyrouth, où atterrit Philip Habib. Le général Sharon affirme que *« l'armée israélienne quittera le Liban lorsque le dernier terroriste et le dernier soldat syrien l'auront quitté ».* L'ambassadeur de France raconte : *« Plusieurs obus sont tombés dans le parc de la Résidence des Pins et quelques éclats ont frappé la résidence. Quant au parc, il a été à moitié incendié. La piscine est hors d'usage. Le mur d'enceinte s'effondre en plusieurs endroits. Le tableau général est celui d'un blitz impitoyable. »*

François Mitterrand, informé dans la nuit par le permanent de l'Élysée, interdit toute prise de position publique de qui que ce soit sans qu'on l'ait consulté. *« Je ne veux pas qu'on lance de nouvelle polémique. »* Claude Cheysson est sous haute surveillance.

**Lundi 2 août 1982**

Les Américains commencent à s'impatienter des violences israéliennes. Reagan reçoit Shamir à Washington : *« Le monde ne peut plus tolérer cette escalade sans fin de la violence. »* Le tournant est pris. Nous sommes prêts à y participer. Le mandat reste flou. L'URSS ne dira rien. Pas de veto en perspective. Protéger le départ des Palestiniens ? Protéger Beyrouth des agressions israéliennes et des vengeances ? Rester jusqu'au départ de toutes les troupes étrangères ?

Face aux attaques de l'opposition contre le « laxisme » du gouvernement, la Chancellerie précise qu'aucun détenu gracié ou amnistié après le 10 mai 1981 n'avait commis de crime de sang.

**Mardi 3 août 1982**

Philip Habib obtient l'accord des Israéliens, des Libanais et des Palestiniens sur une force multinationale composée de Français, d'Italiens et d'Américains. A

Beyrouth, Paul-Marc Henry est reçu par Élias Sarkis : « *Le gouvernement libanais veut savoir d'urgence si la France est disposée à envoyer le premier contingent de la Force multinationale dont l'arrivée à Beyrouth déterminera en fait le démarrage effectif de l'opération.* » Paul-Marc Henry ajoute : « *Les Palestiniens sont convaincus que la présence française dès le début de l'opération est la garantie non seulement de leur protection physique, mais aussi de la sauvegarde de leur dignité morale.* »

Le Président, informé, porte en marge : « *Oui, agir vite. Accepter le plan Habib.* »

A Paris, la préparation du Budget 1983 se passe mal. Les ministres n'ont pas encore compris que les réformes de structures sont l'essentiel et que la relance budgétaire est terminée. Dans une lettre au Président, Laurent Fabius s'affole : nul contrôle sur le Budget. Il propose un gel des recrutements et un blocage du pouvoir d'achat des fonctionnaires au salaire supérieur à 6 000 francs par mois :

> « *Une dynamique du déséquilibre budgétaire s'est créée. Cette évolution est inacceptable : elle conduit d'abord à revenir sur un de vos engagements, mais surtout elle suppose un recours de plus en plus important à l'endettement et à la création monétaire pour financer des déficits sans cesse plus élevés. Les risques sont alors multipliés : asphyxie du marché financier au détriment des entreprises publiques et privées, et donc de l'investissement ; aggravation des charges de la dette publique (2 % du PIB en 1986) ; alimentation de l'inflation par la création monétaire ; limitation autoritaire du crédit au détriment de la reprise économique. Le Budget de 1983 doit être un premier coup d'arrêt à cette dégradation de nos équilibres ; puisque doit être écartée la solution fiscale qui reviendrait à relever encore le poids des prélèvements obligatoires (44 % du PIB à la fin de cette année), seule demeure la maîtrise des dépenses (...). Dès le début 1983, il faut décider de ne pas créer de nouveaux emplois dans les trois prochains budgets, ne préserver le pouvoir d'achat que des seuls agents dont le traitement ne dépasse pas 6 000 francs par mois, remettre en cause le système des primes, établir une hiérarchie entre les grandes catégories d'interventions de l'État (...). Il faut une réunion rapide et restreinte sur ces aspects, dès la première semaine d'août, pour respecter la procédure budgétaire.* »

Il faut en effet faire vite : janvier se décide en août.

Le Président refuse : « *Pas question de rien faire avant les municipales. Ou c'est que vous vous êtes tous trompés. Et je sais alors ce qu'il me reste à faire.* »

On a vu Barbie venir rendre visite au Président de la République bolivienne. Cela va forcer à sortir du placard administratif la demande allemande d'extradition. L'ambassade de France à La Paz fait savoir au gouvernement bolivien que la France appuie cette demande allemande formulée en mai 1982. Serge Klarsfeld vient rappeler à Régis Debray qu'ensemble, en 1973, ils avaient tenté d'enlever Barbie.

**Mercredi 4 août 1982**

Pendant le Conseil des ministres, Jack Lang passe un billet à François Mitterrand, lui demandant de lui donner la parole pour s'expliquer sur ce qu'il a déclaré à Mexico il y a quelques jours :

*« J'aurais souhaité pouvoir en dire deux mots au Conseil des ministres et saisir cette opportunité pour faire quelques mises au point. Notre présence à Mexico a été un immense succès. Nos propositions ont été approuvées avec enthousiasme par plus de 120 représentants de gouvernements. Sous la pression des Américains, le représentant de l'AFP a totalement défiguré mon intervention. D'où les caricatures présentées par certains journaux français. L'autorité internationale de la France est sortie renforcée de la conférence. Le rapport général lui a été confié à l'unanimité. Je vous joins sous ce pli le texte de mon allocution. Vous pourrez mesurer le fossé qui sépare son contenu et son interprétation dans certaines gazettes françaises. Mon discours était principalement un appel à la création et non pas une mise en accusation exclusive des Américains, au demeurant non cités dans mon allocution. C'était un discours pondéré et équilibré. Ce sont les Américains qui ont manipulé et déformé l'information, et les agences européennes ont répercuté le seul écho américain. »*

Le Président ne lui donne pas la parole. Il demande néanmoins à voir son texte : il est vrai que les Américains ne sont pas mentionnés. Tempête dans un verre d'eau.

Alain Savary présente au Conseil les bases sur lesquelles il entend mener ses négociations : intégration des écoles privées dans un établissement d'intérêt public, obligation de financer ces écoles, intégration des maîtres du privé dans le secteur public.

Les négociations secrètes commencent chez Geneviève Delachenal, la sœur du Président, très active dans le mouvement catholique. Le Père Guiberteau voit Jean-Louis Bianco.

Promulgation de la loi Auroux sur les nouveaux droits des travailleurs.

Les blindés israéliens pénètrent dans Beyrouth-Ouest. Très violents bombardements de la ville. François Mitterrand décide d'y envoyer un expert, le colonel Coullon, afin d'examiner, avec une commission libano-palestinienne, les modalités de participation de la France au départ éventuel des Palestiniens. Il réclame le secret le plus absolu.

**Jeudi 5 août 1982**

Le secrétaire d'État aux Rapatriés, Raymond Courrière, vient à Latché. Il rappelle au Président sa promesse d'une amnistie générale des participants à la guerre d'Algérie, y compris des généraux putschistes. Le Président : *« De toute façon, ils n'ont pas été plus "Algérie française" que Michel Debré ou Michel Poniatowski. Préparez-moi un projet. »*

Les propriétaires bloquent l'application de la loi Quilliot. Les quelques droits nouveaux accordés aux locataires dépriment, paraît-il, le marché de l'immobilier. L'épargne quitte la pierre pour se diriger vers la Bourse. On passe d'un capitalisme de rente immobilière à une social-démocratie du profit industriel.

François Mitterrand s'inquiète d'une éventuelle défaite de Helmut Schmidt aux prochaines élections en RFA, et d'une montée du pacifisme. Genscher peut aussi changer de camp avant le scrutin...

Le Conseil de sécurité adopte — moyennant l'abstention des États-Unis — une résolution qui « blâme » Israël et lui demande un « prompt recul » sur ses positions antérieures au 1er août. Reagan émet la même demande dans un message adressé à Begin — demande repoussée. Philip Habib transmet de nouvelles propositions aux différentes parties, dont la France, les États-Unis, le Mali, pour l'organisation de la Force d'évacuation des Palestiniens.

Le Liban, pris en otage il y a un an par les Palestiniens, est menacé d'être dépecé par Israël et la Syrie. Il ressemble aujourd'hui à l'Autriche des années 40 : occupée par l'Allemagne, puis champ de bataille, et enfin occupée par les Quatre Grands ; le traité d'État de 1955 y a créé une nation indépendante et démocratique. La France pourrait lancer l'idée d'une déclaration de neutralité du Liban sur la base de l'accord de La Haye du 18 octobre 1907, qui oblige les cosignataires à respecter la neutralité du pays qui l'invoque et impose le retrait des forces étrangères. Elle pourrait alors proposer de participer à la reconstitution du Liban sur la base d'un système fédéral dans lequel Beyrouth ne serait qu'un district fédéral.

Alain Poher fait savoir au Président qu'il a choisi, pour la Haute Autorité, Bernard Gendrey-Rety, Jean Autin et Gabriel de Broglie. Édouard Balladur, contacté, aurait refusé.

**Vendredi 6 août 1982**

Louis Mermaz, Georges Fillioud, André Rousselet et Claude Estier sont à Latché pour discuter du choix des six autres membres de la Haute Autorité. François Mitterrand veut nommer Paul Guimard à la présidence. Paul refuse : trop d'honneurs, trop de contraintes. On évoque les noms de Michèle Cotta, Jacques Boutet, André Holleaux, Stéphane Hessel, Marcel Huart et Marc Paillet. Au nom du Parti communiste, Pierre Juquin a proposé Daniel Karlin et André Stil. Il faudra sans doute en retenir au moins un.

La spéculation recommence contre le franc deux mois à peine après la dévaluation.

Bombardement aérien en plein centre de Beyrouth. Un immeuble de huit étages, abritant des Palestiniens, est entièrement détruit.

Proposition soviétique au Conseil de sécurité demandant l'embargo sur les armes à destination d'Israël. Veto américain.

Plusieurs officiers français sont à Jounieh pour régler avec les Américains, les Maliens et les Libanais les modalités d'un éventuel départ des Palestiniens de Beyrouth. Les Israéliens sont furieux contre la France. Ils ne veulent pas de nous dans cette affaire. Un accord est pratiquement réalisé sur la base des dernières propositions transmises par Philip Habib. L'OLP serait prête à partir entre le 12 et le 15 août. La date du 12 août est retenue, sans être définitive.

Yasser Arafat demande au Président français de hâter l'arrivée des forces françaises : *« Étant donné les conditions actuelles, très périlleuses, je vous serais reconnaissant de bien vouloir déployer tous les efforts, avec toutes les parties concernées, afin de surmonter les obstacles qui empêchent l'arrivée le plus tôt possible des forces françaises, car nous nous attendons à des actions israéliennes. »*

Les Palestiniens demandent que le premier détachement français arrive la veille de leur départ. L'armée libanaise sera présente aux côtés du premier élément de la Force internationale, qui se déploiera selon les instructions données par la commission mixte libano-palestinienne. Le premier contingent palestinien empruntera la voie maritime. Quatre navires commerciaux sont en cours d'affrètement par la Croix-Rouge internationale. Chaque navire gardera son pavillon national, destination Akaba. Parvenus dans ce port, les Palestiniens se répartiront entre Jordanie et Irak. Le transport par terre vers la Syrie ou *via* la Syrie n'est pas encore approuvé.

La réponse définitive des Israéliens sera donnée demain. Une réunion entre Philip Habib, les Libanais et la délégation française aura lieu dimanche 8 août à 9 heures. Le négociateur américain espère aboutir vers lundi prochain à un accord entre l'OLP et le gouvernement libanais. Selon ses calculs, et si tout va bien, l'évacuation pourrait commencer vers le 12 ou le 15 août. Quand il sera en possession de l'accord libano-palestinien, il s'efforcera de le faire endosser par les Israéliens. L'OLP paraît avoir renoncé à ses exigences de retrait israélien, même si les États-Unis préféreraient que Tsahal se replie sur ses positions du 1^er^ août.

Arafat craint que le général Sharon n'attaque les combattants palestiniens pendant leur départ, ou que les familles palestiniennes restant au Liban ne soient l'objet de représailles avant l'arrivée de la Force internationale.

Begin, de son côté, redoute que si la Force en question arrive avant l'évacuation de l'OLP, celle-ci, *« protégée »* par les contingents français ou américain n'essaie de s'incruster à Beyrouth.

Dans ces conditions, Philip Habib se résigne à l'arrivée du contingent français le jour même du début du retrait palestinien.

Un premier détachement — 400 hommes du 2^e^ REP basé à Calvi — est mis en alerte à 6 heures. Un renfort d'environ 800 hommes, constitué d'éléments répartis sur tout le territoire métropolitain, est mis en alerte à minuit. Le personnel sera acheminé en partie par avion, comme le premier détachement ; le matériel lourd, par le TCD Orage, stationné à Toulon. Les délais d'intervention respectifs sont estimés à quatre et six jours.

Je me rendrai la semaine prochaine à Mexico pour évaluer la crise financière avec l'actuel président, Lopez Portillo, et son successeur Miguel de la Madrid.

**Samedi 7 août 1982**

C'est fait : les Libanais et les Palestiniens acceptent le plan Habib. Le détachement français est prêt à partir pour Beyrouth. Le Président confirme à Reagan que *« la France est disposée à assurer les responsabilités qui pourraient lui incomber dans la composition d'une force internationale d'interposition à Beyrouth »*.

Dans une interview au *Monde*, Arafat souhaite la tenue *« d'une conférence internationale réunissant toutes les parties après la fin des hostilités »*. Il fait savoir à l'ambassadeur de France à Beyrouth que *« les Israéliens font des préparatifs sérieux pour une certaine opération. Elle pourrait commencer dans les prochaines heures. La situation exige que nos amis français se montrent vigilants et redoublent leurs efforts. D'après les informations que nous recevons des Libanais, les Israéliens font preuve d'obstination à l'encontre des Français. C'est une nouvelle surprise. Nous sommes par ailleurs stupéfaits par le retard des Libanais, après tout ce sur quoi nous nous sommes mis d'accord avec eux et avec Habib. La question à poser est la suivante : la position israélienne à l'égard de la Force française est-elle coordonnée avec celle des Américains ? ».* Claude Cheysson rassure Arafat : *« Aucun effort n'est ménagé du côté français, jusqu'au niveau le plus élevé de l'État, pour mettre en œuvre ce qui vient d'être examiné à Beyrouth avec vos représentants et ceux des autorités libanaises (...). Bien entendu, ceci ne nous fait pas perdre de vue la dimension politique... »*

Revirement américain à notre endroit : ils nous demandent maintenant d'intervenir auprès des Égyptiens qui ne veulent toujours pas recevoir des Palestiniens ! Le Caire maintient sa position : pas d'accueil des Palestiniens sans une compensation politique permettant à ceux-ci de sauver la face.

L'Élysée décline aimablement la proposition des Américains d'envoyer des officiers à Stuttgart pour se coordonner avec eux sur l'opération libanaise : nous sommes prêts à avoir tous les contacts nécessaires, mais à Paris. Cette opération ne doit pas glisser subrepticement de l'ONU à l'OTAN.

Le Président souhaite également que nous fassions valoir aux Américains que *« notre vote de la dernière résolution du Conseil de sécurité ne relève pas de notre part d'une agressivité à l'égard d'Israël, mais que nous ne pouvions pas ne pas voter une résolution qui n'a rien de disproportionné dans la situation actuelle, et que notre désir est bien d'aboutir à un accord dans les meilleurs délais possibles ».*

Comme les humeurs changent : dans une lettre à Claude Cheysson, Shultz exprime sa *« gratitude »* et son *« estime profonde pour la décision ferme et sans équivoque »* du gouvernement français *« de déployer des troupes françaises dès que cela sera nécessaire, pour faciliter l'évacuation des forces de l'OLP de Beyrouth dans des conditions qui auront été déterminées (...). Cette décision commande le respect et l'admiration de tous ceux qui souhaitent que soit mis un terme à l'effusion de sang et qu'une possibilité soit donnée au Liban de survivre à cette terrible épreuve. La décision de votre gouvernement encourage chacun d'entre nous ».* Les États-Unis condamnent *« la réponse disproportionnée et intolérable des Israéliens à des prétendus tirs de leurs adversaires ».*

**Dimanche 8 août 1982**

Élections à l'Assemblée régionale de Corse : 1 037 candidats pour 61 sièges.

L'étau se resserre autour des camps palestiniens au Liban, et la date du départ des combattants approche. Yasser Arafat écrit au Président, comme presque chaque jour, désormais :

> *« L'armée israélienne est en train de perpétrer de terribles crimes contre la population palestinienne à l'intérieur et à l'extérieur des camps de réfugiés à Beyrouth. La radio israélienne, les agences de presse mondiales ainsi que les observateurs internationaux ont reconnu la véracité des faits. Je vous supplie, au nom du sang*

*palestinien innocent, d'intervenir immédiatement pour faire arrêter ces massacres barbares et pour que l'armée israélienne se retire du Liban.* »

Blocage : les Israéliens refusent toujours que le premier contingent de la Force d'interposition arrive à Beyrouth avant le départ du dernier Palestinien en armes. Shultz veut en parler d'urgence à Cheysson. Mais celui-ci est dans l'avion pour Delhi. Pourquoi ? Mystère... A son arrivée dans la capitale indienne, le ministre rappelle le secrétaire d'État, qui lui dit souhaiter « *proposer à Begin que le détachement français soit le premier sur le terrain* » et que « *le départ pour Beyrouth ne s'arrête plus une fois commencé. Si l'OLP revient sur son engagement après les premiers départs, il y a rupture de l'accord* ». Cheysson approuve : « *Il est essentiel de faire tomber cette dernière exigence de calendrier des Israéliens.* » Shultz : « *J'ai contacté les Italiens.* » Cheysson s'étonne : « *Les Italiens ? Dans la Force multinationale ?... Première nouvelle.* » La communication étant détestable, le ministre français ne peut poser de questions. Il rappellera.

Mais le rôle de cette Force n'est décidément pas semblable pour tout le monde. Menahem Begin écrit à François Mitterrand le même jour : « *Nous avons totalement détruit le dispositif militaire palestinien, fait prisonniers près de 8 000 hommes, tué entre 2 000 et 3 000 combattants palestiniens. Quant aux survivants, ils quitteront le Liban. C'est une question de jours.* » Il ajoute qu'il a demandé à George Shultz des garanties écrites que la Force internationale d'interposition « *expulserait les Palestiniens restés à Beyrouth au cas où ils refuseraient de s'en aller de leur propre gré. Nous sommes prêts à admettre que jusqu'à 2 500 terroristes restent à Beyrouth après l'arrivée de la Force d'interposition. Mais cela à deux conditions : soit ils seront expulsés* manu militari *par ces contingents internationaux assistés par l'armée libanaise, soit ces contingents accepteront de se retirer et nous laisseront faire cette opération* ».

Autrement dit, contrairement à ce que Shultz annonce exactement à la même heure à Cheysson, Begin accepte que les troupes internationales arrivent *avant* le départ de tous les Palestiniens. Shultz a-t-il inventé tout cela pour faire avaler la pilule italienne ? Ou Cheysson a-t-il mal compris ? Les Palestiniens, en tout cas, ne veulent pas commencer à partir avant l'arrivée des Français.

**Lundi 9 août 1982**

Les Israéliens exigent que l'OLP rende un de leurs pilotes, prisonnier, et les corps de quelques soldats tués au combat.

L'armée israélienne est à Jounieh, occupant les deux tiers du Liban et dominant la vallée de la Bekaa où sont concentrées les forces syriennes, et sans doute des officiers soviétiques. Le départ des Palestiniens est prévu pour dans trois jours. La tension est à son comble...

A Paris, vers 13 heures, rue des Rosiers, un tireur fait irruption dans le restaurant Goldenberg et mitraille au hasard : six morts, vingt blessés. Immédiate vague d'indignation. Pourquoi ? Quel message ? Quel lien avec la négociation en cours ? Pour obtenir quoi de la France ?

Informé, Menahem Begin ne fait pas dans la dentelle ; il retrouve les accents de sa jeunesse, du terrorisme et de la violence : « *Le crime commis à Paris est le résultat de déclarations choquantes sur les "Oradour" et des propos inconsidérés de la presse française à propos de la guerre au Liban. Ces attaques anti-israéliennes qu'ont développées les médias ne sont pas différentes des attaques antisémites. De nouveau, le cri de "Mort aux Juifs !" a été entendu dans les rues de Paris, comme au temps de l'Affaire Dreyfus. Je suis fier d'être le Président du Conseil israélien, mais je suis d'abord un Juif. Si les autorités françaises ne mettent pas fin aux actions meurtrières des néo-nazis contre les Juifs, visés parce qu'ils sont Juifs, je n'hésiterai pas à lancer un appel aux jeunes Juifs de France pour qu'ils assurent la défense de leur dignité humaine. »*

Le même jour, dans un télégramme d'un tout autre style à François Mitterrand, Arafat : *« C'est avec une grande peine et émotion que j'ai appris les tristes nouvelles de l'attentat criminel commis cet après-midi à Paris et dont ont été victimes des citoyens français de confession israélite... C'est à travers votre personne, Monsieur le Président, que je souhaite transmettre mes condoléances les plus sincères en mon nom personnel et au nom de l'OLP aux familles des victimes... »*

**Mardi 10 août 1982**

Une bombe est désarmorcée dans un central téléphonique du 17e arrondissement. Le groupe arménien « Orly » prétend l'avoir déposée. Deux autres explosent dans une société d'outillage, rue Saint-Maur, et devant une banque parisienne : attentats revendiqués par Action Directe.

Brejnev parle fort, mais agit peu : c'est décidé, l'URSS ne mettra pas son veto à la création de la Force multinationale. Alors qu'elle aurait pu saboter l'accord, ou à tout le moins faire monter la tension d'un degré, la flotte soviétique de Méditerranée reste discrète. L'URSS passe par profits et pertes l'épisode actuel du conflit israélo-arabe. *« L'apparent renoncement russe,* note un télégramme diplomatique reçu de Moscou, *s'explique par la reconnaissance réaliste que le Kremlin n'avait guère de cartes en main, par la conviction que l'affaire n'est pas réglée au fond, par la volonté de ne pas risquer dans un conflit périphérique de compromettre si peu que ce fût les chances du dialogue stratégique avec Washington. Enfin, Moscou doit déjà faire face aux crises d'Afghanistan et de Pologne au moment où, selon les apparences, la lutte pour la succession est ouverte. »*

Le gouvernement israélien demande à Paris : *« La France peut-elle intervenir auprès des autorités syriennes afin d'obtenir le nom des militaires israéliens disparus, notamment prisonniers, dont Damas aurait connaissance ? »* Les relations de Paris avec l'OLP peuvent parfois apparaître utiles à Israël...

Discussion au petit déjeuner. Michel May prendra la présidence de *TF1*, Pierre Desgraupes celle d'*Antenne 2*, André Holleaux celle de *FR3*. Jacques Boutet quitte *TF1* pour prendre la direction des Affaires culturelles au Quai d'Orsay.

**Mercredi 11 août 1982**

Le Président demande que notre ambassadeur à Beyrouth remercie Arafat pour son message après l'attentat de la rue des Rosiers. Le Président écrit : *« Faire remercier par l'ambassadeur. »* L'ambassadeur remerciera *« au nom du Président »*. Nuance...

Pierre Mauroy vient rue des Rosiers se recueillir sur le lieu de l'attentat. Plus tard, le Président assiste à un office à la mémoire des victimes. A sa sortie de la synagogue, il déclare : *« Ce fanatisme-là, comme tous les fanatismes, me trouvera devant lui. »* Quelques manifestants émettent des cris hostiles. Il ne l'oubliera pas.

Le Mexique, où j'arrive, est au bord du dépôt du bilan : 80 milliards de dollars de dette publique extérieure, une inflation annuelle de 80 %, une incapacité à payer les intérêts de la dette, supérieurs aux recettes pétrolières. Depuis janvier, pour éviter la panique des grandes banques américaines, qui ont 56 milliards de dollars de créances sur le Mexique sur un encours total de 220 milliards de dollars, la Réserve fédérale des États-Unis a dû consentir trois prêts à la Banque centrale du Mexique, de 600 millions de dollars à chaque fois. Au total, la Réserve fédérale américaine, le Département de l'Énergie et celui de l'Agriculture ont mis 3,5 milliards de dollars sur la table pour reconstituer les réserves de la Banque centrale mexicaine, en quasi-faillite.

Le Président Lopez Portillo, en place pour trois mois encore, me reçoit dans son bureau. Très fatigué, sinon absent, il impute la totalité des malheurs de son pays à une *« conspiration du monstre américain visant à intimider son successeur en politique étrangère (...). Les médias américains créent la panique chez les riches Mexicains en annonçant tous les jours la proximité d'une crise politique majeure. Voilà pourquoi les capitaux quittent le pays. Ils veulent nous mettre à genoux. L'avenir de l'Amérique centrale est très sombre. Je m'attends, après l'encerclement du Nicaragua par des gouvernements de droite, à un* golpe *militaire parti du Honduras »*. Pour le conjurer, il souhaite qu'une initiative conjointe du Venezuela, de la Colombie, du Mexique et de la France s'adresse au Honduras pour le menacer de sanctions en cas d'intervention au Nicaragua.

Une heure plus tard, au siège du parti dominant, le PRI, le candidat-désigné-élu, Miguel de la Madrid, très calme, m'explique au contraire que l'essentiel de la crise actuelle du Mexique est due à la croissance trop rapide des cinq dernières années. Il n'attend le salut que d'*« une politique d'assainissement. Seul un gouvernement très fort pourra faire accepter au Mexique cette longue pause dans la croissance, qui a coûté son trône au Shah d'Iran dans des conditions économiques très voisines. Il faut calmer le jeu en demandant que, de part et d'autre, cesse l'outrance verbale »*.

Miguel de la Madrid n'aura pas une politique étrangère très différente de celle de Lopez Portillo. Sans doute y mettra-t-il moins de fougue que son prédécesseur, afin d'obtenir que s'installe dans la région la sérénité dont il aura besoin pour régler ses très difficiles problèmes économiques intérieurs. Mais, à l'inverse, la politique étrangère sera le seul secteur où il pourra satisfaire l'aile gauche de son parti.

Étrange contradiction entre deux hommes dont aucun ne cite le nom de l'autre ; le nouveau, choisi pourtant par son prédécesseur, en est l'absolu contraire. Grandeur du choix de Lopez Portillo : entre un politique et un financier, il a choisi, dans l'intérêt du pays, le financier, même si celui-ci est le plus éloigné de ses propres idées. En échange, La Madrid le protégera toujours des critiques rétrospectives.

Entre deux discussions sur la Force multinationale, Shultz répète à Cheysson qu'il veut mettre fin à l'embargo américain sur le gazoduc : *« Nous allons trouver un habillage. Il faut en parler. — Très bien »*, répond Cheysson, toujours prêt à négocier.

**Jeudi 12 août 1982**

Robert Badinter propose au Président quelques principes en matière d'extradition : la France terre d'asile, mais non repaire ou sanctuaire ; la France n'extrade pas vers un pays qui méconnaît les droits de l'homme, ni vers une démocratie dans le cas d'activités politiques ou intellectuelles, d'infraction matérielle ou lorsque la personne extradée risque la peine de mort. Le Garde des Sceaux préconise une nouvelle Convention européenne d'extradition qui ne distinguerait pas la lutte contre le terrorisme de la lutte contre toutes les autres formes de criminalité.

A Beyrouth, tout est retardé. Philip Habib revient voir *« si l'OLP et le gouvernement libanais sont prêts à faire preuve de souplesse sur les demandes israéliennes ; s'ils consentent à partir avant l'arrivée des troupes et à communiquer la liste nominative des partants »*. Il est accueilli sur l'aéroport par un terrible bombardement israélien, comme si l'on voulait rendre sa mission impossible. Reagan, furieux, proteste contre *« l'action militaire massive d'Israël (...), les inutiles destructions et les nouvelles effusions de sang »*.

Le cabinet israélien se réunit à nouveau. Cette réunion extraordinaire est orageuse : Begin critique vivement le général Sharon d'avoir décidé seul ce nouveau bombardement. Toute opération militaire importante devra être désormais soumise au Conseil des ministres. Sharon est enfin sous contrôle. Mais la santé de Begin est au plus bas.
Après neuf heures de tirs, un onzième cessez-le-feu est instauré.

Arafat fait savoir qu'il désire la protection de la flotte française pour son propre départ. Shamir dit à Bonnefous, ambassadeur de France en Israël, qu'il craint que le *« contingent* [français] *ne soit utilisé comme bouclier par les Palestiniens s'ils changent d'avis et refusent de partir »*. Cheysson rassure Shamir : *« Dans ce cas-là, la Force française s'en irait. »*

**Vendredi 13 août 1982**

A Latché, le Président me dit son amertume pour la façon dont il a été accueilli rue des Rosiers : *« C'est très injuste, mais je les comprends. »*

Yasser Arafat envoie au Président de la République un message particulièrement critique envers Habib qui, selon lui, ne réussit pas à faire accepter aux Israéliens la présence de la Force internationale à Beyrouth avant le début de l'évacuation des Palestiniens, et veut disposer de listes nominatives des Palestiniens partants :

> *« Les deux dernières demandes israéliennes transmises par P. Habib (déploiement de l'échelon précurseur après le départ des premiers contingents palestiniens et communication de listes nominatives) sont inacceptables par l'OLP. Elles confirment les dirigeants de l'OLP dans l'impression que les Israéliens ne cherchent pas d'issue autre que militaire et que la question de l'arrivée de l'échelon précurseur au jour J est primordiale. La présence française, dès le jour J, constitue toujours pour l'OLP une garantie* sine qua non *de son départ dans la dignité et la sécurité. »*

Claude Cheysson en parle avec George Shultz, qui accepte de tenter de convaincre Begin de renoncer à ces deux conditions.

**Samedi 14 août 1982**

A Latché, François Mitterrand reçoit Michèle Cotta et lui demande de prendre la présidence de la Haute Autorité. Elle accepte immédiatement, sans chipoter. Il lui parle des nominations à la tête des diverses chaînes.

**Dimanche 15 août 1982**

A Beyrouth, toujours la même question qui bloque tout : et si les Palestiniens interrompaient leur évacuation une fois les Français arrivés, que ferait la France ?

De Jérusalem, au milieu d'une réunion de Begin et Sharon avec Philip Habib, Shamir appelle Cheysson à Paris pour *« avoir confirmation de votre position dans le cas où les Palestiniens arrêteraient soudain l'évacuation de Beyrouth-Ouest »*. Cheysson confirme, à l'intention de Begin et Sharon, ce qu'il a dit, trois jours plus tôt, à Shamir : *« La présence de nos forces perdrait son sens si l'objet en était modifié unilatéralement. »* Les Israéliens ne sont pas pour autant convaincus. Ils préféreraient malgré tout que le détachement précurseur soit américain. Le ministre des Affaires étrangères italien, Colombo, confirme par téléphone à Cheysson que *« les Italiens se récuseront si les Français sont écartés de la Force d'interposition »*.

A la même heure, l'ambassadeur israélien à Paris, Meir Rosenne, rappelle Cheysson de la part de Shamir : *« Shamir me confirme qu'il n'y a aucune exclusive à l'égard des Français, mais que le débat porte "sur le détachement précurseur". »*

Aucun accord n'est encore passé entre les Israéliens et Habib, non plus qu'entre Habib et l'OLP. Tout demeure bloqué.

**Mardi 17 août 1982**

La situation du franc se raffermit. Depuis la dévaluation, plus de 2,5 milliards de dollars sont revenus dans les caves de la Banque de France... mais après avoir empoché la prime de dévaluation !

Le chef de l'opposition israélienne, Shimon Pérès, est à l'Élysée. Israël, dit-il, accepte la présence d'éléments français au sein de la Force multinationale. François Mitterrand réaffirme la position française sur le conflit : droit du peuple d'Israël à vivre en paix dans un État reconnu et respecté ; droit des Palestiniens à disposer d'une patrie ; droit du peuple libanais à recouvrer son indépendance.

Le Président convoque Gaston Defferre et lui impose la nomination comme secrétaire d'État à la Sécurité publique de Joseph Franceschi, qui avait parfaitement géré le service d'ordre de la campagne électorale présidentielle. Puis il intervient à la télévision à la fois sur la sécurité et sur le Liban. Une heure et demie de travail solitaire pour un texte de cinq minutes.

**Mercredi 18 août 1982**

Le Conseil des ministres dissout *Action Directe.*

Dans l'après-midi, juste avant que ne commence un Conseil restreint consacré au commerce extérieur et à la sortie du blocage des prix et des salaires, j'apprends le désastreux résultat du commerce extérieur pour le mois de juillet : déficit de 9 milliards. Quand il sera publié, demain au plus tard, les capitaux reflueront. L'embellie aura été de courte durée. Il faut agir sur ce déficit extérieur. Et d'abord sur les importations. Pour les réduire, le Conseil restreint décide l'interdiction du crédit à la consommation pour des produits importés (magnétoscopes, chaînes haute fidélité, matériels de photo et de cinéma), la réduction du crédit à la consommation pour les cyclomoteurs de plus de 240 $cm^3$. Le Président refuse l'institution d'une taxe sur les ventes de produits électroniques (magnétoscopes, chaînes haute fidélité, jeux et jouets électroniques, caméras vidéo, machines à sous et jeux publics électroniques) et la hausse du taux de TVA sur divers produits agro-alimentaires exclusivement importés. Delors pense que les mesures retenues devraient suffire à réduire le déficit.

Pour les salaires, il faudra arriver à des hausses de 8 % en 1982 et en 1983, avec un rendez-vous en octobre 1983. Les partenaires sociaux doivent décider avant le 30 septembre du financement de l'UNEDIC pour 1982 et 1983. S'ils n'y parviennent pas, il faudra préparer un scénario de crise. Bérégovoy y travaille. Le besoin de financement de la Sécurité sociale en 1982 est couvert à 90 % par des reports de mesures nouvelles.

Il faudrait changer le gouvernement, ou pour le moins opérer un remaniement ministériel avant le début du vote du Budget, soit le 25 septembre : il appartiendrait aux nouveaux ministres de faire voter leurs crédits.

Où va-t-on ? Va-t-on buter sur le mur des Banques centrales ? Peut-on encore redresser ? Et tout cela pour une relance dérisoire, inférieure de moitié à celle de 1975 ! Il faut rectifier le tir ; on peut le faire sans renoncer aux réformes sociales ni à l'Europe.

L'ancien président de l'AS Saint-Étienne reconnaît que son club possédait une « caisse noire » dont des hommes politiques de droite auraient bénéficié.

Au Liban, un compromis se dessine enfin : l'OLP accepte de remettre aux Israéliens le pilote prisonnier et les corps des soldats tués. Israël se résigne à la présence de la France dans la Force multinationale. François Mitterrand renonce à la neutralisation de Beyrouth. Le gouvernement libanais donne son accord au plan Habib.

On prépare l'annonce. Un projet de texte, émanant du Quai d'Orsay, est soumis au Président : *« La France ne participera à la Force multinationale que si le gouvernement israélien donne son accord au plan actuellement examiné avec Philip Habib. L'objet de ce plan est de faciliter l'évacuation des combattants palestiniens de Beyrouth... »* Le Président note en marge, en face des deux mots « combattants palestiniens » : *« N'aurait-il pu écrire : "de l'OLP" ? »*

A Beyrouth, les forces israéliennes reculent de quelques pâtés de maisons pour permettre la tenue de l'élection présidentielle. Prévue d'abord pour demain, elle est reportée au 23. Incidents entre l'armée libanaise et l'OLP.

**Jeudi 19 août 1982**

L'accord au Liban est annoncé comme convenu : le gouvernement libanais demande à Washington, Paris et Rome l'envoi de contingents militaires ; Israël accepte la présence d'une force multinationale d'interposition franco-américo-italienne. François Mitterrand écrit à Leonid Brejnev pour répéter qu'il ne s'agit que d'une opération humanitaire. L'ONU donne son aval.
Une autre résolution propose qu'une *« session spéciale de l'ONU, au niveau des ministres, sur la question palestinienne, se tienne à l'UNESCO à Paris du 15 au 26 août 1983 ».* Les États-Unis et Israël ont annoncé qu'ils n'y participeraient pas.

Notre ambassadeur au Liban écrit :

> *« La disparition de l'autorité coordinatrice exercée par l'OLP et les forces syriennes risque d'aboutir à une situation anarchique dans la ville la plus armée du monde par tête d'habitant. »*

Nuit bleue en Corse. Ironie du sort : l'arrivée de Franceschi semble marquer la fin de la trêve.

**Vendredi 20 août 1982**

Le scénario continue de se dérouler comme prévu : Claude Cheysson confirme par lettre au secrétaire général des Nations-Unies l'accord de la France pour participer à la Force multinationale. Chaque contingent restera sous autorité nationale ; la France envoie 833 hommes.
Au téléphone, George Shultz dit à Cheysson : *« Il faut chercher le cadre politique de la suite des discussions au Proche-Orient, en insistant sur la nécessité de donner aux Palestiniens un avenir, la pleine jouissance de leurs droits. »*

2 000 Syriens de l'armée régulière, de 4 à 500 hommes des forces spéciales commencent à partir, avec les 4 000 Palestiniens sous commandement syrien.

Pierre Mauroy est à Latché pour y discuter en détail des étapes de la sortie du blocage des prix et des salaires. On vise maintenant sérieusement une inflation inférieure à 10 % en 1982, et à 8 % en 1983. On examine minutieusement, quatre heures durant, les conditions des négociations qui s'annoncent : sur les prix agricoles, dans la fonction publique, sur la Sécurité Sociale, sur le commerce extérieur. Il est convenu que Mauroy mettra par écrit les résultats de cette réunion. Le Président répondra.

Le Groupe de coopération technologique de Versailles se réunit à Paris. Cinq autres réunions, de deux jours chacune, auront lieu avant décembre pour sélectionner les projets les plus intéressants. La France propose la création, à Lyon, d'un Centre international sur les biotechniques. Yves Stourdzé a accompli un magnifique travail.

Le Président demande une nouvelle fois qu'on réduise le service militaire. Une fois de plus, Hernu est contre.

La FAR (Force d'action rapide) va devenir réalité. On songe au général Forray pour la diriger.

Comme prévu, depuis l'annonce du résultat du commerce extérieur de juillet, le franc va mal. De nouveau, comme à chaque crise, on guette les résultats de change à 11 heures, 13 heures et 15 heures. Delors me téléphone encore : *« C'est la Bérézina. »* Le Président me demande de réunir lundi prochain, pour faire le point, Jean Riboud, André Rousselet, Pierre Bérégovoy, Charles Salzmann, Laurent Fabius, Gaston Defferre. Étrange équipage. Il l'appelle le *« groupe informel »*. On les appellera bientôt « les visiteurs du soir » !

**Samedi 21 août 1982**

Arrivée à Beyrouth des premiers soldats du contingent précurseur français.

Deux artificiers qui tentaient de désamorcer une bombe sont tués par l'explosion de la voiture de l'attaché commercial américain à Paris. Attentat à nouveau revendiqué par les FARL.

Les deux événements sont-ils liés ?

**Dimanche 22 août 1982**

Annonce de la composition de la Haute Autorité, avec Michèle Cotta à sa présidence.

Le colonel Coullon, qui a organisé l'arrivée des troupes françaises à Beyrouth, écrit au ministre :

> *« L'ambassadeur et moi avons été l'objet d'une offensive de charme de M. Ariel Sharon, venu saluer nos troupes. Il m'a déclaré avoir une grande admiration pour notre armée et nous faire toute confiance pour l'accomplissement de notre mission. »*
> Yasser Arafat adresse lui aussi ses *« plus vifs remerciements au Président Mitterrand. Il demande que des forces militaires françaises soient installées à l'entrée des camps palestiniens »*.

Déclaration choquante, à Bonn, du professeur Kurt Bidenkopf, vice-président de la CDU : *« Nous nous sommes peut-être affreusement fourvoyés avec la stratégie de dissuasion nucléaire. Nous nous sommes égarés et, pour revenir dans la bonne voie, nous avons continué de faire toujours de nouveaux faux-pas, ce qui a conduit à un armement toujours plus poussé... »*

Ce n'est point trop grave : l'homme n'est qu'un adjoint du chef de l'opposition. Tout de même, il ne faudra pas l'oublier.

**Lundi 23 août 1982**

Ronald Reagan adresse à François Mitterrand une lettre manuscrite :

> *« Je suis personnellement profondément reconnaissant envers la France de mettre des troupes à disposition pour une entreprise d'une telle portée humanitaire (...). Je*

*m'attends à travailler en étroite concertation avec vous (...) afin d'assurer au Liban un avenir dans la sécurité...* »

A Beyrouth, l'élection à la Présidence de la République libanaise a lieu. Le quorum de 62 députés est atteint grâce à la présence — en dépit des consignes données — de 18 des 41 députés musulmans. Béchir Gemayel, candidat unique, est élu au second tour par 57 voix et 5 bulletins blancs.

Comme convenu, après la réunion de Latché, Pierre Mauroy propose au Président un plan économique sur dix-huit mois, énonçant des conditions précises de sortie du blocage. Document très important dont Jean Peyrelevade est l'auteur. Il propose d'abord une « *hausse des prix agricoles de 3 à 4 % à laquelle s'ajouteront, à ce moment seulement, les suppressions des montants compensatoires monétaires pour arriver à une hausse de 9 %* ».

Le Président annote : « *Cela sera difficile à tenir, compte tenu de l'ambiance.* »

Mauroy continue : « *Les négociations salariales sur 1982 et 1983 doivent aboutir au maintien du pouvoir d'achat en niveau à la fin 1983, sur la base d'une hausse de 18 % des prix sur deux ans, avec gel des revenus supérieurs à 250 000 francs par an. Je veux conclure sur ces bases, avant la fin de la négociation de la Fonction publique, le 15 octobre, des contrats exemplaires. Après, la Fonction publique devra aboutir à une progression du pouvoir d'achat jusqu'à 45 000 francs.* »

Le Président : « *Oui.* »

Mauroy : « *La façon de fixer les normes de discussion dans la Fonction publique est trop imprécise. Avec un tel mandat, on peut aboutir à des hausses très supérieures à la hausse des prix. Il faut donc dire, en plus, que l'essentiel des hausses est en francs, et non en points pour les revenus supérieurs à 45 000 francs, et que, pour les très hauts revenus, elles sont versées en bons d'épargne.* »

François Mitterrand en marge : « *Oui.* »

Pour le Budget, écrit encore le Premier ministre, « *un déficit de 3 % en 1982 et 1983 est réaliste. Dès le début septembre, pour éviter à l'UNEDIC 38 milliards de déficit l'an prochain, l'État annoncera la création, le 1er novembre 1982, de la cotisation des agents publics et des indépendants au 1er janvier 1983, soit 8 milliards. Je demanderai aux partenaires sociaux de trouver en plus 18 milliards de cotisations et 10 milliards d'économies. Si je n'y arrive pas, le gouvernement les décidera lui-même par voie réglementaire* ».

Le Président annote : « *Ces cotisations frapperaient les salaires ? A quel taux ? A partir du SMIC + 1/3 ? Tout cela à quatre mois des municipales ? C'est trop. Pas possible ! L'idée d'équilibrer l'UNEDIC par décret si les partenaires sociaux ne le font pas eux-mêmes me paraît très dangereuse. Cela revient à nationaliser l'UNEDIC et donc à s'engager à poursuivre ce formidable gaspillage. Il faut, me semble-t-il, au contraire, tenir prêt dès maintenant un mécanisme de remplacement en cas de crise...* »

Mauroy : « *Pour la Sécurité sociale, la prévision est un déficit de 32 milliards en 1983. Il faut réformer structurellement l'Assurance maladie ; lutter contre l'alcoolisme, le tabagisme, les accidents de la route ; transférer aux mutuelles certains risques lourds ; modifier le système d'indexation des retraites en augmentant le rôle des retraites complémentaires. Pour les familles, il faut développer les conditions de ressources pour le versement des allocations, harmoniser le régime général et les régimes particuliers, réformer l'assiette à préparer pour 1983.* »

Enfin, pour le commerce extérieur, « *l'objectif est de 30 milliards de déficit des paiements courants en 1983, et l'équilibre en 1985. Dans l'intervalle, pour défendre le franc, le ministre de l'Économie doit être autorisé à emprunter immédiatement les 2 milliards d'écus européens qui sont à notre disposition ».*

Le Président écrit : *« Quelles en seront les répercussions psychologiques ? Il faut une politique de déconnexion des taux d'intérêt intérieurs et extérieurs. Me faire des propositions. »*

Mauroy : *« Sur l'emploi, réduction de la durée du travail par la seule voie contractuelle et sans compensation de salaire. »*

Le Président note : *« Attention ! Il faut savoir de quoi on parle. C'est impossible. Quelles seront les dotations en capital des entreprises publiques dans le Budget 1983 ? Il leur faut au moins 11 milliards de francs et autant par financement non budgétaire. Les entreprises doivent le savoir au plus vite, car leurs investissements de 1982 en dépendent. Quelles réformes bancaires ? Quelles grandes aventures industrielles propose-t-on au pays ? La biotechnologie appliquée, l'agro-alimentaire, l'industrie de la mer ? Nous avons entrepris la plus formidable décentralisation jamais tentée en Europe. Nul n'en a encore présenté la synthèse ni montré l'intérêt économique. Il conviendrait d'avancer vers une décentralisation financière des ministères et des banques. »*

Un homme vient alors proposer un autre mode de pensée : Jean Riboud, le président de Schlumberger, ami de toujours de François Mitterrand. Devant quelques « visiteurs du soir » réunis pour la première fois, il propose une politique radicalement différente de celle de Mauroy. En cas de nouvelle crise, il suggère de faire flotter le franc. Non par laxisme, mais au contraire, par rigueur. Pour faire baisser les taux d'intérêt et donc les charges des entreprises, on défendra une parité du Franc en utilisant nos réserves de change et en appliquant des mesures protectionnistes. *« La France doit retrouver sa liberté d'action, et cela passe par la mort du SME. Ou l'Allemagne et la France d'abord, la Communauté européenne ensuite doivent faire avancer ensemble le SME, en appliquant la coopération prévue des banques centrales pour gérer en concertation les réserves de devises, pour trouver ensemble des règles communes tendant à régulariser (soit attirer, soit dissuader) le mouvement des capitaux flottants, pour intervenir d'un commun accord sur les marchés des changes en visant à stabiliser les cours (soit à la hausse, soit à la baisse) du dollar vis-à-vis des monnaies européennes. Voilà ce que l'Europe peut faire si elle en a la volonté politique (...). Le déficit budgétaire en soi n'est pas la cause première de l'inflation ; en revanche, le laxisme budgétaire l'est sans conteste. Les entreprises meurent beaucoup plus de mauvaise gestion, de laxisme que d'erreurs de jugement sur les investissements. Il en est de même pour l'État. Cela veut dire : la rigueur dans le budget opérationnel de l'État. Cela veut dire : l'assainissement financier des caisses d'allocations de chômage. Cela veut dire : une analyse objective, sans préjugés, mais sans indulgence, du laxisme dans les coûts de la santé et des pensions. Bien entendu, la rigueur dans la gestion des pouvoirs publics serait sans lendemain si l'on ne maîtrisait pas les coûts, en particulier les coûts salariaux. Ma conviction est que les syndicats seront réalistes s'ils croient à la réussite. Entre syndicats, entreprises et pouvoirs publics, c'est l'éternel problème de qui commence, l'œuf ou la poule. L'État a aujourd'hui les moyens de donner l'exemple et d'entraîner la conviction. Tous doivent savoir que l'on n'a plus le choix. Une nouvelle dévaluation ne sera plus un remède, mais le symbole de l'échec. »*

Jean Riboud conclut la réunion : *« La réussite de l'opération chirurgicale "blocage des prix et salaires" se précise. Des mesures spécifiques pour sortir graduellement du blocage s'imposent. Elles ne sont ni très difficiles à imaginer, ni très difficiles à appliquer. Pour réussir, il faut de l'audace et de la rigueur. Il y faut aussi de la chance. Or, précisément, la conjoncture mondiale est favorable. Nous ne sommes pas dans un cycle ascendant du prix des matières premières et du pétrole. La croissance du Japon et de l'Asie du Sud-Est est ralentie. Comme après la fin de la guerre de Corée, la tendance mondiale des prix est déflationniste. Certes, la France ne relancera pas seule l'économie mondiale. Mais la réussite du plan français permettra de rouvrir, dans de meilleures conditions, les négociations nécessaires sur le Système monétaire international, le désendettement des pays en voie de développement, la relance de la croissance économique du monde. »*

Étrange mélange...

François Mitterrand, à qui je rapporte, sceptique, ces propositions, est enthousiasmé : *« Il faut faire baisser les charges. En cas de crise, ce sera le flottement du franc ! »* De sa conviction, peu de gens sont alors conscients. Il en fait part, pourtant, à qui veut l'entendre. Mais chacun prend cela pour une boutade. Ou comme une façon de peser sur l'Allemagne afin d'obtenir une meilleure dévaluation, le moment venu. En cela, cette ambiguïté est utile, comme presque toujours en politique étrangère.

Danger : il aurait fallu mettre en place un plan de rigueur plus ample il y a un mois. Maintenant, le Président voudra attendre les municipales. Ou faire tout autre chose...

**Mardi 24 août 1982**

Le FLNC annonce la « fin de la trêve ». On avait déjà compris.

Jean-Louis Bianco et moi réunissons les trois directeurs de cabinet des Finances, de l'Industrie et du Budget, et Jean Peyrelevade, directeur adjoint du cabinet de Pierre Mauroy, pour connaître le degré d'avancement des comités interministériels, d'où découlent l'ordre du jour éventuel des Conseils restreints.

Nouveau Conseil restreint, cette fois pour préparer le prochain Budget. On parle de réduire impôts et aides, de lutter contre la fraude fiscale, de réformer les impôts sur les successions, de supprimer l'impôt sur les plus-values, de réviser l'assiette de la Sécurité sociale. Voilà sept mois que le Président a demandé que 1983 soit l'occasion d'une réforme fiscale majeure. Nous avons tous les pouvoirs, exécutif et législatif. Et nous ne ferons rien, ou presque ! La société est trop lourde à bouger.

Début du départ des Palestiniens : 1 300 d'entre eux quittent Beyrouth par bateau à destination des deux Yémen.

**Mercredi 25 août 1982**

Le débat sur l'extradition des Basques continue. Robert Badinter précise à nouveau les quatre critères de l'extradition en général : nature du système politique de l'État requérant (refus d'extrader vers des pays non démocratiques) ; nature objectivement politique de l'acte (refus d'extrader pour des infractions politiques ou des activités intellectuelles) ; risque d'aggravation (refus d'extrader si la peine risque d'être aggravée pour une raison d'opinion, de race, de religion, d'action politique) ; proportionnalité entre la fin et les moyens (extradition des auteurs de crimes de sang ou de prises d'otages commis dans des pays démocratiques, quel que soit le mobile invoqué).

Au Conseil des ministres, le commandant Prouteau est nommé responsable à l'Élysée d'une mission contre le terrorisme.

Jane Kirkpatrick, représentant américain à l'ONU, confie à Hubert Védrine : *« Ce n'est pas la politique de George Shultz qui a succédé à la politique du général Haig, mais la politique du Président qui a succédé à celle du général Haig. Le général Haig n'admettait pas que le Président ait* sa *politique. Dès avant le départ du général Haig, le Président Reagan voulait se saisir de ce problème. La volonté des États-Unis de rester maîtres du jeu au Proche-Orient explique leur attitude. Cette volonté se manifeste lorsqu'ils veulent foire comprendre aux Russes que "ce n'est pas leur affaire". Or cette volonté est battue en brèche par Israël qui pratique à l'égard de son puissant protecteur la politique du fait accompli. Cela, Washington ne veut pas l'admettre. »*

**Vendredi 27 août 1982**

Les 2 700 Syriens de la Force arabe de dissuasion quittent Beyrouth avec les 2 630 Palestiniens de l'Armée de Libération de la Palestine, sans leurs armes lourdes. Au total, 14 500 combattants palestiniens auront quitté le pays avant la fin du mois. L'affaire libanaise semble réglée.

A Washington, Vernier-Pallez continue de négocier la levée de l'embargo américain sur les exportations à destination de l'URSS. Informé en parcourant des dizaines de télégrammes diplomatiques qui ne lui sont pas particulièrement destinés mais qu'il lit pourtant chaque jour, le Président écrit : *« Ces dépêches signalent une action tout à fait inopportune de notre diplomatie. Il n'y a pas à quémander des explications. Ne pas recommencer, et même freiner la démarche commencée. »*

Aux Américains de trouver une porte de sortie, s'ils le veulent.

Le remboursement du prêt de juin dernier de la Bundesbank, lorsque le franc était au plancher, se fera début septembre : soit 780 millions de dollars. Nos réserves en devises sont aujourd'hui de 4,881 milliards de dollars. 4,1 milliards de dollars resteront donc disponibles pour des interventions sur le marché. C'est peu, et surtout insuffisant en cas de flottement. Mais ce chiffre est ultra-secret. Pas question de le communiquer à qui que ce soit. Pas même à Laurent Fabius, ministre du Budget. Si le marché connaissait ce chiffre, la spéculation serait sûre de l'emporter et le flottement entraînerait le franc au plus bas.

**Samedi 28 août 1982**

Le professeur Olievenstein me remet un plan de lutte contre le développement de la toxicomanie en France :

*« Il est évident, à la fin de l'été 1982, et malgré certains succès spectaculaires, que nous assistons à un développement massif tous azimuts de la toxicomanie. Toxicomanie légale avec l'invasion du territoire français par l'héroïne et l'implantation, notamment aux Antilles, d'une zone de marketing. Toxicomanie aux solvants organiques qui, sans atteindre les proportions catastrophiques redoutées, se développe lentement et sûrement. Retour en force des toxicomanies médicamenteuses et du LSD.*

*1) Le chef de la mission contre la drogue doit avoir des pouvoirs accrus de décision et non seulement de réflexion. Il doit pouvoir désigner dans les quatre ou cinq régions frappées un "Monsieur Drogue" chargé de dépasser les rivalités et les limites territoriales et coordonner aussi bien la lutte policière que l'information, que la répartition des toxicomanes dans les centres de soins.*

*2) L'action policière doit s'orienter vers des sanctions fiscales vis-à-vis des hôteliers, cafetiers, tenanciers de boîtes qui abritent ou tolèrent le trafic de stupéfiants ou le séjour prolongé de toxicomanes en leur sein.*

*3) Des mesures d'assignation à résidence en milieu non urbain doivent être envisagées pour les toxicomanes trafiquants récidivistes.*

*4) Tout étranger sanctionné pour trafic de drogue et faisant l'objet d'une mesure d'expulsion doit voir son arrivée dans son pays d'origine signalée à la police locale.*

*5) Une émission d'information hebdomadaire brève doit être envisagée à la télévision et à la radio, comme c'est le cas à Hong Kong.*

*6) Sous l'autorité de Monsieur Colcombet, la Commission interministérielle des stupéfiants doit être réactivée afin que l'action des différents ministères soit coordonnée.*

*7) Des sanctions devraient être prises contre les fabricants de solvants (en fait, une ou deux marques seulement) qui refusent d'altérer leur produit.*

*8) La prise en charge gratuite et payée par le contribuable devrait être supprimée à toute personne séjournant plus de dix-huit mois dans une même institution, ce qui éviterait la chronicisation de certains toxicomanes telle qu'elle est actuellement organisée dans certaines institutions.*

*9) Un groupe d'étude devrait étudier les modalités destinées à rendre efficace la procédure d'injections thérapeutiques.*

*10) Une plainte devrait être déposée par les autorités françaises vis-à-vis du médecin belge qui fournit du Burgodin aux toxicomanes français.*

*11) Un certain nombre de médecins et de pharmaciens qui délivrent par complaisance des produits toxiques devraient être officiellement et spectaculairement poursuivis. »*

A 20 heures, un communiqué de l'Élysée annonce l'arrestation de trois Irlandais à Vincennes, qualifiés de « membres importants du terrorisme international ». Le porte-parole de l'Élysée, Michel Vauzelle, l'apprendra par la télévision.

**Lundi 30 août 1982**

Avec les derniers de ses hommes, Yasser Arafat quitte Beyrouth à bord d'un navire marchand battant pavillon grec, l'*Atlantis*, protégé par une escorte conjointe franco-américaine. Mille précautions sont prises pour éviter une attaque israélienne.

A Beyrouth, les Israéliens veulent maintenant fouiller eux-mêmes les camps palestiniens.

François Mitterrand rencontre ses « visiteurs du soir ». Il y a là Charles Salzmann, André Rousselet et Jean Riboud. S'y ajoutent aujourd'hui Pierre Bérégovoy, Laurent Fabius et J.J.S.S. Désormais, il les recevra régulièrement. En général vers 18 heures, dans la bibliothèque du rez-de-chaussée. Au début avec moi, puis sans moi. Ils comparent les stratégies de sortie du blocage de Mauroy et de Delors.

**François Mitterrand :** *Que se passerait-il si la décision était prise de faire flotter le franc ?*

**Jean Riboud :** *Les réserves de la Banque de France seraient protégées quoi qu'il arrive, et on pourrait ne plus se poser tous les jours la question de la sortie des capitaux. La dévaluation du franc par rapport au mark entraînerait une réduction du déficit de la France par rapport à l'Allemagne, et donc, à moyen terme, une réévaluation du rapport franc/mark.*

Je suis sceptique : tout cela prendrait du temps. Au début, les importations seraient plus chères, et il faudrait dépenser davantage de réserves pour défendre le franc. Avec le flottement, il faudrait plus d'austérité qu'avec une dévaluation. Il s'ensuivrait une dévaluation d'où découlerait une hausse des prix et une augmentation du déficit extérieur, entraînant lui-même une nouvelle baisse du franc...

### Mardi 31 août 1982

Le nouveau ministre de l'Industrie, Jean-Pierre Chevènement, écrit à tous les présidents d'entreprises publiques pour leur demander *« d'intégrer à leur stratégie de compétitivité les exigences de la solidarité nationale, notamment en matière d'emploi et de balance commerciale ».*

Ils reçoivent cela assez mal. Et d'abord Roger Fauroux, président de Saint-Gobain.

Que faire avec les centraux téléphoniques MT 20 ? François Mitterrand : *« Puisque les États-Unis veulent nous interdire de construire le gazoduc, il n'y a pas de raison de ne pas vendre aux Russes les centraux MT 20. Pas les composants, mais les centraux. De toute façon, les États-Unis considèrent toujours une concession comme une marque de faiblesse. »*

### Mercredi 1er septembre 1982

Jacques Chirac, de Nouméa : *« L'expérience socialiste ne durera pas deux ans. »* Rendez-vous est donc pris pour le 21 mai 1983 !

Le Président : *« Il a raison. La gauche, en France, n'a jamais été au pouvoir plus de deux ans. A nous de faire que cela soit différent, cette fois. »*

Au Conseil des ministres, Fabius présente le projet de loi de finances pour 1983.

Après l'exposé habituel de politique étrangère au cours duquel Cheysson évoque des conversations en cours à Washington sur la levée de l'embargo, le Président intervient : *« Reagan a pris une décision aberrante tant sur le plan politique que sur le plan du droit. Il convient donc qu'il revienne sur cette décision. La France n'a pas à en tenir compte. Elle n'a surtout pas à négocier avec les États-Unis. Il convient que des directives très fermes soient données sur ce point à tous les ministres. »* Cheysson approuve d'un hochement de tête.

Tandis que s'achève l'évacuation des Palestiniens de Beyrouth, Reagan, dans un discours prononcé à Burbank, présente de nouvelles propositions en sept points pour la paix au Proche-Orient : 1) Fin des implantations israéliennes dans les territoires occupés ; 2) Autonomie entière des habitants de Cisjordanie et de Gaza pour leurs propres affaires au cours de la période transitoire de cinq ans prévue par les accords de Camp David ; 3) Au terme de cette période, il ne doit y avoir ni annexion ni contrôle permanent d'Israël sur ces territoires ; 4) *« Pas d'État palestinien indépendant » ;* 5) Retrait d'Israël des territoires occupés ; 6) Autogouvernement en Cisjordanie et à Gaza, *« en association avec la Jordanie »* ; 7) Jérusalem doit rester unie, mais son statut final doit être décidé par des négociations.

Ces propositions sont aussitôt rejetées par le gouvernement israélien.

Je repense au discours sur le même sujet dont m'avait parlé Dick Allen, le conseiller pour la Sécurité de Reagan, lors de notre première rencontre à Washington. C'eût été plus drôle.

L'OLP demande à la France d'accueillir dans ses hôpitaux *« des blessés palestiniens ».* François Mitterrand écrit en marge d'une note que lui a passée un collaborateur, lequel propose de ne recevoir que les *« blessés civils »* et non pas les *« blessés militaires »* : *« Pourquoi cette distinction entre civils et militaires ? Ils sont tous, à nos yeux, redevenus civils. Ne la posons pas, et accueillons un nombre raisonnable de blessés. »*

Le bateau de Yasser Arafat arrive en Grèce. Il est accueilli par le Premier ministre Papandréou et le ministre des Affaires étrangères, Haralambopoulos.

A la même heure, François Mitterrand décolle de Paris pour une visite officielle à Athènes, prévue depuis longtemps. Dans l'avion, Cheysson propose de lui faire rencontrer Arafat, demain, au Musée national d'Athènes où le Président donne une réception. Le Président : *« Pas maintenant et pas à l'étranger. »*

**Jeudi 2 septembre 1982**

Les ministres des Finances des Sept sont réunis à Toronto, en marge de l'assemblée annuelle du FMI et de la Banque mondiale, afin d'examiner le premier projet de rapport du groupe de travail créé à Versailles pour réfléchir sur les interventions sur le marché des changes. Aux yeux de la France, ce groupe doit procéder à des études pratiques pouvant constituer un guide d'action. Pour Don Regan et Paul Volker, au contraire, il ne doit s'agir que d'études théoriques. Le rapport final doit être remis en janvier 1983 pour mise au point par les ministres courant avril, avant le Sommet prochain qui se tiendra aux États-Unis.

Une solution est trouvée au problème du financement de l'AID, l'Agence chargée de financer les plus pauvres des pays pauvres : les pays riches lui verseront 7 milliards de dollars d'ici la fin de 1984.

Les relations entre le Président et son ministre des Relations extérieures ne revêtent pas la forme de rendez-vous réguliers, comme avec le Premier ministre et le ministre des Finances. Ils se voient sans cesse en voyage. François Mitterrand lit et annote une cinquantaine de télégrammes diplomatiques par jour. Parfois Cheysson adresse au Président de brèves lettres ou de plus longues, manuscrites.

Aujourd'hui, à Athènes, il lui remet une note précisant sa conception d'une stratégie pour le Moyen-Orient. Remarquable document, révélateur d'un exceptionnel esprit d'analyse de Claude Cheysson :

*« Supposons que, demain, le Liban ait recouvré indépendance et unité, sans perdre son intégrité. Supposons que la Syrie et la Jordanie d'une part, Israël de l'autre se soient mutuellement reconnus et que leurs frontières aient été garanties. Supposons que les Palestiniens aient le droit de constituer un État dans des territoires actuellement occupés. Comment évoluent alors les trois grandes préoccupations des peuples de la région : la sécurité, la souveraineté, le développement ? C'est le problème essentiel pour beaucoup — Israël, évidemment, mais d'autres aussi, la Syrie, la Jordanie, le Liban, la nouvelle Palestine. "Reconnaître Israël, bien, mais qui garantira ma frontière orientale ?" me disait Assad il y a un an. Les frontières des différents États étant formellement reconnues, enregistrées aux Nations-Unies et par les États membres de l'ONU, des dispositions précises devront donc être adoptées pour créer objectivement et contrôler effectivement les conditions de la sécurité. Elles couvriront les secteurs les plus vulnérables et menacés. L'expérience acquise au Sinaï mérite réflexion par la conjugaison des obligations échelonnées sur le terrain, partielles puis totales, portant sur les armes et les troupes, par les interdictions plus ou moins complètes de mouvements, par la surveillance physique, humaine et électronique, qui y est établie, par l'implantation d'éléments étrangers de contrôle. Rien n'empêcherait d'étendre cette expérience tout autour d'Israël, en recourant à des forces multi ou internationales, en implantant des moyens modernes d'observation et de détection (un réseau Awacs international permettrait à Israël de porter loin son regard, mais donnerait aussi une bonne vision à la Syrie et à la Jordanie).*

*Contrairement aux thèses habituelles, je suggère que les forces armées et de surveillance garantissant l'équilibre et les modalités de la sécurité comprennent des contingents de quelques grandes puissances, afin de les engager physiquement sur le terrain et de conférer leur pleine signification aux garanties qu'elles auront données par ailleurs. Ceci n'exclurait pas, cependant, l'intervention d'observateurs des Nations-Unies choisis parmi les neutres et les non-alignés. Enfin, il est raisonnable de proposer que ce réseau de garanties, inter ou multinationales, soit complété par des garanties particulières bilatérales. Un engagement formel, public des États-Unis vis-à-vis d'Israël — symétrique de celui de l'Union soviétique au bénéfice de la Syrie — pourrait contribuer puissamment à créer le climat de sécurité.*

*L'État palestinien qui pourrait être esquissé demain, au terme d'une période transitoire d'autonomie, sera aussitôt confronté à un problème politique majeur dû à l'existence d'un très grand nombre de citoyens palestiniens au-delà de la frontière orientale, c'est-à-dire dans l'actuelle Jordanie et les autres. Il serait évidemment impossible de dénouer les liens qui existent à l'heure actuelle entre Palestiniens de Cisjordanie. Il serait dangereux de refuser à ces derniers la reconnaissance de la citoyenneté palestinienne une fois l'État palestinien créé... En bref, il est certain qu'un État palestinien cisjordanien devra chercher une formule d'union politique avec la Transjordanie largement palestinienne. Sera-ce une fédération ? une confédération ? ou une forme nouvelle sera-t-elle trouvée ? Il importe peu. Les liens administratifs et politiques devront être si nombreux qu'en fait, on sera, au terme de l'évolution, très proche de ce que les Israéliens envisageaient sous le gouvernement Rabin et de ce que le Parti travailliste déclare encore pouvoir accepter, à savoir une Jordanie allant au-delà du Jourdain dans quelques territoires évacués par Tsahal. Dans plusieurs parties du monde, on voit apparaître la nécessité de reconnaître et garantir des espaces politiques relevant de plusieurs souverainetés, mais également neutralisés et placés sous surveillance internationale. L'État-croupion dessiné sur la carte à l'ouest du Jourdain n'a aucune possibilité d'existence économique autonome. La recherche d'une entité économique correspondant à l'ancien mandat britannique est un impératif évident. Ygal Allon, me parlant en privé il y a quelques années, envisageait d'ouvrir à la Jordanie (Trans et Cisjordanie) l'accès privilégié à une zone allant du lac de Tibériade à la mer ; cette zone pourrait être dotée d'un statut international rappelant celui de l'ancienne zone de Tanger. Il y a quelques semaines, M. Begin a, sous une forme différente, repris une idée semblable (pour lui, la Transjordanie reste partie intégrante d'Israël). Il serait intéressant d'examiner plus attentivement cette perspective, d'en montrer les avantages indéniables, d'en étudier les formes. L'exemple fourni par la Communauté économique européenne mériterait d'être gardé à l'esprit (...). A terme, il ne fait pas de doute que les territoires évacués par les Israéliens en Cisjordanie et la Jordanie sont appelés à une union politique. »*

Dîner à l'ambassade de France. Le président de Rhône-Poulenc, Jean Gandois, à ma table, me déclare non sans violence que la France a manqué à sa parole en ce qui le concerne. Sa véhémence me désole. L'homme est de grande qualité.

**Vendredi 3 septembre 1982**

A Washington, les diplomates continuent de négocier à propos de l'embargo et les conseillers diplomatiques à l'Élysée, comme le Président lui-même, reçoivent les télégrammes rendant compte de ces pourparlers. Les Italiens sont également dans la négociation, à présent, de même que la Commission, puisqu'il s'agit d'une question commerciale relevant de la compétence communautaire.

Se rangeant à l'avis de Gaston Defferre, François Mitterrand veut renoncer au découpage de Paris en vingt communes. Pierre Joxe et Pierre Mauroy, mécontents, cherchent une solution qui ne soit pas le retour au *statu quo ante*.

L'ambassadeur israélien vient dire au Quai d'Orsay que, les Palestiniens ayant quitté Beyrouth, plus rien ne s'oppose à ce que la Commission culturelle franco-israélienne, ajournée en juin, reprenne ses travaux. Le Quai répond que l'ajournement n'a pas été motivé par la présence palestinienne à Beyrouth, mais par l'invasion israélienne du Liban. Nuance.

Le général italien Carlo Alberto Dalla Chiesa, chargé de coordonner la lutte contre la Mafia, est assassiné à Palerme.

Barre dénonce *« l'échec cinglant »* du gouvernement. Les attaques de la droite se font de plus en plus virulentes. François Mitterrand enrage que personne n'y réponde. En quittant Athènes, il m'interroge : *« Votre ami Bercoff, qui avait rédigé ce livre si drôle sous un pseudonyme, ne pourrait-il pas en faire un autre avant les municipales, un livre qui dirait sur la droite ce que ni les journalistes ni les socialistes ne disent ? »* Je lui en parlerai.

Plans Câble : 1,4 million de foyers seront câblés en 1985. On ne sait toujours pas combien de canaux seront disponibles sur le satellite : deux ? quatre ? cinq ?

**Samedi 4 septembre 1982**

Les combattants palestiniens partis, faut-il que la Force multinationale reste au Liban *« pour éviter un massacre civil »*, comme le demande Arafat au secrétaire général du Quai d'Orsay, Francis Gutmann, qu'il voit à Turin : *« L'OLP a tenu ses engagements quant aux opérations d'évacuation. Il appartient désormais à la Force d'interposition, et tout spécialement au bataillon français, qui a la confiance des Palestiniens, de remplir la seconde partie de son mandat : assurer la protection des populations civiles de Beyrouth-Ouest. L'OLP n'a aucune confiance dans le jeu américain et encore moins dans celui de Gemayel (...). Si la France se retire avant que la sécurité ne soit assurée à Beyrouth, il y aura massacre. »*

Je parle à André Bercoff : *« Le Président a pensé à toi pour un projet, mais je ne pense pas que cela t'intéressera. Il aimerait que tu écrives un autre livre de politique-fiction avant les municipales de 1983.*
— *Pas sous cette forme,* répond André, *je serais tout de suite découvert. Mais laisse-moi réfléchir. »*

**Dimanche 5 septembre 1982**

Sur *Europe 1*, Pierre Mauroy évoque la nécessité d'une phase *« d'assainissement de dix-huit mois »*, rendant ainsi implicitement publiques les conclusions de la discussion de Latché.

**Lundi 6 septembre 1982**

Le ministre égyptien des Affaires étrangères, Boutros Boutros-Ghali, vient dire à Claude Cheysson que le gouvernement égyptien *« va rendre publique une condamnation de la poursuite des implantations israéliennes dans les territoires occupés et qu'il souhaiterait que nous fassions de même »*. François Mitterrand, interrogé, annote : *« Me consulter avant toute intervention. »*

Le Président Sarkis demande à la France de laisser ses soldats à Beyrouth jusqu'au 21 septembre, date d'expiration de son mandat et de la prise de fonctions de Béchir Gemayel. François Mitterrand ne veut pas que la France reste seule. Quant aux Américains, ils souhaitent partir au plus vite. Au surplus, Sarkis n'entend pas formuler sa demande officiellement.

**Mardi 7 septembre 1982**

George Shultz téléphone à Claude Cheysson : *« Pas question pour les Américains de rester, sauf si Béchir Gemayel le demande. »* Gemayel, consulté, est clair : *« Pas de troupes occidentales à Beyrouth. »* Cheysson : *« Je le comprends ! Il ne veut pas gêner Tsahal. »*

La quatrième chaîne sera à péage. Michel Deheu, du cabinet de Pierre Dreyfus, l'étudie. André Rousselet trouve le projet trop théorique et souhaite s'en occuper lui-même.

**Mercredi 8 septembre 1982**

Shultz rappelle Cheysson : *« Philip Habib se répand à travers Washington en compliments sur la qualité professionnelle, la discipline, la discrétion, le dévouement du contingent français de la Force d'interposition. Reagan m'a chargé d'en féliciter la France. »*

Begin vient à Paris le 24 octobre pour un congrès sur la situation des Juifs en URSS. Il demande à rencontrer le Président.

Bercoff a une idée superbe : il écrira bien un livre sous pseudonyme, mais, cette fois, comme s'il était un homme de droite, cynique, lucide et critique vis-à-vis de son propre camp. Il me suggère un titre : *De la Reconquête,* et un pseudonyme, *Caton.* Le Président est enthousiaste. L'accord est passé avec Claude Durand, chez Fayard. Le livre devra paraître en janvier. François Hollande aidera André pour les chiffres.

Cinq personnes en tout sont au courant : le secret peut être gardé. *Caton* est né.

**Jeudi 9 septembre 1982**

Un Sommet arabe à Fès adopte un plan reprenant le plan Fahd, avec de légères différences aux points 4, 6 et 7, ainsi rédigés :

> *« 4/ Réaffirmation du droit du peuple palestinien à l'autodétermination et à l'exercice de ses pleins droits nationaux inaliénables sous la conduite de l'OLP, son représentant unique et légitime, et dédommagement de tout Palestinien ne désirant pas le retour.*
>
> *6/ Création d'un État palestinien indépendant ayant Jérusalem pour capitale.*
>
> *7/ Le Conseil de sécurité de l'ONU apporte des garanties de paix à tous les États de la région, y compris l'État palestinien indépendant. »*

Notre ambassadeur à Washington rencontre un haut fonctionnaire du Département d'État qui prétend qu'il y aurait contradiction entre notre position actuelle sur le contrat Thomson-CSF et la position qui nous a été prêtée par Haig lors d'un *debriefing* organisé à l'issue des entretiens du Président avec le Président Reagan, au mois de mars. Le compte rendu cité dans le télégramme indique : *« A propos du contrat téléphonique Thomson-CSF destiné à l'URSS, M. Mitterrand s'est engagé à annuler la partie sensible du contrat et à poursuivre sur le reste. Il s'interrogeait s'il n'en résulterait pas une annulation par les Soviétiques de la totalité du contrat. En tout état de cause, la France soumettrait cette vente au COCOM. La France considère cela comme un geste politique important. »* Le compte rendu fait par Cheysson de cet entretien ne contient pas cette phrase sur le COCOM. Et, de toute façon, la décision est prise : la vente a lieu sans que soit demandé l'aval du COCOM.

Le franc est de nouveau attaqué. Depuis le 18 août, 6,1 milliards de francs sont sortis de nos caisses, à un rythme compatible avec notre déficit commercial mensuel. Mais, au rythme de ces derniers jours (511 millions de dollars du 1er au 9 septembre), la poursuite de ces sorties de devises serait impossible.

**Vendredi 10 septembre 1982**

Delors remet au Président un document très secret : les pronostics du FMI sur l'économie française : *« Handicapée par une inflation rigide, la France a reculé dans la bataille de l'exportation et le seul chiffre disponible pour 1983, celui du déficit extérieur, est inquiétant. Le FMI manifeste un grand scepticisme vis-à-vis des effets à court terme de la nouvelle politique engagée avec le blocage des prix et des revenus. »*

On ne fait pas plus net. Voici l'humiliation du pronostic ; après viendra, si rien n'est fait, celle des recommandations, puis celle des contraintes.

Un nouveau projet de statut des grandes villes est prêt. Il ne s'agit plus que de créer, à Paris, ville unique, vingt conseils d'arrondissement aux compétences floues. Gaston Defferre, qui a reçu Place Beauvau les élus socialistes à l'Hôtel de Ville de Paris, demande au Président de les modérer.

A Marseille, il s'est, dit-il, choisi un successeur de moins de quarante ans. Le provincial parle en provincial. Il faut casser Paris, mais pas les métropoles. Sa lettre est prémonitoire :

> *« Il ne faut pas se le dissimuler, nous sommes arrivés à l'extrême limite sur le plan politique et sur le plan administratif. La création de conseils d'arrondissement d'une couleur politique différente de celle de la majorité municipale va alourdir, compliquer et ralentir considérablement le fonctionnement des municipalités des grandes villes. Nous risquons d'aboutir à un véritable monstre et de rendre ingouvernables certaines villes. La décentralisation a notamment pour objectif d'éviter les retards et les complications administratives, de permettre de gérer plus vite et mieux. Avec le système que nous préparons, s'il est poussé trop loin, nous aboutirons au résultat inverse. Et ceci, pour un résultat politique aléatoire. Paris est la ville de France dans laquelle le courant politique prévaut le plus sur les situations personnelles. Si nos amis sont — et cela risque d'arriver — assez largement battus aux élections municipales de Paris, tout cela aura été inutile (...). Je vais donc être amené à résister aux demandes de nos camarades de Paris et de Mauroy. Il ne s'agit pas pour moi d'une question personnelle, d'un problème marseillais. J'ai l'intention de me représenter aux élections municipales. J'espère bien être élu, mais, à mon âge, j'ai l'intention de préparer ma succession et de laisser assez vite la direction de la Mairie à un jeune socialiste entre trente et quarante ans. Mais je n'ai le droit ni de proposer un monstre administratif, ni de laisser le gouvernement commettre une faute politique dont vous supporterez les conséquences, puisque, si nous nous trompons, cela entamera le capital de confiance dont vous avez besoin pour redresser la situation économique, sociale et monétaire. »*

Il poursuit en annonçant qu'il demandera au Président d'arbitrer, la semaine prochaine, entre lui et les socialistes parisiens alliés à Mauroy :

> *« Certains camarades, si intelligents soient-ils, ne pensent qu'à limiter les possibilités d'action de Chirac, sans mesurer les conséquences politiques nationales de leur comportement. Je suis allé à l'extrême limite de ce qui peut être fait. Aller plus loin serait une erreur politique et administrative majeure. Hélas, Mauroy, n'étant plus en cause, participe allègrement de cet état d'esprit des élus parisiens. Il regrette encore, parce qu'il pense que c'était politiquement possible, que nous ayons renoncé au système de la Communauté urbaine avec la création de vingt municipalités de plein exercice à Paris. »*

Les troupes américaines quittent le Liban. Claude Cheysson est à Beyrouth. Le Premier ministre Wazzan — bloqué chez lui par des troupes israéliennes — critique violemment au téléphone ce départ et lui dit : *« Nous avons été trompés. Nous avons apporté notre caution au plan Habib, au départ des Palestiniens en armes, obtenu l'acceptation des Libanais musulmans, parce que nous croyions à la parole des Américains. Aussitôt après, Tsahal avance, attaque les camps palestiniens, agit à sa guise, et nous avons une responsabilité... »*

Pourtant, les autorités libanaises, malgré nos suggestions, ne présentent pas de proposition formelle de prolongation de la présence de la Force multinationale.

Cheysson : *« La Force d'interposition n'avait pas pour mandat de protéger les populations civiles... Je regrette que la proposition française du 24 juin d'une force multinationale surveillant à la fois le départ des Palestiniens et des Israéliens ait été bloquée par le veto américain. »*

Comme le dollar monte, le franc baisse ; le marché prévoit la reprise de l'inflation à la sortie du blocage des prix, alors que rien ne la laisse encore présager. Les taux de l'Eurofranc sont d'impitoyables indicateurs (près de 20 % à six mois, contre 8 1/4 % pour l'Euromark). Cela indique que le marché prévoit une nouvelle dévaluation dans les deux mois.

Échec du premier tir commercial d'Ariane. Décidément, mauvaise journée.

**Samedi 11 septembre 1982**

Les troupes italiennes quittent le Liban. Les Français sont les derniers.

Le programme des « visiteurs du soir » est au point. En leur nom, Pierre Bérégovoy propose une *autre* politique économique, fondée sur le flottement du franc, pour permettre la réduction des charges et la relance de l'investissement. Sa lettre au Président, après les brouillons de Fabius et Riboud, fournit le meilleur cadre théorique de cette *autre* politique :

> *« La forte montée du dollar fera baisser le franc qui franchira le cours pivot. Que peut-on faire ? Je suis sceptique à l'égard de mesures limitées ; une hausse de 2 à 3 points du taux d'intérêt risque d'avoir peu d'effet dissuasif techniquement, mais de révéler notre inquiétude et d'encourager la spéculation. Deux options se présentent à nous :*
>
> *1) engagement solennel de ne pas sortir du SME et mise en place de mesures drastiques : cette option, s'inspirant de l'attitude de De Gaulle, suppose un élément psychologique et politique (la solennité de l'engagement personnel du Président de la République de ne pas sortir du SME) et la mise en place de mesures drastiques (relèvement des taux de marché monétaire à un niveau de combat [20 %], durcissement de la réglementation — déjà sévère — sur les changes, renégociation avec la RFA des marges de fluctuation du SME, emprunts auprès de pays amis ou du FMI, de la BRI, etc., mesures déflationnistes de réduction des prestations sociales ou d'alourdissement significatif de l'impôt sur le revenu).*
>
> *Les risques d'un tel scénario sont réels. Risque politique, dans l'hypothèse où ces mesures ne suffiraient pas et où la spéculation se révélerait plus forte. Or, ce risque ne peut être durablement écarté (la référence à 1968 montre que la dévaluation n'a pu être différée que de moins d'un an), pour les trois raisons suivantes : même si les mesures de désinflation de notre économie portent leur plein effet, il subsistera en 1983 un différentiel d'inflation substantiel entre la France (8 %) et la RFA (4 %) ;*

*notre commerce extérieur connaît un déficit important et sans remède immédiat ; les milieux financiers internationaux éprouvent une incontestable hostilité envers notre expérience. Risque économique, ensuite, car si ces mesures suffisent à nous maintenir au sein du SME, elles auront de graves effets sur notre économie : la hausse des taux d'intérêt (à un moment où le taux d'inflation sera redescendu à un niveau de 10 %, puis de 8 %) atteindra un tissu industriel déjà malade, et provoquera une recrudescence du chômage. A moyen terme (sortie du blocage), ces mesures auront épuisé leur efficacité ; et la sortie du SME, à mon sens inévitable à cette échéance, devra être préparée et revendiquée comme élément d'un plan d'ensemble qui doit être annoncé simultanément.*

*2) Un scénario d'apparence technique devrait être préparé : il suppose, à court terme, la mise en place de mesures discrètes et aussi efficaces que possible ; à moyen terme, à la sortie du blocage, la préparation technique et politique d'une sortie provisoire ou durable du SME, cette fois-ci revendiquée comme élément d'une politique plus globale, accompagnée d'une renégociation monétaire européenne. Autrement dit, ce serait d'abord le flottement. Tout en récusant l'idée que le flottement nous évite une contrainte et une discipline (la politique de désinflation devrait être poursuivie et amplifiée), une relance de l'investissement (par la baisse, enfin possible, des taux d'intérêt internes) et un soutien de l'activité générale et de la croissance, sur laquelle repose en fin de compte notre projet social, seraient les deux axes de ce plan d'ensemble sur lequel je continue à réfléchir. »*

Pierre Bérégovoy sait bien que le flottement n'est envisageable que si la Banque de France dispose d'assez de réserves. Et que, sans réserves, rien n'est possible. Il ajoute :

*« Si vous l'estimiez utile, je pourrais essayer de rencontrer discrètement Lanhstein pour négocier un prêt* swap *contre notre maintien dans le SME, et amorcer une réflexion avec lui sur les marges de fluctuation du Système monétaire européen. Dans un premier temps, le calme et la discrétion me paraissent des atouts décisifs. Je crois surtout qu'il vaut mieux précéder l'événement que le subir.*

*Je manque d'éléments d'information sur la situation exacte de nos réserves et sur les mécanismes techniques, n'ayant voulu alerter personne. »*

L'option est claire. Elle n'est pas la mienne, non plus que celle de Jean-Louis Bianco, François-Xavier Stasse, Élisabeth Guigou, Christian Sautter, qui suivent cela à l'Élysée. Elle est cependant celle qui tente le plus le Président : s'affranchir des contraintes et ne pas procéder à une troisième dévaluation, favoriser l'entreprise, réduire les charges. Defferre, Chevènement, Rocard, Jobert, Riboud, Fabius, Bérégovoy, les communistes sont, pour des raisons contradictoires, de cet avis. Cela commence à faire du monde.

Au Comité directeur, la mutation du parti d'opposition en parti de gouvernement s'est manifestée concrètement. Des critiques limitées mais très nettes au gouvernement, qui passent pour un avertissement mais aussi comme la volonté du Parti d'affirmer son identité et sa liberté. Ces critiques se sont exprimées en direction de Pierre Bérégovoy (et le remboursement de l'IVG), Charles Hernu (et les ventes d'armes), Gaston Defferre (et les *« bavures policières »*), mais aussi à propos du manque de cohérence du discours économique du gouvernement.

**Lundi 13 septembre 1982**

Le Président Moubarak est reçu à l'Élysée. Il propose de renoncer au projet franco-égyptien : *« Je pense qu'il vaut mieux appuyer l'initiative Reagan et encourager dans la mesure du possible les États-Unis à poursuivre le processus de paix. »* Pas moyen de continuer sans lui.

Manifestation à Paris de quinze mille patrons des petites et moyennes industries contre le gouvernement.

Bernard Deleplace, secrétaire général de la Fédération autonome des syndicats de police, affirme qu'une partie de la hiérarchie policière organise *« le sabotage »*.

Pierre Bérégovoy commence à rédiger un projet de discours pour le Président dans l'esprit de la lettre qu'il a envoyée il y a une semaine. Il proposera de réduire les charges des entreprises et, en particulier, leurs dettes, particulièrement lourdes en période de désinflation. A l'Élysée, seuls Salzman et Boublil travaillent à ce discours. Les « visiteurs du soir » sont de plus en plus nombreux.

Or l'action devient nécessaire. Nos réserves filent, l'accident approche. Jacques Delors m'appelle : *« Il n'y a plus qu'un moyen, c'est de faire comme l'Amérique au temps de Carter et d'empiler les réserves pour montrer que nous sommes prêts à tout pour défendre la parité. »* Michel Camdessus propose d'emprunter 4 milliards de dollars. L'emprunt est organisé avec les banques et gardé secret jusqu'à mercredi prochain. Jean-Yves Haberer, que je consulte, confirme : *« Cela devrait marcher. »*

Un expert monétaire, un de ces sages discrets que je consulte de temps à autre, me dit : *« Le franc peut et doit gagner s'il sait se faire oublier. »* Très jolie formule. Autrement dit, que le gouvernement cesse de parler à tort et à travers de réformes, surtout lorsqu'il ne les fait pas...

**Mardi 14 septembre 1982**

Le Président, au petit déjeuner avec Mauroy et Jospin : *« Nul n'a le droit de s'exprimer sur la monnaie, en privé ou en public, sauf autorisation expresse du Président ou du Premier ministre. »* Il réduit cette fois à presque rien le projet de loi sur le statut de Paris.

Shimon Pérès écrit au Président de la République : *« Je ne crois pas à l'illusion qui prévaut dans certains partis israéliens, lesquels soutiennent qu'on pourrait faire la paix sans les Arabes. »*

Georges Lemoine est à Beyrouth pour assister au départ des dernières troupes françaises. Reçu par Béchir Gemayel au siège des Phalangistes, un bunker fortifié, il note : *« Béchir Gemayel m'est apparu à la fois très volontaire et très "léger". Encore chef de bande. Déjà un peu piégé par les Israéliens et les Américains. Son idée essentielle est d'appuyer son pouvoir sur l'armée. Son ambition est de la porter de 15 000 à 150 000 hommes. Il semble prêt à remettre en cause la présence des Palestiniens dans leurs camps du Liban par tous les moyens. »*

Il est encore à Beyrouth lorsque l'explosion d'une bombe détruit le siège des Phalangistes et tue Gemayel. Beaucoup d'hypothèses sont avancées, mais aucune certitude.
Panique dans les chancelleries. Une heure plus tard, Shultz téléphone à Begin pour lui intimer l'ordre *« de ne pas bouger »*.

**Mercredi 15 septembre 1982**

Shamir a approuvé Shultz. Il n'empêche que, peu après trois heures du matin, le général Yavon, commandant le secteur sud de l'armée israélienne, annonce au commandement de l'armée libanaise la décision de Tsahal *« de procéder à l'occupation de l'ensemble de Beyrouth à titre "préventif" ; l'armée libanaise est invitée à rester dans ses casernements »*.

Au Conseil des ministres, François Mitterrand dénonce l'attentat : *« Il appartient au Liban et à lui seul d'assurer la continuité de ses propres institutions. La France juge indispensable le retour immédiat de l'armée israélienne aux positions qu'elle occupait le 14 septembre dernier, afin que soit engagée aussitôt la négociation sur les conditions d'évacuation de toutes les forces armées étrangères du Liban. »* Amère recommandation.

A Rome, Jean-Paul II reçoit Arafat, qui demande aux trois gouvernements de la Force multinationale de renvoyer immédiatement leurs troupes au Liban *« pour protéger les camps palestiniens. Il y va de la dignité des trois armées et de l'honneur de leurs pays. Je pose à l'Italie, à la France et aux États-Unis la question suivante : qu'en est-il de l'engagement pris de protéger les habitants de Beyrouth ? »*.
Tout le problème est là. Pour certains, à Beyrouth, le mot *« habitant »* ne désigne pas les Palestiniens.

A Moscou, à l'issue d'un dîner en l'honneur d'un visiteur — le Président du Sud-Yémen —, Leonid Brejnev présente, en réponse au « plan Reagan », son plan en six points de règlement du conflit israélo-arabe. Élément nouveau : l'appel à une reconnaissance réciproque d'Israël et des Palestiniens. *« La cessation de l'état de guerre (...) signifie que toutes les parties du conflit, y compris Israël et l'État palestinien, doivent s'engager à respecter la souveraineté, l'indépendance et l'intégrité territoriale des autres. »* Décidément, depuis un mois, les Russes sont bien modérés...

**Jeudi 16 septembre 1982**

Giscard lance à la télévision un appel aux *« déçus du socialisme »*...

Le Premier ministre préside une ultime réunion d'arbitrage sur le statut de Paris. Les observations formulées par le Président ont été portées à sa connaissance ainsi qu'à celle du ministre de l'Intérieur. Les conseils d'arrondissement comprennent les élus du Conseil municipal originaires de l'arrondissement et les élus de l'arrondissement. Ils sont élus au suffrage direct et à la proportionnelle en même temps que le Conseil municipal. Ils sont présidés par un *« maire d'arrondissement »*, obligatoirement conseiller municipal. Le maire est assisté par des adjoints pris au sein du Conseil. Le maire n'a aucun pouvoir de nomination sur les fonctionnaires municipaux, mais le secrétaire général de la mairie d'arrondissement est désigné par le maire de la Commune sur proposition (et donc avec l'accord) du maire d'arrondissement.

Gaston Defferre est en désaccord avec les élus PS de Paris sur les effectifs des conseils d'arrondissement : il souhaite un petit nombre d'élus, en raison de l'effet psychologique sur l'opinion ; les seconds veulent davantage d'élus. Le Premier ministre tranche en leur faveur.

Les conseils d'arrondissement reçoivent les recettes des services qu'ils gèrent et une dotation budgétaire accordée par le Conseil municipal, soit en accord avec l'arrondissement, soit en fonction de critères objectifs fixés par la loi. Leurs compétences consultatives sont très larges. Ils doivent être consultés par le Conseil municipal sur tout ce qui concerne l'arrondissement et peuvent faire des propositions au Conseil municipal ou lui sommettre des vœux ou des demandes.

L'exposé des motifs précisera que ce texte est l'un des volets d'une vaste réforme tendant à renforcer la démocratie locale dans les villes de plus de 100 000 habitants, qui sera déposée ultérieurement.

Le texte devrait être définitivement mis au point dans la journée de lundi prochain. Le calendrier parlementaire conduit à envisager de l'inscrire au Conseil des ministres du 29 septembre.

A Washington, *« on est extraordinairement déçu et exaspéré au plus haut niveau de l'administration américaine par l'attitude israélienne »*, dit le sous-secrétaire d'État chargé du Moyen-Orient, M. Velioles, à l'ambassadeur de France.

François Mitterrand envoie Cheysson à Beyrouth. Il est reçu par Élias Sarkis et s'entretient au téléphone avec Wazzan, président du Conseil libanais, toujours bloqué à Beyrouth-Ouest. L'un et l'autre parlent du retour des troupes multinationales, sans vraiment le demander.

Cheysson explique : *« L'envoi de cette force était destinée à assurer le départ de Beyrouth de l'OLP dans la dignité et l'honneur. Il ne s'agissait pas d'assurer la sécurité de la population de Beyrouth. La mission de cette force se termine donc avec l'achèvement de l'évacuation de l'OLP, c'est-à-dire jusqu'au 21 ou 23 septembre. Si on avait envisagé — ce qui ne fut pas le cas — de maintenir cette force, trois raisons s'y seraient opposées. Il s'agit d'une force multinationale fondée sur la juxtaposition de contingents de trois pays. Or, dès le début, il était clair que les Américains désiraient partir au plus tôt. Un minimum de troupes, leur peu d'empressement à débarquer : ils avaient annoncé leur intention. Les Italiens les suivaient. Si jamais la France avait décidé de rester, elle n'était plus dans le cadre de la Force multinationale. C'eût été une décision française dans un ancien pays sous mandat français, avec toutes les connotations de relent colonialiste qu'elle impliquait. La France avait toujours subordonné l'envoi d'une force quelconque à la demande des autorités légitimes du Liban. Or vous, par la seule autorité légitime, le Président Sarkis, vous ne nous l'avez jamais demandé. Tous, y compris les passants s'adressant à nos soldats, souhaitaient le maintien du contingent français. Sarkis ne l'a jamais exprimé. Quand bien même la France aurait demandé à rester, rien ne prouve — compte tenu des forces en présence, de la disposition géographique, etc. — que sa présence aurait empêché quoi que ce soit. »*

Cheysson quitte la capitale libanaise dans la soirée. A ce moment, l'armée israélienne laisse entrer les miliciens chrétiens d'Amine Gemayel dans les camps palestiniens. Les accords avec Habib l'interdisait formellement.

Au même instant, lors d'une réunion du Conseil des ministres israélien, le vice-premier ministre, David Lévy, met en garde : *« Nous risquerions de ne pas être crédibles au moment où j'apprends que les Phalangistes sont déjà en train de pénétrer dans certain quartier et alors que je sais ce qu'est pour eux la vengeance : le massacre. »*

De fait, au crépuscule, les miliciens chrétiens pénètrent dans les camps. Le *« poste de commandement le plus avancé »* de l'armée israélienne dans le secteur est situé sur le toit d'un immeuble, à deux cents mètres de Sabra et Chatila. Amnon Kapeliouk note : *« Pour reprendre l'expression d'un officier israélien, du toit de ces immeubles, on voit "comme au théâtre au premier rang". »*

Ariel Sharon affirme que, dans la nuit, des officiers israéliens ont *« commencé à soupçonner que quelque chose n'allait pas bien »* et que *« des rumeurs au sujet de ce qui se passe dans les faubourgs* [de Beyrouth] *ne cessaient d'arriver ».*

**Vendredi 17 septembre 1982**

Dans la matinée, soit moins de quarante-huit heures après le départ du contingent français, l'armée israélienne investit Beyrouth-Ouest à partir du port, du passage du Musée et de la zone des camps palestiniens. Les Américains exigent le retrait des Israéliens de Beyrouth-Ouest dans les quarante-huit heures. Au Conseil de sécurité, une résolution, adoptée à l'unanimité, condamne cette occupation de Beyrouth-Ouest par Israël.

Quatre obus, tirés depuis la mer, tombent en fin d'après-midi dans le parc de la Chancellerie de France, à proximité immédiate des bâtiments ; aucune victime.

La voiture d'un diplomate israélien explose, rue Cardinet, à Paris, devant le lycée Carnot : 51 blessés. Les FARL revendiquent l'attentat.

La coalition SPD-libéraux, qui gouverne en République fédérale d'Allemagne, éclate. Le gouvernement d'Helmut Schmidt tombe. Helmut Kohl va le remplacer.

Le Président s'inquiète de la date du prochain Sommet des Sept qui aura lieu aux États-Unis : *« Maintenant que Schmidt est parti, essayez d'obtenir qu'il ait lieu après le 1er juillet. La Communauté sera alors présidée par la Grèce et Papandréou pourra venir. Je ne serai pas le seul socialiste... »*

De nouvelles spéculations sur la hausse du mark ne sont pas à exclure. Le Président remarque : *« Le franc va souffrir. »* Alors que, jusqu'à 15 heures, le marché est calme, la hausse du mark s'accélère. Le déficit de la balance des paiements doit être à tout prix réduit.

La détérioriation de la situation financière des pays en développement non pétroliers ébranle le système bancaire international. Exprimé en pourcentage du déficit de leurs paiements courants, le service de leur dette est passé de 54 % en 1975 à 92 % en 1981 et 114 % en 1982.

La Haute Autorité nomme les présidents de l'audiovisuel public. Comme prévu, ce sont : Michel May à *TF1*, Pierre Desgraupes pour *A2*, François Labrusse à la SFP, Jean-Noël Jeanneney à *Radio-France* et André Holleaux à *FR3*.

**Samedi 18 septembre 1982**

D'après une information reçue par notre ambassadeur à Tel Aviv et reprise ce matin par la radio israélienne, les milices chrétiennes ont procédé depuis hier soir à un millier d'arrestations dans les camps de réfugiés du quartier de Sabra. On peut donc s'attendre, pendant ce délai, à une intensification des opérations de police menées par Tsahal en collaboration avec les milices chrétiennes, en vue de débusquer et arrêter les éléments palestino-progressistes encore cachés dans l'agglomération.

Mais les nouvelles sont contradictoires. Selon les Américains, les milices ne se contentaient pas, hier, d'arrêter les Palestiniens : *« La situation dans les camps de réfugiés est dramatique. Les forces israéliennes, aidées, semble-t-il, d'éléments des Kataeb et d'unités du commandant Haddad, procèdent à l'élimination sommaire des suspects palestiniens, tandis que des bulldozers rasent les dernières habitations debout. »*

L'ambassadeur de France nous envoie ce télégramme de Beyrouth :

> *« Les combats se sont poursuivis une bonne partie de la nuit, les chars ouvrant la voie à l'infanterie, écrasant tout sur leur passage. Les Israéliens atteignent le secteur de l'ambassade, rue Clemenceau, vers huit heures, se heurtant à cet endroit à la résistance des miliciens de gauche réfugiés dans plusieurs immeubles. Au niveau du Musée, la progression semble plus lente. La radio libanaise annonce que les camps palestiniens de Sabra et de Chatila ont été investis dans le courant de la nuit. Partout sur son passage, l'armée israélienne s'applique à éliminer brutalement toute forme de résistance. Les chars tirent à coups de canon sur les immeubles abritant miliciens et francs-tireurs. Les destructions sont considérables, de nombreuses artères de la capitale sont dévastées ; à l'heure qu'il est, les combats se poursuivent. En ce qui concerne la Résidence des Pins, j'ai pu moi-même constater qu'une dizaine d'obus avaient atterri dans le parc ; le portail d'entrée et le mur d'enceinte, récemment restaurés, ont à nouveau été détruits. »*

Des milliers de morts. Abominable.

François Mitterrand pense alors que les Israéliens sont les auteurs du massacre. Il déclare : *« Les nouvelles qui me parviennent de Beyrouth provoquent une réaction d'horreur. Ceux qui portent la responsabilité de tels excès trahissent la cause qu'ils croient servir. La Communauté internationale doit se dresser contre de tels massacres et arrêter les mesures nécessaires pour les prévenir. »*

On apprendra plus tard que les gardes israéliens postés à l'entrée des camps ont laissé pénétrer les Phalangistes.

**Dimanche 19 septembre 1982**

*« Le mal est fait, il ne fallait pas partir de Beyrouth. »* François Mitterrand décide immédiatement le retour de nos troupes. Shultz informe Cheysson du retour

des marines américains. Les Italiens acquiescent. Les trois ministres se mettent d'accord pour annoncer ensemble leur décision dès demain.

Ces quelques jours d'absence des Occidentaux ont coûté de 2 000 à 3 000 vies.

Pour le Président, il s'agit cette fois de protéger Beyrouth, et non pas tout le Liban.

**Lundi 20 septembre 1982**

Claude Cheysson, Michel Rocard et Catherine Lalumière s'inquiètent du projet de réforme de l'ENA. Ils pensent que Le Pors en est l'instigateur. Quand je leur annonce que, derrière ce projet, il y a François Mitterrand, ils ne renoncent pas : ils feront tout pour que la réforme soit enterrée.

Le franc va mieux. Le cours est revenu en deçà du pivot. Les *« visiteurs »* se manifestent encore. L'un d'eux, un expert discret dont le nom ne paraîtra jamais nulle part, m'écrit :

> *« La crise aiguë du franc est passée. Notre monnaie dispose d'un répit opportun, mais coûteux. N'est-ce pas le moment de mettre en place les mesures propres à prévenir la répétition des troubles que nous venons de traverser (...), telles les possibilités de "déconnexion" de l'Eurofranc ? »*

Surréaliste diplomatie américaine ! Alors que la tragédie se joue au Liban et que, d'un moment à l'autre, les deux Présidents, français et américain, vont annoncer à la télévision le retour de leurs troupes dans des termes identiques, Ronald Reagan écrit à François Mitterrand pour demander... l'annulation du contrat Thomson-CSF de vente de centraux MT 20 à l'URSS :

> *« Vous vous souvenez qu'au cours de votre visite à Washington, en mars dernier, nous avions évoqué la vente prévue par une firme française, Thomson-CSF, d'un commutateur téléphonique digital à l'Union soviétique. J'ai beaucoup apprécié la décision que vous m'aviez alors communiquée de modifier l'accord afin de tenir compte d'une certaine inquiétude des États-Unis concernant la défense.*
>
> *Ces jours derniers, on a attiré mon attention sur une préoccupation majeure de nature différente, résultant de ce transfert proposé, concernant les renseignements. Ce danger est si sérieux que j'estime nécessaire de le porter à votre connaissance de la façon la plus urgente. Nous avons été négligents, je le reconnais, de ne pas avoir porté plus tôt cette affaire à votre attention. Malheureusement, comme je l'ai souligné, c'est seulement au cours de ces derniers jours que mes principaux conseillers et moi-même avons eu connaissance des implications de ce transfert pour nos capacités de renseignements. »*

Il demande au Président de recevoir l'ambassadeur itinérant, Vernon Walters, la semaine prochaine. Nous savons très bien ce que celui-ci veut nous dire de si secret : la technologie du MT 20 rend plus difficile les écoutes téléphoniques ; la chose est étalée dans tous les journaux.

François Mitterrand est irrité : il y aurait vraiment d'autres sujets de discussion, en ce moment, avec les Américains : *« Qu'il voie Cheysson ! »*

Comme convenu, à 23 heures (heure de Paris), Reagan, Spadolini et Mitterrand annoncent le retour à Beyrouth des forces américaine, italienne et française : *« A la demande du gouvernement libanais, et pour répondre aux appels venus de toutes parts, notamment du monde arabe, la France, les États-Unis et l'Italie participeront à la formation d'une nouvelle force multinationale qui aura pour charge de contribuer au retour à la sécurité et au respect du droit des gens (...). Les soldats français qui assureront cette mission se trouveront une fois de plus côte à côte avec des soldats américains et italiens. Nos premiers contingents seront prêts à prendre leurs responsabilités au Liban même dans les trois jours qui viennent.* »

**Mardi 21 septembre 1982**

Le répit monétaire aura été de courte durée. Le franc est de nouveau attaqué : Michel Jobert vient d'annoncer qu'il prévoyait 100 milliards de déficit extérieur pour 1982. Delors proteste : « *C'est du sabotage que de dire ça ! Jusqu'ici, il ne servait à rien. Maintenant, il nuit !* »

Michel Jobert souhaite réunir tous les mois les ministres concernés par le commerce extérieur — Jacques Delors, Laurent Fabius et Jean-Pierre Chevènement — pour décider discrètement de mesures de protectionnisme. Aucun d'entre eux n'entend y aller. Le Premier ministre suggère qu'un comité de hauts fonctionnaires placé auprès de lui s'en occupe, de manière plus efficace et plus discrète. François Mitterrand : « *Non. C'est Jobert qui est en charge : le cabinet ministériel, cela n'existe pas !* » Attitude constante qu'il renouvelle en chaque occasion.

Conseil restreint, comme chaque mardi. Cette fois, sur les grands équipements. Étrange, de parler de relance en pleine crise de change ! C'est l'agenda qui veut cela. Delors expose que la croissance pour 1983 sera de 2 %. C'est déjà trop. Il refuse une nouvelle tranche de grands travaux. François Mitterrand aurait pu, ce jour-là, accepter sa démission — s'il l'avait alors proposée.

Le frère aîné de Béchir Gemayel, Amine, est élu à sa succession, au premier tour de scrutin, par 77 voix et 3 bulletins blancs. Il entrera en fonctions après-demain.

François Mitterrand rumine : « *Sommes-nous responsables ? Si nous avions été à Beyrouth pendant les massacres, cela aurait été pire, car nous n'aurions pu sortir de notre zone pour les empêcher, et on nous aurait considérés comme responsables !* » Il approuve l'idée d'une commission d'enquête internationale, persuadé que le massacre est le fait de soldats israéliens. « *Avec Begin, on ne pourra rien faire. Il veut le Grand Israël. Je le comprends, mais aucune paix n'est possible sur ces bases.* » Quand Cheysson lui fait remarquer que « *la France n'a rien dit jusqu'ici sur la responsabilité et la culpabilité dans cette affaire* », il répond : « *Il n'y a pas urgence.* » Et quand Cheysson suggère que le porte-parole du Quai d'Orsay s'exprime à ce propos, le Président répond : « *Non, je n'ai pas confiance dans ce que dit ce porte-parole...* »

André Rousselet envoie deux de ses collaborateurs enquêter sur les chaînes cryptées existant aux États-Unis.

**Mercredi 22 septembre 1982**

Les premiers éléments du détachement français — 350 hommes — reviennent dans le port de Beyrouth. Charles Hernu et le général Saulnier sont avec eux.

Au Conseil des ministres, François Mitterrand, expliquant le retour des soldats français, prévient : *« Il pourra y avoir au Liban des soldats français tués. »*

**Vendredi 24 septembre 1982**

Pierre Joxe, au nom des députés socialistes, et Charles Salzmann, au nom des sondages, demandent instamment au Président de renvoyer Pierre Mauroy.

Le Président suit les indices d'inflation au millimètre. Je reçois maintenant chaque semaine le directeur général des Prix, Jouven, qui accomplit un magnifique travail. Il faut être en-dessous de 10 %;aa. Chaque dixième compte !

Hubert Védrine note :

> *« Sur notre force et notre présence au Liban, il est impératif de : ne pas être pris dans des engrenages, c'est le sens des instructions du Président ; ne pas risquer d'être placé à découvert par un nouveau retrait américain prématuré.*
>
> *Il faut prévoir dès maintenant les conditions du retrait de notre force pour éviter la situation de la mi-septembre. Un programme assez "spectaculaire" d'aide au Liban, en accord avec le Président Gemayel, et incluant un volet d'aide à l'armée libanaise, serait annoncé avant ou au moment même du retrait de notre contingent. »*

Guy Lux fait le point sur le résultat de ses démarches après son déjeuner avec le Président, il y a quelques semaines : *« Côté* TF1, *et comme l'avait prévu le Président, un silence total, presque "méprisant", s'est installé. L'annonce des futurs programmes, même ceux de janvier, ne fait en rien allusion à l'émission qui devait m'être confiée. Est-ce bien utile de nourrir actuellement la mauvaise humeur du public par la seule faute de quelques directeurs qui semblent avoir oublié, volontairement ou non, ce qu'ils avaient formellement promis ? Que dois-je répondre à la presse ? Côté* FR3, *les choses sont plus favorables. A plusieurs reprises, les proches collaborateurs de Serge Moati m'ont rencontré pour envisager la mise en place d'une émission qui serait programmée le samedi soir à partir de janvier. »*

**Samedi 25 septembre 1982**

Étrange connivence ! Les Russes tardent à signer le contrat MT 20 : comme s'ils avaient passé un accord avec les Américains... Deux possibilités : soit faire un geste à l'égard de l'URSS, ce que Michel Jobert suggère dans une lettre au chef de l'État *(« accepter que la dix-septième session mixte permanente franco-soviétique se tienne à Moscou, alors que la règle de l'alternance voudrait qu'elle ait lieu à Paris »)*, soit se montrer ferme. Le Président choisit la seconde option.

Robert Hersant est l'invité de « Droit de Réponse », sur *TF1* : comme un lapin convié à un dîner de chasseurs. Mais il s'en sort sans la moindre égratignure.

**Lundi 27 septembre 1982**

Inutile frayeur : les Russes acceptent l'annulation du premier contrat et signent. Ils achètent des centraux, sans communication des procédés de pointe.

A Figeac, place Vival, François Mitterrand improvise un discours à partir de deux fiches préparées par Pierre Bérégovoy, Alain Boublil et Charles Salzmann. Discours très important, reflet de ses conversations avec les « visiteurs du soir »:

> *« Il y avait deux sortes de moratoires pour les entreprises en péril, surendettées : l'inflation ou la faillite. Et moi, je ne veux pas choisir entre la faillite et l'inflation ! Ma préoccupation est que l'esprit d'initiative des entreprises puisse échapper aux trois menaces du moment : l'alourdissement de leurs charges, la lourdeur des taux d'intérêt et la surcharge de leur endettement financier. C'est dans ces trois directions que je demande au gouvernement d'agir pour, dans le courant de 1983, écarter ces trois menaces.*
>
> *J'ai donné l'ordre que soient lancés de grands travaux pour soutenir les Travaux publics et le Bâtiment : 4 milliards tout de suite, dont la moitié pour les économies d'énergie ; 4 milliards à la fin du premier trimestre 1983, dont la moitié encore pour les économies d'énergie. Si cela avait été fait, nous n'aurions pas à le faire...*
>
> *Il a fallu naturellement serrer la vis, il a fallu veiller à tout, il a fallu rogner sur des dépenses parfois bien nécessaires, mais j'ai demandé qu'en dépit de cette orientation, quatre budgets soient accrus : le budget de la Recherche, le budget de la Culture, le budget de l'Éducation nationale et le budget de l'Industrie, c'est-à-dire — et ce n'est pas un pari, c'est une volonté —, c'est-à-dire que la volonté de la France, celle que j'exprime en son nom, est de prendre position sur la capacité de créer, de transformer, d'inventer sous toutes les formes.*
>
> *(...) Ah, cette diversité, ce pluralisme, comme j'y tiens ! Le pluralisme des pensées, des philosophes, le pluralisme spirituel, celui des idéologies, le moyen, des philosophies, le pluralisme spirituel, celui des idéologies, le moyen de les exprimer... Ah, comme je veux que la France reste en ses profondeurs aussi diverse et colorée — contraire, mais non pas contradictoire ! Ah, comme j'aime ceux qui me contestent dès lors que je trouve avec eux le langage commun de ceux qui veulent servir la France et qui l'aiment ! Rien ne se refait, rien n'a jamais été fait, rien ne sera fait sous mon autorité qui puisse en quoi que ce soit altérer cette diversité ! »*

Le moratoire qu'annonce ce discours est à peu près inapplicable, sauf si le Président a l'intention de laisser flotter le franc. Le veut-il vraiment ?

**Mercredi 29 septembre 1982**

Au Conseil des ministres, on décide de mesures permettant d'équilibrer les comptes de la Sécurité sociale en 1983 : une contribution de solidarité est demandée aux fonctionnaires pour financer l'indemnisation du chômage. Delors y tient. Fiterman s'y oppose, parlant au nom des ministres communistes, comme il le fait parfois.

On adopte le projet de loi sur Paris, ou ce qu'il en reste.

Pendant le Conseil, le Président relit et annote le discours que Mauroy doit prononcer à l'ONU demain.

Les soldats israéliens évacuent enfin Beyrouth. Sharon n'a plus le contrôle de la situation. Mais le mal est fait.

A La Sapinière, au Canada, où commence demain la réunion des ministres des Affaires étrangères de l'OTAN, un dîner réunit, comme d'habitude, les ministres des Affaires étrangères des États-Unis, de France, de Grande-Bretagne et de République fédérale d'Allemagne. Le secrétaire d'État George Shultz rend compte de sa récente rencontre avec Gromyko : *« L'état général des relations américano-soviétiques s'est détérioré, mais l'Union soviétique ne change rien à sa politique. Le problème n'est pas que Reagan n'aime pas le socialisme, mais que l'Union soviétique a un type de comportement de moins en moins acceptable : surarmement, SS 20, Afghanistan, Pologne, Cambodge, violations de l'Acte d'Helsinki, usage d'armes chimiques. Nous sommes prêts à défendre nos intérêts, mais nous préférons des relations constructives fondées sur un comportement raisonnable. Sur la question : "Qu'est-ce qui intéresse les Russes ?", les droits de l'homme les laissent complètement indifférents. J'ai pourtant lu quelques passages des accords d'Helsinki (...). Ce qui les intéresse vraiment, ce sont les négociations de limitation des armements : quatre minutes sur les droits de l'homme, une heure sur l'*arms control. *Ils doivent penser que s'ils peuvent arrêter les déploiements en Europe et affecter nos programmes militaires, ils seront dans une position très puissante. S'ils n'y parviennent pas, ils seront prêts à négocier : ce sont de vrais professionnels. Sur l'Afghanistan, apparemment, rien de nouveau. On n'a pas parlé de l'Afrique du Sud. Il a écarté toute discussion sur la Pologne. Il faut que nous restions fermes. S'ils obtiennent quelque chose, ils doivent le payer. Une relation constructive suppose un modèle de comportement. Nous, nous avons l'Alliance, qui n'est pas si mal. Réduire les armements est de l'intérêt mutuel : il faut que les Soviétiques en paient le prix... »*

**Jeudi 30 septembre 1982**

Pierre Bérégovoy prévient le Président que les députés socialistes veulent absolument voter le remboursement de l'IVG par la Sécurité sociale. Mauroy aussi y tient beaucoup. Le Président est hostile. Il demande que l'on ne fasse rien avant les élections municipales.

Journée nationale de protestation des professions libérales et des professions de santé : 50 000 personnes à Paris.

Déjeuner avec le Président pour étudier les conditions de la sortie du blocage. On doit s'assurer que les instructions et les normes élaborées par le Premier ministre en matière de salaires seront correctement appliquées dans le secteur public et dans la fonction publique. Matignon s'engage à bloquer les rémunérations supérieures à 25 000 francs. Un projet de loi doit être déposé dans un délai assez bref. Enfin, un échéancier précis des hausses de tarifs publics doit être proposé, et des priorités doivent être fixées (EDF, GDF, SNCF) en fonction des contraintes financières pesant sur ces entreprises. Une nouvelle enveloppe du Fonds spécial de grands travaux doit être prévue dès le début de l'année prochaine pour entamer la deuxième phase des grands projets d'investissement, tels le câblage d'une ville et le TGV Paris-Francfort.

Nouvelle réunion des « visiteurs du soir » avec François Mitterrand. Laurent Fabius parle aujourd'hui en leur nom. Comme le Président l'a dit à Figeac, ils proposent de réduire les charges des entreprises et, pour cela, de baisser les taux d'intérêt, donc de laisser flotter le franc. Mais comment ? Il faut entrer dans les détails.

Jean Riboud propose : *« Au lieu de doter les entreprises publiques de nouveaux fonds propres au niveau réclamé par elles, avec tous les inconvénients que cette dotation entraîne d'un point de vue budgétaire, on pourrait leur consentir des prêts à long terme (cinq à dix ans) à intérêt nul, que les entreprises auraient le droit de classer dans la rubrique "Fonds propres". »*

Mais qui consentirait ces prêts ? Quelles banques ?

Réponse de Jean Riboud : *« La Banque de France fait une avance gratuite au Trésor de 35 milliards. Le Trésor accorde des prêts aux entreprises très endettées à la même hauteur, sans intérêts et sur cinq ans, sous réserve d'un engagement de modération de prix. Les entreprises concernées remboursent aux banques les 35 milliards : les crédits consentis par le Trésor se substituent à ceux des banques.*

*De plus, s'agissant du secteur privé, l'État, ayant au préalable fait son devoir pour ses entreprises, pourrait plus facilement demander aux actionnaires privés de faire le leur.*

*A titre illustratif et afin de mieux faire saisir l'importance de ce dont nous parlons, on peut estimer à 6 milliards de francs l'endettement de la CII/HB et à 8 milliards celui du groupe Thomson. Au total, celui de la filière électronique serait de l'ordre de 20 milliards. »*

Le grand tournant idéologique est pris : on ne parle plus que d'allégement des charges des entreprises, de moratoire, de baisse des taux d'intérêt. Quelques grands patrons de gauche ont fixé la direction. Reste à la suivre. Mais personne ne sait vraiment encore comment.

Il est convenu que Bérégovoy réunira les « visiteurs du soir » jeudi prochain à son ministère, et le mardi suivant à l'Élysée, autour du Président, à son retour d'Afrique, pour élaborer une série de propositions concrètes pour le 15 octobre.

A la tribune de l'ONU, Pierre Mauroy dénonce *« l'aveuglement des deux grandes puissances »* et *« la montée des égoïsmes nationaux »*. Les Américains n'apprécient pas.

Incroyable impolitesse : sans aucun préavis, le Président des États-Unis informe ses partenaires de son intention d'annoncer aujourd'hui même que le prochain Sommet des pays industrialisés se tiendra du 10 au 12 juin à Williamsburg. Je fais savoir à l'ambassadeur des États-Unis que les dates proposées paraissent bien difficiles, compte tenu de l'emploi du temps du Président : *« Le mois de juillet serait préférable. »* J'obtiens de Clark qu'on retarde l'annonce.

Comme il le fait après chaque mission, Jean-Pierre Chevènement, de retour des États-Unis, rend compte de son voyage au Président : *« Il est aisé de constater que, du point de vue des "reaganiens", notre échec ne peut qu'être non seulement attendu, mais inconsciemment désiré, car notre réussite signifierait qu'eux-mêmes sont dans l'erreur. Si M. Verniez-Pallez fait un bon travail de relations publiques, bien souvent nos pires ambassadeurs sont nos propres compatriotes. La maison de couture Saint-Laurent n'a pas trouvé de meilleur slogan que* "Vive the poor french franc !" *Bien des Français résidant aux États-Unis, hostiles au nouveau cours de la politique française, jouent le rôle d'une médiation négative. »*

Helmut Kohl, président de la CDU, succède à Helmut Schmidt comme Chancelier de la RFA. Est-ce la fin de la fermeté face aux Soviétiques ? Le Président s'inquiète. Genscher fait savoir à Cheysson que la politique étrangère allemande ne sera pas modifiée : il en conservera la charge.

### Vendredi 1er octobre 1982

Réunion tous les jours à l'Élysée entre Élisabeth Guigou, Christian Sautter, François-Xavier Stasse, Jean-Louis Bianco et moi-même. Les notes se multiplient : comment réduire les importations sans sortir du SME ? Comment dévaluer sans aggraver le chômage ? Comment convaincre que le flottement de la monnaie nous fera entrer dans un cercle vicieux ?

### Samedi 2 octobre 1982

Les ministres des Affaires étrangères de l'OTAN sont réunis à l'hôtel de La Sapinière, au Canada. Avant que le conclave ne commence, Shultz invite Cheysson à un petit déjeuner. Il lui montre un document informel, un *« non-paper »* sur le commerce Est/Ouest, qui commence par : *« Nos gouvernements reconnaissent la nécessité de conduire leurs relations avec l'URSS sur la base d'une politique globale destinée à servir nos propres intérêts fondamentaux de sécurité... »* Puis le document souligne *« la volonté américaine de concertation sur les domaines suivants : produits stratégiques et technologiques de caractère militaire (COCOM) ; technologie avancée, défense stratégique, y compris les équipements pour le pétrole et le gaz ; produits agricoles, politique de crédits ; énergie. »* Et, à l'avant-dernière page, cette ultime précision : *« Pendant la période de l'étude sur l'énergie, les gouvernements alliés ne signeront aucun nouvel achat de gaz naturel avec l'URSS. »* Par ce document, les Européens prendraient des engagements en matière de transferts de technologie stratégique, de crédits et d'énergie, plus contraignants que ceux qu'ils ont refusés à Versailles.

Pourtant, Cheysson approuve l'esprit du « papier » et remarque : *« Les contraintes que nous accepterons sur nos échanges avec l'URSS ne peuvent être liées qu'au renforcement du potentiel militaire soviétique »*, et il ajoute : *« Il n'est pas question de le corriger, car c'est un texte qui doit rester américain. »* Les deux ministres descendent, en retard. A la réunion à quatre qui suit, Shultz lit le *« non-paper »* aux deux ministres allemand et anglais. Selon un témoin — l'ambassadeur de Grande-Bretagne au Canada —, *« on a eu le sentiment que M. Shultz et M. Cheysson étaient parfaitement d'accord à La Sapinière lorsque le Secrétaire d'État a donné la teneur d'un* non-paper *sur l'approche globale Est/Ouest ».* Les Anglais, du moment que la France n'y voit pas d'obstacle, sont d'accord.

Par une lettre manuscrite, Claude Cheysson rend compte immédiatement de cette conversation au Président : *« Je joins à cette lettre la lettre personnelle dont Shultz s'est servi pour résumer les conclusions auxquelles il aimerait aboutir* [le "non-paper"]. *Je lui ai dit votre intérêt pour cette orientation, qui comporte enfin la recherche d'une cohérence entre les économies individuelles de nos États et une politique d'ensemble de l'Alliance, qui entraîne aussi la nécessité de la consultation entre alliés avant que ne soient prises des décisions unilatérales affectant les intérêts des autres. Le texte est actuellement étudié par les services compétents. Bien qu'il n'ait aucune existence, j'ai déjà émis quelques réserves. »*

Sur la première page du *« non-paper »* annexé, le Président note simplement : *« Pas question. »*

François Mitterrand me dit : *« Mais il continue ! C'est fou, cette histoire ! Dites-le-lui ! Je ne veux pas d'un organisme nouveau qui gérerait nos relations commerciales avec l'URSS. L'Europe disparaîtrait. »*

J'en parle avec Cheysson, qui insiste : *« Je crois que nous avons raison d'accepter la concertation. Nous serions lâchés par nos partenaires si nous refusions. L'embargo est spécialement grave pour la Grande-Bretagne et la RFA ; les Italiens s'en moquent, car, de toute façon, ils sont bien décidés à détourner tous les interdits (...). Un tel texte ne nous lie pas, parce que c'est une déclaration unilatérale des Américains. »*

Je suis sceptique. Comment les Américains pourraient-ils annoncer unilatéralement le résultat d'une discussion multilatérale !

Pour sa première visite à l'étranger sitôt après avoir formé son gouvernement, le Chancelier Kohl est à Paris. Genscher l'accompagne. Beaucoup décrivent le nouveau Chancelier comme un homme lourd et rudimentaire. Je le trouve cultivé, direct, passionné par l'Europe et grand admirateur de la France. Il voit loin en avant — l'unité de l'Allemagne — et en arrière — l'héritage d'Adenauer. *« Ne vous y trompez pas,* dit-il à François Mitterrand qu'il voit pour la première fois, *je suis le dernier Chancelier allemand pro-européen. Vous êtes un homme d'histoire et de littérature, moi aussi ; et je crois que, dans l'Histoire, il y a plusieurs périodes. Si je ne me trompe, il semble que les années à venir seront des années où des décisions majeures devront être prises ; surtout dans le domaine de la politique étrangère et de la sécurité. J'espère que les négociations de Genève accéléreront le désarmement, car si, cet automne, il n'y a pas eu de résultats, nous sommes absolument décidés à installer les fusées Pershing, quelle que soit la résistance que nous rencontrerons. Nous connaissons la valeur de la paix, je l'ai dit à Brejnev quand je l'ai vu, à l'automne dernier. Je veux vous dire quelque chose : mon grand-père avait un fils qui est mort à la guerre de 1914. Son autre fils, mon père, a nommé son fils aîné comme lui, et ce garçon, mon frère aîné, donc, est mort à la guerre de 1939-1945. Mon fils porte le même nom que ce frère et commence aujourd'hui son service militaire : il sait très bien, lui aussi, ce que c'est que la paix. Mais nous savons aussi ce que c'est que la liberté. Et nous voulons relever le défi qui consiste à préserver à la fois la liberté et la paix. En tant que député de l'opposition, je dois dire que j'étais étonné de voir que le gouvernement ne s'inquiétait pas plus du stationnement des SS 20 à l'Est. J'espère que les États-Unis négocieront sérieusement à Genève. Mais si l'URSS ne met aucun contenu dans ses concessions, comme elle le fait souvent, je ne vois pas comment nous éviterons d'installer les fusées Pershing l'an prochain. Bien sûr, il ne faut pas non plus que les États-Unis ne fassent que semblant de négocier, pour pouvoir installer leurs fusées envers et contre tout. Nous devons être extrêmement attentifs. L'équipe au pouvoir aux États-Unis en ce moment ne connaît pas l'Europe, sauf peut-être Shultz. Ils ne comprennent pas que l'Allemagne est assise sur une poudrière, et que cela inquiète la population allemande. »*

Tout est dit : l'angoisse, la détermination, la solitude, le sentiment, mille fois répété plus tard, que le pire est devant nous. Le même souci que Helmut Schmidt, mais exprimé avec beaucoup plus de sincérité, d'humanité et de volonté. François Mitterrand sera profondément marqué par cette première rencontre. Face à lui, le Chancelier allemand n'est plus un homme sceptique et résigné. Un vaste chantier s'ouvre. Il est décidé qu'au prochain Sommet franco-allemand, les ministres des Affaires étrangères et de la Défense tiendront une session commune.

### Mardi 5 octobre 1982

Au petit déjeuner hebdomadaire avec le Premier ministre, Lionel Jospin proteste contre le fait que le projet de loi d'amnistie concerne aussi les généraux putschistes d'Alger. François Mitterrand : *« Ne soyez pas naïfs ! Ces généraux en ont fait beaucoup moins que Michel Debré. »* L'après-midi, Raymond Courrière présente le texte au groupe socialiste. Lionel Jospin prend contre son gré, à la demande du Président, la défense du projet, déplorant seulement que le Parti n'ait pas été consulté. La plupart des députés sont hostiles et veulent modifier au moins l'exposé des motifs, jugé trop indulgent à l'égard de l'OAS et des officiers factieux. Ils demandent que Raymond Courrière s'en tienne devant le Parlement à une présentation aussi dépouillée et laconique que possible. Ce texte ne doit pas avoir valeur de *« pardon »*, mais de réconciliation nationale. Il s'agit de tourner une page de notre Histoire, pas de la récrire. *« Les engagements du Président de la République doivent certes être tenus ; mais il y en a d'autres dont la réalisation est au moins aussi urgente... »*

Investiture en Bolivie de Hermán Siles Suazo, Président démocratiquement élu de l'Union démocratique populaire. Klaus Barbie est peut-être de nouveau accessible. Régis Debray continue de négocier avec le ministre de l'Intérieur bolivien, son ami Gustavo Sanchez ; Klarsfeld a une idée : les Boliviens livreraient Barbie à Cayenne où nous en prendrions livraison.

### Mercredi 6 octobre 1982

Le Conseil des ministres approuve le document d'orientation du IXe Plan. Savary rend publiques les principales orientations de son projet de loi sur l'enseignement supérieur.

Robert Armstrong vient à Paris me parler du « chèque » britannique : *« Il est impossible*, démontre-t-il, *d'augmenter la part de la RFA sans remettre en cause formellement l'accord du 22 mai. »* Il a raison. Genscher s'est personnellement porté garant de cet accord. Et il est toujours là. Impossible de revenir sur la parole donnée par Cheysson, quoi qu'il dise. Nous financerons donc 39 % du remboursement, et la RFA 17 %.

Mises à part les devises qu'il faudra sortir — et nous en avons peu ! —, cette concession donne à nos partenaires l'image d'une France faible, avide de compromis. Très ennuyeux.

On peut espérer maintenant que la hausse des prix restera voisine de 8 à 9 % en 1982, et sera de 8 % en 1983 (sans mouvements sociaux). Deux premiers accords sont signés, l'un dans les laboratoires de prothèses dentaires, l'autre dans les jeux et jouets ; ils sont excellents. Deux conflits importants lancés à l'initiative de la CGT retiennent particulièrement l'attention : Citroën et Job Bastos.

Pourtant, depuis ce matin, le franc est attaqué. Compte tenu de la guerre du Liban, des Falklands et des grondements soviétiques, nul ne peut prédire jusqu'où va monter le dollar. Il peut aller lundi jusqu'à 7 francs. Le cynisme de Washington est total : le Trésor américain dit maintenant que les taux d'intérêt resteront durablement élevés, car leur déficit budgétaire est incontrôlable. Et cela pousse le dollar à la hausse.

S'il faut lâcher le système monétaire et « flotter » dans les jours qui viennent, il faut surtout éviter de le faire alors que le Président se trouverait déjà à l'étranger. François Mitterrand demande donc qu'on étudie les possibilités de flottement du franc pour ce soir, avant son départ pour l'Afrique, en attendant que les désordres du dollar se calment.

Pourquoi cette précipitation ? Est-on prêt, dès ce soir, à opérer une ponction importante sur le pouvoir d'achat ? à réduire le déficit budgétaire ? à viser une réduction à 5 % du rythme annuel de hausse des prix et des revenus ? à équilibrer la Sécurité sociale et l'UNEDIC ? à bloquer les prix et les revenus pour deux mois de plus, en attendant le résultat d'une grande négociation sociale ?

Le choix entre dévaluation et flottement dépend de la confiance dans les capacités du gouvernement à appliquer une politique de rigueur. A défaut, l'effet bénéfique d'une nouvelle dévaluation serait mangé avant les municipales, et un flottement serait un désastre.

Nouveau Conseil de Défense. Pour la première fois, l'armement chimique est abordé ; le Président demande que l'on continue à développer nos connaissances sur la technologie des produits binaires, sans décider la fabrication d'un armement chimique avec des stocks importants. La France respecte ainsi le protocole de Genève dont elle est dépositaire.

François Mitterrand part dans la soirée pour sa deuxième tournée africaine : Burundi, Rwanda, Zaïre, Congo.

**Jeudi 7 octobre 1982**

Dans la Communauté comme aux États-Unis, le chômage, pour la première fois depuis quarante ans, franchit la barre des 10 %.

A l'atterrissage au Burundi, je raconte au Président, devant Cheysson, la plaisanterie qui courait sur le ministre des Relations extérieures, à Bruxelles, lorsqu'il était Commissaire européen : *« Quelle est la différence entre Dieu et Claude Cheysson ?* A priori *aucune, car tous deux savent tout. Mais il y en a une : l'un est partout, et l'autre est partout... sauf à Bruxelles ! »* Claude Cheysson éclate de rire. Je lui dis : *« Ici, au moins, c'est la première fois que tu viens. »* Il réfléchit gravement : *« Non, c'est la trente-quatrième. »*

**Vendredi 8 octobre 1982**

A Kinshasa, ville de cauchemar, de misère et de corruption, je découvre la tradition qui nous conduit à recevoir dans notre chambre le grand cordon d'un Ordre national. En échange, nos hôtes reçoivent des Légions d'honneur au mètre.

Avant que ne s'ouvre le Sommet franco-africain, petit déjeuner avec le Président du Zaïre. Jean-Pierre Cot donne une leçon sur les droits de l'homme à un Mobutu ahuri devant tant d'audace.

Hissène Habré est là : cela vaut reconnaissance de fait. Le Président, s'adressant à lui : *« Avant le 10 mai 1981, la France vous livrait des armes. Je vous ai coupé les vivres. Vous savez par conséquent que je ne soutiens pas les rebelles ! »*

On dénombre trente-sept délégations, alignées dans un grand Palais des Congrès financé par les Chinois, construit par les Belges, entretenu par les Français, à côté d'une gigantesque tour de télévision au financement aussi éclectique, le tout dans une ville sans eau courante ni tout-à-l'égout. Symbole du désastre des rapports entre l'Europe et l'Afrique où les dictatures sont soutenues sous prétexte d'une hypothétique menace rouge.

Dîner avec les journalistes à l'ambassade de France, qui donne sur le fleuve. François Mitterrand critique les sommets des Sept : « *Cela ne sert à rien, et je ne sais pas si j'irai au prochain.* »

Longue conversation avec le Président : « *Tout sera très difficile pendant deux ans, mais la crise ne peut durer toujours. Mon vrai projet, c'est de construire l'unité de l'Europe pour qu'elle ait le courage et les moyens d'aider le Sud, en particulier l'Afrique. Il est presque inquiétant de voir la somme d'espérances qui repose sur notre pays. On peut se demander si celui-ci est capable de la satisfaire. C'est une situation que même de Gaulle a rarement rencontrée dans ses rapports avec l'Afrique, qui ont varié suivant les périodes. Le discours de Brazzaville n'a pas eu du tout la signification qu'on lui donne aujourd'hui : on y trouve une condamnation du* self-government. *Et, pendant quelques années, de Gaulle a brisé les chances d'une évolution en Afrique. Mais, quand il a constaté ses erreurs, et comme c'était un grand stratège, il en a tiré les conséquences.*

*Aujourd'hui, les Africains savent que la France n'est ni colonialiste, ni impérialiste. Ils savent très bien que partout où les Américains ou les Russes apparaissent, l'autre arrive aussitôt. On le constate du côté de l'Angola, on le constate du côté de l'Éthiopie, et même du côté de la Libye. La France apparaît comme moins dangereuse que les autres. En plus, il y a toute une histoire, des affinités. Ce fut une puissance colonisatrice, mais elle a été humaine, elle a formé des hommes.*

*Au Zaïre, la situation est dramatique. Toutes les machines sont grippées. Tout est concussion. Nous avons affaire à un personnel politique fragile et à des États qu'un rien peut faire basculer. Il faudra constamment retisser la toile, mais la France représente quelque chose de grand pour tout ce continent...* »

La Diète polonaise dissout le syndicat *Solidarité.* « *Jaruzelski,* pense François Mitterrand, *va être débordé.* »

**Samedi 9 octobre 1982**

Attentat contre une synagogue à Rome : un mort, 36 blessés.

Par note, Pierre Bérégovoy revient à la charge pour que le remboursement de l'IVG soit décidé toute de suite. Pierre Mauroy l'appuie, évidemment. François Mitterrand ne veut toujours pas d'une banalisation de l'acte médical. Il rechigne.

Claude Cheysson est à Dar-es-Salaam. Il retrouve le problème angolais, qui le passionne, et déclare : « *Les Angolais n'ont jamais caché le fait qu'ils espèrent un jour se trouver dans une situation où ils n'auront plus besoin de troupes étrangères. Nous ne voyons donc aucune justification à une demande précise adressée au gouvernement angolais. Nous savons que les Américains n'ont pas la même opinion et qu'ils ont entamé une sorte de négociation avec les Angolais. C'est là leur affaire. Comme je l'ai dit, tout est prêt et personne ne peut soulever un prétexte, s'agissant de la préparation de l'application de la Résolution 435. Si un pays étranger prend la responsabilité de bloquer l'application de cette décision internationale alors que tout est prêt, ce pays doit en porter seul la pleine responsabilité. Nous verrons bien. J'espère qu'aucun pays ne souhaitera agir ainsi.* »

Les Américains sont furieux. Et d'abord Bill Clark, le nouveau conseiller pour la sécurité. Il a commencé sa brève carrière diplomatique, il y a un an, en s'occupant de ce dossier sans même savoir localiser le pays sur la carte.

**Dimanche 10 octobre 1982**

Reagan écrit à François Mitterrand pour demander à la France de s'opposer, comme les États-Unis l'ont fait, à la ratification du Traité de la Mer, qui vient d'être signé. Conformément à une technique désormais classique, il prie tous les dirigeants européens de recevoir un même envoyé. Cette fois, c'est le brillant Don Rumsfeld, qui fut ambassadeur à l'OTAN à quarante ans et secrétaire à la Défense de Gerald Ford trois ans plus tard.

> « *Les stipulations qui concernent la recherche minière au fond des mers, telles que prévues par le traité, seront contraires aux intérêts de nombreux pays, et notamment des États-Unis et de nos proches amis et alliés. La mise en œuvre des ressources du fond des mers selon des critères économiques, en conformité avec le Traité, serait très difficile, si ce n'est impossible. En d'autres termes, le Traité créerait des précédents qui sont contraires à une vaste gamme d'intérêts, et ceci affecterait négativement les positions des pays développés pour ce qui concerne le développement futur des institutions internationales en général.*
>
> *Enfin, laissez-moi vous dire que, bien que le droit de la mer soit le sujet qui m'a conduit à proposer cette mission à Don Rumsfeld, je la conçois dans le contexte plus large de nos relations en tant qu'alliés faisant face à de nombreux problèmes. Dans la mesure où chacun d'entre eux a sa complexité propre, je crois profondément que nous sommes capables, aujourd'hui comme peut-être jamais auparavant, de les résoudre et de démontrer un degré de cohésion entre alliés sans précédent jusqu'ici. Pour cette raison, Don sera disposé à vous écouter sur tous les autres aspects de nos préoccupations communes. Inutile de dire que j'attacherai beaucoup de prix à vos réflexions et que j'attends avec impatience de recevoir le rapport que me fera Don.* »

On envoie *« Don, qui est disposé à vous écouter »*, afin *« de faire un rapport »*. Encore une fois, la conception américaine de l'Alliance refait surface : l'OTAN a vocation planétaire et exige la solidarité sur tous les sujets. Alors que, pour la France — la France seule —, l'Alliance est limitée géographiquement à l'Atlantique et à la défense de l'Europe.

François Mitterrand accepte néanmoins de recevoir Rumsfeld pour ne pas ajouter un sujet de friction par ces temps difficiles.

Les États-Unis et la Grande-Bretagne considèrent que les dispositions relatives au régime des fonds marins internationaux sont incompatibles avec les principes de l'économie de marché. Par ailleurs, ils ont peur qu'au sein de la future Autorité, le Tiers Monde et l'Est soient dominants. Ils souhaitent la remplacer par des accords de réciprocité avec les États ayant déjà effectué des travaux de recherche dans les fonds marins et s'étant antérieurement dotés d'une législation nationale, sorte de traités permettant la reconnaissance mutuelle des permis d'exploration délivrés par chacun de ces États. De tels accords videraient de tout son sens la notion de *« patrimoine commun de l'humanité »* qu'a créé la Convention.

Les dispositions de la Convention font de la France la troisième puissance maritime mondiale (11 millions de km$^2$ d'espaces marins placés sous notre juridiction) et protègent nos intérêts militaires en garantissant notamment le libre passage de nos flottes de guerre et de commerce et de nos aéronefs dans les détroits internationaux. Cependant, l'exploitation des nodules — si elle a un jour un sens économique, ce qui est douteux — et la mise en place de l'Autorité internationale des fonds marins risquent de conduire à la paralysie totale de toute décision d'exploitation si la règle du consensus y est appliquée.
C'est dans un an, au vu des travaux de la Commission préparatoire, après signature, que nous déciderons de soumettre la ratification au Parlement.

### Lundi 11 octobre 1982

Pierre Joxe est déchaîné. Il considère l'amnistie des généraux comme *« une injure personnelle à sa famille »*. Vision dynastique de la politique ! Il demande à être reçu par le Président. Il fait tout pour obtenir que le groupe socialiste vote contre. *« Je quitterai la politique si ce texte est voté. »* Le Président n'en croit rien.

Bataille minutieuse sur les prix, dixième de point par dixième de point.
François Mitterrand n'apprécie pas que Jacques Delors ait accepté la hausse des prix de l'automobile demandée par les industriels, qui fragilise la lutte contre l'inflation à la veille de la fin du blocage. Cela ne lui ressemble pas.

Les Américains prétendent que tous les autres participants sont d'accord pour que le Sommet de Williamsburg ait lieu début juin... Ils insistent pour annoncer la date. Il faut décider : céder ou ne pas y aller. Ayant encore la présidence des *sherpas* jusqu'à fin décembre, je convoque une réunion pour passer le relais aux Américains et tenter de fixer un agenda conforme aux intérêts européens.

A la suite du discours de Figeac, le ministère des Finances est mis en demeure d'étudier les modalités possibles d'une réduction de la dette des entreprises. Jacques Delors est horrifié : on ne peut demander aux banques de remplacer leurs prêts à court terme aux entreprises par des prêts à très long terme et à bas taux d'intérêt. *« C'est un moratoire de fait d'une partie de la dette privée, nécessitant la renégociation des contrats de crédits passés depuis des années entre entreprises et banques ! »*

### Mardi 12 octobre 1982

La grogne du groupe socialiste est à son comble. Le projet d'amnistie y est à nouveau évoqué, alors qu'il ne figure pas à l'ordre du jour de sa réunion. Un amendement excluant les officiers généraux, proposé par le jeune député rocardien Alain Richard, est rejeté de justesse, par 39 voix contre 37 ; Lionel Jospin s'est abstenu. Le projet du gouvernement étant adopté, Guidoni est mandaté pour le soutenir, seul, en séance.

Le grand économiste anglais Nicholas Kaldor vient me proposer un programme qu'il n'a pu convaincre Harold Wilson d'appliquer en 1967, lors de la crise de la Livre : il s'agit de mettre en place des quotas d'exportation pour éviter de toucher à la parité et en faire un instrument de politique industrielle. Il tombe bien ! Un Conseil restreint sur le commerce extérieur a lieu dans l'après-midi, pour préparer des mesures destinées à réduire le déficit extérieur. On envisage tout. On ne retient que la vérification obligatoire de l'origine, permettant de bloquer discrètement l'importation de certains produits. Le Président n'entend pas remettre en cause la dynamique européenne, même pour le bénéfice des entreprises françaises.

Journée d'action des artisans et des commerçants : de 30 à 40 000 manifestants à Paris.

Arrestation de Frédéric Oriach, d'Action Directe.

Michel Jobert reçoit l'ambassadeur d'URSS, Tchervonenko, pour lui dire : *« Si les mesures nécessaires de rééquilibrage de nos échanges n'intervenaient pas, la France réduirait ses importations de gaz. Je n'irai à Moscou que si je reçois des assurances formelles sur le rééquilibrage de nos échanges. »* Terrible menace qui effraiera sans nul doute le Kremlin !...

**Mercredi 13 octobre 1982**

Au Conseil des ministres, le Président accepte enfin le remboursement de l'IVG par la Sécurité sociale. C'est assurément la décision pour laquelle il aura le plus traîné les pieds.

Le Conseil adopte aussi la loi prévoyant la disparition du secteur privé dans les hôpitaux publics. Là encore, le Président trouve qu'on va trop loin.

Cheysson rencontre Arafat à Tunis et lui transmet de nouveau la proposition de Shultz : *« Reconnaissez Israël et vous devenez un interlocuteur de la négociation. »* Arafat refuse une fois de plus.

**Vendredi 15 octobre 1982**

Interrogé par un journaliste du *New York Times*, le nouveau Président bolivien, Siles Suazo, confirme : la Bolivie donnerait une suite favorable à toute demande d'extradition de Klaus Barbie si celle-ci venait à être renouvelée. Il faut donc le faire. Verra-t-on enfin s'ouvrir le grand procès de la Collaboration ? Devant cette perspective, beaucoup masquent leur hostilité par l'indifférence, et leur panique par la passivité.

Le franc est encore attaqué. Il faut s'y faire. Cela ne cessera plus, désormais, jusqu'en mars. On tiendra à coups de taux d'intérêt élevés, qui aggraveront le chômage. Trois causes : la hausse du dollar, qui a renchéri l'énergie des deux tiers en deux ans, la croissance du pouvoir d'achat et de l'inflation, plus forte qu'en Allemagne, et la chute brutale de nos exportations industrielles. De tous les pays développés, nous sommes le seul soldat hors de la tranchée, sous la mitraille. Aussi, contrairement aux premières prévisions de l'OCDE, trop rassurantes, le déficit de la balance des paiements sera-t-il de 14 milliards de dollars et notre endettement atteint-il déjà 40 milliards de dollars. Il faut rembourser 6 milliards par an. Et nos réserves sont quasi nulles, mis à part l'or. Le temps ne travaille pas pour nous : chaque jour qui passe nous coûte au moins 100 millions de dollars.

Si nous ne changeons pas de politique, même sans nouvelle hausse du dollar, le déficit de la balance des paiements pour 1983 sera égal à celui de 1982. Nous ne pourrions le financer que par des emprunts à l'étranger — ce qui nous ferait atteindre une zone très dangereuse pour notre indépendance politique — ou par une vente d'or. Mais si nous ne redressons pas la situation, dans deux ans au plus tard, le FMI nous imposera bien davantage. Le fonctionnaire du Fonds chargé de la France est d'ailleurs revenu faire un tour, fort discrètement, à la Direction du Trésor.

Jacques Delors, qui attend d'être reçu par François Mitterrand, me dit : *« Mauroy doit partir. Il faut cesser de promettre tout à tout le monde. C'est ça qui tue le franc. »* Bien vu !

Devant la fonte rapide des réserves, y compris de l'emprunt du mois dernier, Delors vient proposer au Président un nouveau plan de rigueur qui permettra, dit-il, d'éviter une troisième dévaluation.

La facture est sévère. Il faut annuler au plus vite 7,5 milliards de francs de crédits publics. Pour 1983, placer en réserves 20 milliards de francs, au besoin en pratiquant une réduction proportionnelle de toutes les lignes budgétaires. Toute dépense supplémentaire serait gagée par des économies ou par un prélèvement sur cette réserve. Pour la Sécurité Sociale, il propose de rendre public, avant la fin du mois d'octobre, un plan de financement complet, avec des mesures chiffrées et datées. Un autre prélèvement serait décidé pour l'UNEDIC, réparti par moitié entre les employeurs et les salariés, par négociation ou sinon par décret, au 1er novembre.

Il en vient ensuite au discours prononcé par le Président à Figeac. Il propose tout simplement de ne pas l'appliquer : *« La part la plus importante (70 %) de l'endettement des entreprises non agricoles du secteur concurrentiel est à taux variable ou révisable. La baisse progressive des taux d'intérêt, au fur et à mesure que la réduction de l'inflation est constatée, et à un rythme compatible avec la défense du franc, sera donc le moyen essentiel de réduction des frais financiers : la réduction d'un point du taux de base bancaire fait économiser 4 à 5 milliards aux entreprises en année pleine. »* Autrement dit, la réduction de l'inflation réduira les charges des entreprises. Il ajoute : *« Enfin, comme le Premier ministre l'a récemment réaffirmé, il doit être clair que cette politique de rigueur devra être continuée tant que la crise durera et tant que l'assainissement de notre économie et le renforcement de notre appareil industriel n'auront pas été achevés. Il faudra donc viser pour 1984 une nouvelle réduction significative de l'inflation, ramenant celle-ci à 5 ou 6 %. Il en résulte qu'aucun relâchement ne pourra être admis en 1983 dans la maîtrise des finances publiques et sociales, dans la gestion des entreprises publiques qui devra au contraire être vigoureusement corrigée ou améliorée, et dans la maîtrise des prix, coûts et rémunérations de toute nature. »*

François Mitterrand me demande de faire étudier ce programme par les *« visiteurs du soir »* qui se réunissent justement aujourd'hui.

Réponse nette : *« Tout cela ne suffit pas. C'est un programme de pure déflation ; rien n'est proposé pour annuler les dettes des entreprises. Pour défendre le franc, il ne nous reste que deux moyens, le dépôt à l'importation et la vente de l'or, en attendant que notre commerce extérieur soit redressé. Ces mesures doivent être annoncées la semaine prochaine, avec le flottement (...), en dramatisant et en insérant celui-ci dans un paquet de mesures économiques, par un ministre du Commerce extérieur qui se batte et qui dispose à part entière de la*

*DREE (...), de ses implantations régionales et internationales. Il faut un resserrement de la politique économique de sortie de blocage, le bouclage d'ici la fin octobre de l'UNEDIC, un allégement massif des charges financières des entreprises industrielles, un allégement des cotisations sociales de l'industrie payé par un relèvement de la TVA, un serrage des prix et des salaires du secteur public, la concentration de moyens massifs sur le développement industriel (Budgets 1982 et 1983). Et, enfin, un grand programme d'économies d'énergie, et un comportement plus responsable des partenaires sociaux : la CGT doit s'engager dans la bataille de la production et ne pas faire la grève du zèle. Pour défendre le pouvoir d'achat et s'implanter, le CNPF doit accepter un paquet de cotisations UNEDIC, compensé par une baisse des charges financières et de la TVA. »*

François Mitterrand approuve. C'est en fait la stratégie qu'il préfère : l'économie de guerre. Et il ne voit pas d'autre Premier ministre que Pierre Mauroy pour la réaliser. Dans une telle hypothèse, Jean Riboud lui a refusé de devenir ministre de l'Industrie. Mauroy, quant à lui, ne sait rien de ces idées, qu'il devine et redoute.

Mais la consommation est toujours trop forte. Comment la réduire sans réduire le pouvoir d'achat ? Je conseille au Président de décider le lancement, au prochain Conseil restreint, mardi prochain, d'un emprunt forcé pour qu'une part du revenu, maintenu, soit investie et non plus consommée. Et aussi de tenter d'obtenir du Chancelier Kohl, dans dix jours, lors du Sommet franco-allemand, une réévaluation immédiate du mark.

Dans une nouvelle lettre aux Sept, Ronald Reagan propose un agenda pour le prochain Sommet. Elle sonne comme une critique de Versailles :

> *« Le risque de faire naître des attentes excessives est également inhérent aux rencontres des dirigeants des sept économies les plus puissantes. Nous avons besoin d'examiner comment faire comprendre la vraie nature de ces rencontres sans donner l'impression qu'elles ne mènent à rien.*
>
> *La situation sérieuse de l'économie mondiale et de la plupart d'entre nous, pris individuellement, nous contraint à rechercher des réponses. Le Sommet devrait nous aider dans cette recherche. Tel est mon objectif. Les démocraties industrielles et notre engagement en faveur de la liberté, de la paix et de la prospérité sont certainement plus qu'à la hauteur des défis auxquels nous faisons face.*
>
> *Allan Wallis, que j'ai désigné comme mon représentant personnel pour le Sommet, sera en Europe dans la semaine du 25 octobre pour discuter certaines de ces idées avec vos représentants. Je serais également très intéressé de recevoir directement de vous vos réactions à ces réflexions préliminaires. »*

Le nouveau *sherpa* est donc un professeur de statistiques à la retraite à Rochester, Allan Wallis, vieil ami de Shultz. Il a largement dépassé les soixante-dix ans. Brillant anachronisme... Il m'appelle pour fixer rendez-vous. Le prochain Sommet, m'annonce-t-il, aura lieu à Williamsburg. Il ajoute : *« Quelle date proposez-vous ?*

— *Après le 1er juillet.*

— *Impossible. Nous ne voulons pas des Grecs. »*

Au moins, voilà qui est clair.

**Dimanche 17 octobre 1982**

Jacques Delors dîne avec Pierre Mauroy et lui communique copie de la note qu'il a remise vendredi à François Mitterrand.

En rentrant au ministère, Delors rédige un résumé manuscrit de leur conversation, *« pour l'Histoire »*, et l'envoie à Mauroy :

> *« Au cours de notre séance de travail de ce dimanche soir, nous avons évoqué les divers aspects politiques, économiques, sociaux et financiers de notre situation et dressé le bilan de l'action entreprise pour assainir l'économie française sans perdre de vue nos objectifs essentiels : le sursaut industriel, la lutte contre le chômage, la reconquête du plein emploi (marché intérieur et équilibre commercial), la lutte contre les inégalités. Dans l'ensemble, nous sommes sur la bonne voie, notamment en matière de lutte contre l'inflation, sans pour autant que notre effort s'en ressente en ce qui concerne le chômage. Et je demeure persuadé qu'avec une politique active et moderne de l'emploi, nous pourrions faire mieux encore, à taux de croissance inchangé. Si bien qu'en dehors de toute considération sur la confiance des acteurs — que nous nous attachons, non sans succès, à inverser dans le bon sens —, notre "talon d'Achille" demeure le déséquilibre des échanges commerciaux. D'où la nécessité, au-delà des actions traditionnelles vis-à-vis des pays de l'Est, des pays en voie de développement et des nations membres de l'OPEP, d'une politique tenace, patiente et de tous les jours sur le commerce courant, notamment avec les pays industrialisés. Le redressement est à notre portée si nous réalisons l'intégralité du programme de dix-huit mois mis en œuvre en juin dernier (...). Aucun dérapage ne pourrait être accepté, sans dommages sérieux, par rapport à la ligne en cours.*
>
> *Je demeure à votre entière disposition pour la mise en œuvre d'un ensemble de dispositions concernant l'action interministérielle. »*

Le ministre de l'Économie et des Finances ne veut ni dévaluation, ni flottement. Il pense qu'une action têtue, entreprise par entreprise, peut réussir. Sinon, il démissionnera. Il constitue déjà son dossier.

**Lundi 18 octobre 1982**

Mort de Pierre Mendès France. Robert Badinter suggère qu'on lui fasse une place au Panthéon. Le Président est réservé : *« Un jour, peut-être. Mais deux personnes devraient y aller avant lui : René Cassin et Léon Blum. »*

Une fois de plus, Claude Cheysson explique au Président l'intérêt des discussions de Washington sur la levée de l'embargo américain sur le gazoduc :

> *« L'absence de toute concertation sérieuse entre les principaux alliés, qui caractérise la situation actuelle, est détestable. Dans nos rapports avec les Américains, c'est la pire situation. Une conclusion s'impose : nous avons intérêt à convenir de modes de concertation sur les politiques menées vis-à-vis de l'Union soviétique et de ses alliés européens. La volonté de concertation étant affirmée, il serait relativement aisé de traiter du reste. Le Groupe des Sept pays industrialisés (auquel la Communauté est associée) est capable de discuter des grandes options économiques. Les représentants désignés par les Sept peuvent se réunir, à Washington ou à Paris, pour en discuter et examiner les problèmes (tels que la différenciation entre pays de l'Est, la nécessité de procéder à des études communes sur tel sujet, etc.). Je propose donc que nous confirmions et fassions confirmer la volonté de tous, Américains compris, de procéder à une concertation dans l'avenir, de renoncer à prendre des décisions unilatérales majeures blessantes pour les autres, et que les Sept plus la Communauté s'efforcent d'examiner les principes de cette concertation et d'arrêter la liste des sujets à faire étudier par les organes existants. »*

La demande est claire : Cheysson souhaite organiser une concertation régulière à Sept sur tous les sujets économiques, pour éviter des décisions unilatérales. Pour François Mitterrand, ces discussions sont très dangereuses : à Sept, dans un cadre informel, les Américains peuvent imposer leurs décisions. En dehors de nous, personne ne leur résiste, et, de surcroît, ils le feraient sous couvert d'une solidarité globale allant jusqu'au Japon. Le Président confirme : *« Pas de négociation à Sept, sur aucun sujet. Et encore moins sur celui-là. Les Américains ont décidé un embargo. Nous n'en tenons pas compte. S'ils veulent revenir sur leur décision, qu'ils le fassent, nous n'avons pas à leur sauver la face. »*

Certes, le G7 existe entre ministres des Finances, pour gérer les taux de change. Cheysson aimerait avoir droit aux mêmes réunions avec ses collègues. Mais ce que le Quai y gagnerait en influence, la France et l'Europe le perdraient en liberté.

Il faut se résigner à payer le chèque britannique : 1,75 milliard de francs, auquel Cheysson a ajouté, par son cadeau à la RFA, 550 millions. Pour limiter les dégâts, le Président demande à Chandernagor d'affirmer à Bruxelles qu'on ne paiera pas cette somme aussi longtemps que la Grande-Bretagne n'aura pas remboursé ce qu'elle a perçu en trop par ailleurs.

L'affaire des généraux n'est pas réglée. Malgré le vote du groupe socialiste à l'Assemblée nationale, Pierre Joxe obtient du Bureau exécutif du Parti de mettre le Président en demeure de choisir entre retirer ce texte ou accepter l'amendement d'Alain Richard. Le Bureau refuse même d'entendre les arguments de Raymond Courrière. Colère froide du Président.

Pour Barbie, la décision est prise : la France demandera son extradition en commençant par soutenir la demande allemande.

**Mercredi 20 octobre 1982**

A quatre heures du matin, un télex de la Maison Blanche parvient à l'Élysée. Après avoir rappelé *« à quel point nos vues coïncidaient à propos de tous les grands problèmes qui se posent de nos jours... »*, Ronald Reagan note : *« Au fur et à mesure que nous avons abordé les problèmes particuliers, il est apparu des différences fondamentales (...). Il se peut aussi que le consensus qui, je pense, a existé entre nous ait disparu. »* Il demande à François Mitterrand de recevoir *« son ami intime et conseiller »* Bill Clark, afin de *« permettre une meilleure compréhension ».*

De quel désaccord s'agit-il ? Ni au Liban, ni en Amérique latine, ni en Afrique, il n'y a de différend assez important pour justifier une telle démarche. Sans doute s'agit-il encore du gazoduc, pense le Président. On recevra Clark.

Le directeur d'Amérique, Dorin, télégraphie à notre ambassadeur à La Paz et lui demande de faire une nouvelle démarche de soutien à la demande allemande d'extradition de Barbie.

Au déjeuner des socialistes, le Président est furieux : *« Vous ne comprenez rien ! L'extrême droite est aujourd'hui à l'intérieur du RPR. Et, pendant la guerre d'Algérie, Debré et Massu ont fait pire que les généraux félons. »* Joxe est très amer. Il en veut au Premier ministre, au Président. Il traite même Mauroy d'*« imbécile »*. Le Président : *« Ça suffit, Joxe ! »*

**Jeudi 21 octobre 1982**

Hissène Habré devient officiellement Président du Tchad. François Mitterrand le traitera désormais comme tel, sans cesser de se méfier d'un homme dont il reconnaît par ailleurs les talents d'administrateur.

Le Prix Nobel de littérature est attribué à Gabriel García Marquez.

Étonnante diplomatie américaine : alors que Ronald Reagan nous annonce un visiteur venu pour discuter de nos désaccords, voici que Wallis m'annonce qu'il va maintenant publier sans plus attendre la date du Sommet de Williamsburg. Et c'est encore une nouvelle date jamais évoquée jusqu'ici !
La lettre est un monument d'impolitesse :

> *« Je sais que ces dates ne conviennent pas à tout le monde. Nous avons exploré de nombreuses alternatives ; certains disaient : "Pas avant le 1er juillet", d'autres : "Plutôt avant la mi-avril". Vous apprécierez notre problème (...). Après considération approfondie de ces éléments, le Président a décidé que les 28-30 mai conviennent à autant de ses collègues que possible. J'espère que vous pourrez vous en accommoder. La Maison Blanche annoncera ces dates demain matin. »*

Nous partons pour Bonn pour le quarantième Sommet franco-allemand, le premier avec Kohl. Le thème essentiel est d'ordre économique : le déficit de notre commerce avec l'Allemagne devient inacceptable ; il atteint 23,4 milliards pour les huit premiers mois de 1982, soit près du double des huit premiers mois de 1981 et plus que pour l'ensemble de l'année dernière. Une telle situation n'est pas supportable pour notre économie : la croissance en France a, l'an dernier et cette année, bénéficié aux exportateurs allemands. Le maintien de montants compensatoires monétaires positifs donne aux Allemands un avantage substantiel pour exporter leurs propres produits. Nous sommes toujours demandeurs de leur démantèlement afin de restaurer une juste concurrence entre les agriculteurs des différents pays. Le Chancelier réagit par de bonnes paroles. Nul ne parle de réévaluation. Les ministres allemands se montrent évasifs et rigolards.

Par ailleurs, la RFA souhaite faire aboutir les négociations d'adhésion de l'Espagne et du Portugal sous sa Présidence, c'est-à-dire avant juillet 1983. Le Président obtient qu'on inscrive ce problème dans une réflexion globale sur l'avenir de la Communauté : *« Si vous voulez éviter, le moment venu, un veto de la France à l'élargissement, c'est maintenant qu'il faut en parler. »* Il est convenu qu'un document pour le Sommet de Stuttgart, en juin prochain, fixera un cadre d'ensemble à la Communauté élargie. Décision essentielle qui enclenche les futurs progrès de la Communauté.

Le Président à Helmut Kohl : *« Je refuse d'être mis devant le fait accompli sur la date du Sommet à Sept. La meilleure chose serait de réunir huit à neuf dirigeants à huis clos. Aucun contact avec la presse ne devrait être toléré jusqu'à la fin des conversations. »*

Comme décidé entre François Mitterrand et Helmut Kohl, les quatre ministres des Relations extérieures et de la Défense se réunissent. On évoque la coopération en matière d'armement : les perspectives ne sont pas bonnes. L'hélicoptère antichar semble avoir plus de chances d'aboutir que le char. Mais devra-t-il s'agir d'un hélicoptère d'autoprotection ou d'un hélicoptère antichar ? Les Allemands veulent s'en remettre aux États-Unis pour le moteur et l'électronique. Pas nous.

A l'occasion du vingtième anniversaire du Traité d'amitié franco-allemand, les 20 et 21 janvier prochain, nous soulignerons, au Bundestag ainsi qu'à Paris, l'importance de nos relations dans un cadre digne de l'événement.

L'Assemblée nationale aborde la discussion du projet réglant les séquelles de la guerre d'Algérie. Jospin présente avec le communiste Ducoloné un amendement excluant les généraux félons des mesures de réintégration.

**Vendredi 22 octobre 1982**

La Maison Blanche annonce les dates de Williamsburg. Personne ne nous demande si nous avions donné notre accord : c'est évident pour tous. Nous ne protestons pas. A quoi bon ?

Les réserves de la Banque de France — excepté l'or — ne sont plus que de 2 milliards de dollars. Quoi qu'il arrive, il faudra emprunter encore 6 milliards de dollars en 1983. Si nous avons de surcroît deux vagues spéculatives, nous serons à découvert. Malheureusement, connue du marché, cette faiblesse aggrave la probabilité de telles vagues.

François Mitterrand : *« L'emprunt de Jacques Delors était absurde. Cela ne pouvait servir à rien. C'était comme jeter du petit bois dans un feu pour l'éteindre. »*

Camouflet au Président, à l'Assemblée où 266 députés socialistes sur 289 refusent l'amnistie aux huit officiers généraux ; le Président en veut beaucoup à Joxe.

Pierre Mauroy accepte d'accéder à la demande de l'Irak d'acquérir de 5 à 6 Super-Étendard équipés d'Exocet. Livraison et paiement avant la fin de l'année, espère-t-il.

Lors de sa visite au Salon de l'auto et de la moto, les motards remettent un texte au Président appelant à une grande manifestation, ce samedi.

A la veille du voyage du Président en Égypte et en Inde, ultime réunion préparatoire des ministres et des hauts fonctionnaires. Il faudra écarter toute demande d'achat d'uranium enrichi pour la centrale nucléaire de Tarapore.

**Samedi 23 octobre 1982**

Quatre arrêtés fixent les modalités de sortie du blocage des prix, qui prendront effet le 1er novembre *Alea jacta est...*

**Lundi 25 octobre 1982**

Jean-Pierre Chevènement s'inquiète toujours des licenciements dans les entreprises publiques. Il demande au Président de ne pas renouveler le mandat de certains présidents :

> *« Dans de nombreux cas, les directions des entreprises publiques continuent à se conduire, sur le plan de l'emploi, de la même manière qu'avant la nationalisation, quand ce n'est pas de manière plus provocante encore. Des licenciements concernant quelques dizaines de personnes, et qui pourraient aisément être évités, sont ainsi prononcés dans des villes comme Chalon-sur-Saône (Saint-Gobain) ou Saint-Nazaire (Alsthom). Absence de discernement ? volonté systématique ? Je m'interroge, mais une chose me paraît sûre : les dirigeants des entreprises nationales considèrent trop souvent comme fleur de réthorique la directive que je leur ai donnée le 31 août 1982 (...). C'est dans ce contexte que doivent être replacés certains changements à intervenir soit à l'Entreprise minière et chimique (EMC), soit à Alsthom-Atlantique. »*

En clair, il demande le remplacement du président d'Alsthom, Pierre Desgeorges, par un syndicaliste. Alain Boublil parviendra à l'empêcher.

A Luxembourg, dix ministres des Affaires étrangères parlent du commerce Est/Ouest.

Le nouveau président de Havas, André Rousselet, fait savoir au Président que Tchetverikov, premier conseiller de l'ambassade d'Union soviétique, est venu lui dire : *« L'Union soviétique apprécierait que la France renonce à mener ou à couvrir des activités antirusses en Afghanistan. En Pologne, ce sont des problèmes intérieurs dans lesquels les Soviétiques ne veulent pas s'ingérer. Les SS 20 ne sont là que pour répondre à la menace des multiples bases américaines placées dans les pays proches de l'URSS. La France dit qu'elle ne fait pas partie de l'organisation intégrée de l'OTAN, mais nous avons l'impression que, ces derniers mois, ses liens avec cette organisation intégrée ne cessent de se resserrer. Nous souhaiterions que la mise en valeur d'Astrakhan puisse être confiée à la France, mais nous ne souhaitons pas avoir à faire supporter aux contribuables soviétiques la différence entre le coût français et celui d'autres pays moins distants. Nous aimerions que le Président nous communique la liste précise de produits français qu'il souhaiterait voir acheter par l'URSS afin de rééquilibrer la balance entre les deux pays. »*

Étrange message, transmis par un étrange circuit.

Malgré l'interdiction du Président, les réunions se poursuivent à Washington entre Shultz et les ambassadeurs européens. Selon les télégrammes diplomatiques, elles semblent même sur le point d'aboutir ; la Maison Blanche voudrait pouvoir annoncer d'ici la fin de cette semaine la levée de l'embargo, qui pénalise plusieurs grandes villes américaines, avant les élections du 2 novembre. Claude Cheysson m'explique que l'accord à quatre consiste à *« mener à bien des études, soit pas plus que ce que l'on a accepté à Versailles. De toute façon,* ajoute-t-il, *ce texte demeurera secret ».*

Informé, le Président, réagit une nouvelle fois brutalement par une note manuscrite à Cheysson : *« Pas de texte, c'est absurde ! Les politiques à long terme des Sept à l'égard de l'URSS vont devenir l'instrument d'une pression américaine. Il est vain d'espérer qu'un document quelconque puisse rester secret. Si nous y souscrivions, l'intérêt des États-Unis serait de le faire savoir par diverses fuites ou indiscrétions. Refuser tout cela.* »

**Mardi 26 octobre 1982**

La sortie du blocage des prix s'annonce bien : les négociations avec les branches industrielles aboutissent à un ensemble d'accords selon un calendrier couvrant l'année prochaine, avec une clause de rendez-vous en janvier 1984 « *afin de prendre les dispositions nécessaires si la situation économique le permet* ». Les tarifs publics resteront strictement limités. Les revenus non salariaux seront encadrés. On sort ainsi de l'indexation. Pierre Mauroy a magnifiquement joué, et Pierre Bérégovoy avec lui. Aucune autre équipe n'aurait pu montrer une telle capacité de négocier avec les syndicats. Quoi qu'il arrive, 1982 restera dans l'Histoire comme l'année de la désintoxication de la société à l'égard de l'inflation.

Le Président rend visite à l'armée de terre au camp d'entraînement de Canjuers, dans le sud-est de la France. Il affirme le caractère complémentaire des forces nucléaires et des forces conventionnelles.

**Mercredi 27 octobre 1982**

Le Conseil des ministres délibère de la fin du blocage des prix et des salaires.

**Pierre Mauroy :** *Nous ne renonçons pas à nos objectifs de croissance ; la rigueur n'est pas une doctrine nouvelle.*

**François Mitterrand :** *La rigueur accompagne la réussite des réformes. La rigueur, c'est moi qui l'ai voulue pour réussir les réformes. A écouter certains, j'ai l'impression que chacun veut être premier au hit-parade de la rigueur !*

Goukouni forme à Bardaï, au Tibesti tchadien, un gouvernement de Salut national. Kamougué, passé de son côté, est vice-président.

Régis Debray reçoit Serge Klarsfeld à propos de Klaus Barbie et en informe le Président. Klarsfeld pense qu'on peut obtenir son extradition des Boliviens, ou que ceux-ci l'expulsent vers une terre française. Le Président est d'accord pour mettre la procédure en route.

Je transmets au Président, pendant le Conseil, un télégramme diplomatique rendant compte d'une nouvelle réunion des quatre ambassadeurs européens avec le secrétaire d'État George Shultz. Le Président note encore : « *Dites à Claude Cheysson que je n'accepte pas cette négociation, qui n'a pas lieu d'être tant que les Américains ne sont pas revenus sur leur décision à propos du gazoduc.* » Sur un signe du Président, je reprends le télégramme que je passe à Cheysson, en ajoutant : « *Nous sommes à deux jours de la limite mise par les Américains pour accepter le texte... !* »

Claude Cheysson demande alors à voir le Président après le Conseil et lui transmet une réponse : « *Les Allemands et les Britanniques sont soucieux de ne pas rater cette occasion possible d'une levée des sanctions et sont prêts à accepter les conditions américaines.* » Mais le Président n'a pas le temps de recevoir Cheysson aujourd'hui : il prépare le discours qu'il doit faire pour l'hommage rendu à Pierre Mendès France dans la cour de l'Assemblée.

Claude Cheysson renvoie alors au Président un autre message, cette fois sur le fond : *« Il n'y a pas, il n'y aura pas de négociations sur la levée des sanctions américaines. Les Allemands et les Anglais eux-mêmes le reconnaissent. Shultz connaît votre position. Une décision américaine unilatérale — et erronée — ne peut être modifiée que par une décision unilatérale. »* François Mitterrand le lit et se replonge dans son travail. Il profitera de son discours pour critiquer la hausse du dollar.

François Mitterrand sur Mendès France : *« C'est ainsi qu'il a inspiré, suscité, favorisé l'éclosion d'idées, de réformes, de projets que le gouvernement de la France met aujourdhui en œuvre. On en retrouve les sillons dans les travaux des colloques de Caen, de Grenoble, dans les études des* Cahiers de la République, *dans les comptes rendus de séminaires discrets où il déployait le meilleur de son caractère et de son imagination. Témoignage qui reste vrai pour ceux qui, parmi nous, seraient tentés de concevoir ou de réaliser en ne pensant qu'à l'urgence ou bien au provisoire.*

*Un autre domaine où Pierre Mendès France s'est montré visionnaire a été celui du Tiers Monde. Il a vite dépassé sur ce sujet le sermon ou le prêche et n'a jamais évoqué ce problème en termes de charité. Il a simplement observé que sur cette planète, les pauvres restaient pauvres et qu'ils étaient de plus en plus nombreux ; et que les riches qui indéfiniment croyaient pouvoir le demeurer, en assurant leur domination, préparaient leur propre ruine. Et lui qui a si souvent proclamé notre dette, la dette de l'Europe et de l'Occident à l'égard des États-Unis d'Amérique qu'il aimait — comme je les aime —, il devait être le premier à dénoncer ce qu'on nomme par dérision ou bien par antiphrase l'"ordre monétaire international" et la suprématie du dollar, source de tant de troubles et de dommages dont les pays pauvres sont toujours les premières victimes. Encore une fois, le sort du Tiers Monde, pour lui comme pour nous tous, c'était insupportable. Mais c'était aussi une injure à cette raison humaine qu'il plaçait avant tout. L'homme ne peut pas construire de ses propres mains la fin de l'homme, répétait-il en parlant de la course aux armements, mais aussi et surtout en évoquant l'insupportable irrationnalité des rapports entre l'Occident et le Tiers Monde. On connaît ses propositions pour l'indispensable système monétaire nouveau, sur la garantie des cours des matières premières, sur le développement propre à l'identité de chacun... »*

Dans l'après-midi, le Président reçoit Bill Clark, qui va sûrement parler de la négociation en cours à Washington. Or, justement, il n'en parle pas ! L'entretien est certes très important : il porte sur l'Amérique latine, l'Afrique, l'Est/Ouest. Mais rien sur le gazoduc. Clark restera une heure et parlera sans notes. Le Californien s'est amélioré :

**Bill Clark :** *Le 12 mars, votre visite fut si courte que vous n'avez pu, avec le Président Reagan, aller assez loin dans tous les domaines. C'est dommage, car depuis lors, quelques problèmes ont surgi dans nos relations, au moins en apparence. Nous voulons vérifier que nos informations sont correctes, et, si c'est le cas, il faudra alors agir pour éviter que des événements aient lieu qui affectent nos intérêts nationaux et ceux de l'Europe occidentale. Sur tous les sujets que je vais aborder, je comprendrais que vous ne me répondiez pas immédiatement et que vous préfériez faire savoir ensuite directement votre sentiment au Président Reagan.*

**François Mitterrand :** *Je vous écoute.*

**Bill Clark :** *Je voudrais évoquer d'abord les points positifs de la coopération franco-américaine.*

*En premier lieu, je citerai les taux d'intérêt américains. Vous aviez dit le 12 mars que vous pensiez que les taux d'intérêt américains allaient baisser et que vous vous abstiendriez de les critiquer jusqu'au Sommet de Versailles. Vous avez tenu parole, et c'est très bien ainsi. Nos taux d'intérêt ont en effet baissé de 16 à 10 %. Simultanément, notre taux d'inflation est passé de 4,5 % à 0,2 % et peut-être 0 % à la fin de l'année. Par contre, notre taux de chômage reste à plus de 10 %.*

*En second lieu, vous avez appuyé publiquement la nécessité d'un réarmement américain. Comme vous, le Président Reagan pense que le réarmement américain est de l'intérêt de l'Occident tout entier.*

*Enfin, au Moyen-Orient, nous partageons le même souci d'un désengagement des forces hostiles au Liban et de la mise en place d'une Force multinationale. Au-delà de cette réussite actuelle, notre action commune la plus importante doit viser à réaliser la paix dans la région. De ce point de vue, on peut être optimiste, car la délégation arabe à Washington, la semaine dernière, a accepté tout ce que nous avons espéré. Voilà pour les aspects positifs.*

**François Mitterrand :** *Avant que vous n'en veniez à ce que vous appelez les points négatifs (et je suis sûr que vous allez me parler des relations économiques Est/Ouest), laissez-moi vous dire qu'ils sont sans importance au regard de ce que vous venez de rappeler et qui est l'essentiel.*

*Nous sommes en effet soulagés par l'actuelle baisse des taux d'intérêt américains : les États-Unis ont ainsi rendu un grand service à leurs alliés. De ce point de vue, votre politique économique et la nôtre vont d'ailleurs dans la même direction : notre inflation est passée de 14 % en 1981 à 10 % en 1982. Nous espérons 8 % en 1983 et 4 % ensuite ; nous ne pourrons descendre plus bas, car nous voulons réduire simultanément la croissance du chômage. Notre taux de chômage est d'ailleurs déjà le plus faible d'Europe. Si je voulais faire plus, je serais comme un monsieur dont le cœur est fatigué et à qui on recommanderait de courir. S'il le faisait, il serait vite au lit et ne pourrait se soigner ! Cette différence dans nos politiques économiques est donc une différence d'inflexion et non de nature. Nous ne pouvons faire plus, car notre situation sociale est différente de la vôtre : vous avez la chance d'avoir des syndicats moins politisés.*

*Notre conjonction est tout aussi positive dans le domaine militaire. Nous échangeons des informations beaucoup plus qu'avant. Nos ports, nos aéroports vous sont ouverts. Certes, nous souhaitons le succès de la conférence de Genève, mais, si elle échoue, nous encouragerons l'installation de fusées Pershing chez nos voisins européens. Pour ce qui nous concerne, nous avons accru notre budget militaire, qui augmente avec la croissance du reste de l'économie, car il est fixé à 3,895 % du PNB. Il augmente en particulier pour la marine et l'arme nucléaire. Nous ne réduirons pas nos effectifs en RFA. Nous avons rattrapé trois ans de retard dans la construction du sixième sous-marin et nous avons lancé le septième. Au total, notre armée est la troisième du monde, après la vôtre et celle de l'URSS. Elle a des liaisons avec la vôtre et reste disponible dans le cadre de l'Alliance. S'il y a des problèmes de détails, nous en parlerons avec vous.*

**Bill Clark :** *J'apprécie ce que vous dites et que M. Weinberger a confirmé lors de ses entretiens avec M. Hernu. Le Président Reagan considère d'ailleurs, sur ce point, vos entretiens avec le Chancelier Kohl comme très positifs.*

*Passons à l'Amérique latine. Nous avons appris de la guerre du Vietnam que nous ne voulons pas nous trouver engagés à fond dans une région. Nous tenons cependant à notre présence en Amérique latine. Hier, M. Reagan a annoncé qu'il irait au Brésil, en Colombie et au Costa-Rica. Or, des problèmes s'y posent à cause de l'action des Soviétiques : depuis janvier, Cuba a reçu deux milliards de dollars et 100 000 tonnes de matériel militaire. Il subventionne le Nicaragua et le Salvador. Il devient de plus en plus clair que la situation va s'aggraver au Costa-Rica, au Panama, au Honduras et peut-être même au Mexique, qui est à moins d'un mètre de chez nous. Nous avons apprécié que vous ayez fait ce que vous aviez dit concernant les livraisons d'armes au Nicaragua. Mais nous avons appris que M. Castro viendrait en France. Cela nous inquiète, car cela le rehausserait et ne faciliterait pas la solution des problèmes.*

**François Mitterrand :** *Sur le fond, vous avez de moins en moins tort, parce que votre politique aggrave la situation et pousse les dirigeants de ces pays, de plus en plus, dans les bras de Castro. Je suis donc réaliste et je ne suis pas le Tribunal suprême qui doit juger l'Amérique. Mais vous avez négligé ce que vous avez vous-même réussi en République dominicaine. Aujourd'hui, votre politique étant ce qu'elle est, la France ne veut pas être un facteur de troubles et n'a pas renouvelé son accord avec le Nicaragua. Nous voulions montrer que le Nicaragua n'est pas coupé de l'Occident : c'est fait. Mais nous ne voulons pas multiplier les problèmes avec les États-Unis, et le symbole devenait dangereux.*

*En résumé, mon analyse ne rejoint pas celle du Président Reagan, mais ma politique tend à réduire la présence française dans la région. Je regrette la situation, mais je ne peux rien pour la corriger. Nous avons de bonnes relations avec Castro. Si Castro vient en Europe, nous serons dans une situation difficile. Je le recevrai. J'ai appris que Castro envisage de se rendre en Suède. Dans ce cas-là, je vous en reparlerai en temps utile. M. Reagan rencontre bien M. Brejnev. Quand on rencontre les gens, on n'est pas forcément d'accord avec eux...*

**Bill Clark :** *Oui, mais la situation en Amérique centrale est grave. Il y a eu des élections démocratiques au Salvador, au Honduras et au Costa-Rica. Il y a 76 000 prisonniers politiques au Nicaragua. L'ambassadeur Enders a fait deux propositions sur le Nicaragua, mais elles ne sont pas encore acceptées par les Nicaraguayens.*

*Je voudrais maintenant vous parler de l'Afrique. Nous nous félicitons de vos efforts pour geler la pénétration soviétique en Afrique. Il y a cependant un problème : beaucoup de républicains ont été surpris que le Président Reagan ait manifesté son intérêt personnel pour la Namibie. Il l'a fait pour deux raisons distinctes : amener l'Afrique du Sud vers les droits de l'homme et faire accéder la Namibie à l'indépendance. Nous n'avons pas beaucoup de moyens de pression à notre disposition. Nous aimerions — mais nous ne pouvons pas, comme vous — vendre des armes à l'Afrique du Sud. Mais des progrès ont eu lieu avec le groupe de contact...*

**François Mitterrand :** *Nous voulons nous aussi le départ des Cubains hors de l'Angola.*

**Bill Clark :** *Le seul problème, à ce sujet, est dans les déclarations publiques : alors que le Président Reagan fait tous ses efforts pour que progresse la cause de la Namibie, certains Français déclarent que les États-Unis y constituent un obstacle à la paix.*

**François Mitterrand :** *Qui a dit cela ?*

**Bill Clark :** *Claude Cheysson a dit à Dar-es-Salaam que, si le processus échouait, ce serait la faute des Américains. Il a dit — et c'est dans le* New York Times *— que depuis cinq ans, nous n'assumons pas nos responsabilités en Afrique. C'est injuste et cela nous crée des problèmes avec les pays du Front. Notre aide à l'Afrique est quarante-huit fois supérieure à celle de l'URSS. En résumé,* *nos intérêts sur le continent africain sont parallèles. Nous souhaitons seulement qu'il y ait une meilleure coïncidence des déclarations publiques.*

**François Mitterrand :** *Je ne connais pas ces déclarations. Je veux vous dire que, sur la Namibie, nos objectifs sont les suivants : 1) indépendance de la Namibie ; 2) élections libres ; 3) départ des Cubains de l'Angola et même du Congo et de l'Éthiopie. Je crois que ce sont les mêmes que les vôtres.*

**Bill Clark :** *Je voudrais vous dire un mot de Kadhafi. Il n'est pas une menace pour les intérêts américains. Mais il finance la déstabilisation de vingt pays, du Niger à l'Irlande du Nord. Aussi avons-nous décidé l'embargo qui a atteint son but : il est isolé. Kadhafi envisage de venir en Europe. Il faut maintenant l'aider à prendre sa retraite.*

**François Mitterrand :** *J'ai fait partir la Libye du Tchad. Par ailleurs, nos relations avec Kadhafi sont ambiguës, voire inexistantes. Je ne connais pas de projet de voyage de Kadhafi en France. Je vous en parlerai en temps utile.*

**Bill Clark :** *Je voudrais maintenant évoquer la question de l'usine de centraux MT 20. Vous avez vous-même soulevé devant le Président Reagan cette question, le 12 mars. Vous aviez dit que vous étiez en train de dénouer ce contrat signé par votre prédécesseur. Nous ne connaissions pas ce contrat. Le Président Reagan n'est pas un ingénieur et nous ne comprenons pas tous les rapports des experts. Mais nos ingénieurs disent que ce contrat aura des effets négatifs sur notre capacité d'espionnage et que cela donne aux Russes des moyens militaires qu'ils n'auraient pas eu avant cinq ans. Or, nous apprenons que ce contrat est toujours en cours. Cela peut-il être reconsidéré ?*

**François Mitterrand :** *C'est le seul point sur lequel j'ai changé d'avis après ma rencontre du 12 mars avec le Président des États-Unis. Nous ne voulons pas, en effet, être le seul pays à ne pas avoir de relations avec l'URSS. J'ai fait moi aussi une enquête technique, et cela peut se discuter. Mais comme, en même temps, vous nous avez placé dans une situation difficile sur d'autres sujets, la France a changé de point de vue. En vérité, le commerce entre la France et l'URSS est très faible et très déséquilibré en notre défaveur. Notre ministre de la Défense m'a informé par une lettre d'aujourd'hui de ce qu'il est en relation avec le vôtre sur ce sujet. Laissons se poursuivre cette discussion entre les deux ministres. J'ajoute que vous n'aviez pas demandé cela à nos prédécesseurs. Les considériez-vous comme de meilleurs alliés ?*

**Bill Clark :** *Pas du tout. Nous sommes toujours attachés à ne pas marquer la moindre différence entre votre administration et les précédentes. Je voudrais relever à ce propos quelques autres déclarations publiques injustifiées nous concernant : la déclaration à l'ONU du Premier ministre français ; les déclarations en Afrique de M. Cheysson ; vos remarques sur Pierre Mendès France, ce matin...*

**François Mitterrand :** *J'ai cité une phrase de Pierre Mendès France qui était un ami de l'Amérique et qui ne disait rien de désobligeant. J'ai critiqué ce matin la hausse du dollar et je le referai sûrement un jour. Mais nous sommes alliés et nous apaiserons le vocabulaire. Je ne vous parle pas, moi, de ce que Mme Kirkpatrick, qui est pourtant francophile, a dit du choix du suffrage universel en France...*

**Bill Clark :** *Est-ce vrai ? Je suis très surpris. Je le vérifierai. Vous avez évoqué la question de l'embargo dont je pensais ne pas parler. Le Président Reagan ne croit pas à l'embargo ou aux sanctions. Il a d'ailleurs levé l'embargo sur le blé. Mais quand les Soviétiques sont intervenus en Pologne, le Président Reagan a voulu avoir une réaction clairement visible contre l'URSS. Il a demandé à ses principaux collaborateurs de faire une liste de sanctions possibles. La plus élevée* *dans la liste était l'embargo sur le contrat-gaz et la haute technologie. Nous avons espéré pouvoir ne pas le faire. Gromyko a promis à Haig la libération de Walesa. Elle n'a pas eu lieu. Nous avons attendu Versailles pour le décider.*

**François Mitterrand :** *La situation ne peut qu'empirer en Pologne. C'est dans la nature du système.*

**Bill Clark :** *Le 10 novembre approche, avec le risque d'une grève en Pologne. Comme il ne s'est rien produit depuis le 13 décembre dernier, il faut trouver quelque chose d'une visibilité équivalente. Nous avons demandé à nos alliés d'y réfléchir avec nous.*

**François Mitterrand :** *Je vous remercie de votre visite. Je ferai savoir au Président Reagan mes décisions sur tous ces sujets.*

François Mitterrand note après cet entretien, comme il le fait parfois (mais de plus en plus rarement.) : *« Clark, qui m'est envoyé exprès par Reagan, me fait le compte rendu des relations actuelles entre les États-Unis et la France. Côté positif : l'alliance militaire, le Liban. Côté négatif : Amérique centrale, dénonciation dollar, protectionnisme ; au-delà de l'ensemble décor : Namibie, taux d'intérêt, gazoduc, etc. Je me suis promis de ne pas engager avec un intermédiaire — au demeurant sympathique — la moindre discussion de fond. Je communiquerai ma réponse directement à Reagan ; elle ne sera pas tendre. Pour Reagan, l'Occident est un protectorat qu'il administre comme le faisait autrefois notre administration coloniale dans l'Empire. »*

Le Président me questionne : *« Où en est-on avec les centraux téléphoniques à l'URSS ? »* L'affaire du gazoduc a conduit à décider de laisser Thomson livrer le matériel, mais pas l'usine de composants. Mais faudrait-il informer les Américains lors de la signature finale ? Avant ou après la livraison ? Faut-il lier cela à une éventuelle réunion du COCOM ?

Le Président demande à y réfléchir. Je me renseignerai.

**Jeudi 28 octobre 1982**

A 10 heures, je préviens le ministre des PTT, Louis Mexandeau, de ne rien signer sans me prévenir.

*« Ton coup de téléphone tombe bien, car les négociateurs de Thomson sont justement à Moscou pour signer dans les quarante-huit heures. Je vais éviter que la signature ait lieu. Je reçois Gomez à 11 heures. »*

Et s'ils signent quand même ? J'appelle aussi Claude Cheysson pour lui demander de faire bloquer, de son côté, cette signature par l'ambassade de France à Moscou, sans lui parler de l'entretien du Président avec Clark, dont je ne sais s'il connaît l'existence. Il me dit faire le nécessaire.

Le Président Reagan réévoque l'« option zéro » dont il n'a guère soufflé mot depuis un an : *« Ni Pershing, ni SS 20. »* Clark n'en a pas parlé hier. Étrange missionnaire !

Le Président : *« L'équilibre ne se fera pas sur cette base. Sinon, ce serait retrouver un déséquilibre antérieur, qui était favorable aux États-Unis. Il faudra trouver un point moyen entre les propositions de Reagan et celles de Brejnev. »*

Comme Clark n'a pas parlé non plus de la date du Sommet, François Mitterrand répond donc à ce sujet, par écrit, à Ronald Reagan :

> *« Je regrette la façon dont a été fixée la date du Sommet de Williamsburg. Bien que mon représentant personnel ait indiqué à plusieurs reprises au vôtre que le calendrier de mes engagements rendait impossible pour moi la fixation d'une date avant le début du mois de juillet, je constate que ce fait n'a pas été pris en considération et que les États-Unis ont annoncé une date sans avoir recueilli l'accord de tous les participants. Pour avoir moi-même été confronté l'an dernier à cette difficulté, je garde le souvenir d'une discussion prolongée qui avait permis de trouver une solution convenant à tous les intéressés.*
>
> *En ce qui concerne le déroulement de ces Sommets, je dois dire que mes réflexions rejoignent largement les vôtres. Instruit comme vous par l'expérience d'Ottawa et de Versailles, je crois que la meilleure chose serait de réunir les chefs d'État et de gouvernement à huis clos, dans un endroit calme, pour un échange de vues aussi libre et approfondi que possible. Il doit s'agir de conversations au sommet entre les dirigeants eux-mêmes, et non de négociations, qui sont de la responsabilité des ministres. Il me paraît enfin essentiel que tout contact avec la presse soit exclu, pour tous les participants, jusqu'à la conférence de presse finale. »*

482 soldats français sont à Beyrouth.

Les socialistes espagnols remportent les élections législatives. Après la victoire en Grèce de Papandréou, la social-démocratie européenne ne se porte pas si mal.

Cette semaine, le marché a été calme. La Banque de France a rentré 4,6 milliards de francs.

### Vendredi 29 octobre 1982

Ce que je craignais est arrivé : le contrat MT 20 est signé ! Les Russes ont accepté hier, sans aucune discussion, la totalité des réductions de livraisons demandées par la France. Cheysson, Mexandeau et Gomez affirment n'avoir pu joindre Moscou à temps.

J'apprends qu'en fait, c'est à l'insistance pressante de la direction des Affaires économiques du Quai d'Orsay que Thomson s'est rendu à Moscou pour signer l'avenant au contrat MT 20. Le Président peut néanmoins encore retarder ou même refuser son aval à cette signature. Rien de grave, au demeurant : le contrat ne porte plus sur les matériels sensibles dont le Président Giscard d'Estaing avait accepté la livraison aux Soviétiques.

### Lundi 1er novembre 1982

Jean-Pierre Chevènement informe le Président : *« Avec les Soviétiques, il y a une possibilité de contrat portant sur l'équipement du gisement de gaz d'Astrakhan : près de 5 milliards de francs. L'affaire bute sur le crédit. En face de Technip, la concurrence est allemande. »*

Le Président n'a toujours pas admis le remboursement excessif de sa contribution à la Grande-Bretagne. Il me transmet une note manuscrite :

*« J'ai multiplié les avertissements — y compris en Conseil des ministres — pour signifier mon refus de payer une note supplémentaire aux Allemands à propos de l'affaire anglaise. Cela suffit, maintenant ! C'est 300 millions de trop, en plus du trop-perçu antérieur. Il faut donc que le Quai d'Orsay exécute mes directives, ou bien que la hiérarchie du Quai s'en aille ! Je vous prie de communiquer cette note d'extrême urgence à M. Cheysson. »*

A Washington, le relevé des discussions entre les Quatre évolue encore. Bernard Vernier-Pallez adore cette négociation à la hauteur de son ego.

**Mardi 2 novembre 1982**

Contrairement à ce que Cheysson avait espéré, Reagan n'a pas levé l'embargo aujourd'hui. On négocie toujours un texte.

Le Roi du Maroc fait savoir par son ambassadeur qu'il ne peut voir le Président à la date prévue... *« parce que Mme Thatcher n'a pas d'autre date pour le recevoir »* ! François Mitterrand n'apprécie pas. Il fait savoir que le rendez-vous n'aura plus lieu, car lui-même n'a pas d'autre date disponible.

Comment financer les entreprises publiques ? Comme au printemps, il faut un nouveau collectif. Le ministre du Budget écrit au Président, dans une lettre cruelle et lucide :

*« Politiquement, économiquement et financièrement, la situation des entreprises publiques risque d'être, dans les années qui viennent, un enjeu plus important encore que le Budget de l'État. Politiquement, car les entreprises nationales seront notre "vitrine". Économiquement, car elles sont une des clés de l'investissement. Financièrement, car sur la lancée actuelle, plusieurs vont à la banqueroute (...). La SNCF, les Charbonnages, la sidérurgie sont des gouffres. L'informatique peut le devenir (...). En 1982, plusieurs entreprises (GDF, SNCF, Air France...) ont procédé à des recrutements importants alors que leur activité baissait (...). Dix-huit mois après, on ignore encore la stratégie de ces entreprises qui ne s'adressent à l'État que pour lui demander des dotations ou des augmentations de prix. On ignore également à quoi ont servi ou vont servir les sommes qu'elles réclament (remboursement de dettes ou investissements). Absence de maîtrise de l'État : plusieurs ministères (Industrie, Économie, Budget, Transports, etc.) s'occupent de tout et, en fait, personne de rien. L'État ne possède pas les informations nécessaires. Il ne sert qu'à solder les pertes. »*

Puis Laurent Fabius passe à la politique économique et, reprenant le *credo* des « visiteurs du soir », qu'il a rejoints, explique :

*« Il faut stabiliser les charges sociales des entreprises. Le système permettant de respecter cet engagement consisterait en la suppression progressive des cotisations familiales actuelles pesant sur les employeurs, et leur remplacement par une nouvelle cotisation proportionnelle, retenue à la source et appliquée à tous les revenus distribués aux actifs et inactifs, en incluant notamment les revenus du capital. A défaut de la mise en place d'un tel système, il n'y aurait d'autre solution que de continuer à augmenter les cotisations actuelles ou de dégager de nouvelles ressources fiscales au profit de la Sécurité sociale, aggravant ainsi le poids des prélèvements obligatoires. »*

Autrement dit, transformer une cotisation sociale patronale en un impôt sur le revenu non progressif. Beau progrès social ! Je suis contre.

Le général de Bénouville vient demander au Président d'ordonner la commande de 5 prototypes du Mirage 4000 : *« Tu dois montrer que l'État s'y intéresse. »* Le Président sourit, sceptique.

Des savants américains viennent proposer un projet audacieux : des petites centrales nucléaires à fusion *« pour avancer l'époque où elle* [la fusion] *pourra jouer un rôle significatif comme source d'énergie »*. La voie officielle est coûteuse, lente et semble devoir conduire, à long terme, à des machines d'une taille considérable ; la leur est une sorte de coup de poker théorique qu'aucun pays n'accepte de financer.

Pour approfondir le projet, je réunis les meilleurs experts français en fusion nucléaire avec les promoteurs du projet. Choc de théories. Aucun Français ne garantit le succès, mais aucun non plus ne donne l'échec pour certain. Que faire ? Renoncer ? Financer l'expérience ? La décision engage beaucoup de choses. L'affaire des « renifleurs » est dans tous les esprits. Quand la science est en cause, le politique n'a presque aucun degré de liberté ; il doit se fier à la science officielle. J'ai toujours craint d'avoir un jour à regretter notre manque d'audace, ce matin-là.

**Mercredi 3 novembre 1982**

Le Conseil des ministres décide le lancement du programme de réseaux câblés. Immense espoir : *« Dans un an,* nous dit Mexandeau, *il y aura deux millions d'abonnés au câble, et les satellites auront des centaines de milliers de clients pour leurs chaînes. »*

L'ambassadeur du Maroc s'excuse de son impair : *« Il y a eu un malentendu qu'il faut absolument dissiper. Le Roi songeait seulement à un report de quelques jours. Le Roi n'a pas été tenu informé de la manière dont a été proposée au Président une rencontre à Paris, sans date précise. Il est tout à fait évident que l'emploi du temps du Président est aussi compliqué que celui de Mme Thatcher. Le Roi n'aurait, quant à lui, voulu en aucune manière donner une priorité à Mme Thatcher sur le Président. S'il avait été informé, il aurait réagi immédiatement. Le Roi souhaite que la visite soit aussi rapprochée que le Président l'estimera possible. La date du Président sera la sienne. »*

L'élégance royale ne saurait être prise en défaut.

Rémission. Pour les trois premiers jours de cette semaine, la Banque de France a rentré 357 millions. Aujourd'hui, le taux de l'Eurofranc à trois mois baisse à 12 3/4, et celui à six mois à 14,10. La crise est-elle passée ? Jacques Delors pense qu'il ne faut surtout plus rien réformer et que tout se calmera. Aussi ne fait-il rien pour appliquer les directives du discours de Figeac. A sa demande, Mauroy dira demain que *« la baisse du taux de base bancaire, il y a cinq jours, rapportera 5 milliards aux entreprises et que la baisse du taux du Crédit National rapportera un milliard »*. Les « visiteurs du soir » restent très critiques : *« Cette déclaration va décevoir. Il n'y a là aucune baisse réelle des charges. »* Ils proposent d'imposer aux banques une bonification à 8 % des prêts à moyen terme, la conversion des dettes au taux le plus bas, la déconnexion des taux d'intérêt interne et externe, la transformation programmée et progressive de la part patronale d'allocations familiales en impôt sur le revenu...

Le Président est pris entre son intuition (cette autre politique est la bonne) et ses principes (laisser le gouvernement gouverner). Ah, si seulement Pierre Mauroy voulait faire sien ce programme des « visiteurs du soir », comme tout serait simple ! Mais voilà, il n'en veut pas...

**Jeudi 4 novembre 1982**

L'ONU votera encore une fois ce soir sur le maintien ou la levée de l'embargo frappant l'Argentine. Cheysson plaide pour que la France vote la levée : *« Vis-à-vis de la Grande-Bretagne, la France n'a rien à gagner ; Mme Thatcher est repartie sur l'idée que 1983 et 1984 lui rapporteront autant que les années antérieures, c'est-à-dire la contre-valeur de 1,7 milliard d'écus. Par ailleurs, pour la première fois depuis douze ans, le commerce franco-britannique se déséquilibre en raison de la baisse de nos exportations agro-alimentaires.*

*A l'inverse, en Amérique latine, nous sommes à la veille d'obtenir d'énormes contrats pour des entreprises de travaux publics concernant la construction de barrages ou de routes en Argentine, au Paraguay et au Brésil. D'autres énormes chantiers sont en jeu concernant les télécommunications du Mexique, du Brésil et de la Colombie. Nos principaux concurrents, les États-Unis et l'Italie, votent pour. »*

Pourtant, le Président maintient l'abstention de la France. François Mitterrand : *« Solidarité européenne d'abord. Et Cheysson est mal placé pour dire qu'on paie trop à la Grande-Bretagne. »*

**Vendredi 5 novembre 1982**

Je rencontre Allan Wallis, le nouveau *sherpa* américain, arrivé en Europe. Délicieux vieillard, formidablement cultivé et incroyablement démodé. Il est venu préparer la prochaine réunion des *sherpas* à Paris, les 10 et 11 décembre. Sur le fond, Washington veut un sommet restreint, réservé pour l'essentiel à une conversation entre les seuls chefs d'État, sans ministres.

Sur la date du Sommet, je lui dis *« qu'une invitation n'est pas une convocation »*. Il me répond que Williamsburg, seul ensemble historique qui soit propriété de l'État fédéral... est loué aux autres dates ! Nous restons chacun sur nos positions. Il espère encore que nous pourrons donner notre accord avant la fin de l'année.

Le ministère des Relations extérieures et celui de la Défense informent les Américains de l'accord conclu entre Thomson et les Soviétiques. Colère au Pentagone. Limitée, car la partie sensible du contrat, signée en 1980, a été annulée.

François Mitterrand, à qui on parle des échecs économiques de Margaret Thatcher : *« On ne se console pas des siens avec le malheur des autres, mais cela aide... »*

**Lundi 8 novembre 1982**

Cheysson reçoit l'ambassadeur américain qui lui transmet le dernier projet de texte de *« relevés de conclusions »* négocié à Washington. Il est convenu de ne jamais le publier, mais d'annoncer seulement *« bientôt »* à Washington la levée unilatérale de l'embargo.

Cheysson vient montrer au Président ce texte, auquel les Italiens se sont ralliés à la dernière minute. Cheysson : *« Il ne contient aucun engagement de contrôle supplémentaire par rapport à ceux existant dans le cadre du COCOM. Sinon celui de lancer des études exhaustives sur le commerce des pays occidentaux avec l'Est dans des domaines très larges : agriculture, énergie, haute technologie. Une phrase mentionne le désir commun de ne pas "subventionner" l'URSS. »* D'où la nécessité, pour Claude Cheysson, d'une lettre interprétative sur ce point. *« Mais ce n'est pas grave, ce texte restera secret. »*

Le Président lit le texte :

> *« Ils* [les signataires] *reconnaissent la nécessité de conduire leurs relations avec l'URSS et l'Europe orientale sur la base d'une politique globale d'ensemble visant à servir leurs intérêts communs et fondamentaux de sécurité. Ils sont particulièrement conscients du besoin que l'action, dans le domaine économique, soit cohérente avec cette politique globale d'ensemble et soit par conséquent basée sur une approche commune.*
>
> *Il n'est point dans leur intérêt de subventionner l'économie soviétique ; le commerce devrait être conduit de manière prudente, sans traitement préférentiel.*
>
> *Ils se sont informés mutuellement de ce que, pendant la durée de l'étude sur les besoins énergétiques, ils ne signeront pas ou n'approuveront pas la signature par leurs compagnies de nouveaux contrats avec l'Union soviétique pour l'achat de gaz naturel. »*

Contenu inacceptable : on arrêterait le développement du gazoduc aussi longtemps que les Américains jugeraient utile de poursuivre les études.

Pourtant, Claude Cheysson sort ravi de chez le Président. *« Le Président n'a plus aucun problème sur le contenu du texte, seules comptent désormais les conditions de l'annonce par les Américains. »* Il est persuadé qu'il va atteindre au bout du compte un objectif voulu par le Président. Formidable malentendu ! François Mitterrand a-t-il donné son accord à un texte qui bloque toute politique économique extérieure communautaire ? Il confirme le contraire.

Régis Debray propose la création d'une Communauté francophone dotée d'institutions. Le Président accepte, mais pour plus tard : *« Je crois davantage à la réunion informelle des chefs d'État et de gouvernement qu'à une Communauté, mais pourquoi pas, plus tard... »*

Régis Debray considère pourtant qu'il a obtenu un feu vert et s'attelle au projet. Rien n'est faisable sans l'accord préalable des Québécois et des Canadiens : à défaut, on ne pourra avoir de représentants des francophones d'Amérique du Nord, et le projet sera mort-né. Il faut donc faire s'entendre les Premiers ministres du Canada et du Québec, Trudeau et Lévêque, sur leurs statuts respectifs.

Impossible de ne pas publier aujourd'hui le montant de la dette extérieure de la France : 45 milliards de dollars. C'est plus que prévu dans les pires hypothèses. La crise de change reprend. Jacques Delors : *« Il y a un complot international contre la France. On veut casser notre expérience en nous faisant dévaluer une troisième fois. »*

**Mardi 9 novembre 1982**

Une décision capitale à prendre demain : la sortie du blocage des salaires des fonctionnaires doit-elle s'opérer en acceptant une clause de sauvegarde pour la fin 1983 afin que Force ouvrière et la FEN signent ? Et quelle sauvegarde : *« en masse »*, c'est-à-dire sur le total des salaires reçus pendant l'année, ou *« au niveau »* des salaires à la fin de l'année ?

Le Premier ministre est prêt à accepter un accord *« en niveau »*, retour déguisé à l'indexation des salaires. Le ministre du Budget et celui de l'Économie sont contre : tous les efforts déployés jusqu'ici n'auraient alors servi de rien. Le Président est plutôt d'accord avec Mauroy, mais finit par accepter le point de vue de Delors. Encore un choix courageux.

Allemands et Italiens mettent au point une esquisse d'Union européenne. Ils posent les problèmes de politique, de sécurité, de définition du cadre juridique, du rôle des institutions. Ils l'ont fait sans nous. Inquiétant. Après le plan Genscher-Colombo d'il y a un an, le Chancelier Kohl veut-il, comme Schmidt, remplacer l'axe Paris-Bonn par un axe Bonn-Rome ?

Depuis le début de l'année, la France n'a conclu avec l'Union soviétique que pour 1,1 milliard de contrats de biens d'équipement, contre 5,4 milliards pour l'Allemagne et 3,3 milliards pour l'Autriche ; notre déficit sera de 10 milliards de francs en 1982 et, si rien n'est fait, passerait à 14 en 1983, et à 20 milliards en 1984.

**Mercredi 10 novembre 1982**

Tchervonenko, reçu par Pierre Mauroy, souhaite que *« la coopération entre les deux pays puisse prendre un tour plus important. Elle est insuffisante, elle décline, et un déficit se creuse au bénéfice de l'Union soviétique (...). L'Union soviétique est disposée à élargir cette coopération dans le domaine des échanges agricoles mais aussi des biens d'équipement ; il convient pourtant de régler au préalable les difficultés de financement »*. Une ouverture semble se dessiner.

L'ambassadeur ne sait pas que Leonid Brejnev est mort ce matin. Une ère nouvelle commence.

Maussade, Robert Badinter travaille à l'élaboration des règles d'extradition des Basques.

Laborieuses négociations entre le PS et le PC sur les futures élections municipales.

Échec de la grève générale lancée en Pologne par *Solidarité*, contre l'avis de l'épiscopat.

Je travaille avec André Bercoff sur son manuscrit. Jubilatoire ! François Hollande lui fournit tous les chiffres qu'il veut.

**Jeudi 11 novembre 1982**

Ronald Reagan téléphone à François Mitterrand. Il laisse entendre qu'il fera bientôt un discours sur les rapports Est/Ouest après la mort de Leonid Brejnev, tenant compte des conversations avec les ambassadeurs. François Mitterrand s'inquiète : *« Vous parlerez de la levée de l'embargo ? »* Ronald Reagan : *« Oui, mais la question de la levée de l'embargo n'a aucun rapport avec les conversations en cours sur le commerce Est/Ouest. »* Le Président n'est qu'à demi rassuré.

**Vendredi 12 novembre 1982**

Comme prévu, Iouri Andropov devient Secrétaire général du PC d'Union soviétique. Romanov et Oustinov, les deux autres prétendants, sont sur la touche.

On reçoit dans la soirée à l'Élysée le texte du discours que prononcera demain le Président Reagan. Il est traduit dans la nuit.

**Samedi 13 novembre 1982**

Scandale ! Dans son discours, Reagan compte annoncer aujourd'hui la levée de l'embargo, *« partielle ou totale »*, et son intention de publier ultérieurement le texte de *« l'accord intervenu entre les ambassadeurs sur le commerce Est/Ouest »*. Il ne dit pas quand. Mais sans doute va-t-il profiter de la mort de Brejnev pour tenter de sortir au plus vite du piège où il s'est mis lui-même.

Le texte négocié n'est donc pas présenté par Reagan comme une déclaration unilatérale américaine, mais bel et bien comme un accord à Cinq de contrôle du commerce Est/Ouest. Désastre. Ce que, depuis le début, le Président ne veut pour rien au monde !

Je cherche Cheysson. Il est au Koweït, injoignable. Vers midi, je réunis les principaux hauts fonctionnaires du Quai d'Orsay (François Scheer, Francis Gutmann, Jean-Claude Paye et Jacques Andreani). Ils sont formels : la publication du texte négocié à Washington n'a pas été accepté par le Quai d'Orsay. La Grande-Bretagne et la RFA sont pourtant prêtes à admettre sa publication, l'Italie semble pencher pour. Mais nos partenaires admettent qu'il faudrait un accord entre les Quatre Européens pour revenir sur la position définie à Quatre de *ne pas* publier. On décide de faire savoir dès que possible — c'est-à-dire vers 15 heures (heure de Paris) — à la Maison Blanche que la levée de l'embargo ne peut qu'être unilatérale, sans conditions, et sans publication d'un texte multilatéral. Pas de panique : Reagan n'annoncera aujourd'hui que la levée de l'embargo et ne publiera rien, nous dit-il, avant quelques jours.

Déjeuner avec François Mitterrand et quelques « visiteurs du soir ». Il y a là Laurent Fabius, Jean Riboud et Jean-Jacques Servan-Schreiber, lequel remet au Président une lettre de l'avocat Samuel Pisar lui conseillant de se rendre aux obsèques de Brejnev :

> *« Si vous vous y rendiez vous-même, vous obtiendriez — et j'ai des raisons de penser que cela est maintenant possible — la libération du symbole vivant et universel qu'est Chtcharanski comme signal d'une nouvelle politique dont vous pourriez*

*vous entretenir à fond, et le premier, avec M. Andropov qui cherche, j'en suis sûr, ce contact et cette occasion.*

*Dans la mouvance de l'événement actuel, toute une nouvelle dynamique peut permettre à l'URSS de sortir de son ghetto culturel et technologique dont elle souffre quotidiennement de plus en plus ; et aux pays ex-industriels de l'Ouest d'ouvrir enfin les grands marchés du monde à leur créativité au lieu d'étouffer ensemble comme aujourd'hui. »*

Le Président a déjà décidé : il ne se rendra pas pour la première fois à Moscou pour assister à des obsèques. Cela reste vrai. Et cet *« enlèvement »* de Chtcharanski, malheureusement bien improbable, rappelle trop celui de Théodorakis par J.J.S.S. en d'autres temps...

Le déjeuner tourne naturellement autour du déficit extérieur. Tous plaident pour le protectionnisme et la baisse des charges sociales des entreprises.

**Laurent Fabius** propose : *Une hausse du Tarif extérieur commun pour s'aligner sur les droits de douane japonais et américains, et le paiement en or, avec une réduction significative, de l'impôt sur le revenu et de l'impôt sur les grandes fortunes.*

**Jean Riboud :** *Il n'y a presque rien à attendre de l'investissement industriel privé, sauf par entraînement des entreprises publiques.*

**Laurent Fabius :** *Il faut faire des crédits à l'investissement à taux réel négatif, reporter sur la Caisse nationale de l'Industrie les dettes des entreprises publiques, mettre les industries naissantes à l'abri de la concurrence européenne pendant trois ans.*

**Jean-Jacques Servan-Schreiber :** *Augmenter massivement les tarifs des entreprises publiques en déficit ; augmenter les bas salaires par des points payés plus tard et payer les hauts revenus en bonus réinvestis dans l'entreprise ou en dépôts bloqués dans des livrets d'épargne-industrie.*

**Jean Riboud :** *Rendre les prestations sociales dégressives avec le revenu ; éliminer tous les obstacles administratifs au partage d'un poste de travail en deux emplois à mi-temps ; transformer les prestations chômage en une assurance et les compléter par des aides accrues à la formation.*

Après le déjeuner, le Président, prévenu de ce qui se prépare à Washington, part se promener au fond du parc de l'Élysée avec J.J.S.S. pendant plus d'une heure. Sans doute ce dernier lui explique-t-il les exploits que le Centre Mondial, sauveur électronique de la France, s'apprête à accomplir...

A 15 heures, Wallis est injoignable.

A 15 h 45, coup de théâtre. Allan Wallis me rappelle : *« Le Président des États-Unis a l'intention d'annoncer, dans son discours hebdomadaire à la radio, à 18 heures, heure de Paris, la levée d'embargo. Mais il annoncera aussi l'accord de Washington sur le commerce Est/Ouest. Il hésite néanmoins entre deux textes de discours : l'un faisant état de l'existence d'un accord à Quatre en le publiant séparément dix minutes plus tard ; l'autre, si vous restez opposés à la publication de cet accord, dans lequel le Président des États-Unis en donnerait la substance comme émanant de lui. »*

Je lui réponds que cette procédure est invraisemblable, car il n'y a aucun accord ni sur la publication du texte d'un accord, ni même sur son contenu, qui devait de notre point de vue rester une position unilatérale. *« Je vous rappellerai au plus tard dans une heure pour vous faire connaître la position exacte du Président. »*

François Mitterrand, informé, explose : *« C'est inadmissible, inacceptable ! Le Quai d'Orsay n'en fait qu'à sa tête. J'ai dit que je ne voulais pas qu'on négocie ce texte. On nous fait miroiter la levée de l'embargo en échange d'un texte dit secret, et voilà que le texte secret devient public et fixe une doctrine Est/Ouest qui nous échappe. Il établit un leadership américain. C'est un véritable traité définissant tout le commerce avec l'Est. C'est l'alignement sur les thèses américaines. L'Alliance n'a rien à dire sur les questions économiques. Dites non : au texte et à sa publication ! »*

Simultanément, Jean-Louis Bianco appelle le secrétaire général du Quai d'Orsay, Francis Gutmann, qui prévient Bernard Vernier-Pallez à Washington. Celui-ci est hors de lui, se dit désavoué : *« Je n'ai rien fait sans l'autorisation de mon ministre. »* Prévient-il le Département d'État ?

Je rappelle en tout cas Wallis à 16 h 45 : *« Le Président de la République n'est pas d'accord sur le contenu de ce texte. Il n'y a d'ailleurs pas d'accord possible sur un texte quelconque d'accord international au seul niveau des ambassadeurs. En conséquence, la publication ou même l'annonce d'un accord euro-américain par le Président des États-Unis est impossible. Pour ce qui concerne la levée de l'embargo, nous avons toujours pensé qu'elle serait unilatérale. Notre ambassadeur recevra en temps utile les instructions nécessaires sur les points de désaccord qu'il transmettra au Département d'État. »*

Allan Wallis : *« Je suis stupéfait de ce que vous dites ; je croyais l'accord sur le texte conclu depuis le début de la semaine. Cela change tout pour la déclaration à venir du Président. Le malentendu doit venir de ce que les pays européens étaient, dans la dernière semaine, représentés dans la négociation par le représentant des Communautés Européennes et non pas par leurs propres ambassadeurs... »*

Première nouvelle !

Il raccroche, fort aimable ; puis me rappelle, plus nerveux : *« J'ai parlé avec Bill Clark. Ronald Reagan veut parler à François Mitterrand. »*

Le Président refuse sans hésiter : *« Si je le prends au téléphone une heure avant sa déclaration, il peut me faire dire n'importe quoi sur l'amitié franco-américaine, l'Alliance, etc., et invoquer ensuite mon accord. »*

Je transmets : fureur intense à la Maison Blanche. Clark et Shultz conseillent à Reagan d'annoncer quand même la levée de l'embargo et l'accord sur le texte. Ce qu'il fait :

*« Maintenant que nous sommes parvenus à un accord avec nos alliés, qui offre des mesures plus fortes et plus efficaces, il n'y a plus besoin de ces sanctions. L'accord sur les conditions du commerce Est/Ouest porte sur les points suivants : aucun nouveau contrat d'achat de gaz soviétique ne sera signé tant qu'une étude décidée par les pays alliés sur les alternatives énergétiques occidentales n'aura pas été terminée ; les Alliés se sont engagés à "renforcer les contrôles existants sur les transferts de biens stratégiques à l'URSS" ; des procédures seront établies "sans délai pour assurer le contrôle des relations financières avec l'URSS" ; et les pays occidentaux "travailleront à harmoniser leurs politiques de crédits d'exportation". »*

Il est 18 h 30 et Cheysson est toujours injoignable. François Mitterrand à propos de Reagan : *« Ce sont des procédés de voyou, de gangster ! »* Il faut réagir. Le Président convoque le plus haut responsable du Quai d'Orsay disponible, le secrétaire général, Francis Gutman, dans son bureau.

Le Président : *« Le Général de Gaulle a fait sortir la France de l'OTAN parce qu'il refusait l'intégration militaire atlantique. Moi, je refuserai l'intégration économique. Ce texte américain est un traité léonin qui détruit toute possibilité de construction européenne. Notez... »*

Et Francis Gutmann prend sous sa dictée le texte d'un communiqué publié un quart d'heure plus tard comme émanant du Quai d'Orsay : *« La France, qui a fait connaître en temps utile à ses alliés sa position sur le commerce Est/Ouest, n'est pas partie à l'accord annoncé cet après-midi à Washington. Elle prend acte de l'annonce par Reagan de la levée de l'embargo américain sur les fournitures destinées à l'Union soviétique, en relation notamment avec le gazoduc eurosibérien. »*

Dans la soirée, Bernard Vernier-Pallez souhaite démissionner : *« Le Quai aurait pu publier un communiqué précisant seulement que nous n'avions pas à nous sentir liés par ce qui n'était d'ailleurs pas un accord. J'ai fait changer douze formules. Il s'est créé une sorte de front européen. Autrement, nos alliés européens acceptaient tout ce que voulaient les Américains et nous aurions été beaucoup plus isolés. »*

Le Président aurait accepté avec plaisir cette démission si le signal ainsi donné n'avait été que toute l'affaire résultait d'un différend franco-français plutôt que franco-américain. Francis Gutmann appelle l'ambassadeur pour l'assurer qu'il n'est pas personnellement désavoué.

### Dimanche 14 novembre 1982

Dans l'avion qui le conduit du Koweït à Moscou pour les obsèques de Brejnev, Claude Cheysson écrit au Président... pour dénoncer les procédés de Reagan !

> *« La déclaration du Président Reagan hier en dit long sur les modes de faire à Washington. Elle ignore résolument ce qui avait été catégoriquement dit par plusieurs de ses alliés, principalement les Européens. Elle insinue et parfois affirme des contre-vérités. Dès le début, il a été convenu qu'il n'y aurait pas d'accord entre nous. Au terme de conversations qui avaient lieu à Washington dans des cadres variés, des conclusions pouvaient être relevées. Les Quatre Européens ont souligné que leurs conclusions ne pouvaient évidemment être publiées, puisqu'il ne s'agissait pas d'un acte formel, bien moins encore du "plan d'action" cité par Reagan (...). J'ajoute enfin que le ton de la déclaration est à peine supportable à l'égard de ses partenaires et dans l'ambiance d'une véritable guerre économique qu'aucun de nous n'accepte (et que le "relevé de conclusions" rejette expressément). »*

Texte ambigu. Cheysson reconnaît l'existence d'un accord à Cinq, mais pense qu'un tel accord pouvait rester secret et être présenté comme une décision américaine unilatérale. Le diplomate croyait avoir en face de lui des diplomates.

Sur la place Rouge, les obsèques de Leonid Brejnev se déroulent selon une liturgie impériale bien établie. Pierre Mauroy et Claude Cheysson représentent le gouvernement. Le compte rendu qu'en fait Pierre Morel, qui y représente l'Élysée, est remarquable :

> *« L'arrivée à pas lents du cortège, la dépose du cercueil ouvert sur son catafalque de velours rouge, la montée des hiérarques au fronton du mausolée de Lénine, l'enchaînement des discours, le piétinement de la queue des officiels devant la tombe où flottait l'insistante odeur des branches de sapin fraîchement coupées pour les couronnes, furent les temps forts d'un rituel solennel et grave, mais mécanique. Nulle trace visible d'affliction, ni même de simple émotion sur les visages ronds et un peu ahuris des centaines de très jeunes soldats attendant en groupes dans les escaliers de la Maison des Syndicats de pouvoir s'incliner devant le corps, ni sur celui des officiels, ni sur celui, bien sûr, des quelques Moscovites rencontrés, vaquant*

*à leurs occupations au-delà du périmètre interdit. Seuls l'attente pendant laquelle la musique funèbre emplissait la place, les cinq minutes où hurlèrent les sirènes des usines et le passage bruissant de centaines de porteurs de couronnes, véritable forêt en marche, furent des instants d'une densité inhabituelle. Rien dans ces cérémonies, aucun des détails dans la ville ne traduisait les troubles d'une succession ni les incertitudes du lendemain. Dans une ostensible pérennité, le système venait juste de ressentir le léger à-coup qui s'imprime à un vaisseau glissant depuis longtemps sur son erre et auquel une direction effective s'applique à nouveau.*

*Tout, depuis le spectacle de ces gérontes côte à côte, militaires et civils intimement imbriqués, jusqu'au ballet des limousines aux rideaux tirés, accusait l'impression de puissance collective, décourageant — en tout cas, le premier jour — toute spéculation sur ce que pourraient être le rôle de tel ou tel dirigeant en particulier, ou la personnalité de Iouri Andropov. »*

Comique : Ronald Reagan écrit à François Mitterrand, comme à tous les responsables de l'Alliance atlantique, une lettre-circulaire tirant les conséquences de la mort de Brejnev, lettre particulièrement mal venue après l'incident d'hier :

*« Dans les circonstances présentes, je pense que nous, Occidentaux, devons, dans nos prises de positions publiques et privées à l'intention de la direction soviétique, affirmer l'opportunité d'une amélioration des relations Est/Ouest. Dans le même temps, nous devons mettre l'accent sur le fait qu'une telle amélioration ne peut s'envisager que si les Soviétiques font preuve avec une solide évidence d'une volonté de se soumettre aux normes acceptées des comportements internationaux (...). Je pense qu'il est particulièrement important en ce moment que le comportement occidental soit marqué par une unité d'objectifs. Ce serait vraiment tragique si la direction soviétique percevait des divisions entre les Occidentaux. »*

On ne saurait mieux dire : « Maintenant, taisez-vous, c'est moi qui parle ! »

## Lundi 15 novembre 1982

Cheysson, rentré à Paris, me dit : *« Je ne comprends pas. Ce qui s'est passé dans cette affaire entre le Président et moi me paraît beaucoup plus grave que ce qu'il y a pu avoir entre nous sur le Proche-Orient. Nous avions sur le Proche-Orient des sensibilités différentes qui sont arrivées à se fusionner. Dans une lettre, au début d'octobre, j'ai expliqué au Président la très grande tâche qui nous attendait. Or, il y a eu un désaccord total. Je n'ai pas compris ce qui s'est passé. »* Puis, découvrant que le Président le considère comme responsable de ce désordre, il s'excuse par une lettre dans laquelle sa stratégie se révèle remarquable et subtile, quoique à l'opposé de celle du Président :

*« Je regrette de ne pas avoir bien compris votre préoccupation majeure. Ce serait la première fois depuis dix-huit mois (...). J'ai cru venue l'occasion de faire reconnaître la principe de la concertation. Les Anglais pensent comme moi que nous devons pouvoir interroger les Américains, dans un cadre informel et de manière non conclusive, sur leur politique économique. Cela me semble un complément indispensable de ce qu'est actuellement l'Alliance. Certes, nous ne serons que rarement entendus. Mais, quand les Trois seront d'accord, leurs voix ne seront pas toujours sans écho. Je me demande maintenant si l'expérience des dix-huit derniers mois ne vous a pas convaincu que cette concertation était totalement vaine et ne pouvait tout au plus mener qu'à des interférences plus nombreuses des Américains. Je crois qu'elle vaut d'être tentée et que le groupe des Quatre (au niveau des directeurs politiques ou économiques plus que des ambassadeurs, et au niveau des ministres)*

*est bon. Renoncer à compléter ainsi l'actuel dispositif de l'Alliance me préoccuperait. »*

François Mitterrand ne veut pas en entendre parler : *« Surtout pas d'Alliance informelle économique ! Cela se termine toujours par un diktat américain. Gardons cette énergie pour un rapprochement entre Européens. Rien d'autre. »*

Clarification majeure, ce jour-là, de notre politique étrangère. Résigné à n'être que rarement entendu des Super-Grands, Cheysson accepterait volontiers que la France prenne place dans le directoire économique à Quatre dont rêvent les Américains ; le Président, lui, le rejette.

Le Président confirme à Ronald Reagan que la France signera la Convention sur le Droit de la Mer : *« J'estime que ce Traité représente une étape importante dans la mise en place d'un nouvel ordre économique international auquel, vous le savez, je suis tout particulièrement attaché. »*

Le Roi Hussein de Jordanie est à Paris. Il propose de passer de l'état de belligérance à l'état de paix en établissant des relations bilatérales entre les États, y compris Israël. Il est très prudent sur un éventuel État palestinien. Le Président explicite la position de la France face aux diverses initiatives de paix.

**Hussein :** *Le conflit arabo-sioniste s'aggrave. Il faut obtenir le retrait des territoires occupés par Israël depuis 1967, l'arrêt des implantations, la liberté de culte à Jérusalem, le droit des Palestiniens à l'autodétermination, y compris le droit au retour, le contrôle international pendant six mois des territoires occupés et une garantie du Conseil de sécurité pour la mise en œuvre de ce projet (...). L'OLP est le représentant unique et légitime des Palestiniens. L'État israélien occupe déjà 78 % de la Palestine. Nous n'en réclamons que 22 %. C'est le minimum de ce que nous pouvons demander.*

**François Mitterrand :** *Nous ne voulons pas nous substituer aux pays de la région. La France a reconnu l'État d'Israël. Depuis lors, avec des guerres, celui-ci a institué son pouvoir sur des terres qui ne lui ont pas été accordées par l'ONU. J'ai approuvé les accords de Camp David pour leur dimension bilatérale israélo-égyptienne. Pour les territoires occupés et Jérusalem, nous souhaitons qu'on en revienne à la situation antérieure, juridiquement reconnue. J'ai reçu des maires de ces territoires ; leur situation est inacceptable et rappelle celle que nous avons vécue en France pendant la guerre. Je ne me mêle pas, au-delà, du choix final, car nous ne sommes pas un pays arabe. La France n'est pas un arbitre, c'est un pays de bonne volonté qui garde son droit de pensée. Il y a là un peuple qui n'a pas de patrie, un peuple en déshérence. S'il veut un État, c'est à lui de le décider. Ce peuple a droit à une patrie. Le plan de Fès comme le plan du Prince Fahd constituent une utile façon de faire avancer le dialogue. Mais rien ne progressera tant que l'OLP n'aura pas accepté le droit d'Israël, tel que défini par les Nations-Unies, en le liant à sa reconnaissance propre. Il faut qu'une initiative soit prise, peut-être sous cette forme conditionnelle. Si on ajoute cette condition à celle du plan de Fès, on arrivera à la paix. Sinon, rien n'est possible. La France sera toujours aux côtés de ceux qui s'engageront sur ces thèses. La reconnaissance réciproque de l'OLP et d'Israël se fera.*

**Hussein :** *Nous sommes d'accord sur ces principes. Aucun territoire ne doit être occupé par la force. Israël doit se retirer des territoires occupés. Les garanties doivent être internationales. Nous sommes heureux que la France soit favorable à une reconnaissance réciproque d'Israël et de l'OLP, de façon à garantir les droits des deux pays de manière raisonnable et équitable. L'OLP doit jouer le* *rôle principal. La Résolution 242 du Conseil de sécurité contredit les accords de Camp David qui donnent le droit à Israël de disposer des territoires occupés. Nous pensons que seul le peuple palestinien peut dire ce qui lui convient. L'OLP doit participer à l'élaboration de la paix. Laissons l'Histoire parler, dégageons-nous du piège. Le peuple palestinien est menacé par des dangers considérables. Nous espérons l'appui de la France.*

**François Mitterrand :** *Je reconnais la résolution de Fès comme une méthode. Je me réserve de juger des objectifs. Il faut distinguer ce qui est possible et ce qui ne l'est pas. Il faut éviter les positions extrêmes. Ce qui compte, c'est de réaliser des progrès.*

Fait très exceptionnel pour un ambassadeur, Bernard Vernier-Pallez écrit directement au Président, sans passer par son ministre :

> *« Il est vain, à mon sens, d'épiloguer sur les responsabilités qui ont conduit à l'affrontement public franco-américain de samedi, mais il faut être conscient qu'il aura des répercussions durables et profondes sur les relations franco-américaines. En nous distinguant avec éclat de tous nos partenaires européens, nous réalisons ici l'unanimité dans le mécontentement : les ultra-conservateurs d'abord, rassemblés notamment autour de Weinberger, Ikle et Pearle au Département de la Défense, ce qui ne manquera pas de rendre plus difficiles nos relations avec celui-ci ; le Président Reagan et son entourage à la Maison Blanche, qui considèrent, à tort ou à raison, qu'il s'agit d'un affront personnel ; le secrétaire d'État, M. Shultz, qui avait pris l'initiative de l'exercice et pouvait penser, après les conversations de La Sapinière, que nous n'étions pas fondamentalement opposés à sa manière de trouver une porte de sortie au Président. Il va se trouver sur la sellette et ne manquera pas de nous en vouloir. Si cette détérioration des relations entre Paris et Washington était le but que nous recherchions, il faut que l'on sache qu'il est atteint au-delà des espérances. »*

Au reçu de cette missive, François Mitterrand dit à Cheysson : *« Je ne veux plus de déclarations des ministres sur cette question ; plus de réunions entre l'ambassadeur et ses interlocuteurs jusqu'à la levée effective des sanctions ; il faut refuser de participer à des études sur les relations économiques Est/Ouest sur la base de ce relevé de conclusions. »*

Alain Savary entame des négociations avec les syndicats sur le projet de loi relatif à l'enseignement supérieur. Il précise ses intentions : deux corps (professeurs, maîtres de conférence) divisés chacun en deux classes ; un service horaire annuel identique pour tous les enseignants-chercheurs, quels que soient le corps et la classe ; une thèse unique (remplaçant les thèses de troisième cycle et d'État) ; l'extinction du corps des assistants (par non-renouvellement et transformations). Flou sur l'agrégation ; le ministère ne paraît pas particulièrement attaché à son maintien.

Voyant cela, les syndicats appellent à la grève pour les 25 et 26 novembre.

**Vendredi 19 novembre 1982**

Le Président reçoit Jacques Delors, comme presque tous les vendredis. Celui-ci lui remet une note inquiète, dans son style habituel :

> *« Le déficit de la balance des paiements de 1983 sera très lourd et très difficile à financer, ce qui nous met à la merci d'une crise grave de paiement, avant ou après*

*les municipales. En raison de la hausse du dollar (une hausse de 5 % nous coûte 10 milliards de francs de devises) et d'une croissance trop rapide de la consommation des Français (+ 3,7 % par an, soit beaucoup plus que la production : 2 %), il est donc très important de se doter de munitions nécessaires pour s'opposer à une crise de change et d'être très rigoureux dans la politique suivie. Je suis prêt, pour "éviter la crise cardiaque", à exposer au Président dans le détail un ensemble de décisions. »*

Puisque le ministre le saisit par écrit, le Président lui demande, par écrit, de faire des propositions plus précises :

*« J'ai reçu votre note et l'ai lue avec beaucoup d'attention. Vous savez que les préoccupations que vous évoquez sont les miennes et que j'ai demandé au gouvernement d'y consacrer tous ses efforts. Si vous estimez que les mesures qu'il a prises ne suffisent pas à réaliser ces objectifs, en particulier ceux qui concernent le rétablissement de l'équilibre de la balance des paiements et le développement de l'épargne, je vous serais reconnaissant de bien vouloir me faire connaître, ainsi qu'au Premier ministre, les mesures complémentaires que vous jugeriez utiles. »*

Autrement dit : vous ne m'apprenez rien sur les problèmes, et vous ne me proposez pas de solution.

**Samedi 20 novembre 1982**

Les lettres s'échangent très vite entre Paris et Washington, sur des sujets multiples, poursuivant des dialogues parallèles aux tonalités diverses et parfois contradictoires.

Ronald Reagan répond aujourd'hui à la lettre de François Mitterrand sur la date du Sommet de Williamsburg :

*« Je comprends et regrette votre insatisfaction. Je vous assure que votre préférence pour une date en juillet n'a pas été ignorée. Tous les participants ont manifesté clairement leur préférence pour une date dans la première moitié de l'année, et une telle date est conforme au principe selon lequel, si possible, le Sommet se tient lorsque c'est l'un des pays participants qui est président en exercice des Communautés Européennes. Dans l'esprit de coopération et d'amitié qui est essentiel pour un tel Sommet et pour sa préparation, je vous demande de vous joindre à nous à Williamsburg. »*

Autrement dit : nous savons très bien pourquoi vous vouliez que le Sommet ait lieu en juillet ; c'est justement pour cela que nous n'en voulons pas. C'est à prendre ou à laisser.

Ignorant cette lettre, et pour clore l'incident de la semaine dernière sur le gazoduc, François Mitterrand écrit à Washington :

*« C'est en respectant la personnalité nationale de chaque État, profondément compatible avec la solidarité nécessaire sur l'essentiel, que nous favoriserons l'enracinement dans chaque pays de la volonté commune de défense (...). S'il y a pu à cet égard avoir un malentendu, je souhaite qu'il soit désormais dissipé. Chacun d'entre nous, Monsieur le Président, est bien conscient de la prudence que requiert la conduite des relations avec les pays de l'Est. Chacun d'entre nous est bien conscient de ses intérêts nationaux à cet égard, dont il est le meilleur juge et le premier garant dans le respect des procédures de concertation existantes. Notre intérêt commun, en*

*tant que pays membres de la même alliance, me semble être que celle-ci puise ses forces dans notre diversité.* »

« Chacun d'entre nous » est la formule que le Président a trouvée pour éviter de dire « nous », et qu'il essaie d'imposer ici. Elle revient à dire : solidaire sans pour autant s'impliquer dans une décision collective.

**Lundi 22 novembre 1982**

Étrange visite, ce matin : l'ambassadeur Galbraith et cinq sénateurs de passage à Paris, dont le sénateur Dole, se présentent à l'Élysée sans rendez-vous. Je les reçois. Un café est servi. Nous n'échangeons que des banalités sur les rapports franco-américains. Conversation mondaine au milieu d'une crise profonde.

A Bruxelles, ultime incident franco-allemand à propos de l'accord du 25 mai. Lors de la discussion budgétaire, Chandernagor convient avec son homologue allemand d'attendre la mi-décembre pour faire d'éventuelles concessions au Parlement sur la croissance des dépenses. Plus tard dans la journée, les Allemands changent d'avis, craignant que, lorsque le Parlement examinera le collectif pour 1982 par lequel doit transiter l'aide à la Grande-Bretagne, celui-ci ne se venge et ne supprime leur allégement. Averti, Bianco téléphone au secrétaire général de la Chancellerie à Bonn, Schreckenberger, qui prend note ; il rappellera. Mais il ne rappelle pas. Déjà, cet homme, supposé être le principal collaborateur du Chancelier, est appelé le *« Triangle des Bermudes »* pour son étonnante capacité à enterrer les dossiers.

Isolé à Bruxelles, Chandernagor ne peut pas rassembler la minorité de blocage nécessaire. Le texte est adopté. Il fait inscrire au procès-verbal du Conseil la déclaration suivante : *« Il est très mauvais pour la Communauté de se laisser entraîner dans un engrenage qui conduit à payer des allégements au profit de certains États, puis à accepter une augmentation inconsidérée des dépenses communautaires pour faire adopter par le Parlement la traduction budgétaire de ces allégements. La délégation française a déclaré nettement qu'elle ne participerait plus, pour sa part, à un mécanisme aussi dangereux pour la Commuanuté. »*

Informé, François Mitterrand répète : *« Nous sommes obligés d'"avaler" les 300. J'espère qu'on n'ira pas plus loin. Je vous prie de mettre le Quai en garde ! »*

Le gouvernement aura pris à la fin de cette semaine les mesures d'équilibre de l'UNEDIC : économies de 10 milliards ; hausse de 1,5 % des cotisations, partagée entre les entreprises et les salariés. Le franc reste faible.

Nouvelle réunion des « visiteurs du soir » ; deux scénarios de sortie du SME sont discutés :

— soit tout de suite, au prochain Conseil des ministres, avec les mesures suivantes : maintien du déficit budgétaire à moins de 100 milliards en 1982, soit 2,8 % du PIB, et moins de 3 % du PIB en 1983 ; équilibre du budget social de la nation jusqu'à la fin de 1983 ;

— soit après les élections municipales, si l'inflation américaine et la récession en Allemagne s'aggravent, et sans plus de souci d'être considéré par les autres comme un bon élève. Cela suppose de négocier les hausses de prix et de salaires sur une base de 5 % d'avril 1983 à avril 1984 ; de créer un « livret d'épargne-emploi » pour compléter la garantie de l'UNEDIC ou de ce qu'il en restera ; de déconnecter les taux d'intérêt interne et externe ; de mettre en place le dépôt de devises égal au coût des importations ; d'augmenter de 3 points la TVA et de supprimer les contributions des entreprises aux allocations familiales ; de créer une Caisse nationale de l'Investissement pour financer sur bons du Trésor les investissements des entreprises publiques ; de lancer des grands travaux ; d'accélérer les économies d'énergie dans le logement.

Ce second scénario exigerait *« une formidable mobilisation et quelques réformes de structures : la constitution d'un vrai ministère du Commerce extérieur, le remplacement du gouverneur de la Banque de France, la mutation du ministère du Plan en cadre d'explication du projet à long terme »*.

François Mitterrand écoute sans conclure. Ce programme le tente. Le choix est entre une troisième dévaluation — avec ce qu'elle aurait d'humiliant — et le flottement — avec ce qu'il aurait de panache, au service des entreprises et de l'emploi. Difficile de démontrer que la route la plus étroite est la plus sûre.

Allan Wallis esquisse l'agenda de Williamsburg : *« La reprise économique (y compris l'emploi, l'investissement, le commerce, l'endettement et les questions financières) ; les relations économiques avec l'Union soviétique et l'Europe de l'Est et la revitalisation des institutions économiques internationales. »* Le Sommet doit être un moyen d'affirmer une stratégie commune face à l'Union soviétique. *« Pas de communiqué formel, mais seulement la possibilité pour les chefs d'État et de gouvernement de faire une déclaration s'ils en éprouvent le besoin ; désignation pour chaque session d'un seul chef de délégation ou d'un ministre qui serait chargé par ses homologues d'informer la presse après chaque session (...) : il faut revenir à la conception originale du Sommet et le débarrasser des "traditions" qui se sont accumulées... »*

J'interroge le Président sur la date : tous nos partenaires se sont finalement ralliés. Si nous ne le faisons pas, il en résultera un incident majeur.

François Mitterrand : *« Marquer notre surprise et ne pas faire de drame. »*

**Mardi 23 novembre 1982**

Le Président insiste, au petit déjeuner, pour que la loi d'amnistie, qui revient demain en seconde lecture à l'Assemblée, soit adoptée, par 49-3 si nécessaire, y compris pour les généraux. Le Président en veut aussi à Jospin d'avoir laissé en Arles, aux municipales, la tête de liste aux communistes.

François Mitterrand : *« Quand y a-t-il eu, dans l'histoire de l'humanité, plus de vivants présents sur la planète que de morts accumulés dans le passé ? »* Joli sophisme ; la réponse, évidente *(« A l'aube des temps »)*, ne le convainc pas.

**Mercredi 24 novembre 1982**

Au Conseil des ministres, le gouvernement décide de 10,5 milliards d'économies sur l'assurance-chômage.

La loi sur la réintégration des officiers généraux est adoptée par le 49-3 en seconde lecture. Rejet d'une motion de censure sur la politique de défense.

Première rencontre entre Valéry Giscard d'Estaing et Jacques Chirac depuis janvier 1980. Ils déjeunent ensemble chez Drouant, terrain neutre.

Dans la soirée, nous partons pour l'Égypte et l'Inde.

**Jeudi 25 novembre 1982**

Au Caire, après son entretien avec Moubarak, le Président note : *« Moubarak juge les Israéliens sans foi ni loi, et, qui plus est, inconsistants. Il ne se contente pas de les soupçonner d'avoir négocié le partage du Liban avec les Syriens, il affirme que ses négociateurs l'ont entendu de la bouche d'Assad qui, on le voit, n'en fait pas mystère. Les Syriens auraient annexé la Bekaa, les Israéliens le Golan et la bande frontalière. »*

Le nouveau Chancelier allemand fait une déclaration très chaleureuse devant le Bundestag :
*« La coopération franco-allemande, institutionnalisée il y a bientôt vingt ans par Konrad Adenauer et Charles de Gaulle dans le Traité de l'Élysée, n'a pas seulement fait ses preuves : elle n'a cessé de s'étendre à de nouveaux domaines. Mais, à nos yeux, ce n'est pas seulement une coopération dans la Communauté Européenne. Elle favorise aussi la stabilité de l'Alliance atlantique dont nos pays font tous les deux partie (...). Nos préoccupations communes à ce sujet nous ont amenés à évoquer les questions intéressant la sécurité. A l'avenir, des entretiens à quatre entre les ministres des Affaires étrangères et de la Défense des deux pays seront partie intégrante de la coopération franco-allemande. Pour la première fois au bout de dix-neuf ans, nous avons ainsi relancé un élément important dont nous étions convenus dans le Traité de l'Élysée. Pour nous, il s'agit là d'un échange de vues avec un grand et important voisin. Et, grâce à cet instrument, nous rendons également service à la sécurité commune de l'Occident.*
*Nous comprenons fort bien les préoccupations que causent à nos amis français certaines évolutions dans leur balance commerciale. A ce sujet, nous leur avons dit qu'entre amis, précisément à une heure difficile, il faut parler et rechercher ensemble des solutions solides. Nous savons qu'il est nuisible pour nous de cloisonner nos marchés, que cela compromet à long terme les emplois, au lieu de les garantir à court terme. »*

**Vendredi 26 novembre 1982**

A Assouan, je reçois copie de la réponse du secrétaire général allemand à l'appel téléphonique de Jean-Louis Bianco de lundi dernier. *« Comme vous le savez, d'autres obligations ne m'ont pas permis de répondre le soir même à votre appel téléphonique. Cependant, j'ai aussitôt fait transmettre votre demande à la délégation allemande en négociation à Bruxelles. Je trouve regrettable que nos délégations qui, comme on me l'a fait savoir, ont entretenu des contacts bilatéraux constants, n'aient pas pu s'entendre sur une orientation commune. »* La machine de la Chancellerie est d'une incroyable lenteur.

Dans l'avion d'Assouan à Delhi, François Mitterrand : *« Le point moyen ne peut pas être le gel soviétique annoncé par Brejnev. Il suppose qu'on n'installerait plus de SS 20. Comme, déjà, il y en a deux fois plus qu'il n'en faut eu égard à la sécurité européenne, cela ne veut pas dire grand-chose. De plus, ces fusées pourraient être retirées à quelque distance. Les moyens de transport sont rapides et la portée des fusées s'allonge en permanence. Cela ne peut pas être non plus le point zéro indiqué par Reagan, car ce point zéro pourrait laisser entendre que les Russes renonceraient à l'ensemble de leurs SS 20, c'est-à-dire de leur armement tactique moderne, tandis que les éléments avancés tactiques nucléaires occidentaux resteraient en place. Il y a un point moyen que la sagesse des négociateurs trouvera, j'imagine. Impossible que l'un des deux négociateurs puisse imposer entièrement son point de vue à l'autre. »*

A Delhi, rencontre avec Indira Gandhi. Lasse et rebelle, passionnée et désespérée : *« Les "Négociations Globales" sont abandonnées. »*
La France est prête à livrer de l'uranium enrichi à l'Inde.

Dans sa chambre, le Président reçoit, parmi la masse de télégrammes transmis par l'aide de camp, un câble cinglant de notre ambassadeur à Washington :

> *« J'ai eu ce matin un entretien privé à la résidence avec M. Eagleburger qui vient de rentrer de son long voyage en Extrême-Orient. Il m'a confirmé ce que je savais sur l'état d'esprit du Président et du secrétaire d'État. Ses propos montrent que les Américains sont parfaitement au courant de la différence d'optique entre le Quai d'Orsay et l'Élysée sur la question. Le Département d'État avait reçu un câble de M. Galbraith, le 8 novembre, mentionnant que le ministre lui avait indiqué au cours d'une conversation, ce jour-là, son acceptation de la dernière version du relevé de conclusions. L'irritation des Américains est accrue par le fait qu'ils pensent que la France s'est dégagée, à l'occasion de l'incident concernant l'annonce, de sa participation aux études à entreprendre. Ils ne peuvent pas les démarrer avec les autres partenaires sans la France, et ils n'envisagent pas de les entreprendre sur une base autre que celle du relevé de conclusions, ce qui les met dans la situation la plus désagréable. J'ai souligné à mon interlocuteur qu'il était indispensable que, compte tenu de l'état des relations entre les deux Présidents, la visite du secrétaire d'État ne conduise pas, du fait d'un échec, à un accroissement de la tension, mais, au contraire, permette un rétablissement de la confiance. Pour cela, il fallait que fussent abordés avec le Président de la République les vrais problèmes. M. Eagleburger m'ayant demandé quelle était notre position actuelle concernant la concertation sur les relations économiques Est/Ouest, j'ai répondu que c'était un sujet qu'il était préférable de garder au frigidaire pendant les prochaines semaines. Le secrétaire d'État pourrait en parler au ministre au cours de leur conversation du 14 dans l'après-midi, à Paris. M. Eagleburger ne m'a pas caché que la persistance de l'incertitude sur ce point contribuerait à accroître l'irritation ici. Mon interlocuteur, qui rapportera cette conversation au secrétaire d'État, va essayer de m'organiser un rendez-vous avec lui qui se situerait pendant la très étroite période allant de son retour d'Amérique du Sud à son départ pour l'Europe. »*

Le Président est furieux. Comment Vernier-Pallez ose-t-il parler d'un désaccord entre le Quai et l'Élysée ? Il demande à Cheysson de le faire réprimander.

Le dîner d'État de ce soir à Delhi est le plus beau de tous les dîners d'État auxquels j'aie assisté. Des Sikhs au turban orné d'une grande plume blanche, rangés derrière chaque convive, s'inclinent pour servir. Le rythme est si précis que les plumes restent parfaitement alignées tout au long du dîner. Le rite colonial au service d'un empire nouveau.

La position de l'État sur l'extradition se précise. Un discret signal est envoyé aux Espagnols : la *Lettre de Matignon* publie cinq critères dont chacun peut fonder un refus d'extradition.

**Samedi 27 novembre 1982**

Le secrétaire général du Quai, à qui Cheysson a téléphoné depuis Delhi, répond à Vernier-Pallez :

> *« Nous prenons connaissance avec surprise de l'observation figurant dans votre message 2906, selon laquelle les Américains seraient "parfaitement au courant d'une différence d'optique entre le Quai d'Orsay et l'Élysée". Comme vous le savez, il n'y a pas eu et il ne peut y avoir de différence d'optique entre la Présidence de la République et le ministère des Relations extérieures. Il se peut que les Américains croient habile d'entretenir à cet égard une ambiguïté. Il faut qu'ils sachent au contraire qu'une telle attitude ne pourrait qu'altérer davantage nos rapports avec Washington en ce qui concerne les relations Est/Ouest, alors même que le Président de la République, par sa lettre au Président Reagan, vient de faire savoir dans quel esprit et de quelle façon cette question paraît, pour la France, devoir être abordée.*
> *Nous sommes d'ailleurs bien convaincus qu'il n'y a, dans votre esprit, aucun doute à ce propos, et je me permettrai de vous téléphoner pendant le week-end. »*

Dîner de retour à l'ambassade de France à New Delhi. Dix couverts seulement. Indira Gandhi, plus détendue que jamais, parle de son éducation suisse. Son fils et sa belle-fille l'accompagnent. Elle : *« Je hais la politique, j'espère que Rajiv n'aura jamais à en faire. »* A la fin du dîner, Mme Ross, l'ambassadrice, fait chanter une *Marseillaise* approximative à son perroquet. Lors de mon dernier passage, j'avais déjà subi la performance éraillée de l'oiseau. Debout, nous écoutons le massacre, vaguement amusés, vaguement furieux. A la fin, Indira Gandhi applaudit et murmure en français : *« Mais c'est très bien ! »*

La politesse est exquise. Gênés, nous avançons vers le salon quand Claude Cheysson, se tournant vers Mme Ross, s'écrie : *« C'est magnifique. Et, en plus, il a exactement la même voix que vous. »* Gaffeur impénitent !

**Dimanche 28 novembre 1982**

Nous courons de ville en ville. Visitant Elora, à cinquante kilomètres d'un aéroport, le cortège est si étiré que lorsque le Président quitte le site, la dernière voiture du cortège y arrive à peine et doit faire demi-tour. Colère des invités.

**Mardi 30 novembre 1982**

La CNIL autorise la création d'un fichier informatisé pour la lutte anti-terroriste.

Suspension des négociations américano-soviétiques sur les euromissiles.

Le Président revoit les « visiteurs du soir » ; il leur confirme son intention de ne rien faire d'ici les municipales. Il faut donc conforter le franc : réduire les réserves pétrolières stratégiques des compagnies nationales ; faire monter de gros emprunts en dollars par les entreprises publiques. Le Président insiste sur le caractère urgent et secret de ces mesures.

**Mercredi 1er décembre 1982**

Pendant ce temps, le bateau court sur son erre : au Conseil des ministres, augmentation du SMIC de 3,3 % (soit 14,2 % pour l'année et 3,2 % en termes réels). C'est trop, beaucoup trop.

L'extradition de Klaus Barbie bute sur quelques manques de zèle. Genscher n'est pas très pressé de réactiver la demande allemande. Il suggère à la France une mesure d'expulsion vers Paris. Perplexité au Quai d'Orsay, qui n'est pas non plus enthousiaste.

**Jeudi 2 décembre 1982**

André Bercoff remet son manuscrit à Claude Durand. Je le lis. Le Président aussi. Caton, « homme de droite », a beaucoup d'allure. Si le canular n'est pas éventé trop vite, on va s'amuser.

François Mitterrand écrit à Gemayel pour l'interroger sur *« la nécessité du retrait de toutes les forces étrangères présentes au Liban, et à propos des modalités de la reconstruction de votre pays »* :

> *« A cet égard, la France est disposée à examiner les conditions dans lesquelles son aide pourrait être renforcée ou mieux déployée. Une telle intervention suppose toutefois que soit précisé à nouveau le rôle des différents contingents composant la Force multinationale.*
>
> *Comme vous le savez, nous estimons qu'en dehors d'actions dictées par des considérations humanitaires qui imposent l'urgence, un effort accru de notre part devrait de préférence se placer sous l'égide des Nations-Unies qui se trouvent en mesure d'exercer au Liban des responsabilités plus grandes, du reste conformes à leur vocation. L'occasion d'en débattre pourrait être d'autant plus facilement trouvée que le Conseil de sécurité sera amené à se prononcer bientôt sur le mandat de la FINUL, qui vient à échéance le 19 janvier. »*

Le Conseil constitutionnel déclare non conforme la loi sur la décentralisation dans les DOM/TOM.

A Madrid, Felipe Gonzalez devient Président du Conseil des ministres. Il faut y envoyer un grand ambassadeur. Le Président fait proposer par Mauroy — qui l'a suggéré — l'ambassade à Savary, qui refuse.

**Vendredi 3 décembre 1982**

Madrid est proposé à Jean-Pierre Cot, qui refuse également et souhaite voir François Mitterrand au plus vite. Rendez-vous jeudi prochain.

A peine rentré d'Asie, il faut repartir pour le Sommet européen, cette fois à Copenhague. Un agenda assez lourd. D'abord l'élargissement : comme convenu avec Kohl, la France, plus favorable depuis l'élection de Gonzalez, obtient que l'adhésion de l'Espagne soit subordonnée au règlement des problèmes agricoles et de ceux liés au financement du Budget. Ensuite l'investissement : la France n'obtient pas l'accord de l'Allemagne sur le lancement des 3 milliards d'écus d'emprunt communautaire. Enfin le commerce international : la France n'obtient pas l'affirmation d'une volonté commune d'utiliser le Tarif extérieur commun comme un instrument de politique industrielle. Le reste est renvoyé au Sommet suivant, sous présidence allemande.

**Dimanche 5 décembre 1982**

Jean-Pierre Chevènement est à Moscou. Il s'entretient avec Baïbakov, président du Gosplan et vice-président du Conseil, du projet d'Astrakhan.

Libéré de prison le 2 décembre, l'écrivain sud-africain Breyten Breytenbach s'installe en France.

**Lundi 6 décembre 1982**

Shultz, qui sera à Berlin demain pour un dîner à quatre préludant à la réunion des ministres des Affaires étrangères de l'Alliance, arrive, prévient-il, avec trois questions :

> *« 1/ Comment faire front à la pression considérable que les Soviétiques vont exercer sur les Européens en 1983 pour empêcher le déploiement des fusées américaines en Europe ?*
>
> *2/ Comment éviter les conséquences des politiques de déflation générale pratiquées progressivement, bon gré mal gré, dans tous les pays du monde ? En particulier, comment faire face éventuellement à un accident de parcours, dans un pays fortement endetté, qui risquerait d'ébranler la communauté financière internationale ?*
>
> *3/ Comment doivent se comporter les États-Unis et la France, partenaires égaux d'une même alliance, mais dont le niveau de puissance n'est pas le même ? »*

Nouvelle lettre de Bérégovoy au Président sur la politique économique. Cette fois, il prend ouvertement parti contre la politique de Delors et Mauroy, et propose une politique alternative : augmenter la TVA de 2 points (soit 46 milliards) et baisser les cotisations d'allocations familiales des entreprises de 5 points.

> *« La situation du franc est largement déterminée par celle de notre commerce extérieur. Un déficit annuel de 90 à 100 milliards de francs ne peut être financé sans concours extérieurs. Leur importance affecte notre monnaie autant, sinon plus, que les déficits du Budget et des comptes sociaux (...). La limitation de nos importations est possible. Des modalités techniques la faciliteraient (dépôt à l'importation, plafonnement des crédits bancaires aux importateurs, etc.). D'autres, plus politiques, telles que la mise en œuvre des clauses de sauvegarde du GATT et du Traité de Rome, sont certainement à retenir.*
>
> *Mais l'idée la plus répandue consiste à réduire le pouvoir d'achat de telle sorte que le commerce extérieur retrouve naturellement son point d'équilibre. J'y suis*

*franchement hostile. Cette voie est politiquement périlleuse. Elle est économiquement incertaine. Une baisse du pouvoir d'achat contribuerait à ralentir encore plus l'activité, aggraverait le chômage, et les comptes de nos régimes sociaux s'en trouveraient sérieusement affectés (200 000 chômeurs nous coûtent plus de 12 milliards de francs par an), et ces nouveaux déficits ne seraient pas sans incidence sur la santé du franc, avec pour conséquence de nouvelles mesures d'économies. Ainsi, dans une sorte de cycle infernal, on serait alors contraint de prendre aux travailleurs deux fois : d'abord par la baisse du pouvoir d'achat, ensuite par la hausse des cotisations ou la baisse des prestations sociales.*

*Je ne souhaite pas revenir sur la question du flottement du franc ou d'un nouvel ajustement monétaire au sein du SME. Je ne dispose pas des éléments qui me permettent d'en juger.*

*Mais je tiens à attirer votre attention sur le point suivant : dans l'état actuel des choses, le seul moyen de toucher au taux de change sans le modifier expressément consiste à agir sur la TVA par augmentation de son taux, liée à une baisse des cotisations sociales.*

*La logique voudrait qu'une hausse de 2 % de la TVA s'accompagne d'une baisse de 4 % des charges sociales. Je suggère pourtant que la baisse soit de 5 points. C'est un pari à prendre : la différence de recettes, d'après les calculs du Plan, étant compensée par les effets positifs sur l'emploi, notamment dans les entreprises de main-d'œuvre et le secteur des PME-PMI. Ce point supplémentaire serait alors attribué au bénéfice des salariés qui verraient ainsi leur salaire direct augmenter de 1 %. Ainsi, on privilégierait les actifs.*

*Je recommande enfin que cette mesure soit décidée le plus tôt possible et appliquée au début de l'année, le 1er janvier ou le 1er février au plus tard, si l'on redoute les incidences éventuelles sur le mouvement des prix avant les élections municipales.*

*J'ajoute que l'annonce d'une telle mesure aurait des effets psychologiques importants, notamment pour les entreprises. Elle pourrait favoriser la négociation sur l'application de la retraite à 60 ans. »*

Toujours la même obsession : baisser les charges des entreprises et, pour cela, sortir du SME.

**Mardi 7 décembre 1982**

Jean-Pierre Cot envoie sa démission à François Mitterrand, qui pensait qu'il prendrait comme une promotion l'offre de l'ambassade de Madrid. Jean-Pierre s'est montré formidable dans sa tentative de défense des droits de l'homme et de transformation de son ministère, laquelle ne pouvait que déplaire aux dirigeants africains. Des fuites concernant sa démission sont soigneusement organisées à Matignon, accompagnées de l'annonce imminente d'un remaniement concernant cinq ou six ministres. Toute la presse de demain en sera pleine. Mauroy veut reprendre le contrôle d'un gouvernement qui se délite. De très nombreux ministres n'obéissent plus à ses ordres : soit qu'ils refusent de les exécuter, soit qu'ils ne prennent même plus son avis avant de lancer leurs actions. Matignon expédie les affaires courantes, renvoie à plus tard les choix difficiles et refuse toute mesure impopulaire. Tout se passe comme si Pierre Mauroy se considérait lui-même comme partant.

Le temps ne travaille pas pour nous ; toute action qui n'est pas entreprise maintenant sera plus difficile à mettre en œuvre ultérieurement.

Au petit déjeuner, on parle encore de la nécessité d'une baisse des taux d'intérêt et des charges des entreprises, et, comme chaque mardi, de nominations.

**Mercredi 8 décembre 1982**

Reçu par François Mitterrand, Jean-Pierre Cot confirme sa démission. Après l'avoir raccompagné fort aimablement, le Président me dit : *« Je ne comprends pas. Il ne m'a pas dit pourquoi il voulait partir. »* Rocard, reçu après lui, proteste contre ce départ ; il veut une *« compensation pour les siens »*. Le Président hausse les épaules. Nucci succédera à Cot.

Désignation de la Cour suprême bolivienne, appelée à trancher de la demande d'extradition de Barbie. Les membres sont en majorité des conservateurs hostiles à cette extradition.

Le dîner des Quatre à Berlin est l'occasion d'une sévère mise au point : Cheysson explique qu'il n'accepte plus que ce Club parle des rapports économiques avec l'Est, alors qu'il avait lui-même été à son origine avec Shultz, à La Sapinière. Il définit ainsi la ligne du Président : *« Nous n'acceptons une contrainte de l'Ouest que lorsqu'il est établi qu'une fourniture à l'Est a une portée militaire. Nous sommes prêts à des discussions générales, au niveau bilatéral, à l'occasion de rencontres informelles entre chefs des exécutifs, voire entre ministres des Affaires étrangères. »* Shultz explose. Il propose, lui, de donner une existence quasi permanente aux réunions d'ambassadeurs à Washingon : *« Le cercle des Sept est le seul où les conclusions des études entreprises ailleurs peuvent être regroupées, synthétisées, transformées en éléments de stratégie commune. »* Shultz propose la définition d'une stratégie commune dans nos relations économiques avec l'Est. Pymm le soutient. Genscher n'ose exprimer son désaccord. Cheysson : *« Nous refusons catégoriquement de transformer un groupe occasionnel en directoire politique et économique. »*

**Jeudi 9 décembre 1982**

Cheysson télégraphie :

> *« Dans son exposé de ce matin en séance restreinte entre les seize ministres de l'Alliance, G. Shultz ne reprend pas l'idée d'un COCOM financier dont il nous a parlé hier soir. Pour le moment, l'intention annoncée ne va pas au-delà des études au COCOM et à l'OCDE, ainsi qu'à la poursuite de ce qui se fait à l'OTAN. Mais la gravité, la tension même manifestées par le secrétaire d'État, hier soir pendant le dîner, indiquent clairement que le débat n'est pas terminé et qu'il n'a pas renoncé à mener les gouvernements de l'Alliance là où nous n'irons pas. »*

La pression montera jusqu'à Williamsburg, où Shultz cherchera à se venger de nous.

**Vendredi 10 décembre 1982**

Le Brésil est au bord de la cessation de paiements. Les Trésoreries paniquent. La Banque mondiale s'inquiète.

La France signe la Convention sur le Droit de la Mer.

La dernière réunion des *sherpas* sous présidence française commence à La Celle-Saint-Cloud. Allan Wallis, dont c'est la première réunion, n'intervient que deux fois. Sur l'orientation générale du Sommet de Williamsburg, il faut, dit-il, *« faire tout ce qui est possible pour un Sommet moins structuré, fait de contacts personnels. Remplacer la déclaration par un bref compte rendu à la presse, émanant d'un porte-parole unique. Et si le Sommet était réservé aux seuls chefs d'État ? Le Président réagirait peut-être favorablement à cette idée »*. Tiens-tiens...

Sur les rapports Est/Ouest, tout le monde considère l'embargo comme une affaire close. Mais Wallis souhaite qu'une discussion à Williamsburg s'appuie sur le résultat des études menées, en ce moment même, dans les institutions existantes. Les Américains voudront-ils, comme Shultz l'a dit hier à Berlin, recréer un COCOM financier ? Wallis n'en parle pas. Mais cette idée de « renforcer les institutions internationales » cache peut-être quelque chose.

Il partage maintenant avec les Européens une très grande angoisse face aux dangers d'une faillite du Tiers Monde. Armstrong s'inquiète de la hausse des taux d'intérêt et plaide sur la nécessité d'un développement du commerce mondial, sans lequel il n'y aurait plus d'investissement.

Le groupe de travail sur la technologie créé à Versailles rendra son rapport à la fin de l'année. François Mitterrand l'adressera aux autres chefs d'État et de gouvernement afin que les décisions annoncées soient appliquées avant Williamsburg. De même pour le groupe travaillant sur les interventions des banques centrales sur les marchés des changes.

Le Sommet se tiendra à Williamsburg sur les lieux mêmes utilisés pour la rencontre franco-américaine de Yorktown l'an dernier. La date des 28-29 mai est acceptée par tous les participants. Je fais une dernière fois état de notre protestation devant une invitation qui n'est qu'une convocation. On fera connaître dès maintenant à la presse qu'il n'y aura pas de communiqué final, même si l'on ne peut exclure qu'il en soit préparé un au tout dernier moment.

**Dimanche 12 décembre 1982**

Négociation conclue : la société Technip vendra une usine de désulfurisation et l'équipement associé pour le champ pétrolifère d'Astrakhan. Les Soviétiques, qui rejetaient une offre française de financement en francs indexé sur un panier de monnaies, acceptent aujourd'hui une offre, toujours en francs, au taux fixe de 7,80 %, sans bonification. Si les termes du contrat sont agréés — ce qui n'est pas encore le cas —, ils pourront être publiés demain par les Soviétiques. George Shultz fera certainement part mardi de sa désapprobation lorsqu'il sera à Paris. Jean-Louis Bianco conseille de retarder la signature du contrat d'une dizaine de jours.

Dégel ? En tout cas, suspension de l'« état de guerre » en Pologne, un an exactement après sa proclamation.

**Lundi 13 décembre 1982**

Nervosité : les Russes menacent de rompre les négociations si le contrat Technip n'est pas signé aujourd'hui, comme convenu. Comme nous n'avons dans ce contrat rien à nous reprocher par rapport aux règles du COCOM et qu'une signature peu après la visite de Shultz serait aussi mal vue à Washington, le Président décide de donner son accord : les négociations rompues hier matin reprennent en fin d'après-midi.

Le Président Reagan répond à la lettre de François Mitterrand sur la levée de l'embargo :

> *« A coup sûr, je respecte ce que vous avez dit à propos de la souveraineté française, car nous ressentons la même chose à propos de la nôtre. Mais je crois profondément, comme vous, que nous avons de puissants intérêts communs qui, alliés à la bonne volonté et à un travail intelligent, prouveront qu'une approche commune n'est pas en contradiction avec les responsabilités nationales de chacun. »*

*« Approche commune » :* c'est mieux que le texte précédent, mais cela reste pour nous inacceptable. Il y a pourtant mieux à faire : trouver un accord sur les euromissiles, par exemple.

Le Président reçoit un journaliste américain influent, Jo Kraft, et lui dit : *« Une solution acceptable pourrait être quelque part entre le gel des 300 missiles SS 20, que proposait Brejnev, et l'option zéro de Reagan. Une réduction du nombre des SS 20 soviétiques en échange d'un accord de non-déploiement des Pershing par les alliés me satisferait. Mais, de toute façon, la France soutiendra la position américaine en Europe si les Russes n'arrivent pas à une offre de compromis. »*

Hubert Védrine s'inquiète : *« Cette déclaration relancera l'inquiétude des Allemands sur l'option "zéro plus" et la tentation des Britanniques et des Allemands d'accepter le maintien d'un nombre de SS 20 équivalent (150, 160?) aux missiles français et britanniques, ce qui nous fait entrer implicitement dans la négociation. »*

Le Président de la République s'irrite : *« Nous ne sommes pas condamnés à servir de perroquet à M. Reagan ! J'ai maintenu devant M. Kraft ce que j'ai dit ailleurs. »*

**Mardi 14 décembre 1982**

Le Président reçoit George Shultz. C'est l'occasion d'un tour d'horizon sur le désarmement, sur la défense de la RFA et l'influence soviétique en Afrique. A ma grande surprise, il est à peine question des rapports économiques Est/Ouest. Le Président dit seulement regretter d'avoir autorisé l'ouverture de conversations entre ambassadeurs.

**François Mitterrand :** *J'ai dit que je considérais que le déséquilibre en faveur de l'Union soviétique était grave depuis l'installation des SS 20 et des bombardiers "Backfire". J'ai dénoncé ce déséquilibre avant et après mon arrivée à la Présidence. J'ai dit que, si ce déséquilibre n'était pas corrigé par la négociation,* *il ne serait que juste que les fusées Pershing soient déployées, et je maintiens ce raisonnement, en dépit de ce que j'ai pu lire dans la presse. Je n'ai pas changé de point de vue.*

*J'espère que les négociations de Genève seront un succès, mais je n'en suis pas sûr. Les Soviétiques discutent rarement sérieusement. Mais alors, il faut qu'ils se rendent compte que le prix à payer sera le déploiement des fusées Pershing. Il m'est naturellement plus facile d'en parler que pour les Italiens, les Danois ou les Néerlandais, par exemple ; car il n'y aura pas déploiement sur le sol français. Mais nous avons une force nucléaire que nous allons renforcer. Nous avons augmenté notre budget militaire de 21 % cette année. Nous allons démarrer la construction du septième sous-marin nucléaire et augmenter la portée des armes tactiques à partir du sol français, qui passeront d'une portée de 120 à 400 kilomètres, ce qui nous permettrait de pouvoir atteindre la République démocratique d'Allemagne et la Tchécoslovaquie sans pénétrer sur le sol de la République fédérale d'Allemagne. Nos fusées sol-sol seront prêtes en 1988. J'ai d'autre part donné des ordres pour qu'il y ait toujours trois sous-marins nucléaires en mer.*

*Ceci a pu être réalisé en faisant des économies sur l'armée de terre, mais pas au détriment de la première armée française qui dispose d'armes tactiques nucléaires basées en Allemagne. Nous allons également améliorer nos hélicoptères porteurs de roquettes. Donc, vous voyez que nous ne relâchons pas nos efforts.*

*Naturellement, je préférerais que les négociations de Genève soient un succès ; mais quel succès ? Il y a d'autres possibilités que le point zéro du Président Reagan et que le gel du Président Brejnev. C'est évident. Il semble que les Soviétiques n'aient pas l'intention de se défaire des 350 SS 20 qui pourraient détruire en un quart d'heure l'Europe, du nord de la Norvège au sud de l'Italie, à cause de la présence des forces stratégiques américaines en Europe. Mais il faut trouver un point où l'URSS cesse d'être maîtresse stratégique de l'Europe.*

*Sur le reste, la France est loin d'avoir la puissance nucléaire des États-Unis. Nous avons une puissance qui est proportionnelle à la taille de la France et de l'Europe. Nous sommes un pays membre de l'Alliance, ce qui signifie que nous y consacrons des efforts de défense. La difficulté dont j'ai héritée, et qui est inhérente à notre force de dissuasion nucléaire, est de concilier nos engagements vis-à-vis de l'Alliance et notre force de dissuasion nationale. C'est une question que mes prédécesseurs n'ont pu résoudre, ni le Général de Gaulle, ni M. Pompidou, ni M. Giscard d'Estaing. C'est une question difficile. Nous disposons d'une force de dissuasion nucléaire à laquelle nous ferons appel en cas de menace grave, mais nous avons également des engagements vis-à-vis de nos alliés, et le problème est de savoir à quel moment utiliser notre force de dissuasion, par exemple en cas de menace grave pour l'un de nos alliés — je pense en particulier à la République fédérale d'Allemagne. C'est quelque chose dont nous discutons depuis vingt-cinq ans.*

*La France doit-elle utiliser sa force nucléaire à d'autres fins que la défense du territoire national ou non ? Parce que le sort de la France est dans la balance, j'ai tenu à ce qu'il y ait des négociations entre la France et l'Allemagne à ce sujet.*

*Nous étudions la possibilité de produire la bombe à neutrons qui, si j'en donne l'ordre, pourrait être fabriquée très rapidement. Vous savez qu'il s'agit d'une arme nucléaire tactique qui pourrait détruire une armée de terre sans faire entrer en jeu tout l'arsenal nucléaire.*

*Vous voyez que nous ne négligeons aucun moyen. Et, à ce sujet, je note que nous n'avons aucune difficulté avec votre pays. Nous ouvrons nos ports aux sous-marins américains, ce qui était refusé par mes prédécesseurs. Nous acceptons, dans certaines conditions, le survol du territoire national, sans exiger aucune taxe, ce que faisaient mes prédécesseurs. Nous avons également échangé des renseignements, comme vous le savez, avec votre prédécesseur, le général Haig, et nous avons pu informer les États-Unis de cas très importants, les plus importants depuis la guerre. Je ne spécifierai pas lesquels, car telle est le nature de ces choses. Donc, nous n'avons aucune difficulté avec votre pays.*

*Trois pays en Afrique pourraient fournir des bases navales aux Soviétiques : Madagascar, le Cap-Vert, qui dispose d'une rade magnifique, qui est un pays très pauvre et serait donc sensible à l'argument monétaire, et les Seychelles. Madagascar a un gouvernement progressiste et est notre ami, non l'allié des Soviétiques. Les Seychelles ont également un gouvernement progressiste. Pour le Cap-Vert, c'est difficile à dire. Il y a donc trois zones à surveiller. Nous avons de bonnes relations avec ces pays. J'ai rétabli de bonnes relations avec le Président Ratsiraka, de Madagascar, et avec le Président René, des Seychelles. J'ai vu à plusieurs reprises le Président du Cap-Vert et c'est un homme bien. Ils m'ont tous promis qu'ils n'accepteraient jamais de bases soviétiques dans leurs pays.*

*On m'a dit que les vaisseaux soviétiques faisaient escale dans le port de Diego-Suarez, mais il n'y a pas de base. Ratsiraka sait très bien que s'il accepte ces bases, il y aura rupture de nos relations.*

*Le Cap-Vert est le pays le plus dangereux, à cause de ses nombreuses îles qui pourraient fournir des abris considérables pour les sous-marins. D'autre part, c'est un pays où tout le monde meurt de faim. C'est un point faible. Le Président est un homme très honnête, qui ne veut pas se trouver pris en tenailles dans un conflit international. Vous pourriez facilement l'aider à dissiper ce danger. C'est un pays qui ne compte en effet que 300 000 habitants...*

*Aux Seychelles, plusieurs tentatives ont été faites par des opposants au gouvernement progressiste, en s'appuyant sur les Sud-Africains, pour renverser le gouvernement. L'ambassadeur que j'ai envoyé dans ce pays est un ami personnel proche. C'est une petite ambassade, mais je l'ai envoyé à cause de ce problème. Quant à l'océan Indien, il n'est pas nécessaire que je mentionne l'équilibre des forces et l'importance de cette zone, qui n'est éloignée ni du Golfe Persique, ni de la mer Rouge...*

**George Shultz :** *Abordons maintenant les relations économiques Est/Ouest pour lesquelles il y a eu plusieurs malentendus. Plusieurs études ont été mentionnées à Versailles et se déroulent déjà dans le cadre du COCOM et de l'OCDE.*

**François Mitterrand :** *Je me suis reproché d'avoir permis l'ouverture de conversations au niveau des ambassadeurs. Pourquoi les ai-je permises ? Pour montrer que je ne refuse pas le dialogue. Je ne veux pas de tension avec les États-Unis. Toutefois, je ne veux pas non plus que l'on préjuge le succès de ces conversations. Je me suis donc trompé. J'aurais dû refuser le dialogue.*

**George Shultz :** *Il s'agit là de malentendus. Mais pouvons-nous discuter du problème des produits industriels d'importance stratégique qui ne sont toutefois pas militaires au sens strict du mot ?*

**François Mitterrand :** *Tout ce qui dépend du domaine militaire est traité par le COCOM. Mais je sais que d'autres domaines peuvent être d'importance stratégique. Je ne refuse donc pas un examen sérieux et exhaustif, mais je ne veux pas que tous les échanges soient soumis à un directoire international. Il y a un point auquel il faut savoir s'arrêter. Il ne doit y avoir d'*a priori *pour aucun produit. Chaque produit d'importance stratégique directe ou indirecte doit être discuté au niveau des diplomates.*

**George Shultz :** *Nous dépensons énormément pour notre défense et d'aucuns se demandent si nous dépensons assez. Pourquoi, dans ce cas, faire toutes ces* *dépenses si, dans le même temps, on fait des cadeaux en subventionnant les Soviétiques ?*

**François Mitterrand :** *Les achats français de gaz représenteront 5 % de nos ressources énergétiques en 1990. Nous ne sommes donc pas dépendants. Mais nous ne voulons pas interrompre le courant des échanges entre la France et l'URSS. Il est d'ailleurs très faible. La France vend moins à l'URSS que la RFA ; et elle vend moins à l'Union soviétique qu'elle ne vend à la Belgique.*

On descend déjeuner. François Mitterrand résume la conversation à l'intention de Claude Cheysson : *« J'ai expliqué au secrétaire d'État que l'une des raisons pour lesquelles nous avons eu toutes ces difficultés tient à ce que j'ai eu tort d'autoriser notre participation aux conversations de Washington. J'ai cependant laissé faire, car j'avais le désir de montrer que nous étions ouverts au dialogue. Finalement, à la fin de ces conversations, vous avez voulu presser le pas et cela a donné de très mauvais résultats. »*

Le voyage de George Shultz marque donc le retour à la normalité après la crise de l'embargo. Une étude sur les échanges Est/Ouest aura lieu dans le cadre de l'OCDE. Une autre se fera sous l'angle plus strict de la sécurité, au sein de l'OTAN ; et une autre, au COCOM, entre mars et avril. Depuis Ottawa, en janvier 1982, a d'ailleurs commencé une révision des listes des produits soumis au COCOM.

Jean-Louis Bianco rencontre de manière confidentielle le Père Guiberteau, responsable de l'enseignement privé, qui donne l'impression d'être un modéré en même temps qu'un politique. Il est d'accord sur les principes d'Alain Savary, s'inquiète des étapes intermédiaires et souhaiterait une déclaration apaisante du ministre sur les litiges en cours, à l'occasion de l'annonce de l'ouverture des négociations.

Laurent Fabius écrit de nouveau au Président pour que le discours de Figeac, devenu la véritable charte des « visiteurs du soir », soit appliqué :

> *« Je ne crois pas que l'annonce de mesures radicalement nouvelles soit opportune. Le risque serait en effet, quelle que soit la qualité de ces mesures, de donner le sentiment que nous changeons sans cesse de pied ou que nous modifions nos décisions. Or les entreprises, pour investir, ont avant tout besoin d'un horizon stable, d'une stabilité des règles du jeu. C'est pourquoi l'annonce la plus positive serait que "1983 verra l'application du programme de réduction des charges financières des entreprises". En d'autres termes, n'ajoutons pas de nouvelles mesures, mais appliquons effectivement — ce qui n'est pas encore le cas — les orientations annoncées à Figeac. En revanche, sur le plan de la vie quotidienne, une série de décisions, la plupart non coûteuses, pourraient être annoncées dès janvier. Cette liste n'est pas exhaustive. Elles contribueraient à mobiliser notre électorat qui regrette souvent l'insuffisance de changements dans la vie quotidienne :*
>
> *1) campagne publicitaire (télévision) contre le travail clandestin sur le thème : "Le travail clandestin coûte à la France x milliers d'emplois, y milliards de francs". C'est un excellent terrain de rencontre avec les artisans et les commerçants ;*
>
> *2) institution à l'école d'une heure de "découverte de la nature" ;*
>
> *3) organisation en février d'une Journée nationale du Sport (vélo-cross, football, gymnastique, etc.) en liaison avec les municipalités ;*
>
> *4) ouverture à la population de tous les établissements sportifs dépendant de l'État (PTT, armées, etc.), selon des modalités à définir ;*
>
> *5) doublement du temps d'antenne (télévision) pour la défense des consommateurs ;*

*6) interdiction pour l'État, les collectivités publiques et parapubliques, de payer les entreprises à plus de trois mois ;*

*7) programme décennal d'économies d'énergie dans les domiciles (à l'exemple du programme passé de ravalement), qui permettrait à terme de diminuer le poids des charges locatives ;*

*8) programme décennal de rénovation des grands ensembles (comme cela a été fait, il y a quelques années, pour les centres villes) ;*

*9) enfin, le choix entre deux mesures coûteuses : gratuité des fournitures scolaires jusqu'en terminale (actuellement, elle est assurée jusqu'en troisième) ou gratuité de l'installation et de l'abonnement au téléphone pour les personnes âgées titulaires du Fonds national de solidarité.*

*Ces mesures pourraient occuper la totalité d'un Conseil des ministres en janvier. »*

François Mitterrand : *« Oui, pour l'essentiel. Prévoir un rapide calendrier de ces mesures. »*

**Mercredi 15 décembre 1982**

Au Conseil des ministres, Alain Savary propose notamment la refonte des statuts des personnels enseignants-chercheurs de l'enseignement supérieur en deux grands corps, celui des maîtres de conférences et celui des professeurs. Le Président : *« A lire de près. Me signaler les difficultés. »* Cela deviendra bientôt un grand sujet de dispute entre le Président et le gouvernement : le ministre souhaite unifier l'ensemble des corps universitaires ; le Président entend préserver l'exigence de qualité qu'implique la différenciation.

**Jeudi 16 décembre 1982**

« Marche pour la Démocratie » en Argentine. La dictature vacille.

A Moscou, le contrat pour l'usine de désulfurisation d'Astrakhan est finalement agréé, après quatre ans de préparation et quinze jours de négociations difficiles. La signature formelle du contrat aura lieu mardi prochain. Shultz est parti, pas de problèmes.

**Vendredi 17 décembre 1982**

Conseil restreint sur le financement de l'industrie. On reparle encore des propositions visant à alléger le poids de la dette des entreprises. Pierre Mauroy demande au Président que l'ensemble des taux d'intérêt versés aux épargnants (y compris ceux du livret A) soit revu à la baisse, du fait de celle de l'inflation. Rien d'autre. C'est déjà bien. Bérégovoy et Fabius reparlent de la diminution des charges patronales.

La loi relative à l'organisation administrative de Paris, Lyon et Marseille est votée.

La Banque de France est exsangue. Elle a déboursé 1,6 milliard de dollars cette semaine. Aujourd'hui, elle fait monter les taux jusqu'à 250 % pour casser la spéculation. Nous avons en face de nous une tendance défavorable, un « coup de poker » et une rumeur. La tendance défavorable vient de ce que notre croissance est supérieure à celle des autres et orientée vers des biens importés. Le « coup de poker » concerne le montant de nos réserves : le marché spécule à terme sur leur épuisement, pour nous forcer à « lâcher la rampe » en dévaluant ou en sortant du système monétaire. Enfin, la rumeur est qu'après mars, notre politique économique changera avec le flottement et deviendra moins rigoureuse.

Jacques Delors vient dire au Président que *« le risque d'une crise financière à court terme est réel. La poursuite des tendances actuelles aboutit à porter le total des dépenses publiques à près de 50 % du PIB, ce qui est politiquement intolérable ».* Il propose de remplacer une partie des cotisations sociales par une prime unique d'incitation à la création d'emplois nouveaux : *« Le Premier ministre doit dire au plus vite que la politique économique engagée depuis six mois se poursuivra jusqu'à ce que notre inflation atteigne le niveau de celle de nos partenaires et que notre commerce extérieur, les comptes économiques de l'État et de la Sécurité sociale soient équilibrés, c'est-à-dire au moins jusqu'à la mi-1984. Il faut annoncer la mise en œuvre, dès le début de janvier, de la mise en réserve budgétaire de 20 milliards, que les administrations tendent déjà à oublier, et équilibrer les comptes de la Sécurité sociale de 1983, qui laissent apparaître un déficit prévisionnel de 20 milliards. Il faut aussi décider d'un grand emprunt forcé de l'ordre de 20 milliards de francs sur trois ans, dont les salariés pourraient se libérer par des prêts à l'entreprise où ils travaillent. On pourrait également opérer un relèvement massif des plafonds des livrets A de Caisse d'Épargne. Ces mesures, appliquées brutalement dès janvier, devraient suffire à réduire à moins de 40 milliards le déficit commercial en 1983 et à éviter d'être poussé à des mesures plus dramatiques en 1984. »*

Le programme de l'autre camp se précise : une ponction de 40 milliards sur le pouvoir d'achat dès janvier. Le Président préfère attendre jusqu'à mars. Jacques Delors, candidat aux municipales, peut le comprendre.

**Lundi 20 décembre 1982**

Le Président reçoit l'ambassadeur soviétique et lui répète qu'il est autant contre l'option zéro de Reagan que contre les propositions d'Andropov : *« Le démantèlement des SS 20 pourrait être considéré par la France avec intérêt à partir d'un chiffre inférieur à 162 SS 20 menaçant l'Europe, pour casser le lien avec le nombre de missiles français et britanniques. D'éventuelles propositions seraient donc à rechercher entre un nombre de Pershing II et de missiles supérieur à zéro mais inférieur au nombre prévu (108 et 464). Une distinction entre les Pershing II (5-6 minutes, première frappe) et les missiles de croisière (plusieurs heures, seconde frappe) pourrait être envisagée à un stade ultérieur de la négociation. »*

Avec 324 SS 20, dont 242 visant l'Europe (189 à l'ouest de l'Oural), les Soviétiques ont conquis une marge de supériorité. François Mitterrand craint qu'un retrait américain n'amène les Allemands à demander la protection du parapluie français : *« La France n'a pas la taille ni la vocation à risquer son existence pour un incident de frontière en Allemagne. »* Il craint que, devant son refus, l'Allemagne ne s'oriente alors vers le neutralisme. Aussi est-il décidé à tout faire pour soutenir l'installation des Pershing. Étrange : les Allemands ont demandé aux

Américains les Pershing en 1979 et ce sont les Américains qui donnent le sentiment de vouloir les imposer aujourd'hui !

Alain Savary présente publiquement les propositions gouvernementales sur l'école privée.

Le Président signe deux lois, l'une prévoyant le remboursement de l'IVG par la Sécurité sociale, l'autre élargissant le recrutement de l'ENA. La première avec répugnance, la seconde avec jubilation.

**Mardi 21 décembre 1982**

Le père Guiberteau rejette les propositions Savary : il ne veut pas de l'intégration des écoles privées dans un EIP (Établissement d'intérêt public) assurant la cohérence dans une région donnée du développement du privé et du public, ni de la faculté laissée aux communes par le projet Savary de ne pas financer les écoles privées.

La Haute Autorité autorise 800 radios locales à émettre sur le territoire français, dont 17 à Paris et une centaine dans la Région parisienne. Il est impossible d'en autoriser davantage, compte tenu de la saturation des ondes.

Andropov propose maintenant que l'URSS conserve autant de missiles SS 20 qu'il y a de missiles stratégiques français et anglais. Il se dévoile. C'est exactement ce que le Président français ne veut pas. Les Américains jugent eux aussi « inacceptable » l'offre d'Andropov. Le Quai propose : *« Pourquoi ne pas alors revendiquer un statut d'observateur (avec la Grande-Bretagne) au sein des négociations stratégiques ? Observateur, pour marquer la différence entre les grandes puissances surarmées et les autres qui n'ont pas de marge de manœuvre, et ne pas être pris dans des réductions. »*

François Mitterrand refuse : *« C'est de la folie. »*

La réaction allemande est plus ambiguë. Les sociaux-démocrates estiment possible d'accepter 150 à 200 SS 20 pour compenser les forces françaises et britanniques. Willy Brandt suggère que les forces françaises et britanniques soient prises en compte dans les négociations stratégiques START.

En Hollande et en Belgique, des communes se déclarent « dénucléarisées » — Liège, la dernière en date — en apprenant que des missiles de croisière risquent d'être implantés sur leur territoire.

François Mitterrand : *« En faisant dépendre le "déploiement" de l'éventuel échec des négociations, les pays de l'OTAN se sont placés dans une nasse dont il leur sera difficile de sortir sans dommages. Comment prouver aux opinions occidentales que les négociations ont échoué ? En déployant pour moderniser et corriger un déséquilibre, les Américains apparaissent comme les initiateurs d'une nouvelle escalade. La focalisation sur le déploiement (comme s'il devait avoir lieu en une seule fois, en un jour) facilite d'ailleurs la propagande soviétique et l'action pacifiste.*

*Il aurait été préférable que la modernisation des Pershing I et leur remplacement par les Pershing II soient entamés et menés sans tapage, sans dépendre d'une date fatidique. L'incitation à négocier sur ce théâtre européen aurait été beaucoup plus forte pour les Soviétiques. Les Américains auront-ils l'audace de devancer l'échéance en déployant avant l'automne prochain quelques missiles en raison de la disproportion actuelle des forces en Europe, comme l'intention leur en est déjà prêtée à titre préventif par les Soviétiques ? »*

Le PCF dénonce *« l'antisoviétisme de la radio et de la télévision »*.

**Jeudi 23 décembre 1982**

Promulgation de la loi Auroux sur la prévention des risques du travail.

Accord PC/PS pour les municipales de 1983.

**Vendredi 24 décembre 1982**

Charles Hernu écrit au Président :

> *« J'ai été frappé de lire dans le Livre blanc britannique sur le conflit des Malouines que nos voisins s'engageaient à augmenter chaque année leur budget militaire de 3 % en termes réels ; cet engagement, pris solennellement devant le Parlement, leur est apparu comme la conclusion naturelle des nombreuses leçons retirées de la conduite du conflit (...). Les choix engagent l'avenir très tôt. Ainsi, le missile M 4 qui, dès 1985, doublera la capacité dissuasive de notre force océanique stratégique, a été lancé sous le Président Pompidou. Vous-même, vous avez décidé en 1981 du lancement du système Hadès, qui sera opérationnel en 1992, au cours du prochain septennat (...). La rigueur est nécessaire. J'y ai préparé les esprits depuis juin 1982, et les chefs militaires y sont prêts. Vous avez sans doute remarqué qu'à mon instigation, ils ont développé cette notion de rigueur budgétaire dans leurs messages de fin d'année à leurs subordonnés. »*

François Mitterrand avait promis la construction de 450 000 logements cette année. On n'en a construit que 343 000. On ne peut à la fois construire des logements et réduire l'inflation.

Mort de Louis Aragon. Le dandy me mettait mal à l'aise, le militant m'étonnait, l'écrivain compte parmi les plus grands.

**Mardi 28 décembre 1982**

Sept attentats en Corse. Au total, environ 800 pour l'année.

Ouverture de négociations israélo-libanaises à Khaldé, au Liban, et à Kiryat-Shmona, en Israël.

Arafat est de retour à Beyrouth.

**Mercredi 29 décembre 1982**

On a réussi en douceur la désindexation des salaires. Inflation : 9,7 %. Croissance : 2,3 %. Par contre, le déficit extérieur de l'année est de 93 milliards ; c'est maintenant le paramètre majeur. L'heure du choix approche.

Brusque déblocage : au total, les entreprises françaises auront recueilli pour 5,350 milliards de francs de commandes soviétiques en 1982. La France est en deuxième position, derrière la RFA, devant le Japon et l'Italie. Mais près des trois quarts de ces contrats ont été conclus dans les deux dernières semaines de l'année !

**Jeudi 30 décembre 1982**

Laurent Fabius décrit au Président trois scénarios pour 1986, à partir de trois hypothèses de croissance : 1 %, 2 % ou 3 % par an.

> *« La situation budgétaire se caractérise non seulement par le déséquilibre, mais — ce qui est beaucoup plus préoccupant — par une dynamique du déséquilibre. Cette dynamique n'est pas imputable au fait que le collectif 1981 et le Budget 1982 ont été fondés sur l'idée d'une relance économique : elle découle à la fois de notre faible croissance et de ce que la relance a pris la forme de mesures irréversibles (créations d'emplois, augmentation des prestations sociales, etc.). Les projections réalisées ne prennent pas en compte — ou seulement de façon très partielle — quatre catégories majeures de "menaces", à savoir le financement des régimes sociaux et de l'UNEDIC, la couverture des déficits considérables accumulés par certaines entreprises publiques traditionnelles, les besoins de financement du secteur public élargi, l'accumulation "souterraine" de dettes de l'État au titre des opérations de débudgétisation. Il faut être conscient, à cet égard, que ni l'exécution du Budget de 1982, ni le projet de Budget 1983 ne reflètent réellement la pente naturelle de la dépense publique. Des ressauts importants se produiront nécessairement à partir de 1984.*
>
> *... Le Budget de 1983, malgré sa rigueur sur certains points, n'est pas "en ligne" avec l'objectif d'une maîtrise des finances publiques à l'horizon de quatre ou cinq ans. La question se pose de savoir s'il faut le "durcir" encore. »*

Ce qui n'est pas dit là, c'est que *"durcir"*, pour Laurent Fabius, doit s'accompagner du flottement de la monnaie.

L'an prochain, avec les Pershing, la dévaluation, le Liban, l'Europe, le pouvoir sera plus que jamais à l'Élysée.

La Présidence est une machine légère sans moyens propres, au budget dérisoire, qui n'intervient que si le Président désire ressaisir tous les fils d'un dossier. Il peut le faire d'un coup de téléphone, et tout converge alors vers lui ; mais, sans cela, il n'a pas les moyens de décider vraiment. Il ne peut que choisir entre des options qu'on lui propose, jamais commanditer lui-même rapports, études, analyses.

Ailleurs, il en va de même. En 1983, le sort de la planète se jouera sur la solidité et le sang-froid de cinq, peut-être six ou sept individus, pas plus. Terrifiant...

A propos de l'annonce de la levée de l'embargo par les Américains, François Mitterrand : *« C'est un peu comme quelqu'un qui vous a volé votre portefeuille et vous le rend à condition que vous lui donniez votre montre ! »*

# 1983

**Samedi 1er janvier 1983**

L'absence d'un camion-grue à Latché empêche François Mitterrand d'intervenir en direct à la télévision. Lui s'en amuse plutôt. Mais l'entourage l'irrite par son irritation. Des sanctions sont inévitables.

**Dimanche 2 janvier 1983**

A la télévision, le Président ne dévoile rien de ses intentions les plus probables : au lendemain des municipales, former un nouveau gouvernement avec un nouveau programme, et sortir du système monétaire.

**Lundi 3 janvier 1983**

Le président et le directeur général de TDF démissionnent.

Chacun sait la parité du franc condamnée : le rythme d'inflation est de 9,4 % par an, à comparer aux 5 % en Allemagne, 5,5 % aux États-Unis, 6,8 % en Grande-Bretagne ; 35 000 licenciements par mois ; un déficit extérieur qui va vers les 100 milliards. Jacques Delors propose au Président un programme de rigueur. Il ne prononce pas le mot « dévaluation », mais celui-ci court entre chaque ligne de sa lettre :

> *« Tous les pays européens se trouvent confrontés à trois redoutables problèmes. Sauront-ils concilier le nationalisme et l'Europe, la lutte contre les déséquilibres macro-économiques et celle contre le chômage, la justice sociale et l'incitation à travailler et à innover ? Le gouvernement de la gauche n'échappe pas à ces redoutables dilemmes (...). Si le gouvernement a réussi à stabiliser le chômage par des moyens coûteux, il en paie un prix très élevé : le déficit du commerce extérieur, la lutte contre la hausse des prix, mal endémique de la société française (...). Enfin, en matière sociale, le gouvernement a tenu ses promesses au prix d'un accroissement des charges des entreprises. Le blocage des prix, des revenus et des charges ne commencera à profiter aux entreprises qu'à partir du premier semestre 1983...*

*La réduction des déficits extérieurs constitue la priorité des priorités (...). Après les élections municipales, une offensive d'envergure devra être conduite afin de remobiliser chefs d'entreprises, cadres supérieurs et même agents de maîtrise.*

*Est-il possible de prendre très rapidement des mesures qui nous évitent l'"accident cardiaque" dû à un déficit extérieur excessif ? Ou bien assisterons-nous à un endettement massif, à une dégradation de la signature de la France et, en 1985, à l'incapacité d'honorer le service de la dette ? Bien entendu, le paquet de décisions à prendre doit concilier solidarité accrue entre les Français et incitation au travail et à l'esprit d'entreprise. En tout cas, sa mise en œuvre doit coïncider avec une prise de conscience de ces deux impératifs liés. »*

Remarquable analyse qui résume parfaitement l'alternative entre dévaluation et flottement. D'un côté les pro-européens, de l'autre une coalition hétéroclite rassemblant grands patrons, dirigistes, protectionnistes, corporatistes.

**Mardi 4 janvier 1983**

Tarek Aziz est à Paris. Le ministre irakien des Affaires étrangères est désespéré : *« Nous sommes en train de perdre la guerre ; et nous n'avons plus d'argent. »* Pour faire face à une offensive iranienne, l'Irak doit pouvoir menacer Khomeiny ; l'armée a besoin d'urgence, dit-il, d'Exocet et de Super-Étendard pour les transporter. Il ne peut attendre la livraison des 30 Mirage F1, prévue pour la fin août 1985. Naturellement, il ne peut les payer et demande même le report des échéances de la dette en cours. Mais les Super-Étendard ne sont plus fabriqués ; on n'en trouve que dans la marine française. Cheysson rassure son homologue : *« On vous aidera. »*

Gaston Defferre a l'idée de proposer au commissaire Broussard de s'occuper de la Corse où les attentats se multiplient.

André Rousselet obtient de Georges Fillioud d'être chargé de la quatrième chaîne : *« Et ce ne sera pas une chaîne culturelle : sans subventions, c'est impossible. »*

Au Sommet du Pacte de Varsovie, à Prague, proposition d'un traité Est/Ouest de non-recours à la force. Propagande en direction des pacifistes.

**Mercredi 5 janvier 1983**

Au Conseil des ministres, dissolution du FLNC et nomination du commissaire Broussard comme préfet de police en Corse. Le président et le directeur général de TDF sont remplacés.

**Jeudi 6 janvier 1983**

A Washington, on commence à prendre conscience de la vulnérabilité des fusées lancées depuis le sol. Les experts s'orientent vers des systèmes terrestres mobiles.

Pour tenir compte de la baisse de l'inflation, Jacques Delors annonce une diminution de la rémunération du livret A de Caisse d'Épargne, substantielle économie pour le Budget. Gaston Defferre est furieux : *« Annoncer ça à trois mois des élections municipales ! Les vieilles gens qui n'ont pas d'autre épargne ne voteront pas pour nous ! »* Le Président se range à son avis. Delors doit revenir sur cette mesure, non sans avoir une fois de plus menacé de démissionner.

Alain Savary présente son avant-projet de loi sur l'enseignement supérieur devant la Conférence des présidents d'universités.

Tarek Aziz, à l'Élysée, renouvelle sa demande. Les Super-Étendard n'étant plus fabriqués, la seule solution envisageable consisterait à prélever des appareils — cinq ou six — sur les stocks de la marine nationale et de les prêter à l'Irak qui les restituerait au bout de deux ans, quand les Mirage seront prêts. C'est en tout cas ce que propose Cheysson.

**Vendredi 7 janvier 1983**

Comme tous les vendredis, les marchés escomptent que le mark pourra être réévalué ce week-end. Tout le monde va donc anticiper en jetant dans la spéculation des sommes considérables. Nous ne pourrons pas tenir très longtemps. Il nous reste le choix entre quatre solutions :

— se coller au plancher du système : les Allemands paieront pour soutenir le franc ; cela a l'avantage de nous permettre d'emprunter à la demande jusqu'aux municipales de mars ;

— flotter seuls : c'est la défaite en rase campagne ; le franc perdra de sa valeur par rapport au dollar et le déficit s'aggravera ;

— convaincre les Allemands de mettre le SME entre parenthèses jusqu'aux élections allemandes : mais ils y perdraient, car le marché provoquerait alors une très forte réévaluation du mark, dont ils ne veulent pas ;

— persuader les Allemands qu'ils ont intérêt à une petite réévaluation tout de suite, avant que le marché n'en impose une beaucoup plus ample.

Le Président est décidé : c'est la première solution — pour l'instant. Ne rien faire avant les municipales, qui suivront d'une semaine les élections législatives allemandes.

**Samedi 8 janvier 1983**

Margaret Thatcher est aux Malouines. Visite triomphale. Qu'est devenu cet Écossais venu s'installer là parce qu'il voulait fuir la menace de guerre nucléaire en Europe ?

**Lundi 10 janvier 1983**

Jean-Louis Bianco téléphone au secrétaire général de la Chancellerie à Bonn, Schreckenberger. Il plaide : plus le Chancelier tarde, plus le marché imposera à la RFA une réévalution coûteuse. Comme d'habitude, pas de réponse.

Deux gendarmes mobiles sont tués près du village de Koindé, en Nouvelle-Calédonie.

**Mardi 11 janvier 1983**

Déjeuner à l'Élysée avec les présidents de six entreprises publiques. Tous se plaignent de l'interventionnisme du ministère de l'Industrie conduit par Jean-Pierre Chevènement. Roger Fauroux, président de Saint-Gobain, est le plus intarissable sur le sujet. Ce normalien, docteur en théologie, devenu industriel sans perdre sa passion pour la connaissance, est particulièrement convaincant.

Le Président apprend que, depuis 1976, tous les messages chiffrés envoyés au Quai d'Orsay par l'ambassade de France à Moscou sont décryptés par le KGB. Il décide de répliquer en renvoyant des diplomates — ou de faux diplomates — russes, convaincu que Moscou ne réagira pas, leur espionnage étant établi. Nous établirons une liste en prenant tout notre temps. Ce que transmet « Farewell » n'est, de ce point de vue, pas inutile.

Premier voyage d'un chef de gouvernement japonais, Nakasone, à Séoul. Décidément, cet homme est peu ordinaire.

**Mercredi 12 janvier 1983**

Le Président reçoit Jobert et Martchouk, coprésidents de la Commission commerciale franco-soviétique réunie à Paris. Notre déficit avec l'URSS représente environ un dixième de notre déficit total. Pour le réduire, il faudrait diminuer nos achats de... gaz !

Le Conseil des ministres entérine le choix de Havas comme opérateur de *Canal-Plus.* Rousselet souhaite la discrétion.

Le Président reçoit Chtcharanski, enfin libéré. Petit homme très à l'aise dans un rôle de géant.

Reagan annonce qu'il subventionnera les ventes américaines de produits agricoles au Maroc et à l'Égypte, deux marchés traditionnels de la France, pour sanctionner notre refus de leur céder lors de la réunion ministérielle du GATT, en novembre dernier.

Le Président reçoit Michel Rocard, qui s'inquiète : *« Faut-il vraiment chercher à rétablir l'équilibre de la balance extérieure si cela doit conduire à la stagnation du pouvoir d'achat et à l'augmentation du chômage au rythme d'environ 100 000 par an ?* » Il est favorable au flottement du franc.

Étrange coalition : industriels, protectionnistes, sociaux-démocrates, modernistes, tous veulent le flottement et viennent plaider en sa faveur. Le Président est impénétrable. A-t-il décidé, comme je le crois, en faveur du flottement ? En tout cas, il écoute encore ceux qui, comme moi, plaident contre.

**Jeudi 13 janvier 1983**

Le livre d'André Bercoff est prêt. Excellent.

Déjeuner avec Marie-France Garaud : elle vit une grande passion pour la militarisation de l'espace.

Le Président reçoit le dirigeant social-démocrate allemand Vogel, hostile au déploiement des Pershing et favorable aux propositions d'Andropov. Le Président lui expose sa thèse : *« Un réel équilibre ne peut reposer ni sur l'option zéro de Reagan, ni sur le moratoire d'Andropov. »* Il me demande où en est le projet de discours qu'il doit prononcer au Bundestag à l'occasion du trentième anniversaire du Traité de l'Élysée, deux jours après son retour d'Afrique. Le texte est prêt. Il ne veut pas le lire et s'en excuse : *« Je ne sais pas travailler à un discours si je n'ai pas le nez sur l'événement. »*

En Nouvelle-Calédonie, inculpation de 18 Mélanésiens après la mort de 2 gendarmes mobiles.

Le Président part pour son deuxième voyage africain. Dans la voiture qui le conduit à l'aéroport, Pierre Mauroy lui parle des Super-Étendard. J'emporte le projet de discours au Bundestag.

Dans *L'Express*, Valéry Giscard d'Estaing envisage des élections législatives anticipées. De quel droit ? La droite baigne encore dans son cauchemar. A l'évidence, pense-t-elle, elle va se réveiller. A gauche, certains sont tentés de créer l'irréversible ; à droite, certains inclinent à nier le réversible.

**Samedi 15 janvier 1983**

Le procureur général près la Cour suprême bolivienne émet un avis positif sur la demande allemande d'extradition de Klaus Barbie. Les Allemands vont être bien ennuyés : il va leur falloir agir !

A la conférence des non-alignés de Managua, la Libye conteste, sans succès, la légitimité de la délégation tchadienne.

**Dimanche 16 janvier 1983**

Andreï Gromyko, en visite à Bonn, rejette catégoriquement l'« option zéro » proposée par Reagan.

A Cotonou, le Président parle de la dette africaine et de la Namibie. Comme toujours, nous sommes submergés de décorations multiples : les fanfreluches des puissants.

Le Quai d'Orsay se croit autorisé à négocier avec les Irakiens la réparation de Tamouz et la livraison du combustible très fortement enrichi, stocké à Cadarache.

**Lundi 17 janvier 1983**

Michel Delebarre, directeur de cabinet du Premier ministre, écrit aux ministres de la Défense et des Relations extérieures :

> *« A la suite d'une conversation avec le chef de l'État, le Premier ministre a confirmé la réponse favorable à la demande exprimée par le gouvernement irakien concernant la vente de cinq avions. »*

D'où cela vient-il ? François Mitterrand m'a dit y être hostile. Que se sont-ils dit en voiture, jeudi dernier ?

**Mardi 18 janvier 1983**

Au Gabon, dernière étape du voyage africain, le Président n'a toujours pas regardé le projet de discours qu'il doit prononcer après-demain devant le Bundestag. Dans le train entre Libreville et Franceville, il bavarde avec Cheysson. A l'arrivée à Franceville, il s'isole puis m'appelle : *« Je viens de lire le projet de discours pour après-demain, c'est tragiquement nul. Dites-le à Paris. »*

Le marché des changes est calme. Depuis deux jours, nous avons même engrangé 200 millions de dollars. Chacun sait maintenant qu'il ne se passera rien avant mars.

Décidément, l'Europe est bien faible. La Commission s'est prêtée à des discussions avec les États-Unis et a accepté une autolimitation des exportations agricoles de la CEE. Le Conseil des ministres, pour sa part, n'a pas réagi aujourd'hui assez vigoureusement pour que la Commission soit découragée de poursuivre ces contacts.

**Mercredi 19 janvier 1983**

Retour d'Afrique, de nuit. Fatigue. Conseil des ministres : routine. Le Président travaille à son discours sans écouter grand-chose.

Après le Conseil, il convoque Charles Hernu, Claude Cheysson, Hubert Védrine, le général Saulnier, Jean-Louis Bianco et moi dans son bureau. Il nous tend un plan de discours rédigé pendant le Conseil. Le voici :

*1) FRANCE-ALLEMAGNE*

*a) un peu d'histoire - grandes lignes ;*

*b) un rappel des circonstances et du contenu - et des effets - du Traité de l'Élysée.*

*2) DÉFENSE, SÉCURITÉ, SOLIDARITÉ*

*a) problème matériellement dérivé du contenu du Traité ;*

*b) la France et l'autonomie de sa défense ;*

*c) la France et ses obligations à l'égard de ses alliés, et d'abord de l'Allemagne.*

*3) LA COMMUNAUTÉ*

*a) sa réussite fondée sur l'amitié franco-allemande ;*

*b) son piétinement actuel.*

François Mitterrand : *« Il me faut un texte très clair, très pédagogique sur les conditions d'engagement de la force nucléaire française et sur les limites de la protection allemande par la France. »* Son obsession est d'éviter le neutralisme allemand autant que la prise en compte des armes françaises dans les négociations américano-soviétiques : *« Il faut que des régions entières de l'Europe ne soient pas dépourvues de parade face à des armes nucléaires dirigées contre elles. »* Contrairement à ce que suggère Hernu, il ne veut pas mentionner l'option zéro comme une option préférable : *« Ce n'est pas notre choix. »*

Hubert Védrine, Jean-Louis Bianco et moi rédigeons un premier jet des deux premières parties ; Pierre Morel rédige la troisième partie du discours, sur l'Europe. Vers 19 heures, nous retrouvons le Président. Il part dîner après deux relectures, nous laisse retravailler, puis revient à 23 heures. Il relit le texte à haute voix jusqu'à deux heures du matin, le modifiant, discutant paragraphe par paragraphe, mot après mot. Il me demande ensuite d'assurer la cohérence des relectures de l'ensemble jusqu'au matin. Bianco et Hernu relisent avec moi une nouvelle version. Cheysson et Védrine prennent leur relais pour la suivante.

### Jeudi 20 janvier 1983

Dans l'avion qui nous mène à Bonn, le Président travaille encore au discours. A l'arrivée à la Chancellerie, la secrétaire doit retaper dans son intégralité un texte qui n'est prêt que cinq minutes avant 11 heures. François Mitterrand peut alors énoncer en public ce qu'il dit déjà clairement en privé depuis plusieurs mois :

*« La France, qui ne participe pas et ne participera pas aux discussions de Genève, entend laisser les négociateurs libres de leur conduite. A chacun de discerner ce qu'il y a de bon ou d'insuffisant dans les dernières propositions émises. Intéressée comme vous-même par l'aboutissement des négociations, la France se réfère, pour en juger, à quelques données simples que je me permettrai de rappeler ici brièvement.* Primo, *on ne peut comparer que ce qui est comparable : types d'armements, puissance de feu, précision, portée.* Secundo, *entre deux pays, le cas des États-Unis d'Amérique et de l'Union Soviétique, des pays comme le mien, dont la possibilité majeure est d'interdire à un agresseur éventuel d'espérer tirer avantage d'une guerre, la marge est immense : il y a une différence de nature. J'exprimerai cela plus concrètement en disant que si l'une des deux plus grandes*

*puissances détruisait tous ses missiles à moyenne portée, il lui resterait encore des milliers de fusées, alors que la France y perdrait un élément déterminant de sa capacité dissuasive, et donc la garantie de sa sécurité qui n'existerait plus au-dessous d'un certain seuil.* Tertio, *la force nucléaire française est et demeurera indépendante. Cette indépendance, avec tout ce qui en découle, n'est pas seulement un principe essentiel de notre souveraineté — c'est sur le Président de la République française, et sur lui seul, que repose la responsabilité de la décision —, elle accroît également, et je vous demande d'y réfléchir, l'incertitude pour un agresseur éventuel et seulement pour lui. Elle rend du coup plus effective la dissuasion, et, par là même, je le répète, l'impossibilité de la guerre. »*

Ce paragraphe a fait l'objet, cette nuit, de la plus longue discussion.

Rentrant à Paris, François Mitterrand trouve une note de Laurent Fabius protestant contre les concessions de *« la Commission aux Allemands sur le financement d'une fraction importante de la part britannique »*. Le Président retourne sa colère contre Cheysson : *« Pas question de céder aux Allemands ! »*

Barbie a commis une nouvelle erreur : il s'est fait coincer pour dettes et sera bientôt arrêté. C'est du moins ce que Sanchez, ministre de l'Intérieur bolivien, déclare à Régis Debray.

**Vendredi 21 janvier 1983**

Comme chaque vendredi, la crise de change menace encore. Chacun spécule sur une dévaluation au cours de ce week-end. Vers 15 heures, Delors m'appelle : *« On ne peut pas attendre mars. Il faut que Mauroy s'en aille. »*

Comme toujours, le problème est dans les chiffres et la solution est dans les hommes : si rien n'est fait, la France ne pourra pas financer son déficit sans faire appel au FMI ou entamer son stock d'or. En 1982, il a fallu trouver 150 milliards de francs. On en a emprunté 90 milliards et on a puisé 60 milliards dans les réserves en devises. Or, celles-ci sont épuisées, et on ne peut emprunter plus de 80 milliards de francs sans compromettre notre indépendance. La chance veut que la baisse prévisible du pétrole et du dollar laisse espérer raisonnablement une économie de 25 à 30 milliards. Mais, pour le reste...

Le Président s'interroge devant certains de ses collaborateurs :

*« Comment réduire les importations ? »*

Certains proposent de mettre en place un système de dépôts à l'importation, de réduire le crédit à la consommation et, s'il le faut, d'appliquer les clauses de sauvegarde du Traité de Rome.

*« Comment développer l'épargne et l'investissement industriel ? »*

On lance l'idée d'un moratoire progressif pour les entreprises exportatrices, d'un emprunt forcé sur cinq ans déductible du revenu imposable, d'exonérer de l'impôt sur les sociétés le bénéfice mis en réserve, d'inciter à l'épargne-logement et au développement des retraites complémentaires.

*« Quelles réformes qualificatives faut-il engager pour faire admettre tout cela ? »*

On parle de promouvoir le tourisme en France, de faciliter le travail à temps partiel...

Nul ne propose de remettre en cause les nationalisations, la retraite à 60 ans, les trente-neuf heures ou la cinquième semaine.

Helmut Kohl vient à Paris pour l'anniversaire du Traité de l'Élysée. Il reparle au Président de son discours d'hier. François Mitterrand : *« La presse n'a pas compris ce point : je ne me suis pas aligné sur l'option zéro de Washington. Je suis favorable à la recherche d'un point intermédiaire entre les positions des Américains et des Russes. Dans mon discours, je n'ai pas mentionné l'option zéro. »*

Claude Cheysson écrit à François Mitterrand :

> *« Quant à la rumeur que confirme Genscher, elle porte sur un arrangement auquel seraient parvenus, à Genève, Nitze et son correspondant soviétique pour échanger une très lourde réduction du nombre de SS 20 contre l'abandon des seuls Pershing. L'accord aurait été donné par Nitze* ad referendum *; mais il aurait été ensuite confirmé au chef négociateur américain à Genève, Rostow, sans en référer à Washington. D'où l'explosion de fureur dans le Bureau ovale. »*

Nous apprenons seulement maintenant qu'en juin dernier, un négociateur américain à Genève, Nitze, a dîné avec le négociateur soviétique Kvitsinski, qui parle parfaitement l'anglais. Ils ont préféré continuer leur conversation dans les bois, près de Saint-Cergue, à côté de Genève, pour éviter les écoutes, et sont arrivés à un compromis en quatre points : pas d'inclusion des forces tierces ; limitation des SS 20 en Asie ; pas de réduction du nombre d'avions américains à double capacité classique et nucléaire ; chaque partie a droit à 75 lanceurs en Europe (75 à quatre têtes pour les Américains, contre 75 SS 20 à trois têtes pour les Soviétiques) et à 150 bombardiers nucléaires. L'URSS aurait en plus 75 SS 20 en Asie. Au total, pas de Pershing et, en échange, les Russes détruiraient 160 SS 20. Gromyko a refusé tout cela en juillet (il veut l'inclusion des forces tierces). Le Pentagone s'est lui aussi prononcé contre (il veut les Pershing).

Bien entendu, on nous a caché tout cela...

**Mardi 25 janvier 1983**

Au petit déjeuner habituel, on parle de la question scolaire, de la situation en Europe, de l'arrestation de Barbie, prévue pour demain. Lionel Jospin s'inquiète de ce que le discours prononcé à Bonn par le Président nuira, à un mois des élections allemandes, aux sociaux-démocrates. François Mitterrand : *« On ne peut lésiner sur les intérêts de la France. »*

Le secrétaire général de l'ONU demande le retour dans la FINUL du détachement français mis à la disposition de la Force multinationale. Le Président hésite.

**Mercredi 26 janvier 1983**

Barbie est arrêté à La Paz, comme prévu. Debray travaille à un plan avec Klarsfeld et Sanchez : les Boliviens nous livreraient leur prisonnier à Cayenne.

En Conseil des ministres, Pierre Mauroy propose un plan pour l'insertion professionnelle des 16-25 ans.

Le Président commente les réactions à son discours au Bundestag : « *Il est vrai qu'on se trouve dans une situation propre à l'Allemagne fédérale, à proximité d'une consultation électorale, et à un moment où les décisions importantes pour la sécurité de ce pays doivent être prises par ses autorités. Dans ce contexte, on assiste à un glissement de la position du Parti social-démocrate qui s'éloigne de ses positions initiales pour tenir compte de l'état d'esprit existant en Allemagne dans les milieux pacifistes. Ce glissement a été compris en Allemagne d'une manière un peu simpliste. On considère que si les sociaux-démocrates l'emportent, il n'y aura pas de Pershing ; que si les chrétiens-démocrates l'emportent, il y en aura. C'est évidemment caricatural. Il est évident que si le SPD l'emporte, il sera lui aussi obligé de continuer la négociation, de ne pas prendre une position simpliste. La réalité est donc plus subtile. Mais il est vrai qu'il y a évolution de sa part. Je ne suis pas pour l'installation des Pershing, mais je suis pour que les Russes sachent qu'ils doivent négocier sérieusement. Je rappelle que je suis hostile à la prise en compte des armes françaises, laquelle est au contraire demandée par le SPD.*

*M. Andropov ne demande pas à la France de réduire son armement. Il l'inclut simplement dans le décompte des forces respectives. Il est facile de lui expliquer que ceci revient à remettre la décision sur l'armement français au débat entre Russes et Américains. Cela rejette la France dans les bras de l'OTAN et pose aussi la question de savoir qui devra faire l'effort supplémentaire de réduction, si une réduction est décidée. Initialement, M. Brejnev avait proposé le gel des armements existants des deux côtés. Ce n'était pas une proposition sérieuse, puisque les Russes avaient déployé les leurs, et pas les Américains. En contrepartie, les Américains ont développé la théorie du point zéro, consistant à dire : vous détruisez tout ce que vous avez installé et, à ce moment-là, on peut discuter. Ce n'est pas non plus une position sérieuse. En fait, le gouvernement conservateur allemand accepte les fusées Pershing et la théorie du point zéro.*

*Je suis partisan d'un équilibre des forces. Il faut que des négociations soient possibles. On ne peut donner raison à l'un plus qu'à l'autre ; seule la négociation permettra de savoir à quel niveau se situera le déploiement éventuel des armes. C'est donc un point de vue très différent de celui du Président Reagan. Peu de personnes l'ont remarqué, mais il semble bien que les Russes, eux, l'aient noté.* »

Dans l'après-midi, Henry Kissinger m'appelle : « *J'ai trouvé tout à fait remarquable le discours du Président de la République française à Bonn. Mon seul regret est que le gouvernement américain n'ait pas jugé utile de se réjouir immédiatement d'un tel discours.* »

A Moscou, en revanche, le discours est mal reçu. Le ministre-conseiller soviétique à Paris, Afanassiev, vient expliquer au Quai d'Orsay : « *Pourquoi cette insistance mise par le Président de la République sur la nécessité du déploiement si la négociation n'aboutissait pas ? C'était une chose de parler de la sorte aux négociateurs américains ou soviétiques ; c'en était une autre de s'efforcer d'en convaincre les Allemands. On avait eu le sentiment, lors de l'entretien accordé par M. Mitterrand à M. Tchervonenko, le 20 décembre, que la France faisait preuve de davantage d'objectivité à l'égard de cette affaire. Il semble qu'à Bonn, en agitant à nouveau l'idée de la supériorité militaire soviétique, on soit revenu six mois en arrière. Plus la France appuie la double décision de l'OTAN, moins l'on comprend qu'elle s'oppose à la prise en compte de ses forces.* »

Les négociations soviéto-américaines sur les euromissiles, suspendues le 30 novembre dernier, reprennent à Genève.

Publication de *De la Reconquête*, de Caton. Succès immédiat. Qui est l'auteur ? La rumeur court, insistante : c'est Raymond Barre. *« Enfin la droite a trouvé quelqu'un qui parle en son nom ! »* dit-on dans les dîners en ville

**Vendredi 28 janvier 1983**

Ronald Reagan écrit à François Mitterrand pour le féliciter :

> *« Votre discours de Bonn renforce l'Alliance au moment où les pays européens avouent sinon leur impuissance, du moins leur anxiété devant le poids de leur opinion. Je partage pleinement votre jugement sur les risques de découplage entre l'Europe et les États-Unis. Votre discours constitue une contribution importante à nos efforts mutuels pour renforcer la sécurité de l'Occident. Vous avez raison d'insister sur la nécessité de la "solidarité et de la détermination" comme base nécessaire pour le désarmement. Votre discours particulièrement clair sur ce problème est d'une valeur inestimable. »*

Le Président s'envole pour une visite officielle au Maroc. Accueil triomphal, fait de pétales de roses et de repas de vingt plats (*« Seulement une soupe ! »* implore le Président à qui on en sert vingt). Hassan II lui arrache l'autorisation d'ouvrir des négociations pour la vente d'une centrale nucléaire. A l'hôtel de ville de Marrakech, Cheysson suggère au Président l'idée de consultations entre riverains de la Méditerranée occidentale. Et le Président lance en conférence de presse : *« Aussi ai-je l'intention d'inviter les pays européens méditerranéens occidentaux et les pays d'Afrique intéressés par ces relations avec la Communauté à se réunir, s'ils veulent bien répondre à l'invitation de la France. Cette réunion serait une réunion préparatoire pour tenter d'aborder puis de régler une série de problèmes aujourd'hui en jachère, ce qui ferait sans aucun doute avancer le débat proprement européen. »*

Fiasco : l'Algérie n'appréciera pas cette idée, parce qu'elle est lancée depuis Marrakech ; la presse espagnole dénonce notre impérialisme et y voit un nouveau préalable à l'adhésion de l'Espagne ; Bruxelles s'inquiète de l'articulation entre ses attributions et cette réunion. Et pourtant, l'initiative aurait pu être formidablement utile.

Face aux conflits sociaux dans l'industrie automobile, Pierre Mauroy évoque *« des travailleurs immigrés, agités par des groupes religieux et politiques »*. Inutile et choquant.

Les taux d'intérêt deviennent intenables pour le Tiers Monde. Après le Brésil et la Roumanie, le Chili est le troisième pays, en un mois, à suspendre le remboursement de sa dette extérieure. Le système craque. Nul n'en parle.

**Samedi 29 janvier 1983**

L'ordre du jour du prochain Sommet des Sept se précise. Dans une lettre aux participants, Reagan insiste à nouveau sur la nécessité de fixer des règles de contrôle des relations économiques avec l'URSS et pose quatre questions :

*1) Quelle est l'importance stratégique et économique du commerce Est/Ouest pour chacun de nos pays et chacune de nos économies ?*
*2) Quelles sont les politiques nationales respectives et les institutions qui influencent ce commerce ?*
*3) Comment percevons-nous nos intérêts communs en ce domaine, et les objectifs conformes à ces intérêts ?*
*4) Progressons-nous vers nos objectifs ? Que devons-nous faire de plus ? Quelles conclusions devrions-nous tirer des études Est/Ouest en vue d'une action commune ?*

Je m'inquiète devant une telle liste : ne serait-ce pas la préfiguration d'un ordre du jour pour Williamsburg, dont nous n'avons pas parlé entre *sherpas* ?

**Lundi 31 janvier 1983**

Déjeuner avec le Prince Rainier et Caroline. Un peu moins jolie, mais beaucoup plus intelligente que je n'aurais cru.

Paris bruisse de rumeurs sur la future politique économique. Edmond Maire, reçu par François Mitterrand, déclare à la sortie de l'Élysée : *« L'hypothèse d'un plan de rigueur doit être maintenant envisagée. »*
François Mitterrand : *« Non seulement je ne comprends rien quand il parle, mais lui ne comprend pas ce que je lui dis ! »*

Michel Rocard vient plaider une fois de plus dans mon bureau en faveur du flottement du franc : *« Avec cette solidarité européenne, nous allons dans le mur, et tu le sais bien. »*

Le Colonel Kadhafi affirme qu'une intervention libyenne au Tchad ne serait pas justifiée. Plusieurs accrochages entre les FANT et des groupes dissidents de Goukouni dans le nord, le centre et à la frontière centrafricaine. La menace la plus sérieuse est au nord.

Je m'essaie, dans une note, à un inventaire prévisionnel pour le Président :
*« Il est sans doute plus difficile de laisser une trace dans l'Histoire aujourd'hui que par le passé, car le pouvoir tend à se banaliser, l'Histoire à s'internationaliser, les événements à s'accélérer.*
*Vous avez déjà inscrit dans l'Histoire bien des traces : en politique intérieure par votre victoire même ; en politique étrangère, sur la Défense, le Nord/Sud et les droits de l'homme ; en matière de monuments ; en matière économique et sociale par les nationalisations et la retraite à 60 ans. En dehors de circonstances dramatiques, nationales ou internationales, qui pourraient révéler l'ampleur de votre rôle, vous pourriez envisager le lancement de plusieurs actions nouvelles susceptibles de laisser des traces supplémentaires : vous pourriez penser à l'Europe politique, à un grand plan de relance mondiale, au désarmement.*

*On pourrait penser aussi à développer une action spécifique autour du thème de la civilisation de la Ville qui permettrait de modifier, tant à Paris qu'en province, la qualité de la vie urbaine de façon durable, comme cela fut fait voici cent trente ans.*

*En matière économique et sociale, deux actions pourraient être d'influence extrêmement durable : changer la condition du travailleur à la chaîne ; inventer le premier système éducatif au monde intégrant les moyens technologiques de demain.* »

Le Président écrit sur cette note : « *Oui, sur tous les points.* »

**Mardi 1er février 1983**

François Mitterrand répond à Ronald Reagan afin de prévenir toute fixation prématurée de l'agenda de Williamsburg :

> « *C'est avec intérêt que j'ai pris connaissance de la liste des questions que vous citez à titre d'exemples dans votre lettre. Je dois toutefois vous indiquer qu'à ma connaissance, il n'y a pas encore eu d'accord entre nos représentants personnels sur la liste et l'importance relative des sujets économiques qui seront traités à Williamsburg. Je pense que vous serez d'accord avec moi sur le fait que le choix des sujets du Sommet doit être opéré après mûre réflexion, sur la base d'un consensus clair entre tous les participants, et il me paraît donc préférable de réserver pour le moment ma position sur ce point.* »

Nous recevons, comme tous les mardis soir, *Le Canard enchaîné* qui paraîtra demain. Il annoncera que François Mitterrand a donné son accord à la livraison de Super-Étendard et d'Exocet AM 39 à l'Irak. Hubert Védrine conseille de réduire au maximum les commentaires (« *La France honore ses contrats* », c'est tout). Le Président est d'accord pour qu'on adopte ce profil bas. Que faire d'autre, puisque Mauroy a confirmé ?

**Mercredi 2 février 1983**

Le Conseil des ministres annonce la mise en place du Comité consultatif d'éthique pour les sciences de la vie et de la santé. Jean-Pierre Chevènement expose les principes de sa politique industrielle.

François Mitterrand — qui n'a pas oublié son déjeuner d'il y a huit jours —, s'interroge tout haut sur les risques d'interventionnisme et la bureaucratie : « *Je m'inquiète des habitudes dirigistes de l'administration, qui se poursuivent, peut-être avec l'aval des ministres de tutelle. Il faut se garder d'un excès d'interventionnisme et de bureaucratie. On intervient toujours trop. Il ne faut pas confondre socialisme et bureaucratie.* »

Le Conseil terminé, il retient Chevènement et le rassure : « *Ce que je viens de dire ne vous vise pas.* » Comme je rapporte à la presse les propos du Président, Chevènement déclare aux journalistes : « *Je suis garant, autant que quiconque, et même plus que quiconque, de l'autonomie de gestion des entreprises nationalisées.* » Et, de retour à son ministère, il rédige une lettre de démission — qui sera refusée dans l'après-midi.

Un Comité interministériel se tient sur la toxicomanie. L'action répressive est considérablement renforcée, un plus grand nombre de trafiquants et de toxicomanes sont inculpés, les moyens donnés aux établissements ont augmenté. Olievenstein s'inquiète-t-il à tort ?

Michel Jobert propose au Président de lier notre soutien aux États-Unis dans les débats stratégiques à leur attitude sur le commerce agricole : *« En dépit de la gravité des décisions prises et de leurs premières applications, nos partenaires de la Communauté et de la Commission ne semblent pas s'émouvoir. A mon sens, la France ne peut accepter que soient mis en péril près de 19 milliards d'exportations agricoles françaises, soit un montant égal à celui de notre excédent agro-alimentaire en 1982 et au cinquième de notre déficit commercial global pour 1982 (...). Les États-Unis se déclarent satisfaits de nos positions dans les grands débats stratégiques, mais n'hésitent pas à mener contre nous des actes de guerre commerciale. Il faudra bien qu'un lien s'établisse entre ces deux attitudes. »*

Les Japonais demandent que l'on parle de *« sécurité globale »* à Williamsburg. Pas question : cela reviendrait à les inclure dans l'OTAN et nous lierait sur des sujets où nous ne voulons pas l'être. Tout cela pour contrôler le déploiement des armes tactiques soviétiques en Asie — ce que l'on peut comprendre, mais pas au prix de l'extension du champ de compétence de l'OTAN, pense François Mitterrand.

**Jeudi 3 février 1983**

Charles Hernu apprend qu'au cours d'une réunion de terroristes tenue il y a quelques jours à Beyrouth, la récente attaque contre des soldats français a été décidée et les plans de futurs attentats arrêtés. Il souhaite que les quelques appelés volontaires encore à Beyrouth quittent discrètement le Liban et qu'on envoie à leur place 300 légionnaires de plus.

Reagan envoie lui aussi des troupes supplémentaires à Beyrouth.

Dans *L'Expansion* d'aujourd'hui, Michel Rocard annonce *« des échéances difficiles »*, *« une baisse du pouvoir d'achat »* ; il réclame plus de rigueur dans la politique économique du gouvernement. Rigueur et flottement ? C'est en tout cas ce qu'il m'a dit.

Dans une déclaration à la presse, Jean-Pierre Chevènement revient sur *« la bureaucratie tatillonne »*. Manifestement, il n'a pas digéré. Il conclut ses propos, devant des journalistes hilares, par cette formule : *« Un ministre, ça ferme sa gueule. Si ça veut l'ouvrir, ça démissionne... »* Bien vu.

Jean-Louis Bianco organise l'envoi de l'appareil militaire qui va chercher Barbie à Cayenne. Dix années d'efforts de Serge Klarsfeld couronnées de succès.

**Vendredi 4 février 1983**

Déjeuner avec Fahd, le nouveau Roi d'Arabie Saoudite : chaleureux, amical, ironique. Long historique de la crise libanaise. Assad aurait eu une très grave crise cardiaque. Le Roi n'est pas tendre sur Kadhafi. François Mitterrand : *« J'espère que Cheysson, qui doit aller le voir, ne sera pas pris en otage. »*

A la suite de ce déjeuner, Claude Cheysson suggère au Président que le prochain Conseil européen, dans six semaines, publie une nouvelle déclaration sur le Proche-Orient. *« Elle reprendrait,* propose-t-il, *l'essentiel de la déclaration de Bruxelles de juin dernier, c'est-à-dire l'essentiel du projet franco-égyptien déposé au Conseil de sécurité ; elle évoquerait les visites du Comité des Sept aux cinq membres permanents du Conseil de sécurité, et insisterait sur l'urgence du repli des forces étrangères au Liban. L'existence, la présence de l'Europe seraient ainsi rappelées avec une certaine solennité, au niveau le plus élevé. »* Il ajoute : *« Les directeurs politiques des Dix peuvent-ils préparer un projet ? »*

Le Président : *« Peut-être, mais je veux voir ce texte de près, personnellement ».* Chat échaudé...

**Samedi 5 février 1983**

Dès son arrivée en France à bord d'un avion du COTAM, Klaus Barbie est écroué à la prison de Lyon, sur les lieux mêmes de ses crimes. Et maintenant, qu'en faire ? Faut-il le juger en Haute Cour ? Impossible. Et pourtant... Aucun tribunal ordinaire ne peut juger les crimes contre l'humanité, la collaboration et la trahison. Bien des gens s'inquiètent. J'entends dire : *« Pourquoi remuer tant de boue ? La France en pâtira. »*

L'explosion d'une voiture piégée près du Centre d'études palestinien de Beyrouth fait plus de 20 morts.

**Dimanche 6 février 1983**

Ronald Reagan écrit à François Mitterrand pour s'inquiéter de la sécurité des troupes américaines et françaises à Beyrouth et dénoncer l'influence soviétique dans la région.

Invité du « Club de la Presse », Paul Quilès en profite pour répondre vertement à Rocard qui, dit-il, *« a été élu pour appliquer un programme et non pour restreindre le pouvoir d'achat ».* Sur *RMC*, Lionel Jospin en rajoute.

**Lundi 7 février 1983**

La commission d'enquête israélienne sur les massacres de Sabra et Chatila met en cause le Premier ministre et son ministre de la Défense, Sharon, qui démissionne.

Claude Cheysson, qui part pour Moscou et Léningrad, demande l'autorisation d'y annoncer la venue de François Mitterrand. Le Président refuse : *« Il ne faut pas laisser se créer l'impression d'une volte-face. La presse française serait prompte à schématiser et à opposer gel et dégel, détente et tension, fermeté et dialogue, discours au Bundestag et voyage à Moscou. Par conséquent, nous ne devrions pas paraître "passer l'éponge", ni sur la Pologne ni sur l'Afghanistan, ni changer notre analyse de l'équilibre des forces, ni justifier ce voyage par une vision soudain plus optimiste des perspectives de la politique soviétique. Je préfère que M. Andropov vienne en France plutôt que d'aller en URSS. »*

La conférence sur la Méditerranée occidentale lancée au Maroc s'enlise. Cheysson propose d'étendre le projet aux pays du Moyen-Orient. Encore plus difficile ! Comment réunir Israël avec Malte, l'Égypte, la Jordanie, la Syrie, le Liban, Chypre, la Yougoslavie et la Grèce ? Pour justifier que l'on se limite à la Méditerranée occidentale, il faudrait que l'ordre du jour ne concerne que des sujets d'intérêt commun à ces pays riverains (échanges culturels, migrations, sécurité dans la zone, approche conjointe du développement et des échanges économiques). Mais, là aussi, difficile.

**Mardi 8 février 1983**

Bush est à Paris. Il vient parler désarmement et présenter un projet de *« Lettre ouverte aux Européens »* de Reagan. Conversation banale au cours de laquelle s'échangent des arguments bien connus sur la prise en compte des forces tierces. Bush se dit d'accord, mais demande que le Président soutienne la position de Reagan dans la négociation de Genève.

Jean-Louis Bianco s'inquiète auprès du Président : *« Je trouve l'opération Super-Étendard dangereuse (...). Ne faut-il pas la faire traîner en longueur ? Je crains cependant que le Premier ministre ne se soit très engagé auprès de Tarek Aziz. »*

Le Président l'approuve.

Aux Allemands, insaisissables, préoccupés avant tout par leur campagne électorale, George Bush vient lire la *« Lettre ouverte aux Européens »* du Président Reagan proposant l'interdiction de tous les missiles à moyenne portée. Les Néerlandais lui disent attendre leur propre Livre blanc sur l'implantation des fusées américaines. Les Italiens attendent de voir ce que feront les Allemands. Le vice-président doit encore prononcer un discours à Londres.

Actuellement, Washington défend publiquement l'option zéro comme la meilleure solution (et, de fait, c'est elle qui diminuerait le plus le nombre d'armes nucléaires), mais se montre ouvert à toute proposition soviétique de limitation équilibrée (il s'agirait donc d'options intermédiaires) dès lors qu'elle ne laisserait pas à Moscou le monopole des fusées à moyenne portée en Europe.

Sur le refus de la prise en compte des forces tierces, les Américains restent fermes. Cas de figure à redouter : celui où un accord avec Moscou sur les armes stratégiques, dont Reagan peut avoir un urgent besoin à l'automne 1983 ou au printemps 1984, serait subordonné par les Soviétiques à un accord sur les fusées à moyenne portée, qui paraîtrait lui-même bloqué par notre refus de prise en compte.

**Mercredi 9 février 1983**

Le gouvernement allemand issu des prochaines élections sera opérationnel le 20 mars, et le Conseil européen se réunira le 22. A cette date, il faut avoir dévalué et annoncé une nouvelle étape dans la politique économique française — que je baptise : « Un Nouvel Élan ». Tout cela doit être préparé par un accord secret avec les Allemands. Mais Stoltenberg, le ministre des Finances allemand, refuse à Jacques Delors, lors de leur réunion régulière, une réévaluation unilatérale du mark *« dans un avenir prévisible ».*

Le Président accepte le principe de laisser David de Rothschild créer une banque, mais réserve la date.

Le Dr Olievenstein vient dresser un constat alarmant du problème de la drogue en France : le nombre de toxicomanes vus à Marmottan progresse considérablement. Le marché de la drogue se développe, le prix de l'héroïne baisse : *« A Paris, il n'y a plus de quartiers épargnés. En province, la situation est préoccupante dans deux régions : la Côte d'Azur et l'Est. Les solvants organiques sont en utilisation croissante. La ligne Maginot bureaucratique offre des résistances insoupçonnées »*, me dit-il.

François Mitterrand répond à Ronald Reagan sur le Liban : la Force multinationale devrait être placée sous le contrôle de l'ONU.

> *« Il a toujours été clair à nos yeux que le contingent affecté par nous à la Force multinationale — faute de force des Nations-Unies — ne pouvait être au service que d'une politique d'entente et de réconciliation. Les événements ont pris récemment, comme vous le soulignez, une tournure particulièrement grave. C'est le résultat des pressions extérieures que vous dénoncez, et aussi de l'impossibilité qui est apparue jusqu'à maintenant de faire progresser la réconciliation et de la fonder sur une définition, acceptable pour tous les Libanais, des relations du pays avec ses voisins, et notamment de la manière dont il pourrait assurer le retrait, souhaité par tous, des forces israéliennes ainsi que des autres forces étrangères. Les choses en sont venues à un point où il est de plus en plus difficile que la Force multinationale remplisse ses fonctions conformément aux buts et aux principes auxquels nous adhérons et que je viens de rappeler.*
>
> *Lorsque nous avons accepté, à la demande du gouvernement libanais, d'envoyer nos soldats à Beyrouth, je vous ai écrit que, selon nous, la Force devrait être placée sous l'égide des Nations-Unies. Notre position n'a jamais varié sur ce point. »*

Hissène Habré est à Lomé où les présidents Houphouët-Boigny et Eyadema l'assurent de leur soutien.

**Jeudi 10 février 1983**

Parution de *L'Unité*, l'hebdomadaire du PS : Pierre Mauroy explique qu'un *« excès de rigueur entraînerait une nouvelle poussée du chômage »* et invoque *« l'intérêt supérieur de la justice sociale »*. Ambiance...

**Vendredi 11 février 1983**

François Mitterrand s'inquiète de l'état de préparation de la réforme sur les carrières universitaires. Il a réclamé le maintien de la distinction entre deux corps, assistants et professeurs. Le ministre souhaite *« réexaminer cette question à l'issue du IX^e Plan »*. Le Président s'y oppose. Alain Savary en est furieux.

Ariel Sharon se démet de son poste de ministre israélien de la Défense.

**Dimanche 13 février 1983**

Le Président répond à Le Pen qui l'interpelle parce que des maires lui refusent des salles pour ses réunions électorales : *« La loi confie aux maires le soin de gérer librement les salles communales affectées aux réunions publiques. »*

Déploiement de l'armée libanaise dans Beyrouth-Ouest et Est.

Inévitable : Raymond Barre se gausse de la *« cacophonie »* gouvernementale et Lecanuet se demande *« ce que fait encore Michel Rocard dans ce gouvernement »*.

Étrange débat : chacun sait la rigueur inévitable ; reste à savoir quand l'annoncer.

**Lundi 14 février 1983**

Deux sondages contradictoires : selon l'IFRES, 53 % des Français veulent des élections législatives anticipées ; selon IPSOS, ils ne sont que 21 % ! De toute façon, elles seraient un désastre.

**Mardi 15 février 1983**

Michel Rocard persiste : *« J'ai peut-être un côté Cassandre, mais je ne suis pas masochiste. »*

Le Département d'État américain nous transmet un rapport : des condamnés politiques et de droit commun seraient utilisés dans la construction du gazoduc d'Ourengoï. Allons-nous financer les goulags ? Il faut vérifier.

Claude Cheysson est à Bagdad. Il y confirme le soutien de la France à l'Irak dans son conflit avec l'Iran.

La mission préparatoire de l'Élysée revient de Williamsburg. Le prochain sommet des Sept sera un immense *« show hollywoodien »* et, surtout, marquera le lancement de la campagne électorale de Reagan. L'« informalité » ne sera que le masque d'un total contrôle du déroulement, tant dans les rapports avec la presse que dans le contenu. Les Américains considèrent maintenant l'ordre du jour comme acquis : les relations économiques entre pays du Nord et les relations économiques Est/Ouest. Sur le premier sujet, ils veulent montrer que, grâce à leur politique, la crise économique chez eux est finie et que l'Amérique a fait tout ce qu'elle pouvait faire pour la croissance du reste du monde. Sur le second, ils entendent présenter la synthèse des diverses études en cours à l'OTAN, au COCOM et à l'OCDE, afin de créer une nouvelle institution de contrôle du commerce Est/Ouest, c'est-à-dire des exportations européennes vers l'URSS.

Un Prix Nobel d'économie, Vassili Leontieff, vient me suggérer de constituer auprès du Président, comme aux États-Unis, un conseil d'experts économiques. Bonne idée. J'en parle avec le Président qui choisit, sur une liste que je lui propose, trois universitaires : Michel Aglietta, Jean-Marcel Jeanneney, Pierre Uri ; trois praticiens : Jean Denizet, Daniel Houri, Jean Riboud ; et deux hauts fonctionnaires théoriciens : Edmond Malinvaud, Jean-Claude Milleron. Un premier déjeuner est fixé début mars pour entériner la création de ce Conseil.

**Mercredi 16 février 1983**

A « L'Heure de Vérité », Pierre Mauroy, toujours emporté contre Rocard, jure *« qu'aucun plan d'austérité n'est prévu pour 1983 »* et en rajoute sur l'optimisme : *« Les gros problèmes sont derrière nous... Tous les indicateurs se remettent au vert... »* Si seulement c'était vrai ! Le Président : *« Il n'aurait pas dû. C'est une phrase inutile, qui lui restera collée ! »*

Claude Cheysson est pour la première fois en visite officielle en URSS.

Discussion sur les massacres de Sabra et Chatila :
François de Grossouvre : *« C'est Haddad, le chef libanais du Sud, qui les a organisés avec les Israéliens. »*
François Mitterrand : *« Mais non ! Ce sont les Phalangistes de Gemayel ! »*

Après la tournée de Bush, Ronald Reagan, dans une nouvelle lettre circulaire aux Alliés, annonce qu'il va parler publiquement, dans six jours, *« au cœur des alliés »*, et qu'il veut leur accord sur un paragraphe de son discours mentionnant leur soutien à sa politique et à l'option zéro, sur la base de la lettre ouverte dont a parlé Bush.

*« Pour ce qui concerne les Forces nucléaires intermédiaires, je voudrais poursuivre dans une voie qui pourrait être particulièrement utile en maintenant le calendrier prévu de déploiement des Forces nucléaires intermédiaires et, parallèlement, en faisant les avancées nécessaires pour aboutir à un accord équitable. Me fondant sur les opinions exprimées au vice-président, il me semble que notre position de base (fidélité à l'option zéro considérée comme l'issue optimale et moralement la plus satisfaisante, confortée par des ouvertures claires montrant que nous sommes disposés à prendre en considération toute alternative raisonnable) est le maximum de ce que nous pouvons faire à ce stade. Dans ce contexte où nous avons réaffirmé notre engagement à négocier de bonne foi, il me semble qu'il pourrait être utile pour moi d'expliquer à l'opinion publique, dans une présentation plus précise, quels sont les critères qui nous guident dans les pourparlers. J'aurai l'occasion de le faire lors d'une intervention maintenant programmée pour mardi prochain, 22 février (...). Les États-Unis sont fidèles, à Genève, à certains principes et orientations qui ne peuvent souffrir aucun manquement. Ces critères sont les suivants :*

*a) droits et plafonds égaux entre les États-Unis et l'Union soviétique ;*

*b) plafonds bilatéraux sans compensation par des systèmes de pays tiers ;*

*c) application des plafonds aux missiles nucléaires intermédiaires sans tenir compte de leur localisation (en corollaire, cela implique de ne pas exporter le problème de la sécurité européenne vers l'Extrême-Orient) ;*

*d) pas de plafonds qui aboutiraient à affaiblir la contribution des États-Unis à la dissuasion et à la défense conventionnelle de l'OTAN ;*

*e) possibilités de contrôle de l'application des dispositions du Traité.*

*Mon intervention pourrait se conclure sur un paragraphe tel que celui-ci :*

*"Le vice-président a noté le fort soutien par les alliés de l'objectif profondément moral qu'est l'élimination de toute une catégorie de missiles nucléaires à longue portée basés sur terre. Le vice-président a annoncé aux peuples européens ma disposition à rencontrer le Secrétaire général Andropov pour signer un accord qui permettrait d'atteindre cet objectif historique. Il a aussi réaffirmé notre volonté de considérer sérieusement toute proposition alternative raisonnable pour aboutir au même résultat. Ceci est notre vœu et j'ai réitéré à notre ambassadeur Nitze mes instructions pour qu'il renouvelle ses efforts dans ce but."*

*J'apprécierai tout particulièrement de recevoir votre avis sur l'opportunité d'un tel discours public. Je considérerai avec beaucoup d'attention vos commentaires, aussi bien que ceux des autres personnalités rencontrées par le vice-président. Il me serait utile d'avoir votre opinion dès cette semaine. »*

Attitude typique des Américains qui veulent entraîner tous les *« peuples européens »* dans une unanimité soumise, avec un préavis dérisoire, pour faire entériner l'option zéro sans discussion, alors qu'ils savent parfaitement que François Mitterrand y est hostile et n'entend pas se sentir lié par la négociation entre les deux Grands. Voilà qui promet pour Williamsburg ! Le Président fait répondre par Cheysson qu'il ne sera pas lié par ce que dira Reagan.

Onishi Ryokei, le Patriarche qui nous avait réservé l'an dernier un accueil si raffiné au temple de Kyomizu, à Kyoto, l'an dernier, vient de mourir.

**Jeudi 17 février 1983**

Aux Pays-Bas, le droit de vote aux scrutins locaux est accordé aux immigrés. François Mitterrand : *« J'aimerais le faire ici au plus vite. Voir cela avec Mauroy. »*

Caton fascine la droite ; chacun s'en dispute la paternité. Lu dans *Le Figaro* de ce matin : *« Il reste donc à reprendre le pouvoir. Caton n'a pas confiance dans les clubs et sa fidélité au général de Gaulle le rend allergique aux partis. Il faudra pourtant œuvrer avec les partis, empêcher Mitterrand de rétablir la proportionnelle pour gouverner très à gauche avec de faux centristes. Il faut dès maintenant, sans haine mais sans compromis, engager la bataille politique, économique et culturelle de la reconquête. Le pouvoir est au bout de la volonté, et quel meilleur professeur de volonté espérer que vous, Caton ? »*

Nous voici érigés en *« professeurs de volonté »* de la droite ! Trois personnes rient beaucoup à cette lecture.

**Vendredi 18 février 1983**

André Rousselet présente le projet *Canal-Plus* au Président. Très séduisant.

Le subtil et malicieux Maurice Rheims, « *président trimestriel* » de l'Académie française, vient m'informer d'une « *cabale* » menée par Alain Peyrefitte pour s'opposer à la candidature de Jacques Soustelle : Peyrefitte n'avancerait celle de Léopold Sédar Senghor qu'en vue de « *tuer dans l'œuf le projet du Président de la République* » de créer une Académie internationale francophone, dont l'ancien président du Sénégal assurerait la présidence. Maître Rheims me demande s'il « *est contraire aux vœux du protecteur de l'Académie que lui-même et ses amis soutiennent la candidature de M. Soustelle, malgré celle de M. Senghor ?* »

Le Président refuse d'intervenir : « *Utiliser Léopold Sédar Senghor contre Jacques Soustelle et Alain Peyrefitte contre Maurice Rheims, il n'y a vraiment que l'Académie pour y penser ! Je n'ai pas à m'en mêler.* »

Au surplus, le projet d'Académie francophone, cher à Régis Debray, est encore dans les limbes.

**Samedi 19 février 1983**

Le Président : « *Je suis partagé entre deux ambitions : celle de la construction de l'Europe et celle de la justice sociale. Le SME est nécessaire pour réussir la première, et limite ma liberté pour la seconde.* »

**Dimanche 20 février 1983**

Aux élections régionales outre-mer, la gauche obtient partout la majorité. La présidence de région ne lui échappe qu'en Guadeloupe.

**Lundi 21 février 1983**

Daniel Mayer succède à Roger Frey à la présidence du Conseil constitutionnel. François Mitterrand : « *Enfin !* »

Les « visiteurs du soir » sont toujours là. Leur programme séduit de plus en plus le Président : réduire les charges sociales et financières des entreprises, et, pour cela, contrôler les salaires ; baisser les taux d'intérêt et donc laisser flotter le franc. François Mitterrand écoute cependant le point de vue contraire avec attention : « *Flotter entraînerait une baisse immédiate de 10 à 15 % du franc par rapport au dollar, car nous n'avons pas assez de réserves pour tenir une parité. Le dollar, qui cote actuellement 6,80 francs, vaudrait alors de 7,50 à 7,80 francs. Cette hausse du dollar renchérirait nos importations, entraînerait une augmentation des prix intérieurs (qui annulerait les progrès réalisés depuis quelques mois dans la lutte contre l'inflation) et une détérioration supplémentaire de 2 milliards par mois de notre déficit extérieur, soit 85 milliards pour l'année.* »

Sans cesse le Président fait préciser les chiffres et pose les mêmes questions à tout le monde. Opposant dans l'âme, il sait critiquer tous les points de vue, et d'abord le sien.

**Mardi 22 février 1983**

Le président de la Commission des Finances de l'Assemblée nationale, Christian Goux, plaide aussi auprès de Mauroy pour le flottement du franc :

> *« La situation que connaît la France n'est ni aussi favorable que le suggèrent les dernières statistiques de prix et de chômage, ni aussi grave que veulent le dire certains commentateurs : l'inflation est ralentie mais n'est pas maîtrisée ; le chômage n'est stabilisé et le déficit budgétaire raisonnable que dans la mesure où la production ne baisse pas.*
>
> *Reste un problème essentiel, incontournable : celui du déficit commercial et de l'endettement auquel il conduit. Pour y faire face, deux solutions sont souvent préconisées qui conduisent, l'une à aggraver les difficultés, l'autre à simplement les différer. Il s'agit de la dévaluation et de la récession...*
>
> *Choisir le flottement de notre monnaie serait un moindre mal, mais aurait des conséquences comparables. Le flottement qui, au départ, entraîne une dépréciation de la monnaie, n'est une solution que s'il permet ultérieurement à celle-ci de se réévaluer. Cela n'est possible qu'à certaines conditions : maîtrise de la politique des revenus, contrôle du marché intérieur, consensus sur la priorité donnée au rétablissement extérieur. Ces conditions sont précisément celles qui font aujourd'hui défaut et qu'il faut s'appliquer à rétablir pour éviter une baisse du franc. »*

Tournant stratégique : Ronald Reagan, dont la lettre sur les problèmes militaires est restée sans réponse, envoie maintenant, à Paris et ailleurs, le discours qu'il doit prononcer aujourd'hui même devant l'American Legion. S'il a renoncé à embarquer trop visiblement tous les alliés derrière lui, il évoque maintenant la nécessité de développer des *« technologies défensives »* dont il ne parlait pas dans sa lettre de la semaine dernière et que Bush n'a pas davantage évoquées à Paris.

> *« J'ai, il va sans dire, parfaitement conscience des problèmes que soulève tout effort centré essentiellement sur la défense stratégique. Allons-nous faire de l'Amérique une forteresse ? Avons-nous l'intention de violer d'une manière ou d'une autre le Traité ABM, ou de ne pas respecter nos engagements envers nos alliés ? Visons-nous une capacité de première frappe ? Toutes ces éventualités n'ont aucun sens. C'est parce qu'elles n'ont pas de sens et parce que je pense que nous devons explorer tous les moyens de donner à notre peuple l'espoir d'un avenir plus stable, que j'ai décidé d'examiner les technologies défensives avec plus de détermination. Personne ne s'attend à en retirer les bienfaits de façon tangible avant l'an 2000. Ces bienfaits, nos amis et alliés en auront leur part, sans aucun doute. En attendant, nous devons à coup sûr continuer à préserver l'équilibre et rester solidaires comme nous l'avons toujours fait. Je ferai ce soir au peuple américain une déclaration dans ce sens. Je voulais vous faire part de mes réflexions qui, comme toujours, sont inspirées par un souci profond de notre sécurité commune. »*

Qu'est-ce que ces *« technologies défensives »* ? S'agit-il de se protéger des armes nucléaires ? Comment ? Voici qu'après quarante ans de suprématie du glaive, le bouclier revient.

## Mercredi 23 février 1983

Réunion du Conseil de Défense : le Président de la République arrête un programme physique de matériels à commander, confirmant pour l'essentiel les décisions de 1981. Pour l'armée de terre : la modernisation des chars, la fabrication de véhicules blindés d'accompagnement et de canons d'hélicoptères de combat, permettant la création d'une Force d'action rapide. Pour la marine : le lancement d'un porte-avions nucléaire, la construction de trois nouveaux sous-marins d'attaque (dont l'efficacité a été démontrée durant la guerre des Malouines où la présence de deux sous-marins britanniques a anéanti toute action de la marine de surface argentine), la fabrication d'une nouvelle génération d'avions de détection anti-sous-marins (Atlantic 2). Pour l'armée de l'air : commande d'avions Mirage 2000 (de façon à maintenir le nombre d'avions de combat à 450) et d'avions de détection à basse altitude pour compléter la surveillance de l'espace aérien français. L'ensemble de ces décisions sera soumis au vote du Parlement après son adoption par le Conseil des ministres.

L'historien Jacques Le Goff vient m'exposer avec enthousiasme et élégance l'action qu'il mène pour aider les dissidents polonais, espérant un soutien public du Président : *« Nous ne voulons certes pas lui imposer un type d'action et, s'il estime qu'une intervention diplomatique est la plus efficace, nous ne réclamerons rien d'autre et lui ferons part de notre gratitude. Mais nous pensons qu'une déclaration publique, sous une forme ou sous une autre, serait peut-être la meilleure intervention. Si nous nous permettons de la souhaiter, c'est que le Président de la République s'est engagé en paroles et en actions en faveur du peuple polonais, au premier rang parmi les chefs d'État, et que cette déclaration serait bien accueillie par une large majorité de Français toujours très attachés, nous le constatons avec satisfaction, à la cause polonaise. »*

Réunion au sujet de la dette de l'Irak chez Jean-Louis Bianco, avec Cheysson, Delors, Hernu et Peyrelevade. Pas de conclusion.

## Jeudi 24 février 1983

Le débat sur dévaluation ou flottement est devenu public. Dans *Libération*, Serge July semble informé en détail par l'un des « visiteurs du soir ». Le Président s'en amuse. Et s'en irrite. Son goût du paradoxe est tel que lire qu'il a déjà tranché en faveur du flottement l'incitera peut-être à changer d'avis...

Christian Goux écrit encore — cette fois au Président — pour plaider en faveur du flottement, des clauses de sauvegarde, du dépôt préalable à l'importation, de l'orientation sélective des crédits bancaires et des aides publiques aux exportateurs. Il suggère un emprunt forcé remboursé d'autant plus vite que la balance des paiements s'améliorerait. Le Président note en marge : *« Me garder cette lettre pour l'heure des décisions. »*

**Samedi 26 février 1983**

Claude Cheysson reçoit Issam Sartaoui, de retour de la réunion du Parlement palestinien à Alger. Il est pratiquement en rupture de ban avec l'OLP. *« Le temps presse, surtout pour les populations de Cisjordanie et de Gaza. »*

Cheysson vient dire au Président qu'Arafat attache beaucoup d'importance à la Conférence sur la Palestine qui doit se tenir à l'UNESCO en août, et qu'il souhaite venir à Paris à cette occasion. Il veut savoir à quel niveau la France serait représentée. Il compte également se rendre à Strasbourg si le Parlement européen l'y invite.

Le Président redécouvre cette conférence dont l'idée est née à l'ONU en août dernier, et s'en inquiète : *« Faut-il vraiment qu'elle ait lieu à Paris ? Je préférerais qu'elle se tienne ailleurs. »*

La crise de change continue. Le spectre du FMI se précise. Un de ses experts est au Louvre, pour une *« visite de routine »*. Flotter, c'est déraper, faute de réserves suffisantes. Il faudra augmenter les taux d'intérêt pour tenir une parité, et non les baisser, comme « ils » le croient. Comment convaincre ?...

Le Président Chadli et le Roi Hassan II se rencontrent à la frontière algéro-marocaine à propos du conflit du Sahara occidental. L'un et l'autre feront savoir au Président que la réunion fut chaleureuse... mais sans résultat.

**Dimanche 27 février 1983**

Abdou Diouf est réélu Président de la République du Sénégal avec 84 % des suffrages. La seule démocratie d'Afrique noire semble fonctionner... approximativement.

**Lundi 28 février 1983**

Jean-Louis Bianco plaide auprès du Président pour un changement de gouvernement après les municipales : *« La formation d'un nouveau gouvernement sera l'occasion de donner une nouvelle image de l'action gouvernementale : contre le sentiment d'incertitude, un cap fixé pour longtemps ; face à l'accusation d'incohérence, un gouvernement resserré. »* François Mitterrand : *« Quelle que soit la stratégie monétaire suivie, un ensemble de mesures économiques, pour la plupart désagréables, est inévitable, je le sais. »*

Tout cela est bien dommage : l'indice des prix est en janvier le meilleur qu'on ait connu depuis cinq ans.

Pierre Mauroy ne semble pas concerné par la préparation de l'après-municipales. Sait-il quelque chose ? Devine-t-il qu'il devra partir ?

Attentat de l'ASALA arménienne contre une agence de voyages turque, à Paris : 1 mort, 4 blessés.

**Mardi 1er mars 1983**

Il faut maintenant savoir à quoi s'en tenir avec le Chancelier Kohl. Réélu, il aura, le 6 mars, tout pouvoir de décision. Peut-on compter sur une réévaluation du mark d'au moins 7 %, le 20 mars ? Sinon, le SME n'aura plus de raison d'être et il faudra se préparer à en sortir.

Au petit déjeuner, François Mitterrand : « *Le projet de Savary de supprimer les agrégations du supérieur est aussi inutile qu'inopportun. Il heurte tous les professeurs de droit et d'économie, sans démocratiser ni simplifier. Au contraire, cela aboutirait à élever l'âge moyen d'accès au professorat, et substituerait une commission d'avancement à un véritable concours.* »

Le déjeuner d'économistes autour du Président, organisé pour jeter les bases d'un Conseil économique, se tient en pleine tourmente monétaire. Ces experts lui donnent à la fois les avis les plus précis et les plus contradictoires. Il y a autant d'arguments en faveur de l'une que de l'autre thèse. Cela ne réussit qu'à libérer définitivement le chef de l'État de toute angoisse technique et à le convaincre que sa décision ne doit être que politique.

Il a choisi de sortir du SME et de garder Pierre Mauroy comme Premier ministre. Il ne l'a encore dit à personne ; mais il n'hésite plus.

En tout cas, il n'y aura pas d'autre réunion de ce Conseil, mort-né.

**Mercredi 2 mars 1983**

Au Conseil des ministres, relèvement du SMIC de 3,6 % et baisse de 5 centimes du prix de l'essence.

Le XVIe Congrès du PC italien abandonne la notion de centralisme démocratique. Le « compromis historique » (avec la Démocratie chrétienne) cède la place à l'« alternative démocratique » (avec les socialistes).

Jacques Delors fait reporter le Conseil monétaire européen prévu pour le 7 mars au 14. Mais, comme c'est la date des élections municipales, il obtient aussitôt qu'on le reporte à nouveau au lundi 21. Au moins, voilà qui est clair : tout le monde n'ignore plus que la dévaluation est pour ce week-end-là ! Il adresse au Président une nouvelle esquisse du programme économique associé à la dévaluation. La réévaluation du deutschemark par rapport au franc devrait être de 7 à 8 % ; l'objectif est de réduire le déficit des paiements de 50 milliards de francs. Les décisions sont arrêtées : « *Limitation des dépenses des touristes français à l'étranger ; publicité pour inciter les touristes étrangers à venir en France ; réduction des stocks pétroliers à quatre-vingt-dix jours ; accentuation de l'effort d'économies d'énergie ; vente, sur cinq ans, des titres étrangers possédés par les compagnies françaises d'assurances, ce qui rapporterait 15 milliards par an.* »

Delors plaide contre l'autre solution : « *En cas de sortie du Système monétaire européen, la dépréciation du franc par rapport au dollar augmenterait alors d'au moins 20 milliards de francs cette année. Ce serait donc de 70 milliards de francs, et non plus seulement de 50, qu'il faudrait réduire le besoin de financement de la balance des paiements pour éviter d'emprunter au Fonds monétaire international. Les mesures de redressement du scénario précédent devraient donc être toutes fortement accentuées par une ponction supplémentaire sur le pouvoir d'achat, un dépôt à l'importation ou un contingentement des importations. »*

Le Président : *« J'ai compris : il n'a pas besoin de le répéter. Il est contre le flottement. »*

**Jeudi 3 mars 1983**

A l'Élysée, réunion préparatoire en vue du prochain Conseil européen. Plusieurs questions risquent d'occuper une large part de la discussion : questions monétaires, négociations sur les prix agricoles, exportations agricoles et relations avec les États-Unis, règlement sur les fruits et légumes, élargissement, situation énergétique, questions budgétaires.

Je reçois l'ambassadeur Buckley, venu plaider de nouveau pour que soit instauré un mécanisme de contrôle des exportations vers l'Est. Il fait le point sur les études en cours. Rien de tragique. Toujours le même refrain.

Gilbert Trigano accepte d'être commissaire général de la future Exposition universelle. Ce diable d'homme saura sûrement animer tous les experts ministres, qui vont inévitablement s'entredéchirer sur un tel projet.

Les Luxembourgeois sont tentés, s'ils n'obtiennent pas leur part de TDF1 et 2, d'avoir leur propre satellite à seize canaux avec une étrange compagnie américaine baptisée Coronet.

Suicides d'Arthur Koestler et de sa femme. Pourquoi ce suicide me rappelle-t-il celui de Stefan Zweig ? Comme lui, Koestler voyait la nuit tomber sur le monde. J'espère que, comme Zweig, Koestler se sera trompé.

Pierre Mauroy au Président : *« Contrairement aux apparences premières, le flottement du franc ne crée pas plus de liberté d'action ; il accroît les contraintes dans l'exacte mesure où il dégrade notre commerce extérieur et nos prix. »*

Jacques Delors complète son programme : il propose 20 milliards de réductions budgétaires, une augmentation de 1,5 % des cotisations sociales, la limitation du stock pétrolier à quatre-vingt-dix jours, des restrictions dans le domaine du tourisme, la révision des contrats gaziers soviétique et algérien.

François Mitterrand en débat avec les « visiteurs du soir ». Discussion confuse. Tout le monde est d'accord pour un développement massif de l'épargne-logement et du livret A. Sur le reste, c'est flou, plein de pétitions de principe. En tout cas, c'est mon avis. Pierre Bérégovoy me lance : *« Tu n'y comprends rien. Tout est politique ! »* Même 2 + 2 ?

**Vendredi 4 mars 1983**

Arrêt de la grève des mineurs de Carmaux après vingt-deux jours de conflit. Un accord est trouvé. Le travail reprendra le 7.

Jacques Delors est reçu par le Président : *« Si les Allemands nous font connaître le lundi 14, malgré nos menaces voilées, leur refus d'une réévaluation unilatérale, il faudra sortir du SME mardi 15 avec une annonce du programme au Conseil de mercredi 16. Si les Allemands réévaluent d'environ 7 %, on peut attendre la semaine suivante pour agir et mettre en place l'ensemble du programme. »*

François Mitterrand : *« Non. On ne fera rien avant le second tour des élections municipales, c'est-à-dire le 20. Débrouillez-vous. »*

Jean-Louis Bianco veut aller, lundi, voir le secrétaire général de la Chancellerie allemande. Qu'a-t-il à lui dire ?

Les avis, les conseils se multiplient de toutes parts. Roger Priouret écrit à François Mitterrand : *« L'été dernier, on pouvait envisager de faire jouer les clauses de sauvegarde. C'est trop tard aujourd'hui : nos relations extérieures en seraient altérées. »*

Au Tchad, les FANT évacuent Ounianga-Kébir, trop exposée. Faya est directement menacée.

**Dimanche 6 mars 1983**

En Australie, le parti travailliste remporte les élections législatives. Le socialisme fabien a pris racine aux antipodes.

En France, premier tour des municipales. La gauche n'est plus majoritaire en voix dans le pays. Dans les grandes villes, la politisation joue fortement en faveur de la droite. Le Front national compte 200 élus. Le Pen obtient 11,2 % des voix dans le 20e arrondissement de Paris. Stirbois est élu conseiller municipal à Dreux. La gauche n'est plus majoritaire en voix dans le pays.

A l'Élysée, on analyse la situation. Soirée plutôt lugubre. Quelques petits fours circulent dans le hall du premier étage. La plupart des ministres, candidats, sont restés en province. La gauche résiste dans les villes moyennes, là où les maires ont amélioré la qualité de la vie et promu des services publics originaux. L'échec global de la gauche s'explique par la démobilisation de son électorat le plus jeune et le plus moderniste.

Le chômage a eu peu d'influence sur l'issue du scrutin. C'est moins sur la situation économique que sur sa capacité à résoudre les sous-produits de la crise (insécurité, urbanisation inhumaine, pauvreté et surtout immigration) que la gauche est jugée. C'est moins à cause de la faible mobilisation de son électorat qu'en raison de l'indifférence des jeunes qu'elle a perdu. C'est moins la fronde des non-salariés que le mécontentement des cadres qui explique ses mauvais résultats dans les grandes villes.

François Mitterrand s'isole longuement avec Laurent Fabius. Il est particulièrement préoccupé par le mauvais score de Defferre à Marseille : *« S'il est battu dimanche prochain, il devra quitter le gouvernement. »* Il en éprouve beaucoup de peine. *« Il est le seul à connaître quelque chose au fonctionnement de la machine gouvernementale. »*

Comme prévu, Helmut Kohl gagne les législatives allemandes : 226 sièges sur 497. Il a fait campagne en citant dans chaque meeting le discours du Président français au Bundestag. Il faudra le lui rappeler. Je suggère au Président de l'appeler pour le féliciter et de saisir cette occasion pour aborder le problème monétaire. Jean-Louis Bianco insiste pour voir demain Schreckenberger et lui demander de réévaluer le mark. Le Président pourrait évoquer au téléphone cet entretien de demain avec le nouveau Chancelier. François Mitterrand refuse et décide même de reporter le déplacement de Bianco au lendemain du second tour des municipales : il déteste être placé en situation de demandeur.

**Lundi 7 mars 1983**

La plus difficile semaine du septennat commence. A la radio, Jean Boissonnat en plante fort bien le décor : *« La semaine la plus longue vient de commencer pour le franc. En effet, la simultanéité de la victoire des chrétiens-démocrates en Allemagne et du très net recul de la gauche en France ne peut qu'accroître la tension entre le franc et le mark au sein du Système monétaire européen. Tension qui nous a déjà coûté plusieurs milliards de dollars au cours des récentes semaines... »*

Une nouvelle réunion avec Jean-Louis Bianco, André Chandernagor et nos commissaires à Bruxelles, François-Xavier Ortoli et Edgard Pisani, prépare le prochain Conseil de Bruxelles. Notre mémorandum européen de septembre 1981, qui évoquait les politiques nouvelles, a été accueilli avec politesse... puis classé. Les problèmes concrets demeurent : le déficit britannique, le plafond des ressources propres, les fruits et légumes, les quotas laitiers, les politiques agricoles méditerranéennes, le contrôle des dépenses budgétaires de la Communauté.

Le Président reçoit Michel Rocard qui plaide encore en faveur du flottement, et Claude Cheysson qui plaide, lui, pour le maintien dans le SME. François Mitterrand donne à tous ses visiteurs le sentiment de n'avoir encore rien décidé. Ou plutôt donne à chacun le sentiment d'avoir décidé en sens contraire de la thèse qu'il défend.

**Mardi 8 mars 1983**

Au petit déjeuner, Pierre Mauroy attaque violemment Edmond Maire qu'il considère comme responsable, par sa déclaration de février sur le perron de l'Élysée, de la défaite électorale : *« Je me suis mis d'accord avec Jacques Delors sur un plan à présenter après la dévaluation. Il faut aboutir à la réduction de 30 milliards de francs du déficit extérieur, ce qui signifie : annulation de 10 milliards de francs sur les 20 de la réserve actuelle, étalement de certains grands équipements, emprunt forcé d'une durée de cinq ans, hausse de 1,5 point de la cotisation-retraite, 5 à 6 milliards d'économies de prestations sociales, restrictions des devises exportables, réduction du volume des stocks pétroliers et des approvisionnements de gaz prévus par les contrats soviétique et algérien. »* Il explique : *« En cas de flottement, il faudrait ajouter une surtaxe de 20 % à l'IRPP, ou 2,5 points de TVA (ce qui ferait exploser les accords salaires-prix de l'hiver dernier), ou un emprunt de 40 milliards, ou encore une augmentation de 1,2 franc du prix du litre d'essence, ou une combinaison de toutes ces mesures. »* Le Président a le visage fermé.

**Mercredi 9 mars 1983**

Au Conseil des ministres, Pierre Mauroy constate la défaite subie aux municipales et s'en prend à ceux qui ont annoncé, à la veille des élections, un *« nouveau tour de vis »*. Rocard fouille nerveusement dans sa serviette pour y chercher un document introuvable.

Déjeuner surréaliste des socialistes (huîtres, potée bourguignonne, fromage blanc). On y parle des jeunes, des abstentionnistes, de *« la dimension considérable de l'échec »*.

François Mitterrand : *« Comment réussir lorsqu'on trouve dans notre camp les premiers à dire que cela ne marche pas ? Nous n'avons pas la confiance de notre propre milieu. Il n'y a rien à attendre des paysans, il ne faut rien leur demander. Il faut être plus agressif à l'égard de la droite. »*

Il fixe la barre de l'échec à 30 villes perdues. Mauroy pense qu'on en perdra 40.

Le Président : *« Il faut un discours ferme, simple et juste. »*

On reparle du statut de la presse. C'est une priorité.

A Belfort, Jacques Chirac appelle au *« combat national »*. Dans la soirée, sur *Europe 1*, Mermaz le traite de *« factieux »*. Tollé ! Philippe Séguin demande la réunion du bureau de l'Assemblée pour *« étudier les suites à réserver à ce nouveau manquement par M. Mermaz aux règles et traditions du poste qu'il occupe »*. Robert-André Vivien parle à son sujet de *« forfaiture »* et demande la levée de son immunité parlementaire. La droite se sent pousser des ailes...

**Vendredi 11 mars 1983**

Mais qui inspire donc les articles de Serge July, si ouvertement nourris des thèses des « visiteurs du soir » ? Bérégovoy ? Riboud ? Denizet ? Servan-Schreiber ? J'ai ma petite idée là-dessus.

**Samedi 12 mars 1983**

Je communique au *sherpa* japonais notre refus de signer à Williamsburg un texte parlant de « sécurité globale » : *« Cela donnerait un droit de regard aux Américains sur notre politique de défense à l'extérieur de la zone géographique de compétence du traité de l'OTAN. Et nous ne voulons pas que les États-Unis nous dictent quoi faire au Tchad ou au Moyen-Orient. »*

La querelle sur l'école privée se durcit. Savary vient informer le Président. Quand un camp est prêt à accepter un texte, l'autre le refuse. Le secteur privé veut maintenant un accord, mais les laïcs se radicalisent. Quatre cents municipalités de gauche refusent maintenant de payer leur contribution aux écoles privées.

Dans une semaine, il faudra choisir entre dévaluation et flottement. Le Président a maintenant sur son bureau trois programmes économiques : celui du Premier ministre et de Jacques Delors ; celui des « visiteurs du soir » ; enfin celui des experts de l'Élysée, très proche de celui du Premier ministre, mais insistant davantage sur la reconquête de l'indépendance nationale, l'accélération de la lutte contre l'inflation, une plus grande justice dans le partage des efforts, l'accélération du développement de la créativité et de la qualité de la vie.

Deux scénarios sont possibles :

— soit sortir du SME lundi et annoncer mercredi un programme économique brutal, en particulier avec des clauses de sauvegarde et le dépôt à l'importation ;

— soit discuter lundi avec les Allemands, au plus haut niveau, en posant sur la table tout le *« contrat de mariage »* franco-allemand et en exigeant une réponse pour le lendemain 13 heures. Si la réponse est positive, c'est la dévaluation ; si elle est négative, il faudra sortir du SME. Dans les deux cas, on annoncera l'ensemble du programme économique mercredi, comme dans le premier scénario.

Le Président a clairement tranché en faveur du premier scénario.

En tout cas, le secret est gardé et l'ambiguïté est utile : même si, contre mon avis, la décision était notifiée et qu'il accepte de faire négocier une dévaluation, faire peser la menace d'un flottement peut pousser les Allemands, qui n'en veulent à aucun prix, à accepter une plus forte réévaluation.

**Dimanche 13 mars 1983**

A Kaboul, le médecin Philippe Augoyard est condamné à huit ans de prison.

Second tour des élections municipales. Soulagement : c'est moins mauvais que prévu. L'opposition gagne trente villes de plus de 30 000 habitants. Édith Cresson prend Chatellerault. Gaston Defferre est réélu. Ces deux victoires masquent l'ampleur de la défaite. François Mitterrand, rasséréné, passe la soirée à l'Élysée et se promène de bureau en bureau, au premier étage. Il reçoit Jospin, Cheysson, Bérégovoy et appelle Mauroy à Lille.

Il s'interroge à mi-voix : *« Mauroy et Delors ont fait leur temps, dois-je les garder ? Et Mauroy veut-il partir ? »*

Demain, il annoncera à Mauroy qu'il le garde pour mener la politique des « visiteurs du soir ». Acceptera-t-il ?

**Lundi 14 mars 1983**

A 10 heures, François Mitterrand reçoit Pierre Mauroy : *« A partir de demain soir au plus tard, en prévision du Conseil européen de lundi prochain, tout va s'agiter. Une décision monétaire, quelle qu'elle soit, apparaîtra comme prise sous la pression de l'événement. Il faut donc décider aujourd'hui. Proposez-moi demain un gouvernement resserré, avec une politique nouvelle fondée sur le flottement du franc. »*

Pierre Mauroy : *« Je ne sais pas faire. Je ne suis pas l'homme d'une telle politique. »*

Le Président est plus surpris que furieux. Il ne s'attendait pas à cela. Pour la première fois, Pierre Mauroy lui résiste.

François Mitterrand déjeune avec Edgar Faure et Maurice Faure.

A 15 heures, il reçoit Pierre Bérégovoy, Laurent Fabius et Jean Riboud. Il est déterminé. Il ne leur dit pas que Pierre Mauroy a refusé de conduire l'action proposée. Il sait que plusieurs des « visiteurs du soir » guignent sa succession à Matignon.

A 17 heures, François Mitterrand reçoit de nouveau Pierre Mauroy qui lui apporte une lettre de démission et confirme : *« Je ne sais pas faire avec le flottement. Il n'y a pas de corde de rappel. La France deviendrait un gigantesque Portugal. »*
De très mauvaise humeur, le Président demande à Mauroy de réfléchir.

Il rentre chez lui, rue de Bièvre, où il retrouve Jospin, Mermaz et Joxe, cependant que Bianco part pour Bonn, afin de juger de la possibilité d'une éventuelle réévaluation du mark.

Dans Paris, nul ne sait ce qui se trame, et personne n'attend de décision avant vendredi prochain, date absolument limite.
Comment convaincre le Président que nous n'avons pas assez de réserves pour éviter que le flottement ne tourne à la catastrophe ? Il ne reste que quatre jours pour le faire changer d'avis.

**Mardi 15 mars 1983**

Le petit déjeuner hebdomadaire à l'Élysée est annulé. Rien à se dire devant Jospin. C'est une affaire de gouvernement.

A 10 heures, Bianco revient bredouille d'Allemagne. Il n'a pas vu le Chancelier et le secrétaire général de la Chancellerie ne lui a fait aucune promesse. Le Président se sent conforté dans ses décisions : *« Il ne fallait pas y aller ! Nous ne sommes pas demandeurs. »*

A 10 h 30, François Mitterrand reçoit Pierre Mauroy qui lui explique à nouveau les dangers du flottement. Magnifique courage du Premier ministre.

A 11 heures, François Mitterrand reçoit Fabius, Bérégovoy et Riboud. L'entretien dérape. Fabius est trop influent... Le Président a une nouvelle idée : faire mener la politique de flottement... par Jacques Delors !

Je cherche Delors. Il est à Matignon avec Mauroy ; je les rejoins. Delors n'acceptera pas. Notre point de vue commun est clair : seuls, nous n'y arriverons pas. Il faut que l'un des ministres parmi les « visiteurs du soir » — Fabius, Defferre ou Bérégovoy — change d'avis pour que nous ayons une chance de convaincre le Président. Je demande à Delors de permettre au directeur du Trésor, Michel Camdessus, de communiquer le montant réel de nos réserves de devises à Fabius et à Defferre. Quand ils le connaîtront — il n'est pas loin de zéro —, ils comprendront que le franc flottant ne peut pas tenir une parité, et que ce serait entrer dans une spirale infernale.
Delors accepte avec réticence. Il informera Fabius. J'en préviens le Président, qui approuve.

Mauroy reste avec Jean Deflassieux et Pierre Uri, qui sont favorables au flottement. Va-t-il se résigner ?

A 15 heures, François Mitterrand appelle Jacques Delors. Il lui propose de prendre la direction du gouvernement à condition qu'il accepte de mener une politique fondée sur la sortie du SME. Delors refuse. Le front Mauroy-Delors semble tenir.

Et maintenant, que faire ? Tous les scénarios si soigneusement élaborés ont explosé ; il faut improviser. Plus que trois jours avant la date limite, le Conseil européen.

A 19 heures, le Président reçoit à nouveau Jean Riboud, Laurent Fabius et Pierre Bérégovoy. Il leur fait part de son incertitude. Ils croient leur heure venue. Le Président, en fait, commence à changer d'avis : *« Et si le flottement ne faisait que rendre la rigueur moins juste socialement ? »* me dit-il. Il ajoute : *« On dit que j'hésite. Non, je réfléchis. Moins longtemps que de Gaulle ne l'a fait en novembre 1968. La France m'en saura gré. »*

Manifestation à Paris des étudiants en médecine. Ce n'est vraiment pas le moment !

**Mercredi 16 mars 1983**

A 8 heures, petit déjeuner entre Mauroy et Delors rue de Varenne. Jacques Delors demande à Mauroy de rester à Matignon, quoi qu'il arrive. *« Même s'il faut accepter la sortie du SME, tu es le meilleur pour cela. Au moins, avec toi, cela n'ira pas n'importe où. »*

A 9 heures, François Mitterrand reçoit Pierre Mauroy, comme tous les mercredis matin. Mauroy lui déclare accepter de rester Premier ministre, quel que soit le choix de politique économique. Il lui demande seulement de le laisser essayer, avant de décider d'un flottement, d'obtenir une forte réévaluation du deutschemark : *« Stoltenberg vient à Paris demain voir Delors. Laissez-le négocier. On verra ce que cela donne. »* François Mitterrand l'écoute très attentivement. Là se situe sans doute le moment de son changement : il accepte de laisser Delors négocier une dévaluation. Il décide de s'adresser aux Français le 23 mars. A cette date, de toute façon, quelque chose aura été fait. Mais quoi ?

Il déclare au Conseil : *« Je ne parlerai que la semaine prochaine, de manière à pouvoir tenir compte des aspects extérieurs des problèmes. »*

Pendant ce temps, en Conseil, Michel Jobert rédige sa lettre de démission : il sait qu'il n'a aucune chance de rester ministre du Commerce extérieur et veut prendre les devants avec un rare manque d'élégance.

A la sortie du Conseil, François Mitterrand prend Fabius à part : *« Avez-vous vu Camdessus ? Delors voulait que vous le voyiez...*

*— Non. Pourquoi ? Delors ne m'en a pas parlé.*

*— Faites vite et venez me voir. »*

A son retour rue de Rivoli, vers 13 h 30, Laurent Fabius convoque le directeur du Trésor. Il découvre que les réserves de change ne permettent pas de tenir plus de quinze jours en cas de flottement. Il bascule en faveur du maintien dans le SME et en prévient le Président.

Est-il convaincu ou a-t-il senti que François Mitterrand, lui, a déjà basculé ? Un peu plus tard dans la journée, Gaston Defferre fera de même.

A 15 heures, le Président m'interroge : *« Mais si les Allemands refusent de réévaluer, faut-il accepter une dévaluation unilatérale du franc ? »*

Bonne question. Le tournant est pris. Le Président a changé d'avis. Formidable effort !

Mais il a aussi changé d'avis sur le Premier ministre : *« Mauroy est usé. Il aurait pu gérer une autre politique. Mais pas la même. Il doit partir. »*

Qui alors ? Delors ? Fabius ? Bérégovoy ? Je n'en vois aucun autre.

Le secrétaire général de la Chancellerie téléphone : le ministre des Finances allemand, Stoltenberg, qui vient à Paris ce soir voir Jacques Delors, peut-il être reçu par le Président ? Le Président refuse : ce serait déchoir, pour le Président, que de négocier avec un ministre. Et il faut que les Allemands croient que le flottement menace, si on veut en tirer le maximum.

François Mitterrand reçoit Bérégovoy et lui demande de *« penser à la formation d'un gouvernement dans le cadre du maintien dans le SME »*. Comme lorsqu'il était secrétaire général de l'Élysée, Bérégovoy s'installe dans le bureau de Colliard. Dans son schéma, il ne se place lui-même nulle part. Par modestie ? Non, c'est Matignon qu'il vise.

A 16 heures, François Mitterrand reçoit les lettres de créance des ambassadeurs du Liban, du Laos et de la Dominique. Corvée inutile dont il a déjà réduit les formalités : on ne lit plus de discours.

A 18 heures, au cours d'une remise de décorations, après s'être livré à son habituel exercice de haute voltige — parler de mémoire des mérites des huit récipiendaires —, François Mitterrand prend Claude Estier et Louis Mermaz à part et leur confirme son choix : il accepte la dévaluation.

Il rencontre ensuite Delors avant que celui-ci ne parte pour La Celle-Saint-Cloud négocier avec Stoltenberg : *« Il faut obtenir une réévaluation du mark de 6 points, avec une dévaluation du franc de 2 points. »*

Puis il reçoit à nouveau Jean Riboud et les autres « visiteurs ». Se savent-ils déjà en perte de vitesse ?

Jobert, convaincu qu'il ne sera pas repris dans le futur gouvernement, fait porter sa lettre de démission à l'Élysée. Le Président : *« C'est idiot, j'avais l'intention de le garder, mais à un autre poste... »*

En fin d'après-midi, je redis au Président ma conviction la plus absolue : en six mois, le mark montera par rapport au dollar ; si nous sortons du SME, nous ne serons plus assez crédibles pour ne pas subir une forte décote par rapport au dollar. Et nous entrerons alors dans la spirale des déficits.

Dîner avec François Mitterrand et Laurent Fabius. Nous sommes informés régulièrement par Delors de sa négociation avec Stoltenberg. Le ministre allemand propose une réévaluation du mark de 5 %. Ce n'est pas assez ! Il faut faire croire aux Allemands que nous sommes prêts à sortir du SME.

Le Président : *« Delors est-il le bon négociateur pour ce moment très difficile ? »*

**Jeudi 17 mars 1983**

Le projet de *Canal-Plus* fait la une du *Monde*, de même que la démission de Michel Jobert.

La rencontre entre Delors et Stoltenberg n'a rien donné. Les sorties de devises sont énormes. Il n'y a plus qu'à attendre. La réunion des Dix est pour samedi.

On ne peut plus reculer. Ce week-end, il faudra décider du flottement ou de la dévaluation. Il est essentiel que les Allemands croient que le flottement est probable pour réussir la dévaluation.

**Vendredi 18 mars 1983**

Pierre Morel part pour San Diego me remplacer à la réunion des *sherpas*, la seule que j'aurai manquée.

Jacques Delors confirme la convocation du Comité monétaire européen pour demain.

Je conseille au Président de rassembler dans un livre ses discours de politique étrangère.

**Samedi 19 mars 1983**

La réunion des Dix ministres des Finances s'ouvre à Bruxelles. Rien n'en filtre dans la matinée.

Déjeuner à l'Élysée avec le Président et Laurent Fabius. Bavardage amical en attendant le résultat de la négociation.

Dans l'après-midi, Christian Goux revient encore à la charge, de façon très convaincante, en faveur du flottement. Le Président : *« Décidément, toute thèse est économiquement justifiable. »* Il est maintenant décidé à maintenir le franc dans le SME si la dévaluation réussit. Mais il veut changer de gouvernement. Pierre Mauroy, qui est prêt à rester, est à son avis trop usé pour mener cette politique.

De Bruxelles, Jacques Delors nous informe des détails de la négociation, complexe et dérisoire. Rien n'est conclu. Delors : *« C'est aux Allemands de prendre une décision. »*

**Dimanche 20 mars 1983**

Stupeur : à 8 h 30, ce matin, Jacques Delors déclare à Bruxelles que *« des choses importantes qui vont se passer à Paris le rappellent »*. Il rentre. François Mitterrand enrage : *« Mais je ne lui ai pas demandé de rentrer ! »* Delors se croit probablement déjà Premier ministre. Il est reçu brièvement par le Président, qui le renvoie à Bruxelles.

Déjeuner à l'Élysée avec François Mitterrand, Jean-Louis Bianco et Laurent Fabius. On attend toujours les résultats de la discussion de Bruxelles.

En fin d'après-midi, je raccompagne le Président rue de Bièvre. Devant la porte, après la millième conversation sur le sujet, il me demande : *« Et si nous n'étions pas dans le SME, me recommanderiez-vous d'y entrer maintenant ? »* Bonne question. Réponse positive, que j'espère convaincante.

**Lundi 21 mars 1983**

A l'aube, la négociation de Bruxelles se conclut : réévaluation de 5,5 % du mark, de 3,5 % du florin, de 2,5 % de la couronne, de 1,5 % des francs belge et luxembourgeois, dévaluation de 2,5 % du franc français et de la lire. C'est correct. Suffisant, en tout cas, pour rester dans le SME. A présent, il nous faut partir pour le Conseil européen.

A 10 heures, Pierre Mauroy est en route pour Lille lorsque François Mitterrand le fait appeler. L'avion du Premier ministre fait demi-tour. A 11 h 30, il est dans le bureau du Président. Celui-ci lui demande de rester à son poste *« pour l'instant »*, puis part pour Bruxelles.

Dans l'avion, il me parle en détail des vertus de chacun des candidats possibles à Matignon. Je penche pour Jacques Delors. Michel Vauzelle plaide dans le même sens. Le Président semble décidé : il proposera Matignon à Delors.

Avant que ne commence le Conseil européen, le Président s'isole avec Delors qui l'a attendu. Il lui parle d'un accord nécessaire entre lui, Fabius et Bérégovoy. Rien de plus. Delors rentre à Paris.

Le Conseil, sous présidence allemande, encore sous le choc des élections allemandes et du réalignement monétaire, avance sur des problèmes sans importance et renvoie à Stuttgart les décisions à prendre pour relancer l'Europe. Un mémorandum devra être préparé sur les enjeux clés. Une discussion confuse a lieu sur le chèque britannique, au cours de laquelle chacun entend ce qu'il veut bien entendre.

François Mitterrand a plusieurs conversations téléphoniques avec Pierre Bérégovoy à Paris. Le Président me dit : *« Le prochain Premier ministre sera Jacques Delors ou Pierre Bérégovoy. Pas Pierre Mauroy. C'est dommage. Mais il faut profiter de tout cela pour rebondir. Il faut même parfois fabriquer des crises pour y parer. Regardez de Gaulle à Baden-Baden... »*

**Mardi 22 mars 1983**

Ronald Reagan adresse deux nouveaux messages au Président français sur les négociations de Genève. Les Américains revendiquent un plafond pour leurs propres installations, mais n'installeraient pas autant de fusées que le permettrait ce plafond, la différence entre le plafond et le nombre de fusées réellement installées devant être, semble-t-il, égale au nombre de fusées françaises et britanniques. L'emploi du mot « plafond » peut donc laisser entendre que Reagan accepte une prise en compte implicite des forces tierces.

8 heures : Jacques Delors, rentré à Paris, et Pierre Bérégovoy se rencontrent mais ne se mettent d'accord ni sur une politique économique, ni sur un partage des postes : Delors se voit à Matignon, gardant le contrôle des Finances ; Bérégovoy s'imagine tout-puissant aux Finances. Seul point d'accord entre eux : pas de Fabius aux Finances.

9 heures : François Mitterrand quitte Bruxelles, avant la fin du Conseil européen, décidé à nommer Delors à Matignon.

10 heures : Pierre Mauroy attend le Président à Villacoublay et le raccompagne jusqu'à l'Élysée. François Mitterrand : *« C'est fini pour vous. Je suis obligé de nommer un nouveau gouvernement. »* Il ne lui dit pas qu'il a l'intention de nommer Delors.

Arrivée à l'Élysée : nous découvrons une forêt de caméras dans la cour. La pression des médias est maintenant énorme. Y aura-t-il un changement de gouvernement ? Quel sera le programme d'accompagnement de la dévaluation ? Il faut décider vite.

François Mitterrand me confirme : *« Je vais choisir Delors. »* Il réunit Bérégovoy, Fabius, Delors et Bianco pour un bref déjeuner. On n'y parle de rien. Puis il reçoit successivement en tête à tête les trois premiers, candidats à Matignon.

A Jacques Delors, reçu d'abord, il déclare qu'il *« envisage de lui proposer d'être Premier ministre ».* Delors accepte avec empressement. François Mitterrand lui demande alors de prendre Fabius aux Finances. Delors refuse : il souhaite garder les Finances, même s'il est à Matignon. Le Président, blême, ne répond rien. Delors voudrait ajouter qu'il n'en fait pas une condition *sine qua non*, mais se tait.

Le Président reçoit ensuite Bérégovoy. Il lui annonce qu'il va reconduire Pierre Mauroy, sans lui dire pourquoi.

Puis il reçoit Fabius à qui il apprend que Mauroy va être reconduit et qu'il n'aura pas les Finances. Fabius demande l'Industrie. François Mitterrand lui laisse alors entendre qu'il sera peut-être Premier ministre, mais plus tard.

A la même heure, je reçois Henry Kissinger avec qui un rendez-vous avait été pris de longue date. Je l'informe qu'on s'apprête à changer de Premier ministre, mais, heureusement, sans lui citer de nom ! J'en suis resté à celui que le Président m'a indiqué juste avant déjeuner : Jacques Delors.

Vers 16 h 30, le Président m'appelle dans son bureau : *« Vous vous rendez compte, Delors veut garder les Finances, avec Matignon ! Je ne veux pas me mettre dans les mains d'un seul homme. Je garde Mauroy ; je l'appelle pour le lui dire. Appelez Delors, dites-lui qu'il est numéro 2 du gouvernement. »* Il pose la main sur le combiné et ajoute en souriant : *« Alors, on y va ? »*

Je reviens, traverse mon bureau, fais signe à Kissinger de patienter, le temps que j'aille téléphoner du bureau voisin, qu'occupe Jean-Louis Bianco, à Jacques Delors. Je lui annonce la nouvelle. Delors : *« J'en étais sûr ! Le Président m'en veut. Je lui ai dit des choses désagréables. Si je ne suis pas Premier ministre, je veux rester ministre de l'Économie et des Finances, mais avec, en plus, le Plan et le Budget.*

— *C'est d'accord.*

— *Et la DATAR ?*

— *Non, Fabius l'aura, avec l'Industrie. C'est plus cohérent.*

— *Encore lui ! »*

A 16 h 45, Pierre Mauroy revient à l'Élysée. Il a toujours sa lettre de démission en poche. Visiblement, le Président ne lui a rien dit de très clair au téléphone. Il traverse mon bureau, ahuri : *« Mais qu'est-ce qui se passe, Jacques ? Qu'est-ce qui se passe ?*

— *Le Président va te le dire. »*

Pierre Bérégovoy, qui attend encore, dans un salon du rez-de-chaussée, depuis la fin de son entretien d'après-déjeuner, monte me voir. Je l'informe du résultat. *« Je l'avais prévu. François Mitterrand n'est pas prêt à prendre le risque. Tant pis ! Cette politique de rigueur échouera, on sortira du SME, et, dans six mois, je serai Premier ministre. »*

Pierre Mauroy revient dans mon bureau dont Kissinger est enfin parti. Il reste là pour composer son gouvernement, afin d'éviter des va-et-vient inutiles.

François Mitterrand propose l'Équipement à Chevènement, qui veut en plus le Plan et l'Aménagement du Territoire. Impossible : l'un est déjà promis à Delors, l'autre à Fabius. Malgré les exhortations de Mauroy *(« Jean-Pierre, sois raisonnable ! »)*, Chevènement maintient sa démission, présentée il y a un mois.

Mauroy retourne à Matignon et reçoit Georges Marchais et Charles Fiterman : il leur propose un seul ministère, mais élargi. Ils protestent. Finalement, Fiterman et Rigout restent tous deux ministres pleins. Fiterman aurait préféré retourner au secrétariat du Parti et se faire remplacer par Juquin.

Rocard passe à l'Agriculture. Il voulait les Finances ou l'Éducation nationale. Édith Cresson passe de l'Agriculture au Commerce extérieur. Emmanuelli prendra le Budget.

Max Gallo devient porte-parole du gouvernement et me remplacera pour rendre compte des délibérations du Conseil des ministres.

A 20 h 35, la composition du gouvernement est enfin rendue publique. Le nombre des ministres est passé de trente-cinq à quinze. Le Président refuse de dramatiser : *« Tout cela n'est pas une tragédie ; la France est riche. Si je parlais maintenant de "sueur et de larmes", je n'aurais plus rien à dire si une vraie tragédie nous arrivait !... On dit que j'ai hésité. Mais, lors du refus de la dévaluation par de Gaulle, le 24 novembre 1968, ce fut bien autre chose : extraordinaire histoire où la légèreté du processus de décision, l'inconséquence des ministres, l'abondance des confidences à la presse furent sans commune mesure avec aujourd'hui. »*

Jean-Pierre Chevènement publie un communiqué pour préciser qu'il avait remis sa démission... le 2 février dernier !

Début de la grève des internes et chefs de clinique des centres hospitalo-universitaires.

**Mercredi 23 mars 1983**

Le Premier Conseil des ministres du troisième gouvernement Mauroy est réuni. Le Président : *« Pour gagner la bataille économique, il nous fallait une équipe plus resserrée. »*

L'équipe de Matignon défait ses bagages et se remet au travail. Jacques Delors parachève la mise en forme du plan de rigueur préparé depuis six mois.

Le Président est décidé à le laisser faire : *« Être impopulaire peut devenir un instrument de popularité. »* C'est d'ailleurs la grande victoire du SME : il aurait coûté politiquement plus cher d'en sortir que d'y rester.

François Mitterrand redit à Pierre Mauroy que les difficultés budgétaires ne doivent pas retarder le transfert du ministère des Finances à Bercy.

Révolutionnaire : Laurent Fabius propose au Président de remplacer l'emprunt obligatoire prévu par un paiement, dès 1983, d'une partie de l'impôt sur le revenu dû en 1984, et de changer l'année de base de l'impôt en passant au prélèvement à la source. Fabius plaide : *« Avantages : on réduit le déficit budgétaire ; on ne paie pas plus, mais seulement plus tôt ; on ne touche pas les petits, qui ne paient pas d'acomptes d'impôt sur le revenu. »*

François Mitterrand : *« Pourquoi ceci n'est-il pas sorti plus tôt des cartons ? Trop tard. »* L'idée — qui est de Gilbert Trigano — est abandonnée. Dommage...

Ce soir, à la télévision, le Président fixera six objectifs au nouveau gouvernement : formation des jeunes, baisse de l'inflation, équilibre du commerce extérieur, soutien aux exportations, équilibre de la Sécurité sociale, maîtrise du Budget et développement de l'épargne.

Ronald Reagan confirme au Président français, dans une nouvelle lettre, le lancement d'un « programme d'armement défensif » :

> *« Nous avons, vous et moi, depuis un certain temps, la charge d'assurer la sécurité de nos peuples contre la menace la plus terrifiante de l'histoire de l'humanité. Cela nous oblige à prendre des décisions délicates que nous nous efforçons présentement, vous et moi, de défendre face à une forte opposition. Nous devons y parvenir, car il est clair, à mes yeux, qu'il n'est pas d'autre solution à court terme pour entretenir une force de dissuasion solide et à pied d'œuvre face à l'Union soviétique. Dans le débat qui s'est ouvert aux États-Unis, il apparaît nettement que les critiques, de caractère émotionnel, sont en grande partie fondées sur la peur, elle-même suscitée par le sentiment que nous n'avons manifestement pas d'autre solution que de construire toujours davantage d'armes offensives. Après avoir médité sur les réalités et les inconnues de la technologie des armements, je me suis rendu compte qu'il n'y*

*a guère de solution de rechange à court terme. J'ai néanmoins la conviction que nous devons nous efforcer, par tous les moyens possibles, de réduire le niveau des systèmes offensifs. Mes conseillers — notamment le Comité interarmes des chefs d'état-major — ont recommandé récemment un examen plus approfondi des possibilités inhérentes aux technologies de défense, donnant ainsi à notre peuple — et à tous ceux que protège le parapluie de l'OTAN — l'espoir à long terme que nous pourrons un jour assurer notre sécurité sans menacer personne.* »

L'espace n'est pas encore mentionné. Mais l'ambition est de plus en plus affichée : *« dépasser le nucléaire », « débarrasser le peuple américain du cauchemar nucléaire », « rendre les missiles nucléaires obsolètes et impuissants ».* Ce n'est pas la première fois qu'une telle idée germe en Amérique. Dans les années 50, le Pentagone rêva de la défense anti-aérienne du continent nord-américain contre une « attaque-surprise » des bombardiers nucléaires soviétiques ; Washington lança alors un vaste programme qui fut prêt quand l'apparition des missiles soviétiques le rendit caduc. Dans les années 50 encore, le Pentagone conçut le projet de construire des abris antinucléaires individuels pour un montant évalué à l'époque à 50 milliards de dollars. Dans les années 60, il eut l'idée d'une protection par des missiles antimissiles...

**Jeudi 24 mars 1983**

Un Conseil des ministres extraordinaire adopte le plan de rigueur de Jacques Delors : réduction du déficit budgétaire, augmentation des vignettes et de la taxe sur l'alcool et le tabac, forfait hospitalier, emprunt forcé, réduction des stocks pétroliers, contrôle des changes et limitation des devises autorisées aux touristes français partant à l'étranger.

Tout cela aboutit à une ponction de 65 milliards sur la consommation des ménages, soit 2 % du PNB. On reprend ce qu'on avait donné en juin 1981. Fiterman, prudent, approuve, mais ne commente pas. Il n'ose sauter le pas. Rocard demande l'instauration de dépôts à l'importation, que lui a *« vendus »* le professeur Kaldor, Prix Nobel d'économie.

Le Président conclut brièvement en rappelant que la rigueur ne doit pas remettre en cause certains travaux culturels, dont le transfert du ministère des Finances. Delors se renfrogne.

La gauche se cherche une doctrine : est-ce *« une parenthèse »* (Jospin), la *« rigueur »* (Delors), la *« rigueur socialement juste »* (Mitterrand) ? En réalité, c'est l'approfondissement de la rigueur décidée en juin 1982, mais sans renoncer en rien aux réformes de structures. Pour les communistes, la situation est intolérable. Joxe enrage, comme Jospin, du maintien de Pierre Mauroy à Matignon.

8 ministres délégués et 19 secrétaires d'État sont nommés. On arrive donc à 43 membres du gouvernement... au lieu de 44 !

Raymond Barre *« approuve »* le plan de rigueur. Le reste de l'opposition le condamne.

Hissène Habré est invité officiellement par le président Arap Moi à participer au prochain sommet de l'OUA.

**Vendredi 25 mars 1983**

Le choix du projet pour la « Tête Défense » se précise. Restent quatre projets absolument anonymes. Le Président tourne et retourne autour des maquettes installées au rez-de-chaussée de l'Élysée. Il en aime deux : l'une est un mur de lumière ; l'autre, une arche immense et délicate à la fois : un architecte danois inconnu en est l'auteur.

**Lundi 28 mars 1983**

Le franc tient ; les devises reviennent.

Le Président se replonge dans le projet de loi sur les universités et les mécanismes de sélection que propose Savary. Têtu, celui-ci a remis dans le décret les deux réformes que le Président avait refusées dans la loi : la fusion en un Corps unique de tous les professeurs, et la suppression de l'agrégation de droit. Le Président lui fait savoir qu'il ne les acceptera pas plus dans le décret qu'il ne les a acceptées dans la loi.

**Mardi 29 mars 1983**

Surprise : le Quai informe benoîtement l'Élysée qu'un accord est signé entre cinq sociétés françaises et l'Irak pour la réparation de la centrale de Tamouz ! L'accord prévoit que le combustible très enrichi, déjà payé par l'Irak, sera livré quand le réacteur sera reconstruit. Il organise aussi l'usage d'un combustible moyennement enrichi, l'interdiction d'irradiations clandestines, l'ouverture du Centre de recherches à d'autres chercheurs arabes. Il rapporte 500 millions de francs de devises aux entreprises. Le Quai d'Orsay, tenu informé jour après jour par les entreprises du déroulement de leurs négociations, n'en rend compte à l'Elysée qu'aujourd'hui. Le Quai a laissé croire aux sociétés que l'approbation gouvernementale ne serait plus qu'une formalité. La signature du contrat a même été l'occasion d'un cocktail au CEA, réunissant des hauts fonctionnaires du Quai d'Orsay et de l'Industrie et les signataires irakiens du contrat.

Le gouvernement a deux mois pour donner son accord officiel. Le Président est furieux : *« C'est stupide ! On ne va pas reconstruire Tamouz ! »*

Claude Cheysson, fort ennuyé : *« On peut retarder l'agrément, car j'ai dit au ministre irakien des Affaires étrangères que l'accord entre les entreprises et les Irakiens ne préjugeait pas de l'accord de la France. On doit aussi subordonner cet accord au paiement par l'Irak de ses dettes militaires et civiles, dont le service représente le sixième de notre déficit extérieur. »*

Il faut maintenant choisir entre refuser ce contrat immédiatement ou tenter d'obtenir le règlement des dettes irakiennes dans les deux mois avant de refuser. On refusera.

**Mercredi 30 mars 1983**

Le Conseil des ministres adopte le projet de loi sur l'enseignement supérieur. Le président répète : *« Il n'est pas question, Monsieur le Ministre, de la création d'un corps unique ou de la suppression de l'agrégation dans les décrets. »* Savary est dépité. Pourquoi y tient-il tant ? Qu'a-t-il promis, et à qui ?

François Mitterrand répond à Reagan par une réaffirmation de la position française sur les Forces nucléaires intermédiaires :

> *« Compte tenu de sa position particulière, la France attache la plus grande importance au respect des quatre principes énoncés dans votre discours du 22 février devant l'American Legion, en particulier à la nécessité de rejeter tout accord qui impliquerait la prise en compte, de quelque manière que ce soit, directe ou indirecte, des forces tierces. »*

L'allusion de Reagan aux armes défensives n'est pas relevée.

Ronald Reagan n'en est plus à l'option zéro. Devant les ambassadeurs de l'Alliance atlantique réunis à Washington, il propose *« un accord intérimaire qui réduirait substantiellement les forces nucléaires à des niveaux égaux des deux côtés »*.

**Jeudi 31 mars 1983**

L'Italie augmente de 500 éléments son contingent au sein de la Force multinationale, le portant ainsi à 2 100 hommes.

**Vendredi 1er avril 1983**

Dans une interview à *L'Express*, Pierre Mauroy justifie la rigueur. Les mesures prises sont, dit-il, *« rudes mais transitoires »*.

Entrée en vigueur de la retraite à 60 ans. Je rêve d'une société où le travail serait devenu si intéressant que la revendication principale porterait sur un recul de l'âge de la retraite.

Manifestations pacifistes monstres en RFA, en Grande-Bretagne et aux Pays-Bas.

Juifs d'URSS : situation désastreuse. L'émigration s'est arrêtée. Pas plus de trente visas par mois. Désespoir de ceux qui s'en occupent. Aucun message ne passe. Tous les canaux semblent bouchés.

François Mitterrand quitte tard son bureau, ce soir. Je me rends compte que son rythme demeure imperturbable : arrivée à l'Élysée vers 9 heures, départ vers 20 heures. Jamais de dîner, sauf obligation absolue. Les soirées, me dit-il, sont réservées à la lecture.

**Lundi 4 avril 1983**

Le compte est bon : expulsion, demain, de 47 ressortissants soviétiques et de leurs familles, accusés d'espionnage. Les informations de « Farewell » ont permis d'établir une liste exhaustive, précise, indiscutable.

**Mardi 5 avril 1983**

Le Président rencontre le Chancelier allemand. Kohl : *« La jeunesse européenne est contre l'existence de bases américaines en Europe. Le pacifisme est un mélange de nationalisme, de courage et de lâcheté morale. Le pacifisme en RFA précède le nationalisme. Je ne changerai pas un mot de votre discours du Bundestag et je voudrais que tous les Allemands apprennent à le connaître. L'Europe devient-elle un glacis entre les Grands appelés à se battre ailleurs ? »*

Et maintenant, il faut tirer les conséquences de la dévaluation pour la préparation du Budget 1984 : stabilisation des effectifs de la fonction publique et réduction de 10 % des programmes d'équipement. Les ministres vont réagir. La rigueur n'est pas une parenthèse ; c'est une politique.

Cheysson est au Luxembourg : *« Venez sur notre satellite au lieu d'en fabriquer un ! »* Réponse de Werner, le Premier ministre : *« Oui, mais il nous faut deux canaux pour émettre aussi en allemand. »* Cheysson : *« Pourquoi pas ? Négocions. »*

**Mercredi 6 avril 1983**

Lord Carrington est remplacé à la tête de la diplomatie britannique par Francis Pymm.

Le Conseil des ministres adopte un projet de loi autorisant le gouvernement à procéder par ordonnances pour l'application du plan de rigueur.

A propos de l'expulsion des Soviétiques, le Président analyse l'attitude de Moscou : *« Après une première réaction fâchée, l'URSS en comprendra les motifs. Il faut lui faire admettre que dans ce domaine, il y a un jeu, et, quand on est pris, tant pis. Cela ne doit pas avoir de répercussions sur les rapports de politique générale. A vrai dire, à l'heure actuelle, les Russes ont d'autres chats à fouetter que celui-là. Ils sont l'objet d'une vexation qui tombe mal, peu de temps après l'accession au pouvoir de M. Andropov. Mais l'essentiel n'est pas là, il est ailleurs : c'est dans le problème que pose à l'URSS l'installation des fusées Pershing. A cet égard, la position que nous avons adoptée laisse une large marge à la conciliation.*

*On n'a pas assez remarqué que mon discours à Bonn n'a reçu que très peu de critiques, et de caractère tout à fait rituel, en URSS, car si des gens sont entraînés à bien lire les textes, ce sont eux ! Ils ont bien lu, notamment, ce qui était dit sur le fait que c'est la négociation qui fixera le niveau d'équilibre des forces. Il n'y a donc pas d'*a priori *en ce domaine. Tout ce qui marquera que nous ne sommes* *pas engagés dans une logique terrifiante sera perçu comme un geste de conciliation. Ce que nous disons aux Russes, c'est : "S'il n'y a pas d'accord de votre fait, vous aurez des Pershing." Mais nous serons juges des raisons et des responsabilités de ce qui se sera passé.*

*Ou bien les Russes nous considèrent comme des adversaires, et, dans ce cas, l'affaire qui vient d'éclater n'est qu'une goutte d'eau supplémentaire dans un contexte général d'hostilités. Ou bien ils constateront que nous avons pris des positions sages et équilibrées et cette affaire aura, dans ce contexte, relativement peu d'importance.*

*Les Russes doivent s'habituer à considérer que nous avons une politique. La France n'est pas à vendre, on ne peut pas se contenter d'obtenir des contrats et, ensuite, ne pas poursuivre les relations. Les Russes doivent comprendre qu'ils n'ont pas affaire à un ventre mou. Dès qu'ils l'auront compris, cela marchera mieux, et peut être sera-ce le cas d'ici la fin de 1983. Dans ce domaine, il y a un secret qu'il ne convient pas d'étaler plus qu'il ne faut : l'espionnage est une pratique de tous les pays. C'est un art à la fois admis et interdit. Il est admis, puisque tout le monde sait qu'il existe ; mais il est aussi interdit et il y a autour de cela toute une littérature sur les espions, sur le fait qu'on peut les arrêter, les maltraiter, qu'ils ne bénéficient pas d'un certain nombre de garanties, etc.*

*Dommage que ce soit tombé sur des espions russes ; j'aurais bien aimé qu'on en trouve aussi d'autres ; mais il est vrai que quand il s'agit de nos alliés, ils ont peut-être plus de facilités à se procurer des renseignements que les Russes. Leurs recherches sont moins difficiles ! »*

L'Assemblée vote la confiance au troisième gouvernement Mauroy.

**Jeudi 7 avril 1983**

Le gouvernement français condamne à nouveau l'apartheid en Afrique du Sud et interdit aux sportifs amateurs toutes relations avec cet État.

**Vendredi 8 avril 1983**

Georges Marchais à Roissy : *« Je ne suis pas disposé à avaler des couleuvres. »* Est-ce le commencement de la fin de l'Union de la Gauche ?

Un décret crée un corps d'assistants fonctionnaires titulaires dans les disciplines du droit, des sciences économiques, des sciences politiques et des sciences humaines. Les obligations de service passeraient de 3 heures de cours hebdomadaires sur 25 semaines à 4 heures sur 32 semaines. François Mitterrand : *« Veiller à maintenir les trois heures. »* C'est, pour lui, la condition de la qualité du travail de recherche des enseignants.

Ronald Reagan écrit à François Mitterrand à propos du commerce Est/Ouest, juste avant Williamsburg :

> *« J'ai suivi avec intérêt l'annonce, par votre gouvernement, des courageuses mesures de politique économique intérieure que vous venez de prendre. Elles sont*

*un effort hardi pour assurer un rétablissement durable et non inflationniste de la France, et je vous souhaite le plus grand succès dans cet effort. »*

Suit un long exposé sur l'Est/Ouest, résumant les résultats de la réunion des *sherpas* à San Diego : il propose de troquer, à Williamsburg, une relative discrétion du communiqué contre un accord concret sur le contrôle réel du commerce Europe/URSS. Et il évoque comme un fait acquis l'accord de Washington de décembre, que la France a refusé d'entériner :

> *« Sur les relations économiques Est/Ouest, il est important que nous nous comprenions l'un l'autre sur ce sujet et que nous ayons à temps un échange de vues afin d'éviter l'émergence de nouveaux contentieux publics entre nous. Ce sujet est complexe et requiert du soin pour trouver la bonne façon d'exprimer en commun nos préoccupations, tout en respectant la souveraineté nationale de chacun. Je suis sûr qu'un compromis peut être trouvé. Comme je l'ai souvent déclaré, la relation avec la France est d'une importance vitale pour les États-Unis et pour la cause de la liberté à l'Ouest. Nos intérêts communs essentiels nous donnent la force et la capacité de dépasser des différences d'approche. Votre récente lettre à propos des forces nucléaires intermédiaires m'a grandement encouragé et illustre la profondeur de nos intérêts communs. Par-dessus tout, je crois que nous partageons l'hypothèse fondamentale que le fardeau de notre défense ne doit pas être rendu plus lourd par nos politiques économiques vis-à-vis de l'Union soviétique.*
>
> *Si je comprends bien, vos soucis essentiels sont les suivants :*
>
> *Vous ne souhaitez pas que, dans le domaine des relations économiques Est/Ouest, nous créions de nouvelles institutions multilatérales qui empiéteraient sur des domaines de décisions nationales.*
>
> *Vous ne souhaitez pas que des décisions multilatérales sur les relations Est/Ouest soient annoncées au Sommet de Williamsburg lui-même.*
>
> [Suit un long examen des études en cours dans chaque institution : OTAN, OCDE, AIE, COCOM. Puis :]
>
> *Je ne souhaite pas accorder aux relations économiques Est/Ouest une position prééminente dans l'ordre du jour du Sommet ou dans les discussions publiques autour du Sommet. Je suis beaucoup plus attaché aux résultats concrets que nous pourrions obtenir dans le cadre d'autres institutions.*
>
> *Seule l'Union soviétique tirerait bénéfice si l'un quelconque de nos pays ressentait la nécessité de souligner en public nos différences sur ces sujets. Ceci ne peut arriver que si nous ne réussissons pas à communiquer maintenant entre nous avec clarté et franchise au sujet de ce que nous attendons des efforts menés dans les institutions spécifiques et sur des sujets spécifiques dans la période qui nous sépare du Sommet. Si vous partagez le point de vue selon lequel, d'ici là, nous devrons obtenir les résultats spécifiques que j'ai indiqués, nous pourrons à ce moment-là nous mettre d'accord sur la présentation publique que nous en ferons au Sommet, en particulier dans la déclaration conjointe.*
>
> *Un accord préalable entre nous sur la présentation publique de ces sujets assurera presque certainement le succès d'ensemble du Sommet pour tous les participants en un moment vital pour le destin économique du monde. »*

Qu'avec clarté ces choses-là sont dites...

Moscou garde son flegme. Le nouvel ambassadeur soviétique à Paris, Vorontsov, remet une note officielle de protestation. Il s'étonne devant Cheysson de l'expulsion des diplomates russes. A l'en croire, à Moscou, *« on serait intrigué, on ne comprendrait pas »*. Il parle de préjudice sensible porté aux relations franco-soviétiques, *« d'action arbitraire et arrogante »*. Mais il n'y aura pas, précise-t-il,

*« de représailles directes »*. La réaction est modérée, comme prévu. Les négociations commerciales en cours ne subiront pas de contrecoups.

En revanche, la position de François Mitterrand sur les euromissiles irrite les Soviétiques au plus haut point. Le journal soviétique *Temps Nouveaux* se livre à une critique approfondie du programme militaire adopté par le Parlement. Il écrit : *« Avec la France, Washington a trouvé un partisan zélé de ses options zéro et intermédiaire. Par contraste avec les engagements pris par le PS lorsqu'il était dans l'opposition (et par M. Hernu lui-même à l'époque), le nouveau programme met l'accent également sur l'arme à radiation renforcée, comme ils appellent honteusement la bombe à neutrons. Le nouveau missile Hadès sera capable d'atteindre des objectifs en Tchécoslovaquie. La question se pose alors : Paris ne veut-il pas occuper un créneau sur le flanc oriental de l'OTAN et participer avec les forces de l'OTAN à la bataille de l'avant ? »*

Claude Cheysson réfléchit devant le Président sur le sens de la stratégie soviétique. Il pose une très fine problématique : *« Pourquoi les Soviétiques sont-ils si attachés à leurs SS 20 et si opposés aux Pershing ? Les quelques centaines de têtes nucléaires supplémentaires ne changent pourtant pas grand-chose au rapport de forces. Ma première réponse se place sur le plan du découplage : il s'agirait d'appâter l'Allemagne fédérale, de tenter de la séparer du reste de la Communauté européenne, puis de progresser vers une neutralisation de toute l'Allemagne. C'est la seule réponse raisonnable à la question posée. Mais voici qu'Andropov "recouple" en annonçant qu'aux Pershing il répondra par une deuxième vague de missiles à moyenne portée qui menaceront le territoire américain et donc recréeront la solidarité nucléaire entre Europe et États-Unis. Comment l'expliquer ? Y a-t-il eu à Moscou erreur de raisonnement, ou plutôt limitation du raisonnement à l'installation des SS 20 et à la menace sans réponse qui en résulte ? Ou bien le pari soviétique est-il autre ? Par exemple, celui du pacifisme qui inhiberait toute possibilité de décision à Bonn, voire à Washington ? Ceci expliquerait la virulence de la réaction à l'approche de l'installation des Pershing. »*

Il a sans doute raison. Ces grands joueurs d'échecs n'ont qu'une obsession : détacher l'Allemagne de l'Alliance. N'oublions pas ce que Gromyko a dit à Kreisky il y a deux ans : l'Allemagne est plus menaçante pour l'URSS que l'Amérique.

### Dimanche 10 avril 1983

Tragédie : assassinat à Albufeira, au Portugal, lors de la réunion de l'Internationale socialiste, d'Issam Sartaoui, conseiller politique d'Arafat. Il était venu me voir, il y a quelques jours, pour me faire part de son intention de se rendre au Portugal afin de plaider la cause de l'OLP et des négociations avec Israël. Je lui avais parlé de sa sécurité. Il avait haussé les épaules en me répondant simplement : *« I know they are after me... »*

Chirurgien, devenu nomade pacifiste, en avance sur son temps, il était l'un de ces fous qui, jouant leur vie chaque jour à la roulette avec insouciance, s'inquiètent du rhume d'un ami. Récemment, Shimon Pérès, embarrassé, m'avait refusé de le rencontrer : *« Pas encore... c'est trop tôt... »* Un Juste a trébuché sur la route de la paix. Pas en vain, j'espère.

**Mardi 12 avril 1983**

Pour mieux comprendre la question du Corps unique à l'Université, le Président organise un déjeuner avec des universitaires, mais sans le ministre de l'Éducation. Il rappelle qu'il souhaite le maintien des concours d'agrégation alors que celui-ci n'est envisagé, dans le texte, qu'*« à titre transitoire et pour trois sessions au maximum. »*

**Mercredi 13 avril 1983**

Réunion à Matignon, autour du Premier ministre, sur la dette irakienne. En 1983, l'Irak doit payer à la France 16,8 milliards de francs, dont 7,4 milliards pour les contrats civils et 9,3 milliards pour les contrats militaires. En 1984, les paiements attendus sont de 10,5 milliards, dont 6,5 milliards pour le militaire et 4 milliards pour le civil. Ce sont des sommes considérables. Les Irakiens proposent de rembourser un peu moins de 7 milliards, essentiellement pour le militaire. C'est tout. C'est peu.

Cheysson estime pourtant que cela constitue un progrès, puisqu'il ne resterait en 1983 que 2,5 milliards d'échéances militaires impayées sur un total de 9,3 milliards. *« Une rupture avec l'Irak compromettrait notre commerce avec les pays du Golfe, car notre position privilégiée dans ces pays est due à notre soutien militaire à l'Irak »*, dit-il. Il n'a pas grand espoir d'améliorer ces propositions. Annuler la livraison des Super-Étendard — nom de code : BAZ III — et bloquer les livraisons provoquerait le retrait de l'offre irakienne de remboursement partiel de la dette et l'annulation des commandes des pays voisins.

Pour **Pierre Mauroy :** *On ne peut demander l'effort de rigueur actuel aux Français et accepter en l'état des propositions irakiennes qui représentent 10 milliards de déficit supplémentaire de la balance des paiements et 3 milliards de coût budgétaire. Il faut prendre le risque de faire pression sur l'Irak pour obtenir le paiement des échéances militaires dues en 1983. Des négociations doivent avoir lieu très vite à Paris avec M. Tarek Aziz. Pour les affaires civiles, un rééchelonnement pourra être envisagé après accord sur les surcoûts de guerre. L'attitude ferme se justifie par l'effort exceptionnel et sans faille que nous réalisons pour l'Irak et qui doit se concrétiser par la livraison de Super-Étendard. La France doit être mieux traitée que les autres créanciers.*

**Claude Cheysson :** *Non. Il ne faut pas aller jusqu'à une rupture avec l'Irak, qui serait catastrophique sur tous les plans. Il faut redire très fermement à l'Irak que notre situation économique ne nous permet pas d'accepter un report des échéances militaires, et que nous faisons une concession majeure en acceptant de reporter 6,5 milliards de contrats civils.*

**Jean-Louis Bianco** s'inquiète : *Cheysson fait une présentation tout à fait "partielle" du problème de la dette irakienne. On ne peut passer 2,5 milliards par pertes et profits !*

Il faut que ce soit Jacques Delors qui mène la négociation. Il résiste mieux que Cheysson.

Réponse de François Mitterrand à Ronald Reagan : la position française sur le commerce Est/Ouest reste immuable.

*« Il est exact, comme vous le rappelez en marquant votre accord, que la France s'oppose à la création de tout organisme multilatéral nouveau pour le commerce Est/Ouest. En outre, la France est hostile à toute initiative et à toute annonce publique dans ce domaine à l'occasion du Sommet de Williamsburg. Une remarque d'ordre général s'impose pour commencer : ce programme de travail mené sur une base objective avec de nombreux experts n'a pas été conçu pour être nécessairement achevé à la veille du Sommet de Williamsburg...*

*Pour ce qui est de la présentation publique de cette question à Williamsburg, je suis d'accord avec vous pour qu'un bref passage soit élaboré à la mi-mai entre nos représentants personnels dans l'esprit du présent échange de lettres. Mais j'insiste pour que, comme vous l'avez dit vous-même à plusieurs reprises, la réunion suprême, celle de Williamsburg, ne soit pas consacrée à l'examen de textes détaillés préparés par nos collaborateurs, mais qu'elle permette, au contraire, la libre discussion d'un niveau convenable lorsque les chefs des exécutifs de nos pays se rencontrent dans l'intimité. Au demeurant, l'importance et le caractère délicat des relations économiques Est/Ouest qui font l'objet de ces études ne doivent pas masquer l'importance plus grande encore des relations économiques Ouest/Ouest et Nord/Sud. »*

Enfin, le Président souligne qu'il y aura d'autres sujets à l'ordre du jour de Williamsburg :

*« Chacun des sept chefs d'État et de gouvernement qui vont participer à ce Sommet reconnaît que rien n'est plus important, à l'heure actuelle, que de remettre les économies sur la voie d'une croissance non inflationniste et durable. A partir de cet accord de principe, qui doit être clairement perçu par nos opinions, notre tâche commune est de créer ensemble un environnement favorable à la relance par une bonne concertation de nos initiatives, afin de ne pas laisser passer une occasion et de tirer parti, selon la situation propre à chaque pays, des marges de manœuvre disponibles. Cet effort n'atteindra sa pleine efficacité que si nous parvenons à recréer, par étapes, les conditions d'un système monétaire international stable, et à intensifier notre coopération technologique... »*

**Vendredi 15 avril 1983**

Violent accrochage entre Laurent Fabius et Jacques Delors : Delors, qui contrôle le Budget, veut utiliser l'épargne collectée par l'emprunt obligatoire de mars pour réduire les autres besoins d'emprunt de l'État ; Fabius, qui n'est plus au Budget, veut l'utiliser pour financer l'investissement industriel.

François Mitterrand tranche : la moitié sera utilisée pour un Fonds d'investissement, et le reste sera neutralisé.

Le départ du gouvernement de plusieurs ministres pose de redoutables problèmes de reconversion.

Paul Legatte écrit à ce propos au Président : *« L'un, qui vient de démissionner du gouvernement, fait savoir qu'il est candidat à la présidence d'ELF-ERAP. Cette démarche a certainement dû lui coûter. Mais il serait probablement disposé à payer le prix d'une telle faveur. »*

François Mitterrand note en marge : *« Pierre Mauroy pense à un autre. Lui parler de celui-là. »*

Legatte poursuit : *« Un autre ministre serait gêné, tant sur le plan moral que matériel, de se retrouver instituteur en septembre prochain. Il est tout disposé — pour ne pas dire désireux, voire anxieux — à examiner toute proposition. L'intéressé est trop jeune pour le Conseil d'État, mais il a le bon âge et la qualité pour présider un établissement public pas trop technique, genre Société du Loto-Loterie nationale, ou la Caisse nationale des Banques, dont la vacance est quasi certaine pour octobre 1983. »* On trouvera quelque chose pour lui.

La droite, elle, n'a pas de tels problèmes : le secteur privé recrute aisément ses anciens ministres dans mille et un conseils plus ou moins discrets. Nul ne s'en offusque. A droite, il s'agit, pour les recasés, de « nouvelles carrières » ; à gauche, de « parachutages ».

**Samedi 16 avril 1983**

Réunion des *sherpas*, cette fois à Williamsburg. Être logés dans un hôtel de troisième catégorie n'est pas trop grave. Les cafards dans les chambres sont plus gênants ! Façon, pour les Américains, d'affecter à leurs alliés des économies budgétaires...

Allan Wallis préside. Décidément, cet homme est bien anachronique : quand il parle de la *« crise »*, j'ai d'abord du mal à comprendre qu'il s'agit de celle de 1929.

Nous traitons pour commencer des aspects matériels du Sommet. Reagan ayant besoin de beaucoup se reposer, le nombre d'heures de discussions sera inférieur à celui du Sommet de Versailles. Aucun ministre ne pourra parler à la presse durant les séances. A la fin du Sommet, Reagan se contentera de lire le communiqué conjoint avant que chacun ne fasse sa propre conférence de presse. Les installations semblent annoncer la présence de quelque 6 000 journalistes, ce qui confirme la volonté de faire de la rencontre un événement électoral.

Sur le fond, l'Administration américaine n'a, pour l'instant, pas de grande idée à proposer. Elle se contentera, dit Wallis, d'essayer de *« passer entre les gouttes »* pour que ce Sommet ne soit pas, comme les précédents, l'occasion de l'affirmation publique de différends entre les dirigeants.

Il est convenu que le projet de communiqué économique ne sera préparé qu'entre *sherpas*, et seulement à la fin de la première journée du Sommet. Cela présente le risque de voir les Américains débarquer au tout dernier moment avec un texte long et précis, et donc difficilement amendable. On approuvera aussi les deux rapports demandés à Versailles sur la coopération monétaire et sur la coopération technologique.

Tous les Européens insistent sur le caractère inacceptable des taux d'intérêt réels américains (presque 7 %, soit le niveau le plus élevé dans l'histoire économique mondiale), qui perturbent le commerce, faussent le niveau du dollar, ralentissent les investissements, augmentent le coût des dettes et accélèrent l'inflation. Tous les Européens exhortent les Américains à équilibrer leur budget et à assainir leur économie. Les Américains sont devenus d'une très grande prudence sur la durée de leur reprise économique. Ils reconnaissent qu'un taux de change trop instable constitue une forme de protectionnisme. Ils ne sont pas prêts à accepter l'idée d'un Plan pour le Tiers Monde. Pour eux, le développement se résume au commerce.

Une angoisse se fait jour devant l'inextricabilité des problèmes de l'endettement international. Sans vouloir semer la panique, Allan Wallis exprime un sentiment d'impuissance face à la crise financière à venir. Sprinkel, l'ineffable directeur américain du Trésor aux cravates de plus en plus voyantes, s'attend, dans les prochains mois, à des quasi-faillites de l'Indonésie, du Nigeria, du Venezuela, des Philippines, de la Pologne et, pour la seconde fois, du Mexique. Le directeur du

Trésor américain souhaite donc que ces questions soient évoquées très discrètement entre ministres des Finances, avant le Sommet et au cours du Sommet. Mais, surtout, pas de communiqué : cela effraierait les marchés. Il propose de réunir les ministres du Commerce des Sept à Bruxelles et de les associer à ceux des Finances à la prochaine réunion de l'OCDE à Paris, en mai. Je refuse : de telles réunions risquent d'aboutir à la création d'une nouvelle institution à Sept, une sorte de GATT des pays industrialisés pouvant conduire, à terme, à un OTAN économique auquel les Américains rêvent depuis 1973. S'il existait, c'en serait fini de toute construction européenne : chacun des Dix irait à Washington chercher un compromis bilatéral.

Sur le commerce Est/Ouest, les choses s'annoncent mal. En apparence, l'obsession des Américains est d'éviter tout conflit lors du Sommet, et Allan Wallis m'affirme même que le Président des États-Unis ne souhaite pas qu'il soit question à Williamsburg des rapports économiques Est/Ouest, qu'il *« se contenterait volontiers, dans la déclaration finale, d'une formule identique à celle que le Président français a proposée dans sa lettre (faire mention des études entreprises dans les différentes instances spécialisées : OTAN, OCDE, COCOM, AIE). Mais,* ajoute-t-il, *à condition que ces études aboutissent à certaines conclusions auxquelles le Président Reagan tient particulièrement. »* Il m'en donne la liste sous le sceau du plus grand secret : *« L'engagement de fixer un plafond de 30 % à nos achats gaziers hors OCDE ; l'obligation de ne pas subventionner les crédits aux pays de l'Est ; l'extension de la compétence du COCOM. »*

Jamais on ne nous a demandé des choses aussi précises et aussi inacceptables !

La prochaine réunion des *sherpas* devra permettre, toutes les études étant alors terminées, de savoir s'il est possible de maîtriser les discussions à Williamsburg.

Enfin, le *sherpa* anglais m'annonce que les élections britanniques auront lieu en juin. On peut donc s'attendre d'ici là à quelques éclats de Mme Thatcher.

Pourquoi faut-il que, dans ces réunions, j'apparaisse toujours comme le seul résistant à la mainmise américaine sur l'autonomie européenne ? Travers français, sans doute : admirer l'Amérique sans jamais rien lui céder...

Attentat contre l'ambassade des États-Unis à Beyrouth : 70 morts et disparus.

Les patrons continuent de réclamer la réduction des charges des entreprises. François Michelin écrit à François Mitterrand pour suggérer de remplacer les augmentations de salaires par des obligations émises par l'entreprise à taux d'intérêt faible, d'affecter une partie de l'emprunt forcé et de l'impôt à l'aide aux entreprises, et de remplacer la taxe professionnelle par une augmentation de TVA.

Yvon Gattaz, reçu à l'Élysée, déclare à sa sortie qu'il a trouvé le Président très *« attentif »* à ses propres suggestions : allégement de la fiscalité, simplification du temps partiel, assouplissement des règles d'embauche et de licenciement.

**Mardi 19 avril 1983**

Nouveau Conseil restreint sur les importations : on décide une réduction des crédits aux importations autres que de matières premières et de machines indispensables, la réduction à quatre-vingts jours des stocks de pétrole et de produits raffinés, la diminution drastique des stocks de produits charbonniers. Pour les produits destinés à l'agriculture (semences, engrais et machines agricoles), dont le solde s'est détérioré de 3,5 milliards de francs en 1982, une concertation avec le monde agricole doit être engagée de toute urgence.

François Mitterrand écrit à Reagan après l'attentat contre l'ambassade américaine à Beyrouth :

*« Je tiens à vous dire personnellement combien je trouve odieux à tous égards les attentats comme celui qui vient d'avoir lieu particulièrement à votre ambassade à Beyrouth. Mon indignation devant cet acte est d'autant plus profonde qu'il est commis dans un pays parmi les plus meurtris et dans une ville où nous collaborons étroitement, au sein de la Force multinationale, à une œuvre de paix dont nous pouvons être fiers. Rien, je pense, et surtout pas des actions terroristes, ne doit nous détourner de poursuivre nos efforts pour aider le pays et les peuples de cette région à sortir des engrenages destructeurs dans lesquels ils se trouvent enfermés. Je vous prie, Monsieur le Président, de transmettre aux familles des victimes l'expression de ma profonde sympathie et de recevoir pour vous-même mes condoléances attristées. »*

**Mercredi 20 avril 1983**

Charles Hernu présente le projet de loi de programmation militaire en Conseil des ministres. On remet à plus tard la réduction de la durée du service militaire.

Le Conseil adopte la liste des douze programmes prioritaires d'exécution du IXe Plan. Liste intéressante, en ce qu'elle définit les priorités de ces prochaines années :

1. *Moderniser l'industrie par l'introduction des nouvelles technologies de production ;*
2. *Utiliser plus rationnellement l'énergie ;*
3. *Vendre mieux en France et à l'étranger ; libérer l'initiative des cadres ;*
4. *Mener une politique active de l'emploi, en particulier par l'organisation du temps de travail ;*
5. *Favoriser l'innovation, développer les services aux entreprises et former les hommes aux nouvelles technologies ;*
6. *Promouvoir la culture par le développement des industries de communication ;*
7. *Poursuivre la rénovation du système éducatif et favoriser l'insertion sociale et professionnelle des jeunes ;*
8. *Répondre aux besoins de la décentralisation et aux exigences de l'équilibre territorial ;*
9. *Moderniser le système de santé et maîtriser sa gestion ;*
10. *Mieux vivre dans la ville ;*
11. *Améliorer la sécurité ;*
12. *Développer et orienter l'épargne pour les besoins de la modernisation.*

Rocard, qui n'est plus chargé du Plan, réclame l'ajout d'un programme *« Agriculture »*. Nucci veut en plus un programme *« Aide publique au développement »*. Le Premier ministre est hostile à ces ajouts, en dépit de l'intérêt politique de leur annonce. Les 12 programmes adoptés sont « horizontaux », comme Rocard l'avait d'ailleurs lui-même souhaité dans ses fonctions précédentes. Si l'on commence à accepter des programmes sectoriels tels que l'Agriculture, comment résister au Commerce, aux Transports, à la Mer, aux Personnes âgées, etc. ?

Le Comité central du Parti communiste décèle dans l'analyse des résultats des élections municipales *« un début de remontée de l'influence du PCF »*. Il lui a fallu quinze jours pour le découvrir !... En dépit de ses vives critiques contre la nouvelle politique de rigueur, le PC n'a pas l'intention de quitter le gouvernement.

Le Parlement européen proteste contre la limitation des sorties de devises imposée aux touristes par le programme de rigueur. Cheysson fait revoir par François Mitterrand la réponse qu'il doit faire cet après-midi à ce sujet à l'Assemblée nationale :

> *« La Commission européenne,* écrit-il, *a reconnu que les récentes mesures françaises étaient "positives et courageuses" ; elle a rappelé qu'il y a quatorze ans, un gouvernement français, d'une autre orientation politique, avait déjà dû adopter des dispositions semblables et prévoir un carnet de change pour les voyages à l'étranger ; elle a souligné que quatre autres pays de la Communauté recouraient actuellement à des restrictions dans ce domaine.*
>
> *Mais notre pays n'a pas plus besoin de tels commentaires que des critiques de l'Assemblée européenne. Les institutions communautaires doivent rester dans le cadre de la mission qui leur a été confiée et qui est déjà assez difficile et assez exaltante. »*

Le Président barre le premier paragraphe et note : *« Inutile. On n'a pas besoin de caution. »*

Le Parlement adopte définitivement la loi autorisant le gouvernement à procéder par ordonnances à la mise en œuvre du plan de rigueur.

**Jeudi 21 avril 1983**

Il faut parler commerce aux Allemands, au plus haut niveau : la RFA, notre premier client et notre premier fournisseur, est devenue, l'année dernière, cause de notre premier solde négatif bilatéral, avant l'Arabie Saoudite et les États-Unis. Le déficit a presque quadruplé en trois ans et atteint 38 milliards de francs en 1982. La prévision est de 45 milliards de francs pour 1983 ! Au Sommet franco-allemand du mois prochain, il faudra demander une action commune en vue du rééquilibrage : le démantèlement des normes techniques allemandes, forme hypocrite de protectionnisme, l'ouverture des marchés publics allemands aux produits français, la surveillance par l'Allemagne de la vente en Europe de produits pseudo-allemands venant d'Europe de l'Est. Les Allemands doivent aussi accepter la disparition des « montants compensatoires monétaires positifs » — inventés à Bruxelles pour compenser les effets négatifs de la réévaluation du mark pour les agriculteurs allemands et qui jouent comme une subvention à l'exportation et un frein aux importations. Il n'y a en effet aucune raison pour que la RFA, qui tire pleinement avantage d'une monnaie forte sur le plan industriel, refuse d'en supporter les conséquences dans le secteur agricole. Il serait donc normal, au total, qu'en 1983 la RFA prenne sa part du fardeau communautaire ; la France a assumé jusqu'ici un rôle de locomotive dont les exportateurs allemands ont tiré profit.

François Mitterrand répond à François Michelin :

> *« Votre lettre et les propositions qui y étaient jointes m'ont beaucoup intéressé. Certaines d'entre elles, telles la possibilité d'augmentation de salaire sous forme*

*d'obligations d'entreprise ou l'utilisation de l'emprunt obligatoire à la diminution de l'endettement des entreprises, sont conformes à des décisions qui viennent d'être prises par le gouvernement. Vos autres propositions méritent une étude approfondie à laquelle je demande au ministre de l'Économie, des Finances et du Budget de faire procéder. »*

Voici que se dégèle la construction européenne : Helmut Kohl, qui prépare le prochain Sommet de juin, sous sa présidence à Stuttgart, écrit à François Mitterrand. Il plaide d'abord pour le maintien des « montants compensatoires monétaires positifs », qui protègent l'agriculture allemande :

*« Je suppose que les négociations extrêmement difficiles sur l'ajustement des cours pivots au sein du SME, qui viennent d'être menées à bon terme, vous ont montré comme à moi-même combien nous restons fidèles à notre volonté déclarée de partager les efforts en Europe, en particulier entre nos pays, de tenir compte de nos intérêts mutuels et de nous soutenir réciproquement. L'issue de ces entretiens devrait nous encourager à consolider le SME en faisant converger davantage les politiques économiques de nos pays. Dans ce contexte, je me permets de faire appel à votre compréhension pour les problèmes de l'agriculture allemande. »*

Puis il va plus loin et propose un rapprochement économique des Dix :

*« ... C'est pour cette raison qu'il me semble indispensable de prendre toutes les mesures pratiques permettant de promouvoir davantage un rapprochement des politiques économiques entre les États membres de la Communauté (...). Durant notre présidence, nous nous efforcerons de réaliser des progrès dans ces domaines, progrès sur la base desquels vous pourrez œuvrer à votre tour lorsque la présidence de la Communauté économique passera à la France, le 1er janvier prochain. Je serais heureux que nous parvenions, aux prochaines consultations franco-allemandes, à faire progresser en commun ces questions... Je propose le rapprochement vers un espace économique unique. »*

Un projet européen apparaît, fragile, après l'épreuve de vérité de mars. Un espace économique ouvert, et, au-delà, un rapprochement monétaire et politique, peut-être même une politique étrangère et une défense communes. Cela supposera une véritable unité franco-allemande pendant les trois présidences communautaires à venir (allemande, grecque et française). De là, tout peut résulter : la résolution des contentieux, la relance de la construction européenne, la fin de l'europessimisme.

**Vendredi 22 avril 1983**

Un nouveau Conseil restreint se tient sur le Commerce extérieur. On y parle normes et TVA, deux moyens détournés de réduire nos importations. Le nouveau ministre du Commerce extérieur, Édith Cresson, explique qu'il faut défendre notre marché intérieur pour développer une offre française compétitive. Jacques Delors répond que les subventions des exportations coûtent plus que prévu à la loi de finances : les bonifications d'intérêt dépassent de 1,1 milliard le plafond fixé. Le Premier ministre rend compte de l'installation de la délégation au Commerce.

François Mitterrand : *« La délégation doit avant tout restreindre discrètement mais énergiquement les importations partout où c'est nécessaire et possible. Édith Cresson semble tentée d'en faire aussi un outil d'aide aux industriels pour fabriquer français : mais c'est là le travail de Laurent Fabius. »*

Dans la nuit, violentes manifestations des éleveurs de porcs en Bretagne, notamment à Quimper, Saint-Brieuc et Chateaulin.

Les Luxembourgeois ont décidé : ils vont lancer leur satellite avec les Américains en 1986. La CLT n'en est pas, du moins officiellement. Est-ce du bluff ? Ou le loup américain dans la bergerie européenne ? François Mitterrand demande à Jean Riboud, actionnaire de la CLT, de l'empêcher.

**Samedi 23 avril 1983**

Washington informe le gouvernement français d'une nouvelle vente de céréales américaines à l'Union soviétique :

> *« Nous regrettons de n'avoir pas pu vous consulter au préalable sur cette décision, mais notre silence tenait à la nécessité de garder l'information secrète de façon à ne pas gêner les négociations par des révélations prématurées. »*

Cynisme...

**Dimanche 24 avril 1983**

La presse est pleine de commentaires sur les décisions prises la semaine dernière : les éditorialistes parlent de reniement, de la fin du socialisme... François Mitterrand : *« Je ne renie rien et aucune réforme n'est abandonnée. »* De fait, au cours de ces mois de crise, personne, vraiment personne n'a songé à proposer de revenir sur la moindre réforme de structures. C'est effectivement la fin des grandes illusions en matière de transferts sociaux ; mais sans remise en cause des réformes. Et, en fait de « grand tournant », on n'a fait que confirmer la politique conjoncturelle de juin dernier, reprenant l'essentiel des « largesses » de juin 1981, elles-mêmes inférieures à celles accordées par Jacques Chirac en 1975. Mars 1983 n'a pas marqué un tournant, mais une confirmation. L'*« autre politique »,* elle, eût constitué un tel tournant. Mais cela, personne ne veut l'admettre. On tient à tout prix à nous faire confesser nos péchés...

Après l'échec du référendum sur le nucléaire, les socialistes autrichiens perdent la majorité absolue à l'Assemblée. Le Chancelier Bruno Kreisky se retire. Sans Kirshlager, Kreisky et Koenig, l'Autriche n'est plus qu'un petit pays oublié en marge de l'Europe. J'oublie Waldheim, qui lui fait tant de tort.

**Lundi 25 avril 1983**

Dans une interview au *Spiegel*, Andropov reproche aux États-Unis de chercher à porter atteinte à la sécurité de l'URSS et de détruire l'équilibre actuel. Il prévient *« de manière claire et nette »* que le déploiement des Pershing *« l'obligerait »* à revenir sur le moratoire proclamé par Brejnev (par lequel le Kremlin s'engageait à ne plus déployer de missiles SS 20 visant l'Europe occidentale), à déployer des *« moyens supplémentaires, de concert avec les autres États membres du Pacte de*

*Varsovie,* et *à prendre les mesures requises visant le territoire des États-Unis mêmes ».*

François Mitterrand est en voyage officiel dans le Nord-Pas-de-Calais. Alors que, sur tout le territoire national, se succèdent les mouvements sociaux, le chef de l'État justifie, sur ces vieilles terres socialistes, la nouvelle politique de rigueur.

Pierre Mauroy nomme des médiateurs pour tenter de mettre un terme à la grève des internes et des chefs de clinique.

Le magazine allemand *Stern* commence à publier les *« Carnets secrets »* d'Hitler. Énorme succès. Énorme manipulation : ce sont des faux !

Déjeuner avec Fernand Braudel. Il s'intéresse passionnément à la construction européenne. Et à la défense de l'Éducation nationale unie, laïque, centralisée. Que de nostalgie dans son apologie d'un système dont la grandeur passée est peut-être devenue incompatible avec la poussée démographique...

**Mardi 26 avril 1983**

Le Président confirme l'arbitrage du Premier ministre sur la dette de l'Irak et demande de conclure rapidement les négociations. Chaque semaine qui passe ajoute 100 millions de francs aux charges de la COFACE. Tarek Aziz est invité à Paris le vendredi 6 mai pour boucler les pourparlers financiers avec Jacques Delors.

Une nouvelle lettre du Président Reagan : s'il apprécie la rapidité et la franchise de la réponse de François Mitterrand, il n'en maintient pas moins le point de vue qu'il a défendu dans sa précédente missive sur le commerce Est/Ouest.

Arafat est informé du désir de la France de ne pas accueillir sur son territoire la Conférence sur la Palestine.

**Mercredi 27 avril 1983**

Les textes d'application de la loi portant sur les enseignants du supérieur introduisent des rigidités ultra-centralisées, enrégimentent les meilleurs professeurs et créent des procédures nouvelles de sélection sans les définir avec précision. Ils laissent entendre que l'on va, à terme, vers la suppression de l'agrégation et la création d'un Corps unique de professeurs. Il n'y a plus aucune vision globale cohérente de la place de l'enseignement dans un projet de société. Tout cela ne peut que jeter le trouble parmi une masse d'étudiants désemparés et des professeurs crispés, sans résoudre en rien le problème essentiel : comment redonner à l'Université une qualité et un sérieux conformes aux enjeux de l'économie de demain ? Certaines corporations y trouvent probablement leur compte, mais pas la qualité des enseignements.

Pour autant, la plupart des problèmes restent au-delà de la loi, dans les décrets d'application. Exemple type d'une réforme qui échoue avant même d'entrer dans les faits.

Les taux d'intérêt réels américains sont égaux à ceux enregistrés de 1929 à 1932, et très supérieurs au maximum enregistré après la Seconde Guerre mondiale (4 % en 1959). Il en résulte de lourdes pertes pour l'économie mondiale. Ils compromettent les tentatives de reprise des pays industriels en poussant le dollar à la hausse. Pour les pays en développement, ils entraînent un accroissement des paiements d'intérêts de 40 milliards de dollars depuis 1975, soit trois fois l'accroissement de leur déficit pétrolier. En 1982, les paiements d'intérêts représentaient environ les deux tiers du déficit courant de ces pays.

**Jeudi 28 avril 1983**

Allan Wallis est à Paris. Il me remet une note dont l'esprit est résumé par son titre : *« Pour encourager la reprise, consolider les valeurs et la sécurité en Europe. »* Les Américains veulent que les Français acceptent que, sur le commerce Est/Ouest, tout soit décidé lors de la réunion à Paris du COCOM, qui a lieu avant Williamsburg.

La France signe le protocole européen abolissant la peine de mort. Nul ne pourra plus revenir là-dessus sans un long préavis.

**Vendredi 29 avril 1983**

Petit déjeuner avec Cheysson et Delors. Pas question de céder aux Américains sur le commerce Est/Ouest.

Le gouvernement adopte les ordonnances instaurant le prélèvement de 1 % pour la Sécurité sociale et l'emprunt obligatoire.

**Samedi 30 avril 1983**

Arrêt de la grève des internes et chefs de clinique.

**Lundi 2 mai 1983**

Départ du Président pour le Népal et la Chine. A l'atterrissage à Katmandou de l'avion transportant les journalistes, un train de pneus explose. Comme trois jours sont nécessaires pour en faire venir un autre, il faut transférer dans l'avion du Président ceux des journalistes qui nous accompagneront en Chine. Et sélectionner ceux des invités qui devront rester à Katmandou. Choix difficile...

Déjeuner avec le Premier ministre népalais entouré de ses ministres en étranges costumes : veste de smoking, pantalon de pyjama, col roulé. Dans l'après-midi, Cheysson tient absolument à ce que le Président signe un texte soutenant la demande du Népal de déclarer le pays *« zone de paix »*. Cela irrite le Président : une telle initiative fâcherait inutilement les Russes et les Indiens.

A notre retour du dîner chez le Roi Birendra Bir Bikram Shah, nous trouvons, installés dans le hall de notre hôtel, trois ministres népalais qui attendent sagement la signature par la France du texte négocié par Cheysson. Embarrassant. De peur d'être critiqué par le Président, Cheysson refuse de les voir et file, en rasant les murs, jusque dans sa chambre.

Je négocie avec eux pour aboutir finalement à un texte vide :

> *« Au cours de ses entretiens à Katmandou, le Président François Mitterrand a rappelé l'attachement de la France à la création de zones de paix agréées par les pays d'une région et à toute approche semblable pour que se développent la sécurité et les relations pacifiques entre voisins. La France considère donc avec intérêt et sympathie la démarche du Népal en vue de se déclarer zone de paix ; elle précisera sa position à ce sujet dans les prochaines semaines. »*

Les ministres népalais font comme s'ils en étaient heureux.

**Mardi 3 mai 1983**

A Moscou, Iouri Andropov réaffirme sa volonté de prendre en compte les forces tierces et propose de compter non plus seulement en nombre de missiles, mais en nombre de têtes. Il maintient son plafond de 162 missiles à l'Est comme à l'Ouest.

Dans l'avion en vol pour Pékin, le Président bavarde longuement avec Maurice Faure, puis me demande de rédiger un projet de programme pour un nouveau gouvernement. Il souhaite un projet exhaustif, prêt pour *« dans un mois »*. Pierre Mauroy va donc s'en aller ?

Travail dans l'avion sur le discours que le Président doit prononcer à Paris dans quinze jours, devant les ministres de vingt-quatre pays réunis à l'occasion de l'assemblée de l'OCDE. Arrivé à Pékin, j'expédie le brouillon à Paris. Premier usage du fax.

A Pékin, le Président est accueilli par le Premier ministre Zhao Ziyang. Après la petite cérémonie traditionnelle dans tous les voyages (hymnes nationaux, détachements militaires, présentation des délégations), nous gagnons une salle de l'Assemblée du Peuple. Le Président et le Premier ministre sont assis côte à côte, les deux ministres des Affaires étrangères de part et d'autre. Vingt à vingt-cinq membres des délégations officielles se font face dans les deux branches du fer à cheval. Le Président et le Premier ministre échangent à voix basse des propos à bâtons rompus. Ils ne savent pas qu'on les entend grâce aux micros, ce qui donne le sentiment d'un aparté de théâtre.

**Zhao Ziyang :** *Cette nuit, on a entendu le bruit de la pluie sur Pékin et nous ne savons pas combien de feuilles sont flétries...*

**François Mitterrand :** *Le vent ramène souvent les sables du nord sur Pékin... J'ai bien reconnu la route qui conduit de l'aéroport jusqu'ici, mais les arbres ont poussé vite. Je suis venu en Chine en hiver et au printemps ; il me reste encore deux saisons à connaître...*

Les entretiens sérieux sont pour demain.

## Mercredi 4 mai 1983

Le Président reçoit Hu Yaobang, Secrétaire général du Parti communiste chinois.

**François Mitterrand :** *Nous avons établi des relations il y a un peu plus de deux ans et j'en garde le meilleur souvenir. Depuis lors me sont échues de nouvelles responsabilités. Le rôle de la France est important. Le rôle de la Chine est considérable. En ce qui concerne notre politique générale, nous nous trouvons souvent d'accord.*

**Hu Yaobang :** *La Chine est un grand pays faible et son rôle n'est pas très grand au regard de sa superficie. La France est un pays plus petit ; sa population est très inférieure à celle de la Chine, mais son rôle est beaucoup plus grand dans le monde, tout particulièrement en Europe. Et il y a eu en France beaucoup de grands hommes d'État. En particulier, les Chinois admiraient beaucoup le Général de Gaulle pour l'action qu'il a menée pour l'indépendance de la France, quelles que soient ses opinions par ailleurs. A part le Général de Gaulle, nous, Chinois, nous nous sommes surtout intéressés depuis à l'action de Votre Excellence. La France peut tirer une légitime fierté de son rôle très digne en faveur de la paix dans le monde et en Europe.*

**François Mitterrand :** *La France est un vieux pays et le premier constitué en Europe, un pays doté d'une grande tradition. J'en ai aujourd'hui l'héritage. Les Français savent aussi que la Chine est une grande nation, avec sa propre histoire, que son peuple est immense et que vous avez une grande volonté de progrès. La France et la Chine ne sont pas dans la même situation que les grandes puissances surarmées, mais elles se soucient de la paix et de la sécurité.*

**Hu Yaobang :** *Ce sont les superpuissances qui malmènent les autres pays. Les Chinois se souviennent de l'action du Général de Gaulle dans la France libre.*

**François Mitterrand :** *Vous faites allusion à une des pires périodes de notre histoire, mais nous nous en sommes relevés. J'ai été à Londres et à Alger aux côtés du Général de Gaulle à cette époque. Mais vous, vous avez plus du quart de l'humanité à gérer. Je n'ai pas ce problème.*

**Hu Yaobang :** *Aujourd'hui, dans le monde, il y a en effet quatre milliards d'habitants.*

**François Mitterrand :** *Les événements graves de l'histoire de la France ont montré la capacité de la France à survivre, mais en Chine aussi, une petite troupe a réussi à survivre avant d'établir le régime actuel. Vous et nous avons connu de grandes épreuves que nous avons surmontées. Ce qui est important maintenant pour nous, c'est de maintenir l'équilibre mondial et d'assurer le développement.*

**Hu Yaobang :** *Votre pays a une force scientifique et technique infiniment plus développée que celle de la Chine. Nous devons rechercher dans notre coopération des avantages mutuels.*

**François Mitterrand :** *En effet, nous pourrons ainsi obtenir des résultats de part et d'autre. Aujourd'hui, la France est frappée par la crise qui affecte tous les pays capitalistes. Cela nous freine.*

**Hu Yaobang :** *En Chine, après le XII^e Congrès, nous avons décidé de mettre en œuvre 293 grands projets d'ici la fin du siècle, portant, pour les principaux, sur l'énergie et les transports. Pour le financement, nous serons prudents en accumulant petit à petit des fonds. Votre politique favorable aux transferts de technologies est très sage. Cependant, des amis des milieux économiques m'ont dit que les prix français étaient un peu élevés. Peut-être pourriez-vous user de votre influence sur les milieux économiques pour agir sur ce point ?*

**François Mitterrand :** *Ils sont parfois élevés, mais il faut prendre en considération la qualité.*

**Hu Yaobang :** *Notre politique est d'obtenir la bonne qualité au meilleur prix.*

**François Mitterrand :** *Notre industrie n'est pas la meilleure dans tous les domaines, mais nous avons quelques réussites dans des secteurs de pointe. S'agissant des télécommunications, du nucléaire, des transports, de l'aéronautique, de l'agro-alimentaire, nous sommes au tout premier rang. En plus, la France est un des rares grands pays favorables aux transferts de technologies. C'est une position raisonnée : le développement de la Chine nous paraît ainsi un facteur de stabilité et de prospérité pour le monde tout entier.*

**Hu Yaobang :** *Est-ce que vous produisez beaucoup d'engrais ?*

**François Mitterrand :** *Oui, cela fait partie de notre grande capacité en matière agro-alimentaire.*

**Hu Yaobang :** *Vos transferts de technologies vont nous permettre de développer sérieusement notre coopération.*

**François Mitterrand :** *Un des problèmes principaux de la France, c'est le manque de pétrole. D'ici peu, 50 % de notre énergie seront assurés par l'énergie nucléaire.*

*Vous avez parlé d'indépendance et tenu des propos très aimables sur le Général de Gaulle. Aujourd'hui, l'indépendance doit se fonder sur une défense forte — et vous savez combien la politique de la France est déterminée dans ce domaine — et sur l'industrie. Et c'est parce que la France tient beaucoup à son indépendance qu'elle est prête à aider les autres pays à assurer la leur. Il a été donné au Général de Gaulle la gloire d'avoir reconstruit la France militairement et diplomatiquement. Moi, je voudrais reconstruire la France en la dotant d'une grande industrie. C'est ce que des pays amis comme la Chine doivent comprendre.*

**Hu Yaobang :** *Quelle est la durée de votre mandat à partir de maintenant ?*

**François Mitterrand :** *Cinq ans encore.*

**Hu Yaobang :** *Moi, je suis secrétaire général pour quatre ans encore. Nous sommes dans des situations proches.*

**François Mitterrand :** *Vous savez, les hommes politiques ne prennent jamais leur retraite...*

Il ne faudra pas que j'oublie cette réplique...

**Hu Yaobang :** *Pendant le cours de nos mandats, nous pouvons contribuer à l'amélioration. Chez vous, c'est une République avec un Président. Chez nous, c'est une direction collégiale assurée par Deng Xiaoping et les autres.*

**François Mitterrand :** *Vous savez, le Président en France a de grands pouvoirs, mais le Parlement est très actif aussi. La démocratie consiste à rechercher l'harmonie au milieu des contradictions.*

**Hu Yaobang** (levant son verre) : *Je souhaite à votre visite un grand succès.*

**François Mitterrand :** *J'ai emmené cinq ministres avec moi. Ils vont avoir aujourd'hui avec leurs homologues des conversations sérieuses sur des projets communs. Nous pouvons certainement avoir des idées communes ; par exemple, vous et nous avons nommé une femme comme ministre du Commerce extérieur...*

**Hu Yaobang :** *Quelles sont vos intentions sur la Corée du Nord ?*

**François Mitterrand :** *L'intention de la France — c'est d'ailleurs l'un des axes de sa politique extérieure — est de prendre en compte, de reconnaître la réalité internationale. C'est vrai aussi s'agissant de la Corée. Naturellement, il faut prendre les précautions d'usage, car la France ignore la Corée du Nord depuis longtemps. Mais j'espère pouvoir faire le dernier pas après avoir préparé cette situation nouvelle. Nous devrions, nous, reconnaître le Nord, et vous, le Sud.*

**Hu Yaobang :** *Séparons ces deux aspects ! Je comprends votre situation. Nous pouvons ensemble atténuer la tension dans la péninsule coréenne, essayer de contribuer à une réunification pacifique.*

**François Mitterrand :** *Nous le souhaitons. Nous avons déploré les grandes manœuvres navales États-Unis/Corée du Sud. J'ai envoyé il y a quelque temps un de mes proches collaborateurs à Pyong-Yang pour étudier ces problèmes.*

**Hu Yaobang :** *Je vous ai posé cette question car le Président Kim Il Sung nous l'a posée.*

**François Mitterrand :** *Mon souhait est bien que la France soit le premier grand pays à établir un contact diplomatique avec la Corée du Nord. Je sais que le Président Kim Il Sung est préoccupé à ce sujet, mais je dois préparer cette évolution en tenant compte des divisions.*

**Hu Yaobang :** *La situation serait meilleure dans cette zone si l'on pouvait mettre fin aux ingérences militaires.*

**François Mitterrand :** *J'ai été très sensible à votre visite, et j'espère qu'après ce second contact nous en aurons de nouveaux. Si le troisième pouvait avoir lieu en France, ce serait très bien.*

**Hu Yaobang :** *Je serais très heureux de vous rencontrer de nouvelles fois, douze fois, vingt fois ! Je vous souhaite une bonne santé et d'être plein de vigueur, et je souhaite que la voix de la France reste très forte.*

Plus tard dans la matinée, le Président reçoit le Premier ministre Zhao Ziyang. C'est l'occasion pour lui de dresser un bilan approfondi de sa politique étrangère. La réponse du Premier ministre chinois est plus claire que celle du Secrétaire général du PC, notamment en ce qui concerne la « menace soviétique » :

**Zhao Ziyang :** *L'exposé que vous venez de faire renforce ma confiance dans la possibilité d'une large identité de vues entre nous. Malgré les changements, l'analyse fondamentale de la Chine reste la même quant aux menaces qui pèsent sur la paix et la stabilité du monde. L'Europe aussi est menacée par l'agitation et l'instabilité. Après la disparition de Brejnev et l'arrivée au pouvoir d'Andropov, on a assisté à des manœuvres de paix trompeuses, par exemple à propos du "désarmement", mais le but de l'URSS reste de contrôler l'Europe. Les seuls changements de sa politique sont d'ordre tactique.*

*Face à la menace nucléaire et au chantage politique, certains pays européens ont pris une position très cohérente que nous apprécions.*

*Les grands axes de la politique extérieure de la Chine sont les suivants : la menace principale découle de la volonté hégémoniste de l'URSS et des États-Unis et de leur rivalité, mais nous ne mettons pas sur le même plan ces deux hégémonismes. L'hégémonisme soviétique est la source principale de menaces. Nous devons cependant nous opposer aux deux. Il faut examiner cas par cas. L'hégémonisme le plus menaçant en général est celui de l'URSS, mais au Proche-Orient, par exemple, ou en Afrique, en Namibie, c'est l'hégémonisme américain qui est le problème principal.*

*D'autre part, la Chine cherche à avoir avec tous les pays de bonnes relations sur la base des cinq principes de la coexistence pacifique. Cette politique se caractérise par sa volonté d'indépendance ; nous n'envisageons pas que nos relations avec les États-Unis obéissent à la volonté de l'URSS, ni l'inverse. La Chine se préoccupe avant tout de ses besoins de sécurité, elle accroît ses relations avec les pays développés comme la France, et d'ailleurs avec toute l'Europe, ainsi qu'avec le Japon. Nous souhaitons une Europe puissante et unie. Nous souhaitons également que des consultations périodiques puissent être instaurées entre la*

*Chine et la Communauté économique européenne dans les domaines de la coopération économique et technique.*

*En ce qui concerne les relations sino-soviétiques, nous souhaitons sincèrement améliorer les relations d'État à État Chine/URSS, mais l'URSS doit manifester sa bonne volonté en ce qui concerne la présence de ses troupes aux frontières, en ce qui concerne l'Afghanistan, en ce qui concerne le Cambodge. Le plus urgent, c'est le Cambodge. Lors de nos dernières conversations, les Soviétiques ont refusé nos propositions sans toutefois fermer complètement la porte. Nous attendons le troisième tour de ces consultations à Pékin. Nous craignons que l'URSS ne cherche à réaliser la normalisation sans résoudre aucun des grands problèmes. J'insiste, au demeurant : la prétendue amélioration est en fait une normalisation des relations d'État à État.*

*Les relations entre la Chine et les États-Unis sont, pour leur part, dans une situation peu enviable, surtout à cause du problème des ventes d'armes à Taiwan. La visite de M. Shultz n'a pas permis d'aboutir à un progrès. Bien des choses, bien des ingérences de la part des dirigeants américains ont blessé les sentiments du peuple chinois. Mais le désir de la Chine demeure d'améliorer ses relations d'État à État.*

*Nous avons parlé par ailleurs de bonnes relations avec le Japon, avec les pays de l'ASEAN. Avec l'Inde, nos relations, après une période difficile, s'améliorent. Nous avons de bonnes relations avec le Népal et la Birmanie. Nous avons réactivé nos relations avec l'Afrique où je me suis rendu moi-même. Nous avons de bonnes relations avec les pays du Moyen-Orient.*

*Nous apprécions beaucoup votre position perspicace et très sage sur les questions Nord/Sud ; nous pourrions coopérer plus activement dans ce domaine. Les pays développés doivent adopter en commun des résolutions courageuses et pratiques.*

**François Mitterrand :** *L'exposé que nous venons de faire, vous et moi, montre qu'il y a beaucoup de points de rencontre entre nos deux politiques.*

**Zhao Ziyang :** *Je propose que nous parlions, comme convenu, du Kampuchea et de l'agression vietnamienne. Heng Samrin a été imposé par des troupes étrangères. Il n'y aura aucun règlement possible sans retrait des troupes vietnamiennes. Dans l'avenir, le Kampuchea devrait être un État indépendant, neutre et non aligné. Le peuple du Kampuchea doit pouvoir faire son propre choix par des élections libres sous la surveillance des Nations-Unies.*

*Il y a une certaine divergence entre nous sur ce point : comment amener le Vietnam à retirer ses troupes ? Aucun signe ne montre que le Vietnam ait l'intention de retirer véritablement ses troupes, contrairement à l'annonce qui en est faite par Hanoi. En fait, le Vietnam peut maintenir son occupation du Kampuchea. Pourquoi le Vietnam a-t-il envoyé ses troupes au Cambodge ? Il s'agit en fait d'un plan très ancien de confédération indochinoise. Avant la libération de Saigon, le Vietnam ne pouvait pas se consacrer à cette ambition, puis cet objectif est réapparu. Le Laos a vite été placé sous contrôle du Vietnam. A l'heure actuelle, cinq divisions vietnamiennes sont au Laos. Mais le Cambodge est l'objectif essentiel. Avant l'envoi de ses troupes au Kampuchea, le Vietnam a demandé à la Chine son soutien pour la mise sur pied d'une confédération indochinoise. La Chine a refusé son soutien. Depuis lors, le Vietnam a considéré la Chine comme l'obstacle principal sur la route de ses ambitions. De 1976 à 1978, le Vietnam a exercé beaucoup de pressions sur le Kampuchea et mené des actions sans scrupules. Le Vietnam était déterminé à agir malgré tout. Il n'a pas tenu compte de l'opposition de la Chine, ni du poids de la guerre qu'il avait dû supporter. Il était déterminé à réaliser son plan coûte que coûte. Le Vietnam ne renoncera jamais. Le Vietnam a recherché un soutien auprès de l'URSS, qui y a vu la possibilité de trouver des points d'appui au Vietnam, dans les anciennes bases américaines.*

*Nous espérons néanmoins qu'une solution politique pourra être trouvée et permettra le retrait des troupes. Il faut donc renforcer les pressions sur le Vietnam dans ce but. C'est pourquoi nous, à Pékin, nous apportons notre soutien au gouvernement de Norodom Sihanouk. Pendant la saison sèche, il y a déjà eu cinq offensives contre la résistance, mais le Vietnam connaît un dilemme. Nous avons ici un proverbe qui dit que quand on est monté sur le dos d'un tigre, il est difficile d'en descendre. Par conséquent, nous soutenons le gouvernement de coalition, y compris le Kampuchea démocratique.*

*Si le Vietnam retire effectivement ses troupes, il faudra apporter une garantie à un Kampuchea indépendant et non aligné. La Chine soutient le Kampuchea démocratique, car c'est la seule force effective de résistance.*

*Sinon, à partir de cette confédération, le Vietnam poursuivra sa politique offensive vers la Thaïlande, son action se combinant avec la stratégie soviétique de poussée vers le Sud.*

*La Chine mène une lutte ardue contre l'agression vietnamienne. Les pays de l'ASEAN soutiennent cette lutte. Il n'y a eu pour le moment aucun retrait sérieux. Ce n'est qu'après le retrait que pourraient commencer des discussions. Pour l'avenir, la Chine espère un gouvernement de coalition démocratique dirigé par Sihanouk.*

*Depuis deux ans, pour rassurer nos amis étrangers, nous avons apporté un soutien accru à Son Sann et à Sihanouk. Les armes fournies sont très importantes, mais il n'est pas possible de discuter quoi que ce soit, notamment pas du désarmement des tendances, avant le retrait des troupes vietnamiennes.*

*La Chine connaît les liens culturels et économiques issus du passé entre la France et les pays d'Indochine. Nous souhaitons donc que vous usiez de votre influence pour que le Vietnam retire ses troupes. Nous souhaitons que le gouvernement français défende les résolutions de l'ONU et celles de la Conférence internationale sur le Cambodge afin qu'une pression soit maintenue sur le Vietnam.*

*Il y a donc certaines différences entre nous. Nous avons sur le Cambodge une politique assez différente, bien que les points de départ soient les mêmes, et cela peut avoir des conséquences non négligeables sur la solution politique qui sera finalement apportée à ce problème. Mais nous sommes très heureux de cette possibilité d'échanges très francs entre nous.*

**François Mitterrand :** *En fait, il n'y a pas de différences d'analyse. Nous connaissons la volonté ancienne du Vietnam d'élargir sa sphère d'influence, spécialement vers le Cambodge. Nous ajoutons seulement que le Vietnam a trouvé un prétexte avec le régime tortionnaire de Pol Pot. Donc deux raisons se sont combinées : une raison humanitaire et une raison d'expansionnisme.*

*Sur la volonté expansionniste du Vietnam, nous faisons une analyse identique. Sur la nécessité de faire évacuer le Cambodge par le Vietnam, nous sommes d'accord. Sur le fait que le gouvernement de coalition représente seul la résistance, nous sommes d'accord. Sur le fait qu'il n'y aura pas de progrès tant qu'il y aura occupation, nous sommes d'accord. Quant aux résolutions de l'ONU, elles ont été votées par la France.*

*Le problème, c'est donc : par quel moyen agir ? Exercer des pressions sur le Vietnam ? Oui, bien sûr. Exercer des pressions militaires ? La France ne peut pas. Nous n'en avons ni les moyens, ni l'intention.*

*N'oubliez pas d'autre part que nous avons allégé la charge des combattants cambodgiens en recevant en France 35 000 Cambodgiens et que nous apportons une aide aux 250 000 Cambodgiens qui se trouvent dans des camps en Thaïlande.*

*Donc nos pressions peuvent être d'ordre diplomatique. Elles n'iront pas jusqu'à la rupture, car la France garde des obligations envers le peuple vietnamien. Mais ces obligations ne doivent pas servir de prétexte au Vietnam, avec lequel nos relations sont surtout culturelles.*

*Je rappelle donc que nos analyses sont identiques et que notre objectif est le même : un Cambodge indépendant, neutre, garanti, libéré des tortionnaires.*

*La difficulté réside dans la nature du gouvernement de coalition. Nous avons une répugnance à restituer une chance de gouvernement à des hommes qui ont été à l'origine de beaucoup des malheurs actuels. Nous sommes contre les Khmers rouges, non parce qu'ils sont communistes, mais en raison de ce qu'ils ont fait de barbare.*

**Zhao Ziyang :** *Il est vrai qu'il y a aussi des communistes dans votre gouvernement.*

**François Mitterrand :** *Il y a même un ministre communiste avec moi à Pékin... Si les Khmers rouges s'étaient donné des dirigeants nouveaux, nous pourrions avoir davantage confiance. Mais Heng Samrin est lui aussi un ancien Khmer rouge. Je répète donc qu'il n'y a pas d'aspect idéologique dans notre réaction. Nous voulons le retrait du Vietnam, l'indépendance du Cambodge. Nous souhaitons et soutiendrons sa neutralité, qui doit être garantie par l'ONU et par les pays de la région, avec un grand rôle à jouer par la Chine. Nous avons voté les résolutions de l'ONU, je le répète, et nous disons au Vietnam, à chaque occasion, que nous condamnons sa politique au Cambodge. Au total, la seule différence entre nous est que, bien qu'ayant de bonnes relations avec une composante du gouvernement de coalition, le Prince Sihanouk, nous n'avons pas reconnu ce gouvernement. Cela dit, je comprends votre argument sur la nécessité d'exercer une forte pression sur le Vietnam. C'est un argument très fort, et il est vrai que reconnaître le gouvernement de coalition serait exercer une pression. Mais si nous disons que nous ne reconnaîtrons jamais le gouvernement de Phnom Penh, nous ne disons pas que nous ne reconnaîtrons jamais le gouvernement de coalition.* (Hochements de tête des Chinois.)

*Il n'est pas mauvais que la France garde des contacts avec le Vietnam, à condition qu'elle lui parle clairement et qu'elle condamne son occupation du Cambodge.*

**Zhao Ziyang :** *Nous souhaitons que la France use de son influence dans ce sens.*

**François Mitterrand :** *Le départ des troupes vietnamiennes est nécessaire à toute évolution, mais nous n'avons pas de moyens militaires pour l'imposer. Le droit du Cambodge à l'indépendance est fondé. C'est pourquoi nous avons souscrit aux résolutions de l'ONU.*

*Il serait sage que le gouvernement de coalition fixe ses objectifs pour le développement démocratique du Cambodge. Vous avez souligné, comme nous, le rôle éminent de Norodom Sihanouk. C'est une autre convergence entre nous.*

**Zhao Ziyang :** *J'avais lu les journaux occidentaux sur cette question et j'en avais retiré l'impression que nos positions étaient totalement différentes. Mais, après notre conversation, il me semble qu'il y a moins de divergences que ne le disent les journaux. Je suis d'accord en tout cas pour des pressions de la France sur le Vietnam : pressions diplomatiques, pressions politiques, pressions morales.*

**François Mitterrand :** *Je m'exprimerai demain devant la presse et je répéterai tout cela. J'ai demandé à Norodom Sihanouk de revenir me voir.*

*Ce que j'ai dit pour le Cambodge est évidemment valable pour le Laos.*

*Nous avons en tout cas pu réduire la marge entre nous. Si les dirigeants Khmers rouges ressemblaient davantage aux dirigeants chinois, tout cela serait plus facile !* (Rires.)

**Zhao Ziyang :** *Je vous remercie de ces indications. L'écart est en effet réduit en ce qui concerne nos positions sur cette question. La Chine espère sincèrement voir un Cambodge neutre et non aligné. La Chine souhaite d'ailleurs des discussions sur les garanties à donner à ce futur Cambodge. La Chine souhaite des élections libres dont elle respectera les résultats. Mais nous pensons qu'alors, le Cambodge sera dirigé effectivement par Norodom Sihanouk. Pour le moment, l'urgence est de renforcer la résistance.*

*En ce qui concerne les Khmers rouges, je ne veux pas les défendre. Ils ont commis en effet des erreurs assez graves, mais pas aussi graves que ce qu'ont dit les Vietnamiens. Votre Excellence a participé aux activités de la résistance française aux côtés du Général de Gaulle. Elle connaît donc les problèmes que rencontrent les combats de partisans.*

*Nous sommes effectivement dans l'impasse. La résistance ne peut pas vaincre. Mais les Vietnamiens ne peuvent pas vaincre la résistance qui est active au centre, à l'est, sur les frontières, autour même de Phnom Penh. Les soldats vietnamiens sont démoralisés et le nombre des désertions s'accroît.*

**François Mitterrand :** *C'est toujours difficile d'être une armée d'occupation.*

**Zhao Ziyang :** *Ils avaient de plus grands succès lorsqu'ils menaient eux-mêmes leur guerre de partisans...*

Pierre dans le jardin de l'ancien ministre de la IVe République ? Sans doute. Rien n'est innocent, ici.

### Jeudi 5 mai 1983

Le Président est reçu par Deng Xiaoping au palais de l'Assemblée du Peuple, à Pékin. Le vieil homme malicieux jauge longuement son interlocuteur. Il confie aux journalistes venus prendre des photos : *« Lorsque François Mitterrand était venu nous voir il y a deux ans, il était assis à ma droite, mais, aujourd'hui, mon oreille droite ne marche plus et c'est pour cela qu'il est assis à ma gauche. »*

**François Mitterrand :** *Quand je suis venu en février 1981, les changements étaient considérables par rapport à ce que j'avais vu lors de mon premier voyage en 1961. Mais, même entre 1981 et aujourd'hui, les changements sont importants.*

**Deng Xiaoping :** *Ce n'est que depuis quatre ans, en fait, que les choses ont repris leur cours normal. Depuis la fin 1978, plus précisément, et la réunion des instances dirigeantes du pays qui a eu lieu à ce moment-là. Beaucoup de choses ont été faites depuis quatre ans et je pense que nous sommes dans la bonne voie, mais les problèmes accumulés sont immenses, à commencer par ceux que pose une aussi forte population. Nous devons poursuivre nos efforts.*

*Je suis informé des entretiens très remplis que vous avez eus avec le Premier ministre et le Secrétaire général, et je sais que ces entretiens ont permis de mettre en évidence que nos vues sont souvent identiques, ou, en tout cas, proches. Nous avons beaucoup de points communs. L'écart en ce qui concerne nos positions sur l'Indochine a été réduit. L'essentiel pour nous est de ne pas encourager le Vietnam. Les agissements de ce pays sont aujourd'hui inimaginables et rendent impossible que nous lui accordions notre confiance. La France a des liens historiques avec les pays de l'Indochine. Nous aussi.*

**François Mitterrand :** *Combien plus anciens !*

**Deng Xiaoping :** *On employait encore au Vietnam, il n'y a pas si longtemps, les caractères chinois. Les vieux dirigeants vietnamiens sont capables d'écrire en chinois et certains sont même capables d'écrire des poèmes en chinois !*

*Avec Hô Chi Minh, j'entretenais de bonnes relations. C'est d'ailleurs en France que je l'ai connu. J'habitais alors au n° 5 rue Godefroid, dans le quartier de la place d'Italie* [Deng dit : « Place italien »]. *Aujourd'hui elle a disparu, remplacée par de grands immeubles. Quand je suis revenu à Paris en 1979, même les policiers ne savaient plus où était cette rue.*

**François Mitterrand :** *Le souvenir reste quand même.*

**Deng Xiaoping :** *Nous avons aidé le Vietnam pendant la guerre contre vous, puis pendant la guerre contre les Américains. Nous leur avons donné au total plus de 20 milliards de dollars américains, c'était une aide gratuite et inconditionnelle de notre part. Après leur victoire, ils ont tout renié. Ils ont procédé à l'expulsion de tous les Chinois et descendants de Chinois qui vivaient en Indochine. Des centaines de milliers de personnes ont dû regagner la Chine dans les pires conditions. Il y a eu beaucoup de morts. D'autres ont été chassés vers les nouveaux villages économiques. C'est comme ça qu'a fait Pol Pot au Cambodge. Sur le plan humanitaire, les dirigeants vietnamiens ne le cèdent pour ainsi dire en rien à Pol Pot ! Nous comprenons votre appréciation sur Pol Pot. Mais nous avons toujours eu comme position de ne pas nous ingérer dans les affaires intérieures des autres États. Nous n'avons donc rien dit sur Pol Pot. Et nous avons commis là une grosse erreur. Nous nous sommes montrés trop prudents en nous abstenant ainsi. Il ne fallait pas se taire à ce moment-là. Mais, maintenant, le problème principal est de ne pas affaiblir la résistance. Si les forces du Kampuchea n'existaient pas, ce serait un grand service rendu au Vietnam.*

*Après le retrait des troupes vietnamiennes, nous souhaitons l'instauration au Cambodge d'un système pacifique, neutre et démocratique. Le futur Cambodge ne devrait pas pratiquer le socialisme.*

*Quand Pol Pot a commis ses erreurs, il croyait construire le socialisme.* (Rires des participants chinois.) *La politique d'un Parti socialiste devrait être une politique de paix, de démocratie et de non-alignement.*

*Il faudra qu'il y ait des élections libres au Cambodge, et alors le Prince Sihanouk aura le plus de chances. Le Parti communiste devrait le soutenir.*

**François Mitterrand :** *Sur tous ces objectifs que vous définissez si clairement, nos positions sont pratiquement les mêmes. La France souhaite également un Cambodge indépendant, libre, souverain, dont la neutralité serait garantie par les Nations-Unies comme par un pacte régional. Il n'y a pas de doute sur ces objectifs.*

*En ce qui concerne le départ des troupes du Vietnam, comme en ce qui concerne le gouvernement installé à Phnom Penh, qui ne représente pas le Cambodge, la France a également voté les résolutions de l'ONU.*

*Mais nous sommes marqués par les tragiques atrocités commises sous Pol Pot et nous ne voulons pas que cela recommence. Nous voulons au Cambodge un régime démocratique et neutre, et le gouvernement du Vietnam connaît notre position.*

**Deng Xiaoping :** *Le problème est de savoir par quelle méthode nous pouvons atteindre notre objectif. Nous pensons en tout cas qu'il ne faut pas encourager le Vietnam.*

**François Mitterrand :** *Mais nous n'encourageons pas le Vietnam !*

*J'ai senti cette inquiétude, en effet, lors de mes entretiens avec les responsables de votre pays. Mais entretenir des relations diplomatiques n'est pas encourager.*

*Nous doutons en tout cas qu'il puisse y avoir une solution militaire, que ce soit dans un sens ou dans l'autre.*

**Deng Xiaoping :** *Le retrait annoncé par le Vietnam est un faux retrait. S'il y a une pression internationale, nous obtiendrons peut-être un vrai retrait. Je suis en tout cas très heureux du rapprochement de nos points de vue.*

*En ce qui me concerne, j'espère que la coopération sino-française ne se limitera pas au commerce, mais portera également sur les transferts de technologies. Depuis dix ans, nous avons eu affaire aux États-Unis. Mais ils ne nous ont pas donné de choses présentables. Et nous ne plaçons pas beaucoup d'espoir dans le gouvernement actuel des États-Unis. A cela s'ajoute la grande influence exercée par les États-Unis sur le Japon. Nous plaçons donc beaucoup d'espoir dans les pays d'Europe de l'Ouest, mais la plupart d'entre eux sont aussi très influencés par les États-Unis. Nous espérons donc que la France pourra apporter une grande contribution à notre effort de développement.*

**François Mitterrand :** *En fait, je crois que la France est le seul grand pays industriel à consentir des transferts de technologies. C'est parce que nous sommes logiques avec nous-mêmes : c'est notre conception du développement nécessaire des rapports nouveaux entre pays du Nord et pays du Sud. Nous sommes prêts à appliquer cette conception au nucléaire comme aux télécommunications, comme à l'aéronautique. Nous en acceptons les conséquences. Mais pour que nous soyons en mesure de mener cette politique, cela suppose que la Chine accepte d'acheter une quantité ou un nombre suffisants de matériels français. Ce qui est conforme naturellement à notre intérêt. Sur le nucléaire, il me semble que nous avançons dans ce sens. En revanche, pour les télécommunications, je crains que nous n'allions pas dans cette direction ; pourtant nous y sommes prêts.*

*Dans l'avenir, nous aurons beaucoup à apprendre de la Chine.*

**Deng Xiaoping :** *Il nous reste tout à faire, pourtant !*

**François Mitterrand :** *Mais la Chine a déjà apporté énormément, et quand elle aura surmonté certaines formes de sous-développement, elle aura une grande puissance. Il faut regarder dans cette perspective.*

*Vous pouvez effectivement nous aider. La France compte 55 millions d'habitants, c'est peu, c'est même extrêmement peu si on regarde votre population. En plus, elle est prise dans la crise mondiale des pays capitalistes. Accepter de consentir des transferts de technologies, comme nous le faisons, est un acte de confiance. Il faut, dans les quelques domaines où nous sommes à la pointe du progrès technologique, que la Chine nous aide à passer des marchés.*

*C'est déjà fait en ce qui concerne les matériels nécessaires à la recherche pétrolière ; nous allons sans doute le faire pour le nucléaire ; nous pouvons le faire pour les avions, si vous le voulez ; nous pourrions le faire également pour les télécommunications, domaine où, je le reconnais, la France a eu un tort, celui de vous faire des propositions avec retard. Mais je suis quand même étonné de voir qu'à une technologie française déjà adoptée avec succès par trente-trois pays et qui comporte de substantiels transferts de technologies, vous semblez préférer des technologies américaines, fabriquées en Belgique, pas encore essayées et qui ne comportent pas de réels transferts de technologies !*

*Nous avons eu de très bonnes conversations sur ce sujet avec le Premier ministre, de même que les ministres qui m'accompagnent avec leurs homologues. Nous allons pouvoir avancer. Le champ de la coopération est très vaste entre la Chine et la France, et l'amitié entre nous doit être vivante.*

*Vous avez parlé de l'Europe, vous avez tout à fait raison. Le 1er janvier 1984, je présiderai la Communauté économique européenne à mon tour, et j'ai l'intention d'entamer des conversations politiques et économiques avec quelques très grands pays comme la Chine. Cette action, au nom de l'Europe, sera menée avec le Président suivant et avec le précédent Président. Elle devrait permettre de conduire à des accords entre la Chine et la Communauté économique européenne dans son ensemble.*

**Samedi 7 mai 1983**

Le *Monde* évoque des articles sur le Sida parus dans la revue *Science*. On m'explique que la séropositivité protège du Sida ou, au pire, qu'un sur dix seulement des séropositifs risque de contracter la maladie...

Hilarité : le Président reçoit une note des Renseignements généraux établissant, *« après enquête approfondie »*, la liste des personnalités citées le plus souvent dans les dîners en ville comme pouvant être « Caton ». Il y a là : *« Jean Baudrillard, Alain de Benoist, Jean-Marie Benoit, Jean-François Bizot, Pierre Boutang, Claude Pierre-Brossolette, Yves Cannac, Jean-Claude Casanova, Jean Cau, Albin Chalandon (avec Catherine Nay), Jacques Chirac (entourage de), François Polge de Combret, Arthur Conte, Daniel Cohn-Bendit, Jean-François Deniau, Guy Debord, Claude Durand, Yann Gaillard, Marie-France Garaud, Françoise Giroud, Valéry Giscard d'Estaing, Henri Giscard d'Estaing, Dominique Jamet, Michel Jobert, Jacques Julliard, Pierre Thuillet, Serge July, Alain Juppé, Jean-François Kahn, Jean Lecanuet, Jean-Philippe Lecat, Jean-Maxime Lévêque, Bernard-Henri Lévy,* Libération *(un ou des membres de l'équipe), Edmond Maire (entourage de), Gabriel Matzneff, Catherine Nay (avec Albin Chalandon), Louis Pauwels, Alain Peyrefitte, Alain Richard, Michel Rocard (entourage de), Ambroise Roux, Philippe de Saint-Robert, Jean-Jacques Servan-Schreiber, Situationnistes (un ou un groupe de), Bernard Stasi, Olivier Stirn, Lionel Stoleru, Georges Suffert, Raoul Vaneigem... »*

Bravo ! Belle enquête ! La note continue : *« D'après l'éditeur de Caton, la ou les vérités sur la personnalité de Caton figureraient noir sur blanc dans cette liste... »*

Trois personnes rient beaucoup à cette lecture. Caton continue ses interviews et ses éditos : il est désormais chroniqueur hebdomadaire de *VSD*... Et François Hollande, lui prête même sa voix pour deux interviewes à la radio.

Tarek Aziz négocie la dette irakienne avec Jacques Delors.

A une semaine de la dernière réunion des *sherpas*, samedi prochain, à La Celle-Saint-Cloud, Wallis est à Paris. Il prévient qu'il mettra sur la table un projet de communiqué économique pour Williamsburg. Il doit donner *« un signal d'optimisme réaliste et de confiance prudente dans l'avenir »*. L'amélioration des conditions économiques générales permet de reprendre espoir. Des problèmes sérieux demeurent, qu'il faut traiter par *« une approche cohérente et globale* [comprehensive] *résultant d'un ensemble de petites touches, même modestes. »*

Il me dit être *« sans illusions sur le jugement que la presse américaine portera sur les résultats du Sommet, quels qu'ils soient. Les commentateurs ont décidé* a priori *que les Sept ne décideraient pas grand-chose. A l'inverse, les médias crieront à l'irréalisme si des décisions importantes étaient prises. C'est pourquoi l'Administration américaine se félicite d'avoir volontairement adopté un profil bas dans l'annonce publique de ses intentions et de ses objectifs »*.

Il est porteur d'une lettre de Ronald Reagan qui propose un agenda pour Williamsburg :

*« Lors du premier jour des discussions, à notre session du matin, entre chefs de délégation seulement, nous pourrions discuter de notre attitude générale à propos de la reprise économique mondiale (...). Dans l'après-midi, nous serons rejoints par nos ministres, en vue d'explorer plus en détail des questions plus spécifiques, telles que les politiques nationales, les questions commerciales et financières internationales et un examen des relations économiques Est/Ouest...*

*Nous sommes tous d'accord pour penser qu'un Sommet réussi nécessite à la fois une préparation soigneuse et la souplesse nécessaire pour permettre à chacun d'entre nous, en tant que chefs d'État et de gouvernement démocratiquement élus, de discuter pleinement de nos points de vue respectifs et de décider personnellement de l'expression collective de notre message au monde à l'occasion de Williamsburg. »*

A la lettre est joint un très long document ambigu, sorte de résumé des conclusions que Ronald Reagan souhaite voir adopter par le Sommet. Selon lui, ce n'est en aucune façon un projet de communiqué final rédigé à l'avance. Traits majeurs de ce texte : l'expression d'un optimisme raisonné et d'une approbation implicite de la politique économique américaine, une priorité absolue accordée à la lutte contre le protectionisme, et l'évacuation des questions Est/Ouest.

La préparation du discours du Président devant l'OCDE se termine. Le Président le relit. Il y propose la tenue d'une conférence internationale en vue d'instaurer un système de taux de change quasi fixe entre le dollar, le yen et l'écu. Le Président discute en détail de chaque idée : *« Est-ce réaliste ? Faut-il proposer quelque chose qui ne se réalisera pas ? »*

**Lundi 9 mai 1983**

De nouveau, des rumeurs d'une sortie du franc du système monétaire européen prennent une ampleur inquiétante et entraînent un brusque accès de faiblesse de notre monnaie. La *Lettre de l'Expansion* d'aujourd'hui indique *« qu'une personnalité influente du groupe parlementaire socialiste déclare que la quatrième dévaluation pourrait intervenir au moment du Congrès du PS »*. Voilà qui n'aide pas !

A l'Élysée, devant les ministres des Affaires étrangères et des Finances des pays membres de l'OCDE qui attendent debout depuis trois quarts d'heure, François Mitterrand, parlant pendant une bonne heure, propose notamment un nouvel accord monétaire dans la logique des communiqués de Versailles :

*« Les trois principales zones monétaires — dollar, yen et monnaies européennes — pourront s'engager dans la voie du renforcement de leurs liens et servir de pôles à une stabilisation durable des taux de change des principales monnaies du monde. Le Fonds monétaire international verrait alors son rôle renforcé pour promouvoir l'usage des Droits de Tirages Spéciaux dans les réserves officielles, dans les opérations et les comptes des institutions internationales et les transactions privées. Il devrait être à ce moment doté de moyens d'intervenir en cas de difficultés graves et subites d'un pays...*

*Enfin, je propose que soit lancé un plan d'urgence pour l'Afrique, dont le PNB par tête stagne depuis dix ans et qui, compte tenu de ses dettes, menace de devenir le continent perdu du développement. Un effort exceptionnel de solidarité des pays occidentaux est donc nécessaire. La France fera bientôt des propositions détaillées à ce sujet. »*

Après le discours, Don Regan et George Shultz félicitent chaleureusement le Président... pour l'expulsion des diplomates soviétiques !

François Mitterrand à Shultz : *« Le Sommet de Versailles s'était conclu par un désaccord profond sur les questions économiques Est/Ouest, et si le Président des États-Unis veut que son Sommet soit un échec, il n'a qu'à reprendre ce sujet : face à l'URSS, rien n'est plus important que la cohésion euro-américaine sur la question du déploiement. Sinon, c'est l'institution même des Sommets qui perdra toute crédibilité. »*

**Mercredi 11 mai 1983**

Lettre de François Mitterrand à Valéry Giscard d'Estaing :

> *« A l'approche du Sommet des pays industrialisés qui se tiendra, comme vous le savez, à Williamsburg, les 28, 29 et 30 mai 1983, je recevrai les principaux responsables de notre vie publique.*
>
> *Dans cet esprit, je crois conforme à l'intérêt national de pouvoir m'entretenir avec vous des questions qui seront débattues lors de cette importante rencontre internationale.*
>
> *Je demande dès maintenant à M. le Secrétaire général de la Présidence de la République de s'informer de vos convenances auprès de vos collaborateurs. »*

François Mitterrand en Conseil des ministres, à propos des États-Unis : *« Ils sont prêts à vous prendre tout..., quitte à vous en redonner un petit peu pour que vous puissiez leur payer à dîner. »*

C'est décidé, le Président choisit l'Arche, c'est-à-dire le projet d'un architecte danois inconnu, Otto von Spreckelsen, pour la Tête Défense. Les photos-montages établissent qu'elle ne gênera pas la perspective depuis les Champs-Élysées.

Selon Claude Cheysson, diverses sources arabes indiquent que l'OLP cherche à obtenir le report de la Conférence sur la Palestine. Cheysson pense que, dans les jours qui viennent, nous ne *« devons pas bouger »* à ce sujet et éviter toute démarche et déclaration.

Le président de l'université de Dauphine m'annonce que les étudiants de son université se mettent en grève ce matin. Avant-hier, ils avaient demandé à être reçus par le cabinet du ministre de l'Éducation, qui leur a fait répondre qu'on ne recevait que les représentants des universités en grève ! Ils ont donc tout naturellement décidé de se mettre en grève pour être reçus...

Michel Tournier me reparle du régime fiscal et de la protection sociale des écrivains. Pour l'instant, deux améliorations seulement ont été apportées : la possibilité d'étalement sur cinq ans des revenus et l'exonération d'impôt du montant des prix littéraires. Il souhaite l'extension du droit à l'étalement sur les droits d'auteur eux-mêmes et la possibilité d'exonération fiscale des droits, du vivant de l'auteur, en échange d'un legs à l'État des droits posthumes.

Coup de théâtre : ce matin, lors d'une réunion des quatre directeurs politiques précédant la rencontre des directeurs politiques des Sept, à La Celle-Saint-Cloud, précédant elle-même la réunion des *sherpas,* le directeur politique américain, Richard Burt, propose qu'une déclaration commune soutenant la position des Américains dans la négociation de Genève soit faite par les Sept à Williamsburg : *« Il faut saisir l'occasion de la rencontre des Sept pour témoigner publiquement de la solidarité fondamentale des gouvernements alliés ; la communauté de préoccupations entre les pays de l'Alliance atlantique et le Japon est croissante ; la déclaration pourrait rappeler que l'option zéro est la meilleure solution, souligner la nécessité d'imposer des limites globales à l'armement nucléaire soviétique, exprimer le refus de toute prise en compte des forces tierces, et faire droit aux préoccupations japonaises concernant le transfert des SS 20 vers l'Asie. »*

Le représentant britannique approuve ; le directeur allemand aussi ; le directeur français, Jacques Andreani, exprime des réserves, sans doute pas d'une grande fermeté car, dans l'après-midi, devant les directeurs politiques des Sept, l'idée d'une déclaration sur les Forces nucléaires intermédiaires, présentée cette fois par le délégué canadien *« à titre personnel »* et appuyée aussitôt par l'Américain, est approuvée ! *« Le texte soulignerait les points d'accord entre les Sept (exclusion des forces françaises et britanniques, démarche globale incluant l'Asie, option zéro, déploiement en cas d'échec de la négociation). »*

Les représentants personnels rejoignent alors les directeurs politiques. Informé, je proteste : *« Il était convenu qu'aucun texte ne serait rédigé à l'avance pour le Sommet. Et d'ailleurs, qu'avons-nous à dire en commun ? Chacun de nous est dans une position très différente sur ce sujet. Rien ne serait donc plus désastreux que d'essayer de rédiger un texte et de ne pas y arriver. De plus, il serait très difficile de conserver dans un tel texte une distance à l'égard de la position de négociations des États-Unis alors que nous ne négocions pas. En tout cas, aucun projet ne doit être diffusé avant que les chefs d'État et de gouvernement n'aient pris position sur le principe même d'une telle déclaration. »* On convient, après trois heures de discussions, qu'il appartient aux chefs d'État et de gouvernement de dire d'ici mercredi prochain s'ils acceptent le principe même de la préparation d'un tel texte. Et, si un projet leur paraît satisfaisant, de l'examiner lors du Sommet.

Je téléphone au Président, qui me confirme : *« Un texte commun sur la négociation de Genève où nous ne sommes pas partie prenante est impossible. »*

**Jeudi 12 mai 1983**

La réunion de *sherpas* continue à La Celle-Saint-Cloud sur les questions économiques. A ma grande surprise, les trois Américains — le *sherpa* et ses deux adjoints — se montrent très modérés sur le commerce Est/Ouest et très critiques sur leurs propres taux d'intérêt. La déclaration finale du Sommet reprendra la proposition de Conférence monétaire internationale présentée lundi dernier par François Mitterrand. Une annexe énoncera un certain nombre de principes de politique économique, comme cela avait été le cas à Versailles.

Cette amabilité est révélatrice. L'objectif du Sommet a changé : il n'est plus économique, il est stratégique.

**Vendredi 13 mai 1983**

Dans son éditorial, ce matin sur *RTL*, Philippe Alexandre déclare : « *Tous les hommes influents qui courent à Paris dans le domaine privé et public sont convaincus qu'une nouvelle opération monétaire est inévitable (...). Des socialistes brodent sur le thème suivant : une dévaluation sauvage n'est pas catastrophique, puisqu'elle permet de relancer la production et l'exportation.* » La *Lettre des Échos* reprend un thème identique. Les éditorialistes les mieux informés situent l'origine de ces bruits au sein de la majorité et même du gouvernement. Le débat quasi public sur ce thème est très grave. Il met le franc à la merci de la spéculation et peut ruiner rapidement la marge d'autonomie péniblement reconquise. Il compromet de façon irréversible les chances de succès de la politique économique décidée le 25 mars. Comment mobiliser le pays si la majorité elle-même critique et doute publiquement du succès de ce plan ?

**Lundi 16 mai 1983**

Interrogé, Claude Cheysson pense lui aussi qu'il vaut mieux éviter toute préparation d'un texte politique avant Williamsburg. On pourrait décider sur place si un tel texte mérite d'être préparé.

François Mitterrand : « *Même si nous sommes d'accord sur l'objectif, nous n'avons pas à adopter ni à voter des textes pour une négociation à laquelle nous n'avons pas de part.* » Je communique aux Américains la position du Président : pas de texte.

Au Sommet franco-allemand, François Mitterrand et Helmut Kohl s'entendent pour rejeter le principe d'un projet de texte à Williamsburg. Ils ne sont pas hostiles à une discussion sur le contrôle des armements, y compris les Forces nucléaires intermédiaires, à condition qu'il s'agisse d'une libre discussion qui ne soit pas centrée autour d'un projet de texte.

La France reçoit un prêt communautaire de 4 milliards d'écus. Cela stabilise le franc.

François de Grossouvre demande à Michel Vauzelle d'annoncer qu'il se rend au Liban. François Mitterrand : « *Non, surtout pas !* »

**Mardi 17 mai 1983**

Le Président souhaite qu'Édith Cresson vienne au Sommet. Or les ministres du Commerce extérieur des autres pays, y compris des États-Unis, n'y seront pas. Il renonce. Délégation réduite. Retour aux normes.

L'accord des Dix sur les prix agricoles met un terme aux manifestations paysannes. En échange, la Commission propose aux ministres de l'Économie de décider une compensation pour la Grande-Bretagne de 800 millions d'écus en 1983. Là, pas d'accord !

Tchad : remaniement du GUNT à Bardaï. Cheikh Ibn Oumar, président du CDR, y devient « ministre » de la Défense.

Accord israélo-libanais. Gemayel s'est entendu avec Shamir. L'événement passe inaperçu.

**Mercredi 18 mai 1983**

En Conseil, Claude Cheysson fait passer au Président une note à propos de la négociation sur les Forces nucléaires intermédiaires :

> *« Quatre principes sur lesquels est fondée l'attitude américaine à Genève ont l'aval de leurs alliés : la seule base d'un accord juste repose sur l'égalité des forces entre les États-Unis et l'Union soviétique ; par conséquent, les forces stratégiques anglaises et françaises ne peuvent être prises en compte dans ces négociations bilatérales ; en outre, les propositions soviétiques qui aboutissent en fait à dévier la menace d'Europe vers l'Asie ne peuvent être prises en considération ; enfin, dans tous les domaines de contrôle des armes, il est indispensable de définir des mesures efficaces pour vérifier l'état des armements. »*

Je ne prête pas attention à cette note de bon sens, qui reprend très exactement la proposition de Burt et fournit la base de la négociation d'un texte sur les FNI à Williamsburg, incluant la France dans une négociation globale derrière les États-Unis. Le Président non plus n'y prête pas attention, occupé qu'il est à autre chose : *« Une priorité "Famille et natalité" doit être définie »*, me dit-il en Conseil alors qu'on discute à nouveau du Plan.

Donald Regan présente les positions économiques que les États-Unis défendront à Williamsburg : *« Les taux d'intérêt américains ont largement baissé depuis deux ans. Chez certains de nos partenaires, notamment Allemands, une évolution semblable a été enregistrée ; il n'en a pas été de même des taux français et italiens, qui demeurent "du côté élevé". »* Il reconnaît toutefois que les taux d'intérêt américains restent trop forts, mais affirme qu'ils ne sont pas la conséquence du déficit budgétaire américain. Les États-Unis peuvent d'ailleurs, dit-il, s'accommoder de leur déficit budgétaire grâce à la reprise économique et à l'épargne mondiale. Il exclut l'éventualité d'un *« affrontement »* avec la France à Williamsburg, sans écarter toutefois la possibilité de *« discussions animées »* avec les Français. La France *« est le plus ancien allié des États-Unis »*, et, d'une manière générale, *« les États-Unis ne se battront pas avec leurs invités »*. Don Regan déclare être *« en plein accord avec le Président de la République française en ce qui concerne la nécessité de préparer "très sérieusement" une éventuelle conférence internationale sur la réforme monétaire »*. La situation de la dette du Tiers Monde reste *« périlleuse, bien qu'elle ait perdu un peu de son "acuité". De nouveaux problèmes pourraient surgir dans les mois à venir »*.

**Jeudi 19 mai 1983**

Les fûts contenant les restes de dioxine de Seveso, entrés en France en septembre 1982, sont retrouvés dans l'Aisne.

Le directeur général de la Concurrence et des Prix, Claude Jouven, me tient régulièrement informé de l'évolution des prix. L'hypothèse la plus vraisemblable pour cette année est de 8,5 %, au mieux 8,3 %. Cela dépend de la fermeté que les préfets manifesteront dans la lutte contre la fraude, surtout celle des commerçants. Pour l'année prochaine, on peut limiter la hausse à 5 %, moyennant 0 % d'augmentation des salaires, puisque les effets des seuls glissements catégoriels entraîneront une hausse de 5 % de la masse salariale. Les salariés accepteront-ils ?.

**Vendredi 20 mai 1983**

A Marseille, Georges Marchais estime que *« le plan de rigueur est en contradiction avec les objectifs définis en 1981 ».*

Indira Gandhi téléphone à François Mitterrand : elle lui demande de la faire inviter au Sommet de Williamsburg comme porte-parole du Sud. Mitterrand s'engage à poser la question à Reagan.

Bonne surprise : Richard Burt, directeur américain des Affaires politiques, fait savoir à Jacques Andreani que les États-Unis renoncent *« à faire circuler un projet ou à rechercher plus avant la publication d'une déclaration sur les Forces nucléaires intermédiaires à Williamsburg ».* Le danger est écarté. Les Américains ont essayé, puis ont renoncé quand ils ont vu notre résistance. Il n'y aura pas de bataille sur un communiqué.

**Samedi 21 mai 1983**

Mauvaise surprise : Reagan écrit aux sept participants pour demander que le Sommet de Williamsburg soit l'occasion de l'annonce publique *« d'un accord sur les problèmes de sécurité dans la perspective des négociations de Genève » :*

> *« Tout notre effort économique est lié à l'expression et à la préservation de nos valeurs démocratiques communes et de notre sécurité. Parmi les problèmes de sécurité dont nous parlerons, le plus important cette année est peut-être la question des FNI, sur lesquelles, je crois, nous bénéficions d'un accord général. C'est pourquoi j'espère que nous serons en mesure d'exprimer publiquement notre engagement commun persistant de déployer les forces nucléaires de portée intermédiaire à l'automne, tout en poursuivant en même temps et inlassablement la recherche d'accords concrets de contrôle des armements. »*

La bataille est lancée à une semaine de Williamsburg ! Ce Sommet va dans le mur...

Avoir fait mentir Jacques Chirac en franchissant le cap des deux ans d'exercice du pouvoir ne suffit pas à Pierre Mauroy. L'inflation va trop vite, et le taux artificiellement élevé du dollar risque de ruiner le plan de rigueur du gouvernement, axé sur la réduction du déficit extérieur. La gauche cherche à acquérir cette *« légitimité de gestion »* chère à Pierre Mauroy, au-delà de sa légitimité institutionnelle. *« Il faut que la présence de la gauche au pouvoir soit "banalisée "*, me dit-il. *Et cette banalisation passe par la démonstration de nos capacités de gestion. »*

**Lundi 23 mai 1983**

Laurent Fabius s'inquiète auprès du Président de l'avenir du Livret d'épargne industrielle. *« Je devrais dire* feu *le Livret d'épargne industrielle, car si on retenait les orientations de Delors, cette innovation serait morte de complications et de détournements avant d'avoir vu le jour ! »* Mauvaise foi. Laurent Fabius veut qu'il soit rémunéré au taux de 8 % et que l'épargnant puisse y retirer de l'argent à n'importe quel moment. C'est évidemment impossible, car cela détournerait toute l'épargne du reste du système bancaire. Le Premier ministre et Jacques Delors proposent que ce livret soit rémunéré à 11 % si l'argent y est bloqué pendant sept ans, et à beaucoup moins de 5 % s'il est retiré plus tôt. C'est raisonnable. Mais il faudra aussi éviter que les Finances reprennent à l'Industrie les 5 milliards qu'il va rapporter. On a connu la même manipulation avec le « Fonds grands travaux ».

Jacques Delors est parvenu enfin à un accord avec l'Irak sur le remboursement de la dette. Élisabeth Guigou, qui a assisté à la réunion, informe le Président : *« La livraison des Super-Étendard est subordonnée au paiement à bonne date du deuxième acompte sur le contrat BAZ 3, qui n'a toujours pas été réglé. »* Jean-Louis Bianco ajoute : *« Les Super-Étendard servent à porter les Exocet. Le Premier ministre semble s'être un peu engagé à ce sujet, ce qui me paraît très dangereux. »* Le Président écrit en tête de la note : *« Observations raisonnables. Je ne veux pas qu'on vende d'Exocet dans une "guerre chaude". »*

Le malentendu avec Matignon semble total. Le Président ne veut pas que l'on livre les Super-Étendard, alors que l'assentiment est déjà donné aux Irakiens et que, comme prévu dans le cadre de l'accord de rééchelonnement de la dette, Cheysson et Hernu organisent leur envoi.

**Mardi 24 mai 1983**

Manifestations d'étudiants au pont Alexandre III, contre la réforme Savary dont la discussion débute à l'Assemblée. François Mitterrand à Defferre : *« C'est inadmissible ! Nul ne doit manifester dans le triangle Place Beauvau/Palais-Bourbon/Élysée. »*

Impolitesse : à Williamsburg, la mission préparatoire française se voit signifier que la maison « Lightfoot House », qui sera la résidence du Président Mitterrand, ne sera libre de « location » qu'à la veille du Sommet. Totalement aberrant si l'on se souvient des demandes émises par les Américains pour le Sommet de Versailles : ils avaient exigé de disposer de leur résidence au Trianon dix jours à l'avance !

**Mercredi 25 mai 1983**

Réponse significative du Président à Reagan. Il ne dit mot d'une éventuelle déclaration sur les forces nucléaires dont il n'admet pas qu'elles soient discutées à Williamsburg. Il parle uniquement des relations Nord/Sud :

*« Je viens d'avoir une intéressante et surprenante confirmation de l'intérêt du Sommet de Williamsburg. Le Premier ministre de l'Inde m'a appelé au téléphone, comme elle le fait de temps à autre. Elle a parlé de notre Sommet. Elle a réaffirmé en termes nets, modérés, responsables, ce que son peuple et ce que tous les participants au Sommet qu'elle a récemment présidé à la Nouvelle Delhi en attendent. J'ai trouvé un encouragement dans l'appel que cette remarquable personnalité semblait ainsi lancer aux grandes démocraties industrielles au nom des plus pauvres, des plus gravement frappés par la crise. Aussi n'ai-je pas été surpris qu'à la fin de l'entretien, Mme Gandhi émette une proposition étonnante et en tout cas nouvelle : celle de venir à Williamsburg s'entretenir avec nous au terme de nos travaux.*

*Je lui ai dit bien entendu que je me tournerai vers vous qui serez notre hôte. Mais je n'ai pas dissimulé l'intérêt qu'avait à mes yeux cette suggestion. Que l'Inde, dont le non-alignement est si souvent invoqué, que ce très grand pays asiatique, voisin de l'Union soviétique, actuellement président d'un mouvement mondial qui rassemble plus d'un milliard d'habitants, souhaite s'entretenir avec les Sept de notre Sommet, me semble important sur le plan politique, utile sur le plan économique.*

*Je vous laisse juge, bien sûr, mais suis à votre disposition pour m'en entretenir avec vous, soit dans une conversation téléphonique, soit en recourant au télégraphe dans des conditions de secret comparables à celles qui entourent l'envoi du présent message.*

*Il est évident que toute indiscrétion à ce stade aurait des conséquences déplorables ; aussi n'ai-je informé que des collaborateurs très peu nombreux et très sûrs.*

*D'avance, je me réjouis de la reprise très prochaine d'un contact personnel avec vous, auquel j'ai toujours attaché la plus grande importance. »*

Préparant Williamsburg, le Président s'étonne de la situation économique du Royaume-Uni : une hausse des prix de 4,6 %, le plus faible taux depuis 1968 ; grâce à ses exportations pétrolières, un excédent commercial de 2,2 milliards de livres. L'embellie risque cependant de n'être qu'assez brève, et Margaret Thatcher a raison d'appeler les Britanniques aux urnes dès le 9 juin prochain.

**Jeudi 26 mai 1983**

Deux documents sont signés par le ministre de la Défense : l'un décidant de prélever cinq Super-Étendard sur les réserves de la marine nationale pour une durée de deux ans ; l'autre approuvant le contrat *« Milan »* entre la société Dassault et les autorités irakiennes, avenant au contrat BAZ 3 de janvier 1982 et organisant le prêt des avions. Le Président, furieux, a laissé faire : trop tard pour revenir sur la parole du gouvernement.

Valéry Giscard d'Estaing a accepté l'invitation de François Mitterrand à venir parler de Williamsburg. Mais l'ancien Président fait ensuite une déclaration très polémique : *« Pour que les propositions de la France puissent être prises au sérieux et ne se retournent pas contre elle, nous avons besoin d'une économie vigoureuse et d'une monnaie solide. Quant à moi, je me consacre à la préparation du projet de cette société juste et paisible qui sera seule capable de répondre à l'attente et à l'espoir des Français. »*

François Mitterrand : *« Il faut qu'on réponde brutalement. Notamment sur l'image de la France dans le monde. Rappeler Varsovie, le silence sur l'Afghanistan, l'annonce à Venise d'un retrait soviétique, la brouille avec l'Algérie, le silence sur l'Amérique centrale, etc. Jospin et/ou Mermaz pourraient le faire.*

*Dans la soirée. Pour que cela soit dans la presse de lundi. Sinon, ce sera du réchauffé !* »

Claude Marti, le conseiller publicitaire de Michel Rocard, suggère à François de Closets de travailler à la préparation d'un « *Enjeu* » avec le Président pour le mois de juin. De Closets serait heureux de le faire, mais ne sait pas si Claude Marti est effectivement mandaté pour le proposer. Pour sa part, il préférerait d'ailleurs que cette émission ait lieu en septembre. Réponse du Président : « *C'est une bonne idée ; faisons-la en septembre.* »

Les prévisions annoncent un équilibre de la Sécurité sociale en 1983 ; mais en 1984, comme les dépenses-maladie croîtront à un rythme de 4 %, soit quatre fois plus que les recettes, le déficit serait de 20 à 30 milliards.

**Vendredi 27 mai 1983**

Ronald Reagan refuse d'inviter Indira Gandhi à Williamsburg. Motif : « *un autre pays* » aurait aussi demandé, en vain, à venir...

> « *A une date aussi tardive, il serait très difficile d'obtenir l'accord de nos collègues pour ajouter un autre invité à cette réunion du prochain week-end. Comme vous le savez, un autre pays a récemment demandé à être admis et, après une période de discussion, il a été rejeté par les autres.* »

Un « *autre pays* » ? Première nouvelle ! Cela pourrait être l'Australie, qui aurait fait part d'un tel souhait aux Américains, lesquels ne nous ont jamais transmis cette demande. A moins qu'il ne s'agisse de la Grèce, qui aurait été présente au Sommet... s'il avait eu lieu en juillet !

**Samedi 28 mai 1983**

A la veille du Sommet, pavé dans la mare : Andropov menace d'installer des missiles nucléaires chez ses alliés d'Europe. Le déploiement occidental « *obligera l'Union soviétique à revenir sur sa décision, prise l'année dernière, concernant un moratoire unilatéral sur le déploiement des armes à moyenne portée dans la zone européenne. Il deviendrait par ailleurs nécessaire d'appliquer, de concert avec les autres États membres du Pacte de Varsovie, d'autres mesures en vue du déploiement de moyens supplémentaires pour créer un contre-poids indispensable au groupement croissant de moyens nucléaires de stationnement avancé des États-Unis en Europe et des armements nucléaires des autres pays de l'OTAN.* [Autrement dit, des fusées à courte portée SS 20 et 23 en RDA.] *On serait également amené à appliquer, en réponse, les mesures requises visant le territoire des États-Unis mêmes.* » La déclaration annonce le « *déploiement de nouveaux systèmes stratégiques appropriés* » pour faire pièce aux « *importants programmes de moyens sophistiqués* » lancés par Reagan. Le document confirme qu'aucun accord à propos des armements européens n'est possible à Genève sur la base des propositions occidentales actuelles, qui sont « *par avance inacceptables* ».

Récapitulons : à l'heure actuelle, il existe 351 SS 20, dont 234 dirigés contre l'Europe, (189 depuis l'est de l'Oural). Avec les 45 bombardiers Backfire soviétiques, ils ne font que compenser, disent les Russes, les bombardiers américains (F111, F4, A6, A7), les 94 missiles français et les 64 missiles britanniques.

Dans l'avion qui nous conduit à Williamsburg, François Mitterrand : *« Il faudra éviter que Reagan veuille faire de ce Sommet un moyen de nous empêcher de vendre nos produits industriels à l'URSS, alors que lui y vend son blé. »*

Avant le dîner, Helmut Kohl indique à François Mitterrand qu'il ne peut plus refuser à Reagan de rédiger une déclaration commune sur les Forces nucléaires intermédiaires, en raison de la déclaration d'Andropov de ce matin.

Burt me montre les notes qu'il a préparées pour Reagan. Il s'agit d'un projet de déclaration en cinq points, toujours le même : nécessité de l'équilibre des forces ; recherche d'une élimination complète des forces nucléaires (option zéro) ; démarche globale pour satisfaire le Japon ; exclusion des forces françaises et britanniques ; déploiement en cas d'échec de la négociation.

Au dîner à la plantation Carter's Grove, le Président échange quelques mots avec un cuisinier originaire de Louisiane. Celui-ci parle acadien — une langue proche du vieux français et qui n'a quasiment pas évolué depuis le XVII^e^ siècle — et américain tout à la fois. Il explique que son père ne parle pas l'américain. Un orchestre de jazz joue à l'intention des convives des airs des années 30.

Au cours du dîner, Margaret Thatcher propose une déclaration sur les Forces nucléaires intermédiaires. Elle reprend l'enchaînement exact des arguments et propositions de Burt... Reagan approuve et propose qu'au cours de leur réunion de demain matin, les ministres des Affaires étrangères préparent et discutent d'une telle déclaration. François Mitterrand est contre, mais Reagan passe outre et donne la parole au Président français... sur le Moyen-Orient !

On apprendra plus tard que Reagan, avant de se coucher, visionne une fois de plus *La Mélodie du bonheur*, son film préféré.

**Dimanche 29 mai 1983**

Pendant que, dans la bibliothèque de l'Université, conformément au programme établi, les chefs d'État et de gouvernement discutent seuls, avec les *sherpas*, des problèmes économiques généraux, les ministres des Affaires étrangères, accompagnés des directeurs politiques, discutent, sur la base d'un projet américain, d'un texte possible sur les Forces nucléaires de moyenne portée. Après avoir rappelé l'attachement des pays participants à la fois à la sécurité et à la réduction des armements, et avoir mentionné les propositions faites en matière de désarmement par *l'« alliance occidentale »*, le projet américain s'étend de façon détaillée sur le déploiement des SS 20 et appelle l'Union soviétique à répondre favorablement aux propositions américaines à Genève, à savoir l'option zéro ou, à défaut, l'option intermédiaire. Il affirme que *« les forces de dissuasion des pays tiers n'ont pas leur place dans les négociations de Genève »*. Il rappelle que les pays participants au Sommet sont *« unis dans ces négociations, qu'ils continuent à se consulter entre eux à ce sujet »*, et il affirme *« que leur sécurité est indivisible »*. Il précise enfin que si *« un accord ne pouvait être obtenu d'ici la fin de 1983 sur l'élimination totale des SS 20, les armes américaines seraient déployées conformément à la décision de décembre 1979 ».*

Texte catastrophique, qui nous implique dans la discussion entre les deux Grands et ne peut qu'aboutir à la prise en compte des forces françaises dans le désarmement. Si ce texte est agréé, c'en est fini de l'indépendance nucléaire de la France.

Cheysson accepte d'entrer dans la négociation : *« Notre pays pourrait souscrire à une déclaration à caractère général sur la nécessité de l'équilibre des forces et sur l'attachement des pays occidentaux à la réduction des armements. Mais on ne saurait lui demander ni de se référer aux décisions prises par les pays membres de la structure intégrée de l'OTAN, ni d'appuyer les diverses options de négociation mises en avant à Genève. »* Le ministre canadien élève quant à lui des objections contre le passage du projet excluant la prise en compte des forces de pays tiers.

Vers 11 heures, un projet commun est mis au point entre les ministres, faisant disparaître un certain nombre d'éléments (mention des propositions de désarmement faites par *« l'Alliance atlantique »*, affirmation que les pays du Sommet ont été *« unis dans les négociations »*). Mais le projet de texte demeure pour nous absolument exécrable : il entérine l'inclusion du Japon au sein de l'Alliance et prend parti pour l'option zéro : *« Ainsi, nous en appelons à l'Union soviétique pour qu'elle réponde sérieusement aux propositions constructives qui ont été mises en avant. Dans le domaine des FNI en particulier, des déploiements continus de missiles SS 20 jusqu'au niveau actuel de 351 ont porté la menace soviétique à un niveau supérieur à celui atteint en 1979, au moment où l'OTAN a adopté sa décision sur le contrôle des armements nucléaires à portée intermédiaire et leur modernisation. Nous en appelons à l'Union soviétique pour qu'elle réponde de façon constructive dans les négociations FNI aux deux propositions américaines actuellement sur la table : pour l'élimination d'une classe entière de missiles à moyenne portée ; ou, sinon, pour un accord intérimaire établissant des limites globales sur un nombre égal de têtes nucléaires américaines et soviétiques. »*

Les ministres viennent nous rejoindre en séance restreinte avec ce texte. Dans la petite salle, seuls les chefs de délégation sont assis à la table ovale recouverte de cuir vert. A une extrémité Ronald Reagan, à l'autre François Mitterrand. Les *sherpas* se tiennent en retrait. On ajoute des chaises, derrière eux, pour les ministres. L'ambiance est très tendue. François Mitterrand est acculé à l'affrontement franco-américain que, depuis six mois, il cherche à éviter. Il me souffle : *« Cheysson, avec sa passion du compromis, mène la France à l'abandon. Si je n'arrête pas ce texte, la France n'aura plus l'arme nucléaire dans dix ans. »*

Je sors prévenir le conseiller pour la Sécurité, le juge Clark, que le texte comprend une série de choix inacceptables pour la France et que nous ne le signerons pas tel qu'il est. Il hausse les épaules et me tourne le dos : *« Vous signerez. »*

Une scène terrible commence alors. François Mitterrand parle le premier, calmement. Il décortique le texte et refuse catégoriquement *« de s'associer à des formulations détaillées qui l'engageraient à appuyer de façon précise les propositions faites par les États-Unis à Genève »*. Il refuse *« toute référence directe dans ce document aux décisions prises par les pays de l'OTAN »*. Il n'accepte d'en parler que sous une forme descriptive. D'autre part, il ne veut pas que l'on mentionne l'option zéro. Il propose d'ajouter la phrase : *« Nous ne ferons jamais usage de nos armes si ce n'est en réponse à une agression. »* Bref, pas question de reprendre quoi que ce soit du projet à notre compte.

La tension est grande. Jamais le texte ne sera prêt à midi, comme il a été annoncé. Reagan voit son Sommet lui échapper. Il tape du poing sur la table pendant que François Mitterrand intervient à plusieurs reprises, posément et fortement ; puis, emporté par la colère, Reagan jette ses propres papiers loin devant lui.

Reagan maintient sa proposition de commencer par une phrase disant : *« L'Alliance occidentale a avancé des propositions pour parvenir à des résultats positifs dans les différentes négociations internationales. »* François Mitterrand propose de la remplacer par : *« Des propositions ont été avancées du côté occidental pour parvenir... »* C'est accepté. C'est d'ailleurs le seul moyen de parvenir à un accord. Pour nous, l'essentiel est sauf : nous ne sommes pas impliqués par ce qui se négocie à Genève.

Le paragraphe concernant les perspectives d'aboutissement des négociations et la nécessité du déploiement donne lieu à des discussions extrêmement serrées, notamment entre Ronald Reagan et Margaret Thatcher d'un côté, les Allemands de l'autre. On bataille trois heures durant pour changer la phrase : *« Nous en appelons à l'Union soviétique pour qu'elle réponde de façon constructive dans les négociations sur les Forces nucléaires intermédiaires pour l'élimination d'une classe entière de missiles à moyenne portée... ou, sinon, pour un accord intérimaire établissant des limites globales sur un nombre égal de têtes nucléaires américaines et soviétiques. »* Trudeau met en cause la volonté des Américains de négocier sérieusement à Genève. Kohl, comme Mitterrand et Trudeau, n'estime pas nécessaire de rappeler que seul un aboutissement fondé sur l'option zéro pourrait éviter des déploiements. Il lui paraît suffisant de dire que les déploiements auraient lieu en l'absence d'un aboutissement satisfaisant des négociations. Le Président français refuse tout texte qui donnerait le sentiment que la France endosse la position américaine sur l'option zéro. Le texte devient : *« Dans le domaine des Forces intermédiaires en particulier, nous appelons l'Union soviétique à contribuer de façon constructive au succès des négociations. »* Là encore, la formulation nous convient.

On passe à la question des forces tierces. Le texte des ministres est : *« Nous sommes d'accord sur l'idée que les forces de dissuasion stratégiques des pays tiers n'ont pas leur place dans ces négociations. L'effort des Soviétiques pour inclure les forces de pays tiers est un effort visant à diviser l'Occident, et il faut y résister. »* Il devient : *« Les tentatives pour diviser l'Occident en proposant l'inclusion des forces de pays tiers, y compris celles de la France et du Royaume-Uni, sont également vouées à l'échec. Ces forces n'ont pas leur place dans la négociation. »* Compromis qui préserve notre indépendance.

Il est 14 h 30. Kohl, qui veut éviter la catastrophe, aide François Mitterrand du mieux qu'il peut. Le Président propose de remplacer partout le *« nous »* par *« chacun de nous »*, afin de souligner l'indépendance de la décision nationale. Reagan, qui ne mesure pas l'enjeu, cède tout de suite. Derrière lui, Shultz s'agite. L'essentiel est gagné.

Après un bref déjeuner, la discussion reprend vers 16 heures, en séance plénière, dans la grande salle où nous ont rejoints les ministres des Finances. On continue pourtant de parler du communiqué politique. Reagan court au désastre : le texte devait être agréé avant le déjeuner et diffusé alors à la presse.

Helmut Kohl et Margaret Thatcher cherchent à présent à venir en aide à Reagan. Trudeau, lui, soutient le Président français, au grand dam des Américains. Sourd à tout appel au compromis, François Mitterrand continue de détruire le texte mot après mot. On passe au paragraphe relatif aux fusées installées en Asie. Pour les Japonais, le problème des SS 20 n'est pas résolu s'il ne l'est qu'en Europe, car elles peuvent se déplacer rapidement d'ouest en est. Les ministres ont proposé : *« Nos nations sont unies dans ces négociations. »* François Mitterrand : *« L'Alliance atlantique n'est pas universelle. Je n'accepte cette phrase que si la solidarité entre l'Alliance et le Japon ne porte que sur les seuls SS 20. »* Le texte final dit : *« Nos nations sont unies dans leurs efforts pour la réduction des armements... »* Voilà qui, à l'évidence, ne nous gêne en rien.

La suite dit : *« ... et elles continueront à procéder à des consultations détaillées et intenses. La sécurité de nos pays est indivisible et doit être envisagée sur une base globale. Les tentatives pour éviter de négocier sérieusement en cherchant à influencer les opinions publiques sont vouées à l'échec ».*

François Mitterrand hésite : *« Globale, indivisible... ça fait beaucoup ! »*

Le texte est accepté malgré les réticences du Président français qui n'accepte que dans la mesure où il ne vise que les Forces nucléaires intermédiaires.

On passe enfin au dernier point délicat : la double décision. Le texte des ministres dit : *« Si un accord ne peut être atteint cette année sur l'élimination complète des fusées intermédiaires, les armes américaines seront déployées en Europe, conformément à la décision de décembre 1979, en vue de répondre aux SS 20 déjà déployés. »* Donc, s'il n'y a pas accord sur l'élimination complète — option zéro —, les armes américaines seront déployées. Encore moins acceptable ! François Mitterrand a toujours dit que l'option zéro n'était pas la seule base d'accord possible. Un tel paragraphe réduirait à néant le discours au Bundestag. Le Président est blême. Cheysson se tient coi : jamais ce texte n'aurait dû arriver sur la table. Nouvelle suspension de séance à 17 heures.

Le Chancelier Kohl et Margaret Thatcher voient l'un et l'autre séparément François Mitterrand et se disent prêts l'un et l'autre à n'importe quoi pour que la France signe la déclaration. Le Président de la République : *« Tout ce qui donne l'impression que la France est associée à une décision de commandement intégré de l'OTAN est inacceptable. »*

Clark vient me parler dans le brouhaha. (J'apprendrai plus tard que cette démarche a été préparée soigneusement par les Américains et que Shultz comme Reagan l'ont exigée.) Il me dit : *« Nous allons à un clash. Vous ne signerez pas, nous allons rompre tous les ponts avec vous. Le Président Reagan interrompra immédiatement tous nos échanges militaires avec la France, en particulier dans le domaine nucléaire. »*

J'hésite. Le dire au Président ? Sa réaction à ce chantage est assurée : rupture immédiate de la négociation, et la plus grave crise franco-américaine depuis la sortie du commandement intégré de l'OTAN. Je décide de ne pas le lui dire tout de suite, pour préserver les chances d'un compromis.

La séance reprend. François Mitterrand propose sur la double décision une phrase tirée de son discours devant le Bundestag : *« Nos nations souhaitent ardemment qu'un accord FNI équilibré soit atteint d'ici peu. Dans ce cas, la négociation déterminera le niveau auquel se situeront les déploiements. On sait que, s'il en va autrement, les pays concernés procéderont aux déploiements prévus des systèmes américains en Europe à la fin de l'année 1983.* Le *« on sait »* marque la distance entre les Sept, qui constatent le caractère inéluctable de la décision prévue, et ceux d'entre eux qui prendront cette décision. Et l'option zéro a disparu...

Margaret Thatcher demande qu'à la place de *« on sait que »*, il soit écrit : *« on doit prendre garde ».* Dans un échange avec le Président des États-Unis qui évoque la bataille de Yorktown pour en appeler à la solidarité, elle dit : *« Cher ami, nous avions à l'époque un très mauvais Premier ministre. Avec moi, cela ne se serait pas passé comme cela ! »* Le *« on sait que »* est maintenu ; le texte devient descriptif ; c'est une constatation, pas un programme.

Le texte est rendu public à 18 heures. Mais, alors que le texte des ministres sur lequel nous avions discuté était intitulé *« Déclaration sur les FNI »* , le texte final publié parle de *« déclaration »* tout court. Escroquerie : on ne nous en a même pas parlé. Or, cela donne un tout autre sens aux adjectifs *« globale »* et *« indivisible ».* Chacun est fatigué ; la discussion laissera des traces : entre Mitterrand et Reagan, entre Reagan et Trudeau.

Commence alors la discussion économique. Les Américains restent fidèles à leurs thèses, mais acceptent qu'on ajoute certains éléments nouveaux, notamment dans le domaine monétaire, à ce qui avait été prévu à Versailles. Sur les questions commerciales, ils demandent la réunion d'une nouvelle conférence ministérielle du GATT, le démantèlement de nos aides à la recherche et à la technologie de pointe, de la politique agricole commune et du protectionnisme de l'Europe à l'égard des produits du Sud, principale cause, selon eux, du sous-développement. Les Européens s'y refusent.

Les Américains reviennent aussi sur les relations économiques Est/Ouest : ils demandent le renforcement des moyens du COCOM, l'allongement de la liste des produits sous embargo, la limitation quantitative de nos importations d'énergie en provenance de l'Est.

Négociation du communiqué dans la nuit entre *sherpas.* Il parle de reprise et de convergence des politiques économiques. En général, quand on parle de *« convergence des politiques »,* on comprend cette phrase comme *« la France s'aligne sur les autres ».* C'est pourquoi je tiens à ce qu'on explique dans le texte sur quoi cette convergence doit se faire : lutte contre l'inflation, lutte contre le chômage et croissance continue. Je n'obtiens rien en ce qui concerne les garanties des prix des matières premières des pays du Sud. Mais il est indiqué qu'un effort sera accompli en ce qui concerne le développement des ressources énergétiques des pays non pétroliers. La notion d'autosuffisance agricole est également mise en avant.

Enfin, dans le paragraphe monétaire, nous obtenons qu'on s'oriente vers un peu plus d'ordre sur le marché des changes. La discussion se cristallise sur la question de savoir si l'on parlera ou non d'une conférence monétaire internationale, qu'à demandée Francois Mitterrand à l'OCDE. Il y a une proposition américaine et une proposition française. La proposition américaine dit : *« Nous avons aussi discuté de propositions relatives à l'amélioration du Système monétaire international ; nous sommes convenus de poursuivre nos consultations sur ces propositions et nous avons demandé à nos ministres des Finances, en liaison avec le directeur du FMI, de les prendre en considération au fur et à mesure qu'ils avanceront dans la recherche d'une plus grande convergence des résultats économiques. »* Le texte français dit : *« Nous avons convié les ministres des Finances, en liaison avec le directeur général du FMI, à définir les conditions d'amélioration du système monétaire international et à prendre en considération le rôle que pourrait jouer, le moment venu, dans ce processus, une conférence monétaire internationale de haut niveau. »*

Allemands, Italiens, Anglais et Canadiens se prononcent en faveur du texte français. Les Japonais sont plutôt partisans du texte américain, puis se rallient. En définitive, les Américains acceptent de mauvais gré notre texte. Depuis ce jour, le directeur général du FMI est convié aux réunions des ministres des Finances du « G7 ». Les institutions sont associées au directoire des Grands. Fin de la discussion des *sherpas* à 7 heures du matin. Il me reste encore à traduire le texte en français.

**Lundi 30 mai 1983**

La séance reprend à 9 heures. Les chefs d'Etat et de gouvernement relisent le communiqué. Pas de problèmes. Une fois la discussion du communiqué terminée, on parle en grand secret de la dette du Tiers Monde, devenue très inquiétante. Tour de table sans conclusion. La séance est levée.

Conférences de presse. Un flash explose devant Reagan qui a un réflexe drôle : *« Ils m'ont manqué ! »* Il ne cache pas sa satisfaction : *« Nous avons tous une vision plus réaliste de l'URSS. »* Il affirme aussi que dans la rencontre des Sept, il n'y a eu *« ni vainqueurs, ni vaincus »*, mais que le cours élevé du dollar est avant tout *« le résultat de notre lutte réussie contre l'inflation »* ; il parle enfin de sa vision globale de l'Alliance. A l'inverse, le Président français souligne : *« La déclaration de Williamsburg contient une phrase sur le caractère global et indivisible* [de la sécurité de nos pays], *mais ce texte ne concerne que les Forces nucléaires intermédiaires. »*

François Mitterrand rencontre Margaret Thatcher. Elle est préoccupée par ses élections législatives anticipées du 9 juin prochain. Sur la question de la contribution britannique, elle tire du dernier Conseil européen à Bruxelles la conviction que ses partenaires ont déjà accepté le principe d'une « solution » pour 1983, alors que, pour nous, ce Conseil a seulement établi un lien étroit avec la question générale des ressources propres communautaires. Nous ne pouvons accepter une situation où, dès la fin de 1983, pour cause de restrictions budgétaires, le chèque à la Grande-Bretagne passerait avant le financement de la Politique agricole commune.

Dans l'avion du retour, cette nuit, François Mitterrand me demande de rédiger un texte comparant le premier projet américain de déclaration sur les FNI avec le texte final, afin de le communiquer à Mauroy, Jospin et Marchais. Il craint une rupture avec les communistes là-dessus. Il enrage de ce que les journalistes ne reconnaissent pas que le titre de la déclaration *(« sur les FNI »)* limite la portée des mots *« indivisible et globale »*. Jamais il n'aura de mots plus terribles sur un de ses ministres qu'au cours de cette nuit-ci.

Cela ne pouvait manquer : violente attaque de Moscou contre l'accord de Williamsburg. La *Pravda* oppose les trois anciens Présidents de la Ve République — qui refusaient de participer à des discussions sur la politique militaire de l'OTAN — au Président Mitterrand qui *« non seulement a adhéré à cette problématique militaire, mais a signé une déclaration commune soutenant la position militariste »* du gouvernement américain. La France s'est *« plus étroitement liée »* à la stratégie militaire de l'OTAN et a *« biffé tous les prétextes »* qu'elle invoque d'ordinaire pour refuser la prise en compte de ses forces à Genève. C'est, de la part de la France, un *« grave mécompte »* que d'avoir permis cette *« facile victoire »* des États-Unis, qui d'ailleurs n'en espéraient pas tant.

A Paris, l'opposition se déchaîne contre *« l'alignement de la France sur les États-Unis »*. Le Bureau politique du Parti communiste français publie un *« appel solennel » : « Ouvrons la négociation de Genève à tous les gouvernements européens. »*

Claude Cheysson écrit au chef de l'État :

> *« La priorité des priorités pour les Soviétiques et leurs amis est d'éviter l'installation des Pershing ; je commence même à ne plus comprendre pourquoi cela est si grave à leurs yeux ; ils montrent enfin que, contrairement à mon avis d'il y a huit jours, il était bon de faire une déclaration à Williamsburg, ce que je n'avais pas vu auparavant. »*

Toujours à contretemps...

**Mardi 31 mai 1983**

Deux policiers en tenue, Émile Gondri et Claude Caiola, sont abattus avenue Trudaine par des inconnus qu'on identifiera plus tard comme membres d'Action Directe. Explosion de colère de la police contre Robert Badinter et Gaston Defferre.

Coïncidence fâcheuse : la loi « Sécurité et Liberté » est définitivement abrogée aujourd'hui.

**Mercredi 1er juin 1983**

En Conseil des ministres, François Mitterrand fait un exposé sur les Pershing et sur l'économie : *« Il se trouve que la réalité nous trompe toujours et vient modifier ce que nous avions prévu. »*

**Jeudi 2 juin 1983**

Élection de Léopold Sédar Senghor à l'Académie française. La manœuvre de Soustelle a échoué.

Déjeuner avec Ratsiraka, le Président malgache qui raconte comment il fut éliminé autrefois de l'École navale pour mauvaises notes. Autorisé par François Mitterrand à consulter son dossier, il découvre qu'elles étaient au contraire excellentes ! La fiche de notation avait été truquée...

François Mitterrand sur son enfance : *« Mon premier vrai chagrin, je l'ai eu à quatorze ans lors de la vente de la propriété de mes grands-parents :* Touvent, *en Charente. Puis, peu après, ce fut le décès de ma grand-mère. Mon enfance basculait. Jusque-là, j'avais eu de la chance. Et pourtant, on n'était pas élevé dans du coton ! J'allais où je voulais. Il était seulement interdit d'aller dans la rivière sans savoir nager. J'ai découvert un gué avec mes frères, ce qui prouve que je n'étais pas obéissant. Personne ne venait nous surveiller. Nous avions une très grande liberté dans un environnement moral très strict. Tous les dimanches, il y avait la messe. Après la messe, un déjeuner où les notables étaient invités ; j'ai appris le latin avec le curé. Ces obligations prenaient peu de temps. J'aimais autant l'hiver que l'été. Chaque saison était belle. J'ai vécu surtout avec mes grands-parents. Les enfants se partageaient entre parents et grands-parents.* »

**Vendredi 3 juin 1983**

Helmut Schmidt est à Latché. Il brosse un tableau particulièrement pessimiste de la situation mondiale : « *A cause des taux d'intérêt élevés aux États-Unis, ce sont 2 milliards de dollars qui partent chaque mois, dont 0,5 à 1 milliard de dollars du Japon et de RFA, pour aller se placer aux États-Unis. Des quantités considérables de capitaux sont ainsi stérilisées à New York, alors que le Tiers Monde et les autres pays industrialisés en auraient besoin pour procéder aux investissements productifs nécessaires pour sortir de la crise. Au lieu de cela, des capitaux servent à des fins spéculatives ou financent le déficit budgétaire américain, et donc l'effort de réarmement de l'Administration Reagan.* »

Après la fusillade de l'avenue Trudaine, deux mille policiers manifestent de la préfecture de police jusqu'à la place Vendôme en criant « *Badinter en prison !* » et « *Defferre, t'es foutu !* ». Jean-Marie Le Pen est à leur tête. Cinq cents d'entre eux parviennent jusqu'à la Présidence de la République et la Place Beauvau. C'est sans précédent depuis le 13 mai 1958.

François Mitterrand a cette obsession depuis le premier jour : protéger le « *triangle sacré* ». Furieux, il demande à Pierre Mauroy, par téléphone, le renvoi du préfet de police, Périer, et celui du directeur général de la Police nationale, Cousseran. Il rentre à Paris dans la soirée, convoque Defferre qui lui remet sa démission, de même que Franceschi. Il les refuse, l'une et l'autre.

Le Dr Augoyard, qui avait été condamné le 13 mars dernier à Kaboul à huit ans de prison, est gracié et libéré.

**Samedi 4 juin 1983**

Jacques Chirac fait savoir au Président que l'Exposition universelle sera difficile à mettre sur pied à Paris. Jack Lang pense qu'il faut persister.

**Dimanche 5 juin 1983**

François Mitterrand me reparle du projet de programme gouvernemental sur lequel je travaille : « *Une thèse doit être ébauchée pour donner un contenu au concept de "modernisation". En quoi la modernisation peut-elle être, doit-elle être un facteur de plus de liberté ? Ce qui lui donne le sens qui aujourd'hui lui manque. Avoir un texte court sur des objectifs qui réunissent tout le monde, un texte politique.* »

C'est pour septembre, maintenant, me demande-t-il.

**Lundi 6 juin 1983**

Le Président étudie la situation au Tchad : *« J'aimerais avoir une fiche brève et précise sur : la population du Tchad dans la zone tenue par la Libye. Peut-on qualifier cette zone de "désert du BET" ? Combien y a-t-il d'oasis dans cette zone ? La population du Tchad sous contrôle de la France et de Hissène Habré ? Quel est le pourcentage de la production du sol et du sous-sol entre les deux zones ? Une autre fiche sur : les accords de 1976 ; le contenu de l'accord qui liait la France au Tchad avant 1976. »*

Le nouveau Premier ministre luxembourgeois, Jacques Santer, accepte de laisser tomber le projet de satellite américain *Coronet* de son prédécesseur s'il obtient deux canaux sur les satellites TDF. Pas mal.

**Mardi 7 juin 1983**

Doumeng me prévient qu'il va annoncer la création d'une usine offrant 500 emplois en Lorraine. *« Ces emplois seront créés dans l'année »*, me jure-t-il.

**Mercredi 8 juin 1983**

Le Président fait le point en Conseil des ministres sur les questions stratégiques après Williamsburg : *« La négociation ne réussira pas sur la base des propositions émises jusqu'alors par les autorités soviétiques, et pas davantage par l'option zéro proposée par Reagan, c'est-à-dire par la liquidation immédiate, intégrale et préalable de l'armement soviétique. Donc, cette négociation n'aboutira pas. Elle aurait pu aboutir. Des propositions ont été émises par les principaux négociateurs, Nitze, l'Américain, et Kvitsinski, le Russe, l'année dernière au mois de mai, sur une base assez raisonnable. Cela n'a été accepté par aucun des deux gouvernements. La négociation est à l'heure actuelle pratiquement arrêtée, et on avance vers le mois de décembre où les Américains ont dit qu'ils installeraient en Allemagne les fusées Pershing qui, elles, sont également terribles et menaçantes. »*

Regardant Fiterman, il ajoute : *« En tout cas, elles sont ressenties comme une menace par l'Union soviétique, et c'est en raison de cette perspective que les communistes français critiquent la position du gouvernement. Je ne sais pas exactement ce qu'ils critiquent. Ou plutôt, je ne sais pas s'ils critiquent la position que j'ai prise, ou qu'ils pensent que j'ai prise, à Williamsburg, car ils n'avaient pas élevé d'objections au discours que j'avais prononcé à Bonn sur ce même sujet devant le Bundestag. Mais je n'ai pas changé de politique ! Je dis simplement : il n'est pas possible que la France, il n'est pas possible que l'Europe de l'Ouest restent désarmées, restent à ce point au-dessous de l'armement soviétique, puisque, d'un côté, il y a un armement, de l'autre côté, il n'y en a pas — je veux parler des Forces nucléaires intermédiaires. »*

Puis, sur le Sommet lui-même : *« Williamsburg n'a pas répondu à l'attente de ces millions de travailleurs réunis dans les syndicats, notamment les syndicats européens, qui attendaient des propositions pour la défense de l'emploi, l'organisation et le partage du travail. Williamsburg n'a pas répondu à l'attente des pays du Tiers Monde qui escomptaient autre chose : permettre aux termes de l'échange de se redresser, ne pas être écrasés, notamment sous le poids du dollar, tant sont aujourd'hui endettés ces pays qui composent le Tiers Monde. Williamsburg n'a pas répondu à l'attente de tous les pays du monde qui souffrent du cours du dollar, qui souffrent des taux d'intérêt élevés de l'argent aux Etats-Unis d'Amérique et donc du déficit américain qu'ils paient d'une certaine façon. Williamsburg n'est pas allé bien loin dans la direction de la Conférence monétaire internationale que j'ai moi-même souhaitée. Alors, j'ai des doutes sur l'utilité de ces Sommets annuels, du moins sous leur forme actuelle. »*

Pierre Verbrugghe est nommé directeur général de la Police nationale, et Guy Fougier, préfet de police.

Au déjeuner du mercredi, François Mitterrand à propos de la crise monétaire de mars : *« Nous ne sommes pas Wilson ; l'économie nous a rattrapés. Ou alors, on fait ce qu'a fait Lénine ? Pas question, évidemment. Cette crise fut cataclysmique. Je ne veux plus me retrouver dans cette situation. »*
Laurent Fabius : *« Si le Parti socialiste est contre les choix de mars, il se marginalisera. On doit discuter entre nous, mais pas devant l'opinion. »*

**Jeudi 9 juin 1983**

Confidence de François Mitterrand dans le parc de l'Élysée : *« J'ai eu une enfance heureuse. Je n'avais pas d'amis de mon âge. Cela ne m'a pas laissé de nostalgie. Mon enfance a illuminé ma vie. Mes parents étaient attentifs et libres. Ils ne nous imposaient pas une pensée, mais une discipline de vie. Nous étions huit enfants, plus deux cousins germains, tous élevés ensemble. Un environnement toujours vivant où je pouvais, car j'en avais le goût, conquérir mes moments de solitude. Je n'étais pas dans une caravane bruyante. De plus, jusqu'à quatorze ans, j'ai vécu à la campagne, dans une maison située à trois kilomètres du premier village, sur un coteau dominant un vaste paysage. J'étais seul et je me grisais de sensations au contact du vent, de l'air, de l'eau, des chemins, des animaux. Cela m'a donné une sorte de philosophie. J'étais déjà capable de deviner que dans le silex du chemin, il y avait une énergie cachée. J'ai eu aussi une conscience profonde de la nature, et une relation avec la campagne, les fermiers. J'allais d'émerveillement en émerveillement. Je n'ai jamais été ni froissé ni brutalisé dans cette première saison de la vie. J'aurais pu devenir angélique. C'était un danger. Mais, à neuf ans, je suis entré au collège. Je ne revenais chez moi qu'une fois tous les trois mois. Je me levais à 6 heures et j'ai dû apprendre à vivre dans le froid. »*

Début du Conseil de l'OTAN à Paris. Le Président y prononce un discours très modéré, souhaitant plein succès à l'Alliance et rappelant sa compétence géographique.

Victoire électorale — prévisible — de Margaret Thatcher.

Le Président s'inquiète à tort des réactions japonaises après le refus qu'il a émis à Williamsburg. Nakasone lui écrit :

> *« De retour à Tokyo, je m'empresse de vous adresser mes très sincères remerciements pour l'amitié et l'esprit de collaboration que vous avez bien voulu témoigner à mon égard lors du Sommet de Williamsburg. Je suis particulièrement satisfait des*

*excellents résultats obtenus par nos échanges de vues à la fois francs et fructueux. Vous avez évoqué le projet de l'établissement d'une Maison de la Culture japonaise à Paris. Je pense que l'installation réciproque de Maisons de la Culture à Tokyo et à Paris contribuera considérablement à une meilleure compréhension mutuelle entre nos deux pays.*

*« Comme je vous l'ai dit, j'avais cité la fameuse phrase des* Pensées *de Pascal dans mon discours prononcé à l'université John Hopkins, avant de me rendre à Williamsburg. Je vous suis reconnaissant d'avoir bien voulu me citer la phrase entière :* "L'homme n'est qu'un roseau, le plus faible de la nature, mais c'est un roseau pensant. » *Justement, comme a dit Pascal, l'homme est un roseau pensant, mais aussi il est le plus faible de la nature. C'est pour cela que je pense que nous devons accorder une plus grande attention à la fragilité de la vie humaine. En même temps, nous devons rechercher la dignité humaine, et c'est pour cela que j'ai lancé l'idée d'une étude internationale sur les manipulations génétiques, et je suis très heureux que vous m'ayez tout de suite donné votre appui. Au dîner du 28 mai, quand nous avons abordé les relations israélo-arabes, j'ai été très impressionné par votre profonde connaissance du problème du Moyen-Orient. Vous avez, je m'en souviens, expliqué, en remontant jusqu'à l'Ancien Testament, les causes profondes des problèmes actuels... »*

L'homme est remarquable : il a compris que le refus d'une « Alliance globale » n'était pas dirigé contre le Japon. François Mitterrand décide de renforcer les liens bilatéraux avec le Japon. Il envoie Charles Hernu à Tokyo et invite Nakasone en France.

Adoption en première lecture de la loi Savary sur l'école privée à l'Assemblée nationale.

**Vendredi 10 juin 1983**

Fin de la session ministérielle de printemps du Conseil atlantique. Après la réunion, François Mitterrand reçoit George Shultz à l'Élysée. La rencontre devrait être très froide après le désastre de Williamsburg. En fait, l'échange est à fleurets mouchetés, avec des reparties à double sens. Il s'achève par un remarquable tour d'horizon sur le Tiers Monde.

**George Shultz :** *Je suis frappé par la qualité des discussions et la volonté de tous de partager les efforts. Cette session est surtout marquée par le remarquable discours que vous avez prononcé et par la courtoisie de votre accueil.*

**François Mitterrand :** *Ce sont des pays amis que nous recevons ici. Il est normal que nous discutions et qu'il y ait des contestations, mais l'unité doit prévaloir.*

**George Shultz :** *Chaque pays pris individuellement a des responsabilités et c'est très important que vous l'ayez dit hier soir dans votre discours. Une alliance n'a de force que si chaque élément qui la constitue est fort.*

**François Mitterrand :** *Bien sûr. Un pays qui se reposerait uniquement sur les autres ne serait même pas un allié utile. L'Europe a de grandes difficultés à parvenir à une certaine homogénéité, quoique j'aperçoive, ici et là, un certain redressement. Une Europe vraiment unie est un rêve. Mais une meilleure coordination serait possible. L'Allemagne n'a plus la mentalité de s'armer ; il faut la comprendre. La Grande-Bretagne demeure farouche dans son île. Il y a un certain réveil en Europe du Sud. En Espagne, c'est certain. Le Portugal est un pays* *culturellement remarquable, mais politiquement instable, sauf en période de dictature — ce qui n'est bien sûr pas souhaitable. Il est quand même navrant de voir tant de capacités humaines qui s'annulent les unes les autres. Mais quel grand projet pourrait aujourd'hui les faire se rassembler ? Tout est un peu négatif. Ce n'est que le danger d'en face qui nous cristallise. C'est déjà bien, mais c'est insuffisant.*

**George Shultz :** *Je voudrais revenir sur ce que vous avez dit à propos de la Grande-Bretagne dans son île. Pensez-vous que le tunnel qui a été projeté changerait sa psychologie ?*

**François Mitterrand :** *D'une certaine façon. C'est Mme Thatcher qui le souhaite elle-même et qui m'a demandé il y a deux ans de relancer ce projet fondé sur le rail. C'est une femme de grande valeur et qui a des visions d'avenir. Obtenir une majorité comme elle vient de le faire, avec 45 % des suffrages et une opposition divisée, cela me suffirait...*

**George Shultz :** *Elle a bien réussi !*

**François Mitterrand :** *Avec le même système électoral, je ferais des élections demain matin et j'obtiendrais le même succès. Mais ne rêvons pas... L'opposition ici n'est pas trop divisée et le système électoral n'est pas le même ; donc je ne ferai pas d'élections demain matin !*

**George Shultz :** *Je voudrais aborder un sujet qui, je le sais, vous préoccupe : celui du Tiers Monde. A la CNUCED, qui se réunit en ce moment, nous avons adopté une attitude très positive. Je reprends ce que vous disiez hier soir sur la responsabilité de chaque nation. Tout pays doit assumer lui-même l'essentiel de ses responsabilités...*

**François Mitterrand :** *Parmi les pays très pauvres, on peut citer l'exemple du Niger, remarquablement géré. Le Nigeria est riche, mais mal géré. Au Zaïre, ce n'est pas excellent. La Côte d'Ivoire a beau avoir des richesses et être bien gérée, elle connaît une grave crise. Les pays dont une matière première ou deux constituent toute la richesse, comme l'uranium au Niger, le cacao et le café en Côte d'Ivoire, sont extrêmement vulnérables, même s'ils sont bien gérés. Si le prix de ces matières premières vient à baisser, ils peuvent connaître un effondrement qui facilite les coups d'État.*

*Peut-on dire que l'URSS a progressé dans ces pays ? Même des pays comme l'Angola ou l'Éthiopie peuvent évoluer. Au Mozambique, c'est plus grave. L'Algérie se recentre, mais c'est un pays instable qui pourrait connaître des crises. Le Président Chadli est très bien, mais son parti est divisé. Au total, en Afrique, je pense que l'URSS a plutôt reculé. Mais si on ne fait rien pour ce continent, il faut s'attendre à des coups d'État au profit d'extrémistes, comme cela a failli se produire en Haute-Volta.*

*Nous payons aussi les conséquences de la très mauvaise politique d'aide qui a été menée avant, politique qui a consisté à aider des budgets et non des projets. Je vois en tout cas que vous êtes très ouvert sur ces questions et vous avez raison d'avoir une attitude de ce type à la CNUCED.*

*Mais tout n'est pas que matériel. Il faut tenir compte aussi des pensées, des idéaux et des croyances. Le Tiers Monde a longtemps pensé que la Russie et la Chine représentaient l'espoir. Mais cette vision est aujourd'hui dépassée. Si c'est l'Occident qui est à nouveau susceptible de représenter l'espérance, nous retrouverons une force considérable.*

**George Shultz :** *Le Tiers Monde est un grand enjeu pour nous tous.*

**François Mitterrand :** *En Algérie, par exemple, il faut d'abord tenir compte de la très forte démographie de ce pays dont la population aura doublé avant l'an 2000. D'autre part, l'industrialisation a échoué et l'agriculture a été oubliée.*

*Le Président Chadli essaie de revenir là-dessus, mais il ne dispose pas d'une administration capable. On peut estimer que, peu à peu, les rouages de ce pays sont en train de se bloquer. A cela s'ajoutent les progrès de l'intégrisme musulman. Ce qui explique, entre autres, la tension entre le Président Chadli et le Colonel Kadhafi, lequel est un facteur de déstabilisation.*

*Le Président Chadli voudrait régler le problème du Sahara, mais il ne le fait pas assez vite, car son parti ne le suit pas. Dans ce contexte, le débat entre intégristes et gestionnaires devient plus aigu, et comme il n'y a aucun progrès marquant, la population, de plus en plus indifférente, risque d'être absorbée par des mouvements régionalistes comme en Kabylie. Bien sûr, on n'en est pas là...*

**George Shultz :** *J'ai été très souvent en Algérie en tant qu'homme d'affaires et je suis d'accord avec ce que vous avez dit sur leurs difficultés de gestion. Pourtant, on peut remarquer qu'ils disposent de toutes les ressources nécessaires : l'énergie, la possibilité de gagner des devises, un potentiel agricole. La plaine côtière est très mal cultivée. Il suffit de comparer avec la Californie qui, à partir de conditions physiques à peu près semblables, est devenue une des régions agricoles les plus productives du monde. Lors d'un de mes séjours, le ministre du Plan me parlait de ses projets pour une meilleure croissance. Je lui ai dit : "Ne faites surtout plus d'usines ! Contentez-vous de faire tourner à 50 % celles qui existent déjà et qui ne tournent qu'à 25 %...".*

**François Mitterrand :** *Je suis d'accord avec vous. La politique industrielle du Président Boumediene a été une grave erreur. Les Algériens en paient le prix. Comme ce sont des populations imaginatives chez lesquelles la passion l'emporte souvent sur la raison, toutes sortes d'évolutions sont possibles.*

**George Shultz :** *Que pensez-vous de leur rapprochement avec le Maroc et du problème du Polisario ?*

**François Mitterrand :** *Le Roi Hassan II a agi très intelligemment à la conférence de Nairobi. Mon prédécesseur, M. Giscard d'Estaing, puis moi-même avions demandé à dix chefs d'État africains amis d'intervenir auprès du Roi pour qu'il accepte le principe d'un référendum. Dès que le Roi a proposé cela (c'était le bon sens : lorsqu'il y a une contestation, on consulte les populations), le Polisario ne l'a plus voulu. La mise en œuvre est bien sûr difficile : comment recenser des nomades ? Ils étaient au départ 70 000. On parle maintenant d'un million ! Pourtant, l'idée du référendum est la seule possible. C'est un accord entre le Maroc et l'Algérie qui réglera le problème. Si l'Algérie cesse de fournir des armes et des bases au Polisario, peut-être pourrait-on envisager une forme de condominium sur un certain territoire ?*

*La première rencontre entre Chadli et Hassan II a été assez bonne. Il devait y en avoir une autre à Tunis. Elle n'a pas eu lieu, car le parti du Président Chadli n'était pas mûr. On assiste donc à une évolution mais, avec un pays comme l'Algérie, il peut y avoir à tout moment un arrêt complet.*

*Il y a aussi la Mauritanie, pays au fond artificiel. La plupart des dirigeants du Polisario sont d'anciens opposants mauritaniens. Comme l'opposition en Mauritanie est changeante... Il faut cependant préserver l'indépendance de la Mauritanie, car c'est un tampon très utile entre le Maghreb et le monde africain noir.*

*Si Hassan II et Chadli restent au pouvoir, le problème sera réglé. Je suis heureux en tout cas de voir que les États-Unis sont plus ouverts que je ne le pensais en ce qui concerne le Tiers Monde, car j'ai un reproche à vous faire : vous voyez trop exclusivement les pays du Tiers Monde comme un enjeu militaire, et pas assez comme une force humaine révolutionnaire que nous pourrions retourner dans le bon sens. Si vous allez dans ce sens-là, la France contribuera et obtiendra, je le pense, l'aide de la Communauté.*

**George Shultz :** *Une clé qui me paraît essentielle est le commerce. En 1980, les recettes d'exportation des pays en voie de développement ont représenté dix-sept fois plus que l'aide qu'ils ont reçue. Bien sûr, je ne veux pas dénigrer l'aide...*

**François Mitterrand :** *Naturellement, s'il n'y a pas de redéveloppement des échanges, s'il n'y a pas accroissement de l'aide, ainsi qu'une action de stabilisation des prix des matières premières... Il manque encore des éléments de redémarrage pour l'économie mondiale.*

**George Shultz :** *Mais j'ai hâte de voir ce redémarrage ! Je ne veux pas attendre !*

**François Mitterrand :** *Cela m'intéresserait, moi aussi. Chaque fois que les États-Unis vont mieux, l'Europe, finalement, va mieux aussi. Le Japon constitue un cas particulier. Il faut vraiment sortir de la crise maintenant, ne plus se contenter de le dire !*

**George Shultz :** *Je pense que la reprise américaine va être cette fois-ci plus substantielle que ce que l'on a cru les dernières fois.*

**François Mitterrand :** *Je reste plus sceptique, mais je préférerais que vous ayez raison !*

**George Shultz :** *Vous et nous avons pris conscience que, sur le plan de nos échanges, le dollar a atteint un cours trop élevé. Nous voulons partager la reprise qui commence. Il faut que vous nous aidiez à faire baisser le cours du dollar. Ce serait bon pour les exportations américaines.*

**François Mitterrand :** *Le cours élevé du dollar est naturel, parce que c'est une grande monnaie, mais aussi parce que c'est une monnaie refuge qui offre une sécurité. Peut-être trop de sécurité ! Et il est vrai aussi que le déficit budgétaire entraîne des taux d'intérêt très élevés, ce qui accroît la fonction refuge du dollar. Des milliards quittent l'Europe pour les États-Unis, mais c'est un argent purement spéculatif qui ne contribue en rien à la production. Il est tout à fait vrai qu'un dollar trop élevé est également gênant pour vous. C'est d'ailleurs pour cela que j'ai récemment atténué mes critiques. J'ai en effet constaté que nous avions, depuis trois mois, gagné des marchés non pas par notre propre mérite, mais du fait du taux élevé du dollar. Je me plains donc moins. Peut-être un jour vous dirai-je : "Montez à 10 francs !"...*

**George Shultz :** *Si vous vous plaignez moins, nos producteurs se plaignent plus !*

**François Mitterrand :** *Il y a une juste mesure à trouver. Jusqu'ici, elle ne l'a pas été, et cela ne sert personne. Nous avons calculé qu'une appréciation de 10 centimes du cours du dollar par rapport à celui du franc représentait pour nous un déficit supplémentaire annuel de 2 milliards de francs pour notre balance commerciale. Mais il ne peut pas y avoir de guerre économique avec les États-Unis. D'abord parce que vous êtes les plus forts. Ensuite parce que nous ne sommes pas des ennemis. Nous gagnerons davantage en recherchant un accord.*

*Avant que nous ne nous quittions, je voudrais vous parler d'un sujet préoccupant que nous ne nous étions pas préparés à évoquer avant Williamsburg : le Japon. Il ne faut naturellement pas rejeter ce pays du fait, par exemple, des événements de la dernière guerre, ou parce que nous craignons sa puissance commerciale, ou parce qu'il est trop loin. Il n'est donc pas question de l'oublier ni de le négliger. Je ne suis pas du tout fermé à des vues d'avenir en ce qui le concerne. Mais la notion d'"alliance globale", mise en avant, doit être précisée. En ce qui concerne les liens entre le Japon et nous, nous ne nous sommes engagés que sur les Forces nucléaires intermédiaires. Il n'y a pas de dix-septième membre de l'Alliance ! Je ne suis pas hostile à des discussions sur le Japon, mais il faut procéder à un examen très sérieux et ne pas agir comme si cette évolution était acquise. Cela entraînerait des complications supplémentaires dont nous n'avons nul besoin. On peut envisager que le Japon soit imbriqué dans le bloc occidental, mais la traduction militaire de cette conception exigerait la plus grande prudence.*

**George Shultz :** *Je comprends fort bien vos remarques. J'ai été très souvent au Japon. Il y a quelque chose de remarquablement nouveau avec Nakasone. Jusqu'à présent, dans les conférences internationales, les Japonais étaient présents, ils étaient d'accord sur tout, ils ne disaient rien et ne prenaient aucune part des responsabilités...*

**François Mitterrand :** *On pouvait en effet se demander comment les responsables d'un pays aussi actif pouvaient avoir toujours l'air de dormir !*

**George Shultz :** *Je suis d'accord sur les dangers d'une alliance formelle.*

**François Mitterrand :** *Je ne suis pas hostile à une évolution, mais nous n'avons pas assez réfléchi. Nous devons éviter les faux-pas.*

**George Shultz :** *Tout à fait d'accord avec vous.*

La loi Savary sur l'enseignement supérieur est adoptée à l'Assemblée en première lecture.

**Samedi 11 juin 1983**

Le Dr Augoyard arrive à Paris.

Après la victoire de Margaret Thatcher aux élections, Nigel Lawson remplace au poste de Chancelier de l'Échiquier Geoffrey Howe, lequel remplace Pymm comme ministre des Affaires étrangères.

**Lundi 13 juin 1983**

Le Président est en voyage officiel en Corse. Il y reçoit un accueil chaleureux, qui le surprend beaucoup : Gaston Defferre lui avait brossé un tableau très noir de l'ambiance insulaire.

**Mardi 14 juin 1983**

Enjeu majeur : en l'état actuel du Budget 1984, il manquera 40 milliards. Le Premier ministre et Jacques Delors proposent de créer un nouvel impôt sur le revenu, dénommé *« contribution sociale »*, au taux de 2 % applicable à tous les revenus, y compris les revenus de remplacement (allocations familiales, retraites, etc.). Pierre Bérégovoy y est hostile et propose de maintenir l'actuelle cotisation de 1 % sur les seuls revenus imposables, d'augmenter d'un point les cotisations vieillesse et de combler le reste par une hausse de l'impôt sur le revenu et de la TVA.

Le choix est doublement politique :

En termes de classes sociales, la solution de Pierre Bérégovoy fait peser l'intégralité de la charge nouvelle sur les catégories supérieures, mais aussi sur la classe moyenne jusqu'à 7 000 francs de revenu mensuel, c'est-à-dire sur la clientèle électorale du PS. La solution du Premier ministre répartit la charge encore un peu plus bas, jusqu'à environ 4 500 francs de revenu mensuel.

En termes d'impact sur l'opinion, est-il politiquement moins coûteux d'augmenter les impôts existants que de créer un impôt nouveau ? La solution du Premier ministre présente l'immense avantage de fournir, avec un impôt unique, d'énormes recettes. Elle a l'inconvénient de créer un impôt nouveau, plus juste que la cotisation sociale, mais moins juste que l'impôt sur le revenu. Pierre Bérégovoy y est surtout opposé pour une question de forme : il ne veut en aucun cas être le ministre qui aura augmenté les cotisations sociales. Pour autant, il me dit être prêt à accepter la contribution de 2 % si elle ne s'appelle pas *« sociale »,* ce qui éclaire bien l'enjeu...

Rencontre entre André Rousselet et Jean-Luc Lagardère pour évoquer le projet de *Canal-Plus.* Lagardère refuse de se contenter de la part qui lui est offerte... Le tour de table de la chaîne cryptée est plus difficile à boucler que prévu.

**Mercredi 15 juin 1983**

Au déjeuner, il est question de la fermeture des mines de Lorraine, du CNPF (faut-il que les entreprises publiques en sortent ?), du monopole de la CGC, de Citroën où une grève sauvage a éclaté. Faut-il une session exceptionnelle du Parlement ? Faut-il de nouvelles ressources ?

**Jeudi 16 juin 1983**

Le IX^e^ Plan est adopté par l'Assemblée nationale.

Le premier jet d'un projet gouvernemental pour les trois ans à venir est prêt. Il comporte une centaine de pages. Le Président le relit et l'annote.

Premier vol commercial réussi d'Ariane.

L'URSS propose un gel des armements stratégiques, de nouveau refusé par les Américains.

Voyage de Jean-Paul II en Pologne : il rencontre deux fois Jaruzelski et une seule fois Walesa.

Le Président du Burundi est reçu à déjeuner. L'homme paraît doux. Peut-on l'imaginer ordonnant tant de massacres ?

A la veille du Sommet européen de Stuttgart, Robert Armstrong vient m'exposer les vues de Margaret Thatcher. Pour elle, le Sommet de mars dernier a pris l'engagement de fixer en juin la compensation britannique pour 1983 et de l'inscrire en juillet au projet de budget pour 1984. Elle a d'ailleurs mené une partie de sa campagne électorale en se vantant d'avoir obtenu cet engagement, et si elle revient de Stuttgart sans cet accord, elle sera accusée de « parjure ». Je lui réponds que, pour la France comme pour les huit autres membres de la Communauté, rien n'a été promis à Bruxelles ; la compensation octroyée à la Grande-Bretagne ne peut être réglée que dans le contexte d'une analyse d'ensemble du financement de la Communauté. A Stuttgart, il ne doit être décidé que d'un programme de travail sur l'ensemble des problèmes à moyen terme de la Communauté, aboutissant, au Sommet de décembre à Athènes, à des conclusions opérationnelles, en particulier sur le financement et la contribution de chaque État du Marché commun. Si nous en venions plus tard à parler chiffres, il est peu vraisemblable que nous accepterions le versement d'une contribution quelconque à l'Angleterre pour 1983 : d'une part en raison de ce qu'elle a trop perçu l'année dernière (environ 1 milliard d'écus), d'autre part parce que l'opinion publique française accepterait mal qu'un pays ayant un excédent de balance commerciale, du fait de ses ressources pétrolières, exige une subvention d'un pays qui ne bénéficie pas des mêmes avantages naturels.

Pour Armstrong, *« s'il en va ainsi, Stuttgart sera un échec. Elle* [Margaret Thatcher] *est absolument déterminée à ce qu'une décision spécifique et chiffrée soit inscrite au conseil budgétaire de juillet ».*

**Vendredi 17 juin 1983**

Charles Hernu annonce la création de la FAR (Force d'action rapide).

Nouveaux calculs : afin de trouver les 52 milliards qui manquent maintenant pour 1984 (32 milliards au Budget, 20 milliards à la Sécurité sociale), tout le monde s'accorde pour financer 12 milliards par des recettes de poche (droits de succession et IRPP). Restent à trouver 40 milliards. Trois solutions possibles :

— d'abord la taxe de 2 % sur tous les revenus, proposée par Jacques Delors et qui financerait les 52 milliards ;

— une contribution sociale de 2 % sur l'ensemble des prestations familiales, des rentes d'accidents du travail et des retraites. C'est que ce que propose Pierre Mauroy à la demande du Président. Cela rapporterait 40 milliards ;

— ou le maintien de l'actuelle cotisation de 1 % sur les seuls revenus imposables (qui rapporte 10 milliards), l'augmentation d'un point des cotisations vieillesse (encore 10 milliards), le reste (20 milliards pour le Budget) étant comblé par la hausse des impôts sur le revenu et de la TVA. C'est ce que propose Pierre Bérégovoy.

A mon sens, le Président ne peut accepter le 2 %. Ce serait attacher son nom à la création d'un nouvel impôt sur le revenu non progressif. Ce serait une grave régression du droit fiscal. Sauf si cette contribution servait très explicitement à financer les régimes sociaux et si on pouvait la rendre progressive (de 1 à 3 %) : elle marquerait alors un progrès par rapport aux cotisations sociales.

Arrivée au Conseil européen de Stuttgart. On y parle d'abord de la contribution budgétaire britannique. Pour François Mitterrand, rien ne doit être versé à la Grande-Bretagne avant que des décisions n'aient été prises sur les autres questions. L'inscription au projet de budget d'une compensation forfaitaire de 600 à 700 millions d'écus doit donc être conditionnelle et réserver une possiblité de blocage après le Conseil européen d'Athènes.

Margaret Thatcher réclame 1,25 milliard d'écus pour 1983. François Mitterrand n'est prêt à en accorder que 600 millions, et seulement après le prochain Sommet à Athènes. On transige à 750. Après un bref calcul mental, le coût pour la France serait déjà de 1,3 milliard de francs avant qu'un accord n'ait abouti sur l'allégement de la charge de l'Allemagne. Cet allégement porterait notre dépense à 2 milliards, soit la moitié du résultat attendu des restrictions sur le tourisme à l'étranger ! Encore est-il impossible de chiffrer cela avec précision, faute de savoir si les autres petits pays ne demanderont pas, comme l'Allemagne, une réduction de leur charge. La France fait noter par la Présidence que le versement proprement dit dépendra des résultats d'Athènes. Position française à inscrire au procès-verbal : *« Une somme nette de 750 millions d'écus sera inscrite au projet de budget pour 1984 au titre de la compensation britannique pour 1983. Elle pourra être inscrite au budget de 1984 après décision du Conseil, dès lors qu'en application de la procédure prévue dans la Déclaration relative à l'avenir de la Communauté, des conclusions précises auront été arrêtées sur le financement futur de la Communauté et sur la mise en œuvre des autres orientations de la Déclaration. La somme précitée est nette, forfaitaire et invariable. Elle ne se réfère pas aux compensations antérieures et ne fait pas précédent pour l'avenir. Elle ne comportera aucun ajustement* a posteriori *en fonction des soldes réels constatés. »*

Tour d'horizon économique général. François Mitterrand : *« Le désastre de l'industrie en Europe est prévisible si la coopération industrielle européenne ne change pas de rythme. La production de circuits intégrés en Europe n'est que le quinzième de ce qu'elle est aux USA, et le quart de ce qu'elle est au Japon. Le Japon possède 50 % des robots en service dans le monde, les États-Unis en ont 25 %, et la CEE n'en a que 17 %. La CEE importe 66 % des circuits intégrés qu'elle utilise et 55 % de ses robots. Le taux de dépendance vis-à-vis du savoir-faire américain ou japonais est de 70 % dans la chimie fine, de 50 % dans l'électronique ! »*

Discussion d'un mandat de réforme de la CEE à préparer pour Athènes. On décide de *« se mettre d'accord sur les mesures qui, prises dans leur ensemble, éviteront les problèmes réitérés entre États membres découlant des répercussions financières du budget de la Communauté et de son financement »*. On prévoit une *« réunion conjointe des ministres des Affaires étrangères et des Finances »* pour préparer la réforme d'ensemble de la Communauté d'ici le Conseil européen d'Athènes. Il est décidé d'y procéder à des économies en matière agricole, dans le cadre d'une relance de la Politique agricole commune, impliquant l'augmentation des ressources propres de la Communauté. Au détour d'une phrase, l'existence du SME et la nécessité de le renforcer sont réaffirmées.

François Mitterrand réagit mal à cette dernière proposition allemande : il ne tient pas à être lié par un accord international qui interdirait le flottement du franc. Il veut changer ce texte, mais impossible. Son contenu est connu. On ne peut donc en parler en séance sans relancer la spéculation contre le franc. Cheysson négocie avec Genscher une lettre secrète déliant la France de cette obligation.

Margaret Thatcher explique en conférence de presse que les 500 millions d'écus qu'elle n'a pas obtenus viennent en déduction du « trop-perçu » qu'elle devrait rembourser pour les exercices antérieurs. François Mitterrand en est choqué : *« Elle n'a encore rien obtenu, et le trop-perçu reste à rembourser ! »*

L'ex-Président camerounais Ahidjo mobilise l'opinion de son pays contre un remaniement ministériel à la veille de la visite officielle de François Mitterrand. Son successeur, le Président Biya, place les forces armées en état d'alerte. Étranges, les conditions de la démission d'Ahidjo : il n'a quitté le pouvoir que parce qu'un médecin français lui avait assuré qu'il ne lui restait que quelques semaines à vivre. Depuis lors, il se porte comme un charme.

**Dimanche 19 juin 1983**

Nous partons pour le Congo et le Cameroun. Pierre Mauroy restera seul pour la fin de la réunion de Stuttgart. A Brazzaville, nous rencontrons des ministres très compétents — et très riches. Au Cameroun, fort riches eux aussi, mais moins compétents.

**Mercredi 22 juin 1983**

Au Conseil des ministres, Jacques Delors présente les grandes lignes des dépenses du Budget 1984. Baisse autoritaire de 10 % de tous les investissements civils, sauf la recherche, la formation et les entreprises publiques. Le Président laisse faire, mais remarque : *« Si nous nous alignons sur les États-Unis, nous pourrons obtenir certains résultats sur les indices, mais nous perdrons la majorité, qui ne résistera pas à une réaction populaire. »*

A l'issue du Conseil, Delors vient me dire : *« C'est encore pour moi. Cette fois, je m'en vais ! »*

Claude Cheysson souhaite diriger la négociation préparatoire à Athènes alors que le communiqué de Stuttgart prévoit une *« réunion conjointe des ministres des Affaires étrangères et des Finances »*. Le Président décide de maintenir le tandem prévu : Jacques Delors se montrera beaucoup plus ferme que Cheysson sur les questions budgétaires.

La Commission devrait en principe envoyer aux États membres une lettre rectificative établissant le lien entre le remboursement à la Grande-Bretagne de 750 millions d'écus et l'accroissement des ressources propres.

Yasser Arafat est expulsé de Syrie à la suite de propos jugés « calomnieux » à l'égard du régime de Bagdad. Les Syriens restent opposés à la politique d'ouverture de l'OLP, préconisée par Arafat. Ils soutiennent les « durs » du mouvement.

**Jeudi 23 juin 1983**

André Rousselet souhaite maîtriser le projet *Canal-Plus* dans son ensemble : le tour de table, les rapports avec le cinéma, les décodeurs... Il a contre lui Jean Riboud, Jack Lang, Laurent Fabius, Georges Fillioud. Ce n'est pas rien !

**Vendredi 24 juin 1983**

La dévaluation semble réussir. Depuis la fin mars, la Banque de France a récupéré 2 milliards de dollars. Hier, 85 millions de dollars sont encore rentrés. Nos réserves sont donc aujourd'hui de 28 milliards de dollars en or et de 3 milliards en devises, soit le niveau qu'elles atteignaient le 19 avril 1982. C'est la réalisation de l'hypothèse la plus optimiste qu'on pouvait formuler au lendemain de la dévaluation.

Les forces libyennes, avec le GUNT de Goukouni, reprennent Faya Largeau. François Mitterrand : *« Pas question d'intervenir au Tchad. C'est un guêpier. Laissez-les régler leurs affaires. »*

**Lundi 27 juin 1983**

Marcel Rigout, le ministre communiste du Travail, est reçu par François Mitterrand. Il lui annonce son intention de lancer une attaque contre Georges Marchais.

Le Président n'est pas satisfait du rythme des réformes : *« Bruxelles n'annule pas Figeac. »* Où en est la mise en œuvre du discours ? Nulle part !

Gilbert Trigano vient me parler de l'Exposition universelle : *« Elle ne peut se faire qu'à Paris ; mais la Mairie fera tout pour faire échouer ce projet. Son scénario est clair : critiquer sans s'opposer à son lancement, laisser se dérouler les études préalables, puis tout faire pour ralentir les travaux. Cela déclencherait un gigantesque désordre, avec quelques grèves bien choisies (celle du syndicat autonome du métro, la semaine dernière, manipulée par la Mairie, constitue une répétition générale). Le thème de l'incompétence, du gaspillage sera alors utilisé à fond, assorti en même temps de protestations de bonne foi. »*

Pour éviter ce piège, il faut mettre la Mairie de Paris au pied du mur en lui demandant de s'engager à collaborer à une Exposition universelle. Si elle refuse, lui faire porter la responsabilité de l'abandon du projet. Si elle accepte, on devra faire en sorte que l'Établissement public puisse passer outre aux obstacles juridiques et administratifs que la Ville mettra sans cesse à l'avancement des travaux. Sinon, il vaut mieux renoncer et préparer pour 1989 une grande fête pour les Parisiens, accompagnée de grands travaux d'aménagement dans la ville.

Le Président a visité l'abbaye de Bassac. Il demande qu'on la classe. C'est fait en quelques jours. Nous n'en revenons pas, lui et moi : il arrive donc d'être entendu et obéi sans avoir à batailler ?

**Mardi 28 juin 1983**

Paris envoie des armes et des experts au gouvernement du Tchad.

Le Président s'inquiète du malentendu de Stuttgart. Il demande à Cheysson de lui préparer un projet de lettre au Chancelier Kohl, avec copie aux autres membres du Conseil européen : *« La question du trop-perçu ne saurait en aucune façon être réglée par la compensation conditionnelle pour 1983, puisque celle-ci est d'une nature différente des précédentes. »* En conséquence, les *« corrections à effectuer pour 1980 et 1981 sur la base des chiffres réels »*, dont le principe a été admis par tous en 1982, n'ont pas été prises en compte et devront être examinées. La lettre est envoyée, y compris à Margaret Thatcher.

Yvon Gattaz vient me dire : *« Si le gouvernement impose aux entreprises un relèvement de leurs cotisations pour l'UNEDIC, même de 0,3 %, il y a un risque de réaction violente. Une gestion paritaire signifie que les deux parties contribuent à même hauteur. Or les entreprises paient 3,48 % et les salariés 1,32 %. »*

**Mercredi 29 juin 1983**

Le ministre des Affaires sociales, Pierre Bérégovoy, me confirme qu'il accepterait la création du prélèvement de 2 % si on ne l'appelait pas *« social »*. Tout est là... Gouverner, pour beaucoup, c'est jouer les Ponce-Pilate...

Le Président évoque avec Jacques Delors le manque de dynamisme et d'imagination de son ministère. Rien n'y est fait pour remplacer les aides à l'industrie par des réductions d'impôt, ni pour aller vers une meilleure assiette pour les charges sociales. Aucune des idées avancées à Figeac n'a été approfondie, ni sur la déconnexion des taux d'intérêt internes et externes, ni sur l'organisation d'un moratoire partiel par les banques ou par une Caisse d'amortissement. Il était prévu de doter un Fonds de modernisation industrielle de 3 milliards en 1983 et de 5 milliards en 1984 ; or ce Fonds n'existe toujours pas ! François Mitterrand : *« Des services obscurs des Finances multiplient les obstacles juridiques. Il faut que cela cesse ! Cela devient ridicule ! »*

**Jeudi 30 juin 1983**

Le Président : *« Surtout, ne rien payer à l'Angleterre avant un arrangement global, le* "paquet" *dont parlait Kohl à Stuttgart. On peut attendre Athènes pour cela. Quant au budget communautaire, qu'on s'arrange comme on voudra, mais, je le répète, ne rien payer à l'Angleterre ! »*

Déjeuner avec Jean Riboud, chez lui : il est très amer. Il m'en voudra à jamais, je le sens, du refus par le Président de la politique qu'il avait préconisée, refus dont il me considère comme le principal responsable. *« Un conseiller extérieur ne peut rien contre quelqu'un de moins compétent qui est là tous les jours. »* J'aime la franchise de cet homme exceptionnel qui fit, à partir de rien, une carrière où se mêlent la tragédie et la grandeur, l'élégance et la vision, l'art et l'industrie, la rigueur et l'ambition. Il a un nouveau projet : une télévision privée hertzienne, à la place de *Canal-Plus,* chaîne cryptée.

Caton commence à publier des éditos hebdomadaires dans *VSD* : *« Le Parti socialiste se prépare à faire une grande découverte, suite à une rumeur incongrue, insolite incroyable, qui court parmi les militants : il paraîtrait que le PS est au pouvoir depuis deux ans ! Actuellement, les responsables vérifient fiévreusement l'origine de ces bruits. Quant à Georges Marchais, il passera ses vacances dans un cirque, à perfectionner le numéro qui lui vaut déjà l'admiration attendrie des foules : il en est déjà à deux boas par repas. Henri Krasucki a vérifié : le Secrétaire général n'a pas pris un kilo supplémentaire.*

*... Quant à Lecanuet, Pinton, Poniatowski, Labbé, Pons et leurs compagnons de jeux, ils ont été mis en maison de repos, gardés par quelques solides infirmiers. Promis : on les relâchera en septembre.*

*Et les Français ? Ils se sont gentiment endormis avant de savoir à quelle sauce automnale ils vont être mangés. Bonnes vacances. La Renaissance, en fait, n'est pas si loin. Encore un paradoxe !... »*

François Mitterrand n'aurait sans doute pas dit autre chose, quoiqu'avec d'autres mots...

**Vendredi 1^er^ juillet 1983**

Incroyable : les Américains s'inquiètent du retour de Goukouni au nord du Tchad. Les Libyens, disent-ils, sont avec lui. Bill Clark me télégraphie que Washington est décidé à nous soutenir, puisque, naturellement, nous allons déclarer la guerre à Kadhafi... Provocante naïveté !

> *« Nous sommes gravement préoccupés par la situation au Tchad où les forces armées libyennes ont attaqué les forces du gouvernement tchadien en violation flagrante de la souveraineté du Tchad et de la loi internationale. Nous savons que d'autres attaques sont prévues d'ici le 31 juillet et sont probablement déjà en cours. La sécurité de la région dans son ensemble requiert une riposte courageuse et énergique. Nous sommes conscients de ce que le gouvernement français réfléchit à la manière de traiter cette crise et nous voulons que les plus hautes autorités françaises sachent qu'elles auront le soutien américain dans leur opposition au défi libyen. Si nécessaire, le soutien américain pourra inclure de l'assistance aux moyens aériens, des EG airlift et Awac. Les forces américaines concernées ont été prévenues d'un possible déploiement. Évidemment, il nous serait nécessaire d'avoir des informations détaillées sur le plan de déploiement de vos propres forces si les Américains devaient agir en soutien des forces françaises. »*

François Mitterrand : *« Pas question d'attaquer la Libye, et même si on le faisait, nous n'aurions pas besoin d'eux. Ne répondez même pas ! »*

Déjeuner avec José Cordoba, mon ancien étudiant à l'École polytechnique, devenu secrétaire d'État au Mexique. Superbe destin personnel où l'intelligence pure a seule permis de forcer les portes du pouvoir dans un pays improbable... Pourquoi une telle carrière serait-elle impossible en France ?

Le Président s'impatiente : la rigueur a agi comme un coup de massue qui a assommé l'esprit de réforme. Il interpelle par écrit le Premier ministre et Jacques Delors :

> *« Vous aurez sans doute constaté comme moi que les orientations que j'ai tracées et la politique économique et sociale que votre gouvernement a arrêtée rencontrent parfois des obstacles dans leur mise en œuvre administrative, qui en ralentissent l'application.*
>
> *Aussi vous serais-je reconnaissant de m'informer de l'état de réalisation de certaines mesures auxquelles je suis particulièrement attaché, telles que : la mise en œuvre du Fonds industriel de modernisation, décidée par le Conseil des ministres du 29 avril 1983 ; la réforme de l'assiette des charges sociales ; l'application des mesures d'allégement des charges financières des entreprises annoncées à Figeac le 27 septembre 1982 ; la mise à l'étude de procédures de contraction entre les dépenses et les recettes publiques (en particulier pour ce qui concerne les aides à l'industrie, au logement et à la famille) ; le versement à l'UNEDIC de la cotisation de solidarité demandée aux agents publics ; la réforme du financement des prestations familiales ; la conclusion de contrats de Plan entre l'État et les entreprises publiques*

*afin que celles-ci précisent leurs projets d'investissement annoncés ; le lancement de la deuxième tranche du Fonds spécial grands travaux ; la définition des nouveaux moyens d'une politique de l'Emploi ; le programme de lutte contre les causes structurelles de l'inflation.*

*Je suis convaincu que la réalisation concrète de ces divers projets de votre gouvernement viendra renforcer l'efficacité de sa politique économique et sociale. »*

Panique dans les cabinets : on n'aurait donc plus le droit d'enterrer les projets du Président ?

Margaret Thatcher explose en recevant copie de la lettre de François Mitterrand à Helmut Kohl liant le versement de 750 millions d'écus à la réforme budgétaire et au remboursement par la Grande-Bretagne de son trop-perçu. Elle répond à Kohl :

*« La lettre de François Mitterrand expose des interprétations unilatérales de la part de la délégation française du texte relatif à la compensation à accorder au Royaume-Uni pour 1983 qui figure dans les conclusions du Conseil européen de Stuttgart.*

*Ces interprétations unilatérales et ces déclarations d'intentions n'affectent en aucune façon, bien entendu, la validité du texte qui a été conjointement approuvé et ultérieurement publié par la Présidence allemande, ni la nécessité de le mettre en application.*

*Pour ce qui est de la question du "trop-perçu" en 1980 et 1981, vous vous rappellerez qu'en acceptant la somme de 750 millions d'écus nets pour 1983, j'ai estimé que cet arrangement réglait pleinement le problème du "trop-perçu", et l'ai fait savoir. »*

Le Président, lisant copie de cette lettre, note : *« L'interprétation de Margaret Thatcher sur le trop-perçu est inacceptable. Le faire savoir à Mauroy, Cheysson, Chandernagor, Delors. »*

Elle n'est pas près d'avoir son argent...

**Samedi 2 juillet 1983**

Chirac déclare que *« l'Exposition universelle sera difficile »*. Gilbert Trigano avait vu juste.

**Lundi 4 juillet 1983**

François Mitterrand comprend que maintenir le projet d'Exposition universelle serait tomber dans un piège : il veut l'annuler. Jack Lang souhaite le maintenir.

Crise à *TF1*. Le président-directeur général, Michel May, décide de remplacer Jean-Pierre Guérin par Jean Lanzi à la direction de l'information. La présidente de la Haute Autorité, Michèle Cotta, veut la tête de Michel May. Elle contacte Hervé Bourges, alors en Mauritanie, pour lui proposer la présidence de la chaîne.

Impasse : les 756 projets présentés au concours de l'Opéra sont désastreux. Un seul sort du lot, qu'on pense réalisé par Richard Meier. Au total, les grands travaux coûteront 18 milliards de francs, soit 0,33 % du Budget de l'État.

**Mardi 5 juillet 1983**

Le semestre qui commence marquera à bien des égards un tournant majeur dans l'évolution mondiale : la conjonction de la négociation sur les Pershing, de l'approfondissement de la crise européenne et de celle du Liban peut conduire à d'étranges rendez-vous, d'une dureté à laquelle l'opinion française n'est absolument pas préparée. La négociation de Genève doit reprendre. Lorsqu'elle sera considérée comme enlisée, le débat aura lieu au sein des parlements nationaux sur l'installation même des missiles — en RFA pour les Pershing, en Grande-Bretagne pour les Cruise. Le 15 décembre commencera leur installation proprement dite. Certains s'attendent alors à l'implantation, en guise de représailles, de SS 20 en Amérique centrale, et donc à une crise de l'ampleur de celle de Cuba en 1962.

Par ailleurs, la crise des institutions européennes peut se cristalliser au Sommet d'Athènes, les 5 et 6 décembre, ou encore au Parlement européen lors du vote du Budget, le 9 décembre.

Le Président renonce au projet d'Exposition universelle à Paris pour 1989. *« Il vaut mieux prendre les devants plutôt que de se faire imposer une décision. »*

**Jeudi 7 juillet 1983**

Cheysson vient parler au Président de la Conférence sur la Palestine. C'est décidé, elle se tiendra à Genève. Mais François Mitterrand ne veut même pas que la France y assiste. Cheysson : *« Je persiste à penser qu'il serait bon qu'un de nos fonctionnaires de Genève, de rang modeste, soit parfois présent à la réunion préparatoire derrière la pancarte "France" placée dans les rangs des observateurs (et non des participants). Au sein de la Communauté, Irlande et Italie agissent de même (alors que la Grèce "participe"). On y trouve même le Saint-Siège, et je sais que l'Espagne sera présente. Cet observateur français, à présence intermittente, ne prendrait pas la parole, pas plus que ses collègues non Grecs de la Communauté. »*

François Mitterrand : *« Oui. Pas au-delà. »*

**Vendredi 8 juillet 1983**

A Nainville-les-Roches, Tjibaou et Lafleur entament un formidable travail, avec Georges Lemoine, pour abolir le fait colonial en Nouvelle-Calédonie. Deux hommes de grande valeur ; deux Justes, peut-être.

François Mitterrand : *« L'impopularité ne peut durer. Le gouvernement doit prendre de nouvelles mesures sociales. Il faut expliquer qu'il n'y a pas de tournant ni de renoncement. On n'est quand même revenu sur aucune réforme ! »*

Pour financer le Budget de 1984, le choix reste entier entre la contribution de solidarité de 2 %, telle que la souhaite Delors, et l'augmentation de l'impôt sur le revenu et d'impôts divers, souhaitée par Mauroy, Bérégovoy, le groupe et le Parti socialiste.

La décision sur le chèque britannique est renvoyée par les ministres à Athènes. « *Elle* » enrage. Cela promet !

### Samedi 9 juillet 1983

Un jeune d'origine algérienne de dix ans, Toufik Ouannès, est tué à La Courneuve. Émotion. Les banlieues cristallisent toutes les contradictions de la société française.

### Lundi 11 juillet 1983

Coup de poignard dans le dos : à Moscou, Georges Marchais critique la position de la France sur les euromissiles et demande la prise en compte des forces nucléaires françaises dans les négociations soviéto-américaines de Genève.

### Mercredi 13 juillet 1983

Au Conseil des ministres. François Mitterrand répond : *« Tout ce qui touche à l'indépendance nationale et à l'intégrité du territoire ne se décide ni à Moscou, ni à Washington, ni à Genève, mais se décide à Paris et par moi-même. »*

Une discussion s'engage ensuite sur la violence dans les banlieues. Le Président : *« Le gouvernement s'est engagé à réhabiliter vingt-deux quartiers dégradés sur l'ensemble du territoire. Mais il faudra du temps et des efforts pour que la vie quotidienne devienne plus facile dans nos grands ensembles. »* Il annonce que la rénovation architecturale des quartiers difficiles, comme celui de La Courneuve où a été assassiné Toufik Ouannès, constituera un des grands travaux du septennat. Il ajoute : *« Les étrangers en situation régulière ont les mêmes droits que les Français. »* Ces étrangers sont 3,7 millions. 100 000 sans-papiers ont vu leur situation régularisée.

La Haute Autorité nomme Hervé Bourges à la présidence de *TF1*.

### Vendredi 15 juillet 1983

Attentat de l'ASALA à Orly contre Turkish Airlines, pour venger l'arrestation en novembre 1981 de Monte Melkonian, condamné puis expulsé en décembre 1982 : 8 morts, 54 blessés.

Accord entre Athènes et Washington pour l'évacuation des bases militaires américaines du territoire grec à partir de 1989.

**Samedi 16 juillet 1983**

Ronald Reagan écrit à François Mitterrand la même lettre que Bill Clark m'a déjà envoyée sur le Tchad : la France va faire la guerre à la Libye et l'Amérique sera à ses côtés... Le Président ne peut plus l'ignorer !

Réuni à Cancún, le groupe de Contadora propose un plan de paix pour l'Amérique centrale.

**Lundi 18 juillet 1983**

Laurent Fabius écrit à François Mitterrand sur l'audiovisuel :

> *« En discutant récemment avec Georges Fillioud, Jack Lang et Louis Mexandeau des aspects industriels de l'audiovisuel, je me suis aperçu que — au moins dans mon esprit — beaucoup d'incertitudes subsistent :*
>
> *1) Il est prévu de lancer un satellite, une quatrième chaîne, un réseau de câbles, un développement du magnétoscope. Y a-t-il un public pour toutes ces initiatives dont plusieurs seront payantes ? Comment, en tout cas, les hiérarchiser dans le temps ?*
>
> *2) Le satellite TDF 1 semble décidé et financé. Il ne pourra cependant fonctionner sans TDF 2 qui, lui, n'est pas financé (un milliard de francs). A quel usage seront-ils réservés ? Si on lance un et même deux satellites pour améliorer marginalement la réception des émissions et offrir un canal à la CLT, cela peut sembler un peu court.*
>
> *3) Il apparaît de plus en plus que les câbles, présentés comme offrant un service supplémentaire au public, serviront surtout aux entreprises. Si c'est exact, ne faut-il pas alors ajuster le discours ? Si, néanmoins, les particuliers sont ultérieurement les destinataires, comment évitera-t-on à terme une mainmise politique des féodalités locales ?*
>
> *4) La question des programmes est centrale. Elle offre un champ de culture et d'industrie considérable. Or, l'impulsion apparaît pour le moment très éparpillée.*
>
> *5) Il a été proposé qu'on puisse se servir de la télévision pour apprendre massivement aux Français l'informatique. Cela n'est pour le moment pris en compte par personne.*
>
> *Au-delà du détail de ces questions, pourtant à mon avis essentielles, le sentiment que je retire est celui d'un certain manque de cohérence. Si ce sentiment est fondé, je pense qu'une réunion restreinte autour de vous permettrait de clarifier utilement quelques grands choix. »*

Derrière cette lettre, il y a manifestement l'idée de relancer les télévisions privées hertziennes, dont Jean Riboud m'a justement parlé la semaine dernière. Les « visiteurs du soir » auraient-ils trouvé un nouveau terrain de bataille ?

**Mardi 19 juillet 1983**

Gabriel de Broglie, membre de la Haute Autorité, critique les conditions de la nomination de Bourges à la présidence de *TF1*.

Le Président refuse de signer le décret supprimant le classement de sortie à l'École polytechnique. Toujours la volonté d'exiger l'excellence.

Le Nicaragua apporte son soutien au plan de paix du groupe de Contadora.

**Mercredi 20 juillet 1983**

Le « Centre Mondial » de J.J.S.S. propose d'équiper les Centres de formation des formateurs de Caen, Rouen et Bordeaux avec du matériel français C II, tandis que les centres de Paris-Orsay et de Nancy seraient équipés avec du matériel américain Wacs 750. Les ministres, eux, souhaitent équiper les cinq centres en matériel français. Il n'y a pas d'argument technique fondamental en faveur de la proposition du « Centre Mondial ». Le Premier ministre se range à l'avis des ministres : du matériel français.

Le Président s'y oppose : *« Je ne suis pas sûr que le matériel C II soit compétitif. L'objectif premier est de réussir notre opération "formateurs". A suivre de très près, et agir vite. »*

**Jeudi 21 juillet 1983**

Encore une fois, Jacques Delors menace de démissionner à propos de la préparation du Budget. Matignon lui a dit que son projet de taxe de 2 % était rejeté, et il souhaite que le Président le lui dise en personne.

Avec la baisse de l'inflation, l'heure de vérité sonne pour l'industrie : plus question de projets fictifs. La restructuration s'accélère. Peugeot annonce le plus grand licenciement collectif de l'Histoire de France : 7 371 emplois, sans plan social. Pourquoi maintenant ? Ralite s'y oppose. Une négociation commence. Bérégovoy en prend la direction. Décision reportée à octobre. Maintenant que les grandes entreprises ont été nationalisées, au moins ont-elles un actionnaire à la hauteur de l'enjeu : l'État.

**Vendredi 22 juillet 1983**

Quelques réflexions sur le compromis Nitze-Kvitsinski de l'an dernier, tel que nous commençons à le connaître. Il comporte pour nous un avantage tactique considérable, car il montre qu'un compromis est envisageable à un niveau intermédiaire, sans que soient prises en compte les forces françaises et britanniques. Néanmoins, l'équilibre des forces ne se mesure plus aujourd'hui seulement par la comparaison des forces de frappe, mais aussi par la comparaison des vitesses de frappe. De ce point de vue, ce compromis est à mon avis inacceptable pour les États-Unis, car il reconnaît à l'URSS un avantage décisif en termes de vitesse de frappe : elle gardera en effet 190 SS 20 au-delà de l'Oural, sans qu'aucun Pershing ne soit installé en Europe. Or, seul le Pershing II est en mesure d'offrir une menace comparable à celle des SS 20 en termes de temps : le SS 20 est, comme le Pershing, une arme balistique de riposte immédiate, alors que les missiles de croisière, qui seraient selon ce compromis seuls installés en Europe, sont subsoniques et mettraient plusieurs heures avant d'atteindre le territoire soviétique. Plus encore, ce compromis est à mon sens inacceptable aussi pour nous ; seule l'installation de quelques fusées Pershing en Europe continentale nous garantirait contre le risque de découplage : ne peut-on pas craindre que, sans Pershing en Europe, les Américains ne soient « hors course », en termes de vitesse de frappe, même s'ils sont

« dans la course » en termes de nombre de têtes et donc de force de frappe ? Le compromis Nitze-Kvitzinski risque donc d'institutionaliser le découplage.

On peut ajouter deux autres risques secondaires :

— si ce compromis est accepté, les 18 missiles du plateau d'Albion seraient les seules forces en Europe continentale ayant une capacité comparable à celles des Soviétiques, et ceux-ci deviendraient encore plus insistants pour prendre en compte ces missiles dans la suite de la négociation sur les Forces nucléaires intermédiaires ;

— la solution Nitze-Kvitsinski épargne les Allemands et va donc les tenter, mais elle peut conduire d'autres pays européens à reconsidérer leur acceptation initiale en constatant que l'Allemagne est épargnée par l'installation de missiles américains. Y avons-nous intérêt ?

Il faut donc insister, à mon sens, sur le fait que l'existence de ce compromis prouve qu'un accord est possible, mais sans approuver le détail de son contenu.

**Mardi 26 juillet 1983**

Le Président va à la « Cité des 4000 », à La Courneuve, rendre visite à la famille de Toufik Ouannès. Terribles servitudes de la fonction.

**Mercredi 27 juillet 1983**

Au Conseil des ministres, Claude Cheysson fait état des progrès de l'offensive iranienne. Il ne parle pas des Super-Étendard promis à l'Irak.

Pour la Tête Défense, le Président confirme définitivement le projet de Spreckelsen, cet architecte danois qui n'a encore rien construit. Il a longuement hésité : l'idée que l'Arche serait vue des Champs-Élysées le gênait. Il a examiné beaucoup de maquettes, de photos-montages, et s'est rendu à maintes reprises sur les lieux.

**Jeudi 28 juillet 1983**

Hubert Védrine demande au général Saulnier le calendrier exact du transfert à l'Irak des avions Super-Étendard, afin que le Président puisse en être prévenu avant.

**Vendredi 29 juillet 1983**

Michel Rocard proteste auprès de Pierre Mauroy : alors que le Sommet de Stuttgart a confié la négociation européenne à Cheysson et Delors, il entend garder la maîtrise de la partie agricole de cette négociation. Il en informe aussi le Président :

*« Excusez-moi de vous importuner. Il me paraît tout à fait important que vous ayez connaissance de cette lettre que j'envoie à Pierre Mauroy. Alors que la négociation en matière de prix agricoles pour la campagne 1983-1984 vient à peine de se terminer depuis quelques semaines, je considérerais comme aberrant que la France prenne l'initiative de propositions remettant en cause l'équilibre de l'accord obtenu à cette occasion et qui lui était globalement très favorable. Il est bien évident que toute suggestion de notre part d'économies concernant des procédures qui ont fait l'objet de débats ardus et parfois fort longs sera interprétée par nos partenaires comme une invite à une renégociation globale.*

*Une telle renégociation ne manquera pas de se répercuter très négativement dans les discussions en cours en matière de produits méditerranéens, à un moment où le Midi est gravement perturbé par l'agitation des producteurs de vin et de fruits et légumes. Cela risque de conduire à admettre des concessions multiples en matière agricole, telles que l'ensemble sera interprété sur le plan politique comme un recours majeur pour la France. J'entends donc que le mandat de négociation au Comité budgétaire soit, pour nos représentants, dénué de toute ambiguïté sur ces points essentiels. »*

Michel Rocard ajoute à la main à sa lettre à Mauroy :

*« Mon cher Pierre, cette affaire est tout à fait importante ; si, par un biais ou un autre, nous remettons en cause le résultat des négociations de 1983, il y aura des demandes reconventionnelles partout et je perds mes chances d'obtenir le règlement fruits et légumes et les 700 000 litres de distillation. Le Midi saute ! Je ne comprends pas à quoi jouent "certains". »*

François Mitterrand lui donne raison et note sur la lettre : *« Tout cela est insupportable. A Stuttgart, il a été décidé de procéder à des économies, mais, contrairement aux vœux des Anglais et, initialement, des Allemands, ces économies ne peuvent être examinées que dans le cadre d'une relance de la politique agricole supposant l'augmentation des ressources propres. Il y aurait autrement détournement des accords. De même, rien ne doit être versé à l'Angleterre avant qu'on ne sache quelles décisions seront prises sur les autres questions. Laissons donc les ministres de l'Agriculture discuter d'abord entre eux. Ralentissons l'allure. N'acceptons pas que soient d'abord traitées les questions défavorables à la France. Au besoin, se refuser à tout et ne pas craindre la crise. J'attends des idées claires et une attitude raide, et je veux que nos négociateurs s'en tiennent à cette directive. »*

Cette annotation vaudra mandat global de négociation à tous les ministres.

**Samedi 30 juillet 1983**

Appel d'Arafat aux chefs d'États arabes pour qu'ils l'aident à vaincre l'intransigeance syrienne.

**Dimanche 31 juillet 1983**

Reagan décide d'envoyer l'adjoint de Bill Clark, Bud McFarlane, en tournée au Moyen-Orient.

Le Président américain demande à François Mitterrand de recevoir Vernon Walters pour parler du Tchad.

**Lundi 1er août 1983**

Michel Camdessus devient sous-gouverneur de la Banque de France. Daniel Lebègue le remplace à la direction du Trésor. La Genière laissera bientôt la place à Camdessus. Pour la première fois depuis longtemps, aucun des deux postes importants de la Haute Finance ne sera occupé par un inspecteur des finances.

Le franc est au sommet du SME, mais on perçoit quelques signes spéculatifs. Il n'y aura pas de quatrième dévaluation.

Envoi par la France d'armes anti-aériennes aux forces armées du Tchad pour résister aux rebelles du Nord.

**Mardi 2 août 1983**

J.J.S.S. écrit à François Mitterrand :

> *« L'urgence dont je me suis permis de vous entretenir concerne l'équipement du réseau des dix Centres régionaux de formation des volontaires (Grandes Écoles) pour le programme des jeunes chômeurs. Les matériels étrangers sont en France et disponibles. »*

Le Président à Laurent Fabius : *« J.J.S.S. a tout à fait raison. Ne pas prendre de retard est la priorité. Surtout si l'on ne dépense pas de dollars. Il nous faut le meilleur matériel. J'insiste sur l'urgence. »*

**Mercredi 3 août 1983**

Au déjeuner, discussion approfondie avec François Mitterrand sur la réforme de l'école : il faut réduire le nombre des matières, combattre l'illettrisme par la télévision et le développement des bibliothèques, améliorer la formation des maîtres, réformer le primaire, obtenir une vraie pédagogie de soutien, différenciée.

Jean-Luc Lagardère doit une réponse à André Rousselet sur l'éventuelle participation d'Hachette à la quatrième chaîne. Il vient me dire que celle-ci ne lui semble rentable qu'à condition de n'avoir pas à supporter un service d'informations, à moins que le financement du Journal ne soit assuré hors du budget de la chaîne. André Rousselet, m'affirme-t-il, lui aurait dit que lui non plus n'était pas du tout partisan d'émissions d'informations sur *Canal-Plus*, mais que *« les autorités de tutelle y attachaient une importance fondamentale »*. Lagardère souhaiterait donc savoir si cela constitue vraiment une question d'importance pour le Président.

Celui-ci refuse de répondre et renvoie Jean-Luc Lagardère sur André Rousselet.

Bettino Craxi devient président du Conseil des ministres de la République italienne. Un socialiste de plus autour de la table du Conseil européen.

Les Américains portent de 10 à 25 millions de dollars leur aide militaire d'urgence à Hissène Habré. Les bombardements libyens s'intensifient à Faya Largeau.

**Jeudi 4 août 1983**

Les Libyens bombardent Oum-Chalouba et Kalait. Les Américains continuent de nous presser de leur faire la guerre. Le Président : *« Il n'en est pas question. »*

**Vendredi 5 août 1983**

Comme l'avait demandé Ronald Reagan, Vernon Walters est reçu à Latché. Il encourage François Mitterrand à repousser la Libye hors du nord du Tchad. Le Président lui explique que les avions français ne peuvent y parvenir seuls et qu'il n'est pas question d'envoyer des troupes terrestres se battre au Tchad. Walters propose de prêter des ravitailleurs américains pour allonger le rayon d'action des appareils français. Le Président refuse : pas de conflit Est/Ouest en Afrique. *« D'ailleurs, le vrai Tchad, le Tchad utile ne commence qu'au sud du 15e parallèle. Au nord, c'est le désert. Au sud, c'est l'Afrique noire, le Cameroun et le Niger qu'il faut protéger. »*

**Samedi 6 août 1983**

Hissène Habré accuse *« les lobbies pro-libyens en France »* de s'opposer à l'envoi de l'aide militaire qu'il réclame ! Il s'excusera très vite...

**Lundi 8 août 1983**

Un gendarme français est assassiné par le groupe basque Iparretarak. Gilles Ménage, qui suit à l'Élysée les problèmes de sécurité, souligne qu'*« en dépit de l'évolution politique interne du régime espagnol, la position de la France à l'égard du terrorisme basque espagnol n'a pas été véritablement précisée »*. Il préconise une démarche plus ferme : poursuites judiciaires contre les nationalistes basques français, dissolution d'Iparretarak, expulsion des principaux responsables de l'ETA militaire.

Bien tard, le Quai se pose une question juridique : le prêt d'un avion de guerre — comme les Super-Étendard prêtés à l'Irak — est-il un acte de *« co-belligérance »* ? *« Le droit coutumier de la neutralité a été largement codifié dans les Conventions de La Haye de 1907. Toutefois, aucune convention n'a été signée en ce qui concerne la guerre aérienne, et la doctrine transpose à ce type d'hostilités les règles posées surtout pour la guerre maritime. Une commission de justice nommée par la conférence de Washington de 1922 sur la limitation des armements a établi à La Haye un projet de règles en février 1923, mais ce projet, à défaut d'adoption formelle, reflète seulement les tendances du droit coutumier. On ne saurait non plus nier que ce droit coutumier ait lui-même tendance à s'émousser à l'époque contemporaine. La participation d'appareils aux couleurs françaises dans un conflit serait contraire au droit de la neutralité ; la radiation de l'immatriculation française peut poser des problèmes au regard de notre propre droit : il n'est pas certain qu'un éventuel transfert d'immatriculation serait regardé comme régulier par les États tiers, à défaut de transfert concomitant de propriété. Il ne serait possible de pallier entièrement ces inconvénients qu'en effectuant un montage juridique qui nous ferait perdre la propriété des appareils, propriété qui devrait bien entendu être recouvrée par la suite.* »

Déjeuner à Latché avec Jean-Baptiste Doumeng. Sa franchise nous surprend toujours. Sur le Parti communiste : « *Ils ne savent pas où ils vont. Ils ne savent pas ce qu'ils font. Ils n'ont ni ligne ni consigne. Ils ne cherchent qu'à se distinguer.* » Sur la COFACE : « *Dans six mois, j'aurai mis de l'ordre.* » Sur le Tchad : « *Ce que Goukouni cherche, c'est à partager le Tchad comme l'est le Liban : une moitié au nord pour lui, une autre pour Hissène Habré au sud. La France ne devrait pas s'engager sur ce terrain. La région la plus menacée en Afrique, c'est l'ensemble Mali - Côte-d'Ivoire - Haute-Volta - Mauritanie, qu'il faudrait aider économiquement.* » Sur l'Union soviétique : « *Andropov, c'est Staline. Il faut créer un contact économique, et non plus seulement politique. Pour cela, un émissaire français devrait rencontrer en secret un émissaire d'Andropov.* » Sur l'Est/Ouest : « *Les Russes veulent la détente. Il y aura un accord à Genève avec un retrait massif des SS 20 implantés en Europe. On assistera à un formidable développement des échanges Est/Ouest. Si nous ne nous y préparons pas dès maintenant, la France n'en sera pas.* »

**Mardi 9 août 1983**

Au petit déjeuner, François Mitterrand : « *On arrêtera la Libye au 15e parallèle ; sinon, après le Tchad, elle menacerait le Soudan et la République Centrafricaine. Mais c'est difficile à expliquer. La France est vue comme le grand frère qui hésite à venir. Les gens sont simples. Ils ne connaissent pas le contenu des accords. Ils veulent que l'on soit là, c'est tout.* » Des soldats français sont déjà sur place comme « instructeurs ».

Mauroy est très hostile à l'idée de plafonner l'impôt sur le revenu à la moitié du revenu, idée dont le Président a parlé à Delors. « *Elle aboutirait, pour les ménages imposés en moyenne à plus de 50 %, un allégement d'impôt d'autant plus important que les revenus du ménage sont élevés (réduction de 870 000 francs d'impôt pour deux parts pour un revenu imposable de cinq millions de francs), ce qui ne manquerait pas de susciter de vives critiques dans la majorité. Cet effet politique négatif serait accentué par la contradiction qui apparaît immédiatement entre le renforcement de la progressivité de l'impôt sur le revenu, destiné à dégager des recettes supplémentaires pour 1984, et l'écrêtement des effets de celle-ci pour les très hauts revenus.* »

Je reçois Boutros Boutros-Ghali lors de son passage à Paris après une tournée en Afrique et un arrêt à N'Djamena. « *La France est trop subtile pour certains de vos amis africains. Ils ont besoin d'un père et se moquent du texte précis des accords de coopération et de défense.* » Il a raison.

Un communiqué du Département d'État à Washington somme la France de réagir au Tchad à l'agression libyenne. Comme toujours, le débat est passé dans la presse.

Chaque année, depuis dix-sept ans, le Japon choisit de lancer un grand projet de haute technologie que l'État finance en priorité pendant dix ans. En général, ce projet est très bien choisi, et donne au Japon dix ans d'avance dans un domaine stratégique. Cette année, le Japon choisit *« les robots travaillant en milieu extrême »*, c'est-à-dire dans des conditions climatiques très difficiles (hautes températures, sous vide, en milieu radioactif, etc.).

**Mercredi 10 août 1983**

Le Président se rend aux Minguettes. Le thème de l'insécurité devient central dans la vie publique.

Malgré le refus opposé à Walters il y a deux jours, Ronald Reagan écrit de nouveau à François Mitterrand à propos du Tchad pour pousser à une intervention française :

> *« Je suis très soucieux à la suite des nouvelles que j'ai reçues concernant les attaques aériennes contre le Tchad. Une fois encore, Kadhafi a montré son mépris des règles du comportement international. Sa conduite est une menace pour la paix dans l'ensemble de la région et inquiète évidemment beaucoup de nos amis africains. Je crois qu'une vigoureuse réaction est nécessaire et j'ai donné des ordres pour la préparation d'éléments de nos forces armées afin de vous aider si vous donniez des instructions du genre de celles que vous avez indiquées pouvoir constituer la réaction française à une intervention ultérieure de la Libye au Tchad. Précisément, nous sommes prêts à fournir du transport aérien airlift et Awacs s'il devait aider à l'efficacité du déploiement des forces aériennes françaises. Je vous serais reconnaissant de bien vouloir autoriser les autorités françaises compétentes à informer notre ambassade ou le Département d'État à Washington de la manière dont nous pourrions apporter une assistance dans cette crise. »*

A la même heure, Bill Clark m'écrit exactement la même lettre. Le Président en est exaspéré : *« Mais nous ne leur avons rien demandé ! »*

**Vendredi 12 août 1983**

Je réponds donc à Clark par une lettre rédigée avec François Mitterrand et qui met les choses au clair : il n'y aura pas d'alliance franco-américaine au Tchad. Le Président répondra de son côté exactement la même chose à Reagan.

> *« Cher Ami,*
>
> *J'ai bien reçu votre message du 10 août, dont je vous remercie. Comme vous l'imaginez, la situation au Tchad est fort préoccupante et il est normal qu'elle suscite entre les responsables de nos deux pays réflexions, interrogations et conversations, dont l'utilité ne fait pas de doute. Mais, en revanche, je n'ai pas entendu parler de demandes françaises concernant le déploiement des Awacs, des F 15 et d'autres moyens d'assistance aérienne au Soudan, et je ne pense pas que des exercices entre Awacs et Breguet Atlantic soient nécessaires. Telle est du moins l'opinion que j'ai*

*recueillie et qui exprime les vues du Président de la République. Il n'est pas bon que soit donnée l'impression d'une alliance offensive franco-américaine qui ne correspond pas à la réalité et qui donnera une fausse idée de la nature de nos relations.*

*Les informations dont je dispose ne permettent pas aujourd'hui de prévoir avec suffisamment de certitude le comportement des différentes parties en présence pour vous annoncer avec précision les actions que les autorités françaises seraient amenées à entreprendre, sinon qu'est mis en place un frein à la progression libyenne qui doit garantir le Tchad "utile". L'effort qui convient sera fait pour que l'armée française soit dotée des moyens importants que cette mission exigera.*

*Il va de soi que nous vous informerons en temps utile de nos dispositions et vous pouvez être assuré de notre vigilance et de notre fermeté dans le respect des engagements de la France.*

*Je me réjouis de nos échanges mutuels d'informations et souhaite qu'ils continuent à fonctionner de manière efficace. »*

**Dimanche 14 août 1983**

Dans une longue lettre adressée au Président, Jacques Delors fait le point sur les prévisions économiques établies par son ministère. Il prévoit une reprise mondiale, mais les experts doutent de la capacité de la France d'en bénéficier :

*« Sur la base des comportements observés ces dix dernières années, l'économie française ne serait pas en mesure de profiter à plein de cette reprise pourtant modérée. Notre taux de croissance serait inférieur d'un point à un point et demi à celui de nos partenaires industrialisés. Notre commerce extérieur demeurerait déficitaire en 1984, et très légèrement en 1985. Le besoin de financement du secteur public serait très élevé, ce qui nous conduirait à un taux de prélèvements obligatoires de 45 à 46 %. L'investissement des entreprises ne reprendrait que légèrement (croissance annuelle autour de 1 %), ce qui s'expliquerait notamment par un rétablissement insuffisant de leur taux de marge et par des progrès de productivité dans la tendance de ces dernières années, certes, mais insuffisants...*

*Il arrive un moment où l'impôt décourage l'initiative et le travail, la création d'un climat favorable au travail, donc à la productivité, et, quoi qu'on en dise, à l'emploi. Qu'il s'agisse de la politique active de l'emploi, de la gestion du marché du travail, de la réalisation des restructurations et conversions indispensables, tout frein mis à l'évolution et tout retard dans l'action seraient autant de signes négatifs et de facteurs de découragement. Les Français, s'ils sont stimulés, sont encore capables de travailler beaucoup et mieux. Il y faudrait quelques gestes mûrement pesés à l'égard des entreprises qui, il faut le souligner, bénéficient déjà de possibilités de financement externe sans équivalent depuis vingt ans. Mais les charges demeurent relativement — non dans l'absolu — trop lourdes, et les profits insuffisants pour stimuler l'investissement. »*

Dans une discrète annexe, il propose des économies sur le Budget 1984 en revenant sur les arbitrages déjà rendus : *« SNCF, Routes, Agriculture, Charbonnages de France, Crédits de politique industrielle, Recherche, Culture* [pour 2 milliards], *dont resserrage des CP sur les grands projets (sans modifier les AP) et report de l'Opéra-Bastille* [pour 0,45 milliard, dont 0,15 pour l'Opéra] *»*, et 4,5 milliards pour la réduction du coût de la dette publique. On n'aurait pu ne pas le voir : c'était bien caché !

Naturellement, pas question de revenir sur les grands travaux.

François Mitterrand rencontre Jean-Paul II à Lourdes.

**Lundi 15 août 1983**

A Rabat, je vois le conseiller spécial du Roi du Maroc, Reda Guedira, fin connaisseur de la France : *« Le Roi est disposé à servir d'intermédiaire entre la France et la Libye. Il considère qu'en l'état actuel des choses, il est le chef de l'État qui, en Afrique, a le plus la confiance de Kadhafi. »*

Réunis à Brazzaville, neuf chefs d'État africains chargent le Président de l'OUA d'obtenir un cessez-le-feu et le retrait des troupes étrangères du Tchad.

**Mercredi 17 août 1983**

Gaston Defferre écrit à François Mitterrand une de ces lettres-programmes qu'il affectionne :

> *« A mon avis, cette fois, contrairement à l'esprit de la Constitution, l'échéance déterminante n'est pas celle de 1988, mais celle de 1986. Il nous faut donc absolument gagner les élections législatives de 1986. Or vous pouvez les gagner, et, deux ans après, être réélu à la Présidence de la République, ce qui assurerait la pérennité de votre œuvre. Les nouvelles de ce matin sont bonnes en ce qui concerne le commerce extérieur. Même si le plan Delors réussit en grande partie (il est rare qu'une réussite soit complète dans ce domaine), même si la baisse du dollar n'entraîne pas de perturbation trop grave des monnaies européennes et donc du franc, même si la crise mondiale prend fin et si la reprise atteint assez vite la France, cela risque de ne pas suffire pour que notre pays soit en bonne position en 1986. La concurrence que nous feront les pays déjà en avance sur nous dans les industries de pointe sera, c'est évident, très forte.*
>
> *Une préparation électorale au sens classique du terme permettra difficilement de l'emporter en 1986. Les électeurs ne croient plus aux mesures dites conjoncturelles, du type réduction de la TVA ou des charges sociales, et même des augmentations de salaires. Et si cela réussissait pour 1986, cela risquerait de compromettre la situation en 1988. La question qui se pose est, selon moi, la suivante : quels éléments nouveaux faut-il mettre en œuvre pour qu'ils portent leurs fruits dans les deux prochaines années et pour qu'une nouvelle dynamique industrielle puisse être engagée avant les élections et être poursuivie après ? Ce qui se passe dans les pays avancés et dans les pays en voie de développement qui sont des clients importants pour la France (clients qui, hélas, sont de moins en moins capables de payer ce qu'ils achètent) démontre que tout change beaucoup plus vite que prévu. Je crois profondément, je vous l'ai dit souvent, que les techniques de pointe offrent, spécialement à la France, des possibilités immenses et irremplaçables, que nous pourrons exploiter avec des résultats tangibles à court terme. Ce qui se passe à l'étranger démontre d'ailleurs, à l'évidence, que tout retard pris dans ce domaine peut être fatal. Tous les pays sont amenés à moderniser radicalement leurs instruments de production. La formation des hommes est la base de tout : de la maîtrise des techniques nouvelles, de leur perfectionnement, des inventions, des brevets, de la création d'entreprises, de la nouvelle croissance, de la lutte contre le chômage, d'un progrès social durable (...). Vous pouvez être l'homme d'État qui aura donné à la France, à un moment décisif, l'impulsion nécessaire pour l'avenir d'un grand pays moderne, avec une croissance assez forte pour faire reculer de façon non artificielle le chômage, et avec une monnaie stable. Quel contraste avec vos prédécesseurs qui ont laissé péricliter notre industrie sans penser à regarder ce qui se passait à l'étranger ! Un document bien fait, clair, aisément compréhensible par tous, devrait*

*d'ailleurs être établi dès maintenant pour montrer à la fois l'écrasante responsabilité de vos prédécesseurs en ce domaine et l'essentiel de vos projets pour les prochaines années. Vous mobiliseriez ainsi la jeunesse, qui est le moteur de l'opinion. Vous réuniriez alors toutes les chances de gagner les élections de 1986 en commençant dès maintenant. Je parle de tout cela de façon désintéressée : sur le plan personnel, j'ai en effet décidé de ne plus me présenter aux élections. Je resterai bien entendu à la disposition du Parti pour soutenir nos candidats, si je peux être utile... »*

François Mitterrand : *« Très intéressante, cette lettre. S'en servir pour le projet pour le futur gouvernement. On pourrait intégrer dans notre exposé de larges extraits de cette lettre, bien dans le ton que je souhaite. »*
Le projet avance. Mais pour quel gouvernement ?

L'Opéra-Bastille étant maintenu, il faut maintenant choisir entre les projets. Robert Lion s'inquiète : *« Les projets n'étant pas d'une qualité très convaincante, je vous suggère d'ouvrir les enveloppes des deux projets préférés (ou éventuellement de six), puis d'inviter les auteurs de ces deux projets. On pourrait soit choisir l'un d'eux, estimant que le talent et la renommée de l'architecte garantissent un très bon travail d'adaptation, soit faire faire par les deux architectes deux maquettes et choisir au vu de ces maquettes, présentées par leurs auteurs. M. Bloch-Lainé estime qu'il n'y aurait aucune réaction défavorable du jury. »*

Andropov annonce que l'URSS ne sera pas la première à mettre des armes antisatellites en orbite. Spectaculaire, mais pas nouveau.

**Samedi 20 août 1983**

Le transfert à l'Irak des Super-Étendard est maintenant prévu pour le 10 septembre. Ils seront convoyés par des pilotes de l'Aéronavale mis à disposition de Dassault. Les autorisations de survol seront demandées par l'Irak.

Les États-Unis lèvent l'embargo sur les fournitures au gazoduc sibérien. L'affaire est close après cinq ans de bataille...

**Dimanche 21 août 1983**

Benigno Aquino, rentrant à Manille après treize ans d'exil aux USA, est assassiné.

Six Jaguar et quatre Mirage F 1 sont envoyés à N'Djamena ; 2 500 soldats français s'y trouvent déjà.

**Lundi 22 août 1983**

Note de François Mitterrand : *« Je veux un rapport sur l'enseignement de l'Histoire. Fait par quelqu'un de confiance désigné par nous et dont le rapport me serait destiné. URGENT. »*

Rousselet choisit Philips, contre Thomson, pour la fabrication des décodeurs de la chaîne cryptée. Fureur de Fabius.
Il réclame un monopole de diffusion à la télévision des films pour deux ans. Et un film récent par jour. Fureur de Lang.

**Mardi 23 août 1983**

Le Président : *« L'hégémonie du conservatisme dans les idées ne peut être combattue que par son refus dans la gestion. »* Profonde remarque ; on a l'habitude de dire l'inverse...

Entre Fernand Braudel, André Miquel, Jacques Le Goff, François Mitterrand choisit Miquel pour rédiger le rapport sur l'enseignement de l'Histoire.

Après l'intervention de Michel Tournier, le Budget de l'an prochain prévoit pour les écrivains un certain nombre d'améliorations fiscales. Les prix littéraires d'un moment inférieur à 15 000 francs seront exonérés. L'étalement des revenus est mieux organisé.

Robert Armstrong m'indique que Margaret Thatcher propose de réunir le prochain Sommet des Sept, qu'elle présidera, à Londres, du vendredi 8 au dimanche 10 juin 1984 (soit le dimanche de la Pentecôte). Il y a là une arrière-pensée électorale : les élections européennes auront lieu en Angleterre le jeudi 14 juin. Ronald Reagan lui-même, alors en pleine campagne électorale, ne fera rien, à Londres, pour coopérer sérieusement avec l'Europe et cherchera, plus encore qu'à Williamsburg, un succès de politique intérieure avec l'assentiment résigné de la plupart de nos partenaires. La France risque d'être isolée et n'a rien à gagner à ce qu'un tel sommet se tienne quelques jours avant les élections européennes.
François Mitterrand : *« Refusez la date et proposez de reporter le Sommet après les élections européennes ; proposez aussi que le Sommet ne réunisse que les chefs d'État et de gouvernement, sans ministres, sans communiqué ni conférences de presse. »*

**Mercredi 24 août 1983**

Discussion à déjeuner sur La Chapelle Darblay, l'imprimerie Montsouris, Peugeot, et sur la nécessité d'une loi sur le financement des partis moralisant l'anarchie actuelle.

**Jeudi 25 août 1983**

Aux États-Unis, l'Administration s'inquiète des conséquences possibles du prêt des Super-Étendard sur la navigation dans le Golfe.

Accord céréalier pour cinq ans entre les États-Unis et l'URSS.

Le Président algérien Chadli Bendjedid propose de se rendre en France dans la seconde quinzaine d'octobre, ce qui est impossible pour l'Élysée. Chadli propose alors le 7 novembre. La proximité avec la période de la Toussaint réveillera-t-elle de mauvais souvenirs en France ? Le Président : *« Ne pas chipoter. »*

Par la voix de Jean de Lipkowski, le RPR accuse le gouvernement *« d'accepter une partition du Tchad »*.

**Vendredi 26 août 1983**

Dans une interview au *Monde*, le Président précise le sens et les modalités de l'intervention militaire au Tchad : *« La France n'a pas à arbitrer les conflits internes entre Tchadiens. »*

L'adjoint de Clark, McFarlane, est à Paris pour parler du Moyen-Orient et y négocier avec Joumblatt. L'homme est différent : ouvert, cultivé, soucieux de comprendre la pensée de ses partenaires.

**Samedi 27 août 1983**

Lettre de Iouri Andropov à François Mitterrand sur le désarmement en Europe, avant la nouvelle négociation à Genève. L'URSS menace de réagir en cas de déploiement des Pershing :

> *« Comme nous l'avons déjà déclaré plus d'une fois, l'URSS et ses alliés seront obligés de prendre les mesures nécessaires en réponse à la tentative des USA de rompre l'équilibre global et régional en leur faveur. Personne ne gagnera rien à cette tournure des événements, mais tout le monde y perdra.*
>
> *L'Union soviétique, soucieuse de ne pas le permettre, a fait encore un pas important, appelé à faciliter l'obtention d'un accord. Nous avons déclaré que nous étions prêts à liquider nos fusées de moyenne portée situées dans la partie européenne de l'URSS. Ceci comprendrait également une partie importante des fusées SS 20, notamment celle qui constituerait un excédent par rapport au nombre réduit de fusées de moyenne portée dont disposent l'Angleterre et la France.*
>
> *Il va de soi que ceci ne saurait être réalisé que dans le cas où on serait parvenu à un accord mutuellement acceptable sur l'ensemble du problème de limitation des moyens nucléaires de moyenne portée en Europe, y compris la renonciation des États-Unis à y installer les nouveaux missiles américains.*
>
> *De cette façon, aucune fusée de moyenne portée étant tombée sous le coup de la réduction dans la partie européenne de l'URSS ne serait transférée dans la partie asiatique de notre pays. Par conséquent, les affirmations selon lesquelles nous aurions l'intention de créer à l'Est une quelconque "réserve" constituée de fusées qui y seraient transférées, ceci en vue de leur réinstallation en Europe, se trouveraient dans ce cas totalement privées de sens...*
>
> *La France ne participe pas aux pourparlers de Genève. Mais, en vertu de l'état de choses existant, la conclusion ou l'absence d'accord à ces pourparlers dépend aussi de la France. Car, parmi les prétextes principaux qu'elle invoque pour éluder l'accord, la partie américaine avance que la France et l'Angleterre ne souscrivent pas à la position soviétique.*
>
> *Cependant, la solution proposée par l'Union soviétique — la prise en compte des moyens nucléaires correspondants français sans aucun engagement pour la France*

*elle-même — ne peut porter aucun préjudice à ses intérêts. Pour nous, les armements nucléaires français et britanniques ne sont pas abstraits. Nous ne pouvons pas ne pas en tenir compte sur le plan du maintien de l'équilibre des forces nucléaires. Aussi bien, si les États-Unis font échouer l'accord à Genève en procédant à l'installation de leurs missiles en Europe, et si l'URSS est par conséquent obligée de prendre des contre-mesures, l'élévation du niveau du face-à-face nucléaire en Europe, inévitable en ce cas, ne correspondra pas aux intérêts de la France.*

*Tant que les missiles américains ne sont pas apparus sur le sol européen, il existe une possibilité de se mettre d'accord, de s'entendre au nom de la paix européenne et internationale, au nom du renforcement de la sécurité universelle. Je pense que vous serez d'accord avec moi, Monsieur le Président, que notre devoir commun vis-à-vis des générations actuelles et futures est de ne pas laisser passer cette occasion. »*

**Dimanche 28 août 1983**

Menhahem Begin annonce son intention de démissionner pour raison de santé. Itzhak Shamir lui succédera.

**Mardi 29 août 1983**

Ouverture à Genève de la Conférence internationale sur la Palestine. La France y a un observateur.

Peut-on encore annuler la livraison des Super-Étendard ? Trop de paroles données...

**Mardi 30 août 1983**

Jacques Delors veut faire encore davantage d'économies en 1984. Selon lui, si on continue ainsi, le commerce extérieur demeurera largement déficitaire ; le taux de prélèvements obligatoires passera de 45 à 46 % et l'investissement n'augmenterait que de 1 %. *« Le scénario volontariste, avec une politique économique entièrement monétariste (économies sur le Budget, la Sécurité sociale, l'UNEDIC, baisse des taux d'intérêt à 10 % et développement des Fonds communs de placement à risque) conduirait à une situation nettement améliorée. »*

**Mercredi 31 août 1983**

Le Conseil des ministres adopte un plan de lutte contre l'immigration clandestine et des mesures en faveur de l'intégration des immigrés réguliers. Georgina Dufoix et Gaston Defferre s'opposent. Defferre met l'accent sur l'expulsion des clandestins ; le Président lui donne raison.

On discute d'un programme concernant la famille, difficile à mettre au point. Bérégovoy et Dufoix proposent la création d'une allocation au jeune enfant, versée dès les premiers mois de la grossesse jusqu'à l'âge de trois ans. Un congé parental rémunérera les mères de famille qui s'arrêteront de travailler à l'occasion d'un troisième enfant.

La guerre dans le Chouf : près de mille morts. Gemayel demande aux États-Unis et à la France l'autorisation d'y envoyer la Force multilatérale ; les Américains refusent.

Au déjeuner, François Mitterrand : *« Il faut faire baisser l'impôt sur le revenu. »* Cela devient une obsession.

Tragédie : cette nuit, un Boeing 747 sud-coréen de la KAL est abattu au-dessus de la Sibérie parce qu'il n'aurait pas répondu aux signaux de la chasse soviétique. 269 morts. Était-ce vraiment un avion-espion, comme le prétend Moscou ? S'agit-il d'une erreur locale ? D'une décision délibérée prise au plus haut niveau au Kremlin ?

Reagan réagit vite et très violemment. Cela sert sa campagne électorale ! François Mitterrand se montre plus réservé sur cette affaire : *« Les Russes n'ont pu faire ça volontairement. Pas de réaction avant qu'on ne sache vraiment ce qui s'est passé ! Je vois Gromyko dans huit jours. On verra ça. Demander à Cheysson de se montrer prudent. »* Nos militaires se perdent en conjectures. Il peut fort bien s'agir d'une erreur du pilote de la KAL au cours du survol d'une région ultra-sensible.

**Jeudi 1er septembre 1983**

Hubert Védrine analyse les conséquences et risques éventuels de la livraison de Super-Étendard. Il suggère des arguments tendant à montrer que la France a tout tenté pour empêcher une nouvelle escalade. Il examine la possibilité d'une remise en cause du prêt et les nouveaux risques liés à celle-ci. La livraison de Super-Étendard pourrait être au moins suspendue et utilisée pour peser dans le conflit.

**Vendredi 2 septembre 1983**

Les combats reprennent au Tchad du côté d'Oum-Chalouba.

L'armée libanaise rétablit son contrôle sur Beyrouth. Le gouvernement libanais demande à la Ligue arabe d'exiger le départ des troupes syriennes. En vain.

En Israël, les partis de la coalition gouvernementale accordent leur soutien à Itzhak Shamir, qui remplace Begin.

**Dimanche 4 septembre 1983**

Premier tour de l'élection partielle à Dreux. RPR et Front national sont bien placés.

L'armée israélienne a amorcé cette nuit son retrait du Chouf. L'opération devrait être achevée ce soir. La limite de la zone occupée passera alors par le fleuve Aouali et les crêtes nord du djebel Barouk. Dès le début de ce repli israélien, les Druzes et les milices chrétiennes ont commencé à s'affronter pour le contrôle des positions abandonnées. De petites garnisons de l'armée libanaise ont été attaqués par les combattants du PSP. La décision israélienne, annoncée depuis longtemps mais plusieurs fois repoussée à la demande de Washington, intervient au pire moment pour le Président Gemayel. Elle traduit la lassitude des Israéliens devant un problème qui leur paraît insoluble et face à l'impossibilité de mettre en œuvre l'accord du 17 mai.

**Lundi 5 septembre 1983**

A Dreux, fusion des listes RPR et FN. Simone Veil proteste. Gaudin, Pons, Chirac et Barre approuvent.

Après la destruction du Boeing sud-coréen, Ronald Reagan annonce des sanctions limitées contre l'URSS. Pas la France — pour l'instant.

**Mardi 6 septembre 1983**

Moscou réaffirme que le Boeing sud-coréen abattu était en mission d'espionnage.

Les idées françaises pour le Sommet d'Athènes se précisent : on dépose un mémorandum sur *« un espace commun de l'industrie et de la recherche »*. On propose l'unification du marché européen avant 1992 et le doublement de l'effort de recherche. C'est dans ce texte qu'apparaît pour la première fois l'échéance de 1992.

**Mercredi 7 septembre 1983**

McFarlane est à Damas. La FINUL sera renforcée par des éléments de la Force multinationale.

L'afflux de réfugiés dans le village chrétien de Dhar El Khamar amène le Président Gemayel à nous demander un secours urgent en médicaments et en vivres.

Claude Cheysson :

*« S'il n'est pas possible dans l'immédiat pour nous de nous retirer du Liban de quelque façon que ce soit, il faut réintroduire les Nations Unies dans le jeu. Un débat au Conseil de sécurité, seul moyen de faire prendre leurs responsabilités à toutes les grandes puissances, doit avoir lieu d'urgence et aboutir notamment :*

*— en toute priorité, à l'envoi dans le Chouf des observateurs des Nations-Unies de la FINUL qui doivent encore se trouver au Liban ; les risques de massacres tiennent largement à la divulgation de fausses nouvelles de part et d'autre ;*

*— à la définition d'un second mandat pour la FINUL, qui lui permette d'agir légalement dans le Chouf (sans pour autant se retirer du Sud-Liban). Si les Nations-Unies ne pouvaient aboutir, par exemple par suite d'un veto soviétique, alors — mais alors seulement — nous pourrions éventuellement envisager et légitimer l'extension des missions actuelles de notre contingent de la Force multinationale ; quant aux raisons qui faisaient qu'autrefois Washington s'opposait à l'intervention des Nations-Unies, elles sont moins fortes qu'auparavant.*

*D'autre part, dans les jours qui viennent, si nos troupes ou nos implantations venaient à être encore bombardées, il faudra envisager des ripostes autres que de simples survols, mais des ripostes immédiates, limitées dans le temps et leur point d'impact. En sens inverse, nous devons tout faire pour que l'aide humanitaire soit le fait de la Croix-Rouge et éviter que, sous couvert d'une telle aide, nous ne soyons davantage impliqués militairement au Liban.* »

Au déjeuner, François Mitterrand : « *Les Français en ont assez des deux blocs. C'est la fin de l'opposition droite/gauche, avec, devant nous, quinze ans de centrisme. Le renouveau industriel est le thème qui doit permettre le rassemblement. En 1986, il ne faut pas qu'une majorité de droite soit possible. Il faut pour cela faire un froid calcul. De ce point de vue, une crise avec le PC, trois mois avant les élections de 1986, peut être profitable. Gagner 1986, c'est gagner 1988. La loi électorale ? Rien de sacré. Cela dépendra du moment.* » Et toujours l'obsession : « *Faire baisser l'impôt sur le revenu !* »

**Jeudi 8 septembre 1983**

François Mitterrand : « *La formation des hommes est le moteur de la croissance. Le socialisme, ce n'est pas la gabegie. Il faut développer la création d'entreprises. Il faut faire coller la France à son temps !* »

La flotte américaine ouvre le feu sur les batteries druzes pour aider Gemayel.

Les rencontres internationales apprennent beaucoup. Au lieu de dire « *Je suis contre* », un Japonais dit : « *Je ne mets pas beaucoup d'espoir en cela* », ou « *Je crains que cela ne nous mène pas très loin* ».

**Vendredi 9 septembre 1983**

Gromyko est à Paris. C'est la première rencontre franco-soviétique de très haut niveau depuis 1981. Elle tombe mal, après la destruction du Boeing sud-coréen.

Conversation passionnante, d'où François Mitterrand déduit qu'aucun accord de désarmement ne sera conclu à Genève entre Américains et Soviétiques avant le déploiement des Pershing. Il faut s'attendre au pire.

**Le Président :** *Lorsque j'ai su que vous veniez, j'ai jugé très important de vous rencontrer. Mais cette rencontre nécessaire a lieu à un mauvais moment. Cependant, si on devait chercher, ces dernières années, de bons moments pour les rencontres, ils se révéleraient être assez rares. Aussi devons-nous aborder directement les problèmes importants dont votre pays et le mien sont comptables. J'ai beaucoup de considération et de respect pour votre peuple et votre gouvernement. L'évolution heureuse ou malheureuse des relations diplomatiques s'inscrit à l'intérieur d'une amitié réelle entre les peuples. J'ai souvent imaginé que l'équilibre* *pourrait s'instaurer en Europe si, entre la France et l'URSS, pouvaient s'établir des rapports constructifs.*

*Nous devons distinguer deux sortes de discussions. Il y a ce qui relève de l'actualité, de l'immédiat, de l'imprévisible. Il y a, par ailleurs, les perspectives. L'actualité récente est bien sûr dominée, elle, par le drame du Boeing sud-coréen. L'actualité à court terme est dominée par le problème de l'équilibre des forces, et donc par celui des négociations de Genève. Les perspectives générales concernent l'ensemble de l'évolution du monde et le rôle que l'URSS et la France peuvent y jouer. Au cœur de nos relations permanentes se trouvent les questions de notre sécurité, de l'armement, du désarmement. Mais, en toutes circonstances, nous devons chercher à rapprocher nos points de vue. Nous devons enfin évoquer nos relations bilatérales, commerciales, économiques, culturelles et agir dans le sens de leur amélioration.*

*En ce qui concerne le drame du Boeing, dès la première heure, la France a indiqué qu'elle était stupéfaite par cet événement. Bien sûr, elle ne s'est pas livrée à des accusations qui ne soient pas appuyées sur des démonstrations précises. Mais elle a regretté profondément que l'on puisse en venir à de telles extrémités. Par ailleurs, elle ne s'est pas associée à une campagne de sanctions qui ne lui paraissent pas répondre exactement à la question posée. Elle a opté pour une attitude positive, cherchant à agir de façon à ce que de tels drames ne se renouvellent pas. M. Cheysson a fait, à Madrid, des propositions concernant l'amélioration de la sécurité de la navigation aérienne civile internationale. C'est la meilleure réponse à apporter à ce drame ; nous devons mettre au point un nouvel accord international, et j'espère que vous appuierez nos efforts dans ce sens.*

*La deuxième question importante est celle des négociations qui se déroulent à Genève sur ce que l'on appelle les euromissiles. Où se situe l'équilibre entre les blocs ? Sur le plan stratégique, on peut dire qu'il règne un certain équilibre, chacun des deux Grands étant en mesure d'empêcher l'autre de l'agresser. Mais, en Europe, il en va autrement, et moi, je ne me situe pas de l'autre côté de l'océan Atlantique, ou quelque part au fond de l'océan Pacifique, ou dans une île perdue de l'océan Indien. Je suis en Europe ; et en Europe... il y a également l'Union soviétique !*

**Andreï Gromyko** (avec un sourire) : *Jusqu'à présent, tel a en effet été le cas.*

**Le Président :** *Nous sommes donc des pays voisins. Amis, souvent, mais pas toujours. Mais pas non plus ennemis. Et nous savons que l'URSS s'est dotée d'un considérable armement en euromissiles. Bien sûr, vous n'avez pas l'intention de vous en servir. Je ne vous prête pas d'intentions agressives et nous sommes tranquilles sur ce plan. Mais il est impossible d'accepter que l'Union soviétique soit la seule à disposer, en Europe, d'un arsenal aussi puissant.*

*Les discussions qui ont lieu entre les deux grandes puissances n'engagent donc pas la responsabilité de la France ; mais elles m'intéressent en ce qu'elles touchent à l'équilibre en Europe.*

*Parlons maintenant de la force nucléaire française. Nous faisons partie de l'Alliance atlantique et de l'OTAN, mais pas du Commandement intégré. Nous sommes les seuls dans cette situation. Je l'ai répété depuis mon élection : notre force est et restera autonome. C'est ainsi. Nous ne risquerons pas l'existence même de la France pour obéir à des stratégies qui nous seraient étrangères. Nous savons que notre force est puissante. Nous savons que la vôtre l'est beaucoup plus. Je ne veux pas que la France soit entraînée dans un conflit du fait d'ambitions, d'intrigues, d'idéologies qui ne seraient pas les siennes.*

*L'URSS n'a donc, bien entendu, pas à craindre de la France la moindre provocation. Une bonne entente est même possible. Je le rappellerai en toutes circonstances, et j'espère avoir l'occasion de le dire au premier responsable de votre politique.*

*Votre pays insiste pour que nous acceptions de laisser compter nos forces à Genève. Mais, à Genève, dans les discussions sur les euromissiles, il n'y a de discussions ni sur les sous-marins soviétiques, ni sur les sous-marins américains. Or, presque toute notre force nucléaire, à part les dix-huit fusées sol/sol, est composée de sous-marins qui ont les caractéristiques de forces stratégiques. Nous ne comprenons donc pas pourquoi nos armes de ce type seraient les seules dont on parlerait dans cette discussion sur les forces intermédiaires. Nous ne comprenons pas le sort particulier fait à la France. Nous considérons même cette insistance comme inadmissible, ou comme une façon de détourner les problèmes.*

*S'il s'agissait de négociations stratégiques, il pourrait être envisageable de se poser la question de la France, et nous aurions encore bien des choses à dire. Mais, ici, ce n'est pas raisonnable. Je vous le dis sans mauvaise humeur ; de toute façon, nous ne tiendrons pas compte, sur ce point, de Genève.*

*Supposez un instant que les forces françaises soient finalement prises en considération, ce qui me paraît peu probable. Alors je devrais demander des autorisations aux USA ou il faudrait rentrer dans le Commandement intégré de l'OTAN ?*

*En ce qui concerne nos relations bilatérales, elles ne sont ni très actives, ni très vivantes. Je crois pourtant qu'il y a une bonne volonté de part et d'autre, et qu'elles pourraient se développer. Dans le domaine économique, j'observe que nous faisons plus confiance à l'Union soviétique qu'elle ne nous fait confiance, à nous. Pourtant, nous avons su prendre des décisions, comme en ce qui concerne le gaz, ce qui a entraîné, vous le savez, de notre côté, bien des disccussions. Le déséquilibre commercial est dangereux, il faut continuer à agir afin de le corriger. En revanche, les affinités culturelles demeurent vivantes et c'est bien ainsi ; elles doivent se développer.*

*Il reste d'autres problèmes importants qui ne peuvent pas être masqués : Afghanistan, Pologne. Je crois que le moment est venu pour l'URSS et la France de parler de leurs propres affaires. Je souhaite que, d'Helsinki à Madrid, nous réussissions à avancer réellement en ce qui concerne les droits de l'homme. Mais si nous posons tous les problèmes à la fois, nous n'obtiendrons rien.*

*En tout cas, nous devons nous parler carrément, et je vous demande de faire connaître à Iouri Andropov les sentiments que j'exprime ; j'attends de lui — comme il peut attendre de moi — une volonté d'améliorer le climat présent.*

**Andreï Gromyko :** *Pendant des années, la France et l'URSS ont eu en Europe une position très importante et très positive en faveur de la détente. Aujourd'hui, la direction soviétique, et Iouri Andropov en personne, ont une attitude extrêmement attentive à l'égard de la France et de sa politique. Après la victoire de la gauche et votre élection, nous avons observé dans vos déclarations publiques, comme dans vos propos tenus à huis clos, une volonté réelle de développer nos relations. Mais il y a eu aussi des éléments de recul, de même qu'il y a également des signes d'amélioration entre l'URSS et la France. Nos relations ne sont donc pas stables. Mais, depuis un certain temps, récemment, il nous semble que les éléments de recul ont dominé. Or, cela est contre nature, car l'intérêt de la France et de l'URSS est de faire plus. Je tiens à vous dire que nous n'avons pas d'intentions ni de plans perfides en ce qui concerne les relations de votre pays avec la Grande-Bretagne ou les États-Unis. Et il y a bien des domaines concrets de coopération à cet égard. Ainsi, nous apprécions votre action en ce qui concerne nos relations économiques avec vous, car nous connaissons les pressions qui ont été* *exercées sur vous. Vous avez discerné lucidement vos intérêts. Vous avez résisté à bien des tentatives de pression : c'est important, car la position de la France compte beaucoup. Nous, nous faisons tout pour que s'améliorent les relations soviéto-françaises.*

*Toutes les promesses qui vous sont faites par ailleurs n'ont pas de base réelle. Il n'y a ainsi rien de crédible dans les promesses américaines. Nous n'avons rien contre Reagan. Il y a eu plusieurs Présidents américains, et nous avons toujours réussi à nous arranger avec eux. Mais, à l'heure actuelle, il est impossible de se rapprocher d'un seul pouce des États-Unis. Il faut que vous sachiez que derrière toutes les promesses séduisantes des États-Unis, il n'y a pas de bonnes intentions. Alors que vous trouverez dans l'URSS un partenaire sûr et crédible.*

*Je voudrais vous parler maintenant des armes nucléaires. Nous devons être conscients des nuées qui planent sur l'humanité. Jaurès, l'un des premiers, avait mis en garde ; il parlait des "nuées de plomb", il estimait devoir mettre en garde l'humanité. Ces avertissements ont cent fois plus de fondement aujourd'hui.*

*A Madrid, j'ai rencontré M. Shultz. Voulait-il parler armement nucléaire avec moi ? Non ! Non ! c'est frappant. Il voulait parler uniquement de l'incident de l'avion. Il n'a dit que des généralités et avait pour instructions d'attendre de l'URSS, en ce qui concerne Genève, de nouvelles concessions. En fait, l'Administration américaine ne souhaite pas un accord à Genève. Elle n'est là que pour tuer le temps. En revanche, nous, nous avons fait plusieurs propositions qui démontrent notre grande flexibilité. Nous sommes même allés contre nos intérêts. Ainsi, la récente proposition de Iouri Andropov sur les missiles soviétiques à moyenne portée ne consiste plus seulement à les déplacer au-delà de l'Oural, mais à les démanteler. Et maintenant que nous proposons de démanteler, on nous dit : "Ce n'est pas suffisant" !*

*Nous disons qu'il existe en effet une parité approximative, mais l'OTAN a quand même des supériorités. Aucun missile soviétique à moyenne portée ne peut en effet atteindre les États-Unis, alors que les États-Unis projettent d'implanter des missiles à moyenne portée qui pourront atteindre l'URSS. En fait, les États-Unis ont déjà, en Europe, des armements nucléaires ; ce sont des armes stratégiques. Les États-Unis refusent, à Genève, que l'on compte leurs porte-avions. Or, ceux-ci permettent de transporter environ 240 appareils. Il y en a en Méditerranée, et d'autres dans l'Atlantique qui peuvent se rapprocher très facilement de nos côtes, et nous devons en tenir compte. Nous sommes allés jusqu'à émettre des propositions contre les intérêts de notre propre pays. Mais les États-Unis ne veulent pas l'accord. Au contraire, l'URSS voudrait un accord dans l'intérêt de l'Europe et du monde.*

*Je voudrais maintenant parler des forces françaises et britanniques. Nous ne proposons pas de les réduire. Tout ce que nous proposons, c'est de les prendre en considération afin de réduire en proportion les forces américaines. Nous ne soupçonnons pas la France et la Grande-Bretagne d'intentions agressives. Mais la France et la Grande-Bretagne peuvent se trouver impliquées dans une confrontation.*

*Il faut bien comprendre que, s'il n'y a pas d'accord, il n'y aura pas d'éclaircie. Notre façon de voir est juste.*

*En ce qui concerne l'Afghanistan, notre position est que ce problème est du ressort des Afghans. Sur le plan extérieur, le problème de la présence du contingent soviétique pourrait être réglé à condition que cessent les ingérences. Si elles cessent, en effet, s'il y a un accord avec le gouvernement afghan, si le Pakistan et l'Iran appliquent une politique de paix, le contingent russe pourrait être retiré.*

*En ce qui concerne la Pologne, nous reconnaissons que l'histoire des relations franco-polonaises fait qu'il y a en France un intérêt particulier pour ce pays. Mais les problèmes polonais sont du ressort des Polonais. Je ne vous rappellerai pas que la Pologne est également notre voisine.*

*A l'heure actuelle, au Proche-Orient, on morcelle le Liban et l'on prétend qu'aucune unité américaine ne participe aux combats !*

*En Amérique centrale, les droits de l'homme sont bafoués et c'est un cas typique d'impérialisme et d'oppression. Cela fait d'ailleurs plusieurs années que Washington exploite cette thèse des droits de l'homme. En réalité, ils ne sont nulle part ailleurs aussi bafoués qu'aux États-Unis mêmes.*

*Je voudrais revenir au problème de la force nucléaire française. Il y a quatre ans, j'ai eu une conversation avec le Président Carter et je lui ai demandé : "Jusqu'à quand la France et la Grande-Bretagne se tiendront-elles à l'écart des pourparlers ?" Le Président Carter m'a répondu : "L'URSS a raison quand elle considère que les armes françaises et britanniques sont orientées contre l'URSS. Il y a un certain bien-fondé dans votre propos." Sous quelles formes cela se serait-il concrétisé s'il était resté Président, je ne sais. Il y a eu après la nouvelle Administration américaine, qui a tiré un trait sur tout cela.*

*Voilà, Monsieur le Président, ce que je voulais dire et je vous remercie de votre patience.*

**Le Président :** *Monsieur le Ministre, nous aurons l'occasion de poursuivre cette conversation à ce niveau et à d'autres niveaux, et j'aurai moi-même l'occasion de réaborder tous ces points. Mais, tout de suite, sur vos derniers mots : les États-Unis sont des amis et alliés, mais jamais aucun Président américain, y compris M. Carter, n'a été chargé de s'exprimer au nom de la France ! Je redis qu'en l'état de la négociation présente, les conversations de Genève portent sur des types d'armes qui ne concernent pas la France. Le jour où il s'agira de forces stratégiques, nous examinerons le problème. Mais nous ne reconnaissons pas à l'URSS le monopole des armes tactiques en Europe. En effet, des armes tactiques américaines peuvent être en mesure d'atteindre l'URSS. Je vous ferai cependant remarquer que, pour la France, que vos armes soient tactiques ou stratégiques, cela revient au même. Toutes vos armes atteignent notre sol ; elles sont toutes aussi meurtrières — naturellement, en se plaçant dans l'hypothèse d'un conflit qui, j'en suis convaincu, n'aura pas lieu.*

*En fait, la chaleur de nos relations recule dans la mesure où les SS 20 avancent...*

*En outre, il n'est pas question que nous nous laissions assujettir par un accord passé par les deux grandes puissances. Nous saurons faire comprendre notre patriotisme farouche. Nous avons un problème de sécurité évident dès que l'on compare la force des armes. Nous devons pousser plus loin cette conversation dans les mois à venir.*

*J'ai trouvé votre description de la situation en Afghanistan un peu... innocente. La réalité est plus sévère. Bien sûr, il est souhaitable que les armées étrangères quittent partout et au plus tôt les territoires indépendants. D'ailleurs, la France fera ce raisonnement pour elle-même au Tchad.*

*De même que vous me l'avez transmis, je voudrais, par votre intermédiaire, adresser à Iouri Andropov un message l'assurant de la bonne volonté française pour approfondir nos relations, nos conversations au cours des semaines et des mois à venir, au niveau des principaux ministres, au niveau aussi des chefs d'État. Nous devrons discuter à fond. J'ai été très sensible à votre visite et à ce dialogue. Bien que vous soyez le responsable de la diplomatie soviétique, vous parlez très clairement. Je préfère cela, et moi aussi, par égards pour vous, je me suis exprimé très clairement. Les conversations doivent être poursuivies, y compris dans les moments difficiles qui vont durer. Cherchons à tous les échelons à maintenir et à trouver les contacts afin de sortir de ce terrible climat.*

**Andreï Gromyko :** *Si je n'ai pas jugé nécessaire de vous parler de l'incident de l'avion, c'est que j'ai longuement expliqué ce matin à M. Cheysson notre position.*

Le Livre d'or est apporté à Andreï Gromyko afin qu'il le signe.

**François Mitterrand :** *Vous pouvez signer en confiance, il n'y a pas de traité caché dessous... Mais si vous voulez indiquer sur la page de gauche que vous renoncez aux SS 20, naturellement, je ne serai pas contre !*

Au fil de cette conversation une réflexion d'Andreï Gromyko nous a intéressés : *« Deux ministres des Affaires étrangères seulement sont restés plus longtemps que moi en poste, Metternich et Bismarck. Ils sont tous deux devenus Chanceliers. »* Est-ce la marque d'une ambition ?

**Samedi 10 septembre 1993**

La situation sociale et politique devient très difficile. Le pouvoir d'achat baisse cette année de 0,7 % après avoir augmenté de 2,5 % par an pendant deux ans ; 52 % des Français jugent négativement l'action du Président.

Au Liban, dans le village de Dhar el Khamar, il ne reste qu'une semaine de farine. Une centaine de blessés ne peuvent être évacués, le convoi est bloqué par des villageois druzes non contrôlés à trois ou quatre kilomètres de là. Peut-on y aller ? François Mitterrand : *« La FINUL, oui. Pas notre force particulière. Nous ne devons pas sortir de notre zone. »*

L'Arabie Saoudite encouragerait, selon Cheysson, la fourniture des Super-Étendard à l'Irak. Mais Jean-Louis Bianco note : *« Scheer, le directeur de cabinet de Cheysson, m'a dit le contraire. »*

**Dimanche 11 septembre 1983**

L'opposition parlementaire, alliée à l'extrême droite, conquiert la mairie de Dreux. François Mitterrand : *« Vous voyez bien, l'extrême droite n'est pas qu'au Front national. »*

**Lundi 12 septembre 1983**

Les États-Unis dépêchent 2 000 marines supplémentaires au large des côtes libanaises. François Mitterrand : *« La guerre civile, qui s'étend chaque jour au Liban, comme chacun peut le constater, rend caduc le mandat de la Force multinationale. C'est le rôle de la communauté internationale tout entière, et donc de l'ONU — et non pas de la Force multinationale —, de tenter d'arrêter les combats. Dans une première étape, il faut essayer d'obtenir que des observateurs de l'ONU viennent dans le Chouf, puis qu'une FINUL-2 s'y déploie. C'est ce qui est tenté en ce moment même au Conseil de sécurité, selon les instructions données à Claude Cheysson. Il est vraisemblable que dans un délai très bref, les Anglais et les Italiens vont demander le départ de Beyrouth de la Force multinationale. A ce moment, la France pourrait utiliser cette demande pour proposer un remplacement par une force de l'ONU (FINUL-3) à laquelle nous serions naturellement prêts à apporter notre concours. Cette démarche serait nécessaire même si les Anglais et les Italiens ne bougent pas, mais elle nous mettrait alors davantage en première ligne. »*

Claude Cheysson est embarrassé d'avoir promis les Super-Étendard. Il propose l'envoi d'un émissaire auprès de Tarek Aziz avec la proposition suivante : un oléoduc syrien pourrait être rouvert, facilitant les exportations de pétrole irakien et enlevant à l'Iran son atout dans le Golfe. En échange, on ajournerait la livraison des Super-Étendard.

**Mardi 13 septembre 1983**

François Mitterrand : *« La foi, chez la plupart des hommes — mais peut-être pas pour certains grands esprits —, doit être entretenue, et l'assurance d'une durée de la foi a, pour le commun des mortels, besoin d'être structurée autour de quelques idées clés, et autour d'une pratique. Cela donne les Églises, et les Églises produisent leurs dogmes. Cela exige aussi une aventure individuelle d'une très grande difficulté, un héroïsme de l'esprit. C'est l'explication du* "Tu ne me chercherais pas si tu ne m'avais trouvé" *de Pascal. Oui, sûrement, on a continué de la chercher alors qu'on l'avait déjà trouvée. On voit cela à travers beaucoup de récits sur les deux Thérèse (Thérèse d'Avila, grande mystique, et Thérèse de Lisieux, petite religieuse sans culture, mais d'une grande force morale), où l'on trouve le même écho. Au fond, les grands saints auront passé la moitié de leur vie à douter. Mais ils ont une foi intériorisée, de telle sorte que cela leur permet d'avoir constamment la référence. "Je doute, je suis dans le désert, c'est l'aridité absolue, Dieu est absent, eh bien, justement, je continue d'y croire, je continue de Le servir." Ne parlons pas de ceux qui ont la foi simplement parce qu'ils l'ont reçue et qu'ensuite ils l'entretiennent à petit feu, comme une sorte d'habitude commode. Le doute accompagne fatalement la foi, c'est un défi. Il n'y a jamais eu de réponse ; ceux qui n'ont pas eu de révélation n'ont jamais eu de réponse. Le plus grand intellectuel, qui exige de sa pensée la clarté des catégories, est capable soudain de plonger dans la foi parce que, par rapport à son destin personnel, il n'a pas de réponse. S'il a la foi, elle lui apporte le refuge dont il a besoin. »*

Assassinat, près de Bastia, du secrétaire général du Conseil de Haute-Corse, Pierre-Jean Massimi. (Dans huit jours, le FLNC présentera cet assassinat comme un acte de représailles après la disparition de Guy Orsoni. Les séparatistes prétendent que Massimi aurait fait exécuter Orsoni sur ordre du ministre ! Joseph Franceschi exprimera des doutes sur l'authenticité de cette revendication.)

Jean-Louis Bianco expose au Président l'intérêt pour l'Irak de l'ouverture de l'oléoduc. Comme Cheysson, il propose l'envoi d'un émissaire à Bagdad. Pour permettre au Président de ne pas autoriser la livraison des Super-Étendard, Bianco propose d'avancer une explication juridique : la France ne peut être un cobelligérant. Hubert Védrine, au contraire, est favorable à la livraison : *« Il faut assumer » ;* sinon, dit-il, ce serait l'effondrement de la crédibilité de la France dans le monde arabe. Il n'y a, en effet, pas de prétexte valable. Le Président décide l'envoi d'un émissaire à Bagdad.

**Mercredi 14 septembre 1983**

Déjeuner avec le Président. On parle des élections européennes. *« La gauche et la droite, ce n'est pas fini. »* Et toujours le leitmotiv : *« Il faut diminuer les impôts. »*

**Jeudi 15 septembre 1983**

Déjeuner avec Craxi qui, à l'évidence, aimerait bien pouvoir se rallier à la prise en compte des forces françaises dans la négociation URSS/USA, mais n'ose le faire devant la violence des réactions de François Mitterrand.

Edgar Faure suggère au Président de proposer à l'Assemblée générale de l'ONU de consacrer au développement les sommes libérées par le désarmement ou prélevées à proportion de l'effort d'armement. François Mitterrand est enthousiaste.

Hubert Védrine note, sceptique : *« C'est une idée ancienne, déjà présentée par les Soviétiques et par Edgar Faure au milieu des années 50. Aucun accord n'a jamais pu être trouvé sur l'assiette, la clé de répartition ou les modalités de paiement. Les pays de l'Est, ou de l'Ouest, ou en développement, ont trouvé tour à tour des raisons de s'opposer à ces propositions. »*

François Mitterrand, irrité : *« Ou bien c'est ridicule, et arrêtons d'en parler. Ou bien la synthèse n'est pas ridicule et sera au contraire bien jugée, et il faut la tenter. Il y a beaucoup d'autres sujets à traiter dans ce discours : New York, Genève, nos actions au Liban et au Tchad, etc. »*

François Mitterrand est interviewé ce soir par François de Closets sur *TF1.* Il pourra y annoncer un excédent du commerce extérieur de 600 millions, le premier depuis 1981. A la surprise générale, il annonce aussi la baisse d'un point, l'année prochaine, du taux des prélèvements obligatoires ! Tout le monde croira que cette mesure a été soigneusement préparée en secret à l'Élysée. Il n'en est rien : elle est improvisée en direct. Maintenant, le gouvernement sera bien obligé de la mettre en œuvre : 1 % de baisse, cela signifie en fait 2 %, en raison de la croissance naturelle d'un point par an, soit 80 milliards à trouver. Le Président voit dans cet effet de surprise le seul moyen d'aboutir : le fait accompli sans lequel rien d'important n'est jamais décidé.

L'Égypte approuve *« du fond du cœur »* la livraison des Super-Étendard à l'Irak.

**Vendredi 16 septembre 1983**

Dans une interview au *Monde*, Édouard Balladur se prononce pour la *« cohabitation »*. François Mitterrand entre dans mon bureau : *« Article intéressant, n'est-ce pas ? »*

Delors, Mauroy, Fabius, Emmanuelli, Bérégovoy, chacun à son tour, viennent m'expliquer que la baisse des prélèvements obligatoires est impossible.

Sur le communisme, François Mitterrand : *« Les pays catholiques du sud de l'Europe sont les pays où le communisme connaît le plus grand nombre d'adhésions, où il s'est le plus développé. Le passage d'une partie de notre société du catholicisme pratiquant au communisme militant a sans doute exigé beaucoup de déchirements, mais pas un changement de nature. Marx, fidèle à ses analyses économiques, pensait que c'est là où il y avait le plus d'ouvriers que la lutte des classes avait le plus de chances d'être menée à bien, parce que cette lutte suppose des armées de prolétaires. Et pourtant, c'est surtout dans les pays où une révolution agraire était nécessaire, dans les sociétés rurales, qu'il y a eu beaucoup de communistes. C'est l'Armée rouge qui a gagné une partie de l'Europe centrale et de l'Europe de l'Est au communisme, et qui a trouvé là des pays en état de révolte ambiante par besoin d'une réforme agraire. Armée rouge + révolution agraire = communistes. En Union soviétique, les ouvriers et les marins ont été le fer de lance du communisme. Mais Marx pensait que l'Allemagne et la Grande-Bretagne fourniraient les futurs bataillons, puisque c'était là que le prolétariat était le plus organisé... »*

Je reçois Nicholas Kaldor, Prix Nobel d'économie, qui me reparle des quotas d'importations. Je ne suis pas convaincu. Il compte aller en reparler à Michel Rocard.

**Dimanche 18 septembre 1983**

Retour au Liban de Yasser Arafat. Que va-t-il faire dans ce piège ? La ville sera bientôt assiégée par ses ennemis et il ne pourra plus en ressortir.

**Lundi 19 septembre 1983**

Tarek Aziz écrit à Claude Cheysson. Il refuse l'arrangement proposé. La réouverture de l'oléoduc syrien ne peut tenir lieu de contrepartie à l'accord sur les Super-Étendard. Il les veut, comme promis. Il faut plonger !

Dans une interview à *Antenne 2*, Claude Cheysson reconnaît la signature d'un contrat de livraison de Super-Étendard et justifie ce prêt par le déséquilibre entre l'Irak et l'Iran, et par le fait que Bagdad se dit prêt à négocier avec Téhéran. Mais le service juridique du Quai s'inquiète encore : le contrat entre Dassault et l'armée est un prêt déguisé en vente. *« Faute d'un transfert de propriété des appareils, la France pourrait, au regard des règles du droit international, être accusée de cobelligérance dans le cas où les aéronefs mis à la disposition des Irakiens seraient utilisées dans des opérations de guerre (...). Il ne serait possible de pallier entièrement ces inconvénients qu'en effectuant un montage juridique qui nous ferait perdre la propriété des appareils. Le montage effectué devra viser donc bien à nous mettre en règle avec le droit international. La vente est faite par l'armée à Dassault. Il paraît douteux aujourd'hui de mettre en avant une faille juridique pour arrêter l'opération, sauf à se référer à une éventuelle clause résolutoire inscrite dans le contrat de vente passé par Dassault. Mais le ministère des Relations extérieures ignore tout sur la teneur de ce contrat. Il reste que l'on pourrait toujours invoquer à notre encontre l'abus de droit que constitue de fait ce prêt déguisé en vente. Pour éviter que ce moyen ne soit employé contre nous, le gouvernement devrait donc s'opposer à l'exécution du contrat de vente en reconnaissant sa propre turpitude. »*

Indira Gandhi invite François Mitterrand à assister, à l'occasion de son passage à l'Assemblée générale de l'ONU, à une sorte de Sommet Nord/Sud auquel participeront tous les chefs d'État présents à New York. Tous les dirigeants du G7 se défilent, à l'exception de François Mitterrand.

Cheysson écrit à Shultz :

> *« Il n'y a rien à gagner à isoler la Syrie sur le plan international. La présence de la Force multinationale signifie un soutien au gouvernement libanais dans ses efforts pour parvenir à la réconciliation qui est attendue par la grande majorité du peuple. Le Président Gemayel doit pouvoir aborder de façon confiante la négociation afin d'être en position de faire des concessions dans l'intérêt de toutes les parties libanaises. France, Italie et Royaume-Uni ont l'intention de poursuivre leur rôle dans la Force multinationale sur la base du mandat existant. Nous croyons qu'un cessez-le-feu et un début de négociations devraient être suivis par un désengagement visible. »*

Il écrit à Shamir :

> *« Israël devrait se retirer complètement afin de créer les conditions pour un retrait syrien et une réconciliation nationale libanaise. Israël doit presser ses amis phalangistes et druzes d'accepter un compromis politique et devrait couper toute assistance et tout soutien militaire à ces parties. »*

**Mardi 20 septembre 1983**

Le Président demande des renseignements précis sur les ventes d'armes à l'Irak et convoque une réunion dans son bureau (Bianco, Mauroy, Cheysson, Hernu, Saulnier).

L'Irak doit posséder encore dix Exocet, ce qui suffit pour exercer une dissuasion sur l'île de Kharg. Cheysson : *« Invoquer un argument juridique quel qu'il soit entraînerait de très graves inconvénients. Il faut avoir le courage d'assumer notre position. »*

**Mercredi 21 septembre 1983**

Claude Cheysson, qui doit rencontrer Tarek Aziz à l'ONU, demande à être reçu auparavant par le Président. Une action est en cours au Conseil de sécurité afin de faire approuver une résolution interdisant l'usage des armes dans le Golfe et d'envisager la possibilité d'un embargo sur les Exocet. D'ailleurs, la menace des quelques missiles restant à l'Irak suffit à interdire aux pétroliers l'accès à Kharg, ce qui est l'objectif irakien.

Déjeuner hebdomadaire du Président avec les dirigeants socialistes. On parle de la rentrée universitaire, des listes européennes, des sénatoriales. *« Pourquoi cette chute de popularité gouvernementale ? Il y a deux cents journalistes hostiles. Tout va se jouer sur les prélèvements obligatoires. »*

Au Liban, la situation actuelle s'analyse comme un étroit mélange de luttes interclaniques, de luttes au sein même des clans, et d'utilisation des clans par les puissances voisines. Le Président Gemayel est aujourd'hui un homme seul. Nul ne veut négocier un nouveau pacte avec lui. Ni Joumblatt, ni Frangié, ni Karamé.

**Jeudi 22 septembre 1983**

Jean-Baptiste Doumeng : *« Le PC est désorienté et ne sait quelle ligne prendre. J'ai obtenu l'accord des Soviétiques au plus haut niveau pour un achat de 15 milliards de francs de matériel industriel français en un an, à condition que leur soit consenti un prêt en francs au taux de 10 %. »*

A Beyrouth, des Super-Étendard de la marine française détruisent des batteries d'artillerie qui pilonnaient le contingent français de la Force multinationale.

L'Irak réclame encore plus les siens !

**Vendredi 23 septembre 1983**

Il faut passer aux actes pour ce qui est des prélèvements obligatoires. Le Président écrit au Premier ministre : *« Il appartient au gouvernement de proposer les voies conduisant à une réduction d'au moins un point de prélèvements obligatoires en 1985. Cette tâche doit être engagée sans délais. Elle exige un travail préparatoire que je vous demande de bien vouloir mener à bien d'içi la fin octobre. »*

A Beyrouth, la situation empire : la Force multinationale de sécurité déplorait au 1er juin 1983 un tué et 20 blessés. Depuis le 1er juin, les attentats, les bombardements et l'effondrement d'un immeuble ont provoqué 15 morts et 34 blessés supplémentaires. Où va-t-on ?

Pour le discours de François Mitterrand à New York, Claude Cheysson propose que les *« cinq membres permanents du Conseil de sécurité fassent adopter avant la fin de l'année une résolution prévoyant une contribution de 1 à 2 millions de dollars par lanceur nucléaire. Les chiffres sont connus, publiés. Aucune discussion préalable, aucune conférence n'est nécessaire. La responsabilité principale des Cinq est affirmée. La disproportion USA/URSS vis-à-vis des trois autres apparaît »*. Le Président aime bien l'idée, qui va dans le même sens que celle émise par Edgar Faure...

Yves Mourousi écrit au Président pour lui dispenser des conseils sur son attitude à la télévision :

*« Être branché, sans être démagogue. Faire que le discours tenu ne soit pas décalé par rapport à son instrument de transmission. Permettre que celui-ci soit ouverture vers l'avenir, le rêve et l'imagination, sans pour autant éliminer les préoccupations quotidiennes. Autant d'inspirations qui ne vous sont pas étrangères... »*

**Lundi 26 septembre 1983**

François Mitterrand : *« Sur le système électoral, je n'ai pas de théorie absolue. Il n'y a pas de vérité révélée. Je n'aime pas trop le scrutin proportionnel, mais il faudra sans doute s'y résigner. »*

A l'Assemblée générale de l'ONU commence la noria des discours. Ronald Reagan appelle l'Union soviétique à *« réduire les tensions qu'elle a imposées au monde au cours des dernières semaines »*. La puissance de destruction des fusées américaines et soviétiques est de 6 500 mégatonnes, soit 1,5 tonne d'explosif par habitant de la planète, ou 350 000 fois Hiroshima !

Sur le satellite de télévision, la négociation a été jusqu'ici si maladroitement menée qu'il ne reste plus qu'une seule solution : financer en commun avec les Luxembourgeois un satellite à trois canaux, dont deux (un francophone et un germanophone) seraient cédés à la CLT, et le troisième occupé par un cocktail de programmes francophones.

Une réunion informelle entre les représentants du cinéma et André Rousselet permet d'arriver sinon à un accord, du moins à un *modus vivendi*. *Canal-Plus* pourra diffuser des films six soirs sur sept ; la moitié seront français ; un quart des recettes de la chaîne ira à la production de films. Les uns et les autres s'estiment évidemment défavorisés par *« l'arbitrage »*, mais sont en fait d'accord pour l'appliquer.

**Mardi 27 septembre 1983**

Dans une interview au *Progrès de Lyon*, Raymond Barre se prononce contre la cohabitation.

Lettre très aimable de Jack Ralite au Président, proposant de nouvelles solutions pour créer des emplois :

*« Elles sont suffisamment productrices d'embauches pour que nous restions sur la crête des 2 millions, voire, si la situation s'améliore, pour amorcer une diminution. Elles précèdent l'indispensable croissance. Elles sont aussi, à mon sens, aptes à mobiliser tous ceux qu'intéresse l'industrie française. »*

François Mitterrand est à New York. Comme d'habitude, il ne travaille que le soir à son discours de demain, dans la suite qui lui est réservée au consulat. Edgar Faure l'accompagne. Cheysson, exclu de cette réunion par le Président, m'a écrit pour reproposer son idée, que le Président n'a pas retenue :

*« Je continue à regretter que le geste que j'avais suggéré ne soit pas proposé par le Président. Vous reparlerez du sujet ce soir. Vois si tu crois bon de rappeler cette proposition. Je regretterais qu'il n'y eût que l'offre d'une ou deux conférences qui,*

*chacun le sait, ne donneront rien. Pourquoi feraient-elles mieux que les sessions spéciales des Nations-Unies ? »*

**Mercredi 28 septembre 1983**

Après le débat de Williamsburg, François Mitterrand définit à la tribune de l'Assemblée générale les conditions dans lesquelles la France pourrait participer à un accord des Supergrands sur le désarmement :

*« S'il est imaginable en effet que les cinq puissances nucléaires débattent ensemble, le jour venu, d'une limitation durable de leurs systèmes stratégiques, il convient, une fois de plus, d'en mesurer clairement les conditions préalables.*

*La première, je l'ai déjà dit, tient à la différence fondamentale de nature et de quantité qui sépare les armes à la fois offensives et défensives des armes purement défensives, à la différence qui sépare les pays qui les détiennent, les uns pouvant s'en servir pour asseoir leur puissance, les autres le devant pour assurer leur survie.*

*La seconde découle du considérable déséquilibre des forces classiques ou conventionnelles, particulièrement en Europe, déséquilibre accru, je le crains, par l'existence d'armes chimiques dont une convention devrait absolument interdire la fabrication et le stockage.*

*Prémunir les peuples contre les nouvelles menaces qui peuvent venir de l'espace est un autre impératif. L'espace deviendra-t-il un champ supplémentaire où se développeront sans limites les vieux antagonismes terrestres ? N'avons-nous pas pour lui d'autres ambitions ? L'espace est par essence le patrimoine commun de l'humanité. Ce serait trahir l'exigence de nos peuples que de ne pas définir à temps un code de règles intangibles.*

*Or, il n'existe pas actuellement de frein au développement des armes antimissiles situées dans l'espace. Il n'existe pas de limite au nombre des satellites, puisque seules les armes de destruction massives, c'est-à-dire les armes nucléaires, sont interdites par le traité de 1976, lequel ne prévoit pas de vérifications. Un amendement au traité de 1967 qui interdirait la satellisation de tout type d'armement, qui organiserait le retrait progressif des armes déjà sur orbite, qui prévoirait une vérification effective, un tel amendement donnerait à ce traité une portée bien plus considérable. La vérification effective pourrait être assurée par une commission internationale de scientifiques choisis dans des pays neutres...*

*Dans cet esprit, et pour ce qui la concerne, la France a décidé d'ouvrir le mois prochain son site d'expérimentations nucléaires souterraines à une visite d'information de personnalités scientifiques étrangères en provenance du Pacifique-Sud (...). La France acceptera d'entamer une négociation de désarmement stratégique à Cinq lorsque les autres grandes puissances auront réduit leur armement de moitié...*

*L'Europe est une, issue d'une même histoire, d'une même culture, d'une même civilisation : l'Europe que l'on dit occidentale, l'Europe que l'on dit centrale, l'Europe que l'on dit orientale, aujourd'hui séparées. Aucun Européen ne renoncera à effacer les conséquences de cette division, à rénover des liens brisés, à dépasser la situation issue de Yalta. »*

Après la longue cérémonie au cours de laquelle l'orateur doit serrer les mains de tous les ambassadeurs présents, le Président reçoit George Shultz. Ils parlent de la nécessité d'aider l'Irak, et du *« prêt de cinq Étendard »* ; les États-Unis resteront neutres. L'un et l'autre prévoient une *« tendance longue à l'aggravation des relations Est/Ouest après la destruction du Boeing de la KAL »*.

**George Shultz :** *Vous avez une des analyses les plus approfondies que l'on puisse avoir. Ce qui m'intéresse, ce n'est pas pourquoi ils ont tiré, mais qui a décidé, et comment ils ont réagi à l'événement.*

**François Mitterrand :** *Je m'étonne qu'après le tir, les Soviétiques aient décidé d'en faire un élément dur, un élément d'intransigeance, y compris dans des endroits qu'on n'attendait pas. Le problème est de savoir quel est notre niveau de résolution. Il faut se placer dans l'hypothèse d'une installation des Pershing et d'éventuelles réactions soviétiques. Il faut s'y préparer moralement, sans provocation ni espoir de conciliation.*

*Au Liban, l'amitié des Russes et de la Syrie aggrave les problèmes. Certes, le monde arabe est très réticent au communisme, et il y a entre eux collusion et non alliance. La Syrie trouve des arguments sérieux dans l'attitude israélienne. L'URSS peut essayer d'empêcher le cessez-le-feu et empêcher la FINUL de se substituer à la Force multinationale, mais elle ne peut détruire le Liban ni pousser à sa partition : tous les Libanais sont des patriotes. Si la Syrie comptait sur Joumblatt pour envahir le Liban, elle aurait tort. Il suffit que la Syrie pousse ses amis pour que la Force multinationale se trouve en situation faible : au nom de quoi sortirons-nous de Beyrouth ? On peut craindre que la Syrie ne nous y pousse et qu'elle joue ce jeu. Pour nous, aller dans le Chouf, ce serait nous lancer dans l'aventure. Je souhaite que les Syriens ne compliquent pas le jeu. Assad a marqué un avantage. Il peut attendre, et je compte là-dessus pour aboutir à un vote par l'ONU en vue d'installer des observateurs de l'ONU sur les axes routiers. A partir de là, la Force multinationale pourra se dissoudre. La difficulté, c'est qu'à l'ONU les Russes vont poser un problème. Je pense que la mission de la Force multinationale n'aura plus de sens d'ici quelque temps.*

**George Shultz :** *Il est difficile de n'être pas pessimiste. Le cessez-le-feu est très fragile. J'espère que la vision optimiste l'emportera. Les Syriens seront poussés dehors par la volonté libanaise. Nous avions un accord pour un retrait total d'Israël hors du Liban ; le climat en Israël y pousse beaucoup. Mais, maintenant, ce n'est plus valable ; car l'OLP revient au Liban. Personne n'a pu amener les Syriens à une conversation sérieuse sur les conditions de leur éventuel retrait du Liban.*

**François Mitterrand :** *Nul n'arrivera à faire partir les Syriens. Il peut y avoir des progrès. S'ils arrivent au cessez-le-feu, les Libanais seront ravis de voir les Syriens rester. Les Syriens ne peuvent comprendre l'existence d'un peuple libanais. Il faut réveiller la conscience nationale libanaise. Une guerre menace. Mais il vaut mieux être après novembre pour cela !*

**George Shultz :** *Une armée libanaise est en train d'apparaître, et elle se défend bien.*

**François Mitterrand :** *C'est un des moyens essentiels pour parvenir à une solution. Gemayel est habile et courageux. L'armée libanaise existe, elle compte trente mille hommes. Si elle doublait, et si elle gardait sa discipline, si des puissances comme les nôtres lui donnaient les moyens d'agir, tout irait bien. C'est la seule force nationale. Elle m'a étonné. Elle est devenue une force qui compte. Je n'hésiterai pas à armer et à instruire l'armée libanaise, sans faire la guerre à sa place. Si cela devient une armée forte, ce qui dépend de nous, cela changera les données du problème. Si le cessez-le-feu dure, il deviendra normal d'encourager le Liban.*

**George Shultz :** *Pour ce qui est des Libanais, il n'est nul besoin de leur apprendre à se servir de leurs armes !... Et le Tchad ?*

**François Mitterrand :** *Je vais vous parler des intérêts de la France : c'est l'Afrique noire qui nous intéresse et qui est fragile face à Kadhafi. Voici la ligne* *que nous avons choisie : Kadhafi ne dispose que du désert au Tchad. Nous le tenons à l'écart de toute l'Afrique noire. Nous l'avons stoppé là ou nous avons besoin de le stopper. Il ne peut passer et il ne peut espérer passer. S'il essaie, nous le repousserons. Se pose maintenant le problème du nord du Tchad. Tous ceux qui pensent qu'il suffirait de quelques bombes pour empêcher l'attaque libyenne ont trois guerres de retard. L'armée libyenne a autant d'avions (français !) que la France. Le problème du Nord vient de ce que Habré est un homme du Nord et que le temps crée la partition. C'est une négociation difficile qui va commencer. Où doit-elle avoir lieu ? A l'ONU ? A l'OUA ? J'ai fait savoir à Kadhafi que s'il reste trois mois de plus, c'est à ses risques et périls. Sans notre appui, Habré ne peut rien faire. L'opinion française n'est pas favorable à la guerre. Kadhafi n'est pas de taille, et vous tenez le Soudan. D'ailleurs, si vos compagnies pétrolières donnaient moins d'argent à Kadhafi, cela nous rendrait service. Le point sensible, le plus dangereux, est le nord du Nigeria, où Kadhafi a un allié.*

On en vient à l'affrontement de Williamsburg :

**George Shultz :** *Dans les différents lieux où nous avons à travailler ensemble, notre désir est d'avoir une relation de travail efficace avec la France. Si nous avons des différends, très bien. Mais si nous n'en avons pas, alors il faut éviter les malentendus. Pourquoi donner l'impression de différends quand il n'y en a pas ? Nous voulons absolument avoir une bonne relation de travail avec vous.*

**François Mitterrand :** *J'ai la plus grande confiance dans votre jugement et dans votre honnêteté intellectuelle. Parfois, des initiatives sans concertation ont lieu, et nous sommes exposés. Quand il y a un problème, il faut une rencontre. Je ferai tout pour converser avec vous, partout où c'est possible. Je pense que nos rencontres ont toujours été très franches. Chaque fois que j'ai parlé avec vous, les choses sont devenues claires.*

« Quasi-Sommet » de Mme Gandhi dans une salle de réunion reculée de l'ONU. Minable. On entre, on sort. François Mitterrand est le seul à rester toute la journée. Insulte des riches aux trois quarts de l'humanité.

Conférence de presse du Président à New York, après son discours : *« Je serais très intéressé de savoir (...) quels sont les fournisseurs d'armes à l'Irak et à l'Iran : ceux qui fournissent à l'Irak, ceux qui fournissent à l'Iran, et ceux qui fournissent aux deux. La plupart des contrats français avec l'Irak — sauf un — ont été signés avant 1981. »*

**Jeudi 29 septembre 1983**

Non seulement les ministres, mais aussi les chefs d'entreprises publiques écrivent au Président pour solliciter son arbitrage contre les décisions du gouvernement ! Cette fois, parce que la lutte contre l'inflation prend des allures fanatiques, le président de Rhône-Poulenc, Loïk Le Floch-Prigent, lui écrit, sur le conseil de Laurent Fabius, pour plaider en faveur d'une hausse des prix des produits pharmaceutiques, dont le report ferait perdre 100 millions pour sauver 0,03 point d'indice en octobre :

> *« Il n'est pas tous les jours facile d'être président d'une grande société et de ne rien vouloir dire qui porte préjudice au gouvernement de la gauche. Je m'en remets donc*

*à vous et j'appliquerai sans arrière-pensées votre décision, mais je souhaitais vous faire part de mon point de vue. »*

**Vendredi 30 septembre 1983**

Laurent Fabius plaide auprès du Président dans le même sens que Loïk Le Floch-Prigent :

*« La décision prise de suspendre pour plusieurs mois l'application de la formule des prix de l'essence nous a fait, auprès des investisseurs, un tort considérable. Si une décision analogue devait être prise pour les médicaments, ce serait — excusez ma franchise — absurde. Nous contredirions nos engagements officiels. Nous ne gagnerions rien sur les prix. Nous mettrions plusieurs entreprises en déficit — dans un des rares secteurs qui se développe. Nous perdrions des investissements et un peu plus de confiance des milieux économiques pour lesquels la stabilité des règles du jeu est une donnée essentielle. Je suis hostile aux mesures artificielles. Je peux les comprendre quand elles rapportent quelque chose. Mais je ne comprends plus quand elles ne rapportent rien. On peut encore éviter cette erreur. »*

Il aura gain de cause.

Les « visiteurs du soir » continuent de se réunir. Ils guettent l'échec.

François Mitterrand répond à Yves Mourousi : *« J'ai lu avec beaucoup d'intérêt votre lettre, qui fait très précisément le point sur les relations entre la télévision et les nouveaux courants culturels de notre époque... »*

**Samedi 1er octobre 1983**

La presse est toujours aussi aimable à notre endroit ! Éditorial du *Figaro* d'aujourd'hui : *« A parler franc, les destructions qui nous menacent, de l'intérieur et de l'extérieur, dépassent, et de loin, en ampleur et en conséquences, celles que nous avons connues entre 1939 et 1945. C'est l'être même de la France, son équilibre et son authenticité, qui firent jadis sa gloire et son rayonnement, qui sont maintenant à la merci d'une équipe de petits bureaucrates incendiaires et méticuleux comme les termites. »*
De l'art de la litote dans les médias contemporains...

Caton écrit dans son éditorial de *VSD* : *« Mourir pour Beyrouth ? Pas question, dit Georges Marchais qui réclame à cor et à cris le rapatriement immédiat de nos "boys", oubliant quelque peu que Beyrouth meurt aussi pour nous : lors de la chute de l'Empire turc en 1918, la France reçoit la Syrie en "mandat" ; traditionnelle protectrice des chrétiens du Levant, elle crée aussitôt le "Grand Liban", avec Beyrouth pour capitale. Le Liban n'a donc existé qu'en raison de l'identité chrétienne (spécialement maronite) à laquelle les grandes puissances de l'époque, sorties victorieuses de la Première Guerre mondiale, reconnurent la nécessité légitime d'un territoire.*

*Le Liban, qu'on le veuille ou non, est aujourd'hui le laboratoire tragique où s'expérimente le choix entre un dépassement des barrières ethniques, confessionnelles et identitaires, ou une disparition inéluctable. Gloire amère dont il se serait bien passé ! Dans le village planétaire où nous vivons, il n'y a plus de guerre civile, mais des ondes de tension contre lesquelles toute politique de l'autruche est vouée à l'échec. La France ne peut se désintéresser du Liban ; il y va là-bas, quoi que nous en ayons, de cette vertu si rare et si nécessaire qui porte le beau nom d'intégrité. »*

**Lundi 3 octobre 1983**

François Mitterrand enrage contre le journal *Le Matin* qui parle d'un *« loupé médiatique »* à propos de son discours de l'ONU.

Création du livret d'épargne industrielle.

Le dixième sommet franco-africain, qui se tiendra à Vittel, commence par un dîner des chefs d'État francophones à l'Élysée. Le Président s'emporte contre Christian Nucci qui n'a pas attendu le Président Sankara à l'aéroport : *« Le manque de professionnalisme de ces gens est tel qu'ils ne méritent pas d'être au gouvernement. »*

**Mardi 4 octobre 1983**

A Vittel, François Mitterrand s'assied à sa place et grogne contre la disposition des chaises : ses deux ministres sont avec lui à la table alors que les chefs d'État africains, eux, y sont sans leurs ministres. Comme les micros sont ouverts, on l'entend demander à Cheysson et à Nucci de se placer derrière lui. Le chef du protocole se précipite pour fermer les micros. Le Président l'arrête : *« On ne corrige pas une bêtise en en faisant une autre. »*

Dix chefs d'État réunis dans la chambre de Houphouët-Boigny paraphent un texte exigeant l'intervention française au Tchad. François Mitterrand rattrape magistralement la situation en fin de séance et parvient à éviter ce texte des Dix. Superbe discours qui tient lieu de conclusion d'ensemble au Sommet.

Après la réunion, promenade sur le golf de l'hôtel avec le Président qui me dit : *« Je note le manque d'agressivité des ministres : le gouvernement est épuisé. »*

Après dîner, il ramène Houphouët et Sékou Touré à Paris. Dans l'avion, il leur parle de la gauche — *« incapable de gouverner »* —, de ses ministres,*« décevants »*, puis de la presse — des *« voyous »*.

**Mercredi 5 octobre 1983**

Le Président à Pierre Mauroy, avant le Conseil : *« S'il y a des décisions impopulaires, c'est maintenant qu'il faut les prendre. Il faut moderniser l'économie et préparer les élections de 1986. »*

Depuis six mois, tout était calme. Le franc se reposait au sommet du SME, tout le monde n'annonçait que pour février-mars les premières brises spéculatives. Or, c'est maintenant que commence une spéculation monétaire, la cinquième du septennat. Faut-il faire flotter le franc ? Les mouvements de plus en plus erratiques du dollar poussent à la hausse du mark contre toutes les autres monnaies, mais sans que le franc lui-même soit attaqué.

On commence à parler ici et là d'une réévaluation unilatérale du mark pour février prochain. Cela exige d'accélérer les réformes dont nous avons commencé à parler hier. François Mitterrand demande à Jacques Delors de le prévenir à la première éventualité. Il réfléchit à trois scénarios : une sortie immédiate du SME, un changement de gouvernement en novembre, ou bien en janvier. Il vaut mieux attendre, si possible, une crise européenne ou un changement de gouvernement.

Le tour de table de *Canal-Plus* est bouclé ; Havas détient 45 %. C'est trop, pense Rousselet.

Les politiques et les hauts fonctionnaires entretiennent une relation étrange. L'expérience prouve que les moins technocrates des ministres sont en général les plus dépendants de leurs services, parce qu'ils veulent en être acceptés. Les autres s'en distancient. Une des raisons de l'insuffisante réforme sociale réside dans cette volonté des ministres d'être acceptés de leurs services. Les Finances ont déjà phagocyté leur supposé maître. Tout comme l'armée, le Quai d'Orsay est resté égal à lui-même.

Le Prix Nobel de la paix est attribué à Lech Walesa.

Au Conseil des ministres, François Mitterrand tente de galvaniser le gouvernement. Fabius énonce une stratégie industrielle : *« Il faut moderniser, adapter, mais l'État ne peut tout faire. »* Lancés il y a un mois, les livrets d'épargne industrielle ont déjà recueilli 26 milliards de francs. Voilà qui alimentera le Fonds de modernisation. L'épargne va à l'investissement : c'eût été impossible sans la nationalisation des banques.

Le Président : *« Manifestez plus de rigueur dans la contre-attaque ; c'est dans les moments les plus difficiles que l'on doit faire preuve de la plus grande force morale. »*

Cheysson et Hernu demandent à voir le Président après le Conseil des ministres. Cheysson au sujet des Super-Étendard : *« Tout sera fait (...) pour que la livraison soit aussi discrète que possible et pour que l'arrivée ne soit pas aussitôt annoncée. »*

*Le Canard enchaîné* publie le fac-similé d'une lettre de Paul Barril adressée le 22 janvier au dirigeant d'Action Directe Jean-Marc Rouillan, pour, écrit le gendarme sur papier en-tête de l'Élysée, *« examiner avec lui sa situation judiciaire »*.

Décidément, l'Élysée est à l'honneur : la Cour d'Appel de Paris annule pour irrégularités la procédure suivie dans l'affaire des Irlandais de Vincennes.

**Jeudi 6 octobre 1983**

Le franc est attaqué. Jacques Delors vient en parler. Il sait que le Président ne veut pas d'une quatrième dévaluation. Il n'évoque donc qu'une éventuelle sortie du SME, bien que son intention ait été, en arrivant, de demander un changement de gouvernement : *« Mauroy ne fait plus rien,* me dit-il. *Il ne connaît pas les problèmes, il s'exprime à tort et à travers. Je ne peux lui parler de rien, tout est dans la presse le lendemain. »*

Le Président lui répond : *« Donnons-nous quelques jours, on verra après le week-end. »*

Le Président : *« Je ne veux plus de police à l'Élysée. Barril ici ? Quelle erreur a commise Prouteau en l'écoutant ! »*

Je vois Pierre Verbrugghe, magnifique haut fonctionnaire, intègre et concret. Il démontre que la police peut être au service de la démocratie. La dégradation des rapports entre Franceschi et Defferre est totale et entraîne une absence de concertation entre les différents services de police. Décidément, le gouvernement prend l'eau de toutes parts.

Caton note dans son édito de *VSD* : *« Jacques Chirac ne rejette pas une cohabitation possible, faisant par là même preuve d'une habileté politique plus consommée que son ex-ministre du Commerce extérieur. C'est évidemment au RPR que l'on trouve ceux qui veulent en finir le plus vite et le plus complètement avec l'actuel régime abhorré. Le maire de Paris, plus intelligent que ses chevau-légers, sait qu'il a encore besoin de conquérir ceux qu'effraient de trop brusques mouvements de menton. L'arithmétique des voix vaut bien quelques airs de clavecin bien tempéré. Chirac peut se permettre de montrer qu'il n'a pas peur d'être le Premier ministre de François Mitterrand, face auquel il n'a pas besoin de prouver son hostilité ; après tout, il a bien été le Premier ministre de Giscard, et l'on sait l'amour fou qui liait le Castor corrézien au Pollux de Chamalières. Étrange logique des trajectoires : Barre se radicalise, Chirac se recentre. L'un veut bien chanter, l'autre pas. »*

**Vendredi 7 octobre 1983**

Les cinq Super-Étendard partent pour l'Irak, *via* la Corse et un porte-avions. Leurs pilotes sont, pour trois jours, placés hors de l'armée et employés de Dassault.

Déjeuner avec Jean Baudrillard. Il a raison de croire à la dissolution du politique, à son évanouissement dans l'hypertrophie de l'individuel et du métaphorique. Mais que ce moribond reste dangereux !...

David de Rothschild demande que l'établissement financier qu'il a créé à la suite de la nationalisation de la Banque Rothschild puisse être transformé en banque d'affaires. Il fait observer que d'autres banquiers dont les maisons ont été privatisées, Jean-Marc Vernes et Jean-Maxime Lévêque, ont pu reprendre des activités bancaires. Mais le problème est différent : l'un est à la tête d'une banque privée existante qui ne porte pas son nom, l'autre à la tête d'une banque étrangère.

Aucun dirigeant de banque nationalisée n'a encore reçu l'autorisation de créer une banque nouvelle. Le Président, cependant, n'est pas contre.

**Samedi 8 octobre 1983**

Cheysson dément que la livraison des Super-Étendard, ait déjà été faite. Ils sont pourtant déjà parvenus en Irak.

**Dimanche 9 octobre 1983**

Attentat à Rangoon : 21 morts, dont 4 membres du gouvernement sud-coréen. Accusée : la Corée du Nord.

**Lundi 10 octobre 1983**

Si le franc est attaqué, il faudra un nouveau gouvernement avant la fin de l'année. François Mitterrand : *« Avec quel Premier ministre, à votre avis ? »* Je cite Bérégovoy, Fabius, Badinter. Mitterrand répond : *« Et Delors ? Avec Fabius à l'Industrie et Rocard à l'Éducation nationale ? »*

Je croise Juquin : *« Il y a des dissensions entre nous, certains veulent rester au gouvernement, mais ils sont de moins en moins nombreux. »*

**Mardi 11 octobre 1983**

Lettre de François Mitterrand à Iouri Andropov, en réponse à ses précédentes missives :

> *« Je souhaite que les chemins qui mènent à l'élimination, à la réduction ou à la limitation des armes nucléaires soient explorés avec toute la diligence et l'imagination requises.*
>
> *Il ne serait pas logique, et il n'est pas nécessaire pour le succès d'une telle entreprise, de passer par la prise en compte explicite ou implicite, ou par l'inclusion dans la négociation des forces françaises. Celles-ci sont en effet d'une autre nature et ont une autre fonction que les armes sur lesquelles porte cette négociation. Je ne pourrais donc y souscrire.*
>
> *La France a eu l'occasion de définir dans quelles conditions elle serait en mesure de s'associer à une démarche de réduction des armements nucléaires. Il faudrait qu'ait été réalisée une diminution des arsenaux des États-Unis et de l'Union soviétique telle que l'écart entre les potentiels ait changé de nature. Il faudrait également que soit maintenue la limitation des systèmes stratégiques défensifs. Il faudrait enfin que soient enregistrés des progrès significatifs dans la réduction et le déséquilibre conventionnel en Europe, et dans la disparition de toute menace chimique. Elle souhaite que ces conditions soient rapidement réunies, lui permettant ainsi de s'associer à un vrai désarmement. »*

**Mercredi 12 octobre 1983**

François Mitterrand part pour la Belgique où fait rage le débat sur l'installation des Pershing. Le Président poursuit sa croisade avec cette formule : *« Les euromissiles sont à l'Est et les pacifistes sont à l'Ouest. »* La phrase, déjà entendue en privé le 28 janvier, fait mouche. Beaucoup s'en diront les inspirateurs. Le Premier ministre belge, Martens, est furieux mais n'ose le montrer.

**Jeudi 13 octobre 1983**

A Bagdad, Saddam Hussein se plaint des tergiversations de la France concernant la livraison des cinq Super-Étendard... qui sont déjà chez lui.

Caton : *« La V*[e] *République eut son lot de morts sans ordonnance, de mystérieux suicides et de disparitions à jamais énigmatiques, de Ben Barka à Fontanet, de Broglie à Boulin. Force nous est de reconnaître que, depuis deux ans et demi, aucune affaire de pareille ampleur n'a encore entaché le nouveau régime, que Cheysson n'a pas été retrouvé flottant sur un étang du bois de Boulogne, ni Laignel gisant au pied de son immeuble. Mais la maladresse médiatique du pouvoir, le désordre et le manque de coordination de ses polices, la stupéfiante cécité des spécialistes de la lutte antiterroriste qui écrivent sur papier à en-tête de l'Élysée (alors qu'ils auraient dû savoir mieux que personne qu'en ces matières la correspondance est haïssable), ont fait de ces pratiques courantes de l'État moderne deux "affaires" dont on n'a pas fini de gloser.*

*Encore une fois, il n'y a aucune honte à ce que la lutte antifactieuse soit coordonnée par le GIGN à partir de l'Élysée, et aucune incohérence à ce que des ennemis se rencontrent pour négocier. Cela s'est toujours fait, cela continuera : du temps de l'OAS, nombreux sont ceux qui se souviennent de brèves et bien étranges rencontres. Sauf à embrasser définitivement une conduite d'échec qui semble beaucoup la séduire, la gauche devra bien assumer les vieux habits de l'art de gouverner, qui sont, qu'on le veuille ou non, bien plus ceux de Créon que d'Antigone.*

*Le pire, dans ces affaires, reste le faux secret, les faux-semblants, la recherche plus ou moins maladroite d'alibis plus ou moins solides. Le pouvoir n'a pas à culpabiliser en permanence : il a à être. »*

Caton exprime ici mieux que personne le point de vue du Président. Il continue, à propos de l'Irak :

*« Autre exemple d'erreur en matière de stratégie de communication : les Super-Étendard, dont Claude Cheysson se refusait à dire dimanche soir sur* Europe 1 *s'ils étaient arrivés ou non en Irak. La marquise sortit à 5 heures et refusa de confirmer aux chroniqueurs l'avortement de sa fille, car cela ne se fait pas dans son milieu. Mais qu'est-ce que cela veut dire ? Chacun sait que la France est la troisième puissance en matière d'exportations d'armements, qui représentaient 70 % de notre excédent industriel en 1982 ; chacun sait que l'Irak nous doit 17 milliards de francs et que nous n'avons, de ce fait, aucun intérêt à laisser un nouvel ayatollah prendre le pouvoir à Bagdad ; chacun sait que l'Iran est pour le moment le principal facteur de déstabilisation de la zone des tempêtes pétrolières.*

*Alors, pourquoi ne pas expliquer tout cela, dire que Hernu et Cheysson négocient avec l'Irak depuis janvier 1982, qu'un régime de gauche est obligé, tout comme un régime de droite, de tenir compte de la lutte économique mondiale, des enjeux géopolitiques planétaires en fonction du rôle qu'il entend faire jouer à la France ? Avancer que les ventes d'armes font partie d'une politique réaliste n'est peut-être pas conforme au credo du programme commun, mais il faut savoir ce que l'on veut. Et le dire. Quant à l'argument — avancé notamment par Giscard — du danger d'irriter les Iraniens qui bloqueraient le détroit d'Ormuz, coupant ainsi notre approvisionnement en pétrole, il témoigne d'une finlandisation mentale beaucoup plus dangereuse que celle qu'on dénonce habituellement à gauche.*

*Si l'Occident n'est pas capable de dire clairement à l'Iran que toute action de ce genre entraînerait une riposte immédiate et foudroyante, si l'Occident tout entier n'arrive point à se mobiliser pour défendre ses intérêts les plus vitaux, alors il mérite amplement d'entrer dans la voie du sous-développement et de la décadence. Il y a des moments où il faut savoir choisir entre la survie et l'extinction : cela se joue en ce moment moins sur le front de l'Est que sur le front du Sud. Pareil enjeu mérite mieux que des palinodies d'apprentis en mal d'angélisme. »*

**Vendredi 14 octobre 1983**

Le Président est interrogé à Liège sur le soutien de la France à l'Irak. Il répond, comme à New York : *« La France exécute les contrats signés avant 1981. Il y a des fournisseurs d'armes à l'Irak, à l'Iran, aux deux à la fois... »*

A la Grenade, petite île oubliée des Caraïbes, un « Conseil militaire révolutionnaire » renverse et assassine le Premier ministre, Maurice Bishop. La rumeur accuse Cuba... Je crois plus à un crime passionnel.

**Samedi 15 octobre 1983**

Changement radical : l'URSS ne demande plus la prise en compte des forces françaises. Si les Pershing ne sont pas déployés, l'URSS démantèlera 120 SS 20 dotés de 360 ogives, et retirera environ 200 SS 4. Il en resterait 230 entre l'Europe (130) et l'Asie (100). Si les États-Unis acceptent ce marché, l'URSS acceptera de reconnaître aux États-Unis, au niveau des START, un crédit de 120 vecteurs supplémentaires. Autrement dit, elle continuerait à réclamer la compensation des forces françaises et britanniques, mais maintenant dans un autre forum. Il n'y aurait donc plus de demande de prise en compte des forces françaises et britanniques dans les Forces nucléaires intermédiaires.

Cette proposition va un peu plus loin que la précédente (laisser 140 SS 20 en Europe), formulée dans l'interview à la *Pravda* du mois d'octobre. Mais elle porte surtout sur les SS 4, fusées anciennes que les Russes ont décidé de remplacer de toute façon par des SS 20. Comme les précédentes propositions soviétiques, celle-ci empêcherait le déploiement des Pershing et, par conséquent, maintiendrait le monopole soviétique en armes de portée intermédiaire sur le continent. Inacceptable.

### Lundi 17 octobre 1983

Claude Cheysson rappelle au Président la tactique qu'il propose pour les Super-Étendard : ne pas divulguer la livraison avant que l'action diplomatique entreprise à l'ONU pour obtenir un cessez-le-feu n'ait porté ses fruits.

Raymond Aron meurt à la sortie d'un tribunal où il venait témoigner. Nous devions déjeuner demain ensemble. Il était pour moi un modèle. Son extrême clarté était la marque d'une phénoménale rigueur intellectuelle.

Jean-Yves Haberer s'inquiète de l'ouverture, le 5 décembre, des enquêtes et procès déclenchés avant les élections de 1981 à propos des infractions douanières de Paribas commises de 1977 à 1980 :

> *« Ces procès peuvent créer une situation dont les conséquences échapperaient au contrôle. On ne saurait trop insister à cet égard sur le fait que le métier de banque repose plus que tout autre sur un climat de confiance, climat qui, dans le cas de Paribas, fut profondément perturbé entre octobre 1981 et février 1982, et qui a été restauré depuis lors.*
>
> *D'un point de vue général, je ne peux que souhaiter un regard politique sur les problèmes mentionnés ci-dessus. J'ai fait de mon mieux pour remettre la Banque Paribas au travail, pour éviter son démantèlement, pour réconforter ses cadres, pour fidéliser le personnel, les clients et les partenaires français et étrangers, bref, pour réussir la nationalisation. Il serait extrêmement néfaste à tout ce qui a été ainsi acquis que l'État ne protège pas une banque dont il a pris possession et qui fait désormais partie du patrimoine public de la Nation. »*

Il demande à voir le Président.

Il ne faut pas oublier que ces procès trouvent leur origine dans la colère tenace de Giscard d'Estaing et dans la complicité de Paribas avec Havas pour signer un pacte avec Bruxelles-Lambert au sein de la CLT. Complexes histoires de famille...

### Mardi 18 octobre 1983

L'indice des prix de septembre appelle quelques réflexions. La hausse vient pour l'essentiel des services. Les commerçants dépassent par leurs prix (c'est-à-dire leurs revenus) la norme fixée pour les salariés qui sont, eux, bien obligés de s'y tenir.

### Mercredi 19 octobre 1983

Alain Savary publie de nouvelles propositions sur l'enseignement privé, qui sont immédiatement refusées par le CNAL, le SNI et la FEN.

Les dirigeants du privé acceptent de discuter les nouvelles propositions de Savary, mais les laïcs refusent, car *« elles maintiennent le dualisme. »* François Mitterrand s'inquiète de ce qu'il appelle maintenant le *« bourbier scolaire »*. *« C'est une illusion de croire un compromis possible ! »*

Laurent Fabius écrit à François Mitterrand pour demander d'abaisser les coûts du crédit à l'URSS :

> *« Le bilan des grands contrats signés à ce jour avec l'URSS est très préoccupant et les négociations menées par la DREE en vue de faire accepter à l'URSS des conditions de crédit exprimées en devises n'ont pas véritablement abouti, puisque les Soviétiques ont rejeté notre offre de crédits en marks, francs suisses, écus, pour accepter des crédits en dollars, sous réserve d'un taux de 7,80 % que nous ne sommes pas sûrs de pouvoir accorder. Dès lors, il convient, me semble-t-il, de réexaminer la demande exprimée par l'URSS de crédits en francs à 10 % (alors que les règles du consensus nous conduisent à 12,40 %). M. Doumeng m'a indiqué que les exportations vers l'URSS pouvaient atteindre une quinzaine de milliards. »*

A l'occasion du premier anniversaire de la mort de Pierre Mendès France, Caton accorde une interview à *La Croix* et publie un nouveau livre, *De la Renaissance* : *« Soyons francs : pour que Mendès demeure figé dans sa pureté inaccessible, il a fallu qu'existât Mitterrand. Le couple royal de la gauche de l'après-guerre s'est bien partagé les rôles ; à Mendès la gestion du refus inébranlable, de la pureté doctrinale, du rôle de gardien de la flamme ; à Mitterrand les stratégies électorales, les jeux politiques, les rassemblements et les recoupements : les "mains sales". Mitterrand se présente en 1965, en 1974, en 1981 ; il reconstruit le PS et entame avec lui sa longue marche vers le pouvoir. Le combat politique requiert souplesse, manœuvre, relativité, pragmatisme — les durs pépins de la réalité. Pour gagner, la gauche avait vraiment besoin de ces deux figures ; l'accolade de Mitterrand et de Mendès France, au lendemain de la victoire de la gauche, était plus qu'un symbole : la reconnaissance logique d'une complémentarité. Quelque part, pour qu'un Mitterrand devienne enfin Président de la Vᵉ République, il fallait un Mendès qui la refuse. Et pour que Mendès garde sa force de frappe mythologique, il fallait un Mitterrand qui conduise la gauche au pouvoir. »*

Difficile d'être plus près de ce qu'aimerait pouvoir dire François Mitterrand.

Chirac vient visiter la « mission Opéra » : *« Faut-il faire un Opéra ? »* Avec cette question préalable, Chirac met en évidence les perspectives d'un déficit énorme de fonctionnement, de difficultés de gestion analogues à celles de l'Opéra actuel. Il insiste sur la réaction hostile de la population du quartier, le vote négatif à attendre du Conseil d'arrondissement et l'éventualité d'un recours en Conseil d'État. Si l'on choisit de faire un Opéra populaire, Chirac est personnellement favorable à son implantation sur ce site, malgré son étroitesse. Le projet de Carlos Ott, que l'on croyait abandonné, lui paraît le seul réalisable, grâce à sa bonne intégration dans l'environnement, la perméabilité de ses deux façades, rues de Lyon et de Charenton. Selon lui, l'autre projet — celui de Munteaunu — mobiliserait contre lui toutes les tempêtes et ne verrait jamais le jour. Je suis bien de son avis

**Jeudi 20 octobre 1983**

A Londres, nouveau Sommet franco-britannique. La conversation se concentre sur la situation inquiétante de nos troupes au Liban et sur le déploiement des euromissiles, dans deux mois.

**François Mitterrand :** *Nous allons vivre quelques mois tourmentés sur le plan militaire.*

**Margaret Thatcher :** *Il y a en effet le problème du déploiement des euromissiles et du pacifisme. Vous, vous n'avez pas tellement de problèmes à ce sujet en France.*

**François Mitterrand :** *Un peu, malgré tout. Mais, bien sûr, il n'ont pas l'ampleur de ceux qui se posent en Allemagne, en Belgique ou en Italie. Il va y avoir une manifestation dimanche, mais elle sera moindre que les manifestations en Allemagne. M. Kinnock doit y prendre la parole. Cette manifestation n'est d'ailleurs pas uniquement contre le déploiement ; elle est contre l'armement nucléaire en général. Moi aussi, je suis contre l'armement nucléaire, si l'URSS et les États-Unis étaient contre aussi !*

**Margaret Thatcher :** *Non, moi, à ce moment-là, je serais contre les armements classiques...*

**François Mitterrand :** *Mais bien sûr, c'est vous qui êtes réaliste !*

**Margaret Thatcher :** *Je suis préoccupée par le retard pris pour la date du débat au Bundestag allemand. Il a six jours de retard, et je crains les manœuvres russes pour le retarder encore. Il faut absolument que les Pershing II soient installés avant la fin de cette année ; sinon, ce sera une victoire soviétique. Nous voulons d'ailleurs que les négociations de Genève continuent après. Les conversations de Genscher avec Gromyko n'ont rien apporté.*

**François Mitterrand :** *Je crois que les Russes sont résignés à l'installation des Pershing II. Ils pensent que Reagan n'a jamais voulu négocier avant leur installation. Ils peuvent jouer encore sur l'idée de retarder cette installation. Tout retard serait leur victoire, mais ils ne doivent pas y compter, ce serait un mauvais calcul. Ils peuvent aussi jouer sur les mouvements d'opinion afin de modifier les majorités politiques en créant des troubles dans l'opinion, comme en RFA. Ils fondent leur propagande sur des données simples comme, par exemple, le fait de compter les forces britannique et française, en indiquant qu'eux-mêmes acceptent de se mettre au niveau de ces forces française et britannique. Ils peuvent jouer enfin sur un certain réveil du nationalisme. Ils devraient s'en méfier, bien que, pour le moment, celui-ci les serve. Il n'y a pas un pacifisme allemand, il y en a plusieurs : d'abord les pacifistes de bonne foi, idéalistes ; puis ceux qui sont communistes ou soumis à l'influence de l'Union soviétique ; ceux, enfin, qui refusent dorénavant que la souveraineté de l'Allemagne soit limitée. Ceux-là voudraient une réunification de l'Allemagne, en accord avec l'URSS. Quarante ans après la guerre, ils veulent que leur pays sorte de la situation de tutelle où ils se trouvent. Les Russes jouent sur ce réflexe.*

**Margaret Thatcher :** *Vous avez peut-être raison : ils s'en servent, mais ils ne peuvent pas le souhaiter ! A Yalta, les Russes, après Potsdam, n'ont eu de cesse que d'utiliser l'Allemagne, donc ils continuent d'utiliser ce mouvement. Je suis très préoccupée par ces nombreuses déclarations à l'Ouest en faveur de la prise en compte des armes françaises et anglaises. Très néfastes, très inopportunes...*

**François Mitterrand :** *En effet. Par exemple, Bettino Craxi est venu me voir à Paris. Il aurait été heureux que je lui dise que j'acceptais la prise en compte de nos forces. Mais je ne le lui ai naturellement pas dit et, depuis, il s'est comporté loyalement.*

**Margaret Thatcher :** *C'est ridicule, cela montre qu'il n'a pas réfléchi. Il faut absolument qu'il y ait parité entre les États-Unis et l'URSS. Les États-Unis ne peuvent pas admettre une infériorité. De plus, cette prise en compte entraînerait des pressions sur nous.*

**François Mitterrand :** *Oui, nous ne pourrions plus moderniser sans permission !*

**Margaret Thatcher :** *En plus, il s'agit d'une force de dissuasion indépendante. Si nous nous laissons mettre dans la situation d'avoir à dire* non, *nous passerions pour ceux qui refusent le désarmement.*

**François Mitterrand :** *Je suis tout à fait d'accord avec vous et je ne changerai pas ma position. Mais je me pose des questions sur la RFA. Tout le SPD, sauf Schmidt, est en faveur d'un report du déploiement ; les libéraux de Genscher sont incertains. Certains chrétiens-démocrates se posent des questions. C'est encore plus net chez les chrétiens-démocrates que j'ai vus en Belgique. Je crois que Kohl tiendra, mais il aurait souhaité échapper à ce choix. La rencontre de Genscher avec Gromyko n'était pas nécessaire.*

**Margaret Thatcher :** *Je pense que Genscher voudrait pouvoir dire, avant de déployer : "J'ai tout tenté". Ce qui est à craindre, c'est une nouvelle proposition russe, juste avant le déploiement. Nous ne devons pas bouger d'un poil. Helmut Schmidt m'a dit qu'il fera un discours au Bundestag juste avant le déploiement et qu'il votera pour le déploiement. Il aura certainement des ennuis avec le SPD.*

**François Mitterrand :** *Vous comprenez bien que je ne peux pas dire que je refuse que mes forces soient incluses dans la négociation de Genève sur les armes intermédiaires sous prétexte qu'elles sont stratégiques, et refuser également, sans explications, le jour où on le suggérera, de participer à la négociation sur les armes stratégiques ! Mais j'ai posé à cette participation des conditions très sévères, qui sont d'ailleurs les mêmes que les vôtres et celles des Chinois. Cela suppose que les grandes puissances fassent des sacrifices énormes avant que nous puissions envisager seulement de toucher aux nôtres.*

**Margaret Thatcher :** *En effet, cela sera de toute façon très long. Nous sommes dans un rapport de quarante à un, et votre suggestion de conférence à Cinq est parfaite, pour un avenir très lointain. C'est ce que je pense. Votre proposition a le mérite d'exister ; mais tout cela n'est pas réalisable tout de suite. Si ces conditions sont un jour réunies, alors on verra.*

**François Mitterrand :** *L'URSS va peut-être, en novembre, proposer de réunir les deux négociations. Je rappellerai à tous les conditions et je redirai qu'il y a une disproportion considérable : quarante à un.*

**Margaret Thatcher :** *Nous serions piégés par une négociation si nous nous réunissions avant qu'aient lieu les réductions des grandes puissances. Ainsi, avec nos Polaris, nous avons le minimum. En 1990, nous serons un petit peu au-dessus du minimum. Nos forces représenteront alors 3 %, au lieu d'1,5 % des forces stratégiques soviétiques.*

**François Mitterrand :** *C'est la même chose pour la France : dans dix ans, nous aurons un armement très impressionnant. Or, les grandes puissances voudraient nous obliger à négocier avant. Nous devrons nous concerter étroitement, et peut-être voir à établir un contact discret avec la Chine.*

**Margaret Thatcher :** *J'espère que votre discours à l'ONU, mes propres discours, plus les entretiens que nous avons eus, vont permettre d'arrêter ce mouvement.*

**François Mitterrand :** *J'y suis allé précisément dans ce but. Je crois que, depuis, cette tendance a reculé. Je l'ai dit en Belgique, je le redirai partout : on ne peut pas comparer l'incomparable. Et puis, il y a encore plus simple : "Je ne veux pas !" S'il faut simplifier, c'est "Non".*

A ce moment de l'entretien commence une très intéressante analyse des nouveaux dirigeants soviétiques :

**Margaret Thatcher :** *Nous devons faire un gros effort de réflexion à propos de l'avenir de nos relations avec l'URSS. J'ai rencontré beaucoup de responsables politiques britanniques et tous les universitaires compétents sur ce sujet ; tous* *sont arrivés à la même conclusion. Compte tenu de ce que Iouri Andropov a dit, et bien que certains dirigeants soient conscients du mauvais état de l'économie, le système est tellement rigide qu'on ne peut pas le changer. Il n'y a plus de foi dans le communisme, mais il n'y aura pas de changement avant longtemps, car c'est la survie des dirigeants qui serait en cause. Si, par exemple, les dirigeants soviétiques cherchaient à faire preuve de plus de souplesse, comme le font les dirigeants hongrois, ils saperaient les bases de leur propre pouvoir. Donc, nous devons faire avec ce régime. Peut-être peut-il y avoir un certain dialogue au fil des années, mais il ne faut pas du tout surestimer notre influence sur eux. Regardez, par exemple : cela fait trente ans que nous parlons avec Gromyko, et cela n'a rien changé. Peut-être des réunions comme Helsinki, Madrid, Stockholm peuvent-elles jouer un petit rôle ? En conclusion, je crois que, malgré tout cela, et lorsque l'incident coréen sera dépassé, il faudra rétablir un dialogue plus étroit. Nous ne devons pas faire énormément, mais faire tout ce que nous pouvons. Pas tous en chœur...*

*Nous devrions faire venir, par exemple, des jeunes membres du Politburo. J'ai été stupéfaite d'apprendre que Iouri Andropov n'a jamais voyagé en dehors d'un pays communiste ! C'est avec des plus jeunes qu'il faut établir un contact ; cela ne présente pas de risques si nous avons, sur les questions de défense, des positions totalement fermes. J'ai, par exemple, parlé avec Trudeau à propos de Gorbatchev, un des jeunes qu'Andropov a fait venir. Il l'avait reçu au Canada et il a été déçu. Il avait pensé qu'un homme plus jeune serait moins rigide, eh bien, non. En effet, ils n'osent rien lâcher. En fait, lorsque les circonstances s'y prêtent, on devrait pouvoir avoir un dialogue avec les dirigeants soviétiques. Il ne faut pas que la notion de "dialogue" soit chargée de la même opprobre que la notion de "détente", et nous avons des devoirs vis-à-vis de ces populations qui vivent de l'autre côté du rideau de fer.*

**François Mitterrand :** *J'en suis bien d'accord. Mais toute tentative de rapprochement se révélera inutile avant le mois de décembre.*

**Margaret Thatcher :** *En effet.*

**François Mitterrand :** *Cela pourrait même être dangereux. Les Soviétiques ont une seule idée : empêcher le déploiement. Il ne faut donc rien faire avant. En France, nous avons maintenu ce dialogue. M. Giscard d'Estaing l'avait fait, et ses prédécesseurs avant lui. Pour moi, cela a été plus dur, mais nous avons préservé le minimum. Quand je me suis opposé à Reagan à propos du gazoduc et des crédits, c'était parce que je ne voulais pas que nous nous engagions, avec un état d'esprit militaire, dans une guerre économique. Depuis 1917, l'Union soviétique a toujours conservé la peur d'être victime d'un encerclement, même si elle est devenue entre-temps un grand empire. Donc, il faudra reprendre un dialogue après, dans des secteurs où puissent se dérouler des conversations, où de bonnes manières sont possibles. Nous ne sommes pas les ennemis de la Russie, et si nous avons tenu bon à propos des missiles, nous pourrons leur tendre la main plus tard, sur d'autres terrains.*

*Le voyage de Kohl à Moscou a bien montré que c'était prématuré. Bien sûr, j'en comprends les raisons de politique intérieure, comme dans le cas de la rencontre récente entre Genscher et Gromyko. Je me méfie, de ce point de vue, de la diplomatie américaine qui est forte et faible à la fois, et qui ne connaît pas les réalités européennes.*

**Margaret Thatcher :** *Je viens de faire un voyage aux États-Unis. Avec les Américains, nous parlons de tout. Avant mon voyage aux États-Unis, j'ai été au Canada et Trudeau m'a dit : "La seule occasion que j'ai eue de parler vraiment des armements nucléaires, cela a été à Williamsburg." Cela vous donne une idée* *de l'isolement dans lequel se trouve le Canada, alors que nous, nous avons à nous préoccuper tout le temps de ces questions !*

**François Mitterrand :** *Trudeau m'a fait dire qu'il voulait me voir d'urgence, vers le 8 novembre, je crois. Il s'inquiète de l'implantation éventuelle de missiles dans le nord de l'Amérique. Les Canadiens ne sont pas préparés à cela.*

**Margaret Thatcher :** *Trudeau n'a rien fait pour les y préparer ! Il ne consacre que 2 % de son budget à la Défense. Il a longtemps refusé de laisser tester les missiles de croisière sur son sol. Moi, j'ai tenu au Canada les propos que je tiens habituellement. P.-E. Trudeau ne fait pas ce genre de discours. Or, on n'a pas le droit de se reposer trop longtemps sur quelqu'un d'autre pour sa propre défense !*

**François Mitterrand :** *M. Trudeau ne risque-t-il pas de faire des propositions pour brouiller le jeu ? Pourquoi veut-il aller si vite ?*

**Margaret Thatcher :** *Son problème fondamental, ce sont ses élections. Quelle date fixer ? Doit-il se présenter ? Le Canada n'est pas assez dans le coup par rapport aux problèmes Est/Ouest. Mais, à vrai dire, les États-Unis non plus. En ce qui concerne la tactique, nous ne devrions pas tous nous précipiter à Moscou. Au contraire. Nous devrions faire en sorte que les Russes sortent davantage. Un Sommet trop rapide entre l'URSS et les États-Unis ne serait pas bon. Espérons au moins qu'il n'y aura pas d'autres événements comme l'Afghanistan ou le Boeing coréen. Il est toujours bon, par ailleurs, d'aller voir les pays satellites de l'URSS, car ils veulent conserver leur identité.*

**François Mitterrand :** *J'ai été moi-même en Hongrie et je suis invité en Bulgarie et en Roumanie.*

**Margaret Thatcher :** *Kadar a subi les Russes. Il a une analyse exacte sur eux.*

**François Mitterrand :** *J'ai rencontré trois fois M. Kadar. Il a été six ou sept ans prisonnier de l'amiral Horthy, cinq ans prisonnier de Rakosi, et il m'a dit que, pour lui, c'était pire d'avoir été prisonnier de communistes comme lui. Il m'a raconté comment il s'était évanoui en apprenant la pendaison de Rajk. En fait, les Hongrois ont toujours vécu sous la domination d'un empire et Kadar m'a dit lui-même : "Je fais le contraire de Ceausescu. Je n'ai pas de politique extérieure, mais je suis plus libre à l'intérieur."*

**Margaret Thatcher :** *Les Russes vont-ils continuer à Genève, ou bien rompre ?*

**François Mitterrand :** *Je m'attends à une rupture provisoire de plusieurs mois.*

**Margaret Thatcher :** *Il n'y aura pas de dialogue pendant ce temps ?*

**François Mitterrand :** *Ils dialogueront sur la façon de renouer le dialogue ! Il faut laisser le déploiement passer, attendre un certain temps. Je crois à la rupture des négociations. Les États-Unis, eux, semble-t-il, n'y croient pas.*

**Margaret Thatcher :** *Nous allons donc traverser une période difficile en 1984, d'autant que c'est une année d'élection présidentielle aux États-Unis. Nous devrions prendre davantage la direction des opérations, nous occuper plus du Proche-Orient et de ce malheureux Liban. Il y a le problème de nos troupes. Pourquoi sont-elles au Liban ?*

**François Mitterrand :** *Je me pose la même question. Au début, il y avait quatre armées sur le territoire libanais. Nous avons sauvé beaucoup de vies humaines et permis un départ des Palestiniens dans la dignité. Après le départ des Israéliens, cette mission n'avait évidemment plus le même sens. Il y a eu, plus tard, des menaces sur les chrétiens, et puis, finalement, nous ne sommes pas partis. Mais il faut simplement redéfinir pourquoi nous sommes là.*

**Margaret Thatcher :** *Mais si on repartait, que se passerait-il ?*

**François Mitterrand :** *Il n'y a pas de réponse claire.*

**Margaret Thatcher :** *Il faut en trouver, sinon nous aidons à la partition de fait.*

**François Mitterrand :** *La Syrie ne veut pas lâcher, et nous ne ferons pas la guerre à la Syrie. D'une façon ou d'une autre, nous risquons donc d'avoir à souscrire à une partition. Si nous restons, nous serons spectateurs de la partition. Le plus important serait d'aider Gemayel à disposer d'une véritable armée. Il a déjà 30 000 hommes dans son armée, distincte des Phalanges, avec une majorité de musulmans. C'est la seule chance d'avenir. Sinon, il faut rembarquer.*

**Margaret Thatcher :** *Il faut en tout cas chercher une porte de sortie : un gouvernement de réconciliation, une armée reconstituée. Et, au moment opportun, partir.*

**Vendredi 21 octobre 1983**

La conversation reprend au petit déjeuner :

**Margaret Thatcher :** *De cette fenêtre, vous voyez mon jardin. Il est agréable, mais un peu petit.*

**François Mitterrand :** *On trouve toujours un jardin trop petit. Même à l'Élysée, je me sens comme un écureuil dans sa cage !*

**Margaret Thatcher :** *Je voudrais vous parler des Malouines. Vous savez qu'une résolution doit être présentée au vote par les Argentins. Le texte sera le même qu'en 1982. Nous espérons par conséquent que les pays qui s'étaient abstenus l'an dernier s'abstiendront cette année.*

**François Mitterrand :** *La discussion peut porter sur le langage employé. S'il est question de régime colonial, alors nous nous abstiendrons. Et, plus généralement, s'il n'y a rien de nouveau, nous nous abstiendrons. Mais les États-Unis, et sans doute l'Italie, voteront cette résolution. Notre prise de position nous a fait apparaître un peu ennemis de l'Amérique latine, ce qui est naturellement gênant. Nous devrons discuter du texte.*

**Margaret Thatcher :** *Les Argentins n'ont rien indiqué sur la cessation des hostilités.*

**François Mitterrand :** *Si le texte est franchement désagréable pour la Grande-Bretagne, nous nous abstiendrons.*

**Margaret Thatcher :** *Nous l'espérons. Les États-Unis ont essayé de modifier le texte, mais, finalement, ils l'ont voté et ils voteront de même. Je considère cela comme très inamical.*

**François Mitterrand :** *Si le mouvement général de vos amis est à l'abstention, il n'y aura pas de problème.*

Puis on passe à la préparation du prochain Sommet d'Athènes :

**Margaret Thatcher :** *Comment aborder Athènes ? M. Cheysson pensait en juin qu'il serait très difficile de faire des compromis pour résoudre les problèmes de la politique communautaire et du budget. En fait, contrairement à ce que j'avais pensé, il devrait être possible d'accomplir certains progrès à Athènes, bien qu'il y ait peu d'espoir d'aboutir vraiment. L'action de votre présidence sera essentielle dans la période comprise entre Noël et le premier Conseil tenu sous votre présidence.*

**François Mitterrand :** *Vous avez parlé de Claude Cheysson. Il est un peu optimiste de nature. Je ne vois pas comment résoudre ce problème avant Athènes, et je ne vois pas comment résoudre en mars ce qui n'aura pas été résolu à Athènes. Et après, il y aura les élections en juin. Je ne vois pas d'éléments nouveaux qui puissent intervenir entre Noël et le mois de mars — sauf la fatigue des négociateurs !*

**Margaret Thatcher :** *Certes, tout cela ne sera pas plus facile à résoudre en février ou en mars qu'aujourd'hui. Mais la crise peut obliger à trouver des solutions s'il n'y a plus d'argent dans la Communauté. Il y a là une crise véritable à éviter.*

**François Mitterrand :** *Nous devrions accélérer les échanges bilatéraux, sans en faire l'annonce, et confier ce travail à des hommes de confiance chez vous, chez nous et en Allemagne.*

**Margaret Thatcher :** *Chacun d'entre nous devrait savoir exactement ce qui se passe. J'avais l'impression que les négociations sur le budget avançaient.*

**François Mitterrand :** *Vous connaissez nos arguments sur la Communauté : divers problèmes doivent être envisagés et réglés en même temps. Le Premier ministre français vient de voir en Grèce, pendant deux ou trois jours, les autres Premiers ministres socialistes européens. Ils ont un peu avancé. Le Portugal et l'Espagne insistent de plus en plus, mais tant que la Communauté n'aura pas mis d'ordre dans ses propres affaires, il ne pourra pas y avoir de nouveaux pays membres. Nous ne pouvons pas abandonner le traité de Rome et nous ne pouvons pas entrer dans un système où l'on se mettrait d'accord sur de nouvelles règles chaque année — ce que vous demandez en fait. Nos idées sur la Communauté diffèrent donc souvent. La France a tiré avantage du Marché commun, certes, mais cela a aussi rendu service à l'Allemagne et à la Grande-Bretagne, et il ne faut pas prendre en considération que le seul problème agricole. Je reviens donc à votre suggestion de contacts accélérés avant Athènes.*

**Margaret Thatcher :** *Nous ne pourrons pas résoudre les problèmes de la Politique agricole commune et ceux du Budget sans élargissement.*

**François Mitterrand :** *En France, quand je parle de l'élargissement, le Parti communiste est contre, M. Chirac est contre, toutes les organisations agricoles, généralement conservatrices, sont violemment contre. Cela fait beaucoup de monde ! Alors, vous imaginez : les élections du mois de juin, avec des mouvements de paysans, des incendies, une alliance entre M. Chirac et le Parti communiste ! Cela pèse sur la politique intérieure française ! Mais vous connaissez bien tout cela, je pense...*

**Margaret Thatcher :** *Oui, mais je vous remercie de me le réexpliquer ainsi. Il n'y aura pas beaucoup de temps entre les élections européennes et vos élections de 1986.*

**François Mitterrand :** *Nous parlions de la position de Chirac. Il n'est pas favorable à l'élargissement. Par ailleurs, il demande une défense européenne avec l'Allemagne ; mais il sait que cela poserait des problèmes énormes avec l'URSS.*

**Margaret Thatcher :** *Parlons de la défense européenne.*

**François Mitterrand :** *Je suis favorable.*

**Margaret Thatcher :** *Il faut faire attention aux petits arrangements entre pays, qui mineraient l'OTAN...* (Elle s'oppose aussi à tout accord franco-allemand.)

Entrée de Claude Cheysson et de Sir Geoffrey Howe.

**François Mitterrand :** *Le ciel est très pur aujourd'hui. Je vois qu'il n'y a pas toujours du brouillard à Londres.*

**Margaret Thatcher :** *Nous avons voté des lois antipollution très sévères, tant sur la pollution de l'air que sur la pollution des eaux. C'est peut-être pour cela que nous n'avons pas vraiment d'écologistes chez nous. Mais nous avons quand même le problème des pluies acides et du plomb dans l'essence.* (Se tournant vers les ministres) : *Alors, sur les problèmes européens, arrivez-vous à une solution ? S'il n'y a pas de progrès à Athènes, il y aura une crise financière très grave de la Communauté. Il faut à tout prix accélérer la réflexion sur la politique agricole...*

**Sir Geoffrey Howe :** *Nous sommes d'accord, Claude Cheysson et moi, sur la nécessité de réussir à Athènes, car s'il n'y a pas accord, il y aura une crise très grave.*

(Banalité proférée d'un ton solennel.)

**Margaret Thatcher** s'impatiente : *Un accord est-il possible ?*

**Sir Geoffrey Howe :** *Nous le pensons, justement en raison de l'extrême gravité que représenterait l'absence de solution. Mais nous ne sommes pas d'accord sur le financement. Il faudrait que des fonctionnaires étudient très rapidement et très à fond ce point, de façon à ce qu'il soit prêt pour Athènes. D'autre part, si l'on veut une réussite, il faut avoir un accord sur tout. Il faut donc aller beaucoup plus au fond, et beaucoup plus dans le détail au niveau des hauts fonctionnaires, sur les règles du financement futur.*

Le sujet est d'une telle complexité que, manifestement, les ministres eux-mêmes n'y comprennent rien.

**Margaret Thatcher :** *Il faut redéfinir clairement les divergences, les positions respectives, et rechercher un accord, mais sans ambiguïtés.*

**Claude Cheysson :** *Je pense aussi qu'un accord est possible ; ce n'est pas de l'optimisme* a priori, *mais cela est fondé sur la prise de conscience des conséquences d'un éventuel échec. La procédure adoptée à Stuttgart s'est révélée bonne. Elle a déjà permis de bien préparer Athènes. Le travail à la table du Conseil est presque fini. Il a permis de mettre en avant des idées intelligentes, peu coûteuses. La relance communautaire par l'industrie n'est pas impossible. Bien sûr, il reste des difficultés considérables. Par exemple, sur les montants compensatoires, il faudrait profiter d'un moment de baisse du mark. A l'arrière-plan, il y a aussi une négociation très dure avec les États-Unis, liée de surcroît au problème de l'élargissement : les trois quarts des importations agricoles de l'Espagne viennent des États-Unis. La négociation avec les États-Unis va être très dure. Mais, pour revenir à Athènes, je pense qu'il y a des solutions.*

**François Mitterrand** s'impatiente lui aussi : *Mais lesquelles ?*

**Margaret Thatcher :** *Oui, jusque-là, vous venez surtout de nous dresser un catalogue des problèmes ! Au surplus, il serait difficile et maladroit de laisser l'Italie à l'écart. Il faut l'associer à nos réflexions, mais que la presse n'en sache rien.*

**François Mitterrand :** *Je reviens à notre suggestion de tout à l'heure : un haut fonctionnaire par pays, ayant la confiance de chacun d'entre nous, de chaque ministre des Relations extérieures, et qui traite ces problèmes à fond sans arrêt pendant un mois et dans une discrétion totale. Cela doit concerner Londres, Bonn et Paris — et, d'une façon à trouver, Rome. La discrétion est fondamentale. Toute expression publique fige les désaccords, même une simple conférence de presse comme celle que nous allons tenir à l'issue de ce sommet bilatéral.*

**Margaret Thatcher :** *Il faut aller très vite, car il ne reste que six semaines !*

**Claude Cheysson :** *Heureusement !*

**François Mitterrand**, d'un ton encore plus irrité, à Claude Cheysson : *Pouvez-vous nous dire plus précisément quelles ont été vos conclusions ?*

**Claude Cheysson :** *Ce sont des conclusions qui ne peuvent être données qu'à vous-mêmes et à Mme le Premier ministre.*

**Margaret Thatcher :** *On est là pour cela ! Dites-nous lesquelles !*

**Claude Cheysson :** *On ne peut en tout cas pas arriver à un accord à deux.*

**François Mitterrand**, de plus en plus énervé : *On ne peut pas non plus négocier à Dix ! D'où la nécessité de rechercher l'accord avec l'Allemagne, la Grande-Bretagne, la France, et de compléter cela par quelques voyages à Rome.*

**Sir Geoffrey Howe :** *Je vais à Rome dans quelques jours.*

**François Mitterrand** hausse les épaules : *Je participerai aussi prochainement à un Sommet franco-italien à Venise. Mais, dans vos réunions de ministres, il me semble que vous êtes bien trop nombreux pour négocier. On m'a dit que, la dernière fois, à Athènes, vous étiez cent !*

**Margaret Thatcher**, excédée au plus haut point : *Le plus probable, c'est que nous allons arriver à une situation réelle de cessation de paiements de la Communauté, avec une crise qui nous obligera à nous déterminer !*

**François Mitterrand** renonce : *Que souhaitez-vous que nous disions à la presse ?*

**Margaret Thatcher :** *Il faut dire que nous avons eu une séance de travail très sérieuse ; et qu'il y aura de nombreuses rencontres bilatérales en novembre, avant le Sommet d'Athènes.*

**François Mitterrand :** *Je suis d'accord, mais il ne faut pas se laisser enfermer dans des questions trop directes, et insister sur le fait que nous travaillons à la recherche de solutions.*

**Margaret Thatcher :** *Si nous n'avançons pas de façon urgente, il y aura de moins en moins de chances de résoudre les problèmes sous votre présidence...*

### Samedi 22 octobre 1983

Pierre Guidoni, ambassadeur de France à Madrid, alerte le Président sur l'aggravation de la situation en Espagne. L'ETA s'est engagée dans une *« spirale d'assassinats »* ; la démocratie espagnole, incapable de répondre « efficacement » (c'est souvent à son honneur), est menacée. *« Les terroristes basques ne sont nullement de pauvres victimes d'un État qui serait resté encore aujourd'hui autoritaire et centralisé. »* Or, *« la direction politique du terrorisme basque est concentrée dans les Pyrénées-Atlantiques. Il est devenu nécessaire d'agir. Il ne suffit pas d'évoquer la doctrine Badinter... »*

Le Président demande une réunion rapide avec Mauroy, Defferre, Badinter.

Je croise dans les couloirs de l'Élysée un président d'entreprise publique tout nouvellement nommé. Je lui fais remarquer que la rumeur le dit antisémite. *« Moi, antisémite ? Moi qui suis si prudent... »*

A Bonn, à Bruxelles, à Madrid, à Londres, à Rome, les manifestations se multiplient contre le déploiement des Pershing. Au total, deux millions de manifestants.

### Dimanche 23 octobre 1983

Soudain, l'horreur à Beyrouth. A 6 h 17, un camion-suicide fonce sur l'immeuble qui abrite le Q.G. américain : 239 morts. A 6 h 20, un autre camion-suicide fonce sur le Drakkar : 58 Français tués.

Il est 4 h 20 à Paris. Le Président, informé par le permanent, envoie immédiatement à Beyrouth Charles Hernu et le général Lacaze.

Dans la matinée, il réunit Védrine, Grossouvre, Bianco, Saulnier et moi à l'Élysée. Il me dit : *« J'ai l'intention d'y aller. Quel est votre avis ? »*

Ménage reçoit Cheysson et Wybaux qui s'inquiètent d'un voyage du Président : *« Trop dangereux. Ne pas y aller. On essaiera sûrement de le tuer. »*

L'ambassade américaine annonce un coup de téléphone de Reagan. Et si les USA réagissent tout de suite à l'attentat, que ferons-nous ? Mais le coup de téléphone ne vient pas. On attend.

Déjeuner d'attente. Le Président, s'il part, le fera de nuit, pour éviter toute surprise.

A 17 heures, le Président me confirme qu'il part ce soir pour Beyrouth dans le plus grand secret. Personne, ni à Matignon ni à l'Élysée, n'est au courant. Il me donne ses dernières consignes : *« Personne ne doit être dans la confidence, ni à l'Élysée, ni au gouvernement, pas même le GLAM. Je le leur dirai en arrivant à Villacoublay. Vous ne préviendrez Mauroy, les Américains et la presse qu'après vous être assuré de mon atterrissage à Beyrouth. »* Il saisit deux enveloppes, ouvre le tiroir central de son bureau et les y dépose. Il ajoute avec un sourire : *« S'il m'arrivait un problème, vous savez qu'elles sont là. Vous saurez quoi faire. »*

Il quitte l'Élysée avec le général Saulnier, Hubert Védrine et François de Grossouvre, en disant à Jean-Louis Bianco : *« A demain matin. »*

A 23 h 30, Pierre Mauroy m'appelle :

*« Où est le Président ? Il faut que je lui parle.*

*— Désolé, Pierre, tu ne peux pas le joindre, et je n'ai pas le droit de te dire pourquoi.*

*— Je comprends. »*

**Lundi 24 octobre 1983**

A 5 heures, le GLAM me prévient : le Président arrive à Beyrouth dans une heure.

A 6 heures, comme convenu la veille avec le Président, j'appelle Hernu à l'ambassade de France à Beyrouth : *« Morland arrive. — Qui ? »* Hernu a du mal à se souvenir que tel était jadis le nom de guerre de François Mitterrand. Je dois le répéter trois fois.

Une fois l'avion posé, j'appelle dans l'ordre Pierre Mauroy, Claude Cheysson, l'ambassadeur américain et Ivan Levaï.

Analyse du général Saulnier durant la visite : *« Le commandement français n'est pas maître des rues, nous ne pouvons imposer de couvre-feu, et une meilleure sécurité dans nos postes ne pourrait être obtenue qu'avec des interdictions de circulation permanentes et temporaires. Par ailleurs, dans nos déplacements, malgré les précautions prises, la vulnérabilité de nos véhicules reste importante. L'immeuble français était, en raison de la configuration des lieux, beaucoup plus vulnérable à une attaque venant de la rue que l'immeuble américain. Ce dernier était en effet séparé de la voie publique par environ 100 mètres de terrain vague, avec une seule voie d'accès contrôlée par un barrage. Cette disposition n'a pas empêché le camion-suicide d'arriver sous la façade de l'immeuble avant d'exploser. C'est dire qu'il faudrait, pour rendre inefficace ce type d'attaque par camion-suicide, entourer les casernements de très larges* no man's land *avec des obstacles permanents (murs et grilles très résistantes, car des chicanes ne suffisent pas), donc réaliser un isolement total des immeubles de casernement. Ce dispositif ne me paraît pas réalisable dans la zone urbaine de Beyrouth. Mal adapté à une mission de présence, il impliquerait en outre une grande concentration et donc une grande vulnérabilité aux bombardements par artillerie. Notre vulnérabilité ne peut être diminuée, sauf si nous abandonnions la zone urbaine. Nos soldats le savent. En ce qui concerne l'immeuble français* Drakkar, *les chicanes étaient disposées de façon correcte pour permettre le contrôle de la rue ouverte à la circulation et bordée un peu plus loin par d'autres immeubles. Ces chicanes étaient disposées le plus loin possible de l'immeuble, compte tenu de la disposition des lieux. Le camion-suicide les a respectées, il a ralenti sans être matériellement arrêté. Selon les témoignages que j'ai recueillis, le camion a été tiré après le passage des chicanes, mais cela ne l'a pas empêché de faire les trente mètres nécessaires pour atteindre son objectif. »*

Le soir, sur l'aéroport de Beyrouth, François Mitterrand prend son temps avant de monter dans l'avion, au grand dam des équipes de sécurité.

François Mitterrand : *« D'un village à l'autre du Liban, des gens et des familles s'entretuent à travers les siècles pour des expiations, pour des choix religieux, à l'intérieur de chaque religion. Il y a combien de cultes chrétiens au Liban ? Six, sept, huit... Combien du côté musulman ? A peu près autant. Et à l'intérieur de ces religions, les gens se combattent avec autant de dureté qu'entre les deux religions. Et, à travers les siècles des siècles, ils ont montré toujours la même vitalité, tout comme s'ils étaient brûlés de passion religieuse, comme si chaque pierre contenait une force, comme s'il y avait là des atomes explosifs de caractère religieux. C'est une terre brûlée de passion. »*

Pour protéger le décollage du Mystère 50, quatre avions décollent du *Foch*. Pendant sept minutes, des missiles Sam peuvent encore atteindre l'appareil. Rien. Saulnier pilote pour l'atterrissage à Paris. François Mitterrand le taquine : *« C'est le moment le plus dangereux de la journée. »*

François Mitterrand sur la mort : *« Je me suis longtemps cru immortel. Même pendant la guerre, exposé, je n'ai pas été visité par cette peur-là. Peut-être le premier jour, lorsque j'étais en première ligne. La mort des autres me frappait. Mais je me pressentais une longue vie. La première fois que les Allemands ont employé l'artillerie, la peur a été réelle. C'était impressionnant. Et pourtant, jamais je n'ai pensé que je mourrais. Mon corps, mes sens réagissaient. Je n'étais pas spécialement craintif. Le courage consiste à dominer sa peur. Pas à ne pas avoir peur... »*

Reagan téléphone à François Mitterrand vers 20 heures. Il demande si ce ne sont pas les Chiites syro-iraniens qui ont fait le coup.

François Mitterrand : *« Il y a une erreur grave de dispositif militaire. Nous sommes au Liban pour maintenir l'équilibre mondial. Il n'y a pas de contre-attaque possible. Au Liban, toutes les conditions sont réunies pour une guerre mondiale. Il y a des officiers soviétiques en uniforme à 20 kilomètres de Beyrouth. Attaquer la Syrie, c'est attaquer Moscou. Je voudrais attendre juin sans qu'un des Grands ne trouve un prétexte dans une conflagration locale pour envenimer les choses avec les euromissiles. Ce n'est pas glorieux. Il vaut mieux se taire. On assiste à une accumulation, voulue par les Russes, de causes de guerre mondiale au Liban. »*

**Mardi 25 octobre 1983**

Sans prévenir, les troupes américaines occupent l'île de Grenade, aux Caraïbes, pour renverser le Conseil militaire révolutionnaire mis en place quelques jours auparavant. Pour la première fois dans l'histoire des rapports Est/Ouest, les Américains font prisonniers, durant quelques heures, des militaires soviétiques. Reagan, qui a téléphoné à François Mitterrand six heures avant le déclenchement de cette opération longuement préparée, n'en a rien dit.

Je convoque Galbraith, à la demande du Président, pour lui dire que nous sommes très mécontents, mais que notre réaction sera *« minimale »*, en raison de la tragédie du Liban. En sortant, l'ambassadeur déclarera à des journalistes que je l'ai félicité et lui ai dit : *« Chapeau bas »*... Mon démenti le fera éclater de rire.

Pour l'Opéra-Bastille, il faut maintenant choisir celui des trois projets dont l'étude approfondie sera lancée ; 150 millions sont prévus pour cela au Budget 1984. Jack Lang propose de retenir le projet de Carlos Ott. Outre les doutes que je nourris sur les qualités esthétiques de ce projet, rien ne nous garantit plus l'indépendance de gestion de cet Opéra par rapport à Garnier. Tout cela me paraît bien mal parti. Je propose au Président d'arrêter ce projet et d'utiliser l'argent disponible au financement de deux autres auditoriums en province, ou au complément du projet de la Cité de la Musique à La Villette, aujourd'hui réduit, faute de crédits, à la simple installation du Conservatoire national de musique. Mais le Président donne raison à Jack Lang : l'Opéra-Bastille est maintenu.

**Mercredi 26 octobre 1983**

François Mitterrand à *La Presse*, journal tunisien : *« Nous pensons qu'il serait dangereux que l'Irak ne dispose pas des amitiés et des concours qui permettent d'aller au plus tôt vers une solution pacifique. Les Super-Étendard sont là où ils doivent être si la France respecte ses contrats. Et, depuis déjà je ne sais combien d'années, la France a des accords avec l'Irak (...). Nous respectons notre signature. »*

Au Conseil des ministres : *« Au Liban, nous sommes les soldats de l'équilibre. L'attentat du* Drakkar *y a été scientifiquement organisé, dans une ville folle où le terrorisme fleurit naturellement. »*

Georges Fillioud est au Luxembourg. Il signe avec Rémy Sautter un accord confiant deux canaux des satellites TDF à *RTL* et s'engageant par ailleurs à ne pas se faire de concurrence.

Le vice-président américain George Bush est à son tour à Beyrouth.

**Jeudi 27 octobre 1983**

François Mitterrand en voyage en Tunisie. Bourguiba est au plus bas.

**Vendredi 28 octobre 1983**

Le Congrès socialiste s'ouvre à Bourg-en-Bresse. Chevènement : *« Accepter 2 800 000 chômeurs en 1986, c'est accepter la défaite. »* Fabius : *« Le socialisme est-il moderne ? »* Mauroy : *« La rigueur ne constitue pas notre politique. »* Les questions sont posées. Où sont les réponses ?

Le nouveau livre de Caton est bien accueilli par la critique. Dans *Le Nouvel Observateur*, Jean-François Kahn écrit : *« Voilà sans doute l'un des ouvrages "politiques" les plus intelligents, les plus toniques et les plus démystificateurs qu'il nous ait été donné de lire depuis que la gauche, en dégelant le pouvoir, a gelé les imaginations théoriques. Y aurait-il une justice éditoriale que je prédirais volontiers à cet ouvrage riche et dense la même carrière que celle de ces phénomènes d'édition qui, du* Défi américain *à* Toujours plus !, *ont su séduire le lecteur tout en alimentant une manière de débat...*
*Il étrille comme il se doit l'archaïsme foncier d'un discours socialiste qui met du rêve là où il faudrait de l'acte, et de l'État là où il faudrait de l'imagination. Mais, fort de cette orthodoxie, il n'en pourfend qu'avec plus de verve les jappements imbéciles de la nouvelle droite sauvage et ces nouveaux croisés de la bipolarisation mondialiste qui voient Andropov ou des Bulgares partout où Freud voyait du sexe.*
*Ensuite, il s'acharne à camoufler sa propre cible. Car enfin, la farce du Zorro de la droite pure et dure qui avance masqué pour mieux châtier les sergents Garcia qui nuisent, par leur sottise, à l'effort de reconquête de ses amis conservateurs, ce canular-là a fait long feu. Ce Caton nous apparaît, à l'examen, fortement collectif, à moins d'intégrer en lui-même un déçu de la nouvelle droite, un technocrate barriste désabusé, un cadre rocardien en congé de parti, une fraction de la rédaction de* Libération *et un adepte de Jean-François Bizot. Cela fait peut-être beaucoup pour un seul homme. D'autant que le style affecte d'étranges variations et passe allégrement de Baudrillard à Coluche. »*
Perspicace...

**Samedi 29 octobre 1983**

Manifestations pacifistes à Copenhague et La Haye (500 000 personnes).

Kadhafi écrit à François Mitterrand à propos de la Grenade. Difficile d'imaginer plus grande violence verbale :

> *« Les événements qui se déroulent actuellement à Grenade ont ôté tout espoir aux petits pays et à leurs peuples, à l'instar du peuple de Grenade, de vivre libres sur cette planète. Ce qui se passe à Grenade non seulement porte atteinte à la liberté du peuple grenadien, mais détruit aussi la civilisation du XXᵉ siècle et dévoile son caractère mensonger et fallacieux. L'arrivée au pouvoir d'un personnage comme*

*Reagan à la tête d'une grande puissance tyrannique signale la déchéance de l'humanité et marque le retour à l'ère de la barbarie, de la sauvagerie et de l'irrationnel. Seule une alliance mondiale qui envahirait les États-Unis pour y établir les principes d'humanité, de liberté et de justice et en extirper l'esprit malfaisant et le nazisme, pourrait sauver la civilisation et la liberté humaine qu'on enterre à l'heure actuelle, car les États-Unis sont devenus une menace pour la liberté de tous les petits pays et de leurs peuples, et aussi pour la paix dans le monde. Il n'existe dans aucune langue connue une expression adéquate qui puisse décrire l'ignominie de cette intervention qui représente le précédent le plus grave de la violation du respect des autres et de l'ingérence dans leurs affaires les plus personnelles (...). Le nouvel Hitler du monde doit comprendre que même Hitler a eu une fin désastreuse et que les peuples ont emporté la victoire.*

*Mort aux mégalomanes et aux nouveaux nazis, gloire au peuple de Grenade victime de l'agression, et victoire pour les peuples !* »

**Lundi 31 octobre 1983**

Raúl Alfonsín remporte les élections en Argentine. Fin de huit ans de dictature militaire.

Le Conseil de sécurité de l'ONU interdit l'usage des armes dans le Golfe et ses ports. L'Irak appliquera cette résolution si l'Iran s'engage lui-même à la respecter.

François Mitterrand : « *J'ai un tempérament que l'on appellera religieux. Je m'intéresse à ce type de questions. Je suis porté à rechercher moi-même un Dieu autour d'une révélation, avec la transcendance d'une vie après la mort. Tout cela est quand même un peu usé dans ma tête, et quand je me dis agnostique, cela veut bien dire cela. Je ne sais pas ce que je sais, je ne sais pas ce que je ne sais pas. Donc, cela ne peut pas s'appeler la foi. Je n'ai pas eu de révolte, je ne suis pas entré en rébellion, je n'ai pas eu à déchirer une carte d'adhésion, je n'ai pas eu à quitter une Église. Cette évolution s'est faite en moi au hasard de ma vie. Je reste de cette civilisation, de cette forme d'esprit qui, au fond, admet l'existence d'un principe et d'une explication, mais qui, à partir de là, hésite sur les modalités de l'explication en question.* »

**Mercredi 2 novembre 1983**

Cérémonie aux Invalides pour les 58 morts du Drakkar. A l'appel de chaque nom, le Président dépose une Légion d'honneur sur chaque cercueil. Il fait très froid, ce matin, sur Paris.

La décision est prise : quelque chose sera fait. François Mitterrand : « *Non pour se venger. Mais pour éviter que cela ne se renouvelle.* »

Au Liban, Arafat, encerclé à Tripoli avec quelques milliers de ses derniers fidèles sous le feu de ses adversaires, détient six soldats israéliens prisonniers. De son côté, Israël déteint plusieurs milliers de Palestiniens ou sympathisants pris lors des combats aux portes de Beyrouth. L'échange est-il possible ?

Entretien à Paris entre le Président et le Roi Juan Carlos. Le Roi d'Espagne souhaite que les cartes de réfugiés des Basques soient retirées (elles devraient l'être depuis 1979). Il demande des moyens de prévention plus stricts, et une expulsion dans les cas les plus graves.

Fin de toute résistance à la Grenade : difficile d'imaginer plus ridicule déploiement de forces pour réduire un coup d'État dérisoire.

**Jeudi 3 novembre 1983**

Protestation de l'Irak auprès du secrétaire général de l'ONU contre des offensives iraniennes.

Le cher Pierre Uri, un des pères fondateurs du Marché commun, me propose plusieurs réformes économiques, toutes intéressantes : améliorer les incitations à l'épargne et les simplifier ; diminuer les impôts des cadres, mais augmenter leurs charges sociales ; mettre en œuvre des négociations sociales globales ; calculer autrement les prélèvements obligatoires.
Cet homme excessivement brillant n'a, mystérieusement, jamais rempli le rôle qu'il aurait dû assumer : trop d'intelligence rationnelle nuit sans doute en politique.

**Vendredi 4 novembre 1983**

Après un attentat palestinien contre l'armée israélienne au Sud-Liban, Claude Cheysson donne instruction au porte-parole du Quai d'Orsay de faire part, aujourd'hui à midi, *« de notre préoccupation devant la reprise des violences et de notre sympathie pour les familles des victimes »*. Il pense qu'avant d'aller au-delà, il faut attendre l'annonce ou la confirmation officielle par le gouvernement israélien de cet attentat. *« Il serait difficile, au-delà de la sympathie pour les familles des victimes, d'adresser des "condoléances", étant donné que l'armée israélienne est, au Sud-Liban, comme l'armée syrienne dans la Bekaa, une armée d'occupation. »*

Jean-Baptiste Doumeng m'annonce les noms de ceux qui sortiront du Comité central et de celui qui entrera au secrétariat : Jean-Claude Gayssot est, à Moscou, désigné comme le successeur, dans un an, de Georges Marchais.

**Samedi 5 novembre 1983**

Claude Cheysson propose à François Bujon de L'Estang de devenir directeur des Affaires économiques au Quai d'Orsay au départ de Paye pour l'OCDE. Jospin propose un autre candidat.

Première réunion préparatoire au Sommet de Londres, sous la forme d'un dîner au 10, Downing Street, avec Robert Armstrong.

**Lundi 7 novembre 1983**

Pour ramener en 1985 le taux des prélèvements obligatoires de 46 % (ce qu'il sera) à 44,5 % (1 % au-dessous de 1984), il faut réduire de 65 milliards de francs les recettes et les dépenses. C'est déjà moins !

Chadli est à Paris. Première visite officielle d'un chef d'État algérien en France.

**Mardi 8 novembre 1983**

Les évêques de France jugent la dissuasion nucléaire « moralement acceptable ».

Le P-DG de l'entreprise publique qui s'étonnait d'être accusé d'antisémitisme m'explique : *« Ce que vous m'avez dit m'a beaucoup impressionné. J'ai fait la liste des Juifs dans l'entreprise. Ils sont beaucoup mieux traités que les autres. »* Incorrigible !

Arafat, de Tripoli où il est assiégé, envoie un message au Président : *« Il adresse ses remerciements à la France dont la prise de position a une portée considérable non seulement pour le sort des combattants de Tripoli et pour l'OLP, mais pour l'avenir du peuple palestinien lui-même. Le peuple français méritait déjà le nom de peuple ami du peuple palestinien ; nous lui donnons désormais celui de peuple frère. »*

Cheysson propose d'aider Arafat à quitter Tripoli. Arafat répond : *« Je ferai appel à vous en toute dernière extrémité. Je souhaite qu'un contact permanent soit maintenu entre nous pour pouvoir déclencher l'opération à tout moment. Ma présence au milieu de mes combattants est importante ; il faut être prêt. »*

J'interroge le Président : *« Cheysson a donc proposé à Arafat de l'évacuer sur un bateau français ? Ne peut-on trouver un bateau plus neutre, grec par exemple, comme après le siège de Beyrouth, l'an dernier ? A moins que le bateau ne soit civil... »*

François Mitterrand : *« Sauver les personnes échappe à tout calcul. »*

Promenade dans le parc avec le Président : *« Quel Premier ministre : Fabius, Mauroy, Delors ? »*

Message énigmatique de la Maison Blanche. Le nouveau conseiller spécial, Bud McFarlane, qui vient de remplacer Clark, devenu secrétaire à l'Intérieur, écrit : *« Nous apprécions grandement la détermination française de rester dans la course au Liban. »*

**Mercredi 9 novembre 1983**

Au déjeuner habituel, on parle de l'extrême droite, des chefs-lieux ruraux, de l'urbanisme, des jardins ouvriers, des subventions aux quartiers défavorisés, des impôts locaux qui augmentent trop vite, des crédits pour les banlieues. Laurent Fabius panique : Usinor et Sacilor vont faire 10 milliards de pertes en 1983, contre

2,5 prévus. Il réclame 5 milliards en plus des 4 déjà prévus dans le Budget 1984. Mauroy veut que tout soit fait d'abord pour Usinor ; Fabius pour Sacilor, dont dépendent les usines normandes. Cela promet ! Fabius : *« Ce complément ne peut être apporté que par le collectif budgétaire en cours de préparation. J'insiste vivement pour l'inscription de ce crédit, sauf à rendre impossible soit la poursuite de l'activité sidérurgique, soit le redressement de nos autres entreprises publiques industrielles, soit les deux. »*

Jean-Yves Haberer et Jacques de Fouchier insistent pour être reçus par le Président afin de lui soumettre deux problèmes : faut-il suspendre les poursuites contre Pierre Moussa ? faut-il autoriser les douaniers à poursuivre la Banque elle-même ? Réponse de François Mitterrand : *« C'est au Premier ministre de décider. »*

**Vendredi 11 novembre 1983**

Rien n'est réglé dans l'Université, au contraire. Le ministre de l'Éducation nationale continue à faire planer la menace d'un Corps unique. Le directeur des Enseignements supérieurs, Payan, partout où il parle, annonce qu'on va vers la séparation du grade et de la fonction, c'est-à-dire vers le Corps unique. Cela a des conséquences désastreuses : les emplois du temps ne sont pas faits. Il faut réagir vite !

Le Président impose à Mauroy et Savary des amendements qui protégeront la spécificité des professeurs et interdiront le Corps unique.

Nitze, le négociateur américain à Genève, soumet à Washington un projet selon lequel les États-Unis et l'URSS limiteraient leurs missiles intermédiaires à 200 lanceurs chacun, porteurs de 600 ogives nucléaires. La moitié seulement de ce total serait déployé en Europe. Les États-Unis n'installeraient en Allemagne de l'Ouest que 36 fusées Pershing 2, au lieu des 108 prévues, et 64 missiles de croisière, soit 200 de moins de prévu. On est loin de la promenade dans les bois...

**Samedi 12 novembre 1983**

A Paris, la recherche de la véritable identité de Caton atteint son paroxysme. *Le Figaro* encense cet *« homme de droite qui avance encore masqué »*. Ce soir, dîner avec André Bercoff et quelques journalistes. On ne parle que de Caton. André n'apprécie plus tant les compliments adressés à ce Golem devenu beaucoup plus célèbre et influent que lui-même !

Coup de tonnerre : Reagan écrit au Président Mitterrand pour annoncer des représailles américaines au Liban, et nous proposer de nous y joindre :

> *« ... Sur la base de cette analyse, je crois que le gouvernement américain doit maintenant agir pour empêcher de nouvelles actions terroristes par les groupes responsables, et dissuader de tels actes d'autres éléments radicaux qui paraissent convaincus que ce type d'attaque pourrait affaiblir notre volonté et notre engagement en vue de résoudre le problème libanais. Davantage encore, je suis convaincu qu'il est besoin d'envoyer un signal clair et résolu à ces gouvernements qui soutiennent tacitement ce type d'activités. Il faut leur faire comprendre que nous les tiendrons pour responsables de cette activité criminelle si elle est renouvelée...*

*La confirmation en cours par notre service de sécurité ayant été obtenue, nous avons établi une fenêtre pour notre opération entre les premières heures de la matinée du 16 et le 19 novembre. Avant de prendre ma décision finale, j'apprécierais grandement d'avoir vos vues sur nos plans (...). Je crois que notre plan visant à répondre à ces attaques contre nos forces de paix ne nous fera pas dévier de nos efforts à cet égard. Si nous allons plus avant dans la réalisation de nos plans, je rappellerai publiquement notre engagement en faveur d'une solution pacifique de la tragédie libanaise et je ferai savoir que notre tolérance vis-à-vis du terrorisme a des limites claires. »*

François Mitterrand décide immédiatement de se joindre à l'opération américaine et demande à Charles Hernu de prendre contact avec Caspar Weinberger.

Georges Valbon quitte la présidence des Charbonnages de France pour marquer son désaccord avec la politique gouvernementale. La crise s'annonce avec le PC.

François Mitterrand à Pierre Mauroy : *« Il faut dire aux communistes que nous les garderons au gouvernement s'ils n'exagèrent pas. Le contrat a été décidé par les électeurs. Le rapport de forces a été défini par le suffrage universel. Les communistes ne peuvent s'en défaire par une pression sur le gouvernement. »*

Six attentats de l'ARC en Guadeloupe.

Le Président choisit sans enthousiasme le projet de Carlos Ott pour l'Opéra de la Bastille.

**Dimanche 13 novembre 1983**

Les protestants français réclament *« un gel nucléaire, même unilatéral »*.

**Lundi 14 novembre 1983**

Reconduction du système d'encadrement des prix pour 1984.

**Mardi 15 novembre 1983**

Pierre Guidoni, ambassadeur à Madrid, note : *« Le terrorisme basque intensifie sa pression jusqu'aux élections municipales espagnoles, afin de radicaliser la lutte. »*

Le Président écrit à Pierre Mauroy pour lui demander de laisser un peu de liberté aux prix dans les entreprises publiques, en particulier pour la pharmacie.

François Mitterrand reçoit le Président finlandais Mauno Koivisto, dont l'expérience en matière soviétique est incontournable :

**François Mitterrand :** *Le terme "finlandisation", qui est parfois employé, l'est par une presse de combat, et pas à bon escient. Ce terme n'est pas reçu comme traduisant une réalité par l'ensemble de la population, qui se rappelle au* *contraire les actes courageux du peuple finlandais. Quand on a l'URSS à la porte et à la fenêtre !... On vous comprend donc bien. C'est une réalité géopolitique.*

*Il n'y a d'ailleurs pas de raison d'avoir, à l'égard de l'URSS, une attitude inamicale, et c'est aussi mon sentiment. En ce qui concerne la France, et quelle que soit la situation, j'ai toujours gardé une attache avec l'URSS. Évidemment, nous, nous ne sommes pas neutres, nous sommes mêlés à tous les choix, plus même que nous ne le voudrions.*

**Mauno Koivisto :** *Du fait de notre histoire, nous avons appris les inconvénients qu'il y avait à avoir des amis loin et des ennemis près. Nous avons donc, depuis lors, cherché à être amis avec les pays proches.*

*On ne peut pas dire que la Finlande soit neutre. Notre politique extérieure est fondée sur le bon voisinage. Dès lors que nous ne sommes pas alliés à l'URSS, nous ne pouvons pas être alliés non plus avec d'autres pays. A partir d'une case départ difficile, mon prédécesseur avait réussi à construire une situation assez solide, et, aujourd'hui, nous sommes présents sans conditions dans l'arène internationale.*

*Dans nos jugements sur l'URSS, nous n'hésitons pas à émettre des réserves. Il en a été de même pendant la guerre du Vietnam à l'égard des États-Unis.*

**François Mitterrand :** *L'URSS va cesser sa participation aux négociations sur les FNI, mais les START vont se poursuivre. Il y aura donc en Europe des missiles supplémentaires et je ne vois pas comment, à court terme, on pourrait diminuer leur nombre. Cela créera surtout, pour l'URSS, une différence qualitative en sa défaveur, car elle pourra être frappée plus rapidement. Évidemment, par rapport au chiffre global de 8 000 missiles de chaque côté, la quantité supplémentaire est assez réduite. En tout cas, je suis pessimiste sur cette négociation. En revanche, je suis optimiste pour la suite d'Helsinki, à Madrid. Il a été possible d'y aboutir à de réelles conclusions.*

*... Pourquoi utiliser des SS 20 ? Nous ne pouvons pas laisser l'URSS disposer seule de cette arme terrible qui peut ravager l'Europe en quinze minutes. D'autant que cette arme n'atteint que l'Europe. C'est tout le problème du découplage.*

*La France n'est pas le gardien de l'Europe occidentale. L'URSS aurait donc le champ libre partout ailleurs, en dehors de la Grande-Bretagne ? L'équilibre mondial et européen en serait rompu.*

*Il n'y a pas de proposition suffisante dans ce sens. Le Président Reagan s'est accroché trop longtemps à l'option zéro. Il n'était plus raisonnable de demander aux Soviétiques la destruction intégrale de leurs missiles SS 20 dès lors qu'ils en avaient autant. De leur côté, les Russes ont réduit leurs exigences au compte-gouttes.*

*Je serais étonné par un rebondissement russe à Genève.*

*Il y aura donc quelques Pershing en Allemagne, et le départ des Russes de Genève. Nous vivrons un moment difficile. C'est alors qu'il faudra vite atteindre un stade nouveau. La France sera à la disposition des uns et des autres pour aider à toute reprise des conversations. D'ici là, il n'y a pas grand-chose d'utile à faire. La France n'est pas pour une surenchère, mais elle n'est pas pour un monopole soviétique.*

**Mauno Koivisto :** *J'ai essayé de comprendre ce qui s'était passé avant cette double décision. J'ai lu les mémoires du Président Carter. Cela ne préoccupait pas, à ce moment-là, les Américains. Au moment des SALT, Carter n'était pas pour implanter ses missiles sur le sol européen. Pendant un certain temps, les États-Unis ont même vu les SS 20 de façon positive, car ce sont des missiles mobiles, contrairement aux SS 4 ou aux SS 5. Ils peuvent donc être retirés.*

**François Mitterrand :** *Oui, mais l'URSS a pris cette décision avant 1977. Pourquoi donc ? Nous ne menacions pas la Russie !*

**Mauno Koivisto :** *J'ai été à Washington en 1978 pour le FMI. L'ambiance était la suivante : refus de ratifier les accords SALT II si la brigade russe qui avait été découverte à Cuba n'était pas retirée. Par-dessus cela, il y eut l'affaire d'Afghanistan et celle de la bombe à neutrons. Le Chancelier Schmidt se trouvait dans une situation difficile. De son côté, Brejnev était déjà diminué...*

**François Mitterrand :** *Nos pays ne peuvent plus servir à grand-chose avant l'arrivée des Pershing II et la rupture à Genève, mais ils peuvent avoir par la suite un rôle important, car ce sera pour les grandes puissances un problème d'amour-propre, et il faut que personne ne se sente humilié ni menacé. Notre position ferme nous permettra alors d'être conciliants avec l'URSS. En effet, nous ne sommes pas les adversaires de l'URSS.*

**Mauno Koivisto :** *Dans les mémoires de Carter, on voit bien qu'à la rencontre de Vienne, Gromyko ne pouvait opposer que des refus et que seuls les chefs militaires pouvaient dire oui. Y a-t-il en URSS des facteurs militaires prépondérants ? Nous notons en tout cas un très grande rigidité des Affaires étrangères soviétiques.*

De Djedda, on apprend qu'Arafat vient d'accepter de quitter Tripoli. Les autorités saoudiennes nous demandent d'aider à son évacuation et de le recevoir à Paris.

Cheysson au Président : *« Je ne sais pas s'ils nous préparent quelque chose, mais Howe me dit qu'il fait tout ce qu'il peut pour convaincre les Américains de ne pas se venger de l'attentat de Beyrouth. »*

Impossible : tout est prévu pour après-demain.

**Mercredi 16 novembre 1983**

Michel Camdessus devient gouverneur de la Banque de France.

Un collaborateur de Weinberger dit à un collaborateur de Hernu que, finalement, les Américains n'y vont plus. Celui-ci croit à une plaisanterie.

Le Président rencontre secrètement Mgr Vilnet : *« Il n'est pas question pour le gouvernement de laisser étouffer l'enseignement privé, mais seulement de lui refuser les privilèges qu'il réclame. Comptez sur moi, je veille à un accord équilibré. »*

Ce soir, à « L'Heure de Vérité », faisant allusion à l'attentat contre le *Drakkar*, le Président annonce que *« les criminels seront châtiés »*. Nul ne relève.

Selon une dépêche diplomatique, Israël s'apprêterait à demander le concours de la flotte française pour l'évacuation de ses prisonniers dont la vie est actuellement en danger à Tripoli.

Accord entre Ryad et Damas sur l'évacuation des loyalistes de l'OLP encerclés à Tripoli, au Liban.

A 18 heures, heure locale (24 heures, heure de Paris), Weinberger reçoit le feu vert du Président américain et l'accord de tous les chefs militaires du Pentagone.

**Jeudi 17 novembre 1983**

L'opération est pour aujourd'hui.

6 heures du matin : le Président français donne son feu vert à l'opération à Beyrouth.

A 6 h 45, Weinberger téléphone à Hernu : *« J'ai décidé de retirer la participation américaine à Beyrouth. »* Il a peur de perdre un pilote.

A Washington, McFarlane apprend le report de l'opération décidé par Weinberger. Il est trop tard pour réagir. Reagan, prévenu, est furieux.

A 9 heures, Charles Hernu appelle le Président : *« Les Américains viennent de me téléphoner ; Weinberger souhaite reporter l'opération. La Maison Blanche n'est pas au courant et ils ne veulent pas réveiller leur Président pour lui demander de décider. »*

A 11 heures, François Mitterrand reçoit Charles Hernu ; il décide de maintenir : *« On ne peut plus reculer maintenant. »*

A 12 heures, Charles Hernu retourne rue Saint-Dominique et téléphone à Weinberger : *« Nous agirons dans une heure, avec ou sans vous. »* Weinberger lui répète : *« Aucune décision n'est prise. »* Hernu : *« Nous décollons dans une heure. »* Weinberger : *« On ne peut y aller. La relève de nos troupes m'interdit d'agir. »*

A 13 h 15, McFarlane envoie le télégramme suivant :

> *« M. Weinberger a été avisé par Hernu de vos plans dans l'heure. Le Président Reagan continue de voir très positivement une mission franco-américiane coordonnée à la première opportunité. Ceci n'est pas pour influencer vos plans, mais plutôt pour établir clairement notre soutien à une mission et pour vous proposer une coordination aussi vite que possible. »*

Dans ces moments-là, il faut avoir l'esprit froid. Les Français sont sans la protection des radars et des avions américains. Maintenir ou annuler ? Le Président décide de maintenir, de ne pas répondre à ce télégramme, mais à celui d'il y a deux jours, par lequel Reagan annonçait l'action américaine : il s'agit de montrer aux Américains que l'opération dont ils avaient pris l'initiative est désormais prête. Réponse de McFarlane :

> *« Le télex du 14 novembre a bien été reçu. On a été sensible — et on insiste sur ce point — aux deux remarques portant sur la nécessité d'avoir une précision et une identification suffisantes. Pour le reste, la France estime que tout crime mérite sanction appropriée. »*

A 15 h 30, l'opération est lancée alors que le Président est en route pour Villacoublay, afin de se rendre à Venise où se tient le Sommet franco-italien.

A 16 h 20, huit Super-Étendard bombardent leur cible. Pour faciliter la tâche des appareils partis sans la moindre protection, la marine américaine brouille les radars syriens. Pourquoi ? Qui l'a décidé ? Les avions français rentrent indemnes à la base.

En route pour Venise, le Président est prévenu de la réussite de l'opération et du retour, indemnes, des pilotes.

Les quartiers généraux des chiites extrémistes sont détruits.

A l'aéroport, on apprend que le ministre des Affaires étrangères Andreotti vient de critiquer le bombardement français. Au dîner au Palais Pisani, Andreotti est mis en quarantaine par la délégation qui refuse de lui serrer la main et de lui parler pendant tout le Sommet.

Dans la soirée, Israël demande à la France de préparer en secret l'échange des six prisonniers israéliens contre plusieurs milliers de Palestiniens et de Libanais, la Croix-Rouge internationale assurant sa préparation. Le Président hésite : opération très délicate et dangereuse. Il s'agit d'organiser l'évacuation des six prisonniers retenus dans une cave, dans une ville assiégée, d'un port soumis au tir des batteries adverses, pour les échanger contre 1 124 Palestiniens détenus en Israël et au Liban ! Puis il accepte. Si on réussit, cela justifiera toute notre politique de dialogue avec les deux camps.

**Vendredi 18 novembre 1983**

Dans le plus grand secret, l'échange se prépare. Comment agir ? Faire entrer un bâtiment dans le port paraît déraisonnable. L'envoi d'une équipe légère française ou l'envoi d'un hélicoptère seraient trop dangereux. On choisit la récupération en mer : l'OLP devra assurer le transfert des prisonniers israéliens depuis la côte. Problème : les prisonniers doivent pouvoir être formellement identifiés par la Croix-Rouge.

19 h 15 à l'Élysée : on examine les difficultés. Il faut organiser le transport aérien des Palestiniens et le synchronisme des opérations au Nord et au Sud. Le transport des prisonniers détenus par Israël sera assuré par la France sous les auspices du CICR. Les six prisonniers israéliens seront convoyés sur un bâtiment de la marine française mouillant devant Tripoli.

Geoffrey Howe proteste auprès de Claude Cheysson contre le bombardement de Baalbek :

> *« Vous connaissez nos sentiments à propos de l'attaque affreuse contre votre contingent à Beyouth le mois dernier. Je comprends bien les pressions exercées sur votre gouvernement pour agir en réaction. Mais je suis franchement ennuyé que vous ne nous ayez pas donné l'occasion de commenter ni même prévenu à l'avance de l'attaque de l'aviation française au Liban hier.*
>
> *Vous connaissez mes efforts, plus tôt ce mois-ci, pour dissuader les Américains de ce genre d'action contre-productive. Nous avons attiré leur attention sur la distinction entre une action justifiée par la légitime défense et une action brutale. »*

**Samedi 19 novembre 1983**

Les prisonniers doivent être formellement identifiés ; une fois déclenchée, l'opération ne peut être que réussie ou annulée.

**Dimanche 20 novembre 1983**

Cheysson répond à Howe. Il n'est déjà plus à Venise ni à Paris, mais... à Djakarta !

*« Mon cher Geoffrey,*
*Je t'ai, en effet, dit que nous étions opposés aux représailles et que nous avions refusé une action conjointe avec qui que ce soit. Ceci dit, comme tout pays digne de ce nom, nous n'accepterons jamais que nos troupes soient attaquées sans avoir le droit de riposter. L'attentat du 23 octobre a été meurtrier. Nous ne nous sommes pas précipités à bombarder n'importe qui n'importe où, et nous avons soigneusement suivi les différentes pistes qui pouvaient mener à l'agresseur. Celui-ci identifié de plusieurs manières, nous avons poursuivi l'enquête sans hâte excessive. La responsabilité établie, nous avons frappé et l'objectif a été atteint précisément et sans excès.*
*Quel pays digne de ce nom aurait agi différemment ?*
*J'ajoute que, ni à La Celle-Saint-Cloud, ni ultérieurement, je n'ai caché notre volonté d'agir ainsi, ponctuellement et énergiquement, si nous pouvions identifier les responsables, et ceux-ci ne sont évidemment pas au premier chef les candidats au suicide qui mène au Paradis. Tu t'étonnes que nous ne vous ayons pas avisés à l'avance. Peux-tu imaginer qu'une opération de ce genre aurait pu être annoncée à qui que ce soit sans accroître les risques, non négligeables, dans une zone qui ne manque pas de puissants moyens anti-aériens ? Je te dirai ce qui précède d'autre manière : connaissant un peu ton peuple et ses dirigeants, je n'éprouve aucun doute sur ce qu'aurait été votre action si vos soldats avaient été ainsi massacrés et si vous aviez pu en identifier les responsables. Je t'assure de mes sentiments bien amicaux et dévoués et te souhaite bon vent à la Nouvelle Delhi. »*

Cheysson ajoute à l'intention du diplomate qui doit délivrer le message : *« Vous remarquerez le ton un peu blessé de mon message. Les Anglais nous la baillent belle lorsque leurs intérêts et leurs hommes ne sont pas touchés et risquent d'être affectés par nos actions. Avons-nous réagi de la sorte pendant la crise des Malouines ? »*

**Lundi 21 novembre 1983**

Le secret est encore bien gardé. A Tripoli, l'OLP veut que le bateau qui assurera la navette entre la terre et le bâtiment français soit placé sous la responsabilité de la Croix-Rouge. Un représentant de la Croix-Rouge se tiendra aussi à bord du bâtiment français. D'accord : le bâtiment français pénétrera, selon les circonstances, dans la zone des 12 miles nautiques. Un représentant du Quai d'Orsay sera embarqué à bord du bâtiment de recueil, notamment pour le cas où des passagers imprévus se présenteraient à l'embarquement. Par ailleurs, trois appareils B 747 d'Air France seront mis en place demain pour le transfert des 1 200 Palestiniens, en-dehors de celui des archives de l'OLP.

La Croix-Rouge précise que les moyens destinées à assurer la sortie des six prisonniers israéliens de Tripoli ne seraient disponibles que mercredi 23 au soir. Il s'agit d'un bâtiment-hôpital, le *Flora*, qui sera affrété par la Croix-Rouge pour une *« mission humanitaire »* au large de Tripoli. Surprise : le *Flora*, selon le *Lloyd's Shipping Index*, serait « propriété libyenne » ! A Tripoli, le port est bombardé.

Il apparaît que l'opération pourrait avoir lieu au mieux après demain dans la soirée. C'est Bruno Delaye, du cabinet de Cheysson, qui assurera la coordination sur le bateau français.

**Mardi 22 novembre 1983**

Il faut se dépêcher : les premières lignes dissidentes se trouvent à environ un kilomètre de l'entrée nord de Tripoli, soit à près d'un kilomètre et demi du quartier général de Yasser Arafat et des prisonniers israéliens.

Le navire-hôpital *Flora* passe le canal de Suez et sera dans le port de Tripoli dans la soirée. L'opération est reportée à demain.

La mise en place des 747 d'Air France, à Tel Aviv, est en cours. Le secret est encore intact !

**Mercredi 23 novembre 1983**

L'Espagne réclame à la France l'extradition de cinq des vingt-trois ressortissants espagnols connus pour être membres actifs de l'ETA et qui n'ont pas commis de *« crime de sang »*. Le Président demande leur assignation à résidence dans l'attente d'une expulsion. Les autres seraient éloignés de la frontière et interdits de séjour dans les départements limitrophes, mais expulsés s'ils enfreignaient cette mesure. On recherche un pays d'accueil.

9 heures : accord des Israéliens pour que les Palestiniens soient libérés sur l'aérodrome Ben Gourion.
A 9 h 20, accord des deux parties pour que l'opération ait lieu dans la journée du jeudi 24.

Bruno Delaye monte à bord d'un B 747 d'Air France qui doit le déposer à Larnaka avant de rejoindre les deux autres appareils à Tel Aviv.

Le projet de loi sur la concentration de la presse passe en Conseil des ministres. Gaston Defferre se montre véhément : *« La presse de Paris est presque entièrement dans la main d'un seul homme. »* Badinter grommelle. Rocard est contre, mais ne dit rien.

Au déjeuner, on parle encore de la réforme de la loi électorale. François Mitterrand : *« Elle est le juge de paix des rapports avec le Parti communiste. Avec la proportionnelle, nous aurions la certitude d'être minoritaires, à moins d'avoir un troisième groupe sûr avec nous. La représentation proportionnelle, c'est limiter la casse. Le scrutin majoritaire, c'est jouer le tout pour le tout. Cela dépendra de la situation. Si ça va mal, je ferai un peu de représentation proportionnelle ; si ça va bien, beaucoup de proportionnelle. Par ailleurs, il faudra redécouper les circonscriptions. »*

Le secret est éventé trop tôt. A 20 h 07, l'AFP diffuse un télex de son bureau de Genève donnant, *« selon une source diplomatique arabe »*, le schéma de l'opération, notamment le transport des prisonniers de l'OLP vers Alger par voie aérienne et le recueil des prisonniers israéliens devant Tripoli par voie maritime. Cette indiscrétion peut être fatale au succès de l'opération. Mais, compte tenu du nombre de partenaires en présence et du nombre de participants à l'opération en mer, à terre, à Beyrouth, à Tripoli et à Tel Aviv, il est exclu de modifier quoi que ce soit. Le Président donne l'ordre de continuer.

L'entrée du bâtiment *Flora* — allemand, en définitive —, affrêté par la Croix-Rouge, dans les eaux territoriales libanaises, c'est-à-dire à moins de 12 miles nautiques de la côte, est approuvée par le Président lui-même. Le bateau mouille devant Tripoli pendant l'opération et sert notamment de couverture aux mouvements d'embarcations entre le port et le large.

Un rattrapage par l'envoi d'un hélicoptère ou de commandos à terre — opération à hauts risques politiques ou militaires — est possible avec les moyens en place. Le Président décidera. Le vice-amiral Klotz, commandant le groupe de recueil en mer, Bruno Delaye, le commandant du bâtiment et celui du commando de marine jugeront seuls des conditions d'exécution de la mission.

Le transfert entre le camp d'Al Ansar, au Sud-Liban, et l'aéroport international Ben Gourion, près de Tel Aviv, se fera à bord d'hélicoptères militaires. L'ensemble de l'opération sera accomplie sous la surveillance de la Croix-Rouge internationale.

A l'aéroport Ben Gourion, en dépit des accords préliminaires acquis, des difficultés se font jour avec certains passagers.

**Jeudi 24 novembre 1983**

La France est garante de la sincérité de l'échange. Dès que les six Israéliens sont libérés, à l'aube, trois avions Boeing gros porteurs Jumbo 747 décollent de l'aéroport Ben Gourion, vers Alger, avec à leur bord les mille détenus palestiniens libérés.

Le Président, Charles Hernu, Claude Cheysson et le chef d'état-major des armées, le général Lacaze, ont suivi le déroulement des opérations pendant la nuit.

Le chef d'état-major israélien exprime la gratitude d'Israël pour la participation de la France à l'opération d'échange des prisonniers : *« Le prestige des armées françaises a atteint un niveau tout à fait inhabituel. »*

Le chef de l'OLP affirme que les Syriens ont bombardé le secteur du port de Tripoli au moment de l'opération, alors qu'ils avaient été informés officiellement par le CICR qu'une opération humanitaire était en cours.

Les premiers Pershing arrivent en RFA. Andropov annonce la fin du moratoire sur le déploiement des SS 20, ainsi que différentes mesures de « *sur*-armement ». La crise Est/Ouest est à son paroxysme. Comme prévu, interruption par les Soviétiques de la négociation de Genève sur le désarmement en Europe.

Vote par le Bundestag du déploiement des euromissiles. Le SPD, à l'origine de leur installation, a voté contre, sauf Helmut Schmidt qui les avait réclamés à Carter.

François Mitterrand demande à Cheysson d'organiser son voyage à Moscou.

Robert McFarlane, qui a remplacé Clark, répond à mon message de félicitations (une phrase est particulièrement significative) :

*« Cher Jacques,*

*Je vous remercie de votre message lors de ma nomination. Je suis déterminé à poursuivre les relations étroites que vous aviez avec le juge Clark. Il est vital pour les intérêts de l'Occident aussi bien que pour les intérêts mutuels franco-américains que nous travaillions, vous et moi, étroitement ensemble. Comme nous le disons en Amérique, ma porte vous est toujours ouverte. Si nécessaire, il faut nous consulter, afin que nos Présidents s'appuient sur nous, selon les canaux secrets habituels.* Nous apprécions beaucoup la détermination française en vue de maintenir une action au Liban. *Devant les nombreux défis des jours et des mois à venir au Liban et ailleurs, j'espère entretenir avec vous une relation de travail franche, coopérative et amicale. »*

**Vendredi 25 novembre 1983**

Sommet franco-allemand à Bonn. On reparle de défense européenne. J'apprends l'existence d'un accord secret de défense franco-allemand, daté de novembre 1957, prévoyant d'associer les Allemands aux travaux et résultats accomplis en France sur l'énergie nucléaire (Chaban-Delmas était alors ministre de la Défense), accord annulé par de Gaulle dès juillet 1958. Par suite, les Allemands ont acheté des F 104.

Jacques Delors écrit au Président :

*« Avant d'aborder les problèmes purement financiers qui ont fait l'objet de nos dernières conversations, je voudrais rappeler combien, dans notre esprit, le règlement de ces questions s'inscrit dans notre volonté de relancer la Communauté Européenne.*

*Débarrasser la vie communautaire des multiples contentieux qui la paralysent est une nécessité impérieuse. Mais c'est aussi la condition pour remettre le train sur les bons rails, et aussi réaffirmer l'existence d'une Europe unie dans un contexte mondial dominé par le trouble et l'angoisse.*

*L'Europe, pour quoi faire ? C'est notre responsabilité éminente d'apporter une réponse claire et mobilisatrice.*

*Tel est le sens des propositions que la France et d'autres pays ont faites pour renforcer l'économie européenne ("les politiques nouvelles"), approfondir notre coopération économique et monétaire (convergence, promotion de l'investissement, progrès pragmatiques du SME), conférer une dimension sociale à cette Europe (animation de la concertation tripartite, lancement d'un programme européen pour l'insertion sociale et professionnelle des jeunes, aménagement du temps de travail).*

*Telle est la raison pour laquelle nous sommes également disposés à moderniser la Politique agricole commune et les autres politiques menées à partir des fonds structurels.*

*Ainsi pourrions-nous dégager des moyens sur les ressources existantes (Budget et opérations emprunts-prêts) en vue de mener ces politiques nouvelles. La réponse au défi technologique des années 80 se situe en partie au niveau d'une indispensable coopération européenne (coopération entre les entreprises, programmes communs de recherche, approfondissement du Marché commun, amélioration des instruments financiers)... »*

Quelle que soit sa maladie, Andropov est écarté pour longtemps. Un an de perdu déjà, et, même s'il se rétablit, il n'a plus le temps de s'imposer. Il faut cinq ans ou plus à un chef soviétique pour dominer la situation et faire prévaloir ses vues. Tous les responsables soviétiques aux différents niveaux de la hiérarchie cherchent à manœuvrer pour leur avenir. D'autant que, dans leur majorité, ils en savent encore moins que nous sur la situation au sommet !

**Samedi 26 novembre 1983**

François Mitterrand rencontre Henry Kissinger.

**Henry Kissinger :** *Baalbek, c'est très bien, nous aurions dû le faire, nous aussi. Assad est dur et calculateur ; il veut le Liban et Israël. Pour lui, l'échange des prisonniers d'hier est une marque de faiblesse d'Israël ; et il veut tout. Il faut soit le frapper avant de négocier son retrait du Liban, soit tout abandonner...*

*Assad est brutal, impitoyable, mais il a une tête politique. C'est le meilleur cerveau "analytique" du monde arabe. Sadate était un grand homme, mais il avait avant tout de la vision plus que de l'analyse. Assad a du charme personnel. Il y a une sorte de répartition des rôles entre Khaddam et lui, la brutalité étant réservée à Khaddam et la séduction à Assad. Assad n'est pas l'instrument de la politique soviétique. C'est essentiellement un nationaliste. Simplement, il arrive souvent que ses buts coïncident avec ceux des Soviétiques. Assad est un partenaire sur lequel on peut faire fond. Il se maintient dans l'ambiguïté autant qu'il peut, mais, lorsqu'il s'engage, il tient ses engagements.*

*Les États-Unis ont commis beaucoup d'erreurs depuis juin 1982, mais la principale d'entre elles est d'avoir cru qu'on pouvait régler la question du Liban sans introduire la Syrie dans la négociation. C'est une folie, aux yeux de quiconque connaît la Syrie, de croire qu'on aurait pu obtenir qu'elle se retire du Liban à la suite de l'accord négocié entre le Liban et Israël. Habib l'a cru et il a eu tort. Habib est un tacticien exceptionnel, mais il a besoin de directives ; il n'est pas capable de concevoir une stratégie. Il aurait fallu parler avec les Syriens beaucoup plus tôt, par exemple en octobre 1982. On aurait pu avoir un accord, peut-être pas sur le retrait total, mais sur un certain degré de désengagement.*

**François Mitterrand :** *Il faut aider Gemayel à avoir un gouvernement plus équilibré. La phase actuelle de prééminence syrienne est liée à l'enlisement de l'Irak dans la guerre du Golfe et à l'isolement prolongé de l'Égypte par rapport au reste du monde arabe. Historiquement, un équilibre Irak/Syrie est nécessaire à l'harmonie du monde arabe. En l'absence d'une telle conjoncture, l'Égypte tend à se replier sur le Nil. Tout va actuellement dans le sens des desseins syriens, et notamment tout tend à la partition du Liban entre la Syrie et Israël, solution qui a votre faveur. Nous sommes opposés à tout cela, et nous ramons à contre-courant.*

**Henry Kissinger :** *Je ne suis pas nécessairement favorable à un partage du Liban. Aussi bien n'est-il pas exact que ce soit là le but ultime de la Syrie. Celle-ci vise plus loin, elle vise à la Grande Syrie, et à un certain degré de contrôle sur l'ensemble du Liban. Si un partage avait lieu, l'étape suivante pour les Syriens serait de saigner Israël à blanc dans la partie qu'il occuperait, et d'obtenir son départ total.*

**François Mitterrand :** *Pour la Syrie, le péché de l'accord du 17 mai, c'est qu'il s'agit, comme pour Camp David, d'un retrait israélien obtenu grâce à l'aide des Américains. Une évacuation du Liban par Israël, sans contrepartie, telle que souhaitée par Assad, serait la première occasion dans laquelle un retrait israélien serait obtenu sans le concours des États-Unis, par les seules forces arabes. Or, les Syriens voient la naissance d'un sentiment "post-vietnamien" dans l'opinion israélienne, dont une partie significative n'est pas loin de demander un retrait total et inconditionnel du Liban. Ils voient d'autre part que la Force multinationale n'est pas éternelle. Aussi espèrent-ils rester les seuls, sans avoir rien à payer. Dans de telles circonstances, un partage serait vu par les Syriens comme une première étape, et il pourrait y avoir bien des malentendus et des risques. Un partage au Liban conduirait aisément à une nouvelle guerre israélo-arabe.*

**Henry Kissinger :** *Je me demande si le récent échange de prisonniers n'a pas été risqué dans la mesure où il peut convaincre les Syriens de l'actuelle faiblesse psychologique d'Israël. L'OLP étant affaiblie, le Roi Hussein va pouvoir accepter des négociations avec Israël — ce qu'il ne pouvait pas faire tant que l'OLP était là pour y mettre obstacle.*

**François Mitterrand :** *Pour la Syrie, la paix séparée avec l'Égypte avait signifié la possibilité pour Israël de reporter ses forces au nord. Si Assad avait eu une frontière commune avec l'Égypte, il l'aurait franchie avec ses troupes pour empêcher la paix séparée. De même, un traité de paix entre la Jordanie et Israël serait un chiffon rouge pour Assad, qui attaquerait immédiatement la Jordanie.*

**Henry Kissinger :** *Pour les Arabes — sauf l'Égypte —, la paix avec Israël, c'est trop. Si Ford avait été réélu en 1976, il n'aurait pas fait Camp David. Il aurait essayé d'organiser entre les États arabes et Israël de nouveaux pas en matière de désengagement. Quelque chose aurait été tenté ; Rabin, Hussein et Sadate avaient donné leur accord. Il s'agissait de proposer des retraits partiels des forces israéliennes à la fois dans le Sinaï, en Cisjordanie et sur les hauteurs du Golan, en échange d'un progrès vers la paix, mais pas de la paix elle-même.*

*(...) Shultz et ses collaborateurs n'ont pas tort de dire qu'il n'y a pas actuellement d'interlocuteurs soviétiques, surtout sur ce sujet. Gromyko n'a pas la manière avec les Arabes. Il leur parle sur la base d'une série de principes auxquels il revient inlassablement. C'est une méthode possible avec les Américains ou les Européens. Avec les Arabes, il faut être plus imaginatif, plus souple. Il faudrait mettre les Soviétiques dans le processus à un moment quelconque. Mais* [Shultz] *a quelque doute sur la façon dont les dirigeants de Moscou exerceront leur influence. Si les Américains modéraient leurs clients et les Russes les leurs, ce serait très bien. Mais il est malheureusement plus probable que, tandis que les Américains essaieront de modérer Israël, les Soviétiques s'installeront dans un rôle d'avocat des thèses arabes les plus extrêmes. En Russie, on va vers un bonapartisme ; ils savent fabriquer des missiles, mais pas sélectionner des dirigeants.*

**François Mitterrand :** *Je suis d'accord avec vous. Le prochain dirigeant sera Oustinov, puis un jeune général...*

Sur l'Amérique centrale, **François Mitterrand :** *Ni Ortega ni Castro ne sont des communistes. Ce sont des nationalistes.*

**Henry Kissinger :** *Je suis contre une invasion du Nicaragua par les troupes américaines. Il ne faut pas s'engager de nouveau dans une guerre civile.* » Il ajoute : *« Vous êtes le seul dirigeant d'Occident à avoir une politique étrangère.*

**François Mitterrand :** *Les États-Unis sont la pierre centrale de la paix en Europe. Mais tous les Allemands sont en train de devenir nationalistes et anti-américains. Vous agissez par des hésitations que vous comblez par de grands coups.*
**Henry Kissinger :** *Gromyko n'est pas le bon interlocuteur. D'autre part, ce n'est pas par un Sommet qu'on peut arriver à quelque chose : un contact direct avec un leader soviétique n'est pas la performance dans laquelle Reagan peut donner ce qu'il a de mieux. Il faut trouver autre chose.*
*J'ai toujours considéré Brandt comme un personnage ambigu. Un jour, Gromyko se plaignait de ce que Schmidt soit moins favorable que Brandt à la détente. Je lui ai répondu que les Soviétiques ne devaient s'en prendre qu'à eux-mêmes de la chute de Brandt. Gromyko me dit alors : "Nous n'avons rien à voir là-dedans, Guillaume était un espion est-allemand, et non pas soviétique. Les Allemands de l'Est n'ont rien fait d'autre que de le mettre de l'autre côté de la frontière. Personne ne forçait Brandt à le prendre comme collaborateur" !*

Sortant de son entretien, Kissinger me dit : « *François Mitterrand est le seul homme d'État en Europe qui ait une politique au vrai sens du mot. Les autres gouvernants ne dépassent pas une approche politicienne et à court terme. Or les peuples ont besoin d'autre chose. Ils ont besoin d'une vision de l'avenir.* »

Dans *Le Figaro* : « *Qui est Caton ? La question continue d'amuser le Tout-Politique. Elle reste sans réponse. Après* De la Reconquête, *son premier essai, qui suscita une brassée d'éloges, le second,* De la Renaissance, *laisse apparemment plus sceptiques les lecteurs et les critiques. Il se vend moins bien et, pour relancer l'intérêt, Caton sera, dit-on, à l'émission* « Apostrophes » *de Bernard Pivot le 2 décembre prochain. L'an dernier, la gent politique de gauche à droite le prit au sérieux, apprécia le vigueur de son pamphlet, goûta son ironie, et fut, au bout du compte, conquise par son cynisme. On alla jusqu'à l'interviewer secrètement sur tout et n'importe quoi. Quant à ceux qui voulurent lui coller une étiquette sur le dos, ils choisirent volontiers celle de la "nouvelle droite". De l'avis général, Caton était donc un penseur, certes iconoclaste, mais un penseur tout de même. Au fond, Caton écrit comme parlent les héros de Brétecher, Sempé et Wolinski. Ce type d'exercice est un art difficile. Surtout quand on parvient, un an durant, à bluffer l'opinion et à se faire lire comme un "idéologue". Caton est sans doute un farceur de génie. Qu'importe, alors, qu'il soit de droite, de gauche ou du centre ! Son drame — et le nôtre — serait que l'on découvre, chez Pivot, un Caton qui se pose très sérieusement en directeur de conscience.* »
Il brûle !...

**Samedi 26 novembre 1983**

Arafat est assiégé à Tripoli. Il le fait savoir à Cheysson : « *Le Président palestinien sait que, d'une manière ou d'une autre, il devra quitter Tripoli dans un avenir proche. Ce qu'il souhaiterait — c'est le message dont était chargé Balaoui —, c'est quitter Tripoli directement pour la France. De même qu'il s'était rendu à Athènes depuis Beyrouth. Il regagnerait ensuite son quartier général de Tunis.* »

**Dimanche 27 novembre 1983**

Après en avoir parlé au Président, Cheysson fait répondre : « *Le Président a exprimé à Tunis l'estime que nous avons pour cet homme intelligent et courageux. Il y a longtemps que nous avons — et que, derrière nous, en juin 1982, les Dix ont marqué — le besoin d'une organisation capable, le jour venu, de s'engager au nom du combat palestinien. Le courage tranquille manifesté par le Président incontestable — quoi qu'en disent certains — de l'OLP a ajouté à notre appréciation une touche d'admiration et de sympathie. Si Yasser Arafat décide de passer par Paris en quittant Tripoli, il y sera reçu officiellement comme l'ont été ses adjoints à maintes reprises. Mais il le sera évidemment de manière particulière, avec des égards nouveaux, car il est le numéro un ; ce sera sa première visite et nous tiendrons à rendre hommage à d'exceptionnelles qualités. Il y aura donc réception au Quai d'Orsay, contacts multiples, mais non présidentiel. Tout cela sera marqué par la volonté d'honorer celui qui aura eu la délicatesse de vouloir être un moment notre hôte avant de rejoindre son PC à Tunis. La décision dépend de lui. Je serai heureux de la connaître au plus tôt, car je suis chargé personnellement par le Président de veiller à l'accueil.* »

**Mardi 29 novembre 1983**

Le prochain Sommet européen d'Athènes s'annonce mal. Rien n'est prêt sur la façon de limiter les excédents de lait ou sur le chèque britannique. Je rencontre Armstrong à Bruxelles : « *Un résultat positif est possible à Athènes pour faire le point. A l'avenir, la Grande-Bretagne ne peut continuer à pâtir d'un déficit non négligeable. Un "ticket modérateur" doit être maintenu. Il en reste une compensation aux trois quarts. C'est vrai, par le passé, nous avons triché pour améliorer notre retour, mais cette politique était absurde. Nous partageons maintenant votre souci de rigueur.* » Sur la maîtrise de la dépense globale : « *Nous sommes d'accord avec les propositions de Jacques Delors.* » Sur le lait : « *Nous soutiendrons un mandat de négociation assorti de mesures unilatérales en cas d'échec.* » Pour les ressources propres, « elle » admet maintenant qu'il faudra dépasser le plafond actuel de 1 % de TVA, mais « elle » n'est pas prête à accepter de chiffre.

**Mercredi 30 novembre 1983**

François Mitterrand revient en Conseil des ministres sur le Liban : « *Nous avons agi sur des objectifs précis et identifiés. Nous sommes restés dans ces limites. Ceux qui ont à le savoir le savent. La France estime que tout crime mérite châtiment.* »

Au cours du déjeuner, on parle de l'enseignement privé, des universités, de la loi sur la presse. Le Président, sur ce dernier sujet : « *Il est d'une importance d'État que cette discussion au Parlement soit rapide.* » Tout doit être bouclé au 15 décembre.

André Chandernagor va prendre la présidence de la Cour des Comptes. Pisani est encore à Bruxelles. François Mitterrand : « *Pierre Mauroy pense à Pisani pour remplacer Chandernagor. Tout réfléchi, et malgré mon faible indice de sympathie pour lui, je crois que ce serait un bon choix : connaissant la matière, brevet d'Européen, bien vu par les agriculteurs (mais pas les viticulteurs), gaffeur intelligent. Sans aucun doute sa nomination provoquerait-elle une surprise agréable chez beaucoup de responsables. Encore faut-il son accord. Donnez-moi votre avis. Et, s'il le faut, l'appeler au plus tôt. »*

**Vendredi 2 décembre 1983**

Ascher Ben Nathan me rappelle à nouveau pour protester contre le blocage des négociations à propos de la livraison d'une centrale nucléaire à Israël. Je le renvoie sur les industriels, mais il n'y croit guère. François Mitterrand : *« Cela n'avancera pas. Il faut s'y préparer. »*

André Bercoff démasque Caton à « Apostrophes ». Bien des gens sont déçus, certains refusent d'y croire. Bercoff doit insister : *« Caton, c'est moi et personne d'autre ! »*

**Samedi 3 décembre 1983**

Dans *Libération* :
*« A trois reprises, depuis un an,* Libération *avait publié des interviews de celui qui, prétendant parler "le langage des maîtres", adressait régulièrement des volées de bois vert à la gauche comme à la droite. Surtout à celle-ci, d'ailleurs, puisque, dès son premier livre, il annonçait que "pour vaincre la gauche, il faudra se débarrasser de la droite".*
*Hier soir, à la télévision, Bercoff-Caton a expliqué qu'il avait travaillé seul (du moins avec l'aide de collaborateurs involontaires) et qu'il n'y avait donc pas conspiration. En revanche, il a souligné qu'il y avait à travers ses analyses et ses démonstrations l'esquisse d'un courant politique réel qui, pour simplifier, irait de la gauche à la droite moderniste. Une telle "opération" a-t-elle pu reposer sur les épaules d'un seul ? La tonalité mitterrandienne qui se dessine à travers les deux livres, et l'amitié personnelle qui lie Bercoff à Jacques Attali, suggèrent que le stratagème n'est peut-être pas aussi simple que l'intéressé veut bien le dire. »*

Notre dette intérieure (ou extérieure ?) est égale à 22 % du PIB. Elle est inférieure à celle de tous les autres grands pays (Japon, USA, Grande-Bretagne, Italie), sauf celle de l'Allemagne (20 %) La charge annuelle est de 8 % du Budget, très inférieure à celle de tous les autres grands pays, y compris l'Allemagne.

François Mitterrand sur la solitude de l'enfance : *« Je voyais mes parents une fois par semaine pendant les vacances. Autrement, moins souvent. Je voyais qu'ils étaient occupés avec le travail, avec les autres enfants. Pas d'amis. Des enfants et des femmes de la famille, oui, mais pas d'amis. On n'allait pas dans la maison les uns des autres. Mes grands-parents n'invitaient à déjeuner que le dimanche. Mes parents habitaient Jarnac, à 70 kilomètres de la maison de ma grand-mère. Je ne confiais mes chagrins à personne. Je marchais. J'allais au grenier, je regardais les paysages. Je haranguais intérieurement un peuple invisible. Ces chagrins étaient rares : un sentiment d'injustice, de partialité. Je souffrais d'être incompris.*

*J'étais susceptible et sensible aux critiques. Par exemple, j'étais distrait et j'avais la réputation d'être dans la lune. Quand on me le disait, je me fâchais. J'étais susceptible. Je supportais mal d'être injustement jugé. Je souffrais de vexation d'amour-propre. Un orgueil, une vanité ?*

*Ce que je croyais très durable s'est vite détruit. Je puise dans l'enfance la plus large part des réserves dont je dispose.* »

**Dimanche 4 décembre 1983**

Nous arrivons à Athènes pour le Sommet. Il s'annonce comme extrêmement technique, avec deux dossiers à débattre : le lait et le chèque britannique. Dès le début de séance, le Président donne un coup d'arrêt à la préparation de textes par les directeurs politiques.

On commence par la question du lait : il s'agit de restreindre la production subventionnée qui explose partout en Europe. Comment fixer les quotas ? par pays ? par exploitation ? Et à combien ? La question soumise aux Dix chefs de l'exécutif est d'une complexité ahurissante :

*« Le Conseil approuve-t-il le système de quotas et de superprélèvement pour la production laitière, qui doit être appliqué dès 1984 pour quatre ans ? Si oui, il doit définir le seuil de garantie et la période de référence pour déterminer les quantités garanties limitées par pays producteurs. Deux seuils de garantie sont proposés : 97,2 ou 101 millions de tonnes. En outre, pour les quotas de production au-delà desquels les pays producteurs subiraient un superprélèvement de 75 % du prix indicatif, trois références restent à déterminer : livraisons de 1981 : + x %, moyenne des livraisons 1981-1983 : + y %, enfin livraisons de 1983 : – z %. Le Conseil doit examiner si certains États, invoquant une situation particulière, peuvent bénéficier de modalités spécifiques. Il s'agit de l'Irlande, de l'Italie et de la Grèce. Le Conseil doit prendre position sur l'opportunité de prendre des mesures complémentaires (taxe de 4 % sur les exploitations) ».*

Évidemment, avec ça, rien n'en sortira. Le Conseil fonctionne comme un processus d'apprentissage. Chacun lit la note préparée par ses collaborateurs, on se lance des chiffres, des quantités. Seul Fitzgerald, pour qui le lait est absolument vital, connaît parfaitement le dossier.

Au dîner, on parle du chèque britannique. Margaret Thatcher dit non à tout : accord sur le montant, lien avec la réforme, trop-perçu. François-Xavier Ortoli me dit : *« Elle n'a dit oui qu'une seule fois : à la question "Êtes-vous contre ?"... »*

**Lundi 5 décembre 1983**

Le matin, nouveau tour de table sur le lait. Rien n'en sort. L'après-midi, la crise est là. Les quatre plus hauts fonctionnaires français à Athènes préparent une note pour le Président. Scène surréaliste que ces quatre dignitaires tapant eux-mêmes, avec deux doigts, leurs arguments qu'ils échangent en chuchotant dans un petit bureau préfabriqué, comme quatre maquignons négociant un accord. Cela donne enfin : *« Si Athènes échoue, la Grande-Bretagne ne pourra pas recevoir les 750 millions d'écus prévus à Stuttgart et suspendra ses versements ; le Budget de 1984 ne sera pas voté par le Parlement européen le 9 décembre. On ira vers un paiement par douzièmes provisoires et l'impossibilité de payer aux agriculteurs les prix à partir d'avril ou mai. Or le bon fonctionnement de la PAC est vital pour nous, en particulier pour notre commerce extérieur : sur 100 milliards d'exportations agro-alimentaires françaises en 1982, 40 ont été possibles grâce aux 9 milliards de restitution versés par la CEE. »*

Le Président refuse de lire plus loin : *« C'est un chantage au compromis. Ça ne m'intéresse pas. »*

A 17 heures, on parvient enfin à un compromis sur le démantèlement des montants compensatoires, mais, sur le lait, blocage total ! Le Président demande alors à parler à Kohl qui souhaite réduire les quotas beaucoup plus que la France et l'Italie. Le Chancelier fait venir de hauts fonctionnaires allemands spécialistes des questions agricoles et leur cède la parole pour répondre à François Mitterrand. Le Président s'inquiète : *« Kohl n'aurait-il aucun pouvoir politique ? Rien n'est possible en Europe, dans ce cas ! »*

**Mardi 6 décembre 1983**

A l'aube, Michel Vauzelle se fait réprimander par le Président pour avoir critiqué les Britanniques.

François Mitterrand prend son petit déjeuner avec Margaret Thatcher. Elle est très fatiguée, encore sous le coup du décalage horaire avec New Delhi d'où elle revient.

**Margaret Thatcher :** *Je ne comprends pas ce qui se passe. Je croyais en arrivant que nous étions lundi et non dimanche...*

**François Mitterrand :** *Je suis furieux des querelles de nos porte-parole, nos différences sont limitées.*

**Margaret Thatcher :** *Je dois payer moins, et les Allemands aussi. Si les Allemands paient trop, ils seront tentés par le neutralisme. Je ne sais où on va l'année prochaine. Je viendrai vous voir directement pour discuter à Paris. Je suis d'accord avec la proposition grecque.* Elle enchaîne : *Je veux quitter le Liban. Nous sommes les alliés des États-Unis et d'Israël, mais il faut partir.*

**François Mitterrand :** *Et moi je préfère rester, avec l'accord des Américains et avec une présence navale. Il faut renforcer le gouvernement libanais. Les Américains font leurs comptes et hésitent.*

Le Président lui raconte alors en détail l'affaire de Baalbek.

**Margaret Thatcher :** *C'est affreux, je vous comprends. Les Américains vous ont mis dans une très mauvaise situation.*

En séance, Margaret Thatcher semble accepter une formule de remboursement tenant compte de sa prospérité relative et renonce au critère du juste retour, mais sans s'engager sur le montant.

Le Sommet échoue, dans la confusion, sur une esquisse de compromis. François Mitterrand : *« Ce n'est pas l'accord qui aurait sauvé la Communauté, c'est le désaccord qui la sauve. Ce n'est pas Mme Thatcher qui a dit non, ce sont les Neuf autres. »*

En rentrant à Paris, le Président trouve deux lettres intéressantes.

L'une, de Schmidt, propose qu'une déclaration unilatérale du Président français étende la mission de la force de frappe nucléaire française au territoire allemand, avec un renforcement substantiel des forces conventionnelles allemandes et françaises afin d'aligner trente divisions capables de résister aux quatre-vingts du Pacte de Varsovie, et une réduction du déploiement nucléaire tactique français en Allemagne.

Une autre, d'Assad, contenant une très remarquable analyse de la situation au Moyen-Orient :

*« Dans les circonstances difficiles que traversent en ce moment le monde en général et la région du Moyen-Orient en particulier, et tout ce qu'elles engendrent comme agressions et possibilités de développement de ces agressions, j'ai trouvé bon de vous écrire dans le but d'attirer respectueusement votre attention sur un certain nombre de développements graves dans notre région, qui menacent la paix et la sécurité non seulement dans cette zone névralgique, mais aussi la paix et la sécurité mondiales. Parmi les plus dangereux de ces développements :*

*1) L'escalade militaire américaine au Liban par l'enlisement des forces américaines dans le conflit interne libanais et par leur participation aux combats contre certaines parties ;*

*2) L'évolution de cette escalade militaire américaine, d'un enlisement dans le conflit interne à un déclenchement de l'agression contre les forces syriennes au Liban — le dernier acte d'agression étant constitué par les raids lancés par l'aviation américaine contre nos troupes sur le territoire libanais et par les déclarations qui s'ensuivirent, menaçant de poursuivre de tels actes agressifs contre nos forces. Les forces américaines sont arrivées au Liban sous prétexte d'instaurer la paix dans ce pays. Mais, très vite, elles se sont transformées en forces menaçant la sécurité et la paix au Liban et dans la région. Ce que nous redoutons, c'est que la région devienne un nouveau Vietnam.*

*3) L'accord stratégique conclu entre le Président américain Ronald Reagan et le Premier ministre israélien Itzhak Shamir, lors de la visite de ce dernier à Washington, accord par lequel les intérêts des États-Unis se sont avérés liés à ceux d'Israël et qui met donc le potentiel et les moyens gigantesques des États-Unis au service des projets d'agression et d'expansion d'Israël.*

*Il est devenu clair que les deux parties se sont mises d'accord pour perpétrer un acte agressif direct contre la Syrie et contre ses forces au Liban, sans omettre les autres actes violant l'unité du Liban et sapant son avenir. La première étape de ce plan d'agression américano-sioniste a été les raids israéliens sur certaines localités libanaises, suivis le lendemain de raids frappant les positions syriennes.*

*4) Les pressions exercées par les États-Unis et Israël pour entraver le processus de réconciliation nationale, et l'incitation de certaines parties libanaises à raviver la crise interne afin de faire échouer toute possibilité d'entente entre les belligérants et de maintenir ce pays dans un état de tension explosive.*

*Si je fais allusion à ces développements qui menacent la sécurité de la Syrie et l'avenir du peuple libanais, je tiens à attirer respectueusement votre attention sur les sérieuses menaces qu'une telle évolution constitue pour la sécurité et la paix dans la région et dans le monde*

*De même, cette évolution dévoile la tactique agressive des États-Unis et leur politique qui méprise les peuples et ne leur accorde aucune attention, comme si le monde était devenu une jungle où règne la loi de la force et de l'agression.*

*Je suis sûr que vous êtes conscient comme moi du danger que représentent cette agression et les menaces proférées contre un pays membre des Nations-Unies qui essaie de sauvegarder son indépendance, de défendre son territoire et de protéger ses intérêts nationaux de toute agression. Je suis également persuadé que votre gouvernement, en prenant conscience des dangers de cette situation explosive, adoptera les mesures adéquates pour contribuer à mettre fin à cette politique agressive, et pour nous soutenir dans la sauvegarde de notre indépendance, de notre souveraineté et de notre dignité nationale. »*

La convention créant *Canal-Plus* est signée. Il faudra un million d'abonnés à la chaîne, d'ici la fin 1985, pour être rentable. Difficile.

**Mercredi 7 décembre 1983**

Une grève avec occupation des locaux est déclenchée à l'usine Talbot de Poissy.

Nouvelle gaffe de Cheysson à l'Assemblée nationale. En réponse à une question du député UDF Jacques Blanc, il fait état d'un accord avec la RFA sur la disparition des montants compensatoires, selon un calendrier précis. *« En marge d'Athènes, entre délégations, des problèmes très importants pour la France ont été traités (...). Nous avons un accord avec les Allemands (...) permettant la disparition des montants compensatoires existants, selon un calendrier précis, avec des chiffres précis, année par année. Messieurs de l'opposition, j'attends vos applaudissements ! »*

Le Président a changé d'avis pour le remplacement de Chandernagor. Il convoque Roland Dumas : *« Vous n'étiez pas pro-européen, n'est-ce pas ?... Vous avez voté contre la CED... Mais vous parlez cinq langues... »* Et, après un long silence : *« Vous remplacerez Chandernagor à l'Europe comme ministre plein. Cette Europe, il faut la faire ! Cela vous va ? »*

**Jeudi 8 décembre 1983**

L'envoyé américain au Liban, Rumsfeld, un homme ouvert, me dit : *« Nous sommes prêts à reconnaître les intérêts syriens au Liban et à parler avec eux. Il faut élargir la base politique de Gemayel. Ce fut une erreur politique que d'avoir fait du retrait des Syriens un préalable à cet élargissement. Aidez-nous à obliger les Anglais et les Italiens à rester avec nous le temps nécessaire. Il ne faut plus parler de l'accord Liban/Israël du 17 mai, sauf pour le geler. »*

Suspension, à l'initiative de Moscou, des négociations START à Genève.

**Vendredi 9 décembre 1983**

Pierre Mauroy répond à la lettre du Président sur les prix des produits pharmaceutiques :

> *« Conformément à votre orientation, l'augmentation des prix pharmaceutiques sera déterminée en 1984 indépendamment de la hausse de 2 % reportée au 1er février (...). D'une façon générale, la politique des prix conduite en 1983 a permis une évolution des prix relatifs nettement plus favorable que par le passé aux produits manufacturés. Je veillerai à ce qu'il en soit de même en 1984. »*

François Mitterrand : *« Le régime soviétique s'effondrera. Je ne le verrai sans doute pas, mais il n'y aura plus d'Union soviétique à la fin du siècle. Tous les empires sont mortels. Celui-là l'est aussi. Évitons seulement qu'il le découvre et utilise ses armes pour entraîner le monde dans sa mort. »*

**Samedi 10 décembre 1983**

A Buenos Aires, Pierre Mauroy assiste à l'entrée en fonctions du nouveau Président argentin, Raúl Alfonsín. On ne vous en veut pas trop d'avoir soutenu l'Angleterre dans le conflit des Malouines.

**Lundi 12 décembre 1983**

Attentats contre les ambassades de France et des États-Unis au Koweït, revendiqué par le Jihad islamique. Cinq morts.

**Mardi 13 décembre 1983**

Si l'on ne veut pas que 1984 soit une *« année de l'autruche »*, il faut reconnaître qu'il y a aujourd'hui 20 000 personnes en trop dans la sidérurgie et le charbon, 10 000 en trop dans les chantiers navals, 5 000 en trop dans l'automobile, etc. Cela conduit à prévoir un risque d'au moins 100 000 chômeurs supplémentaires en juin 1984. Aussi le chômage des jeunes constituera-t-il un des débats majeurs de 1984. De plus, il faudra fournir un énorme effort en faveur de la conversion de la Lorraine et du Nord. C'est plus une question de volonté que de moyens.

Il faudra répondre à quelques questions très simples : quelle est la durée de la rigueur ? quelles priorités industrielles ? quelle logique sociale ?

Des réformes essentielles seront examinées par le Parlement au prochain semestre : loi sur la faillite, loi sur la presse, loi sur la formation professionnelle, statut des élus, loi sur la montagne, loi sur la protection du littoral, loi sur le transfert entre public et privé des actifs du secteur industriel, loi sur les grandes surfaces. Seront aussi examinés les décrets d'application de la loi sur l'enseignement supérieur et les textes sur le privé. Là aussi, des crises menacent...

**Mercredi 14 décembre 1983**

Déjeuner avec François Mitterrand : *« Il faut mettre les chômeurs en formation. Il faut un plan d'urgence pour la conversion industrielle. La France manque d'ingénieurs. Tout se jouera sur la baisse des prélèvements obligatoires... »*

Dans son discours à l'Assemblée en réponse à une motion de censure, Pierre Mauroy évoque une réforme des aides à la presse et parle des aides postales, de l'Article 39 bis et d'une aide aux journaux à faibles ressources publicitaires. Cela passe inaperçu.

**Jeudi 15 décembre 1983**

L'échéance est arrivée : il faut appliquer la double décision tant attendue de 1979. Déployer les Pershing, parce que l'URSS dispose maintenant de 1 273 têtes nucléaires en Europe. Les USA en installeront donc 572 : 108 Pershing II en Allemagne et 442 missiles de croisière en d'autres pays d'Europe.

Départ pour un voyage officiel en Yougoslavie. Dans l'avion, François Mitterrand : « *Les travailleurs ne sont pas des idiots. Ils voient bien que la flexibilité est bonne pour l'emploi. Ils peuvent comprendre cela (...). Je ne resterai après 1986 que si la majorité d'alors est faible. Elle le sera si Barre, Chirac et Giscard se rendent compte qu'après 1988, deux des trois seront définitivement morts politiquement.* »

Dîner officiel à Belgrade. Juxtaposition de dirigeants qui s'observent, se contrôlent, se haïssent. Le Président déclare : « *L'harmonie en Europe passe par le dialogue franco-soviétique.* »

**Vendredi 16 décembre 1983**

Rencontre avec les dirigeants de la Ligue communiste yougoslave ; François Mitterrand se lance dans une petite autocritique au vinaigre : « *Expliquer, c'est déjà convaincre. En France, beaucoup de nos difficultés viennent de ce que les travailleurs ne décident pas eux-mêmes. Nos travailleurs ne se sentent pas assez responsables. Le gouvernement n'a pas su associer les travailleurs aux décisions. Nous aurions besoin d'expliquer davantage à la classe ouvrière pour lui faire comprendre que la rigueur est dans son intérêt. En France, les dirigeants sont pris par leur travail, nul n'explique, ne réfléchit, et les gouvernements ne sont pas compris du peuple.*

*La faiblesse du système socialiste, c'est le système bureaucratique. Alors, en France, l'alliance de la tradition nationale et du socialisme, cela devient terrible ! Si la droite est déjà comme ça, alors la gauche !*

*Nous ne sommes pas, en France, assez éduqués pour l'autogestion. Cela pourrait corriger pourtant les directions d'une bureaucratie excessive. Ici, si vous l'êtes — ce que je ne sais pas —, c'est que vous êtes parvenus à un stade supérieur de l'humanité, mêlant tolérance et responsabilité. J'en doute. Je l'espère, mais j'en doute...* »

**Samedi 17 décembre 1983**

Accord entre Jacques Calvet et Jack Ralite pour réduire le nombre de suppressions d'emplois chez Peugeot-Talbot. Il y en aura 1 905 sur les 2 905 demandées.

**Lundi 19 décembre 1983**

Roland Dumas devient ministre des Affaires européennes. André Chandernagor prend la présidence de la Cour des Comptes. Pisani ? On verra à lui trouver autre chose.

Un réfugié basque espagnol est assassiné à Bayonne.

François Mitterrand autorise David de Rothschild à créer sa banque.

L'excellence universitaire a trouvé un formidable avocat : Pierre Bourdieu, professeur au Collège de France, vient me dire que la réserve des intellectuels et des universitaires à l'égard du pouvoir est plus une question de *« manque de considération »* qu'un reproche de fond : *« En fait, les textes déjà décidés ne les touchent pas beaucoup. Rien dans les réformes en cours ne remet réellement en cause leur pouvoir. Mais ils ont le sentiment que le gouvernement n'est pas assez sensible à l'"exigence d'excellence", condition fondamentale du développement de la vie culturelle et scientifique française, et qu'il est trop soumis aux intérêts des syndicats d'enseignants. »*

Je ne saurais lui dire combien je partage son point de vue. Il poursuit :

*« La réalité économique et sociale du pays n'est pas hostile à l'action du Président, mais sa traduction dans les médias l'est, parce que nous n'avons pas su, pour l'instant, nous concilier les quelques leaders d'opinion qui comptent (journalistes ou universitaires), ni mettre en avant les jeunes intellectuels qui ne demandent qu'à servir. Le PS n'a pas su garder autour de son nouveau Premier secrétaire les intellectuels qui étaient avant autour de François Mitterrand, ni organiser les débats d'idées et les colloques, si nombreux auparavant. »*

Il suggère trois actions de bon sens : *« Susciter systématiquement articles et débats en poussant des jeunes universitaires de gauche à la télévision et dans la presse. Demander au Parti socialiste de multiplier colloques et initiatives auxquels les intellectuels de gauche seraient associés »* (en particulier lors des élections européennes où les plus grands intellectuels sont prêts, selon lui, à se rendre utiles : Fernand Braudel, François Jacob et même Michel Foucault). Enfin, et c'est l'idée la plus originale : *« L'attitude critique des universitaires à l'égard de votre politique de l'Éducation pourrait être totalement renversée si on les employait à la réforme du contenu de l'Enseignement. »*

Il suggère d'utiliser pour l'ensemble de l'Éducation la démarche employée pour l'Histoire : *« Une déclaration du Président, critique du contenu de l'Éducation, évoquant le manque de modernité des programmes et leur inadaptation aux grands enjeux du temps ; puis le Président proposant la création d'une Commission de très grands intellectuels, chargée de faire un rapport sur la réforme des programmes de l'enseignement primaire et secondaire. Au vu de ce rapport, dans un an, le gouvernement prendrait les décisions qu'il souhaite, comme il le fera pour l'enseignement de l'Histoire en janvier 1984. »*

Cette idée m'enthousiasme. On va la traduire en actes.

A Tripoli, Arafat souhaite maintenant partir avec armes et bagages, *« en militaire »*. Mais Israël tolérerait une opération humanitaire, pas plus.

Faut-il que les troupes françaises quittent aussi le Liban où la lutte des clans atteint son paroxysme ? Il y aurait deux sorties possibles : la meilleure serait que toutes les tendances libanaises demandent à la France de partir ; la moins bonne serait une décision unilatérale de retrait. Cheysson propose de déposer un texte à l'ONU qui permette de garder disponibles ces deux branches de l'alternative : *« Depuis des semaines, à l'initiative de la France, le Conseil de sécurité a examiné les conditions d'un engagement des Nations-Unies à Beyrouth pour veiller au respect du cessez-le-feu et contribuer à la protection des populations civiles, notamment dans les camps de réfugiés palestiniens, sans s'ingérer dans les affaires intérieures du Liban, et pour aider ainsi au rétablissement de la paix nécessaire à la restauration de l'intégrité territoriale, de l'unité, de la souveraineté et de l'indépendance de Liban.* » Les États membres du Conseil de sécurité se sont ralliés les uns après les autres à cette proposition française, grâce à laquelle les pays non alignés verraient notamment la possibilité d'assumer leurs responsabilités sans mêler les développements libanais au conflit Est/Ouest.

Le veto soviétique empêche cette démarche d'aboutir.

François Mitterrand : « *La France — qui, plus que quiconque, a fait son devoir et rempli ses obligations à l'égard d'un pays ami — ne peut porter seule la responsabilité de la communauté des nations au Liban. Elle n'en a jamais conçu le projet. Or, le dispositif actuel n'est plus approprié pour appuyer les efforts indispensables de réconciliation nationale entre Libanais. La France consultera les autorités représentatives du Liban dans les prochaines heures afin d'examiner les conséquences à tirer du veto mis au Conseil de sécurité.* »

**Mardi 20 décembre 1983**

Plus de 4 000 combattants palestiniens, dont Arafat, sont évacués de Tripoli par bateaux grecs sous pavillon de l'ONU, et protégés par la marine française.

Au petit déjeuner, François Mitterrand : « *Nous n'avons plus de raisons de rester au Liban...* » Un peu plus tard : « *Les Russes n'ont pas de partenaires en Europe. C'est dangereux.* »

136 des 170 directeurs de ministères en place en 1981 ont quitté leur poste.

François Mitterrand au Roi Hussein :

> « *Vous connaissez le problème qui se pose à propos de la FINUL. La France a fourni le plus fort contingent, mais c'est à la demande des forces politiques responsables au Liban. Elle n'a pas cherché à imposer sa présence. Maintenant, on tue nos soldats. Notre opinion s'inquiète. Notre devoir est de contribuer à relever le Liban, mais on ne peut être seul à le faire. Il faut que le Liban lui-même témoigne de sa volonté... Je souhaite très vivement que le Liban restaure sa souveraineté nationale. Nous désapprouvons quiconque tente de ruiner l'intégrité et la souveraineté libanaises. Quand nous avions des observateurs, ils ne menaçaient personne. C'étaient des volontaires. Ils n'étaient pas armés. On les abattait l'un après l'autre...*
>
> *Je souhaite qu'une FINUL plus forte, mieux organisée, maintienne sa mission. Mais il faut que les conditions soient examinées de très près. Il faut des garanties. Qui est à l'origine de ces incidents ? Un peu tout le monde, sûrement pas la France.*
>
> *La France est tout à fait proche politiquement, historiquement et sentimentalement du Liban. La France est un pays ami. On fait appel à lui, il est là. Mais on ne peut le lui demander sans lui apporter les garanties auxquelles il a droit...*
>
> *La France compte une centaine de morts au Liban. Elle y a également des otages. Cela ne change pas notre engagement envers votre pays, envers la paix au Proche-Orient. Mais cela nous oblige aussi à protéger la vie de nos soldats, la liberté des nôtres.* »

Dîner avec Felipe Gonzalez : un accord est trouvé sur l'expulsion des Basques. La discussion s'engage sur la négociation d'adhésion de l'Espagne à la CEE.

**François Mitterrand :** *Notre accession à la Présidence de la Communauté nous donne un rôle déterminant ; il faut aborder maintenant les dossiers essentiels de la pêche et de l'agriculture. En dépit de la crise ouverte à Athènes, les dix*

*États membres se sont implicitement engagés à prendre clairement position sur l'adhésion de l'Espagne d'ici l'automne 1984. Il faut un déblocage rapide des points durs entre la France et l'Espagne par voie bilatérale, conduisant ensuite à une plus grande souplesse de Madrid dans le processus de négociation ; un changement très sensible de l'attitude des administrations françaises concernées, ainsi que, dans la mesure du possible, des milieux professionnels et des responsables dans les régions du Midi ; un dénouement de la crise ouverte à Athènes permettant de tirer, lors du Conseil européen de juin, les conclusions de la négociation d'élargissement et d'augmenter les ressources propres (...). Je veux conclure avec vous avant mars pour pouvoir mener ensuite une campagne favorable à l'adhésion. Si je n'aboutis pas sous ma présidence, la négociation échouera. Électoralement, dire oui à l'adhésion sera négatif pour nous. Mais il n'est pas admissible que l'Espagne n'entre pas dans l'Europe. Alors, faites les efforts nécessaires !*

**Felipe Gonzalez :** *Je vous comprends. Travaillons-y.*

**Mercredi 21 décembre 1983**

Le projet de loi sur l'école privée vient en Conseil. Il fait l'unanimité contre lui. François Mitterrand : *« La titularisation est inacceptable pour le privé, qui n'a pas envie de se trouver sous l'autorité de MM. Le Pors ou Savary dont les visages avenants ne sont pas forcément les visages rêvés des partisans du privé (...). C'est le type même du problème insoluble. La négociation ne pourrait qu'échouer, car les principes (le dualisme ou l'intégration) sont incompatibles. Il faut décider sans chercher un accord. »*

En revanche, la loi Savary sur l'enseignement supérieur est adoptée. Le Président avertit qu'il suivra en détail l'élaboration des décrets d'application.

Au déjeuner hebdomadaire, François Mitterrand sur la réforme de la loi électorale : *« La représentation proportionnelle ne favorise pas les petits partis si elle est à un tour. »* Sur la réforme de la Politique agricole commune : *« Il faut que l'on cesse de flatter les petits commerçants et les agriculteurs. »*

Arafat est au Caire. Réconciliation égypto-palestinienne.

Henri Emmanuelli accuse le président de la Cour des Comptes de « forfaiture » pour avoir détruit le rapport sur les « avions renifleurs ».

François Mitterrand : *« Montrez-moi le dossier de Mme Arbai Gharbi, condamnée pour le meurtre de son mari, lequel était violent, brutal. J'aimerais une grâce. Elle a déjà accompli deux ans et demi et elle est mère de cinq enfants. »*

**Jeudi 22 décembre 1983**

Giscard réplique à Emmanuelli à la télévision : *« Cela suffit ! »*, et montre son exemplaire du rapport. Il justifie encore le secret par la nécessité de préserver la crédibilité de notre dissuasion nucléaire !...

François Mitterrand discute avec Elie Wiesel sur les Prophètes : *« Jérémie est un personnage qui me paraît très antipathique. C'est un hurleur, très ambitieux à mon avis, ambigu dans ses relations avec les Assyriens. C'était l'époque où l'on commençait à adopter le ton apocalyptique. Le fait qu'il ait annoncé le drame n'est peut-être pas d'une anticipation surprenante. Isaïe, son enseignement est lumineux. Hérode, c'est un grand personnage, mais est-ce qu'on peut l'identifier à l'histoire juive, je ne crois pas. Il n'est même pas juif. Mais c'était un grand roi. La Bible m'intéresse. C'est un livre effrayant de massacres. C'est un livre sans grande pitié. C'est le ratissage à tous moments. Je pense que cela a dû être dans les mœurs du temps. Tout le monde se tuait. Josué a conquis le pays et s'est installé en Israël, sur sa terre ; il est mort solitaire, et personne n'est venu à ses funérailles. Il a été discrédité. Le personnage que je trouve finalement le plus intéressant — pardonnez-moi de travailler dans la banalité —, c'est quand même Moïse... Le plus pittoresque, quelquefois même comique, c'est celui qui a donné son nom à Israël. »*

**Vendredi 23 décembre 1983**

Raymond Barre affirme que, dans cette affaire des « renifleurs », *« la bonne foi des dirigeants d'Elf »* est entière. Et transmet enfin un exemplaire du fameux rapport de la Cour des Comptes à Matignon.

**Samedi 24 décembre 1983**

Charles Hernu passe Noël avec les soldats français à Beyrouth, à la demande du Président. Il en est heureux.

François Mitterrand : *« Le Christ pourrait parfaitement revenir aujourd'hui et tenir exactement le même discours. Simplement, au lieu d'aller faire un sermon sur la montagne, où l'on risquerait de ne pas l'entendre, il ferait mieux d'aller à Bobigny et y redire la même chose. »*

**Mardi 27 décembre 1983**

Jean-Paul II s'entretient en tête à tête avec l'homme qui a tenté de l'assassiner.

**Mercredi 28 décembre 1983**

Les USA annoncent qu'ils se retireront de l'UNESCO au 1er janvier 1985.

Un autre réfugié basque espagnol est grièvement blessé à Saint-Jean-de-Luz.

**Jeudi 29 décembre 1983**

Conseil interministériel à Matignon à propos de l'évacuation de l'usine Talbot de Poissy, occupée par les ouvriers qui refusent les licenciements. Jacques Calvet réclame l'expulsion des ouvriers. Pierre Mauroy accepte. Jack Ralite refuse d'appliquer la décision.

François Mitterrand : *« Il y a une perception innée dans l'enfance. Le souvenir de l'enfance commence à quatre, cinq ans. J'ai eu alors les yeux ouverts sur les choses. Sans cet écran entre les choses et moi que les gens, les préjugés et le temps y ont mis plus tard... Le monde naissait avec moi. La faculté d'imagination d'un enfant est considérable. Si j'ai eu des idées dans la vie, je n'en ai jamais eu d'aussi fortes qu'à quinze ans. Sans connaître le monde, je le dominais. Ensuite, tout se nuance. »*

**Vendredi 30 décembre 1983**

Cette année, la Bourse de Paris a augmenté de 60 %, soit deux fois plus que Londres, New York, Tokyo ou Francfort. Le chômage a augmenté, lui aussi.

L'article du Budget 1984 prévoyant la titularisation de 15 000 maîtres du privé est annulé par le Conseil constitutionnel. Cette année est décidément désastreuse pour Savary.

**Samedi 31 décembre 1983**

Jack Ralite écrit au Président : il confirme son refus d'expulser les ouvriers de l'usine de Poissy. Sans plus attendre, Mauroy les fait évacuer dans la nuit.

Symbole de l'année qui commence : après l'année du commerce extérieur, celle de l'industrie.

Attentats contre un TGV et contre la gare de Marseille, sans doute en guise de représailles après le raid français sur le camp de Baalbek. Cinq morts.

François Mitterrand sur la foi : *« La foi a laissé beaucoup de traces dans mon éducation, mon instruction. J'ai une culture plutôt portée vers l'étude de ces problèmes. J'aime d'ailleurs une forme de littérature ou d'expression stylistique se rapprochant de ce tempérament-là. Donc, je n'ai pas coupé, je n'ai pas eu à couper le cordon ombilical. Mais j'ai quand même pris du champ. Je suis très sensible aux autres explications. S'il s'agit d'un principe — pour ne pas dire d'un Dieu qui ordonne les choses —, dans mon agnosticisme, je dirais quand même, si je dois pencher d'un côté, que c'est de celui-là. Je n'ai pas eu de nuit inversée de Pascal, je n'ai pas eu de contre-pilier de Claudel... »*

# 1984

**Dimanche 1er janvier 1984**

Un appel de Latché. Le Président me demande ce que j'ai pensé de ses vœux d'hier soir. Lorsque je lui dis qu'ils m'ont paru quelque peu optimistes, il réplique : *« Exercer le pouvoir, c'est donner de l'espoir. »* Il poursuit : *« 1984, ce sera trois mois très durs, trois mois durs et six mois mieux. Après, on verra bien. »*
A propos de l'attentat contre la gare de Marseille, il commente, sobrement : *« Cela ne fait que commencer. »* En sait-il plus ? Se dire qu'il y en aura d'autres, c'est admettre qu'il faudra vivre autrement.

Le contingent italien se retirera de Beyrouth. Les Français ne pourront pas rester très longtemps. Il faut trouver une porte de sortie.

Assainissement : notre dette extérieure est de 54 milliards de dollars, soit 11 % du PIB, et, une fois déduites nos réserves de change, de 1,8 % du PIB, c'est-à-dire inférieure à celle des États-Unis et de tous les autres pays européens, sauf la RFA. L'OCDE juge cette dette *« modeste »* et la France est admise avec le Japon, les États-Unis et l'Allemagne dans le club très fermé des *« meilleures signatures du monde »*. Certes, depuis 1981, notre dette a doublé en dollars ; mais, sous le septennat précédent, elle avait été multipliée par huit ! Les charges annuelles de remboursement, dues pour moitié à l'endettement d'avant 1981, ne représentent que 5 % de nos recettes d'exportation. Le problème extérieur est « sous contrôle », comme disent les Anglo-Saxons.

**Lundi 2 janvier 1984**

Pierre Mauroy rend public le rapport de la Cour des Comptes sur les « avions renifleurs ». Les enquêteurs ont découvert que tout avait été tenté pour effacer les traces de cette affaire des archives de l'État. Rien, bien sûr, ne concerne les intérêts du pays ni ne relève donc du secret défense. A moins que l'on n'y classe le ridicule...
L'hilarité cède rapidement la place à l'indifférence. De l'indignation ? Il ne faut pas rêver.

La France prend la présidence des « Dix ». Athènes a formidablement déblayé le terrain, poussant si bien la crise à son apogée que tout redevient possible. On peut maintenant espérer régler les contentieux sur le « chèque britannique » et sur la production de lait, avant de relancer la dynamique de l'élargissement. Ensuite, nous pourrons ouvrir la réflexion sur l'avenir de l'Union. Commencerait en Europe une phase plus optimiste, plus volontariste, à laquelle même Margaret Thatcher ne pourra résister.

Comme chaque dirigeant européen au début de son semestre de présidence, François Mitterrand écrit aimablement à son prédécesseur : *« Je tiens à souligner combien cette fonction que vous avez exercée au cours du dernier semestre de 1983 a été marquée par votre action. »* Il ajoute : *« Le Sommet d'Athènes n'a pas apporté tous les résultats que vous et nous pouvions en attendre... L'expression d'"acquis d'Athènes", qui résume tout ce qu'il y a de positif dans ces travaux, fait partie désormais du vocabulaire communautaire. Des progrès non négligeables ont également été enregistrés dans bien d'autres domaines, et notamment dans celui, extrêmement important, de l'élargissement, puisque la présidence grecque a réussi à faire prévaloir le compromis qui a permis le démarrage de la négociation agricole. »*

Pierre Mauroy écrit aux ministres leur demandant de faire une première évaluation des économies budgétaires nécessaires pour tenir la promesse du Président d'une baisse des prélèvements obligatoires.

**Mardi 3 janvier 1984**

Un ami m'apprend qu'il a acheté le 28 décembre dernier la maison où était installé le fameux « laboratoire secret » des « renifleurs », sans se douter de l'identité réelle du vendeur ! Nul ne croirait à une coïncidence, et pourtant...

Le Président reçoit Jacques Delors, qui continue de faire la tête pour mille et une raisons (il n'a pas été invité à Athènes et Mauroy est toujours Premier ministre). Le Président lui demande ce qu'il compte faire à propos des prélèvements obligatoires, dont il doit être question au Conseil des ministres du 11 janvier. Delors estime que se contenter de supprimer quelques recettes et deux ou trois dépenses ne serait qu'un leurre, et il se prononce pour de « vraies » économies. Le Président lui répond que ces contractions auraient au moins l'avantage de signifier une réduction de la bureaucratie et une simplification des procédures. Il demande au ministre de trouver des réductions réelles de dépenses destinées à compenser une baisse forfaitaire de 5 % de l'impôt sur le revenu. Delors lui dit être opposé à une telle baisse générale, préférant un abattement sur les seules hauts revenus, compensé par une augmentation d'imposition des classes moyennes, ou par la création de son impôt uniforme de 2 %. Le Président ne veut pas en entendre parler. Ils conviennent que les négociations sur l'évolution des prix et des salaires devront se faire sur la base d'une inflation de 5 % pour 1984. Delors s'inquiète du financement des restructurations industrielles : où trouver l'argent ? Le Président suggère la création d'un Fonds de conversion industrielle hors budget, et le remplacement de la taxe professionnelle par une hausse de quatre points de la TVA. Delors dit encore non : on ne va pas faire hors budget ce qu'on ne peut plus faire dans le budget, et on ne va pas relancer l'inflation en augmentant la TVA.

En sortant, le ministre de l'Économie, agacé, m'interroge : *« Mais qui peut bien lui mettre de pareilles idées en tête ? »*

**Mercredi 4 janvier 1984**

Les grèves se durcissent : l'inflation est une drogue dont il est difficile de se désintoxiquer. Des affrontements ont lieu entre la CSL et la CFDT à l'usine Talbot de Poissy : 40 blessés.

Avant le Conseil, j'interroge Cheysson sur le remplacement de son directeur de cabinet, François Scheer, bientôt nommé à Bruxelles. Il voudrait prendre Marc Bonnefous, qui dirige actuellement le département Proche-Orient. Mais le Quai est contre, Bonnefous ayant été ambassadeur à Tel Aviv !... C'est Bertrand Dufourcq qui aura le poste.

En Conseil des ministres, le Président accueille mal la proposition d'une hausse des allocations familiales, qu'il considère comme insuffisante pour avoir l'impact souhaité sur la natalité. Mais il ne veut rien en dire et passe un mot au Premier ministre : *« Il faut des propositions positives qui compensent la modicité des allocations familiales. »* Pierre Mauroy lui répond par la même voie : *« On ne peut faire plus au moment où vont baisser les prélèvements obligatoires. »*

Au déjeuner autour du Président, Pierre Joxe raconte que Ralite lui a expliqué n'avoir accepté l'expulsion des grévistes, à Poissy, que parce que la CFDT était contre. François Mitterrand : *« J'ai de l'admiration pour la CGT, ils sont les seuls sérieux, bien souvent. »* Mauroy raconte qu'Edmond Maire lui a confié : *« Nous avons 20 % de gens de droite à la CFDT. Et pour une grande organisation, ce n'est pas assez. »* Éclat de rire général. On parle des collèges dont Joxe critique la réforme, et des lycées agricoles privés, dont le Président ne veut pas qu'ils soient pris dans la tourmente scolaire. Joxe grogne contre Mauroy. Le Président : *« Il faut dire à chaque Français d'être très fier de ce bilan. »* Il sort une fiche : *« Depuis 1981, le pouvoir d'achat moyen des Français a augmenté de 5,3 %, l'inflation a baissé de moitié, l'épargne populaire n'a plus perdu de pouvoir d'achat, alors qu'avant, elle perdait de 5 à 10 % par an. Le déficit extérieur a été divisé par trois, on peut créer une entreprise en un mois au lieu de six il y a trois ans, la France est le 3$^{e}$ exportateur mondial, le 2$^{e}$ même par habitant. 500 000 personnes ont été exonérées de l'impôt sur le revenu ; plus de mille radios locales ont été autorisées. »* Chacun note activement. *« A vous d'expliquer tout cela. Ne soyez pas complexés. Votre bilan est très bon ! »*

**Jeudi 5 janvier 1984**

Le dollar monte encore : après être passé de 8,40 F avant-hier à 8,52 F hier, il atteint aujourd'hui 8,54 F. En conséquence, le deutschemark baisse par rapport au franc : il termine ce soir à 3,05. La Banque de France a pu racheter aujourd'hui 60 millions de dollars, soit un peu plus du quart des sorties de devises de ces deux derniers jours résultant du paiement des intérêts sur les emprunts contractés auprès de l'Arabie Saoudite et de la CEE. Le franc se stabilise avec la baisse du pétrole. L'hypothèse d'une dévaluation s'éloigne chaque jour davantage.

L'ambassadeur de Grande-Bretagne fait savoir à Roland Dumas que Margaret Thatcher souhaiterait (comme elle l'a dit au Président à Athènes) venir à Paris pour un dîner ou un petit déjeuner, le 16 ou le 23. L'ambassadeur ajoute même bizarrement qu'elle souhaiterait venir « incognito ». Roland Dumas voudrait se rendre en Angleterre pour rencontrer son homologue et confirmer directement à Downing Street l'invitation du Président.

**Vendredi 6 janvier 1984**

Le Président demande des noms parmi lesquels trouver un conseiller social au Premier ministre. Cela aussi est soumis à son choix ! Il hésite entre l'actuel délégué à l'Emploi et le directeur des Relations sociales de la Régie Renault. Il refuse un jeune directeur départemental du Travail que propose Jean-Louis Bianco.

Je reçois Boutros Boutros-Ghali. Il est très inquiet d'une éventuelle demande française de modification de la Résolution 242 de l'ONU. Je le rassure : il n'en a jamais été question.

Pourtant, dans l'après-midi, Shimon Pérès appelle le Président : *« J'ai appris que les Égyptiens souhaitent remplacer le projet de résolution franco-égyptien par une demande de modification de la Résolution 242, en vue d'y inclure la reconnaissance explicite de la représentativité politique de l'OLP. »* Curieux, Boutros Boutros-Ghali craint, lui, que ce ne soit encore une idée de Cheysson !

Le Président aussi, qui avertira un peu plus tard l'intéressé : *« C'est encore une de vos idées. Arrêtez cela tout de suite ! C'est absurde et impossible ! »*

**Samedi 7 janvier 1984**

Mort d'Alfred Kastler. Le Prix Nobel de physique restera aussi, dans mon souvenir, le modeste, discret et disponible président d'une petite organisation, aujourd'hui devenue grande, l'Action internationale contre la Faim, créée il y a cinq ans avec quelque amis.

Le Président Reagan envoie une de ces lettres-circulaires dont il a le secret aux dix-huit membres de l'OTAN pour leur parler de la prochaine rencontre à Genève entre Shultz et Gromyko. Encore une fois, cette missive ne fait aucunement référence à la France et à son statut spécifique dans l'Alliance :

> *« Je tiens à vous exprimer mes remerciements pour les conseils avisés et le soutien que nous avons reçus des gouvernements alliés. Je sais que vous partagez mon espoir que cette rencontre ouvrira la voie à de nouvelles négociations sur le contrôle des armes nucléaires entre les États-Unis et l'Union soviétique et établira une base utile pour progresser dans ces conversations... »*

Jusque-là, rien que de très normal. La suite, nous la relirons plusieurs fois :

> *« ... Nous aspirons maintenant à une période de transition vers un monde plus stable, avec des niveaux d'armes nucléaires grandement réduits et une capacité renforcée de dissuasion basée sur une contribution croissante de défense non nucléaire contre les armes nucléaires offensives. Cette période de transition pourrait conduire à l'élimination éventuelle de toutes les armes nucléaires, à la fois offensives et défensives. Un monde libéré des armes nucléaires est l'objectif ultime sur lequel nous-mêmes, l'Union soviétique et toutes les autres nations peuvent s'accorder... »*

A la lecture de ce paragraphe, le Président a sursauté : Reagan veut-il vraiment renoncer totalement à l'arme nucléaire ? L'abandon de la dissuasion nucléaire marquerait la fin de quarante ans de stabilité et de paix entre les grandes puissances. Il l'a déjà esquissé en mars 1983. Mais là, c'est très clair...

A Londres, recevant la même circulaire, Margaret Thatcher a compris, elle aussi. Elle est atterrée.

*« Comment Reagan peut-il être aussi naïf ? Est-il donc à ce point mal entouré ? »* s'exlamera-t-elle devant moi peu après. De ce jour date la fêlure dans ses relations avec le Président américain.

Reagan poursuit par un long exposé des positions américaines avant Genève sur les diverses catégories d'armes nucléaires entrant dans le cadre des négociations :

> *« ...S'agissant des négociations sur les armes nucléaires stratégiques offensives, les États-Unis seront prêts à examiner des arrangements qui traiteraient des asymétries dans la structure des forces, pour autant que les Soviétiques seront disposés à envisager le problème de manièere également constructive. Les négociateurs américains disposeront d'une large marge de manœuvre en ce qui concerne les grandes lignes et le contenu de l'arrangement.*
>
> *M. Shultz insistera sur la priorité que nous accordons à l'objectif d'une limitation équitable et vérifiable en ce qui concerne les forces nucléaires intermédiaires (...). Dans le même temps, nous repousserons évidemment toute proposition de moratoire sur le déploiement des forces nucléaires intermédiaires (FNI) comme préalable à la négociation, nous repousserons la prise en compte des forces tierces et réaffirmeront que le programme de déploiement de l'OTAN, décidé en 1979, ne peut être modifié qu'à la suite d'un accord concret sur le contrôle des armements...*
>
> *S'agissant des systèmes antisatellites, G. Shultz indiquera clairement que, dans la suite des négociations, les États-Unis seront prêts à considérer dans quels secteurs une retenue mutuelle est envisageable. Il indiquera également notre volonté — et même notre désir — de discuter du rapport entre les capacités et offensives présentes et futures des deux parties.*
>
> *Comme vous le savez, l'Union soviétique s'est évertuée avec de plus en plus de force, au cours des dernières semaines, à présenter leprogramme américain de recherche sur la défense stratégique comme un obstacle à tout progrès dans le contrôle des armements. A Genève, M. Shultz répondra à une telle analyse en notant que c'est l'Union soviétique qui a sapé les engagements sur lesquels repose le traité sur les moyens antibalistiques (ABM). Il réaffirmera que l'Initiative de Défense Stratégique américaine est un programme de recherche autorisé par le traité ABM et exécuté en pleine conformité avec lui. Il notera que toutes les décisions au sujet de l'expérimentation ou du déploiement de systèmes non autorisés par le traité doivent être matière à négociation. Il relèvera également les activités de l'Union soviétique qui nous paraissent ne pas être conformes au traité.*
>
> *Tout en notant que les programmes soviétiques de recherches sur les nouvelles formes de missiles balistiques de défense également et, dans certains secteurs, dépassent les nôtres, M. Shultz soulignera l'impossibilité pratique des efforts visant à limiter l'activité de recherche, mais il insistera également sur la nécessité d'engager un dialogue concernant les implications à long terme des nouvelles technologies défensives sur le contrôle des armements et la dissuation. »*

Reagan persiste et signe : l'IDS rendra vains les missiles nucléaires, car ils ne pourront passer à travers le bouclier ; l'armement nucléaire deviendra inutile...

> *« Selon moi, les nouvelles formes de défense contre les menaces d'attaque par missiles balistiques pourraient, à long terme, offrir les moyens de renforcer la dissuation et de réduire l'importance des missiles balistiques nucléaires dans les rapports stratégiques globaux. Nous reconnaissons toutefois qu'un tel développement,*

*s'il s'avère techniquement réalisable, devrait être traité de façon constructive. Par conséquent, alors même que les savants américains et soviétiques étudient les possibilités techniques pour l'avenir, je suis prêt à engager dès maintenant des discussions avec l'Union soviétique sur les implications de ces nouvelles technologies en ce qui concerne la stratégie et le contrôle des armements. J'ajouterai que l'objectif à long terme de l'élimination éventuelle de toutes les armes nucléaires a été perçu par les deux parties (...). Nous devons toutefois remarquer que les Soviétiques risquent de poursuivre une stratégie diplomatique à plusieurs faces. Ils développent propagande et intimidation pour obtenir de nous des concessions. Nous avons résist+ à ce type de pressions soviétiques dans le passé et nous ferons de même dans l'avenir (...). Je vous demande de bien vouloir conserver à tout ce qui précède le caractère le plus confidentiel. Nous vous tiendrons bien sûr informé, dès que possible, des résultats des conversations de Genève. J'attends avec intérêt de recevoir vos conseils sur ces problèmes. »*

L'IDS éliminant l'arme nucléaire ! Il faudrait, pour concrétiser un tel rêve, réaliser un système défensif, terrestre et spatial, planétaire, étanche et fiable à 100 %. Les « satellites tueurs » ou plates-formes orbitales seraient équipés de lasers, chargés de détruire les missiles, assez petits pour être satellisés.

Illusion : la mise sur orbite d'un tel système complet prendrait des dizaines d'années, et sa maintenance devrait être constante. Il faudrait aussi pouvoir concevoir et réaliser les ordinateurs et les logiciels capables de gérer l'observation, la détection et l'interception en quelques minutes de dizaines de milliers d'objets spatiaux adverses, et de différencier les milliers de missiles des leurres que l'ennemi ne manquerait pas de lancer. De plus, ces centaines de satellites et leur appareillage seraient vulnérables aux attaques soviétiques. Le Président Reagan estime à 26 milliards de dollars, sur cinq ans, le montant des crédits nécessaires à la seule recherche sur l'IDS. L'éventuel déploiement est estiméé, lui, à mille milliards de dollars (contre 10 milliards de dollars de l'époque pour le « projet Manhattan » de la première bombe A). Le Congrès a déjà limité les crédits de recherche à 1,4 milliard de dollars pour 1984-85, et à 2,7 milliards pour 1985-86. Peut-être cela fera-il un total de 10 milliards de dollars sur cinq ans ? Le général Abrahamson, en charge du projet, a déjà annoncé qu'il devait renoncer de ce fait à certaines recherches. La moindre défaillance (un taux d'efficacité de 99 %) laisserait encore passer 300 bombes ! Aucun expert américain ou européen ne croit un tel système possible ni aujourd'hui, ni demain.

Ce n'est pas la première fois qu'un Président américain se fait « embarquer » par des scientifiques : voir le bombardier invulnérable à propulsion atomique en 1950 ; la nation interstellaire *Orion* à propulsion atomique en 1960 ; le projet Nixon de guérison du cancer en 1970 ; les suites du projet Apollo en 1980... Voilà qui devrait inciter Ronald Reagan à faire montre de plus d'esprit critique.

En réalité, il s'agit pour le Pentagone que d'un justificatif destiné à maintenir les crédits militaires en période de déficit budgétaire.

**Lundi 9 janvier 1984**

Le Président doit déterminer sa stratégie pour le semestre de la présidence française du Marché commun, le seul du septennat. Une réunion se tient dans son bureau avec Mauroy — de moins en moins intéressé —, Delors — qui boude parce qu'il sait qu'il ne dirigera pas la négociation —, Cheysson — inquiet de la diriger avec Dumas à ses basques —, Rocard — qui songe surtout aux émeutes agricoles en cas de compromis — et Dumas, néophyte et plein d'enthousiasme. François Mitterrand explique :

*« Pour gagner du temps, il faut partir du fait brut, c'est-à-dire de l'esquisse de compromis réalisée à Athènes. Cela fera beaucoup de travail en moins. On laissera aux autres pays, s'ils le veulent, la responsabilité politique de reculer par rapport à ce compromis, de dire qu'il n'y a pas eu accord. Sur les contentieux, il faut essayer d'arriver à un compromis dès le Sommet de mars à Bruxelles. Pour cela, je veux une procédure allégée, le minimum de réunions de techniciens. Celles prévues par les règlements de Bruxelles, pas plus. Tout le reste doit être l'objet de réunions politiques. Je verrai moi-même les principaux dirigeants des neuf autres pays dans le mois qui vient. Si nous obtenons cet accord, nous aurons pour nous l'Histoire. Voici les résultats auxquels je veux parvenir en mars :*

- *démanteler les montants compensatoires monétaires en trois ans ;*
- *permettre à la Communauté de percevoir 1,4 point de TVA ;*
- *pour le lait : une production maximale de 26 millions de tonnes pour la France.*

*Cela réglé, on pourra décider en juin de la contribution britannique et de l'admission de l'Espagne et du Portugal. Peut-être déciderai-je alors de les faire approuver par un référendum, ce qui aurait l'avantage de donner au débat sur la contribution britannique un éclairage cruel.*

*Pour réussir, le dialogue franco-allemand est essentiel. Je construirai tout autour de cela. Roland Dumas s'en occupera. Je ne veux pas de négociation parallèle. »*

Cette précision élimine Cheysson et Delors de toute l'affaire européenne. Le premier feint de ne pas comprendre. Le second fait comme s'il n'avait rien demandé. Michel Rocard s'inquiète toujours pour les quotas viticoles. Pierre Mauroy, du Livre Blanc sur l'« élargissement ». Rien d'essentiel.

Le Président garde ensuite Mauroy, Cheysson et Dumas pour parler d'autres sujets de politique étrangère. Sur le Liban, François Mitterrand se montre préoccupé : *« L'idéal serait maintenant qu'on nous demande de partir. Il faudrait s'en aller vite, mais c'est difficile à faire décemment, après tous ces morts. »*

Enfin, à propos du Tchad, où les négociations avec la Libye s'enlisent, Habré boudant la réunion de l'OUA, il remarque : *« Si Hissène Habré ne veut pas aller négocier à Addis Abeba, nous ne le soutiendrons pas. »*

Le Président s'isole ensuite avec Pierre Mauroy qui lui confirme que, sur l'école, il est prêt à accepter, à la demande des socialistes, de supprimer l'obligation faite aux communes de financer les écoles privées. Le Président : *« Faites comme vous voulez, mais vous n'arriverez jamais à un accord sur ces bases. »*

Plus tard, il reçoit, en tant que Président de la Communauté, une délégation de la Confédération européenne des syndicats. Edmond Maire et André Bergeron sont là. Pas Krasucki. Comme avant Versailles, le blocage des syndicats réformistes n'a pu être surmonté, et la CGT est exclue. *« Oui,* leur dit-il, *l'espace social européen connaîtra un regain d'actualité. Oui, je ferai une recommandation en faveur de la réduction de la durée du travail hebdomadaire. »*

**Mardi 10 janvier 1984**

L'annonce du recul du gouvernement sur le financement des écoles privées a fait l'effet d'une bombe. Les « Apel » (associations de parents d'élèves de l'école libre) de la région parisienne et de l'Ouest suggèrent l'organisation d'une grande manifestation à Paris et la grève de l'impôt.

La crainte des attentats se développe. François Mitterrand me dit : *« L'étau se resserre. »* Est-il menacé ?

La situation se fait plus difficile dans l'industrie, en particulier dans la sidérurgie. En 1983, Usinor dans le Nord, Sacilor en Lorraine ont perdu 10 milliards de francs. L'État y a mis 15 milliards, mais, en raison des accords de la CECA, doit cesser toute subvention d'ici 1986, au moment où la crise frappe. En conséquence, il va falloir supprimer 25 000 emplois sur 90 000.

Réunion autour du Président. Il y a là le Premier ministre et les principaux ministres concernés. Il faut fermer des sites, mais où ? Chacun joue gros dans sa propre région. Dans la sidérurgie, la compétition oppose le Nord et la Lorraine, les Bouches-du-Rhône et la Normandie. Dans les chantiers navals, le Nord et les Bouches-du-Rhône.

**François Mitterrand :** *Quels sont les faits ? Je comprends que douze régions ou secteurs sont en difficulté. C'est énorme. La crise sociale est-elle inévitable ? Quelle approche faut-il avoir ? Par secteur ? Par région ? Par industrie ? Quelles entreprises soutenir ? Par quelles incitations ? Quels ordres faut-il donner aux entreprises nationales, quelles aides aux entreprises privées ? Telles sont les questions sur lesquelles je veux votre avis ces jours-ci.*

**Pierre Mauroy :** *La situation n'est pas si tragique. On se bat contre une mythologie, mais, pour l'essentiel, les choix difficiles sont derrière nous. Il y a de grosses différences entre les secteurs. Dans les houillères, le plus dur est fait, elles vont rénover l'habitat pour se donner du travail. Dans la construction navale, je ne suis pas sûr qu'il faille entreprendre déjà une conversion. Il est possible qu'après la crise, les chantiers navals français redeviennent compétitifs. D'ailleurs, Usinor n'utilise que des bateaux étrangers : pourquoi ? Pour ce qui est de la sidérurgie, je laisse parler Fabius...*

Le débat est déjà ouvert entre le Nord (Usinor) et la Lorraine (Sacilor) dont dépendent les aciéries normandes. Entre Mauroy et Fabius. Les deux hommes entament de manière feutrée une bataille terrible.

**Laurent Fabius** énumère alors quinze secteurs en difficulté dans l'industrie *(Renault,* annonce-t-il, *fera 5 milliards de déficit)* et parle de 400 000 emplois menacés en 1984. *Dans la sidérurgie, nous sommes pris à la gorge. Nous avions prévu en 1981 de produire 24 millions de tonnes et nous n'en vendons aujourd'hui que 17. Il faut faire quelque chose. Je veux commencer les négociations dès maintenant sur le principe : "suppression d'emplois", mais pas de licenciements.*

**François Mitterrand :** *Quels moyens sérieux avez-vous à votre disposition pour la sidérurgie ? Quelles mesures sociales ? J'ai besoin là-dessus d'une réponse claire du gouvernement avant la fin du mois.*

**Pierre Mauroy** évoque les congés spéciaux de reconversion. (On verse à l'ouvrier licencié 72 % de son salaire, dont 50 % payés par l'État.) *Mais cela ne suffit pas. Ce serait une politique de Gribouille.*

**François Mitterrand** demande à Laurent Fabius : *A votre avis, combien d'emplois seront supprimés dans la sidérurgie en 1984 ?*

**Laurent Fabius :** *8 000.*

**François Mitterrand :** *C'est tout ? C'est gérable.*

**Pierre Mauroy :** *Et, en plus, la DATAR a créé 60 000 emplois en Lorraine. Le vrai problème est dans le Nord.*

Fabius se ferme et plonge la tête dans ses papiers.

**Marcel Rigout** (très professionnel) : *Bien sûr, on peut former des gens, mais à quoi faire ? Former, c'est bien, à condition de déterminer les formations porteuses d'avenir pour traverser au mieux la troisième révolution industrielle. Il nous appartient de prouver que moderniser n'est pas synonyme de licencier. Sinon, nous aurons des "Talbot" à répétition.*

**François Mitterrand :** *Combien tout cela coûtera-t-il ? Les syndicats doivent avoir le sentiment qu'on est de leur côté. Le couple Bérégovoy/Ralite doit fonctionner à plein, avec Rigout. La concurrence entre syndicats ne favorise pas les choses. Je vous réunirai plusieurs fois par mois pour suivre cette affaire. Cela doit être une opération scientifiquement menée. Ayons les yeux fixés sur ce qui peut réussir : bâtiment, économies d'énergie, grands travaux, exportations. Nous sommes dans une société mixte. Cela ne me choque pas que les entreprises privées bénéficient de la relance de l'investissement. Mais il ne faut pas oublier que, même si l'État paie, c'est aussi, à terme, une charge pour les entreprises.*

**Jacques Delors :** *L'exportation créera des emplois si on sait rester compétitifs.*

**Jack Ralite :** *J'ai des doutes sur tout cela. J'ai vécu douloureusement l'affaire Talbot. On aura du mal à aller plus loin dans le traitement social.*

**François Mitterrand :** *Monsieur le Ministre, il faudra procéder à des licenciements lorsqu'ils seront nécessaires. On ne pourra le cacher par des emplois artificiels. J'attends de vous des solutions sociales généreuses, accompagnées d'une vraie négociation. Nous nous retrouverons dans huit jours. J'attends un plan d'ensemble pour dans quinze jours. S'il doit y avoir crise, eh bien, il y aura crise.*

Le Président garde Jacques Delors qui lui redit son hostilité au compromis agricole franco-allemand ébauché à Athènes : « *Il est inflationniste et ambigu : les Allemands considèrent que les MCM positifs existants doivent être transformés en MCM négatifs, alors que, pour nous, ils doivent être démantelés en les intégrant dans les hausses de prix agricoles en écus.* » Delors veut faire table rase, au risque d'inciter les Allemands, puis d'autres pays, à revenir sur les ébauches d'accords enregistrées à Athènes. Le Président lui répète sa décision de reprendre dès aujourd'hui la négociation avec les Allemands sur la base de l'esquisse d'Athènes : les montants compensatoires font partie de l'accord. Delors est également hostile à la proposition française faite à Athènes sur le lait (une production communautaire de 100 millions de tonnes en 1984, puis de 97 millions en 1985, avec un quota national de 26 millions de tonnes pour la France, et un ensemble de taxes freinant la collecte et finançant un éventuel dépassement du quota national). Il estime que nous ne pourrons empêcher un dépassement du quota national qu'en fixant des quotas par exploitation. Là encore, le Président lui donne tort : « *Trop technocratique.* »

Enfin, ils parlent de la contribution britannique. Delors en reste à sa proposition d'un système de compensation nette. « *Trop compliqué* », rétorque le Président. Il lui répète : « *Pendant la préparation de la présidence française, pas de négociation préalable entre techniciens, et surtout pas plusieurs négociations. Quel que soit leur rang, les ministres ne sont que des exécutants. Le seul à avoir autorité en cette affaire est Roland Dumas.* »

Jacques Delors aurait mieux fait, aujourd'hui, de ne pas venir.

**Mercredi 11 janvier 1984**

Le Conseil des ministres arrête un plan de lutte contre l'analphabétisme. On parle aussi des prélèvements obligatoires, mais de façon vague.

Au déjeuner qui suit, l'ambiance est fraîche. *« Assez de petites phrases »*, lance Pierre Mauroy en regardant Pierre Joxe, qui boude. On parle de la conversion. François Mitterrand dit : *« Former et convertir 300 000 personnes, c'est peu. On y arrivera. »* On parle du livret d'épargne industrielle, de Talbot.

Mauroy : *« Maire m'a dit que la Lorraine sera "à feu et à sang". »* François Mitterrand : *« Peut-être, mais on ne peut pas saigner la nation pour la seule Lorraine. »* Mauroy approuve bruyamment.

On parle de l'affaire des « avions renifleurs » qui sera évoquée dans l'après-midi à l'Assemblée. François Mitterrand rédige lui-même la question à faire poser à Valéry Giscard d'Estaing par les députés socialistes :

*« Pourquoi avoir dissimulé ce dossier à vos successeurs, qui n'ont connu ce rapport que neuf jours avant de le publier ? »*

Ce soir, Giscard passe au journal de 20 heures d'*Antenne 2* pour tenter de s'expliquer sur l'affaire. Il accuse le gouvernement *« de ne pas comprendre l'économie moderne »* et attaque violemment le Président. Au passage, il reconnaît avoir été au courant depuis 1979. Pourquoi donc aucune poursuite n'a-t-elle été engagée ? Et pourquoi avoir enterré le rapport ? Là-dessus, il nous faudra rester sur notre faim...

**Jeudi 12 janvier 1984**

Andropov me fait songer à une pure machine. Il est sec, brutal. Une pointe d'acier. Il nomme à tous les postes clés des techniciens, comme s'il cherchait à remplacer le Parti par le complexe militaro-industriel : Gorbatchev à l'Agriculture, Aliev aux Transports, Petrossian au nucléaire. Sa maladie n'enrayera-t-elle pas sa détermination ?

François Mitterrand inaugure la salle du *Zénith*. C'est une réussite. Il en faudra d'autres, en province.

Roland Dumas n'a toujours pas de directeur de cabinet. Chacun cherche à envoyer un homme à ce débutant. Pour le tenir, croit-on.

Avec Robert Armstrong, je fixe la date de la prochaine visite à Paris de Margaret Thatcher. Ce sera le 23 janvier.

Simon Wiesenthal veut décerner le prix annuel de sa Fondation au Président, *« en raison de tout ce qu'il a fait en faveur des Juifs dans le monde et dans la lutte contre l'antisémitisme »*. Claude Cheysson, consulté, suggère de décliner, parce que d'autres récompenses du même genre, venant de sources arabes, ont, dit-il, été refusées. Le Président : *« Mais je n'ai jamais rien refusé de ce genre ! Qui m'a proposé quoi ? »* Il acceptera le prix.

**Vendredi 13 janvier 1984**

Je reçois une nouvelle demande de Yasser Arafat de rencontrer le Président lors d'une escale « technique » de deux à trois heures à Paris, avant le prochain Conseil palestinien, dans un mois. Selon ce message, *« le Président Mitterrand a déjà fait tellement pour les Palestiniens qu'il peut peut-être faire un pas supplémentaire. Nous comprendrions tout à fait qu'il demande des gages en échange, mais, honnêtement, Yasser Arafat ne peut pas faire plus. En tout cas, pas avant le Conseil palestinien du 15 février. Yasser Arafat ne peut pas reconnaître la Résolution 242. Il ne peut pas reconnaître Israël. Mais être reçu par le Président Mitterrand avant le Conseil palestinien le renforcerait et lui permettrait de poursuivre le virage stratégique entamé par sa rencontre avec le Président Moubarak, mettant fin à l'isolement consécutif à Camp David ».* Le message ajoute : *« Yasser Arafat est prêt à négocier avec toutes les parties, à prendre en compte les droits de tous les peuples de la région et à accepter l'ensemble des résolutions de l'ONU. »*

Lorsque je lui transmets cette demande, le Président me prie de refaire la même réponse qu'il y a six mois : *« Il sera reçu par le Premier ministre. Pas par moi. »* Il évoque aussi l'idée d'une rencontre « fortuite » entre Yasser Arafat et Pierre Mauroy à l'étranger. Claude Cheysson ira voir Yasser Arafat à Tunis.

J'interroge le Président : comment limiter les conséquences négatives sur l'opinion publique, en France et au Proche-Orient, d'un retrait militaire du Liban ? Il me répond : *« Mais le retrait n'est pas encore décidé ! »*

**Lundi 16 janvier 1984**

Chacun considère pourtant le retrait de la France comme inéluctable et le dit. François Mitterrand apprécie peu les déclarations du président de la commission des Finances de l'Assemblée nationale, Christian Goux, revenant de Beyrouth et demandant le départ immédiat des troupes françaises : *« La réussite de la mise en œuvre de notre politique au Liban au cours des prochaines semaines et des prochains mois repose sur la parfaite coordination des uns et des autres et sur la meilleure maîtrise possible des déclarations. Les déclarations de Christian Goux, même si elles partent d'une constatation exacte, ne peuvent que précipiter les phénomènes de dégradation qu'il a observés sur place. »*

Le Président demande à Louis Mermaz, Pierre Joxe et Lionel Jospin de faire en sorte qu'il n'y ait plus aucune déclaration de parlementaires sur cette question.

**Mardi 17 janvier 1984**

Ouverture de la conférence sur le désarmement en Europe à Stockholm.

Devant le Comité central du PCF, Georges Marchais invite le gouvernement à faire preuve de *« plus de fermeté »*. Les mutations industrielles ne doivent pas aboutir à moins d'emplois. Tout en affirmant que le PC fera « tout » pour la réussite de la gauche, il lance : *« Pas de licenciements, pas un chômeur de plus ! »* Hélas...

Alain Savary présente son projet sur l'école privée aux députés socialistes. Tous, à l'exception d'un élu du Finistère, Bernard Poignant, jugent ses propositions trop généreuses. *« Pas question d'obliger les collectivités locales à verser des subventions aux écoles privées ! »* déclare André Laignel. *« Si, avec la logique de la décentralisation, on donne des pouvoirs accrus aux collectivités locales pour décider quelle école elles veulent financer,* souligne Poperen, *ça veut dire que, dans trente ans, dans certains départements de l'Ouest, les trois quarts des communes n'auront plus d'école publique. »*

A propos des « avions renifleurs » : où sont passées les notes administratives que mentionne le rapport Gicquel ? Qui est derrière les deux sociétés SOFAX et SCIT, mentionnées dans le rapport, qui ont reçu une partie de l'argent d'Elf ? Mystère...

Robert Armstrong vient préparer la rencontre du Président avec Mme Thatcher lundi prochain à Paris. L'enjeu est d'importance, puisqu'il s'agit de sortir l'Europe de l'impasse. Le Premier ministre britannique a changé d'avis : le secret dont elle voulait entourer ce voyage n'est pas possible vis-à-vis de son Parlement. Elle souhaite cependant qu'il n'y ait ni communiqué ni rencontre avec la presse, pas plus avant qu'après le déjeuner.

*« Sur le fond,* m'avertit Armstrong, *elle préférerait un succès à un échec, dès mars, pour sa propre conduite des élections européennes. Elle est d'accord pour partir des acquis d'Athènes. Elle accepte le calcul de la présidence grecque pour le montant de sa contribution. »* Message très important, qui répond à une question que nous nous posions depuis un mois. *« Elle en reste donc pour l'instant à une demande de 1,5 milliard d'écus, en réduisant la part française dans ce remboursement grâce à une contribution plus élevée des petits pays. Elle est prête à un réexamen au bout de cinq ans. Elle attend du Président qu'il lui dise quelles sont ses propres nécessités de politique intérieure en matière agricole et financière. Par ailleurs, elle souhaiterait parler du Liban, des relations avec les États-Unis, et du prochain Sommet à Sept en juin à Londres. »* J'évoque l'éventualité de conversations sur l'industrie militaire et les questions stratégiques, comme nous en avons avec l'Allemagne. Armstrong bondit là-dessus : *« Oui, il faudrait mettre sur pied une coopération, y compris pour la fabrication des missiles. Elle souhaitera revoir le Président une autre fois, de la même façon, avant Bruxelles. »*

Armstrong parti, je prends connaissance d'une dépêche : pour une question de concurrence jugée déloyale, des camionneurs anglais sont pris en otages par des éleveurs de porcs à Boulogne. Cette affaire tombe on ne peut plus mal.

Au vu d'un sondage qui ne lui accorde que 22 % des intentions de vote, Lionel Jospin renonce à prendre la tête de liste du PS aux européennes. Jacques Delors, lui, souhaite y aller. La candidature de Delors a deux supporters inconditionnels : Louis Mermaz et Pierre Bérégovoy. Pour des raisons bien différentes : le premier pense vraiment qu'il est le meilleur ; le second veut son poste.

**Mercredi 18 janvier 1984**

Ce matin, au Conseil des ministres, le Président parle des négociations avec l'Espagne et le Portugal pour leur entrée dans le Marché commun : *« Si les négociations échouent, le gouvernement devra gérer une grave crise diplomatique. Si elles aboutissent, le gouvernement devra faire face à la grogne des paysans. »* Il est convaincu que l'adhésion est nécessaire et inévitable. Et il veut y parvenir rapidement.

Au déjeuner des socialistes, le Président part dans une diatribe à propos des camionneurs anglais pris en otages (*« La police est composée d'incapables ! »*). Très habilement, il conduit Jospin à revenir sur sa décision et à accepter de prendre la tête de liste aux élections européennes, tout en soulignant que Delors aurait été le meilleur candidat. Pierre Mauroy approuve. Bérégovoy boude : il se voyait déjà au Louvre. On parle ensuite du système électoral pour les prochaines élections législatives. François Mitterrand : *« Je suis pour un système mixte ; si on ne le fait pas, on perd les élections, je n'aurai plus aucun pouvoir et vous disparaîtrez. Est-ce ce que vous voulez ? La proportionnelle exclut que les socialistes soient majoritaires ; elle oblige donc à obtenir le soutien d'un tiers parti. Au contraire, le scrutin majoritaire permet au PS d'être au gouvernement ; mais il nous interdit de nous allier avec qui que ce soit d'autre que le PC. Je suis donc pour un système mixte. Mais prudence, ne décidons rien trop vite : avant nous,* "ils" *ne se sont pas gênés pour changer le mode de scrutin au dernier moment. »*

A propos du PC : *« Il faut comprendre leurs réticences. Que feraient les socialistes dans un gouvernement dirigé par le PC, si les rapports de force étaient inversés ? »*

Ce même jour, j'apprends que Chirac espère un changement rapide de la loi électorale pour pouvoir faire campagne sur le thème : « les tricheurs ».

La situation au Liban constitue non seulement un désastre pour les Français — car, quoi qu'on dise, nos troupes devront partir à brève échéance —, mais un désastre occidental face à l'Union soviétique, par Syrie interposée ; la débâcle de la Force multinationale est une défaite pour l'Ouest.

**Jeudi 19 janvier 1984**

Préparation avec le Président de la rencontre de lundi prochain avec Mme Thatcher, si importante. Elle veut, a-t-elle fait dire par Armstrong, *« un système durable de remboursement »*. C'est aussi notre intérêt, car nous paierons moins si cette question ne revient pas sur le tapis tous les ans, assortie d'un chantage aux prix agricoles. De toute façon, l'élargissement va conduire à modifier la répartition des dépenses et des recettes communautaires entre les États.

Mme Thatcher veut 1,5 milliard d'écus. Nous devons reprendre la discussion à partir de la formule grecque, qui estime à 1,3 milliard d'écus le juste remboursement. La France est partie de 600 millions d'écus. Pour François Mitterrand, un milliard d'écus constitue un maximum indépassable. Margaret Thatcher veut diluer l'impact de ses demandes exorbitantes. Or, nous payons près de 50 % de la compensation britannique depuis que la RFA ne supporte plus que la moitié de sa propre part...

Le Président s'inquiète des trop bas tarifs publics, qui faussent les résultats obtenus dans la lutte contre l'inflation et fragilisent les entreprises publiques.

La situation en Tunisie s'aggrave. Télégramme diplomatique : *« Quelque habileté que mette son entourage à étayer le Président défaillant, le couple paradoxal que forment un Président tout-puissant mais fatigué et un Premier ministre combatif mais contesté peut-il ressaisir la situation ? Serait-il en mesure de faire face à de nouveaux événements graves ? Tout le monde en doute ici. Reste la solution d'un changement de Premier ministre. En tout cas, il faut aider la Tunisie. »* Le Président décide d'envoyer du blé ; on ne peut rien faire de plus avant le retrait de Bourguiba.

Mise à sac de la sous-préfecture de Brest par des éleveurs de porcs. Rocard appelle : *« Je l'avais bien dit. C'est la guerre civile ! »*

Je reçois Allan Wallis, qui vient me parler du Sommet de Londres. Reagan veut qu'on y décide quelque chose pour relancer les négociations commerciales. *« Pourquoi pas un nouveau round du GATT ? »*, dit-il.

**Vendredi 20 janvier 1984**

Déjeuner avec le nouvel ambassadeur d'Union soviétique, Iouri Vorontsov, à l'ambassade, rue de Grenelle. L'homme est fin, ouvert, et parle couramment anglais : un style nouveau. A l'évidence, il n'est pas seulement là pour lire des notes reçues de Moscou, mais pour séduire. Sans paraître nourrir le moindre doute sur l'idéologie qu'il représente, il n'en parle jamais. Il m'annonce qu'Andropov souhaite recevoir cette année François Mitterrand, *« quand il le voudra »*. Il balaie les rumeurs sur la santé du Secrétaire général : *« Il sera en meilleure santé la semaine prochaine, et visible dès le mois de février. »* Il m'apprend la venue, la semaine prochaine, d'un ministre économique, Arkhipov, avec d'*« énormes propositions »* d'achat de blé, de lait, de sucre, d'acier, d'usines à rénover — et même de mise à disposition de l'industrie agro-alimentaire française de terres en Union soviétique, *« afin d'apporter la preuve aux paysans et à l'industrie soviétiques que la productivité peut y augmenter rapidement »*.

Enfin, et c'est le plus surprenant, il me parle du Liban en des termes dramatiques. Lui aussi est inquiet du tour Est/Ouest que prend la confrontation : *« Nous nous trouvons dans une situation terrible : nos propres troupes font face aux troupes américaines. Ne vous y trompez pas, nous n'avons pas donné d'armes sophistiquées aux Syriens. Ce sont nos propres troupes qui les servent en Syrie, et non pas des troupes syriennes conseillées par des experts soviétiques. A chaque instant, nous risquons donc qu'une attaque américaine ou israélienne provoque la mort de soldats soviétiques, entraînant nos propres représailles. C'est la source la plus dangereuse de conflit mondial depuis Cuba. Nous sommes donc très désireux nous-mêmes de quitter la Syrie. Mais nous ne sommes pas prêts à discuter de cette question avec les Américains, ni publiquement, ni secrètement, ni par un intermédiaire. Car il n'y a rien à faire cette année avec Reagan. Par contre, je peux vous dire de la façon la plus formelle que si les États-Unis se retirent du*

*Liban, nous accepterons simultanément que la Force multinationale à Beyrouth soit transformée en force de l'ONU (mais alors, sans soldats américains ni soviétiques). Dans ce cas, toutes les troupes soviétiques quitteront immédiatement la Syrie. Mais les Américains doivent faire le premier pas, car nous ne sommes pas prêts à discuter de cette question avec eux. »*

Incroyable marché : le retrait occidental du Liban contre celui des troupes soviétiques de Syrie !

Promulgation de la loi Savary sur l'enseignement supérieur : environ 70 décrets d'application à rédiger.

**Dimanche 22 janvier 1984**

80 000 personnes manifestent à Bordeaux pour la défense de l'enseignement privé et contre le projet Savary. Personne au gouvernement ne prend l'affaire très au sérieux. La situation risque pourtant de devenir vite intenable.

**Lundi 23 janvier 1984**

Après une nouvelle rencontre, hier, avec Henri Emmanuelli, secrétaire d'État au Budget, François Mitterrand décide de tout miser, dans sa conversation avec Mme Thatcher, sur le contrôle des dépenses budgétaires, dans l'idée de réduire ce que paient les Allemands et ce qu'il faudrait rembourser aux Anglais.

Le déjeuner a lieu à Marly, pavillon minuscule et glacé, sans confort ni charme, presque jamais utilisé par le Président. Déjeuner discret, tout comme cette négociation.

On commence par évoquer l'incident des camionneurs pris en otages à Boulogne, dont la presse britannique a beaucoup parlé, remontant jusqu'à Jeanne d'Arc et Napoléon.

**François Mitterrand :** *La presse anglaise en fait trop. Je trouve que le duc de Wellington sert vraiment à tout. Ce genre d'histoire n'arriverait pas si on avait réglé la question des montants compensatoires et si on faisait admettre aux paysans que tous les prix ne peuvent être garantis.*

**Margaret Thatcher** renchérit : *Les paysans veulent que tous les marchés soient garantis, malgré les surplus ! C'est impossible !*

**François Mitterrand** cherche à éviter la polémique : *Je veux un accord en mars, car plus on tarde, plus ce sera difficile. Je vous vois la première, car je veux être au clair avec vous. Il faut trouver des moyens d'alléger vos charges. Cela passe par un meilleur contrôle budgétaire des dépenses obligatoires et des dépenses non obligatoires. Le budget français augmente de 6,5 % ; le budget européen, de 10 %. C'est inacceptable, et pas seulement pour l'agriculture... Pour ce qu'on vous rembourse, il faut être raisonnable : il faut en rester au remboursement des deux tiers du déficit, comme actuellement, même si le calcul est fait différemment. Et cela doit être durable, et non plus recalculé année après année.*

**Margaret Thatcher :** *Ce qui m'importe, ce n'est pas la proportion, mais le solde final. Je veux un système qui ne me fera payer, comme la France, que 500 millions d'écus au plus.*

**François Mitterrand** (inquiet, car cela impliquerait un remboursement à la Grande-Bretagne d'au moins 1,5 milliard d'écus, loin de notre plafond d'un milliard) : *Il faut partir de ce qui a été acquis à Athènes, sinon chaque pays va en profiter pour tout renégocier...*

**Margaret Thatcher :** *Non, à Athènes, il n'y a eu qu'un "accord de survie". Il faut tout reprendre à zéro.*

Désastre ! Ce qu'avait laissé entendre Armstrong n'est pas exact : elle n'accepte pas de partir du compromis d'Athènes. Tout est à refaire. Mieux vaut parler d'autre chose pour aujourd'hui...

**François Mitterrand :** *Au Liban, il ne faut pas annoncer qu'on va partir, mais il faut s'y préparer. Sinon, la Syrie n'a qu'à attendre sans rien faire. Nous y sommes venus pour empêcher la destruction de l'OLP. Aujourd'hui, nous n'avons plus d'objectif au Liban, sauf aider Gemayel à avoir une armée, ce qui n'exige pas la présence de 1 500 soldats occidentaux à Beyrouth. Rien ne réussira sans la remise en cause de l'accord du 17 mai dernier. Shultz considère cet accord comme un chef-d'œuvre de diplomatie. Pas moi.*

**Margaret Thatcher :** *Je suis d'accord avec vous. Les Israéliens doivent retirer leurs troupes. Les Américains aussi. Il faut une solution de rechange. Mais, pour les Syriens, cet accord est-il un prétexte ou une raison ? Les Américains veulent partir à tout prix et nous serions isolés au sud de Beyrouth. Il faut que l'ONU nous remplace. Que se passerait-il si Gemayel démissionnait ?*

**François Mitterrand :** *Il faut renforcer Gemayel. Il faut renforcer son armée, qu'elle passe de 30 000 à 60 000 hommes. Je l'ai déjà dit à Perez de Cuellar, à Shultz et à Gromyko. Les Russes veulent lier le sort de Beyrouth aux négociations sur les FNI. C'est inacceptable. Assad comme Chadli s'inquiètent de l'intégrisme. C'est un élément positif. Il faut d'abord annuler l'accord du 17 mai.*

**Margaret Thatcher :** *Vous avez raison. Hussein est furieux contre cet accord.*

**François Mitterrand :** *Les déclarations des Américains sont dangereuses. Ils renforcent Assad quand ils disent qu'ils vont partir sans conditions. Assad veut gagner sans faire la guerre. Il faut aider les modérés du monde arabe, d'abord l'Égypte.*

**Margaret Thatcher :** *Shultz est plus souple. Il est prêt à laisser l'accord de côté.*

**François Mitterrand :** *Israël profite de façon cynique de la division arabe. A mon avis, c'est très dangereux. Les États-Unis veulent s'en aller dans les trois mois. Moi, je suis prêt à rester. Les Soviétiques s'inquiètent de cette guerre-là.*

**Margaret Thatcher :** *Où va l'URSS ?*

**François Mitterrand :** *Je crois qu'Andropov n'est pas en bon état. Il n'est qu'un pouvoir transitoire. Il a la maladie de Parkinson. Il s'appuie sur l'armée et la police, avec l'appui d'Oustinov. On peut s'inquiéter pour l'avenir.*

**Margaret Thatcher :** *Le régime d'Andropov est le plus dur depuis trente ans. Je voudrais inviter des jeunes du Politburo, pour leur montrer notre mode de vie. Cela servirait à préparer l'avenir. Envisagez-vous de rencontrer Andropov ?*

**François Mitterrand :** *Je ne suis pas invité. La Grande-Bretagne et la France intéressent beaucoup Andropov. Arkhipov vient à Paris la semaine prochaine.*

**Margaret Thatcher :** *Il ne faut pas leur parler des droits de l'homme, mais leur dire que nous avons à coexister. Ils vont essayer de nous séparer des Américains. Il ne faut pas leur laisser voir ni entendre que nous avons des différends avec les États-Unis.*

**François Mitterrand :** *Les Soviétiques se demandent si les Américains savent où est Kiev ! Nous, ils savent que nous savons. Reagan parle de paix, mais doit prendre garde à la droite de son parti.*

**Margaret Thatcher :** *On ne sait pas combien de temps cela va durer. Brejnev a été malade sept ans, cela peut-être aussi le cas pour Andropov. Reagan n'a écrit qu'une lettre, d'ailleurs manuscrite, à Brejnev, mais ne l'a jamais vu.*

**François Mitterrand :** *Ils étaient de la même génération. Andropov, c'est autre chose. De toute façon, les Soviétiques ne veulent pas de la guerre. Leur armée n'est pas brillante et ils ont un souvenir atroce de la Seconde Guerre mondiale. Le problème, c'est que, s'ils redoutent la guerre, la paix ne leur profite pas non plus.*

**Margaret Thatcher :** *C'est vrai. Mais ils pourraient bénéficier de la paix s'ils cessaient de s'occuper du Tiers Monde et regardaient de près l'expérience hongroise. Leur population va finir par le leur demander. Les vingt prochaines années sont essentielles : si nous les passons sans guerre, le pire sera derrière nous.*

François Mitterrand risque un pronostic : l'URSS disparaîtra avant l'an 2000.

**François Mitterrand :** *Je vais plus loin : à mon sens, à la fin du siècle, l'Empire soviétique s'effondrera. Les jeunes espèrent davantage de consommation. Et la police ne peut l'empêcher. Il faut tenir et s'ouvrir. Il y aura alors des choses neuves. L'URSS ne tiendra pas la distance. Je ne verrai pas cela, mais, en l'an 2000, tout sera différent.*

**Margaret Thatcher :** *Je suis sceptique. Le passé d'Andropov va contre cette hypothèse. Mais il est possible qu'il existe quelqu'un au Politburo qui pense comme cela. Nous ne le connaissons pas.*

C'est l'obsession de la Dame de fer : trouver des dirigeants soviétiques plus ouverts.

**François Mitterrand :** *Seule l'armée pourra ralentir le déclin quand l'Empire commencera à se rompre. D'ici là, la modernité va envahir leur société. Les dirigeants ont cessé de tuer leurs opposants. C'est leur faiblesse !* (Rires.)

Nous rentrons à Paris, pessimistes sur la suite des négociations européennes : rien n'a avancé.

Le projet d'aménagement de la circulation intérieure du Grand Louvre, que le Président a commandé à Peï, est prêt. Il présente son idée de pyramide. Le Président est enthousiaste. On demandera à Pierre Boulez et à Claude Pompidou de convaincre Chirac. Et une maquette grandeur nature sera installée sur place. Ainsi, on verra bien.

**Mardi 24 janvier 1984**

A l'Assemblée, début de l'examen du projet de loi sur la concentration de la presse. Mauroy y tient. Le Président aussi. La bataille s'annonce rude.

Le Président demande à Pierre Mauroy de vérifier si les ministères organisent correctement une permanence pendant les week-ends.

En Bretagne, le trafic ferroviaire est toujours bloqué par des éleveurs de porcs. Rocard m'annonce encore une fois que c'est *« le début d'une guerre civile »* et qu'il ne pourra *« rien arrêter sans de formidables rallonges budgétaires ».*

La lutte contre l'inflation provoque des mécontentements. Gaston Defferre proteste auprès du Président. Le Premier ministre n'a accepté qu'une augmentation moyenne de 1,5 % de la redevance sur les factures d'eau, alors qu'un accord (pas encore public) conclu en décembre dernier entre le ministère de l'Intérieur et l'Association des Maires de France prévoyait une hausse de 4,25 % du prix de l'eau perçu par les communes.

Le Président s'intéresse toujours autant à la Nièvre. Un service du Centre technique du Bois devait être installé dans ce département. Or, il apprend ce matin par la presse son implantation à Auxerre. Furieux, il me demande d'arrêter la décision. Renseignement pris, elle est irréversible. Il me dit : *« Dites au Premier ministre, à Fabius et à Souchon que je suis très mécontent de cette décision, qui bafoue vingt ans de travail. »* Rocard, ministre de l'Agriculture, n'est même pas mentionné ; sans doute le Président pense-t-il qu'il ne servirait à rien de l'en saisir.

Depuis quelque temps, nous sommes informés par diverses voies que nous serons bientôt victimes au Tchad de provocations. Pour redéfinir un peu notre attitude générale, Jean-Louis Bianco réunit les ministres des Relations extérieures et de la Défense, le ministre-délégué chargé de la Coopération et Guy Penne, qui dirige la « cellule Afrique » de l'Elysée.

**Mercredi 25 janvier 1984**

Au Conseil des ministres, Laurent Fabius annonce avec le plan *« Informatique pour tous »* l'installation de cent mille micro-ordinateurs dans les écoles. Ce seront des ordinateurs français.

Le Conseil adopte aussi des mesures destinées à enrayer la chute des cours du porc. Rocard expose le *« caractère stratégique de ces mesures »*. François Mitterrand sourit et continue à lire son courrier.

Au déjeuner, la conversation venant à rouler sur sa succession, le Président note : *« En 1981, Chirac était trop jeune. En 1988, il sera trop âgé. »*

Au Tchad, au nord de la « ligne verte », un Jaguar français est abattu. Le GUNT revendique l'opération. Le Président décide d'étendre d'une centaine de kilomètres la « zone de sécurité ».

Reagan annonce par une « lettre-circulaire » aux chefs d'État des six autres grands pays industrialisés le lancement d'un programme de station habitée dans l'espace, et leur propose de coopérer à sa mise en chantier. Nous y sommes hostiles : il faut promouvoir le projet européen Hermès. François Mitterrand : *« Il n'y a pas de défense européenne. Il en faut une, mais comme il est impossible que l'Allemagne ait accès à l'arme atomique, ni dans le cadre de l'OTAN, ni dans celui de l'Europe, ni seule, il faut donc une avancée entre la France et la RFA dans d'autres domaines de défense. Hermès et l'industrie spatiale civile sont, de ce point de vue, un enjeu majeur sur lequel il faut protéger la compétence. »*

**Jeudi 26 janvier 1984**

François Mitterrand m'interroge : *« Votre programme gouvernemental est-il prêt ? »* Il l'est. *« Alors, je n'ai plus qu'à savoir à quel Premier ministre l'envoyer... »*

Discussion avec le Président afin de préparer la réunion de mardi prochain sur le plan de conversion industrielle. La réflexion gouvernementale sur les Charbonnages et la sidérurgie paraît bonne. La préparation d'un « contrat de conversion » et de « zones de conversion » semble également bien engagée. Mais, d'une façon générale, le plan, en son état actuel, est davantage tourné vers le traitement social des « poches de chômage » que vers la création d'emplois. De plus, une très grosse lacune subsiste encore dans la réflexion : combien coûte chaque emploi sauvé ? Dans certains cas, moins de 100 000 francs, dans d'autres, plus de 3 millions (ARCT ou La Chapelle-Darblay, si on donne suite). Il est urgent de choisir les moins coûteux.

Les sommes en jeu sont considérables : sans doute plus de 10 milliards par an (dont 3 pour les Chantiers navals et 5 pour la sidérurgie). Où les trouver sans grever les dotations en capital des secteurs d'avenir et sans augmenter les prélèvements obligatoires ? Faut-il lancer l'investissement d'un laminoir à froid à Gandrange, comme le veut Fabius, ou sacrifier la Lorraine pour mieux renforcer Dunkerque, comme le veut Mauroy ? De tous ces points, le Premier ministre sera saisi par téléphone et par les conseillers de l'Élysée en réunion interministérielle. C'est au gouvernement de décider.

**Vendredi 27 janvier 1984**

Laurent Fabius me dit avoir trouvé des choses très intéressantes sur les « renifleurs ». Il va déjeuner rue de Bièvre, chez le Président. A son retour à l'Élysée, le Président me dit : *« Sur les renifleurs, Fabius veut attaquer Giscard. Cela ne sert à rien. »* Un silence, puis il ajoute : *« Le texte sur l'école privée ne tiendra pas. Il faudra le retirer et Mauroy partira. Je connais déjà son successeur. »*

Pas besoin d'être grand clerc pour faire le lien avec le déjeuner d'aujourd'hui : Fabius sera Premier ministre à la fin de la crise scolaire.

**Samedi 28 janvier 1984**

A 10 heures, je vois Jacques Delors qui se plaint du *« manque de professionnalisme »* de Pierre Mauroy. Je trouve la remarque très injuste. Nous passons en revue plusieurs nominations. Que de temps passé à jouer à ce jeu de dominos !

**Dimanche 29 janvier 1984**

150 000 personnes manifestent à Lyon en faveur de l'école privée. La vague enfle. Savary continue à recevoir patiemment toutes les délégations.

François Mitterrand sur l'école privée : *« J'ai fait mes études dans un collège diocésain de prêtres séculiers, pas un ordre d'enseignement. C'étaient des professeurs dont beaucoup étaient prêtres, pas tous ; ce n'était pas une école de pensée ni une méthode d'enseignement. C'étaient des prêtres paysans, donc d'un tempérament différent. J'ai eu la foi que l'on m'a inculquée dans ma famille et chez mes maîtres. C'était tout à fait naturel... »*

L'ambassadeur américain, qui ne perd pas une occasion de se montrer publiquement désagréable, déclare au Grand-Jury *RTL-Le Monde* : *« M. Fiterman est un pauvre Français qui a mal tourné... Nous avons néanmoins des relations correctes avec les ministres communistes (...). De temps en temps, lors des réceptions, on m'en présente un et je suis poli : je lui serre la main et je souris. »* Étrange : Evan Galbraith pense sans doute naïvement ce qu'il dit et le dit sans penser à mal. Dépourvu d'expérience diplomatique, son art de la nuance est limité. Comment a-t-on pu décider à Washington de le nommer ambassadeur à Paris ? Sans doute a-t-il beaucoup contribué à la campagne... Et on a pensé qu'il n'était pas nécessaire de mettre là un professionnel.

Charles Fiterman le traite en retour de *« personnage grossier et stupide »*. Le Département d'État parlera de *« malentendu »*, mais réaffirmera *« sa pleine confiance »* au faux gaffeur.

**Lundi 30 janvier 1984**

Treize ministres sont réunis en séminaire à *La Lanterne*, la résidence officielle dont dispose le Premier ministre dans le parc de Versailles, pour discuter d'un plan de reconversion industrielle. A la suite des remarques du Président, un dispositif spécial d'aide aux créations d'emplois en faveur des PME, du commerce et de l'artisanat, est étudié avant la réunion de demain. En l'absence de Michel Crépeau, ministre du Commerce et de l'Artisanat, qu'on a oublié d'inviter, le gouvernement décide la création de quatorze « pôles de conversion » aidés en priorité, la création de congés de conversion et une réforme de l'assurance-chômage. Aucune modification du droit de licenciement.

Le plan est envoyé au Président en prévision de la réunion de demain. Rien de sérieux pour la création d'emplois.

Enquête faite, sur 42 ministres ou secrétaires d'État, 7 étaient injoignables samedi et dimanche derniers.

**Mardi 31 janvier 1984**

Réunion chez le Président sur le plan de conversion industrielle remis hier par Pierre Mauroy : *« Le dossier est assez bon sur la partie sociale*, remarque le Président, *mais il souffre de trois défauts majeurs : son financement, l'absence de mesures positives en faveur de l'industrie (créations d'entreprises, contribution des salariés à l'investissement, relance de l'investissement), et les risques de contagion des mesures sociales hors des zones et des secteurs choisis. En particulier, on ne voit pas comment le contrat de conversion resterait longtemps exceptionnel. »*

On décide pourtant d'aller demain en Conseil des ministres sur cette base.

Conversation dans son bureau avec le Président : *« J'ai toujours dit, depuis 1972, qu'en dehors du secteur public, il fallait développer le secteur privé et la création d'entreprises. Le secteur public est un outil, et non une fin en soi. On ne pouvait commencer plus tôt. Ce n'est qu'une fois les nationalisations faites que les entreprises industrielles publiques pouvaient être mises au service de la santé économique du pays. Or, les nationalisations n'ont été terminées qu'en juillet 1982, et c'est à partir de cette date qu'a pu commencer la politique dite de rigueur, utilisant la relance par l'investissement du secteur public comme moyen d'une politique de développement du secteur privé et d'équilibre des finances publiques. Elle n'aurait pu commencer sans l'outil du secteur public. Finalement, la gauche a réalisé la plus grande mutation des mentalités qui soit : la promotion de l'esprit d'entreprise, ce que la droite n'aurait jamais osé faire. Nous ne sommes pas en train de récupérer des valeurs de droite, mais, au contraire, de réhabiliter l'esprit d'entreprise, la prévision à long terme, la valorisation des capacités créatrices de tous les hommes. »*

**Mercredi 1er février 1984**

Au Conseil, on traite des restructurations industrielles ; le choix entre la Lorraine et Gandrange, d'une part, le Nord d'autre part, reste à faire. Rien encore de précis : nul ne se décide à parler. Le Président souhaite que *« tous les ministres prennent leur part dans la politique actuelle »*.

Après le Conseil des ministres, le Président reproche à Cheysson d'avoir attendu hier après-midi pour convoquer Evan Galbraith après ses déclarations de dimanche. Cheysson répond que ses services n'avaient pas le compte rendu exact des propos de l'ambassadeur...

Jacques Delors me glisse à la sortie : *« Mitterrand a parlé un peu trop vite en promettant de diminuer d'un point les prélèvements obligatoires. Cette diminution est la quadrature du cercle. On n'y arrivera pas. »*

Au déjeuner traditionnel, la conversation roule sur l'école. Le Président est sceptique sur l'architecture du projet Savary : *« Il suffirait d'abroger la loi Debré. Pas plus. D'ailleurs, la titularisation des maîtres du privé ne sera pas reconnue comme constitutionnelle. Il faut construire des écoles publiques. Il n'y a pas d'issue technique à ce problème. Il faut un texte simple. »*

Mauroy ne semble pas entendre ; il reste convaincu qu'il a là un texte acceptable. Le Président s'impatiente : *« Et la loi sur la presse, sera-t-elle applicable avant les élections ? »* Réponse vague. *« Oui »*, dit Mauroy, *« Non »*, dit Joxe. La tension entre les deux hommes est de plus en plus visible et irrite le Président. Mauroy : *« Nous sommes en guerre, il faut faire des sacrifices et mettre de côté nos querelles. »* Le Président approuve.

A l'Assemblée, au cours d'une séance consacrée à la loi sur la presse, un député RPR, Jacques Toubon, et deux UDF, François d'Aubert et Alain Madelin, mettent violemment en cause le passé de résistant de François Mitterrand au cours d'un débat houleux.

Le Président m'apparaît blessé. Il me parle longuement de l'avant-guerre :

*« La décadence française m'a fait souffrir, beaucoup. J'étais en colère contre la façon dont la France avait été dirigée. Je constatai, puisque j'étais acteur, comme simple soldat, que nous n'avions ni les dispositions d'esprit (donc pas la*

*résolution), ni les dispositions matérielles qui nous permettraient de gagner. Il y avait un vague sentiment qu'au bout du compte on s'en tirerait. Et, au bout du compte, on s'en est tiré. Mais la campagne de 1940 fut un des grands moments d'abaissement de la France. C'est une impression qui a marqué tout le reste de mon existence. Chaque fois que j'ai eu l'occasion de m'occuper de la collectivité nationale, j'ai pensé : il ne faut jamais se retrouver dans cette situation. Tous ces réfugiés répandus sur les routes, dans une désorganisation gigantesque, c'était terrible. Partout, quand nous arrivions dans les villages pour nous reposer, pour dormir, ils étaient vides, pillés par les Français, car les Allemands n'étaient pas encore arrivés. Nous, on entrait dans des maisons, les édredons étaient éventrés, les draps déchirés, les verres cassés, les confitures ramassées. La guerre, c'est cela, la guerre : le pillage, l'abandon de toutes formes de civilisation. C'est instantané, dès le premier jour. La destruction des valeurs morales collectives...*

*L'échec de la France en 1940 est le produit d'une désagrégation de l'esprit. Ce n'était pas par hasard. La France avait des forces, des moyens, de la richesse. Si elle n'a pas rassemblé ces moyens, c'est parce qu'elle était frappée dans son esprit. Les classes dirigeantes ont cherché l'explication dans le Front populaire. C'est un honteux mensonge, car ce sont surtout elles, les classes dirigeantes qui ont abandonné. Et elles ont cherché ensuite à prendre leur revanche sur leur débâcle politique et sociale.*

*Avant le 10 mai 1940, les civils étaient comme les militaires, ils continuaient de faire leurs labours, ils vivaient presque dans l'inconscience de la guerre... »*

Puis nous parlons de son évasion, que les députés ont mise en doute :

*« Lorsque quelqu'un s'évadait, les autres en souffraient. Ce n'était pas une grande souffrance... Les camarades manquaient de sommeil parce que, pendant toute la nuit, on les faisait tenir debout. Ce n'est pas un supplice, ce n'est pas bien tragique... La discipline se resserrait. Tandis que dans les camps de déportés, ils pouvaient fusiller. Dans les camps de prisonniers, j'ai pu faire la différence entre malheur et horreur... Quand sont arrivés les prisonniers russes et serbes, ce fut terrible. On s'est aperçu soudain à quel point nous étions mieux traités. On ramassait vraiment, du côté des Serbes, des charrettes de cadavres. On nous chargeait de les jeter dans les tombereaux. Les Français, il faut dire les choses, étaient mieux traités. Mais tout cela n'a pas de rapport avec la déportation, c'est une tout autre planète... »*

**Jeudi 2 février 1984**

Toubon, Madelin, d'Aubert sont sanctionnés — une « censure simple », sans suspension de traitement — par le bureau de l'Assemblée nationale pour injures au chef de l'État. La presse de droite s'enflamme.

François Mitterrand poursuit le récit de sa guerre :

*« Quand j'ai été blessé, le 14 juin 1940, cela a éclaté au-dessus de nous et j'ai eu deux éclats d'obus dans le corps, dont un au-dessous de l'omoplate. Je ne m'en suis pas rendu compte du tout, j'ai cru que j'avais reçu une balle de plein fouet. J'ai senti le choc, là, et j'ai dit à mon ami Morot-Sire, professeur de philosophie et mon chef direct, qui, lui, avait le genou traversé : "Regarde, j'ai pris un truc, là". C'était idiot : si j'avais eu un truc dans la gorge, je n'aurais pas pu lui dire cela. Alors il a déchiré ma chemise, ce qui m'a valu de rester pendant deux mois sans chemise, et il m'a dit : "Il n'y a rien, tu n'as rien". Et puis il a*

*vu un filet de sang qui me coulait dans le dos, un petit trou, un petit éclat qui avait traversé la plèvre et qui était venu se loger là. Je suis resté pendant un an avec le bras un peu raide. On m'a transporté. Quelques camarades m'ont porté jusqu'à une petite route, on m'a mis sur une civière roulante, et l'un d'eux m'a poussé pour m'amener jusqu'à un endroit où l'on pourrait me soigner. Des avions ennemis venaient mitrailler les routes. Je voyais la formidable cohorte de charrettes avec tous les objets que les gens avaient sortis de leur maison, les draps, les matelas, les armoires, les chaises, tout un tas d'objets qui débordaient. C'était un âne ou un cheval qui tirait, des bœufs, tout cela se mélangeait sur les routes. C'était un embouteillage colossal, sur des kilomètres, de files noires, autant qu'on puisse voir à l'horizon, allant vers le sud. Quand les avions ennemis passaient en rase-mottes, ils mitraillaient pour accroître la panique. A ce moment-là, mon accompagnateur, qui était un très brave type, faisait comme les autres, il allait se tapir dans le fossé ou dans la nature, si bien que je restais tout seul sur ma civière surélevée, avec des avions qui passaient... Je me souviens de ma solitude sur cette route, étendu face au ciel, voyant les obus qui éclataient en l'air, les shrapnells.*

*J'ai fait ainsi des kilomètres jusqu'à l'hôpital d'Esne-en-Argonne. Il y avait là des dizaines, peut-être des centaines de gens qui attendaient, plus grièvement blessés que moi. Au milieu des gémissements, des chirurgiens travaillaient à même les tables. Je suis sorti de là, je suis allé ailleurs. J'ai fait cinq hôpitaux sans trouver un médecin. Finalement, je m'étais habitué, je n'étais pas mort. Mais je n'ai jamais reçu de soins.*

*Le 16 juin, j'étais encore devant Verdun. On ne se rendait pas compte que nous étions déjà virtuellement prisonniers, puisque les armées allemandes s'étaient rabattues et avaient fermé la poche par l'arrière. Toutes les armées qui étaient en Lorraine, en Alsace, étaient déjà prisonnières, puisque c'était fermé au sud. On ne le savait pas, nous. On tournait en rond, jusqu'au moment où nous avons su. Et puis il y a eu l'hôpital de Bruyère, dans les Vosges. Les Allemands sont arrivés. J'étais dans mon lit, à côté d'un Sénégalais. »*

Le Président rencontre Helmut Kohl à Ludwigshafen. C'est la première rencontre de la Présidence française avec l'allié dont tout dépend.

**Helmut Kohl :** *Les États-Unis regardent vers le Pacifique. Ils oublieront un jour l'Europe. L'influence des émigrés allemands y diminue. Il faut donc se préparer à leur départ. D'où l'importance d'une coopération franco-allemande, et le nécessaire renforcement du traité franco-allemand. Il faut aussi renforcer la démocratie allemande. Depuis l'affaire Guillaume, tout le monde est inquiet de ce qui peut nous arriver.*

**François Mitterrand :** *Pour la construction européenne, ce qu'on ne réussira pas en mars sera difficile à réussir en juin. Après, l'Irlande et l'Italie présideront. Tout dépend donc, j'en suis d'accord, de l'accord franco-allemand sur le contentieux actuel, sur la politique nouvelle, sur le projet politique pour l'Europe.*

**Helmut Kohl :** *Je veux que votre présidence soit un succès, et je vous aiderai.*

**François Mitterrand :** *Margaret Thatcher m'a dit deux choses contraires : il faut tout régler en mars, et il n'y a pas d'acquis d'Athènes. Rien ne se réglera sans l'accord des Neuf contre elle.*

**Helmut Kohl :** *Il faudra peut-être faire à deux ce qu'on ne pourra faire à Dix. On peut parler de tout ensemble, même du plan Fouché.*

**François Mitterrand :** *Je suis prêt, pour vous aider, à réduire vos dépenses dans le budget européen. Il faudra, pour cela, savoir résister aux pressions du Parlement européen. Pour la Grande-Bretagne, je suis prêt à un remboursement* *des deux tiers de 1,1 milliard pendant cinq ans, soit 730 millions d'écus. Cela est conforme à vos propositions de Stuttgart.*

**Helmut Kohl :** *Vous croyez qu'elle acceptera 730 millions d'écus par an pendant cinq ans ? Je préférerais que ce qu'on lui rembourse soit dégressif.*

**François Mitterrand :** *Il est plus facile de décider pour quatre ans ! Il faudra ne pas aller trop loin, car les règles particulières, c'est toujours un peu d'Europe qui s'en va.*

**Helmut Kohl :** *L'Europe nous occupe vraiment beaucoup : quand je cherche un ministre, il est toujours à Bruxelles.*

**François Mitterrand :** *Comme les miens ! J'ai étudié les suggestions dont vous m'aviez parlé à Athènes, et je suis prêt à admettre l'idée d'une structure permanente du Conseil européen.*

**Helmut Kohl :** *J'en suis content. Pour moi, ce qui est essentiel, c'est que la Communauté devienne irréversible. Pensez-vous que l'élargissement se fera en 1986 ?*

**François Mitterrand :** *Si je donne mon accord, on peut le faire dès 1984.*

**Helmut Kohl :** *Vraiment ? Sinon, je serai obligé de m'opposer à vous sur ce sujet. Je veux pourtant vous être utile.*

**François Mitterrand :** *Le choc en France aura lieu quand je dirai que je suis pour. Il faudra ensuite examiner la force de l'onde de choc. Après, je suis prêt, pour ma part, à aller plus loin et à parler avec vous de défense européenne.*

**Helmut Kohl :** *Vraiment ? Il faut avancer vite pour combattre la tentation neutraliste qui existe en Europe, particulièrement chez les socialistes allemands.*

**François Mitterrand :** *Rien n'est exclu de la défense européenne : ni l'armement classique, ni, au-delà, du nucléaire. La France fera des propositions et avancera avec ceux qui voudront.*

**Helmut Kohl :** *J'ai besoin que la Communauté devienne irréversible. Nous deux, nous sommes là, c'est une chance. Les Américains ne sont pas des alliés fiables.*

François Mitterrand explique alors en détail à Helmut Kohl ce qui s'est passé à Baalbek. Est-il vraiment ignorant de tout cela, ou feint-il de l'être ?

**François Mitterrand :** *Sur l'Europe politique, je suis d'accord avec vos idées. Je suis pour une structure permanente du Conseil européen.*

**Helmut Kohl :** *Très bien. On va donc avancer sans dire encore où sera le secrétariat — mais, en tout cas, pas à Bruxelles !*

**François Mitterrand :** *Il faut faire ensemble de grandes choses, par exemple, sur le terrain militaire, des navettes habitées pour surveiller la planète, et les lasers dont parlent les Américains. Déjà, avec Ariane V, on pourra lancer la navette...*

**Helmut Kohl :** *On peut faire plus encore, même sur le nucléaire : il y a un accord secret entre le Président des USA et moi sur l'utilisation des armes nucléaires. J'ai une lettre de Reagan là-dessus. On peut imaginer une lettre du même type de vous à moi...*

**François Mitterrand :** *Pourquoi pas ?*

(Il est convenu que Teltschik et moi approfondirons le projet d'accord.)

**François Mitterrand :** *Pour ce qui est du budget de la Communauté, il faut un pacte secret entre la France, la RFA et la Grande-Bretagne en vue de maîtriser ce budget.*

**Helmut Kohl :** *Oui. Avec plaisir !*

**Vendredi 3 février 1984**

Inauguration par Jacques Chirac du Palais omnisports de Bercy. Superbe réussite.

François Mitterrand prépare sa tournée chez les Neuf autres : *« Il faut les traiter également. Il y a mille contentieux, et pas seulement avec les Grecs et les Irlandais. On ne fera pas l'Europe sans panser les plaies des petits. »*

Claude Cheysson, écarté des négociations européennes, achève une tournée africaine par Tripoli. Kadhafi, fait-il savoir au Président, lui propose un accord franco-libyen sur le Tchad. Sans en connaître le détail, que Cheysson ne précise pas dans son message, le Président s'inquiète : *« Qu'a-t-il pu encore négocier ? »*

Le Président voit Marie-France Garaud qui lui parle encore d'une Communauté européenne de l'espace et d'une station spatiale habitée européenne. Son interlocuteur prend des notes en l'écoutant.

A l'initiative de Laurent Fabius, ministre de l'Industrie, Jean Kila, patron de l'entreprise néerlandaise Paranco, reçoit 4 milliards de francs pour sauver la papeterie de La Chapelle-Darblay, située dans sa propre circonscription de Seine-Maritime. Le coût le plus élevé par emploi préservé (plus de 3 millions de francs !).

Édith Cresson proteste contre l'importation en France de fromage hollandais, *« du fromage pour souris »*. Voilà qui tombe très bien à la veille du voyage du Président aux Pays-Bas...

François Mitterrand s'installe dans ses appartements réaménagés, au premier étage. Il y dîne seul, ce soir, d'un potage. Il paraît déprimé.
*« Nous coulons à pic depuis un an et demi. On ne peut rien faire. Tout se radicalise. Les attaques personnelles sont de plus en plus violentes. Cela va être encore pire. Il faut laisser passer... »*

**Samedi 4 février 1984**

Déjeuner à l'Élysée avec le Roi d'Arabie Saoudite, ironique, amical et cultivé. J'y apprends que la crise libanaise aurait pu se régler par un accord secret entre la Syrie et l'Arabie Saoudite s'il n'y avait eu l'accord du 17 mai entre Israël et le Liban ; qu'Assad aurait eu une grave crise cardiaque et souffrirait de troubles de la circulation dans les jambes ; que Rafsandjani aurait dit à un ami de Fahd : *« Jusqu'à la mort de Khomeiny, je ne peux rien faire »* ; que si l'Iran envahit l'Irak, les Iraniens iront jusqu'au Liban, à travers la Syrie. *« Il faut aider l'Irak,* plaide-t-il, *c'est l'intérêt de l'Occident. »*

**Lundi 6 février 1984**

François Mitterrand part pour La Haye, à l'aube, en visite officielle. Scène ridicule : comme il faut arriver en habit à La Haye, chacun se change dans l'avion pour ne pas avoir à embarquer ainsi...

A la table de la Reine, celle-ci, avec un charmant sourire, fait servir à Édith Cresson du *« fromage pour souris »*.

Après le dîner, le Président travaille tard, toujours en habit, sur son discours de demain, inspiré par sa conversation avec Marie-France Garaud. Il écrit d'une traite le paragraphe suivant : *« Le champ reste vaste cependant qui nous permettra d'organiser notre sécurité. Non seulement par les armements conventionnels, mais aussi par les nouveaux moyens qui vont faire irruption sur la scène du globe. Il faut déjà porter le regard au-delà du nucléaire, si l'on ne veut pas être en retard sur un futur plus proche qu'on ne le croit. Je ne citerai qu'un exemple : celui de la conquête spatiale. Que l'Europe soit capable de lancer dans l'espace une station habitée qui lui permettra d'observer, de transmettre et donc de contrarier toute menace éventuelle et elle aura fait un grand pas vers sa propre défense. Une Communauté européenne de l'espace serait, à mon sens, la réponse la mieux adaptée aux réalités militaires de demain. »*

**Mardi 7 février 1984**

Dans la nuit, on « finalise » avec Claude Cheysson un projet de compromis pour le Sommet de Bruxelles. Cheysson fait en sorte que les Premiers ministres et les ministres des Affaires étrangères des capitales où le Président va se rendre dans les jours qui suivent reçoivent le texte du projet avant son arrivée.

En rentrant à Paris, le Président trouve une lettre de Jacques Chirac, que celui-ci a déjà rendue publique. Le maire de Paris s'adresse *« au responsable du Parti socialiste et de la majorité parlementaire »* pour qu'il fasse pression sur le Président de l'Assemblée nationale afin que celui-ci lève les sanctions frappant Toubon, d'Aubert et Madelin.

**Mercredi 8 février 1984**

Retrait des 115 soldats britanniques et des 1 400 Italiens de Beyrouth, sans conditions ni préavis. Nos 1 200 hommes sont les derniers.

Le Conseil des ministres décide en partie de la création des « congés de conversion » et de quatorze « pôles de conversion ». Toujours rien de clair sur le choix des sites pour la sidérurgie.

On nous annonce qu'un nouvel attentat contre les forces françaises à Beyrouth se prépare.

**Jeudi 9 février 1984**

A Bruxelles où il se trouve pour un Conseil européen, Cheysson apprend par un télégramme de notre ambassadeur à Moscou que la rumeur de la mort d'Andropov circule en ville. Il l'annonce à ses collègues et demande même une minute de silence. La nouvelle ne sera confirmée que deux heures plus tard.

L'homme aurait pu bouleverser l'Histoire s'il avait eu le temps — telle était son intention — de promouvoir les ingénieurs et d'éliminer le Parti. Kreisky, que j'ai au téléphone, me dit : *« Andropov était la plus grande personnalité soviétique après Lénine. »*

Après lui, le choix est ouvert entre Oustinov, Romanov, Tchernenko et Gorbatchev. Romanov est le véritable héritier, chacun parie sur lui.

François Mitterrand hésite, puis décide de ne pas se rendre aux obsèques, comme il n'est pas allé à celles de Brejnev. Il ne veut pas se rendre pour la première fois à Moscou pour des funérailles. Mauroy ira à sa place.

Margaret Thatcher reçoit Roland Dumas à Londres. Désenchantée, elle ne croit plus à un accord en mars, qu'elle déclare pourtant souhaiter.

Je revois Pierre Bourdieu pour qu'il précise son idée : on confiera aux 52 professeurs du Collège de France la mission d'étudier l'ensemble des programmes de l'enseignement primaire et secondaire, et d'en faire rapport au Président. L'essentiel est de réfléchir à la qualité.

Nous avons oublié d'en aviser Mauroy et Savary. Le Président demande qu'on les *« informe »*, mais pas qu'on les *« consulte »*.

**Vendredi 10 février 1984**

Devant l'aggravation de la situation au Liban, où les factions se déchirent, et pour calmer le jeu, François Mitterrand écrit à Assad une lettre aimable reconnaissant *« le rôle de la Syrie dans la région »*, et une autre à Reagan mettant l'accent sur l'importance des bonnes relations avec la Syrie, avant que nos forces ne se retirent.

Le Président est à Athènes. Il parle avec Papandréou de subventions à la Grèce, de quotas laitiers, de contrôle budgétaire, de la Turquie — *« place forte des États-Unis contre la Syrie »*, note Papandréou —, du Liban : *« Nous en partirons, mais pas honteusement,* déclare François Mitterrand. *Reagan est indécis ; il est incapable de clore cette aventure. Quant à Arafat, personne ne s'y intéresse plus beaucoup... »*

**Dimanche 12 février 1984**

François Mitterrand explique à la télévision que la restructuration est nécessaire et que les promesses de 1981 d'augmenter la production d'acier ne peuvent être tenues en raison de la conjoncture mondiale.

Toujours ce choix qui reste à faire entre le Nord et la Lorraine...

**Lundi 13 février 1984**

Les sidérurgistes réagissent à ce qu'a dit François Mitterrand en manifestant à Longwy et à Metz.

Blocus du tunnel du Mont-Blanc par les douaniers italiens et français en grève alors que commencent les congés scolaires. Les routiers, bloqués, provoquent de gigantesques embouteillages.

Les ventes d'armes françaises au Nicaragua ont cessé. La promesse faite à Reagan en 1982 est tenue.

Sur la place Rouge, obsèques d'Andropov. Juste avant que le cercueil ne soit clos, sa veuve fait un discret signe de croix sur le corps. La Russie éternelle est toujours là. Kohl, témoin de la scène, qui nous la rapporte, en est resté interloqué.
Constantin Tchernenko devient Secrétaire général du PCUS. Retour à la case départ.

A l'Assemblée, adoption en première lecture du projet de loi sur la presse. Le PC a voté pour ; sans doute Mauroy lui a-t-il accordé quelque chose.

Pour la première fois, Jean-Marie Le Pen est invité à une grande émission politique : l'honneur en revient au service public avec « L'Heure de Vérité » ! Il rétorque au journaliste qui lui rappelle qu'il a traité Simone Veil de *« tricoteuse »* que c'étaient là *« propos pittoresques et piquants »*.

**Mardi 14 février 1984**

Notre représentant à l'ONU, Luc de La Barre de Nanteuil, est chargé de négocier avec tous les membres du Conseil de sécurité les conditions du départ des éléments de la Force multinationale du Liban. François Mitterrand veut demander à Amine Gemayel de solliciter le retrait de cette Force multinationale et son remplacement par une force des Nations-Unies, ou, à la rigueur, réclamer une déclaration conjointe des quatre pays de la Force multinationale indiquant qu'ils seraient prêts à se retirer dès l'arrivée d'une force des Nations-Unies. Les conditions de l'acceptation des Soviétiques sont maintenant claires : retrait complet des contingents de la Force multinationale du sol du Liban ; retrait complet des flottes des pays membres de la Force multinationale des côtes du Liban ; renonciation, de la part des pays membres de la Force multinationale, à toute ingérence dans les affaires libanaises, et donc non-participation à une force de l'ONU des pays de la Force multinationale.
François Mitterrand répond : *« A traiter avec précaution. Refuser tout ce qui serait excessif et surtout offensant. »*
La Syrie pose une condition différente : que ne participe à la force de l'ONU aucun membre permanent du Conseil de sécurité. Pour François Mitterrand, *« cette formulation, qui exclut les États-Unis et nous-mêmes, mais également l'URSS, est préférable »*.

Jacques Delors et Henri Emmanuelli avertissent le Premier ministre que la demande faite à chaque ministre de proposer des économies dans son propre budget *« se solde par un échec »*. Deux ministres n'ont même pas daigné répondre (Culture et Anciens Combattants). Quatre ministres ont répondu que *« l'exercice demandé était impraticable, compte tenu de l'importance du secteur dont ils ont la charge »* (Communication, Formation professionnelle, Défense, Justice). Un ministre se déclare prêt à faire l'exercice... mais ne l'a pas fait (Affaires sociales). Deux ministres ont proposé des économies... mais en demandant qu'*« elles soient aussitôt affectées au financement d'autres chapitres de leur budget »* (Industrie, Commerce et Artisanat). Cinq ministres ont proposé des économies dérisoires par rapport à la masse de leurs crédits (Éducation, Environnement, Aménagement du Territoire, Jeunesse et Sports, Tourisme). Seuls six ministres ont effectué l'exercice sérieusement en faisant des propositions conséquentes (Transports, Urbanisme et Logement ; Agriculture ; Mer ; Intérieur ; Économie et Finances ; Coopération).

Le volontariat a échoué. Il faudra donc procéder par la voie autoritaire. Delors et Emmanuelli feront prochainement des propositions d'économies forcées, même s'ils ne croient pas qu'elles soient réalisables...

## Mercredi 15 février 1984

La grève des douaniers au tunnel du Mont-Blanc fait tache d'huile. Les transporteurs routiers bloquent le trafic dans toute la France et demandent l'exonération de la TVA sur le gazole.

Le Président s'inquiète. Il évoque ce qui est arrivé à Salvador Allende. Charles Fiterman, en première ligne dans la négociation, est remarquable : calme, responsable, soucieux de préserver la dignité des grévistes sans faire de concessions sur le fond.

Les Pershing commencent à être installés en Allemagne. Les Soviétiques ne réagissent pas.

François Mitterrand téléphone à Gemayel pour lui demander de renoncer à l'accord israélo-libanais du 17 mai dernier. Gemayel : *« Je ne peux pas renoncer à cet accord sans l'assentiment américain. Mais s'ils ne m'y autorisent pas, si je ne peux pas jouer là-dessus, je n'ai plus aucune carte. En revanche, si cet accord est abrogé, je puis alors tenter de former un gouvernement. »*

Gaston Defferre voudrait quitter la Place Beauvau, mais pas sortir du gouvernement. Il souhaiterait créer un *« ministère des Technologies nouvelles »*. Difficile de quitter le pouvoir : il permet de s'échapper du réel, de rêver d'éternité...

François Mitterrand reçoit le vice-président américain George Bush, qui revient des obsèques d'Andropov. On est à un mois du voyage de François Mitterrand aux États-Unis. On parle évidemment du Liban et de l'installation des Pershing. Bush annonce le retrait des troupes américaines du Liban *« dans les trente jours »*.

**George Bush :** *Aux États-Unis, nous attendons avec impatience votre visite. A Moscou, j'ai essayé de faire comprendre aux Russes que le Président Reagan pensait vraiment ce qu'il disait. Qu'il s'intéressait vraiment à la réduction des* *armements, qu'il voulait vraiment reprendre les négociations. Nous avons évoqué la conversation de Stockholm entre MM. Shultz et Gromyko.*

*M. Tchernenko ne s'est pas montré polémique, mais pas conciliant non plus. Il m'est apparu en bonne forme physique. Au Mausolée, vu d'en dessous, il avait semblé un peu faiblard ; mais, de près, de l'autre côté d'une table, il a donné une impression de vigueur et d'autorité. Il y aura peut-être un nouveau départ. Je pense que Pierre Mauroy aura éprouvé le même sentiment.*

*Sur l'Est/Ouest, nous ne voulons pas qu'il y ait de gagnant et de perdant. Nous avons encore en mémoire votre très bon discours au Bundestag. Le Président Reagan n'a pas été tendre pour les Soviétiques dans le passé. Il se rend cependant compte maintenant qu'il faut avancer. Ce n'est pas uniquement un truc électoral. D'ailleurs, pour se faire réélire, le plus simple pour lui serait de se montrer dur.*

**François Mitterrand :** *Il faut laisser aux Russes le temps de digérer l'installation des premières fusées. Pour passer l'éponge, ils ne peuvent aller trop rapidement... Là, ils se demandent quel avantage maximum ils pourraient tirer avant les élections américaines. Dans trois mois, les choses seront un peu différentes ; il leur faut un prétexte pour bouger.*

*En ce qui concerne d'éventuelles représailles, ils ne peuvent rien faire. Ils ont fait des manœuvres en Tchécoslovaquie. Ils avaient parlé d'installer des fusées vers le nord du Canada ou de placer des navires près de vos côtes. Cela ne changerait rien au rapport des forces. Mais ils ne veulent pas être humiliés.*

*Ce que je ne sais pas, c'est ce qu'ils attendent des Européens, de la Grande-Bretagne, de la France. En tout cas, ils connaissent bien notre position : nous avons refusé de laisser comparer ce qui n'est pas comparable. Nous ne sommes pas prêts à participer à une conférence — à laquelle personne d'ailleurs ne nous a invités. Vous connaissez la disproportion entre les 64 ogives britanniques, les 98 ogives françaises et les 9 000 ogives soviétiques ou les 9 000 vôtres. Parler de nos forces dans le cadre des négociations START n'aurait pas beaucoup de signification, du fait même de ce rapport. Ce que je vous demande en tout cas, si jamais la France devait être mêlée à vos discussions, c'est de m'en informer auparavant.*

**George Bush :** *Nous pourrions peut-être avancer d'ici là sur les armes conventionnelles ou encore sur la guerre chimique...*

**François Mitterrand :** *Ce qu'il faut, c'est réhabituer les Russes au dialogue. De toute façon, ils ne sont pas en état de créer une tension excessive. Il est étonnant de voir comment cette grande puissance a conservé depuis soixante-dix ans le sentiment d'encerclement, ses fantasmes du début...*

**George Bush :** *J'ai rencontré aux Chequers un universitaire spécialiste de l'URSS ; il me disait que les Russes ont vraiment peur de la guerre, que dans des villages, pas très loin de Moscou, on rencontre des Russes qui croient vraiment que les Américains sont capables de tout !*

**François Mitterrand :** *Les dirigeants, eux, ont une conscience plus juste des réalités.*

**George Bush :** *Je voudrais vous parler du Liban. Nous sommes très préoccupés par la situation. Le déclin des forces armées libanaises a été très rapide. Nous nous interrogeons sur le point de savoir à quel moment nos troupes devront être redéployées sur nos navires. Nous parlons bien de redéploiement, et pas de retrait. Nous devons de toute façon continuer à protéger les intérêts américains au Liban.*

*Nous pensons que la Syrie ne souhaite pas l'anarchie à Beyrouth-Ouest, où se trouvent maintenant de nombreux extrémistes de l'OLP ou des khomeinistes. Nous devons continuer à aider Gemayel. Mais nous envisageons aussi de nous retirer dans les trente jours environ, en laissant sur place 150 marines (ne serait-ce que pour protéger l'ambassade et la résidence). Je souhaiterais aussi connaître votre avis sur la FINUL.*

**François Mitterrand :** *Ces derniers mois, vous avez donné l'impression — mais nous aussi — de soutenir au Liban une faction. Amine Gemayel lui-même ne nous a pas assez dégagés de cette imputation. Il fallait avoir comme objectif prioritaire un Liban réconcilié. Certes, nous avons plus d'affinités avec les chrétiens qu'avec les autres. Mais, dans notre politique, nous ne devons pas distinguer plus qu'il ne faut. Or, le Président Gemayel n'avait pas assez de bases ; ce qui fait que nous sommes petit à petit apparus comme étant une armée chrétienne en lutte contre les musulmans. Naturellement, j'exagère un peu, mais c'est pour bien me faire comprendre. Nous nous sommes donc trouvés, au bout d'un moment, en butte à l'animosité des factions musulmanes.*

*Personnellement, je n'ai pas approuvé l'accord du 17 mai dernier. C'était accentuer les divisions, et cela ne servait pas à grand-chose. Soit Amine Gemayel l'emportait, et à ce moment-là on avait bien le temps de signer un accord ; soit il ne réussissait pas, et alors, à quoi servirait-il d'avoir signé un accord avec quelqu'un qui ne serait plus là pour en garantir l'application ?*

*Maintenant, cet accord sert de prétexte à la Syrie pour refuser Gemayel. Mais si cet obstacle était levé, pourquoi pas encore Gemayel ? La Syrie exerce une influence dominante au Liban. On parle beaucoup du génie d'Assad. La Syrie est là, à côté du Liban, qui est tout petit. Ce n'est pas très compliqué pour la Syrie d'y exercer une influence dominante...*

*Il faut tenir compte du fait qu'Assad est lui-même, en tant qu'Alaouite, un minoritaire dans son propre pays. Et je crois qu'au Liban comme en Syrie, il a intérêt à s'entendre avec les chrétiens, car ce sont là deux minorités. Alors qu'un accord entre la Syrie et les chiites est moins évident, la Syrie se méfiant de son allié iranien. Une alliance d'Assad avec les sunnites, majoritaires au Liban, est impossible, car les sunnites sont ses adversaires en Syrie. Il y a aussi Joumblatt. Personne ne peut vraiment compter sur Joumblatt. Il a une démarche trop compliquée. Je ne risquerais pas beaucoup d'enchères sur les chances de Joumblatt de durer plus longtemps que Gemayel.*

*Tout cela, vous le voyez, est extrêmement complexe. Mais je reviens à ce que je disais : Gemayel n'est pas encore fini. Évidemment, on peut apprendre demain matin que... A ce moment-là, les Syriens chercheront, je crois, un autre chrétien : Raymond Eddé, peut-être ? un autre ? Il y a aussi le général Tannous...*

**George Bush :** *Je crois que lui-même ne le souhaite pas.*

**François Mitterrand :** *En tout cas, nous avons été trop mêlés au conflit interne entre les factions. J'ai cherché, au cours de ces derniers jours, à rééquilibrer la position de la France, tout en étant aussi loyal avec Gemayel, que j'ai eu encore ce matin au téléphone. C'est lui qui m'a appelé et je dois l'avoir à nouveau ce soir. Mais son armée va achever de se défaire, car elle est trop divisée religieusement. Il a eu le temps de bien organiser 30 000 hommes environ, mais il lui aurait fallu encore une bonne année de plus.*

*Gemayel peut toujours se défendre, mais il peut aussi finir tragiquement, ce qui atteindrait gravement nos pays.*

*Je pense en tout cas que nous devons aider Amine Gemayel à s'entendre avec la Syrie, ou bien c'est une carte perdue.*

*Mais peut-être est-ce trop difficile pour vous, par rapport à l'accord du 17 mai ? Si cela ne tenait qu'à moi, je téléphonerais à Shamir et je lui dirais : "Cet accord ne vous sert à rien. Le maintenir va seulement rendre plus sûr l'échec de Gemayel et son successeur, quel qu'il soit, ne se sentira pas tenu par cet accord."*

*Nous devons libérer Gemayel de ses obligations. Cela lui donnerait au moins un peu d'autorité et de possibilités de négociation par rapport à la Syrie.*

*Remarquez que je ne me fais pas d'illusions sur la Syrie...*

**George Bush :** *Est-ce que Gemayel conserve de l'espoir ?*

**François Mitterrand :** *Ce matin, je l'ai trouvé combatif. Il m'a même étonné.*

**George Bush :** *Mais sur quelles forces compte-t-il ?*

**François Mitterrand :** *Sur la diplomatie, je suppose.*

**George Bush :** *A-t-il des espoirs de combler la brèche militaire ?*

**François Mitterrand :** *Le problème est politique. Gemayel ne peut traiter avec la Syrie que si l'accord du 17 mai est annulé. C'est la seule et fragile issue. Sinon, le pouvoir passera à Berri ou à Joumblatt, ou à un autre chrétien.*

*En ce qui concerne le retrait du contingent américain, j'aurais préféré être informé plus tôt. Sur place, nos soldats ont eu avec les vôtres des rapports très amicaux, alors qu'on n'a jamais pu dire vraiment cela des autres contingents. Il sera difficile de garder encore longtemps des troupes armées dans cette ville. Il y a une petite chance, d'ici la fin de la semaine, d'avoir l'occasion d'un départ digne. Mais un gouvernement de réconciliation, même s'il dure peu de temps, est une quasi-nécessité pour l'Occident. Il faut donc maintenir ces jours-ci une certaine présence et continuer de rechercher une issue diplomatique et politique entre Libanais, ce qui suppose encore une fois le renoncement à l'accord du 17 mai. Il n'y a pas d'autre issue.*

**George Bush :** *Et en ce qui concerne la Force de l'ONU, qui nous remplacerait ?*

**François Mitterrand :** *Il ne faut pas que les Russes exagèrent :*

*— Que la Force internationale se substitue à la Force multinationale, oui, c'est normal. C'est précisément ce que nous avons demandé.*

*— Qu'il n'y ait pas de membre permanent du Conseil de sécurité au sein de la Force internationale : très bien. Nous avons fait notre devoir. Une issue honorable est trouvée. Le relais est pris.*

*— En revanche, en ce qui concerne le retrait des navires des côtes ou au-delà des eaux territoriales, ce point n'est pas clair encore. Si les Russes demandent trop, on ne pourra pas dire oui.*

*— Quant au renoncement à une interférence ultérieure dans les affaires libanaises, cela n'a pas de sens. Cela peut se dire dans les discours. De toute façon, nous n'avons pas de comptes à leur rendre. Ou alors il faut qu'ils s'engagent à la même chose.*

*Ce que je ne sais pas, c'est si les Russes posent ces conditions pour que cela échoue ou si c'est simplement pour laisser le temps aux forces arabes de vaincre, auquel cas il n'y aura plus rien à négocier !...*

*Je crois en tout cas que vous ne devriez pas faire opposition de principe à ces conditions, et donc ne pas faire usage de votre veto à l'ONU, mais dire éventuellement aux Soviétiques : "Vos conditions sont excessives, mais on peut en débattre." Quant au débat lui-même, on verra. Cela durera ce que cela durera.*

*Mais une relève par l'ONU est honorable. Sinon, imaginez que nous partions et que deux mille chrétiens soient massacrés ! Raison de plus pour aider encore Gemayel à agir. Il demeure, jusqu'à la fin de la semaine, une carte importante. Je vais le rappeler ce soir, après notre entretien.*

**George Bush :** *Tout ce que vous venez de me dire est extrêmement important et nous refait comprendre de façon très claire pourquoi la France a des responsabilités spéciales au Liban. Ce qui doit être sûr, c'est que les États-Unis ne feront en aucun cas obstruction à la paix.*

**François Mitterrand :** *Il faut que nous fassions très attention et que nos forces sur place soient très, très vigilantes. Il faut prendre rapidement des précautions. J'ai eu certaines indications dans ce sens et j'ai prévenu l'État-Major de se montrer particulièrement prudent.*

**George Bush :** *Puis-je vous demander votre avis sur les tirs du* New Jersey *? Nous pensons qu'ils ont quand même contribué à calmer les choses...*

**François Mitterrand :** *Quand vous tirez pour protéger vos soldats, je crois que les Syriens le comprennent et qu'ils ne vous en voudront jamais très longtemps. Mais il faut à tout prix ne pas donner le sentiment que vous tirez pour construire un petit État chrétien. Je pense qu'il faut que vous soyez précis dans vos tirs et que vous fassiez attention à l'explication politique qui en est donnée.*

**Jeudi 16 février 1984**

L'accord autour d'un texte sur le Liban se précise.

La France propose le projet suivant : le territoire libanais est déclaré, dans les frontières définies par sa Constitution, militairement neutre sous la garantie des cinq membres permanents du Conseil de sécurité. La mise en application et la supervision de ce nouveau statut sont confiées par le Conseil de sécurité à des bataillons de pays neutres, c'est-à-dire non impliqués directement dans le conflit israélo-arabe, ce qui écarte une présence américaine ou soviétique. Dissolution des milices de toutes dénominations et intégration des combattants qualifiés dans les cadres et les rangs de l'armée. Désarmement généralisé de la population par l'armée libanaise, avec le concours des forces internationales présentes au Liban. Renforcement de la gendarmerie nationale, l'armée étant cantonnée au rôle de « garde des frontières » avec l'appui des forces internationales. Organisation d'élections parlementaires libres, éventuellement sur de nouvelles bases électorales assurant l'éloignement des extrémistes confessionnels, sous la surveillance et le contrôle des forces internationales présentes au Liban. Le nouveau Parlement élaborera les réformes intérieures. Retour de toutes les personnes déplacées dans leurs foyers. Interdiction des partis politiques dont plus de 60 % des adhérents appartiendraient à une même religion ou à une seule des communautés religieuses libanaises.

Utopique...

Plus réaliste est le plan saoudien d'aujourd'hui — en réalité américain —, comportant huit points, dont Bush ne nous a pas parlé hier et qui prévoit : l'application de l'accord de sécurité négocié au cours des dernières semaines ; l'abrogation de l'accord du 17 mai 1983 ; l'élaboration d'arrangements de sécurité dans le Sud-Liban afin de permettre le retrait des Israéliens ; l'accord sur des réformes intérieures ; l'accord avec la Syrie sur le retrait de ses troupes ; l'adoption de principes pour le retrait simultané de toutes les forces non libanaises dans un délai n'excédant pas trois mois après la mise au point des arrangements de sécurité avec Israël ; les seules forces non libanaises autorisées à rester au-delà de cette date seraient celles des Nations-Unies. Cet accord formerait un tout indissociable. La Syrie s'engagerait à en appliquer les clauses qui la concernent et à aider à la mise en application des autres. L'Arabie Saoudite contribuerait à son entrée en vigueur, qui déboucherait sur la formation d'un gouvernement libanais de coalition afin d'appliquer tout ce qui précède.

Les Soviétiques sont pour l'instant contre les deux plans.

**Vendredi 17 février 1984**

Le Président Gemayel confirme qu'Elie Salem est en train de tenter une négociation avec le Président Assad. Les conditions posées (dénonciation de l'accord du 17 mai, suivie d'une rencontre entre les Présidents Assad et Gemayel) sont censées déboucher sur la formation d'un gouvernement d'Union nationale. Amine Gemayel essaie de joindre le Président à deux reprises ce matin ; en vain. Claude Cheysson tente lui aussi de lui téléphoner, mais sans succès, les liaisons étant interrompues entre Beyrouth et la France.

La Maison Blanche annonce que le Président Gemayel accepte le plan saoudien.

Nous partons pour Copenhague afin de préparer la prochaine réunion au sommet à Bruxelles. Avant de voir Schluter, François Mitterrand réfléchit à propos du diktat des Américains sur leur départ du Liban : *« Les États-Unis sont des faux durs ! Nous sommes entre deux empires qui nous prennent pour des colonies. Que faire pour y résister, sinon l'Europe ? De Gaulle a été un dérivatif et a permis de masquer ces problèmes. Il m'a laissé me débrouiller avec quelques rêves... La France ne pèse pas assez pour que, quand nous bougeons différemment des deux Grands, cela se voie ! La dissuasion interviendrait trop tard. Cela donne à la France du poids dans le monde, mais ce n'est pas efficace... »*

François Mitterrand revoit une fois encore le nouveau programme gouvernemental qu'il m'a demandé d'élaborer il y a huit mois : *« Tenez-le à jour. »*

Les barrages de routiers s'étendent dans toute l'Europe à partir des bouchons créés à la frontière italienne par la grève des douaniers. Delors, qui assure l'intérim de Pierre Mauroy, en voyage à Vienne, refuse toute marge de manœuvre à Fiterman et bloque la négociation.

A Bruxelles, les discussions des ministres de l'Agriculture se concentrent sur le problème laitier. Rocard propose une taxation progressive de la croissance de la collecte nationale. Il est très mal accueilli par nos partenaires qui, après Athènes, ont déjà réussi à convaincre leurs agriculteurs d'accepter des quotas individuels, tels les Allemands, ou par laiterie, tels les Danois. Pour eux, le gros de l'effort est déjà accompli. Pas question de revenir en arrière.

**Samedi 18 février 1984**

400 000 personnes manifestent à Rennes en faveur de l'enseignement privé — ou plutôt contre la gauche. Les laïcs sont paralysés, hypnotisés. Pierre Mauroy ne tente rien. Il attend, serein, les résultats des négociations.

Pour faire face aux problèmes routiers, le plan Orsec est déclenché en Haute-Savoie.

Réunion des *sherpas* à Londres : au Sommet, les Américains voudront parler du GATT et de l'invasion de la Grenade ; les Britanniques, du terrorisme ; les Allemands craignent qu'on évoque l'anniversaire du débarquement allié...

### Lundi 20 février 1984

François Mitterrand dîne avec Bettino Craxi à Milan. On parle du lait, des montants compensatoires, des Programmes intégrés méditerranéens, du vin, des moyens de favoriser la connaissance des langues en Europe, de la crise de l'enseignement privé en France, de l'Europe politique, très peu de la compensation à verser à la Grande-Bretagne — la France souhaitant faire payer l'Italie —, et beaucoup de Silvio Berlusconi dont le président du Conseil italien espère faire don à la France...

Les derniers soldats italiens quittent Beyrouth. Les soldats américains et britanniques partent eux aussi, comme annoncé par Bush. Nous restons les derniers.

### Mardi 21 février 1984

Nous sommes à Dublin pour voir Fitzgerald.

Au total, la tournée dans les huit capitales européennes s'est révélée très instructive : Athènes, obsédée par les produits méditerranéens ; Milan, avec un Craxi très hostile au Marché commun ; Dublin avec un Fitzgerald élégant, hanté par le lait qui tient une place si essentielle dans son économie ; à Bruxelles, Martens prêt à tout ; des Danois couchés sur leurs privilèges ; des Néerlandais hautains et professionnels ; des Luxembourgeois disponibles pour tout compromis. Les problèmes sont bien cernés, qu'ils portent sur le lait, le vin, l'élargissement, les montants compensatoires, le plafond budgétaire et les autres contentieux. Le Président maîtrise maintenant parfaitement tous les chiffres et plaide inlassablement pour l'Europe encore à construire, nouvelle utopie politique.

Ouverture des négociations entre les transporteurs routiers et Fiterman. A Matignon, le Conseil interministériel sur la situation routière, présidé par Delors, est bloqué, lui aussi.

### Mercredi 22 février 1984

Au Conseil des ministres, François Mitterrand interroge : *« Qu'est-ce que c'est que cette histoire de suppression des mentions au bac ? Il y a au moins trois raisons pour les rétablir : tout d'abord, elles créent une émulation entre les élèves ; ensuite, elles font plaisir aux parents qui ont souvent fait des sacrifices pour les études de leurs enfants ; enfin* (avec un sourire), *j'en ai moi-même obtenu une ! »* Alain Savary rétablit les mentions au baccalauréat en soulignant qu'elles n'avaient été supprimées, l'an dernier, qu'*« à titre expérimental »* et que l'expérience s'est révélée négative.

François Mitterrand rend hommage à Fiterman et lui demande de rester ferme dans la négociation avec les routiers.

Au déjeuner, on parle de défense européenne.

Yves Montand est ce soir, à la télévision, la vedette de l'émission « Vive la Crise ! » où l'économie est expliquée en termes simples — voire un peu schématiques — aux Français. Assistons-nous à la naissance d'une nouvelle étoile politique ? La presse semble le croire.

**Jeudi 23 février 1984**

François Mitterrand répond à la lettre du Président Reagan : *« Sur le spatial, nous sommes prêts à étudier avec intérêt les voies d'une coopération avec les États-Unis. »*

Déjeuner en tête à tête entre le Président et Pierre Bérégovoy sur la question des prélèvements obligatoires. François Mitterrand veut 20 milliards d'économies sur les dépenses sociales. Bérégovoy répond que c'est impossible.

Le dirigeant des transporteurs routiers, Voiron, annonce que des négociations débuteront lundi. Fiterman comme Delors me confirment que c'est faux. Delors impute l'idée de *« discussions techniques »* au cabinet de Fiterman. Fiterman nie et me dit qu'il reste sur la ligne tout à fait ferme que le Président lui a indiquée. Il estime qu'il s'agit là d'une invention de Voiron pour essayer de *« s'en sortir vis-à-vis de sa base »*. A la télévision, Jacques Delors tient un discours aimable sur les routiers.

**Vendredi 24 février 1984**

Les barrages disparaissent grâce à la fermeté de Fiterman. Delors s'en attribue le mérite.

Conversation avec François Mitterrand : *« Les enjeux de 1986 seront l'emploi et les impôts. »*

Au Tchad, destruction d'un avion français. Faut-il réagir ? Jean-Baptiste Doumeng m'avait prévenu d'une provocation imminente. Que savait-il ?

En vue de la réunion de lundi prochain avec Mauroy, Delors, Bérégovoy et Emmanuelli, de multiples notes informent le Président de la tendance spontanée à l'accroissement des déficits publics, des choix possibles de baisse des impôts, d'économies envisageables, de contractions des dépenses.

Dans une interview au *Monde*, Pierre Desgraupes, patron d'*Antenne 2,* se prononce pour la privatisation de la chaîne. A ceux qui proposent de le révoquer, François Mitterrand répond : *« On a bien assez d'ennemis comme cela. »*

Robert Armstrong m'appelle : Margaret Thatcher souhaite recevoir le Président à Londres avant le Sommet de Bruxelles, comme ils l'avaient tous deux envisagé à Marly. Elle l'invite pour une matinée et un déjeuner aux Chequers, le 5.

Dernière péripétie : annulation par l'Algérie de la réunion de la commission mixte de coopération, prévue pour le lundi 27 février ; en raison d'une

*« réorganisation administrative »*, Alger ne peut recevoir Christian Nucci. Le ministre délégué à la Coopération et au Développement avait lui-même été victime d'une maladie diplomatique qui lui avait fait reporter un voyage à Alger prévu pour la fin de l'année dernière, après la réunion de la commission de coopération économique tenue à Alger début décembre. Malgré les déclarations officielles, ces entretiens, quelques semaines après la visite du Président Chadli à Paris, avaient été décevants.

Dîner avec Helmut Kohl. Il écoute le compte rendu de la tournée du Président français, fait deux concessions de détail sur le lait. Rien de nouveau sur les montants compensatoires ni sur la contribution britannique. En proportion de son agriculture, la RFA reçoit du Budget européen plus que ne reçoit la France et bénéficie davantage de l'ouverture des frontières. La CEE assure environ la moitié de l'excédent commercial allemand. L'excédent industriel en Europe du commerce extérieur allemand est de 12,5 milliards d'écus, soit six fois plus que sa contribution budgétaire nette, et quatre fois plus que son déficit extérieur sur les produits agricoles.

**Samedi 25 février 1984**

300 000 personnes manifestent à Lille en faveur de l'école privée. De ville en ville, le mouvement enfle.

J'appelle l'ambassadeur Vorontsov pour lui transmettre l'accord du Président : il se rendra à Moscou en 1984, mais pour y rencontrer Tchernenko, et non pas celui qui l'avait invité il y a deux mois.

**Dimanche 26 février 1984**

L'opposition a remporté les élections municipales de Draguignan et La Seyne-sur-Mer. Le PS a perdu des voix.

**Lundi 27 février 1984**

Déjeuner avec le Président. Il est question de la négociation européenne.

**François Mitterrand :** *Il faut tout faire pour éviter un échec à Bruxelles, car, après, tout sera beaucoup plus difficile. Les demandes que nous estimons inacceptables, il faut trouver quelqu'un d'autre que nous pour les rejeter.* Sur l'emploi et la conversion : faut-il licencier ? *Il faut être brutal, avoir un paroxysme dans l'action de dégraissage ces mois-ci, pour avoir ensuite cela derrière nous.*

L'Assemblée des Professeurs du Collège de France, *« très sensible à la confiance et à l'estime que lui marque ainsi le Président, accepte la mission confiée... »*

Les derniers soldats américains quittent Beyrouth. Il ne reste plus que les Français.

A New York, une nouvelle résolution française doit être présentée ce soir au Conseil de Sécurité, qui tient compte d'observations présentées par les pays non-alignés dont le vote nous est nécessaire, et d'abord l'Inde. Les Soviétiques demandent aux pays membres de la force multinationale de *« s'engager à ne pas renouveler d'opération militaire au Liban »*.

A Moscou, Kornienko, Premier vice-ministre des Affaires étrangères, répète à l'Ambassadeur de France que le texte français est *« totalement inacceptable »* pour l'Union soviétique, qui votera contre. *« Il est donc impératif de ne pas brusquer les choses et de travailler pour parvenir à un texte acceptable. »* Cette menace de veto constitue essentiellement un moyen de pression. Kornienko reconnaît qu'un vote négatif de l'URSS permettrait au Président Reagan d'accuser l'URSS d'avoir empêché les États-Unis de retirer leurs bateaux.

Se tient à Paris, sous la présidence de Claude Cheysson, une réunion des dix ministres des Affaires étrangères consacrée à la coopération politique. Les problèmes du Liban et de l'échec de la Force multinationale à laquelle ont participé trois pays de la Communauté, de la recrudescence de la guerre Iran/Irak et de ses effets possibles sur les approvisionnements pétroliers, des relations Est/Ouest après l'arrivée de Tchernenko à la tête du PC soviétique, constitueront l'essentiel de l'ordre du jour. Pour la première fois, les résultats de ces délibérations seront communiqués aux ministres des Affaires étrangères de l'Espagne et du Portugal, les deux pays candidats à l'adhésion, par une « troïka » composée du président actuel du Conseil, de son prédécesseur et du ministre qui lui succédera dans cette fonction, les ministres grecs et irlandais.

**Mardi 28 février 1984**

Au petit déjeuner habituel, Lionel Jospin dit son scepticisme à propos de la loi sur l'école privée. Il est favorable à un report pur et simple du débat. La manifestation de Lille a aussi fortement impressionné le Premier ministre : *« Est-il opportun d'ouvrir un nouveau front à trois mois des élections européennes ? Que faire au cas où il n'y aurait pas d'accord entre Savary et l'école privée ? »*

La situation est intenable. Le conflit est pourtant essentiellement d'ordre psychologique. Qui peut être contre une « carte scolaire » qui assure un harmonieux équilibre des établissements sur le territoire national ? Qui peut être contre le fait que les subventions de l'État à l'école privée n'augmentent pas plus vite que les dotations à l'enseignement public ? Qui peut être contre le fait de laisser les professeurs du secteur privé bénéficier d'un contrat de droit public, comme c'est déjà le cas ? Qui peut être contre la création d'une structure locale de concertation financière entre les écoles privées et ceux qui les dotent, l'État et les collectivités locales ?

Le Président donne instruction à notre représentant à New York de demander le vote dès aujourd'hui sur notre texte de résolution sur le Liban, s'il est assuré de recueillir neuf voix. Claude Cheysson ne pense pas que les États-Unis ou l'URSS oseront opposer leur veto. Mais il craint de nouvelles propositions d'amendements entraînant un nouveau report du vote. En cas de vote positif, nous aurons à décider de la date du départ de notre contingent, qui dépendra naturellement des termes de la résolution.

François Mitterrand confirme son point de vue : *« Ne partir que lorsque la relève sera vraiment sur le point d'être prise par les forces de l'ONU. L'idéal aurait été de ne partir qu'après l'arrivée des forces de l'ONU, mais, depuis le début, nous avons renoncé à cette exigence pour rendre le projet de résolution acceptable par la Syrie et par l'URSS. Notre contingent a rempli une grande partie de sa mission ; l'intérêt de la France pour le Liban continuera naturellement de se manifester de toutes sortes de façons (politique, économique, culturelle). »*

Dans l'après-midi, réunion désastreuse du Président avec Jacques Delors et Henri Emmanuelli sur les prélèvements obligatoires.

**Jacques Delors :** *Les prélèvements obligatoires en 1984 sont de 45,5 %. En 1985, ils n'augmenteront pas. Mais comment les faire diminuer ? La réalisation du Budget 1984, dont le déficit actuel est de 4 %, rend les choses difficiles. Pour 1985, il faudrait trouver 22 milliards d'économies pour en rester là. Or, si l'on reconduit tous les budgets sans augmentation (sauf la Dette publique), on fait 22 milliards d'économies.*

**Henri Emmanuelli** ajoute : *A législation fiscale constante, le déficit 1985 serait de 4,3 % du PIB. Il faut donc trouver 100 milliards pour réduire d'un point les prélèvements obligatoires. C'est impossible. Autant y renoncer.*

Honteux : l'estimation des économies à faire est passée de 60 à 100 milliards en six mois. Et ils ne proposent rien du tout !

**François Mitterrand :** *A supposer même que la somme soit de 100 milliards, vous devez pouvoir trouver 20 milliards d'économies budgétaires, 40 milliards de contractions recettes/dépenses et 20 milliards de recettes non fiscales (tarifs publics, débudgétisation, augmentation de la taxe sur le téléphone).*

Il demande aux ministres de présenter d'ici jeudi prochain un plan assorti éventuellement de plusieurs scénarios.

**Mercredi 29 février 1984**

Pour bloquer le futur projet de loi sur l'enseignement privé, 4 500 à 5 000 amendements seront déposés par les groupes parlementaires RPR et UDF. Pour le projet de loi sur la presse, ils n'en avaient déposé que 3 000. Tout se bloquera.

Pour sortir de l'impasse, dans une note au Président, Charasse propose d'organiser un double référendum : d'abord sur le droit de recourir au référendum pour faire adopter une réforme de l'école privée, ensuite sur le projet de loi Savary. Le Président m'en parle comme d'*« une hypothèse bien trop compliquée. »* Il ajoute : *« Pourtant, on ne passera pas avec cette loi ; il faut trouver une sortie. »*

Robert Armstrong vient à Paris préparer l'entretien de lundi prochain, aux Chequers, entre le Président et Mme Thatcher. *« Hier, à Londres,* dit-il, *Kohl s'est déclaré satisfait de la maîtrise budgétaire, tout en n'excluant pas de demander une "garantie pour le long terme", sans la chiffrer. Il a parlé de 1,4 pour le maximum de TVA autorisé pour les ressources propres et de 750 millions d'écus pour la Grande-Bretagne sur cinq ans. Il a plaidé en faveur de deux campagnes pour le retour à l'équilibre laitier. Sur les montants compensatoires, il a dit à*

*Mme Thatcher qu'il était optimiste quant à l'accueil que vous feriez à ses propositions. Mme Thatcher a accepté la maîtrise budgétaire sans plus demander une révision du traité. Elle veut 1,4 à 1,5 pour les ressources propres. Elle est prête à étudier les deux étapes pour le lait, et à l'application par laiterie de la taxe à 75 %. Sur son chèque, Mme Thatcher a réexpliqué au Chancelier son système : remboursement des trois quarts de 2 000, soit 1 500 ; elle n'a accepté 750 à Stuttgart que parce que le trop-perçu était ainsi remboursé. »*

Sur ce point, Armstrong m'a paru fort ennuyé : il considère qu'elle voudra un chiffre *« de l'ordre de 1 200 »*.

En définitive, j'ai l'impression que personne à Londres n'a encore osé affronter le Premier ministre sur cette question, et qu'elle se battra jusqu'au bout pour obtenir le maximum, d'autant qu'elle n'a toujours pas modifié son interprétation de Stuttgart.

**Jeudi 1er mars 1984**

Les Soviétiques opposent leur veto à l'extension du role de la FINUL à Beyrouth. Que faire avec nos hommes ? Faut-il attendre que toutes les tendances libanaises demandent à la France de rester un mois encore, avant de partir, ou annoncer immédiatement le départ des troupes françaises ?

Claude Cheysson écrit longuement au Président à ce propos :

> *« Rien ne serait plus dangereux que d'attendre quelques jours pour réagir après le veto soviétique. Nous risquerions d'être l'objet de pressions physiques sur le terrain, précipitant notre départ dans des conditions qui ressembleraient singulièrement alors à celles que nous avons justement critiquées quand elles étaient américaines, britanniques ou même italiennes.*
>
> *C'est la raison pour laquelle je vous présente une proposition qui nous permettra d'annoncer publiquement nos intentions, mais les place dans un cadre raisonnable et honorable :*
>
> *1) La France ne peut assumer seule les responsabilités de la Communauté internationale à Beyrouth. Elle a accepté — à regret — une force multinationale à deux reprises. Ses compères étant partis, cette force n'existe plus.*
>
> *2) Elle a tenté de faire prévaloir l'idée — et souhaite encore — qu'une force internationale soit retenue. Elle l'a tenté au Conseil de sécurité, auquel elle appartient ; cela n'a pas réussi.*
>
> *Elle appelle maintenant l'attention du monde arabe par l'intermédiaire du secrétaire général de la Ligue : au cas où les Arabes pourraient intervenir selon un schéma agréé avec le gouvernement du Liban, la France passerait le relais à la date qu'elle s'est fixée pour son départ.*
>
> *D'où l'invitation adressée au secrétaire général de la Ligue de venir aussitôt à Paris.*
>
> *C'est ma première suggestion.*
>
> *3) Décidée à partir le 6 mars, la France entend organiser ce départ et le passage du relais avec le gouvernement libanais et avec les autres forces libanaises présentes physiquement à Beyrouth, forces avec lesquelles le contingent français est quotidiennement en rapport (comme l'armée libanaise, d'ailleurs).*
>
> *J'aimerais donc inviter dès le lundi 5 mars un représentant du gouvernement libanais et des représentants des forces que nous côtoyons à Beyrouth à se réunir dans mon bureau pour y être informés de nos intentions et prévoir les dispositions pratiques permettant leur mise en application dans des conditions raisonnables et nous faisant honneur. »*

Le Président approuve et appelle Gemayel pour lui annoncer l'inéluctable et imminent départ des troupes françaises.

François Mitterrand : *« L'Histoire retiendra que notre présence a empêché bien des massacres au Liban. »*

5 000 emplois sont supprimés dans les Chantiers navals.

**Vendredi 2 mars 1984**

Les Charbonnages de France ont 17 milliards de dettes pour 14 milliards de chiffre d'affaires. La production est de 18 millions de tonnes, contre 30 prévus en 1981. Le Plan prévoit le licenciement en cinq ans de la moitié du personnel.

Dans la sidérurgie, la situation est encore bien plus difficile. Et la Communauté interdit toute subvention à partir de l'an prochain.

Interview de Mgr Lustiger à *La Croix*. Il déclare souhaiter *« un compromis »* et annonce qu'il n'ira pas à la manifestation du 4.

**Dimanche 4 mars 1984**

La vague enfle. Cette fois, ce sont 800 000 partisans du privé qui sont venus à Versailles manifester pour l'*« école libre »*. Mgr Lustiger y a prononcé une allocution très dure : *« On ne transige pas sur un droit. »*

Le Président s'insurge : *« De quel droit usurpent-ils le nom d'"école libre" ? L'école privée n'est pas plus libre qu'une autre ! »* Le gouvernement continue de vouloir passer en force. François Mitterrand commence à travailler avec Michel Charasse et à récrire ligne après ligne le projet de loi Savary.

Réunion présidée par Dumas et Hernu sur la situation de nos soldats au Liban. Au fur et à mesure que la situation se dégrade, ils deviennent des cibles tentantes à la fois pour les chiites et les druzes, comme pour ceux qui sont éventuellement manipulés par les Iraniens, sans oublier certaines organisations arméniennes. Il faut passer progressivement la main aux observateurs des Nations-Unies (une soixantaine à Beyrouth, dont une dizaine de Français) qui ne font plus rien que confirmer le travail des observateurs français proprement dits.

**Lundi 5 mars 1984**

Nous sommes aux Chequers avec Roland Dumas. Pendant tout le déjeuner, les deux ministres (Howe, qui a remplacé Pymm, et Lawson) qui accompagnent Mme Thatcher n'ouvrent pas la bouche, terrorisés. Celle-ci répète sa position avec véhémence :

*« Je suis inquiète et déprimée. Je subventionne l'Europe plus que le Tiers Monde. Mon Parlement n'acceptera pas que je paie plus de 500 millions d'écus. L'Europe doit être un club où chacun retrouve l'équivalent de sa cotisation et redevient lui-même en sortant. Elle doit être une zone de libre-échange. Sinon, il*

*y aura une surenchère de subventions et nous serons dépassés là-dessus par les Américains. Mais il faut une crise pour que les petits pays comprennent cela.* »

Elle veut obtenir le remboursement des deux tiers de 2 000 millions d'écus, soit 1 333 millions d'écus. Elle connaît très bien le dossier et prend elle-même des notes au lieu d'en lire.

François Mitterrand répond sèchement : « *Si telle est votre position, il y aura une très grave crise, qui durera longtemps. Nul n'acceptera. C'est loin du compromis possible.* »

Elle bat en retraite immédiatement : « *Ma dernière proposition est 1 250 millions d'écus. Je croyais que la RFA accepterait, j'étais mal informée. Nous ne sommes pas là pour défendre l'Allemagne. Ils doivent céder.* »

Elle passe à la préparation du G7 de Londres. Elle veut y parler du terrorisme. Kohl souhaite qu'on y parle de sécurité afin d'aider les Pays-Bas à accepter l'installation des missiles.

François Mitterrand : « *Les trois précédents Sommets m'ont laissé de mauvais souvenirs avec les Américains. A Londres, je crains la même chose. Si cela n'avait pas été chez vous, j'aurais envoyé le Premier ministre.* [Il dira la même chose l'année suivante à Kohl, et l'année d'après à Nakasone...] *Je voudrais un Sommet sans ministres. Sur le terrorisme, je veux bien un texte général. Sur l'invasion américaine à Grenade, je veux éviter un texte... Notre chance est que les Soviétiques sont de très mauvais colonisateurs, même en Éthiopie. Brejnev m'a dit un jour : "Kadhafi me prend plus de temps que tous les autres pays réunis !"* »

Comme le Président l'a souhaité, Cheysson est à Beyrouth et rencontre Gemayel qui lui dit : « *Vous devez à tout prix nous aider dans la mise en état et la consolidation de nos forces intérieures : police, gendarmerie, CRS et services centraux, principalement renseignements généraux.* »

Valéry Giscard d'Estaing à « L'Heure de Vérité » : « *Je ne suis pas à la recherche du pouvoir. Je préfère l'affection des Français et des Françaises.* »

On lit aujourd'hui partout que l'« Initiative de Défense stratégique » conduirait les États-Unis, une fois protégés par leur bouclier, à se replier sur eux-mêmes et donc à « *découpler* » la défense de leurs alliés européens de la leur. Au contraire, c'est la vulnérabilité relative des États-Unis qui a fait naître la crainte d'un départ américain, d'un « *découplage* ». Leur nouvelle invulnérabilité, si jamais ils y parvenaient, pourrait avoir l'effet inverse et les rendre à nouveau solidaires. Le vrai risque n'est pas que les États-Unis puissent devenir invulnérables, mais que l'URSS le devienne à son tour. Cela rendrait caduque la force de dissuasion française et aurait, pour notre pays, des conséquences incalculables sur son indépendance. Mais nous en sommes loin.

**Mardi 6 mars 1984**

Charles Hernu envoie au Liban une mission de gendarmerie préparer l'aide à l'armée libanaise, après le départ imminent de nos troupes. « *Il en ressort que nous offrons déjà, en matière de stages de formation, plus de places que les Libanais n'en utilisent. En ce qui concerne la fourniture de matériels à la gendarmerie libanaise, toute demande a jusqu'ici été bloquée par le général Tannous qui ne veut pas que la gendarmerie se renforce. Il faudra aussi trouver de nouveaux crédits, la ligne actuelle étant épuisée. En ce qui concerne la mission de coopération en matière de police, de CRS et de renseignements généraux, Gaston Defferre lui-même m'a confirmé ce matin que la mission était prête à partir. »*

François Mitterrand répond : *« Attendre la semaine prochaine. Il y aura du nouveau. »*

Débat violent sur la loi scolaire au petit déjeuner. Jospin veut que l'on retire le projet, Mauroy qu'on le maintienne et passe en force. François Mitterrand remarque doucement : *« L'opinion est contre, il faudra bien en tenir compte. »* Trois points sont en discussion : l'intégration des écoles privées dans la carte scolaire, permettant de contrôler leur création ; l'obligation de financement par les communes ; la faculté reconnue aux professeurs du secteur privé de devenir fonctionnaires.

Déjeuner avec Jean-Baptiste Doumeng. Comme toujours, large vision géopolitique : *« Les États-Unis vont lâcher l'Irak et s'allier à l'Iran et à l'URSS. Or le Président français a trop rompu les liens avec l'URSS. En politique intérieure, il va réussir ; le plus difficile est derrière lui. »* Et puis, cette fulgurance : *« Pourquoi s'agiter ? Nous ne sommes que des papillons de nuit brièvement éclairés par le passage d'un phare. Rien ne sert à rien. »*

**Mercredi 7 mars 1984**

Au déjeuner, pris comme tous les mercredis avec la « tribu », la conversation roule à nouveau sur l'école privée. Pierre Mauroy : *« Il faut éviter de créer un cocktail explosif entre les déçus de la laïque et les déçus de la fonction publique. »* François Mitterrand : *« Pourquoi pas ? Une manifestation d'un million de personnes à Paris, qui dégénérerait, permettrait de trouver une porte de sortie honorable. »*

Bérégovoy se plaint à propos de son plan d'économies pour la Sécurité sociale : *« J'ai eu droit à une véritable déclaration de guerre de la CGT. »*

Ambroise Roux est reçu à sa demande par François Mitterrand : il veut lui parler de l'association des grandes entreprises qu'il a créée et, surtout, lui proposer les réaménagements fiscaux auxquels les grands patrons sont attachés. Entretien très aimable.

Jacques Delors conseille au Président de prêcher la modération à propos de la querelle scolaire.

Bérégovoy propose au Président d'abaisser les prélèvements obligatoires par l'accélération des encaissements d'impôts et de recettes de toutes sortes. *« Les banques n'ont pas à faire de bénéfices à partir d'une gestion laxiste de l'État. Aucun argument ne résiste à la volonté exprimée de réduire les prélèvements de l'État. Aux banques de s'y adapter. »*

Deux chalutiers espagnols pêchant illégalement dans le golfe de Gascogne sont arraisonnés par la marine nationale française... Tirs de canon. Neuf blessés. L'Espagne doit entrer dans le Marché commun au plus vite...

Les prochains Conseils des ministres de l'Agriculture et des Affaires étrangères seront décisifs. Nos partenaires et la Commission attendent pour dimanche le compromis que les Français doivent proposer sur le lait en Conseil Agriculture, avec l'aval du Conseil Affaires générales, pour éviter à tout prix que le problème laitier ne remonte en son entier aux chefs d'État. Un accord est possible : deux campagnes pour arriver à 97,2 millions de tonnes avec des quotas par laiterie ou par exploitation et le démantèlement des montants compensatoires. Il est possible de le gérer.

Réunion chez le Président sur l'extradition. Pierre Mauroy souhaite qu'on s'en tienne à la doctrine fixée en 1982. Le Président demande qu'on ne s'arrête pas aux obstacles : *« On voit la gangrène sous nos yeux et on la laisse gagner. »* Si on a des preuves d'un assassinat, il faut extrader. Il donne son accord pour que soient clairement assumées les conséquences politiques d'une extradition éventuelle. Donc : appliquer la doctrine définie en matière d'extradition ; demander fermement aux autorités espagnoles de mettre fin aux activités illégales de leurs policiers en France ; confronter les renseignements avec les Espagnols ; avoir une politique ferme à l'égard des nouveaux arrivants espagnols au Pays basque. Les manquements seront sanctionnés par l'expulsion ou la reconduction à la frontière. Le Président : *« Il n'y a pas de réfugiés politiques venant d'une démocratie. Il n'y a que des criminels de droit commun. »*

**Jeudi 8 mars 1984**

La rigueur s'installe ; l'inflation perd de ses soutiens. La grève nationale des fonctionnaires n'est pas très réussie, à l'instar de celle des employés de banque, jeudi dernier. Le chômage, chose terrible, est le meilleur allié de Jacques Delors.

A Matignon, un Comité interministériel se réunit sur les prélèvements obligatoires. Le Premier ministre demande des économies pour 1985. Bérégovoy propose 15 milliards d'économies pour la Sécurité sociale ; Jacques Delors, 40 milliards d'économies budgétaires. Avec ça, les prélèvements obligatoires n'augmenteraient pas en 1985, mais ne baisseraient pas non plus. La réunion est chaotique. On envisage la réduction simultanée de l'impôt sur le revenu et des allocations familiales, de la taxe sur les salaires et des bonifications d'intérêts, et le remplacement de la taxe professionnelle par des économies sur les aides aux entreprises. Delors est contre tout. Impasse.

Mme Thatcher confirme par écrit qu'elle ne veut payer que de 400 à 500 millions d'écus par an dans une Communauté à Douze. Elle annexe une note détaillée. On est loin d'un accord pour Bruxelles.

L'administrateur de la NASA, M. Beggs, envoyé du Président Reagan, vient exposer à François Mitterrand le projet américain de station habitée. Il est reçu courtoisement. On lui explique le projet européen concurrent. Il n'en croit pas un mot.

**Vendredi 9 mars 1984**

Le Président s'impatiente. Il demande à Pierre Mauroy une baisse de 10 % de l'IRPP et de la taxe d'habitation, la suppression de la taxe professionnelle. Delors, au téléphone : *« Si l'on veut réduire les impôts, il faut maintenant lutter contre le gaspillage, et d'abord arrêter les grands travaux ! »* Peut-être. Mais ceux-ci ne représentent que 200 millions par an, alors qu'il faut trouver 100 milliards...

**Dimanche 11 mars 1984**

A Lille, Pierre Mauroy discute de la réforme de l'école privée avec le père Guiberteau et Mgr Vilnet, évêque de Lille et président de la Commission épiscopale française. Il accepte de rétablir l'obligation existante faite aux communes de financer les écoles privées, au lieu de la simple « faculté » figurant dans le projet. Il y a accord entre eux sur le statut des maîtres. Ceux-ci auront le droit de demander la titularisation comme un choix, non comme une obligation, au bout de six ans.

**Lundi 12 mars 1984**

L'accord est réalisé pour le lancement de la production de l'Airbus A 320. Le Chancelier Kohl y est pour beaucoup.

Le déficit budgétaire dérape. Delors craint pour le Franc et prépare des mesures d'économies pour l'année en cours. 1985 sera plus difficile encore...

Confirmation : le pouvoir d'achat de la Fonction publique a augmenté de 0,5 % en 1983, malgré la rigueur. A la demande de Le Pors, on a décidé une hausse de 1 % au 1er avril, dont le coût (3 milliards) n'est pas financé. Le Président s'en étonne.

**Mardi 13 mars 1984**

De Bruxelles, à trois heures et demie du matin, Rocard téléphone au permanent de l'Élysée pour lui annoncer *« la bonne nouvelle »* de l'accord agricole sur le lait. Il n'informera Cheysson et Dumas, qui se trouvent pourtant aussi à Bruxelles et qui sont censés diriger la négociation, qu'au cours de la matinée... L'accord permet de régler un contentieux essentiel qui menaçait d'encombrer le Sommet de mars, comme il avait entièrement envahi celui de décembre.

Le Président est à Toulouse. L'accueil est houleux.

François Mitterrand, à propos de la rancune : *« Je suis susceptible. C'est un défaut familial. Enfant, une situation d'injustice au collège m'emportait dans une révolte. Mon imagination était destructrice. Je suis peu rancunier. Mais j'ai vécu des années avec la brûlure de ce que j'appelais des injustices. »*

**Mercredi 14 mars 1984**

Avant le Conseil, Rocard me dit : *« S'il décide de mettre en place le scrutin proportionnel, je démissionne du gouvernement. »* Au cours du Conseil, François Mitterrand le félicite pour l'accord laitier. Marcel Rigout proteste : c'est une catastrophe pour les petits producteurs. Delors aussi : la réduction des montants compensatoires est trop forte, elle provoquera en France une flambée d'inflation. Rocard : *« Si c'est comme ça, je m'en vais ! »*

Au déjeuner, tour de table sur l'école. L'un après l'autre, chacun dissèque le texte Savary : *« Projet inacceptable, inadmissible »*, déclarent Jospin, Joxe et Poperen, qui critiquent en particulier le point trois du projet : l'obligation — et non plus la faculté — pour les collectivités locales de financer l'enseignement privé. *« La III^e^ République*, dit Pierre Joxe, *a rendu obligatoires la création et l'entretien de l'école publique. Les socialistes vont-ils inscrire la même obligation pour l'école privée ? »*

Pierre Mauroy semble expédier les affaires courantes. Il est paralysé, crispé sur la rigueur, accablé par les divergences. Si on continue sur la pente actuelle, c'est l'échec assuré aux élections de 1986. Il faut un nouveau gouvernement dès le mois de juin pour préparer un Budget 1985 significatif.

Jean-Pierre Chevènement, à qui je téléphone à Belfort pour lui apprendre l'existence de la dépêche AFP d'après laquelle il est censé avoir proposé une dévaluation du franc, publie immédiatement un démenti.

Réunion infructueuse sur le câble dans le bureau du Président. Quelles chaînes émettront ? Le satellite sera donné à qui ?

**Jeudi 15 mars 1984**

Conformément à ce dont il est convenu avec Pierre Mauroy, Mgr Vilnet fait des déclarations apaisantes : *« Il y a accord sur les contractuels de droit public. Quant à la titularisation, elle est simplement une liberté de choix ouverte aux professeurs qui la souhaitent. Elle est conçue avec une gestion spécifique, dans le même esprit d'apaisement et de compromis que les autres décisions du gouvernement. »*

**Vendredi 16 mars 1984**

Alain Savary rend public le projet du gouvernement, malgré l'opposition de Joxe et de Poperen. Si l'on s'en tient à ce texte, la réforme peut sans doute passer sans crise.

**Lundi 19 mars 1984**

A Matignon, les discussions sur la sidérurgie prennent un tour plus concret. La question est maintenant sur la table : faut-il favoriser Usinor ou Sacilor ? Fabius propose de financer pour Sacilor un investissement de modernisation de 2 milliards, le train de laminage universel à Gandrange, en Lorraine, ce qui implique en contrepartie la fermeture de nombreux sites dans le Nord. Alain Boublil, qui suit le dossier à l'Élysée, est de son avis. Pierre Mauroy propose au contraire le maintien de petites aciéries dans le Nord, à Dunkerque et Amiens, *« comme en Italie »*, et de fermer les grandes usines de Lorraine, de l'Ouest et du Sud. Mauroy, c'est Usinor ; Fabius, c'est Sacilor !

Les aciéries normandes, chères à Fabius, sont condamnées par le projet Mauroy. L'un et l'autre sont d'accord pour fermer l'aciérie de Fos. Defferre est évidemment contre et propose, à l'inverse, de fermer celles de Dunkerque et d'Amiens. Ce dont Mauroy ne veut pas entendre parler...

Tout cela se réglera avec le Président. Chacun pense réussir à le convaincre dans les quinze jours.

A Bruxelles, le Conseil européen s'ouvre sous la présidence de François Mitterrand.

L'affaire du lait étant réglée, la discussion se centre sur le « chèque » britannique. Lors du premier tour de table, Margaret Thatcher se déclare d'accord sur les principes, estimant que *« le document français est un bon document de base »*. Elle réclame 1,5 milliard d'écus. François Mitterrand répond qu'il croyait que les Dix étaient là pour *« faire des efforts et négocier »*. Mme Thatcher lui lance : *« Il est de tradition que les présidents modifient sensiblement leur texte initial ou le récrivent en séance. »* François Mitterrand offre une contribution de 700 millions en 1984, allant jusqu'à 1,4 milliard d'écus en 1989. Elle refuse. Elle veut 1,4 milliard par an pendant cinq ans. Lubbers propose 1,3 milliard pendant trois ans. Howe est prêt à accepter. Elle persiste à refuser. De toute façon, François Mitterrand n'aurait pas accepté. Helmut Kohl demande de surcroît pour la RFA un allègement d'un tiers. Le blocage est total.

A la fin du dîner, François Mitterrand chuchote à Helmut Kohl : *« Je commence à en avoir plus qu'assez de cette éternelle discussion sur le chèque de Mme Thatcher. Je vous suggère de nous mettre d'accord pour lui proposer maintenant... zéro, zéro, zéro ! »* Helmut Kohl rit et réplique : *« C'est une très bonne idée, mais elle vient trop tard ! »*

On retravaille toute la nuit sur un nouveau projet de compromis. Il est rédigé par la Présidence, avec l'aide des services de la Commission qui, évidemment, ont moins de pouvoir lorsque la Présidence est assurée par un grand pays que lorsqu'elle l'est par un petit.

**Mardi 20 mars 1984**

Au petit déjeuner, en tête à tête, François Mitterrand soumet à Kohl le nouveau texte de vingt pages. François Mitterrand : *« La maîtrise budgétaire commande tout le reste. S'il faut que la RFA ait une assurance pour l'avenir, on pourrait convenir d'un principe en disant qu'on préciserait les modalités du contrôle budgétaire après le vote de nouvelles ressources en 1986. Pour le chèque à la Grande-Bretagne : je n'accepterai pas plus de 900 ou 1 000, à la fin. La RFA doit participer pleinement à ce paiement. »* Kohl propose : *« Un milliard par an pendant cinq ans, forfaitaire, indépendamment du déficit anglais réel. »*

La séance à Dix reprend à 9 heures. Mme Thatcher déclare : *« Je veux 1 250 par an. »* Si on compare ce montant au déficit 1983, cela veut dire un remboursement à 90 % ! Pire que jamais.

A 10 heures, François Mitterrand demande à rencontrer Margaret Thatcher en tête à tête. Il lui propose près des deux tiers de 1,4 milliard, soit 1 000. Margaret Thatcher, qui feint de comprendre qu'on lui offre 1,4 milliard, soit les deux tiers de 2 milliards d'écus, accepte, à notre grande surprise. Le malentendu dissipé, elle propose 1,333 au Président, qui s'en tient à un milliard. Cheysson fait de la figuration.

François Mitterrand à Margaret Thatcher : *« Je puis aller jusqu'à 1,1 milliard, pas au-delà ; et sans garantie sur la décision des autres. »*

Pendant ce temps, à Paris, Comité interministériel au cours duquel Mauroy propose d'amputer le Budget de 1984 de 25 milliards pour ramener le déficit à 3,3 %.

A Washington, un inconnu, David Mulford, qui vient de chez les Saoudiens, est nommé Assistant Secretary for International Affairs à la Trésorerie. Il sera le seul homme de caractère d'une administration économique délabrée.

**Mercredi 21 mars 1984**

Le projet scolaire est discuté en Conseil des ministres, en particulier le délai de six ans à l'issue duquel les enseignants du privé pourront, s'ils le veulent, choisir d'être titularisés. Ne faut-il pas raccourcir ce délai ? Ou bien l'allonger ? François Mitterrand : *« Ce que je vous demande, ce ne sont pas des appréciations techniques, mais vos réactions politiques. »* Delors explique que le « compromis » lui paraît convenable. Charles Fiterman estime qu'il s'agit plutôt d'une capitulation : *« Quand nous avons dit que le terrain était miné, on nous avait ri au nez. »* Le Président : *« Le compromis devrait être satisfaisant pour tout le monde. »*

Au déjeuner, François Mitterrand : *« Les professeurs des écoles sous contrat simple sont-ils aussi intégrés ? »* Mauroy : *« Oui. »* François Mitterrand : *« Pourquoi ne pas intégrer seulement les enseignants des écoles sous contrat d'association, ou même rendre facultative l'obligation d'intégration des contrats d'association ? Peut-on laisser les écoles en contrat simple hors de l'accord ? »*

Je rencontre pour la première fois à l'Élysée Bernard Kouchner, que m'amène son vieil ami Régis Debray. L'homme est vif, généreux ; il a déjà bien rempli sa vie. Il me dit vouloir s'intéresser de plus près à la politique. Elle y gagnera plus que lui-même.

Le Président part pour les États-Unis. Dans l'avion, il m'invite à déjeuner avec Dumas et Cheysson. Discussion sur l'IDS. Qu'en dire à Reagan ? François Mitterrand : *« Le simple fait que des lasers totalement efficaces paraissent pouvoir être un jour réalisés amène à se demander si l'effort nucléaire proprement dit doit être — et sera — poursuivi. Que se passera-t-il si l'un des deux Grands atteint ce résultat avant l'autre ? L'Europe aura-t-elle la volonté et les moyens de mettre sur pied la Communauté européenne de l'espace ? »*

Pour après-demain soir, l'ambassadeur de France à Washington a invité quelques Américains au dîner où Bush représentera Reagan. Sur le bristol, le nom du chef de l'État est orthographié avec un seul *r*... Voilà qui améliorera encore les relations de Vernier-Pallez avec le Président !

**Jeudi 22 mars 1984**

Les entretiens commencent dans un salon de la Maison Blanche défiguré par des cabines provisoires d'interprétation. Le vice-président George Bush, le secrétaire d'État George Shultz, le secrétaire à la Défense Caspar Weinberger, Claude Cheysson et plusieurs collaborateurs des deux Présidents assistent à l'entretien.

**Ronald Reagan** (qui lit une note) : *Merci pour votre discours historique au Bundestag. L'URSS n'est plus communiste ; c'est une bureaucratie qui veut s'autoperpétuer. Mais comment les rassurer ? Comment leur prouver que nous ne leur voulons pas de mal ? Ceux qui sont au pouvoir le perdraient s'il y avait la guerre. Les Russes jouent bien aux échecs. Pas au poker. Ils ont le complexe de l'encerclement depuis les trois premières années du communisme. Ils ne veulent pas la guerre, mais ils font du chantage. Comment les convaincre que personne ne leur veut du mal ?*

**François Mitterrand :** *Pour l'instant, tout s'est passé comme prévu. La question est : combien de temps les Russes consacrent-ils au silence avant de négocier ? On le saura au second semestre de cette année. Mon pronostic est qu'on va assister à un adoucissement progressif, puis à des démarches de leur part, sauf si nous prenons des initiatives dans un sens ou dans un autre. La stratégie soviétique est toujours : ne rien aggraver, ne rien céder, puis négocier. Je ne suis pas sûr que l'URSS soit capable de fixer sa stratégie. Il y a des différences entre l'armée et le Parti, et l'armée peut contrarier la démarche du Parti. Il faut donc leur donner des signes et fusionner les deux négociations nucléaires. Seule la méthode globale permettra de négocier. Si nous recevons des informations, je vous le dirai.*

**Ronald Reagan :** *L'Alliance atlantique est plus forte que jamais. Elle a su résister à l'Union soviétique dans l'affaire des euromissiles.*

**François Mitterrand :** *Nous avons une sorte de détente avec l'URSS. C'est incontestable. Nous recevrons sans doute une invitation. J'en informerai bien sûr nos amis (...). Si nous avons confiance dans l'Alliance, il n'y a pas de problème, d'autant que les ministres des Affaires étrangères sont souvent intelligents...*

*"Il y a des exceptions !"* l'interrompt Shultz en souriant.

**François Mitterrand :** ... *Les choses ont changé entre l'armée et les apparatchiks. Ils n'ont plus tout à fait les mêmes vues et les mêmes ambitions, ce qui a contrarié les démarches diplomatiques d'Andropov et même de Brejnev avant lui. Les cadres de l'Armée rouge constatent la décadence idéologique de l'Empire. De Berlin-Est à la Pologne, en passant par Budapest et Prague, ils voient se développer un courant national-libéral, un besoin d'échapper au couvercle, qu'ils jugent inacceptable.*

**Ronald Reagan :** *Je cite l'appréciation d'un ancien ambassadeur américain à Moscou selon lequel "quiconque prétend comprendre les Russes énonce la chose la plus stupide que l'on puisse dire..."* (Il rit, imité par tous ceux qui l'entourent.)

*Nous n'avons jamais songé à attaquer l'URSS, mais nous sommes menacés. Nous devons nous poser la question : l'Union soviétique peut-elle considérer que nous sommes une menace pour elle ? Bien sûr, il ne faut pas abaisser notre défense, mais peut-être faut-il aussi les rassurer, les convaincre que personne ne leur veut de mal et que nous ne voulons qu'une chose : assurer la paix.*

**François Mitterrand :** *Je ne crois pas au bellicisme des Russes. Depuis Pierre le Grand, ils ont rarement été agresseurs, même s'ils ont une diplomatie mondiale qui peut parfois laisser penser qu'ils sont prêts à aller presque jusqu'à la guerre. Mais, en fait, ils craignent la guerre pour leur pouvoir. Ils n'ont plus l'énergie farouche de Staline et savent que leur armée verrait son importance accrue par une guerre.*

*Ce qui est à craindre, c'est qu'eux croient vraiment que vous pourriez être agresseurs. C'est leur complexe d'encerclement. Pour l'expliquer, il faut presque avoir recours à la psychanalyse. Celle-ci nous a enseigné que nous pouvons être marqués par ce qui est arrivé à notre mère à partir du troisième mois de la conception. Eh bien, eux continuent de vivre leur pays au travers de ses trois premières années.*

*Ce complexe va bien au-delà du Parti. Permettez-moi de vous raconter une histoire ; je sais que vous les appréciez. Un homme fou croit qu'il est un grain de blé. Pour le guérir de cette grave affection, il faut l'hospitaliser et, après un long séjour et des soins intensifs, il est guéri. Il y a même une petite fête pour sa sortie. Tout le monde est très satisfait. Il sort et, à quelque distance de là, il rencontre une poule. Le fou, terrifié, recule et revient en courant à l'hôpital. "Mais enfin, lui dit le médecin, vous êtes guéri. Vous savez bien que vous n'êtes pas un grain de blé !" Et le fou de répondre : "Moi, je le sais bien, mais la poule, elle, est-elle au courant ?" Faisons donc attention à toute provocation...*

**Ronald Reagan :** *J'apprécie énormément cet exposé. On ne peut pourtant pas nier que les Soviétiques aient des menées agressives. Ils créent de l'agitation à la faveur de situations locales de par le monde (...). Comment les convaincre de renoncer à leurs objectifs, de changer leur vie si lugubre ?*

Encore une fois, un questionnaire d'opérette !

**François Mitterrand :** *Il faudrait attirer Tchernenko vers l'extérieur. Ils vivent un peu comme dans une forteresse. Ils ne feront pas la guerre, sauf s'ils ont peur.*

**George Shultz** intervient, sentant Reagan à court : *Si les Soviétiques ne veulent pas une grande guerre, ils cherchent à s'étendre et sont prêts, pour cela, à employer toutes sortes de moyens, y compris le terrorisme, ce qui efface toute distinction entre la guerre et la paix.*

**François Mitterrand :** *Ils ont en effet d'autres moyens que la guerre : des guérillas, des révolutions locales, du terrorisme. Mais, dès qu'ils sortent de leur milieu, ils se révèlent mauvais colonisateurs. Voyez l'Afrique avec Sékou Touré, l'Angola, le Mozambique, et, un jour, j'espère, l'Éthiopie. Quant à l'Afghanistan, ils n'y arriveront pas. En Amérique centrale, il n'y a pas que la volonté soviétique. Les circonstances s'y prêtent. S'il y a de la pourriture où que ce soit, ils arriveront. Bien que mon analyse soit différente de la vôtre, il est vrai que vous avez à vous inquiéter du Nicaragua. Mais on n'arrête pas une révolution par une intervention militaire chez un peuple indépendant. Dans cette analyse, je pratique le marxisme, mais pas le marxisme-léninisme. Je sais bien que, sur ce point, vous m'auriez battu aux élections en Californie, et même dans tous les États-Unis !*

Reagan rit, mais ne reprend pas la parole. Un long silence s'installe.

**George Shultz :** *Ils veulent avoir par le terrorisme et par la menace de guerre ce qu'ils ne peuvent avoir par la guerre.*

**François Mitterrand :** *Ne les surestimons pas. Ni l'Islam, ni l'Afrique n'en veulent. Quant à la guérilla, on vivra avec aussi longtemps que l'URSS sera un grand empire. A terme, le libéralisme sera plus fort que les fusées.*

**Ronald Reagan :** *Si le détroit d'Ormuz est fermé, nous ne pourrons pas rester indifférents, car c'est la ligne de vie, la source d'énergie du monde libre. Les Iraniens n'ont pas encore essayé. Touchons du bois, mais j'espère que nous sommes tous décidés à rester sur nos gardes.*

Que répondre ? Pour mettre un terme à la conversation, Reagan enchaîne sur une petite histoire, qu'il débite cette fois sans lire de notes :

*« La scène se passe au Kremlin. Une femme vient voir Brejnev et lui dit : "Tu te rappelles, camarade Brejnev, j'ai couché avec toi." Brejnev répond : "Ah bon, je ne me rappelle pas, mais, au fond, peut-être." La femme : "Est-ce que tu peux faire entrer mon fils à l'université de Moscou ?" Brejnev : "C'est d'accord." La femme : "Est-ce que tu peux me faire avoir un plus grand appartement ?" Brejnev : "C'est entendu. Mais maintenant, dis-moi, où et quand avons-nous couché ensemble ?" La femme : "C'était au dernier congrès du Parti communiste. Nous étions assis côte à côte, et, pendant le discours d'un orateur, nous avons dormi ensemble." »*

Éclats de rire, Shultz rit plus que les autres. Je me demande combien de fois il l'a déjà entendue ! Baker, le secrétaire général de la Maison Blanche, ne rit pas. McFarlane non plus.

Tout le monde se lève. McFarlane me dit : *« Quelle chance tu as de travailler avec un Président pareil ! »* Il s'inquiète de l'aggravation des tensions dans le Golfe : *« Il faudra faire quelque chose pour freiner la bataille et empêcher la destruction des pétroliers. La France connaît l'armée irakienne mieux que personne. Il faut qu'on en reparle. »*

Au téléphone, je comprends qu'à Paris, Fabius et Mauroy n'arrivent pas à s'entendre sur la sidérurgie. Le Président lit ce soir trente-deux notes arrivées de Paris par fax, sans compter les télégrammes et les dépêches d'agences. Il les annote. La sidérurgie occupe le tiers des feuillets. Une de ces notes m'apprend que la Lorraine arrive en tête avec 7 100 emplois aidés, contre 5 840 dans le Nord-Pas-de-Calais, et 700 pour la seule année 1983 dans les Ardennes. En 1983, le Nord-Pas-de-Calais a perdu 18 000 emplois (contre 4 000 en 1982), alors qu'en 1982 — derniers chiffres connus —, 1 500 emplois seulement ont disparu en Lorraine. Matignon plaide bien son dossier.

En fin d'après-midi, le Président accepte d'autoriser la publicité sur les radios privées et le dit à Gonzague Saint-Bris au cours d'une interview dont Georges Fillioud est prévenu, et qui sera diffusée mardi prochain.

Le soir, au dîner à la Maison Blanche, Julio Iglesias chante *Spanish Medley, French Medley, Porter Medley* et *Casablanca* devant quarante personnes. Reagan adore. La voix est belle ; le spectacle est glacé, abstrait, comme si mille personnes étaient là. En quittant la soirée, je bute sur le couple Reagan dansant un tango.

**Vendredi 23 mars 1984**

Dîner de retour à l'ambassade de France. Reagan n'est pas venu.

**Samedi 24 mars 1984**

Nous partons pour Atlanta. Cheysson me parle de son avenir : il aimerait rester ministre, mais, si Dumas devait le remplacer, il accepterait de succéder à Thorn à la présidence de la Communauté. Il craint une candidature Genscher. Il ne sait pas que Delors y songe aussi, et que Bidenkopf, l'un des plus proches collaborateurs de Kohl, est candidat. La décision doit être prise à Fontainebleau — au moins informellement. Et formellement à Dublin, en décembre.

Bidenkopf : n'est-ce pas lui qui, en 1982, avait déclaré l'arme nucléaire inutile ?

**Dimanche 25 mars 1984**

San Francisco où un dîner réunit tout ce que les Français comptent d'intelligences dans les universités de la côte. De Salk à René Girard, tout le monde verse dans la nostalgie : la lumière de Provence semble être ce qui leur manque à tous le plus.

**Lundi 26 mars 1984**

Dans le Middlewest où nous visitons la ferme du ministre américain de l'Agriculture, André Bercoff présente ses collègues français aux journalistes américains comme s'ils étaient autant de pitres et de débiles mentaux. Ils ont l'air de trouver cela tout à fait plausible...

Delors au téléphone. *« Le plan sur la sidérurgie que propose Mauroy coûtera 5 milliards. Par ailleurs, il faut en trouver six autres pour d'autres dépenses. Et le budget qui dérape ! Il faut s'attaquer au déficit budgétaire de 1984, dans un premier temps en l'empêchant de croître, et donc en gagnant les 3,7 milliards de la construction navale et en allant jusqu'à 11 milliards d'économies sur toutes les dépenses imprévues de 1984. Mais où trouver ces 11 milliards ? »* Je lui dis de les chercher. Vite !

**Mardi 27 mars 1984**

Après Pittsburgh où la restructuration de la sidérurgie a spectaculairement abouti au développement d'industries informatiques, nous voici à New York.

Rien n'est réglé pour la sidérurgie française : au téléphone avec le Président, Pierre Mauroy plaide avec force contre l'investissement de Gandrange, sans que son interlocuteur prenne parti. Or le Conseil se réunit demain. Delors y parlera sûrement des économies budgétaires nécessaires pour financer tout cela. Mauroy n'a pas l'air au courant...

En rentrant à Paris, nous trouvons une lettre du ministre des Transports, Charles Fiterman, qui proteste auprès du Président contre l'accord donné au Sommet de Bruxelles sur les transports : *« Je ne peux que vous faire part de mon amertume devant l'accord donné au Conseil européen, à l'initiative du ministre des Relations extérieures, à un texte qui prévoit la fixation avant la fin de l'année d'un délai pour la libéralisation du transport. Il s'agit d'un véritable désaveu des positions que je n'ai cessé d'affirmer, au nom du gouvernement, tant au Conseil européen des transports que dans mon propre ministère. »*

**Mercredi 28 mars 1984**

A peine débarqué des États-Unis, François Mitterrand reçoit Pierre Mauroy qui plaide contre la création de l'usine de Gandrange.

**Le Président :** *On verra ça tout à l'heure.*

On descend en Conseil des ministres. Nul ne prévoit qu'il va durer trois heures trente.

**Mauroy :** *L'avenir de la Lorraine n'est pas dans le train universel mais passe, comme pour le Nord-Pas-de-Calais, par le développement d'autres industries auquel il faut s'atteler courageusement. Si l'on n'est pas capable de faire quelque chose dans ce sens, notamment avec le concours des entreprises nationales, ce n'est pas la peine de faire des discours.*

**Fabius** reprend ses arguments en faveur de Gandrange : *C'est la seule possibilité de donner de l'espoir à la Lorraine. Sans Gandrange, il y aura 6 500 emplois de moins.*

Le Garrec, élu de Cambrai, plaide comme Mauroy. Delors et Mexandeau prennent le parti de Fabius.

**François Mitterrand :** *Je regrette que toutes les questions n'aient pas été tranchées lors des conseils interministériels. Il s'agit d'une discussion difficile pour tous les membres du gouvernement comme pour moi-même. Nous ne sommes ni les uns ni les autres des spécialistes de la fonte, de l'électricité ou des réalisations possibles sur tel ou tel site. Je trouve un peu fâcheux qu'un accord n'ait pu se faire avant le Conseil des ministres. C'est pourquoi je suis nécessairement amené, dans un cas de ce genre, à dire au Premier ministre que c'est son choix qui doit être retenu.*

Stupeur de Fabius, sûr du soutien du Président.

**François Mitterrand** poursuit : *J'ai lu des notes sur ce sujet, mais je suis hors d'état de me substituer au jugement de ceux qui ont examiné le dossier et de dire qui a raison. D'autant que chacun a plaidé correctement son point de vue. Mais je déplore que l'on en arrive à des décisions rigoureuses pour la Lorraine sans être en mesure de présenter en contrepartie des décisions positives aussi concrètes. Voici deux ans, en Lorraine, j'avais indiqué qu'il fallait développer les industries de remplacement. Les populations concernées sont obligées de constater qu'il s'agit d'un discours qui ne rapporte rien. Et si ce discours est simplement répété, les gens ne le croiront pas. Ils doivent savoir quelles industries pourront être installées là-bas. On n'offre rien à ces populations, qui ne peuvent choisir que la révolte. On ne leur propose que des sacrifices. Les sociétés nationales ne peuvent-elles vraiment rien faire ? Ne devons-nous pas essayer de mener une politique volontariste ? Il aurait fallu demander à Sacilor de faire marcher un peu son imagination, et aux autres industries d'intervenir.*

*Je soutiendrai le choix du Premier ministre. Mais les solutions proposées me seraient indifférentes si l'on annonçait en même temps la création de dix mille emplois. Or, c'est cela qui manque. Il n'y a pas de contrepartie industrielle, même si le plan présenté est courageux et nécessaire. S'agissant du train de Gandrange, mon mouvement naturel était plutôt pour. Après les échanges d'arguments, je suis plutôt contre. Cela dit, nous n'avons pas le choix. Nous ne pourrons pas éviter une crise politique et une réaction violente. Les solutions que nous présentons sont mieux ordonnées que d'autres, mais elles sont ordonnées dans la récession. Leur valeur est comprise par les experts, mais non par ceux qui les reçoivent sur le terrain. On fait voter des lois, mais on ne se donne pas les moyens de se faire obéir.*

*J'assumerai la décision prise, mais je vois les difficultés s'accumuler, parce que nous ne sommes pas en mesure de renouer le tissu industriel. Nulle part n'apparaît quelque chose de positif. Rien ne permet de penser que ce qui nous est présenté comme une bonne solution soit autre chose qu'un sacrifice supplémentaire. D'autre part, on dit qu'on va former des gens, mais on va les former à des métiers dont on ne sait pas encore ce qu'ils seront. On ne voit pas aujourd'hui quelles sont les activités qui vont venir sur le terrain ; or c'est aujourd'hui qu'il faudrait le savoir !*

*J'assumerai avec vous la révolte de ces régions, mais nous serons pauvres en arguments.*

**Fabius,** lugubre : *On ne peut d'ores et déjà prévoir que la création d'un millier d'emplois par les industries nationales.*

**Mauroy :** *C'est très important. Il faut pouvoir donner des chiffres concrets, même s'ils sont peu élevés.*

**François Mitterrand :** *Ce serait encore mieux s'il était possible de le faire dès aujourd'hui.*

**Fabius :** *On perd 150 000 emplois industriels par an. Il n'est pas vrai qu'on en créera des dizaines de milliers dans ces régions. Pour l'instant, nos projets ne vont pas au-delà de 500 ou 1 000 emplois.*

**Mauroy :** *Pourquoi ne pas interdire toute implantation d'entreprises ailleurs pendant quelques mois ?*

**François Mitterrand :** *Voilà pourquoi j'étais persuadé qu'il ne fallait pas ajouter 6 500 suppressions d'emplois en écartant le projet de Gandrange.*

Laurent Fabius reçoit la décision comme un coup de poignard. Il avait convaincu le Président de soutenir la création de Gandrange, et c'est Mauroy qui l'emporte.

**Mauroy,** très sec : *Dans ce cas-là, il n'aurait pas fallu faire de restructurations du tout. Ce qu'il faut maintenant, c'est se mettre au travail et revenir dans un mois avec des propositions concrètes.*

**François Mitterrand,** se tournant vers Jacques Delors : *La bourrasque sera passée dans l'intervalle. Quel est le coût budgétaire des restructurations ?*

Là surgit une autre surprise. Aux yeux de beaucoup, elle est de taille. **Delors** demande la parole : *Tout cela coûtera 5 milliards. Mais, en fait, nous devons en trouver 11 pour financer l'ensemble des engagements pris depuis janvier. Ce n'est pas un exercice très agréable : pour cela, il nous faut geler un emploi vacant sur trois dans la fonction publique, réduire de 3 % les dépenses des administrations (sans toucher aux prestations sociales), et de 25 % les autorisations de programmes, mais sans toucher aux priorités gouvernementales comme les grands projets architecturaux, les programmes scientifiques, le logement neuf, les PTT, la Défense et les crédits de reconversion des bassins miniers.*

Scandale. Nul, autour de la table, n'était prévenu de cela. Plusieurs ministres demandent la parole. Quilès proteste. Savary s'étonne que Delors n'ait pas cité l'Éducation nationale parmi les priorités. Fabius est scandalisé que l'on veuille toucher aux crédits destinés à l'industrie : *« Cela me laisse pantois. »*

**Fiterman :** *Je ne dispose d'aucun détail quant aux mesures qui viennent d'être annoncées, je ne puis donc donner mon accord à une démarche dont les conséquences économiques et politiques peuvent être extrêmement graves.*

A la demande du Président, Emmanuelli décompose les 11 milliards de promesses à satisfaire : 5 milliards pour les restructurations, 1 milliard pour l'UNEDIC, 4 milliards pour la fonction publique et 1 milliard de crédits divers.

**Bérégovoy :** *Je n'accepte pas que l'on dise que j'ai dépassé d'un milliard les crédits qui m'avaient été alloués pour l'UNEDIC.*

**François Mitterrand** se tourne vers Emmanuelli : *Qui a raison ?*

**Emmanuelli :** *Il vaut peut-être mieux éviter cette discussion.*

Le Président grommelle : *« Très bien »,* et tourne la page de son dossier du Conseil des ministres. C'est le signe que la discussion sur ce sujet est close.

Georgina Dufoix doit faire un exposé sur la réinsertion des travailleurs immigrés dans leur pays d'origine et la création de la carte de séjour de dix ans.

**Fabius** intervient à nouveau avant que le Président ne donne la parole au ministre des Affaires sociales : *Je me demande s'il est opportun d'annoncer des mesures positives en faveur des immigrés le jour où l'on annonce plusieurs milliers de suppressions d'emplois dans la sidérurgie. C'est un problème politique.*

**François Mitterrand** hésite, puis : *En raison de l'heure avancée, cette communication sera reprise au prochain Conseil des ministres.*

En remontant vers son bureau, le Président commente : *« Fabius était tellement persuadé que son plan allait l'emporter qu'il n'avait rien préparé d'autre. Quant à Mauroy et à Delors, ils n'ont pensé qu'à une seule chose : faire triompher leur point de vue. Quand j'ai demandé quelles mesures d'accompagnement sociales étaient prévues, vous avez entendu ? Mauroy m'a répondu en substance : pas grand-chose. »*

Léopold Sédar Senghor est reçu par le Président. Dernière étape à franchir, pour un candidat élu, avant d'être admis sous la Coupole. Mais le Président peut retarder cette formalité nécessaire d'un mois... d'un an... davantage !

Dans l'après-midi, Laurent Fabius proteste par écrit contre les coupes budgétaires qui lui sont demandées. *« Il est absurde de couper des crédits d'équipement et de recherche pour payer 3,7 milliards de francs aux salariés et aux créanciers d'une entreprise privée — les Chantiers navals Nord-Méditerranée — qui n'a aucune chance de rivaliser un jour avec les Coréens et les Japonais. »* Il ne fait bien sûr aucune allusion au milliard de francs prévu pour les investissements nouveaux des entreprises publiques dans les pôles de conversion.

*« La recherche,* ajoute Fabius, *est asphyxiée. Il n'était pas nécessaire d'annuler trois fois plus d'autorisations de programmes que de crédits de paiement, car seuls ces derniers comptent pour 1984. »*

Le soir, la CGT rejette le plan du gouvernement. Henri Krasucki : *« Ces décisions sont inacceptables et n'ont aucune justification économique, industrielle et sociale... Quand les gens sont traités comme ils le sont, il y a bien plus que du mécontentement, il y a la colère. Pour être efficace, cette colère doit se traduire en actions syndicales massives et vigoureuses. »*

A Longwy, les sidérurgistes saccagent l'hôtel des impôts et le siège du Parti socialiste. A Hagondange, plusieurs centaines d'ouvriers investissent la mairie et brûlent dans la rue le portrait du Président de la République. Grenades lacrymogènes des gendarmes contre jets de boulons. Que dire ?

**Vendredi 30 mars 1984**

Les communistes sont déchaînés. Georges Marchais déclare que les décisions sur la sidérurgie doivent être modifiées — ou bien *« le Président doit dire aux Français que nous nous sommes trompés ».*

Le *Journal Officiel* de ce matin publie la liste des crédits annulés. Ont totalement échappé à ces coupes claires : la Défense ; les grands projets culturels ; la dotation globale d'équipement des collectivités locales ; la construction de logements neufs ; les dotations en capital aux entreprises publiques ; le fonds d'aide et de coopération ; les dépenses de soutien aux « grands programmes » de recherche, notamment les crédits pour l'aéronautique ; l'aide à la filière électronique ; les crédits de paiements des actions de politique industrielle ; l'ANPE ; la formation professionnelle ; les contrats État-régions.

François Mitterrand annote en marge : *« On pourrait placer les projets culturels plus modestement dans la liste (après les crédits de paiements des actions de politique industrielle) ! »*

Une seconde série de dépenses est moins réduite que la moyenne : les routes (annulation de 17 % des crédits au lieu de 25 %), la Justice et l'Intérieur.

Il restera, à l'automne, à ramener le déficit aux alentours de 3,3 % du PIB, et, en recourant au besoin à de fortes hausses des tarifs publics, à réduire les prélèvements obligatoires en 1985. Pierre Mauroy adresse donc à tous ses ministres une lettre leur expliquant comment préparer le Budget de l'année prochaine. Les ministres sont priés de *« mettre en réserve »* 1 % des emplois de fonctionnaires dépendant d'eux.

**Samedi 31 mars 1984**

Le Président m'annonce son intention d'aller, fin août, *« se reposer au Maroc ».* Il a l'engagement du Roi du Maroc qu'il n'y aura pas d'activité officielle pendant son séjour.

Le déploiement des Pershing se poursuit. Cette installation n'a pas *« recouplé »* la défense de l'Europe avec celle des États-Unis. On ne voit pas en effet pourquoi un Président américain qui répugnerait à mettre en jeu la survie de son pays en ripostant, depuis le territoire américain, à une attaque soviétique, serait plus disposé à prendre un tel risque en ripostant depuis le territoire européen.

Depuis que les Soviétiques se sont doté en 1957 d'un missile balistique intercontinental capable d'atteindre le territoire américain, on peut se demander si un Président américain, quel qu'il soit, accepterait de mettre en jeu la survie de son pays dans une guerre nucléaire pour protéger le territoire européen.

Le but réel du déploiement des missiles américains en Europe est politique : empêcher l'URSS de conquérir un droit de veto sur les décisions de défense prises par l'Europe occidentale.

Cheysson et Hernu assistent, à Beyrouth, au départ des derniers soldats français. 2 500 Français restent dans la ville et 4 000 au Liban, en comptant les doubles nationaux (dont 80 religieux et religieuses). Depuis deux jours, moins de 100 d'entre eux ont demandé à quitter les zones exposées.

Cheysson propose que la France participe au déminage des ports du Nicaragua, minés par les Contras aidés par les Américains. Fureur à Washington.

**Dimanche 1er avril 1984**

Le Président prépare la conférence de presse qu'il a décidé de donner mercredi. Il voulait la consacrer à l'Europe ; elle le sera à la sidérurgie.

Trois députés mosellans quittent le groupe socialiste et le secrétaire fédéral démissionne du Comité directeur. Les socialistes de Moselle annoncent leur participation à la manifestation des sidérurgistes, le 13.

**Lundi 2 avril 1984**

Sur *Antenne 2*, Georges Marchais critique violemment la politique économique du gouvernement. Il réclame un retour à la politique de 1981, mais exclut le retrait des ministres communistes.

Gaston Defferre déclare *« comprendre »* la colère des sidérurgistes de Fos mais ajoute qu'il ne fera aucun commentaire, *« par solidarité »* avec le gouvernement.

Le Président rencontre le Premier ministre belge, Martens, venu à Paris pour préparer Fontainebleau. On parle de l'Union européenne (faut-il qu'elle se fasse autour de la Commission, ou sans elle ?) et de la Présidence de la Commission.

**Martens :** *Davignon est disponible.*

**François Mitterrand :** *On lui reproche d'être trop proche des Américains, d'être de l'aristocratie européenne. Quant au candidat allemand, Bidenkopf, il ne parle pas français. Ni vous ni moi ne pouvons l'accepter.*

**Martens :** *Si vous avez vous-même un candidat, dites-le-moi. Dans ce cas, Davignon quittera la Commission. Vous devriez faire comme à Venise, en 1980, où l'Italie a organisé un confessionnal sur place. On n'a pas tout réglé. Mais, quelques semaines plus tard, c'était fait.*

**François Mitterrand :** *La troïka doit donner un élan. Il faut un Président de poids à la Commission. Les vieux pays de l'Europe des Six doivent avoir une réflexion commune sérieuse.*

Vernon Walters est à l'Élysée. Il vient parler de la Libye. Cet homme est stupéfiant : il a l'air d'un commerçant de province, parle un français parfait — comme le russe et l'allemand. Il est toujours de l'avis de son interlocuteur sans cesser d'être l'un des porte-parole les plus redoutables des agences américaines.

**Mercredi 4 avril 1984**

Pendant le Conseil, le Président travaille à sa conférence de presse. Depuis 1981, l'État a accordé 27 milliards de francs à la sidérurgie !

Au déjeuner habituel du mercredi qui se tient juste avant sa conférence de presse, François Mitterrand s'interroge à voix haute : « *Je dois parler à la classe ouvrière. On va me dire : "Vous faites comme votre prédécesseur." Que répondre ? Tout le monde s'est trompé sur la sidérurgie. Cette erreur, je l'ai commise en même temps que tous les autres, de droite et de gauche.* » Il ne dit rien sur ses intentions concernant un nouveau gouvernement. Nul ne le questionne.

L'après-midi, il annonce en conférence de presse qu'il nomme Laurent Fabius ministre du Redéploiement industriel, avec des pouvoirs exceptionnels ; et il met les communistes au pied du mur : « *Dans l'intérêt de la majorité comme de chacun de ceux qui y participe, je pense que le temps est venu de mettre les choses au net.* » Il confirme aussi l'autorisation de la publicité sur les radios libres.

Dès la fin de la conférence de presse du Président, Fiterman demande rendez-vous à Pierre Mauroy et l'assure que le PC ne veut pas sortir du gouvernement. Mais la CGT maintient sa pression. François Mitterrand demande à Jospin de dire publiquement que les communistes doivent mettre la CGT au pas.

A 17 h 30, Conseil de défense. La loi de Programmation militaire est adoptée. Elle permet d'adapter nos forces terrestres à la gestion des crises en Europe et outre-mer par la création d'une Force d'action rapide (FAR). Elle concrétise pour le futur l'« *option allemande* » de notre défense, relancée par l'application du traité franco-allemand de l'Élysée, conclu en 1963 et laissé à l'abandon depuis vingt ans. Le rajeunissement de la flotte et la modernisation des matériels de l'armée de l'air (Mirage 2000) complètent un dispositif auquel ont été consacrés depuis 1981 près de 4 % du PIB, tandis que l'accroissement des crédits de recherche (5 % par an en volume de 1981 à 1985) et le programme spatial EVE (écouter/voir/entendre) vise à préparer les armées aux évolutions technologiques et stratégiques.

Michel Colucci m'annonce que, désormais, il veut se battre pour l'autorisation de chaînes de télévision privées !

Je reçois dans la nuit un télégramme de Bud McFarlane à propos de la situation dans le Golfe. Il veut m'envoyer l'amiral Pointdexter, son adjoint, pour en parler :

> *« Nous restons extrêmement préoccupés par la situation instable dans la région du golfe Persique au moment où la guerre Iran/Irak entre dans ce qui pourrait être une phase nouvelle et beaucoup plus grave. L'imminence de ce que Khomeiny a appelé l'"offensive finale" rendrait utile que nous comparions nos évaluations de la situation et des directions que le conflit pourrait prendre. Nous examinons en ce moment un certain nombre de scénarios d'escalade possibles ; deux apparaissent particulièrement préoccupants :*
>
> *a) une escalade irakienne majeure qui étendrait significativement la guerre dans le Golfe proprement dit ;*
>
> *b) une percée iranienne en territoire irakien (Bassorah).*
>
> *Nous croyons que l'un ou l'autre de ces scénarios aurait de très sérieuses répercussions sur la stabilité de toute la région et l'accès aux ressources de cette région.*
>
> *Comme vous, nous sommes engagés dans la recherche de moyens pratiques pour empêcher un effondrement irakien. A ce jour, nos efforts ont été concentrés sur l'allègement du fardeau économique de l'Irak, sur l'aide au développement de débouchés alternatifs au pétrole irakien, et sur une concertation visant à couper l'accès de l'Iran aux fournitures d'armes.*

*En raison de notre attitude publique de neutralité dans le conflit, pour des raisons que vous comprenez bien, et étant donné l'extrême familiarité de votre gouvernement avec les forces et faiblesses militaires de l'Irak, nous apprécierions très particulièrement vos idées sur ce que la France pourrait faire de plus pour renforcer les défenses irakiennes et sur ce que nous pourrions faire pour vous aider en ce domaine. Nous sommes demandeurs de vos suggestions et désireux d'être aussi "allants" que possible, sur une base privée et bilatérale.*

*Nous pensons qu'il serait utile que nous nous consultions étroitement et discrètement sur ces questions de façon à comparer nos évaluations respectives de la situation et sur ce qui pourrait être fait en conséquence dans les directions évoquées ci-dessus.*

*Si vous en êtes d'accord, je proposerai que John Pointdexter vienne à Paris la semaine prochaine pour discuter de ces questions plus avant avec vous. »*

François Mitterrand réfléchit à un réaménagement gouvernemental : *« J'aimerais bien que Delors aille à Bruxelles et Fabius aux Finances. »* Delors est candidat à la présidence de la Commission tout en ne l'étant pas, espérant que le Président le suppliera de rester aux Finances ou de prendre Matignon — ce qu'il ne fait pas. Quant à Fabius, il vise plus haut. Il soupçonne Delors d'avoir savamment distillé, depuis plusieurs semaines, les mauvaises nouvelles financières (451 milliards d'endettement extérieur, déficit budgétaire de 1983 atteignant 3,3 % du PIB, nécessité d'économiser 11 milliards sur le Budget 1984, déficit du commerce extérieur...) pour lui nuire.

D'autres ministres organisent des fuites pour montrer qu'aucune économie budgétaire n'est possible en 1985 et rendre ainsi impossible la baisse des prélèvements obligatoires.

Le Président demande au Premier ministre de rappeler aux ministres qu'il leur appartient de présenter positivement les choses. Sinon, le prix à payer pour la baisse des impôts apparaîtra trop lourd.

## Jeudi 5 avril 1984

Le Président reçoit le Premier ministre irlandais, Garret Fitzgerald, francophone et francophile, fin et amical, très cruel envers Mme Thatcher. Il voudrait que la question du chèque britannique soit réglée avant qu'il ne prenne à son tour la Présidence en juillet. Discussion très fouillée sur l'application de la règle de la majorité dans la future Communauté, après l'élargissement. Fitzgerald émet l'idée d'une conférence intergouvernementale, en septembre, sur la réforme des institutions communautaires et l'Union économique et monétaire.

**François Mitterrand :** *Il faudra sur le continent européen une autre force que soviétique. Dans vingt ans, on pourra faire l'Europe politique. D'ici là, on ne peut qu'élargir la compétence économique et renforcer le rôle politique de la troïka, en l'élargissant à cinq pays, avec un secrétariat politique distinct de la Commission.*

On parle aussi de la Présidence de la Commission.

**François Mitterrand :** *La Commission a perdu de son éclat.*

**Garret Fitzgerald :** *Il faut lui rendre son prestige.*

Fitzgerald pense qu'est venu le tour d'un Allemand ou d'un Danois. Il parle d'Étienne Davignon et de Christophersen.

**François Mitterrand** glisse : *Il y a aussi Bidenkopf, un Allemand, qui ne parle pas le français. Deux Français y songent, mais la France n'est pas candidate. Il faut quelqu'un de caractère, respecté, ayant une expérience politique.*
**Garret Fitzgerald :** *Si les Allemands n'avancent pas un bon candidat, nous préférerons un Français.*

Le Président reçoit Jean Daniel avec qui il bavarde longuement de la nécessité de diviser la droite, du système électoral et de l'analyse du résultat des élections partielles. De retour à son journal, Jean Daniel me téléphone : il veut citer dans son éditorial de demain de longs passages de cette conversation. Le Président enrage : *« Non ! Aucune déclaration de ma part, d'aucune sorte. Mon entretien avec Jean Daniel n'était qu'informatif. Toute autre utilisation serait inacceptable. »*

**Vendredi 6 avril 1984**

Jean-Baptiste Doumeng m'informe qu'il va annoncer aujourd'hui la création de 500 emplois en Lorraine pour l'année dans une usine agro-alimentaire.

Nouvelle réunion chez le Président sur les prélèvements obligatoires. Les prévisions les plus récentes laissent craindre à présent un déficit de 160 milliards en 1984 (soit 3,7 % du PIB), et de 175 milliards en 1985. Si l'on suppose le problème du déficit de 1984 réglé par ailleurs, pour abaisser d'un point les prélèvements obligatoires en 1985, il va falloir trouver 25 milliards d'économies, 15 milliards de hausses des tarifs publics et 40 milliards de contractions. Une contraction de 40 milliards est envisageable : par la baisse de l'impôt sur le revenu, la suppression de la taxe professionnelle en contrepartie de la suppression d'aides à l'industrie.

Quels départements ministériels exonérer des 25 milliards d'économies budgétaires nécessaires en 1985 ?

Les communistes semblent décidés à jouer le jeu sur ce point. Fiterman adresse même plusieurs propositions destinées à abaisser les prélèvements obligatoires dans son secteur, par la création d'un Fonds d'intervention ferroviaire : *« Cela permettrait à la fois de réduire le concours de l'État dans les prochaines années en réétalant dans le temps l'amortissement de la dette, de financer les investissements TGV et de programmer le retour à l'équilibre en 1988 (naturellement, en liaison avec les efforts demandés à l'entreprise). »* Cela reviendrait en fait à financer par l'emprunt, c'est-à-dire par l'impôt de demain, ce que l'État ne financerait plus par l'impôt d'aujourd'hui. Pas vraiment raisonnable.

Pour tenter de sortir de l'impasse, François Mitterrand écrit une nouvelle fois au Premier ministre :

> *« Monsieur le Premier ministre et cher ami,*
> *J'ai souhaité à plusieurs reprises que soit amorcée en 1985 la baisse des prélèvements obligatoires. Cet objectif est une priorité politique majeure pour l'action du gouvernement.*
> *Vous avez commencé de mener les études nécessaires sur ce sujet.*
> *Elles semblent ouvrir trois voies intéressantes :*
> *1)* La contraction des recettes et des dépenses publiques.

*Il s'agit de rationaliser notre système de transferts économiques et sociaux en substituant, chaque fois que possible, des diminutions d'impôt ou de cotisation à des aides ou à des prestations.*

*Je vous demande de veiller à ce que chaque ministre réexamine les méthodes d'intervention de l'administration qu'il dirige afin de vous proposer de les réformer en ce sens.*

*2)* Les économies de dépenses

*La baisse des prélèvements obligatoires ne doit pas se traduire seulement par des changements de méthode dans la comptabilité publique. Elle doit passer aussi par une baisse réelle de ces prélèvements, ce qui implique, en contrepartie, des économies sur les dépenses budgétaires et sociales.*

*Vous avez demandé aux membres du gouvernement de présenter d'importantes économies nouvelles afin d'atteindre cet objectif. Vous voudrez bien me rendre compte dès que possible de cet exercice. Il est clair que, pour ce Budget de 1985, la qualité du travail de chaque ministre sera jugée au regard des économies proposées.*

*Le moment venu, il conviendra d'examiner dans le même esprit les perspectives d'évolution des dépenses sociales en 1985.*

*3)* Les nouvelles modalités de couverture du risque social.

*Le risque social est aujourd'hui couvert par l'assurance sociale obligatoire d'une part, et l'assurance mutuelle ou individuelle d'autre part. On pourrait imaginer — certaines propositions vont en ce sens — une autre répartition de la couverture de ce risque que celle en vigueur.*

*Une telle réforme pourrait connaître une ampleur et des modalités très diverses et devrait en toute hypothèse être soigneusement concertée avec les partenaires sociaux.*

*Je vous demande de faire étudier toutes les modalités possibles de cette réforme (notamment ticket modérateur ou franchise de remboursement proportionnels au revenu, aide personnalisée aux soins, réforme de la tarification hospitalière) et les conditions de sa mise en œuvre éventuelle dans des délais permettant au gouvernement de la réaliser, le cas échéant, dès 1985.*

*L'importance politique qui s'attache à la réalisation de cet objectif de baisse des prélèvements obligatoires justifie que l'on remette en cause les habitudes liées à la reconduction annuelle des dépenses dont la charge est désormais excessive aux yeux de nombreux Français.*

*Je vous remercie de veiller particulièrement à ce que le gouvernement tout entier participe à cet effort de remise en cause et d'imagination.*

*Veuillez croire, Monsieur le Premier ministre, à l'assurance de mes sentiments les meilleurs. »*

Cette missive est l'une des plus révolutionnaires qu'un Président ait adressée à un Premier ministre en matière de réforme fiscale et administrative. Elle restera pratiquement lettre morte. Trop d'intérêts contradictoires. Pas assez d'entêtement.

**Samedi 7 avril 1984**

Neuf militaires français tués et six blessés par l'explosion accidentelle d'une mine au Tibesti.

A Bruxelles, sur la base de confidences faites ce matin par Claude Cheysson, tout le monde est convaincu que la France est prête à accepter qu'on paie 1,1 milliard d'écus à la Grande-Bretagne. Prévenu, le Président lui écrit pour lui rappeler sa position : *« Compensation forfaitaire d'un milliard d'écus au maximum en 1984, 1985 et 1986. Le Royaume-Uni doit participer normalement au financement des dépenses d'élargissement. »*

**Dimanche 8 avril 1984**

Coup de téléphone de François Mitterrand à mon retour de Leeds où j'ai participé à une réunion de *sherpas* sans intérêt en vue d'un Sommet qui s'annonce vide : *« Il me faut une note sur l'état des Archives nationales et de la Bibliothèque nationale, qui me paraissent en mauvais état. »*

**Lundi 9 avril 1984**

Informations fort préoccupantes sur la situation chez Citroën. Vendredi prochain doit se tenir une réunion du comité d'entreprise au cours de laquelle sera annoncé le plan de la direction : 6 000 suppressions d'emplois dont 2 500 licenciements secs, l'essentiel en région parisienne. Tous les ingrédients d'une très grave explosion sociale sont en place : le nombre élevé de licenciements sur des sites concentrés ; la volonté de la CSL d'en découdre ; la tension croissante des troupes de la CGT (Henri Krasucki s'est rendu lui-même à Aulnay pour s'assurer du bon ordre de bataille).

Côté gouvernemental, le scénario Peugeot semble se reproduire : Pierre Bérégovoy fait dire à Jacques Calvet que le responsable du dossier est Jack Ralite. Ce dernier refuse de le prendre au téléphone. Le cabinet du Premier ministre ne peut suivre ce dossier que de manière intermittente. Laurent Fabius se tient prudemment à l'écart. Nous sommes donc à J -4 de l'ouverture d'un conflit social majeur et qui se présente humainement dans de très mauvaises conditions.

Il est urgent qu'un interlocuteur unique et responsable soit désigné pour négocier avec Jacques Calvet les moyens d'éviter l'explosion. Le Président choisit Pierre Bérégovoy.

**Mardi 10 avril 1984**

Au petit déjeuner, Mauroy évoque la question de l'aide à la presse. Pour lui, la modification de l'aide en faveur des quotidiens et hebdomadaires d'opinion, parisiens et provinciaux, au détriment de la presse bénéficiant de la publicité, constitue un second volet après la loi sur la concentration du capital dans la presse. J'en déduis que c'est en promettant secrètement ce second volet à Roland Leroy que le Premier ministre a obtenu du Parti communiste le vote de sa loi.

Jospin convainc le Président et le Premier ministre d'accepter un amendement au projet de loi sur l'école : l'obligation faite aux collectivités territoriales de contribuer au financement de l'école privée ne sera pas immédiate, mais applicable seulement dans six ans. D'ici là, les communes pourront refuser de financer les écoles privées. *« Sinon, le gouvernement risque de se heurter, à l'Assemblée, à l'opposition des députés socialistes. »*

Laurent Fabius est en Lorraine, à la demande expresse de François Mitterrand, pour inciter au déménagement d'entreprises vers cette région. Le dossier est révélateur de graves problèmes d'organisation gouvernementale : cela fait dix-huit mois que le Premier ministre et les ministres de l'Industrie successifs ont été alertés de sa gravité, sans que nul n'ait bougé. Depuis un an, les hauts fonctionnaires du ministère de l'Industrie empêchent le siège de Sacilor de quitter le quartier de La Défense à Paris, malgré les demandes de la DATAR.

Mais, à l'inverse, accorder maintenant une priorité absolue à la seule Lorraine créerait plus de problèmes que cela n'en résoudrait : la Lorraine n'est pas la seule région en difficulté, elle n'est que 14ᵉ en matière de chômage, alors qu'elle est 2ᵉ en matière d'aides de l'État à l'emploi ! Y concentrer toute l'action visible de l'État inciterait les autres à en réclamer autant par la violence.

Déjà le Languedoc-Roussillon se prépare à de très vives manifestations au moment des départs en vacances. Son dossier est au moins aussi solide que celui de la Lorraine : le taux de chômage y est de 15,2 %, contre 10,2 % en Lorraine.

Ce ne serait pas non plus une bonne idée d'élargir les aides exceptionnelles prévues pour la Lorraine aux quinze autres pôles de conversion. On ne saurait augmenter leur nombre, pour des raisons financières.

Il faut sortir au plus tôt de cet engrenage et faire de la Lorraine un lieu d'expérience généralisable, non un lieu d'exception jalousé.

**Mercredi 11 avril 1984**

Au déjeuner habituel, la conversation roule sur le Tchad où la Libye gronde. François Mitterrand : *« La France est au Tchad pour ne pas céder l'Afrique noire à la Libye. On nous fait deux reproches contradictoires : tantôt on nous accuse de vouloir organiser la reconquête, tantôt de préparer notre départ. Il n'est question ni de l'un ni de l'autre. Je ne veux laisser l'Afrique ni à la Libye, ni aux États-Unis. »*

Finalement, les vieilles recettes sont toujours les meilleures. Il est de plus en plus clair que, dès 1984, la hausse des tarifs publics produira des recettes très utiles en 1985. Si, dès juillet 1984, on augmente les tarifs publics et on diminue les intérêts du livret A, il n'y aura plus que 20 milliards d'économies et 30 milliards de contractions à trouver en 1985. Le problème est donc à la portée du gouvernement. Une hausse des tarifs publics au 1ᵉʳ juillet permettra en effet de dégager 9 milliards pour 1984, et 18 milliards pour 1985. Pour faire 30 milliards de contractions, il n'y a que l'embarras du choix parmi les projets existants (suppression de la taxe sur les salaires, suppression de l'impôt sur les sociétés de la Banque de France, contraction de la TVA payée par certaines administrations, réduction de la taxe professionnelle et des aides aux entreprises, etc.).

Deux questions majeures restent à résoudre : faut-il diminuer ou supprimer la taxe professionnelle ? quels départements ministériels exonérer des économies budgétaires ?

Georges Marchais fait savoir qu'il ne participera pas à la manifestation des sidérurgistes prévue à Paris après-demain.

Je reçois Pierre Bourdieu qui m'informe de l'avancement des travaux du Collège de France.

Un mois après l'échec de la Conférence de Lausanne, la situation au Liban dépend plus que jamais de l'évolution au sein des pays voisins. La France, en maintenant ses troupes sur ses positions propres durant deux mois, malgré le retrait précipité du reste de la Force multinationale, a trouvé un rôle central, reconnu par toutes les forces en présence, grâce à ses 40 « casques bleus », observateurs déployés le long de la ligne de démarcation entre Beyrouth-Ouest et Beyrouth-Est, aussi bien que les 1 300 « casques bleus » français de la FINUL installés au Sud-Liban.

Yasser Arafat bute sur le blocage total de la politique américaine. Sa réconciliation spectaculaire avec Moubarak ou la reprise des négociations avec Hussein ont eu des résultats positifs pour les relations entre l'OLP et l'Égypte ou la Jordanie, mais ont échoué à obtenir une quelconque ouverture de Washington sur la question palestinienne. Arafat semble prêt à une scission au sein de l'OLP, qui éliminerait les pro-syriens. Mais ces « durs » ont le vent en poupe, grâce à l'absence de perspectives diplomatiques et à l'abrogation de l'accord du 17 mai. De plus, l'URSS, qui veut tirer un profit maximal des revers américains, encourage les « dissidents » de l'OLP et le FPLP à relancer la lutte armée. Ainsi l'attentat de Jérusalem, revendiqué par le FPLP et par les « dissidents », serait le signal d'une nouvelle phase... La prise d'otages dans un autobus israélien, revendiquée aujourd'hui par le FPLP, confirme cette analyse pessimiste.

**Vendredi 13 avril 1984**

35 000 Lorrains manifestent à Paris : Georges Marchais figure dans le cortège, contrairement à ce qu'il avait promis. Pierre Mauroy me dit qu'une clarification doit avoir lieu avec le PCF : *« On ne peut pas en rester là. »* François Mitterrand souhaite encore éviter le départ des communistes du gouvernement. *« Mais sans rien négocier ni céder. Nous sommes sur la voie de la réussite économique. »*

Le commerce extérieur s'améliore. La dévaluation, pour la première fois, semble s'éloigner. Jamais, en mars de l'année dernière, on n'aurait pu rêver que le franc se porterait aussi bien un an plus tard.

**Samedi 14 avril 1984**

Pierre Mauroy reçoit de nouveau Mgr Vilnet à Lille, cette fois avec Alain Savary. Les discussions achoppent maintenant sur le statut des maîtres du privé ; les socialistes veulent réduire leur délai de choix et même en faire une obligation. L'Église ne peut permettre leur titularisation au sein de l'appareil d'État, même à titre facultatif.

**Dimanche 15 avril 1984**

Prévenu par Pierre Mauroy de la violence des réactions de Mgr Vilnet sur le statut des maîtres, le Président le reçoit rue de Bièvre. Il obtient l'explication : l'obligation d'intégration est un piège, car elle remet en cause, à terme, le pouvoir hiérarchique de l'Église sur les maîtres.

La partition de Beyrouth en deux secteurs se consolide, ponctuée par de féroces duels d'artillerie le long de la ligne de démarcation. A l'Est, le pouvoir des phalangistes est incontesté et les leaders maronites aspirent ouvertement à une cantonisation du pays sur une base confessionnelle. A l'Ouest, Amal et le PSP contrôlent la situation.

**Lundi 16 avril 1984**

Le Président reçoit aujourd'hui Mgr Lustiger et discute avec lui, plume en main, les articles de la loi relatifs au statut des maîtres. Le cardinal sort tout sourire du bureau du Président et me dit en passant : *« Quelle joie de parler avec cet homme ! »*

A 18 heures, tête-à-tête inhabituel entre François Mitterrand et Pierre Mauroy. Ils décident d'avertir le PC que la question de confiance sera posée par le gouvernement à l'Assemblée si Georges Marchais ne rentre pas dans le rang. Elle ne portera pas sur la politique générale du gouvernement, mais sur les restructurations industrielles en particulier. Le PC n'aura pas d'échappatoire. François Mitterrand : *« Il faudra qu'il passe par le chas de l'aiguille, et je ferai en sorte que celui-ci soit le plus petit possible. »*

**Mardi 17 avril 1984**

Mgr Lustiger publie un communiqué très dur contre le gouvernement : *« Je dis non à un processus de fonctionnarisation des enseignants. »* François Mitterrand est étonné. Qu'est-ce qui a motivé ce revirement ? Mauroy pense que Lustiger a reçu des consignes de Rome contre l'intégration des maîtres.

Je vois Jérôme Clément, conseiller à Matignon pour l'audiovisuel, à propos du problème des aides à la presse. Mauroy veut les modifier parce qu'elles profitent surtout aux journaux riches, pas à la presse d'opinion. François Mitterrand : *« Je reste hostile à cette réforme. »* La réforme de la loi sur la presse est néanmoins en marche. Elle doit permettre de faire respecter le principe de transparence du capital, et limiter les concentrations, ainsi que l'avait voulu l'ordonnance du 26 août 1944.

Comme prévu, Bud McFarlane envoie à Paris son adjoint, l'amiral Pointdexter, que je reçois avec le chef d'état-major du Président, le général Saulnier. Il nous expose les craintes des États-Unis à propos des conséquences possibles du conflit Iran/Irak dans les pays riverains du Golfe, d'où il revient. Rappelant que le Président Reagan s'est publiquement engagé à garantir la liberté de circulation dans le Golfe, l'amiral prévoit un repli irakien notable dans le secteur Sud, l'extension du fondamentalisme au sud-est de l'Irak, avec un risque accru de contagion. Il s'attend par conséquent à une escalade irakienne contre le trafic international dans le Golfe, conduisant l'Iran à mettre à exécution ses menaces d'attaque par mer et par air contre le trafic pétrolier des pays arabes modérés riverains de l'ouest du Golfe, et à l'interdiction de franchissement du détroit d'Ormuz. Il prévoit aussi des actions terroristes iraniennes contre les régimes arabes modérés. Saulnier répond que la résistance irakienne aux dernières offensives iraniennes de février a été efficace : certes, quelques gages territoriaux (îles Madjoun) ont été pris par les Iraniens, mais l'Irak a eu le souci d'économiser ses hommes et son matériel, et n'a pas perdu le contrôle de la situation.

Pour l'amiral Pointdexter, *« le Président Reagan ne souhaite pas une défaite de l'Iran, car elle servirait les intérêts soviétiques. Mais il ne souhaite pas non plus une victoire de l'Iran, par crainte de voir les régimes des pays du Golfe gagnés par le fondamentalisme musulman. Les États-Unis ont donc engagé des actions qui, à terme, vont renforcer l'Irak et affaiblir l'Iran : soutien des banques américaines au financement de l'oléoduc irakien transitant par l'Arabie Saoudite ; incitations commerciales visant à détourner les clients occidentaux (Japon en particulier) de l'achat de pétrole iranien ; interdiction du trafic de pièces de rechange d'origine américaine pour les matériels de guerre iraniens. Certaines filières ont été rompues... »*

Je n'en demande pas plus. Et pourtant, une phrase de Pointdexter m'a accroché : *« Le Président Reagan ne souhaite pas une défaite de l'Iran. »* Y a-t-il une action derrière ces mots ?

Avant de prendre congé, l'amiral émet une étrange demande : *« Nous voudrions effectuer, de façon ostensible, un exercice de défense aérienne et maritime au profit des pays de l'ouest du Golfe. Et comme nous ne souhaitons pas apparaître comme les seuls gendarmes du Golfe, nous voudrions y associer la Grande-Bretagne et la France. »*

J'informe le Président de cette demande. Il y est hostile : cela serait difficilement présentable comme une opération d'assistance à des pays agressés, et, au surplus, les pays du Golfe n'ont pas d'accord de défense qui les lie face à une éventuelle action offensive iranienne. C'est non.

**Mercredi 18 avril 1984**

Au Conseil des ministres, le projet Savary revient cette fois en partie A, c'est-à-dire pour décision avant envoi devant le Parlement. Toujours les trois mêmes problèmes : le caractère propre des écoles privées dans le cadre des établissements d'intérêt public ; le financement obligatoire des écoles par les collectivités publiques ; la titularisation facultative des maîtres. Au total, les parents d'élèves peuvent être satisfaits. Pas la hiérarchie catholique.

Le Président félicite Alain Savary pour le style dans lequel est rédigée la loi : *« C'est un texte bien écrit, une loi libérale et qui va dans le bon sens. »* Il ajoute : *« Je suis prêt à mécontenter tout le monde. »*

Le texte est approuvé. A l'issue du Conseil, Charles Fiterman s'approche de Pierre Mauroy : *« Il faut quand même qu'on se voie pour préparer le débat. »* Mauroy : *« Pas tout de suite, ce n'est pas le moment. »*

Charles Hernu me parle du *« laxisme »* qui règne à Matignon : *« Il y a longtemps que je ne téléphone plus à Mauroy mais à son directeur de cabinet, Michel Delebarre ; c'est lui, le véritable Premier ministre. »*

Jack Ralite, ministre-délégué à l'Emploi, me dit qu'il ne veut plus de ce ministère : il n'adresse plus la parole depuis trois mois à Pierre Bérégovoy, son ministre de tutelle.

Au déjeuner, Joxe, Poperen et Jospin se prononcent violemment contre le projet Savary, pour des raisons contradictoires. On parle aussi de l'URSS, de l'OLP, des prélèvements obligatoires... Le Président s'étonne de voir Pierre Joxe afficher envers Mauroy un mépris glacé.

François Mitterrand critique l'attitude du groupe socialiste à l'égard du gouvernement et évoque l'éventualité d'un référendum sur l'école — en passant, sans insister. Nul ne relève.

Dans l'après-midi, Henri Emmanuelli écrit à Pierre Mauroy au sujet de l'obligation du financement par l'État des écoles privées, acceptée par Mauroy pour satisfaire les parents d'élèves : *« Il coûtera terriblement cher, car, dès aujourd'hui, 70 municipalités de gauche refusent de financer l'enseignement privé. Si la loi est votée, toutes les municipalités, y compris celles de droite, auront intérêt à les imiter. »*

**Jeudi 19 avril 1984**

Mauroy engage la responsabilité du gouvernement sur une déclaration de politique générale, comme prévu. Les communistes votent la confiance.

Nouvelle réunion avec Delors et Emmanuelli sur les prélèvements obligatoires. On pourrait s'en sortir par la hausse des tarifs publics et la suppression de la taxe professionnelle. Delors n'en veut pas. Mais, pour financer la baisse des prélèvement obligatoires, il propose l'abandon de la salle de rock de Bagnolet (**François Mitterrand :** *Non*) ; la réduction des ambitions du Parc de La Villette : 15 hectares aménagés sur 30, le reste en arbres et en pelouses, 10 « folies » sur les 40 prévues (**François Mitterrand :** *Oui, du moins provisoirement*) ; la réduction de la Cité musicale à un conservatoire construit progressivement (**François Mitterrand :** *Oui*) ; la priorité accordée au projet Peï du Grand Louvre sur la Cour carrée, le ravalement et les installations commerciales périphériques (**François Mitterrand :** *Oui*).

**Vendredi 20 avril 1984**

A l'Élysée, M. Freij, maire de Bethléem, affirme que les Palestiniens doivent lancer *« un défi pacifique à Israël »*. Il condamne la colonisation des territoires occupés, comme les attentats anti-israéliens *« qui ne peuvent que favoriser la victoire de Sharon »*. Il souligne que l'OLP n'a jamais critiqué ou condamné ses déclarations publiques sur la reconnaissance mutuelle et l'ouverture de négociations entre Israéliens et Palestiniens. Il demande que la France et les autres pays européens fassent tout leur possible pour aider les municipalités de Cisjordanie et ceux des maires qui n'ont pas été destitués par les Israéliens à maintenir leurs activités.

Réunion avec Roland Dumas, Jacques Delors, Claude Cheysson, pour faire le point sur le règlement de la contribution britannique. Le problème est devenu incroyablement complexe, et chacun a son idée. Il y a maintenant au moins six solutions sur la table : le « Forfait intégral », le « Système Bruxelles », le « Système Œrsbel », le « Système Noël », le « Système Noël amendé France » et le « Système Noël amendé Grande-Bretagne ». Œrsbel est le secrétaire général danois du Conseil. Noël est le secrétaire général français de la Commission.

Le minimum qu'accepterait Mme Thatcher est de 1 100 millions d'écus, moyenne des compensations obtenues depuis quatre ans. La Commission propose, après une compensation forfaitaire de 1 000 en 1984, un taux de compensation de 75 %, ce qui aboutirait à un montant inacceptable pour nous. Priorité : consolider notre alliance avec l'Allemagne, qui doit aussi s'engager à participer pleinement à la correction britannique.

**François Mitterrand :** *On pourrait aussi en rester à 1 000 et accorder quelque chose à Mme Thatcher par ailleurs, par exemple en la faisant bénéficier un peu plus de certains fonds existants. Mme Thatcher a politiquement intérêt à conclure avant les élections européennes. Pour nous, je crois que nous n'y avons pas intérêt. Déjà, Michel Debré a demandé hier à l'Assemblée pourquoi consacrer tant d'argent à l'Europe alors que nous en manquons pour la Lorraine... Avant les élections européennes, la solution sera donc sans doute financièrement moins coûteuse, car Mme Thatcher voudra y parvenir, mais elle sera politiquement plus risquée.*

Tout grand projet a une forte tendance à coûter plus cher que prévu, surtout lorsque l'estimation a été faite avant l'achèvement des études détaillées. Les devis d'Orsay et du Musée de La Villette ont explosé entre 1979 et 1983 (**François Mitterrand :** *Inadmissible !*). Le Parc de Tschumi, à La Villette, coûterait 2 milliards au lieu des 750 millions alloués. Le budget de l'Opéra-Bastille (2,1 milliards) apparaît déjà court à beaucoup de spécialistes. (**François Mitterrand :** *Inacceptable !*)

Rencontre entre Fabius et Chérèque au ministère. Le Président a suggéré au ministre d'employer le syndicaliste en Lorraine.

Les Soviétiques refusent une proposition américaine de négociations sur les armes chimiques.

Conversation avec François Mitterrand : *« Les ministres confondent trop souvent l'élaboration des textes avec l'action. Or, les textes en eux-mêmes ne sont rien. Ils ont même l'effet pervers de donner bonne conscience. Il faudrait mobiliser les ministres. Mais, au bout de deux ou trois ans, la routine et la sclérose se sont installées et les imaginations se sont épuisées. »*

De retour aux États-Unis, John Pointdexter m'écrit, cette fois à propos de la participation de la France au déminage des ports du Nicaragua, dont Cheysson a informé les Américains. Cette lettre est d'une rare violence :

> *« Puisque vous m'aviez dit que le Président Mitterrand avait pris la décision de principe d'avoir des consultations avec nous sur les problèmes de cette région* [le Golfe] *dans un esprit de totale franchise* [Quelle façon de dire les choses ! Je lui ai seulement dit que le Président avait accepté que le général Saulnier l'écoute sur la guerre Iran/Irak !], *j'ai réagi franchement et sans détours au sujet de nos consultations et plans d'action en fonction des divers scénarii possibles. Nous considérons qu'il est important de poursuivre nos entretiens confidentiels au sujet de cette région qui est d'une importance si cruciale pour le monde libre.*
>
> *Il y avait une autre question que nous avions l'intention d'aborder, celle du Nicaragua, mais nous avons manqué de temps et Bud tenait à ce que j'en parle en privé avec vous.*

*A part les questions d'intérêt régional sur lesquelles nous sommes généralement d'accord, je pense qu'il est important de parler franchement des questions sur lesquelles nous sommes en désaccord. Je dois vous dire que la lettre par laquelle Cheysson a proposé de participer aux opérations de déminage au Nicaragua est pour nous une source de très grande préoccupation, surtout compte tenu du fait que cette proposition semble avoir été une initiative française. Au cas où Paris passerait aux actes, nous considérerions que cette participation constituerait un acte véritablement inamical dans une région où les intérêts vitaux des États-Unis sont en jeu.*

*Les opérations de minage elles-mêmes n'ont pas été réalisées par les États-Unis, mais nous apportons effectivement notre soutien aux contre-révolutionnaires qui les effectuent. Étant donné que le Nicaragua n'a pas répondu à nos tentatives pour régler pacifiquement les problèmes qui nous opposent, nous sommes convaincus que l'activité des contre-révolutionnaires constitue un élément de pression essentiel sur le gouvernement sandiniste. Nous estimons que le Nicaragua est un cancer qui pourrait facilement s'étendre à d'autres pays de la région et finalement au Mexique. Nous aimerions que vous souteniez davantage nos efforts en faveur du processus démocratique en Amérique centrale et nous sommes déçus du rôle négatif de la France lors des récents débats au Conseil de sécurité des Nations-Unies.*

*D'un autre côté, nous nous félicitons que le Président Mitterrand ait fermement refusé de reprendre les ventes d'armes au Nicaragua et nous accueillerions avec satisfaction de nouvelles manifestations de coopération en faveur de l'instauration de la démocratie en Amérique centrale.*

*J'ai parlé de cette question en toute sincérité, pour être sûr qu'il n'y ait pas de malentendu sur l'importance que les États-Unis attachent à l'établissement de la paix et de la démocratie en Amérique centrale, si près de notre frontière sud.*

*Il doit vous être très difficile de vous déplacer indépendamment du Président, mais nous serions heureux de vous recevoir à n'importe quelle date pour poursuivre nos entretiens. Jean Saulnier a indiqué qu'il allait probablement venir aux États-Unis et nous serons très heureux de le voir. Soit dit en passant, le déjeuner était splendide, et je vous remercie. »*

Le Président, informé, fait réétudier notre participation au déminage.

**Dimanche 22 avril 1984**

Mort d'une femme policier devant l'ambassade de Libye à Londres. Rupture des relations diplomatiques anglo-libyennes. La sécurité face au terrorisme deviendra, je le crains, le sujet principal du Sommet de Londres. Voilà qui tombe malheureusement à pic : il n'y avait rien ou presque à l'ordre du jour !

François Mitterrand me parle à nouveau de ses évasions pendant la guerre :

*« Je n'avais qu'une idée, c'était de m'en aller, de m'échapper. Tout de suite, je me suis organisé pour partir. A ce moment-là, je n'étais pas assez vaillant physiquement ; on m'a transporté à l'hôpital de Lunéville. Mais les seuls soins que j'ai reçus, c'étaient des piqûres antitétaniques ; j'étais un peu faible, j'avais le bras raide. On m'a gardé à l'hôpital et puis, un jour, j'ai été transféré au camp de prisonniers de Lunéville, derrière des barbelés. Puis dans d'immenses trains de marchandises où on était entassé comme devaient l'être plus tard les déportés. J'ai été comme cela jusque dans le centre de l'Allemagne. Je suis arrivé en Allemagne en août 1940. Tout de suite, j'ai pensé à l'évasion. J'ai été affecté à différents commandos. J'avais un très bon camarade, Bernard, un Juif russe. Il est resté tout le temps avec moi. Les Juifs qui parlaient très bien l'allemand sont*

*devenus importants dans le camp, ils nous servaient d'interprètes. Il s'était déclaré juif et les Allemands qui étaient là (des vieux qui n'étaient pas au front, des ouvriers allemands, de braves types), l'appelaient « Le Juif ». Dans le kommando, il y avait des corvées. J'habitais un moulin hérissé de barbelés. C'était un petit kommando dit d'intellectuels, parce qu'il y avait des curés, des instituteurs, des Juifs et des républicains espagnols engagés dans l'armée française. On avait une vie conviviale assez sympathique, on travaillait toute la journée, souvent durement. J'ai passé des jours et des jours à balayer la neige sur les rails pour que les trains puissent passer. C'était monotone. Mal chaussé, autant dire avec des chiffons ; sous-alimenté, naturellement. Il fallait résister. Comme on était pris toute la journée par des travaux durs, on ne pensait pas à autre chose. Le soir, on bavardait. Je suis parti en mars 1941. J'ai été repris au bout de trois semaines, puis je me suis réévadé en novembre, d'un camp central, cette fois, et puis j'ai été repris et mis dans un camp de transit à la frontière allemande, l'ancienne frontière entre Metz et Sarrebruck. Je me suis réévadé douze jours plus tard du camp de transit, et là, j'ai réussi. Ce n'était pas très loin de la frontière. Je me suis dirigé vers la France dite libre... »*

### Mardi 24 avril 1984

Le Président reçoit Jacques Delors et lui demande de faire supprimer la taxe professionnelle en 1985, comme le propose le Premier ministre, afin de réduire les prélèvements obligatoires. Delors, dont l'administration aurait la lourde charge de mettre en œuvre la réforme, est contre. En sortant, il me dit : *« Il veut qu'on supprime la taxe professionnelle. C'est impossible. J'arriverai à le convaincre. Je vais lui écrire ! »*

Pour le Sommet européen en France, impossible de trouver un autre lieu : ni Bordeaux ni Nice n'ont suffisamment d'hôtels. Ce sera Paris ou un château de la région parisienne. Le Président choisit Fontainebleau.

Jacques Chérèque passe la journée en Lorraine avec Laurent Fabius. En rentrant, Fabius suggère au président de le nommer préfet.

### Mercredi 25 avril 1984

Manifestations, cette fois en faveur de l'école laïque : 150 000 personnes à Paris, plus d'un million dans tout le pays. C'est peu.

L'Église entend que les maîtres conservent leur dépendance hiérarchique vis-à-vis du diocèse, et refuse l'intégration au bout de six ans dans la fonction publique. Ce n'est pas le point central pour les parents d'élèves qui tiennent avant tout au libre choix de l'école, donc à l'obligation faite aux communes ou à l'État de financer les établissements privés.

**Jeudi 26 avril 1984**

Comme l'avait prévu — ou appris ? — Pointdexter, l'Irak déclenche la *« guerre des pétroliers »* contre l'Iran dans le Golfe. Les bateaux ne sont plus à l'abri.

Gaston Thorn vient dire au Président qu'il s'inquiète de voir ressortir dans les discussions l'idée d'un versement forfaitaire à la Grande-Bretagne, à laquelle il est hostile. Il considère en outre qu'au Conseil européen de Bruxelles, tous les États membres ont accepté le principe d'un mécanisme, qui lui paraît plus juste, et non d'un forfait.

François Mitterrand : *« Je ne suis pas de votre avis. A Bruxelles, l'accord était : forfait d'abord, système ensuite... Et pas très longtemps... »*

**Vendredi 27 avril 1984**

Comme promis, Jacques Delors explique par écrit pourquoi il est contre la suppression de la taxe professionnelle : *« Sur le plan politique, tout d'abord, il me semble qu'il faut veiller plus que jamais à créer un équilibre dynamique entre les forces du travail et le groupe des entrepreneurs. Ce ne serait pas le cas si on procédait à la suppression d'un impôt de 60 milliards de francs sur les entreprises et si on réalisait, en pratique, une ponction importante sur les ménages, en premier lieu sur les salariés (...). C'est pourquoi je me suis résigné à vous soumettre un schéma d'aménagement progressif qui a, au surplus, le mérite de s'inscrire dans le processus de diminution des prélèvements obligatoires. »*

Cela ne convainc pas le Président, qui continue à vouloir la suppression de cet impôt.

Bud McFarlane m'écrit, à propos des pétroliers attaqués hier dans le Golfe, pour m'expliquer que les États-Unis sont prêts depuis quatre ans à une guerre dans cette région, si elle devient nécessaire, et pour nous demander de ne plus vendre d'Exocet à l'Irak :

> *« Je voudrais te faire partager la façon dont nous analysons la multiplication des attaques contre les bateaux dans le Golfe, et l'implication de l'Iran dans ces attaques. Bien que nous soyons très préoccupés par cette nouvelle escalade de la crise, nous ne croyons pas qu'il y ait, à ce stade, nécessité de prendre des mesures économiques exceptionnelles, pas plus que nous ne pensons qu'il soit nécessaire que les puissances extérieures à la région entreprennent quelque action militaire.*
>
> *Nous incitons tous les pays concernés à s'impliquer activement, par tous les canaux possibles, dans la recherche de solutions diplomatiques à cette menace pesant sur la libre navigation. Nous attendons aussi des pays du Golfe qu'ils se mettent en mesure de traiter eux-mêmes les problèmes de sécurité dans le Golfe avant de demander une aide militaire extérieure. Nos Awacs en Arabie Saoudite, la présence de notre marine au Moyen-Orient, ainsi que vos propres efforts leur sont déjà d'une certaine aide. Un bataillon de militaires professionnels est opérationnel dans la mer d'Arabie.*
>
> *Si les hostilités devaient s'étendre et si nous étions sollicités par les pays de la région pour jouer un rôle plus actif, nous serions à même de nous appuyer sur quatre années de planification pour ce type d'événement. Nous ne recherchons pas un tel engagement et nous pensons que le climat politique devrait aller dans ce*

*sens. Nous voudrions être appelés publiquement à fournir notre assistance et nous voudrions que les puissances militaires occidentales ayant des intérêts économiques dans cette zone puissent jouer un rôle similaire ; nous voudrions qu'il soit clair pour tout le monde, y compris pour l'Iran, l'Irak et l'Union soviétique, que nous cherchons à rester neutres dans le conflit et que nous ne cherchons pas à l'utiliser comme prétexte pour augmenter notre présence militaire permanente dans la région.*

*... A ce stade, nous envisageons de poursuivre nos efforts pour prévenir toute panique sur le plan économique et conseiller la retenue aux belligérants. Nous nous évertuons à répandre l'idée que les réserves énergétiques mondiales et les stocks disponibles sont à même de prévenir tout blocage de l'économie mondiale si venait à se produire une interruption de la navigation dans le Golfe. L'Agence internationale pour l'Énergie peut jouer un rôle clé pour fournir cette assurance.*

*En ce qui concerne la question cruciale de la retenue qui s'impose aux belligérants, ainsi que John Pointdexter l'a mentionné à Paris le mois dernier, nous croyons essentiel que l'Irak soit assuré que ses besoins militaires sur le front seront satisfaits. Mais nous voudrions aussi que vous puissiez étudier les moyens de réduire ses capacités d'attaque contre les bateaux dans le Golfe, y compris en restreignant vos ventes d'Exocet. Nous comprenons les objectifs de l'Irak lorsqu'il provoque l'escalade dans le Golfe, mais nous pensons que cette action est directement contraire à la sécurité des Occidentaux et à leurs intérêts économiques. En outre, nous ne pensons pas qu'une telle action aura les effets que l'Irak en attend, car une intervention militaire des Occidentaux, si elle survenait, ne renforcerait pas nécessairement la main de l'Irak, ni ne forcerait l'Iran à négocier un cessez-le-feu. Par conséquent, nous ne voyons aucune contradiction entre les mesures à prendre pour éviter que l'Iran n'oblige l'Irak à la capitulation militaire et celles susceptibles de réduire les risques d'une escalade dans le Golfe.*

*Nos deux pays jouent un rôle clé dans la sauvegarde de la stabilité économique et de la sécurité dans cette conjoncture. Continuons à travailler étroitement et à coordonner nos efforts à cette fin.* »

**Mercredi 2 mai 1984**

Au Conseil des ministres, dissolution de l'Alliance révolutionnaire caraïbe, qui milite pour l'indépendance de la Guadeloupe.

Au cours du déjeuner habituel, Joxe affirme que le groupe socialiste n'est pas lié par la promesse du Président d'abaisser les prélèvements obligatoires : *« Nous ne sommes pas tenus de respecter cet engagement s'il doit se faire au prix d'une paralysie de certains services comme celui de l'Éducation nationale. »* Le Président est blême, mais laisse dire. La baisse se jouera de toute façon hors la présence de ceux qui sont réunis autour de cette table.

Nouvelle grève de la faim de Sakharov. Protestations en France et communiqué officiel de l'Élysée. Les Soviétiques font savoir par Vorontsov qu'ils préféreraient que le voyage de François Mitterrand, prévu pour la fin juin, soit reporté. Le Président fait répondre qu'il préfère le maintenir, mais sans communiqué commun. Moscou accepte.

**Jeudi 3 mai 1984**

Gaston Defferre écrit au Président pour appuyer la suppression de la taxe professionnelle :

> *« La réduction des prélèvements obligatoires constitue un des objectifs majeurs que vous avez assignés au gouvernement pour 1985. Je considère qu'une diminution aussi importante de la pression fiscale ne sera possible, et sensible aux yeux de l'opinion publique, que si elle est réalisée par la suppression d'un impôt direct pesant sur une large catégorie de contribuables.*
>
> *La taxe professionnelle, dont le produit prévisible pour 1985 devrait avoisiner les 70 milliards de francs, répond à ces caractéristiques. Elle doit donc être supprimée dès le 1er janvier 1985. »*

Les camps sont nettement dessinés. Mauroy est pour ; Delors et le PC s'opposeront à ce qu'ils considèrent comme un *« cadeau »* aux entreprises.

Réunion à propos de la station spatiale habitée. Tout faire pour financer le projet européen.

Le SNESUP dépose un préavis de grève nationale des examens universitaires de fin d'année. Au cours des semaines suivantes, une majorité d'universités sera touchée par cette grève (non-dépôt des sujets, retards dans l'organisation...)

Jacques Chérèque est nommé préfet délégué pour le redéploiement industriel en Lorraine.

**Vendredi 4 mai 1984**

Petit déjeuner avec le chef de file des conseillers économiques de Reagan, Martin Feldstein. *« L'économie française fait notre admiration. Le SME ne sert à rien, sauf à vous forcer à la rigueur. »*

Déjeuner à l'Élysée avec Mme Thatcher. L'essentiel de la discussion porte encore sur « son » chèque. Elle souhaite, dit-elle, *« aboutir à un accord à Fontainebleau »*. Elle propose que la négociation reprenne dans un premier temps entre Dumas et Howe, en vue d'arriver, si possible, à un accord avant les élections européennes, lequel serait ensuite avalisé lors du Conseil européen. François Mitterrand lui propose un milliard d'écus, d'abord forfaitaires, puis sous forme d'un système lui garantissant deux tiers. Elle refuse ; elle croit obtenir plus des Allemands. Nous sommes allés au maximum. C'est bien inquiétant. Il va falloir « verrouiller » les Allemands. Cela seul pourra la convaincre.

Étonnant retournement de situation : on achète trop de gaz au regard de la consommation ! Lors d'une réunion dans le bureau du Président, il est décidé que le gouvernement demandera à Gaz de France de retarder l'exécution du contrat de livraison de gaz soviétique conclu à la fin 1981. Nous pouvons en attendre une économie de 600 millions de francs en 1984, de 1,7 milliard en 1985, et au total de plus de 13 milliards de francs sur les six années à venir. Il faudra faire pareil avec l'Algérie.

François Mitterrand reçoit les membres du Comité national d'action laïque. Le climat est tendu. *« Il faut se demander*, dit le Président, *jusqu'où on peut aller et tenir compte de l'état de l'opinion. »* Réponse d'un des dirigeants du CNAL : *« Si le texte Savary reste ce qu'il est, nous serions nous aussi obligés de prendre une initiative du même type que les tenants du privé. »* Le Président hausse les épaules. Il n'y croit pas. En sortant, ils déclarent à la presse qu'ils ont *« le sentiment que les jeux ne sont pas faits »* et que le chef de l'État les a *« écoutés attentivement »*. François Mitterrand me lance : *« Ils ont raison sur de nombreux points, mais ils mènent une guerre du siècle dernier. »*

Nouvelle réunion sur les prélèvements obligatoires. Quel schéma pour la taxe professionnelle ? Le projet de suppression de Mauroy est le meilleur, techniquement et politiquement ; il réduit de 0,6 % les prélèvements obligatoires. Le Président donne l'ordre d'inscrire cette réforme dans la préparation du Budget 1985. Les échéances pour les autres décisions destinées à abaisser les prélèvements obligatoires approchent : fin juin, il faudra décider d'éventuelles hausses des tarifs publics et des économies nouvelles sur le budget de 1984 ; le 15 juillet, des dépenses de 1985 ; le 30 août, des recettes de 1985.

**Dimanche 6 mai 1984**

Dîner à l'Élysée avec Mario Soares. L'élargissement s'annonce correctement, du moins si Mme Thatcher veut bien accepter un compromis sur son chèque...

**Lundi 7 mai 1984**

Nouveau message de John Pointdexter sur la situation dans le Golfe : plus rassuré.

Préparation du Conseil des ministres avec le Président. Le mandat de l'actuel secrétaire général de l'OCDE, Van Lennep, s'achève. Claude Cheysson propose que la France présente, pour lui succéder, Jean-Claude Paye, actuel directeur des Affaires économiques au Quai d'Orsay. Le Président est d'accord.

Jean-Claude Paye aura donné une âme au Quai d'Orsay, et lui aura assuré une influence dans la définition de la stratégie économique internationale de la France comme personne ne l'a fait avant ou après lui.

A la place de Paye, François Mitterrand refuse la candidature de François Bujon de l'Estang, présentée par Claude Cheysson. Bujon est pourtant un excellent diplomate. Et il aurait accepté ce poste... Mais Jospin pousse un autre candidat de qualité.

**Mardi 8 mai 1984**

La tension Est/Ouest s'aggrave. L'URSS, suivie par treize autres pays, annonce qu'elle ne participera pas aux Jeux Olympiques de Los Angeles.

**Mercredi 9 mai 1984**

Petit déjeuner avec Delors, Dumas, Cresson, pour préparer le Sommet de Londres. On y parlera terrorisme, dette du Tiers Monde, commerce. Rien d'exceptionnel.

Un projet de loi de Georgina Dufoix est proposé au Conseil des ministres. Il prévoit, en cas de crime de caractère raciste, que des associations puissent se porter partie civile devant les tribunaux et que les peines soient aggravées pour les coupables. Pas de problèmes sur le premier point, mais, sur le second, le Président fait un véritable cours de droit pénal aux ministres.

Au déjeuner, François Mitterrand expose les thèmes de l'interview qu'il prépare pour *Libération*, sur lesquels il n'a cessé d'écrire depuis le Conseil : *« Il n'y a pas de* "tournant". *Nous aurions changé si nous avions effacé les nationalisations. Ce n'est pas le cas. Simplement, nous avons pris des mesures pour vivre la parenthèse. »*

Le Président demande des précisions sur l'historique des prélèvements obligatoires : depuis la guerre, ils n'ont baissé qu'en 1960, 1970 et 1971. Sinon, une hausse de 0,5 à 2 points chaque année. Les impôts sur le revenu n'ont baissé qu'en 1954 et 1955 (chaque fois de moins de 5 %).

**Jeudi 10 mai 1984**

Le Président a envie d'un grand globe terrestre, comme celui qu'il a vu dans le bureau de Reagan. Enquête faite, il n'existe pas de fabricant français. On n'en trouve que sur le marché américain. Il le fera faire par Fernand Pouillon, à vingt exemplaires, pour en offrir à divers chefs d'État.

Dans son interview à *Libération*, François Mitterrand expose son projet politique : *« une société d'économie mixte »*.

**Vendredi 11 mai 1984**

Sondage : deux Français sur trois sont mécontents du Président.

Le Chancelier Kohl dit au téléphone qu'il est prêt à tenir face à Margaret Thatcher sur un milliard d'écus en 1984, 1,3 en 1985 et 1,5 en 1986. Mais il ne croit pas qu'on pourra donner moins que ce que la Commission a proposé, soit 1,4 milliard d'écus en 1985. Le Président ne veut pas en entendre parler. Il a très peur d'un renversement d'alliance et d'un accord germano-britannique.

Le Parti communiste se déclare fermement opposé à une réforme de la taxe professionnelle, comme d'ailleurs à la baisse des prélèvements obligatoires.

Le choix entre les différents schémas de réforme de la taxe professionnelle doit être fait d'ici la fin de la semaine prochaine. En effet, les délais de mise en œuvre pour 1985 imposent que le texte — dans l'hypothèse du schéma d'aménagement

Delors — soit voté au moins en première lecture à cette session du Parlement, et donc adopté par le Conseil des ministres du 23 ou, au pire, du 30 mai.

Je reçois François-Xavier Ortoli, vice-président de la Commission européenne, qui me parle éloquemment de Fontainebleau et, élégamment, de son propre avenir.

**Samedi 12 mai 1984**

Dans une interview au *Monde*, Kadhafi réitère ses propositions de concertation sur le Tchad.

**Lundi 14 mai 1984**

Dans la voiture qui le conduit à l'aéroport avant son départ pour la Norvège et la Suède, le Président donne ses consignes à Mauroy sur le conflit Citroën : *« Il faut expliquer que ce conflit entre la direction d'une entreprise privée et la CGT ne concerne pas l'État. »*

Sur l'école, bifurcation : Mauroy reçoit Savary, Joxe, Poperen, Laignel. Sous leur pression, il accepte leurs amendements sur la titularisation (obligatoire) des maîtres, le financement (facultatif) des écoles privées par les communes, et le lien entre l'ouverture de classes de maternelle privées et publiques. Tout cela contre l'avis de Savary : l'accord passé avec les catholiques est bafoué.

Là, tout bascule...

**Mardi 15 mai 1984**

Pierre Mauroy reçoit le père Guiberteau. Stupéfait par les changements apportés au texte, le représentant de la hiérarchie catholique les rejette en bloc.

Lors d'une conférence à l'Hôtel Continental, Jacques Chirac présente les projets du RPR en matière d'audiovisuel. François Mitterrand en déduit qu'il vaut mieux créer des télévisions privées avant que la droite ne le fasse.

**Jeudi 17 mai 1984**

A Stockholm, au cours d'une conversation avec Olof Palme, surgit l'idée des TUC. Nous croyons avoir trouvé la solution miracle à la crise de l'emploi.

**Vendredi 18 mai 1984**

Retour à Paris. Conseil des ministres retardé, dans l'après-midi. Encore l'école. Mauroy affiche une position plus laïque que jamais. François Mitterrand prend ses distances avec le projet de loi tel qu'il a été amendé. S'adressant à Mauroy et au ministre de l'Éducation, il parle maintenant de *« votre projet ». « Si l'on ne règle pas cette affaire maintenant, il faudra des siècles. Il faut nous souhaiter une bonne santé d'ici là. De toute façon, l'école catholique existe en France depuis des siècles. Et c'est tant mieux. Ce n'est pas un problème qui se réglera en une génération. »*

Le débat sur la loi Savary débute cet après-midi à l'Assemblée nationale. Je trouve Mauroy très fatigué : il est aphone. Au Val-de-Grâce, on lui a dit qu'il avait un cancer ; puis qu'il n'avait rien. Il est très éprouvé.

Mgr Lustiger fait savoir au Président qu'une manifestation à Paris est inévitable en raison des amendements nouveaux et surtout de l'interdiction de la création de maternelles privées là où il n'en existe pas de publiques.

Je reçois Kathy Graham. La propriétaire du *Washington Post* se lance dans une violente diatribe contre les socialistes à propos de l'école privée. Je réalise qu'elle pense qu'il s'agit d'interdire aux parents de financer eux-mêmes des écoles privées ! Quand elle comprend qu'il s'agit de restreindre l'usage, à des fins privées, de l'argent des contribuables, elle reste un long moment silencieuse et songeuse, puis change de conversation !

Jacques Delors m'appelle de Rome où le groupe des dix principaux ministres des Finances est réuni. Suite aux orientations définies à Versailles, les travaux sur la réforme du système monétaire international ont progressé sur les trois thèmes que la France a proposés : la stabilité des taux de change, le rôle du FMI et la gestion des liquidités internationales. Le groupe des Dix est convenu que le Comité intérimaire du FMI, qui réunit vingt-cinq pays, deviendra le cadre de cette réflexion élargie et sera une sorte de pré-Conférence monétaire mondiale.

Ce texte, accepté par tous, reste pour le moment confidentiel ; Delors me laisse le choix entre l'annoncer dès aujourd'hui ou attendre le Sommet de Londres. Je choisis d'attendre Londres pour faire du lancement de cette conférence mondiale un succès de la France au Sommet. J'ai tort : l'accord ne tiendra pas jusque-là ! Le projet sera enterré.

Leçon retenue : en diplomatie, s'en tenir au fait accompli !

**Samedi 19 mai 1984**

Pierre Joxe et Jean Poperen demandent au Premier ministre de confirmer son accord sur les amendements apportés à la loi sur l'école privée. Mauroy hésite, puis confirme.

Le Président demande qu'une démarche urgente soit faite aujourd'hui à Moscou au nom des Dix pour faire libérer Sakharov. M. Adamichine, vice-ministre des Affaires étrangères, « membre du Collège », très tendu, reçoit l'ambassadeur de France. Il ne veut pas discuter avec un étranger d'*« une question relevant exclusivement de la compétence de l'URSS. C'est,* dit-il, *une tentative d'ingérence dans les affaires intérieures de l'État soviétique. »*

Les Présidents de l'Argentine, du Brésil, de la Colombie et du Mexique dénoncent le poids excessif des taux d'intérêt américains sur leur dette. Il faut faire quelque chose. Le Sommet des Sept ne pourra pas ne pas en parler. Or aucun projet n'est prêt.

Nouvelle réunion de *sherpas* au merveilleux château de Brocket Hall. Après l'affaire de l'ambassade libyenne à Londres, Robert Armstrong propose un texte sur le terrorisme, rappelant les déclarations des Sommets antérieurs et définissant un certain nombre d'orientations communes sur la protection des ambassades et les relations diplomatiques. Je refuse en faisant valoir que si la France est prête à une discussion approfondie au Sommet, dont Mme Thatcher pourrait rendre compte oralement, elle n'est pas disposée à souscrire à un document public ni surtout à des procédures antiterroristes à Sept.

Les Allemands veulent absolument une déclaration de solidarité politique au lendemain du quarantième anniversaire du débarquement allié.

Je pousse l'idée d'un programme sur la dette, après la déclaration des chefs d'État d'Amérique latine. David Mulford, à la Trésorerie américaine, est le seul à s'y intéresser. Cela deviendra un projet majeur.

Washington veut nous imposer de participer à la station spatiale américaine. Pas question si on n'affirme pas simultanément l'objectif d'une station spatiale habitée européenne.

**Lundi 21 mai 1984**

Les députés socialistes découvrent que le ministre de l'Éducation, avec l'aval de Pierre Mauroy, a recorrigé l'amendement Laignel (portant de six à huit ans la période pendant laquelle l'État peut se substituer aux communes pour le financement des écoles privées), ajoutant cette phrase : *« Cette période peut être prolongée tant que la moitié au moins des enseignants ne bénéficie pas de la titularisation. »* Autrement dit, l'enseignement privé est assuré de son financement quoi qu'il advienne, et les écoles privées, sans crainte de perdre leur financement, ont moins intérêt que jamais à inciter leurs maîtres à accepter d'être titularisés ! Élégante façon de renouer l'accord tant avec l'Église qu'avec les parents d'élèves de l'enseignement privé.

Joxe, Laignel, Poperen, le CNAL et la FEN interviennent auprès de Mauroy pour le faire revenir sur cette disposition. Voyant cela, Alain Savary présente sa démission. Il en avertit Pierre Mauroy et Jean-Louis Bianco. Dans la soirée, Pierre Mauroy s'enferme avec le ministre pendant une heure ; il accepte de rester : *« Je ne veux pas, par une démission, gêner la gauche. »*

**Mardi 22 mai 1984**

Dans la voiture qui le conduit à l'aéroport, le Président, très irrité par le vocabulaire des partisans du privé, donne son feu vert au Premier ministre sur les nouveaux amendements, en particulier celui limitant dans le temps la possibilité de substituer l'État aux communes dans le financement des écoles.

Il est furieux des cris violents qui l'accueillent à Angers. Dans son discours, il parle de l'Europe spatiale afin de faire progresser l'idée avant le Sommet de Londres : *« C'est d'abord dans le domaine civil que l'Europe spatiale doit résolument progresser, et elle le fait déjà de multiples façons au sein de l'Agence spatiale européenne et par la coopération franco-allemande, notamment pour les satellites de télécommunications appelés à un développement rapide. Et un jour, pourquoi pas, il faudra que l'Europe s'attaque à la construction d'une station spatiale habitée. C'est un très grand projet, les États-Unis ont déjà fait des propositions, l'Europe devra avancer ses propres idées. »*

Pendant ce temps, Laignel, Joxe, Derosier, Poperen et Mermaz sont à Matignon ; Mauroy leur confirme qu'il accepte leurs amendements et limite la période au cours de laquelle l'État s'engage à suppléer les communes pour le financement des écoles privées. Pour Mauroy, les dirigeants du privé ayant déjà annoncé leur manifestation à Paris, il n'y a plus rien à attendre d'eux.

C'est là le tournant. Sans ces ultimes amendements, la loi passait Dans l'un et l'autre camp, les outrances verbales rendent dorénavant impossible le compromis.

**Mercredi 23 mai 1984**

Rocard précise devant le Conseil des ministres les modalités de réduction de la production laitière. Un discours interminable, grandiloquent, technique, ennuyeux, inutile.

Au déjeuner, François Mitterrand se montre très irrité de la façon dont le journal de *TF1*, hier soir, a rendu compte de son voyage à Angers. Il parle de Georges Marchais qui s'entête, du commerce extérieur qui s'améliore, du travail de nuit dans les Postes, qu'il faut revaloriser.

Le gouvernement engage sa responsabilité. La loi Savary est adoptée ; l'opposition dépose une motion de censure, adoptée en première lecture par l'Assemblée.

Préparation, tard dans la nuit, avec Élisabeth Guigou et Pierre Morel, du discours que François Mitterrand doit prononcer demain à Strasbourg. Il veut relancer l'Europe politique et proposer la création d'une Union européenne après la résolution des contentieux et avant l'élargissement.

**Jeudi 24 mai 1984**

François Mitterrand achève la rédaction de son discours, comme d'habitude, dans l'avion tournant au-dessus de Strasbourg. Ce qu'il dit de l'Europe politique est ce qui deviendra, dans cinq ans, l'Union européenne.

Il propose pour tout de suite une Communauté technologique européenne : *« Mobiliser ses entreprises, mais aussi ses chercheurs, ses universitaires, afin qu'ils sentent que leur avenir est sur notre continent, et qu'ils aient toutes les opportunités d'y travailler sur les recherches de pointe. Dans l'électronique, l'Europe consacre à sa recherche plus de crédits que le Japon ou les États-Unis d'Amérique... Les tentatives d'alliances industrielles ont jusqu'ici échoué. N'est-il pas temps que les États les incitent à s'unir ? »* Voilà qui deviendra, l'année prochaine, *Eurêka*.

Le ministre allemand de la Défense, Manfred Wörner, déclare vouloir contrôler les Pluton, armes nucléaires françaises à courte portée : *« Ce que veulent les Allemands, c'est qu'à l'avenir, il soit prévu une consultation si ces armes sont utilisées à partir du territoire allemand ou sur le territoire allemand. Dresde, Erfurt, Leipzig sont des villes allemandes ! »* (La RDA est donc pour lui une Allemagne à protéger et non un territoire ennemi.)

Pour François Mitterrand, il n'en est pas question : la France ne peut assurer la défense allemande. Seule peut le faire l'Amérique. Et nul étranger n'a à se mêler de la décision d'emploi des armes françaises, dont le Président de la République est le seul maître. On en reparlera avec Kohl.

**Vendredi 25 mai 1984**

Réunion gouvernementale à *La Lanterne* pour préparer le lancement des TUC, ces emplois à temps partiel pour les jeunes, dont on attend la solution miracle contre le chômage. Les communistes sont contre. Delors et Fabius sont pour. Mauroy présente un plan de mesures sociales.

François Mitterrand reçoit Pierre Daniel, le président des parents d'élèves de l'enseignement libre. L'entretien se passe mal. Daniel accuse le gouvernement d'avoir trahi l'accord par ses derniers amendements. Malgré tout, par souci de conciliation, il fixe la manifestation de Paris au 24 juin, soit après les élections européennes, au grand dam de Jacques Chirac. François Mitterrand : *« Ils veulent tous manifester à Paris. Ils ont beau nier, c'est Chirac qui est derrière tout cela. Ce sont des factieux. Ils veulent refaire le 6 février 1934 ! »*

Qui nommer à la direction du Trésor au départ de Camdessus à la Banque de France ? Daniel Lebègue, ancien conseiller de Mauroy, ou Philippe Lagayette, directeur de cabinet de Delors ?

Je travaille toujours au texte de programme gouvernemental que François Mitterrand me demande régulièrement de tenir à jour.

Depuis deux ou trois jours, le système financier mondial craque. Aux États-Unis, le taux d'intérêt nominal a augmenté de plus d'un point en deux mois, et le taux d'intérêt réel atteint 6 % ; ce qui ajoute 4,5 milliards de dollars à la charge annuelle du Tiers Monde ; les banques américaines en souffrent aussi. Après Continental Illinois, c'est Hanover Trust, City Corp et la Chase qui sont menacées par la fuite de leurs déposants. La panique devant la fragilité des banques britanniques a provoqué, hier, une baisse des cours à la Bourse de Londres, la plus forte depuis dix ans. La menace formulée avant-hier par quatre Présidents d'Amérique latine, de réagir en commun, par un moratoire ou un refus de paiement, si les taux d'intérêt ne baissent pas, doit être prise au sérieux. Il faut réfléchir d'urgence. Le Sommet de Londres ne pourra plus se contenter, comme celui de Williamsburg, d'en disserter en secret.

**Samedi 26 mai 1984**

Discussion avec le Président avant le Sommet franco-allemand de demain : il faut s'assurer que les Allemands sont prêts à refuser de donner plus d'un milliard d'écus à Mme Thatcher. Les Britanniques bloqueront. Il faut donc se tenir prêts à la crise et continuer d'avancer, ensuite, à Neuf.

**Lundi 28 mai 1984**

Sommet franco-allemand à Paris. François Mitterrand et Helmut Kohl évoquent la situation dans les pays de l'Est dont Kohl prend l'habitude de faire chaque fois l'analyse, pays par pays. Il propose le principe de ce qui deviendra la rencontre de Verdun. Première discussion sur la présidence de la Commission. François Mitterrand sait que c'est le tour d'un Allemand ; il veut vérifier si Kohl y tient vraiment, ou s'il peut avancer le nom de Delors. Par ailleurs, Kohl nous informe qu'il est prêt à monter jusqu'à 1 100 millions d'écus pour Margaret Thatcher.

**Helmut Kohl :** *Oustinov dit que les sous-marins russes sont prêts à l'action face aux États-Unis. Cela augmente les chances de réélection de Reagan. Mais il n'y a aucun signe de durcissement réel. Ils font du bruit, c'est tout. Lubbers ne réussira pas à imposer le déploiement...*

**François Mitterrand :** *Sur la Communauté, il ne reste en débat, pour Fontainebleau, que le problème britannique, qui bloque l'élargissement. On ne peut faire de concessions sur le Traité de Rome. Il ne faut pas dépasser deux tiers de 1 600, soit 1 066. Je préférerais qu'on en reste à 1 000.*

**Helmut Kohl :** *Ce n'est pas assez pour Mme Thatcher. Elle n'acceptera pas. Il faut faire davantage de concessions, car tout sera pire après Fontainebleau. Il faut donc en finir. Cela nous prend trop de temps et d'efforts. Le Sommet de Bruxelles, en mars, a été un grand succès, le meilleur Sommet depuis dix ans. D'ailleurs, avant nous, ces Sommets étaient vides. Et ces deux-là qui se téléphonaient chaque semaine n'ont visiblement jamais parlé de lait, nous laissant le problème sur les bras.*

(Voilà pour leurs deux prédécesseurs, qui n'ont rien réglé.)

*Je pense que Mme Thatcher cédera à 1 100 millions. Cela fera hurler, mais tout le monde sera soulagé de dire oui. Nous ne nous engagerons que pour quatre ans. Elle a besoin d'un accord avant les élections européennes. Elle a compris qu'elle doit céder, mais elle ne veut pas le reconnaître. Elle a trop parlé devant le Parlement (c'est arrivé à Schmidt quand il m'a reproché de vous avoir cédé le leadership en Europe). Elle a une peur terrible de céder et de reconnaître qu'elle a commis une faute.*

**François Mitterrand :** *Peut-être... Il faut trouver un habillage, créer des apparences.*

**Helmut Kohl :** *Elle voit avec un grand déplaisir nos initiatives politiques communes sur l'Europe. Je donnerai mon accord à 1 100.*

**François Mitterrand :** *C'est trop ! Le problème est qu'elle prend toujours une proposition de compromis comme base de départ. Il faut que cela soit une proposition franco-allemande. Et, en cas d'échec, il faudra réfléchir à une relance politique.*

**Helmut Kohl :** *Même en cas de succès ! Parlons du Sommet de Londres : j'ai besoin qu'on y fasse un texte politique, à cause de l'anniversaire du débarquement.*

**François Mitterrand :** *Je sais, cela me préoccupe également. Le 6 juin, on fêtera votre défaite, et le 7 juin, on se retrouve à Londres pour glorifier notre alliance face à l'un des alliés de 1944. C'est ainsi. Mais je ne veux pas mêler à un tel texte des attaques antisoviétiques. Ils étaient nos alliés ce jour-là. Il faut tirer un trait sur le passé, et le montrer.*

**Helmut Kohl :** *A ce propos, pourquoi ne pas nous rendre tous les deux, à l'automne, dans un cimetière militaire où il y aurait des morts de nos deux nations ?*

**François Mitterrand :** *Oui. Ce ne serait pas trahir le souvenir de nos morts. Vous avez mon accord.*

*Sur la présidence de la Commission, il faut un renouvellement. Je suis contre la prolongation de Thorn. Sinon, les autres commissaires vont tous demander leur maintien. Par ailleurs, un Belge ne serait pas l'élément dynamique de l'Europe politique. Or, ce sont les années où l'Europe politique va se faire. La France n'a pas de candidat, mais je vous pose une question : puis-je en proposer un au Chancelier d'Allemagne ? Peut-on s'assurer deux présidences successives, l'une pour la France, la suivante pour la RFA ? Ça vous intéresse, comme projet ? Je n'ose citer un nom, mais il y en a un qui vient à l'esprit. C'est un amoureux de l'Europe... Jacques Delors laisserait ensuite la place à l'homme que vous aurez choisi. On aurait une dynamique à deux présidences. La France ne présentera pas de candidat si vous n'êtes pas d'accord. Nous avons eu Ortoli il n'y a pas longtemps, et nous pouvons vous laisser la place.*

Le marché est sur la table : Delors jusqu'en 1988, et un Allemand après.

**Helmut Kohl :** *Je suis contre le Danois et le Belge. Il faut quelque chose d'inhabituel. Nous allons présenter un candidat allemand, mais comment le présenter en commun avec la France ?*

**François Mitterrand** (sec) : *Il faut que vous ayez un candidat de bonne taille... Autre question : combien de commissaires ? Pour moi : quatorze, même après l'élargissement. Sur l'Europe politique, j'ai l'intention de demander une construction plus active, par référence au projet de Stuttgart. Mme Thatcher pense qu'elle pourra rallier les petits pays contre elle. Elle se trompe. Elle croit refaire Trafalgar. A Bruxelles, en mars, elle s'est conduite comme un enfant qui veut deux couches de confiture sur sa tartine et à qui on a dit non.*

**Helmut Kohl :** *Quelle énergie gaspillée pour ce problème anglais ! Il faut empêcher ensemble que cela continue.*

**François Mitterrand :** *Oui, mais il faut éviter de dire que nous dirigeons l'Europe à deux.*

**Helmut Kohl :** *Vous avez raison. Si nous sommes soupçonnés de cela, alors c'est la fin.*

**François Mitterrand :** *Nous avons un rôle dominant, mais il faut ne jamais rien imposer, être modestes.*

**Helmut Kohl :** *Je reviendrai à Paris... ne serait-ce que pour profiter de la cuisine de l'Élysée.*

**Vendredi 1er juin 1984**

La candidature de Paris à l'organisation des Jeux Olympiques d'été de 1992 est confirmée. Avec Albertville pour les Jeux d'Hiver, c'est une candidature de trop.

Cheysson me raconte la discussion d'aujourd'hui entre les seize ministres de l'Alliance atlantique. Elle *« comporte quelques indications sur le Sommet de Londres. La pression monte pour que la situation économique soit examinée du point de vue du Tiers Monde. Ceci apparaît chez l'Anglais, mais devient clair aussi dans l'entourage de Shultz, et même de Ronald Reagan. La grande inquiétude récemment déchaînée par la menace sur Continental Illinois a sûrement joué. Le ton est calme, tranquille quant aux relations Est/Ouest, bien plus que la presse ne le donne à penser. Pas un mot n'a été dit pendant la session du Conseil atlantique sur le commerce Est/Ouest. (Nous sommes bien loin de la fin de 1982 ou du début de 1983.) Ceci aussi est satisfaisant pour nous — si cela dure, en dépit de l'intérêt évident de Reagan à dramatiser. La même modération d'analyse et de ton a prévalu dans la deuxième partie de notre discussion confidentielle, consacrée — brièvement — à l'impact des derniers développements dans le Golfe sur la sécurité de nos approvisionnements pétroliers. Les dommages actuels ont été ramenés à leur juste dimension, bien moindre que ne l'a écrit la presse.*

*Je signalerai encore que l'Anglais a été particulièrement net dans sa recommandation aux Américains de ne pas accepter un engagement militaire direct dans le Golfe. George Shultz l'avait d'ailleurs exclu auparavant ».*

Discussion sur la succession de Balthus à la Villa Médicis. Parmi les dix candidats, tous prestigieux, Lang recommande Jean-Marie Drot. Le Président préférerait Bertrand Poirot-Delpech, tout en regrettant qu'il n'y ait ni peintre ni sculpteur parmi les postulants.

**Samedi 2 juin 1984**

Discussion avec le Président sur des propositions de nomination dans les banques. *« N'avons-nous pas de militants compétents ? On ne me propose que des inspecteurs des finances ! »*

**Lundi 4 juin 1984**

Yvon Gattaz est reçu par le Président : c'est la neuvième audience depuis 1981. Il met un point d'honneur à avoir des relations régulières et privilégiées avec François Mitterrand et fait de celles-ci un élément de son autorité sur ses pairs. Cette fois, à sa sortie, le président du CNPF se laisse aller à des déclarations publiques particulièrement négatives et agressives. Il demande une baisse des impôts. Il laisse prévoir, s'il n'est pas entendu, une *« explosion de mécontentement »* des chefs d'entreprises. Il ne sera plus reçu avant longtemps.

Antonio Spinelli, un des pères fondateurs du Traité de Rome, écrit au Président :

> *« L'appel que vous avez lancé devant le Parlement européen, le 24 mai, aux pays membres de la Communauté pour qu'ils réalisent l'Union politique constitue un tournant dans l'histoire de la construction européenne, tournant qui n'a de comparable, s'il est poursuivi avec la même ténacité, que l'appel analogue prononcé en 1950 par Schuman.*
>
> *Si une Union européenne authentique naît, elle portera votre nom et aura le sceau de la France.*
>
> *Je m'en réjouis, car tout Européen a un peu de son âme en France. »*

**Mardi 5 juin 1984**

Au petit déjeuner, on parle des prélèvements obligatoires. Pierre Mauroy plaide : *« La suppression de la taxe professionnelle permettrait de réaliser une part importante de cet engagement. »* François Mitterrand en est d'accord. Mais Jospin : *« Le Parti communiste et une partie des députés socialistes considéreront qu'il s'agit d'un "cadeau" aux entreprises.»* Mauroy maintient qu'il est pour cette suppression.

François Mitterrand sur les universités : *« Le projet de loi actuel est inquiétant. Il favorise l'uniformisation. Je n'en veux pas. Je veux éviter le normatif, préserver les titres existants, éviter la fusion des grades. »*

Jospin s'inquiète de l'organisation de la grande manifestation du privé à Paris prévue pour le 24 juin. François Mitterrand explose : *« Qui contrôle la préparation de cette manifestation ? »* Pierre Mauroy : *« C'est Defferre. »* Le Président : *« Je veux voir le trajet qu'elle empruntera. »* On appelle Gaston Defferre qui, plan de Paris sous le bras, traverse la place Beauvau et nous rejoint. Le Président regarde en détail : le plan laisse la manifestation approcher, par plusieurs trajets différents, des Champs-Élysées et de la Concorde. François Mitterrand : *« Pourquoi ne pas avoir canalisé la manifestation dans une enceinte fermée comme la pelouse de Reuilly ou Le Bourget ? Pourquoi avoir accepté des cortèges convergents qui augmentent les risques d'incidents, ou même de panique, quand ils se rejoindront au pied de la colonne de la Bastille ? »* Gaston répond que les organisateurs lui ont dit que si on ne leur accordait pas de se regrouper à la Bastille, ils ne répondaient pas de leurs troupes. On examine cela longuement, rue par rue.

Dans *Le Monde*, Mgr Lustiger accuse le gouvernement de *« manquement à la parole donnée »* à propos de la titularisation des maîtres. Le dialogue est rompu entre Mauroy et la hiérarchie catholique. Pierre Daniel est en désaccord avec cet article de Lustiger et le fait savoir à l'Élysée.

Promenade dans Paris avec François Mitterrand qui poursuit le récit de son évasion en France : *« Je suis allé en train jusqu'à Mouchard, dans le Jura, à quelque distance de la ligne de démarcation que j'ai traversée à pied, la nuit, grâce à des tuyaux. Ma famille se trouvait en zone occupée, et je suis allé plusieurs fois voir mon père en Charente, en traversant la ligne de démarcation dans l'autre sens. En novembre 1942, quand les Allemands sont entrés en zone libre, j'étais un hors-la-loi puisque j'étais un évadé de guerre. J'ai donc été amené à vivre la vie des hors-la-loi : les faux papiers, les faux ceci, les faux cela — un autre mode de vie. J'ai changé trente-six fois de nom. Mais mon nom de guerre le plus connu, c'était Morland. Mon nom en Angleterre, qui m'a été donné par la France libre, c'était Monnier. Après la guerre, j'ai retrouvé au moins quarante fausses cartes d'identité. J'étais toujours né à Dieppe, parce qu'à Dieppe l'état-civil avait été bombardé. Il avait brûlé, donc ce n'était pas vérifiable. A un moment, je me suis appellé Basly, c'était quelqu'un qui avait existé. On faisait cela à la pelle. Je savais très bien faire les fausses cartes d'identité, à s'y méprendre. »*

**Mercredi 6 juin 1984**

Petit déjeuner avec Cheysson et Delors pour préparer le Sommet de Londres. Cette fois, Cheysson est d'accord : il ne négociera rien, comme à Williamsburg. On espère confirmer l'accord sur la Conférence monétaire internationale et sur la dette. On veut éviter un texte trop contraignant à Sept sur le terrorisme et sur les immunités d'ambassade, après l'affaire libyenne.

Il ne reste presque plus rien du Plan social de Mauroy, faute de moyens budgétaires.

A la fin du Conseil des ministres, nous partons en Normandie pour les cérémonies du quarantième anniversaire du débarquement. Ronald Reagan, Pierre Trudeau, les reines d'Angleterre et des Pays-Bas, les rois de Norvège et de Belgique, le grand-duc du Luxembourg sont là. Chaque chef d'État est escorté par un ministre français. Gaston Defferre est inénarrable en dame de compagnie de Reagan.

En Inde, sur l'ordre d'Indira Gandhi, l'armée indienne donne l'assaut contre le Temple d'Or d'Amritsar, au Pendjab. Cela appellera vengeance. Elle le sait.

Je parle avec Horst Teltschik de la rencontre Mitterrand/Kohl dans un cimetière militaire. On évoque Verdun. Ce conseiller diplomatique de Kohl prend de plus en plus de pouvoir à Bonn. Genscher s'en inquiète.

Réunion avec l'état-major particulier sur la guerre Iran/Irak avant le Sommet de Londres. Dans le Golfe, la situation militaire et pétrolière est beaucoup plus calme qu'on ne le dit. Le trafic pétrolier dans le détroit d'Ormuz est resté identique à ce qu'il était avant la crise ; si réduction il y a, elle n'est que de 10 %. Même à Kharg, on charge un pétrolier par jour. Depuis le mois de février, il n'y a d'ailleurs eu que dix pétroliers touchés (six touchés par l'Iran, quatre par l'Irak). En fait, toute cette pression médiatique ne sert qu'à retarder ce qui paraît à tous comme inéluctable, à savoir une baisse sensible du prix du pétrole qui aggravera la situation de certains pays du Tiers Monde. Sur les 45 millions de barils-jour consommés dans le monde, 6 millions et demi viennent du détroit d'Ormuz (contre 7 en période normale). Il existe ailleurs une capacité de production mondiale disponible immédiate de l'ordre de 3 à 4 millions de barils-jour, ce qui donne la possibilité de compenser une éventuelle fermeture, peu probable. Le taux de dépendance des pays à l'égard du Golfe est très variable. Pour la France, il était de 36 % en 1983, mais nos responsables pétroliers l'ont ramené à 17 % pour 1984. Les plus dépendants sont les Japonais (56 %). Seule une panique entretenue par les compagnies et les États de l'OPEP (qui y ont les unes et les autres intérêt) provoquerait une hausse du prix du pétrole.

Nul n'attend de développement militaire majeur, sauf si les Soviétiques se décidaient à fournir aux Irakiens, comme des rumeurs le laissent entendre, des missiles ultramodernes, des SS 12 à rayon d'action de 900 km, capables de détruire le terminal de Kharg sans intervention de l'armée de terre. Cela rendrait la situation économique et militaire intenable. Mais une telle destruction paraît trop contraire aux intérêts de l'Irak pour être probable.

De son côté, l'armée iranienne n'est pas en bon état pour une agression. Elle ne compte plus que 400 000 hommes sur le front terrestre, et 15 pilotes capables de piloter les F 4, ce qui rend impossible une attaque massive efficace. L'Arabie Saoudite, en abattant deux chasseurs iraniens qui s'apprêtaient à pénétrer sur son territoire, a montré sa détermination à empêcher l'Iran de bombarder ses propres exploitations pétrolières. Elle a signalé en même temps qu'elle ne veut pas d'une intervention occidentale aussi longtemps qu'elle a les moyens d'y suppléer.

Il importe donc demain, à Londres, de calmer le jeu pour éviter les paniques inutiles.

Au cours des prochains jours, les universités touchées renonceront à la grève des examens. Moyennant quelques retards, l'année universitaire sera partout bouclée.

**Jeudi 7 juin 1984**

A Londres, pour la première fois, chacun est logé dans son ambassade, ce qui altère le caractère intime du Sommet, devenu une réunion comme les autres.

Le Président rencontre Ronald Reagan avant le Sommet. Comme toujours, Reagan est flanqué de ses ministres et de conseillers. On parle des relations Est/Ouest, du prochain voyage de François Mitterrand à Moscou, de la déclaration sur les valeurs démocratiques, de la sécurité pétrolière en cas de blocage du détroit d'Ormuz. Shultz évoque des scénarii tragiques : fermeture, hausse des prix, épuisement des stocks de réserves. Reagan demande une réunion des sept ministres des Affaires étrangères à l'ONU. François Mitterrand ne répond pas et parle des subventions au Tiers Monde et des dettes des banques. Reagan répond qu'il faut agir au *« cas par cas »* et ajoute : *« Il ne faut pas faire de promesses qui ne puissent être tenues. »*

**François Mitterrand :** *Certes, ces pays doivent comprendre que rien ne sera fait sans leurs efforts, mais il faut les aider.*

**Ronald Reagan,** qui lit sa fiche : *Ils doivent être capables d'attirer les capitaux étrangers. Il n'y a rien d'autre à faire pour les aider.*

**François Mitterrand :** *Oui, mais ces capitaux vont chez vous.*

Reagan, visiblement, ne comprend pas, sourit et demeure coi.

**George Shultz :** *C'est normal, les capitaux vont là où la rentabilité est la plus élevée.*

**François Mitterrand :** *C'est bien le problème ; vos taux d'intérêt sont trop élevés et cela aggrave la dette du Tiers Monde.*

Reagan s'agite, son entourage s'inquiète, il a quelque chose à dire qui ne figure pas dans ses fiches : *« Ça me rappelle une histoire... C'est à Hollywood, un agent téléphone à un acteur : "J'ai trouvé la maison de vos rêves : 36 pièces, 3 piscines, 5 tennis. Mais il y a une bonne et une mauvaise nouvelle. La bonne : elle ne vaut que 15 millions de dollars. La mauvaise : il faut verser 1 000 dollars comptant." »*

Éclats de rire de tous les Américains, qui se lèvent. L'entretien est achevé.

Au dîner, on parle du blocage des relations soviéto-américaines, du *statu quo* en Pologne, des récentes opérations militaires en Afghanistan, de la situation des époux Sakharov, de la décision néerlandaise de reporter le déploiement des Forces nucléaires intermédiaires, de l'état général des pourparlers de désarmement, du projet de déclaration sur les valeurs démocratiques. Sur le conflit Iran/Irak, Reagan propose à la dernière minute un projet de déclaration destiné à stabiliser les cours du pétrole : les Texans ont parlé ; elle est renvoyée aux *sherpas*. Je vois François Mitterrand quelques instants après dîner. Il me raconte la conversation et m'annonce qu'il ne veut pas de déclaration sur la guerre Iran/Irak. Le projet resurgit à nouveau, avec une gestion à Sept, cette fois, des stocks pétroliers. Incorrigibles Américains qui, à chaque Sommet, tentent d'installer leur *imperium*.

Les *sherpas* se réunissent. Je parviens vite à faire enterrer le texte pétrolier. La Grande-Bretagne propose une nouvelle version du texte sur la démocratie, qui sert de base au travail de mise au point par les *sherpas*. L'Anglais n'a pas repris les amendements allemand, japonais et américain sur l'Est/Ouest et le désarmement. La déclaration sur les FNI passe sans problème. Elle est pleine de « chacun de nous » et n'engage rien ni personne. La leçon de Williamsburg a porté.

L'essentiel des discussions a trait au communiqué sur la Libye et le terrorisme, après l'incident survenu en Angleterre. Tous souhaitent une condamnation générale de la Libye, et la création d'une organisation à Sept de lutte contre le terrorisme. Je n'en veux pas : il faut éviter que l'ensemble de l'action antiterroriste de l'Occident passe sous le contrôle de la seule CIA. Sans la France, cela aurait été fait cette nuit-là. On se met d'accord sur un texte suffisamment creux pour être acceptable par tous.

La discussion s'achève à 6 h 10 du matin.

**Vendredi 8 juin 1984**

Petit déjeuner du Président avec le Chancelier Kohl avant la reprise de la séance. Ils mettent au point la rencontre de Verdun, évoquent les rapports Nord/Sud et l'intransigeance américaine.

**François Mitterrand :** *A propos du Golfe, Reagan veut que nous payions le pétrole plus cher, parce que cela rapporte à ses compagnies. Je suis contre une déclaration écrite là-dessus et les* sherpas *ont eu raison de l'écarter. Les Américains ne veulent rien faire avant novembre et financeront tout par la planche à billets.*

François Mitterrand évoque aussi deux grands équipements européens qui devront être localisés, l'un en RFA : une soufflerie cryogénique destinée aux essais aéronautiques, l'autre en France : un synchrotron, équipement scientifique européen. Depuis 1980, l'Alsace réserve 30 hectares pour l'implantation du projet, qui doit revenir à la France. Grenoble est aussi candidate.

Lors de la séance du matin entre les seuls chefs de délégation, discussion et approbation de la déclaration sur les valeurs démocratiques et le terrorisme international. Pas de problème. Il n'y avait pas de « crochets » dans les textes des *sherpas*. Il n'est pas d'usage de revenir sur la discussion. On ne recommence pas les erreurs de Versailles et Williamsburg.

Rejoints par les ministres, les chefs de délégation ouvrent la discussion économique avec rapport de Nigel Lawson sur la réunion des ministres des Finances : *« La reprise est là. »*

**Kohl :** *La hausse récente des taux d'intérêt contredit votre optimisme.*

**Mitterrand :** *En deux mois, le taux de l'eurodollar, qui a un effet direct sur la dette des pays en développement, a augmenté de plus de 2 %.*

**Reagan :** *Cela n'a pas de lien avec le déficit du budget américain. Je vais le réduire et j'ai pris des initiatives d'économies budgétaires. C'est un premier acompte.*

François Mitterrand insiste sur la relance de l'investissement, le recours aux nouvelles technologies, l'accès à la formation et la maîtrise des prélèvements obligatoires. Il propose une allocation de 15 milliards de droits de tirages spéciaux.

**Reagan :** *L'aide publique ne peut être augmentée.*

Reagan et Nakasone insistent pour que soit retenu dans le communiqué le principe d'une réunion du GATT avant la fin de 1985, afin de lancer un nouveau cycle de négociations commerciales multilatérales.

**Mitterrand :** *Un tel engagement est prématuré : la mise en œuvre des résolutions du « Tokyo Round » est encore loin d'être achevée ; la consultation des pays en développement au sein du GATT est nécessaire, et leur réticence à l'égard de ce projet est bien connue. Ce n'est pas en forçant les choses que l'on pourra obtenir leur participation, indispensable au succès. Enfin et surtout, les conditions économiques nécessaires ne sont pas encore réunies : une croissance soutenue, la baisse des taux d'intérêt et le retour à la stabilité monétaire devraient précéder des concessions commerciales qui, dans la conjoncture mondiale actuelle, n'auraient pas d'effets sur l'état des pays pauvres.*

A la demande de la France, et compte tenu des diverses démarches effectuées par Mme Gandhi, il est convenu que le Sommet examinera les suites qu'il convient de donner au dialogue Nord/Sud.

En fin d'après-midi, François Mitterrand reçoit Nakasone, décidément l'homme politique japonais le plus intéressant du moment :

**Nakasone :** *Après la Seconde Guerre mondiale, le Japon était sous surveillance, mais, au fur et à mesure, nous avons pris notre indépendance et nous avons équilibré nos relations avec la Chine et les États-Unis.*

**Mitterrand :** *Vous avez raison. Pensez à l'URSS, maintenant... Nous pouvons engager le dialogue. Il faut qu'ils sachent qu'ils n'ont pas à craindre une agression. Vous devriez leur faire signe.*

**Nakasone :** *Pour notre part, nous préférons attendre. S'ils ont besoin de bouger, ils bougeront.*

**Mitterrand :** *Il va y avoir sept à huit mois difficiles avec l'URSS, en raison du déploiement des Pershing. Il faut rendre possible le dialogue, mais ne pas dialoguer dans la faiblesse. Nous n'acceptons pas que les États-Unis discutent à notre place de notre sécurité avec les Soviétiques. C'est pour cela que nous refusons des textes à Sept. Cette position n'est pas dirigée contre le Japon.*

**Nakasone :** *Je comprends. Un texte adopté ici peut conduire les Soviétiques à penser que la défense de l'Ouest est globale, et donc que vos armes font partie de l'arsenal de l'OTAN. Je ferai tout pour ne pas apparaître comme une menace pour votre armement.*

Le soir, pendant des heures, les *sherpas* cherchent une formule pour stigmatiser les déficits budgétaires, sans mettre en cause les États-Unis. On termine par une recommandation en faveur d'une politique monétaire et budgétaire prudente.

La dette du Tiers Monde, traitée en secret l'année dernière, est pour la première fois abordée dans la déclaration finale d'un Sommet. Tous reconnaissent la nécessité d'une coopération plus étroite entre le FMI et la Banque Mondiale, d'une meilleure incitation à l'investissement étranger dans les pays débiteurs, d'une nouvelle émission de DTS et une surveillance plus étroite des prêts des banques privées. Les États-Unis souhaitent un accord de principe des autres pays du Sommet sur leur participation au projet de station spatiale. Je m'y oppose. On se borne à noter un accord pour un « examen attentif » de leur proposition, et un accord identique pour le projet européen.

Tard dans la nuit, Margaret Thatcher vient passer un long moment avec les *sherpas* qui négocient. Elle sera le seul hôte d'un Sommet à le faire.

**Samedi 9 juin 1984**

Le Sommet entérine le communiqué sans discussion particulière. L'après-midi, après les conférences de presse et avant le dîner de gala au Palais de Buckingham, François Mitterrand, fuyant les journalistes, m'entraîne dans une promenade à Hyde Park.

François Mitterrand : *« J'adore l'Angleterre. J'y ai vécu des semaines passionnantes, en 1943, venant de France, avant d'y revenir en 1944 pour rentrer en France. C'est là que j'ai connu le colonel Passy, avec lequel je jouais au bridge alors qu'il ne savait pas qui j'étais : fragile sécurité... J'ai tout refusé de ce qui m'a alors été proposé. Ça n'a pas plu que je joue au franc-tireur... Je dois avoir encore une solde de capitaine de la France Libre qui traîne quelque part. De Gaulle, je ne l'ai rencontré qu'à Alger. »*

Le crépuscule est beau. Au milieu des enfants qui jouent au cricket, des nurses poussant leurs landaus et des joggers, nos gardes du corps détonnent. Le Président reste un long moment silencieux, puis murmure pour lui-même :

*« Et si je confirmais Mauroy pour deux ans ? C'est le meilleur possible. Lui au moins n'a pas d'ambition personnelle ! »*

**Dimanche 10 juin 1984**

Retour à Paris. Départ pour Solutré. Des manifestants pour l'enseignement privé souhaitent rencontrer le Président. Je les reçois à la préfecture de Moulins. Parmi eux, un homme de quarante ans qui se présente comme *« socialiste et catholique »* : *« Je vous en prie, dites au Président qu'il doit faire cette réforme par référendum. Elle ne peut être décidée sans un vote populaire. Expliquez-lui que limiter le développement de l'école privée, c'est casser l'espérance de tout parent de pouvoir donner une seconde chance à un enfant qui échoue dans le système public. Cela n'a rien à voir avec l'idéologie ni l'Église. C'est une seconde chance. Il ne peut pas être contre ! »* François Mitterrand demeure longuement songeur quand je lui rapporte ces propos.

Bavardant avec des journalistes après déjeuner, comme la tradition s'en est installée, François Mitterrand évoque la longévité des Premiers ministres : *« Cinq ans, ce serait un bon chiffre, mais, au bout de trois ans, on s'use... »*

**Lundi 11 juin 1984**

Bilan sur la guerre dans l'espace avant le voyage à Moscou. L'URSS est en avance : elle dispose depuis 1977 de « satellites tueurs » qui, en orbite basse, peuvent détruire d'autres satellites en projetant des billes d'acier. Les États-Unis s'attendent à ce que l'URSS, forte de cette petite avance, réclame un moratoire sur le développement futur de ces armes.

Partis en retard, les États-Unis auront mis au point l'an prochain un système plus efficace : un avion F15 pourra monter à 30 km et lancer un missile sur un satellite de détection en orbite basse. Trente-six F15 sont prévus à cet effet. Plus tard, ces missiles antisatellites pourront être lancés jusqu'aux plus hautes altitudes par des missiles Minuteman, et donc atteindre aussi les satellites géostationnaires.

Les États-Unis ne veulent, à ce stade, ni moratoire, ni contrainte d'aucune sorte. Les Américains travaillent en parallèle à des leurres pour tromper les antimissiles, à des explosions nucléaires dans l'espace pour saturer tout le système électronique — même si le traité de 1967 prohibe la mise en orbite de charges nucléaires —, au développement d'armes antisatellites de toutes sortes pour détruire les satellites « tueurs » de satellites.

En réponse à cela, l'URSS travaille à rendre ses satellites plus mobiles et moins vulnérables aux chocs, aux radiations, aux lasers. La course aux armements est relancée pour trente ans. Reagan a donné du travail au complexe militaro-industriel. Nos économies, à l'Est comme à l'Ouest, pourront-elles tenir ? La dictature à l'Est et le chômage à l'Ouest sont de plus en plus mal supportés.

Il faut enrayer cette course. Transformer l'analyse interne en courant externe, pour promouvoir l'arrêt de ces dépenses militaires spatiales. Hernu est contre, parce que les industriels le sont.

**Mardi 12 juin 1984**

Caspar Weinberger affirme que les armes spatiales américaines protégeront aussi l'Europe. Ce qui reviendrait à conserver notre sécurité au prix de notre souveraineté. Rien de plus dangereux pour nous.

Pour la France, le simple fait que le « bouclier » apparaisse déjà comme l'objectif principal des Américains porte dès maintenant atteinte aux fondements psychologiques et politiques de sa dissuasion. « Pourquoi, nous dira-t-on bientôt, dépenser des sommes si considérables à fabriquer de nouvelles armes de destruction massive alors qu'il sera bientôt possible de disposer d'un système purement défensif, donc moralement acceptable ? ». C'est pourquoi, à la différence des Américains, nous avons absolument besoin d'un accord prohibant le déploiement éventuel de cette défense stratégique, tout en autorisant les recherches.

Si l'URSS réussissait à son tour à se doter d'une même invulnérabilité, les missiles français et britanniques seraient alors caducs. Et la France serait ramenée, sur le plan de l'influence, au niveau de l'Italie.

En conséquence, prenant le contre-pied de la démarche américaine, le Président fait diffuser à la conférence de Genève un texte préparé par Hubert Védrine et Pierre Morel, définissant notre réticence sur l'utilisation militaire de l'espace :

- *« Limitation des systèmes antisatellites (existant déjà) et prohibition de ceux qui pourraient atteindre des satellites en orbite haute (n'existant pas encore) ;*
- *Interdiction du déploiement des nouvelles armes à énergie dirigée, capables de détruire les missiles balistiques ou les satellites ;*
- *Les engagements seraient de 5 ans, renouvelables ;*
- *Système de déclaration de mise sur orbite. »*

Nouvelle réunion entre le Président, Pierre Mauroy, Jacques Delors et Henri Emmanuelli sur les prélèvements obligatoires. François Mitterrand : *« Nous avons besoin en priorité d'une décision sur la taxe professionnelle. »* Contre l'avis de Delors, Pierre Mauroy en décide la suppression ; le Président approuve.

**Mercredi 13 juin 1984**

Sans le dire trop ouvertement au Président dont il espère qu'il le gardera aux Relations extérieures, Claude Cheysson fait campagne pour devenir président de la Commission européenne, contre l'Allemand Bidenkopf qu'il pense être son principal adversaire. Il m'envoie la copie d'une déclaration *« antifrançaise »* de cet Allemand (c'est celle de 1982 contre les Pershing, déjà bien connue) : *« Jacques, voici la déclaration dont je t'ai parlé ; il est vrai qu'elle est déjà ancienne. Je confirme qu'il ne parle pas français et que cette langue est utilisée à 60 % pour les travaux de la Commission de Bruxelles. »* Delors, lui, a le soutien de plusieurs ministres des Finances, dont l'Allemand Stoltenberg. Cela lui sera très utile pour pousser sa candidature.

Robert Armstrong me propose une nouvelle formule de compromis pour le chèque anglais : 1 milliard en 1984, 1,1 en 1985, puis, à partir de 1986, un taux de compensation du déficit britannique de 65 % ; et, pour la RFA, l'allégement d'un tiers de sa part. 65 % en 1986, c'est l'équivalent de 1,5 milliard d'écus, ce que nous avons refusé. Ce n'est pourtant pas si mal : jusqu'ici, Mme Thatcher réclamait 1,25 dès 1984. Mais attention, les chiffres cachent peut-être quelque chose...

**Jeudi 14 juin 1984**

Conversation avec François Mitterrand à propos de la mort du Christ : *« Il y a un certain nombre de catholiques très croyants, parfois même un peu fanatiques, qui en repasseraient assez facilement la responsabilité aux Juifs. Mais il y a aussi des incroyants qui ont raconté cette histoire et qui l'ont interprétée comme je le fais moi-même : Jésus est quelqu'un qui dérange alors la hiérarchie dirigeante du judaïsme. Il se produit là ce qui s'est produit du IIIe siècle jusqu'à nos jours, et qui inspire la conduite de l'Église par rapport à ses propres hérétiques. Songez qu'au XVIIIe siècle, on a encore condamné à mort et exécuté un garçon de dix-neuf ans, le Chevalier de La Barre, qui était accusé de n'avoir pas levé son chapeau et d'avoir souri de façon sarcastique pendant que passait le Saint-Sacrement. Comme, en plus, on avait vu une croix brisée sur le pont, qu'on avait entendu une troupe de jeunes gens chanter des chansons légères la nuit précédente... Le malheureux, il a été supplicié de façon horrible... Cela ne suffit pas à condamner l'Église en son entier. Je suis sûr qu'il y a beaucoup de prêtres qui pleurent encore ce crime, qui s'en désolent. Ce sont les hiérarchies qui poussent à l'extrême le souci de l'intangibilité de leurs dogmes. A l'époque du Christ, la hiérarchie, le Sanhédrin a dû dire :* "Cet homme nous embarrasse." *Ensuite, beaucoup d'autres ont été tués, beaucoup d'autres chrétiens qui étaient des éléments de trouble. Comme Jacques, Philippe ou Étienne. »*

Jacques, Philippe, Étienne ?

Le président Poher demande à rencontrer le Président pour lui parler de la loi sur la presse, de la limite d'âge à 65 ans dans la fonction publique, et de la loi sur l'enseignement privé. Il estime que la majorité du Sénat ne fera pas traîner en longueur la discussion de ce dernier texte. François Mitterrand le recevra très brièvement.

Jacques Delors nous envoie la première esquisse budgétaire pour 1985 : il propose 52 milliards d'économies, dont l'annulation de l'Opéra-Bastille, du Parc et du Conservatoire de La Villette, du transfert du ministère du Logement, du Centre international de la Communication à la Défense. Par ailleurs, il prend argument de l'existence d'une quatrième tranche du Fonds spécial des Grands Travaux pour en amputer le budget d'équipement, alors que ce fonds a justement été conçu pour pallier les éventuelles annulations budgétaires survenant en cours d'année.

Depuis 1981, le Budget n'a jamais accepté de financer une initiative présidentielle sans la compenser par des économies équivalentes dans un secteur voisin.

D'où l'importance de hausses de tarifs publics en juillet si l'on veut éviter ces massacres.

**Vendredi 15 juin 1984**

Charles Fiterman écrit à Mauroy pour s'inquiéter du budget de son ministère pour 1985 :

> *« L'actuel projet de budget des Transports apparaîtrait à juste titre comme un budget de régression, en contradiction avec la politique menée depuis trois ans, et lourd de conséquences en matière d'emploi, singulièrement dans les travaux publics.*
>
> *En formulant ces appréciations, je ne méconnais nullement les nécessités de la politique d'assainissement actuellement menée. Mais je crois que ce projet, sous couvert de rigueur, franchit les limites au-delà desquelles des conséquences insupportables seraient créées.*
>
> *Je vous demande de l'examiner en conséquence, en appelant votre attention sur l'urgence qui s'attache à la mise en place des solutions que je préconise et qui seules permettent de concilier les impératifs budgétaires avec les orientations constamment réaffirmées du gouvernement. »*

Caspar Weinberger proteste auprès d'Hernu contre la proposition contenue dans notre texte sur l'utilisation militaire de l'espace, car nous y parlons, comme les Soviétiques, d'interdiction du déploiement des armes spatiales :

> *« Nous sommes déçus que votre gouvernement ait décidé d'amener ces questions devant un parterre multinational de telle manière que les États-Unis pourraient être obligés d'en débattre publiquement et de se trouver en désaccord avec la position française.*
>
> *... Je pensais que nous vous avions fait clairement comprendre que nous étions prêts, à tout moment, à poursuivre nos entretiens sur vos préoccupations et à répondre à vos questions sur la défense contre les missiles balistiques et les problèmes qui y sont liés. Étant donné l'importance stratégique de ce sujet et la sensibilité de ses aspects techniques, je pense cependant que ces discussions doivent se dérouler discrètement, d'une manière qui convienne à l'étroitesse de notre alliance. Je ne crois pas qu'un débat public sur nos positions en matière de stratégie nucléaire dans le cadre d'une vaste rencontre multinationale soit utile ou approprié.*
>
> *Le texte que vous avez présenté à Genève soulève certaines questions telles que la saturation des systèmes antimissiles balistiques, la pénétration des défenses par des missiles de croisière et l'automatisation de certaines ripostes stratégiques. J'aurais souhaité que votre gouvernement ne cherche pas, en fait, à débattre de tels sujets lors d'un forum multinational au cours duquel d'autres parties soulèveront à des fins de propagande des questions préjudiciables à nos deux pays.*
>
> *J'espère vivement que nous pourrons éviter un débat public sur la position que votre gouvernement a présentée à Genève. Nous tenons beaucoup à reprendre en*

*privé un dialogue sérieux avec vous, dialogue qui, selon moi, pourra être très constructif, contrairement à une discussion ou même à une confrontation publique. »*

Ainsi sera-t-il fait.

**Dimanche 17 juin 1984**

Élections européennes : poussée de l'extrême droite. Le Front national obtient 10,95 %. Abstentions : 43,27 %. Le PS s'en sort tout juste. Avec 20,75 %, il perd 3 % par rapport à 1979. C'est son plus mauvais score depuis dix ans.

**Lundi 18 juin 1984**

L'accord est enfin trouvé avec les organisateurs sur le parcours de la manifestation du 24.

Le Président reçoit Shimon Pérès qui lui parle de la guerre Iran/Irak, *« qui se joue entre l'élément humain iranien et l'élément technologique irakien »*.

François Mitterrand, à propos de la discussion à Londres sur le terrorisme et la Libye : *« On ne peut faire sauter la France dans le dernier wagon d'un train qui est déjà parti. »*

L'architecte Roland Castro écrit au Président une très jolie lettre d'indignation :

> *« Je me permets de vous donner mon sentiment, ce 18 juin au matin. "Ça aurait pu être pire" a été ma première réaction, tant mes pérégrinations actuelles me font mesurer notre impopularité, notamment parmi les forces vives de la nation (...). Qu'avons-nous fait pour eux ? »*

**François Mitterrand** note : *Répondre dès aujourd'hui sur cette base :*
*1) l'action de Badinter*
*2) la politique culturelle*
*3) les radios libres*
*4) la politique des banlieues*
*5) l'ouverture européenne*
*6) la Haute Autorité*
*7) les droits des femmes*
*8) la politique à l'égard des immigrés*
*9) la politique à l'égard du Tiers Monde : la France y est le pays le plus populaire et le plus respecté*
*10) la formation des jeunes*
*11) la décentralisation, etc.*
*Et, malgré cela, les "force vives" sont contre nous ? Que veulent-elles ?*
*Lui dire que je le recevrai bientôt.*

C'est, à ma connaissance, la seule hiérarchisation faite par le Président des réformes accomplies depuis 1981.

Sur *Antenne 2*, Jacques Delors explique la *« mauvaise humeur »* des électeurs par le fait que les socialistes ne gouvernent *« pas assez clairement »*.

Sur *TF1*, Jean-Pierre Chevènement affirme que la politique économique actuelle n'est pas bonne et réclame *« un gouvernement de Salut public »* !...

**Mercredi 20 juin 1984**

Avant le Conseil, Anicet Le Pors me dit qu'il tente, avec d'autres, *« un triple coup de force au PC »* : idéologique *(« Nous sommes vidés, nous n'avons jamais remplacé l'URSS »)* ; organisationnel *(« Le centralisme démocratique nous sclérose »)* ; personnel *(« Il faut une nouvelle direction pour prendre en main tout cela »)*. Il ajoute : *« Certains, au PC, veulent se mettre sur le terrain de Le Pen, mais ils sont minoritaires. Que le PS ne nous critique pas pendant huit jours, ça aidera les modernistes. »*

Fiterman hésite à prendre la direction de la campagne contre Marchais ; celui-ci explique que la cause de l'échec des communistes aux élections européennes est leur présence au gouvernement.

Pendant le Conseil, je reçois une note de Chaussat, directeur du Budget, qui tient son administration avec courage et précision. Il démontre impitoyablement que la suppression de la taxe professionnelle, sur laquelle le Président et Mauroy comptent pour diminuer les prélèvements obligatoires, est techniquement impossible en 1985 : trop tard ! Jamais un haut fonctionnaire n'a osé ainsi écrire directement à l'Élysée, en court-circuitant son ministre. Je passe la note au Président. Il est convaincu. On y renonce. On trouvera autre chose : encore des hausses de tarifs publics, comme d'habitude.

L'important, pour un fonctionnaire, n'est pas de rédiger une note juste, mais de la faire passer au bon moment, au bon endroit. Ni trop tôt, ni trop tard. Ni trop bas, ni trop haut.

Pendant le Conseil, Pierre Mauroy fait retomber sur les communistes la responsabilité de l'échec de la gauche aux élections européennes. Marcel Rigout demande alors la parole pour lui répondre. François Mitterrand : *« Il est 12 h 25. A 12 h 30, je dois recevoir le Premier ministre danois avec qui je dois déjeuner... La séance est donc levée. »*

Nous partons pour Moscou. Premier voyage là-bas depuis 1981. Dès l'arrivée, en fin d'après-midi, nous sommes reçus au Kremlin par Constantin Tchernenko, vieillard pâle, parlant lentement et déjà malade, qui lit un long texte stéréotypé, émaillé de propos désagréables pour les États-Unis et l'Europe, paru presque tel quel dans la *Pravda* du matin.

François Mitterrand lui répond :

*« Cet exposé exprime le point de vue d'un grand pays et permet de parler franchement et utilement des problèmes du monde. Quelles que soient les positions de la France, nous tenons le plus grand compte des positions soviétiques. Rares ont été les occasions où nous avons été dans des camps opposés (les deux Napoléon et Alexandre, l'encerclement de 1918-1924). Nos pays n'ont aucune raison historique d'être en opposition. Je ne crois pas aux intentions bellicistes de l'URSS et je le dirai publiquement. Vous avez payé votre victoire de 20 millions de morts. Personne ne veut la guerre, mais elle peut arriver sans qu'on la veuille, parce que chacun aura voulu augmenter ses forces sans rien céder à l'autre. Il faut se soumettre à des conditions objectives. Notre force nucléaire est stratégique et non tactique, et repose pour l'essentiel sur des sous-marins. Nous continuerons à nous moderniser. A notre place, vous feriez comme nous. Notre force est autonome au sein d'une alliance. Elle n'est pas intégrée et ne dépend que de nos intérêts vitaux.*

*Pour moi, les SS 20 sont incompréhensibles et créent un risque objectif avec 750 têtes nucléaires dirigées sur l'Europe. Pourquoi ces fusées face à nous ? Pourquoi ? Parce que vous croyez que je peux devenir fou et vous tirer dessus ? Absurde ! Je préfère ni SS 20, ni Pershing. Mais, une fois les SS 20 installées, il faut un point d'équilibre. Vous ne pouvez pas compter nos fusées dans le total de l'OTAN. Si nous consentions à ce que nos 98 fusées (et demain davantage) soient décomptées dans le bloc atlantique, nous serions obligés de demander à nos alliés l'autorisation de développer nos armes. Je l'ai dit à Reagan. C'est impossible. Mais il y a de quoi négocier entre nous. Je ne suis fermé à aucune proposition. D'ailleurs, vous avez intérêt à ce qu'il y ait en Europe des peuples indépendants. La paix exige que les pays d'Europe s'organisent et acquièrent leur indépendance de décision ; l'URSS fait partie de ces pays. Vous avez parlé de zone dénucléarisée : où ? Danemark et Norvège n'en veulent pas. Le non-recours en premier à la force nucléaire est impossible pour la France.*

*... Enfin, sur les droits de l'homme, il faut prendre l'accord d'Helsinki comme il est, globalement. En particulier, je connais votre sensibilité quand on parle de cas comme Sakharov. L'accord signé sur la libre circulation des personnes doit être appliqué. Sans offenser personne. En respectant la souveraineté, mais en parlant franchement des problèmes, comme pour le cas que j'ai cité, celui de Sakharov, et quelques autres. »*

Durs et blêmes, Tchernenko et ceux qui l'entourent s'inquiètent : le Président parlera-t-il de Sakharov au dîner ?

En fin d'après-midi, on reçoit la traduction du discours que Tchernenko doit prononcer ce soir ; on nous prévient qu'il ne lira pas plusieurs passages de son toast, en particulier les plus sévères à l'égard de ceux qui voudraient donner des leçons à l'URSS en matière de libertés.

Avant de descendre dans la magnifique salle Saint-Georges, décorée de fresques religieuses et de portraits d'Ivan le Terrible, François Mitterrand nous réunit dans ses appartements du Kremlin et nous fait signe de nous méfier des micros dissimulés. On discute d'abord de la délégation française au dîner. Faut-il imposer Théo Klein, président du CRIF, qui nous accompagne, au risque d'un incident avec les Soviétiques qui n'ont pas approuvé sa venue ? *« Oui »*, dit le Président. Et Sakharov, faut-il en parler ? *« Si je prends le risque d'en parler, ma visite risque de tourner court, avec un retour à Paris demain matin. »* Claude Cheysson recommande la prudence. Le Président refuse : il en parlera.

Au dîner, je suis assis à côté de Petrossian, responsable soviétique de l'industrie nucléaire. Il me voit admirer les fresques et demande si j'ai reconnu Putiphar à côté de Joseph. Bien sûr, j'ai reconnu le général égyptien dont l'épouse accusa Joseph de l'avoir séduite ! Petrossian étale sa connaissance de la Bible de façon quelque peu insolente, provoquant les généraux et son voisin, Gvichiani, l'affairiste de la nomenklatura. Nul ne réagit pourtant.

Au milieu du dîner, Constantin Tchernenko prononce son discours, debout à sa place, face à François Mitterrand. Comme prévu, il omet de prononcer une phrase figurant dans le texte de son toast déposé à côté de nous : *« Ceux qui essaient de nous donner des leçons ne font que provoquer chez nous un sourire ironique. Nous ne permettrons à personne de s'ingérer dans nos affaires. »*

Après lui, le Président français se lève et entame son toast, traduit phrase à phrase par l'interprète parce que le texte — faute de temps, bien plus que de volonté délibérée — n'a pu être traduit : *« ... Toute entrave à la liberté pourrait remettre en cause les principes acceptés lors de cette conférence. C'est pourquoi nous vous parlons parfois des cas de personnes dont certaines atteignent une dimension symbolique (...). C'est le cas du professeur Sakharov et de bien des inconnus qui, dans tous les pays du monde, peuvent se réclamer des accords d'Helsinki. »* Au nom de Sakharov, Tchernenko sursaute. Le mot résonne deux fois, du fait de la traduction. Les visages russes se figent. L'atmosphère se glace.

François Mitterrand se rassied dans un silence compact. Tchernenko est pâle. Guédar Aliev, numéro trois du Parti, responsable des Transports, murmure à Charles Fiterman, son voisin : *« Il aurait mieux valu que Giscard d'Estaing soit réélu. »*

Après le caviar, l'ambiance se détend quelque peu. Des conversations s'ébauchent. Mikhaïl Gorbatchev, numéro deux du Parti, écarté progressivement du pouvoir depuis la mort d'Andropov, devise avec son voisin, sous les regards noirs de Constantin Tchernenko, assis en face de François Mitterrand, et d'Andreï Gromyko, placé à droite du Président français.

**François Mitterrand :** *Je m'étonne que vous ne soyez pas dans la délégation soviétique qui participe à nos entretiens.*

**Mikhaïl Gorbatchev :** *Cela ne dépend pas de moi, monsieur le Président.*

**Constantin Tchernenko :** *Pourquoi êtes-vous en retard ?*

**Mikhaïl Gorbatchev :** *Une réunion sur l'agriculture en Azerbaïdjan.*

**Constantin Tchernenko :** *Et que se passe-t-il là-bas ?*

**Mikhaïl Gorbatchev :** *Tout le monde dit toujours que tout va bien, mais c'est faux. D'ailleurs, l'agriculture dans toute l'URSS est un désastre.*

*« Depuis quand ? »* demande imprudemment Tchernenko.

*« Mais depuis 1917 »*, répond Gorbatchev, imperturbable.

Nous n'osons pas rire.

Après le dîner, le Président nous réunit de nouveau dans ses appartements. Il y a là Claude Cheysson, Maurice Faure, Claude Estier. *« On va voir si on est renvoyés demain. »*

**Jeudi 21 juin 1984**

A Carthagène, en Colombie, réunion des onze présidents des pays du Sud endettés, en vue d'obtenir une baisse des taux d'intérêt.

Ce matin, les mots du discours de François Mitterrand concernant Sakharov ne figurent pas dans le compte rendu de la *Pravda*, alors que le discours de Tchernenko est reproduit intégralement, y compris les passages non prononcés. On obtient des Soviétiques quelques promesses concernant des *refuzniki* et des doubles-nationaux.

Déjeuner privé au Kremlin. Le sénateur Chaumont, qui nous accompagne, explique au Président : *« L'école privée, cela n'a rien à voir avec l'Église. C'est le rêve de tout parent de laisser une seconde chance à ses enfants. »* Comme le socialiste de Solutré...

**Vendredi 22 juin 1984**

Mort du cinéaste Joseph Losey. Des images du *Servant* me viennent en mémoire, le visage de Julie Christie dans *The Go-between...*

Dans l'avion du retour, François Mitterrand me dit : *« Je cherche une sortie pour l'école, il faut déplacer le terrain. »*

A Paris, il reçoit Helmut Schmidt, qui lui présente le plan d'une unité franco-allemande que le Président transmet à son état-major particulier, avec la mention manuscrite : *« Texte important qu'il faut analyser de très près. »*

Pour Schmidt, *« les temps sont mûrs pour une nouvelle initiative commune franco-allemande dans le domaine de la défense : elle profitera à la fois à l'autonomie de l'Europe et exercera une pression indirecte sur l'Angleterre en vue de l'amener à participer à l'intégration européenne. Une initiative franco-allemande en vue d'une défense commune est également susceptible de donner aux Allemands plus de confiance en eux-mêmes et fera perdre aux tendances pacifistes une part importante de leur terrain ».*

Il suggère *« une déclaration unilatérale du Président de la République française, par laquelle la mission de la force de frappe nucléaire autonome sera étendue au territoire allemand. Un droit de regard* [Mitspracherecht] *n'est expressément accordé aux Allemands que dans la mesure où leur propre territoire est concerné ; à part ce cas, il ne leur sera explicitement pas accordé le droit de déclencher des engins.*

*... Il va sans dire que dans tous ces efforts, l'on ne saurait renoncer à l'Alliance de l'Atlantique-Nord avec les États-Unis d'Amérique, à la capacité de reconnaissance américaine non plus qu'à la dissuasion stratégique nucléaire des États-Unis, y compris les Pershing II et les GLCM. Sous condition de disposer de 30 divisions franco-allemandes, la présence de formations militaires américaines pourrait toutefois être très sensiblement réduite...*

*Le projet présenté se situerait dans le cadre du Traité de l'Atlantique-Nord et, en même temps, dans celui du Traité de l'UEO. Sa mise en œuvre n'exigerait pas d'instrument contractuel au sens du droit international, mais uniquement des décisions communes en application du Traité de l'Élysée (...). Si la France étend sa force nucléaire autonome en vue d'assurer également la protection de l'Allemagne, l'Allemagne peut et doit contribuer par l'importance de ses capitaux et sa grande puissance financière... »*

Après avoir lu ces propositions, le général Saulnier en fera une analyse critique : *« Elles ne reposent pas sur des bases réalistes. En outre, elles diminuent le couplage Europe/États-Unis sans lui apporter de substitut crédible. Un certain nombre de menaces venant de l'Est ne peuvent faire l'objet d'une riposte nucléaire française adaptée (...). C'est sans doute en pensant à cela que l'ex-Chancelier prévoit explicitement dans son schéma le maintien des Pershing II et des missiles de croisière américains sur le territoire de la RFA. La valeur ajoutée à la sécurité de la RFA par la garantie française semble très faible au regard de ces inconvénients. L'URSS y verra une raison supplémentaire de nier le caractère autonome des forces nucléaires françaises et de les comptabiliser par simple addition dans l'arsenal occidental. Aux États-Unis, certains y trouveront un argument supplémentaire pour tenter de diminuer les moyens américains nécessaires à la défense de leurs alliés européens. Pour équiper ses divisions supplémentaires, M. Schmidt propose que la France fasse un effort budgétaire aux dépens de ses forces nucléaires. L'ex-Chancelier semble ignorer que celles-ci sont seulement maintenues à niveau dans une optique de juste suffisance. »*

Teltschik m'appelle : la soufflerie cryogénique sera implantée en Allemagne, le synchrotron ira en France.

Sans doute en Alsace où il est prévu depuis longtemps. *« En Alsace ?* s'interroge François Mitterrand, *pourquoi pas ? Mais il faut à tout prix aider Mermaz. »* Mermaz ? Que lui a-t-il promis ? Grenoble s'est mise sur les rangs bien après Strasbourg...

**Dimanche 24 juin 1984**

Un million de personnes défilent à Paris dans le calme au nom de « la défense des libertés ». De Latché, François Mitterrand m'appelle. Il s'insurge qu'on puisse l'accuser de s'attaquer aux *« libertés »*. Celles-ci sont-elles vraiment mieux rotégées dans les écoles privées ?

**Lundi 25 juin 1984**

Je reçois Pierre Juquin : *« Je suis, à titre personnel, pour une modification du centralisme démocratique... Nous sommes un parti d'avenir si nous savons nous rénover. »* Charles Fiterman hésite à affronter Georges Marchais. Dans la journée, le Comité central du PC approuve le rapport de Claude Poperen, deux fois amendé par Marchais. Charles Fiterman n'a pas osé attaquer : il n'a pas de base locale.

Je comprends que Kohl proposera peut-être la candidature de Genscher à la présidence de la Commission.

Michel Foucault meurt. Je ne l'ai rencontré qu'une seule fois, il y a bien longtemps. Son œuvre m'a profondément marqué. Le pouvoir est bien, comme il le dit, une insaisissable abstraction, un implacable concept.

Dans l'après-midi, nous partons pour Fontainebleau où va s'ouvrir le Sommet européen. Tout se jouera une fois de plus sur le chèque britannique. En cas d'échec, tout est prêt pour fonctionner à Neuf. Élisabeth Guigou a bien travaillé. Londres le sait.

Le Sommet débute par un dîner à l'Auberge du Bas-Bréau. Mme Thatcher y résume le Sommet des Sept. Puis François Mitterrand raconte son voyage en URSS. Enfin, il énumère les compromis à trouver, et propose une contribution des Dix à la Grande-Bretagne d'un milliard en 1984 et 1985, puis de 60 % du déficit britannique. Mme Thatcher déclare vouloir 1,2 milliard en 1984, 1,25 en 1985, puis 90 % de son déficit. A la fin du dîner, elle veut *« beaucoup plus que 70 % »*. Les Neuf autres n'entendent pas lui accorder plus de 60 %.

Toute la nuit, je travaille avec le secrétariat du Conseil à la rédaction des conclusions que le Président proposera demain sur tous les sujets. Il faut viser juste pour éviter de rouvrir demain les discussions. Il faut mettre à profit tous nos voyages et toutes les discussions antérieures pour concéder à chacun ce qui lui tient le plus à cœur.

**Mardi 26 juin 1984**

Au petit déjeuner, pris à *L'Aigle Noir*, à Fontainebleau, Mitterrand et Kohl fixent le montant maximum à accorder à Margaret Thatcher à 65 % de sa contribution, l'Allemagne payant les deux tiers de sa part théorique (et non plus la moitié, comme l'année précédente). C'est aussi à cette occasion que se décide, sans que son nom soit néanmoins prononcé, la nomination de Jacques Delors à la présidence de la Commission. Chef-d'œuvre de dialogue politique entre deux alliés, deux complices qui n'ont nul besoin d'entrer dans les détails pour se comprendre :

**François Mitterrand :** *L'ordre du jour sera clair : le matin, le contentieux ; l'après-midi, l'Europe politique.*

**Helmut Kohl :** *On devrait aussi trouver un accord pour éliminer les douaniers d'abord entre la France et l'Allemagne. Il faut lever les frontières entre nous.*

**François Mitterrand :** *Sur le problème anglais, vous êtes plus intéressé que moi à trouver un accord pour cinq ans, car alors vous serez encore Chancelier, tandis que moi je vous enverrai des télégrammes d'encouragement. Il faut trouver un accord sur la base d'un remboursement très inférieur aux deux tiers. Tout dépend de l'humeur de Mme Thatcher.*

**Helmut Kohl :** *Et si elle n'accepte pas ?*

**François Mitterrand :** *Eh bien, il faudra se réunir cet été, à deux puis à six, pour éviter l'effondrement de la Communauté.*

**Helmut Kohl :** *Vous avez raison. Je ne sais pas où on va. Il est très difficile de parler avec elle.*

**François Mitterrand :** *Je ne suis pas pessimiste. L'histoire de la construction de l'Europe depuis quarante ans montre que la Grande-Bretagne dit toujours non au début, mais que si la France et la RFA font quelque chose ensemble, elle veut toujours en être.*

**Helmut Kohl :** *Sur la question de la présidence de la Commission, Mme Thatcher soutient Davignon. En principe, je vais proposer un Allemand, mais pas maintenant. A un moment où la Communauté devient importante, il faut avoir quelqu'un qui ne sabote pas tout.*

Information considérable : il renonce à une présidence allemande.

**Helmut Kohl :** *Vous m'avez cité un nom...*

**François Mitterrand :** *Il y a deux candidats français... mais je n'ai pas fait mon choix. Je leur ai dit que je soutiendrais l'un d'eux si un accord était possible avec les Allemands. On me dit que le candidat allemand ne satisfait pas les autres pays et qu'un autre candidat est en réserve...*

**Helmut Kohl :** *Je n'ai rien contre un Français à la présidence, mais Ortoli, l'actuel vice-président, ne parle pas l'allemand. On peut avoir un Français, mais à condition qu'il ne travaille pas contre les initiatives politiques que vous et moi prendrions.*

Cela est dit clairement pour écarter Claude Cheysson, trop lié à son goût avec Genscher, dont il se méfie.

**François Mitterrand :** *Bien sûr, on peut avoir un accord entre nous pour deux présidences, d'abord une française, puis une allemande.*

**Helmut Kohl :** *D'accord. Lubbers est favorable à votre candidat. Chez moi, Stoltenberg est son principal agent électoral. Nous verrons...*

**François Mitterrand :** *Non, il faudrait se décider maintenant, au Sommet.*

**Helmut Kohl :** *Très bien. Puisque nous sommes tous les deux d'accord pour que ce soit un Français, choisissons-le vite. Pour moi, le mieux est qu'il y ait un seul nom qui circule. Comme ça, à la fin, tout le monde est pour... sauf celui qui a lancé le nom !*

**François Mitterrand :** *Il faut que vous formiez son successeur, et qu'il devienne commissaire dès maintenant. Ou alors que vous le choisissiez plus jeune, sans le nommer à Bruxelles, pour rester maître du choix, le moment venu. Si un commissaire allemand était mis en place tout de suite pour être le futur Président, il serait vice-président, les choses se prépareraient... et il aurait le temps d'apprendre le français.*

**Helmut Kohl** éclate de rire : *Bidenkopf parle aussi bien le français que Delors parle l'allemand !*

Tout est dit sans que rien n'ait été dit.

Retour en séance. Il faut régler toute une série de contentieux avant d'aborder le plus difficile, en passant en revue les paragraphes : la discipline budgétaire, la maîtrise de la production laitière et la souplesse dans la gestion des quotas laitiers, les avantages pour les petits producteurs, le démantèlement des montants compensatoires positifs, la réforme des montants compensatoires sur le porc, l'augmentation des ressources propres, l'ouverture des négociations avec les États-Unis sur les produits de substitution, la compensation nationale de la TVA pour les agriculteurs allemands, la fixation des prix agricoles, les programmes intégrés méditerranéens, le renouvellement de l'accord de Lomé et l'élargissement à l'Espagne et au Portugal (donc problèmes : pêche, vin, fruits et légumes)...

Une fois cela réglé, et vite, l'ambiance est à l'accord. Chacun est euphorique : l'Europe peut enfin parler de grandes choses.

Reste l'ultime obstacle, le plus considérable : le contentieux britannique, qu'on examine juste avant déjeuner. Chacun est impatient de parler d'avenir, d'en finir avec cela. Brusquement, le problème britannique paraît dépassé, anachronique.

Mme Thatcher est isolée. Elle le sent, perd ses nerfs. On lui propose un milliard, puis 65 % de sa part, et rien de plus. Elle invective Kohl : *« Nous sommes avec la RFA les seuls payeurs nets de la Communauté. Nous pensions que la RFA, où nous avons des soldats, nous appuierait. »* Elle demande *« un pourcentage plus élevé d'un écart moins élevé ».*

Suspension de séance pour déjeuner. François Mitterrand dit à Mme Thatcher : *« C'est à prendre ou à laisser. »* Margaret Thatcher demande alors à rencontrer Helmut Kohl pour s'entendre avec lui. Mais le Chancelier s'aligne sur la position française. François Mitterrand la revoit : elle craque comme du verre, au bord des larmes. Elle veut conclure, sur n'importe quoi. Étonnant spectacle...

La séance reprend. François Mitterrand passe la parole à Helmut Kohl qui lance, impitoyable : *« Les Neuf proposent 65 %. »* Mme Thatcher demande 66 %. C'est accordé. Cela fera 1 066 millions d'écus pour cette année.

Deux comités *ad hoc* sont créés pour préparer l'avenir. Le premier pour *« élaborer et coordonner les actions... propres à renforcer et à promouvoir l'identité de la Communauté et son image auprès de ses citoyens et dans le monde ».* Il est chargé d'examiner un certain nombre de suggestions (instruments symboliques de l'existence de la Communauté : équipe sportive européenne, banalisation des postes frontières, frappe d'une monnaie européenne, lutte contre la drogue, jumelage de classes d'enfants). L'autre, plus important, pour préparer la réforme institutionnelle et ce que pourraient être une Union politique européenne et un Secrétariat politique. L'un et l'autre doivent rendre rapport au Sommet de Dublin.

En rentrant à Paris, le Président demande à Jack Lang de proposer la direction de la Villa Médicis à Bertrand Poirot-Delpech. Lang s'y oppose et fait accepter Jean-Marie Drot au Président.

Il trouve aussi une lettre longue et solennelle de Michel Rocard protestant contre l'autorisation donnée à la RFA à Fontainebleau de subventionner son agriculture :

> *« La satisfaction donnée à la demande allemande d'augmenter largement les compensations que la République fédérale donne à ses agriculteurs, probablement inévitable au niveau européen, et peut-être même bienvenue — puisqu'elle a contribué à rendre l'accord possible —, est totalement inacceptable pour toute l'agriculture française. Dans ces conditions, l'annonce de l'effort allemand, sans aucune annonce équivalente en France, soulèvera une colère immédiate et absolument générale. Déjà le milieu agricole était extrêmement agité. Avec la situation ainsi créée, c'est une jacquerie d'ampleur nationale qu'il faut prévoir.*

*Le seul moyen d'éviter cette explosion est de la prévenir. Cela implique des décisions — non pas des mises à l'étude, mais des décisions fermes et irrévocables — annoncées dès le Conseil des ministres de demain matin pour empêcher une mobilisation immédiate de la profession, toutes tendances et toutes organisations confondues. Je ne vois pas comment nous éviterions de nous approcher de l'ordre de grandeur de l'effort supplémentaire allemand, et, hélas, on paie toujours plus cher après les violences qu'avant (...). A mon sens, il est absolument nécessaire que le communiqué du Conseil des ministres de demain annonce :*

*1) que la France, devant les conséquences de cet accord européen, demande le report de tout paiement du superprélèvement laitier au 31 mars 1985 ;*

*2) que le gouvernement a décidé d'examiner avec la profession les conditions d'une contribution de l'État à l'amélioration de la compétitivité de nos exploitations — donc de leurs revenus — de manière à préserver notre situation relative dans la compétition avec l'Allemagne. Cet effort nécessaire est estimé à environ trois milliards de francs.*

*Je suis parfaitement conscient de ce que cela implique dans l'état actuel de nos finances publiques. Mais je ne pense pas qu'il y ait de choix alternatif, ce qui est en cause, au-delà même des revenus des agriculteurs, étant tout à la fois l'ordre public et la balance des paiements. »*

François Mitterrand n'apprécie pas : *« Il aurait pu trouver un commentaire moins étriqué d'un Sommet pareil ! »*

**Mercredi 27 juin 1984**

Au Conseil des ministres, alors que François Mitterrand rend compte du Sommet de Fontainebleau, Michel Rocard réclame des subventions pour les agriculteurs français. En vain.

Le Président écrit à Pierre Mauroy pour lui demander à nouveau où en est la préparation du Budget 1985 et de la réduction du déficit 1984. Delors propose de faire 50 milliards d'économies en 1985. C'est énorme.

François Mitterrand part pour Lisbonne et Madrid. Visite éclair pour prendre acte de l'élargissement. A Lisbonne, on parle tomates, sardines et vins. Mario Soares : *« Votre venue aujourd'hui marque le jour de notre véritable entrée en Europe. »*

Le projet de loi sur l'école est adopté en première lecture par l'Assemblée. Reste encore à passer au Sénat, qui votera contre. Or la session ordinaire va s'achever. Il faudra décider d'une session extraordinaire ou bien enterrer le débat jusqu'en octobre.

**Jeudi 28 juin 1984**

L'État refuse les concours publics à Creusot-Loire. C'est le plus gros dépôt de bilan jamais effectué en France.

Alain Poher vient expliquer à François Mitterrand que, s'il a proposé ce matin de repousser au mois de septembre l'examen du projet Savary au Sénat, c'est pour permettre aux esprits de se calmer. Il demande au Président de retenir le projet. François Mitterrand lui répond qu'il n'en est pas question : « *Le projet sera adopté et je déciderai pour cela d'une session extraordinaire du Parlement. C'est d'ailleurs moi qui ai rédigé les amendements de la loi Savary adoptés par l'Assemblée.* » Il ajoute : « *Dites à vos amis que je n'ai pas oublié les sifflets d'Angers.* »

Après le départ de Poher : « *Je vais faire quelque chose pour changer de plan. Mais ce n'est tout de même pas à lui que je vais faire mes confidences !* »

Comme il en a prévenu l'Élysée, Helmut Schmidt, dans son discours d'aujourd'hui au Bundestag, propose l'intégration militaire franco-allemande.

Je suis à Casablanca. Le Roi du Maroc me fait savoir par Reda Guedira qu'un accord va être signé, dans quelques semaines, entre le Maroc et la Libye, créant une union entre les deux pays. Le Président, que je préviens, ne veut pas y croire : cela remettrait en cause son voyage au Maroc, prévu pour fin août.

**Vendredi 29 juin 1984**

Puisque François Mitterrand en a refusé le report, le Sénat commence à examiner le projet de loi scolaire. Charles Pasqua demande publiquement au Président de soumettre le projet à référendum « *au sens de l'Article 11* » (référendum sur l'organisation des pouvoirs publics).

Charles Fiterman s'inquiète encore pour son Budget 1985. Il écrit au Président :

> « *J'ai adressé il y a deux semaines une lettre au Premier ministre portant sur la préparation du budget 1985 en ce qui concerne mon département des Transports. Il semble que les arbitrages qui seraient rendus dans les jours qui viennent ratifieraient le projet absolument désastreux établi par le ministère des Finances, et ne retiendraient donc pas les observations que je formule et les propositions raisonnables, inscrites dans l'objectif de réduction des prélèvements, que je présente et qui constituent à mes yeux le minimum nécessaire et acceptable sans graves conséquences dans l'opinion publique.* »

Ainsi, le même jour, s'annoncent avec Pasqua la fin de la crise scolaire... et, avec Fiterman, le départ des communistes du gouvernement.

**Dimanche 1er juillet 1984**

Le Président et Pierre Mauroy discutent encore de la baisse des prélèvements obligatoires. Delors a proposé 50 milliards d'économies en 1985. C'est considérable. Mauroy répond à la lettre du Président du 27 juin : faire des économies en 1984 « *aurait pour effet de dégager une marge de manœuvre financière de l'ordre de 10 à 11 milliards par rapport au projet de Budget 1985 présenté par Jacques Delors. Cette marge de manœuvre peut servir soit à réduire d'autant les quelque 50 milliards d'économies budgétaires prévues dans ce projet, soit à financer les allégements d'impôts dans le cadre de la baisse des prélèvements obligatoires.* » Il faut diminuer les impôts. Puisqu'on ne peut toucher à la taxe professionnelle, ne peut-on pas supprimer le 1 % de Delors ?

François Mitterrand me redit : *« Mauroy semble avoir retrouvé de l'énergie. Et il fait très bien son travail. L'idéal est d'avoir le même Premier ministre pendant au moins une législature. Et si je le confirmais pour deux ans ? »*

**Lundi 2 juillet 1984**

Delors va quitter le gouvernement pour se préparer à prendre son poste à Bruxelles. Qui va le remplacer ? Fabius ? Bérégovoy ? Un troisième ? Le Président penche pour Fabius. Mais, depuis janvier, Fabius attend autre chose.

Jean-Baptiste Doumeng me rend visite pour parler de l'effet produit par notre voyage à Moscou : *« Tout va bien avec l'URSS. Le "patron" a beaucoup plu. Sakharov, c'est de la blague, ne vous inquiétez pas. Zagladine viendra voir le Président dans vingt jours. Par contre, avec le Parti français, rien ne va. Il y a deux lignes au Bureau. L'une, dure, que dirige Fiterman, qui joue au con. Si Delors reste ministre des Finances, le PC quittera le gouvernement sur le vote du Budget 1985. La situation est grave, très grave. Mais rattrapable. »*

Je tiens encore à jour le programme de gouvernement dont le Président m'a chargé l'année dernière en allant en Chine... Ce sera pour un gouvernement Mauroy remanié. Mais quand ?

**Mercredi 4 juillet 1984**

Déjeuner habituel après le Conseil. On ne pense qu'à la crise de l'école. François Mitterrand ironise : *« J'ai les moyens de tenir, jusqu'à l'emploi de l'Article 16. Mais, si je le faisais, ce serait un coup d'État. Alors que si la droite, elle, l'utilisait, elle ne ferait que défendre les libertés ! Il y a une conjuration quelque part, à propos de l'école. Faut-il céder sur quelque chose pour tenir sur l'essentiel ? Par exemple, sur la titularisation ?*

*Je dois donc maintenant choisir entre une épreuve de force avec le Sénat, si je maintiens le texte, ou avec l'Assemblée nationale, si je le retire. Nous sommes d'abord des démocrates. Passer en force serait brouiller notre image. Quand la mesure est à son comble, il faut sortir du jeu, changer de pied. »*

Prépare-t-il un retrait ? Joxe réagit violemment : *« Cela ne servirait à rien de reculer. Il faut passer en force. Cela marchera si on a un gouvernement courageux et un Premier ministre fort »*, dit-il en regardant Pierre Mauroy dans les yeux.

François Mitterrand le remet à sa place : *« Discutez, discutez, c'est votre responsabilité. Mais dites-vous bien que les remaniements ministériels, c'est mon affaire. Il n'y a qu'un chef d'orchestre de la majorité, c'est Pierre Mauroy. Je veux que vous vous unissiez derrière lui. Est-ce clair ? »*

Autre discussion : quand annoncer les décisions sur les prélèvements obligatoires ? Le 14 juillet ? Oui, mais la hausse du téléphone interviendra six jours après et risque de brouiller le message. Demain à Aurillac, lors d'un discours devant les autorités locales ? Oui, mais lundi commencera inévitablement à être connue la hausse de l'essence, et certains ne manqueront pas de faire le lien avec la baisse des impôts. *« On donne d'une main et on reprend de l'autre... »*

François Mitterrand refuse d'en parler demain.

**Jeudi 5 juillet 1984**

Roland Dumas va réconforter le président du Sénat, très choqué par la façon dont le Président l'a reçu il y a quelques jours : *« Mais ne vous frappez pas, cher ami, il n'y a pas d'homme plus soucieux de conciliation et d'ouverture que Mitterrand. »* Le Sénat vote une motion demandant au Président de la République de décider d'un référendum sur le projet de loi relatif à l'enseignement privé.

En Auvergne, le Président, convaincu que la bataille est perdue par les laïcs, défend néanmoins le projet Savary. Il annonce qu'il y aura aménagement, et non suppression de la taxe professionnelle.

**Vendredi 6 juillet 1984**

Poursuite du voyage officiel du Président en Auvergne. Au Puy-en-Velay, François Mitterrand déjeune avec de vieux amis : Gaston Defferre, Michel Charasse, Roger Quilliot, Joseph Planeix, Arsène Boulay. Tous sont pour le retrait du projet de loi scolaire. Il écoute, mais ne dit rien. A Chamalières, il s'entretient avec Giscard qui lui demande lui aussi de renoncer au projet. Là encore, silence.

L'Assemblée rejette la demande du Sénat — dont Pasqua est l'inventeur — d'organiser un référendum sur le projet. François Mitterrand : *« Mais on ne peut pas faire de référendum ! La Constitution ne permet de faire de référendum que pour réformer la Constitution ou organiser les pouvoirs publics. Or la loi scolaire n'est rien de tout cela ! »*

Le choix du président de la Commission est déjà réglé entre François Mitterrand et Helmut Kohl. Pourtant, il n'est pas encore connu des autres. Et la campagne se poursuit. Lubbers écrit au Président pour plaider en faveur d'Andriessen :

> *« M. Frans Andriessen, le candidat pour lequel je demande votre bienveillante attention, est une personnalité réellement européenne. Tant aux Pays-Bas qu'à la Commission européenne, il s'est révélé être un homme politique chevronné, complet. M. Andriessen a été ministre des Finances de mon pays, et je puis vous assurer qu'il possède toute l'expérience et toutes les qualités requises, sur le plan juridique comme sur le plan économique. Il a toujours porté un vif intérêt à l'évolution culturelle en Europe, ce que je considère comme un atout supplémentaire. Ses connaissances de la langue et de la culture françaises lui procurent un avantage certain par rapport à d'autres candidats... »*

Curieux : Kohl a dit, il y a quinze jours, que Lubbers soutenait Delors... A la relecture, cette lettre de soutien à Andriessen manque, il est vrai, singulièrement d'enthousiasme...

**Dimanche 8 juillet 1984**

François Mitterrand est décidé. Il fait venir Charasse à Latché et lui demande de réfléchir à un référendum modifiant la Constitution afin de rendre possible le vote de la loi scolaire par un second référendum. Ce référendum sur le référendum permettrait de mettre fin à la discussion parlementaire. Mais le Président explique à Charasse qu'il ne souhaite pas, en fait, qu'un tel double référendum ait lieu. Il s'inquiète même d'une telle extension qui permettrait, si elle était décidée, d'organiser un référendum sur la restauration de la peine de mort ou sur les droits des immigrés. C'est pour lui une façon élégante d'enterrer le problème scolaire, voilà tout.

Le Président : *« Même si un premier référendum réussissait à réformer la Constitution et à rendre possible le référendum sur l'école, celui-là, je ne le ferai jamais. Il diviserait trop la nation. »* Jospin, mis dans la confidence, est d'emblée favorable, mais s'inquiète des réactions de Mauroy et de Joxe. Il est prévu que Charasse rejoindra le Président après-demain au Caire pour reprendre la discussion. François Mitterrand exige de Jospin et Charasse le secret le plus absolu.

**Lundi 9 juillet 1984**

Dans l'Airbus nouvellement aménagé, en vol vers Amman, le Président reçoit en tête à tête plusieurs visiteurs. C'est un moment très particulier des voyages présidentiels : le Président, seul à l'avant, fait appeler qui il veut. Il n'y a que trois places autour de lui. Le voir est le minimum. Le comble de la faveur est d'être convié à déjeuner. L'aide de camp vient chercher l'élu, faussement modeste...

*« Faut-il retirer le projet de loi ?* me demande-t-il. *Pourquoi sont-ils contre nous ? »* Je lui rappelle les gens rencontrés à Solutré, qui voyaient dans le privé l'occasion d'une seconde chance pour leurs enfants. *« Que faire d'autre ? »*

A Amman, le ministre jordanien des Affaires étrangères m'interroge : *« Que pensez-vous de Pérès ? Que pouvons-nous lui dire ? Nous voudrions parler avec lui sans préalable. »*

François Mitterrand et le Roi Hussein s'entretiennent longuement de l'Irak :

**François Mitterrand :** *En cas de victoire de l'Iran, les ondes de choc seraient immenses. Il faut souhaiter un arrangement frontalier, mais on est au-delà de la raison. Pour nous, par rapport à l'idée que nous nous faisons du monde arabe, il est important que l'Irak résiste. Il faut l'aider. Cela nous vaut l'hostilité de l'Iran, mais nous y sommes prêts.*

*Nous ne sommes pas passifs dans cette région. Et ici, rien ne peut se faire sans vous.*

**Hussein :** *Je suis d'accord sur tout. L'Irak est un pays vital pour l'avenir de la région. Nous avons espéré qu'après 1967, les États-Unis joueraient un rôle positif dans la recherche de la paix sur la base de la Résolution 242. Mais, peut-être parce que nous n'avons pas bien plaidé notre cause, les États-Unis ne l'ont pas fait. Nous avons assisté à une érosion constante de la position américaine dans la région. Nous avons toujours dit que des aménagements de frontières étaient possibles et que Jérusalem, une fois rendue à sa propriété arabe, pouvait devenir un symbole de paix.*

*Il faut une conférence avec les Cinq Grands et les Palestiniens. Vos efforts ont permis d'éviter une polarisation Est/Ouest dans la région. Nous sommes préoccupés du problème palestinien. Nous sommes proches du moment psychologique où tout effort deviendra vain. On risquera alors un cataclysme mondial. En arrivant en 1953, j'ai trouvé une situation dans laquelle les Juifs ne pouvaient aller à Jérusalem parce qu'ils interdisaient eux-mêmes aux Arabes chrétiens* [d'Israël] *d'aller prier à Jérusalem. Si le Likoud gagne les élections, on ira vers des dangers encore plus grands. Les travaillistes sont plus modérés. Nous disons à l'OLP qu'il faut être réaliste. J'ai étudié avec Arafat ce qu'il faudra faire s'il y a un changement en Israël.*

*Par ailleurs, nous étudions avec l'Arabie Saoudite des plans d'intervention d'urgence en commun en cas d'invasion iranienne des pays du Golfe, si nécessaire.*

**Mardi 10 juillet 1984**

A l'Assemblée, le projet de loi sur les concentrations dans la presse est adopté en seconde lecture. Rejet d'une motion de censure.

Roland Dumas dit à François Mitterrand qu'Alain Poher est encore sous le choc de sa visite et que le Président devrait faire un geste pour le calmer. Au téléphone, d'Amman, celui-ci demande à Jean-Louis Bianco, resté à Paris, d'*« assurer Poher de ses bons sentiments »* et de le prévenir, sans autre précision, qu'il va prendre *« une initiative intéressant le Sénat »*.

**Mercredi 11 juillet 1984**

Nous quittons Amman pour une brève escale au Caire, à bord du Mystère 50 où se trouvent également Cheysson et Vauzelle. Le reste de la délégation est reparti directement pour Paris. Pendant le vol, on discute encore de l'école « libre ». François Mitterrand : *« Je vais changer de pied. »* Rien de plus.

Au Caire, déjeuner avec Moubarak.

**Moubarak :** *Quand on voit la façon dont le Président est choisi aux États-Unis, cela m'ôte toute confiance en ce pays. Shultz est contre le dialogue avec l'OLP, mais Reagan et Weinberger sont plus ouverts. Les États-Unis sont prêts à parler avec le Diable, si c'est dans leur intérêt. Ils sont déchaînés contre nous. Vous vous rendez compte : Shultz m'a accusé de me servir de la Maison Blanche pour faire ma publicité !*

Au moment de redécoller pour Paris, Charasse nous rejoint ; Cheysson nous quitte pour se rendre à Jérusalem à bord de l'avion qui a amené Charasse. Le Président demande à Michel Vauzelle et à moi de le laisser seul avec Charasse dans la première cabine, *« parce que nous avons des papiers à étaler »*. Une demi-heure plus tard, on se retrouve tous pour parler des élections.

**François Mitterrand :** *Si la droite gagne en 1986, les chefs peuvent tous refuser le poste de Premier ministre et organiser une sorte d'*empeachment. *Je pourrais atténuer la défaite en prenant comme Premier ministre un homme de droite important qui les trahirait pour pouvoir être candidat aux présidentielles de 1988. Le mieux serait quand même de gagner les élections de mars 1986. Mais ce sera difficile.*

Nous atterrissons vers 20 heures. Pierre Mauroy nous attend à l'aéroport. François Mitterrand lui annonce qu'il compte annoncer demain soir à la télévision qu'il veut organiser un référendum sur un texte modifiant la Constitution, afin de rendre possible un référendum sur l'école. Il ne lui dit pas qu'il souhaite le voir échouer. Ni qu'il veut, en attendant, retirer le projet Savary. Il devine un Mauroy très engagé sur ce texte, désirant le faire passer en force, alors que lui-même espère bien l'amener peu à peu à l'enterrer.

En arrivant à l'Élysée, François Mitterrand trouve sur son bureau, au-dessus des quinze parapheurs habituels, une lettre de Laurent Fabius à propos du Budget 1985, trop rigoureux à son goût :

*« Hors de France pendant une semaine, j'ai pris à distance connaissance de la presse, avec les handicaps mais aussi les vertus de l'éloignement. Et je souhaite vous exprimer mon incompréhension devant des "informations" qui y sont rapportées.*

*Tout le monde semble interpréter vos propos sur la taxe professionnelle comme signifiant qu'il n'y aura pas suppression de cet impôt, mais aménagement en 1985 à hauteur de 10 milliards de francs. Je ne sais si c'est votre orientation, mais, si tel est le cas, je souhaite vous marquer ma perplexité.*

*... J'ai lu aussi qu'on s'apprête à supprimer le 1 % Sécurité sociale. Je n'y comprends, là, rien du tout. D'une part, personne, jusqu'aux débats récents, n'a réclamé la suppression du 1 %. Ainsi — modeste exemple — je n'ai jamais reçu dans ma permanence quelqu'un qui m'en parle. D'autre part, si, grâce au remarquable travail de Pierre Bérégovoy, les comptes sont en équilibre cette année, personne ne peut dire que ce sera le cas en 1985, et tout indique au contraire, à partir de 1986, des déficits. Vous serez donc amené à rétablir alors une cotisation ! J'ajoute que je ne comprends pas bien la démarche économique d'ensemble : si nous avons 10 à 15 milliards de "mou", il me paraîtrait plus intéressant de les consacrer aux BTP, à la formation, à la filière électronique, qu'à une hausse de la consommation.*

*J'avoue enfin que ce qui est projeté dans le budget 1985 pour la Recherche et l'Industrie complète ces interrogations : baisse prévue des crédits (en francs réels) pour la recherche, qui constitue, dit-on, une priorité de notre politique ; assurément le plus mauvais budget de la Recherche depuis 1976 pour les emplois de chercheurs ; recul des engagements pour l'industrie par rapport à l'an dernier. Tout cela deviendra,* deviendrait *vraiment difficile à comprendre... »*

Pendant que je me précipite à « Apostrophes » pour un de mes livres, François Mitterrand examine le projet de sculpture d'Arman, prévu pour décorer le hall d'entrée de l'Élysée. Puis il part rue de Bièvre où il reçoit à dîner Legatte, Charasse et Marcilhacy. Daniel Mayer, invité également, est en croisière, injoignable. Tous les convives lui disent que, de toute façon, le projet Savary sera annulé par le Conseil constitutionnel. Autant l'arrêter tout de suite. C'est le point final.

A 23 heures, le Président fait annoncer à l'AFP, par le permanent de l'Élysée, qu'il interviendra demain soir à 20 heures, sur *TF1*, sans préciser le thème de son intervention.

### Jeudi 12 juillet 1984

Au Conseil des ministres, chacun attend une explication du Président sur son intervention de ce soir. Il reste muet.

Au déjeuner, surréaliste, nul n'ose en parler ni poser la question essentielle : que va-t-il dire ?. Le menu est particulièrement austère (salade de haricots verts, poisson aux épinards, fruits), les mines également. François Mitterrand : *« L'opinion n'est pas avec nous sur l'école privée. C'est devenu un très grave problème politique. La conjuration se resserre. Il faut changer de plan. Certes, la loi n'est pas mauvaise, mais si on continue comme ça, les élections de 1986 se joueront là-dessus et nous serons battus. Faut-il forcer le destin et faire voter une loi qui serait ensuite annulée, pour l'essentiel, par le Conseil constitutionnel, ou par la droite au gouvernement (car alors, soyez-en sûrs, les élections de 1986 sont perdues) ? La loi telle qu'elle est n'est pas mauvaise, mais les Français n'y sont pas prêts. Par ailleurs, il faut que je mate le Sénat pour éviter qu'il ne recommence dans l'avenir cette sarabande sur la loi électorale. Si on n'agit pas massivement, on est battus. Ce qui est malheureux, c'est que c'est toujours à nos amis qu'on demande des sacrifices. Il faut avoir du courage... Qu'en pensez-vous ? Comment sentez-vous l'esprit public ? »*

Joxe, Jospin, Fabius, Defferre, Quilès sont pour changer de terrain.

**Fabius** dit : *Il faut changer de pied et avoir un nouveau programme de gouvernement cohérent fondé sur deux principes : sécurité des villes, formation des hommes.*

Cela sonne déjà comme le plan d'un discours d'investiture.

**Mermaz :** *Non, il faut continuer et passer en force. Je ne vois pas quoi faire d'autre que maintenir la ligne de votre discours d'Auvergne.*

**Mauroy :** *Il faut maintenir le texte Savary. Tout cela est idiot, et très simple. Si on pouvait donner plus d'argent aux gens du privé, ils seraient avec nous.*

Le Président ne dit rien de ses intentions pour ce soir. Le déjeuner s'achève sur un consensus général (sauf Mauroy) : il faut être beaucoup plus brutal... contre l'immigration clandestine !

Après déjeuner, le Président envoie Bianco s'excuser auprès de Mgr Lustiger de ne pas pouvoir le recevoir aujourd'hui, comme prévu. Il veut éviter de paraître négocier avec lui. Secret absolu : nul n'est informé de ce qu'il prépare. Il travaille à son texte avec Jospin et Charasse, dans le bureau de Colliard, le sien étant occupé par les télévisions qui s'installent. Il interdit son secrétariat, où chacun passe d'habitude librement.

A 19 heures, François Mitterrand réunit Mauroy, Mermaz, Joxe et moi dans mon bureau. Il ne nous dit rien. Puis il passe dans son propre bureau et lit son texte en direct, à 20 heures. Mauroy, Joxe, Mermaz, Dumas regardent l'émission dans mon bureau, très tendus. Le Président annonce sa proposition de référendum sur le référendum et le retrait de la loi sur l'école privée de l'ordre du jour de la session extraordinaire du Parlement. Dès le texte prononcé, il nous rejoint : *« Nous étions encerclés. Nous sommes sortis. Mais on ne sort jamais sans pertes. Reste à établir la nouvelle loi sur le référendum. Si la réforme passe, je n'accepterai jamais de référendum ni sur le rétablissement de la peine de mort, ni sur la réforme de la loi électorale. »*

A moi, il ajoute un peu plus tard : *« Ce référendum n'aura jamais lieu. En France, on ne règle les problèmes qu'avec des crises. Et il faut aller au paroxysme avant de les résoudre. »*

Badinter téléphone : il est très hostile à cette réforme du droit référendaire. Il craint qu'un référendum ne rétablisse la peine de mort. Le Président, ironique, lui dit : *« Eh bien, arrangez-vous pour que le référendum n'ait pas lieu. »*

Alain Savary écrit une lettre de démission à François Mitterrand et la garde par-devers lui, pour l'instant. Il demande à voir Pierre Mauroy demain matin.

**Vendredi 13 juillet 1984**

Je prends le petit déjeuner avec Jacques Delors, alarmiste : *« Il n'y a plus de Premier ministre. Le franc va être attaqué. Le Président doit réagir... »*

Mauroy est déstabilisé. Je le trouve « ailleurs », déjà.

Réunion sur le Budget 1985. On précise la question du référendum : *« Voulez-vous ou non rendre possibles des référendums sur les libertés ? »*

Vadim Zagladine confirme à Jean-Baptiste Doumeng sa venue en France. Le Président le recevra à Latché. Très gai, il fixe le rendez-vous, puis il revient sur la crise scolaire : *« Je n'ai pas voulu augmenter mes pouvoirs en élargissant le champ du référendum. Au contraire, je serais prêt à faire des référendums sans m'engager dessus, à les banaliser... Delors va aller à Bruxelles. Il faut le remplacer par un homme rassurant. »*

Je vois Maurice Fleuret, directeur de la Musique. Il faut sauver l'Opéra-Bastille dans le Budget ; il faut obtenir en échange de ne pas conserver la même convention collective, qui le rendrait ingérable.

Savary remet sa démission à Pierre Mauroy. Et veut le pousser à démissionner avec lui. Mauroy refuse. Le Président envoie Bianco chez Lustiger en secret. Celui-ci se montre très aimable et approbateur.

François Mitterrand fait dire aux laïcs, par Charasse : *« Ne vous inquiétez pas. Le référendum n'aura pas lieu, car le Sénat refusera la révision constitutionnelle. »* Bouchareissas lui répond : *« Mais ce n'est pas ça qu'il faut faire ! Il faut un référendum pour ou contre la laïcité. Et là, on aurait 80 % de gens pour nous ! »* Il n'a rien compris.

La droite ne sait pas quelle réponse donner à la question posée. Poher voit bien le piège : il ne veut pas d'un référendum de réforme constitutionnelle, que le Président gagnera. Le Président le reçoit. Poher lui suggère de faire réformer la Constitution par le seul Parlement réuni en Congrès, *« puisque chacun est d'accord pour rendre possibles ces référendums ».* Le Président hausse les épaules et refuse : *« Pour réformer la Constitution, ce sera un référendum ou rien. »*

Poher propose aussi qu'une fois la Constitution réformée, le Conseil constitutionnel donne un avis préalable sur la constitutionnalité de tout projet soumis à référendum au titre de l'Article 11. Si l'avis du Conseil est négatif, le Président de la République, pour passer outre à cet avis, devrait considérer son projet comme une révision constitutionnelle, laquelle suppose au préalable le vote sur un texte identique des deux Assemblées — ce qui est, en fait, une façon subtile de conférer un droit de veto au Sénat. Le Président : *« Ce n'est pas lui qui a trouvé ça tout seul. Il a d'ailleurs eu du mal à me l'expliquer. »*

François Mitterrand appelle Laurent Fabius et parle du changement de gouvernement. C'est pour plus tard, Mauroy doit rester pour gérer cette crise. La promesse de janvier tient toujours. Le Président relit encore une fois le projet de programme gouvernemental que j'ai proposé. Et l'annote. Il me demande de le présenter sous la forme d'une lettre au Premier ministre autour du thème de la liberté pour la France et les Français. *« Cela fixerait le cadre et le contenu d'une campagne électorale qui va maintenant durer vingt mois. »*

Je bavarde avec Pierre Mauroy qui me paraît lointain, distant. Toujours aussi fidèle et désireux d'être utile, mais déstabilisé.

**Samedi 14 juillet 1984**

Avant le défilé, je redis à François Mitterrand combien j'ai trouvé Mauroy déconcerté, hier. Le Président : *« Peut-être. En tout cas, il n'est pas question de le laisser partir maintenant. Il doit gérer cette crise jusqu'au bout. »*

Devant Yves Mourousi, sur *TF1*, à 13 heures, dans les jardins de l'Élysée, il confirme le retrait de la loi Savary : *« La loi dite Savary disparaît dès lors que le processus référendaire est engagé au niveau parlementaire. »* Mauroy vient vers moi dans la cohue de la réception. On parle du Budget 1985, longuement. Les ultimes arbitrages sont très difficiles. Fiterman a menacé, hier, de démissionner. Puis : *« J'ai mal entendu, je n'avais pas de téléviseur. Qu'est-ce qu'il a dit, tout à l'heure, sur la loi Savary ? Elle est retirée, ou elle disparaît ? »* Je lui confirme qu'elle disparaît. *« S'il a dit ça, je dois partir. »* La cohue l'entraîne. Il va le rappeler au Président, au fond du parc, qui lui répond : *« Restez, on va faire la campagne du référendum ensemble. »* Mauroy rentre à Matignon. Robert Badinter me répète qu'il est hostile au référendum populaire : *« Cela conduirait à rétablir la peine de mort. »*

Le soir, le Président m'appelle de Latché pour me demander de réfléchir à nouveau à la formulation de la question du référendum. *« J'espère bien que votre travail sera inutile. »*

**Dimanche 15 juillet 1984**

Mauroy téléphone à Latché pour confirmer sa démission. Le Président la refuse à nouveau. *« Restez, on a encore beaucoup de choses à faire ensemble. »* Mauroy maintient sa démission et lui envoie sa lettre par fax (c'est la première fois que cet instrument est utilisé à cette fin). Le Président n'insiste plus.

**Lundi 16 juillet 1984**

La démission de Mauroy est encore secrète. François Mitterrand reçoit Delors pendant deux heures. Il lui apprend que Mauroy s'en va. Delors s'inquiète : sera-t-il ou ne sera-t-il pas Premier ministre ? François Mitterrand lui parle de son avenir à Bruxelles. Delors comprend : ce ne sera donc pas lui. Mais le Président ne lui dit pas qui va remplacer Mauroy.

A 11 heures, le Président demande à Bianco et à Fournier de préparer un texte de nomination d'un nouveau Premier ministre, le nom en blanc. Il ne leur dit pas son choix. Ils en sont vexés. Juste après, il m'appelle et m'annonce : *« Ce sera Fabius. Je l'ai choisi pour sa jeunesse. Ne dites encore rien à personne. La date de sa nomination n'est pas encore arrêtée. »*

Déjeuner avec Jean-Baptiste Doumeng. Il s'inquiète du départ des communistes du gouvernement, qu'il sent imminent.

**Mardi 17 juillet 1984**

Petit déjeuner en tête à tête entre François Mitterrand et Pierre Mauroy. Celui-ci confirme sa démission et demande au Président de trouver un poste pour ses collaborateurs : pour Delebarre, une préfecture. François Mitterrand reçoit ensuite Laurent Fabius, à qui il ne dit rien encore ; puis Fiterman, à qui il demande de rester au gouvernement. Il apprend la démission de Savary qui, furieux, la rend publique.

Je déjeune par hasard ce jour-là avec Philippe Séguin à l'Élysée. Il a l'élégance de ne rien me demander. Il me dit : *« Avec son truc, le Président a fait tilt. Bien joué ! »* Il s'amuse des journalistes, de plus en plus nombreux dans la cour, qui ne l'ont pas vu entrer et pourraient, s'il sortait par la grande porte, se livrer à bien des spéculations.

Dans l'après-midi, Pierre Mauroy confirme au Président qu'il ne reste pas. A 17 heures, le Président me prévient : *« Je viens de prendre une grave décision. J'ai accepté la démission de Mauroy. C'est pour ce soir. »* Il me demande de prévenir Fabius puis, dans l'ordre, Delors, Bérégovoy, Mermaz et Bianco. Et d'exiger d'eux le secret.

J'appelle Laurent Fabius, qui me dit apprendre ainsi sa nomination. Puis, j'annonce la nouvelle à Delors, Bérégovoy et Mermaz. Manifestement, elle ne déchaîne pas l'enthousiasme.

A 19 heures, Pierre Mauroy arrive à l'Élysée. Au bout d'une demi-heure de tête-à-tête, François Mitterrand m'appelle. Il y a beaucoup de tristesse et d'affection entre ces deux hommes. Nous sortons du bureau par la porte qui conduit à l'ascenseur intérieur, puis de là au parc où attend la voiture de Pierre Mauroy. Celui-ci parti, François Mitterrand me dit : *« C'est le moment le plus pénible de mon septennat. »* Il perd celui qui restera, à mon avis, son meilleur Premier ministre. A 20 h 25, la démission du gouvernement est rendue publique, ainsi que la nomination de Fabius.

Dans la soirée, Laurent Fabius reçoit Georges Marchais, revenu tout exprès de Roumanie, Charles Fiterman et André Lajoinie. Marchais souhaite que le PC reste au gouvernement. Pas Fiterman. Fabius leur propose deux ministères : le Plan et l'Énergie. Ils refusent ; ils veulent davantage. Fabius appelle le Président qui lui répond : *« N'acceptez aucune condition. Même s'ils doivent partir. »*

A 23 heures, le Président m'appelle : *« Nous sommes en train de réussir économiquement, on ne peut leur céder. C'était prévisible. La rigueur est intolérable pour eux. J'ai dit à Fabius de ne rien négocier, de ne rien céder. Si le premier référendum échoue, je m'en moque ; au contraire, ça m'irait très bien. J'ai lancé un ballon de rugby, je ne souhaite pas que l'adversaire le ramasse. »*

A l'aube, la rupture avec le PC est annoncée. Marchais repart finir ses vacances chez Ceausescu.

Au total, le PC n'aura eu, en trois ans, qu'un préfet, deux sous-préfets, un recteur, quatre directeurs d'administrations centrales, la présidence de la RATP, des Charbonnages de France et de deux petites banques. Cela n'empêche nullement la campagne de la droite sur le thème du « noyautage » de l'État.

**Mercredi 18 juillet 1984**

Laurent Fabius forme le gouvernement. Seul le Président est informé de ses démarches.

Au cours de cette journée où il n'est plus rien, Jack Lang, toujours soucieux de ses intérêts dans le cadre du Budget 1985, essaie d'obtenir un arbitrage plus favorable à la Culture que celui de Pierre Mauroy. Style inimitable :

*« Vos collaborateurs font un admirable travail pour la préparation du Budget 1985. Ils s'efforcent en particulier de concilier l'exigence de rigueur et le souci de ne point mettre en péril les actions qui ont réussi et qui préparent l'avenir — et je pense notamment à notre petit ministère.*

*Puis-je, au moment où vous rendez votre arbitrage final, vous dire ce qui me paraît devoir être le minimum en deçà duquel notre travail serait gravement compromis :*

*1) Actualisation à 4,7 % de l'ensemble des crédits de fonctionnement (titre III et titre IV) sur la base de la loi de finances initiale, soit 5,841 milliards.*

*2) Réduction des AP non pas de 200 millions, comme il est souhaité par les Finances, mais de 50 millions.*

*3) Maintien à 1,6 milliard des crédits de paiement (pour compenser les injustes annulations dont nous avons été victimes).*

*Les Finances s'acharnent injustement sur notre petit budget, en oubliant l'ordre de grandeur des diverses masses. Nous représentons 7 milliards sur les 1 000 milliards du budget de l'État. Nous représentons 7 milliards sur les 1 800 milliards de prélèvements publics nationaux (État et Sécurité sociale). Nous représentons 35 km d'autoroutes urbaines ! Pourrais-je vous rencontrer un bref instant, si cela vous est possible ? Pardonnez-moi d'avoir une fois encore abusé de votre patience. »*

Il aura gain de cause et restera ministre de la Culture.

François Mitterrand impose finalement Jean-Pierre Chevènement à l'Éducation nationale au lieu de Michel Rocard, auquel Fabius pensait, après que le Président eut refusé sa première idée (Jean-Louis Bianco) et celle de Lang, qui se proposait lui-même. Pierre Bérégovoy ira aux Finances. C'est également une idée de François Mitterrand. Georgina Dufoix aux Affaires sociales : c'est une idée de Fabius, tout comme Curien à la Recherche et Calmat à la Jeunesse. Joxe va à l'Intérieur et quitte donc la présidence du groupe à l'Assemblée. Gaston Defferre ne garde que le Plan et l'Aménagement du Territoire. Cheysson m'appelle par deux fois et fait le siège de Fabius. Il reste aux Relations extérieures, alors que Dumas se voyait déjà dans le fauteuil de Talleyrand. Fabius propose l'Emploi à Delebarre, le directeur de cabinet de Mauroy, qui refuse : il préférerait une préfecture de région. Mais, par erreur, son nom va quand même être annoncé sur le perron de l'Élysée : il ne pourra plus reculer.

Le Président relit une dernière fois la lettre au Premier ministre que j'ai préparée depuis un an à l'intention de Pierre Mauroy. Il me demande de la remettre à Laurent Fabius... Elle révèle assez bien l'esprit du moment et le goût des réformes, encore vivace dans quelques bureaux de quelques palais nationaux.

*« Monsieur le Premier ministre,*

*Voilà maintenant trois ans que s'est engagée notre action. Il est temps de tirer un premier bilan, sans complaisance, avec ses réussites mais aussi ses lacunes, ses lenteurs, voire ses échecs. Avant de tracer pour les prochaines années des perspectives claires : sans ambition précise, il n'est pas d'effort utile.*

*En 1981, la France n'était pas seulement affaiblie ou assoupie, comme nous le pensions. Elle était triplement menacée :*

*— menacée dans son indépendance économique : un appareil industriel vieilli, une compétitivité faible rongée par une inflation considérable et par des investissements insuffisants, un niveau de formation très médiocre comparé à la situation de nos partenaires, des capacités d'invention sous-utilisées, une mauvaise adaptation aux exigences des technologies nouvelles ;*

*— menacée dans sa paix sociale : du fait de la crise, les inégalités, dont se nourrit la hausse des prix, s'étaient accrues ; les conditions de travail et de vie urbaine s'étaient dégradées ; le chômage, qui touche toujours d'abord les femmes et les jeunes, croissait à un rythme insupportable ; enfin, le système de protection sociale ne disposait plus de ressources suffisantes ;*

*— menacée dans sa vitalité même : aucun projet, ni culturel ni scientifique, n'appelait la jeunesse à l'enthousiasme ni n'ouvrait de nouvelles frontières à l'imagination. Au lieu de susciter l'initiative, de raviver l'esprit d'entreprise, on s'efforçait de masquer des déclins.*

*Confrontée, comme tous les autres pays, aux bouleversements technologiques, géopolitiques et culturels de cette fin de siècle, la France s'est donc lancée depuis trois ans dans la voie difficile et exigeante du redressement.*

*D'ores et déjà, des succès indéniables ont été remportés :*

*Notre économie est sur la bonne voie. Grâce à des actions opiniâtres, notre inflation a été réduite et, pour la première fois depuis des années, elle n'est plus supérieure à celle de nos partenaires ; la croissance du chômage a été ralentie tandis que l'équilibre des comptes est progressivement rétabli ; le redressement de notre industrie s'amorce et les efforts nécessaires sont engagés (formation professionnelle accrue, amplification de la recherche, soutien de l'investissement, aides aux dépôts de brevets et licences...)*

*L'inégalité entre Français a diminué. La création de l'impôt sur les grandes fortunes et la réduction de l'effort demandé aux plus bas revenus ont conduit à un meilleur équilibre social et à une plus juste répartition des contributions aux charges communes. Pour que cesse l'inacceptable, les plus bas salaires et les prestations sociales (famille, personnes âgées, handicapés) ont été augmentés, tandis que les travailleurs commençaient à acquérir des responsabilités et des droits nouveaux dans l'entreprise. Une réforme indispensable de la retraite a été mise en place. De même, depuis deux ans, beaucoup a été fait dans les hôpitaux pour humaniser le système médical et améliorer son efficacité, tandis que la pratique des soins à domicile a été favorisée.*

*Dans le domaine propre de la justice, un effort législatif sans précédent a été poursuivi : affirmation des libertés, extension des pouvoirs du juge pour favoriser l'individualisation de la peine et la réinsertion sociale du condamné, renforcement des droits et garanties des victimes. De même, l'abolition de la peine de mort, la suppression des juridictions d'exception, l'abrogation de la loi « Sécurité et Liberté », de la loi anticasseurs, de la répression discriminatoire de l'homosexualité...*

*Une politique culturelle dynamique a permis de développer chez les créateurs la liberté de créer, et chez les amateurs l'opportunité d'apprécier. A cet égard, le bilan parle de lui-même : la lecture publique en plein essor, le développement de la création théâtrale, cinématographique et audiovisuelle, l'expansion du marché des arts plastiques, la multiplication d'orchestres de qualité internationale...*

*Enfin, une décentralisation réelle est en train de changer des habitudes aussi vieilles que la France elle-même : au lieu de tout attendre d'une seule capitale, les Français vont apprendre à proposer et à décider, à exercer enfin une liberté responsable.*

*Notre défense et notre sécurité se sont renforcées. Dans le cadre d'une stratégie claire, les missions de toutes nos forces terrestres, aériennes et maritimes ont été définies pour les cinq prochaines années, l'amélioration de notre arsenal nucleaire demeurant prioritaire.*

*Notre politique étrangère a témoigné de la détermination de la France, de sa volonté de paix et de dialogue entre les peuples.*

*Dans un monde traversé de forces centrifuges, nous avons partout mené des politiques de solidarité. Ainsi, nous avons profité de la présidence française pour consolider et approfondir la Communauté européenne, tandis qu'avec nos amis d'Afrique, francophones mais aussi lusophones et anglophones, s'affirmaient les liens anciens et s'en tissaient de nouveaux.*

*Dans un monde durement secoué par la crise et le sous-développement, nous avons plaidé pour un système économique et financier plus juste et plus stable, et jeté les bases de la nécessaire Conférence monétaire internationale. Depuis Cancún, la France a proposé des initiatives pour donner au Tiers Monde sa chance (négociations globales, filiale énergie, stabilisation des prix des matières premières, priorité à l'autosuffisance alimentaire et énergétique, action particulière en faveur des nations les moins avancées). L'objectif ambitieux fixé pour notre aide au développement garantit la permanence de notre ambition.*

*Au total, l'œuvre accomplie est considérable, même s'il nous faut reconnaître des retards et nous guérir de certaines illusions. Trop souvent nous avons cru que les textes suffisaient pour changer les choses, que les règlements suscitaient forcément l'initiative et que l'explication était superflue au regard de l'action. De même a-t-il été inopportun de présenter parfois le renforcement de l'État comme l'unique instrument du changement, alors qu'il s'agit d'abord de débarrasser l'État lui-même de son mal endémique, la bureaucratie. Enfin, il aurait fallu s'occuper plus encore qu'il n'a été fait du détail de l'application concrète et attentive des réformes et de leurs conséquences sur les plus faibles et les plus démunis.*

*

*Et maintenant ? Reste à donner de vastes perspectives à ce redressement.*

*Le choix des années qui viennent est clair : voulons-nous tous ensemble nous installer dans l'avenir ou bien gérer, chacun, son propre déclin ?*

*Jamais la science et la technologie n'ont progressé aussi vite. Des portes s'ouvrent que l'on croyait, pour longtemps encore, fermées à l'espèce humaine. Grâce à l'électronique, à l'informatique, à la biotechnologie et à la robotique, l'homme se libère peu à peu de la malédiction des tâches répétitives. Grâce à la génétique, il peut espérer bientôt se soigner mieux, se nourrir plus, maîtriser son développement. Sa productivité s'accroît, ses loisirs s'étendent. Il dispose, pour communiquer avec ses semblables, d'un clavier de moyens toujours plus vaste. Bref, l'avenir éclate sous les yeux du présent.*

*Dès aujourd'hui, il s'agit pour nous de créer une nouvelle citoyenneté : civilisation de la ville, nouveaux langages et nouveaux modes d'expression, décentralisation des responsabilités, alternance, tout au long de la vie, des périodes de formation et de production, partage du travail, transformation des relations entre employeurs et salariés, renouvellement de la vie associative, accès facile à la nature, dépassement des privilèges, recherche d'une convivialité européenne à travers le débat constant entre tradition et modernité. Tels sont les multiples visages de la démocratie du* XXI^e^ *siècle que, loin de toute utopie, autoritaire ou désordonnée, loin aussi de toute attente résignée, les Français sont appelés à construire, à connaître et à faire vivre.*

*

*Dans cette perspective, je demande au gouvernement de la France de concentrer toute son action sur le double objectif suivant : plus de liberté pour la France, et plus de qualité dans la vie des Français.*

### *I. Plus de liberté pour la France*

*La liberté de la France, son indépendance comme son rayonnement dans le monde, vont dépendre plus que jamais de la modernisation de son économie. Sans compétitivité, pas de marchés extérieurs, et sans exportations suffisantes, pas de vraie croissance et toujours plus de chômage. Telle est la contrainte incontournable imposée à toute économie moderne par sa balance des paiements. Aussi, il n'y aura aucune trêve à notre volonté de rétablir durablement les grands équilibres rompus depuis plus de dix ans. Il faudra, pour cela, une gestion stricte du crédit et du budget en vue de servir en priorité les exigences de l'investissement économique, social et culturel.*

*

*Cet effort de modernisation, c'est d'abord le développement des secteurs de pointe. La France doit accéder aux premiers rangs dans tous les domaines clés : les industries de l'intelligence (robotique, télématique...), les biotechnologies (dont les progrès vont bouleverser la médecine et l'alimentation de demain), l'exploitation de la mer ou des sources nationales d'énergie...*

*Telle est aussi la politique qu'il faut mener pour redresser nos secteurs les plus lourds, qui sont aussi les plus fragiles : chimie, bois-papier, sidérurgie. Il ne sert à rien de soutenir artificiellement des entreprises dépassées. Mais il n'y a pas de branches condamnées, il n'y a que des méthodes à changer et des redéploiements à préparer.*

*C'est enfin l'ensemble de l'économie qu'il faut réanimer par une diffusion rapide, et dans toutes les branches, des nouveaux moyens techniques dont nous disposons aujourd'hui : ainsi, un vaste plan productique doit aider à faire bénéficier les entreprises des avancées les plus récentes de l'électronique. Ainsi notre agriculture, l'une des grandes chances de la France, doit être encore améliorée par toujours plus de formation, toujours plus de compétence...*

*De même, pour les produits industriels exposés à la concurrence internationale, une libération complète des prix devra intervenir dans les meilleurs délais.*

*Par définition, l'entrepreneur veut réussir, il est bon qu'il réussisse et l'État n'a pas à se substituer à lui. Plus se développera chez les Français l'esprit d'initiative et plus progressera la souveraineté de la France. Tout sera fait pour réduire les formalités nécessaires à la création d'entreprises, pour les aider dans les premières années, les plus difficiles, pour favoriser l'apparition de produits nouveaux.*

*

*Cette modernisation nécessaire concerne également l'État qu'il convient de rendre plus efficace et plus économe de ses moyens.*

*D'abord notre fiscalité, qui doit être débarrassée de certains archaïsmes ou habitudes néfastes. La réussite de l'effort de rigueur permet de s'y engager. Il conviendrait notamment :*

*— d'enrayer l'augmentation continue des prélèvements obligatoires. Depuis dix ans, ces prélèvements — impôts et cotisations sociales — n'ont cessé d'augmenter. Grâce à la meilleure maîtrise des dépenses publiques, cette tendance doit s'inverser dès 1985 ;*

*— de réduire régulièrement chaque année l'impôt sur le revenu ;*

*— la maîtrise des charges des entreprises a permis dès 1983 une nette amélioration de leurs comptes. Cet assainissement, clé de la reprise de l'emploi et de l'investissement,*

*doit être poursuivi. Je vous demande en particulier de supprimer les effets négatifs de la taxe professionnelle.*

*

*Le plein-emploi, à l'évidence, restera l'objectif principal : comment accepter, dans un pays comme la France où tout est à faire, que deux millions d'hommes et de femmes soient exclus de l'ambition nationale ? Mais le plein-emploi, aujourd'hui, résultera d'abord de la modernisation des machines et de la formation des hommes. Par ailleurs, la réduction de la durée de travail est un impératif ; elle permettra à la fois de créer des postes et de dynamiser l'appareil productif par les investissements et les réorganisations qu'elle requiert. Elle doit être négociée par branche et par entreprise, et si des solutions sont trouvées au problème de la compensation salariale. Parallèlement, des formes nouvelles d'emploi sont à favoriser, qu'il s'agisse de temps choisi, de créations coopératives, de productions semi-marchandes, d'occupation des chômeurs à des tâches d'intérêt général...*

*

*A ces moyens de la liberté s'en ajoute un autre : la mise en valeur de notre capital le plus important, la jeunesse, principe même de vitalité, à la fois garantie de survie et moteur du dynamisme.*

*La famille est le lieu d'éducation au sens le plus haut. Aussi toutes les mesures possibles seront-elles prises pour que les parents puissent se consacrer dignement à l'éducation de leurs enfants sans que cela nuise à leurs légitimes aspirations professionnelles. La chute démographique, commune à toutes les nations industrialisées, représente une menace pour l'existence même de nos peuples. Il convient de l'enrayer et d'approfondir l'action entreprise en ce sens, notamment par la hausse des prestations familiales pour les plus défavorisés.*

*Parallèlement, il nous faut construire vite l'école de demain. La formation doit préparer tous les enfants, quelle que soit leur origine sociale, à dominer le monde toujours nouveau qu'ils auront à rencontrer. Elle constitue désormais la priorité majeure de mon action. Pour remplir cette mission capitale, l'efficacité de l'Éducation nationale sera améliorée par un ensemble de mesures concrètes de déconcentration et de décentralisation. Il faut adapter la formation initiale et continue des maîtres aux réalités changeantes, et ouvrir de plus en plus l'école à des praticiens extérieurs capables de faire partager leurs expériences professionnelles. L'usage de l'informatique et des ordinateurs personnels doit être généralisé à l'école et à domicile, tandis que se multiplieront les expériences pédagogiques. A tous les niveaux, de la lutte contre l'illettrisme jusqu'aux réformes nécessaires de l'Université, le même esprit d'exigence et de qualité, de souplesse et d'ouverture doit inspirer cette politique, capitale pour la France.*

*Enfin, dans la culture, une place particulière doit être faite aux jeunes qui, trop souvent, se sentent exclus. Il s'agit à la fois de leur permettre de développer "leur" culture, leurs projets propres, et de les réconcilier avec "la" culture. Multiplier les lieux de rencontres et de créations (salles de répétitions, ateliers de construction ou de réparation), développement de formations spécifiques (musique, informatique, synthèse d'images, conception assistée par ordinateur) : autant d'actions à mettre en œuvre en relation étroite avec les régions, les départements et les municipalités.*

## *II. Plus de qualité dans la vie des Français*

*La qualité d'une vie humaine se mesure à cinq aunes : la santé, la justice, la sécurité, l'environnement, qu'il soit de ville ou de campagne, et la possibilité de s'exprimer, de créer, de communiquer. Dans ces cinq directions, je demande au gouvernement d'agir de façon très audacieuse et généreuse.*

*

*Protéger chacun du risque de maladie implique d'abord de mettre l'accent sur l'information, la prévention et la recherche. Ainsi seront lancés de grands programmes de lutte contre le cancer, les maladies cardiaques, les accidents du travail, le tabagisme, l'alcoolisme et la drogue, avec des objectifs précis, notamment la formation initiale et continue des médecins à la prévention de ces maladies, le développement à l'école de l'enseignement biologique et de l'hygiène, la réinsertion sociale et économique des malades guéris.*

*Dans le même temps et tout en rénovant les carrières hospitalières, il faut expérimenter de nouvelles formes d'exercice de la médecine (soins à domicile, décentralisation hospitalière, développement de la médecine de santé publique).*

*

*La justice règne dans la cité quand chacun y est également assuré de voir sanctionner celui qui a enfreint la loi commune, quand sa sécurité n'est pas menacée, aussi peu que ce soit, par l'arbitraire ou les pouvoirs excessifs de l'Administration. N'oublions jamais que c'est l'État de droit qui garantit les libertés de chacun et assure la paix publique.*

*Pour cela, il nous faut encore renforcer ces libertés en dotant la France d'un nouveau Code pénal qui ne soit plus l'expression de la société napoléonienne complétée par des adjonctions successives. En outre, la création du Tribunal de l'Application des Peines et la réforme des procédures de détention provisoire permettront des progrès décisifs. Parallèlement, le sort des victimes d'accidents de la circulation doit être amélioré en assurant la répartition de leurs préjudices corporels aux piétons, cyclistes et personnes transportées. Ces réformes impliquent de faciliter et de moderniser le fonctionnement de la justice, surchargée par le poids croissant d'affaires toujours plus nombreuses. Aussi faut-il s'attacher à mieux traiter certains contentieux lourds et répétitifs, tant au plan civil que pénal, en réaménageant les sanctions, en simplifiant les procédures et en développant le recours aux techniques modernes de la bureautique.*

*Le vrai combat pour une autre justice se situe donc au niveau des mentalités. Le gouvernement doit en avoir conscience et agir en conséquence. Mais, sans appui de l'opinion publique, sans la participation de tous à l'effort de prévention, jamais cette politique, même conduite avec toute la conviction et l'énergie requises, ne marquera de progrès décisifs.*

*

*Notre environnement d'aujourd'hui est d'abord urbain. Pressés par le besoin, nous avons bâti des logements sans réussir à créer des villes. Or, c'est une véritable civilisation de la ville qu'il s'agit pour nous d'inventer.*

*Nos villes se réduisent trop souvent à de simples agglomérations sans âme où les constructions se sont juxtaposées au fil du temps et des urgences. Beaucoup dépend des collectivités locales et au premier chef des communes. De ce point de vue, la décentralisation des responsabilités leur donnera les moyens de prendre en main plus largement leur avenir, et nous les y aiderons. Mais l'État doit aussi jouer, plus que par le passé, un rôle d'exemple et d'incitation.*

*Dans le même sens, la poursuite de notre effort de décentralisation est de première importance. Il faut que les Français reconquièrent leur territoire, qu'un nouvel avenir industriel soit trouvé pour le Nord et l'Est, que s'améliorent encore les performances agro-alimentaires de l'Ouest, du Sud-Ouest et du Massif central, que les zones rurales fragiles, comme les terres de montagne, soient aidées dans leurs politiques moyennes de développement. Il faut que partout s'instaure un nouveau dialogue État/Région, Paris/Province, un dialogue fructueux dont les contrats du XIe Plan donnent l'exemple. A cet égard, du fait des nouvelles technologies, le centralisme va perdre son alibi favori de nécessité : les moyens modernes d'information et de communication (câble, vidéo, télématique), bientôt répartis sur l'ensemble du territoire, doivent libérer beaucoup d'activités (notamment dans le secteur tertiaire) des contraintes d'implantation.*

*A cette fin, le gouvernement s'attachera à la réalisation de trois objectifs prioritaires :*

*— engager un grand effort de modernisation et d'humanisation des banlieues, ces banlieues où vivent maintenant près de la moitié des Français ;*

*— redonner à l'architecture et au secteur du bâtiment les moyens de l'ambition par la poursuite des grands travaux parisiens et le lancement d'une centaine de concours concernant des constructions publiques, réparties dans toute la France ;*

*— explorer l'avenir en choisissant deux villes pour y concentrer toutes les innovations technologiques, comme il avait été envisagé de le faire pour l'Exposition universelle.*

*

*Enfin, il faut que la France, plus encore que par le passé, soit terre privilégiée de création, de dialogue et de communication. La culture n'est pas un luxe, une sorte de superflu distribué à quelques élus. Surtout en ces temps de crise, l'invention, l'imagination, l'innovation sont les seuls outils de la victoire, les seuls moyens de contourner les obstacles et de l'emporter sur la concurrence. Et qu'est-ce que la politique culturelle sinon le soutien sans condition à la liberté, la liberté de créer et la liberté de recevoir ?*

*L'effort déjà entrepris est considérable. Il faudra le compléter dans quatre domaines :*

*— d'abord l'éducation artistique, car la culture ne peut être réellement à la portée de tous sans que l'école y joue un rôle essentiel. Un véritable plan de développement de l'éducation artistique doit être élaboré. Enfin, des méthodes d'enseignement de l'art beaucoup plus concrètes seront mises en place, permettant aux enfants d'avoir accès aux formes les plus modernes de la création ;*

*— face à la concurrence internationale, la création de pôles de développement industriels est nécessaire pour que l'industrie culturelle française sache créer, reproduire et diffuser. Il s'agit de l'industrie du disque (disque compact), de celle des instruments de musique et surtout de la production de programmes audiovisuels ;*

*— une culture riche est par définition diverse et décentralisée. L'aide aux cultures régionales sera développée et l'effort d'équipement mieux réparti sur tout le territoire. A cet égard, il faut clarifier plus précisément le partage des responsabilités et des financements entre l'État, les régions, les départements et les villes, grâce à une concertation accrue avec les élus. De même, les entreprises et autres partenaires privés peuvent apporter au monde de la création des contributions importantes et, en multipliant les sources de choix, accroître la liberté des créateurs. Des mesures seront prises pour faciliter l'accroissement du mécénat ;*

*— la création de chaînes de télévision privées doit être examinée.*

*

*Les grandes orientations de ce Projet prolongent l'action engagée depuis trois ans. Le bien-être des Français est à ce prix, et aussi le rayonnement de la France, celui qui nous permettra de parler d'une voix encore plus ferme sur la scène internationale et d'y mieux défendre nos objectifs : règles du jeu monétaire et financier plus stables, relations entre le Nord et le Sud plus équitables et plus équilibrées, ambition nouvelle pour l'Europe.*

*Ces grandes orientations exigent de renforcer encore l'effort entrepris. Elles confirment que rien de sérieux ni de durable ne peut être engagé sans une économie assainie et modernisée, et que ni la gestion rigoureuse des appareils, ni l'usage harmonieux des mécanismes ne suffisent à éveiller une Nation et à mobiliser sa jeunesse. Il faut du rêve et des occasions d'entreprendre.*

*C'est cette société-là qu'il faut maintenant construire. Une société suffisamment forte pour garantir l'avenir et suffisamment libre pour épanouir l'initiative.*

*Durant les prochaines années, votre gouvernement devra s'attacher à mettre en œuvre les perspectives que j'ai ici tracées pour le pays. »*

**Jeudi 19 juillet 1984**

Avant le premier Conseil des ministres du nouveau gouvernement, rendez-vous entre Laurent Fabius et le Président, auquel assistent Jean-Louis Bianco, Jacques Fournier et moi (quatre maîtres des requêtes au Conseil d'État entourent le Président !).

Premier Conseil. On y adopte le projet de loi sur le référendum. Par jeu, par défi, et pour en terminer au plus vite, le Président décide d'en saisir le Sénat avant l'Assemblée. Il sait bien que celui-là le rejettera. Et cela l'arrange : c'est le meilleur moyen d'éviter la consultation sur l'école, dont plus personne ne veut. A propos des communistes, François Mitterrand déclare en Conseil : *« Le PC a prouvé qu'il voulait la crise et l'a provoquée. Pour eux, c'est la stratégie la plus risquée. J'aurais voulu qu'ils restent au gouvernement. Mais leur départ est la preuve qu'ils sabotent depuis longtemps. Ne tombez pas dans le piège. Vis-à-vis de leurs électeurs, de ceux qui ne sont plus représentés au gouvernement, faites preuve de compréhension, de capacité d'échange et de dialogue. »*

Sur Pierre Mauroy : *« J'ai rarement vu un homme aussi généreux, aussi disponible, aussi courageux. »* Joxe n'apprécie pas.

Le Président confirme la baisse des prélèvements obligatoires. Le nouveau ministre des Finances, Pierre Bérégovoy, supprime la contribution de 1 % destinée à financer la Sécurité sociale. Et Fabius qui, il y a trois jours, protestait contre cette suppression en tant que ministre de l'Industrie, l'accepte volontiers en tant que Premier ministre.

Le déjeuner des socialistes, qui suivait traditionnellement le Conseil des ministres, est supprimé. *« Trop de fuites »*, dira François Mitterrand. Le Président se veut désormais plus distant de ces hommes-là. Il n'a plus qu'un seul lien avec eux : le petit déjeuner du mardi avec le plus fidèle et le plus rigoureux, Lionel Jospin.

**Vendredi 20 juillet 1984**

La hausse du prix du téléphone permet la baisse des prélèvements obligatoires. Fabius choisit les secrétaires d'État. Deux députés qui occupent des postes importants à l'Assemblée m'appellent pour me demander d'expliquer au Premier ministre combien leur présence au gouvernement serait indispensable à son succès.

Poher insiste : il veut absolument faire adopter le projet de révision constitutionnelle par les Chambres, sans référendum. Le Président dicte une lettre qui traduit parfaitement son état d'esprit à l'égard du Sénat depuis des mois :

> *« La mission que le peuple m'a confiée et les attributions que me confère la Constitution me conduisent à appeler hautement et solennellement votre attention et celle de votre Assemblée sur le comportement inacceptable que le Sénat, depuis plusieurs semaines, semble vouloir adopter désormais malgré les dispositions pourtant très claires, et qu'il devrait bien connaître, qui définissent et surtout qui délimitent le rôle de la seconde Chambre dans notre République.*
>
> *Conformément aux principes fondamentaux de la démocratie parlementaire qui privilégient toujours l'expression directe du suffrage des citoyens, la Constitution*

*prévoit que, hormis les cas visés aux Articles 46 et 89, le point de vue de l'Assemblée nationale, parce qu'élue au suffrage direct, doit systématiquement l'emporter sur celui du Sénat, qui n'est élu qu'au suffrage indirect.*

*Or, le Sénat n'a pas hésité à méconnaître gravement ces règles et principes essentiels en se plaçant, à plusieurs reprises, en dehors de la loi républicaine, notamment en s'opposant à l'exercice des prérogatives que l'exécutif tire des Articles 29 et 48 de la Constitution et en me proposant, sur la base de l'Article 11, un référendum parfaitement irrégulier que je n'aurais pu organiser qu'en manquant à mon tour à l'honneur et au devoir de ma charge.*

*Si j'en crois les propos que la presse vous prête, et même si l'absence de toute délibération du Sénat vous interdit de vous exprimer en son nom pour l'instant, on prétendrait maintenant me dicter le processus qui sera suivi pour ratifier la révision de l'Article 11 si le Parlement adopte le projet que je lui soumets.*

*Je ne devrais pas avoir à vous rappeler que le choix de la procédure de ratification de la révision, d'ailleurs limité aux seuls projets de lois, est entièrement laissé à la décision du Président de la République, qui agit en dehors de toute intervention ou proposition de quelque autorité que ce soit. C'est pourquoi je n'accepterai aucune intervention ni pression quant à la mise en œuvre d'une disposition constitutionnelle qu'il n'appartient qu'au Président de la République d'appliquer.*

*Sans aller plus avant pour l'instant, je ne saurais trop vous mettre en garde, ainsi que le Sénat, sur les conséquences de la persistance de tels comportements qui, en tentant d'instituer une totale confusion des pouvoirs, mettraient en péril la démocratie et la République et priveraient la souveraineté nationale des droits sacrés que lui garantissent nos institutions.*

*Il est certes loisible au Sénat d'adopter les positions politiques de son choix. Il lui est également loisible de combattre la politique du gouvernement. Mais je ne tolérerai pas que, pour assouvir des passions politiques et pour accroître un peu plus les divisions des Français, le Sénat, tournant délibérément le dos à sa longue tradition de modération et d'apaisement, se fasse l'instrument de ceux qui ont toujours refusé la République et qui aspirent à renverser nos institutions.*

*Si le Sénat devait ainsi sortir des voies du droit et de la démocratie, j'exercerais mes attributions pour barrer la route à toute tentative de déstabilisation du pays.*

*Vous comprendrez qu'en raison de son importance, je rende publique sans délai la présente mise en garde.* »

Cette lettre ne sera finalement pas envoyée. Ni, évidemment, rendue publique. Le Président, en l'écrivant, a déchargé sa colère. Il a écrit là ce qu'il confie depuis longtemps à ses proches à propos de la Haute Assemblée.

**Dimanche 22 juillet 1984**

Jacques Chirac réclame la dissolution de l'Assemblée nationale. François Mitterrand : *« Il s'énerve. Fabius, avec sa jeunesse, l'a démodé. »*

Le Président s'informe, heure après heure, du résultat des élections israéliennes. Les travaillistes redeviennent la première formation du pays. Shimon Pérès revient au gouvernement.

**Mardi 24 juillet 1984**

A l'Assemblée, Laurent Fabius fait sa déclaration de politique générale. On y retrouve bien des éléments de la lettre qu'il a reçue en début de semaine.

Hubert Védrine, conseiller diplomatique, reçoit des membres du Conseil national palestinien, heureux du résultat des élections israéliennes. *« L'intérêt de l'OLP est de consolider le Roi Hussein, et réciproquement »*, soulignent-ils. Le prochain Conseil palestinien, le 15 septembre, verra la confirmation de Yasser Arafat. La « réconciliation » entre le Président Assad et Yasser Arafat aura lieu au prochain Sommet arabe, à l'automne, en Arabie Saoudite. L'OLP regrette que Claude Cheysson n'ait pas pris contact avec elle après le voyage du Président en Jordanie.

**Mercredi 25 juillet 1984**

Le Conseil des ministres examine le projet de budget que Laurent Fabius a repris à peu près à l'identique de Pierre Mauroy. Il aboutit à une progression des dépenses de l'État de 5,9 %, tout en respectant l'objectif de limitation du déficit à 3 % du PIB. Il inclut une baisse de 13,5 milliards des prélèvements obligatoires par rapport au niveau atteint en 1984 (soit 0,3 point de PIB). Le Président est décidé à pousser le gouvernement à aller vite pour pouvoir relever la tête avant 1986. Il ajoute : *« Diminuer les prélèvements obligatoires de 0,3 % ne suffit pas. »*

**Jeudi 26 juillet 1984**

Déjeuner à Latché avec Doumeng et Zagladine, l'inusable conseiller diplomatique du Kremlin.

Doumeng : *« Gorbatchev va prendre le pouvoir. Avec lui, c'est la vraie modernisation du Parti qui commence. »*

Zagladine confirme. Il est convaincu que le PC français est en irréversible déclin. Il voudrait associer le Parti communiste soviétique et l'Internationale socialiste.

Premier incident entre le nouveau Premier ministre et le Président. Étonnante maladresse de Laurent Fabius. Après le Conseil d'hier, il a écrit à François Mitterrand pour proposer de nouvelles économies budgétaires pour 1985, car, dit-il, *« le Budget d'hier était truqué ! »* Lui qui, il y a un mois, comme ministre de l'Industrie, plaidait en sens contraire ! Il demande pour cela des économies... sur les Grands Travaux. Tout simplement la suppression de la Grande Arche de la Défense, du Conservatoire de musique et de l'Opéra-Bastille :

> *« Le projet de budget pour 1985 qui a été arrêté lors du dernier Conseil des ministres est légitimement très strict. Malgré l'importance des économies qu'il comporte, le déficit n'est ramené en présentation à 3 % du PIB que grâce à des hypothèses de taux d'intérêt très optimistes (8,5 %). Elles doivent conduire en 1985, comme les deux années précédentes, à des dépassements, sur la dette publique et les bonifications d'intérêt, de l'ordre d'une quinzaine de milliards de francs. Compte tenu de ce facteur regrettable, l'objectif plus vraisemblable est de contenir le déficit aux environs de 3,3 % du PIB en exécution 1985, comme en 1984. Mais, pour parvenir*

*à ce résultat, je constate qu'en tout état de cause, il est nécessaire d'anticiper des économies sur certains grands projets. Il est évidemment indispensable de poursuivre la réalisation dans de bonnes conditions du Musée d'Orsay, du Musée et du Parc de La Villette, du Grand Louvre, du transfert des Finances et de l'Institut du Monde arabe.*

*En revanche, il est encore possible et il me paraît financièrement indispensable de réviser trois autres opérations :*

*1) La réalisation de la Cité de la musique peut être différée sans compromettre l'aménagement du site de La Villette. L'économie s'élève à 31 millions de francs en crédits de paiement.*

*2) Le projet de transfert du ministère de l'Urbanisme et du Logement n'est pas indispensable au succès de la Tête Défense.*

*3) La construction de l'Opéra de la Bastille n'est pas encore irréversible et je souhaite, là aussi, pour des raisons financières, ne pas la poursuivre, ce qui dégagerait en 1985 une économie de 388 millions de francs.*

*A défaut de ces trois décisions, ou de leur équivalent (que je ne sais pas trouver), le Budget 1985 ne pourrait être bouclé. Je vous propose de les retenir. »*

François Mitterrand est stupéfait. Il sait bien que sans le transfert du ministère de l'Urbanisme et du Logement, l'Arche, dont les plans sont au point, n'est pas finançable. L'Opéra — au départ, une idée de Jack Lang — lui plaît beaucoup et la Cité de la musique n'est pas une folie. De plus, ces économies représenteraient un demi-millième du déficit budgétaire. *« Pas question ! C'est encore le syndrome du Consulat d'Alep : vous vous souvenez, ce Consulat, en Syrie, auquel je tenais, et que le Budget voulait absolument supprimer en 1982, pour faire des économies... Tout se passe comme ça, dans ce pays. On ne peut faire d'économies que sur les choses auxquelles je tiens ! »*

Le même jour — instruit par quelle prescience ? —, Pierre Boulez écrit au Président en faveur de la Cité de la musique. Celle-ci, de même que l'Arche et l'Opéra-Bastille, seront maintenus.

### Vendredi 27 juillet 1984

Yvon Gattaz demande à me voir d'urgence : *« un quart d'heure, pour une chose de la plus haute importance »*. Il ne s'agit que d'obtenir d'être reçu par le Président au mois d'août, pour parler des négociations salariales et de l'impôt sur les grandes fortunes. Pas question : il s'est trop mal conduit la dernière fois.

Boutros Boutros-Ghali, ministre des Affaires étrangères égyptien, est de passage à Paris. Je déjeune avec lui. Il souhaite prendre un poste à la tête d'une institution internationale : le Haut Commissariat pour les Réfugiés ? l'UNESCO ? L'un et l'autre lui iraient bien. Ce grand diplomate francophone mérite un horizon plus large.

Charles Pasqua déclare que le Sénat ne votera pas la réforme constitutionnelle (qu'il avait été le premier à proposer, en juin) : *« Le groupe RPR au Sénat dit oui à la souveraineté du peuple, non aux pleins pouvoirs. »* Les mots veulent-ils encore dire quelque chose ?

A propos des économies que Laurent Fabius propose sur les Grands Travaux, Jack Lang, qui ignore que le Président les a déjà refusées, lui écrit :

*« Je me permets d'attirer votre attention sur l'erreur que constituerait la proposition de Laurent Fabius de remettre en cause la construction du Conservatoire national de musique. C'est un projet modeste et peu coûteux qui représente seulement 20 millions de francs pour 1985.*

*L'actuel Conservatoire est dans un état de délabrement indigne d'un pays développé et civilisé. La remise en cause du projet de construction porterait gravement atteinte au crédit de notre politique musicale et susciterait une immense déception chez les musiciens français.*

*Pierre Boulez m'a dit récemment vous avoir écrit pour vous dire l'importance personnelle qu'il attache à cette réalisation. Je ne sais si vous avez pu avoir connaissance de sa correspondance. Pierre Boulez considère que c'est un équipement minimum sans lequel notre pays restera confiné dans un état de sous-développement musical. Je me vois mal, l'an prochain, faire appel à la bonne volonté des musiciens pour la Fête de la Musique si, dans l'intervalle, le gouvernement a refusé à la communauté musicale la création d'un instrument indispensable à la formation des nouvelles générations. Les projets proposés par les architectes, Christian de Portzamparc et Henri Gaudin, sont* très beaux *et, à un prix modeste, embelliront le Parc de La Villette. Ils illustreront votre septennat par une belle œuvre architecturale. »*

Croit-il vraiment que la flatterie soit un argument budgétaire ? Après tout, peut-être l'est-elle.

**Samedi 28 juillet 1984**

Ouverture à Los Angeles des Jeux Olympiques. L'URSS et treize autres pays les boycottent. La guerre froide est à son comble. Nous vivons dans un monde coupé en deux, même pour le sport.

**Mardi 31 juillet 1984**

L'Assemblée adopte le nouveau statut de la Nouvelle-Calédonie, qui prévoit un référendum dans cinq ans.

Laurent Fabius s'est incliné : le schéma budgétaire permet l'achèvement du Conservatoire en 1986, et celui de l'Opéra-Bastille en 1989. La réalisation de la Tête Défense reste pleine d'inconnues : le projet n'est pas encore arrêté, même s'il est décidé d'y installer le ministère de l'Urbanisme et du Logement.

**Mercredi 1er août 1984**

Daniel Lebègue succède au Trésor à M. Camdessus, qui prendra la Banque de France au départ prochain de La Genière.

Revenant d'un déjeuner en région parisienne, François Mitterrand dicte une note :

*« Je m'intéresse au tracé dans les Yvelines du futur TGV-Ouest, tracé qui se moque de la tranquillité de plusieurs villages, alors qu'au début de la plaine de*

*Beauce il y a toute la place qu'on veut. Que Jean Auroux soit saisi au plus tôt et me propose une solution conforme à mes vœux. Je vous en donnerai le détail. »*

La forêt de Saint-Germain fera bientôt l'objet de la même sollicitude entêtée. Salvatrice.

Un Airbus d'Air France est *« pris en otage »* par des « gardiens de la Révolution » sur l'aéroport de Téhéran. Il y a 60 passagers à bord. Les terroristes réclament la libération d'Anis Naccache et menacent d'exécuter un Français toutes les heures jusqu'à sa libération. Une opération du GIGN pour les libérer est envisagée. Claude Cheysson est en Yougoslavie. Roland Dumas fait savoir aux Iraniens, par Genscher, que Naccache *« peut être gracié »*.

Jack Lang revient à la charge contre la décentralisation qui le prive d'une partie du budget de son ministère au profit des régions :

> *« Lors de notre dernière visite au château de Cormatin* [ce château bourguignon rénové par quatre jeunes Parisiens enthousiastes, que le Président visite rituellement chaque année, le lundi de Pentecôte], *vous aviez eu la gentillesse de me dire que, le moment venu, vous m'apporteriez votre soutien pour la remise en cause du fameux Fonds spécial de développement culturel (transfert automatique de 150 millions aux régions). Depuis deux ans déjà, ce Fonds aurait dû disparaître. Malheureusement, Gaston Defferre a résisté à vos instructions. Au moment où je dois procéder à des redéploiements intérieurs difficiles, je souhaite recouvrer la liberté d'utilisation de ces 150 millions. J'ai besoin de votre appui pour obtenir cette autorisation. Ainsi que vous l'aviez vous-même admirablement expliqué devant le Conseil des ministres, les crédits culturels doivent être non pas automatiques, mais incitatifs et sélectifs. A ce seul prix peut exister, surtout en période de rigueur, une politique nationale de la Culture. »*

François Mitterrand : *« Oui, mais en souplesse, car la loi est là. Récupérer le plus de fonds possible pour l'État me paraît nécessaire. Agir cependant avec prudence. »*

Robert Badinter pense que François Mitterrand souhaite voir l'Assemblée apporter au projet de loi sur le référendum certains amendements pour mettre le Sénat en porte à faux. Il en rédige le texte. François Mitterrand : *« Mais non, pas d'amendements ! C'est tout ou rien. »* Il préfère rien, évidemment.

**Jeudi 2 août 1984**

Conseil interministériel sur le renforcement du contrôle de l'immigration.

Réunion sur l'Opéra-Bastille : on fera la grande salle, mais pas la salle modulable. Et surtout pas la même convention collective avec le personnel !

Les « gardiens de la Révolution » iraniens relâchent les otages et font sauter le poste de pilotage de l'Airbus. Quelqu'un, quelque part, a cru que la parole de la France était donnée de libérer Naccache.

Le nouveau ministre de l'Éducation nationale, Jean-Pierre Chevènement, reçoit le chanoine Guiberteau et Pierre Daniel. Il leur annonce un projet de loi tout simple abrogeant la loi Guermeur, sauf pour la formation des maîtres. Ils sont soulagés.

**Vendredi 3 août 1984**

Il faut maintenant en finir avec le texte sur le référendum. Et le faire voter au plus vite.

François Mitterrand, à son bureau. En face, Laurent Fabius et moi.
*« Le référendum exerce un effet dissuasif sur les deux camps. Il faut déposer les deux lois avant le 28 août. Le Sénat aurait voulu me pousser à violer la Constitution en faisant le référendum sur l'école sans réforme constitutionnelle ; je n'ai pas voulu. Il faut tout régler en août, en enterrant le projet, et entretenir le regret d'un référendum sur l'école. Il ne faut pas, dans le texte de projet de loi sur le référendum, de pétition de principe. Aucun exposé des motifs. L'objectif est d'en sortir pendant cette session extraordinaire, ou au plus tard le 15 octobre. Il faut éliminer après les problèmes des contrats simples, des maternelles et des maîtres. Ensuite, il faudra faire des gestes politiques en direction de la classe ouvrière. Il me faut des propositions sur l'emploi avant un mois. »*

Le franc est attaqué. Une nouvelle dévaluation semble inévitable. On s'y prépare. Le flottement n'est plus envisagé.

L'arrêt d'extradition touchant sept séparatistes basques incarcérés à Fresnes a été rendu par la Cour de Pau. Les Basques ont alors entamé une grève de la faim pour obtenir le statut de « prisonniers politiques » et l'asile politique. C'est Madrid qui avait demandé leur extradition. Les faits reprochés aux sept Basques sont évidemment de nature politique, et leur extradition paraît à beaucoup violer le droit d'asile. La France avait, en 1979, déjà refusé une telle demande d'extradition pour des séparatistes basques. Mais le gouvernement de Felipe Gonzalez n'est plus celui du Caudillo, les libertés individuelles sont maintenant sauvegardées en Espagne. Et trois des sept détenus sont accusés de crimes graves (assassinat de plusieurs personnes).

**Mercredi 8 août 1984**

Le Sénat repousse le projet de réforme constitutionnelle de *« référendum sur le référendum »* en votant la question préalable. Ouf !

Vu Cheysson. Il rêve maintenant d'aller à Bruxelles, même comme simple commissaire.

Après Fontainebleau, il faut poursuivre sous présidence irlandaise. François Mitterrand écrit à Fitzgerald à propos du mandat des deux comités créés au Conseil européen de Fontainebleau, l'un sur les questions institutionnelles, l'autre sur l'Europe des citoyens. Sur le premier :

*« Le Comité devrait, conformément à nos délibérations de Fontainebleau, faire des suggestions sur l'organisation institutionnelle de la construction européenne, et*

*notamment étudier les conditions dans lesquelles il pourrait être envisagé de mettre progressivement en place une Union européenne entre États membres. J'ai eu l'occasion à plusieurs reprises d'avancer quelques propositions en ce sens, que mon représentant au Comité pourra développer. Il me paraît essentiel que le Comité se réunisse dans des délais courts et se fixe pour objectif de présenter des conclusions dans un avenir très proche... »*

**Jeudi 9 août 1984**

Michel Delebarre s'intéresse à son ministère, bon gré mal gré. Il propose au Président de décider que tout chômeur sera obligé de se former à temps plein. François Mitterrand ne s'y oppose pas : *« Faites-le. Il s'agit de s'y prendre bien. »* Laurent Fabius s'insurge : *« Le coût politique serait fort, car la contrainte sera mal ressentie. »* Dommage.

Étrange proposition de Kadhafi. Il suggère d'abandonner tout soutien à Goukouni Oueddeï si la France fait de même avec Hissène Habré et si un accord peut être trouvé sur un nouveau président du Tchad. François Mitterrand : *« C'est un début, mais il faudra que Kadhafi renonce à cette exigence pour que la négociation puisse réellement commencer. »* Cela est-il le produit de son union avec le Maroc ? Celle-ci doit entrer dans les faits à la fin du mois.

**Vendredi 10 août 1984**

Dans vingt jours, le Président sera au Maroc. Mais l'union du Maroc avec la Libye brouille les cartes. S'agit-il d'un accord à trois dont l'Algérie se serait retirée ? Que pensera l'Algérie d'un tel voyage ? Au surplus, le Roi décide d'organiser le référendum sur l'indépendance du Sahara le jeudi 30. Comme par hasard, pendant le séjour du Président ! Furieux, François Mitterrand décide d'aller, ce jour-là, dîner au Portugal et de revenir le lendemain au Maroc...

La chambre d'accusation de la Cour d'Appel de Paris rend un avis favorable à l'extradition de quatre réfugiés basques espagnols (coupables de « crimes de sang » : ils ont assassiné des gardes civils.) Ils ont cinq jours pour se pourvoir en Cassation, le pourvoi étant suspensif. Le décret d'extradition peut être attaqué devant le Conseil d'État. Des manifestations de nationalistes basques sont organisées à Saint-Jean-de-Luz et Irún.

Le Roi du Maroc me propose de dîner à Casablanca, par le truchement de Reda Guedira, son conseiller et confident. J'accepte. *« Le Roi vous verra*, me dit-il. *Restez demain. »*

**Samedi 11 août 1984**

Nouveau dîner avec Guedira. Le Roi veut me voir demain *« en secret »* pour m'expliquer *« tout cela »*. Je n'aime pas les secrets de ce genre. J'en informe le Président.

### Dimanche 12 août 1984

En début d'après-midi, j'arrive au Palais ; on me fait entrer par une porte dérobée, je me retrouve dans le garage. Là, un homme attend, assis au volant d'une Rolls blanche décapotable à l'intérieur de cuir rouge. D'un geste, il m'invite à le rejoindre. J'hésite. Il ouvre la portière : c'est le Roi. *« Alors, Attali, toujours aussi timide ? On y va. »*

Après avoir traversé la ville, longeant les plages bondées de monde, précédés de deux motards, le Roi me parle, de manière très aimable et fort détendue, de sa prochaine rencontre avec le Président, qu'il se prépare à recevoir fastueusement. Il me donne les détails de son accord prochain avec Kadhafi. L'idée de cet accord est de lui. Kadhafi avait écrit il y a plus d'un mois à sept chefs d'État arabes pour plaider une nouvelle fois en faveur de l'union entre leurs pays. Six dirigeants lui ont répondu par une banale formule de politesse. Mais lui, Hassan II, l'a pris au mot, lui demandant d'envoyer des émissaires pour concrétiser cette idée. Il a alors proposé une *« union entre les deux États »*, première étape de la future union de tous les peuples arabes, *« une union qui ne serait pas fumeuse, mais exclusivement consacrée aux rapports bilatéraux entre les deux États »*. Après deux va-et-vient d'émissaires, le projet de traité, préparé par Guedira, a été accepté par Kadhafi.

Celui-ci a alors proposé que la signature ait lieu à Malte. Le Roi a proposé la France. Kadhafi a décliné l'idée, disant que les relations avec Paris *« n'étaient pas encore assez bonnes »*. Le Libyen a alors proposé Oujda, au Maroc, à la frontière algérienne. Le Roi a accepté et prévenu les Algériens de la signature, qui doit avoir lieu demain. Ils en ont été furieux. Ce n'est pas un *« traité subjectif, mais un vrai traité de droit international dont la Cour de La Haye vérifiera l'application »*. Il vise à permettre des réalisations concrètes. Il permettra par exemple aux Libyens d'acheter des Airbus, malgré l'interdiction américaine, en organisant la fusion ouverte et transparente des deux compagnies aériennes. Ainsi Hassan espère *« entraîner peu à peu les Libyens dans le camp des dirigeants arabes raisonnables »*. Mais il a besoin de l'appui de la France auprès des Américains et des Africains, en particulier du Président Houphouët-Boigny, *« pour leur faire comprendre qu'il ne s'agit pas, de sa part, d'une radicalisation »*.

Ainsi cet accord n'est peut-être pas, comme on l'a cru au départ, le résidu d'une opération ratée avec l'Algérie, mais le résultat d'une opération improvisée avec la Libye, par un chef d'État habitué à obéir à ses intuitions et qui a voulu prendre Kadhafi au mot. Si cela réussit, le coup aura été génial. Mais, selon le Roi, cet accord risque de faire capoter un autre projet en cours, auquel il attache aussi la plus grande importance : une confédération avec l'Algérie.

Je demande au Roi son sentiment sur l'attitude de Kadhafi à propos du Tchad. Kadhafi lui a dit : *« Le Tchad, je ne sais pas qui c'est et je ne sais pas où c'est »*. Tiens ? Va-t-il renoncer ? Le Roi se lance dans une violente diatribe contre Hissène Habré : *« J'ai été le seul à l'aider et maintenant, il est entre les mains de l'Algérie et tient des propos insultants à mon égard sur l'affaire du Sahara occidental. C'est d'ailleurs aussi le point de vue de Kadhafi. »* Pour autant, le Roi n'est pas dupe de son nouvel allié.

### Lundi 13 août 1984

Le Maroc et la Libye signent leur traité d'union. François Mitterrand peste : *« A quinze jours de mon voyage ! Dois-je maintenir ? »* Ne pas reculer. Il envoie

Cheysson à Alger annoncer qu'il maintient son voyage *« privé »* et qu'il s'arrêtera à Alger en décembre, en partant pour l'Afrique.

**Mardi 21 août 1984**

Les accrochages entre Joxe et Mauroy étaient déjà intolérables. Voilà que cela recommence entre Fabius et Jospin. En pire : c'est toujours pire entre deux hommes qui se ressemblent.

**Mercredi 22 août 1984**

L'Assemblée nationale adopte le texte de réforme constitutionnelle.

La crise financière actuelle touche de nombreux pays en voie de développement. Il faut agir vite pour obtenir à l'assemblée du FMI, en septembre, l'accord sur une allocation de 20 millions de DTS, comme le principe en a été arrêté au Sommet de Londres. Cette nouvelle allocation aurait une très grande portée. Les sommes permettraient de réduire significativement la charge de la dette des pays les plus pauvres et, par là, des banques. Mais cet accord se heurte à l'opposition des États-Unis, qui n'est peut-être pas insurmontable, le gouvernement américain ayant conscience de la nécessité de faire *« quelque chose »* pour les pays en développement les plus endettés, en particulier pour les pays d'Amérique latine, au bord de déposer leur bilan. Le Président écrit donc à Ronald Reagan à ce propos. Il veut que j'aille porter moi-même cette lettre et rencontrer les ministres américains pour tenter de les convaincre :

> *« De nombreux pays, dont la France, attachent une importance particulière à ce que puisse être décidée lors de cette réunion une nouvelle allocation de Droits de Tirages Spéciaux.*
>
> *L'évolution au regard de l'économie mondiale des liquidités internationales justifie une telle allocation. Il serait en outre opportun que les pays industriels acceptent de prêter aux pays en développement qui poursuivent, sous l'égide du Fonds monétaire international, des efforts d'ajustement, tout ou partie de leur propre attribution dans cette allocation : les charges financières des pays en développement, aujourd'hui très lourdes, en seraient allégées.*
>
> *Pour avoir sa pleine portée politique et économique, cette allocation de DTS devrait intervenir rapidement et porter sur un montant minimal de 20 milliards de DTS.*
>
> *Je souhaite que votre pays accepte de se prononcer favorablement sur ce projet d'allocation de droits de tirages spéciaux lors des réunions de Washington, en septembre prochain. Je suis en effet convaincu qu'une telle initiative serait particulièrement bien accueillie par la communauté internationale et contribuerait grandement à resserrer les liens entre pays industriels et pays en développement, objectif auquel vous êtes, je le sais, attaché comme moi-même. »*

**Jeudi 23 août 1984**

Le gouvernement autorise 1 950 des 2 417 licenciements demandés par Citroën.

Le Roi me fait savoir qu'il ne sera sans doute pas au Maroc quand le Président arrivera. Il doit se rendre à Tripoli. (*« Tant mieux »*, dit François Mitterrand).

Michel Rocard vient me voir pour proposer deux mesures en faveur des entreprises : une baisse de l'impôt pour les sociétés exportatrices, et un emprunt de 20 millions de francs pour financer des économies d'énergie.

Commentaire de Georges Fillioud :

*« Il est aujourd'hui impossible de réaliser un accord entre les différentes chaînes pour qu'elles fassent un seul programme de télévision du matin. Si on choisit de le faire faire à* TF1 *seule, ou à* TF1 *couplée à l'INA, cela sera ressenti comme un choix politique. La seule solution raisonnable est de laisser* Antenne 2 *et* TF1 *se lancer toutes les deux sur ce marché étroit.*

*... Le projet du satellite Coronet est abandonné par les Luxembourgeois ; un accord est en vue et sera signé dans moins d'un mois avec les Luxembourgeois sur l'attribution à la CLT de deux canaux de télévision (sur les quatre) du satellite franco-allemand ; l'un servira à créer une chaîne de télévision commerciale en français (financée à 60 % par la CLT et à 40 % par la Sofirad), l'autre sera consacré à une chaîne en langue allemande (où la CLT aura 60 % des actions, les autres 40 % seraient détenus par le grand éditeur allemand Bertelsmann). Si ce projet se met en place, la CLT deviendra la première entreprise européenne de communication de radio et télévision, et son administrateur deviendra l'homme de presse le plus puissant d'Europe.*

*Un troisième canal de ce satellite (dont le coût d'exploitation est de l'ordre de 150 à 200 millions) pourrait être consacré à la rediffusion des meilleures émissions d'*Antenne 2 *et de* TF1 *des jours précédents, et à un programme réellement autonome en matière d'information. Le quatrième canal reste ouvert à la négociation pour la création éventuelle de la chaîne européenne que vous avez proposée à Strasbourg. Ce satellite de télévision sera opérationnel dans les derniers jours de 1985. »*

**Vendredi 24 août 1984**

Déjeuner avec Robert Badinter. La réforme du Code pénal est sa principale ambition.

Après le vote de la loi fixant les limites d'âge à 65 ans, toute une série de nominations s'annoncent à l'horizon.

*Canal Plus* ouvrira l'antenne début novembre. André Rousselet est aujourd'hui très inquiet devant le très faible taux d'abonnement. Son ambition n'est plus de 500 000, mais de 200 000 abonnés en un an. Et encore, on est loin du compte. Il faut l'aider, ou bien passer la chaîne en clair et renoncer au cryptage. En tout cas, il faut qu'il puisse diffuser les films nouveaux bien avant les autres chaînes de télévision ; sinon, le concept est mort. Quant à Fabius, il n'est pas prêt à grand-chose pour l'aider, pour dire le moins. Depuis l'exonération des œuvres d'art de l'impôt sur les grandes fortunes, en 1981, les deux hommes ne s'aiment guère. Aucun ne perd une occasion de dire ce qu'il pense de l'autre au Président qui écoute en silence.

**Mardi 28 août 1984**

Le petit déjeuner s'installe dans une routine nouvelle. Le Président, Fabius, Jospin, Bianco et moi : quatre énarques, bien différents les uns des autres, et le Président. C'est le dernier point de contact de François Mitterrand avec le PS. Le déjeuner du mercredi disparaît, après le petit-déjeuner du jeudi, supprimé en juin 1982. La moitié du temps est consacrée au Conseil du lendemain. L'autre, à la politique et aux nominations futures.

François Mitterrand : « *Il va manquer six mois pour que l'opinion soit convaincue que le gouvernement fait du bon travail. On perdra les élections. Même la représentation proportionnelle n'y changerait rien. D'ailleurs, je suis contre ce mode de scrutin, mais j'y serai contraint par les socialistes. De toute façon, le mode de scrutin doit être changé de temps en temps.* »

François Mitterrand demande à Laurent Fabius de faire en sorte que Jacques Pomonti remplace Jacques Rigaud à la tête de la CLT, selon la suggestion de Jean Riboud.

Il faut encore trouver 4 milliards d'économies d'ici le 12 septembre, date à laquelle le Budget 1985 figurera à l'ordre du jour du Conseil des ministres. Difficile bataille, ligne à ligne, avec arbitrages remontant au Président. Jamais les ministres n'ont autant écrit de lettres manuscrites à François Mitterrand.

**Mercredi 29 août 1984**

François Mitterrand est à Ifrane, au Maroc. A son grand dam, le Roi a renoncé à se rendre à Tripoli et ne le quitte pas de la journée. Il sera aussi là demain, jour du référendum sur le Sahara...

**Jeudi 30 août 1984**

Comme prévu, pour ne pas se trouver au Maroc le jour du référendum, François Mitterrand part pour Lisbonne... dîner avec Soares.

**Vendredi 31 août 1984**

Le responsable CGT de l'usine Citroën d'Aulnay-sous-Bois, Akka Ghazi, est blessé lors d'incidents avec la police.

François Mitterrand, de retour au Maroc, rencontre Hassan II à Fès.

Nouvelle concession de Kadhafi pour le Tchad : il abandonne brusquement son idée de « troisième homme » et accepte, fait-il savoir par l'ambassadeur de France, Graeff, de parler du retrait des troupes. Sans s'en ouvrir à personne, Cheysson décide de demander à l'ambassadeur Georgy d'aller voir si Kadhafi est prêt à venir à Paris annoncer le retrait de ses troupes du Tchad.

**Samedi 1er septembre 1984**

Rentrant du Maroc, le Président trouve une lettre de Defferre : *« Créons dix écoles d'informatique. »* Il lui répond, agacé : *« Commencez par en créer une ! »* Le « Centre Mondial » est loin.

**Dimanche 2 septembre 1984**

François Mitterrand : *« Demandez donc à Éric Rouleau, qui doit interviewer demain Kadhafi pour* TF1, *de savoir ce qu'il veut »*, dit-il à Roland Dumas.

**Lundi 3 septembre 1984**

Rouleau confirme : Kadhafi est prêt à annoncer le retrait des forces libyennes du Tchad.

**Mardi 4 septembre 1984**

La même proposition de Kadhafi nous revient par Kreisky, de Vienne, et par un messager de Kadhafi, de Madrid. Le Colonel veut venir à Paris *après* le retrait de ses troupes. Il est plus sage que Cheysson ! Dumas ira négocier cela avec Kadhafi.

Discussion, au petit déjeuner, sur le chômage. Il y a aujourd'hui 2 325 000 chômeurs ; il y en aura 2 450 000 à la fin de 1984. Le risque, en 1985, est de 200 000 de plus. Que faire ? Personne n'a d'idée.

François Mitterrand à Elie Wiesel : *« Je me comporte à l'égard du peuple juif comme je crois qu'il est utile, honnête et juste de se conduire. C'est quand même une histoire qui s'impose à nous. Là où j'étais, là où je suis, j'ai contribué à rendre justice, mais pas plus que cela. Je n'exagère pas mon rôle. L'histoire juive a inspiré le type de civilisation dans laquelle je vis moi-même. Quel est l'homme qui n'aime pas remonter à ses sources ? Le peuple juif, de tous les peuples de l'Antiquité, est le seul à avoir survécu à l'Antiquité. Peut-être parce que c'était une petite minorité. Cela doit être plus facile qu'aux grands empires ou qu'aux ensembles qui ne reposent sur aucune véritable identité. Les méthodes employées par les inspirateurs, ceux qui ont le mieux exprimé l'âme de ce peuple, ont été réalistes, précises. Quand ce ne serait que la Bible, sorte de livre de raison d'un peuple, et non pas simplement d'un individu ou d'une famille. Ce peuple a vécu autour d'une religion qui, elle-même, a inspiré des religions monothéistes qui sont encore inscrites dans notre présent. Ce type d'enseignement s'est perpétué avec beaucoup de minutie dans les familles juives, avec peut-être beaucoup plus de force encore parce qu'il y a eu la Diaspora et que c'était une façon de se raccrocher à son passé. Bien entendu, un croyant dans le Dieu d'Israël ajoutera : c'est le peuple élu, c'est pour cela que Dieu y a veillé. »*

**Mercredi 5 septembre 1984**

Le Sénat rejette une seconde fois le projet de réforme constitutionnelle, qui est cette fois définitivement enterré. François Mitterrand : *« C'est conforme à mes prévisions. »*

*La commission d'enquête de l'Assemblée nationale créée à ce propos demande à entendre Valéry Giscard d'Estaing sur les « avions renifleurs ». « Inadmissible ! »* s'exclame le Président qui demande à Louis Mermaz de rappeler à la commission d'enquête que l'Article 68 de la Constitution stipule que le Président de la République n'est pas responsable (sauf cas de haute trahison) des actes accomplis dans l'exercice de ses fonctions. Ni pendant son septennat, ni après.

Au Conseil des ministres, des nominations. On a dénombré 1 350 candidats pour les 40 postes de conseillers économiques et sociaux que le Conseil des ministres désigne aujourd'hui. Que d'intrigues dans cette sélection !

Puis le tour de table habituel sur la politique étrangère. François Mitterrand : *« Une extraordinaire sérénade a fait suite à mon voyage au Maroc. A lire la presse, il y aurait diplomatie secrète dès lors que les journalistes ne sont pas présents à un entretien entre deux chefs d'État ! J'estime devoir avertir le pays si je change de politique, mais pas lorsque je persévère dans la même politique, ce qui est en l'occurrence le cas. C'est la deuxième fois que je vais au Maroc. Je suis allé quatre fois en Algérie. Je ne vais tout de même pas rompre avec l'un pour faire plaisir à l'autre. On a dit que j'avais approuvé l'accord maroco-libyen. Qu'est-ce qui permet de dire cela ? L'invitation du Roi du Maroc était fixée à cette date depuis longtemps. Elle avait été confirmée. J'ai dit que j'irais, mais que je ne serais pas là au moment du référendum. C'est pourquoi une journée et demie, sur les trois et demie de mon déplacement, a été consacrée au Portugal. Quoi de plus normal que d'avoir maintenu ma visite ? Au Maroc, j'ai répété nos positions de toujours : nous avons besoin de l'équilibre en Afrique du Nord. »*

Après le Conseil, François Mitterrand demande à Pierre Joxe d'étudier divers systèmes dérivés de la proportionnelle pour les prochaines élections législatives. Le Président : *« Ce n'est pas moi qui ai décidé d'utiliser la proportionnelle pour les européennes. C'est ce qui a fait entrer le Front national. Élire quelques députés du FN de plus n'est pas le problème. Il y a déjà de nombreux députés d'extrême droite au RPR et au Parti républicain. »*

François Mitterrand à Laurent Fabius : *« Il ne faut pas laisser la droite parler de* "nouvelle pauvreté". La misère n'a rien de nouveau. Et elle est pire en Angleterre. »

Ce soir, à « L'Heure de Vérité », Fabius : *« Lui, c'est lui, et moi, c'est moi. »* Le Président ne s'en offusque pas. Il s'étonne auprès de ceux qui lui en parlent : *« Vous trouvez cela important, vous ? »*

**Jeudi 6 septembre 1984**

Roland Leroy déclare que les communistes *« ne sont plus dans la majorité »*.

François Mitterrand est en Savoie, à Montmélian et à Chambéry. Michel Barnier, charmant. Le Président annonce qu'il est mis fin au processus de révision constitutionnelle. Cela ne fera pas trois lignes dans les comptes rendus du voyage.

Je m'arrête à New York, en route pour la Maison Blanche où je vais plaider pour l'émission de DTS. Je suis reçu par le président de la Banque Fédérale de Réserve de New York. Les banques américaines se trouvent dans la même situation, toutes proportions gardées, que les pays du Tiers Monde, car le coût de leurs emprunts auprès des épargnants augmente avec les taux d'intérêt des prêts qu'elles consentent. Mon interlocuteur va même jusqu'à dire que la faillite de l'une ou l'autre de ces banques privées mettrait en cause la fiabilité financière de certaines banques centrales européennes. Il parle à ce propos de l'Angleterre, et non de la France, en raison du caractère privé des banques britanniques. Tout cela confirme nos thèses sur l'urgence d'une remise en ordre du système monétaire international.

Perez de Cuellar est très inquiet de l'accord maroco-libyen qui risque, selon lui, d'être source de troubles dans le Maghreb.

A Washington, dîner avec McFarlane à la Maison Blanche. On parle d'abord de l'Amérique latine. Inquiet de la réunion entre la CEE et l'Amérique centrale à San José, il a peur qu'elle ne dérape dans l'anti-américanisme. Il m'annonce que si les négociations avec le Nicaragua échouent, comme c'est probable, les États-Unis ne pourront *« tolérer un second Cuba en Amérique centrale, et organiseront avant la fin de l'année l'embargo et le blocus de Cuba, fournisseur d'armes du Nicaragua »*. Il me dit qu'il y a des Soviétiques au Nicaragua. J'en doute. Il me promet de m'envoyer les preuves.

Il est furieux de l'accord maroco-libyen. Il m'annonce la prochaine rencontre entre Reagan et Gromyko. Il réfléchit longuement, à voix haute, devant moi, sur les trois thèmes qui constitueront, selon lui, les priorités de la politique étrangère américaine pour les quatre ans à venir, après la réélection probable de Reagan : la coopération avec l'Europe de l'Est, l'organisation militaire du Bassin du Pacifique, la recherche de points de rencontre avec les Soviétiques. Bien vu.

Je plaide en faveur de la concrétisation de l'accord du Sommet de Londres sur l'augmentation des DTS, en insistant sur le fait qu'il ne s'agirait que d'un petit ballon d'oxygène pour les pays du Tiers Monde, sans aucun coût budgétaire, et qu'il constitue le seul signe politique de la bonne volonté de l'Occident possible à court terme. McFarlane me dit en être tout à fait convaincu et me promet qu'il plaidera en ce sens auprès du Président. Il m'explique que George Shultz et lui-même ont, depuis un mois, enlevé au ministre des Finances, Don Regan, le suivi politique de ces affaires, trouvant le Trésor trop *« dogmatique et réactionnaire »*.

Quel changement ! Enfin un conseiller à la Sécurité intelligent, ouvert, donnant de l'Amérique sa meilleure image ! Celle que j'aime, en tout cas.

**Vendredi 7 septembre 1984**

Petit déjeuner chez Shultz avec Don Regan. Les Américains reconnaissent que *« le monde manque de liquidités »* et qu'il faut certes donner un signal politique en ce sens. Sceptique comme tout banquier, Donald Regan fait peser la menace de monnayer l'augmentation des DTS contre une réduction des autorisations d'emprunt des pays très endettés auprès du Fonds monétaire (ce qui serait évidemment catastrophique pour des pays comme la Côte d'Ivoire). Je lui remontre qu'un tel échange serait pour nous inacceptable. Ils me promettent d'examiner cette question très rapidement.

Shultz et Regan se montrent très durs vis-à-vis du président de la Banque mondiale, Clausen. Celui-ci a estimé le manque de ressources de l'aide à l'Afrique, pour 1985, à 3 milliards de dollars. Et les a promis, en vain. Ce manque pèsera lourd sur la balance de pays comme la Côte d'Ivoire ou le Nigeria qui se sont endettés parce qu'ils ont cru Clausen. A la demande des USA, Clausen a dû renoncer à ce que le programme spécial de la Banque pour l'Afrique contienne la promesse de ressources nouvelles.

Ils se montrent très inquiets sur l'évolution de l'Argentine. Selon Shultz, *« la meilleure solution consisterait à isoler l'Argentine pour éviter que ne joue la théorie des dominos »*. Don Regan me dit, lui, qu'une telle situation ne sera gérable que si la Banque mondiale ou les banques centrales des principaux pays occidentaux donnent leur garantie aux prêts des banques privées argentines. *« Rien ne sera fait, ajoute-t-il, l'année prochaine, pour réduire le déficit budgétaire américain. Lorsque cette hypothèse deviendra certitude, à une date que nul ne veut s'engager à prévoir, le dollar baissera et les taux d'intérêt monteront, car les capitaux flottants cesseront de s'investir aux États-Unis et il sera plus difficile encore de financer le déficit budgétaire américain. Alors commencera une période de récession et d'inflation aux États-Unis, dont les banques et les pays du Tiers Monde subiront les conséquences »*.

Comment le ministre des Finances américain peut-il s'exprimer ainsi ? A moins qu'il ne sache que, bientôt, il ne le sera plus...

Volker, que je vois ensuite, estime que les taux d'intérêt américains vont probablement baisser. L'ampleur du déficit budgétaire demeure excessive. Il est sceptique sur les chances de voir une nouvelle administration Reagan proposer l'an prochain un programme de redressement substantiel (économies sur les budgets civils, réduction des dépenses militaires et relèvement des impôts). Les positions récemment prises par le candidat Reagan ne vont pas dans ce sens. Et les chances de voir le Congrès adopter spontanément un programme de redressement sont très faibles. Volker craint une baisse trop rapide du dollar : on ne peut financer indéfiniment des déficits commerciaux massifs. Il s'inquiète : si les Européens maintenaient des taux d'intérêt élevés, cela contraindrait les États-Unis à relever très fortement les leurs, avec de graves conséquences pour leur économie et pour le Tiers Monde, dont le coût de l'endettement deviendrait insupportable.

La situation est néanmoins meilleure, dit-il, qu'il y a quelques mois : Mexique, Brésil, Venezuela, Pérou et Nigeria sont en train de s'en tirer. La négociation entre les banques et le Mexique a donné l'exemple de ce qu'il faut faire. Les solutions d'avenir passent par l'ajustement et le rééchelonnement de la dette sur plusieurs années. En revanche, les limitations de taux d'intérêt sous des formes variées, que la France suggère, et dont les banques privées ne veulent pas, ne sont sans doute pas nécessaires. Volker est favorable à une rencontre informelle entre pays créditeurs et débiteurs pour réfléchir à la meilleure façon de promouvoir des solutions ordonnées. Mais il considère que l'annonce d'une telle rencontre, ou sa divulgation, aurait en pratique des effets désastreux. Il n'existe qu'un problème sérieux : l'Argentine, au comportement imprévisible. Si l'Argentine adopte un comportement extrémiste, son exemple pourrait être suivi par des pays jusqu'à présent raisonnables. Il estime qu'il faudra dégager dans l'année qui vient environ de 3 à 4 milliards de dollars de financement net au profit de l'Argentine. Mais pas du privé. C'est à la Banque mondiale qu'il appartiendra d'intervenir, selon des procédures novatrices.

Jacques de Larosière, au Fonds monétaire, me dit au contraire, avec la plus grande assurance, qu'il sera possible de réaliser un accord entre l'Argentine et les grandes banques privées, permettant d'obtenir les 4 milliards de dollars nécessaires.

**Mardi 11 septembre 1984**

Au petit déjeuner, Laurent Fabius considère que la lutte contre l'inflation n'est plus prioritaire et refuse de fixer un objectif de hausse des prix inférieur à 5 %. François Mitterrand doit l'imposer.

Chassez le naturel...

**Mercredi 12 septembre 1984**

Au Conseil des ministres, Bérégovoy présente le projet de loi de finances pour 1985. Les prélèvements obligatoires passent de 44,7 % à 43,7 %. (En réalité, ils ne baisseront que de 0,25 %.) La hausse de l'essence et du téléphone finance l'essentiel de la baisse !

Ce qui confirme François Mitterrand dans l'idée qu'il n'y a rien de nouveau sous le soleil, que les technocrates n'ont rien à dire et que les vieilles recettes sont toujours les meilleures : *« Moins d'impôts, plus de taxes ! »*

Le Président me dit encore : *« Nous avons eu tort. Nous aurions dû être léninistes, bien plus radicaux, et ne pas faire de compromis avec nos adversaires. Mais, naturellement, c'est impossible ; il faudra alors se contenter de nos résultats. »*

**Jeudi 13 septembre 1984**

Grande victoire ! La Pan Am acquiert 44 Airbus.

Kadhafi confirme officiellement ce qu'il avait laissé entendre : il va retirer ses troupes du Tchad. Notre ambassadeur à Tripoli, Graeff, est convoqué par un membre du Comité populaire des liaisons extérieures, M. Hafiana, qui lui demande de transmettre le message suivant : *« A la suite des entretiens de M. Georgy avec le Dr Triki, ministre libyen des Affaires étrangères, et le commandant Jalloud, le commandement libyen constate qu'il existe des intentions favorables des deux côtés et une disposition commune à entamer des pourparlers sur l'amélioration des relations entre les deux pays, par le retrait des forces déployées au Tchad. La partie libyenne se déclare prête à entrer en négociation immédiate avec l'émissaire que désignera le gouvernement français pour amorcer les discussions sur un retrait total et concomitant des forces libyennes et françaises. Toutes les portes sont ouvertes pour prendre sans délai des dispositions pratiques à cet effet. »*

M. Hafiana ajoute qu'*« une nouvelle visite de Claude Cheysson est espérée ici depuis plusieurs mois. Pour sortir le dialogue du carcan où il a été enserré, la venue du ministre, si longtemps attendue, serait un acte positif qui porterait des fruits certains, et la rencontre prévue le 28 septembre à New York avec le Dr*

*Triki ne pourrait en aucune façon avoir le même impact que la présence de M. Cheysson à Tripoli. »*

Kadhafi propose de négocier... et pousse la complaisance jusqu'à choisir lui-même le négociateur français !

**Vendredi 14 septembre 1984**

Quatre réfugiés basques (dont trois menacés d'extradition) font la grève de la faim, à Fresnes. On recherche un pays d'accueil pour les expulser (mais la menace d'extradition demeure). Le garde des Sceaux considère que le problème des garanties à obtenir du gouvernement espagnol est essentiel. Contact est pris avec Madrid.

Cheysson est à Alger. Il y porte une lettre du Président à Chadli, pour panser les plaies du voyage au Maroc :

> *« Je souhaite que nous ayons une conversation directe et personnelle, comme souvent déjà dans le passé. Puisque, par l'intermédiaire de mon ministre des Relations extérieures, vous avez bien voulu accepter de me recevoir, je me réjouirai de toute date qui permettra cet entretien dans les semaines qui viennent. Vous savez le prix que j'attache aux relations confiantes entre nos deux pays et combien je désire que tout malentendu de circonstance soit dénoué. D'autant plus que nous avons à mettre en œuvre ensemble les objectifs déjà définis. Certes, je dois vous dire ma surprise devant les interprétations infondées qui ont suivi mon récent voyage au Maroc et qui ont trouvé un large écho, particulièrement au Maghreb. La politique de la France n'est pas soumise au gré des vents. Elle repose sur des données simples : la paix et l'équilibre, dans cette région du monde comme ailleurs, ce qui doit conduire à toujours préférer la négociation aux affrontements et à éviter toute initiative pouvant créer la suspicion. Je ne saurais trop insister sur le droit à l'autodétermination des peuples, notamment du peuple sahraoui. C'est la raison pour laquelle nous avons applaudi à la résolution de l'OUA prise à Nairobi, décidant un référendum qui demeure à nos yeux la seule issue raisonnable et légale au différend actuel.*
>
> *Nous espérons que viendra le jour où les pays du Maghreb pourront s'exprimer d'une seule voix en face du reste du monde. C'est dire que nous déplorons les divergences de vues entre eux, lorsqu'elles se manifestent, puisqu'elles retardent le moment de cette nécessaire entente.*
>
> *Cela n'enlève rien à la valeur spécifique de la relation de la France avec chacun d'entre les pays d'Afrique du Nord. Vous savez, puisque cela a été exprimé maintes fois, combien nous sommes fiers et heureux de la relation de qualité exceptionnelle, et qui doit le rester, entre la France et l'Algérie.*
>
> *J'ai donc du mal à comprendre comment et pourquoi la position de mon pays peut être mise en doute, mise en cause, même. Les hasards du calendrier existent. Vous reconnaîtrez avec moi qu'ils ont peu de signification au regard des grands principes d'une politique, maintes fois affirmés et répétés après avoir été mûrement réfléchis.*
>
> *C'est en raison des interrogations que suscitent les indications trop nombreuses d'une diminution de la confiance existant entre nos pays que j'ai cru bon de m'adresser ainsi à vous, de manière toute personnelle, et dans l'attente de conversations que nous ne manquerons pas d'avoir dans un proche avenir. »*

Chadli reçoit cette lettre sans un mot, visage fermé.

De retour à l'ambassade de France, Claude Cheysson reçoit copie du télégramme de Tripoli, avec la réponse de Kadhafi. Il décide de se rendre lui-même à Tripoli dès demain, sans demander l'autorisation à personne, puisque Kadhafi l'invite. Jusqu'ici, il disait au Président qu'il ne fallait surtout pas bouger avant la réunion de l'OUA à Brazzaville...

**Samedi 15 septembre 1984**

Cheysson est donc à Tripoli. Lorsque le Président l'apprend, il n'en croit pas ses oreilles.

A Cheysson, Kadhafi confirme qu'il accepte le retrait de ses troupes, surveillé par des observateurs béninois, et propose une rencontre en Grèce avec le Président, avant le début du retrait. Le Dr Triki est au Bénin pour obtenir que les Béninois garantissent l'évacuation des troupes. Kérékou, le Président béninois étant absent de Cotonou, Triki rencontre son vice-président, qui donnera la réponse de Kérékou ce soir. Elle est positive. Cheysson prend contact, de Tripoli, avec Hissène Habré, et propose que les Béninois soient les observateurs. Il téléphone à Papandréou, tout à fait d'accord pour organiser cette entrevue.

Il faut prendre la décision d'extrader les Basques. Badinter et Joxe sont contre. Dumas, pour. Fabius hésite. François Mitterrand, comme souvent, garde un silence de sphinx. Son choix est fait depuis le 20 décembre 1983, jour où il s'est engagé auprès de Felipe Gonzalez, qu'il recevait à dîner, sur le principe de cette extradition.

Les trois Basques accusés d'assassinats sont expulsés.

**Dimanche 16 septembre 1984**

Cheysson est revenu à Paris pour informer François Mitterrand, rue de Bièvre, de ce que lui a dit Kadhafi. Il suggère qu'un de ses collaborateurs se mette en rapport avec ceux de Papandréou pour définir le prétexte du voyage, la date de la rencontre et les modalités pratiques du rendez-vous avec Kadhafi, qui suivra. François Mitterrand n'est pas d'accord : il veut un retrait libyen *avant* la rencontre, non *après* ! Cheysson repart pour Tripoli et revoit Kadhafi sur la plage, sous une tente. Ils s'entendent sur l'*« évacuation totale et simultanée du Tchad des forces françaises et des éléments d'appui libyens du GUNT ainsi que de la totalité de leurs armements et de leurs équipements respectifs »*. Le retrait doit commencer le 23 septembre et s'achever le 9 novembre.

Pour la rencontre entre François Mitterrand et Kadhafi, Cheysson avance la date du 2 novembre. Encore trop tôt ! Le Président n'en veut pas. Il envoie Hernu à N'Djamena pour rassurer Hissène Habré.

**Lundi 17 septembre 1984**

L'accord franco-libyen est rendu public. Hissène Habré est furieux. Chadli aussi : *« C'est la seconde fois en un mois que la France décide quelque chose sans nous prévenir. Après le Maroc, le Tchad ! »* Il ne peut croire que Cheysson n'en savait rien lorsqu'il se trouvait à Alger il y a trois jours.

Déjeuner à l'Élysée, devenu rituel, avec divers observateurs et économistes : Alain Minc, Anton Brender, Michel Aglietta, Michel Albert, Alain Lipietz, Jacques Julliard. Le franc se stabilise.

Brian Mulroney devient Premier ministre du Canada. L'homme se révélera remarquable, amical, ouvert et d'une grande rigueur. Sa vision est européenne. Cet Irlandais québécois saura apaiser — sans l'humilier — le rêve francophone.

Un journaliste d'*Antenne 2*, Jacques Abouchar, est arrêté en Afghanistan.

Devant le Comité central du PCF, Georges Marchais enterre l'Union de la Gauche.

**Mardi 18 septembre 1984**

François Mitterrand confirme : *« Il est triste d'extrader, mais c'est le respect du droit et de la jeune démocratie espagnole. »*

**Mercredi 19 septembre 1984**

Le retrait libyen du Tchad va commencer. La France fera de même. Au Conseil des ministres, François Mitterrand explique : *« A court terme, Hissène Habré ne peut qu'être mécontent, mais il se fera une raison. Cet accord prouve que son pouvoir est désormais bien assis. Nous ne le laisserons pas tomber, et il disposera de nouveaux crédits au titre de la Coopération. Et puis, la conférence de réconciliation nationale qui doit bientôt s'ouvrir devrait permettre de régler les problèmes entre les seuls Tchadiens. J'applique intégralement l'accord de 1976, et c'est aussi ce que je ferais s'il n'y en avait pas. »*

**Jeudi 20 septembre 1984**

En Nouvelle-Calédonie, création d'un Front de libération nationale kanak et socialiste (FLNKS), mené par Éloi Machoro et Jean-Marie Tjibaou, qui appellent à *« la lutte de libération nationale »* en vue d'obtenir l'indépendance et annoncent la formation d'un *« gouvernement provisoire de Kanaky »* présidé par Tjibaou.

Ils veulent faire obstacle au scrutin du 18 novembre pour les élections à l'Assemblée territoriale. Ils souhaitent que la composition des listes électorales soit révisée de manière à donner la majorité à la population mélanésienne.

L'accord secret est confirmé avec les Allemands : ils appuieront le choix de Strasbourg pour l'installation de l'accélérateur européen et, en échange, la France soutiendra la candidature d'une ville allemande pour la construction d'une soufflerie cryogénique européenne.

François Mitterrand écrit à Hissène Habré et lui explique le retrait des forces françaises du Tchad.

Robert Badinter adresse au Président une lettre manuscrite :

*« L'extradition sera ressentie très durement à gauche. Nous aurons beau expliquer, montrer la gravité des crimes et les garanties indiscutables offertes par la justice espagnole ; rien n'y fera, parce que nous sommes là dans l'irrationnel... La décision que vous allez prendre est de celles qui comptent beaucoup pour l'idée d'un Président dans l'Histoire. »*

François Mitterrand maintient.

**Vendredi 21 septembre 1984**

Après ma visite à Washington, Ronald Reagan écrit à François Mitterrand ; il refuse l'augmentation des DTS :

*« Les États-Unis partagent vos préoccupations en ce qui concerne les difficultés économiques auxquelles de nombreux pays moins développés ont dû récemment faire face. Nous sommes également d'accord avec le fait que ces pays qui appliquent des programmes d'ajustement économique difficiles méritent que nous les aidions. Toutefois, nous ne pensons pas qu'une attribution de DTS constituerait un moyen approprié ou efficace pour apporter un soutien à ces pays ou les aider à faire face à leurs difficultés économiques...*

*... Nous faisons actuellement de grands progrès pour trouver une solution au problème de la dette en combinant une reprise économique forte dans de nombreux pays industrialisés, un ajustement économique efficace de la part des débiteurs et un financement officiel et privé approprié. Je suis persuadé que l'approche que nous avons adoptée, et qui a été approuvée au Sommet de Londres, nous permettra de réussir. Vous pouvez être assuré que les États-Unis continueront à travailler étroitement avec la France dans la poursuite de cet effort. »*

Le sujet est enterré. Encore une fois, l'Administration Reagan a fait de son mieux pour freiner le développement des institutions internationales.

**Samedi 22 septembre 1984**

A l'initiative du Chancelier, François Mitterrand et Helmut Kohl se retrouvent pour la huitième fois de l'année. Cette fois, devant un catafalque recouvert des deux drapeaux, dans l'Ossuaire de la Grande Guerre, à Verdun. François Mitterrand, sans que cela ait été prévu, prend alors la main de Kohl. L'image résumera, mieux que toute autre, l'effort d'une décennie. Nul besoin de conseillers en communication quand un vrai message est à transmettre.

François Mitterrand confirme sa décision, contre l'avis de Fabius et de Badinter : on extrade les trois Basques vers l'Espagne.

Le Président souhaite que Jean-Claude Héberlé prenne la présidence d'*Antenne 2* lors du départ à la retraite de Pierre Desgraupes. Michèle Cotta, qui préside la Haute Autorité, n'est pas enthousiaste.

**Dimanche 23 septembre 1984**

Giscard est élu au premier tour d'une élection législative partielle dans le Puy-de-Dôme : 63,24 % des voix, 34 % des électeurs inscrits.

Le décret d'extradition des trois nationalistes basques espagnols est signé par Laurent Fabius et Robert Badinter. Mais la mise à exécution ne sera faite qu'après examen des cas par le Conseil d'État (dans un délai de trois à quatre jours).

Roland Dumas, ministre des Affaires étrangères et porte-parole du gouvernement, déclare à *RTL* : *« Les faits reprochés sont extrêmement graves : trois des extradés ont du sang sur les mains. Le gouvernement espagnol a donné des garanties : remise directe aux juges, libre choix d'un défenseur, observateurs étrangers au procès. Toutes les voies de recours ont été utilisées. Naguère, les socialistes avaient dénoncé des extraditions faites en fraude de la loi, parfois expéditives. »*

**Mardi 25 septembre 1984**

Au petit déjeuner, François Mitterrand : *« Les Basques n'ont pas le statut de réfugiés politiques. Ils n'ont pas demandé l'asile politique. S'ils l'avaient demandé, ils l'auraient obtenu, mais en échange de leur silence. Leurs actes criminels ont été accomplis à partir de la France. La France ne peut être une base de déploiement pour le terrorisme. Celui-ci a une logique impitoyable. On ne peut faire de compromis avec lui. Un jour, il se venge. En 1981, par l'ambassade de France à La Haye, puis par Gaston Defferre, Carlos m'a fait demander de libérer Kraupf et Bréguet ; sinon, il faisait sauter un train. J'ai refusé. Le train a sauté dans la gare Saint-Charles. C'est la règle. »*

Au Tchad, le retrait simultané des troupes libyennes et françaises semble bien se passer. Hissène Habré répond à François Mitterrand : il accepte ce retrait.

Hussein et Moubarak nous préviennent que les relations diplomatiques égypto-jordaniennes, rompues après Camp David, vont être rétablies.

Pour tenir la promesse faite lors de notre dîner à Washington, Bud McFarlane m'envoie une longue note dressant le bilan de tout ce que les services secrets américains savent (ou veulent nous faire savoir) sur le rôle du Nicaragua comme plate-forme de subversion en Amérique centrale. J'en tire la conclusion qu'il n'y a là aucune preuve ni aucun indice d'une présence soviétique, contrairement à ce que McFarlane me déclarait à ce dîner. Il reconnaît que *« la résistance antisandiniste, au nord comme au sud, constitue le seul espoir d'amener à une conduite raisonnable ceux qui dirigent à Managua »*, aveu explicite du soutien apporté par Washington à cette résistance. Il m'écrit :

> *« ... Nous sommes particulièrement préoccupés par des rapports concernant une livraison par bateau d'équipements libyens au Nicaragua et à différents groupes de rebelles latino-américains. Selon une source sérieuse, la guérilla salvadorienne doit recevoir plus de 800 fusils, 10 000 grenades et plus de 130 000 boîtes de munitions qui seront débarqués au Nicaragua, en transit vers d'autres groupes.*

*Nous estimons pour le moment qu'environ trois quarts des besoins de la guérilla salvadorienne sont couverts par des fournitures extérieures et qu'un tiers ou plus de leurs besoins en armes de poing réussit à leur parvenir.*

*La quasi-totalité de leurs livraisons transite par le Nicaragua. Tous les rapports des services secrets le confirment. Quatre des cinq groupes de la guérilla salvadorienne ont leur siège central au Nicaragua, en particulier les deux plus importants : l'ERP et le FPL.*

*Le soutien à la subversion en Amérique centrale continue d'être géré à un haut niveau au sein de la direction nicaraguayenne...*

*... Le soutien nicaraguayen à l'effort des rebelles salvadoriens est si visible que les officiels nicaraguayens, dans des conversations privées, ne cachent plus l'engagement direct de Managua, même s'ils essaient d'en minimiser l'ampleur...*

*Les Nicaraguayens continuent de soutenir les rebelles marxistes au Honduras et au Costa Rica, bien qu'à des niveaux inférieurs à ce qu'ils font pour le Salvador...*

*Vous êtes déjà au courant de nos préoccupations concernant les discussions en cours entre le Nicaragua et le Costa Rica. Tout ce que vous pourrez faire pour que cette négociation ne se termine pas par un accord au seul bénéfice du Nicaragua servira aussi nos intérêts. Nous sommes convaincus que les sandinistes manœuvrent pour éliminer la résistance armée qui constitue une menace pour leur pouvoir dans la région.*

*Si, au terme de cette discussion, un accord aboutit à la création d'une force internationale sur la frontière, cela ne pourra qu'affaiblir la résistance sans la pression de laquelle, au nord comme au sud, nous n'avons que peu d'espoir d'amener à une conduite raisonnable ceux qui gouvernent à Managua. »*

Je réponds à Bud McFarlane :

*« Je suis très sensible au souci que vous avez eu de m'informer... Puis-je vous rappeler que ma perplexité, lors de notre dîner à Washington, portait principalement sur la présence et le rôle des Soviétiques ou des Cubains au Nicaragua ? Or, sur ce point, je n'ai pas le sentiment que les informations que vous me communiquez apportent des éléments particuliers. »*

**Mercredi 26 septembre 1984**

Signature de l'accord Chine/Grande-Bretagne sur le retour de Hong Kong à la Chine en 1997.

Au Conseil des ministres, création des TUC, emplois d'utilité collective à temps partiel, dont l'idée vient de Suède. Remède quelque peu magique, censé mettre au travail des centaines de milliers de jeunes. On en espère la résorption du chômage.

Propos du Président en Conseil : *« Dans l'affaire des Basques, on se trouve en présence d'une ignorance crasse. Il ne s'agit pas d'un problème d'asile politique. Il n'y a pas eu de demande d'asile. Il y a un certain nombre de gens armés qui ont pénétré en France. Le gouvernement précédent avait refusé la qualité de réfugié politique. L'asile politique, ils ne l'ont demandé qu'au cours des dernières semaines.*

*L'asile politique est un contrat. Ce contrat comporte normalement l'obligation de cesser des activités politiques. Certes, nous savons bien que cet arrêt n'est jamais total. Il y a des rencontres, des conversations, des coups de téléphone, des papiers, des tracts. Nous ne chassons pas les étrangers qui se livrent à ces activités. Mais nous ne tolérons pas une action violente en direction du pays dont ils viennent. Ce n'est pas la première fois, d'ailleurs, que l'on renvoie des étrangers qui se trouvent dans ce cas. On en a renvoyé déjà beaucoup. C'est la moindre des choses.*

*Le problème tel qu'il est posé dans certains organes de presse est horriblement mal posé. Les Espagnols en question sont à quelques kilomètres de la frontière. Le passage est facile. Ils peuvent en une demi-heure aller en Espagne et revenir, et se réunir ensuite dans un café de la région pour préparer leur prochain coup.*

*Il est vrai que Croissant a été défendu par la gauche. Mais il n'a été défendu que parce qu'il prétendait n'avoir pas participé à un crime de sang. Il était dans la situation de ceux que nous expulsons aujourd'hui. Non pas dans la situation de ceux que nous extradons. Je suis déterminé à ne rien accepter dans ce domaine. Aucun terroriste ne trouvera le moindre accès sur le territoire français.*

*Bien entendu, ce n'est pas le cas des Chiliens, compte tenu de la nature du régime qui existe au Chili. Mais quiconque a la possibilité d'agir dans son pays doit s'abstenir de venir le faire chez nous. Nous ne sommes pas juges de la démocratie des autres.*

*L'émotion qui existe dans certains milieux repose sur des ambiguïtés ou sur une faiblesse auxquelles je ne peux m'associer. Je dirai cela au Pays Basque dans dix jours. Chacun doit prendre ses risques. Je manifesterai ma solidarité avec ceux qui se battent pour la démocratie et mon refus du mensonge.*

*Ce n'est un secret pour personne que de dire que le garde des Sceaux n'était pas chaud pour ces mesures. Mais il a pris connaissance des dossiers. C'est parce qu'il a pris connaissance de ces dossiers qu'il est encore là. Quand on tue quelqu'un en déposant à côté de lui des lunettes piégées qui risquent de tuer à son tour celui — peut-être un proche — qui tentera de lui porter secours, on commet un acte qui n'est pas justifiable.*

*Je prends la pleine responsabilité de la décision prise. Certes, il est vrai que ceux qui ont été frappés sont des opposants politiques. Mais nous ne pouvons admettre les méthodes qu'ils ont utilisées. Nous ne pouvons accueillir en France toutes les fractions en lutte armée contre leur souveraineté nationale.*

*M. le Premier ministre, je vous demande de pratiquer l'intransigeance. On ne gagne une guerre que s'il y a un général en chef. Ensuite, certes, il faut qu'il rentre dans le rang. Mais pendant le bref instant où il l'est, il doit véritablement exercer ses responsabilités. Ce qui est vrai pour l'emploi est vrai en toute matière. »*

Après le Conseil, on agite, au déjeuner réunissant le Président et quelques amis, des idées nouvelles : création de chaînes de télévision privées ; allocation du parent au foyer ; créer une « prémajorité » à 16 ans pour le permis de conduire, le permis moto, la gestion des associations ; porter à 18 ans l'obligation scolaire ; étendre jusqu'à 24 ans l'obligation de formation ou de TUC, et rendre obligatoire leur acceptation par les jeunes chômeurs.

Le Conseil d'État rejette le recours des trois séparatistes basques.

Le Togo accepte de recevoir d'autres Espagnols, ceux-là expulsés. Le Président a eu un contact personnel avec le général Eyadema.

Avant de recevoir le ministre des Affaires étrangères soviétique, Andreï Gromyko, Ronald Reagan adresse aux dirigeants européens une de ces circulaires exaspérantes dont il nous gratifie régulièrement. Pourtant, le texte envoyé à François Mitterrand est un peu plus « personnalisé ». Bud McFarlane est manifestement passé par là :

*« Par nos fréquentes discussions, je connais bien l'intérêt que vous portez aux relations Est/Ouest. J'ai également en mémoire les efforts que vous avez déployés pour me tenir informé de votre voyage à Moscou, et j'aimerais vous mettre au courant de ce que nous pensons, avant ma rencontre avec le ministre des Affaires étrangères, M. Gromyko.*

*Lors de la rencontre de vendredi, mon but sera de faire comprendre au gouvernement soviétique que je désire sincèrement amener nos relations sur une voie plus positive et que je m'engage en particulier à négocier des accords pour réduire les niveaux d'armement d'une façon juste, équilibrée et contrôlable. Je ferai clairement comprendre que nos propositions de contrôle des armements sont souples et que, dans les négociations, je suis totalement disposé à prendre en compte les légitimes inquiétudes des Soviétiques en matière de sécurité. Je suis cependant persuadé qu'il ne serait pas prudent de prendre l'initiative de faire des concessions, et me garderai d'en faire.*

*Je sens impérieusement que nous avons besoin d'un meilleur fonctionnement des consultations avec le gouvernement soviétique à la fois sur le contrôle des armements et sur les questions régionales, et je ferai quelques suggestions concrètes pour instituer des réunions régulières à un haut niveau. Mon objectif serait d'engager les Soviétiques dans un vaste dialogue qui convergerait sur l'interconnexion des systèmes offensif et défensif et tendrait à trouver des moyens de réduire le niveau d'armement de façon substantielle et de restreindre les développements technologiques déstabilisants. En ce qui concerne les questions régionales, mon but est de réduire les potentialités d'affrontement direct entre les États-Unis et l'Union soviétique.*

*Je vous tiendrai, bien sûr, pleinement au courant des résultats de cette rencontre et resterai en contact avec vous, puisque nous projetons diverses consultations ultérieures qui pourraient en résulter.*

*Si vous avez quelque commentaire que ce soit à faire à la démarche que j'entends adopter avec Gromyko, ou des suggestions spécifiques concernant cette rencontre, je les apprécierai vivement. »*

Au cours d'une de ces promenades dans Paris qu'il affectionne, François Mitterrand me parle de ses ambitions de jeunesse : *« Pas le pouvoir politique, mais l'aventure. J'étais, d'une certaine manière, tenté de devenir un homme de pouvoir, et j'étais aussi tenté de suivre la voie des écrivains de l'époque. Ces désirs s'entrecroisaient. Je n'étais pas bavard, mais toujours renfermé. On disait que j'étais distrait, dans la lune, fermé. J'avais du mal à communiquer. C'était le portrait que faisaient de moi les autres. Je n'avais pas (et je n'ai jamais eu) tendance à me confier. Quand les autres relevaient ce trait de façon ironique, cela me blessait. La jeunesse est une force, et je sentais que rien ne pouvait résister à une volonté. Je m'étais fait à cette philosophie-là... »*

Après décision du Conseil d'État, trois sur sept des Basques espagnols revendiqués par Madrid sont remis aux autorités espagnoles. Pour le Conseil d'État, les crimes reprochés aux séparatistes basques sont ceux d'assassinats, même s'ils ont été commis par un groupe armé (ce qui induit la dimension politique du crime). Un crime *« grave »* ne peut être considéré comme un crime politique. Le statut de réfugié politique ne peut être accordé à qui a commis auparavant un *« crime grave de droit commun »*. La France ne pouvait tolérer qu'une partie de son territoire devînt le refuge de terroristes recherchant l'effondrement d'un régime qu'elle soutient au nom de la solidarité des démocraties.

**Jeudi 27 septembre 1984**

Hissène Habré, en rage d'avoir dû accepter l'accord franco-libyen, ameute l'Afrique. Pour le calmer, François Mitterrand convoque pour le 5 octobre un mini-sommet franco-africain à Paris.

Jean-Pierre Chevènement présente les grands axes de sa politique universitaire devant la conférence des présidents d'universités.

Après sa visite au Maroc, le Président autorise la société Dassault à ouvrir des conversations avec les Marocains pour la vente de 24 Mirage 2000. Le Maroc n'a plus aucune capacité de paiement extérieur ; sa dette extérieure est égale à 100 % de son produit intérieur. Sur les trois dernières années, le manque à gagner avec le Maroc, pour notre balance des paiements, se monte à plus de 8 milliards de francs, auxquels s'ajoute chaque année un milliard et demi de francs de nouveaux crédits sur protocole.

Nous faisons aussi savoir aux Algériens que, s'ils sont intéressés par cet avion, nous accepterions d'en parler avec eux.

**Vendredi 28 septembre 1984**

Les journées parlementaires de l'UDF s'achèvent, celles du RPR commencent. Les uns comme les autres ne parlent déjà que de la future « cohabitation ». Comme le pouvoir leur manque, et comme ils le dissimulent mal !

**Lundi 1er octobre 1984**

Les troupes libyennes semblent ralentir leur retrait. François Mitterrand s'en inquiète : mais qu'a donc négocié Cheysson avec Kadhafi ? Y a-t-il vraiment retrait ? Il demande à Roland Dumas de prendre l'affaire en main et de préparer avec le conseiller diplomatique de Papandréou, Makeritsas, un week-end en Grèce, autour du 1er novembre. Au cas où le retrait serait achevé, Kadhafi y serait convié.

**Mardi 2 octobre 1984**

La Haute Autorité nomme Jean-Claude Héberlé président d'*Antenne 2*. Michèle Cotta fait savoir qu'elle s'est abstenue. Sans démissionner : les habitudes des politiques ont vite fait de s'apprendre.

Crise chez Renault. Bernard Hanon annonce la nécessité de 10 000 licenciements. Le vrai coupable est Bernard Vernier-Pallez, l'ancien président, qui a mal choisi les modèles aujourd'hui sur le marché. Édith Cresson veut la tête de Hanon. Fabius hésite.

### Mercredi 3 octobre 1984

Au retour d'une tournée en Nouvelle-Calédonie, Georges Lemoine fait en Conseil des ministres un exposé très sombre sur la situation :

*« La situation actuelle comporte des points positifs — les positions de l'Église protestante et des chefs coutumiers — et des handicaps — la frange dure, représentée par le FNLKS. Nous savons que certains de ses leaders sont allés en Libye, qu'ils y ont reçu de l'argent, que 18 jeunes Kanaks sont partis pour quatre semaines dans ce pays. Pour la France, quoi qu'il arrive, il faut permettre une évolution vers plus de justice. »*

Il cite l'exemple du lycée La Pérouse de Nouméa où, *« sur 1 350 élèves, il y a seulement 100 Kanaks et, sur 102 professeurs, 2 Kanaks. Dans l'administration, 10 Kanaks au total occupent des postes importants. Il n'y a qu'un seul officier kanak, qu'un seul médecin kanak et qu'un seul juge kanak dans tout l'archipel. »*

François Mitterrand l'interrompt : *« Qu'a-t-on fait depuis 1981 pour commencer de mettre un terme à cette situation intolérable qui constitue une offense à tout ce que représente la France ? Il faut agir tout de suite. Si j'étais kanak, j'irais moi aussi en Libye. Il faut en finir tout de suite ! Prendre des mesures dans les jours qui viennent, car le statut ne signifie rien si l'on ne peut modifier ce rapport de forces. Les deux populations s'équivalent presque numériquement, et une telle disproportion est inadmissible ! Quel espoir ont les populations locales pour l'avenir de leurs enfants ? Les bonnes âmes s'interrogent sur les raisons de leur intransigeance ? Eh bien, on les comprend aisément en prenant connaissance de vos chiffres ! »*

Si la France avait, à population égale, le même déficit que les États-Unis, notre déficit budgétaire serait de 375 milliards de francs (au lieu de 140), et notre solde commercial négatif de 230 milliards de francs (au lieu de 30) !

Lettre d'André Labarrère, député-maire de Pau, au Président : *« La décision d'extradition est très bien vue, de façon générale, dans le département. »*

### Jeudi 4 octobre 1984

Le retrait des Libyens est de plus en plus lent. Inquiétant. Et le mini-sommet sur le Tchad a lieu demain à l'Élysée !

### Vendredi 5 octobre 1984

A l'Élysée, mini-Sommet franco-africain. Houphouët-Boigny, Mobutu, Bongo, Hissène Habré s'inquiètent tous de l'accord avec Kadhafi et de son non-respect.

**François Mitterrand :** *J'ai accepté des observateurs. Je me fie à la parole donnée et les armées se retirent, en tout cas la nôtre. Si vous n'êtes pas contents, envoyez vos propres troupes.*

**Hissène Habré :** *Je connais bien le terrain au Nord, je serais un bon observateur ! J'accepte des observateurs, mais je ne veux pas des Béninois comme observateurs !*

**François Mitterrand :** *C'est la loi de la réciprocité. Vous avez vos observateurs. Ils doivent avoir les leurs. Vous préféreriez que les observateurs soient libyens ?*

**Hissène Habré** (à la surprise générale) : *On peut y réfléchir.*

**François Mitterrand :** *L'accord avec les Libyens — y compris le fait que les Béninois soient observateurs — n'est plus négociable. En Afrique, nous ne faisons qu'assister nos alliés lorsqu'ils sont menacés par l'étranger. Mais quand l'armée étrangère s'en va, nous partons. C'est le texte de nos accords avec le Tchad. Si la Libye manque à l'accord, nous reviendrons. D'où l'importance des observateurs qui peuvent le dire.*

**Hissène Habré :** *La Libye ne contournera pas directement l'accord. Elle le fera indirectement par la Légion islamique et l'armement qu'elle va laisser. D'où l'importance de ce que vous nous laisserez comme armement en partant.*

**Cheysson :** *Oui, c'est ça, vous avez déjà arrêté la Libye. Vous saurez le faire une seconde fois, si nécessaire !*

François Mitterrand s'agite sur sa chaise.

**Hissène Habré :** *Moi, je ne suis pas dupe des Libyens, c'est vous qui l'êtes. Et je ne suis pas sûr que, par ailleurs, il n'y a pas d'accord franco-libyen pour un retour ultérieur des Libyens.*

**François Mitterrand :** *Vous nous parlez en connaissance de cause. Un jour, vous les avez appelés à venir au Tchad, pas moi !*

**Hissène Habré :** *Ce n'est pas moi qui les ai appelés ; à ce moment-là, j'étais dans le maquis.*

**François Mitterrand :** *Non. Pas dans le maquis. Vous étiez en Libye...*

Lourd silence... Puis on parle du lionceau apprivoisé d'Habré.

Les négociations débutent pour préparer la réunion de Rome de l'Agence spatiale européenne. Aucun de nos partenaires ne veut entendre parler de la station spatiale européenne ; tous sont résignés à se contenter du strapontin offert dans *Colombus* par les Américains.

### Samedi 6 octobre 1984

Je reçois M. Bedjaoui, juge à la Cour internationale de Justice de La Haye, ambassadeur d'Algérie en France pendant neuf ans. Il a rencontré Chadli. Celui-ci éprouve un sentiment d'insécurité provoqué par la politique d'*« encerclement »* dont l'Algérie se dit victime. Il interprète l'accord d'Oujda entre le Maroc et la Libye comme essentiellement dirigé contre l'Algérie. Il en éprouve une grande inquiétude et s'interroge sur la teneur des conversations d'Ifrane. *« Il croit savoir qu'il a été question du Sahara occidental, et demande quelles sont les intentions de la France à ce sujet. »* Le Roi du Maroc a-t-il l'idée d'entreprendre une action quelconque contre la Mauritanie ? La France soutiendra-t-elle le Maroc dans cette éventualité ?

Les Algériens font aussi un lien entre l'accord d'Oujda, la visite à Ifrane et le départ des Libyens du Tchad. Ils voient dans ces trois événements une modification de la politique française en Afrique du Nord. Le retrait des troupes françaises du Tchad mérite d'être expliqué. Ils auraient souhaité être tenus au courant — comme d'autres, disent-ils — des négociations. Ils imaginent que le gouvernement libyen profitera de ce qu'il n'est plus empêtré au Tchad pour chercher querelle aux Algériens sur leurs frontières. Aussi Chadli envisage-t-il de prendre des initiatives au Tchad. S'agira-t-il d'une action diplomatique ? D'une initiative militaire ? La question est restée ouverte.

Sa suggestion est que Cheysson se rende à Alger avant la visite du Président, le 19 octobre, *« pour prendre langue avec les dirigeants algériens et contribuer ainsi à assainir l'atmosphère avant votre séjour en Algérie »*.

**Dimanche 7 octobre 1984**

Barre déclare que la cohabitation serait une *« trahison du principe de la Ve République »*. A l'inverse, pour Chirac, le refus de la cohabitation pourrait conduire à une *« crise de régime »*.

**Lundi 8 octobre 1984**

François Mitterrand est d'une humeur massacrante, très critique à l'égard *« des gens qui sont chargés de mettre en œuvre ses décisions »*. Il pense au Tchad, mais cite aussi la difficulté qu'il a à imposer le relogement de soixante-dix familles qui végètent encore dans les cités de transit, malgré les ordres qu'il a donnés.

L'accord des Dix sur la nomination de Jacques Delors à la présidence de la Commission à Bruxelles est réalisé. Il faudra l'officialiser à Dublin.

Le projet de Jean-Pierre Chevènement sur l'école privée est voté par l'Assemblée. L'année prochaine, l'ensemble des crédits destinés à l'école publique augmentera de 6,4 %, contre 8,1 % pour le privé.

Richard Burt, directeur politique au State Department, rend compte à ses collègues directeurs politiques des Trois (France, RFA, Grande-Bretagne) de la visite d'Andreï Gromyko à Washington, vendredi dernier : *« M. Gromyko a mis l'accent sur l'Allemagne et le Japon d'une manière qui manifestait une certaine sénilité : il ne parvient apparemment plus à assimiler correctement des concepts nouveaux. Ainsi, lorsqu'il s'est agi de la militarisation de l'espace, ses propos montraient qu'il la concevait comme l'installation d'armes nucléaires dans l'espace ! M. Shultz a dû lui répéter que les États-Unis n'avaient pas l'intention de déployer des armes nucléaires dans l'espace. Par ailleurs, il est apparu obsédé par la pérennité du règlement de la Seconde Guerre mondiale, et a cherché des assurances sur ce point. Il a accueilli avec une satisfaction visible la garantie donnée par le secrétaire d'État que les États-Unis n'entendaient pas remettre en question les accords conclus depuis 1945. M. Gromyko a dit à plusieurs reprises que c'était très important. Il a également ressassé les thèmes habituels de la propagande soviétique sur le revanchisme, le réarmement japonais. Ses idées fixes paraissent correspondre aux obsessions profondes de cette génération de dirigeants soviétiques. M. Shultz avait presque le sentiment de lui parler d'un monde différent de celui qu'il se représentait. Ainsi, s'agissant de l'Asie, M. Shultz a souligné le dynamisme de ce continent, son développement technologique, la concurrence qu'il faisait aux États-Unis, il a cité les regroupements qui s'opéraient en son sein, notamment avec l'ASEAN, et suggéré que les Soviétiques devraient s'intéresser à ces aspects des choses. M. Gromyko n'a pas donné l'impression d'être très sensible à ce genre de considérations.»*

Les Américains se rassurent un peu vite en mettant au compte de la personnalité de Gromyko et de son âge des préoccupations qui resteront essentielles pour l'Union soviétique, même avec des dirigeants plus jeunes.

**Mardi 9 octobre 1984**

Au petit déjeuner, François Mitterrand critique le Parti socialiste, *« son incapacité à se manifester. Tout ce que fait le gouvernement tourne en ridicule, en burlesque, parce que nul ne sait le mettre en valeur. L'incapacité du Parti à désigner autre chose que ses plus mauvais éléments comme candidats : le processus de SFIO-isation a recommencé. Il faudrait presque tout recommencer à partir de clubs, pour que les meilleurs candidats soient désignés. Il faut maintenant redémarrer une attaque forte, avec une campagne ferme, jour après jour ; un comité de cinq personnes doit se réunir tous les jours, sous la direction du Premier ministre, et une fois par semaine sous ma direction, pour contrer de façon rapide et incisive les déclarations de l'opposition».* Louis Mermaz, Pierre Joxe, Jean Poperen doivent en être. Sur le problème de l'immigration, qui vient demain en Conseil des ministres, le Président pense qu'il ne faut pas que le gouvernement s'éloigne de sa ligne, mais qu'il doit préserver ses valeurs. Il faut prendre les mesures difficiles sans le dire.

Dans l'après-midi, il reçoit Pierre Bérégovoy qui lui dit : *« Au fond, en 1986, il y aura un gouvernement de centre droit ou de centre gauche. Si c'est un gouvernement de centre droit, le PS l'appuiera ; si c'est un gouvernement de centre gauche, le PS le dirigera. »*

Le Président lui répond : *« Vous avez tort, c'est exactement le contraire. »*

Le Président reparle de la réforme électorale : *« Peut-être faut-il aussi réfléchir au scrutin majoritaire à un tour ? »*

**Mercredi 10 octobre 1984**

Conseil des ministres consacré en grande partie aux immigrés. Atmosphère tendue. Les propositions du ministre de l'Intérieur sont inacceptables pour un gouvernement de gauche : interdire aux *« nouveaux immigrés »* de faire venir en France leur famille, expulser des jeunes immigrés (nés Français, mais ayant jusqu'à leur majorité la double nationalité) coupables de délits... Le Président est indigné. Badinter : *« Où va-t-on ? Vers l'intégration pure et simple des immigrés légaux, ou leur départ forcé après quelques années de travail en France ? »*

Par ailleurs, Fabius souhaite limiter davantage encore le système des permissions accordées aux prisonniers. Badinter est contre. Le Président : *« Il faut chercher un accord entre le droit et la morale. Notre trésor, ce sont les valeurs pour lesquelles nous avons toujours lutté. Il ne peut être question d'y renoncer, même si elles sont combattues par une partie de l'opinion. Il convient de les maintenir et de les faire comprendre. »*

Charles Hernu annonce qu'il doit se rendre dans dix jours à Mururoa, à l'occasion d'une nouvelle série de tirs nucléaires souterrains. Il doit être accompagné de

Claude Cheysson et de Georges Lemoine, secrétaire d'État aux Dom-Tom. François Mitterrand interdit à Cheysson et à Lemoine d'y aller à l'heure où l'Australie et la Nouvelle-Zélande critiquent les essais nucléaires de la France dans le Pacifique.

**Jeudi 11 octobre 1984**

Vu Félix Rohatyn, associé de Lazard-New York, et Raymond Lévy, président d'Usinor. On parle de la dette du Tiers Monde, de celle de Renault et du rapprochement Usinor/Sacilor.

**Vendredi 12 octobre 1984**

Louis Mermaz a eu gain de cause. Le synchrotron ne sera pas implanté à Strasbourg, mais à Grenoble. Quand on l'apprendra, cela fera du bruit.

Attentat de l'IRA contre un hôtel de Brighton où se tient le congrès du Parti conservateur. Le Premier ministre britannique était visé. Quatre morts.

François Mitterrand est à Bayonne, puis à Saint-Jean-de-Luz. Il s'affiche à la terrasse d'un café et se promène à pied dans la vieille ville pour narguer les terroristes.

Il répète : *« Le droit d'asile est un contrat. Dès 1979, les Basques espagnols n'étaient plus considérés comme réfugiés politiques. »* Il justifie l'extradition : *« Le droit d'asile est un contrat. Il n'y avait pas de pacte entre nous et les Basques espagnols ; le crime ne peut avoir la France pour complice. »*

**Mardi 16 octobre 1984**

Le Prix Nobel de la paix est décerné à l'évêque sud-africain Desmond Tutu.

**Mercredi 17 octobre 1984**

Laurent Fabius inaugure sur *TF1* l'émission « Parlons France ». C'est Jean Lanzi, directeur de l'information, qui l'interroge. La rédaction proteste. La Haute Autorité décide d'accorder des droits de réponse aux autres formations politiques.

François Mitterrand : *« Le libéralisme, ce n'est qu'un alignement de mots. La réalité a toujours été différente ; le discours libéral, c'est le discours du maître. »*

Deux des trois personnes dont on a obtenu de Moscou qu'il leur soit délivré un visa de sortie sont en instance de départ. La troisième a un problème : elle souhaite partir avec la totalité des archives personnelles de Boris Pasternak, dont elle était la maîtresse, archives qui sont sa propriété privée, ce que contestent les autorités soviétiques.

Le Grand Rabbin de France invite le Président à déjeuner chez lui mercredi prochain. Le Président accepte. C'est la première fois en deux siècles qu'un chef d'État français se rend à l'invitation à déjeuner d'un Grand Rabbin de France. Celui-ci aimerait beaucoup que ce déjeuner ne soit pas considéré comme confidentiel, même s'il doit conserver un caractère privé.

**Jeudi 18 octobre 1984**

Le Premier ministre écrit au ministre de la Recherche pour lui annoncer que le synchrotron franco-allemand, qui devait être installé en Alsace, le sera en définitive à Grenoble. Louis Mermaz l'annonce dans l'après-midi. Les Alsaciens sont furieux. Fabius fait étudier par Hubert Curien un ensemble de mesures de compensation que le Président pourrait annoncer au cours de son prochain voyage en Alsace, qui s'annonce mal.

Bérégovoy apprend que le gouvernement, sur ordre de Fabius, soutiendra l'amendement communiste modifiant le régime fiscal de l'emprunt Giscard. Il est contre.

**Vendredi 19 octobre 1984**

Partant pour l'Afrique, François Mitterrand rencontre Chadli à Alger. L'entrevue est chaleureuse. Longue promenade à pied des deux hommes dans la résidence de Chadli.

L'Assemblée vote l'amendement supprimant les avantages fiscaux liés à l'« emprunt Giscard » de 1973. Barre, Giscard et Chirac s'indignent, dans un communiqué commun, et annoncent qu'à leur retour au pouvoir, ils rétabliront l'exonération fiscale de cet emprunt.

En Pologne, le confesseur de Walesa, le père Jerzy Popieluszko, est assassiné. Les dirigeants polonais ne pouvaient supporter que soient décrites chaque dimanche les choses *« dans leur vérité »* : corruption, police politique, refus réel de tout dialogue avec les forces sociales. Les propos du père Popieluszko étaient enregistrés et se répandaient très largement. Le prêtre était directement encouragé par le Pape à persévérer. Les dirigeants polonais n'ont sans doute pas voulu le tuer, mais, au minimum, le terroriser et le faire taire. Deux exécutants médiocres ont appliqué ces instructions. Bavure ? C'est en tout cas le point de vue de notre ambassadeur à Varsovie, Jean-Bernard Raimond.

**Samedi 20 octobre 1984**

A Kaboul, Jacques Abouchar est condamné à dix-huit ans de prison.

**Dimanche 21 octobre 1984**

Mort de François Truffaut. La jeunesse de son regard laisse comme une amertume.

**Lundi 22 octobre 1984**

George Shultz écrit à Claude Cheysson pour protester contre des crédits accordés à l'URSS par la France. Éternelle rengaine...

**Mardi 23 octobre 1984**

Visite d'État en Angleterre. Nous logeons à Buckingham. Déjeuner avec Margaret Thatcher.

Mme Thatcher : *« Sur l'élargissement, quel accord aura-t-on à Dublin ? Le Portugal sans l'Espagne, c'est difficile. Peut-on s'arranger avec l'Espagne, qui va faire un gros chantage, comme l'Italie, sur le vin ? Sur l'Europe à venir, les deux comités ont des idées tout à fait absurdes. Cela affaiblirait l'Europe. L'Assemblée européenne ne peut avoir de pouvoir de décision. Il faut mettre par écrit que l'intérêt national est un obstacle au vote majoritaire. Sur l'Est/Ouest, je suis inquiète de voir Reagan se laisser entraîner à faire des concessions aux Soviétiques... »* Elle insiste beaucoup pour être soutenue à l'ONU sur les Malouines. Elle demande qu'on laisse entrer plus facilement sur le continent les citoyens britanniques dépourvus de carte d'identité, *« pour se plier à leurs coutumes »* ; le Président lui répond qu'il en est d'accord.

Un peu plus tard, de retour à Buckingham, j'admire les quinze sortes de cakes servis à 17 heures précises avec le thé.

François Mitterrand apprend que la police anglaise a trouvé des pains de plastic apportés par les policiers français pour « tester » les chiens antimines anglais. Énorme incident. Celui-ci le fait revenir sur son point de vue : *« Il n'y a pas de raisons que nos fonctionnaires de police soient obligés de présenter leurs papiers pour se rendre en Grande-Bretagne et que les touristes britanniques soient, eux, dispensés de respecter nos traditions... »*

Au dîner, Margaret Thatcher déclare dans son toast : *« Je vous remercie de m'avoir cédé à Fontainebleau, car cela a permis de débloquer l'Europe. »* François Mitterrand lui réplique : *« Je ne voudrais pas polémiquer avec vous sur le mot "céder". L'essentiel est que vous le croyiez. »* Margaret Thatcher : *« C'est un fait indiscutable. Moi, je suis rationnelle, même en politique. »* François Mitterrand : *C'est bien, mais la vie, elle, ne l'est pas. »* Il vaut mieux, ce soir, être de la délégation française.

Alain Calmat annonce la création d'un Loto sportif.

François-Xavier Ortoli prendra la présidence de la CFP. Les espoirs de plusieurs anciens ministres s'envolent.

Promulgation de la loi sur la presse écrite.

A Kaboul, l'ambassadeur de France se préoccupe de l'état de santé de Jacques Abouchar. Sa demande d'un examen médical et d'une visite hebdomadaire est rejetée. On lui répond qu'Abouchar *« s'est associé avec des ennemis de l'État afghan. Les contre-révolutionnaires, de leur côté, sont sans pitié. Il devait savoir qu'il courait des risques, il aurait pu être tué lui-même. Il y a eu combat : qui va indemniser les blessés ? S'il est un vrai journaliste, pourquoi ne pas venir légalement ? Il aurait constaté que le peuple afghan aime ses dirigeants et son Parti »*. En ce qui concerne l'état du prisonnier, *« il est normal que le choc de la sentence l'ait affecté, mais il est bien soigné et c'est douter de la compétence des médecins des services de sécurité que de demander dès maintenant une contre-visite »*. L'ambassadeur est pessimiste...

Cheysson décide d'aller de nouveau à Alger, le 1er novembre, pour s'excuser de ne pas avoir informé les Algériens, la dernière fois, qu'il se rendait à Tripoli. Le 1er novembre : la date est mal choisie, mais il est trop tard pour reculer.

**Mercredi 24 octobre 1984**

Déjeuner du Président chez René Sirat. La conversation tourne autour de la fête de Soucoth. François Mitterrand étonne ses hôtes par ses connaissances :
*« La Bible, telle qu'on la connaît, est quand même un mélange très complexe où il est difficile, quand on n'est pas spécialiste, de reconnaître le texte original et les extrapolations. Est-ce que ceci ou cela a été rajouté au dernier siècle avant Jésus-Christ, ou bien est-ce que cela a été rajouté beaucoup plus tard par des docteurs de la Loi ? »*

**Jeudi 25 octobre 1984**

Jacques Abouchar est gracié.

Après l'incident de Londres, et face à l'agressivité des journaux, le Président dit son ahurissement de voir une presse qui ne retient jamais que le mauvais côté des choses. *« Cela finira mal pour la démocratie. C'est insupportable à vivre. J'en ai assez, je remplirai mon contrat, mais rien de plus. C'est trop dur ! »*

**Vendredi 26 octobre 1984**

Signature d'un protocole d'accord franco-luxembourgeois sur les satellites de télédiffusion. La candidature de Jacques Pomonti à la direction de la CLT est très bien reçue par les Luxembourgeois. Albert Frère n'est pas contre, à condition que Gaston Thorn prenne la présidence. Le Premier ministre luxembourgeois ne peut accepter : il a promis le poste à Werner, son prédécesseur.

### Samedi 27 octobre 1984

Devant le Comité central du RPR, Bernard Pons appelle à l'union de l'opposition que « le pouvoir » menacerait et jure que le RPR sera *« un partenaire exemplaire »*. Et il se dépêche d'ajouter que *« l'union n'est ni l'uniformité de pensée, ni l'unité systématique de candidature »*. On avait bien compris.

### Dimanche 28 octobre 1984

Moubarak vient déjeuner à l'Élysée. Il nous prévient que la prochaine réunion de l'OUA sera un échec, à cause de la position d'Hassan II sur le Sahara. Il est convaincu qu'il existe une coalition secrète entre les diplomaties de la Syrie et d'Israël. Son conseiller, El Baz, me dit qu'à son avis, Arafat va défier les Syriens en tenant le Conseil palestinien à Amman, et que les Syriens vont laisser faire. Moubarak ajoute qu'il est très fier de renouer des relations avec les Russes et de ne pas en laisser le monopole à Assad.

Au Tchad, le bilan est catastrophique : un tiers seulement des troupes libyennes sont parties. Claude Cheysson n'est pas du tout inquiet. Il évoque les *« difficultés logistiques des Libyens »*, François Mitterrand se méfie de plus en plus de Cheysson : *« Mais qu'a-t-il donc négocié ? »* Il fait savoir à Kadhafi, par Roland Dumas, que la rencontre prévue pour le 1er novembre est reportée *sine die*.

Dumas appelle Papandréou qui propose Héraklion pour une rencontre *« dont la date sera fixée quand tous les Libyens seront partis »*. Au même moment, Cheysson, sans l'autorisation du Président et sans informer Dumas, contacte Kadhafi et fixe la rencontre des deux Présidents au 15 novembre. Formidable désordre !

### Lundi 29 octobre 1984

Le Sommet franco-allemand a lieu à Bad Kreuznach. Avant la réunion, le conseiller diplomatique, Horst Teltschik, qui a éliminé tous les autres collaborateurs du Chancelier, m'apparaît très pessimiste, convaincu que Kohl va bientôt démissionner pour laisser la place à son ministre des Finances, Stoltenberg : *« L'avenir de l'Allemagne se jouera*, dit-il, *sur le point de savoir s'il y aura accord entre le SPD et les Verts. »* Le Président et le Chancelier parlent d'abord de l'Europe (accélérer l'adhésion de l'Espagne), de la Turquie (Kohl insiste pour que des liens soient tissés), de la Pologne (Kohl rappelle qu'il considère que Jaruzelski *« est le moins mauvais possible »*), des pacifistes (il estime qu'*« il s'agit de la même chose que la vague écologiste, et je tiendrai le coup »*). Le reste porte essentiellement sur la coopération militaire en Europe, rendue encore plus urgente par le retrait américain dont le Chancelier se dit *« certain à terme »*.

**François Mitterrand :** *Il faut faire ensemble tout ce qui ne vous est pas interdit, c'est-à-dire l'espace, les armes chimiques, le laser. Si on ne le fait pas ensemble, il faudra le faire séparément avec les États-Unis, et l'Europe sera perdue. C'est aussi votre intérêt, car les États-Unis sont très hostiles à la réunification de l'Allemagne. Vous devez pousser à l'unité dans l'Europe. Je suis très* *hostile au projet de la navette spatiale* Colombus, *car nous n'avons pas les moyens de participer à la navette américaine et de faire aussi la navette européenne. Je suis leur allié sincère, mais je ne veux pas que nous devenions leur colonie. Il faut donc lancer ensemble des projets européens, ce qui créera l'irréversible.*

**Helmut Kohl :** *Je suis d'accord avec vous. On ne sait pas qui sera Président des États-Unis en 1993 et 1997, et celui-là aura peut-être envie de nous laisser tomber. Ils s'intéressent de plus en plus au Pacifique et ne connaissent plus l'Europe. Il faut commencer à deux, entre la France et l'Allemagne. Je suis très sceptique sur ce qu'on pourra faire à Douze ou même à Six. Je ne veux en aucun cas ouvrir de discussion en Allemagne sur notre droit éventuel à disposer de l'arme nucléaire. Mais nous devons développer toutes les technologies nécessaires pour devenir partie prenante au dialogue mondial.*

De cette conversation résultera la reprise de ce qu'on pouvait croire enterré : le satellite européen (que les Français avaient très mal négocié avant, en essayant de vendre aux Allemands une technologie dépassée) et la coopération militaire franco-allemande.

**Mercredi 31 octobre 1984**

Réunion de travail des principaux dirigeants socialistes sur la campagne à venir, autour de Laurent Fabius. *« Sans faire preuve d'optimisme invétéré,* déclare le Premier ministre, *1986 peut être gagné. Encore faut-il s'en donner les moyens politiques, et d'abord idéologiques et programmatiques : nous ne sommes pas assez fiers de notre bilan. Nous n'expliquons pas les risques, pour la France, de la mise en œuvre du programme de la droite. Nous ne donnons pas de projet à long terme. Nous n'avons pas défini les avancées nouvelles à proposer lors des élections de 1986. Or il faut, bien avant l'été prochain, que tout cela soit clair pour l'opinion. Après, il sera trop tard. Il nous faut donc, dans ces quatre domaines, disposer de documents de fond, de slogans simples et d'argumentaires quotidiennement mis au point pour les débats contradictoires. »*

Fabius se voit déjà en chef de campagne. A sa mine, on peut comprendre que Lionel Jospin, premier secrétaire du PS, ne l'entend pas ainsi.

Assassinat d'Indira Gandhi. Elle savait depuis toujours que son destin serait tragique. Sans doute est-ce là l'explication de cette tristesse qui conférait de la grandeur à toutes ses utopies. La rumeur d'*« un coup de la CIA »* circule à New Delhi.

**Jeudi 1er novembre 1984**

Typique exemple du pouvoir des bureaucrates. Michel Serres essaie d'obtenir le bénéfice de l'année sabbatique, réforme imposée il y a un an par le Président à Savary, pour les professeurs d'université. En vain : les cabinets du ministre et du secrétaire d'État ont *« oublié »* de rédiger les décrets d'application et l'Administration a ainsi décidé, seule, de reporter à 1986 ou 1987 l'application de cette mesure !

Averti, Jean-Pierre Chevènement veut maintenant que tout soit prêt à temps pour que des années sabbatiques puissent être attribuées dès le second semestre de l'année universitaire. Mais on doit, selon la loi, consulter tous les présidents d'universités et de grandes écoles !...

A Alger, après la revue militaire à laquelle assiste Cheysson, Bourguiba félicite Chadli : *« Tout cela, c'est du matériel soviétique ? »* — et comme Chadli acquiesce, il ajoute : *« En somme, vous êtes entre les mains de Moscou ? Ce n'est pas bon. Il faut diversifier vos armements. »* Et Chadli de répondre : *« C'est ce que nous comptons faire ! — Qu'importe,* conclut Bourguiba, *c'est bien que vous ayez cette armée puissante. Elle pourrait nous aider contre Kadhafi. Tant que je suis là, il ne peut rien, mais après... »*

Aux obsèques de Mme Gandhi, auxquelles assiste Laurent Fabius, peu de chefs d'État. Rajiv Gandhi paraît à la plupart presque trop sympathique pour « faire le poids ». Au cas assez probable où il se maintiendrait, parient les diplomates, il s'éloignera de l'URSS : l'homme est plus « occidentalisé » que sa mère, tout en paraissant plus sensible aux inégalités sociales de son pays.

**Dimanche 4 novembre 1984**

A 8 heures du matin, début des émissions de *Canal Plus*. Il faut 500 000 abonnés pour que l'affaire s'équilibre. Rousselet y croit. Le Président aussi. Fabius ricane.

**Lundi 5 novembre 1984**

François Mitterrand bat tous les records d'impopularité de tous les présidents de la Ve République. Jacques Pilhan entre en scène.

André Rousselet : *« J'espère que vous n'allez pas faire l'erreur de créer une cinquième chaîne ! Vous tueriez* Canal-Plus. *»* Fillioud, Lang et la presse de province sont contre. Fabius est pour.

Cheysson m'explique qu'il est prêt à remplacer Pisani à Bruxelles. Il a réduit ses ambitions. Mais il veut le même portefeuille que Pisani, c'est-à-dire le Développement. Il a vu aussi Delors et lui en a parlé. Mais celui-ci lui a répondu qu'il ne voulait pas qu'un pays considère un portefeuille comme sa propriété, et lui a proposé l'Industrie. Cheysson est furieux : *« Je suis concerné personnellement par le choix et les attributions des futurs commissaires à Bruxelles. Ceci peut affecter mon objectivité. L'expérience que j'ai acquise à la Commission m'oblige cependant à mettre en garde contre la politique des nationalités proposée par le futur président de la Commission. Je m'en suis entretenu avec lui. Il ne veut pas en démordre.*

*Je sais que le Président reçoit Jacques Delors mardi en huit. Si tu le crois convenable, peux-tu lui remettre auparavant ma note ? Sinon, fais état de mes arguments.*

*L'affaire est sérieuse pour nous, et va au-delà du seul portefeuille dont nous avions parlé ensemble. »*

Fabius confirme ce matin la suppression du prélèvement du 1 % sur les revenus pour la Sécurité sociale. Il reste mécontent que le sabotage du ministère des Finances ait rendu impossible la suppression de la taxe professionnelle. Il faudrait au moins une clause limitant le droit des communes à augmenter cet impôt.

François Mitterrand approuve.

**Mardi 6 novembre 1984**

Reagan est réélu Président des États-Unis contre Mondale. Pas une surprise.

Au petit déjeuner, François Mitterrand : *« Il est très important de faire savoir que 1986 ne doit pas être un moment d'inflexion de la politique économique et sociale, parce que nos actions sont engagées sur plusieurs années et doivent se poursuivre. Il faut donc mettre en route quelques actions simples et claires qui s'étaleront sur trois ans (1985, 1986 et 1987). »*

On atteint les 2,5 millions de chômeurs, dont près de 900 000 ne sont pas indemnisés. Trois millions de personnes vivent avec moins de 37 francs par jour.

Je propose au Président de créer un salaire étudiant de 1 000 francs par mois, s'élevant progressivement aux deux tiers du SMIC. Cela permettrait aussi de régler le problème des chômeurs de longue durée en leur accordant une rémunération lorsqu'ils sont en formation. Dans les premières années du siècle a été admise l'idée que l'homme au travail méritait un salaire décent, et cela a donné le salaire minimum. Puis, au cœur de la Grande Crise, on a admis que le fait d'avoir des enfants était une activité socialement utile, et cela a donné les allocations familiales. Aujourd'hui, c'est la formation qui devient un travail socialement utile, et qu'il convient donc de rémunérer. J'y vois plusieurs raisons : il est absurde de considérer que chaque homme est formé à 25 ans, alors que les technologies changent tant et si vite. Il faut que le statut de chômeur de longue durée ne soit plus un signe d'échec, mais en faire au contraire un moment utile dans la vie. Les jeunes sont seuls beaucoup plus tôt, en raison de l'instabilité croissante des familles, et doivent gagner leur vie. S'ils en avaient les moyens, ils seraient les principaux consommateurs des biens de consommation de l'avenir (ordinateurs, biens culturels, médias et autres). En conclusion, je proposerais que *« toute formation mérite salaire »*.

Le Président en convient et me demande d'agir, mais rien n'en sortira : *« Trop compliqué »*, dira Fabius.

De l'Élysée, rien de plus n'est possible, sauf à discréditer les ministres.

**Mercredi 7 novembre 1984**

Brigitte Bardot vient voir le Président pour plaider la cause des animaux. J'ai un choc : l'idole n'est plus l'idole.

Les observateurs béninois témoignent que les Libyens se sont entièrement retirés. Que vaut le témoignage ?

### Vendredi 9 novembre 1984

Le désordre s'aggrave dans les radios privées. Depuis que la Haute Autorité a publié, il y a plus de dix-huit mois, la liste des radios locales privées autorisées à émettre en région parisienne sur la bande FM, elle ne peut arriver à faire cesser d'émettre les radios non autorisées, ni obtenir le respect du cahier des charges de celles qui sont autorisées. Cela constitue une gêne permanente pour le fonctionnement d'autres services publics, un danger très grave pour la navigation aérienne, et se traduit par de multiples plaintes de particuliers qui ne peuvent recevoir correctement *France Musique* ou *France Culture. Radio France* dépose des plaintes auprès des tribunaux.

Deux communiqués, l'un à Paris, l'autre à Tripoli, annoncent que le retrait des troupes du Tchad est accompli.

En sortant d'une réunion consacrée au Tchad, Cheysson saisit le Président d'une étrange demande : Genscher souhaiterait que François Mitterrand convainque le Chancelier sur une question à propos de laquelle lui-même a échoué à le persuader. Cheysson : *« A Delhi, puis à l'occasion de la visite de Weiszacher, H.D. Genscher m'a demandé si vous pouviez appuyer de votre intervention la recommandation de l'adhésion de l'Allemagne à la Convention sur le Droit de la Mer... Genscher et les milieux économiques allemands en sont convaincus (d'où les deux conversations avec moi). H. Kohl est gêné par la ferme hostilité américaine et les interventions de Washington, mais serait impressionné par votre intervention très rapide. L'argumentaire joint me semble pertinent. Puis-je vous proposer, dès ce soir, un télégramme à Kohl lui transmettant cet argumentaire ? »*

On ne le fera pas. François Mitterrand : *« Pourquoi me mêler de politique intérieure allemande ? »*

### Samedi 10 novembre 1984

Catastrophe : les troupes libyennes parties du Tchad commencent à y revenir ! On note de 1 500 à 2 000 retours, avec un armement défensif. *« Pour empêcher Hissène Habré de remonter vers le nord »*, entend-on. Et la rencontre en Crète, avec Kadhafi, qui est prévue pour la semaine prochaine !

### Dimanche 11 novembre 1984

Au cours de l'une de ses inspections-surprises qui l'amusent tant, au commissariat de police du Grand-Palais, Joxe découvre des vestiaires et des lavabos installés dans des caves. Il s'indigne et fait monter deux baraquements en préfabriqué en pleine place Clemenceau. Jack Lang proteste : *« Pas de ça devant le Grand Palais ! »*

Promenade parisienne avec François Mitterrand qui me parle de son enfance : *« J'étais très lié à la nature. La tête pleine de musique naturelle, le vent qui claque sec, la rivière... Chaque heure a son odeur. Une vie sensorielle. Le monde était contenu dans le petit horizon que je voyais. Je crois que de cela j'ai tiré, pour une vie future, une ambition de conquête. Je ne savais laquelle. Parler, s'exprimer, entraîner ? Je ne savais... Ce n'était pas fixé dans mon esprit. A travers mon microcosme, je voyais l'univers. Un peu d'égocentrisme, sans doute. Mon enfance a été épargnée par la guerre. Tout m'intéressait au collège. J'avais déjà la perception du déchirement, mais pas de problème d'existence. J'étais dans un monde qui n'avait pas changé depuis plusieurs siècles. Ce qui me brisait le plus le cœur, c'était de penser que ça changerait, mais je n'en avais pas une conscience très précise.*

*Ce qui est enfant en moi détermine mes impressions et mes jugements. Pas mes façons de faire. Ce qui est précieux — dont la vie — est utile, et doit être constant.*

*Je n'ai jamais renié mon enfance. Ma mère est morte, j'avais dix-neuf ans. J'avais eu dès quatorze ans la tentation de la nostalgie. Mais je n'étais plus pareil à quinze ans : j'avais mûri. A partir du moment où je suis arrivé, étudiant, à Paris, une autre phase a commencé. Pour un enfant qui vit à la campagne, il est plus facile de vieillir. Il y a des gestes immémoriaux, des rythmes : les saisons, les semailles. Cela paraissait immuable. Le grand changement, ça a été la guerre. A partir de là, j'ai fait l'apprentissage de la foule, de la masse, de la misère, de la saleté, de la violence. »*

**Mardi 13 novembre 1984**

Le Président voit longuement Jacques Delors à propos de la composition de la Commission. Pour éviter que les Anglais ne conservent à nouveau le portefeuille du Budget grâce auquel ils ont pu mener toute la bataille sur leur remboursement, Delors a prévenu Mme Thatcher qu'aucun pays ne garderait son poste. Il dit à François Mitterrand : *« Je ne peux plus faire machine arrière sans paralyser totalement la Commission, et je suis prêt à démissionner. Après la signature des accords de Lomé, le poste du Développement aura perdu son importance, alors que celui de l'Industrie et de la Recherche, que je veux proposer à Cheysson, sera le plus important pour la construction de l'Europe telle que vous-même la concevez. Enfin, je proposerai aussi le poste industriel à Pisani, s'il est reconduit. Le commissaire italien, qui est aujourd'hui à l'Élargissement, veut l'Agriculture ou le Développement, je ne l'ai pas encore prévenu que je vais lui proposer le Développement. Cheysson s'est couché devant les Anglais. Et je n'ai absolument pas l'intention de bouleverser les directions générales, contrairement à ce que dit Cheysson ! Dumas m'a demandé hier de chercher une solution de compromis pour sauver la face à Cheysson, alors que je propose de le nommer au Développement pour deux ans. Natali, pendant cette période, garderait l'Élargissement, qui n'est pas fini. Je prendrai l'Industrie en direct. Dans deux ans, Cheysson prendra l'Industrie, Natali le Développement, et un directeur français sera nommé à la Direction générale du Développement pour tenir l'administration en notre nom. »*

Il donne également au Président la liste de la Commission telle qu'il la voit : aux Relations extérieures, Declercq ou Andriessen ; au Budget, Christophersen ; aux Relations avec le Parlement, Narjes ; au Marché intérieur, Lord Cockfield ; à l'Économie, Pfeiffer ; à l'Industrie et à la Recherche, un Français ; au Développement, Natali ; à l'Agriculture, Sutherland.

**Mercredi 14 novembre 1984**

Le congé parental rémunéré, demandé par François Mitterrand dans sa lettre de juillet à Fabius, vient enfin aujourd'hui en Conseil des ministres.

Les Américains, qui savent certainement que François Mitterrand va rencontrer Kadhafi demain en Crète, annoncent à la presse que d'importantes troupes libyennes se trouvent à nouveau dans les oasis du Nord tchadien.

Cheysson au Conseil des ministres : *« Il y a un retrait certain des éléments libyens. Ce retrait est-il total ? Probablement pas. Nous pouvons reprendre avec la Libye des relations normales, y compris sur le plan des discussions politiques à tous les niveaux. Cela signifie, compte tenu de la place qu'occupe le Colonel Kadhafi dans les institutions libyennes, la possibilité de relations avec lui. »*

Le Président lit son courrier. Roland Dumas me fait un clin d'œil. Fabius boude.

François Mitterrand, l'après-midi, hésite encore, puis décide d'y aller. Il n'a pu résister au plaisir de compléter sa galerie de portraits. Et il faut tenter d'en finir. Pour dire à Kadhafi que si ses troupes continuent de revenir au Tchad, ce sera la guerre entre la France et la Libye, sur le territoire libyen. On annonce donc son voyage de demain. Tonnerre de réactions.

**Jeudi 15 novembre 1984**

François Mitterrand part pour la Crète. Il n'emmène que Charasse. Le Président et Kadhafi se mettent d'accord sur le retrait des troupes et la non-intervention dans les affaires intérieures tchadiennes, sauf si une puissance tierce intervient. Kadhafi propose même de signer une alliance franco-libyenne pour protéger et défendre le Tchad ! C'est un peu beaucoup...

A son retour, le Président, très irrité par les réactions contre son voyage : *« Ce n'est pas moi qui ai reçu Kadhafi à l'Élysée, c'est Pompidou en 1973. Jalloud, c'est Giscard... »*

Devant la presse, il reconnaît l'évidence : il y a encore des Libyens au Tchad. Mais, en privé, il semble confiant : la rencontre entraînera le retrait.

**Vendredi 16 novembre 1984**

Edmond Maire critique la notion d'*« élitisme républicain »* à l'école, prônée hier par Jean-Pierre Chevènement.

L'INSEE annonce que, fin octobre, le nombre de chômeurs a dépassé 2,5 millions.

Cheysson poursuit sa campagne pour obtenir le poste de Pisani. Il m'explique : *« Le ministre belge des Affaires étrangères, Tindemans, après d'autres, vient de me dire qu'il souhaitait beaucoup que la France conserve le poste du Développement, et qu'il s'inquiétait du désordre qui résulterait d'une remise en cause systématique de l'équilibre des nationalités au niveau des Commissions et des Directions générales. Fitzgerald, hier soir, m'a abordé lui aussi pour me dire qu'il n'approuvait pas ce changement systématique de toutes les nationalités. Certes, il aurait aimé voir son compatriote prendre le Développement, mais il préférerait que le portefeuille reste français, et tenait à nous le faire savoir. L'Irlande tient à cette politique communautaire. Si celui qui est actuellement pressenti prend le poste, le Premier ministre irlandais est convaincu que c'en est fini. »*

**Dimanche 18 novembre 1984**

Élections à l'Assemblée territoriale de Nouvelle-Calédonie. Le FNLKS boycotte : abstention de 50 %, manifestations indépendantistes, 18 gendarmes blessés, Machoro cassant une urne à la hache... Le Président est d'une très rare violence contre les Caldoches. *« Ces gens-là ont beaucoup d'argent... en Australie ! »* Mais il sait que *« décider de l'indépendance canaque provoquerait la création d'une Rhodésie française ».*

Jacques Toubon (43 ans) devient secrétaire général du RPR à la place de Bernard Pons (58 ans). Le RPR parle de relève de générations.

**Lundi 19 novembre 1984**

A l'Élysée, dîner avec Helmut Kohl, de plus en plus inquiet de l'évolution de l'opinion allemande, tentée par le pacifisme.

**Helmut Kohl :** *Je suis obligé de manifester de la fermeté et d'allonger la durée du service militaire. Beaucoup de choses dépendent de la taille de l'armée. Et le Bundestag se délite. C'est une menace pour la démocratie. Les services secrets de l'Est ont joué un rôle dans cette affaire.*

**François Mitterrand :** *Il y a donc une vraie crise psychologique en RFA ?*

**Helmut Kohl :** *Oui. Et il y a beaucoup de raisons à cela. D'abord, les médias passent de plus en plus aux Verts. Et les Soviétiques ont chez nous une vraie stratégie d'influence.*

**François Mitterrand :** *Les Soviétiques veulent de meilleures relations avec l'Europe, avant d'aborder le problème américain, pour ne pas se poser en demandeurs vis-à-vis de Washington. Ils ont une véritable direction collective où Tchernenko joue un grand rôle. Nous souhaitons, vous et moi, un accord entre les États-Unis et l'URSS. Mais nous devons nous méfier de ces accords qui ne seront pas forcément dans notre intérêt.*

**Helmut Kohl :** *Oui ! Qui sera Président des États-Unis après 1988 ? L'Amérique demeure imprévisible.*

Puis la conversation reprend sur la « cuisine » bruxelloise :

**François Mitterrand :** *Je suis inquiet de la répartition actuelle des postes de commissaires à Bruxelles.*

**Helmut Kohl :** *Moi aussi.*

On n'en dira pas plus. Kohl n'a jamais aimé Cheysson. Celui-ci est trop ami de Genscher...

Le Sommet de Bujumbura se prépare. Houphouët et quelques autres, furieux du retrait de la France du Tchad, ne viendront sans doute pas.

**Mardi 20 novembre 1984**

Situation insurrectionnelle en Nouvelle-Calédonie. Éloi Machoro occupe la gendarmerie de Thio et tient les deux tiers de l'île.

Dans une note au Président, Pierre Bérégovoy s'oppose à tout crédit au Maroc pour la vente de Mirage et demande l'arrêt des négociations si les Marocains ne peuvent payer comptant. Le Président acquiesce.

Jean Riboud continue d'exercer une influence considérable sur Laurent Fabius, pour les médias, et sur Pierre Bérégovoy, pour l'économie ; cette lettre du nouveau ministre des Finances au Président, qui plaide pour la relance, le montre assez :

> *« Il me paraît possible d'atteindre le double objectif de 5 % d'inflation et 2 millions de chômeurs à la fin de 1985 à condition d'en prendre les moyens, rapidement et surtout résolument, tout en évitant la politique de l'indice, qui se retourne toujours contre ses auteurs, et le traitement "social" du chômage (préretraites ou autres, au coût trop élevé).*
>
> *Vous trouverez ci-après quelques propositions allant dans ce sens. Je suis convaincu, comme Jean Riboud, que la désinflation et le redémarrage d'une croissance saine, tirée par l'investissement et l'exportation, vont de pair. Je suis même convaincu que le maintien d'un rythme d'inflation trop élevé nuit à la croissance, en pesant sur nos exportations, donc sur notre équilibre du commerce extérieur, que nous sommes forcés de compenser par une réduction de la demande interne pour faire baisser la consommation, ce qui accroît finalement le chômage...*
>
> *Riboud propose diverses mesures de relance de l'investissement. Ce programme est ambitieux : les mesures sont économiques (contrairement aux différents programmes pour l'emploi qui ont souvent consisté en un simple "arrosage" de mesures sociales) et leur effet cumulé permettrait d'espérer la création de 200 000 à 300 000 emplois, sans répercussion inflationniste sensible ni dégradation trop importante de notre commerce extérieur. Pour être efficaces, elles devraient être mises en œuvre sans délai, c'est-à-dire avant la fin de l'année 1984. »*

C'est la dernière lettre de Pierre Bérégovoy favorable à la relance. Quelques semaines de plus, et les Finances l'auront totalement *conquis*. Ambiguïté du mot : l'auront-elles *séduit* ou se le seront-elles *approprié* ?

**Mercredi 21 novembre 1984**

En Nouvelle-Calédonie, l'émeute gagne. Le préfet des îles Loyauté est retenu à Lifou par les indépendantistes.

Giscard et tous les anciens Premiers ministres de la Vᵉ République (sauf, évidemment, Pierre Mauroy...) publient un texte commun : *« L'insistance sur la seule solution de l'indépendance revient à priver les habitants de la Nouvelle-Calédonie de la possibilité de choisir »*. Pour eux, les troubles actuels sont dus à *« la politique équivoque »* du gouvernement. Pas un mot, bien sûr, sur les inégalités et l'injustice socio-économique qui règnent dans les îles.

En Conseil des ministres, François Mitterrand, avec un large sourire, à propos de la Nouvelle-Calédonie et du Tchad : *« La France poursuivra sa politique et, quant à moi-même, même si les sondages descendent jusqu'à zéro, je continuerai. »* Tranquille certitude de servir la France.

**Jeudi 22 novembre 1984**

Le Président est en Alsace où la réception est plutôt fraîche après l'affaire du synchrotron. A part Joseph Klifa, maire de Colmar, toute l'opposition boycotte le voyage présidentiel. *« Le choix qui a été fait,* plaide François Mitterrand, *a été fait dans des conditions dont je ne suis pas juge. »*

Le Président demande à Fabius de faire remplacer Jacques Roynette à Nouméa par Edgard Pisani, encore Commissaire à Bruxelles pour un mois. Le poste est libre pour Cheysson, et celui de Cheysson pour Dumas. Cheysson a compris. Il me téléphone : *« Dis, je sais que le Président veut que je parte. Mais pas maintenant, j'ai encore des choses à faire ! Et puis, je m'entends si bien avec Roland. Je peux rester encore six mois... »*

Lettre récapitulative de Hissène Habré au Président. Le fossé se creuse :

> *« Comme vous le savez, le 17 septembre dernier, nous apprenions la conclusion d'un accord entre la France et la Libye en vue de leur désengagement du Tchad.*
>
> *Par ma lettre en date du 25 septembre, je vous faisais part de notre approbation du principe du retrait concomitant des forces armées françaises et des Forces armées libyennes et assimilées, ce, malgré les doutes que nous avions exprimés quant à un retrait réel et effectif du côté libyen.*
>
> *A l'heure actuelle, soit deux semaines après la fin des opérations de désengagement, la présence militaire libyenne dans le nord du Tchad est aussi importante que celle d'avant l'accord franco-libyen.*
>
> *Aujourd'hui, notre inquiétude est d'autant plus grande que les Libyens, loin de se cantonner dans leurs positions, survolent régulièrement la zone tenue par les Forces armées nationales tchadiennes (FANT). C'est ainsi que le 20 novembre, des hélicoptères libyens ont mitraillé une patrouille des FANT dans la zone de Kalaït-Oum Chalouba, au nord-est du pays.*
>
> *Aussi, suite aux entretiens que j'ai eus, le 19 novembre, avec votre ministre de la Défense, M. Charles Hernu, et le chef d'état-major général des armées françaises, le général Lacaze, nous demandons que la France mette en place au Tchad une force suffisamment crédible et dissuasive pour, à la fois, contrer les intentions belliqueuses de la Libye et amener cette dernière à retirer la totalité de ses troupes, conformément à l'accord franco-libyen.*
>
> *A cet effet, il est important que le gouvernement tchadien soit tenu informé à temps de l'importance, des délais et la zone de déploiement des forces françaises.*
>
> *Me référant aux entretiens très positifs que nous avons eus à Paris le 5 octobre dernier, je puis vous réaffirmer, Monsieur le Président, notre ferme volonté de conjuguer nos efforts avec ceux de votre pays ami en vue de parvenir à l'objectif recherché par nous tous, à savoir la fin de l'occupation illégale du nord du Tchad par la Libye. »*

**Vendredi 23 novembre 1984**

Le Président décide d'une accélération du processus d'autodétermination en Nouvelle-Calédonie.

Jacques Delors persiste à penser qu'il lui est impossible de confier le Développement à un Français car, dans ce cas, il serait obligé de confier l'Agriculture à l'Italien auquel il destine le Développement. Et il n'en veut à aucun prix. Il propose donc de créer, pour Cheysson, un nouveau « portefeuille », en charge de toutes les relations avec les pays méditerranéens, l'Asie et l'Amérique latine (c'est-à-dire le Tiers Monde sauf l'Afrique noire). En échange, il s'engage à nommer un Français comme directeur de l'administration du Développement. Roland Dumas y est très favorable. Cela présenterait l'avantage, pour Claude Cheysson, de conserver une partie (valorisante) de ses fonctions actuelles et, pour la France, de conserver une partie (faible) du poste de Commissaire au Développement. La France y perdrait certes le contrôle politique du suivi des dossiers africains. Mais le poste proposé à Cheysson peut aussi présenter un autre intérêt : dans dix ans, le Maghreb comptera cent millions d'habitants, et l'islam sera la religion la plus pratiquée en France. Les relations de l'Europe et du Maghreb conditionnent donc notre avenir. Il y a là un défi, peut-être même le défi essentiel.

Néanmoins, le poste de Commissaire à l'Industrie est à son sens encore plus important que celui-là. L'enjeu, pour l'Europe, réside dans son industrie. Jacques Delors envisage d'ailleurs maintenant de la confier à un Allemand (refusant à la RFA, comme à nous, la conservation de son poste traditionnel, le Marché intérieur).

François Mitterrand : *« Essayez de convaincre Cheysson de prendre l'Industrie. Sinon, qu'il prenne la Méditerranée ! »*

Cheysson choisira la Méditerranée.

Laurent Fabius hésite à dire au Maroc qu'on ne lui prêtera rien. Le Roi vient mercredi prochain.

**Lundi 26 novembre 1984**

Le Président part pour deux jours en Syrie. Ses entretiens en tête à tête avec Assad dureront six heures. J'en retranscris ici l'essentiel, car on y trouve la meilleure synthèse de la situation du moment au Moyen-Orient.

**Assad :** *Je ne peux que m'appuyer sur l'URSS. C'est une condition de survie face à Israël, porte-avions américain. Si les États-Unis modifient leur politique, je modifie la mienne.*

**François Mitterrand :** *Je vous comprends. C'est la thèse que j'explique à l'Europe. En ce moment, je prends beaucoup de risques, mais maintenant, je ne suis plus à un risque près.*

*De bonnes relations existent entre la France et un grand nombre de pays du Proche et du Moyen-Orient, dont Israël. A chaque fois que j'ai procédé à l'examen de la situation avec les responsables de ces pays, une évidence s'est imposée : sans la Syrie, rien n'est possible et aucune solution durable pour la paix et l'équilibre de la région ne peut être trouvée. Il m'est indifférent qu'un pays se range dans la catégorie des alliés et amis des États-Unis ou de l'Union soviétique, je suis surtout intéressé par la capacité qu'ont les pays de parler pour eux-mêmes et de décider librement de leur action.*

**Assad :** *Toute relation entre deux pays qui se fait au détriment de la liberté de décision de l'un d'eux n'est pas une bonne relation.*

**François Mitterrand :** *Les relations entre la France et la Syrie ont été autrefois meilleures qu'elles ne le sont aujourd'hui. Mais je suis quand même le premier chef d'État français à se rendre en Syrie. La France est un pays libre et doit* *comprendre que la Syrie occupe une situation éminente au Proche et au Moyen-Orient.*

Le Président passe ensuite aux questions du Proche et Moyen-Orient : *C'est la même conception de l'équilibre qu'il faut généraliser à l'ensemble des problèmes du monde. La France a beaucoup d'intérêts au Moyen-Orient, mais n'est pas un pays de la région. Elle pense donc que c'est aux responsables des pays de la région de prendre des décisions et de trouver une solution à leurs problèmes. La France est, bien sûr, prête à encourager et aider toute initiative dans ce sens. La France est membre de l'Alliance atlantique, mais cette alliance avec les États-Unis ne concerne que l'Atlantique et, par conséquent, ne concerne pas le Proche-Orient. De plus, la France tient à préserver ses bonnes relations avec l'Union soviétique. La France comprend également que les pays du Proche-Orient aient leurs alliances, leurs amitiés, leurs intérêts. La France a aussi de bonnes relations avec Israël, ce qui ne veut pas dire qu'elle approuve toutes les actions entreprises par ce pays. Elle n'a pas approuvé l'invasion du Sud-Liban. Je recevrai très prochainement M. Shimon Pérès et je lui tiendrai le même langage. La situation délicate créée par le conflit Iran/Irak menace l'équilibre et la paix au Proche-Orient, alors que cet équilibre est essentiel pour le monde.*

**Assad :** *Je suis d'accord sur la nécessité, pour chaque pays, de préserver sa liberté de décision, quelles que soient ses alliances et ses amitiés. C'est la politique que suit la Syrie depuis 1970. Un autre axe essentiel de la politique syrienne est celui du non-alignement, au sens international, entre les deux blocs. Les alliances et les relations nécessitées par les intérêts nationaux ne veulent pas dire que la Syrie se soit écartée du principe du non-alignement dans son acception internationale. Mais l'intérêt national doit être toujours présent à l'esprit et la Syrie ne peut mettre sur un pied d'égalité les deux grandes puissances, puisque l'Union soviétique soutient la cause arabe alors que les États-Unis sont totalement acquis à la cause d'Israël. Cependant, nous sommes membre, et même l'un des membres fondateurs du non-alignement, et nous œuvrons, au sein de ce groupe, pour l'adoption et la mise en œuvre de toute idée susceptible d'éviter l'aggravation de la situation internationale et la guerre. Je cite, à titre d'exemple, la conférence de la Paix à Genève, quand, après la guerre de 1973, les États-Unis, l'URSS, Israël, l'Égypte et la Jordanie y étaient favorables. La Syrie avait une position différente, non parce qu'elle était opposée au principe d'une conférence pour la paix, mais parce qu'il existait une tentative de division du monde arabe entreprise par l'administration américaine. M. Kissinger voulait un accord avec l'Égypte. J'ai toujours été très franc avec les responsables américains. Dans cette même salle, je me suis entretenu longtemps avec M. Kissinger. Je m'étais mis d'accord avec le Président Sadate sur un certain nombre de points dont l'application devait constituer un préalable à la tenue de la conférence de Genève. Sadate était supposé en avoir discuté avec le secrétaire d'État qui arrivait du Caire, et m'avait même assuré l'avoir fait. Or, M. Kissinger ne semblait pas être au courant de ces points. Il était surtout préoccupé par la nécessité de fixer une date à la réunion de Genève, et j'ai choisi l'une des deux dates qu'il me proposait. Mais, à la fin de l'entretien, il fut étonné de constater que je refusais de me rendre à Genève, et je lui ai dit que le choix de la date ne signifiait pas forcément que j'étais d'accord sur le contenu. Il en parle lui-même dans ses mémoires. L'entrée des troupes syriennes au Liban s'est faite à la demande des autorités libanaises de l'époque, en 1976. La Syrie a pris librement cette décision malgré la désapprobation américaine et soviétique, car l'intérêt du Liban et de la Syrie, ainsi que des autres pays arabes, commandait de répondre à la demande du Président de la République libanaise.*

L'entretien doit s'arrêter là pour permettre aux deux Présidents de se rendre au dîner officiel qui a déjà été retardé.

**Mardi 27 novembre 1984**

Nouvel entretien. Le Président Assad commence par rendre hommage à la coopération archéologique entre la France et la Syrie, et évoque l'alphabet découvert à Ouggarit, le plus ancien et le plus complet au monde, plus ancien que celui de Jbel, au Liban. Il parle également des fouilles dans la région de Lattaquié.

**François Mitterrand :** *Dans les tablettes d'Edla, qui remontent à 1 500 ans avant Moïse, on trouve déjà le même message que celui délivré plus tard par Dieu à Moïse sur les Tables de la Loi.*

**Assad :** *Cela sera un problème non seulement pour les juifs, mais aussi pour les chrétiens et les musulmans puisque la Bible, les Évangiles et le Coran ont repris la même interprétation. Mais ils trouveront bien une explication ! Ces tablettes contiennent le nom d'Israël qui, selon la Bible, aurait été appliqué pour la première fois par Jacob au peuple juif. Dans un de vos livres, vous parlez de la conception de Begin du rôle de l'Ancien Testament pour régler les conflits politiques contemporains...*

**François Mitterrand :** *En effet, Begin est très croyant. Il fonde sa croyance sur l'Ancien Testament et, selon son interprétation, ces territoires auraient été créés pour le peuple juif et appartiendraient à Dieu. D'où Begin en concluait qu'il ne pouvait rendre des territoires qui ne lui appartenaient pas, puisqu'ils sont à Dieu. C'est ce qu'on appelle la casuistique...*

**Assad :** *Pourtant, Dieu est à tout le monde, et il ne devrait donc pas y avoir de problème. Mais, en fait, Israël a une conception selon laquelle toute terre sur laquelle les Juifs ont vécu, même il y a très longtemps, leur appartient. Ils peuvent revendiquer toutes les localités où ils ont été. Ils pourraient dire cela aussi en France. Quand le général Dayan s'est rendu dans le Sinaï en 1967, il a dit : "Nous avions fait l'Israël de 1948. Nous venons de faire l'Israël de 1967. A vous, soldats, il appartiendra de faire le Grand Israël."*

*Voulez-vous maintenant que nous abordions les sujets de notre conversation d'aujourd'hui ? Hier, nous avons parlé du rôle de divers États dans le monde, de l'importance qu'ils soient maîtres de leurs décisions, de l'importance, pour la même raison, du non-alignement. Nous sommes pour la réduction des armements, naturellement. Nous ne sommes pas un pays nucléaire et, d'ailleurs, nous fabriquons très peu d'armes. Nous les importons en majorité des pays de l'Est. C'est une tradition depuis longtemps.*

*Mais le problème du désarmement ne concerne pas que les puissances nucléaires. Dans nos discussions — qui ne sont pas très nombreuses — avec les pays de l'Est, nous avons toujours ressenti leur désir de ne pas faire la guerre. C'est une réalité pour l'URSS. En 1956, j'étais en URSS pour un stage de six mois comme aviateur...*

Assad parle alors longuement des conversations qu'il a eues, durant son séjour, avec des Russes rencontrés au hasard : *« Ils ont tous été profondément marqués par la guerre et se montrent très anxieux de pouvoir vivre en paix. »*

**François Mitterrand :** *J'ai été en URSS beaucoup plus tard que vous, pour la première fois en 1975. Brejnev m'a paru très préoccupé par ces questions et ne parlait que de paix. On pouvait croire que c'était uniquement par habileté, mais, en fait, je crois que cela révélait aussi un sentiment profond.*

**Assad :** *Tout à fait, et si j'ai pris l'exemple de réactions de Russes ordinaires rencontrés par hasard, c'est parce que je pense que ce sentiment populaire n'est pas une simple habileté diplomatique.*

**François Mitterrand :** *Certes, mais les dirigeants soviétiques entretiennent une psychose d'agression dans la jeunesse et, du coup, cela a créé dans l'armée, à la longue, un état d'esprit qui pourrait ne pas être celui de la paix. Mais il faut bien voir que même si c'est sur la base de sentiments purement défensifs, il y a une sorte d'échelle de perroquet, chaque Grand essayant de dépasser l'autre à son tour. Cela dit, j'ai toujours pensé qu'il n'était pas dans la nature russe, en tout cas depuis Pierre le Grand, de faire des guerres de conquête. Ils ont commis une faute majeure en Afghanistan en entrant dans un pays du Tiers Monde, un pays musulman de surcroît, alors que Lénine avait réussi à donner un prestige à l'Union soviétique dans le Tiers Monde. L'URSS s'en est trouvée isolée. En Europe, c'est tout à fait différent. La progression de l'URSS a été due aux circonstances de la guerre. En Afghanistan, l'intervention soviétique n'était pas nécessaire, et je pense que l'URSS a eu tort de ne pas saisir les occasions, comme celles que lui fournissent par exemple les efforts de M. Perez de Cuellar, pour se désengager de l'Afghanistan.*

*En ce qui concerne l'Europe, je souhaite qu'elle échappe au partage dit "de Yalta", c'est-à-dire en deux empires. Je comprends la prudence de l'URSS mais, en Europe, même si elle n'a pas l'intention d'attaquer, je dois penser aux rapports de forces.*

*Mais il est très important de négocier et, si possible, d'aboutir à un retrait, de part et d'autre, des armes les plus offensives. Et il faut aussi engager une négociation sur l'espace. Au moins, là, on peut prévoir, on peut parler avant, ce qui est utile, au lieu de parler après !*

**Assad :** *Je croyais que l'URSS avait proposé de retirer même ses SS 20 ?*

**François Mitterrand :** *C'est vrai, mais elle faisait une sorte de calcul visant à contrebalancer les forces françaises et britanniques. Or j'ai toujours dit qu'on ne pouvait comparer que ce qui est comparable, et que ce sont là les seules forces nucléaires des Britanniques et des Français, alors que derrière les SS 20, les Russes disposent encore d'une dizaine de milliers d'ogives nucléaires. Ce n'est donc pas comparable.*

**Assad :** *Mais qu'au moins, même si on n'arrive pas à diminuer, l'on s'arrête !*

**François Mitterrand :** *Nous ne sommes pas hostiles à une discussion à ce propos entre les États-Unis et l'URSS, mais j'ai posé des conditions.*

**Assad :** *Avec ces armes de plus en plus modernes, il y a des risques d'erreurs techniques.*

**François Mitterrand :** *Nous pouvons faire la bombe à neutrons, mais je n'ai pas donné jusqu'ici l'ordre de la fabriquer, car sa mise en œuvre dépendrait d'un échelon trop bas dans la hiérarchie militaire, et le temps serait insuffisant pour consulter le pouvoir politique.*

**Assad :** *Les Américains, je crois, ont donné à cette bombe le nom de "bombe propre".*

**François Mitterrand :** *Vous en connaissez, vous, des bombes qui ne soient pas sales ? En tout cas, il n'est pas possible de laisser décider des échelons militaires d'exécution. Mais je pense que des progrès technologiques permettront bientôt de remédier à cet inconvénient. De toute façon, il vaut mieux désarmer que surarmer, et même les grandes puissances doivent tenir compte de l'opinion publique. C'est un domaine où la Syrie et la France peuvent avoir une influence commune.*

*Déjà, les Soviétiques commencent à ne plus employer le même langage. J'ai demandé, lorsque je suis allé à l'ONU, que les cinq grandes puissances économisent sur leurs dépenses d'armement pour constituer une sorte de caisse pour le développement. Ce projet, bien sûr, peut paraître utopique, mais je l'ai étudié attentivement et, de toute façon, les hommes marchent avec des idées. Cela rejoint d'ailleurs les idées anciennes émises soit par les Soviétiques, soit par les Américains, mais jamais en même temps, et cela va tout à fait dans le sens des orientations de l'ONU vers le développement.*

La conversation reprend sur le Liban :

**Assad :** *Il y a deux dimensions à ce conflit : une dimension religieuse (encore que certains pourraient en contester la réalité) et une autre dimension, essentielle à mes yeux, sociale. Sans ces problèmes sociaux, il n'y aurait jamais eu de guerre civile. Les germes de révolution étaient très perceptibles longtemps avant.*

*Pour toutes ces raisons, les paysans musulmans redoutent de ne pas être reconnus dans tous leurs droits si le Président est un chrétien. Mais c'est la réforme sociale qui est avant tout nécessaire. Au Liban, les dirigeants ont longtemps dit devant n'importe quelles revendications sociales : c'est du communisme. C'est vraiment faire un cadeau au communisme ! On dit aux paysans qui revendiquent : vous demandez le communisme. Aussitôt, ils adoptent le communisme, qui leur paraît une très bonne chose.*

*Les problèmes politiques ne recoupent pas exactement les problèmes confessionnels. D'ailleurs, tous les partis, sauf les Phalanges, voient coexister en leur sein plusieurs confessions. La seule voie, c'est l'entente entre eux, et le dialogue. Je l'avais dit avec insistance à Sarkis : "Nous ne resterons pas au Liban. Nous avons, nous, mis un terme à la guerre civile. Vous devez, vous, faire la paix entre vous."*

*Notre insistance a permis que reprennent les négociations à Genève et à Lausanne. Puis l'accord du 17 mai a été abrogé. Je ne sais pas si vous avez lu attentivement l'accord du 17 mai 1983 et ses clauses connexes, mais c'est un document vraiment sans équivalent dans la vie internationale d'aujourd'hui. Il faisait du Liban un véritable protectorat israélien. Je l'ai dit au ministre des Affaires étrangères libanais qui était alors M.E. Salem. Il m'a répondu : "C'est vrai, mais c'est un accord qui nous a été imposé par les États-Unis." Quant à Shultz, il m'a déclaré : "Oui, nous avons servi de témoins dans cette affaire." Mais il m'a presque laissé entendre que cet accord lui avait aussi été imposé, à lui-même. C'est bien le problème : les Américains arrivent toujours avec des propositions qu'ils nous présentent comme émanant d'eux mais qui viennent, en fait, des Israéliens. Ils en ont changé le ton, mais le fond reste le même. Qu'au moins les Américains viennent nous voir avec leurs propres propositions !*

**François Mitterrand :** *Je n'ai jamais approuvé cet accord. J'ai même téléphoné à Amine Gemayel pour lui dire que c'était une erreur. Le Président Gemayel voulait venir me voir, je lui ai répondu : "Avant de venir, finissez-en avec l'accord du 17 mai qui est une faute grave." Je lui ai même dit : "Je ne vois pas une seule raison d'avoir signé cet accord."*

**Assad :** *Je ne connais pas ces échanges. Le Président Gemayel ne m'a pas parlé de ses contacts avec vous.*

**François Mitterrand :** *C'est là une faute américaine. D'ailleurs, Cheysson me l'a dit avec raison : George Shultz ne connaît pas grand-chose au Proche-Orient.* (Le Président syrien rit.)

**Assad :** *S'il connaît aussi peu l'Occident et s'il y procède de la même façon, c'est une catastrophe !*

**François Mitterrand :** *Je connais naturellement votre lutte avec Israël. Nous, vous le savez, nous n'avons pas de conflit avec Israël, que cela soit très clair. J'ai pensé, je pense encore que si le Liban allait dans cette direction-là, celle de l'accord du 17 mai, il se perdrait.*

**Assad :** *Certainement. Mais cet accord a montré jusqu'où, en réalité, voulait en venir Israël.*

**François Mitterrand :** *Justement, avant la guerre du Liban, j'avais reçu une lettre de Begin et il ne me parlait que des 40 kilomètres dont il avait besoin pour assurer la sécurité de ses frontières. J'ai répété et je répéterai encore à Shimon Pérès : "Au Liban, il faut partir". S'il me parle alors de la sécurité des frontières, je lui dis : "Mais c'est un problème que vous pouvez régler par la négociation !"*

**Assad :** *Pour nous, que la conférence de Genève ait pu être réunie était déjà un succès en soi. C'est ce dialogue qui a permis de parvenir au gouvernement d'union nationale tel qu'il est aujourd'hui constitué. Ce qui ne veut pas dire que tous les problèmes soient réglés.*

**François Mitterrand :** *Pour ce qui concerne leurs affrontements... Après la mort des soldats français à Beyrouth, je suis arrivé sur place le matin ; en bout de piste, on entendait tomber des obus, on en a entendu exploser toute la matinée. J'ai demandé qui tirait. On ne savait pas bien. Sur qui on tirait ? On ne savait pas. C'était un grand désordre...*

**Assad :** *Au Liban, actuellement, il y a déjà un accord sur la façon dont devrait être composé le Parlement libanais. Il peut y avoir un accord sur l'armée et sur un conseil militaire qui devrait permettre de reconstituer des brigades...*

**François Mitterrand :** *Il y a à Beyrouth à l'heure actuelle quatre-vingts observateurs français mais qui servent sous les ordres de responsables libanais et qui doivent être appréciés, puisqu'on en demande d'autres ; et il y a dans la FINUL 1 200 soldats français.*

**Assad :** *Les responsables libanais pensent à donner un rôle important aux forces de l'ONU. En fait, les nouvelles unités libanaises devraient être dans le Sud et assumer la plus grande partie de la sécurité. Elles devraient être complétées par les forces de l'ONU pour assurer la sécurité que veut Israël dans la bande frontière. Il n'est pas question, bien sûr, que la FINUL ait des attributions administratives. Partout ailleurs dans le Sud, l'armée libanaise doit être seule responsable. Et, contrairement à ce qu'on dit, elle y est apte. Les propositions israéliennes concernant des arrangements de sécurité ne sont donc pas logiques, elles sont même impensables. Ils ont un groupe d'agents, l'armée du Sud-Liban, à qui ils veulent confier un rôle clé, mais cela signifierait en fait que le Liban abdique purement et simplement dans cette région.*

**François Mitterrand :** *C'est très clair : il ne faut discuter qu'avec le gouvernement, pas avec des fractions.*

**Assad :** *Mais c'est au sein de la commission militaire qu'ils posent cette condition. Ils veulent établir des bastions et des remparts, trois remparts successifs : l'armée du Sud-Liban, la FINUL, l'armée libanaise. Les États-Unis, eux, voudraient même que l'armée syrienne empêche les infiltrations palestiniennes ! A quand la même demande faite à la Turquie ?*

**François Mitterrand :** *Vous savez, je crois qu'en fait, ils ne comptent pas beaucoup sur la Syrie !*

**Assad :** *Je l'ai déclaré à l'envoyé américain Murphy : je ne veux pas traiter en détail. Les Libanais nous ont dit : nous devons passer des accords avec les Israéliens. Eh bien, nous serons d'accord avec ce que les Libanais accepteront. Mais les États-Unis ne viennent nous voir, je vous l'ai dit, qu'avec des propositions israéliennes.*

*Il faut exploiter les capacités de la FINUL et de l'armée libanaise...*

**François Mitterrand :** *C'est une vision raisonnable.*

**Assad :** *En plus, on nous dit que la Syrie ne devrait pas occuper la zone évacuée. Mais le Liban et nous sommes deux pays arabes, c'est à nous deux d'organiser les relations entre nous. Amine Gemayel m'a téléphoné pour me dire que les États-Unis et Israël lui demandaient d'agir pour arrêter un bataillon syrien qui faisait mouvement vers le sud du Liban. Nous sommes à l'intérieur du territoire libanais, c'est normal que nous nous y déplacions. Mais j'ai dit à Amine Gemayel : vous êtes le maître, vous êtes chez vous, si vous voulez que ce bataillon s'arrête, j'en donne l'ordre. Cependant, je me rappelle que nous avions évacué Saïda un an avant l'invasion israélienne ; si nous avions deviné cette invasion, nous n'aurions pas évacué.*

*A l'époque de Sarkis, c'est lui-même qui m'avait demandé de retirer la Force arabe de dissuasion, mais c'était paradoxal : c'était au moment où Beyrouth était entourée par des troupes israéliennes qui bombardaient la ville. En fait, les mouvements de nos troupes sont dictés par les besoins libanais. Et pourquoi voudrions-nous faire la guerre à travers la frontière libanaise ? S'il doit y avoir guerre, nous avons une frontière commune, les Israéliens et nous !*

*En réalité, au Sud-Liban, nous n'avons observé aucune différence entre le Likoud et les travaillistes.*

**François Mitterrand :** *On va voir. D'une certaine façon, je dois dire que je comprends la logique des Israéliens. Ils sont obligés de tenir compte du fait que la seule force dans la région, c'est la Syrie.*

**Assad :** *Ils veulent que la Syrie n'intervienne pas dans des régions où nous sommes depuis huit ans ! Il y a des endroits où la frontière entre le Liban et la Syrie n'est pas claire : cela remonte d'ailleurs au général Gouraud.* [**François Mitterrand :** *C'était un bon général !*] *Cependant, entre les Libanais et nous, nous sommes bien d'accord. Si le général Gouraud employait l'expression de* "Grand Liban", *c'est bien parce que le Liban historique, c'est la montagne libanaise. Les Israéliens aussi ont des exigences excessives, ils veulent voir la FINUL sur la frontière syrienne...*

**François Mitterrand :** *Je n'en ai jamais entendu parler.*

**Assad :** *Les liens sont très profonds entre la Syrie et le Liban. En 1976, par exemple, il y avait un demi-million de Libanais en Syrie, des chrétiens comme des musulmans. Il y a beaucoup de familles communes.*

Le Président syrien fait le geste d'ouvrir un paquet de cigarettes et de le tendre. François Mitterrand lui dit : *« N'allez pas plus loin... »* Assad sourit et remise le paquet.

**Assad :** *Toujours grâce au général Gouraud, les frontières sont en certains points à 24 kilomètres de Damas, et naturellement il y a là des troupes israéliennes. Ils voudraient mettre la FINUL dans tous les territoires d'où ils se retireront ; nous le refusons, même si la FINUL est neutre. Par rapport à notre dispositif militaire, nous n'avons pas de difficultés d'approvisionnement, ni de difficultés logistiques, et le fait qu'ils soient proches de Damas ne nous inquiète pas. Nous avons des troupes qui sont disposées entre la frontière et Damas, et derrière ces troupes, il y a tout un peuple qui est prêt à repousser une invasion israélienne. Quant à l'avance technologique dont ils disposent, dont ils ont toujours disposé, elle ne change rien. Avec notre artillerie, nos fusées, nous sommes capables de déverser sur les villes israéliennes autant de bombes que ce qu'ils seraient capables d'envoyer sur Damas. Bref, il n'y a aucune raison que nous allions leur faire la guerre à travers le territoire libanais. Aux points frontaliers entre la Syrie et le Liban, il doit y avoir des forces libanaises.*

**François Mitterrand :** *Vous savez que nous sommes participants à la FINUL. Je n'ai pas encore été saisi d'un nouveau projet d'implantation de celle-ci, mais je suis plus optimiste que vous. Je crois qu'avec ce gouvernement israélien, il peut y avoir retrait. Mais il négociera le plus durement possible pour obtenir des contrôles. Je ne vois pas pourquoi il ferait obstacle à ce que ce soit l'armée libanaise qui occupe le territoire. Je serais étonné que la revendication dont vous me parlez persiste très longtemps.*

**Assad :** *Ce que j'ai dit est conforme à ce qui se dit dans la commission militaire et à ce que m'ont dit les messagers américains. Lorsque j'étais en convalescence, j'avais eu une discussion avec l'envoyé américain de l'époque qui était Rumsfeld. Il me parlait de l'interposition de la FINUL ; je lui avais dit : "Que les Israéliens quittent le territoire libanais, et la séparation sera faite." Évidemment, ce serait pour nous la facilité de partir et de laisser la FINUL s'installer. Mais nous devons aider les Libanais à assumer leurs responsabilités.*

**François Mitterrand :** *J'entends bien. C'est une donnée importante de plus. J'ai déjà usé de l'influence que peut avoir la France sur Israël dans le sens de l'évacuation en leur disant : "Il ne doit pas y avoir de demi-mesure." Une présence combinée de la FINUL et de l'armée nationale libanaise me paraît compatible avec cette théorie. Bien sûr, les Israéliens essaieront d'avoir le maximum, mais la France ne se laisse pas entraîner sur ce terrain-là. Si l'armée syrienne restait là, ce serait un risque supplémentaire de division, voire de partition. Si c'est l'armée libanaise, il n'y a rien à objecter, ils sont dans leur pays. En tout cas, notre position est simple.*

**Assad :** *Pouvons-nous aborder maintenant le conflit Irak/Iran ?*

**François Mitterrand :** *Certainement.*

**Assad :** *Vous connaissez l'état des relations entre la Syrie et l'Irak ?*

**François Mitterrand :** *Oui. Et je dois vous dire que ce sont des relations qui n'ont pas bonne réputation.*

**Assad :** *Nous sommes issus du même Parti, mais ils ont quitté ce Parti. En fait, non, c'est nous qui avons tout fait pour qu'ils partent.*

**François Mitterrand :** *Évidemment, avec cette guerre, les dissensions prennent une nouvelle dimension.*

**Assad :** *Avant cette guerre, nous avions pris une décision d'amélioration de nos relations, et nous avions eu de longues heures de discussion avec le général El Bakr, alors Président de la République, et avec Saddam Hussein, afin de parvenir à la constitution d'un nouvel État à créer. Nous étions convenus d'une nouvelle constitution. Peu après, j'apprends la démission du Président El Bakr, le 16 juillet 1979. Et, dans la lettre par laquelle il me prévenait de sa démission pour raisons de santé, il me disait que Saddam Hussein continuerait les efforts que nous avions entrepris pour l'union des deux pays. Or, le 21 août, j'apprends que les Irakiens annoncent avoir découvert un complot de la Syrie contre l'Irak, complot dans lequel auraient été impliqués vingt et un membres de la direction du Parti Baas irakien. Vingt et un membres ! Comment croire à cela ? Même si nous avions voulu le faire, comment aurions-nous pu en quatre jours contacter toutes ces personnes ? J'ai donc envoyé un émissaire à Bagdad, M. Khaddam. On lui a parlé d'un attaché militaire syrien qui aurait joué un rôle, mais dont ni le nom ni la photo ne nous étaient connus. L'émissaire a dit en mon nom que s'il y avait complot, c'était aussi un complot contre la Syrie, puisque les deux États voulaient s'unir et que nous avions des intérêts communs. Nous avons donc proposé une commission d'enquête commune. Il n'y a pas eu de réponse, mais, au contraire, ils ont expulsé nos diplomates avec des moyens brutaux, après être entrés par la force dans l'ambassade de Syrie à Bagdad et après y avoir placé des paquets* *d'explosifs. Les relations, à ce moment-là, ont donc empiré ; c'était deux mois avant la guerre. Cette guerre qui allait nous affecter très directement, puisque vous savez que l'on dit de Damas qu'"elle est le cœur battant de l'arabité".*

*Dès que cette guerre a commencé, je suis entré en contact avec les différents rois de la péninsule arabique afin de trouver une issue quelconque. J'ai notamment trouvé chez le roi Khaled une préoccupation tout à fait semblable à la mienne. L'avez-vous connu ?*

**François Mitterrand :** *Khaled ? Oui, je l'ai connu, c'est même le premier chef d'État que j'ai reçu.*

**Assad :** *Quant à Hussein de Jordanie, il avait éprouvé une certaine joie à voir que la guerre se déclarait. Je lui ai dit : "Vous avez tort, car en Iran, c'est une véritable révolution, et cela sera très difficile à vaincre. La pénétration de l'armée irakienne sur le territoire iranien n'y suffira pas." A cette époque, il régnait un grand désordre dans la révolution iranienne, qui permettait aux uns et aux autres de spéculer. Après, dans le déroulement de cette guerre, sont apparues des difficultés croissantes qui justifiaient notre jugement. La Syrie le savait, elle a l'habitude des guerres longues ! Mais Hussein voulait que nous apportions un soutien total à l'Irak.*

*A Fès, le Roi Hassan II avait organisé un déjeuner avec Saddam Hussein, moi-même, le Président Chadli, le roi d'Arabie et le roi Hussein. Je n'ai pas soutenu l'Irak, parce que j'ai pensé que les résultats de cette guerre ne seraient pas dans les intérêts du peuple irakien. Nous avons condamné l'invasion de l'Iran alors même que tout le monde pensait que l'Irak serait vainqueur. Nous étions sur ces positions dans l'intérêt même des peuples d'Irak et d'Iran. Ensuite, nous avons été favorables à toute initiative, par exemple aux tentatives de médiation du Koweit et de l'Algérie. Mais l'Irak s'est déclaré opposé à toute médiation, considérant que tout Arabe entreprenant une médiation serait un traître à la nation arabe. Depuis, ça a été le silence. Arafat, assis dans cette même salle où vous êtes, m'a dit que Saddam Hussein lui avait répété la même chose : tout médiateur arabe serait un traître.*

*De toute façon, maintenant, il n'y aurait plus en Iran de réponse à une médiation, du fait du très grand nombre de familles qui ont perdu des fils. Que peuvent dire les Iraniens à leur peuple ? Ils ont été agressés et ce serait à eux de faire des concessions ? (...)*

**François Mitterrand :** *Nous sommes amis de l'Irak et pourtant je ne connais pas Saddam Hussein et je n'ai jamais mis les pieds dans ce pays. Mais, vous savez, la plupart des pays arabes sont plutôt contents de notre politique. De l'autre côté, on soupçonne Israël d'avoir aidé l'Iran. Notre politique se résume à ceci : poursuivre sur la lancée avec l'Irak, ne pas faire de provocations, et nous serons bien contents si la guerre s'arrête.*

*Les États-Unis commencent à s'intéresser à l'Irak. Ils ne vont pas arranger les choses ! La période où j'étais le plus malheureux, c'est quand nous étions ensemble au Liban. Mais je m'en suis dégagé le jour venu.* (Le Président Assad opine.) *Nous sommes dans l'Alliance atlantique, mais elle correspond à une zone géographique bien déterminée. Nous sommes amis, mais un peu comme chat et chien dans une même maison. En revanche, nous redoutons les conséquences d'une éventuelle victoire iranienne. (...)*

**Assad :** *Est-ce que nous pouvons parler maintenant du Tchad ?*

**François Mitterrand :** *Naturellement.*

**Assad :** *Vous savez que les relations sont bonnes entre la Syrie et la Libye. La Libye est pour nous un partenaire généralement honnête. Mais nous avons des inquiétudes : vous savez que, pour eux, le Tchad est un problème de sécurité.*

**François Mitterrand :** *Nous avons signé avec le Colonel Kadhafi un accord de retrait simultané le 17 septembre. (...) L'accord devait parvenir à échéance le 10 novembre. Le 25, nous avons pensé que l'évacuation était terminée. C'est ce que nous avait dit la Libye, et c'est également ce que nous avons observé. Nous sommes partis.*

*Vers le 8 novembre, ils sont réapparus : 1 500 à 2 000 hommes. Ce n'est pas par le satellite américain que je l'ai su, mais par mes propres moyens d'observation. Donc, 2 000 hommes avec un armement défensif. J'ai pensé qu'ils avaient voulu en garder assez pour empêcher Hissène Habré de remonter jusqu'aux frontières du Nord, mais pas assez pour ramener l'armée française. D'ailleurs, il n'y a plus d'armée française au Tchad, même si chacun sait qu'elle pourrait y revenir en 24 heures.*

*Je n'ai pas donné cet ordre. J'aurais pu le faire. Je savais qu'il y avait encore 2 000 Libyens environ, en contradiction avec l'accord. Quand j'ai parlé avec Kadhafi, je lui ai dit que la première chose à faire, c'était de retirer ces hommes ; il ne m'a pas contredit. La base de notre conversation a été : il ne doit plus y avoir un seul soldat français, plus un seul soldat libyen au Tchad. S'il aide Goukouni en lui fournissant des armes (ce qu'il a bien dû commencer à faire), cela ne me gêne pas, je n'ai rien contre Goukouni. Quand il était au pouvoir, j'ai collaboré très bien avec lui. Je n'ai pas aidé Hissène Habré à reconquérir le pouvoir. Il est d'ailleurs revenu à N'Djamena en m'insultant. Il faut cependant constater que Goukouni n'a pas pu créer un État, une administration, et que, sur ce plan-là, Hissène Habré est plus capable que lui.*

*J'aurais pu ne pas aller en Crète, mais j'ai voulu discuter sur la base de ces principes : plus un soldat de part et d'autre. La guerre civile, les problèmes intérieurs, cela regarde les Tchadiens.*

*Si une puissance tierce envahit le Tchad, la Libye retrouvera sa liberté d'action.*

*A ce moment-là, Kadhafi m'a même proposé de conclure une alliance franco-libyenne !*

*Voilà donc les trois principes à partir desquels nous avons parlé, mais Kadhafi est déraisonnable. Moi, j'ai exécuté mon contrat. En plus, il a créé une situation dangereuse, car la France ne peut pas accepter cet affront. Je suis patient, mais je ne serai pas patient très longtemps. C'est regrettable, nous avions un bon accord, et la France a été le premier pays occidental à lui tendre la main. Tout cela, dans une situation qui est difficile pour lui — au large de Tripoli, il a la flotte américaine ; à l'est, l'Égypte avec laquelle il est en conflit ; au sud-est, le Soudan qu'il combat ; Hissène Habré, enfin, qui veut le combattre, encouragé par les États-Unis. Et puisque nous nous parlons franchement, vous savez bien qu'il n'est plus en bons termes avec l'Algérie. Il y aura un jour un accident.*

*Oui, la France est le seul pays à avoir voulu comprendre qu'il fallait avoir une main tendue vers lui. Ce qu'il fait n'est pas correct et est dangereux. Si j'envoie des avions, dans toute la région, vous savez, on m'approuvera !*

*Mais je ne donnerai pas d'armes sophistiquées à Hissène Habré.*

**Assad :** *Au cours des derniers contacts que nous avons eus avec les Libyens, ils nous ont dit qu'ils étaient en voie d'exécuter l'accord, mais qu'ils voulaient surtout, après, donner un essor tout à fait nouveau à leurs relations avec vous.*

**François Mitterrand :** *J'y suis prêt. J'ai même invité Kadhafi à venir à Paris. Mais il me place dans une situation politique très difficile.*

**Assad :** *Il va y avoir bientôt un contact téléphonique entre nous deux. Cette nuit même, en fait, je dois avoir un appel téléphonique de Kadhafi.*

**François Mitterrand :** *Je suis patient. Je n'écoute pas les États-Unis. Mes renseignements sont d'origine française, mais j'arrive au point limite ; sinon, je* *perds la face. Papandréou me dit qu'il est très attaqué en Grèce, lui aussi. Je n'aiderai pas Hissène Habré à remonter vers le Nord. Je serais même ennuyé qu'il le fasse. Cette région est une chaudière sur le point d'exploser. Il faut la laisser refroidir. Je ne veux rien faire de mal à la Libye, mais un accord est un accord ! Si on arrange cela, il pourrait y avoir une bonne entente pour l'avenir.*

(Les deux Présidents se lèvent pour gagner la salle où doivent avoir lieu les entretiens élargis.)

**Assad :** *Je voulais vous dire que nous ne sommes pas responsables de certains malentendus passés. Des choses ont été dites sur la Syrie, des choses erronées. Si c'était vrai, je le dirais maintenant, car nous commençons une nouvelle ère dans nos relations. Mais je vous le dis : c'est faux.*

**François Mitterrand :** *Je me suis effectivement posé des questions à ce sujet. Je me suis renseigné, et la réponse à cela est contenue dans le fait que je suis venu vous voir.*

(Cet entretien en tête à tête s'est prolongé de 17 h 30 à 22 heures).

Le Président rencontre la mère d'un jeune Syrien, Ahmed Nael Koudsi, mêlé à un complot intégriste. Il possède la double nationalité française et syrienne. Il a été condamné en 1980 à six ans de prison. Le Président Assad promet sa libération immédiate.

Il accepte également le départ pour la France d'une douzaine de jeunes filles juives, à condition qu'elles n'aillent pas en Israël.

Jamais un dirigeant occidental ne s'est publiquement exprimé à Damas sur les droits d'Israël comme François Mitterrand le fait en présence du Président Assad durant la conférence de presse.

**Mercredi 28 novembre 1984**

François Mitterrand me confie : *« La période pendant laquelle le peuple juif a été réuni dans des structures étatiques n'a pas été d'une durée telle... Il y a d'abord eu la première période de l'installation... sur une terre étrangère désignée. Puis, plus tard, il y a eu un État, et même deux royaumes, mais l'un de ces deux royaumes disparaît assez vite. Et l'autre sera très vite placé en état de sujétion vis-à-vis de la Syrie. Mais les Juifs sont restés, quoiqu'ils aient été souvent déportés, chassés, dispersés. Une faculté de résistance rudement éprouvée a forgé l'âme de ce peuple... »*

Cheysson se plaint auprès de moi : *« Je suis prêt à aller à Bruxelles, mais Delors ne veut pas de moi. »*

Le Roi du Maroc est à Paris.

**Jeudi 29 novembre 1984**

Chadli fait escale à Tunis et se rend au chevet de Bourguiba, malade. Celui-ci lui reparle de l'armée algérienne, qui l'a impressionné : *« Vous vous souvenez de ce que je vous ai dit à Alger ?* demande-t-il à Chadli. *Si je meurs, je vous confie la sécurité de la Tunisie. »*

**Vendredi 30 novembre 1984**

Le Commandant Jalloud a prononcé hier un discours à l'occasion d'un « meeting national » organisé à Tripoli pour commémorer la journée de solidarité avec le peuple palestinien. Il a consacré une partie de son intervention au Tchad. Le gouvernement français, selon le numéro deux libyen, *« n'a malheureusement pas fait ce qu'il aurait pu faire, après le retrait des forces françaises et des éléments d'appui libyens au GRUNT, à savoir encourager les parties tchadiennes, le gouvernement national et le rebelle Habré, à trouver une solution politique... Nous sommes également surpris*, a-t-il poursuivi, *par les déclarations françaises selon lesquelles les éléments d'appui libyens ne se seraient pas retirés, alors que nous savons tous qu'un communiqué franco-libyen a été publié conformément à l'accord conclu précédemment. Nous ne comprenons donc pas pourquoi ce sujet est à nouveau mis sur le tapis »*. Après le retrait, affirme le Commandant Jalloud, *« nous aurions dû, ainsi que la France, déployer nos efforts en vue d'instaurer la paix au Tchad, car le problème est politique. A présent, des voix s'élèvent en France qui affirment que les éléments d'appui libyens ne se sont pas retirés, afin de justifier le retour des forces françaises. Et la France, sous la pression de l'Amérique, des forces de la droite française, et du rebelle Habré..., a effectivement commencé à violer l'accord et à revenir... Nous affirmons que nous nous sommes retirés et que nous sommes prêts à collaborer avec la France pour trouver une solution politique*, a-t-il conclu, *mais avant tout, nous sommes prêts à combattre au Nord, à l'Est et au Sud ! »*

Affrontement armé en Nouvelle-Calédonie. La situation est intenable. Pisani doit y aller — et vite.

Le franc se renforce. Nos réserves de change sont maintenant de 450 milliards de francs, dont 260 milliards en or, le reste en diverses devises. Pendant les trois premiers trimestres de 1984, la France a emprunté à l'étranger moitié moins qu'elle ne l'avait fait en 1983 pendant la même période.

S'endetter, dans ces limites, est sain pour une nation comme pour une entreprise. Cela permet de financer l'avenir et ne freine en rien notre croissance, qui ne dépend que de notre capacité d'investir et de la croissance économique internationale.

**Samedi 1er décembre 1984**

Ce matin, François Mitterrand proteste : *« Je souhaite avoir à midi le texte des accords franco-tchadiens de 1987. J'ai demandé à Joxe et Lemoine de me fournir, à mon retour de Syrie, une note juridique et historique (depuis 1956) sur la Nouvelle-Calédonie. Je n'ai rien vu. Il y a urgence ! J'attends donc cette note pour cet après-midi à 17 heures. »*

A 10 heures, François Mitterrand reçoit Edgard Pisani et lui propose d'aller à Nouméa. Il accepte, et demande à emmener avec lui Christian Blanc, préfet à Tarbes, qui fut directeur de cabinet de Rocard, puis le sien à Bruxelles.

Un Conseil des ministres exceptionnel le nomme. On prévient le président de la Commission européenne, Gaston Thorn, encore là pour un mois, qui fait signer à Pisani sa démission à l'escale de Bruxelles de l'appareil qui l'emmène en Nouvelle-Calédonie. L'autre commissaire français, François-Xavier Ortoli, ayant déjà quitté Bruxelles pour prendre la présidence de la Compagnie française des Pétroles, il n'y a plus aucun représentant de la France à la Commission jusqu'au 31 décembre.

Manifestation contre le racisme à Paris, organisée par SOS-Racisme.

**Lundi 3 décembre 1984**

Le Sommet européen commence à Dublin. L'adhésion espagnole et portugaise est confirmée. La Grèce, comme toujours, veut son pourboire pour donner son accord. Ce seront les PIM (programmes intégrés méditerranéens). La seule question à trancher par le Conseil européen est celle du vin de table (déclenchement de la distillation dans la Communauté, répartition entre pays de cette distillation).

A Bastia, un CRS est tué par des membres de l'ex-FNLC.

A Bhopal, en Inde, une fuite de gaz toxique tue plus de 2 500 personnes, et en atteint plus de 100 000. La responsabilité de l'usine, américaine, semble plus qu'engagée.

Après en avoir discuté avec certains chefs d'État francophones à Lomé, Houphouët-Boigny demande le report du Sommet de Bujumbura. *« L'affaire du Tchad exigerait,* dit-il, *pour être utilement discutée à Bujumbura, une préparation soigneuse. Les éléments d'information sont pour le moment épars et ne permettent sans doute pas, à ce stade, d'engager une réflexion approfondie. Le cadre de Bujumbura, avec des chefs d'État et de délégation venus de trop nombreux horizons, n'est pas propice à une libre expression des amis les plus proches de la France, qui ne pourront que se tenir sur la réserve devant un tel auditoire. »*
Les Africains francophones n'aiment pas cette extension aux non-francophones. La conférence perd son sens à leurs yeux. Il ne faut pas discuter du Tchad devant des non-francophones.

A Dublin, dans la soirée, nous apprenons que la Haute Autorité de l'Audiovisuel a décidé de mesures de suspension à l'encontre de certaines radios privées, dont une contre NRJ. Tout est prêt pour saisir le matériel dans la nuit. Le Président pense qu'il vaut mieux régler la question par la négociation. J'appelle Georges Fillioud pour faire annuler l'opération. Georges en est furieux. Mais, comme toujours, il en prendra publiquement la responsabilité. Il faudra décidément faire quelque chose pour la musique. Peut-être une chaîne musicale à la télévision, la cinquième ?...

**Mardi 4 décembre 1984**

Comme lors de chaque Sommet européen, François Mitterrand et Helmut Kohl prennent ensemble le petit déjeuner. Germe l'idée de confédération européenne.

Kohl défend âprement les privilèges du vin de Moselle dont on a parlé hier à propos de la distillation. On passe ensuite à la préparation du prochain Sommet des Sept à Bonn, qui inquiète beaucoup le Chancelier :

**Helmut Kohl :** *Le 8 mai 1985 sera une journée déprimante pour les Allemands. C'est l'heure zéro de notre histoire, la fin de la barbarie hitlérienne. Il y aura un discours dans les églises et de grands défilés en Europe de l'Est. J'espère qu'il n'y aura pas de défilé conjoint des Alliés à Berlin ?*

**François Mitterrand :** *Non. Je suis contre. La France estime qu'il ne faut pas en rajouter. Je ne veux pas de manifestation d'envergure. En 1985, on célébrera la victoire contre une autre Allemagne. J'ai une idée : je veux que les deux Europes se rencontrent, mais sans les Américains. C'est l'Europe qui se construit !*

**Helmut Kohl :** *Oui. Les États-Unis ne seraient pas très utiles.*

**François Mitterrand :** *Il faut une rencontre autour de la réalité européenne. Au moins, peut-être, une rencontre France/Allemagne/URSS.*

**Helmut Kohl :** *Oui, absolument.*

Dans la matinée, le Comité présidé par le sénateur Doodge remet son rapport, préparé pour l'essentiel par la France et le Quai d'Orsay, sous l'égide de Maurice Faure. Il propose une réforme institutionnelle et des modalités de convocation d'une conférence interétatique au printemps prochain. Il est décidé de ne pas convoquer de conférence au printemps et de demander au Comité Doodge de préparer d'ici mars un avant-projet de traité pour la négociation interétatique à venir, dans le cadre du prochain Sommet de Milan, en juin.

A Nouméa, Pisani négocie avec Tjibaou la fin des émeutes. Tjibaou donne sa parole à Christian Blanc de faire lever les barrages demain.

Réponse cinglante de François Mitterrand à Hissène Habré, aussi détaillée que la lettre de celui-ci. Elle constitue le meilleur récapitulatif de la position française sur le Tchad au cours de ces semaines-charnières.

> *« J'ai pris connaissance avec intérêt de votre lettre du 22 novembre dont je vous remercie. Votre envoyé, M. Togoï, a dû vous faire connaître ma façon de penser sur les appréciations de plusieurs de vos ministres mettant en cause le concours apporté au Tchad par la France.*
>
> *Je rappellerai en effet que, depuis octobre 1975, la France n'est plus liée au Tchad, à la demande de ce dernier, par un traité de défense. Les accords du 6 mars 1976 comportent, certes, des dispositions de coopération militaire, mais l'Article 4 du premier de ces accords exclut toute participation directe française à des opérations dans votre pays, et l'Article 21 abroge formellement l'accord de 1960. En dépit de cette interdiction et répondant à votre pressant appel en août 1983, j'ai décidé d'intervenir militairement pour arrêter les forces libyennes qui avaient pénétré au Tchad et marchaient sur votre capitale. Il me paraissait essentiel d'apporter la démonstration claire du soutien de la France au Tchad et de confirmer aussi à tous les autres pays amis d'Afrique que mon pays ne laisserait pas une armée étrangère envahir leur territoire. J'ai pris mes responsabilités et les soldats de "Manta" ont risqué leurs vies. Mais, vous le savez et l'Afrique l'a su, l'invasion a été arrêtée : depuis l'arrivée de nos troupes, les Libyens n'ont plus avancé et le Tchad, dans ses œuvres vives, a été protégé et maintenu sous la seule responsabilité de l'autorité légale.*
>
> *Les mois se sont ensuite écoulés avant que les Libyens comprennent et acceptent qu'ils ne pourraient pas pénétrer dans la partie de votre pays couverte par "Manta" et qu'ils ne parviendraient pas à déstabiliser le Tchad.*
>
> *C'est alors qu'il nous a été possible de négocier et de conclure, le 17 septembre, avec eux, à Tripoli, un accord par lequel les deux parties s'engageaient au retrait de leurs forces. Les nôtres ont quitté le Tchad (à l'exception des éléments qui coopèrent avec votre armée dans le cadre de l'accord de 1976). Certaines des leurs, en*

*violation inacceptable de l'engagement formel qui avait été pris, sont restées au Nord-Tchad ou sont revenues.*

*Du point de vue militaire, cependant, le départ de « Manta » et la réduction simultanée du dispositif libyen confirment la situation antérieure : le gouvernement français vous avait fait savoir que le 16ᵉ parallèle ne serait pas franchi par l'armée libyenne. Il ne l'a pas été. Pour l'avenir, vous savez que les Libyens ne disposent pas au nord du Tchad de l'équipement et des forces qui leur permettraient de passer ce parallèle. S'ils s'en dotaient — ce que nos propres sources d'information détecteraient aussitôt —, leur menace provoquerait notre riposte, si le gouvernement du Tchad nous le demandait, avec les armes et les moyens appropriés.*

*Vous vous souviendrez, par ailleurs, qu'à aucun moment la France n'avait envisagé de participer militairement au dégagement de la partie du Tchad située au nord du 16ᵉ parallèle. Vous admettrez dès lors avec moi que la situation s'est singulièrement améliorée, grâce à l'effort considérable représenté par « Manta », et qu'à cause de cela les critiques émises à N'Djamena sur notre action sont injustes et déplacées.*

*Je saisis enfin l'occasion de cette lettre pour exprimer mon inquiétude à la lecture des rapports et dépêches relatant la situation dans le sud de votre pays.*

*Des menaces y pèsent sur mes compatriotes. Indépendamment des conséquences psychologiques qu'auraient en France des atteintes à leurs personnes et à leurs biens, je me dois d'obtenir de vous, pour eux, les garanties nécessaires.*

*Il serait grave également que nous semblions, de quelque manière que ce fût, associés à des excès commis par des troupes régulières tchadiennes que nous équipons et dont nous entraînons des cadres. Les rumeurs qui courent à ce sujet sont de plus en plus précises ; les témoignages se multiplient, dénonçant le comportement de certaines unités. Au-delà même du souci que nous devons avoir du respect des droits de l'homme, vous connaissez la volonté de la France de ne pas être mêlée aux conflits intérieurs du Tchad.*

*Je ne mésestime certes pas l'effort considérable que requiert pour vous-même, votre gouvernement, votre armée, la mise en place de structures nationales durables, et j'attache une grande importance aux relations historiques et toujours actuelles qui unissent nos deux pays.*

*La France a pris les risques que j'ai évoqués plus haut alors qu'aucune obligation contractuelle ne l'y contraignait. Elle contribue au relèvement des dommages de la guerre civile. Mon gouvernement souhaite poursuivre son aide au Tchad, peut-être déterminante dans la période terrible que traverse votre pays, frappé par la sécheresse et menacé par la famine. J'aurais attendu de ce fait une autre attitude des responsables qui, agissant sous votre autorité, ont tenu des propos compromettant la bonne qualité — à laquelle j'attache beaucoup d'importance — de nos rapports. Je ne puis qu'espérer à cette fin le changement d'un comportement dont les raisons me restent peu claires. Je suis convaincu que, dans l'esprit de nos récentes conversations à Paris, vous souhaiterez également faire prévaloir un climat de respect mutuel et de confiance. »*

**Mercredi 5 décembre 1984**

Tragédie : tombés dans une véritable embuscade, deux frères de Tjibaou sont massacrés dans des conditions atroces à Hienghène. Malgré cela, et en dépit de la responsabilité évidente d'extrémistes caldoches, Tjibaou respecte sa parole donnée la veille à Christian Blanc et lève les barrages. Là bascule le destin de la Nouvelle-Calédonie. Eût-il choisi la vengeance, tout eût été différent. Cet homme est, de tous ceux que j'ai rencontrés, l'un de ceux qui m'a laissé la plus forte impression de sérénité. Un Juste, comme Issam Sartaoui, Indira Gandhi, Anouar El Sadate. Tous assassinés...

Le Président fixe un objectif d'inflation de 4,5 % pour 1985, contre l'avis de Laurent Fabius qui le juge inaccessible.

Le Président déjeune avec la reine du Danemark, et moi avec Henri Atlan, le grand biologiste qui nous a servi d'interprète à Jérusalem.

**Jeudi 6 décembre 1984**

Les prévisions pour 1985 laissent espérer une quasi-stabilisation du chômage à 2,4 millions, grâce à 100 000 TUC. Pour ramener le nombre des chômeurs à 2 millions, Delebarre propose la généralisation du congé de conversion, l'ouverture de la préretraite pour tous les chômeurs de plus de 55 ans, et l'augmentation de la formation : cela coûterait 6 milliards. Il faut des décisions avant la fin de l'année.

**Vendredi 7 décembre 1984**

Le Président a tranché : Cheysson ira à Bruxelles, Dumas devient ministre des Relations extérieures, Dufoix prend en plus le poste de porte-parole. Max Gallo quitte le gouvernement. On me dit qu'il en est très amer.

Jacques Delors va me manquer. Sa clarté d'esprit, sa lucidité, sa conviction, sa culture en font le vrai responsable du succès d'une rigueur qui n'a pas renoncé aux réformes. Un ministre des Finances nous quitte ; un homme d'État s'annonce.

**Samedi 8 décembre 1984**

François Mitterrand est au Zaïre. Chaos, corruption. Quelque chose comme *Blade Runner*, sans l'espérance.

Jacques Rigaud est prévenu par Jean Drucker qu'il risque d'être remplacé au prochain conseil d'administration de la CLT par Jacques Pomonti.

**Lundi 10 décembre 1984**

Le Président est au Rwanda.

**Mardi 11 décembre 1984**

Dans l'avion, le Président travaille à son interview au *Nouvel Observateur* sur les grands projets. Il me dit : *« Les grands projets, ce sont aussi les réalisations de portée nationale hors de Paris. Parmi celles-ci, je relève : la construction du Conservatoire supérieur de musique de Lyon ; le Centre national de la bande dessinée d'Angoulême ; l'École nationale de la photographie d'Arles ; l'École supérieure de la danse à Marseille ; le Musée archéologique d'Arles ; un Centre national d'art contemporain à Grenoble ; le Musée des plans-reliefs à Lille ; l'Institut Louis-Lumière à Lyon ; le premier Centre national d'archives industrielles à Roubaix ; dix Zénith ; l'École de l'Opéra de Nanterre ; l'École nationale du cirque ; le Centre national de la mer à Boulogne ; le Site national de Bibracte ; le nouveau Musée national de la préhistoire aux Eyzies... »*

Arrivée à Bujumbura pour le Sommet.

Très bon discours de Diouf. J'essaie de mettre sur pied avec son ministre des Affaires étrangères, Ibrahim Fall, une réunion Nord/Sud sur la dette avant le Sommet de Bonn. Impossible : personne n'en voudra parmi les Sept.

Première discussion tendue sur le Tchad. Habré est austère et réservé. Il montre qu'il n'est pas d'accord avec le retrait des troupes françaises. Bongo lâche : *« N'en parlons plus. »*

Sassou N'Guesso : *« Je suis surpris. Je ne savais pas qu'il n'y avait pas d'accord entre la France et le Tchad sur le retrait des troupes. »*

François Mitterrand parle une heure durant : *« La question du 16ᵉ parallèle relève de la même problématique que celle de la dissuasion : la frontière française doit être défendue et son franchissement implique riposte ; par contre, l'entrée en Allemagne de troupes ennemies n'implique pas une réaction automatique. Il nous appartient alors d'apprécier si les intérêts vitaux de la France sont ici en cause. Le franchissement du 16ᵉ parallèle constitue une attaque directe de l'Afrique noire impliquant réaction immédiate. La présence au Tchad du Nord, elle, entre dans la catégorie d'offensive où je suis seul juge de la menace pesant sur les intérêts vitaux de l'Afrique noire, et n'implique pas de réaction automatique. Ainsi notre politique au Tchad et en Afrique s'apparente-t-elle à la dissuasion. Il est donc normal qu'il n'y ait pas réaction offensive. (...) Si vous voulez que j'aille au Nord, il faut que l'Afrique me le demande. Et allez-y les premiers !... Non ? Pas de volontaires ? »*

François Mitterrand reçoit ensuite Habré longuement en tête à tête. A la sortie, le Président me dit d'un air goguenard : *« Ne vous en faites pas, maintenant il se tiendra tranquille. »*

**Mercredi 12 décembre 1984**

Cheysson est Commissaire aux Relations extérieures, mais ne s'occupera que des rapports Nord/Sud et des pays méditerranéens. Il a refusé l'Industrie. Dommage pour lui et pour la France.

Discussion sur le projet américain IDS, dit de « guerre des étoiles ». Hubert Védrine envoie note sur note. Le projet a d'ores et déjà pour objectif stratégique de restaurer la dissuasion en rendant incertaine une première frappe soviétique grâce à une combinaison de la dissuasion nucléaire et d'armes nouvelles, au sol ou éventuellement dans l'espace. Et comme but technologique de redonner le plus d'avance possible aux États-Unis sur le Japon, l'URSS ou l'Europe.

François Mitterrand : *« Le Président Reagan va essayer de défendre jusqu'au bout son rêve. Il aura ainsi tous les mérites : celui d'avoir essayé de dépasser le nucléaire, et celui d'avoir en pratique renforcé la capacité de dissuasion en stimulant la technologie américaine. Il voudra conclure avec Gorbatchev, avant 1988, un accord du type "élévation du nombre des ABM au sol autorisés de part et d'autre, plus moratoire sur le déploiement des systèmes spatiaux", tout cela devant être facilité par les limites scientifiques et financières rencontrées par l'IDS. »*

A Bangui, rencontre du colonel Mancion. Une sorte de Lawrence à la française. Il a été l'homme des Nouvelles-Hébrides, il est aujourd'hui le vrai patron de la République centrafricaine. Au ministre des Affaires étrangères centrafricain qui l'interroge sur le protocole, il lance : *« Vous ne trouvez pas qu'on perd notre temps, avec vos foutaises ? »* Et à moi : *« Je serai content quand vous serez partis. »*

Dîner en plein air dans le palais désert de Bokassa. Le Président danse avec Mme Kolingba. Irréalité...

**Vendredi 14 décembre 1984**

Yasser Arafat me fait savoir qu'il s'inquiète du Sommet de Dublin et de la visite de Shimon Pérès à Paris.

Passation de pouvoirs entre Cheysson et Dumas. Ambiance fraîche.

Au total, cette année, les Américains ont déployé 72 Pershing II en RFA, et 48 missiles de croisière en Grande-Bretagne et en Italie. L'objectif de l'OTAN reste d'arriver en 1988 à 108 Pershing II en RFA et 464 missiles de croisière en Grande-Bretagne, Italie, Belgique et Pays-Bas, face aux 243 SS 20 à trois têtes capables d'atteindre l'Europe. L'URSS a réagi par l'implantation de 64 SS 21 en RDA en plus des 36 existants. Il y a aussi 54 SS 22 en RDA et en Tchécoslovaquie. L'URSS peut donc maintenant proposer, « en échange » d'un gel, de retirer les seuls SS 21 et 22. Il lui restera toujours ses SS 20.

Un communiqué des ministres des Affaires étrangères de l'Alliance, à Bruxelles, dit ce matin : *« Les alliés concernés sont disposés à inverser, arrêter ou modifier le déploiement des missiles à longue portée — et notamment à démonter et retirer les missiles déjà en place — dès la conclusion d'un accord équilibré, équitable et vérifiable prescrivant de telles mesures. Faute d'obtenir par la négociation un résultat concret rendant les déploiements inutiles, les alliés concernés soulignent leur détermination à poursuivre le déploiement de missiles des Forces nucléaires intermédiaires à longue portée, comme prévu. »*

**Samedi 15 décembre 1984**

Le numéro deux soviétique, Gorbatchev, est en Grande-Bretagne. Il fait partie de ces jeunes du Politburo en qui Mme Thatcher croit beaucoup. Pourtant, Tchernenko va sans doute tout faire pour l'éliminer. Comme Aliev et les autres hommes d'Andropov.

A l'initiative de la France, l'assemblée de l'UEO adopte une recommandation invitant les Sept gouvernements membres à *« relever le défi spatial »* et *« à promouvoir une politique européenne unifiée dans le domaine de l'utilisation militaire de l'espace »*, reprenant la proposition faite à La Haye par François Mitterrand de créer une *« communauté européenne de l'espace en vue de construire une station spatiale européenne »*.

**Dimanche 16 décembre 1984**

Les négociations sur la flexibilité de l'emploi, qui ont débuté le 28 mai, débouchent sur un accord de négociation.
La CGT, FO, la CFTC et la CFDT refuseront en fait de le parapher.

François Mitterrand se déclare encore une fois contre l'IDS, *« une militarisation de l'espace qui conduit au surarmement »*.

**Lundi 17 décembre 1984**

Réunion de Rousselet avec les dirigeants de la CLT à l'aéroport de Luxembourg. Les Belges se rangent derrière les Luxembourgeois : pas Pomonti, pour ne pas avoir Werner. Finalement, Jacques Rigaud est maintenu.

**Jeudi 20 décembre 1984**

En troisième lecture, l'Assemblée adopte les mesures Chevènement sur l'école privée et le projet de Budget 1985. Les communistes votent contre.

Pisani est venu à Paris voir François Mitterrand et Laurent Fabius. *« Il faut annuler le statut Lemoine et discuter de l'indépendance, ou au moins de la souveraineté. »* Le Président est pour. Fabius se montre sceptique.

**Vendredi 21 décembre 1984**

Roland Dumas présente aujourd'hui notre candidat à la Direction agricole à Bruxelles, Legras. Delors se rallie. Si on n'y va pas, les Allemands mettront en avant la candidature d'un homme de qualité.

Après leur refus de nommer Pomonti à la tête de la CLT, la crise avec les Luxembourgeois s'installe. Annulation de la réunion franco-luxembourgeoise qui devait préciser le protocole d'accord du 26 octobre sur les satellites de télédiffusion.

Des officiers français se trouvent à Tripoli *« en attente d'une mission d'observation »* et partiront peut-être pour le Nord du pays, avec des observateurs grecs. Goukouni Oueddeï, dans le maquis, s'oppose néanmoins à la présence d'observateurs français dans cette région.

**Mercredi 26 décembre 1984**

François Mitterrand téléphone comme tous les jours à Pisani, pour le soutenir. Il est 16 heures, heure de Paris, et 3 heures du matin à Nouméa. *« Ça va bien, Pisani, n'est-ce pas ? »*

Fabius, lui, n'appelle jamais.

Lafleur est incapable de dialoguer avec Pisani. Dommage. C'est un homme remarquable ; il saura vouloir la paix.

Conversation avec François Mitterrand et Elie Wiesel. Le Président : *« On parle de mystère juif. L'existence juive n'est pas un mystère, c'est une exception, un exemple d'extraordinaire vitalité dans l'Histoire. Je ne vois pas où est le mystère. C'est une petite tribu qui est sortie du monde mésopotamien grâce à la rencontre d'un homme à l'esprit puissant, Abraham, et du Dieu auquel il a cru, qui l'a inspiré. Et puis ça dure encore, depuis 4 000 ans. Ce n'est pas mal. Si on s'en tient à l'explication directe de la Bible, Dieu a autant besoin du peuple juif que le peuple juif de Dieu. Donc, si le peuple juif disparaissait, il aurait joué un drôle de mauvais tour à son Dieu. Il le tient, en somme, il tient Dieu. »*

Jacques Pomonti, éconduit de la CLT, se voit confier une mission d'étude du satellite TDF 1, qu'on juge pouvoir être opérationnel dans deux ans. Quels programmes y mettre ?

Conversion de Pierre Bérégovoy à l'orthodoxie monétaire. Le Président reçoit copie d'une lettre de lui à Laurent Fabius montrant que le ministre des Finances est maintenant devenu le tenant le plus ferme du monétarisme :

> *« Comme je vous l'ai indiqué récemment, il me paraît essentiel que l'action du gouvernement dans les prochains mois vise prioritairement deux objectifs dans le domaine économique :*
> *— obtenir un taux d'inflation de moins de 5 % à la fin de 1985 ;*
> *— assurer une décrue du chômage dès les premiers mois de 1985.*
> *A mon sens, celle-ci ne doit pas reposer sur un traitement social du chômage dont le coût budgétaire est considérable et aboutit finalement à une réduction de l'activité économique, génératrice de chômeurs nouveaux.*
> *... La condition première de la désinflation, avant même le contrôle direct des indices de prix, est donc le strict respect des chiffres prévus dans notre tableau de financement de l'économie pour 1985 au titre des déficits publics : le déficit budgétaire doit être strictement limité à 140 milliards de francs ; la Sécurité Sociale doit voir son équilibre confirmé ; le besoin de financement des entreprises nationales doit être limité à 40 milliards de francs. Sur ces trois points, il nous faut être intransigeants.*
> *... Financièrement, les mesures "sociales" de traitement du chômage sont contre-productives : pour financer un milliard de francs de préretraites, il faut opérer un prélèvement sur les actifs d'un milliard de francs ; cela veut dire qu'il faut supprimer l'équivalent d'un milliard de francs d'emplois actifs pour financer le même montant de préretraités.*
> *... En outre, la substitution de cent mille préretraités à cent mille emplois actifs a un effet inflationniste majeur : alors que la demande reste constante (pouvoir d'achat quasiment maintenu), l'offre disparaît. Cette substitution induit donc un déséquilibre croissant entre une demande constante et une offre qui se resserre.*
> *La mise en œuvre de mesures supplémentaires de traitement social du chômage ne pourrait que retarder la modernisation de notre économie, et en réalité augmenter*

*encore le chômage : car ces mesures supprimeraient plus d'emplois du côté de leur financement qu'elles n'en créeraient (ou n'en sortiraient des statistiques) du côté de leur affectation.*

*Il me paraît donc préférable d'aborder le problème du chômage sous l'angle de l'activité économique... »*

François Mitterrand relit cette lettre et l'annote en marge : *« Je refuse de croire que Pierre Bérégovoy ait rédigé lui-même la lettre qu'il a signée. »*

C'est exactement là le problème : pour se faire respecter, un ministre doit-il s'imposer à son administration ou en devenir le porte-voix ?

**Samedi 29 décembre 1984**

Robert Badinter s'inquiète : d'après ce qu'il croit savoir, le Conseil constitutionnel va réduire en miettes le budget de 1985. Le secrétaire général du gouvernement, Jacques Fournier, renonce à ses vacances. Finalement, quelques minutes seulement avant 19 heures, le Conseil avalise la loi de Finances et n'en annule que deux dispositions secondaires.

**Lundi 31 décembre 1984**

Nuit bleue anti-indépendantiste à Nouméa.

Il y a un an, les experts des instituts privés prévoyaient pour 1984 une quatrième dévaluation, un taux de croissance proche de zéro, des investissements industriels en baisse, 500 000 chômeurs de plus, un déficit des paiements de près de 20 milliards, et une inflation supérieure à 7 %.

Vœux du Président : *« Patrie, solidarité, tolérance, courage, effort »* — et : *« Le grand projet, c'est l'Europe. »*

# 1985

**Mardi 1er janvier 1985**

L'année commence bien pour l'industrie française. Nous sommes restés le troisième exportateur mondial, le second même par habitant ; le second exportateur mondial de logiciels (une ligne de téléphone sur trois dans le monde installée en centraux temporels est française). Mais il est difficile de juger de la réduction des inégalités : les indicateurs manquent. Le chômage augmente encore, même si c'est deux à trois fois moins vite qu'à la fin du septennat précédent. Depuis 1981, le pouvoir d'achat moyen des Français a augmenté de 5,3 % ; l'inflation a baissé de moitié ; l'épargne populaire n'a plus été dévaluée ; il se crée quatre fois plus d'entreprises qu'il n'en disparaît et il s'en crée 25 % de plus qu'en 1980 ; le déficit extérieur a été divisé par trois depuis 1980 ; l'industrie reçoit 40 milliards de plus qu'avant ; on peut créer une entreprise en un mois au lieu de six il y a trois ans. 500 000 personnes ont été exonérées de l'impôt sur le revenu. Le pouvoir d'achat des bas revenus a augmenté : de 16 % pour le SMIC ; de 25 % pour le minimum vieillesse et les handicapés ; de 15 à 34 % pour certaines familles ; 25 000 places de crèches ont été créées. La retraite est à 60 ans. On a créé un Fonds de garantie pour les pensions alimentaires, un congé parental et une allocation familiale unique. Cent scanners ont été installés ou sont en voie de l'être sur tout le territoire. La Haute Autorité a créé mille stations privées de radio. Mise à la disposition de tous de l'enseignement de l'informatique. Développement de l'enseignement des langues et des cultures régionales. Le Plan Câble équipera 5 millions de foyers dans six ans. Les premiers travaux du TGV Atlantique commencent le mois prochain...

**Mercredi 2 janvier 1985**

L'inspecteur général de la Bundeswehr, Altenburg, propose qu'en cas de conflit sur la frontière inter-allemande, une partie des forces françaises stationnées en Allemagne s'intègre au dispositif de l'OTAN. *« Inacceptable*, répond François Mitterrand, *ce serait le début d'une dérive atlantique, le passage sous commandement américain. »*

Ce problème de l'articulation entre la France et l'OTAN va occuper toute l'année. Si l'armée française ne dépend pas de l'OTAN, de qui dépend-elle ? Notre pays toujours devant l'alternative : en cas d'attaque soviétique, se mettre sous commandement américain ou garantir la protection de l'Allemagne. Dans le premier cas, la force nucléaire française est soumise aux Américains. Dans l'autre, on étend les intérêts vitaux de la France jusqu'en territoire allemand. Ne rien faire, c'est dire aux Soviétiques que nous resterions neutres. L'ambiguïté serait le meilleur choix. Mais tout nous pousse à en sortir.

Les Japonais veulent participer à l'IDS et répondent en secret favorablement à l'offre de Caspar Weinberger. Compte tenu de l'opinion japonaise, M. Nakasone doit l'annoncer avec prudence. A Los Angeles, il se contente d'exprimer sa *« compréhension »* pour le programme IDS. C'est le mot japonais pour *« enthousiasme »*.

Comment donner une meilleure image du gouvernement ? C'est le thème d'une grande séance de réflexion, à Matignon, autour de Laurent Fabius.

**Jeudi 3 janvier 1985**

Israël confirme que 6 000 Juifs éthiopiens, les Falashas, ont déjà été transférés en Israël grâce à un pont aérien. Rendue publique, l'opération doit être interrompue. Le gouvernement éthiopien dénonce ce *« trafic illégal de ses ressortissants »*.

Devant des journalistes, à l'occasion des vœux, François Mitterrand se prononce en faveur de la création de télévisions privées. Les dés roulent. Les appétits s'aiguisent.

**Vendredi 4 janvier 1985**

Pisani envoie à François Mitterrand le projet d'intervention qu'il doit faire à la télévision à propos de la Nouvelle-Calédonie : il propose qu'un référendum, en juillet, décide de l'*« indépendance-association »*. Si le oui l'emporte, l'indépendance entrera en vigueur le 1er janvier 1986. Il est convaincu qu'il l'emportera. Le Président est favorable à cette solution, mais beaucoup plus sceptique que Pisani sur ses chances de l'emporter.

La négociation de Genève reprend lundi prochain. Elle renoue les fils de la négociation sur les Forces nucléaires intermédiaires, suspendue par les Soviétiques le 24 septembre 1983, celle sur les armes stratégiques (START), suspendue par les Soviétiques le 8 décembre 1983, et celle sur les armes dans l'espace (jusqu'ici exclues des négociations). A Vienne se poursuivent celles sur la « réduction équilibrée et mutuelle des forces » (MBFR), c'est-à-dire sur les armes conventionnelles. En acceptant de reprendre les conversations, les Soviétiques ont fait la concession principale, puisqu'ils renoncent à exiger le retrait préalable des Pershing II et des missiles de croisière. Les Américains leur ont facilité les choses en parlant de négociations nouvelles et en mettant formellement à l'ordre du jour les forces stratégiques, les forces intermédiaires et surtout les armes spatiales.

Les Américains nous communiquent leurs positions : pas de négociations sur l'IDS, pas de moratoire sur les armes antisatellites, rien de neuf sur les START et les FNI. Ils veulent absolument percer le secret du radar de Krasnoïarsk, près de Moscou, qu'ils soupçonnent d'être l'élément d'un système antimissiles. Ils pensent que les Soviétiques sont inquiets non seulement de l'IDS, mais aussi du MX, du Midgetman, du Trident.

La liste des participants à la réunion évolue d'heure en heure : Bud McFarlane vient de s'inviter (pour marquer, dit-on, que Shultz a le plein appui du Président). Mais on n'est pas sûr encore de qui pénétrera dans la salle. Outre le secrétaire d'État et Nitze, devraient s'y trouver McFarlane, Burt, le général Chain et Hartman. Il n'est pas assuré que Matlock s'asseye cette fois-ci à la table. Quant à Adelman, Rowny, Perle, Moreau et Lehman, c'est-à-dire la quasi-totalité des membres de l'ancienne délégation aux START, ils devraient tous demeurer dehors. Une réunion de travail autour du secrétaire d'État est prévue le lundi matin : ce dernier veut les occuper, il craint les propos que ces fonctionnaires pourraient, pour meubler leur désœuvrement, tenir auprès des trois chaînes de télévision qui diffuseront depuis Genève.

Bon signe : les Libyens interrompent les travaux sur la piste d'atterrissage qu'ils ont installée au nord du Tchad, à Ouaddi Doum. Selon notre ambassadeur à Tripoli, M. Graeff, le Colonel Kadhafi était prêt, après la rencontre de Crète, à donner satisfaction au Président. Ce sont ses militaires qui l'auraient convaincu de ne pas abandonner ce qu'ils considèrent comme un glacis libyen au sud. Et le Colonel Kadhafi ne peut pas imposer sans discussion ses décisions à son armée. Un de nos objectifs pourrait être que la Commission tripartite de contrôle s'y rende le plus tôt possible. M. Graeff pense que nous devrions progressivement — à condition de continuer d'exercer une pression sur les Libyens — ramener leur présence au nord à un minimum acceptable par l'armée, c'est-à-dire au maintien de l'encadrement des combattants du Tibesti et à une petite implantation militaire défensive.

En Libye, 400 à 500 technocrates gèrent de leur mieux l'économie, mais ils n'ont aucun pouvoir sur les grandes décisions et sont soumis aux initiatives des « idéologues de quartier » qui pullulent dans les multiples comités qui constituent la Jamahiriya.

**Samedi 5 janvier 1985**

L'interminable défilé des vœux s'achève : exercice neuf fois répété en deux jours ! Après ceux du Conseil constitutionnel, le Président prend à part Laurent Fabius, Robert Badinter et moi pour discuter d'une éventuelle session extraordinaire du Parlement en janvier, avant les élections cantonales, pour faire voter la réforme de la loi électorale en prévision des élections de 1986. Fabius est très demandeur. François Mitterrand est réservé. On attendra.

On discute aussi de la création de la chaîne de télévision privée (comment l'organiser, à qui la confier ?). Craxi pousse beaucoup Berlusconi. Jean Riboud est aussi candidat. Tout comme Jérôme Seydoux. Fabius est pour Berlusconi. Jack Lang aussi.

Le Président s'inquiète : *« Cela ne tuera-t-il pas* Canal-Plus *? »* Laurent Fabius : *«* Canal-Plus *est déjà mort. »* Fabius songe demander à Jean-Denis Bredin un rapport sur la télévision privée.

Je vois Claude Cheysson. Il prend ses nouvelles fonctions avec enthousiasme.

Un peu plus tard, conversation avec François Mitterrand : *« Je relis la Bible en ce moment. Pourquoi colle-t-on un ange à Jacob ? L'ange est un concept récent du judaïsme, devenu chrétien. Pourquoi Jacob se battrait-il avec le messager de Dieu ? C'est très obscur. »*

**Lundi 7 janvier 1985**

François Mitterrand me questionne après avoir reçu Edmond Maire : *« Pourquoi ce projet de non-remboursement des arrêts de maladie inférieurs à huit jours ? Maire est inquiet et annonce une mobilisation syndicale. S'informer auprès de Maire des mesures qu'il estimerait utiles pour l'Europe (il m'a parlé notamment d'un grand emprunt pour grands travaux). »*

A Nouméa, Edgard Pisani prononce son discours sur l'indépendance-association, tel que revu par François Mitterrand.

Shultz et Gromyko se rencontrent à Genève afin *« d'élaborer un point de vue commun sur l'objet et les buts des nouvelles négociations en vue de parvenir à des accords mutuellement acceptables sur l'ensemble des problèmes concernant les armes nucléaires et spatiales »*. Les Américains prétendent vouloir des réductions, et non plus une simple limitation. Mais aucune concession ne se dessine encore. Peut-être sur le nombre des missiles de croisière embarqués, en échange de la réduction du nombre des missiles lourds soviétiques ?

Les Soviétiques veulent freiner le programme américain IDS. Ils en demandent carrément le gel, ce que les Américains refusent. Aucune concession n'est encore perceptible du côté des Soviétiques, mais ceux-ci commenceraient à reconnaître, pour la première fois, que leurs forces stratégiques basées à terre (armes de première frappe : 520 SS 11, 60 SS 13, 150 SS 17, 308 SS 18, 360 SS 19), constituent une vraie menace pour les missiles américains équivalents, les Minuteman, beaucoup moins nombreux. Peut-être aussi à prendre conscience de leur propre vulnérabilité...

François Mitterrand reçoit la cantatrice Julia Migenes-Johnson, venue plaider pour Ron Hubbard, le patron de l'Église de Scientologie qui souhaite obtenir l'autorisation de s'implanter en France. Naturellement, ce sera non.

Jacques Delors accède à la présidence de la Commission des communautés européennes.

**Mardi 8 janvier 1985**

La rencontre de Genève s'achève. A la télévision soviétique, Gromyko cherche à convaincre l'opinion que l'URSS n'a rien cédé et qu'il s'agit d'un simple prélude à la négociation.

Au petit déjeuner, à propos de la Nouvelle-Calédonie, Fabius : *« J'ai eu Pisani au téléphone. Il pense que le référendum sera gagné. »* François Mitterrand : *« J'ai plus de doutes. Aucune communauté ne peut disposer du sort de l'autre. »*

Sur les télévisions privées, François Mitterrand : « *Il vaut mieux le faire nous-mêmes que laisser d'autres le faire plus tard. Il y a place pour 85 chaînes de télévision locales et 3 chaînes nationales. Faites-moi des propositions.* » Fabius : « *On ne peut pas créer de TV locales. Les régions sont dans la main des journaux locaux. Nous ne pouvons rien, sinon à l'échelle nationale.* »

Sur la politique générale, François Mitterrand : « *Organisez de grands débats au Parlement : sur la Nouvelle-Calédonie, sur les Affaires étrangères.* » Fabius propose d'autres thèmes : « *Famille, technologie, recherche, impôts, moderniser la police.* »

Sur la loi électorale, le Président : « *Il faut infuser de la proportionnelle dans toutes les élections, régionales pour commencer.* »

En conclusion : « *En 1986, j'ouvrirai le champ de la naturalisation aux étrangers.* » Laurent Fabius fait la moue. Visiblement, la perspective ne l'enchante pas.

Je propose au Président la création d'un revenu minimum garanti pour tous les Français, quels que soient leur condition, leur statut, leur âge. Pour commencer, ce revenu serait évidemment fixé à un niveau assez bas et on pourrait demander aux collectivités locales d'en payer la moitié. Un revenu minimum de 1 200 à 1 500 F par mois ne coûterait pas plus de 3 milliards au budget de l'État. Je note : « *Ce serait une réforme majeure qui garantirait les Français contre ce risque des sociétés modernes : l'insécurité du changement. Il "vaut bien" tous les risques déjà couverts : le handicap, la maladie ou la vieillesse.* »

François Mitterrand me répond : « *Oui, absolument. Le faire vite. Mais prudence dans toute annonce.* »

C'est, à ma connaissance, la première fois que surgit l'idée du revenu minimum national. J'en saisis Laurent Fabius.

Je reçois, sur l'Espace européen, Lions, successeur de Curien à la tête du CNES, et d'Allest, son directeur général, véritable maître d'œuvre d'Ariane. Le moment de la décision approche : les 30 et 31 janvier prochains, à Rome, la Conférence européenne des ministres de l'Espace, réunissant les ministres des pays membres de l'Agence spatiale européenne, fixera le programme de celle-ci pour dix ans.

Nos partenaires acceptent qu'y soient annoncés dans le projet de résolution finale le démarrage du programme Colombus et celui du lanceur Ariane V (nécessaire à la station spatiale habitée européenne). Pas plus. Le texte final, dans son état actuel, ne fait qu'évoquer comme une perspective à très long terme — c'est-à-dire au-delà des dix ans de programme de travail —, l'éventualité d'une telle station. Cela remettrait à sept ou huit ans au moins toute décision éventuelle concernant le lancement du programme aboutissant à cette station spatiale européenne (à supposer qu'à cette date, le « phagocytage » de l'Europe par les États-Unis n'ait pas été totalement accompli). Tous les petits pays sont prêts à nous suivre pour aboutir à une résolution plus explicite retenant la station orbitale comme objectif européen, dont les travaux préparatoires commenceraient dès cette décennie. Mais l'Angleterre, l'Italie et l'Allemagne y sont hostiles. Si nous arrivions à débloquer les Allemands, l'affaire pourrait être gagnée. Mais leur ministre de la Recherche et de l'Espace n'a pas, pour l'instant, obtenu de décision du Chancelier sur son budget et Curien, en conséquence, considère qu'il ne peut rien obtenir de son homologue.

François Mitterrand décide donc que la France lancera seule les travaux de construction du planeur spatial Hermès.

Cette décision sera, j'espère, considérée plus tard par les historiens comme l'équivalent de celle de Pierre Mendès France donnant le feu vert à la construction de la bombe atomique française. Si rien, dans les dix ans, ne vient en interrompre la mise en œuvre.

**Mercredi 9 janvier 1985**

Georges Marchais reste secrétaire général du PCF ; le Bureau politique élit deux secrétaires généraux adjoints : André Lajoinie et Maxime Gremetz. Jean-Baptiste Doumeng : *« Ce sont deux nuls. Le véritable successeur est déjà choisi : il s'appelle Jean-Claude Gayssot. »*

**Vendredi 11 janvier 1985**

Un Mélanésien assassine un jeune Européen de dix-sept ans, Yves Tual. L'émeute ruine les efforts de Pisani. Les Européens assiègent le Haut Commissariat. Éloi Machoro, armé, attaque les colons.

Je propose au Président de décorer de la Légion d'honneur deux amis américains qui m'ont fait savoir qu'ils en seraient heureux, l'économiste John Kenneth Galbraith et le musicien Leonard Bernstein. Il accepte.

Le Président déjeune avec Mauroy et Jospin : *« On fera 42 % aux élections. Après, tout devient possible, car il n'y a pas la place, à droite, pour trois présidentiables. »*

Je déjeune avec Bud McFarlane qui, rentrant des pourparlers de Genève, est de passage à Paris pour en rendre compte au Président français. Cet homme est décidément remarquable, ouvert et réfléchi.

**Bud McFarlane :** *Nous avons lancé l'IDS parce que nous nous sommes rendu compte que nous étions dépassés en termes stratégiques (la supériorité soviétique est de 3 à 1). Nos missiles sont "sur le papier", pas dans les silos. Nous avions le choix entre augmenter notre stock d'armes offensives, nous arrêter ou développer nos armes défensives. Nous avons choisi les armes défensives parce qu'elles sont les plus prometteuses et parce que les Soviétiques s'en dotent aussi. Nous avons commencé à parler de cette arme avec les Soviétiques pour les convaincre de négocier. C'est aussi, cyniquement, la seule façon que nous avons trouvée pour convaincre notre opinion de nous laisser augmenter nos dépenses militaires.*

*L'essentiel de l'effort de l'IDS servira à arrêter les fusées russes au décollage. Il ne s'agit donc pas de poser un "couvercle" sur les États-Unis, mais sur l'URSS.*

Je l'interroge : *Et les fusées qui partiraient des sous-marins soviétiques en plongée à 100 km de New York, comment les arrêter ?*

**Bud McFarlane :** *En fait, le bouclier est sur le monde entier ! Il empêchera toute fusée de décoller, d'où que ce soit.*

*En 2020, nous pourrons arrêter 80 % des fusées soviétiques, même tirées d'un sous-marin. Cela rétablira l'équilibre offensif. Nous ne tenons pas à un accord avec les Soviétiques, car nous voulons aller vite dans nos recherches.*

Je m'étonne : *Attention à l'effet de démobilisation à court terme, sur l'Europe, d'une telle annonce. Et attention à la stratégie qu'entraîne l'IDS. Savez-vous quels concepts stratégiques cela implique ? Il vous est difficile de négocier avec les Soviétiques alors que vous n'avez pas encore de concept théorique clair.*

**Bud McFarlane :** *C'est vrai, nous n'avons pas de vue générale. Personne, chez nous, n'est Bismarck.*

Il est reçu par le Président. La conversation permet de rappeler qu'en mars 1983, le Président Reagan avait présenté les armes antimissiles comme un bouclier étanche. Or, la plupart des responsables américains ont reconnu l'année dernière que ce bouclier ne semblait pas réalisable et que l'on s'orientait simplement vers une combinaison de systèmes offensifs et défensifs. Bud McFarlane admet que le bouclier ne serait pas placé au-dessus des États-Unis, mais au-dessus de l'URSS pour intercepter ses missiles dès leur départ (une sorte de cloche à fromage). Ce qui ne suffit évidemment pas comme dissuasion, compte tenu des sous-marins situés hors de la cloche. Puis il reconnaît que cela devra être une cloche posée sur le monde entier, ce qui est encore plus farfelu. Il en est d'ailleurs parfaitement conscient. Les États-Unis se sont engagés dans cette voie sous la pression irrésistible du lobby militaro-industriel. Mais ils ne savent pas encore ce qu'ils feraient de ces armes au cas où elles pourraient être déployées, et ils ne maîtrisent pas du tout les conséquences de cette évolution sur leurs relations avec l'URSS, avec leurs alliés européens ni sur l'ensemble des équilibres stratégiques. Bud McFarlane est clair : le volet « espace » de la négociation n'est encore qu'un appât.

Sur Genève, il dit au Président que les négociations n'ont absolument pas avancé, que Gromyko lui a paru de plus en plus obsédé par l'Allemagne. Enfin, il interroge François Mitterrand : *« Comment faites-vous pour convaincre l'opinion publique française de soutenir votre effort militaire ? »*

Dans l'escalier, il me dit avoir oublié de dire au Président qu'un avion invisible — ou « furtif » — est au point. *« Nous avons déjà plusieurs exemplaires de cet avion invisible au radar. »*

### Samedi 12 janvier 1985

En Nouvelle-Calédonie, aux premières heures de la matinée, Éloi Machoro est encerclé puis abattu par le GIGN. L'état d'urgence et le couvre-feu sont décrétés. Pisani est fou de rage contre les gendarmes qui lui ont désobéi. Sur ordre de qui ont-ils tiré ? Il est obligé de les couvrir. Tous les éléments d'une tragédie sont réunis.

Pour les Américains, la perspective d'un changement de posture stratégique — le passage d'une dissuasion offensive à une dissuasion défensive — doit s'accompagner d'une réduction aussi forte que possible du stock des armements nucléaires existants, cette réduction assurant l'efficacité de la défense. Avec une défense de plus en plus étanche — en fonction des avancées technologiques — et une diminution des armements, la probabilité d'une frappe au but diminue doublement.

Pour les Soviétiques, la posture défensive américaine revient à tenter d'échapper à la dissuasion, ce qui constitue un encouragement à la première frappe. Elle appelle donc un effort accru à la fois dans le domaine offensif (saturation des défenses américaines) et dans le domaine défensif.

**Lundi 14 janvier 1985**

Fabius charge Jean-Denis Bredin d'un rapport sur l'opportunité de créer des télévisions privées. En fait, Fabius a déjà pris sa décision, même s'il laisse Bredin travailler.

Mercredi prochain, le Président parlera à la télévision de la Nouvelle-Calédonie. Comme à chaque occasion, il se prépare par mille questions griffonnées sur des billets, auxquelles il faut répondre dans l'heure : *Combien a fait de victimes la révolte des Kanaks en 1878* ? (200 Européens et 2 000 Kanaks tués.) *Dans la loi de 1956, quelle est la composition du Conseil de gouvernement, autour du gouverneur, et ses compétences ?* (En 1956, toutes les compétences étaient territoriales, sauf défense, justice, ordre public, monnaie et douanes ; le « gouvernement du Territoire » était formé de « ministres »). *En 1958, comment les Kanaks ont-ils été conduits à voter pour la Constitution, donc contre l'indépendance ? Y a-t-il eu des promesses de De Gaulle ? Des engagements de Cornut-Gentil ?* (Le 25 octobre 1958, B. Cornut-Gentil a télégraphié au gouverneur pour s'engager sur le maintien de la loi-cadre Defferre et son renforcement. Sur la base de cet engagement, le 17 décembre 1958, l'assemblée du Territoire décide le maintien de sa présence dans la République. En 1962, dissolution de cette assemblée. La nouvelle assemblée élue est très favorable à la loi Defferre). *En 1963 qu'est-ce qui a été retiré aux Kanaks ? Nouvelles institutions ?* (En 1963, nouvelle loi abolissant la loi Defferre, supprimant le gouvernement territorial et le remplaçant par un organe consultatif.) *Que contenaient les textes sur le foncier et le minier en 1965 ?* (En 1969, « loi Billote » donnant à l'État, et non plus au Territoire, le contrôle des propriétés minières.) *Qu'est-ce qui a été fait sous Giscard (Dijoud, Stirn, etc.) pour la Nouvelle-Calédonie ?* (Giscard, statut de 1976 : le gouverneur a rendu l'exécutif au Territoire, mais pour les seules affaires locales. En 1979, nouveau découpage électoral très favorable aux Européens. En 1981, loi Dijoud annonçant la réforme foncière et culturelle.) *Que contenaient la loi de 1984 et les textes précédents (foncier, minier, fiscal) ?* (En 1984, statut d'autonomie : un gouvernement autonome ; un mécanisme d'accès à l'autodétermination pour 1989 ; trois lois organisant les pouvoirs des chefs coutumiers.)

D'après Éric Rouleau, qui vient de passer plusieurs jours avec Arafat, ce dernier serait prêt à rencontrer Shimon Pérès où que ce soit, en secret ou en public, après une reconnaissance formelle de l'État d'Israël. Il sait que le temps joue contre les Palestiniens de Cisjordanie et que ceux-ci le savent. Pérès refusera.

Deux observateurs français de l'ONU abattus au Liban. Le gouvernement israélien décide le retrait de ses troupes.

Depuis le début du septennat, les ministres ont pris l'habitude de rendre compte au Président de leurs voyages à l'étranger. En voici un exemple particulièrement intéressant. Jean-Pierre Chevènement est de retour du Nicaragua où il représentait la France aux cérémonies d'investiture du nouveau Président. Il plaide pour un renforcement de l'aide française et explique les tentatives d'Ortega pour se rapprocher des Américains sans accepter leur présence militaire dans la région :

> *« Le Président Ortega, très sensible à vos marques d'attention, m'a prié de vous transmettre un message précis et d'autant plus pressant que, m'a-t-il dit, il craint*

*que ne vous parvienne qu'une version unilatérale des derniers développements de la situation en Amérique centrale.*

*Le Président Reagan s'apprête à saisir le Congrès d'une demande de crédits (20 millions de dollars environ) pour venir en aide aux "contras" dont l'action a pour effet d'accroître les difficultés économiques et politiques du régime sandiniste. Le vote du Congrès devrait intervenir en mars prochain. Tous les efforts du Nicaragua tendent à obtenir de l'Europe et de l'Amérique latine qu'elles fassent une pression maximale sur l'Administration et sur le Congrès américains pour que cette demande de crédits soit retirée ou rejetée.*

*C'est dans ce contexte qu'il faut apprécier le développement des négociations autour de la déclaration de Contadora aussi bien que des conversations engagées directement entre les États-Unis et le Nicaragua à Manzanillo.*

*Le Nicaragua souhaite un accord bilatéral avec les États-Unis. Il ne veut pas être entraîné à donner des gages à travers une remise en cause de l'Acte de Contadora, et ainsi institutionnaliser sans contrepartie la présence militaire américaine en Amérique centrale.*

*Selon le Président Ortega, les États-Unis ne sont pas véritablement intéressés par une négociation avec le Nicaragua, comme le prouvent d'ailleurs les dernières déclarations du Président Reagan.*

*Les États-Unis ne sont pas partie aux négociations de Contadora, mais utilisent manifestement les pays centre-américains pour exprimer leur point de vue. Quant aux conversations de Manzanillo entre les États-Unis et le Nicaragua, les Américains, selon le Président Ortega, n'en attendent rien.*

*Les Américains veulent en fait remettre en cause la déclaration de septembre de Contadora sur laquelle ils ne sont pas d'accord (essentiellement la prohibition d'une présence militaire étrangère en Amérique centrale). Cette position est inacceptable pour le Nicaragua. Le gouvernement de Managua considère en effet que l'objectif des entretiens de Manzanillo doit être la conclusion d'un accord bilatéral.*

*Le Président Ortega a l'impression que les États-Unis, qui ne sont pas présents à la négociation de Contadora, cherchent avant tout à donner le change en faisant apparaître des divergences au sein des partenaires engagés dans la négociation, tout en apparaissant comme pleins de bonne volonté par rapport aux disputes entre États de l'Amérique centrale.*

*Le Président Ortega se demande comment procéder pour engager réellement les États-Unis dans une négociation approfondie et maintenir l'"Acte révisé" dans sa forme actuelle, sans modifications fondamentales.*

*Contadora devrait demander aux États-Unis de chercher à parvenir à un accord avec le Nicaragua ; on saurait à ce moment-là si Washington est réellement intéressé par une négociation.*

*Le Commandant Ortega s'est entretenu le 9 janvier avec les quatre Chanceliers de Contadora. Or, il est apparu que le Nicaragua n'était plus d'accord avec "certains pays" du groupe. En effet, certains pays paraissent maintenant pressés d'aboutir rapidement à la signature d'un texte modifiant sur des points essentiels la Déclaration. Ces points concernent la présence de conseillers étrangers, le déroulement de manœuvres, l'existence de bases militaires.*

*Une telle révision aboutirait, selon le Président Ortega, à reconnaître aux États-Unis, sans contrepartie, une présence militaire dans la région.*

*Le Président Ortega a indiqué à ces pays que le Nicaragua ne pouvait accepter qu'un accord vise à institutionnaliser cette présence. Il s'agit là d'une position de principe. Par contre, Managua est disposé à examiner à Manzanillo les points délicats qui font problème avec les États-Unis, mais sur un plan bilatéral, à condition que ces discussions finissent par aboutir à un accord de sécurité. Du côté nicaraguayen, il est possible, a déclaré très nettement le Président Ortega, d'envisager une présence permanente des États-Unis dans la zone à condition que la sécurité même du pays soit garantie.*

*Il apparaît très important au Président Ortega que la France se prononce à ce sujet, qu'elle fasse connaître sa position aux États-Unis et qu'elle apporte son appui au Nicaragua...*

*Le Président a formulé la même requête vis-à-vis des gouvernements latino-américains.*

*Telle est la teneur du message que le Président Ortega m'a chargé de vous transmettre.*

*Sur un plan général, mon sentiment est qu'une course de vitesse est engagée entre la politique de déstabilisation mise en œuvre par les États-Unis et l'effort manifeste du Président Ortega pour desserrer l'étreinte et gagner du temps.*

*L'enjeu de cette course de vitesse est le soutien de la population au régime de Managua. Selon le vice-président Ramirez, l'action des "contras" aboutira à faire baisser la production agricole de 15 % en 1985. Parallèlement, pour faire face aux échéances financières qui absorbent une part énorme des ressources du pays, le gouvernement s'apprête à mettre en œuvre un plan de rigueur (libération des prix — retour au marché) qui, selon le vice-président, créera d'inévitables "tensions".*

*C'est dans ce contexte que le gouvernement nicaraguayen nous demande de réexaminer le gel du protocole financier entre la France et le Nicaragua. Ce dernier demande un rééchelonnement des échéances prévues. L'argument est purement politique : 1985 sera une année cruciale pour l'avenir du Nicaragua.*

*Au total, l'élection du Président Ortega peut permettre, avec l'"institutionalisation" du processus démocratique, le début d'une phase nouvelle au Nicaragua et amener ainsi les États-Unis à concevoir leurs rapports avec l'Amérique centrale autrement qu'en termes de force pure et simple. Cela dépendra localement en grande partie de la capacité du Président Ortega à s'autonomiser par rapport aux huit autres "Commandants" et surtout à la tendance "utopiste" du FSLN (activistes se réclamant du marxisme-léninisme aussi bien que chrétiens millénaristes).*

*Le discours d'investiture — remarquable d'ouverture et de réalisme — était de bon augure, mais si l'État nicaraguayen a un chef, il me paraît encore dépouvru de corps. »*

Jack Lang envoie une longue note pour l'intervention du Président de mercredi à la télévision. Dans son style inimitable, il propose de faire de la France tout entière une « université d'été » :

*« Rencontrant samedi dernier des jeunes inventeurs de jeux vidéo, j'ai entendu beaucoup de paroles positives en faveur du gouvernement.*

*Ces jeunes sont heureux que l'on fasse appel à leur goût de l'action et de l'invention, et que nous sachions établir des ponts entre l'art, l'industrie et la technique.*

*L'un d'entre eux a employé cette jolie formule que vous pourriez peut-être reprendre mercredi soir : "Trop de gens en France s'acharnent à construire des murs qui séparent ; vous au moins vous construisez des ponts qui réunissent les bonnes volontés et les talents."*

*J'ai le sentiment que la vraie majorité présidentielle ne s'exprimera plus seulement à travers les partis, mais, de plus en plus, à travers tous ces jeunes amoureux de l'aventure et d'un nouvel art de vivre, qui attendent de nous le langage de l'action et de la tendresse.*

*Peut-être pourriez-vous, mercredi soir, appeler de vos vœux la formation de cette grande majorité des bâtisseurs et des créateurs de ce pays, qui peut se reconnaître à travers un gouvernement qui a mis la France à l'heure des industries du futur.*

*... Les gens adorent que l'on fasse appel aux trésors de générosité et d'invention qu'ils ont en eux. Ils vous aimeront davantage si vous les aidez à redonner un sens à leur vie en leur offrant l'occasion de se dévouer. En regagnant confiance en eux par la revalorisation de leur propre image, ils auront davantage confiance en vous.*

*Se respectant davantage eux-mêmes, ils seront moins accessibles au langage des démagogues.*

*... Une proposition concrète : faire de la France, l'été prochain, une immense université d'été, et organiser à travers tout le pays un vaste mouvement éducatif qui permettrait à chaque citoyen de s'initier à l'informatique ou à la musique, aux sciences nouvelles ou à la découverte du patrimoine. Les portes des universités et des laboratoires seraient ouvertes. Ce serait une véritable révolution pédagogique.*

*Contrairement à leurs habitudes, les Maisons de la Culture et les Centres culturels accueilleraient enfants et adultes pendant la belle saison.*

*Alliant loisirs et goût du savoir, la France redécouvrirait le goût de la connaissance, et surtout établirait cette extraordinaire chaîne de solidarité entre ceux qui savent et ceux qui ne savent pas.*

*Si ce principe général était retenu, on pourrait imaginer beaucoup d'autres idées concrètes.*

*Toujours dans cette perspective d'un appel à la générosité des gens, je suis convaincu que la création d'un Fonds de solidarité volontaire, pour lutter contre la faim dans le monde ou pour apporter un soutien aux plus pauvres en France, remporterait un immense succès. Évidemment, il faudrait au préalable obtenir l'assurance que, pour montrer l'exemple, trois à quatre cents personnalités — ministres, chefs d'entreprise, dirigeants divers — sont prêtes à s'autotaxer chaque mois et à apporter une contribution régulière à ce Fonds.*

*Bref, à travers d'autres actions de ce genre s'ajouterait à l'image d'une "France qui gagne" l'image d'"une France du cœur" qui pourrait soulever l'enthousiasme des plus jeunes, et c'est en recréant cet élan que nous gagnerons les élections. »*

**Mardi 15 janvier 1985**

Au petit déjeuner, François Mitterrand et Laurent Fabius décident de présenter au Conseil des ministres la nouvelle loi électorale pour les législatives avant le prochain scrutin cantonal, afin d'éviter qu'on ne leur reproche d'en avoir attendu les résultats pour la mettre au point.

Le Président continue de se préparer pour l'émission de demain : *« Retrouver quelques-unes de mes déclarations d'avant mai 1981 annonçant que les temps seront difficiles et que la gestion devra être rigoureuse. »*

Je reçois Jean-Claude Trichet qui deviendra directeur du Trésor après le départ de Daniel Lebègue. C'est déjà convenu : il s'impose ; chacun le sait. Le conseiller de Giscard à l'Élysée en 1980 fait l'unanimité.

Le Président reçoit l'ambassadeur d'URSS, Iouri Vorontsov, venu lui parler des négociations de Genève vues du côté soviétique. Il se montre beaucoup plus explicite que McFarlane. Il rejette la distinction américaine entre armes offensives et armes défensives, lesquelles doivent seulement servir, selon l'URSS, à donner aux États-Unis *« la capacité de porter une première frappe sans riposte »*. Pour Moscou, la seule distinction valable est entre les armes opérant à partir de l'espace, les armes stratégiques et les armes à moyenne portée. Par ailleurs, l'URSS n'accepte de progresser sur les armes stratégiques et à moyenne portée que s'il y a accord sur les armes spatiales. *« En ce qui concerne les armes stratégiques, nous avons déclaré que l'interdiction totale des moyens de frappe spatiaux ouvrirait la voie à l'adoption de mesures sur une réduction radicale des armes stratégiques, assortie simultanément du refus total ou d'une stricte limitation des programmes de création et de déploiement de nouveaux moyens stratégiques (missiles de croisière à grande portée, nouveaux types d'ICBM et de SNLE, nouveaux bombardiers lourds). »* L'arrêt du déploiement des missiles américains en Europe est toujours présenté comme un objectif, pas comme un préalable. Un accord sur les armes atomiques à moyenne portée, présenté comme lié à un accord sur les armes stratégiques, devra *« naturellement prendre en compte les missiles de moyenne portée de l'Angleterre et de la France ».*

Les Soviétiques réclament donc à nouveau la prise en compte des forces tierces sur la base du même raisonnement qu'en 1983, c'est-à-dire en les considérant comme des armes à moyenne portée intégrées dans l'OTAN.

Mais ils se contredisent en estimant que les missiles américains à moyenne portée acquièrent *« vis-à-vis de l'Union soviétique la qualité d'une arme stratégique »* dès lors qu'ils peuvent atteindre ce pays. Ils devraient donc pouvoir comprendre que notre propre force a un caractère stratégique.

**François Mitterrand :** *Nous n'avons rien à vous demander. Nous n'avons ni échanges importants ni conflits. C'est un moment particulier pour regarder les problèmes de fond d'un point de vue général. Nous avons des vues assez proches sur l'espace, pas sur les Forces nucléaires intermédiaires, sujet sur lequel nous ne sommes pas concernés.*

**Iouri Vorontsov :** *Depuis votre voyage, une nouvelle étape de nos relations a commencé, comme vous le disait M. Tchernenko dans son message du 10 décembre dernier. Pour le problème du désarmement, des pourparlers d'un genre nouveau vont commencer et la question de la prise en compte des forces françaises sera donc posée autrement. Nous ne parlerons avec les Américains que des armements américains, et lorsqu'on approchera d'un accord avec eux, on en parlera avec vous.*

**François Mitterrand :** *Ces échanges permettent de ne pas polémiquer avec vous et je ne le souhaite pas. Mais nous sommes très contents de ne pas être invités à cette réunion.*

**Iouri Vorontsov :** *Je vous avais proposé d'envoyer le chef adjoint de l'État-major soviétique vous parler de questions spatiales...*

**François Mitterrand :** *Pourquoi pas ?*

En quittant le Président, Vorontsov déclare que le problème de la *« prise en compte »* résulte d'une *« mauvaise compréhension »*, qu'il *« ne s'agit pas de réduire le nombre des missiles français »*, mais simplement de *« les prendre en compte ».* C'est bien là le problème : cela nous empêcherait, après un accord américano-soviétique, de poursuivre la modernisation — c'est-à-dire la croissance — de notre force de dissuasion.

André Rousselet vient me voir pour plaider contre la création de chaînes privées en clair, ce que le rapport Bredin doit étudier. *« C'est un coup monté par Fabius pour faire capoter* Canal-Plus. *Il faut l'empêcher. »*

Tancredo Neves est élu Président du Brésil. C'est le premier chef de l'État civil après vingt ans de dictature militaire. Le pays tangue toujours sous le poids de la dette ; Neves ne semble pas avoir la force pour y remédier.

Michel Delebarre vient proposer six mesures contre le chômage : ouverture de contrats à durée déterminée de deux ans au profit des demandeurs d'emploi de longue durée ; ouverture de contrats à durée déterminée pour les commandes exceptionnelles, notamment à l'exportation ; allégement des seuils fiscaux pénalisant les entreprises qui embauchent ; développement de la formation interne des entreprises ; développement du travail à temps partiel ; création d'un congé de conversion d'un an dont bénéficieraient tous les licenciés économiques.

Le Président demande une enquête sur les massacres perpétrés en Nouvelle-Calédonie.

**Mercredi 16 janvier 1985**

Au Conseil des ministres, Hanon est remplacé, chez Renault, par Georges Besse, qui a sauvé Péchiney.

Dans le journal de 20 heures de Christine Ockrent, François Mitterrand annonce la création de futures télévisions hertziennes privées. Panique à *Canal-Plus*.
La journaliste, comme en conclusion :
— *Vous irez un jour à Nouméa ?*
— *Oui.*
— *Quand ?*
— *Demain.*
Nul, à l'Élysée, ne le savait. Chacun fait l'important en prétendant avoir été le seul au courant. Ni Georges Lemoine, secrétaire d'État aux DOM-TOM, ni Joxe n'ont été préalablement informés de la décision. Pendant que François Mitterrand parlait, le ministre de l'Intérieur était à l'Opéra.

**Jeudi 17 janvier 1985**

Voyage éclair à Nouméa. François Mitterrand à Tjibaou : *« Si vous êtes président de Kanakie, avec quelle armée entrez-vous à Nouméa ? Vous ne tiendrez que quinze jours avant d'être tué ou de vous réfugier en brousse. L'indépendance n'a aucune base réalisable. »* A Pisani : *« Réfléchissez à la cantonisation et allez vers un statut de fait, en utilisant le découpage actuel en six pays, comme les cantons suisses. Mais sans l'accord de tous, c'est impossible. Les Canaques n'auront jamais Nouméa. Les Canaques n'ont rien, qu'une considérable faculté de nuire. Si, en juin, votre projet n'est pas bien reçu, il ne faudra pas le mettre au vote, en incitant Tjibaou à le refuser. Alors on poussera à la Fédération sans partition. Le Parlement votera pour une cantonisation de l'île. Si votre projet est bien reçu, on ira au référendum. Au fond, les Canaques ont le choix entre le statut Lemoine et le statut Pisani. »*

**Vendredi 18 janvier 1985**

Le Président, rentrant de Nouvelle-Calédonie : *« Pisani a raison, mais son plan ne passera pas. Il faut refaire le découpage. Si le référendum capote en Nouvelle-Calédonie, nous reviendrons au statut Lemoine. »*

André Fontaine succède à André Laurens à la tête du *Monde*. Après le passage météorique de Laurens, retour à la tradition.

Une équipe de l'Institut Pasteur identifie le virus du Sida.

Vu notre futur ambassadeur en URSS, Jean-Bernard Raimond, avant qu'il ne reparte pour le poste qu'il quitte (*« l'établissement qu'il rompt »*, dit-on au Quai), Varsovie, d'où il gagnera directement Moscou. Pour Raimond, le général Jaruzelski a la situation bien en main et est plus fort que jamais : *« Il est,* dit-il, *à sa manière, un patriote qui a la conviction d'épargner à son pays des drames plus pénibles. »* L'ambassadeur suggère que le dialogue politique avec Varsovie soit réactivé, comme l'ont fait avant nous tous les Occidentaux, puisqu'il n'y a, de toute façon, aucune perspective de changement de régime en Pologne. Mais Raimond suggère encore que ce dialogue soit mené sur la base du pur réalisme, sans chercher à l'équilibrer moralement. En disant, comme les Allemands, qu'il faut aider le général Jaruzelski contre ses « durs » — ce qui est pris pour de l'hypocrisie par les Polonais.

François Mitterrand sur l'écriture : *« J'écris loin de la vie politique. On ne peut écrire sans l'unité de l'esprit. L'action m'en arrache. Je travaille beaucoup mes textes ; commencer est difficile. La première phrase donne le ton... Après, c'est un besoin. J'ai un goût d'artisan pour la langue française. Je me préoccupe de l'opinion des autres, des historiens du futur. C'est une distance utile. La littérature, c'est d'abord le mot exact. Cela peut être dans le mystère et l'obscur, mais cela exige d'appeler les choses par leur nom. Chaque chose a un nom. Le mot exact n'est jamais un mot rare. L'histoire des mots me passionne. »*

**Lundi 21 janvier 1985**

A la demande de Pisani, Fabius s'apprête à envoyer au Conseil d'État un projet de loi sur la prolongation de l'état d'urgence en Nouvelle-Calédonie. Pisani souhaitait six mois, renouvelables par période de trois mois par ordonnance. Fabius fixe la limite au 30 juin : soit avant le 6 juillet, date envisagée par Pisani pour le référendum.

Le projet de loi donne à Pisani le pouvoir d'organiser des perquisitions de jour et de nuit. Mais Fabius est très opposé à ce que la loi octroie aux commissaires des pouvoirs de contrôle de la presse, de la radio et de la télévision. Il craint un blocage du Parlement. Pisani, qui redoute le rôle déstabilisateur du journal local, y tient beaucoup. Il propose d'instituer un recours possible auprès de la Haute Autorité dont les attributions seraient, pour la Nouvelle-Calédonie, étendues à la presse.

**Mercredi 23 janvier 1985**

Session extraordinaire du Parlement pour la prolongation de l'état d'urgence en Nouvelle-Calédonie.

Au Conseil des ministres, Laurent Fabius confirme le plan d'équipement des établissements scolaires en micro-informatique.

La Ville de Paris est candidate à une chaîne de télévision privée.

**Jeudi 24 janvier 1985**

Petit déjeuner avec l'ambassadeur d'URSS. Il m'annonce que Tchernenko est *« peut-être mourant ».*

La prolongation de l'état d'urgence en Nouvelle-Calédonie est votée par les seuls socialistes. Edgard Pisani, au téléphone, indique au Président que l'exploitation de Thio reprend et que celle de la deuxième mine redémarrera dans les jours qui viennent. Par ailleurs, la rentrée scolaire devrait se passer dans des conditions correctes. (François Mitterrand : *« Mettez cela en valeur dès que c'est fait. »*) Pisani demande l'autorisation de faire une intervention d'une demi-heure, le 31 janvier, sur *Antenne* 2. Accepté.

**Vendredi 25 janvier 1985**

Déjeuner avec George Steiner, l'historien-philosophe, à cheval entre Genève et Cambridge. Comme tous les grands intellectuels, il est fasciné par le pouvoir dont il dit qu'il le révulse.

L'assassinat du général René Audran, qui a pris le poste destiné à François Heisbourg, est revendiqué par Action Directe.

Le Premier ministre israélien, Shimon Pérès, souhaiterait que j'aille le voir avant la fin janvier pour faire le point sur la situation dans la région et avoir mon avis sur les nouvelles mesures économiques radicales qu'il a l'intention de prendre et qui peuvent entraîner, lorsqu'elles seront connues, une grave crise sociale et politique. Une première phase décidée en novembre (blocage des prix et des salaires) a permis de faire passer l'inflation de 1 000 % à 100 % et de développer les exportations. Il s'attaque maintenant au déficit budgétaire (10 % du PNB) et au déficit extérieur (1,5 milliard de dollars).

*Canal-Plus* est en quasi-faillite. Les abonnements ne rentrent pas et le seuil de 300 000 abonnés est très loin d'être atteint. Pour sauver l'entreprise, André Rousselet a besoin d'une modification de son cahier des charges afin de pouvoir passer plus de films récents sur sa chaîne : il demande que les films puissent être diffusés le mercredi et le vendredi à 21 heures au lieu de 22 heures, et le samedi à 21 heures au lieu de 23 heures. Les lundi, mercredi, samedi, dimanche et les jours fériés, *Canal-Plus* souhaiterait diffuser des films jusqu'à 15 heures au lieu de 13 heures. Le nombre de rediffusions d'un même film pourrait également être augmenté. Il faut pour cela négocier avec le BLIC (Bureau de Liaison des Industries cinématographiques).

Les producteurs aiment bien *Canal-Plus* : la télévision cryptée est, pour le cinéma, un marché nouveau, différent par nature de celui que représentent les chaînes traditionnelles. *Canal-Plus* apporte de l'argent frais au cinéma, beaucoup plus vite que les autres chaînes, étant donné les délais réduits de passage après l'exploitation en salles. *Canal-Plus* est donc un partenaire apprécié pour les coproductions.

Mais au cas où le BLIC, pour sauver la chaîne cryptée, accepte d'ouvrir une brèche dans la réglementation qui protège les salles, les producteurs prennent le risque, si l'opération de sauvetage ne réussit pas et que *Canal-Plus* passe en clair, de se trouver face à une télévision qui pourra projeter les films neuf mois après leur sortie en salles. Il sera bien difficile de revenir à la sévérité antérieure, voire de ne pas accorder les mêmes avantages à toutes les chaînes en clair. Certains producteurs sont prêts, néanmoins, à prendre ce risque. D'autant que si le BLIC refuse ces modifications, il portera le chapeau en cas d'échec de *Canal-Plus.*

Il faudrait que, dès maintenant, c'est-à-dire sans attendre les conclusions du rapport Bredin, le gouvernement prenne l'engagement auprès du BLIC de maintenir les protections actuelles du cinéma sur toutes les chaînes présentes et à venir, hertziennes ou par satellite.

Si nous avons les moyens (financiers et institutionnels) de créer sur les canaux disponibles une autre chaîne nationale hertzienne avec un capital plutôt stable, il faut tout faire pour donner une véritable chance à *Canal-Plus*. Si nous ne disposons pas de ces moyens, alors le passage en clair de *Canal-Plus* se révélera inévitable.

**Lundi 28 janvier 1985**

Vu Dodelinger à propos de la CLT. C'est toujours *non* pour nous. Ils insistent. Ils vont, je crois, lancer leur propre satellite.

Réunion avec Fabius, Delebarre, Bérégovoy et Emmanuelli sur l'emploi :

**François Mitterrand :** *Où en est-on ? Il faut, en 1985, faire régresser le chômage, au moins de 2,5 à 2,2 %. Vous aurez tous les moyens.*

**Michel Delebarre :** *J'ai besoin, pour cela, de plus de moyens pour la mise à la retraite à 57 ans, pour le développement du temps partiel, qui peut toucher 2 200 000 personnes, et pour réactiver les contrats à durée déterminée. Pour tout cela, il faut 18 milliards.*

**Laurent Fabius :** *D'accord, il faut faire cela, mais on ne pourra le financer que si on renfloue l'UNEDIC.*

**Pierre Bérégovoy :** *Pour 1984, le déficit a bien été tenu à 149 milliards. Mais, pour 1985, le déficit budgétaire sera déjà de 22 milliards de plus que prévu.* [Il en donne le détail : emploi, informatique, hausse du dollar, collectivités locales...] *L'État ne peut payer en 1985 ce qui est de la compétence de l'UNEDIC.*

**François Mitterrand :** *Tout doit être au point ce soir.*

**Henri Emmanuelli :** *D'accord si c'est cette somme. Et la formation professionnelle ? Et la formation alternée ? Où en est-on ?*

**Michel Delebarre :** *On est loin des prévisions.*

**François Mitterrand :** *La défiscalisation inconditionnelle n'est pas une solution quand on a en face de nous des gens qui n'ont aucune raison de nous aider à créer des emplois. Il faut des contacts.*

François Mitterrand appelle Jacques Pomonti, nommé à la direction de l'INA, pour lui demander de rencontrer Berlusconi et de préparer avec lui la nouvelle chaîne privée.

**Mardi 29 janvier 1985**

Le Président n'a pas encore tranché sur la réforme électorale, mais il est partisan de la solution qu'a proposée Poperen : un cocktail de 4/5 d'élus au scrutin majoritaire et 1/5 à la proportionnelle régionale. Il ne voit pas d'un très bon œil le redécoupage des circonscriptions. On ne fera rien avant les cantonales.

François Mitterrand sur le terrorisme : « *Le principal danger politique, c'est le terrorisme. En France, des trains et des immeubles sautent, Action Directe assassine.* »

Sur la Nouvelle-Calédonie : « *En Calédonie, tout ce que propose Pisani est bien. Mais cela ne marchera pas. Et après, il faut intégrer tout ce que propose Dick Ukeiwé et le séparer du problème de l'indépendance. Il ne reste que le sanctuaire des mots.* »

Sur le mode de scrutin : « *Le mode électoral est changeant. Le scrutin majoritaire est le meilleur mode de scrutin pour les socialistes. La représentation proportionnelle n'est bonne que pour les centristes.* »

Libération du prix de l'essence. Fin d'une époque.

Le Président de la République reçoit à déjeuner le Prince héritier Abdallah d'Arabie Saoudite. C'est l'occasion de faire le point sur le Moyen-Orient et la guerre Iran/Irak :

**Prince Abdallah :** *Je vous considère comme un des plus grands hommes du monde, un ami des Arabes et surtout du royaume d'Arabie. Aucun Arabe ne peut oublier vos prises de position louables, humanitaires, aux côtés de la nation arabe ; vos positions loyales et justes aux côtés du peuple palestinien et du peuple libanais ; votre aide précieuse au peuple irakien, qui a aidé à dissuader les agresseurs iraniens et à rétablir la paix.*

**François Mitterrand :** *Je n'ai pas oublié que le premier voyage que j'ai fait après mon élection a été dans votre pays. Cela correspondait à une pensée qui, naturellement, avait précédé cette élection. Le monde arabe m'était apparu comme un élément déterminant de l'équilibre mondial et comme un interlocuteur privilégié de la France sur le plan politique comme sur le plan économique et sur le plan culturel.*

*L'Égypte était sur le bord du chemin, l'Irak absorbé par sa guerre, la Syrie avait fait un autre choix : c'est votre pays qui me semblait avoir la politique la plus claire et la plus intelligente. Évidemment, les problèmes posés autour de l'État d'Israël ont compliqué toutes les approches. La situation du peuple palestinien était et reste dramatique. Il m'a semblé qu'il fallait s'appuyer sur les résolutions des Nations-Unies qui reconnaissent Israël, mais que cela ne remplaçait pas la nécessaire satisfaction des droits des peuples. Votre pays, intransigeant sur les principes, est un facteur de paix dans la vie quotidienne. Il fait preuve de sagesse. Vous nous avez fait confiance lors de plusieurs affaires capitales d'armement.*

*Au Liban, vous avez multiplié les efforts d'apaisement. Nos politiques se sont rencontrées au plus haut niveau.*

*A la fin de ce siècle, l'accroissement de la pauvreté des pays du Sud me paraît comporter des risques de déséquilibre et de guerre plus graves encore que le problème atomique.*

**Prince Abdallah :** *Jusqu'à quand les Israéliens imposeront-ils leur politique par la force à la nation arabe ? Les Israéliens pensent-ils que le peuple arabe est mort ou moribond ?*

*Nous savons qu'ils sont plus forts que nous grâce à l'armement que d'autres leur ont fourni. Mais nous sommes les plus forts par notre foi en Dieu et par nos peuples qui continuent de s'orienter sur la voie de la science et du progrès. Nous avons vécu avec les Juifs, le Prophète lui-même a vécu avec des Juifs, et il n'y avait pas d'hostilité.*

*Parmi les Juifs, il y a des sages qui préconisent l'entente avec les Arabes. Le moment est encore opportun. Mais si Israël continue dans la voie qu'il a choisie, il sera difficile de tout effacer.*

*Chez les Arabes, il y a des extrémistes qui veulent rayer Israël de la carte, ceci n'est pas acceptable.*

*C'est le moment maintenant d'aider les modérés parmi les Arabes à mettre un terme à cette question.*

*A propos de l'Irak, des rumeurs font état d'une éventuelle modification de la position de la France, de retards dans les livraisons d'armes à Bagdad. Je voulais vous demander ce qu'il en était.*

**François Mitterrand :** *Tout dépend de ce que l'on considère. Si l'on parle de l'application des contrats déjà signés, il n'y a pas de problème. S'il s'agit de nouvelles demandes, elles doivent être examinées sous les angles suivants :*

*1) évaluer l'utilité qu'elles peuvent présenter pour l'Irak en vue de maintenir dans la guerre sa capacité de résister aux offensives ;*

*2) la capacité de l'Irak à remplir ses autres engagements envers nous.*

*J'ai moi-même, en 1982, accepté que l'on passe un contrat qui prolongeait, en les renouvelant, les accords de 1976.*

**Prince Abdallah :** *Un Irak fort est un facteur de paix.*

**François Mitterrand :** *Je suis tout à fait d'accord avec cette considération. En ce qui concerne les nouveaux contrats d'Exocet, j'ai donné mon accord. En ce qui concerne la demande de 24 Mirage, il faudrait aboutir à un nombre raisonnable, mais il y a aussi d'autres problèmes liés à la dette importante que l'Irak conserve envers nous et aux délais de fabrication.*

*Bref, il y a une discussion, qui est normale ; elle devrait aboutir positivement ; je n'y vois que des avantages et très peu d'inconvénients.*

*En ce qui concerne les centrales nucléaires, nous sommes soumis à des obligations internationales que nous trouvons raisonnables. Ces obligations visent à empêcher que l'on puisse faire un usage militaire des réacteurs nucléaires civils. L'Irak veut-il un centre de recherche pour s'armer militairement ? Sans aucun doute. Je n'ai pas à entrer dans les considérations des responsables irakiens. Ce que nous ne voulons pas, nous, c'est nous trouver en contradiction avec nos obligations internationales. Nous avons donc posé des conditions très sévères. Je crois que l'Irak est près de les accepter. Cette négociation a d'abord été menée par Claude Cheysson, qui est un grand ami de l'Irak, et poursuivie par Roland Dumas dans le même état d'esprit.*

*Bref, nous voulons respecter nos obligations, mais cette négociation devrait trouver un dénouement positif. Ce que nous ne voulons pas, c'est être responsables d'une nouvelle tension dans cette région et voir bombarder tous les deux ans les installations que nous aurions aidé à construire ou à reconstruire.*

*De toute façon, vous êtes l'ami de l'Irak et de la France, et nous sommes vos amis comme ceux des Irakiens. Quand on a des amis, il vaut mieux pouvoir compter sur eux, mais ce n'est que dans l'épreuve qu'on en est sûr. Vous nous avez rendu un service important d'ordre financier, il y a deux ans, et je ne l'ai pas oublié.*

Reçu le directeur de la FAO, Édouard Saouma, qui s'inquiète pour sa réélection.

**Mercredi 30 janvier 1985**

La livre est attaquée. Malgré les revenus du pétrole, en baisse mais encore considérables, l'économie britannique est dans un état calamiteux. La modernisation de l'industrie anglaise tarde. Le taux de chômage bat tous les records européens. Mme Thatcher souhaite que les cinq grandes banques centrales (Paris, Bonn, Londres, Tokyo, Washington) interviennent ensemble pour la défendre.

Jacques Pomonti et Jérôme Clément rencontrent Berlusconi à Rome. Le projet avance.

*NRJ* signe son accord avec TDF. La paix est faite. Le Président est invité à assister à la signature. Il refuse.

La CLT est officiellement candidate à deux canaux hertziens et en fait une condition pour aller sur le satellite.

**Jeudi 31 janvier 1985**

Selon les sondages, les réformes sociales les plus populaires sont, dans l'ordre : la retraite à 60 ans, la cinquième semaine de congés payés, les trente-neuf heures, l'impôt sur les grandes fortunes.

La gauche a réalisé les réformes sociales qui figuraient à son programme. Aucun plan de rigueur n'a pu les réduire. Mais où sont l'enthousiasme, la passion, la volonté de « changer la vie », l'esprit de rébellion et la force d'indignation qui nous animaient ? Se faire admettre par les « compétents », en être respectés, c'est aussi se mutiler, devenir *autres*. S'aliéner. Pour y gagner quoi ? Le parvenu s'agite et échoue. Le rebelle fascine et influe.

A la conférence des ministres européens de l'Espace, Hubert Curien obtient l'engagement des études du lanceur Ariane V doté du grand moteur cryotechnique HM60. Le Conseil décide également de participer au projet américain, c'est-à-dire de faire progresser et d'inclure en temps voulu, dans les programmes de l'Agence, des éléments additionnels d'une capacité autonome en matière d'opérations en orbite, automatiques et habités, consistant notamment en un ensemble de plates-formes sur orbite solaire. Le programme Colombus sera engagé à cette fin au début de 1987. Il comprendra quatre éléments : un moule pressurisé, habitable, attaché à la station américaine, mais qui pourra être le cœur d'une station européenne autonome ; un module de ressources (alimentation en énergie, communications...) ; une plate-forme de charge utile sortant des expériences, susceptible d'évoluer indépendamment de la station orbitale ; un module de service, véhicule autonome pour les liaisons entre la station et les plates-formes évoluant à proximité.

Mais le Conseil de l'Agence spatiale européenne ne fait que *« prendre note »* avec intérêt de la décision française d'entreprendre le projet d'avion spatial Hermès, qui offrira à l'Europe *« la capacité de transport spatial habité »*, complément nécessaire, à nos yeux, d'un projet de station orbitale, et de notre proposition d'associer aux études détaillées nos partenaires européens intéressés. La France reste seule. Nous avons échoué.

**Vendredi 1er février 1985**

François Mitterrand est à Rennes. Par crainte d'un attentat d'Action Directe, la ville est truffée de policiers. Dans la foule, au cours de la visite d'une HLM, Pierre Joxe n'est pas reconnu par les policiers et est écarté sans ménagement. Il est fou de rage.

Dans son discours, le Président parle de la station orbitale européenne comme d'*« un élément de la Guerre des étoiles »*.

Les Soviétiques protestent immédiatement : *« Le chef de l'État français s'est prononcé pour la création par les pays ouest-européens, à l'instar des États-Unis d'Amérique, d'une station spatiale orbitale habitée à vocation militaire. Toutes les données de la stratégie mondiale, y compris de la stratégie nucléaire, seraient modifiées par le fait que la France participe à ce projet, même si ses partenaires européens refusaient de le faire. L'intervention de François Mitterrand à Rennes est-elle un témoignage du désir de la France de participer à la préparation de la "Guerre des étoiles" ? »*

Le Président est ennuyé : *« Il faudrait trouver une occasion très proche de rectifier le tir. »*

Suite aux difficultés de *Canal-Plus*, le cours de l'action Havas s'effondre à la Bourse de Paris. André Rousselet écrit à Bérégovoy pour lui demander une aide financière de l'État.

**Samedi 2 février 1985**

Début du voyage de Roland Dumas à Washington. Il expose notre scepticisme sur l'IDS.

L'envoyé de Weinberger, responsable de tout le programme IDS, J. Abrahamson, est à Paris pour nous proposer d'associer les entreprises françaises aux marchés et aux résultats technologiques si elles souscrivent aux contrats de « sous-traitance » que le Pentagone va proposer aux entreprises alliées en juin prochain.

Je suis à Jérusalem à un moment particulièrement intense : le Premier ministre, Shimon Pérès, met en place dans le plus grand secret la « phase n° 2 » de sa politique économique, qu'il doit dévoiler lundi au pays à la télévision. Il annoncera des économies portant sur plus de 10 % du Budget et un « impôt-surprise sur les fortunes », à raison de 2 % prélevés dès le lendemain sur tous les avoirs en banque. Il demande un prêt de 500 millions de dollars, sur deux ans, au Chancelier d'Allemagne. Il souhaiterait obtenir un prêt équivalent de la France afin de reconstituer ses réserves de change et pour ne plus dépendre du seul soutien américain.

Sur le Liban, il m'annonce, *« en réponse au message que lui a envoyé François de Grossouvre, que la première phase du retrait israélien serait terminée le 18 février, et qu'il continuerait jusqu'à la frontière internationale en trois étapes séparées de six semaines »*.

François Mitterrand, informé, s'inquiète : *« Quel message de François de Grossouvre ? Encore une fois, il s'est mêlé de ce qui ne le regarde point ! »*

Mais Pérès ne veut pas que les Libanais en soient prévenus. Il est extrêmement réticent sur une rencontre avec un Palestinien à Paris. Il veut d'abord savoir quelle réponse Arafat fera cette semaine au roi Hussein, lequel viendrait de lui demander avec insistance de se rallier à la Résolution 242 de l'ONU. Il voudrait que nous l'aidions à renouer le contact avec les Jordaniens, rompu à la suite des indiscrétions de la presse. Avec les Égyptiens, rien n'est possible avant le voyage de Moubarak à Washington en mars.

Un exemple spectaculaire du protectionnisme américain. La France a accepté, comme les autres pays de la Communauté, de limiter ses exportations d'acier vers les États-Unis sous réserve que les pays européens puissent réaliser des contrats d'exportation de gros tubes d'acier négociés entre mai et septembre 1984 avec l'entreprise américaine « All Am Pipe Line ». Les autorités américaines refusent ces contrats. C'est un très grave préjudice pour l'industrie sidérurgique française : arrêt immédiat de deux usines à Sedan et à Jœuf, qui emploient au total 500 personnes ; une partie des tubes a déjà été fabriquée ; le client américain pourrait se retourner contre les entreprises françaises pour rupture unilatérale de contrats.

**Lundi 4 février 1985**

*Le Figaro* annonce à la une que Hersant est prêt à reprendre *Canal-Plus*. Jean Riboud aussi, qui voudrait en faire une chaîne sans péage. Rousselet ironise : *« Fabius veut se débarrasser de moi ; mais roule-t-il pour Riboud ou pour Hersant ? »*

Le Président reçoit Jacques Fournier, secrétaire général du gouvernement, pour préparer le Conseil. Deux sujets écologiques sont à l'ordre du jour : les déchets industriels et la « prévention des risques majeurs ». Trois ministres, Huguette Bouchardeau, Haroun Tazieff et Pierre Joxe, se disputent la parole.

**Mardi 5 février 1985**

Cela se confirme : le Budget dérape. Il faut faire préparer dans les quinze jours des économies budgétaires pour un montant de 20 milliards.

**Mercredi 6 février 1985**

Congrès du PCF à Saint-Ouen. Pierre Juquin est écarté du Bureau politique. Depuis sa conversion, l'homme aura incarné une ligne ouverte, courageuse, porteuse d'idéal.

Au Conseil des ministres, quand Joxe réclame la parole pour parler des conséquences des projets écologiques sur la décentralisation, François Mitterrand l'interrompt : *« Nous savons déjà ce que le ministre de l'Intérieur va dire. »* Et il lève la séance.

Le Roi d'Espagne souhaite accomplir un voyage officiel en France au printemps, *« avec l'éclat nécessaire pour marquer de façon spectaculaire la réconciliation franco-espagnole »*.

Conseil d'administration houleux de *Canal-Plus*. Les abonnés ne se bousculent pas. Que faire devant la faillite qui s'annonce ?

**Vendredi 8 février 1985**

François Mitterrand en Picardie. André Rossi le reçoit fort mal à Château-Thierry. Le Président lui répond avec violence. La campagne électorale commence. Le Président est ravi. Rien ne lui plaît plus que ces plongées en province, ces discours improvisés, ces joutes oratoires. Il y retrouve une énergie que Paris lui pompe.

**Mardi 12 février 1985**

*Libération* publie les témoignages de cinq Algériens accusant Le Pen d'avoir participé à des tortures en 1956 et 1957. François Mitterrand : *« Qui était avec lui dans ces régiments ? »* Beaucoup de généraux d'aujourd'hui ?...

Le dollar passe la barre des 10 francs.

Au petit déjeuner, le Président se déclare ravi de sa dispute d'hier : *« J'ai été heureux de pouvoir ferrailler. Cela me manque. Mais on arrive au terme de l'Union de la Gauche, qui ne correspond plus au désir des Français. Cela va créer un problème psychologique et politique en 1986. »*
Sur la Constitution : *« Notre opposition à la Constitution demeure. Mais nous n'avons pas le moyen de la changer. Sur quels points la Constitution peut-elle être modifiée ? Je souhaiterais rendre possible le vote des étrangers aux municipales. »* Laurent Fabius : *« Pas moi ! »*

Réunion sur les prix agricoles avec Michel Rocard. Toujours la crise.

**Mercredi 13 février 1985**

FO, la CGT et la CGC refusent de signer l'accord salarial dans la fonction publique. Tant pis, l'inflation sera quand même sous contrôle.

Après l'esquisse de Bad Kreuznach, il faut aller plus loin en matière de coopération militaire avec la République fédérale. Le Président écrit à Helmut Kohl pour convenir d'un rendez-vous et surtout le rassurer sur les cérémonies du 8 mai prochain, qui inquiètent tant le Chancelier :

> *« Je pense qu'il serait utile que nous puissions parler ensemble des problèmes de la Communauté et des initiatives que nous pourrions prendre afin de regarder l'avenir bien en face. Il y a lieu, je le crois, de donner un élan nouveau et, connaissant vos sentiments, je souhaiterais pouvoir m'en entretenir avec vous. Non seulement il faut réussir l'élargissement aux dates prévues, mais encore nous avons à préciser la perspective politique européenne. Ce qui peut impliquer un échange de vues entre nous sur les problèmes militaires.*
>
> *Je serai à votre disposition soit pour me rendre en Allemagne, soit pour que nous trouvions le temps d'un entretien à insérer dans la journée du 28 février. Je vous en remercie à l'avance.*
>
> *Sur un autre plan, j'ai veillé à ce que les cérémonies françaises de célébration du 8 Mai soient limitées au nécessaire. Je ne compte participer moi-même qu'à la cérémonie traditionnelle au tombeau du Soldat inconnu, et peut-être une visite à un monument à la Déportation. J'ai demandé au gouvernement de limiter toutes autres manifestations officielles. J'ai enfin décidé que les autorités françaises ne prendraient part à aucune cérémonie particulière sur le territoire allemand. »*

**Jeudi 14 février 1985**

La réforme de la loi électorale pour les législatives devait être débattue au prochain Conseil des ministres. François Mitterrand la renvoie à plus tard. Elle est techniquement beaucoup plus compliquée que prévu.

Jean-Baptiste Doumeng vient me parler de l'état du Parti communiste : *« La situation est difficile. Environ 25 % des membres du Parti sont sur une ligne réformatrice. Leur vrai patron est Charles Fiterman. Les jeunes sont avec lui. Mais Charles est devenu fou : il veut imiter le Parti socialiste sans avoir de réponse autonome aux questions idéologiques. Et il veut critiquer les pays de l'Est. Une telle ligne est suicidaire pour le Parti qui deviendrait une simple copie, en moins fort, du Parti socialiste. C'est parce que Charles Fiterman a choisi cette ligne qu'il n'a pas succédé à Georges Marchais au dernier Congrès et que nous avons été obligés de maintenir l'équipe de direction actuelle, malgré sa faiblesse. Cette ligne dure devrait nous permettre de récupérer, au moins en partie, les voix qui vont vers Le Pen... Il ne faut pas que le Président s'inquiète. Nous nous désisterons aux cantonales, aux législatives aussi, parce qu'il y aura, comme nous le pensons, une certaine dose de proportionnelle. Si Le Pen monte trop haut, nous devons être forts, non pas seulement pour maintenir la gauche au pouvoir, mais aussi parce que, au cas où la droite viendrait aux affaires, Le Pen voudra notre fin. Nous lui ferons alors la guerre à mort en bloquant tout : les chemins de fer, l'électricité, le charbon, etc. »* Puis il me parle de l'Union soviétique : *« Il faut que l'Union soviétique, avec qui nous, au PC, sommes en accord, ait de bons rapports avec le gouvernement français, et, pour cela, qu'elle ait une conscience claire de sa politique : c'est une des clés de la victoire en 1986, avec l'élargissement au centre. Or, les rapports de Fabius avec l'Union soviétique sont très mauvais. La date de la visite de Roland Dumas n'est pas fixée. Pierre Bérégovoy a accepté d'aller à Moscou, puis s'est rétracté. La réunion de la Grande Commission devait se tenir le 2 mars, et on nous dit maintenant qu'on ne peut pas le faire à cette date, pour éviter qu'elle ne coïncide avec les cantonales ! Ce n'est pas sérieux. Les Soviétiques ont le sentiment qu'on joue avec eux et qu'on les néglige. Zagladine viendra voir le Président quand celui-ci voudra.* »

François Mitterrand demande qu'on organise pour la semaine prochaine, dans son bureau, une réunion avec Laurent Fabius, Pierre Bérégovoy, Édith Cresson et Roland Dumas pour arbitrer les principaux différends concernant le financement des exportations et les dates des diverses rencontres franco-soviétiques à venir.

**Vendredi 15 février 1985**

Dick Ukeiwé télégraphie à François Mitterrand :

> « *J'ai été informé qu'une aide financière venait d'être accordée au FLNKS par le groupe de parlementaires européens "Alliance verte-Alternative européenne", initiateur d'une campagne en faveur "de la totale souveraineté du peuple kanak et de la fin du statut colonial en Nouvelle-Calédonie".*
>
> *Je vous demande expressément d'intervenir dans le cadre des prérogatives qui sont les vôtres pour condamner publiquement cette ingérence dans les affaires intérieures de la République et mettre fin à de tels agissements.*
>
> *Les interventions répétées de groupes extrémistes ou de gouvernements également extrémistes, comme celui de Libye, démontrent le caractère marginal du FLNKS, mais ne facilitent pas la recherche sereine d'une solution aux difficultés que connaît le Territoire.* »

Ukeiwé sait bien qu'on ne peut empêcher un organisme privé étranger de verser de l'argent à qui il veut.

La première réunion des *sherpas*, préparatoire au prochain Sommet de Bonn, se tient à partir de ce soir à Berlin. Le choix du lieu par le *sherpa* allemand et vice-ministre des Finances, Hans Titmeyer, n'est pas innocent : c'est la villa qui fut celle de Göring. La réunion doit dégager les thèmes essentiels des relations internationales au cours des prochains mois. Plusieurs sujets dominants lors des Sommets précédents ont complètement disparu : le commerce Est/Ouest, la dette du Tiers Monde, les critiques sur le niveau élevé du dollar ou des taux d'intérêt, le terrorisme. Parmi les sujets politiques, les Allemands souhaitent qu'une déclaration sur les grandes valeurs de l'Occident et l'équilibre stratégique soit faite à Bonn afin d'effacer l'image du 8 Mai. Le Chancelier a l'intention de rédiger lui-même le projet dont nous n'aurons connaissance que dix jours avant le Sommet, soit à temps pour qu'une ultime réunion de *sherpas*, prévue à Washington le 25 avril, soit à même de l'examiner et de l'amender.

**Samedi 16 février 1985**

A Berlin, il est clair que le Japon et les États-Unis sont coalisés contre l'Europe. Un seul thème, très simple : tout va bien chez nous, tout va mal chez vous. On entend même les Américains dire que ce n'est pas le cours du dollar qui est trop élevé, mais les monnaies européennes qui sont trop faibles, l'Europe payant trop cher ses chômeurs et le secteur public y étant trop important. Quant aux Japonais, ils affirment sans rire qu'il n'y a pas de protectionnisme chez eux et que leur excédent s'explique par le fait que l'Europe n'est pas en situation de les concurrencer.

La question est posée du lancement d'une nouvelle négociation commerciale internationale, d'un nouveau « Round ». Au Sommet de Londres, on avait pu l'écarter sans discussion excessive. Mais Américains et Japonais veulent maintenant que ce lancement soit décidé au Sommet de Bonn, voire avant. Et que le nouveau « round » de négociations commerciales commence dès 1986. Je m'y oppose. En l'état actuel, cette négociation mettrait en accusation non seulement le protectionnisme — ce qui ne serait guère gênant pour nous —, mais aussi les subventions à l'agriculture, à la recherche et à l'industrie, ce qui remettrait en cause la construction de l'Europe et notre propre politique industrielle. Par ailleurs, j'insiste sur la nécessaire simultanéité des progrès en matières monétaire et commerciale, sur l'urgence qu'il y a à améliorer l'aide au Tiers Monde et à augmenter les moyens de la Banque Mondiale.

Je préviens les autres *sherpas* que le Président français n'acceptera pas de fixer à Bonn la date de lancement des négociations du GATT. Je ne suis soutenu là-dessus que par l'Italie et la Commission. Allemands et Anglais sont très tentés d'accepter. Par ailleurs, le Commissaire européen chargé de ces questions a eu l'extraordinaire maladresse d'accepter la semaine dernière, au cours d'une réunion avec les Américains et les Japonais, à Kyoto, que soit annoncé *« le lancement des négociations en 1986 »*, ce qui nous place aujourd'hui dans une position fausse. Je défends nos thèses et réitère notre volonté de lutter contre tout protectionnisme (à condition que cela n'affaiblisse pas la construction de l'Europe agricole et industrielle).

Allemands, Anglais et Japonais souhaitent aussi que le Sommet soit l'occasion d'exprimer la *« gratitude européenne »* à l'égard de la proposition américaine de participer à la navette spatiale Colombus. En revanche, ils ne sont même pas disposés à ce que le communiqué mentionne qu'un programme spatial européen vient d'être lancé ! Je dis que, pour ce qui nous concerne, il n'est pas question de mentionner l'un sans l'autre.

La France n'est plus isolée à cause de sa politique économique différente, mais parce qu'elle est seule, avec l'Italie, à défendre l'idée extravagante que l'Europe a un avenir...

L'organisation matérielle du Sommet sera exactement la même que celle de Londres et de Williamsburg, laissant beaucoup de temps aux discussions entre chefs d'État.

**Dimanche 17 février 1985**

En Nouvelle-Calédonie, affrontements lors d'un « pique-nique » anti-indépendantiste organisé de façon provocatrice à Thio.

La réunion à Berlin s'achève. Les Américains veulent que le sommet de Bonn soit l'occasion d'un soutien à l'IDS. L'IDS est une façon pour l'Amérique de lancer un vaste programme de recherche et de développement des technologies de l'avenir : la microélectronique (composants submicroniques à grande vitesse et matériaux), l'informatique (architecture de machines, intelligence artificielle, gestion des systèmes), les communications et les lasers. Cet effort, en apparence militaire, aura donc en réalité des retombées industrielles majeures. 1,4 milliard de dollars y seront consacrés cette année, gérés par la « SDI Organization » que dirige Abrahamson. A ces dépenses publiques et à celles de l'industrie privée (qui devraient atteindre 60 milliards de dollars sur cinq ans) s'ajoutent 130 milliards de dollars consacrés actuellement aux recherches de pointe, publiques et privées, aux États-Unis. C'est un programme équivalant à celui du MITI japonais qui, lui, est explicitement civil. Les Japonais annoncent un grand projet sur la biologie fondamentale, *« Human Frontier »*. L'Europe sera seule à ne rien proposer à Bonn.

Allan Wallis, le *sherpa* américain, veut organiser une réunion d'experts sur le terrorisme. Je m'y oppose : pas de réunion à Sept hors des *sherpas*. Au surplus, l'Américain n'est pas en charge du Sommet de cette année ; il n'a pas le droit de convoquer de réunion. Si on acceptait, cela se terminerait, une fois de plus, par le contrôle de toute notre politique de sécurité par les États-Unis.

Rentrant de Berlin, je constate que l'Initiative de Défense Stratégique du Président des États-Unis redonne le moral aux Américains. En retour, l'Europe, elle, remâche sa propre faiblesse. Il faut faire quelque chose. Pourquoi ne pas réfléchir à un équivalent de l'IDS entre Européens dans le domaine civil ?

**Mardi 19 février 1985**

Au petit déjeuner, François Mitterrand : *« Les incidents en Nouvelle-Calédonie sont inacceptables. Il faut des sanctions contre l'armée. Est-elle en train de se révolter ? »* Sur la loi électorale : *« La loi électorale permettra d'ouvrir un grand débat sur les deux modes de scrutin, national et local. Les députés du PS sont des extrémistes irresponsables. »*

Laurent Fabius annonce que le nombre de contrats de travaux d'utilité collective est porté à 200 000.

Visite d'un évêque chypriote qui s'inquiète des risques courus au Liban par les chrétiens après le départ des Israéliens. Il suggère qu'*« on emploie la force »* contre les chiites.

Je réunis hauts fonctionnaires et ministres pour rendre compte de la réunion de Berlin et lancer la préparation des suivantes.

**Mercredi 20 février 1985**

Mme Thatcher est à Washington pour parler de l'IDS. En échange de son soutien, elle obtient du Président Reagan une déclaration en quatre points : *« Les États-Unis et les Occidentaux ne recherchent pas la supériorité sur l'URSS, mais l'équilibre. L'objectif des négociations de Genève est la réduction substantielle des arsenaux offensifs des deux Grands. L'objectif de l'IDS n'est pas d'affaiblir la dissuasion, mais de la renforcer. Le développement des systèmes défensifs allant au-delà des obligations existantes devrait faire l'objet de négociations. »*

Elle est affolée d'entendre Reagan répéter qu'il veut *« se débarrasser de l'arme nucléaire »*.

Tout bien réfléchi, le moment est venu pour le Président français de proposer aux pays européens une initiative du même genre que l'IDS : on pourrait mettre au point un grand programme décennal de doublement de l'effort européen en matière de hautes technologies. Je suggère au Président de l'appeler *« Initiative de Sécurité européenne ».* Le mot *« sécurité »* me paraît très important, car il englobe toutes les espèces de technologies, sans dire nécessairement de manière explicite qu'elles sont militaires : notre sécurité dépend de notre capacité concurrentielle dans tous les domaines de pointe.

Sur la note, le Président griffonne : *« Bonne idée. »*

François Mitterrand sur la loi électorale : *« On va vers un scrutin majoritaire avec représentation proportionnelle. Le PC veut la proportionnelle intégrale, Giscard aussi. Je suis contre. »*

Sur la Nouvelle-Calédonie : *« Il faut autoriser les meetings en Nouvelle-Calédonie, mais on ne peut pas faire d'élections pendant l'état d'urgence. Pisani, pour l'instant, doit gagner du temps. Je note l'extraordinaire faiblesse de l'État sur place. Il n'y a rien, personne, ni poste, ni armée. Pourtant, les Caldoches, au total, c'est moins que la population d'Angoulême. Les Canaques sont de pauvres hères dispersés en brousse. Ceux qui sont éduqués sont contre l'indépendance. Il y a là-bas 3 000 fonctionnaires retraités qui n'y ont jamais servi. Pisani et Blanc pensent gagner le référendum, moi pas. »*

Sur la droite : *« Après 1986, deux des trois* [Giscard d'Estaing, Barre, Chirac] *seront mes alliés. »*

**Jeudi 21 février 1985**

Jean-Jacques Servan-Schreiber appelle des États-Unis. Dimanche prochain, il doit assister à San Francisco à la fête que donne Steve Jobs (le génial fondateur d'Apple) pour son trentième anniversaire. Il voudrait lui offrir de la part du Président *« un décret de naturalisation française, ou quelque chose d'autre, mais un cadeau prestigieux »* ! Le Président hausse les épaules.

Déjeuner avec François Mitterrand : *« J'aurai été le Président de l'entrée de la France dans la compétition économique moderne. On ne touchera pas à mes réalisations sociales. Les acquis de la gauche me survivront. J'aurai transformé quelques données fondamentales de notre vie en société. La France aura contribué grandement à rendre à l'Europe son élan et elle aura repris son rang dans la défense du Tiers Monde. »*

**Vendredi 22 février 1985**

Déjeuner à l'Élysée avec Bettino Craxi qui se prépare à présider le Sommet de Bruxelles, en mars, et de Milan, en juin. Bref échange de vues sur sa récente visite en Israël. Selon lui, Shimon Pérès estime qu'il est en condition d'entamer des négociations, mais pas de les conclure. Le chef du gouvernement israélien craint un attentat contre Yasser Arafat dans le mois qui vient.

**François Mitterrand :** *La nouveauté est qu'Arafat accepte de négocier, et les Israéliens ont commis une erreur en envahissant complètement le Liban.*

On passe à la Communauté européenne :

**François Mitterrand :** *Nous devons parler de l'élargissement de l'Europe, de la réforme des institutions et du financement du Budget communautaire. Sur ce dernier point, la position de l'Allemagne fédérale est très illogique. L'Allemagne n'accepte pas d'augmenter à 1,4 % le plafond de la TVA aussi longtemps que l'Espagne n'a pas adhéré, mais si l'Allemagne refuse de financer le Budget 1985, alors tout est remis en cause pour l'avenir, y compris l'élargissement. Nous soutenons la proposition de la Présidence italienne, mais le Chancelier Kohl n'est pas d'accord.*

**Bettino Craxi :** *En effet, le Chancelier Kohl refuse notre proposition. Il ne voit pas pourquoi les Parlements nationaux n'accepteraient pas en 1985 ce qu'ils ont accepté en 1984, et pourquoi il serait difficile de leur faire voter un chèque pour la Grande-Bretagne.*

**François Mitterrand :** *Je doute que les Grecs et les Irlandais souhaitent demander à leur Parlement de voter des crédits pour la Grande-Bretagne. Concluons sur l'élargissement, et les autres problèmes seront résolus.*

**Roland Dumas :** *Il nous reste des progrès à faire. Sur le vin, il suffit d'appliquer les décisions de Dublin. Sur les agrumes et sur les fruits et légumes, il faut qu'entre nous, nous veillions à ne pas régler nos problèmes aux dépens de l'autre.*

**François Mitterrand :** *Sur les fruits et légumes, le délai est-il si important ? Après l'élargissement, rien ne sera plus pareil.*

**Roland Dumas :** *Il faut régler le problème du vin. Le problème de la pêche sera sans doute le dernier à pouvoir être résolu. Les pays du Nord n'accepteront pas de réduire la durée de la période de transition.*

**Bettino Craxi :** *Felipe Gonzalez envisage sérieusement la possibilité d'un échec de la négociation. Pour les Espagnols, la durée de la période de transition n'est pas le problème le plus important. Le problème principal est celui de la diminution de leur flotte, alors que celle des autres continue à augmenter. Il faut bien prendre la mesure du problème : l'Espagne ne pêche dans les eaux européennes que 10 % de sa capacité totale. Par ailleurs, l'Espagne est convaincue que la pêche espagnole restera plus performante que celle des autres pays, car ses pêcheurs sont les seuls à accepter de rester des mois en mer. La dimension du problème n'est pas aussi importante qu'on l'imagine. Les cinq pays pêcheurs de la Communauté actuelle devraient pouvoir partager entre eux, sans dommage excessif, le poids supplémentaire des conditions de l'entrée de l'Espagne.*

*Si on ne réalise pas l'élargissement, il y aura une crise politique en Espagne. Les Espagnols voteront contre l'Alliance atlantique.*

**François Mitterrand :** *L'Espagne savait bien que ce type de problème se poserait lorsqu'elle a demandé son adhésion à la Communauté...*

*Parlons maintenant de la réforme des institutions.*

**Bettino Craxi :** *Le Chancelier Kohl souhaite n'approfondir la question qu'après le Conseil européen de mars. Il ne faut rien décider avant juin.*

**François Mitterrand :** *On connaît la position des pays de la Communauté. Six pays sont prêts à aller de l'avant. Quatre freineront : le Royaume-Uni, le Danemark, l'Irlande et la Grèce. Sur ces quatre, il y a deux irréductibles, le Danemark et la Grèce. Le Royaume-Uni n'aime pas rester isolé des trois autres grands pays de la Communauté. Quant à l'Irlande, la Communauté est son salut, car sans elle, elle redevient une colonie anglaise. Je pense qu'une avancée peut se faire si la France, l'Italie et l'Allemagne y travaillent. Je ne souhaite pas me limiter à un accord entre la France et l'Allemagne. Il faut que l'Italie soit un partenaire à part entière. Il faudra que nos trois pays s'entendent sur ce qu'ils souhaitent faire et, pour cela, que nous ayons des relations bilatérales entre nous trois.*

*La construction de l'Europe politique est ce qui permettra de débloquer le reste. Il faut qu'à nous trois, nous essayions d'entraîner l'Angleterre, car il n'est pas question de la mettre à l'écart.*

*Je me souviens, lorsque j'ai reçu le Comité Monnet, Helmut Schmidt a dit : "Il n'y a qu'une chose à faire : la monnaie européenne." Mais chercher à procéder de la sorte, c'est risquer un échec, comme pour la CED.*

*Je voudrais parler de l'Europe de l'espace. Je suis satisfait de l'accord qui a été trouvé entre les ministres à Rome. Il faut maintenant faire progresser le projet de station spatiale européenne. Il ne faut pas que le financement du projet Columbus nous empêche de réaliser Hermès. Il s'agit de donner à l'Europe une réalité dans le domaine de l'espace. Dans un premier temps, la coopération sera civile, la coopération militaire viendra ensuite. Mon souci n'est donc pas pour le moment l'armement de l'espace, mais l'occupation de l'espace par nos technologies européennes. Actuellement, il y a l'offensive américaine qui impressionne les Anglais et les Allemands. Si l'Europe refuse de s'engager dans cette voie, je le ferai seul, je prendrai les décisions budgétaires nécessaires. Les Américains ne coopéreront avec nous que si nous avons nos propres projets.*

*Je voudrais parler d'une autre menace américaine qui concerne les négociations commerciales multilatérales. Les États-Unis essaient de défoncer les barrières de l'Europe. Ils cherchent à régler leur problème agricole en s'attaquant à la politique agricole commune. Nous devons nous unir pour résister à cette offensive. La France refusera l'ouverture rapide, dans les conditions actuelles, des négociations commerciales multilatérales, mais nous souhaitons ne pas être les seuls à refuser, et nous avons besoin de votre soutien, car certains pays européens peuvent être tentés d'accepter les propositions américaines.*

On change de sujet :

**François Mitterrand :** *Il faut que nous parlions du terrorisme. Là-dessus, je veux être très clair. Je considère que nous sommes injustement attaqués. Nous avons environ 300 Italiens réfugiés en France depuis 1976 ; depuis qu'ils sont chez nous, ils se sont "repentis" et notre police n'a rien à leur reprocher. Il y a aussi une trentaine d'Italiens qui sont dangereux, mais ce sont des clandestins. Il faut donc d'abord les retrouver. Ensuite, ils ne seront extradés que s'il est démontré qu'ils ont commis des crimes de sang. Si les juges italiens nous envoient des dossiers sérieux prouvant qu'il y a eu crime de sang, et si la justice française donne un avis positif, alors nous accepterons l'extradition.*

*Pour les nouveaux arrivants, nous sommes prêts à être très sévères et à avoir avec vous le même accord que nous avons avec l'Espagne. Nous sommes prêts à extrader ou à expulser à l'avenir les vrais criminels sur la base de dossiers sérieux. Il y en a deux actuellement qui pourraient être extradés, sous réserve que la justice française n'y trouve rien à redire.*

*Il est faux de dire qu'il y a en France des noyaux de terrorisme. Je propose que vos hauts fonctionnaires viennent à Paris pour mettre leurs informations en commun avec les nôtres et nous aider à être plus efficaces.*

**Bettino Craxi :** *Bien. Il faut que notre justice établisse des dossiers plus précis. Actuellement, nous avons plus de 2 000 terroristes dans nos prisons, et cela nous pose de gros problèmes.*

**Lundi 25 février 1985**

22 mineurs sont tués et 103 blessés lors d'un accident au puits Simon, près de Forbach.

Shamir est à Paris. Il demande au Président d'aider à faire libérer les 9 000 Juifs éthiopiens encore bloqués au Soudan :

**I. Shamir :** *Intervenez auprès de Nemeiry, on peut les sortir en trois jours. Il y en a déjà 13 000 en Israël.*

*Par ailleurs, il faut aussi nous aider à réaliser un accord commercial avec la Commission européenne. Votre ministre, M. Dumas, nous dit qu'elle nous accorde sa sympathie.*

**François Mitterrand :** *La sympathie ne suffit pas.*

**I. Shamir :** *C'est exactement ce que je voulais dire. M. Cheysson, à Bruxelles, pense que le problème d'Israël se réduit à des agrumes. Ce n'est pas le cas. Il nous faut un accord global.*

**François Mitterrand :** *C'est très difficile. Mais j'en parlerai au Chancelier Kohl. Je ne m'engage pas à obtenir un accord, mais je ferai l'impossible.*

**I. Shamir :** *Moubarak veut une conférence de toutes les parties arabes concernées. Je ne suis pas contre. Je suis prêt à voir Hussein. Mais l'accord entre l'OLP et la Jordanie n'est pas une contribution à la paix. Il n'y est pas question d'Israël. D'ailleurs, l'OLP n'est pas unanime là-dessus.*

*Nous nous retirons au Sud-Liban, mais nous n'avons pas de garantie de sécurité. J'espère qu'on en aura une en arrivant à la frontière internationale ! Après notre départ du Liban, il y a eu une vague de terrorisme contre ceux qui avaient collaboré avec nous.*

**François Mitterrand :** *L'OLP s'efface derrière la Jordanie. Arafat joue sa vie, ses jours sont menacés. Craxi en a reçu la confidence de Pérès il y a cinq jours. Je suis sans illusions : personne ne veut vraiment négocier. Pas même vous.*

**I. Shamir :** *Mais on peut trouver une solution si on le veut vraiment. La Jordanie pourrait accepter un Camp David.*

**François Mitterrand :** *C'est une guerre. Il faut en sortir.*

**I. Shamir :** *Pour la Cisjordanie, je ne peux accepter qu'il nous soit interdit d'y vivre, indépendamment du statut politique de ces lieux.*

Je reparle au Président de l'idée d'une Initiative européenne de Sécurité, dont le nom est devenu Agence de coordination de la recherche européenne (soit, en français, ACRE, ou, à partir de la version anglaise, *« Eurêka »*, nom proposé par Pierre Morel). Trois grands domaines d'application : traitement et transfert de l'information ; exploitation des nouveaux milieux (espace et océan) ; sciences et techniques de la vie. L'informatique, l'électronique et l'espace (grands calculateurs, génie logiciel, intelligence artificielle, composants électroniques, optronique, robotique de la troisième génération, usines automatisées, lasers d'assemblage et d'usinage, matériaux nouveaux, réseaux de communication).

Mais *Eurêka* est inconcevable sans une forte relance politique en Europe. D'autre part, la seule négociation d'un nouveau traité politique n'aurait pas grand sens si l'Europe ne se donnait pas dans le même temps les moyens d'entrer dans l'ère de la haute technologie.

François Mitterrand me donne son accord et on y travaille encore avant d'en discuter avec les Allemands.

**Mardi 26 février 1985**

Le dollar atteint 10,61 F à Paris. Le franc est attaqué. Ce serait dommage d'avoir à dévaluer avant les élections de mars 1986. Plus question, en tout cas, de quitter le SME.

Les Américains reviennent à la charge pour qu'une réunion préparatoire se tienne rapidement afin que soit lancée à Bonn une action à Sept contre le terrorisme. Je leur redis mon opposition.

Au petit déjeuner, Laurent Fabius attaque violemment le RPR : *« Il n'y a pas de différence entre Le Pen, Pasqua et le RPR. Où passe la frontière entre eux ? Le Pen aurait des élus quel que soit le système, parce qu'il a des électeurs qui viennent des rangs de la droite. Et ce n'est pas à nous de faire le ménage de la droite. C'est l'affaire des électeurs que de choisir entre Le Pen et Chirac. Il faut présenter la loi électorale avant la fin avril. L'idéal serait que la droite n'ait pas la majorité sans Le Pen. Il faut créer une vaste extrême droite qui aille de Pasqua à Le Pen. »*

François Mitterrand : *« Je ne suis pas d'accord avec vous. Je ne veux pas renforcer Le Pen. Tous ceux qui, dans l'Histoire de France, ont fait la politique du pire, ont perdu la vie ou le pouvoir. »*

Plus tard, sur le PC : *« Moins on en parle, mieux ça vaut. »*

Pierre Bérégovoy est de plus en plus à l'aise en ministre des Finances. Il sait se faire apprécier de ses services. Il va même jusqu'à écrire à Laurent Fabius une lettre pour le mettre en garde contre les intentions dépensières... du Président !

> *« Le Président de la République estime indispensable que la courbe du chômage s'infléchisse dans les prochains mois. Compte tenu de l'évolution spontanée de l'emploi, ce résultat ne peut être obtenu que si l'on met en place une politique de l'emploi encore plus audacieuse et si l'on obtient une croissance économique plus soutenue.*
>
> *L'action qu'il nous faut mener dans ces deux directions ne doit en aucun cas compromettre le redressement de notre économie, de mieux en mieux admis par l'opinion, ainsi qu'en témoigne un récent sondage de la SOFRES exécuté pour le compte du ministère suivant une habitude prise en 1983.*
>
> *Ne doivent pas être mis en cause l'équilibre indispensable entre les emplois et les ressources dans le financement de notre économie, ni l'équilibre du commerce extérieur, qui reste à atteindre ; de même, le déficit budgétaire doit être contenu à 3 % du PIB. Tout autre comportement qui risquerait de relancer l'inflation aurait des effets négatifs sur le franc et nous pouvons mesurer l'effet électoral qu'aurait un quatrième réajustement monétaire... »*

Le Président en sera durablement fâché : *« Cela n'a pas à être décidé par le ministère des Finances ! »* annote-t-il en marge avec un grand point d'exclamation.

30 000 Caldoches défilent à Nouméa pour obtenir le départ de Pisani. Les ponts sont coupés entre Pisani et Fabius, qui trouve le délégué du gouvernement trop radical et regrette de l'avoir laissé lancer son projet de référendum.

**Mercredi 27 février 1985**

Au Conseil des ministres, François Mitterrand explique que les Américains nous demandent une déclaration à Sept sur le terrorisme, et qu'il est contre. Il rappelle que la négociation commerciale ne doit pas s'ouvrir trop vite, car elle serait centrée sur l'agriculture, mais qu'elle doit progresser de pair avec la négociation monétaire.

Le gouvernement refuse une subvention de 80 millions à Manufrance. Fin de la Coopérative. Désarroi. La gauche n'est décidément plus ce qu'elle était. Mais alors, qu'est-elle ?

**Jeudi 28 février 1985**

Au Sommet franco-allemand réuni à Paris, Kohl fait, comme il en a pris l'habitude maintenant, un tour d'horizon de la situation en Europe de l'Est, pays par pays :

**Helmut Kohl :** *Le Premier ministre tchécoslovaque m'a dit : "Nous sommes devant la question religieuse comme Botha devant l'apartheid."*

*Je dois faire attention à ce que Honecker ne soit pas déstabilisé. Actuellement, en RDA, on fait des sondages secrets : il y a deux ans, 50 % voulaient l'unité allemande ; ils sont 80 % aujourd'hui. C'est trop beau pour être vrai.*

*Les Américains ne comprennent pas ce qui se passe en Europe...*

Le Président explique au Chancelier que la France va proposer à ses partenaires une Initiative de Sécurité européenne dans laquelle seraient réunis, hors des instances du Traité de Rome, *« autour d'un petit système administratif commun (du type Airbus ou Agence spatiale européenne), les moyens d'un grand programme de développement de toutes les technologies de sécurité ».*

**Samedi 2 mars 1985**

Laurent Fabius ne veut pas de l'indépendance en Nouvelle-Calédonie. Pisani s'inquiète de ce que le Premier ministre ne le soutient pas. Il écrit au chef de l'État : *« J'aurais aimé, par souci d'efficacité exclusivement, que le gouvernement et la majorité s'engagent politiquement à mes côtés. On ne m'a refusé aucun moyen, mais on n'a pas livré bataille. »* Parlant sans le nommer du Premier ministre, il écrit : *« Ce n'est pas en sortant des phrases sans rugosité face à un adversaire déchaîné que l'on aide le combattant des antipodes. »* Il propose sa démission : *« Sachez que je travaille ici comme si je devais partir demain ou... jamais. Disposez de moi au gré des intérêts supérieurs de l'État et sans crainte de m'affecter. »*

**Dimanche 3 mars 1985**

A la réunion des ministres du Commerce extérieur de la Communauté, plusieurs veulent confirmer l'acceptation, par le Commissaire, du lancement d'un nouveau « round » de négociations en 1986. La France s'y oppose.

**Lundi 4 mars 1985**

Réunion sur la sécheresse et la famine en Afrique. Nous allons essayer de lancer un programme d'aide avant le Sommet de Bonn.

**Mardi 5 mars 1985**

Au petit déjeuner, François Mitterrand : *« Mon rôle est d'exprimer les grandes lignes et de dire comment je sens les choses. L'extrême droite était dans la droite, le RPR et l'UDF se la partageaient. Maintenant qu'elle est sortie, ils ont un concurrent. »*

Laurent Fabius, à qui j'ai communiqué mon idée, revient avec un projet sur le revenu minimum : *« Il y a actuellement 450 000 personnes gagnant 41 F par jour ; 150 000 ne touchent plus rien du tout et réclament une aide ; 900 000 personnes sans aucun droit, mais qui ne réclament rien. Les plus touchés sont les soutiens de famille chômeurs en fin de droits de plus de 25 ans. Ils sont sans doute près de 150 000. On peut, pour eux, mettre au point un revenu minimal de 2 400 F par mois, dont 1 200 F payés par les collectivités locales. »* Le Président donne son accord.

Premier bon signe pour *Canal-Plus* : il y a peu d'abonnés, mais 90 % d'entre eux renouvellent leur abonnement au bout de trois mois.

La grève des mineurs britanniques s'achève. Elle durait depuis un an. Margaret Thatcher a gagné. Amère victoire.

Hermès sera donc un programme français. Qui conduira les études ? La solution technique présentée par Dassault est, de l'avis de tous les experts, meilleure que celle de l'Aérospatiale. François Mitterrand : *« Non. C'est la SNIAS qui doit faire Hermès. Donc qui doit préparer d'autres propositions. Que deviendra, le cas échéant, Dassault après mars ? La SNIAS est beaucoup plus solide — et durable — sur le plan public. »*

**Mercredi 6 mars 1985**

Dernière estimation en date des Renseignements généraux : la gauche, aux élections cantonales de dimanche prochain, perdra neuf départements. Soit exactement le quart des présidences de conseils généraux qu'elle détient actuellement. Et les législatives sont dans un an...

La cohabitation s'annonce. Il faut s'y préparer.

Un Libanais, Georges Ibrahim Abdallah, soupçonné d'attentat terroriste, est arrêté à Lyon. Faute de preuves, il n'est inculpé que de faux et usage de faux. Il dispose d'un « vrai-faux » passeport algérien.

**Jeudi 7 mars 1985**

Finalement, la réunion sur le terrorisme que souhaitaient les Américains a lieu à Bonn, et à Six, sans la France. Grave manquement : c'est la première fois qu'une réunion du G-7 se tient malgré le refus de l'un des pays-membres d'y participer. Jamais les Américains n'ont été plus sûrs d'eux.

Laurent Fabius, à Toulouse, demande la création d'un Front républicain pour unir les adversaires de la droite aux prochaines législatives.

**Vendredi 8 mars 1985**

En Nouvelle-Calédonie, un gendarme est tué par un Kanak d'un coup de machette.

Marie-France Garaud bombarde le Président de notes à propos de la politique spatiale, devenue sa principale marotte :

> *« ... Il est évident que les implications civiles et militaires sont étroitement imbriquées dans la conquête de l'espace et que l'IDS n'a révélé que la partie émergée de l'iceberg, l'autre, c'est-à-dire l'ensemble des virtualités scientifiques, économiques et technologiques, étant plus vaste encore.*
> *Il faut certainement reprendre cette affaire, c'est-à-dire : demander une nouvelle réunion de l'E.S.A., au plus tard fin 1985 ou début 1986 ; y exiger précisions et garanties sur le développement de Colombus en ce qui concerne les échanges technologiques, mais surtout les participations financières de fonctionnement ; faire en sorte que le projet Hermès soit présentable et présenté à cette réunion et décidé conjointement (...).*
> *C'est seulement lorsqu'il sera clair que l'Europe, entraînée par la France, est effectivement en train de se doter des éléments d'une politique spatiale autonome qu'elle sera en mesure de faire entendre sa voix et de faire valoir ses responsabilités dans les discussions stratégiques résultant de l'IDS. »*

**Dimanche 10 mars 1985**

Premier tour des élections cantonales. Soulagement à l'Élysée, à Matignon et au siège du PS. Les socialistes ne sont pas, comme ils le craignaient, au-dessous de 24 %. Mais le Parti communiste reste très faible, si bien qu'avec ou sans représentation proportionnelle, il n'y a pas de majorité de gauche possible en 1986.

George Shultz écrit à Roland Dumas pour protester contre notre refus d'envoyer un expert à la réunion à Sept sur le terrorisme. Dumas répond par une lettre rappelant notre doctrine : aucune réunion à Sept autre que celles des *sherpas*.

Roland Dumas se rend à Moscou : il a rendez-vous avec Gromyko qui l'attend au pied de l'avion et ne lui dit pas que Tchernenko vient de mourir après seulement treize mois de pouvoir.

Plus tard dans la journée, la nouvelle est annoncée : Gorbatchev est désigné pour organiser les obsèques. La succession est réglée

**Lundi 11 mars 1985**

De Moscou, Roland Dumas suggère au Président de venir aux obsèques, dans deux jours. François Mitterrand hésite, répond d'abord négativement, puis positivement : il veut revoir ce Gorbatchev qui l'avait si vivement impressionné lors de son précédent voyage.

**Mardi 12 mars 1985**

A Genève, les négociations américano-soviétiques sur le désarmement nucléaire reprennent.

Au petit déjeuner, on parle de la grève des hôpitaux, qui fait rage, des projets de loi sur la radio et la télévision, de la réforme électorale, des résultats des élections cantonales de dimanche dernier. François Mitterrand : *« Il faut reprendre son souffle. De Gaulle a toujours perdu toutes les élections intermédiaires. La droite est unie. L'extrême droite est homogène. Les autres sont hétérogènes. Il faut qu'ils fassent leur ménage. Il n'y a pas de droite modérée. Il faut choisir vite le mode de scrutin pour mars 1986. »*

Dans l'après-midi, François Mitterrand reçoit une délégation de la Ligue Arabe au sein de laquelle se trouve Tarek Aziz, venu lui parler de la guerre Iran/Irak.

Le secrétaire général, Chadli Klibi, rappelle l'historique de cette guerre, les efforts d'un certain nombre de pays ou d'organisations, dont l'ONU, pour y mettre un terme : *« La poursuite de la guerre est imputable à l'Iran ; l'Irak s'est, au contraire, montré ouvert à d'éventuelles négociations. Je regrette que des pays tiers permettent à l'Iran, par la fourniture d'armes, de continuer cette guerre dont l'extension aurait des conséquences catastrophiques pour la région et l'ensemble des pays développés. Il est urgent de faire pression sur les pays qui continuent à aider l'Iran. Et il faut faire remarquer à Israël qu'un élargissement du conflit comporterait des risques pour lui. La Ligue Arabe a pris l'initiative de cette démarche auprès des pays membres permanents du Conseil de sécurité, démarche qui commence avec cette rencontre du Président français. »*

**François Mitterrand :** *Il est très difficile de trouver une solution avec des gens qui n'en veulent pas...*

**Tarek Aziz :** *Les morts se comptent par plusieurs centaines de milliers.*

**François Mitterrand :** *La France, bien sûr, souhaite la paix, mais si nous entreprenions aujourd'hui des démarches, nous serions récusés par l'Iran, comme amis de l'Irak. Notre position est claire. Nous avons un ami : l'Irak. Mais nous n'avons pas d'ennemi. Avec l'Iran, c'est plutôt une situation d'ignorance réciproque. En tant que pays, la France n'est donc pas très utile. Mais, comme membre permanent du Conseil de sécurité, elle peut l'être. L'URSS et les États-Unis ont intérêt à ce que ce conflit cesse. Il faut cependant réfléchir, car rien n'est pire qu'une initiative diplomatique qui échoue. Il ne faut absolument pas entretenir cette guerre et l'équilibre doit être préservé sur cette frontière historique.*

**Chadli Klibi :** *La Ligue Arabe espère que les pays de la Communauté européenne et le Conseil de sécurité feront pression dans le sens d'une solution.*

**François Mitterrand :** *J'en parlerai peut-être demain à M. Gorbatchev.*

**Mardi 13 mars 1985**

François Mitterrand assiste aux obsèques de Constantin Tchernenko. Désordre. Pour occuper une place au premier rang, le Président se glisse de force entre Mme Thatcher et le Premier ministre du Maroc.

Le Président est le premier des dirigeants occidentaux à s'entretenir avec Mikhaïl Gorbatchev en fin d'après-midi. Au cours de cet entretien de trois quarts d'heure, le nouveau Secrétaire général du PCUS est assisté d'Andrëi Gromyko, ministre des Affaires étrangères, de M. Vorontsov, ambassadeur d'URSS en France, et de M. Alexandrov, expert du Comité central. Le Président a à ses côtés le ministre des Relations extérieures, le conseiller diplomatique de la Présidence et l'ambassadeur.

D'emblée, la conversation ouverte par M. Gorbatchev porte sur les questions de fond. Le Secrétaire général rappelle les conversations que François Mitterrand a eues avec Constantin Tchernenko en juin 1984, conversations qui, selon lui, ont été très utiles et ont donné une impulsion aux relations bilatérales entre la France et l'URSS. Il souligne que le Plénum extraordinaire qui s'est tenu le 12 mars — au cours duquel il a été élu — a confirmé l'attachement du gouvernement soviétique à la politique extérieure et intérieure soviétique telle qu'elle a été définie à l'issue du XXVIe Congrès et poursuivie au cours des dernières années. *« Les dirigeants soviétiques*, dit-il, *sont conscients de leurs responsabilités dans la situation mondiale et ont la ferme intention d'agir afin que cette situation s'améliore. »* Compte tenu de cette fidélité à la ligne politique en matière extérieure qui est celle du gouvernement soviétique, M. Gorbatchev indique que la conception des dirigeants soviétiques sur les relations franco-soviétiques est toujours la même et qu'ils attachent la même importance considérable à la coopération avec la France. Toutefois, les dirigeants soviétiques ne voient pas les relations entre la France et l'URSS uniquement avec des *« lunettes roses ».*

A l'heure actuelle, nous nous trouvons, selon M. Gorbatchev, à une étape importante du développement de la situation internationale, caractérisée par la quantité d'armements nucléaires accumulés de par le monde. *« Chacun s'interroge sur le destin de l'humanité. Approchons-nous d'une limite et ne faut-il pas nous poser la question : où allons-nous ? Ne faut-il pas s'arrêter ? Il est nécessaire,* selon M. Gorbatchev, *de prendre des décisions qui évitent au monde moderne de glisser vers l'abîme de la catastrophe nucléaire. »* M. Gorbatchev indique — en demandant confirmation de sa formule à M. Gromyko — qu'il croit se souvenir que ce sont l'Union soviétique et la France qui sont à l'origine de la politique de détente des années 70. *« Dans la situation actuelle, la coopération entre les deux pays est encore plus nécessaire. L'Union soviétique est prête à prendre, sur des bases conjointes, de nouvelles mesures pour faciliter un dialogue franco-soviétique qui permettrait de dégager des solutions réalistes pour que cesse la course aux armements. L'Union soviétique accepte de négocier à Genève avec le plus grand désir d'aboutir à des mesures efficaces, capables de mettre un terme à la course aux armements. L'Union soviétique est prête à faire preuve de bonne volonté et de la souplesse nécessaire, à condition cependant que soient préservées l'égalité et la sécurité. Cela n'est d'ailleurs pas nouveau. C'est ce que M. Gromyko a déjà dit lors de la rencontre de Genève, le 8 janvier. Ce qui préoccupe les Soviétiques, c'est qu'alors que les pourparlers de Genève devraient être constructifs et aboutir à des résultats attendus de tous les peuples, les mesures prises par les dirigeants américains avant ces pourparlers sont inquiétantes. Quelles sont les intentions américaines ? A entendre les dirigeants américains, en particulier le Président Reagan, les États-Unis ont besoin de ces négociations afin de pouvoir poursuivre leur programme militaire. La thèse américaine est qu'il est nécessaire d'être en position de force pour négocier. De là, semble-t-il, le souci d'améliorer la discipline au sein de l'OTAN, l'intention d'utiliser ces conversations pour empêcher de s'exprimer ceux qui désirent ardemment la paix. Dans de telles conditions, ces pourparlers seraient* une nouvelle tromperie. *C'est ici que le rôle de la France pourrait être considérable. »*

M. Gorbatchev, à cet instant de son exposé, rappelle qu'il est au courant de l'idée française d'échanger avec les dirigeants soviétiques des messages pour le quarantième anniversaire de la Victoire. *« Cela n'exclut pas*, selon M. Gorbatchev, *d'autres idées, si l'on se souvient que nous avons été alliés pendant la guerre et que nous avons combattu du même côté. En conclusion, nous avons beaucoup de choses à nous dire, et nous aurons d'autres occasions de le faire. »*

Le Président répond : *« Il existe entre la France et l'Union soviétique des intérêts permanents. En effet, il y a quelques grandes lignes de notre histoire contemporaine qui fondent une relation féconde et constante entre l'URSS et la France, qu'il s'agisse de circonstances dramatiques, comme la guerre, ou de périodes comme celle de la détente. »* Le Président rappelle ce qui a, en Europe, rassemblé le peuple français et le peuple russe depuis déjà longtemps et qui reste vrai. Lui-même, comme beaucoup de Français, a été élevé dans le respect de la Russie et de l'Union soviétique et dans le souvenir des grandes actions du peuple russe. Il y a toutefois des divergences d'intérêts entre l'URSS et la France, qui se sont cristallisées au lendemain de la Seconde Guerre mondiale dans des alliances différentes. Malgré cette situation, la France, tout en restant loyale à l'égard de ses alliés, a tenu à mener une politique autonome et indépendante. *« Nous sommes ainsi un vieux pays d'Europe qui souhaite garder avec l'Union soviétique une relation constructive. »*

Le Président rappelle l'invitation qu'il avait formulée pour M. Tchernenko. Cette invitation, qui s'adressait au pays en même temps qu'à l'homme, reste actuelle. La personne a changé, le pays reste le même. M. Gorbatchev sera le bienvenu en France. Il honorera la France en répondant à cette invitation qui permettra de continuer la conversation présente. Le Président confirme l'idée d'échange de messages pour le quarantième anniversaire de la Victoire commune qui doit tant à l'Union soviétique et à ses sacrifices. *« Nous n'avons pas honte de dire ce que nous devons au peuple russe pour notre liberté. Mais il est vraisemblable aussi que nous parlerons de détente et de paix dans ces messages. »*

S'agissant du désarmement, le Président rappelle que la France est tout à fait en faveur de la réduction des armements existants, ce qui suppose qu'il faudrait commencer à négocier dès maintenant sur les armements futurs. Il est plus logique et plus commode de discuter dès maintenant de l'espace plutôt que d'attendre qu'y soient installés des armements puissants. C'est pourquoi, lors de son dernier voyage en URSS, le Président a indiqué que la France était prête à poursuivre les conversations en cours entre les deux pays sur les armements dans l'espace. Les dispositions du gouvernement français sont les mêmes, elles n'ont pas changé. Mais si les deux plus puissants pays du monde poursuivent leurs recherches et, faute de s'entendre, fabriquent ces armements, la France sera obligée de chercher sa place dans ce rapport de forces, et elle la trouvera. Cependant, il serait préférable de contribuer à enrayer ce mouvement vers l'armement de l'espace pendant qu'il est encore temps. Le Président pense d'ailleurs que cette idée est inscrite dans le programme soviétique des négociations de Genève avec les Américains.

Le Président souligne qu'il suivra avec intérêt ces développements et, s'il pouvait contribuer par des discussions avec les Soviétiques et les Américains à ce qu'une pause évite ce surarmement, il ne manquerait pas de le faire. Comme M. Gorbatchev l'a dit lui-même, il faut l'égalité et la sécurité, et que cette égalité et cette sécurité soient contrôlées. Quant aux intentions des négociateurs, le Président n'est pas en mesure de les deviner, qu'il s'agisse des Américains ou des Soviétiques. Lorsqu'il rencontre le Président Reagan, il l'interroge. Mais ce sont les actes qui comptent. Le raisonnement est le même, qu'il s'agisse des Américains ou des Soviétiques.

M. Gorbatchev promet d'informer en temps voulu le gouvernement français du développement des pourparlers. Les Soviétiques tâcheront de donner à cette information le maximum d'objectivité.

Le Président : *« Nous entrons dans une période nouvelle de nos relations, sans complaisance et en toute loyauté. »*

Le Président a ensuite deux rencontres impromptues avec deux participants au prochain Sommet de Bonn : Mulroney et Nakasone.

François Mitterrand n'a jamais éprouvé de passion pour la cause québécoise, qu'il juge dépassée. Le projet de Sommet francophone peut progresser si Québécois et Canadiens s'entendent sur leur mode de représentation : conjointe ? séparée ? égale ? différenciée ?

**Brian Mulroney** (sur le Québec) : *M. Lévesque a eu la sagesse d'abandonner sa revendication de souveraineté. Il remonte maintenant la pente de la popularité.*

*Le Président Reagan sera à Québec la semaine prochaine et je crois que c'est la première fois qu'un Premier ministre québécois sera associé à toutes les manifestations.*

*Lévesque et moi, nous parlons tous les deux pour le Québec. Moi aussi, j'ai un mandat des francophones. Je dois d'ailleurs penser aussi aux minorités francophones hors du Québec. Mais le Québec jouera de toute façon un rôle respectable et important dans le Canada de demain.*

**François Mitterrand :** *Il y a un très bon climat dans les relations franco-canadiennes. C'est vrai que, pendant longtemps, c'était un peu difficile pour nous, à cause des problèmes Canada/Québec. C'était difficile d'aller à Ottawa, vous le comprenez bien, sans passer à Québec, et difficile aussi d'aller à Québec sans aller à Ottawa. Il y avait des problèmes de protocole insolubles.*

*Dans le bon climat des relations avec le Canada, il y a un seul problème qui ressort, c'est celui de Saint-Pierre et Miquelon. Je crois même qu'il y a un contentieux à propos d'un chalutier. Pour ma part, je suis tout à fait disposé à un arbitrage. Je préfère avoir raison, bien sûr, mais si des juges internationaux impartiaux me disent que j'ai tort, je m'inclinerai.*

**Brian Mulroney :** *J'ai promis à mon ami Fabius de régler ce problème. Il m'a annoncé un émissaire que je recevrai après la visite du Président Reagan.*

**François Mitterrand :** *Nous allons nous revoir au Sommet de Bonn. Je voudrais vous expliquer ma conception de ce Sommet, car j'ai une petite dispute amicale avec le Président Reagan à ce sujet. Il veut en faire un directoire, et je crains que cette impression de directoire n'agace les non-alignés et le Tiers Monde. Je suis donc réservé en ce qui concerne certains aspects de l'ordre du jour.*

*Il faut bien voir que tout cela est très différent de ce qui avait été conçu à l'origine, où il devait s'agir de contacts informels et tout à fait personnels pendant deux jours entre quatre dirigeants.*

*Au premier Sommet auquel j'ai participé, à Ottawa, cette rencontre était présentée par les Américians comme un combat de boxe où il devait y avoir un vainqueur et un vaincu, si possible par k.o. Et on voit bien qui devait être le vainqueur.*

*A Versailles, le ministre des Finances américain, Don Regan, sortait constamment pour expliquer que les engagements pris n'avaient pas de valeur.*

*A Londres, cela a été mieux. Mme Thatcher a bien organisé son affaire, mais nous avons dû résister en permanence au désir de traiter de questions qui ne sont pas de la compétence des Sommets, comme dans l'Alliance atlantique où il existe la tentation de débordements hors-zone. Il est bien normal que nous voulions ensemble parler des problèmes qui surgissent partout dans le monde. Mais si on nous propose des textes, attention ! Je ne suis pas partisan de structures permanentes. Le Président Reagan souhaiterait des réunions de ministres spécialisés (pour l'environnement, le terrorisme) entre les Sommets. Je suis réticent.*

**Brian Mulroney :** *Avez-vous des inquiétudes sur certains sujets ?*

**François Mitterrand :** *Je ne veux pas que nous nous érigions en tribunal du monde. Le Chancelier Kohl a ainsi essayé d'organiser, en marge du Sommet, des réunions des ministres chargés de la lutte contre le terrorisme. Je ne veux pas être engagé dans des phobies qui ont cours en Californie, mais pas en Europe. Le plus intéressant, le plus rentable, ce serait de passer deux jours ensemble, sans aucun ordre du jour.*

**Brian Mulroney :** *C'est vrai que dès que j'ai pris mes fonctions, on m'a dit de me préoccuper déjà de la préparation de ce Sommet, de l'agenda. Tout cela est très structuré.*

**François Mitterrand :** *Les contacts directs, c'est utile, intéressant, amical. Mais je résisterais si on me proposait, par exemple, une résolution sur l'Amérique Centrale.*

**Brian Mulroney :** *Le Canada non plus ne le souhaite pas.*

**François Mitterrand :** *Oui, j'ai noté dans ces Sommets que la France et le Canada restaient en général sur leur quant-à-soi face à cette évolution.*

**Brian Mulroney :** *Vous connaissez le Président Reagan. Il a une perception assez... catégorique et radicale de ces questions.*

**François Mitterrand :** *A Williamsburg, les Américains ont proposé au dernier moment une résolution concernant les Pershing, qui faisait remarquer que les pays d'Europe de l'Ouest, comme le Japon, avaient à faire face à une menace identique qui était celle des SS 20. On a parlé ensuite de sécurité globale. J'ai dû résister à cette interprétation, d'où un risque de tension amicale avec les États-Unis.*

*Je voulais vous dire à l'avance, avant le Sommet de Bonn, pourquoi je peux avoir à prendre des attitudes de ce type, ce qui ne m'empêche pas d'avoir des relations tout à fait amicales avec le Président Reagan et de l'amitié, de l'affection, même, pour le peuple américain.*

**Brian Mulroney :** *En ce qui concerne le Sommet francophone, M. Lévesque m'a fait vendredi dernier, sur le rôle du Québec, des propositions qui comportent des éléments inacceptables : il n'est pas possible, du point de vue des relations internationales, de lui reconnaître des compétences qui sont nôtres et il faut, je vous le répète, que je tienne compte de la protection des minorités francophones en dehors du Québec. Mais je suis d'accord pour que le Québec joue un rôle particulier et je pense que nous pourrons quand même trouver une solution. Je pense en reparler avec M. Lévesque.*

**François Mitterrand :** *La France n'a pas du tout l'intention de s'immiscer dans la détermination de vos positions, et elle respectera vos décisions.*

Le Président voit ensuite M. Nakasone, original, cultivé, francophile. On parle du GATT et du Sommet de Bonn.

**M. Nakasone :** *Je voulais effectuer une visite en France au mois de mai. Mais cela doit être retardé. Je voudrais venir en France soit début juillet, ou mieux encore pour le 14 Juillet, ou début septembre. Je souhaiterais beaucoup, à cette occasion, me rendre en province.*

**François Mitterrand :** *La France aurait souhaité vous accueillir à la date prévue, mais vous serez le bienvenu un peu plus tard.*

**M. Nakasone :** *Je souhaiterais revoir mon vieux professeur de français qui habite Montpellier.*

**François Mitterrand :** *C'est entendu, nous organiserons cela.*

**M. Nakasone :** *Le Japon a des excédents commerciaux importants qui me préoccupent.*

**François Mitterrand :** *Ils inquiètent aussi nos pays.*

**M. Nakasone :** *Il y a d'autre part le problème du nouveau* round *de négociations commerciales...*

**François Mitterrand :** *Je dois vous dire qu'en France, nous n'y sommes pas très favorables. Il y a bien des problèmes à régler avant, notamment en ce qui concerne le système monétaire, ou plutôt l'absence de système monétaire. Ce problème d'un nouveau* round *découle des problèmes américains en matière de production agricole. Nous ne participerons pas à cette discussion s'il n'y a pas eu de remise en ordre monétaire avant.*

**M. Nakasone :** *Le Sommet de Bonn est justement une bonne occasion pour parler de cela.*

**François Mitterrand :** *Je suis d'accord pour avoir cette discussion à Bonn, même si j'ai des réserves sur le fond. Je ne veux pas que nos problèmes soient réglés à sens unique. Les États-Unis nous imposent déjà les conséquences de leur déséquilibre budgétaire, leurs taux d'intérêt élevés, le désordre monétaire. Ils ne vont pas, en plus, démolir notre système commercial !*

*Les nouvelles négociations commerciales sont prématurées. Je ne refuse pas cet examen, mais le Président Reagan a déjà annoncé une date : le 1er janvier 1986. Nous ne voulons pas être enfermés dans une date aussi proche.*

**M. Nakasone :** *Il nous faut aussi tenir compte des problèmes Nord/Sud, qui sont très importants et qui seront discutés à Bonn.*

*Ces dernières années, il y a eu un développement des investissements français au Japon, c'est une chose très positive, et nous avons pu accroître nos importations de produits français.*

**François Mitterrand :** *Il y a eu aussi des investissements japonais en France. Je m'en réjouis. Je crois que les industriels japonais sont satisfaits et qu'il n'y a pas de problème social. Je dois d'ailleurs vous dire à ce sujet qu'au cours des trois dernières années, il y a eu moitié moins de journées de grève en France que pendant toutes les années depuis 1945...*

Au total, on aura vu pas mal de monde en douze heures. Du bon usage des enterrements...

**Jeudi 14 mars 1985**

Au Conseil des ministres, François Mitterrand évoque ses rencontres à Moscou : *« Au Kremlin, plus personne ne pensait à Tchernenko. Et il semble bien que l'on soit passé d'une époque à une autre avec l'arrivée de Gorbatchev, qui est nettement plus jeune que tous les autres membres de la direction soviétique. Pour lui, l'âge des autres membres du Politburo constitue un avantage. Dans les années qui viennent, nous allons assister à une véritable hécatombe. Par le simple ordre des choses et sans qu'il y ait lieu de précipiter le mouvement, Gorbatchev n'aura qu'à récolter le fruit du travail de la Mort...*

*Le désarmement revenait avec insistance dans ses propos. C'est là-dessus que la diplomatie soviétique mettra l'accent. Il est probable que Gorbatchev cherchera un certain rapprochement avec la France. D'ailleurs, Gromyko s'est montré des plus charmants. Qu'est-ce que cela veut dire ? Je ne pense pas que cette bonne humeur implique un renoncement à la politique étrangère qui est la sienne depuis trente-quatre ans. Néanmoins, il semble que la France entre, un peu plus que par le passé, dans ses calculs. Cela peut être bon ou mauvais, selon le cas. Il songe sans doute à faire quelques sorties. La France est commode, de ce point de vue.* »

**Vendredi 15 mars 1985**

Sir Geoffrey Howe fait un discours très critique sur l'IDS, mais confirme que la Grande-Bretagne entend y participer. Ses représentants luttent d'ailleurs, à la réunion de l'UEO, contre l'expression d'une *« réponse coordonnée »* à l'IDS.

L'idée d'une initiative sur l'union politique mûrit dans de nombreuses capitales. Jacques Delors, pour sa part, ne compte pas mettre un projet sur la table, mais appuierait une initiative franco-allemande.

Lors de leur réunion régulière, le patron du SDECE, l'amiral Lacoste, annonce au chef d'état-major particulier du Président, le général Saulnier, qu'il va *« envoyer des gens surveiller* Greenpeace, *qui veut gêner les essais nucléaires français dans le Pacifique »*. Il s'agit de *« surveiller »*, et seulement de *« surveiller »*, précise-t-il. Il ajoute : *« J'en ai parlé au Président. »* C'est possible, pense Saulnier : le Président le voit à intervalles plus ou moins réguliers en strict tête à tête.

**Dimanche 17 mars 1985**

Deuxième tour des élections cantonales. Désastre pour la gauche : 53 % des voix à droite.

François Mitterrand : *« Quel que soit le mode de scrutin, nous serons battus en 1986 ! »*

**Mardi 19 mars 1985**

Au petit déjeuner, François Mitterrand sur la réforme de la loi électorale, de plus en plus urgente : *« Nous nous sommes engagés à y mettre de la proportionnelle. Quel est notre intérêt ? Nous avons quatre objectifs, qu'il faut hiérachiser si on ne peut les concilier : pas de majorité absolue RPR, pas de majorité absolue RPR-UDF, faire émerger un centre, donner le plus de sièges possible au PS. Le scrutin majoritaire à deux tours favorise le RPR. Il faut l'éliminer. Si on n'a que 41 % à gauche, quel que soit le mode de scrutin, les trois derniers objectifs sont inaccessibles. En conséquence, comme tous les modes de scrutin vont donner une majorité UDF-RPR, ils sont identiques. Et il ne faut pas chercher à ce qu'ils aient une majorité courte. Les plus courtes sont les plus dures. Sauf avec la représentation proportionnelle intégrale, avec tout autre système, on a la majorité des sièges avec 45 % des voix. Aussi, quels correctifs faut-il apporter à la proportionnelle pour récupérer les restes ? Il faut un système de restes nationaux, ou alors beaucoup de députés locaux pour récupérer nos restes. Le choix est donc entre la proportionnelle nationale et 60 députés de plus, tout en sachant qu'aucun système n'empêchera la coalition RPR-UDF d'être majoritaire. »*

**Lionel Jospin :** *Seule la proportionnelle nationale casse l'UDF. Il faut un système simple.*

**François Mitterrand :** *C'est vrai, mais le psychologique passe après le résultat.*

**Lionel Jospin :** *Le système départemental a l'inconvénient de laisser les fédérations choisir les candidats.*

**Laurent Fabius :** *Le choix régional risque de priver les socialistes de députés dans certains départements.*

**François Mitterrand :** *Ce serait inacceptable. Il y aura déjà des départements qui ne seront pas représentés. Par ailleurs, nous ne pouvons plus dire à l'avance avec qui nous allons gouverner. La proportionnelle est donc nécessaire. Et plus la proportionnelle est nationale, plus on morcelle les autres. Après tout, c'est de Gaulle qui a instauré la proportionnelle en 1945.*

A propos des chômeurs : *Il faut voter une grande réforme pour améliorer la situation des chômeurs en fin de droits. Nous ne devons laisser à la droite aucune grande loi sociale à voter après 1986.*

Après avoir vu Roland Dumas, H.-D. Genscher parle très positivement d'*Eurêka*, mais en tirant la couverture à lui. Il explique que c'est son idée. Il craint un ralliement de Kohl à l'IDS lors du prochain débat militaire au Bundestag, prévu pour le 18 avril.

**Mercredi 20 mars 1985**

Pierre Bérégovoy, à qui je parle des craintes d'André Rousselet pour *Canal-Plus* et de ses demandes pressantes d'aide de l'État : *« Pas question que l'État renfloue* Canal-Plus, *du moins pour l'instant. L'État ne doit pas se mêler de tout... Le dirigisme n'est pas né avec les socialistes, mais il va disparaître avec eux. »* Formidable mutation d'un homme gagné au libéralisme après toute une vie de social-démocrate.

**Jeudi 21 mars 1985**

Accord européen sur la distribution d'essence sans plomb.

Une nouvelle réunion se tient à l'Élysée sur la réforme de la loi électorale. Autour de François Mitterrand, Fabius, Joxe, Jospin et Poperen. Le Président se contente d'écouter. Les avis sont partagés.

La Cour des comptes s'intéresse au Centre mondial informatique. A juste titre. Jean-Jacques Servan-Schreiber souhaite en quitter la présidence. Nul ne le retient.

**Vendredi 22 mars 1985**

Marcel Fontaine, vice-consul, est enlevé à Beyrouth. Deux heures plus tard, Marcel Carton l'est à son tour avec sa fille. Les ravisseurs, qui se réclament du Djihad islamique, exigent la libération de G.I. Abdallah.

**Samedi 23 mars 1985**

Pomonti organise à Paris une réunion avec toutes les entreprises intéressées par TDF1. Décidément un des plus désastreux projets hérités du septennat précédent : très cher à arrêter, très cher à poursuivre, impossible à achever. Dans tous les cas, un échec assuré, une frustration garantie.

Réunion de *sherpas* à Bonn. On me redemande d'approuver la réunion du GATT et le lancement de l'IDS. Nouveau refus, nouvel isolement de la France.

**Dimanche 24 mars 1985**

Rocard annonce publiquement son désaccord avec une éventuelle réforme électorale instaurant le scrutin proportionnel.

A Téhéran, Rafigh Doust, ministre des Pasdarans, propose à notre ambassadeur d'engager *« des discussions secrètes »* en France ou ailleurs. *« La France,* dit-il, *ne doit pas craindre d'améliorer ses relations avec l'Iran. Cela ne nuira en rien à ses rapports avec le monde arabe... La solution du contentieux Eurodif fait partie des conditions d'une reprise, mais ce n'est pas la condition essentielle. L'Iran ne considère pas le groupe Naccache comme des terroristes. Ces hommes n'ont fait qu'accomplir leur devoir religieux. Téhéran est prêt à indemniser les familles de victimes. Cette affaire traîne depuis cinq ans, il est temps d'y mettre un terme. »*
Quel rapport avec les enlèvements d'avant-hier ?

**Lundi 25 mars 1985**

Gilles Peyroles est enlevé à Tripoli, au Liban, par les FARL. Nous avons donc quatre otages là-bas.

Le Président américain écrit aux autres membres de l'OTAN pour leur demander de se prononcer, dans les soixante jours, sur leur participation à l'IDS comme *« sous-traitants »*. Stupide mise en demeure. *« Sub-contract »* veut bien dire *« sous-traitance »*, mais *« sous-contractant »* n'a pas le sens péjoratif de la traduction principale et signifie plutôt *« contractant d'un contractant »*. La lettre de Reagan est même rendue publique avant même de parvenir aux destinataires. Nouvel impair.

Les Américains nous font savoir par ailleurs qu'ils vont proposer à la France une coopération ponctuelle sur l'IDS ; ils mentionnent même que celle-ci pourrait également porter sur l'amélioration de la capacité de pénétration de nos forces nucléaires face à un éventuel renforcement des dispositifs défensifs soviétiques...

Participer à l'IDS américaine serait une illusion dangereuse. On nous ferait miroiter des contrats industriels mirifiques, mais, en réalité, nous n'aurions jamais une part importante des marchés de pointe. Par cette voie, l'Europe n'atteindra jamais à une réelle autonomie technologique dans ces secteurs essentiels.

Interrogé sur cette lettre, un porte-parole du gouvernement de Bonn déclare : *« En cas de participation, nous ne voulons pas miser sur le mauvais cheval. Nous ne pouvons pas dire si nous allons participer à une recherche fondée sur un concept que nous ne connaissons même pas. »* La CDU est pour une approbation inconditionnelle de l'IDS. A l'inverse, H.-D. Genscher souhaite la construction d'une Europe technologique. Kohl incline vers la position de Genscher, mais se demande ce que souhaite la France. Le Chancelier doit arbitrer entre partisans de l'approbation sans conditions de l'IDS et ceux qui, comme Genscher, pensent d'abord à ce qui est souhaitable pour l'Europe. Au total, pour la RFA : les efforts soviétiques justifient le programme de recherche américain ; il faut respecter le Traité ABM ; la stratégie actuelle de riposte flexible de l'Alliance doit être maintenue aussi longtemps qu'il n'y aura pas d'alternative crédible ; il faut maintenir l'unité politique et stratégique de l'Alliance et empêcher tout découplage ; il faudra juger, le moment venu, de l'utilité éventuelle des systèmes défensifs ; une attitude européenne commune serait souhaitable.

Le ministre britannique de la Défense déclare que la Grande-Bretagne participera certainement au programme. Le Canada y participera à condition que cela crée des emplois au Canada. M. Martens ne voit pas comment la Belgique pourrait ne pas participer. Le Parlement danois vote un texte enjoignant au gouvernement de refuser l'invite américaine.

Le Chancelier Kohl dîne à l'Élysée pour préparer le prochain Sommet de Bruxelles. Il parle d'abord du congrès de son Parti, puis de l'élargissement au Portugal et à l'Espagne ; on parle de Gorbatchev et de l'IDS, du lancement d'*Eurêka* :

**Helmut Kohl :** *Pour préparer Milan, il faut discuter entre nous sur la base du rapport Doodge, puis, à Milan, décider d'une conférence intergouvernementale.*

**François Mitterrand :** *Oui, et si on nous la refuse, nous discuterons avec ceux qui acceptent. Attali préparera cela avec vos collaborateurs.*

**Helmut Kohl :** *En Italie, le Président, après Fanfani, sera Forlani. Il est bien.* [Ce sera en fait Cossiga.] *Les jeunes quittent la Démocratie chrétienne. Le pape actuel gêne la Démocratie chrétienne, car il ne s'occupe pas de l'Italie.*

Helmut Kohl évoque les obsèques de Tchernenko, auxquelles il a lui aussi assisté : *« Les amiraux soviétiques étaient fascinés par Gorbatchev, et Gorbatchev ressemblait à Napoléon. »*

**François Mitterrand :** *Gorbatchev aura à nommer les remplaçants de ceux qui partent en raison de leur âge ; c'est une chance pour lui.*

**Helmut Kohl :** *J'espère que les choses vont bouger maintenant à l'Est. Honecker est très apprécié à Moscou, et il a de la marge de manœuvre. Husak aussi a de la marge. Nous devrions aider Jaruzelski. Tout ce qui viendrait après lui serait pire. Les Polonais ont toujours eu les yeux plus gros que le ventre et des ambitions au-dessus de leurs moyens.*

On discute de la déclaration du 8 Mai des membres de l'OTAN sur l'unité allemande. On décide de la faire aussi modeste que possible.

**François Mitterrand :** *Il nous faut lancer un grand projet technologique pour l'Europe, à retombées à la fois civiles et militaires. L'avenir de l'Europe se joue dans ces grands projets, comme je l'ai dit dans mon discours de La Haye à propos de la station spatiale habitée. Je propose donc de créer une Communauté européenne des hautes technologies baptisée Eurêka, institution légère où les pays qui veulent s'associer à un projet précis pourront le faire de façon souple, sans nécessairement s'associer à tous les projets. Ils pourront lui confier la gestion des programmes de haute technologie actuellement gérés par la CEE et un droit de regard sur ceux qui ne le sont pas, tel l'espace, géré par l'ESA (qui étudie actuellement le programme de la station spatiale habitée européenne), engager des collaborations européennes nouvelles dans les six secteurs-clés de l'avenir, où nous risquons d'être pétrifiés par le bond en avant des Américains. En voici la liste : utilisation des lasers, architecture des grands ordinateurs, intelligence artificielle, traitement d'images et reconnaissance des formes, nouveaux matériaux et composants, faisceaux de particules. Les financer par des ressources exceptionnelles de la Communauté tels que des emprunts à long terme d'un montant d'au moins 2 milliards d'écus par an. Organiser en conséquence les politiques des marchés publics et les politiques industrielles de nos pays.*

Le Chancelier allemand en est d'accord : *« Il faut en parler aux Anglais. Puis mettre sur pied un petit comité qui préciserait un peu le projet dans la semaine, avant le Sommet de Bruxelles. »*

**Mardi 26 mars 1985**

Au menu du petit déjeuner, le mode de scrutin : il faut retenir le plus simple. Ce sera le scrutin proportionnel départemental à un tour à la plus forte moyenne, sans panachage des listes, avec un seuil d'éligibilité de 5 % des suffrages exprimés. Le nombre de députés passe de 491 à 577. Le Président est loin d'être enthousiaste. Les élections régionales, organisées le même jour, pour la première fois au suffrage universel, se dérouleront également à la proportionnelle.

A Luxembourg, les ministres de la Défense des pays membres du commandement intégré de l'OTAN sont réunis. Caspar Weinberger est là et obtient l'approbation de l'IDS.

Le secrétaire général de l'OTAN, Lord Carrington, espère que les ministres des Affaires étrangères approuveront début juin, à Lisbonne, l'IDS dans les mêmes termes que leurs collègues de la Défense.

Si la France ne prend pas d'initiative très vite, les Européens glisseront irrésistiblement vers une approbation molle ou résignée de l'Initiative de Défense Stratégique, sans qu'aucun objectif européen propre n'ait été défini. Les industriels concernés (Thomson, Matra, SNIAS) sont sûrs que si la participation des principaux pays européens à l'IDS se fait en ordre dispersé, ils seront cantonnés dans les secteurs marginaux du programme américain, et notre retard technologique ne sera en rien comblé. Il faut aussi éviter que les opinions publiques ne soient tentées de lâcher la proie pour l'ombre, d'abandonner un système de sécurité qui existe (le nucléaire) contre un autre bouclier qui n'existe pas encore et dont Weinberger dit qu'il ne sait même pas s'il est faisable.

Calcul fait, les Dix consacrent 50 milliards de dollars (dont 30 entre la France et l'Allemagne) à la recherche et au développement des techniques de pointe (informatique, énergie nucléaire, espace), contre 130 aux États-Unis, dont 30 pour le militaire. Mais les Dix ne consacrent qu'un milliard de dollars à leur recherche en commun dans ces secteurs. Cette absence de coordination réduit l'efficacité des dépenses nationales.

Le projet de « Communauté européenne du haute technologie » *(Eurêka)* se précise : dotée de 2 milliards d'écus par an (par emprunt à long terme), gérant des recherches dans six domaines clés (utilisation des lasers, architecture des grands ordinateurs, intelligence artificielle, traitement d'images et reconnaissance des formes, nouveaux matériaux et composants, faisceaux de particules), elle est la seule réponse.

François Mitterrand : *« Dire à Dumas que j'aimerais officialiser une proposition de la France allant dans ce sens. »*

De Nouméa, Pisani envoie un nouveau plan au Président. Il a revu sa copie : un référendum qui organise l'indépendance pour dans deux ans. François Mitterrand passe le projet à Fabius, qui l'enterre : pour lui, maintenant, tout référendum sera perdu ; mieux vaut créer quatre régions avec un découpage tel que les Kanaks auront la majorité dans trois d'entre elles et au sein du Conseil de l'île.

**Mercredi 27 mars 1985**

Le Président reçoit Caspar Weinberger, venu de Luxembourg. Il lui explique notre scepticisme : le bouclier de l'IDS ne sera pas étanche ; il suffit que 5 % des têtes nucléaires soviétiques passent pour que la moitié des villes américaines soient détruites. Et les missiles de croisière ne sont pas détectables.

Le secrétaire américain à la Défense répond qu'à terme, le bouclier sera étanche. Reagan veut *« réunir le plus de compétences possible et exploiter les talents disponibles chez les pays alliés. Les Soviétiques y travaillent depuis vingt ans, ce qui montre que les débouchés ne sont pas rapides ».*

**François Mitterrand :** *Participer au programme de recherche américain IDS dans ces conditions pose un tout autre problème. Sans revenir sur la forme de la proposition (le texte a été rendu public avant que la lettre ne nous soit parvenue, et il nous est fixé un délai de soixante jours qu'aucune considération technique ou militaire ne justifie), je vois à cette participation six risques : l'intégration dans un "Super-OTAN" ; le risque de sous-traitance ; le risque de cautionner un concept stratégique contraire à celui de la dissuasion ; le risque de voir "éponger" les capacités financières de recherche françaises et européennes ; et le détournement des cerveaux.*

François Mitterrand me dit à l'issue de cette réunion : *« Devrons-nous quand même plus tard participer au programme de recherche américain ? A mon avis, oui, à condition, d'une part, que ce soit des entreprises qui participent (pour leur propre compte, dans des domaines identifiés avec précision et qui présentent réellement de l'intérêt), mais pas le gouvernement, afin de ne pas cautionner le concept ; d'autre part, que le programme européen* Eurêka *ait été lancé simultanément ; enfin, que les sommes consacrées à la participation éventuelle aux recherches IDS soient limitées. »*

*A la réunion du groupe socialiste sur la réforme de la loi électorale, Pierre Joxe introduit le débat : « La finalité proportionnelle est arrêtée pour les élections régionales et législatives, mais les modalités ne le sont pas encore. »*

Sur 24 intervenants, 14 défendent le maintien du scrutin majoritaire, certains avec un additif, d'autres avec un correctif ; d'autres encore se réfèrent au système allemand ; 7 se prononcent pour la proportionnelle départementale ; 3 préconisent le *statu quo* complet. Fabius annonce que les élections régionales auront lieu à la proportionnelle départementale en même temps que les élections législatives. Il ne s'exprime pas précisément sur le mode de scrutin législatif, se bornant à déclarer que le débat doit être tranché rapidement (le 3 avril, si possible) et que la loi doit être simple. Certains députés en déduisent qu'il penche en faveur de la proportionnelle départementale.

Laurent Fabius : *« Le gouvernement et sa majorité ne doivent pas être paralysés par les futures échéances électorales, mais doivent à la fois se consacrer à des projets à long terme (projet de loi concernant la recherche ; la modernisation de la police ; l'Europe ; le Budget 1986) et à la vie quotidienne des Français (projets de lois relatifs à la mutualité, à la vie associative, à l'égalité femmes-hommes ; mensualisation des retraites sur deux ans ; fins de droits). Il faut éviter de donner une impression de fin de règne. »*

**Jeudi 28 mars 1985**

Christine Ockrent quitte *Antenne 2*.

Le Bureau exécutif du PS renvoie au gouvernement le soin de décider d'un nouveau mode de scrutin. Ponce Pilate loge rue de Solférino.

Mort de Chagall. Un jour, son étonnement devant un photographe qui rêvait d'une photo de lui — *« Et vous gagnez votre vie avec ça ? »* — m'avait ravi.

Arafat fait savoir à Dumas qu'à son avis, les otages français ne seront libérés qu'en échange des Iraniens détenus en France.

Yves Bonnet, patron de la DST, envoyé à Alger, explique qu'Abdallah, arrêté à Lyon, sera légalement libéré pendant l'été en raison des faibles charges qui pèsent contre lui. Les Algériens lui répondent que le Français enlevé au Liban, Peyroles, sera relâché si Abdallah l'est aussi. On obtient que celui-là précède celui-ci.

Le Conseil des ministres des Affaires étrangères de la Communauté paraphe cette nuit l'accord d'adhésion de l'Espagne et du Portugal à compter du 1er janvier 1986.

**Vendredi 29 mars 1985**

Attentat antisémite dans un cinéma parisien (18 blessés). Qui d'entre nous est à l'abri ? Où ?

Le Sommet de Bruxelles commence, sous présidence italienne. On traite d'abord de l'élargissement et des Programmes intégrés méditerranéens (PIM). On examine ensuite les deux rapports demandés à Fontainebleau.

**Bettino Craxi :** *Si le chapitre de l'élargissement est clos — et tout permet de croire qu'il le sera — avant le Conseil européen de Milan, il restera à trouver une solution acceptable par tous pour les Programmes intégrés méditerranéens. Je crois à ce propos que les dernières propositions de la Commission offrent une base de discussion constructive qui devrait permettre d'aboutir à un accord au cours de la réunion du Conseil "affaires générales" qui est prévue.*

Pour les PIM, la proposition de la Commission est de créer une nouvelle enveloppe budgétaire de 2 milliards d'écus sur sept ans à répartir entre la Grèce, l'Italie et le Sud de la France. Cela est proche des demandes formulées par la Grèce au Conseil de Dublin. La moitié au moins ira à ce pays, le reste étant réparti à égalité entre la France et l'Italie. Le Royaume-Uni trouve le chiffre de 2 milliards d'écus beaucoup trop élevé. Le pourboire grec étant fixé, l'Espagne et le Portugal pourront entrer dans le Marché commun...

Le rapport Doodge propose la création d'une Union européenne avec un marché intérieur intégré, le renforcement des pouvoirs de la Commission et du Parlement, et une politique extérieure commune, avec un secrétariat permanent de coopération politique distinct du Conseil des ministres et de la Commission. Chiffon rouge pour les fonctionnaires de Bruxelles : ils feront tout pour faire échouer un tel projet, qui les prive du pouvoir politique.

Le texte propose de renforcer les institutions en facilitant la prise de décision majoritaire au sein du Conseil, en donnant plus de pouvoirs de gestion à la Commission et des droits nouveaux au Parlement, *« gage de démocratie du système européen »*.

Le rapport Adonino propose, lui, la création d'une chaîne de télévision européenne, d'une Académie européenne des sciences et de la technologie, le développement d'une industrie européenne du film et de l'enseignement des langues européennes. Il suggère aussi la création d'équipes sportives européennes, l'adoption d'un drapeau et d'un hymne communs, une meilleure coopération en matière de lutte contre l'immigration, le trafic de drogue et la criminalité, enfin la reconnaissance de l'équivalence des diplômes.

La France propose une coopération dans la recherche contre le cancer et la création d'une carte médicale européenne.

A notre demande, le Conseil européen évoque aussi *« le drame de la sécheresse en Afrique »*. Bettino Craxi présente à ce sujet un rapport sur l'application des décisions prises au Conseil de Dublin. Des propositions françaises sont faites. Elles constituent un cadre d'ensemble sur l'aide d'urgence.

Pour torpiller *Eurêka*, la Commision lance un Programme européen de technologie gérant les recherches dans six domaines-clés (utilisation des lasers, architecture des grands ordinateurs, intelligence artificielle, traitement d'images et reconnaissance des formes, nouveaux matériaux et composants, faisceaux de particules). Mais Jacques Delors commet une erreur : il annonce qu'il en coûtera 2 milliards d'écus, alors que, pour *Eurêka*, on n'a pas encore cité de chiffre. Mme Thatcher le contre. Le Président décide de ne pas parler d'*Eurêka* ici ; l'ambiance est à refuser tout projet nouveau : ce n'est pas une initiative pour la Communauté.

Le communiqué du Sommet ne mentionne donc ni le projet Delors, ni *Eurêka*. On a peut-être lâché la proie pour l'ombre. Delors est furieux...

Le fonctionnement de la Communauté à Douze ne sera pas facile à assurer. L'adhésion de deux nouveaux États, les difficultés prévisibles pour recueillir des majorités raisonnables — par exemple dans le domaine budgétaire et à propos des prix agricoles —, du fait de l'apparition d'éventuelles nouvelles minorités de blocage, compliquent la situation. Or nous avons en perspective la question du nouveau plafond de ressources propres, une réflexion agricole entamée à Bruxelles, des différends possibles avec certains de nos grands partenaires commerciaux.

**François Mitterrand :** *Nous ne pouvons accepter que, sous prétexte de rigueur budgétaire, on définisse une politique rigoureuse des céréales ; puis que l'on s'oppose à une nécessaire diminution des prix du blé ; enfin, que l'on nous dise demain qu'il n'y a plus d'argent pour financer les restitutions et que nous n'avons qu'un soutien moral de nos partenaires contre l'offensive américaine sur le blé. Les exportations françaises de céréales couvrent le quart de nos importations de pétrole. Vous craignez la dérive budgétaire, nous aussi ; nous n'accepterons pas de remise en cause des principes et fondements de la Politique agricole commune, vous non plus.*

Bruno Masure révèle l'« affaire Farewell » au journal télévisé. Il faut tout arrêter. Farewell est perdu.

**Samedi 30 mars 1985**

Je reçois du *sherpa* allemand le projet de déclaration politique pour le Sommet de Bonn élaboré à l'occasion du quarantième anniversaire de la fin de la Seconde Guerre mondiale. Texte inacceptable car, comme à Williamsburg, on nous demande de prendre parti dans la négociation de Genève en faveur des thèses des Américains :

> *« Nous avons tiré les leçons de l'Histoire. La fin de la guerre a marqué un nouveau commencement. Tandis que les derniers combats cessaient, nous nous sommes consacrés à la reconstruction matérielle et au renouveau moral et spirituel. Ceux d'entre nous qui ont gagné la guerre ont tendu la main aux vaincus en signe de réconciliation et de soutien. Nous espérons vivement une situation de paix pour l'Europe, qui permettra au peuple allemand de retrouver son unité grâce à une libre autodétermination. Nous nous félicitons de l'ouverture des négociations à Genève et invitons instamment l'Union soviétique à répondre de façon positive aux efforts déployés par les États-Unis pour aboutir à des accords de portée notable. »*

Exactement le même problème qu'à Williamsburg, mais, heureusement, pas à la dernière minute... De longues négociations en perspective si on veut empêcher ce texte de passer tel quel ! C'est, avec l'IDS et le GATT, une troisième menace de conflit franco-américain au Sommet de Bonn.

**Dimanche 31 mars 1985**

A Beyrouth, la fille de D. Carton est libérée. Un otage de moins.

**Lundi 1er avril 1985**

Harlem Désir lance « SOS Racisme ». Jean-Louis Bianco a tout organisé à l'initiative de Jean-Loup Salzman et Julien Dray. Christophe Riboud a financé. En bon militant, Coluche les soutient parce que je le lui ai demandé.

Élie Wiesel propose au Président de se rendre à Hiroshima en août prochain à l'occasion du quarantième anniversaire de l'explosion atomique. Leonard Bernstein et Barbara Hendricks y seront. Le Président refuse.

Durant la nuit, libération de Gilles Peyroles dans la plaine de la Bekaa.

L'État efface la dette de 12 milliards de Renault. Georges Besse annonce plus de licenciements que n'en prévoyait Hanon : 21 000 au lieu de 15 000.

**Mardi 2 avril 1985**

Conformément à l'accord passé à Alger, Peyroles est libéré au Liban. Reste à tenir la promesse concernant Abdallah. Or, étrange coïncidence, à la même heure, le DST découvre dans l'appartement d'une amie d'Abdallah, à Paris, une arme ayant servi en 1982 à l'assassinat du diplomate israélien Isaac Barsimantov et de l'Américain R.C. Ray. Abdallah ne peut plus être libéré. Les autres otages français ne sont pas au bout de leur peine...

Au petit déjeuner, on parle de la cohabitation qui s'annonce. François Mitterrand : *« Je laisserai le gouvernement gouverner, clairement. Je les laisserai faire... Mais si je veux protéger quelques postes essentiels, il faut étendre la liste des postes qui sont pourvus en Conseil des ministres. »*

**Mercredi 3 avril 1985**

Au Conseil des ministres, Joxe présente le projet de loi électorale : *Je ne propose ni d'améliorer le scrutin majoritaire, ni de rechercher un système mixte, mais de retenir la représentation proportionnelle départementale pure et simple à un tour, sur la base équitable d'un député pour un peu plus de cent mille habitants.*

**Gaston Defferre :** *Il y a des risques énormes à ne faire qu'un seul tour.* Il suggère une proportionnelle à deux tours.

**Jean-Pierre Chevènement** l'approuve : *La gauche rassemble mieux au deuxième tour qu'au premier.*

**Michel Rocard** est hostile à la proportionnelle : *La proportionnelle assurant la permanence d'une grande partie des élus, le droit de dissolution perd beaucoup de sa signification. Par ailleurs, la prime aux sortants, propre au scrutin majoritaire, ne jouera pas ; il n'est donc pas sûr, dans ces conditions, que la proportionnelle soit un bon calcul. Dans un pareil domaine, il n'y a pas de bonne solution. Ce sont là des questions lourdes, et je tenais à manifester mon inquiétude.*

**Laurent Fabius :** *Le mode de scrutin actuel n'est pas égal, en raison de la disproportion du poids démographique des circonscriptions. Deux possibilités s'offraient à nous : retenir une optique majoritaire, à condition de s'engager dans un redécoupage massif des circonscriptions. On aurait peut-être pu le faire, mais cela aurait entraîné des difficultés pratiques et politiques considérables. Et l'inégalité du scrutin majoritaire serait demeurée. L'autre voie était de retenir une optique proportionnelle (...). Notre préférence va au scrutin départemental à un tour, il est le plus fidèle aux engagements pris, c'est aussi le plus juste.*

**François Mitterrand :** *Les Français ont fait tout de travers. Ils ont accru la faiblesse de la IV*e *par la proportionnelle, ils ont renforcé le pouvoir de la V*e *par le scrutin majoritaire. Aujourd'hui, notre choix et notre campagne doivent être animés par la défense d'un seul principe qu'en tant que Président de la République je suis qualifié à exprimer : il faut que le scrutin soit enfin égal. La gauche a souffert d'un déni de justice en 1962, en 1967, en 1968 et plus encore en 1978 où elle constituait la majorité (...). Pour être égal, le système majoritaire exigerait un formidable redécoupage. Sur 491 circonscriptions, il y en aurait au moins 200 à retoucher. Il y aurait, dites-vous, monsieur le Premier ministre, au moins un amendement par canton. Je pense qu'il y en aurait au moins un par commune. Et cette bataille parlementaire laisserait une impression désastreuse, celle de chiens qui se disputent pour un os (...). Notre intérêt est de choisir un système simple, car si la majorité donne l'impression de se défendre par des moyens juridiquement compliqués, elle y perdra. C'est ce qui m'éloigne de la proportionnelle à deux tours, qui aurait ma faveur, mais qui est un système trop compliqué. Il convient de rappeler aux membres des partis de la majorité, notamment du principal, que celui-ci s'est engagé dans son programme à instaurer la proportionnelle. Je suis donc très surpris des propos tenus par quelques-uns d'entre vous. En 1972, 1973, 1974, 1978 et 1981, le Parti socialiste s'est clairement engagé en faveur de la proportionnelle. Et, tout d'un coup, maintenant, en 1985, après quatorze ans d'engagement continu, certains contestent ? Je vous rappelle que si nous avons opté pour la proportionnelle, c'était pour réaliser l'Union de la Gauche. Qui pourrait croire que le recours au scrutin majoritaire, à l'encontre de nos promesses, rétablirait les conditions de cette union ? C'est un point sur lequel je tenais à attirer l'attention.*

Dans l'après-midi, première discussion à l'Élysée sur le Budget 1986. La première esquisse budgétaire fait apparaître un déficit de 208 milliards de francs, soit 4,2 % du PIB. Pour ramener le déficit budgétaire à moins de 140 milliards, doit 2,8 % du PIB, Bérégovoy propose d'augmenter de 10 milliards environ les taxes sur les carburants (6 milliards) et les taxes sur l'énergie à usage industriel (3 milliards), alors que Laurent Fabius souhaite remettre en cause la baisse des prélèvements obligatoires.

François Mitterrand me dit : *« Matignon reste trop en arrière de la main. Il faut agir. Je peux admettre une certaine prudence. Pas un démenti à ce que j'ai moi-même annoncé à la télévision. Intervenez de façon pressante en ce sens. »*

A 23 h 50, au sortir d'un dîner chez des amis, Michel Rocard appelle le permanent de l'Élysée, Jean Glavany. Il lui annonce sa démission et souhaite parler à François Mitterrand. Glavany joint Laurent Fabius, qui hésite à réveiller le Président. Rocard insiste : la nouvelle doit être annoncée avant demain.

**Jeudi 4 avril 1985**

A deux heures du matin, Laurent Fabius réveille François Mitterrand pour lui faire part de la nouvelle. Le Président appelle alors Michel Rocard : très aimable, mais il ne le retient pas.

Le téléphone à peine raccroché, la démission de Rocard est rendue publique. Le Président songe à René Souchon pour le poste de ministre de l'Agriculture, avec Henri Nallet, le conseiller agricole à l'Élysée, comme secrétaire d'État.

Fabius ne veut pas de Souchon. Nallet sera donc ministre. Un bon choix, favorablement accueilli dans les milieux agricoles.

**Samedi 6 avril 1985**

Défendre Mururoa : réunion à Matignon autour de Laurent Fabius et Charles Hernu sur la campagne de tirs. Dans le dossier remis aux participants, une note de Lacoste — qui y assiste — propose d'*« anticiper »* la campagne de *Greenpeace* et de prendre les mesures de surveillance nécessaires pour que les bateaux de cette organisation n'arrivent pas à Mururoa.

Mais cette note du patron de la DGSE, perdue au milieu de documents techniques annexés à un dossier de plus de cent pages, n'est sans doute pas lue par les ministres qui approuvent le programme de la campagne de tirs.

La meilleure façon de forcer une décision : perdre l'essentiel au milieu des détails.

**Dimanche 7 avril 1985**

Un décret accroît d'une trentaine le nombre des postes attribués en Conseil des ministres, afin de les mettre hors d'atteinte du Premier ministre en cas de cohabitation.

**Lundi 8 avril 1985**

Mikhaïl Gorbatchev accepte le principe d'un Sommet américano-soviétique et annonce le report jusqu'en novembre du déploiement des nouveaux SS 20.

**Mercredi 10 avril 1985**

Au Conseil des ministres, présentation du plan de modernisation de la police. Joxe est content de lui.

Michel Rocard ne tarde pas à reprendre sa liberté de parole : *« La discipline budgétaire imposée par les Allemands et acceptée par les Français est une erreur. Elle bloque toutes les négociations sur les prix agricoles. »*

Il a toujours été contre le SME. Maintenant, il peut le dire.

L'opposition est déterminée à s'opposer à la proportionnelle.

**Jeudi 11 avril 1985**

Une réunion de hauts fonctionnaires de l'OCDE décide, à la majorité, de proposer le lancement d'un nouveau cycle de négociations pour le GATT. Le représentant français s'y oppose, seul. Signe de ce que sera l'ambiance au Sommet de Bonn.

Mort d'Enver Hodja, président du PC albanais depuis plus de quarante ans. Ramiz Alia lui succède. Ismail Kadaré, le grand écrivain albanais, a quelque mal à venir en France. Il faut lui envoyer une invitation de la Présidence de la République.

Comme tous les six mois, Charles Hernu soumet au Président un projet de mutations et mouvements d'officiers généraux. Le général d'armée René Imbot, atteint par la limite d'âge, doit en principe quitter ses fonctions de chef d'état-major de l'Armée de terre le 1er mars 1986. Charles Hernu estime que *« le départ de cet officier général exerçant d'importantes responsabilités au sein de nos armées, alors que la campagne pour les élections législatives battra son plein, risque de provoquer des remous ou des interrogations et de devenir un sujet de polémique. J'ai manifesté à plusieurs reprises mon estime pour le général Imbot, pour sa compétence, sa loyauté et sa fidélité. Aussi je souhaite que son départ soit l'occasion de lui manifester publiquement la reconnaissance de l'État. Je souhaite également que le général Imbot soit nommé conseiller d'État en service extraordinaire au moment de son départ ».*

François Mitterrand refuse ; le poste est déjà réservé pour un juriste.

**Samedi 13 avril 1985**

Silvio Berlusconi est reçu par François Mitterrand à l'Élysée. Il serait un très bon partenaire de Jean Riboud. Mais sur quel canal ? La « Quatre » ou la « Cinq » ? *Canal-Plus* va mieux. C'est un succès, même s'il est encore lent et fragile.

**Dimanche 14 avril 1985**

Au « Club de la Presse » d'*Europe 1*, Raymond Barre prend ses distances avec l'opposition et annonce qu'il ne votera pas la confiance à un gouvernement de cohabitation.

**Lundi 15 avril 1985**

L'Afrique du Sud annonce le retrait de ses dernières troupes d'Angola.

Il faut maintenant, lancer *Eurêka* officiellement, l'accord étant réalisé avec les Allemands. Nous chercherons ensuite à obtenir le maximum de participants en Europe, au-delà des Douze et même à l'Est.

**Mercredi 17 avril 1985**

François Mitterrand parle d'*Eurêka* en Conseil des ministres : « *Au moment où le Japon confirmait les grandes priorités de son programme de recherche et où les États-Unis proposaient, avec l'Initiative de Défense Stratégique, non seulement un nouveau concept de défense très discuté, mais surtout une formidable mobilisation de toutes les entreprises de pointe, la France a voulu proposer à l'Europe une ambition d'une ampleur équivalente.* »

L'après-midi même, Roland Dumas écrit à ses collègues des Douze, à la Suède, à l'Autriche et à la Norvège pour les informer. L'ambassadeur Claude Arnaud et Yves Stourdzé, échappé glorieux de la pitoyable aventure du Centre mondial, partent le même jour pour Bonn.

L'apprenant, la Commission clamera que la France a copié son projet de Communauté européenne de Technologie.

**Jeudi 18 avril 1985**

Kohl est embarrassé. Il approuve à la fois *Eurêka* et l'IDS. A trois semaines du Sommet de Bonn, il ne veut fâcher ni Ronald Reagan ni François Mitterrand.

A Genève, aux négociations START, les Soviétiques laissent entendre qu'ils sont prêts à des réductions radicales des armements stratégiques, à des niveaux plus bas que ceux proposés par eux en 1983 (1 800 lanceurs et 10 000 « charges » nucléaires). Sur les Forces nucléaires intermédiaires, ils se contentent de réitérer leurs anciennes positions : l'option « demi-zéro », c'est-à-dire aucun déploiement du côté occidental, et un nombre de SS 20 équivalant aux forces françaises et britanniques. Sur l'espace, ils prônent un moratoire, y compris sur la recherche.

Du côté américain, sur les FNI, on se dit préparé à développer les propositions de septembre 1983 en termes plus concrets.

Une rencontre Gorbatchev-Reagan aura sans doute lieu en octobre à New York.

L'émigration juive d'URSS pour les deux premières semaines d'avril est plus élevée qu'à aucun moment des trois dernières années : 92 personnes ont pu quitter l'Union soviétique, au lieu d'une moyenne habituelle de 30 par mois. M. Arkhipov a en outre indiqué à l'homme d'affaires américain Armand Hammer, lors de sa dernière visite à Moscou, que si le commerce soviéto-américain revenait à son rythme passé, et si l'Union soviétique bénéficiait de la clause de la nation la plus favorisée, l'émigration pourrait se monter à 50 000 personnes par an. L'échange est explicite. L'Union soviétique vend des Juifs comme le faisaient les nazis.

Reçu Khaled el Hassan, devenu président de la Commission des Affaires étrangères du Conseil national palestinien. L'OLP accepte les Résolutions 242 et 348. Dans la délégation jordano-palestinienne à d'éventuelles négociations, l'OLP veut que soit reconnu le principe de la parité Jordanie/OLP, quitte à s'arranger pour choisir des Palestiniens acceptables par toutes les parties. Il demande de faciliter l'organisation d'une rencontre entre les travaillistes israéliens et les Égyptiens, l'OLP étant en contact très étroit avec ces derniers.

Charles Hernu déclare que, face à une attaque chimique, la France pourrait être amenée à répondre par l'arme nucléaire. Comme ça, c'est clair !

Laurent Fabius écrit à Nakasone à propos du choix que doivent faire prochainement certains industriels japonais d'un système de lancement de satellites de télécommunications :

> *« L'Europe, à travers le lanceur Ariane, peut offrir un service de lancement particulièrement compétitif et dont l'efficacité a été démontrée par une série de tirs réussis au bénéfice de clients tant européens qu'américains, arabes ou brésiliens.*
>
> *Il me paraîtrait donc normal que l'industrie européenne soit consultée par les responsables japonais concernés au même titre que l'industrie américaine, dans le cadre du libre jeu de la concurrence internationale. »*

Les Japonais choisiront Ariane.

**Samedi 20 avril 1985**

Seconde réunion de *sherpas* à Washington, à l'ambassade de RFA, pour la préparation du Sommet de Bonn, précédée d'une réunion des directeurs politiques.

Les Américains proposent d'intégrer un paragraphe sur l'IDS dans la déclaration politique prévue à l'occasion du quarantième anniversaire de la Victoire. En dépit de leurs réserves, les Japonais acceptent ; les Européens aussi. Seul, je refuse.

Les Américains souhaitent aussi obtenir dans ce texte l'approbation de leur position à Genève. Après une longue et rude bataille, il ne subsiste plus qu'une phrase posant encore problème dans le texte de la déclaration politique : *« Nous nous félicitons de l'ouverture des négociations à Genève et invitons instamment l'Union soviétique à répondre de façon positive aux efforts déployés par les États-Unis pour aboutir à des accords de portée notable. »* Je réserve notre position : le texte est trop lié à celle des Américains. Les Américains m'ont dit que si nous acceptions cette phrase, ils retireraient leur demande d'un texte de soutien à l'IDS. Je ne me fie pas à cette promesse.

La bataille sur la fixation de la date du « round » commercial aura lieu à Bonn. Les positions sont claires. Veulent fixer la date au 1er janvier 1986 : États-Unis, Grande-Bretagne, RFA, Japon. Ne le veulent pas : CEE, Italie et France (et tout le Tiers Monde, dans un communiqué de samedi à Washington). Nous pouvons donc résister, mais nous serons isolés.

Nos propositions en faveur d'une action d'urgence contre la famine en Afrique sont bien accueillies. Un lien clairement établi entre les questions commerciales et monétaires est accepté par tous, y compris même par les Américains.

A l'issue de la réunion, je me rends à la Maison Blanche voir McFarlane. Coïncidence : Élie Wiesel est là, dans un autre bureau, pour protester contre le voyage du Président américain, prévu le 5 mai, au cimetière de Bitburg, en RFA, où sont enterrés des Waffen SS.

McFarlane me dit : *« Il faut que le Président signe deux textes définissant les principes de l'IDS et donnant des instructions à long terme à l'armée en ce sens, mais rien n'est prêt. »* Décidément, c'est la confusion la plus absolue.

Les Sept ministres des Finances, réunis également à Washington, décident que la question de la Conférence monétaire réclamée par François Mitterrand sera aussi examinée par le prochain Comité intérimaire réuni à Séoul début octobre. Une réunion des 21 ministres des Finances des principaux pays du Nord et du Sud (Comité intérimaire du FMI) est envisagée pour février 1986 à Paris afin de parler spécialement de la réforme du système monétaire international. Ce Comité intérimaire spécial devrait se donner pour objectif de préparer l'agenda d'une future Conférence monétaire internationale. On approche du but.

**Dimanche 21 avril 1985**

Décès du nouveau Président brésilien. Il n'a même pas eu le temps d'entrer en fonctions. Son vice-président lui succède.

Caspar Weinberger se sert de l'IDS pour obtenir des crédits accrus du Congrès afin, au bout du compte, de mieux protéger les missiles basés à terre. George Shultz, lui, fait du soutien à l'IDS la nouvelle pierre de touche de la fidélité atlantique. Mais c'est le général Abrahamson, responsable de l'IDS et manager hors pair, qui est l'homme clé du dispositif. Il souhaite obtenir du Congrès le maximum de crédits d'ici la fin du mandat du Président Reagan.

Des promesses de contrats ont été faites à cette fin à un très grand nombre d'États, de sénateurs et de représentants aux États-Unis mêmes. Ces promesses, et la réduction des crédits opérée par le Congrès, réduisent d'autant la marge de manœuvre du général Abrahamson avec l'Europe. Pour lui, négocier des accords de coopération avec des entreprises européennes ne présente qu'une source de complications et de pertes de temps, comme ont pu s'en apercevoir les négociateurs britanniques et allemands. De plus, il se méfie de l'espionnage soviétique en Allemagne. Peu de contrats à en attendre.

L'armée indienne investit le Temple d'or d'Amitsar.

**Lundi 22 avril 1985**

François Mitterrand : *« L'objectif de la France est de créer à terme une Union européenne, et d'en définir maintenant la substance et les étapes. Si nous ne sommes pas d'accord, rien ne se fera. La substance de l'Union européenne recouvre trois thèmes principaux : la technologie, le marché intérieur, la monnaie. »*

Au Conseil de l'UEO, les Européens parlent d'une « Europe technologique ». Dumas plaide pour *Eurêka.*

Pisani, la mort dans l'âme, obéit à Fabius et obtient l'accord du FLNKS pour un report du référendum à 1987, enterrant ainsi l'ambition indépendantiste pour deux ans, jusqu'à la cohabitation.

**Mardi 23 avril 1985**

Laurent Fabius annonce que le référendum en Nouvelle-Calédonie est repoussé au 31 décembre 1987 et met en place un statut intérimaire fait de quatre régions.

Estimation de Matignon : 160 socialistes sur 577 députés en 1986.

**Jeudi 25 avril 1985**

Conseil des ministres extraordinaire sur la Nouvelle-Calédonie, le second depuis le début de l'affaire. **Fabius** parle du projet de loi reportant le référendum : *Cette démarche respecte ce à quoi nous croyons, c'est-à-dire l'évolution du Territoire vers l'indépendance. Elle prend en compte la réalité actuelle, c'est-à-dire qu'il n'existe pas de majorité en faveur de cette solution.*

**Gaston Defferre** estime que, *tôt ou tard, on ira vers l'indépendance*, mais, *si cela tourne mal, les populations européennes partiront.* Il propose d'ajouter un deuxième article : *« Article 2 : l'armée française restera là-bas pendant cinquante ans. »*

**Robert Badinter** pense qu'il vaudrait mieux organiser immédiatement le référendum : *En cas d'échec, les régions seront créées et les Caldoches se rendront vite compte que, tôt ou tard, ils seront contraints d'aller vers l'indépendance-association.*

**François Mitterrand :** *Je n'ai pas très bien compris ce que vous souhaitez.*

**Robert Badinter :** *Je souhaite que l'on commence par un référendum.*

**Georges Lemoine :** *Au contraire, plus le référendum est retardé vers la date-butoir du 31 décembre 1987, plus nous aurons de temps pour gagner les esprits.*

**Laurent Fabius :** *Si la solution du référendum immédiat n'est pas retenue, c'est justement parce que le résultat ne fait aucun doute. Un scrutin d'autodétermination en octobre donnerait un "non", et on ne voit pas pourquoi, à ce moment-là, les indépendantistes accepteraient d'entrer dans un processus de pouvoir régional. A la différence de novembre 1984, il faut cette fois-ci que le FLNKS participe aux élections.*

**François Mitterrand :** *Je suis tout prêt à soumettre à chaque territoire d'Outre-mer, tous les deux ou trois ans, un vote sur l'indépendance. Je suis assuré que d'ici longtemps ils choisiront le maintien dans la République française !*

Le Président demande que le communiqué soit réécrit de telle façon que l'objectif d'indépendance-association *« soit clairement affirmé » : « Il ne faut pas donner l'impression que le gouvernement hésite. Notre démarche est positive, l'objectif politique est l'indépendance-association. L'Article 1er de la future loi doit se prononcer en faveur de l'indépendance de la Nouvelle-Calédonie ; le reste, c'est de la bouillie pour les chats. »*

Dîner avec Hermann Abs à Francfort. Il est curieux d'entendre un homme qui fut si puissant, pendant si longtemps, en RFA, comme patron de la Deutsche Bank, dire : *« Comme me le disait Adolf Hitler à dîner, un soir de 1944... »*

**Vendredi 26 avril 1985**

Les six entreprises que nous avons nationalisées en 1981 faisaient alors 1,6 milliard de pertes. Aujourd'hui, elles font 3 milliards de profit.

La droite annonce qu'elle en privatisera très vite certaines : une bonne affaire, en effet. Pas pour le contribuable.

Reconduction pour vingt ans du traité du Pacte de Varsovie.

Huguette Bouchardeau quitte le PSU.

Comme avant chaque Sommet des Sept, François Mitterrand reçoit une lettre du Président de l'Uruguay sur la dette du Tiers Monde :

*« ... Ce serait une grave erreur de croire que le problème de la dette extérieure a été surmonté ou qu'il pourra se résoudre de façon automatique grâce à la dynamique économique des pays industrialisés — inégale tout autant qu'incertaine — ou par la simple poursuite de ce processus d'ajustement. Pour la même raison, il serait très dangereux qu'une évaluation rapide des faits entraîne une situation d'autosatisfaction ou d'ignorance de la fragilité et des insuffisances des résultats atteints...*

*Par ailleurs, la proposition annoncée d'un nouveau* round *de négociations commerciales, tout comme les démarches pour une réforme du Système monétaire international — que nous considérons comme urgentes et prioritaires — se dessinent selon des critères de négociation qui, dans certains cas, excluent, dans d'autres cas ne permettent pas une participation adéquate des pays en développement...*

*C'est pourquoi il est urgent de procéder à un examen d'ensemble du problème de la dette, en le situant en relation avec notre intention fondamentale : l'accélération du processus de développement économique et de progrès social. A cette fin, il est nécessaire de prendre des décisions politiques qui permettent de surmonter les obstacles qui continuent d'exister actuellement et qui aboutissent à répartir de façon inéquitable les sacrifices des processus d'ajustement. De telles décisions politiques ne pourront être arrêtées que moyennant des mécanismes de dialogue et de concertation sur les efforts à consentir, au plus haut niveau, qui traduisent dans les faits la volonté tant de fois exprimée de travailler collectivement à la création d'un système international plus équitable. »*

Helmut Kohl écrit de nouveau à François Mitterrand à propos de la déclaration de Bonn : *« ... Je pense qu'il serait judicieux de nous mettre d'accord sur cette déclaration politique au cours d'une séance de travail séparée dans la matinée du 3 mai. Cette déclaration pourrait ensuite être publiée immédiatement après la séance. »* C'est le seul sujet qui l'intéresse.

Un accord est conclu entre la NASA et l'Agence spatiale européenne sur les conditions de la coopération de l'Agence à la station habitée américaine. Le principe de l'accès d'*Hermès* à la station américaine est acquis.

**Samedi 27 avril 1985**

*Le Figaro* annonce que le gouvernement envisage le retrait d'Havas de *Canal-Plus* afin de laisser le réseau à des investisseurs privés. C'est hors de question : *Canal-Plus* démarre. Il y a encore beaucoup de gens qui veulent sa mort : Laurent Fabius, Jean Riboud, Robert Hersant...

**Lundi 29 avril 1985**

Comme François Mitterrand et Helmut Kohl l'ont décidé le 25 mars, je commence à travailler avec Horst Teltschik à un projet de traité d'Union européenne à partir des principes du rapport Doodge.

François Mitterrand réunit un Conseil de Défense sur les armes de l'espace : *« La France doit s'intéresser aux éventuelles futures armes de l'espace. C'est à mettre en regard avec les autres volets de notre nécessaire effort de défense :*

*maintien de la capacité de pénétration de nos ogives (multiplication du nombre de têtes, durcissement, leurres, etc.) ; fabrication en commun avec les autres Européens de nouvelles armes conventionnelles intelligentes ; fabrication éventuelle de missiles de croisière capables de contourner des systèmes soviétiques défensifs partiels ; fabrication éventuelle de missiles antimissiles classiques pour défendre des sites ponctuels tels qu'Albion ou des centres de commandement. »*

La structure spatiale militaire proposée par Charles Hernu associe tous ceux qui sont concernés et évite que nos ambitions spatiales ne se traduisent par une sorte de guerre contre notre arme nucléaire. Le budget spatial militaire est de 340 millions de francs en 1985. Le ministère de la Défense évalue à 1,3 milliard de francs en 1988 le budget nécessaire à la mise en œuvre des orientations proposées ; à près de 3 milliards de francs par an au-delà de 1990.

François Mitterrand : *« Il ne faut pas distinguer stratégie nucléaire et stratégie spatiale. La stratégie nucléaire est déjà spatiale, dans la mesure où les fusées vont dans l'espace, et la stratégie dite spatiale sera aussi nucléaire, parce qu'elle utilisera des bombes nucléaires pour protéger le territoire contre des fusées nucléaires. Il faut donc mieux opposer la stratégie de dissuasion (par des fusées allant dans l'espace) à la stratégie de protection (par un bouclier dans l'espace). Au mieux, l'IDS ne protégera les États-Unis que contre les fusées intercontinentales parties du territoire soviétique, mais pas contre des fusées à moyenne portée parties, en rasant la mer, de sous-marins postés par 3 000 m de fond à 200 km des côtes américaines. L'IDS ne remettra pas en cause la stratégie de dissuasion nucléaire, même entre les deux Grands. Il faudra donc se doter alors des outils spatiaux de protection au service de la dissuasion nucléaire. Là encore, il faudra être autonome, et la stratégie restera une stratégie de dissuasion nucléaire. »*

L'idée vient à un ami britannique de proposer à la France de lancer à Milan une initiative visant à coordonner l'action de recherche des Européens sur le cancer. Il vient me dire : *« Je vous en parle parce que Mme Thatcher n'en verrait pas l'intérêt. »*

Bonne idée. On proposera la chose à Milan.

**Mardi 30 avril 1985**

A la veille du Sommet de Bonn — comme il le fera avant chaque Sommet —, Mikhaïl Gorbatchev rappelle dans une lettre à François Mitterrand la proposition soviétique de moratoire sur la recherche, les essais et le déploiement concernant les « armes spatiales de frappe », ainsi que sur le déploiement des missiles à moyenne portée et autres contre-mesures, jusqu'en novembre prochain. Par ailleurs, il accepte de venir en France dans la première quinzaine d'octobre. Il propose l'organisation à Moscou de nouvelles consultations franco-soviétiques sur le problème de la non-militarisation de l'espace et demande que les représentants français et soviétique aux Nations-Unies établissent un contact plus étroit à propos de la guerre Irak/Iran.

Jacques Delors devant des parlementaires : *« Au dernier Conseil européen, j'avais moi-même formulé les propositions contenues dans le projet* Eurêka. *»*

**Jeudi 2 mai 1985**

Le Sommet de Bonn commence par des rencontres bilatérales. Kohl confirme à Reagan qu'il accepte de collaborer à l'IDS et au lancement immédiat du GATT. Le Président voit Reagan chez le numéro deux de l'Ambassade américaine. François Mitterrand grommelle : *« Le rendez-vous américain a quand même lieu chez eux !... »* Il dit non à Reagan sur le GATT et sur l'IDS : *« Tant qu'il n'y a pas d'autre système de sécurité sérieux, notre capacité de dissuasion doit être maintenue. Quant à la participation éventuelle de la France à ce projet, nous souhaitons en savoir plus pour examiner cette proposition, et que M. Hernu se concerte avec ses collègues européens à ce sujet. »*

**Reagan :** *Nous espérons que vous aiderez à cette recherche. A Gorbatchev, je dirai mon appui aux forces de frappe française et anglaise.*

François Mitterrand rencontre également le Premier ministre japonais au château d'Ernich, résidence de France.

Au cours du dîner à Sept, on parle du GATT, de l'IDS, des négociations de Genève. Puis les *sherpas* se réunissent pour finaliser les textes politiques. Je fais retirer tout ce qui porte sur l'IDS. Les États-Unis proposent un texte sur l'Afghanistan, afin, disent-ils, *« que cette guerre ne soit pas oubliée ».* Je m'y oppose : s'il y a un texte sur l'Afghanistan, le Japon demandera un texte sur le Cambodge. Les États-Unis renoncent aussi à un texte sur le terrorisme, mais reposent le problème d'une coordination à Sept.

**Vendredi 3 mai 1985**

Petit déjeuner avec Helmut Kohl à la Chancellerie fédérale. Sur le GATT, le Chancelier a l'air tout près de basculer du côté des États-Unis s'il ne sent pas une détermination européenne suffisante.

La séance du matin débute entre chefs d'État et de gouvernement seuls. Pour la première fois, il y a deux Français : Jacques Delors est là pour la Commission. La Déclaration politique est approuvée. L'ambiance est tendue. Il y a déjà un camp Italie-France, contre les autres. François Mitterrand maintient son refus de toute « sécurité globale ».

George Shultz propose d'institutionnaliser les réunions de ministres des Affaires étrangères à Sept pour parler de l'Afrique et de la drogue. Nouveau refus.

L'après-midi, réunion avec les ministres des Affaires étrangères et des Finances. Les discussions économiques s'ouvrent par un rapport de Stoltenberg sur la séance de travail des ministres des Finances du matin. On parle du GATT. Reagan a le soutien de Nakasone et de Mulroney, qui reste discret. François Mitterrand est soutenu par Delors et Craxi. Il ne peut accepter qu'on écrive une date ni même *« le plus tôt possible ».*

**Ronald Reagan :** *Notre économie est dans son meilleur état depuis trente ans. Notre déficit public existe depuis cinquante ans. Nous avons un train entre Miami et New York ; il est subventionné. Il coûterait moins cher de donner à chaque voyageur un billet d'avion gratuit que de le subventionner. Roosevelt a été protectionniste. Nous n'en sommes sortis que par la guerre.*

*Sur le commerce international, il faut absolument entamer les négociations commerciales avant 1986.*

**François Mitterrand :** *La France n'est pas plus protectionniste que les autres. Parlons donc des mesures hypocrites (règles, normes, etc.) prises par les anti-protectionnistes proclamés ! Nous devons négocier la dette avec le Tiers Monde et progresser d'un même pas sur le terrain monétaire. Sur le GATT, la France accepte le principe de cette négociation. Mais seul le dossier agricole est prêt. Toutefois, je m'opposerai au démantèlement de la Politique agricole commune. Certains d'entre vous se sont déjà entretenus avec les États-Unis pour leur donner des compensations sur le soja. Je n'ai pas pris part à ces accords.*

*Il faut prendre des décisions sur le Tiers Monde, rien n'est prêt. La CEE doit aussi s'élargir aux pays de l'Est, d'un point de vue commercial.*

*La France va mieux. Notre inflation se réduit à 5,5 % au lieu de 14 %. Nos comptes extérieurs s'améliorent, nos déficits internes sont maîtrisés. Les prélèvements obligatoires ont baissé pour la première fois depuis quinze ans. Nous modernisons le textile, les chantiers navals, la machine-outil. Les entreprises nationales ont 3 milliards d'excédent alors qu'en 1981 elles avaient 1,6 milliard de déficit. Elles sont toutes sauvées. Malgré la récession, notre croissance est restée la plus forte de la CEE et notre pouvoir d'achat a augmenté de 4 % en quatre ans. Notre démarche est fondée sur le gradualisme. Telle a été la politique de nos ministres des Finances, qui est aujourd'hui justifiée* [hommage à Delors assis en face de lui].

*Il y a trop de chômeurs en France, mais c'est le pays où ils ont le moins augmenté. Dans les deux ans, nous aurons résolu les problèmes qui nous ont été posés par l'Histoire quand nous avons pris en charge les problèmes de la France.*

*Sur le plan international, il faut avancer par degrés sans se jeter à la tête des anathèmes, en progressant sur la monnaie et le commerce d'un même pas, car les deux choses sont liées...*

Une discussion très sévère se poursuit sur la fixation de la date du GATT.

En fin d'après-midi, François Mitterrand rencontre Mme Thatcher.

**François Mitterrand :** *Dans la vie politique, il faut savoir trouver le bon moment. La stratégie spatiale n'est pas prête à succéder à la stratégie nucléaire. Si je laisse croire que l'une remplace l'autre, je ne pourrai plus avoir les crédits pour le nucléaire. Je n'appuie pas cette stratégie, mais je fais les recherches nécessaires. Ce sont les mêmes technologies pour le civil. Je pense, comme vous, qu'on ne peut être en Europe et dans l'IDS. Mais je choisis l'Europe, et pas vous. Je ne veux pas être sous-traitant...*

**Margaret Thatcher :** *Les États-Unis sont très en avance sur nous. Nos savants ont beaucoup à gagner à travailler avec eux. Sur le fond, je ne suis pas d'accord avec Reagan. La stratégie nucléaire ne sera jamais dépassée et l'arme nucléaire n'est pas immorale. Les Américains sont très forts. Le clonage, par exemple, est notre idée, mais les Japonais et les Américains l'ont utilisée avant nous...*

**François Mitterrand :** *Pour l'Europe, il faut travailler à un traité renforçant l'Union.*

**Margaret Thatcher :** *Je suis contre une conférence intergouvernementale. Et contre un traité nouveau. Il faut conclure à Milan en juin.*

Elle parle de la liaison fixe TransManche : les groupes candidats doivent déposer leurs offres avant le 31 octobre. Les gouvernements se sont engagés à choisir entre les différents projets au début de 1986. Pour le moment, le choix reste très ouvert : la liaison peut être routière, ferroviaire ou les deux à la fois. Une seule règle a été posée : que le projet retenu puisse être financé sans contribution budgétaire des gouvernements. Actuellement, deux groupes sont en concurrence : Channel Tunnel Groupe (CTG), qui propose un tunnel ferroviaire auquel pourrait être adjoint un tunnel routier, et Euro-Route, qui est un projet de ponts devenant tunnel dans sa partie centrale. Chacun de ces groupes comprend des banques et des entreprises françaises et britanniques.

A la fin du dîner des Sept, les *sherpas* se réunissent pour préparer la déclaration économique. Une nuit pour rien, qui achoppe toujours sur la date du GATT. Nous obtenons la mention symétrique des deux projets de stations spatiales, américain et européen.

**Samedi 4 mai 1985**

Séance du matin : discussion du projet de Déclaration économique. On passe en revue les paragraphes. On en arrive à la date de début du GATT.

**Helmut Kohl :** *Je suis désolé qu'il n'existe aucun accord sur le texte. Je pense qu'il faudrait dire "1986"; d'autres sont contre. D'autres pensent qu'il conviendrait, avant d'arrêter une date, de déterminer le contenu, l'agenda et les modalités du nouveau* round, *sans mettre en cause les principes de la PAC.*

**Margaret Thatcher :** *Il faut fixer la date, sinon nous renforcerons les tendances protectionnistes au Congrès américain. Ce serait une grave responsabilité de ne pas écrire "1986", et même "début 1986".*

**François Mitterrand** (sans élever la voix) : *Nous ne pouvons nous associer à une telle date.*

**Margaret Thatcher :** *On pourrait écrire les conditions et dire que, "si elles sont réunies, on se réunira en 1986".*

**Jacques Delors :** *J'approuve la proposition de M. Kohl.* [François Mitterrand sursaute].

**Nakasone :** *Je suis d'accord avec Mme Thatcher.*

**Ronald Reagan :** *Moi aussi.*

**Bettino Craxi :** *Moi aussi, si nous pouvons tous l'approuver.* [Même les Italiens nous lâchent !]

**François Mitterrand :** *Pas moi.* [Remous !]

**Helmut Kohl :** *J'en prends acte. Mais il ne faut pas d'amertume. Il ne s'agit pas d'isoler un partenaire solide comme la France. François Mitterrand ne peut approuver la fixation d'une réunion en 1986 ; il n'y aura pas de diktat.*

On aboutit à un texte vide de sens : *« Un nouveau* round *au sein du GATT devrait commencer dès que possible. La plupart d'entre nous pensent que cela devrait être en 1986. »*

**François Mitterrand** conclut, dans une ambiance très tendue, par un discours qui fixe sa doctrine sur le Sommet : *Il n'est pas sain que des pays alliés dictent notre politique. Certains l'acceptent, pas moi. Ici, on signe des traités en trente-six heures. C'est inacceptable ! J'entends dire que personne n'a voulu isoler la France. Très bien. Mais elle l'est, en fait, dans cette salle. Ce n'est pas sain. Comme il n'est pas sain que les affaires de l'Europe soient jugées par des pays éloignés de l'Europe. Je suis prêt à ouvrir une polémique publique, si cela continue.*

*Les textes ici sont de plus en plus compliqués. Il faudra se débarrasser de toute cette paperasserie. Si ces Sommets ne retrouvent pas leur forme initiale, la France n'y viendra plus. Nous ne sommes pas froissés d'être minoritaires dans une institution. Mais, ici, ce n'est pas une institution, nous sommes là pour mieux nous connaître et harmoniser nos politiques. C'est tout.*

*Sur aucun sujet vital la France n'a jamais manqué de solidarité. C'est ici que la France a soutenu et continuera de soutenir l'Alliance. Je me sens donc bonne conscience. Je comprends les difficultés internes de tel ou tel — en particulier des États-Unis, dont nous sommes les plus anciens alliés et amis. Cela ne réduit en rien notre liberté de porter jugement.*

*Sur ces sujets, des accords bilatéraux ont été passés avant le Sommet entre certains d'entre vous, et le débat autour de la date de 1986 a pris une telle signification que je ne peux donner mon accord. Je n'accepte pas le fait accompli. De façon plus générale, nous ne sommes pas le directoire des affaires du monde. Il y a des institutions pour cela. Nous ne sommes pas non plus un tribunal qui aurait à juger amis et alliés. Si c'était cela, je prendrais garde à ne pas mettre mon pays dans une telle situation. Si la France était ainsi traitée, j'y mettrais fin. Je ne viendrais plus. Jacques Attali avait prévenu dès février que ce serait non sur l'IDS et le GATT. Alors, pourquoi en avoir reparlé ici ?*

Silence glacial.

**Brian Mulroney :** *François Mitterrand a raison sur ces points vitaux. Ce Sommet a une valeur symbolique extrême. Le vrai* leadership *exige de donner des signes d'harmonie et d'espoir à notre jeunesse. Oublions cet incident.*

Scène très dure, à peine atténuée quand la voix entendue est celle de l'interprète...

Dans un coin, Brian Mulroney, sincèrement choqué, interpelle Ronald Reagan : *« Mais enfin, arrêtez, qu'est-ce que c'est que ça ? Vous traitez François Mitterrand comme un adversaire ! C'est un allié, et même notre allié le plus sûr ! »* Étonné, Reagan se retourne vers ses ministres renfrognés, hésite un long moment, puis son visage s'éclaire : *« Mais oui, de fait, c'est vrai : c'est notre allié !... »*

**Dimanche 5 mai 1985**

Ronald Reagan visite le cimetière de Bitburg. Pourquoi avoir tant insisté pour celui-là et aucun autre ? Le malaise se dissipera avec peine.

Vague d'agitation dans les prisons françaises.

La situation de l'UNESCO s'aggrave. Le directeur, très contesté, essaie d'être reconduit. Léopold S. Senghor écrit à François Mitterrand à ce propos :

> *« Comme vous le devinez, je suis de très près la vie politique française. Et je tâche, dans la mesure de mes faibles moyens, de vous apporter ma collaboration.*
>
> *Vous voudrez donc me permettre d'attirer votre haute attention sur la gravité de la situation qui règne à l'UNESCO.*
>
> *Je suis persuadé que vous pourriez faire beaucoup pour l'améliorer : si, par exemple, vous demandiez à son directeur général, M. Amadou Mactar M'Bow, de venir vous voir à l'Élysée. Je suis sûr qu'il accepterait avec empressement.* [En marge, François Mitterrand écrit : *« L'inviter. »*]
>
> *Je profite de l'occasion pour vous adresser mes amicales félicitations pour le rôle que vous avez tenu pendant la dernière réunion au Sommet des sept plus grands pays industriels. Ce n'est pas par hasard si le journal de droite* Le Figaro *reconnaît que vous avez raison de prendre l'attitude solitaire qui a été la vôtre... »*

Finalement, le Président ne recevra pas M'Bow, qui ne sera pas reconduit.

Les Européens s'entendent pour soutenir le même candidat au Haut Commissariat pour les Réfugiés, le Néerlandais Max van der Stoel. Jusque-là, la France avait fait connaître sa préférence pour le ministre égyptien, M. Boutros Boutros-Ghali.

**Mardi 7 mai 1985**

Pierre Bourdieu a bien travaillé. Les propositions du Collège de France sont remarquables : une chaîne culturelle, des baccalauréats professionnels, une évaluation des universités par un Conseil. Elles sont approuvées par le ministre de l'Éducation nationale. Jean-Pierre Chevènement :

> *« Il apparaît que ces principes rejoignent souvent les orientations de l'action gouvernementale, même s'ils anticipent largement sur l'actualité, comme il est normal dans un exercice de prospective. Ils peuvent alors servir de guide pour l'action...*
>
> *Dans la perspective de l'ouverture de nouveaux canaux de télévision, il serait d'utilité publique de prévoir l'occupation d'un de ces canaux au moins par une chaîne éducative et culturelle (...). Or, force est de constater, sur ce terrain, la nullité de l'initiative privée. Il n'existe pas, sur le marché, de produits aussi simples qu'une vidéothèque du théâtre classique français, anglais ou allemand. Il n'existe pas davantage d'encyclopédie audiovisuelle, générale ou spécialisée. Point non plus de cours ou documentaires audiovisuels de géographie ou de sciences naturelles, pour citer deux disciplines où l'apport de l'image et de l'animation est évidemment précieux (...).*
>
> *Les baccalauréats professionnels seraient des diplômes ouvrant directement sur la vie active ; ils recouvriraient de larges familles de métiers, à un niveau de qualification intermédiaire entre celui du brevet d'études professionnelles et du brevet de technicien supérieur. Ils seraient préparés dans les lycées d'enseignement professionnel.*
>
> *Enfin, pour répondre à la suggestion d'une évaluation permanente des établissements scolaires, on pourrait envisager des comités d'évaluation à l'échelon régional, dont le domaine serait, dans un premier temps, limité aux lycées. Cette proposition devrait en tout cas être étudiée de près, étant bien entendu qu'ici l'intérêt général heurte le sentiment de nombreux professeurs et de leurs syndicats. »*

La plupart de ces réformes seront réalisées. C'est le meilleur exemple de coopération de la communauté intellectuelle avec l'État.

Conseil d'administration tendu à *Canal-Plus* : faut-il passer en clair ? Faut-il fermer ? Faut-il vendre ? Chacun a choisi son camp. André Rousselet sent le terrain se dérober sous ses pieds. Avec les élections, il sait que Havas va lui échapper, et, avec lui, *Canal-Plus*. Il faut réduire la part d'Havas dans le capital de la chaîne cryptée. Il cherche des actionnaires.

**Mercredi 8 mai 1985**

A Bonn, la Chancellerie annonce qu'elle n'a pas donné son accord à l'IDS. On aurait aimé le savoir il y a une semaine...

François Mitterrand au Conseil des ministres, à propos du Sommet de Bonn : *« Il y a au moins un avantage à être seul contre tous : vos propos, qui risquaient de passer inaperçus, passionnent dès lors tout le monde. »*

Affrontements entre Caldoches et Canaques à Nouméa : 1 mort, 100 blessés.

**Jeudi 9 mai 1985**

Le secrétaire général du gouvernement luxembourgeois vient me voir aujourd'hui avec un message de son Premier ministre sur la présidence de la CLT : le gouvernement luxembourgeois présentera, le 21, la candidature de M. Wörner. Il souhaite que le gouvernement français ne s'y oppose pas ; et il fera tout pour que l'autre candidat, M. Thorn, se retire.

H. Teltschik me fait savoir que le Chancelier Kohl souhaiterait que François Mitterrand puisse recevoir quelques minutes, le 14 mai, M. Wörner, ministre de la Défense, pour parler de l'avion de combat futur. On peut s'attendre à une très forte pression des Anglais, des Italiens et des Allemands.

**Vendredi 10 mai 1985**

Sur l'avenir de l'Europe, un premier texte d'accord franco-allemand est prêt. Nous avons deux objectifs : garantir le bon fonctionnement de la Communauté à Douze ; déterminer la voie concrète qui mènera à l'Union européenne.

Nous sommes prêts à voir concrètement avec les Allemands ce que nous pouvons faire pour contrôler les dépenses européennes. Mais la France ne peut accepter que l'on dise que toute dépense nouvelle est par définition impossible, ni que la PAC soit remise en cause. Nous souhaitons créer un vrai marché unifié.

Il nous paraît nécessaire de rehausser la stature du Parlement européen. Ayant dit cela, se pose un premier problème : celui de ses pouvoirs budgétaires. Il n'est pas question pour nous de les accroître. Est-il possible de mieux les équilibrer ? Est-il opportun de modifier l'Article 203 du Traité, comme le souhaiteraient les Britanniques ? Est-il souhaitable de conférer au Parlement une compétence en matière de recettes ? Peut-on prévoir une plus grande association du Parlement tant aux grandes orientations de la politique extérieure qu'à certaines activités législatives importantes ? La RFA pourrait-elle accepter, par exemple, d'assouplir son attitude sur la question de l'Article 100 ?

En ce qui concerne la Commission, les questions de la désignation et du vote de confiance sont importantes : les trois derniers Présidents de la Commission ont en fait été désignés par le Conseil européen ; les deux derniers Présidents ont sollicité, lors de leur entrée en fonctions, un « vote de confiance » de l'Assemblée.

Reste enfin le Conseil. Nous avons deux questions à élucider : faut-il ou non abandonner définitivement le compromis de Luxembourg ? Il faut mettre un terme à l'abus de son usage. Mais nous ne sommes pas pour autant persuadés qu'il soit opportun d'abandonner définitivement et sur toute question le droit de veto. Faut-il ou non modifier certaines dispositions du Traité prévoyant l'unanimité, pour y substituer la majorité qualifiée ? Nous sommes ouverts à une modification en ce sens de l'Article 100.

Le Président s'inquiète :

*« 1) Vous formalisez ici à l'excès la conversation que je dois avoir avec le Chancelier.*

*2) J'ignorais cette rencontre préparatoire qui ne me paraît pas nécessaire.*

*3) Il y a trop de bureaucratie et je ne comprends rien à ces études de techniciens.*

*4) A la limite, ceci peut m'être utile, mais en restant strictement réservé à ma réflexion. »*

Il est trop tard pour tout annuler. La réunion aura lieu sur la base de ces idées.

Le Président souhaite que l'on nomme Thierry de Beaucé au Quai d'Orsay comme directeur général des Relations culturelles, à la place de Jacques Boutet. Mais la hiérarchie du Quai n'en veut pas. François Mitterrand : *« Imposer notre décision. Mais on ne peut pas bousculer Boutet. En attendant, le nommer immédiatement derrière, pour le préparer à la suite. »*

Cela ne se fera pas : le Quai sait rejeter les corps étrangers.

**Lundi 13 mai 1985**

A Bonn commence la longue négociation qui conduira à l'Acte unique.

Teltschik exprime le souci des Allemands d'explorer en détail tous les aspects de la coopération européenne et leur volonté d'appliquer tout, ou presque, du rapport Doodge : restriction du vote à l'unanimité au Conseil, pouvoirs budgétaire et législatif plus grands du Parlement, renforcement du pouvoir du Conseil en politique étrangère et en défense, création d'une Union européenne. Le Chancelier souhaite que cela soit étudié par une conférence intergouvernementale, mais comprend qu'il est difficile de la convoquer si le risque d'échec est trop élevé. Il pense qu'on peut faire ensemble de grands pas en matière de technologie, et même réfléchir sur la monnaie et la libération du contrôle des changes.

Teltschik me confirme son accord sur *Eurêka*. Il cherche une façon de présenter à son opinion publique cette participation comme complémentaire de l'éventuelle participation de la RFA à l'IDS.

Il freine sur le TGV : les Allemands ont eux-mêmes à l'étude un train « électromagnétique suspendu ».

Il souhaite me revoir avant la rencontre du 28 à Constance, pour entrer dans les détails. Je lui propose de venir à Paris le 24.

Jacques Rigaud m'appelle, car Laurent Fabius vient de l'informer que la CLT n'aurait pas sa place sur le satellite, parce qu'elle n'a voulu prendre qu'une option, et non fermement en réalité, parce que le canal est en train d'être cédé par Fabius à Berlusconi. L'option n'est qu'un prétexte. Rigaud n'est pas dupe : *« C'est scandaleux ! Voilà trois semaines que je négocie avec TDF et qu'on nous dit que l'option est possible. Si on nous avait dit que c'était impossible, on aurait pu envisager une solution de prise ferme. Et, pendant ce temps, on discute dans notre dos pour attribuer le canal en français à d'autres. Que le Président sache que nous trouvons ça scandaleux. Et si la décision n'est pas définitive, je peux essayer de convaincre mes actionnaires d'une prise ferme. »*

**Mardi 14 mai 1985**

Edgard Pisani ne retournera pas à Nouméa. C'est ce qu'a décidé Laurent Fabius et ce qu'il fait avaliser par François Mitterrand. Ce matin, Pisani devrait devenir ministre, spécialement chargé de défendre la réforme du statut de la Nouvelle-Calédonie devant le Parlement. Il sera remplacé à Nouméa par Fernand Wibaux.

Hubert Védrine reçoit Théo Klein, venu l'entretenir du sort des Juifs de Syrie, qui rappelle la promesse faite par le Président Assad de laisser sortir de ce pays quelques jeunes filles juives syriennes qui le désireraient. François Mitterrand : *« Assad m'en a en effet parlé. Notre ambassadeur pourrait le lui rappeler. »*

Le Président joue un rôle de moins en moins direct dans la politique gouvernementale. Pour équiper Toulouse, deux projets sont en compétition : le métro Val et le tramway. Question posée au Président : *« Souhaitez-vous que le gouvernement fasse un geste financier ou symbolique en faveur du projet qui a la préférence du maire de Toulouse ? »*
François Mitterrand : *« C'est au Premier ministre de décider. »*

**Mercredi 15 mai 1985**

Sur l'avion de combat européen, discussion entre François Mitterrand et Charles Hernu après le Conseil. Demain, la conférence de Rome des cinq ministres de la Défense doit étudier les spécifications techniques. Les Britanniques veulent faire accepter leur modèle, équipé de moteurs anglais. Nous voulons un avion plus léger, afin qu'il soit embarquable sur porte-avions, et utilisant des moteurs français ; avoir le siège du bureau d'études commun en France, et obtenir le commandement de ce bureau d'études. La RFA veut que ce bureau soit situé à Munich. Le Président veut un choix européen, pas un choix français.

Le marché est de 1 000 avions en Europe, dont 200 en France : 150 à l'exportation pour le modèle de 10,5 t. ; 400 à l'exportation pour le modèle de 9 t. Si nous faisons l'avion européen, nous aurons 25 % d'un marché très sûr de 1 400 avions sur la base de notre modèle, ou de 1 150 selon le modèle anglais. Si nous le faisons seuls, nous aurons 100 % d'un marché très peu sûr de 600 appareils.

Le Président reçoit Manfred Wörner : *« Il est essentiel que le bureau d'études soit en France. »* Puis, s'adressant à moi : *« Empêchez Hernu de faire cette bêtise. Il ne doit pas céder à Dassault. Il faut faire un avion européen. »*

**Jeudi 16 mai 1985**

On prépare la réunion de demain des ministres européens qui doit lancer définitivement *Eurêka*. La Finlande souhaite être invitée. Son Président appelle François Mitterrand. Dumas et Curien y sont très hostiles, au moins pour cette première réunion, car on ne pourrait alors éviter la candidature de la Yougoslavie, ce qui entraînerait l'hostilité allemande et maints autres problèmes. François Mitterrand : *« Je ne vois pas la relation entre la Finlande et la Yougoslavie (elle n'appartient à aucun bloc). Je suis favorable à l'admission de la Finlande, mais j'admets qu'il faille attendre que les membres du premier groupe délibèrent. »*

**Vendredi 17 mai 1985**

Le Président reçoit les ministres de la Recherche de dix-sept pays pour lancer *Eurêka* : « *A défaut de commandes militaires,* Eurêka *doit pouvoir assurer aux entreprises européennes un puissant marché intérieur pour les produits de haute technologie de demain. Ceci suppose une politique européenne des normes, des commandes publiques (ouverture réciproque et préférence communautaire) et de la protection commerciale des technologies naissantes. N'oublions pas que l'une des conditions de l'effort propre de recherche de nos entreprises et de coopération entre entreprises européennes réside dans la perspective de marchés suffisamment importants.* » Une idée née il y a trois mois est devenue une quasi-institution européenne grâce à l'obstination des chefs d'État français et allemand.

**Dimanche 19 mai 1985**

Les immigrés votent à Mons-en-Barœul. François Mitterrand applaudit au courage du maire.

**Lundi 20 mai 1985**

Jean-Denis Bredin remet à Laurent Fabius son rapport sur les télévisions privées.

**Mardi 21 mai 1985**

L'administration des Douanes communique au directeur de cabinet de Laurent Fabius et au secrétaire d'État au Budget, Henri Emmanuelli, les résultats mensuels du commerce extérieur. Franchement mauvais : 4,215 milliards de francs de déficit pour avril. Deux heures plus tard, ces chiffres parviennent chez Édith Cresson, ministre du Commerce extérieur, qui doit les rendre publics immédiatement. Mais, l'après-midi même, François Mitterrand doit décorer à l'Élysée des patrons exportateurs. Le ministère du Commerce extérieur attend 20 h 38 — après les journaux télévisés — pour lâcher l'information.

Réunion du conseil de la CLT. Renversement d'alliance : Rousselet soutient Rigaud contre Fabius qui souhaite imposer Pomonti et Werner. Fabius demande à Havas de voter pour Werner. Rousselet réclame alors à Matignon un ordre écrit, qui ne viendra pas. Un compromis est trouvé entre Rousselet et Frère : Werner président pour six mois ; Thorn vice-président, puis président ; Pomonti au conseil, mais rien de plus. Rigaud reste le patron.

### Mercredi 22 mai 1985

François Mitterrand s'inquiète de notre travail avec Teltschik sur l'Union européenne : *« Avant la rencontre avec Kohl, le 28, mieux vaut adopter un profil bas et ne pas donner de faux espoirs quant aux résultats à attendre. »*

Nomination de Saulnier comme futur chef d'état-major des armées, en remplacement de Lacaze. Effet au 1er août.

Laurent Fabius annonce la création de baccalauréats professionnels à la suite de la proposition du Collège de France.

Enlèvement à Beyrouth de Jean-Paul Kauffmann et Michel Seurat. Nous avons quatre otages français au Liban.

### Vendredi 24 mai 1985

Horst Teltschik est à Paris : *« L'ampleur de l'effort de recherche américain nous impose plus que jamais de rattraper par nous-mêmes notre retard dans les domaines vitaux. Avant tout : l'informatique et l'électronique. »* Sur l'IDS, ses réserves augmentent : *« Qu'exigeront les Américains en échange ? Aurons-nous le droit d'utiliser les résultats de nos entreprises pour notre défense ? »* Il souhaite évoquer l'idée d'un *« Eurêka militaire »*. Il me parle aussi de la possibilité d'associer Matra et Messerschmitt pour élaborer un vrai bouclier nucléaire européen autonome.

Le Président Reagan a estimé à 26 milliards de dollars sur cinq ans le montant des crédits nécessaires à la seule recherche sur l'IDS. L'éventuel déploiement a été estimé, lui, à 1 000 milliards de dollars (contre 10 milliards de dollars de l'époque pour le projet Manhattan de bombe A, et 100 pour le projet Apollo). Le Congrès a déjà limité les crédits de recherche à 1,4 milliard de dollars pour 1984-1985 et 2,7 pour 1985-1986. Compte tenu de l'impératif de résorption du déficit budgétaire, il est difficile de prévoir combien le Congrès accordera de crédits pendant les trois années fiscales où les décisions seront encore prises par le Président Reagan (1986-87, 1987-88, 1988-89). Peut-être au total 13 à 14 milliards sur cinq ans ?

### Samedi 25 mai 1985

François Mitterrand assiste, à Brest, au premier départ en mission de *L'Inflexible*.

### Dimanche 26 mai 1985

Pentecôte à Solutré. François Mitterrand : *« Ce qui est agréable depuis que je suis à l'Élysée, c'est que je fais beaucoup moins de politique. »*

Fabius est à *La Lanterne* avec Defferre, Bérégovoy, Badinter et Lang pour préparer la campagne des législatives.

**Mardi 28 mai 1985**

François Mitterrand et Helmut Kohl se retrouvent pour la première fois depuis le difficile Sommet de Bonn, à Bodensee, sur le lac de Constance, pour préparer Milan. On décide de la relance de l'Union européenne, et on finalise *Eurêka*. Cette conversation, au cours de laquelle les deux hommes d'État se réconcilient et définissent très fermement leurs relations avec les États-Unis, est essentielle :

**Helmut Kohl :** *Un des buts décisifs de ma politique, le plus important, est de rattacher la RFA à l'Ouest de façon irréversible. Il y aura toujours une tentation vers l'Est. C'est normal : "ils" ont 17 millions d'otages et d'autres moyens, tel Berlin. Pour cela, il y a deux piliers, la CEE et l'OTAN. Dans la CEE, la France conduit tout. Nous avons besoin de ces relations avec vous plus que vous avec nous. Les nationalistes de droite ne constituent pas un danger revanchiste. Les anarchistes ne sont pas un danger. Les nationalistes de gauche en sont un. La seule solution pour nous est l'Europe. C'est vital pour nous. L'URSS ne se transformera pas avant trente ans et on ne fera rien de substantiel avec elle avant. Les États-Unis sont une inconnue. Depuis le Traité de Versailles, ils ne s'occupent plus de l'Europe, seulement de prohibition... Qui sera Président en 1993 ? Il nous faut donc avancer pendant notre commun mandat. Brandt avait avec Moscou une tout autre politique que la mienne. Ses déclarations sur la suprématie morale de l'Est sont inacceptables.*

*L'IDS se fera, quel que soit le Président aux États-Unis. Mais ils ne savent pas à quoi ils arriveront. Le Pentagone veut y associer les entreprises étrangères. Le State Department veut y associer les gouvernements étrangers. L'une et l'autre chose sont inacceptables. Ils veulent nous prendre nos idées. On ne peut être vidé comme des oies à Noël. Il faut un intérêt essentiel pour les deux parties. Je suis favorable à une vraie division du travail entre les États-Unis, le Japon et l'Europe sur l'IDS. Nakasone veut travailler avec le couple franco-allemand. J'ai vu Maggie à Londres et je ne suis pas rentré content : elle s'éloigne de l'Europe et veut que ses entreprises soient en contact avec les États-Unis à tout prix. Nous devons exiger des États-Unis qu'ils acceptent que nos entreprises utilisent le résultat des recherches. La CEE va faire une proposition. Il faut l'étudier par politesse, mais le cadre de la CEE est trop grand. Il faut faire ça à géométrie variable, avec la CEE et d'autres pays comme la Norvège. Le noyau dur sera franco-allemand. D'où l'idée d'*Eurêka, *qui n'est pas contre l'IDS, mais compatible avec elle. Et cela ne se limite pas aux projets d'IDS.*

*Il faut y réfléchir avant Milan. Le problème est d'avoir une action commune. Il y a des conflits d'intérêts, mais ce sont des discussions de famille, c'est normal. La majorité de nos concitoyens pensent comme moi : la France est ici et les États-Unis, de l'autre côté de l'Atlantique. Rien ne sortira de Milan si nous ne nous préparons pas ensemble.*

**François Mitterrand :** *L'axe de la politique française, c'est l'Europe, et l'axe de l'Europe, c'est l'amitié franco-allemande. Je ne suis pas sensible aux péripéties. Aucune entreprise ne se fait sans difficultés. L'objectif reste le même. Je veux faire l'Europe, même si ça gêne les intérêts américains. En observant la mesure qui convient, car la sécurité du monde dépend pour une très large part des États-Unis. Sur les deux sujets du Sommet, notre position n'était pas la même. Mais* *notre situation est différente. Sur l'IDS, la RFA ne peut se permettre de s'éloigner des États-Unis, pour des raisons de sécurité et en raison de l'interdit nucléaire. Les États-Unis et l'URSS vont tenter d'attirer la RFA par cet interdit. La RFA peut être tentée par la stratégie de militarisation de l'espace qui serait non-nucléaire.*

**Helmut Kohl :** *Oui, ce serait une politique.*

**François Mitterrand :** *Il faudrait trente ans. Et il se passerait bien des choses... Il faut éviter le découplage entre les États-Unis et l'Europe, mais l'Europe ne peut être un glacis pour les États-Unis. L'Europe ne peut être en situation d'obéir aux décisions américaines si elle n'intervient pas dans ces décisions. Pour l'IDS, on ne nous parle que de l'exécution sans nous fournir d'explications. Je pense que nous n'avons pas à nous presser. Ils ont besoin de nous. Reagan en parle depuis deux ans. Et maintenant il nous donne soixante jours ! Attendons. Dans trente ans, la stratégie sera partiellement spatiale. Cela assurera-t-il la sécurité de l'Europe ? Je ne sais. Il s'agira d'armes balistiques. Mais une guerre États-Unis/URSS suppose une série de contagions locales. On pense que cela va s'arrêter, et puis cela ne s'arrête pas, comme en 1914 et en 1939 avec François-Joseph et Hitler. François-Joseph ne voulait pas la guerre pour la Bosnie, il voulait seulement contrôler les Slaves du Sud. Il n'a pu retenir la contagion...*

**Helmut Kohl :** *N'est-ce pas différent aujourd'hui ?*

**François Mitterrand :** *Ce qui est dangereux, ce serait la pénétration soviétique à l'est de l'Allemagne, ou la révolte d'un pays de l'Est, ou l'impasse au Moyen-Orient ou en Afrique du Nord. Or, l'IDS ne peut contrôler des missiles allant en une minute au ras du sol de Dresde à Berlin ou de Gdansk à Hambourg. Autrement dit, l'IDS répond aux besoins de sécurité des deux grandes puissances, pas à ceux de l'Europe. Les Soviétiques attaqueraient-ils Hambourg s'ils craignaient l'engagement américain ? De toute façon, celui-ci viendrait après la destruction de Hambourg. Et si, dans vingt ans, le Président américain est neutraliste ? Et il n'est pas question de participer à l'IDS sans participer à sa décision d'emploi. C'est pire que le commandement intégré ! On ne nous propose même pas de faire semblant d'en créer un ! De plus, en associant le Japon, on peut être pris dans une guerre aux Philippines ! Les États-Unis auraient dû nous dire comment ils comptent nous associer à la décision. Reagan ne parle que de recherche. Il y a des domaines où nous n'avons rien à apprendre d'eux, tels les miroirs pour lasers. Je veux bien leur en vendre ! C'est encore plus vrai pour la technologie allemande ou britannique. On verra. Il ne faut pas se presser, ni s'inquiéter. Les Américains doivent être demandeurs ; cela doit être dans leurs intérêts. S'ils ont besoin de nous, ils traiteront avec nous. L'imprécision des demandes de Reagan n'est pas digne des relations entre les États-Unis et l'Europe. Je comprends la position de la RFA. Vous ne pouvez agir comme moi. Et si j'avais été Chancelier d'Allemagne fédérale, j'aurais d'autres attitudes. Un Chancelier allemand ne peut dire aux États-Unis : "Ce que vous dites ne m'intéresse pas." Votre sécurité dépend à 90 % des États-Unis. Et quand des ministres critiquent la RFA, je leur dis tout de suite que c'est une erreur. Mais nous ne pouvons nous contenter de l'imprécision américaine.*

**Helmut Kohl :** *D'accord.*

**François Mitterrand :** *Si les entreprises françaises veulent traiter avec les États-Unis, cela ne nous gêne pas. Mais les États-Unis ne doivent pas croire que l'Europe appartient au passé.*

**Helmut Kohl :** *Ce que vous dites me va très bien. Pour beaucoup d'Allemands, soutenir son propre intérêt est immoral. Cela vient de Hitler. Je suis le dernier Allemand qui nierait Hitler. C'est un fait. Quand il y a un problème, on est émotionnel. On se dit : "Avec notre histoire, on ne peut pas faire ça." Adenauer m'a* *dit un jour : "Quand la France ou la RFA font la même chose, les conséquences en sont différentes." S'il avait été là aujourd'hui, il aurait aimé ce que vous avez dit. La RFA est le pilier conventionnel de l'Alliance. Quoi qu'il arrive, dans les trente prochaines années, il y aura toujours besoin d'un tel pilier conventionnel, c'est notre chance. Par ailleurs, je suis très intéressé à ce que ni Paris ni Londres ne réduisent leurs forces nucléaires.*

**François Mitterrand :** *La sécurité de l'Europe, c'est l'armée conventionnelle allemande et les sous-marins nucléaires français.*

[Serait-ce l'esquisse d'une défense européenne telle que la conçoit François Mitterrand ?]

**Helmut Kohl :** *Les États-Unis ont aussi besoin de ce pilier conventionnel, car il n'y aura jamais d'arme contrôlant l'espace. Aussi, je suis intéressé à une réelle coopération technologique avec les États-Unis.*

**François Mitterrand :** *Quand vous en serez là, j'examinerai la question, mais ce n'est pas pour demain.*

**Helmut Kohl :** *Il me faut aussi répondre positivement à l'IDS pour éviter le retrait des troupes américaines d'Europe.*

**François Mitterrand :** *On verra quand on aura une offre concrète. En plus, l'IDS est quelque chose de très maladroit par rapport à Genève. Mais j'insiste :* Eurêka *n'est pas une réponse à l'IDS. Ce n'est pas un objectif militaire. La concurrence entre l'IDS et* Eurêka *porte sur les hommes.* Eurêka *vise à éviter le* "brain-drain". *Sans* Eurêka, *il y aurait un vide politique en Europe. La Commission ne doit pas s'en préoccuper, sinon certains pays le tueront ; le grand projet technologique de l'Europe ne doit pas dépendre du refus grec ou danois. Si la France et la RFA avancent, d'autres suivront. Et cela permettra aux pays d'Europe de l'Est d'échapper à l'Union soviétique. Ce n'est pas l'Europe de la Communauté. De même, pour Milan, il faut avancer sur les procédures.*

**Helmut Kohl :** *Je suis pour n'accepter la Conférence intergouvernementale que si un ordre du jour est décidé à Milan. Il faut d'autres sujets.*

**François Mitterrand :** *Le cancer (unifier nos efforts pour la recherche), la citoyenneté européenne, des avions européens...*

**Helmut Kohl :** *Il faut ajouter le TGV ; les avions intérieurs sont insuffisants. Un TGV Hambourg-Munich-Stuttgart-Metz-Paris.*

**François Mitterrand :** *Je vous envoie Curien.*

**Helmut Kohl :** *Je vous informerai de tous mes autres contacts. Sur l'avion, le projet anglais est stratégique. Il faut un avion utile dans la situation actuelle de l'Europe, et exploitable. Il faut les deux. Les États-Unis peuvent y travailler : un avion unique pour l'OTAN, ce serait mieux.*

**François Mitterrand :** *Les Européens peuvent faire seuls leur avion. J'ai demandé qu'on renonce à l'avion de combat européen si on peut faire l'avion européen. Je ne peux renoncer à notre avion si c'est pour laisser aux Anglais tout ce qu'ils veulent, sans faire l'avion de combat européen.*

*Par ailleurs, il faut modifier la PAC. Depuis vingt ans, elle est nocive. C'est une catastrophe. Les excédents coûtent un argent fou. Il faut changer. Il faut une réduction de la production, en particulier pour le vin de table.*

**Helmut Kohl :** *Il faut faire la même chose pour les céréales. Les producteurs sont très riches.*

*Craxi reparle de la Conférence intergouvernementale. Je pense que c'est quelque chose qu'on ne peut décider qu'à la fin de Milan. On verra, s'il n'y a pas de résultats à Milan, s'il ne faut pas se cacher derrière la Conférence intergouvernementale. Si Milan réussit, on peut en décider. Il faut demander tous les deux à Craxi de ne pas faire trop de "mousse" à l'avance.*

**François Mitterrand :** *La Conférence intergouvernementale est une échappatoire. On la substitue à Milan. Ce qu'on ne fera pas à Milan, on ne le fera pas au mois d'août. Concernant le Parlement, il ne faut pas affaiblir à l'heure actuelle le Conseil des ministres pour accroître les pouvoirs des parlementaires. Le Parlement doit avoir quelques pouvoirs financiers pour dépenser les fonds structurels, mais pas le droit de lever l'impôt.*

*Parlons de choses concrètes. Je conçois vos réticences sur l'harmonisation des normes. C'est une direction qui sera prise un jour ou l'autre. Pour ce qui est de l'Europe des citoyens, je vous en parlerai avant Milan.*

**Helmut Kohl :** *Je suis d'accord. Et pour la Commission ?*

**François Mitterrand :** *Sur le mode de décision, je serai favorable à l'idée d'en revenir au Traité de Rome et de supprimer le Compromis de Luxembourg. Je ne l'obtiendrai pas. Il faut donc rendre le veto exceptionnel. Seuls le ministre des Affaires étrangères ou le Conseil européen doivent pouvoir le décider.*

**Helmut Kohl :** *D'accord, et il faut dresser une liste limitative. Comment faire une politique européenne de sécurité ? Nous sommes dans une situation difficile et vous êtes, pour nous, une chance folle. Nous ne sommes pas clairs sur la sécurité. C'est pourquoi les Américains ne nous prennent pas au sérieux. Si nous étions une force, face à eux, ce serait différent.* Eurêka *est important. Sans les Pershing, nous aurions subi une invasion. Les Soviétiques ne respectent que la réalité. Ils vous respectent. Hitler a échoué parce qu'il était un aventurier. Les Soviétiques calculent.*

*Que pensez-vous du projet britannique de coopération politique ?*

**François Mitterrand :** *On ne l'a pas encore reçu.*

**Helmut Kohl :** *C'est un accord pour ne pas aller très loin. Je vous le ferai passer avant le 17. Est-il possible pour vous de signer un traité de sécurité avec moi ?*

**François Mitterrand :** *Je veux bien en parler avec vous.*

**Helmut Kohl :** *Chez nous, la propagande de l'Est est forte. On dit que la défense n'est plus nécessaire. Depuis le discours au Bundestag, j'ai allégé un peu le service, mais rien d'autre. Nous avons besoin d'une offensive européenne pour dire aux jeunes de ne pas aller à Princeton pour apprendre la Science. C'est l'inspiration qui manque à l'Europe. Il nous faut le contraire d'un Spengler. Si l'Europe le veut, je crois qu'on peut éviter la victoire du pacifisme.*

Promenade en bateau sur le lac. Helmut Kohl m'explique qu'il y eut de nombreux Allemands antinazis et que la Suisse, qu'on voit de l'autre côté du lac, coopéra en fait très activement avec le régime nazi.

Sueurs froides : dans l'avion du retour, je me rends compte que j'ai égaré mes notes de cet entretien. Sueurs froides. Des journalistes s'en seraient-ils emparé ? A Villacoublay, un homme du GSPR me prévient qu'un de ses collègues les a retrouvées sur le bateau juste avant qu'un journaliste ne s'en saisisse. Je l'aurais embrassé. Depuis, toutes mes notes sont cryptées, inutilisables par tout autre que moi.

**Mercredi 29 mai 1985**

Le projet Fabius sur la Nouvelle-Calédonie est soumis à l'Assemblée.

Au stade du Heysel, à Bruxelles : 39 morts. Images d'horreur à la télévision, tandis que la partie se poursuit. Le spectacle est si puissant que la mort même n'est plus sacrée ; elle n'est plus qu'un élément du spectacle, un peu moins innocent que les autres.

**Jeudi 30 mai 1985**

Les États-Unis tiennent absolument à ce que l'IDS soit approuvée à la prochaine réunion des ministres de la Défense de l'Alliance atlantique, à Lisbonne, le 7 juin, comme il l'a été par les ministres des Affaires étrangères. Pour y parvenir, ils s'y prennent plus habilement qu'à Luxembourg ou à Bonn. Le secrétariat de l'OTAN propose un texte d'inspiration américaine présentant les recherches comme *« prudentes et nécessaires »*. Le Président refuse même cela.

François Mitterrand : *« Maintenir ma position de Bonn. »*

Déjeuner avec Renato Ruggiero, à Paris, pour préparer Milan. Grand diplomate italien qui associe culture, lucidité et enthousiasme. Je lui dis qu'on concocte une initiative franco-allemande. Il insiste : *« N'en parle pas avant ; sinon, cela sera mal reçu en Sommet. »* Bien sûr.

**Samedi 1er juin 1985**

Congrès extraordinaire du RPR à Versailles. Adoption de « dix priorités pour la France ». Parmi elles, l'abrogation de l'autorisation administrative de licenciement, la liberté des prix, la suppression des « seuils sociaux » dans l'entreprise et les privatisations

**Lundi 3 juin 1985**

A Lisbonne, les directeurs politiques allemand, britannique et américain travaillent au communiqué du Conseil de l'OTAN. Ils veulent discuter avec leur collègue français après-demain : *« L'absence d'un texte concerté à quatre,* me dit Roland Dumas, *risque de rendre très délicate une éventuelle rédaction de compromis à seize ensuite. »*

François Mitterrand me demande de transmettre : *« Il ne peut être question, d'une manière ou d'une autre, à l'abri de quelque formule que ce soit, de s'engager dans l'IDS ou de l'approuver. Personne ne doit, du côté français, donner son aval à cette stratégie. »*

J'appelle Bud McFarlane à Washington : *« Nous ne pourrons pas donner à Lisbonne notre aval à l'IDS. Aucune rédaction qui y tendrait n'aura notre accord. Il est préférable d'éviter un différend public (et pour lequel nous aurions vraisemblablement le soutien de certains autres membres de l'Alliance) ; nous serions prêts à discuter — sur cette base — entre les quatre directeurs politiques à Lisbonne d'un texte comprenant succinctement quelques formulations acceptables par nous (nous avons déjà préparé un texte de compromis en ce sens). Au-delà de cette question immédiate de communiqué, nous n'excluons pas d'engager le dialogue avec les États-Unis. »* L'Américain accepte, avec son élégance coutumière : aucun aval à l'IDS ne sera donné à Lisbonne. On verra le 7 si ses instructions sont suivies.

**Mardi 4 juin 1985**

Réunion des ministres de la Recherche de la CEE. On progresse sur la mise en œuvre d'*Eurêka*, malgré la volonté de la Commission de mettre la main sur le projet.

**Mercredi 5 juin 1985**

Il faut donc progresser sur un texte franco-allemand avant Milan. Pour éviter l'impair et le diktat, il convient de rassurer les Italiens. On les associera en secret, comme convenu avec Ruggiero.

Selon la tradition, le ministre des Relations extérieures, Roland Dumas, doit donner son accord à tout voyage à l'étranger d'un de ses collègues. Dans certains cas, il en réfère au Président. Jamais au Premier ministre. Aujourd'hui, c'est Pierre Bérégovoy qui, écrit-il, *« m'a demandé à plusieurs reprises mon avis sur la visite qu'il compte effectuer en URSS. Il insiste et souhaiterait que celle-ci ait lieu au début de l'été. Je pense lui faire, si vous en êtes d'accord, la réponse suivante : il ne faut pas altérer le caractère de la visite de M. Gorbatchev si celle-ci a lieu comme nous le souhaitons. »*
Le Président approuve Roland Dumas : Bérégovoy n'ira pas à Moscou. Gorbatchev doit lui-même venir prochainement à Paris.

Affrontements violents entre CRS et membres de la CGT et du PCF devant l'usine SKF à Ivry-sur-Seine.

Le Président s'informe en détail sur la nature du conflit. Puis demande la fermeté : *« Si on n'est pas fermes avec eux, tout peut s'enflammer. Mais, en réalité, ils n'ont plus les moyens de mobiliser, ils céderont. C'est le début de la fin du PC. »*

Le Président est furieux des prévisions de réalisation du Budget 1985 : la baisse des prélèvements obligatoires ne sera que de 0,3 % au lieu de 1 %. Il demande que l'Élysée reprenne l'affaire en main. Difficile de faire mieux...

**Jeudi 6 juin 1985**

Réunion ce matin, avant de partir pour Bonn, des principaux collaborateurs de l'Élysée, de Matignon et des Finances, pour parler des prélèvements obligatoires : la baisse n'est bien que de 0,3, parce que les Finances ont tenu à surestimer les recettes pour réduire le déficit budgétaire (qui atteint aujourd'hui 3,6 %). Autrement dit, on préfère ne pas respecter l'engagement du Président sur la baisse des prélèvements obligatoires plutôt que de reconnaître l'erreur du gouvernement dans la gestion du déficit budgétaire !

En réalité, avec des hypothèses plus réalistes sur la croissance et les impôts, la baisse des prélèvements obligatoires sera de 0,7 ou 0,8 %, et le déficit de 3,3 %. Pour être sûr qu'en octobre ou novembre la réalité ne sera pas différente, il convient de demander au gouvernement d'étudier des mesures de contraction complémentaires. Pour faire tomber le déficit au-dessous de 3,3 %, il appartient au Premier ministre de proposer 20 milliards d'économies budgétaires.

La question à résoudre, d'ici demain soir, est l'affichage de la baisse des prélèvements obligatoires. J'informe le Président : on peut dire 0,8, sans courir le risque d'être accusé de trucage. Mais cela implique une grande rigueur dans la gestion du Budget.

François Mitterrand est encore plus exigeant : *« 0,8 ? Ce serait inacceptable et ne serait pas accepté. Le dire. »*

On entend parler d'un projet de texte britannique avant Milan. François Mitterrand : *« Les Anglais veulent nous étouffer en nous embrassant. »*

Fitzgerald, pour l'Irlande, veut bien de nouvelles compétences communautaires sur tout, mais pas sur l'avortement !

Je me rends à Rome pour une réunion avec Teltschik et Ruggiero sur un projet de texte d'Union européenne. Teltschik et moi faisons semblant de nous voir pour la première fois sur le projet. Ruggiero fait semblait d'être dupe. Les Italiens pensent que si un accord n'est pas trouvé à Dix sur un tel texte, il faut chercher un accord à Six.

Il faut encore trancher plusieurs questions : sommes-nous pour la création d'une Union européenne ? la création d'un secrétariat général de la Coopération politique ? l'obligation d'accord à Dix sur les sujets de politique étrangère d'intérêt vital pour les Dix ? l'intégration de l'UEO dans les instances de l'Union européenne, qui deviendrait ainsi compétente pour les questions de sécurité ?

Les principaux problèmes sont : la RFA aura-t-elle un siège au Conseil de sécurité de l'ONU ? faut-il créer un poste de secrétaire général du Conseil de l'Union européenne, indépendant de la Commission ?

Teltschik : *« Il s'agit de créer un vrai pouvoir politique à côté de la Commission et, indépendamment d'elle, un véritable ministère des Affaires étrangères européen, ayant droit de contrôle sur les votes de la France et de la Grande-Bretagne à l'ONU. »*

Nous parvenons à un accord à trois sur la « solennisation » de l'évocation du Compromis de Luxembourg et l'amélioration — limitée — des pouvoirs de gestion de la Commission. En revanche, sur le pouvoir du Parlement, les Allemands sont très inquiets de ce qu'on ne propose rien de sérieux, car ils craignent la colère de leurs propres parlementaires. Ils tiennent à réclamer une augmentation sensible du pouvoir de codécision du Parlement avec le Conseil, même s'ils ne l'obtiennent pas.

Les Allemands insistent beaucoup sur la chaîne de télévision européenne, l'Académie des Sciences et l'Office européen de la Jeunesse. Ils reconnaissent qu'il faut aller dans le sens du droit de vote à tous les Européens aux élections locales, où qu'ils se trouvent, tout en s'interrogeant sur les délais et la constitutionnalité d'une telle mesure.

Les Italiens sont très demandeurs de progrès dans la construction du SME et celle du marché intérieur.

Teltschik insiste beaucoup, *« au nom du Chancelier »*, pour que des discussions bilatérales aient lieu là-dessus la semaine prochaine au niveau technique des directions des Affaires politiques.

Sur *Eurêka*, les choses avancent bien. Allemands et Italiens y sont très favorables, et désireux d'éviter que la Commission veuille y mettre un carcan juridique. Les deux m'ont demandé que nous le disions à Jacques Delors.

Le Chancelier souhaite arriver à une position commune avec la France avant le 20 pour qu'elle soit ensuite communiquée à l'Italie et que celle-ci en fasse le projet de la Présidence pour Milan.

Teltschik et moi décidons de nous revoir à Paris le 17 pour arriver, si possible, à des positions communes sur ces sujets, sur la base de ce que le Président français et le Chancelier se sont dit à Constance.

Pour *Eurêka*, j'insiste sur l'urgence d'un accord concret sur au moins un sujet. Sur l'Europe au quotidien (jeunes, recherche médicale), les Allemands ont bien accueilli les suggestions faites au Chancelier.

Sur la sécurité, les Allemands attendent visiblement un geste de la France. Teltschik me dit à plusieurs reprises : *« Que pourrions-nous faire ensemble en matière de sécurité ? Nous, nous sommes prêts à tout : fusion de nos états-majors, armements conventionnels en commun, manœuvres communes, etc. »* Ne peut-on étudier, par exemple, l'idée qu'un jeune Français puisse faire deux mois de service militaire dans une autre armée d'Europe, et réciproquement ?

Début du voyage de Rajiv Gandhi en France.

Mort de Vladimir Jankélévitch. On ne peut écouter Fauré sans penser à lui.

Le général Saulnier s'inquiète des progrès du bouclier soviétique :

> *« Même si le bouclier spatial s'avère réalisable, conformément aux espoirs de Reagan, cette protection sera incomplète, puisque des vecteurs se déplaçant dans l'atmosphère, lancés par exemple du fond des mers, ou même de territoires situés pas trop loin de ceux qu'il s'agit de dissuader (cas de l'Europe vis-à-vis de l'URSS), pourront rester menaçants. (...) L'actuelle vulnérabilité des vecteurs atmosphériques pourrait cependant être diminuée de façon drastique si les techniques d'abaissement des signatures radar (dites techniques "Stealth") débouchaient. Elles font l'objet de recherches intenses aux États-Unis, sans avoir donné jusqu'ici de résultats tangibles. Cette technique constitue une donnée très importante de la stratégie de demain ; elle me paraît trop négligée en France. (...)*
>
> *Ce qui me gêne toujours dans ce débat, c'est que personne ne semble douter du fait que nous arriverons toujours à pénétrer les défenses de ceux que nous voulons dissuader. Je crains que ce postulat ne soit sévèrement et prochainement battu en brèche par l'apparition d'un réseau dense de défenses terminales non-nucléaires, autour de Moscou par exemple, à l'horizon de quinze ou vingt ans, en tout cas beaucoup plus tôt que la mise en œuvre d'un bouclier spatial complet. Sans doute un tel système restera-t-il ponctuel, sans doute son efficacité ne sera-t-elle jamais totalement prouvée. Il portera néanmoins un coup sévère à la crédibilité de notre armement offensif, et donc du dialogue dissuasif.*
>
> *Cette perspective, il nous faut absolument l'affronter avant de fixer l'évolution de notre arsenal offensif au-delà des missiles M 4 de nos sous-marins. »*

Il y a deux attitudes américaines différentes à l'égard des partenaires européens : celle des politiques qui veulent, sous couvert d'accords de participation à l'IDS en sous-traitance, sans aucun contenu technologique ou financier, obtenir l'approbation politique et publique de ce concept stratégique ; celle des militaires qui n'ont besoin ni d'accord ni de vraie coopération, mais seulement de faire appel directement à quelques spécialistes isolés et à quelques rares entreprises européennes.

Ainsi les choses se passent comme elles se sont toujours passées entre les États-Unis et les autres : les Américains gardent pour eux les technologies vraiment de pointe et ne laissent personne influencer la conception d'ensemble de l'éventuel nouveau système. A leur place, on en ferait autant. L'Europe n'a qu'à s'en prendre à elle-même de sa faiblesse.

**Vendredi 7 juin 1985**

McFarlane a tenu parole : la discussion a été très dure, cette nuit à Lisbonne, sur le projet de communiqué de l'OTAN. Faute d'accord, Roland Dumas propose qu'on dise que *« chacun pour son compte, dans le respect des obligations de l'Alliance, prendra les décisions qu'il souhaite en matière de nouvelles technologies »*. Plutôt que d'accepter un tel constat de divergence, et voyant que plusieurs autres pays européens s'apprêtent à nous suivre, les Américains préfèrent retirer toute mention de l'IDS dans le communiqué de Lisbonne. C'est exactement le même scénario que celui qui s'était déroulé lors de la dernière réunion de *sherpas*, la nuit, à Bonn, aboutissant à supprimer toute mention de l'IDS dans la déclaration politique.

En refusant, la France ne rate aucun « train », puisqu'il n'y a pas de « train », mais des recherches étanchement cloisonnées et à l'accès soigneusement contrôlé. La France ne se prive d'aucun pactole, puisqu'il n'y a pas de pactole pour l'Europe. Une attitude de docilité politique ne garantirait pas des contrats privilégiés.

Le développement des technologies spatiales s'impose quelle que soit la stratégie de demain. En revanche, l'utilité des éventuelles armes de l'espace est plus problématique pour une puissance qui ne voudrait pas attaquer, puisqu'elles ne fourniront jamais un système défensif complet. A moins que l'on ne songe à armer des satellites pour leur permettre de se défendre contre d'éventuels agresseurs, ce qui serait peut-être possible contre des satellites antisatellites, mais pas contre l'arme antisatellite américaine venue du sol.

Ces batailles de satellites sont moins improbables que la défense spatiale antimissiles. C'est faisable, cela peut être tentant (contre des antisatellites espions ou armés de bombes atomiques). Mais les armes antisatellites peuvent venir du sol comme de l'espace. Le problème peut se poser un jour pour la France sous la forme nouvelle d'une alternative connue : vaut-il mieux se défendre (protéger nos satellites) ou dissuader (menacer les satellites adverses) ?

Roland Dumas s'inquiète : *« La crise de l'UNESCO se prolonge. Il est difficile d'y voir très clair. De mon voyage au Sénégal, je retire le sentiment que le Président Abdou Diouf prendrait mal la démission de M. M'Bow si celle-ci lui était imposée. Il devrait donc rester jusqu'à la fin de son mandat (1987). Entre-temps, il faut faire "quelque chose" pour arrêter l'hémorragie des départs ou des menaces de départ (Grande-Bretagne, Japon ?) et lancer les réformes prévues. Pourquoi ne pas confier une mission de réflexion à une personnalité de premier plan, et ceci pour le compte français uniquement ?*

*Que diriez-vous de Pierre Mauroy, d'Edgar Faure ou de Jean-Pierre Cot ? »*

François Mitterrand refuse de s'en mêler.

Déjeuner avec Rajiv Gandhi. Il a hérité la mélancolie de sa mère. Il donne encore le sentiment de haïr la fonction qu'il occupe. Destinée...

André Rousselet, sans avoir averti personne, rencontre Silvio Berlusconi. Il tente de le convaincre de renoncer à créer en France une chaîne en clair.

**Samedi 8 juin 1985**

Réunion des ministres des Affaires étrangères des Douze à Stresa, pour préparer Milan. Les Britanniques, les Danois, les Néerlandais, les Grecs ne veulent pas d'un nouveau traité d'Union européenne. Les Français, les Italiens, les Allemands sont pour un nouveau traité politique. Aucun texte n'est mis sur la table, ni par les Allemands, ni par les Britanniques, ni par les Italiens, ni par nous. Et la Commission, qui craint comme la peste un texte qui lui échappe, est aux aguets !

**Dimanche 9 juin 1985**

Vingtième anniversaire des Clubs Perspectives et Réalités ; convention libérale au Palais des Congrès : Barre, Chirac, Giscard à la même tribune.

**Lundi 10 juin 1985**

Visite officielle de Laurent Fabius en RDA. C'est sa première visite officielle à l'étranger... Le lieu est peut-être mal choisi pour témoigner de son attachement aux droits de l'homme.

Visite officielle de Bourguiba en France. Il n'est pas en état de parler plus d'une minute.

Jacques Pomonti remet à François Mitterrand et à Laurent Fabius son rapport sur le satellite TDF 1.

**Mardi 11 juin 1985**

Au petit déjeuner, Fabius : *« J'ai accéléré les procédures de dépistage du Sida. Ce sera une obligation pour les donneurs de sang. »*

La France propose aux Européens de participer à la mise au point du Rafale, qui doit effectuer son premier vol dans un an. Le Rafale n'est pas un prototype de l'ACE, et la France ne le présente ni ne le propose comme tel. C'est un appareil de démonstration technologique destiné à valider en vraie grandeur les méthodes de calcul et les procédés technologiques les plus récemment développés en France : aérodynamique, commandes de vol, calcul des structures, matériaux nouveaux. Le Rafale n'a ni radar ni système d'armes ; ses moteurs F 404 sont des moteurs américains loués et ne correspondent pas à la technologie 1995 visée pour l'ACE.

Le Rafale ne constitue donc qu'une étape entre le Mirage 2000 et l'avion de combat futur. L'expérience acquise lors de la fabrication et des vols du Rafale permettra d'améliorer à coup sûr les méthodes de conception qui seront utilisées pour l'ACE ; les prototypes de l'ACE, décalés de plus de trois ans par rapport au Rafale, représenteront un progrès supplémentaire considérable.

**Mercredi 12 juin 1985**

François Mitterrand : *« L'IDS, c'est la guerre réelle. »*

Hernu, avec qui je devais dîner dans deux jours, au retour du Sommet franco-italien de Florence : *« Pour vendredi soir, tu le sais, je vais à Florence avec le Président de la République et je crains qu'au lieu de rentrer à Paris et d'avoir le plaisir de dîner avec toi, je doive me précipiter à Villeurbanne où mon chien, Stan, compagnon de tant d'années, est en train de mourir. »*

**Jeudi 13 juin 1985**

Michel Rocard annonce sur *TF1* qu'il sera candidat aux présidentielles de 1988. François Mitterrand n'y attache pas la moindre importance.

**Vendredi 14 juin 1985**

Détournement vers Beyrouth du Boeing de la TWA Athènes-Rome. Les pirates exigent la libération de 735 prisonniers libanais en Israël contre les 39 Américains. Nabih Berri mène la négociation et fait savoir à la France que Kauffmann et Seurat seront élargis en même temps.

Laurent Fabius lance la campagne électorale à Marseille et s'en déclare le « chef ».

**Samedi 15 juin 1985**

Lionel Jospin est déchaîné. En tant que premier secrétaire du PS, il dit au Président : *« Je suis le chef de la campagne. Laurent Fabius ne peut l'être. »* Fabius ne s'attendait pas à cette réaction et le prend de haut.

Première fête musicale de « SOS Racisme » : 300 000 personnes à la Concorde.

**Lundi 17 juin 1985**

Renault annonce 12 000 suppressions d'emplois en 1985 et 9 000 en 1986. A l'exception de la CGT, les syndicats acceptent de discuter. Les temps changent...

Teltschik est à Paris. On reparle du texte de traité d'Union européenne. L'essentiel de la discussion porte sur l'indépendance du secrétariat politique vis-à-vis de la Commission. Il y tient.

Afin d'aller plus loin, on met au point un mémorandum. La première partie est consacrée entièrement à l'Europe de la technologie. Afin d'accompagner *Eurêka*, nous proposons d'encourager ou de créer l'Université de l'Europe et ses antennes, dans chacun des pays de la Communauté, où les jeunes seront formés, parmi d'autres disciplines, aux technologies du futur ; une Académie européenne des Sciences et de la Technologie où seront confrontés et consacrés les résultats scientifiques ; l'harmonisation des diplômes, pour favoriser les échanges d'universitaires et de chercheurs.

François Mitterrand : *« La clé de l'Europe, c'est le couple franco-allemand. Et la clé de l'entente franco-allemande, c'est la sécurité de l'Allemagne. Tout le reste, en définitive, est secondaire par rapport à la lancinante question de la sécurité allemande. D'une part, l'angoisse allemande est "existentielle" : même chez les dirigeants, elle exprime un "état d'âme" plutôt qu'elle ne se traduit en revendications concrètes. D'autre part, aucun chef d'État français ne peut s'engager à utiliser la dissuasion nucléaire pour l'Allemagne exactement comme il le ferait pour la France. Pour en sortir, je ne vois qu'une solution : donner un maximum de force symbolique et affective à l'annonce de toutes les décisions qui peuvent être prises sans remettre en cause la dissuasion. »*

Il envisage une consultation permanente entre lui et le Chancelier fédéral en temps de crise (un « téléphone bleu » et un système de transmission de documents) ; la création d'un groupe permanent de sécurité franco-allemand entre états-majors ; un satellite d'observation franco-allemand (il n'est pas normal que, pour connaître le nombre de SS 20 qui nous menacent, nous dépendions uniquement, Allemands et Français, des informations que veulent bien nous donner les Américains) ; la mise en commun de nos moyens d'analyse en matière de renseignement.

En cas de crise, on pourrait placer des forces nucléaires en RFA. Faut-il une consultation stratégique à trois (RFA, Grande-Bretagne, France) ?

Patrick Baudry s'envole à bord d'une navette spatiale américaine.

**Mardi 18 juin 1985**

Petit déjeuner entre François Mitterrand, Laurent Fabius et Lionel Jospin, sur la question de savoir qui dirigera la campagne des élections législatives. Fabius assure Jospin qu'il n'entend pas chapeauter la campagne, qu'il se bornera à tenir *« cinq ou six grands meetings »*, au plus. Jospin refuse : *« C'est le PS qui dirige la campagne. »* Le Président tranche en faveur de Jospin. Le Parti est en charge des élections.

Le Président me dit en remontant : *« Ils sont incorrigibles. On n'arrivera à rien avec eux. C'était mieux avec la Convention des institutions républicaines. On était moins nombreux et moins susceptibles. »*

Jean-Baptiste Doumeng m'informe que Zagladine vient à Paris le 19 et le 20. Ce diable d'homme est toujours le conseiller du secrétaire général du PCUS, quel qu'il soit, depuis Brejnev.

Discussion sur l'avenir de la dissuasion avec le Président.

Pour maintenir la crédibilité de la dissuasion française, il faut demeurer capable de traverser les éventuelles défenses adverses au sol ou dans l'espace : saturer en multipliant les têtes et les leurres, rendre les missiles plus résistants aux armes antimissiles en durcissant leur revêtement et en les faisant tourner sur eux-mêmes. Les sous-marins doivent être rendus de plus en plus silencieux. Faut-il tenter aussi de protéger des sites ponctuels (Albion, des bases aériennes ou sous-marines, des centres de communications) ? Si la réponse est oui, notre capacité à réaliser les équipements nécessaires mériterait d'être examinée avec les Allemands, voire avec d'autres Européens. Sinon, dans quelques années, ce sont les industriels américains qui vendront aux Européens des systèmes de protection ponctuels *made in USA*. Faut-il aussi, pour réduire cette vulnérabilité, diversifier nos vecteurs avec le missile sol-sol mobile SX, ou plutôt avec un missile de croisière (mais il ne peut être guidé que par satellite) ? Il faudra certainement développer les auxiliaires spatiaux de la dissuasion : satellites d'observation, de communication, une éventuelle arme antisatellite, et pouvoir garder au sol, dans les DOM-TOM, les stations nécessaires à la gestion des activités spatiales. Tous nos programmes spatiaux augmenteront nos capacités en ce domaine.

Fabius annonce que le dépistage du Sida sera obligatoire pour les donneurs de sang à partir du 1er août. Il a mis toute son énergie pour accélérer la décision.

L'annonce du prochain voyage en France de Mikhaïl Gorbatchev sera faite à 13 heures. Pour éviter que *Le Monde* de ce soir ne titre sur la seule rencontre Gorbatchev-Reagan à Genève en novembre, j'appelle André Fontaine pour lui donner la primeur de l'information.

**Mercredi 19 juin 1985**

Au Conseil des ministres, l'ambiance est pire que sinistre. Les ministres ne songent qu'à la dispute entre Fabius et Jospin. Quand Yvette Roudy nous parle de la conférence sur les droits des femmes que les Nations-Unies organisent à Nairobi, cela semble parfaitement surréaliste et cela suscite quelques fous rires discrètement réprimés autour de la table. Pourtant, c'est infiniment plus important que les querelles entre ces deux messieurs...

**Jeudi 20 juin 1985**

Jean Riboud et Laurent Fabius préparent en secret la *Cinq* avec Silvio Berlusconi. Jack Lang y est très hostile, André Rousselet est résigné : *Canal-Plus* commence à se redresser et la *Cinq*, pense-t-il, ne peut plus le détruire.

**Samedi 22 juin 1985**

Réunion à Paris avec Ruggiero et Teltschik sur le traité d'Union européenne. Bettino Craxi a vu Helmut Kohl. Celui-ci lui a annoncé le dépôt d'un projet allemand de traité européen d'Union politique à Milan, même s'il n'y a pas accord avec les Italiens et les Français ! Teltschik en est paniqué. Concernant le Parlement, l'un et l'autre sont d'accord pour lui donner des pouvoirs de codécision, voire, dans certains cas, un droit de veto. Ce serait le rôle de la future Conférence intergouvernementale que de définir ces cas. Sur le vote à la majorité au Conseil, rien d'inattendu. Tous deux souhaitent que soit lancée à Milan cette Conférence intergouvernementale, tant pour modifier le Traité de Rome que pour rédiger un traité d'Union européenne.

Nous décidons de nous revoir encore mercredi à Bonn pour arrêter un projet commun de traité.

Kohl a beaucoup appuyé *Eurêka* devant Craxi, et l'un et l'autre ont critiqué la position de Dassault sur l'avion de combat européen. Il faut exiger des Allemands un réel engagement financier dans *Eurêka*. Sur Dassault, ils ont raison.

Le rapport sur l'idée d'une Conférence monétaire internationale — que François Mitterrand avait demandé au Sommet de Williamsburg il y a deux ans — est examiné par les Dix ministres des Finances à Tokyo. Enterrement...

**Dimanche 23 juin 1985**

Un Boeing d'Air India, sans doute victime d'un attentat sikh, disparaît en mer d'Irlande : 329 morts.

**Lundi 24 juin 1985**

Voyage de François Mitterrand en Languedoc-Roussillon.

Francesco Cossiga est élu Président de la République italienne.

Comité central du PCF : Georges Marchais déclare qu'il n'y a pas de différence entre le PS et la droite.

**Mardi 25 juin 1985**

A Carcassonne, François Mitterrand critique le comportement du PCF et appelle au rassemblement des Français.

**Mercredi 26 juin 1985**

Un différend oppose Joxe à Bérégovoy à propos de crédits pour la modernisation de la police. Joxe veut 1 milliard. *« Ou bien*, dit Bérégovoy, *je débloque l'argent maintenant, mais alors il ne me restera plus grand-chose dans quelques mois lorsqu'il s'agira de mettre un peu d'huile pour la campagne électorale, ou bien je refuse et Joxe fait un scandale. »* Joxe n'aura pas tout de suite son milliard. Il n'y aura pas de scandale.

Je suis de nouveau à Bonn avec Élisabeth Guigou pour rencontrer Teltschik et Ruggiero. On examine le traité. Allemands et Italiens proposent d'ultimes amendements dans le seul préambule du Traité, auxquels je souscris, car ils renforcent l'idée d'Union européenne. Les Allemands acceptent que le Secrétaire général soit nommé « secrétaire général de l'Union européenne ». Pour le reste, Italiens et Allemands insistent pour aller plus loin en ce qui concerne les pouvoirs du Parlement, sans être plus précis pour l'instant, réservant la discussion à Milan.

Les Italiens nous diront demain à midi s'ils acceptent de faire de ce texte un projet de la Présidence italienne déposé au Sommet ou s'ils préfèrent appuyer un texte franco-allemand, présenté alors avant Milan. Dans le second cas, Teltschik propose une publication conjointe de ce projet demain après-midi. Je suis pour : ce serait une formidable gifle pour ceux qui parlent de désaccord franco-allemand.

Le Président accepte : on publiera le texte dès demain si c'est ce que les Italiens préfèrent.

A Dun-les-Places (Morvan), au cours d'une conversation avec des journalistes, François Mitterrand tranche la querelle Fabius-Jospin en faveur de Jospin, mais il ajoute : *« Il ne peut y avoir prise d'un parti politique sur le gouvernement. »*

L'Assemblée adopte définitivement le scrutin proportionnel pour les législatives.

### Jeudi 27 juin 1985

Le beau scénario mis au point hier à Bonn s'effondre : vers 11 heures, avant même que les Italiens ne nous aient répondu, Helmut Kohl se fait chahuter au Bundestag et, pour prouver à son opposition qu'il est un fervent Européen, annonce l'existence d'un projet franco-allemand d'Union européenne ! Au même moment, à Paris, Michel Vauzelle, porte-parole de l'Élysée, reçoit les journalistes : il ne leur parle pas du Traité, pour la bonne raison qu'il n'est au courant de rien. Les Italiens, furieux d'être placés devant le fait accompli, ne couvrent plus l'opération. Nous sommes obligés de confirmer l'existence de ce texte pour ne pas mettre le Chancelier en porte-à-faux. Lorsque je passe par la Nièvre prendre le Président pour gagner Milan, il prend très mal cette annonce désordonnée qui risque de tout compromettre.

### Vendredi 28 juin 1985

Début du Conseil européen à Milan. Le Palais Sforza est magnifique, malgré la présence de hordes de fonctionnaires et de journalistes qui le défigurent. Toutes les délégations sont dans un ravissement goguenard devant l'enterrement par les Italiens du projet franco-allemand. Obsédés par le souci d'éviter un échec, les Italiens veulent maintenant obtenir que toute négociation sérieuse soit renvoyée à une conférence intergouvernementale réunissant au cours de l'été les ministres des Affaires étrangères en vue d'élaborer un traité d'Union européenne.

Le Président demande qu'on souscrive au moins à Milan à certains principes sur ces différents sujets, en distinguant les points d'accord et ceux à explorer ultérieurement dans la conférence intergouvernementale. On renonce à l'intitulé de *« Traité d'Union européenne »* pour parler d'*« Acte unique »* regroupant tous les accords économiques.

Le Conseil approuve *Eurêka*, mais François Mitterrand et Helmut Kohl insistent pour que le secrétariat soit installé à Strasbourg. Martens y est hostile. Ajournement à demain.

**Samedi 29 juin 1985**

Comme d'habitude, petit déjeuner entre Helmut Kohl et François Mitterrand.

**Helmut Kohl :** *Il faut arriver à dire qu'on signera l'accord sur le résultat de la Conférence intergouvernementale à Luxembourg en décembre. Nous avons bien fait d'annoncer notre initiative. Il fallait lancer quelque chose, sinon les autres n'avancent pas.*

**François Mitterrand :** *Je ne comprends pas le reflux d'hier. Les Italiens renvoient tout à la Conférence intergouvernementale pour éviter un échec ici. Ils n'ont pas tort. Mais on parlera quand même de l'échec de Milan.*

**Helmut Kohl :** *Mme Thatcher nous suivra plus tard si nous avançons. Le lobby du Bénélux est maximaliste ; c'est dangereux. Martens s'opposera au texte* Eurêka *qui prévoit que le secrétariat sera installé à Strasbourg. On peut arriver à une décision sur le principe de l'Union européenne, à signer le 2 décembre à Luxembourg, si ça ne marche pas aujourd'hui.*

**François Mitterrand :** *Pour ce qui est de la déclaration politique, Craxi a cru que ce serait un échec et n'a pas voulu que ce soit le sien. C'est pour cela qu'il n'a pas présenté notre texte.*

**Helmut Kohl :** *Cela n'aurait pas été un échec ! On a traité les Italiens avec courtoisie en les invitant à nos réunions préparatoires. Le temps presse. Si ce n'est pas nous, personne ne le fera. Et, chez moi, la vie politique est de plus en plus provinciale, le problème des retraites est plus important que celui de l'Europe.*

**François Mitterrand :** *Il faut arriver aujourd'hui à un texte politique dans le même temps que progresse l'union économique. Sinon, on fera une déclaration franco-allemande.*

Finalement, l'accord se fait sur l'unification du marché européen, la normalisation des standards industriels et technologiques, l'Université de l'Europe et ses antennes dans chacun des pays de la Communauté, une Académie européenne des Sciences et de la Technologie, l'harmonisation des diplômes pour favoriser les échanges universitaires et de chercheurs. Sera créée une carte de « jeune Européen » donnant droit à des facilités diverses (transport, hébergement...). Enfin, des séjours à l'étranger devront être intégrés dans les formations supérieures.

François Mitterrand propose que, conformément au vœu du Parlement européen, on prévoie le vote aux élections locales des citoyens des divers pays européens lorsqu'ils résident depuis un certain temps dans un autre État membre. Cela supposera, dans de nombreux pays, des étapes transitoires et des réformes institutionnelles. Tous acceptent.

Margaret Thatcher ne veut pas d'une Conférence intergouvernementale sur le traité d'Union politique. En fin d'après-midi, Bettino Craxi, pressé par François Mitterrand, passe au vote sur le lancement de cette Conférence intergouvernementale : sept oui ; trois non (Grande-Bretagne, Danemark et Grèce). La conférence est convoquée à la majorité, ce que le Traité de Rome permet. Le Président français est convaincu que tous la rejoindront.

On quitte Milan sur le sentiment étrange d'un accord acquis au forcing.

**Dimanche 30 juin 1985**

Déception : l'échange des passagers détournés de l'avion de la TWA et des prisonniers en Israël a lieu, mais, contrairement à ce que promettait Nabih Berri, Kauffmann et Seurat ne sont pas libérés avec eux.

**Lundi 1er juillet 1985**

Vu Karl Otto Pöhl, président de la Bundesbank, qui vient essayer de comprendre ce que nous voulons comme réforme du système monétaire mondial. Je lui explique : des zones-cibles entre écu, dollar et yen, allant vers des parités fixes. *« Vingt ans trop tôt »*, dit-il. Décidément, Kohl est un magnifique Chancelier. Sans lui, la dérive allemande, dont Pöhl incarne la version modérée, s'accélérerait

François Mitterrand donne son accord au renforcement de l'équipement militaire français au Tchad.

**Mercredi 3 juillet 1985**

Pour punir la France de son refus de fixer la date du GATT à Bonn, les États-Unis décident de consacrer 2 milliards de dollars sur trois ans à des subventions aux exportations agricoles américaines, vers des pays où elles seront particulièrement préjudiciables aux intérêts français — d'abord en Algérie, puis en Égypte.

**Jeudi 4 juillet 1985**

A Beyrouth, nos 80 observateurs sont en situation très dangereuse, au service d'une mission totalement dépassée. Le Président décide leur retrait progressif (sauf à Beyrouth), assorti d'une proposition au Liban de formation des officiers des Forces de sécurité intérieure.

La préparation du Budget 1986 se révèle très difficile : il manque de 3 à 4 milliards pour la Défense ; 4 milliards à la Sécurité sociale ; 3 milliards de dotation aux entreprises publiques ; 3 milliards pour l'Emploi. La Culture et l'aide publique au Développement ne semblent pas trop mal traitées. C'est la première fois que Jacques Delors n'est pas là pour démissionner comme il le fit, chaque mois de juillet, depuis 1981.

**Samedi 6 juillet 1985**

La CLT demande formellement à Matignon un canal hertzien en France, en concurrence avec le projet Riboud-Berlusconi.

**Lundi 8 juillet 1985**

Visite officielle en France du roi Juan Carlos. L'homme a l'élégance de sa fonction. Étrange comme cet élève de Franco est attentif aux idéaux de Felipe Gonzalez. Conversion ? Dissimulation ? Une sorte de marrane moderne, peut-être...

Nouvelle rencontre entre Rousselet et Berlusconi. Échec. Berlusconi fera la *Cinq* avec Jean Riboud, qui veut, lui, barrer la route à la CLT pour se venger d'Albert Frère !

De son bureau à l'Élysée, le général Saulnier signe, comme il le fait chaque fois, les autorisations de crédits de la DGSE. Cette fois, c'est pour l'opération de *« surveillance »* de Greenpeace (1,5 million) — trente agents y participeront — et pour une opération de libération des otages au Liban (4,5 millions). *« Surveiller »*, rien d'autre.

**Mercredi 10 juillet 1985**

Le *Rainbow Warrior* est coulé dans le port d'Auckland. Un photographe, membre de Greenpeace, Fernando Pereira, est tué. Quand la dépêche tombe, le Président vient dans mon bureau et me dit : *« Qu'est-ce que c'est que cette histoire ? Renseignez-vous. »* Charles Hernu me dit ne rien savoir. Le général Saulnier se renseigne et revient, visiblement rassuré : *« Pas de raison de s'inquiéter. Nous n'y sommes pour rien. »*

Laurent Fabius reçoit André Rousselet. Rencontre orageuse. Rousselet lui reproche la création de la *Cinq*, qui menace la fragile consolidation de *Canal-Plus*.

**Vendredi 12 juillet 1985**

Arrestation par la police néo-zélandaise de deux Français, qui se disent époux Turenge. Pierre Joxe prévient le Président de l'affaire : *« Les Néo-Zélandais pensent que la France y est pour quelque chose »* ; après leur arrestation, autorisés à téléphoner, les Turenge ont appelé des numéros du ministère de la Défense à Paris. Joxe fait dénuméroter ces numéros, mais trop tard : les Néo-Zélandais ont compris.

François Mitterrand reçoit longuement l'amiral Lacoste.

Le Président : *« Deux agents pris qui téléphonent au ministère de la Défense. Des espions qui signent un livre d'or. D'autres qui achètent un bateau dans un grand magasin à Londres. Quels crasseux ! »*

Le Président convoque Charles Hernu et le reçoit durant près de deux heures.

— *C'est quoi, cette histoire de bateau ? Vous étiez au courant ?*
— *Oui. Il devait surveiller, c'est tout. Je ne sais pas qui a fait sauter le bateau.*
— *C'est fou !*
— *Ils ont peut-être mal interprété un ordre, anticipé... Vous aurez un rapport.*
— *Si c'est vous, vous aurez à démissionner.*

Hernu traverse mon bureau en silence, avec le sourire. Il répète à Laurent Fabius, qui s'inquiète, qu'il ne sait rien. Les médias ne soufflent mot de l'affaire. Pour l'instant...

**Samedi 13 juillet 1985**

Ronald Reagan est opéré d'un cancer du côlon.

Nakasone est en France pour assister au défilé du 14 Juillet et revoir son ancien professeur de français. Lors du déjeuner à l'Élysée, le plus francophile des Japonais interroge François Mitterrand sur Blum :

**François Mitterrand :** *Je me suis inspiré de son action. J'ai d'ailleurs été au gouvernement avec lui, en 1948.*

**Nakasone :** *Et Gorbatchev, qu'en pensez-vous ?*

**François Mitterrand :** *Gorbatchev est le produit d'une société archaïque, mais il a une personnalité moderne. Il peut être une grande force. La France et la Russie ont toujours travaillé ensemble, sauf sous les deux Napoléon. En 1945, de Gaulle a été à Moscou avant d'aller à Washington. Moi, j'ai attendu trois ans pour aller à Moscou. J'ai expulsé 47 de leurs diplomates. La France doit être respectée. Ce n'était pas le cas. Maintenant, l'URSS veut parler avec nous. Pas avec les autres : la Grande-Bretagne, quelles que soient les qualités de Mme Thatcher, est trop liée aux États-Unis. Autant, pour les Soviétiques, parler avec M. Reagan. La RFA n'a pas de politique autonome de défense. La France est une alliée loyale des Américains, mais sa politique n'est pas celle des États-Unis. Aussi l'URSS commence-t-elle à regarder du côté de l'Europe.*

La conversation reprend sur le projet américain de « guerre des étoiles » :

**François Mitterrand :** *Je suis très réservé sur l'IDS. On nous propose de participer à son exécution, pas à l'élaboration de la stratégie. L'IDS ne peut remplacer le nucléaire. La France aura bientôt près de 500 têtes nucléaires* [c'est la première fois que François Mitterrand l'annonce à un étranger ; jusque-là, on s'en tenait à 96]. *Il n'y a pas encore de stratégie de substitution au nucléaire. L'IDS ne peut en être une.*

*Les Sept ne sont pas le directoire mondial. Si on ne veut pas se disputer, il faut dire* oui *aux Américains. Autant ne pas y aller ! Je ne sais d'ailleurs pas encore si j'irai au Sommet de Tokyo. Cela dépend de la préparation. Je suis content que ce soit vous qui le présidiez.*

**Nakasone** (paniqué) : *Je suis d'accord avec vous, il faut mieux préparer les Sommets, avec moins de textes et de communiqués ! Mais il faudra aussi, au Sommet de Tokyo, un texte sur la coopération entre le Pacifique et l'Atlantique. Pour nous, l'IDS est conçue pour contrer l'URSS. Mais il est stupide de la part de Reagan de nous donner une date limite de réponse. Gorbatchev est plus léniniste que marxiste. Il a vingt-cinq ans devant lui. Si j'étais à sa place, j'essaierais d'instaurer le communisme mondial et j'aurais besoin de la paix pour cela...*

François Mitterrand approuve. Nul, en Occident, ne pense que Gorbatchev fera autre chose que moderniser l'Empire communiste. Pour la paix ou pour une capacité guerrière plus efficace ? Mystère...

**Dimanche 14 juillet 1985**

Après le défilé et le déjeuner à l'Élysée, François Mitterrand reçoit Charles Hernu, qui ressort très pâle du bureau.

**Lundi 15 juillet 1985**

Le Président reçoit ensemble Charles Hernu et Laurent Fabius. Hernu répète que la Défense n'est pour rien dans l'affaire du *Rainbow Warrior.* Fabius n'est pas convaincu.

**Mardi 16 juillet 1985**

Fabius réunit à Matignon Joxe, Hernu, Bianco et Schweitzer, son directeur de cabinet. Fabius répète, furieux : *« J'espère que ce n'est pas nous qui avons fait cette connerie. Si c'est le cas, je ne couvrirai pas. »* Hernu répète que les Turenge sont de la DGSE, mais qu'ils n'ont pas posé de bombe. Ils étaient là pour *« surveiller »*, rien d'autre.

François Mitterrand sur les secrets d'État : *« Il y a quelques éléments factuels dans des affaires en cours qui peuvent me contraindre à tenir le secret, le temps que cette affaire se déroule. Au-delà, non. »*

**Mercredi 17 juillet 1985**

A la fin du Conseil des ministres, discussion très tendue, pendant une heure, entre Laurent Fabius, Michel Delebarre et Jean Le Garrec, à propos de la fermeture de l'usine Unimétal de Trith-Saint-Léger. Pour convaincre le Premier ministre d'ajourner toute décision, il faut que Delebarre et Le Garrec menacent de démissionner. La bataille entre le Nord et la Lorraine n'est toujours pas terminée.

Accord à Paris sur le rééchelonnement de la dette polonaise.

A Paris, les Assises de l'Europe de la Technologie, avec la conférence des ministres de la Recherche, marquent la vraie naissance d'*Eurêka*. La France y annonce ses premiers engagements financiers — un milliard de francs — permettant d'assurer la crédibilité du programme. Le Président insiste sur la responsabilité historique assumée par les représentants des gouvernements invités :

*« Les industriels, les chefs d'entreprise vous attendent, l'opinion européenne, et au-delà, a les yeux fixés sur vous. Si j'en juge par les encouragements et par les marques d'intérêt venus d'autres continents, le monde regarde l'Europe. Il avait un peu cessé de la regarder depuis quelque temps... »*

Accord de principe sur les finalités d'*Eurêka*, mais divergences sur les modalités pratiques. Le représentant néerlandais refuse tout engagement de soutien gouvernemental à des projets proposés par les industriels *(« Nous ne voulons pas nous laisser guider par nos industriels »)*. Roland Dumas a préféré refaire en séance un communiqué « minimal » sur lequel se réalise un accord général.

A *La Lanterne*, grand dîner auquel sont conviés tous les ministres et tous les directeurs de cabinet du gouvernement Fabius. J'interroge Hernu sur les Turenge. Il me dit avec un large sourire :

— *Ne t'inquiète pas. Si l'affaire s'envenime, je connais le colonel qui acceptera de faire quinze ans de prison pour cela.*

— *Un colonel ? Il est au courant ? Il est volontaire ?*

— *Oui, il a accepté : raison d'État.*

**Jeudi 18 juillet 1985**

François Mitterrand reçoit André Rousselet pour évoquer l'avenir de *Canal-Plus*. Le Président : *« Vous êtes en train d'échouer ? »* Rousselet : *« Ne faites pas passer* Canal-Plus *en clair. On est en train de réussir. On est à 6 000 abonnements par semaine. »* Le Président le soutiendra contre Fabius et Lang.

**Vendredi 19 juillet 1985**

Plus de 300 morts à Tesero, en Italie, après la rupture d'une digue.

Hersant signe le bail pour la location d'un ancien garage, boulevard Péreire, afin d'y installer des studios de télévision au cas où il obtiendrait la *Cinq*.

**Samedi 20 juillet 1985**

Réajustement des parités monétaires au sein du SME. Seule la lire est dévaluée. Le franc va bien, durablement bien. Jamais, en mars 1983, on n'aurait imaginé que la dévaluation tiendrait si longtemps.

Je suggère à Laurent Fabius de proposer au Président sa démission en assumant la responsabilité de l'affaire du *Rainbow Warrior* au nom du gouvernement ; le Président refuserait sa démission et tout serait réglé. Il hausse les épaules : *« Mais pourquoi ? Je n'y suis pour rien ! Tu sais, toi, si un ministre y est pour quelque chose ? »* Non, évidemment.

Les otages français sont toujours détenus à Beyrouth. Tout passe par la Syrie. Le Président envoie Hubert Védrine avec un conseiller de Roland Dumas, Jean-Claude Cousseran, voir Assad.

**Dimanche 21 juillet 1985**

État d'urgence proclamé dans plusieurs districts d'Afrique du Sud. Fabius s'intéresse activement à ces événements.

**Lundi 22 juillet 1985**

L'amiral Lacoste ne dit mot à personne. Ceux qui sont censés savoir savent sûrement. En ce genre d'affaires, ceux qui parlent sont toujours ceux qui ne savent rien.

Les journaux français et britanniques commencent à être sur la piste des services français.

Le Président Assad reçoit Védrine deux heures durant à Zabadani, à 50 km de Damas. Il parle des performances du Mystère 20 et du Mystère 50. Il demande si le Président aime voyager, s'il se déplace souvent en France. Il s'inquiète de l'état d'avancement du tunnel sous la Manche, de son mode de construction et de financement, de la démographie en France et en Europe de l'Ouest, la comparant avec celle des pays du Tiers Monde (en Syrie, le taux de natalité est de 3,8, un des plus élevés au monde). Puis il évoque le problème des femmes dans la société (depuis quand ont-elles le droit de vote en France ? dans quel sens votent-elles ? sont-elles plus sensibles aux idées politiques des candidats ou à leur physique ? la baisse démographique en Europe n'est-elle pas la conséquence de leur libération ?). Ensuite, il demande s'il y a une limite d'âge inférieure ou supérieure pour être Président de la République en France. S'informe de l'âge de Laurent Fabius et de Claude Cheysson, qu'il croyait plus jeune et dont il parle avec sympathie. Il dit : *« Je le connaissais bien. Je ne connais pas son successeur. »* Il interroge son visiteur sur le climat en France, à Paris et sur la Côte d'Azur où, dit-il, séjournent de nombreux Syriens. Sans les laisser souffler, il le questionne sur le général de Gaulle (à quel moment François Mitterrand a-t-il travaillé avec lui ? à quel moment ont-ils été en opposition ? comment réagit la population quand le général de Gaulle fit encercler Paris en 1968 ? Hubert Védrine en est à lui résumer les événements de mai 1968... Quand Assad s'exclame : *« Le général de Gaulle ne peut être allé voir le général Massu uniquement pour passer un bon moment ! »*)... Enfin, il en vient aux otages : *« Vous pouvez dire de ma part, personnellement, au Président Mitterrand, que je suis quand même optimiste. Nous allons traiter cette affaire comme s'il s'agissait de citoyens d'un pays ami, très proche. Nous allons prendre de nombreux contacts, nous allons parler avec ceux qui peuvent être en relation avec les ravisseurs supposés. Nous ferons tout ce qui est en notre pouvoir, et je crois que nous parviendrons à un résultat. J'ai bon espoir. »* En prenant congé, Hubert Védrine demande : *« C'est un message encourageant ? »* Assad répond : *« C'est exact. »* Védrine en conclut qu'Assad espère reprendre le contrôle de la situation et qu'il a une solution en vue à assez court terme (*« deux, trois semaines »*, note-t-il).

Peut-être une visite de Roland Dumas à Damas serait-elle opportune ?

François Mitterrand note en lisant le compte rendu de la rencontre : *« 1) Ne devrais-je pas lui téléphoner pour le remercier ? 2) Dumas devrait y aller sans trop tarder. »*

**Mercredi 24 juillet 1985**

En Nouvelle-Zélande, inculpation des faux époux Turenge. Les médias sont maintenant sur l'affaire.

Laurent Fabius annonce le rappel de l'ambassadeur de France en Afrique du Sud et la suspension des investissements français.

Violents affrontements entre indépendantistes et forces de l'ordre en Guadeloupe.

Les Japonais s'angoissent depuis que le Président a évoqué son éventuelle absence au Sommet de Tokyo. Cela serait ennuyeux pour eux si le Président français n'y venait pas. Mais pour nous aussi : le Président laissera-t-il le Premier ministre de mai 1986 y représenter seul la France ?

L'ambassadeur Vorontsov m'annonce que les Soviétiques souhaitent que la visite de Gorbatchev à Paris, en octobre prochain, se conclue par une déclaration commune sur la paix dans l'espace. François Mitterrand : *« On ne fait plus de communiqué. Une déclaration très brève, peut-être. Oui... »*

L'URSS envisage, m'apprend l'ambassadeur, une reprise des relations diplomatiques avec Israël. Un problème de droits de l'homme : je lui demande à nouveau de laisser enfin partir ce jardinier de l'ambassade de France à Moscou dont M. Gromyko nous avait expressément promis la sortie en juin 1984. Cette promesse n'a toujours pas été tenue : petit symbole d'une grande tragédie.

**Jeudi 25 juillet 1985**

Adoption définitive de la loi sur la modernisation de la police que Pierre Joxe considère comme son grand-œuvre.

**Vendredi 26 juillet 1985**

Le projet de loi sur la Nouvelle-Calédonie est adopté en dernière lecture par l'Assemblée. Le découpage des régions sera déclaré non conforme par le Conseil constitutionnel. Le projet de référendum sur l'indépendance est définitivement adopté.

A l'ONU, adoption d'une résolution française sur les sanctions économiques contre l'Afrique du Sud.

Jean Riboud téléphone, réjoui, à André Rousselet pour lui annoncer que François Mitterrand a décidé de laisser Berlusconi hors de *Canal-Plus* et de lui attribuer la cinquième chaîne, afin d'éviter d'avoir à la donner à la CLT. Rousselet n'apprécie pas. Vérification faite, Jean Riboud n'a pas reçu mandat de François Mitterrand pour ce faire. Jean Riboud prend également contact avec Jacques Pomonti pour organiser une nouvelle rencontre avec Berlusconi. Rousselet est mortifié : *« Des amateurs. »* Apprenant la chose, François Mitterrand s'indigne : *« Quelle manie ils ont tous de parler en mon nom ! »*

**Lundi 29 juillet 1985**

François Mitterrand téléphone à Assad pour le remercier d'avoir reçu Védrine. A propos des otages, rien de nouveau.

Berlusconi rencontre Riboud à Paris. Pomonti, qui n'a pas obtenu la présidence de la CLT, fait tout, lui aussi, pour éliminer les Luxembourgeois du paysage. Basse vengeance... Mais Fabius tient à équilibrer les choix : il y aura une chaîne pour Berlusconi et une autre pour la CLT.

**Mardi 30 juillet 1985**

Au petit déjeuner, Laurent Fabius confirme l'accord sur le tour de table de la cinquième chaîne, et évacue l'opposition de Lang. François Mitterrand est séduit par Berlusconi. On parle de *Canal-Plus*, puis de la Guadeloupe. Le Président : *« C'est une affaire de justice. Un problème colonial ne doit pas être réglé à la mitraillette.* Sur le cumul des mandats : *« Il faut moins discuter du cumul des mandats et plus de la moralité en politique. »* Sage remarque. Silence à table...

Réunion des ministres des Affaires étrangères de la CSCE pour son dixième anniversaire en Finlande.

Fabius appelle Sautter : *« Nous allons créer deux chaînes privées. Il y en a une pour RTL, si vous voulez. »*

**Mercredi 31 juillet 1985**

Afin d'éviter tout malentendu sur l'après-mars 1986, le Président décide de faire savoir qu'il se rendra au Sommet de Tokyo en mai 1986. Je transmets son accord aux Japonais et suggère même au Président de le faire annoncer à la fin du Conseil d'aujourd'hui, pour bien établir qu'il sera encore là en mai 1986. François Mitterrand : *« Non. Ne pas l'annoncer aujourd'hui, surtout pas ! Y veiller. Le dire à Georgina Dufoix. »*

Georges Fillioud présente au Conseil le projet de création, à côté des trois chaînes publiques nationales existantes et de *Canal-Plus*, de deux chaînes « multivilles » privées, une chaîne culturelle publique diffusée par satellite et de télévisions locales dans une quarantaine de villes. Fillioud indique que les règles seront les mêmes pour le public et le privé et que les écrans publicitaires pourront interrompre les émissions de variétés, mais ni les films ni les dramatiques. Un débat s'ouvre sur ce point :

**Pierre Bérégovoy :** *Ne pas couper les films par de la publicité, cela va se traduire par un manque à gagner de 700 millions de francs par an pour le Budget.*

**Pierre Joxe :** *Je ne suis pas d'accord. Autoriser la publicité dans les émissions conduit à un décervelage du téléspectateur et serait une atteinte au principe même de la création.*

**Michel Crépeau :** *Je sais bien qu'on n'arrête pas le progrès, mais je constate que, dans le domaine de la télévision, on est en train de multiplier les tuyaux sans savoir ce qu'on va mettre dedans. Plus on multiplie les télévisions, plus on divise entre elles les ressources disponibles, et plus on risque d'avoir une dégradation du système.*

**Jean-Pierre Chevènement :** *Aujourd'hui, on façonne une humanité en régression par rapport à un certain idéal du citoyen. Les enfants passent plus de temps devant la télévision que devant leur maître. La chaîne culturelle sera un moyen de faire pièce au mouvement actuel d'américanisation de la société française.*

**Laurent Fabius :** *Les Français pourront avoir au début de l'an prochain six ou sept chaînes nationales et une cinquantaine de télévisions locales.*

**François Mitterrand :** *J'ai voulu personnellement, et contre l'avis de beaucoup d'entre vous, casser le monopole de la télévision et de la radio. Je l'ai fait pour une raison de principe et pour deux raisons pratiques. Le principe, c'est qu'il n'est pas heureux que l'expression audiovisuelle soit réservée aux chaînes publiques. L'idéologie dont je m'inspire rejoint celles des journalistes et des intérêts capitalistes. Mais ce n'est pas parce qu'il y a cette jonction, sans qu'on s'inspire de mes principes, qu'il faut renoncer à la liberté. Le pouvoir de la presse qui s'affirme aujourd'hui est sans règles, sans déontologie. Il n'a aucune institution, sinon de s'abriter derrière la bannière de la liberté de la presse, qui cache souvent le pouvoir de l'argent. Sommes-nous contre cette liberté ? Non. Il s'agit par conséquent de trouver des solutions.*

*Sur le plan pratique, pendant que nous parlons se posent des câbles, se préparent des satellites. La France, demain, recevra des images, des dizaines, des centaines d'émissions en provenance de l'étranger (...). Voilà la réalité, on n'y échappera pas. Pour sauver le service public, il faut le faire cohabiter avec la télévision privée. Il n'y a pas de regrets à avoir devant cette évolution, pas plus qu'il n'y a de regrets à avoir devant la vie et devant la mort. Ainsi vont les choses, personne n'arrêtera cette marée (...). Le gouvernement actuel n'est pas éternel. Si vous ne le faites pas maintenant, d'autres le feront. Le feront-ils avec les mêmes précautions et les mêmes garanties ? Les choses se feront de toute façon, la technique l'impose et la politique nous y conduit. Je sais qu'en prenant cette décision, j'ai froissé des convictions et des intérêts très proches. Nous sommes obligés de tenir compte du pouvoir de l'argent. Il y a une petite chance qu'il laisse place à l'idéologie que vous représentez. Le pouvoir de l'argent est déjà en place, il ne ratera pas l'occasion de faire échouer ce qui ne lui plaît pas. Armons-nous.*

**Jeudi 1er août 1985**

Le général Saulnier remplace le général Lacaze comme chef d'état-major des Armées. Le général Forray arrive à l'Élysée comme chef d'état-major particulier.

Le Président donne son accord pour renforcer l'équipement militaire du Tchad.

Laurent Fabius reçoit Mme Thatcher. Elle est furieuse de la façon dont s'est conclu le Sommet de Milan et dont Craxi l'a présidé : « *La Grande-Bretagne a préparé un texte et s'est fait accuser de ne pas être bonne européenne, alors qu'elle avait discuté son texte avec les Allemands et les Français. Le texte franco-allemand était en fait moins communautaire que le sien et ne différait que par son titre : "Union européenne". Les paroles et les actes des uns et des autres se contredisent. Les Allemands recourent ainsi au Compromis de Luxembourg sur les prix agricoles, au mépris de la discipline budgétaire et de leur engagement de ne jamais y recourir. Et, malgré leurs déclarations, ils refusent toujours le marché intérieur lorsqu'il s'agit des compagnies d'assurances. Quant aux Français, ils prennent des mesures unilatérales contre l'Afrique du Sud, en contradiction avec la coopération politique. Or les Français, comme les Britanniques, ne peuvent se passer du Compromis de Luxembourg. Décidément, il n'y a pas, en Europe, de visions larges, il n'y a que des manœuvres. Les seuls vrais Européens, dans tout cela, ce sont les Britanniques. D'ailleurs, l'Europe ne se conçoit pas sans l'Alliance atlantique. Les États-Unis sont l'Europe de l'autre côté de l'Atlantique. Le monde est toujours aussi divisé entre l'Est et l'Ouest. Certes, M. Gorbatchev est un communiste charmant, mais le rapport de forces n'en sera que plus difficile. S'il y a un axe exclusivement franco-allemand, je m'y opposerai : je veux travailler à trois. Ceux qui veulent aller trop loin dans la coopération politique sont, en général, ceux qui ont des gouvernements nationaux faibles, à savoir l'Italie et les petits pays. »*

Sur l'Afrique du Sud : *« C'est l'industrie qui a permis de contourner les rigidités de l'apartheid. Le dialogue permet d'avancer beaucoup mieux que l'exclusion. En particulier, suite à mes propres entretiens avec le Président Botha, les déplacements de population ont été interrompus. Le vrai problème en Afrique du Sud est celui des dissensions entre Noirs. Nous ne prévoyons pas de mesures économiques vis-à-vis d'autres pays comme l'Ouganda, l'Irlande, l'Inde, qui connaissent aussi des problèmes de conflits entre communautés... Les pays noirs voisins et leurs travailleurs seraient les premiers à souffrir de ces mesures... »*

Sur les Malouines : *« Vous avez été merveilleux pendant la guerre. Mais je m'inquiète d'une vente d'hélicoptères français Puma, actuellement en cours d'examen, à l'intention de l'Argentine. »*

Comme si Alfonsín menaçait Londres ou de réattaquer les Malouines...

**Vendredi 2 août 1985**

François Mitterrand me parle des camps :

*« J'ai assisté à la libération de Dachau et de Lansberg. J'avais été envoyé par de Gaulle pour accompagner le général Lewis. On a trouvé des morts brûlés au lance-flammes. Tous les déportés avaient été assassinés ainsi. J'ai pris en pleine figure la réalité d'une histoire que j'avais vécue comme acteur... Je savais qu'il y avait des camps. Mais je ne savais pas qu'il s'agissait d'extermination systématique. Je ne me représentais pas la réalité d'Auschwitz. Cette dimension-là m'était inconnue... »*

**Lundi 5 août 1985**

Catastrophique corporatisme des armées. Charles Hernu s'oppose à ce que l'avion de combat soit réalisé dans le cadre d'une coopération européenne. Or François Mitterrand ne veut pas du projet Dassault. Hernu : *« Il y a aujourd'hui deux projets d'avion de combat futur, un britannique et un français, chacun à vocation européenne. L'avion britannique est plus lourd et plus cher que le français, car il a une mission air-air qui exige un moteur et une structure plus lourds. Le problème vient du décalage dans le temps entre les dates de renouvellement des flottes air-air et air-sol des différents pays d'Europe. Chacun remplace tous les vingt-cinq ans ses avions d'assaut et ses avions d'appui, mais à des dates qui ne sont pas synchrones. Il s'agit pour nous de disposer, à partir de 1995, d'un nouvel avion de combat air-sol, successeur du Jaguar, alors que les autres Européens auront besoin, à cette date, d'un avion d'assaut air-air, concurrent de notre Mirage 2000 DA qui sera alors encore en service en France pour quinze ans. Accepter d'utiliser en France l'avion britannique pour les missions air-sol serait une folie financière, industrielle et commerciale. »*

Les Allemands préfèrent pour l'heure participer à un projet sur la base d'un avion britannique air-air, au lieu de le faire sur la base d'un avion français air-air (Mirage 2000) ou air-sol (Rafale), parce que tels sont leurs besoins stratégiques actuels. Les Britanniques, pour obtenir l'accord allemand, leur concèdent la présence des sièges sociaux de l'ACE à Munich. Entrer dans ce consortium serait une erreur : militaire (on n'a pas besoin de cet avion-là), financière (on ne pourrait pas le payer), commerciale (on ne pourrait pas l'exporter), technologique (on donnerait notre savoir-faire en échange de rien).

François Mitterrand : *« La grave erreur commise en France jusqu'ici est de ne pas avoir essayé de faire du Rafale un avion européen en proposant à nos partenaires d'y prendre une part réelle. Et même de ne pas leur avoir proposé de prendre une part dans la construction du Mirage 2000 DA, seul rival réel de l'ACE britannique. Il faut donc disposer d'urgence d'un contre-plan qui "européaniserait" le Rafale, où nous garderions la maîtrise de la cellule et de l'intégration (du moteur et de l'armement à la cellule) en abandonnant la construction du moteur à nos partenaires. Ce contre-plan ne sera peut-être pas accepté, mais nous aurons montré notre volonté européenne. »*

**Mardi 6 août 1985**

Tlass, ministre syrien de la Défense, est reçu à Latché. On parle des otages. Rien de concret.

Sachant que les articles à paraître après-demain dans la presse sur l'affaire Greenpeace mettent en cause les services secrets français, le Président élabore avec Laurent Fabius un échange de lettres demandant une *« enquête rigoureuse... de telle sorte que, si une responsabilité est démontrée, les coupables, à quelque niveau qu'ils se trouvent, soient sévèrement sanctionnés »*. Fabius choisit pour la diriger Bernard Tricot, qui fut son mentor au Conseil d'État et lui reste très proche.

Maxwell et Pomonti sont reçus par François Mitterrand. Maxwell vient compléter, après Berlusconi, le rêve d'une Europe des médias...

**Mercredi 7 août 1985**

Avant le Conseil des ministres, discussion sur le projet relatif aux langues « régionales ». Ce projet ne spécifie pas ce que signifie le mot "régional". Il couvre, sans le dire explicitement, l'arménien, le kurde, l'arabe, l'hébreu et autres langues d'émigration qui ne sont pas régionales, mais beaucoup parlées en France. Faut-il les couvrir par la protection de la loi ?

François Mitterrand : *« Je pense que le problème ne se pose pas vraiment et que ces langues étrangères ont d'autres moyens de se défendre. Vous n'imaginez pas le panneau annonçant Paris en hébreu ! »*

Nouvel accrochage entre François Mitterrand et Laurent Fabius : Georges Fillioud annonce à Jacques Pomonti que Fabius a accepté d'accorder un canal à la CLT, contre l'avis de Riboud et de Pomonti lui-même. Il part demain l'annoncer officiellement aux Luxembourgeois. Pomonti téléphone à François Mitterrand qui lui dit ne pas être au courant. Le Président appelle Fillioud pour lui interdire de traiter avec la CLT. Il est néanmoins convenu de ne pas annuler son voyage de demain. Mais il lui faudra rester évasif.

### Jeudi 8 août 1985

Premières révélations dans *L'Événement du Jeudi* sur le rôle des services français dans l'affaire Greenpeace. Charles Hernu est entendu par Bernard Tricot. Il en sort hilare et vient parler au Président... de la coopération franco-allemande pour la réalisation d'un système d'observation par satellite.

Georges Fillioud est à Luxembourg. Il négocie avec la CLT à propos de TDF 1. La CLT veut aussi un canal hertzien, comme l'a promis Fabius. Sinon, visiblement, ce sera l'incident diplomatique. Fillioud en rend compte à Fabius. Manifestement, tous deux ont fait alliance contre le Président et Riboud.

### Samedi 10 août 1985

Jacques Rigaud rend visite à Jean Riboud : il veut le convaincre de laisser la CLT sur le satellite et sur le réseau hertzien. Riboud, en véritable maître des réseaux, refuse.

### Lundi 12 août 1985

Début de la session extraordinaire du Parlement consacrée au projet Fabius révisé sur la Nouvelle-Calédonie : référendum non plus sur l'indépendance, mais sur le partage du territoire.

Helmut Kohl est reçu au fort de Brégançon. Rien de significatif.

Roland Dumas s'énerve devant l'insistance de Bérégovoy à vouloir se rendre à Moscou. Une nouvelle fois, il en saisit le Président par écrit :

> *« Pierre Bérégovoy souhaite encore se rendre en URSS. Il aurait été invité à faire ce déplacement par les autorités soviétiques. Il m'a demandé mon avis. Je lui ai indiqué pour quelles raisons cette visite me semble inopportune. Une telle visite, inattendue, risquerait de donner à penser que la gravité des problèmes économiques*

*et financiers entre les deux pays exige soudain, moins de quatre mois après la réunion de la Commission mixte franco-soviétique et un mois avant la visite de M. Gorbatchev, le déplacement d'un ministre aussi important que M. Bérégovoy. Les entretiens de Pierre Bérégovoy à Moscou risqueraient de vider de sa substance le volet économique du Sommet, qui, tout en étant important, ne justifie pas un déplacement préalable du ministre de l'Économie et des Finances. »*

Le Président lui donne raison une nouvelle fois.

Fabius téléphone à Rémy Sautter (directeur général de *RTL*) pour lui confirmer que la candidature de la CLT à un canal hertzien sera étudiée avec bienveillance.

**Mardi 13 août 1985**

Désordre total : au nom du Président, Georges Fillioud reçoit Maurice Lévy, de Publicis, qui souhaite lui aussi créer une chaîne sur le deuxième réseau hertzien. Ce canal est donc ainsi promis par Fillioud à Publicis et par Fabius à la CLT...

**Vendredi 16 août 1985**

Charles Hernu suggère au Président d'écrire un texte ordonnant aux forces armées d'interdire au besoin par la force toute entrée à Mururoa, afin de justifier *a posteriori* l'action contre Greenpeace. Laurent Fabius est contre ce projet. Il accepterait néanmoins un texte moins dur.

Le président de la Banque de réserve fédérale, M. Volker, se déclare contre des interventions à la baisse sur le dollar en raison du risque de chute incontrôlable, pour lui, facteur d'inflation.

**Dimanche 18 août 1985**

Le Président signe une directive très proche du projet de Charles Hernu, *« réitérant »* l'ordre donné *« aux forces armées »* de s'opposer à d'éventuelles intrusions étrangères à Mururoa.

Fabius sursaute au mot *« réitérant »*. Un tel ordre aurait-il été déjà donné plus tôt ? Par qui ? Quand ? Lequel ?

Serge July suppose que le gouvernement et le Président ont été informés de l'intention de détruire le *Rainbow Warrior*, ou bien, s'ils ne l'ont pas été, conclut qu'ils sont des incapables. François Mitterrand : *« A-t-on tenu un tel raisonnement dans l'affaire Ben Barka pour ce qui concerne Messmer, Pompidou et de Gaulle ? Il y a là un amalgame propre à tous les dénis de justice. »*

François Mitterrand : *« J'ai connu un de mes amis qui s'appelait Antoine Mauduy, qui a été déporté, un homme admirable. Il est resté au camp de Bergen-Belsen après la libération de ce camp, quelques jours de plus pour soigner les autres, les aider. Il n'a pas choisi de partir par le premier train qu'on lui proposait, alors qu'avec sa femme je l'attendais sur le quai de la gare de l'Est. Non, il a choisi de ne pas partir. Il a attrapé le choléra et il est mort. Il n'est donc jamais revenu. Cela est la liberté portée à son stade supérieur, la liberté du sacrifice. C'était un catholique extrêmement croyant, et il avait le sens de la sainteté. Il ne pouvait vivre que dans l'absolu. Je ne sais d'où il venait du point de vue religieux, mais il avait d'abord été incroyant, et puis, avant la guerre, il a eu une révélation, une illumination ; il était d'une famille très aisée, il s'est engagé comme ouvrier agricole et il a fait les saisons ici et là ; ensuite, il s'est engagé dans la Légion étrangère pour rompre avec tout. Il a fait la guerre à ce titre, jusqu'au moment où il a été prisonnier de guerre, puis il est revenu, je ne sais plus dans quelles conditions, et il a organisé une sorte de phalanstère, comme une communauté d'esprit religieux ; il y avait des gens de toute sorte, là-dedans, qui étaient là parce qu'ils trouvaient cela utile, dans un massif montagneux des Alpes, un peu au sud du Vercors. Jusqu'au jour où il a été arrêté et déporté... »*

**Lundi 19 août 1985**

H.-D. Genscher dîner avec Roland Dumas à son domicile.

Dans le Traité d'Union européenne, il souhaite un retour au vote majoritaire et veut éviter que le Compromis de Luxembourg n'acquière un statut légal. Sur *Eurêka*, la France, l'Allemagne, la Présidence de la Communauté et la Commission doivent travailler ensemble et constituer un petit groupe directeur afin de garder l'initiative.

Au sujet de l'avion de combat européen, Genscher se dit surpris par l'indépendance des entreprises françaises qui peuvent s'opposer aux désirs du Président.

Pour ce qui concerne l'IDS, la République fédérale n'est pas convaincue, les Japonais sont réticents, les Italiens ne veulent pas passer devant leur Parlement.

Quant à Gorbatchev, Genscher pense qu'il *« dispose d'une carte européenne et d'une carte américaine, et qu'il se réserve de jouer l'une ou l'autre le moment venu ».*

**Vendredi 23 août 1985**

Promulgation de la loi sur la Nouvelle-Calédonie.

Deux jours en plongée à bord de *L'Inflexible*. Expérience extraordinaire. Je suis frappé par la concentration, dans ces quelques mètres cubes, de tant de qualités et de compétences. Que ce soit sur le plan humain ou technique, les SNLE offrent ce que la France produit de plus élaboré. Ces sous-marins font la force politique de la France. Son influence. Dans chaque réunion internationale, j'ai senti combien le poids de la parole de la France était transformé dans sa nature même, son essence, par l'existence de ces trois fois 96 têtes nucléaires en alerte permanente au fond des mers. Les hommes qui les servent sont à la hauteur de l'enjeu.

**Lundi 26 août 1985**

Publication du rapport Tricot sur l'affaire Greenpeace, dégageant totalement la responsabilité des services spéciaux français. Tout de même...

La hiérarchie de la DGSE ment froidement à tout le monde : elle sait que les deux équipes se sont rencontrées, à la différence de ce qu'a dit Lacoste à Tricot.

Le Président à Hernu : *« Cette action de vos agents est stupide et immorale. Ils sont nuls, vraiment. Mais cela n'aura aucune conséquence électorale. L'opinion s'en moque. Et, à la limite, s'il n'y avait pas eu un mort, elle trouverait même ça plutôt bien. »*

**Mardi 27 août 1985**

Laurent Fabius n'est pas convaincu par le rapport Tricot. L'homme en qui il avait confiance s'est, pense-t-il, laissé manœuvrer. Il demande à Charles Hernu un nouveau rapport. Lequel disculpe encore la DGSE. Robert Badinter pousse Fabius à exiger plus encore de Hernu. Fabius à la télévision : *« J'ai des doutes. Je demande la vérité. »*

**Vendredi 30 août 1985**

Pour l'anniversaire de sa fille, un des otages français au Liban, Michel Seurat, est autorisé à voir sa femme pendant une heure. Le Dr Raad prétend que c'est grâce à lui.

**Samedi 31 août 1985**

Nouvel accident ferroviaire. Au total, les accidents des 8 juillet, 3 et 31 août ont fait 84 morts. Fabius fait demander à Chadeau, président de la SNCF, de démissionner. Chadeau refuse.

**Dimanche 1er septembre 1985**

Gorbatchev propose à nouveau l'interdiction des recherches sur les armes spatiales.

**Lundi 2 septembre 1985**

Déjeuner avec Michel Rocard qui m'explique qu'il est très ami avec le Premier ministre de Nouvelle-Zélande — une amitié nouée lors des négociations agricoles — et qu'il est prêt à servir d'intermédiaire.

**Mardi 3 septembre 1985**

Raad confirme les revendications des preneurs d'otages : équilibrer les ventes d'armes entre l'Iran et l'Irak et libérer les auteurs de l'attentat contre l'ancien

Premier ministre iranien, appelés les « Bakhtiaricides ». Le Président admet le principe d'une remise de peine, mais sans fixer de date.

Passant outre à l'avis du Premier ministre, François Mitterrand fait remettre à l'étude le vote des immigrés aux élections locales : c'est d'autant plus nécessaire que le Traité de l'Union européenne prévoira ce droit pour les ressortissants de la Communauté.

**Mercredi 4 septembre 1985**

Afin de donner suite à la proposition française — adoptée au Sommet de Milan — sur le cancer, le professeur Tubiana est chargé d'animer un groupe de travail qui étudiera des propositions d'actions.

Dix morts à Santiago du Chili lors de manifestations contre l'état de siège.

**Jeudi 5 septembre 1985**

Les prévisions émises sur les comptes de la Sécurité sociale sont obscures. Les deux ministres, Finances et Affaires sociales, se lancent à la tête des chiffres contradictoires, absolument invérifiables. Voici d'ailleurs deux ans qu'on annonce des chiffres catastrophiques et qu'en fin de compte, des excédents substantiels se dégagent à chaque fois (11 milliards en 1983, 16 milliards en 1984). Pour cette année, on annonçait également un déficit de 2 milliards ; on aura un excédent réel de 3 à 5 milliards, et un excédent de trésorerie de 20 milliards ! Comment les supposés « experts » peuvent-ils se tromper aussi régulièrement ?

Les candidatures se multiplient pour la sixième chaîne : Publicis, CBS, NRJ, Trigano, RTL...

**Lundi 9 septembre 1985**

Reagan annonce des sanctions illimitées contre l'Afrique du Sud.

François Mitterrand doit déjeuner seul avec Jospin et Fabius, lesquels ne s'adressent plus la parole. Il hésite, mais n'annule pas le déjeuner. Cela fut *« le plus déplaisant repas de mon septennat »*.

Mme Fontaine, l'épouse de Marcel Fontaine, et Mme El Khoury, la fille de Marcel Carton, demandent à être reçues par le Président, qui accepte.
Le Dr Raad demande à son tour à être reçu par le Président, qui refuse.

**Mardi 10 septembre 1985**

Avec beaucoup de retard sur la France, et malgré l'opposition des Britanniques, les Dix pays de la Communauté décident de rappeler leurs attachés militaires en

République sud-africaine et refusent d'accréditer des attachés militaires. Un embargo est institué sur les exportations et importations d'armes et de matériel paramilitaire, sur les exportations de pétrole et de matériel sensible. Des mots... Qui le fera vraiment ?

Laurent Fabius obtient de François Mitterrand l'autorisation de forcer le président de la SNCF, André Chadeau, à démissionner à la suite des récents accidents.

Vu le Luxembourgeois Dodelinger, secrétaire général du gouvernement : les Luxembourgeois tiennent à leur canal hertzien.

**Mercredi 11 septembre 1985**

Jean Riboud démissionne de son poste de P-DG de Schlumberger pour raison de santé. Lorsqu'il est à Paris, François Mitterrand va le voir tous les jours.

**Jeudi 12 septembre 1985**

Incident anglo-soviétique : expulsion de 31 diplomates soviétiques par Londres, et de 31 diplomates britanniques par Moscou en guise de représailles.

François Mitterrand part pour la Guyane et le Centre d'expérimentation de Mururoa. L'idée d'Hubert Védrine est qu'il peut rebondir, après l'affaire Greenpeace, par un tour du monde technologique.

**Vendredi 13 septembre 1985**

Vu Teshima, le nouveau *sherpa* japonais. Il parle parfaitement le français, comme son prédécesseur.

François Mitterrand, Hubert Curien et Charles Hernu sont à Kourou. Trois Concorde sont garés sur la piste de Cayenne (soit la moitié de la flotte d'Air France) : celui dans lequel le Président est effectivement arrivé ; celui dans lequel il aurait dû arriver, mais qui n'avait pas réussi à décoller et l'a rejoint ensuite ; celui qui a acheminé les invités d'Arianespace. L'ascenseur par lequel le Président doit atteindre la salle de contrôle tombe en panne. Puis l'hélicoptère qui doit l'amener à l'aéroport. La fusée décolle, mais le satellite ne pourra être mis en place ; il est détruit au bout de huit minutes. Le Président n'apprécie guère cette série noire. Vendredi 13 ?

Le général Saulnier est mis en cause dans *Le Monde* : les journalistes affirment qu'il est l'auteur de l'instruction donnée aux agents de *« détruire »* le *Rainbow Warrior*. Les auteurs de l'article ont pu lire un rapport détaillé adressé au ministre de l'Intérieur à ce sujet. Certains cherchent évidemment à sauver la mise aux Turenge en faisant remonter plus haut les responsabilités. Aucune sanction ne sera prise, bien entendu...

**Samedi 14 septembre 1985**

Le Président se rend de Cayenne à Mururoa. Personne n'aborde l'affaire Greenpeace. Charles Hernu est euphorique : *« Les Néo-Zélandais n'ont aucune preuve de la responsabilité de qui que ce soit dans l'attentat »*, affirme-t-il.

**Mardi 17 septembre 1985**

Vernon Walters est à Damas. Il est optimiste sur la question des otages et le dit à notre ambassadeur.

De retour à Paris, Charles Hernu reçoit quelques journalistes au petit déjeuner. Il apprend que *Le Monde* va confirmer cet après-midi la participation à l'attentat d'une troisième équipe de « nageurs de combat ». Le ministre est de très mauvaise humeur.

A la même heure, au petit déjeuner de l'Élysée avec Laurent Fabius, François Mitterrand, à propos de Greenpeace, est déchaîné : *« On nous a assez menti ! Il faut faire la lumière sur cette affaire absurde ! »* Puis on parle du Budget.

*Le Monde* publie dans l'après-midi l'article, attendu depuis deux jours, expliquant que le *Rainbow Warrior* a été coulé par une *« troisième équipe »* composée de *« deux nageurs de combat »*. Joxe suggère à Hernu de limoger Lacoste. Hernu refuse et dément l'article du *Monde* par un communiqué, vers 17 heures.

Fabius écrit à 19 heures à Hernu : *« Je vous demande d'inviter les généraux Lacaze et Saulnier et l'amiral Lacoste à vous indiquer par écrit s'ils ont donné des instructions ou reçu une information relative à la préparation de l'attentat contre le* Rainbow Warrior. *»*

A 19 h 30, François Mitterrand téléphone à Hernu : *« Battez-vous. »*

Peu après 20 heures, Hernu publie un communiqué dans lequel il dénonce *« rumeurs »* et *« insinuations »*. Il affirme qu'*« aucun service, aucune organisation dépendant de son ministère n'a reçu l'ordre de commettre un attentat »*. Il ajoute qu'à sa connaissance, la DGSE n'avait pas de troisième équipe à Auckland, et il termine par : *« S'il était établi qu'on m'a menti... »*

**Mercredi 18 septembre 1985**

Le Conseil des ministres adopte le projet de budget pour 1986.

Sur Greenpeace, François Mitterrand prononce un véritable réquisitoire et exige d'Hernu qu'il ne se contente plus des déclarations verbales de ses officiers : ils devront témoigner par écrit. *« On nous a assez menti... Je veux savoir. Cela suffit ! »*

Après le Conseil, une algarade oppose Hernu et Joxe. Le Président retient Hernu dans son bureau. Ils écrivent ce que celui-ci va dire. De retour rue Saint-Dominique, le ministre de la Défense confie : *« C'est la curée ! »*

A 16 h 30, devant une centaine de journalistes, Hernu fait une déclaration qui reprend les termes du communiqué paru la veille. Pas de *« troisième équipe... » « A ma connaissance... » « Je n'ai pas donné d'ordre... » « Si on m'a menti... »*

Le général Deiber part pour Ajaccio interroger les nageurs de combat d'où viendrait la troisième équipe. Le soir, Hernu perd pied. *« Mitterrand me lâche »*, confie-t-il à un de ses conseillers.

Dans la soirée, Jean-Louis Bianco va voir Hernu au ministère de la Défense. Ce dernier lui fait lire les dépositions écrites des généraux Lacaze et Saulnier. Rien de nouveau : l'un comme l'autre assurent par écrit qu'ils n'ont ni donné l'instruction, ni reçu d'ordre. L'amiral Lacoste a refusé de répondre par écrit : *« Je m'en tiens à ce que j'ai déclaré à M. Bernard Tricot. »*

David McTaggart, président de Greenpeace, a écrit à Jean-Louis Bianco que *« l'organisation Greenpeace n'entend pas franchir la limite des 12 miles des eaux territoriales autour de l'atoll de Mururoa, ni entreprendre d'action agressive contre les bâtiments de la Marine nationale chargés de la surveillance de cette zone ». « L'engagement pris par votre organisation,* répond Bianco, *s'il est effectivement respecté, permettra d'éviter tout incident, puisque les instructions données aux autorités responsables ont pour but de faire respecter la souveraineté française dans la zone des 12 miles qui, conformément au droit international, est seule frappée d'interdiction. »*

Dîner à l'Élysée en l'honneur du Président argentin Alfonsín. Mme Thatcher est très contrariée par ce voyage et nous l'a fait savoir.

**Jeudi 19 septembre 1985**

Par deux fois, aujourd'hui, Laurent Fabius somme Lacoste de se montrer plus précis. L'amiral refuse : *« Je mesure pleinement les risques et les conséquences de mon attitude. Je l'assumerai, s'il le faut, en toute conscience. »* Je trouve qu'il y a là quelque grandeur : ne rien dire plutôt que mentir.

Fabius vient voir le Président. Discussion très violente entre eux. Après son départ, François Mitterrand, blême, me dit : *« Hernu doit partir. Il n'y est pour rien, mais c'est ainsi. »*

Le soir, après avoir longuement reçu Hernu à trois reprises, le Président écrit à Laurent Fabius : *« Le moment est venu de procéder sans délais aux changements de personnes et, le cas échéant, de structures qu'appellent ces carences. »* Hernu démissionne *(« Les responsables de mon ministère m'ont caché la vérité. »)* L'amiral Lacoste est limogé. Le général Imbot lui succède.

Mitterrand écrit à Hernu : *« Je tiens à vous exprimer une peine, des regrets et ma gratitude pour avoir dirigé avec honneur et compétence le ministère de la Défense. Vous gardez toute mon estime, vous gardez celle des Français qui savent reconnaître les bons serviteurs de la France. A l'heure de l'épreuve, je suis, comme toujours, votre ami. »*

Charles Hernu revient à l'Élysée pour quelques instants. Après son départ, le Président est très ému, presque autant que lors du départ de Pierre Mauroy. Je lui demande s'il voit un obstacle à ce que j'invite Hernu à déjeuner. *« Aucun obstacle, et montrez-vous. La DGSE n'a rien fait, mais elle a tout su. »*

Un tremblement de terre fait environ trois mille victimes à Mexico.

**Vendredi 20 septembre 1985**

Paul Quilès apprend en fin de matinée qu'il sera nommé ministre de la Défense cet après-midi. Jean Auroux lui succède à l'Urbanisme.

Je déjeune avec Charles Hernu *Chez Edgard.* Nul ne peut l'ignorer.

Silvio Berlusconi dîne chez Jérôme Seydoux. La *Cinq* avance. Je m'inquiète de ce que j'entends dire des futurs programmes.

**Samedi 21 septembre 1985**

Paul Quilès reprend l'enquête sur l'affaire Greenpeace. Il pense que Hernu et Lacoste savaient tout depuis le jour où la DGSE a commis ce crime sans ordre. Il exige d'Hernu des explications.

**Dimanche 22 septembre 1985**

Dimanche matin, à l'Élysée, Fabius et Quilès sont réunis autour de François Mitterrand. Ils reviennent vers 18 heures. Fabius est convaincu, comme le Président, que la DGSE savait tout depuis le début. La décision est prise : Fabius parlera le soir même à la télévision pour le dire.

Le porte-parole du gouvernement, Georgina Dufoix, se trouve alors au « Club de la presse » d'*Europe 1.* Elle annonce que le Premier ministre s'expliquera *« dans les jours qui viennent. »* Au milieu de l'émission, Fabius lui fait passer une note pour l'informer qu'il parlera à la télévision dans dix minutes. Elle a bonne mine...

Fabius : *« La vérité est cruelle, c'est bien la DGSE qui a fait le coup, et elle a agi sur ordre. »*

Ordre de qui ? Il ne le dit pas. Et personne ne le demandera vraiment...

Roland Dumas écrit à David Lange pour lui dire que la France est prête à *« assumer la réparation des préjudices ».* Simultanément, on décide de boycotter les produits néo-zélandais.

A la demande des États-Unis, les ministres des Finances du groupe des Cinq (c'est-à-dire les Sept, moins l'Italie et le Canada) se réunissent à New York pour examiner la possibilité de faire baisser le dollar, et préparer l'assemblée générale du Fonds monétaire international et de la Banque Mondiale, qui doit avoir lieu à Séoul le 6 octobre.

Un communiqué est publié à l'issue de cette réunion : *« Les ministres et les gouverneurs sont convenus que les taux de change devraient jouer un rôle dans l'ajustement des déséquilibres externes. Pour ce faire, les taux de change devraient mieux refléter les données économiques fondamentales qu'auparavant. Par ailleurs, ils considèrent que les actions politiques convenues doivent être mises en œuvre et renforcées et qu'une appréciation ordonnée et plus ample des principales devises est souhaitable. Enfin, ils se déclarent prêts à une coopération plus étroite. »*

Ce communiqué marque une véritable révolution. Il contredit l'axiome selon lequel le dollar est fort parce que l'Administration est forte. Il renonce au dogme de l'infaillibilité du marché des changes pour déterminer les taux, et à l'affirmation que toute tentative d'intervention sur les marchés des changes est vouée à l'échec.

L'arrivée de David Mulford a tout changé. L'analyse que nous avions formulée à Versailles, si longtemps brocardée, se trouve entérinée. Le système des taux des changes flottants est pris en défaut ; la convergence des politiques économiques, bien que nécessaire, n'apparaît plus comme suffisante. Des interventions concertées sur les marchés des changes sont reconnues comme indispensables. Pour la première fois depuis 1971, elles ont effectivement lieu.

Une autre décision, secrète celle-là, est prise par les ministres : la baisse du dollar devrait être de l'ordre de 10 à 12 %, c'est-à-dire que le dollar vaudrait environ 8 francs et 2,65 deutschemarks (les États-Unis auraient souhaité une baisse beaucoup plus forte). Les Banques centrales s'engagent à intervenir pour aboutir à ce résultat. Le partage de la charge des interventions est fixé à 30 % pour les États-Unis, 30 % pour le Japon, 25 % pour l'Allemagne, 10 % pour la France, 5 % pour l'Angleterre. Le risque de dérapage du dollar au-delà de l'objectif fixé ne peut être totalement exclu. Dans ce cas, les tensions dans le Système monétaire européen pourraient être fortes. Il faut donc que les Banques centrales soient prêtes à intervenir dans l'autre sens si le dollar venait à baisser trop ou trop vite.

Cette décision du groupe des Cinq demeure un acte circonstanciel, sans incidence sur la nature du système international lui-même. C'est pourquoi la France propose l'introduction de *« zones de référence »* pour les principaux taux de change, avec intervention quand on en décide. Les travaux lancés à Versailles en ce domaine se poursuivront lors des prochaines réunions du Comité intérimaire. Les ministres feront rapport aux chefs d'État et de gouvernement au Sommet de Tokyo. Ce n'est pas le Sommet monétaire espéré, mais c'est mieux que rien.

Le Roi du Maroc invite Roland Dumas à dîner en compagnie du Président Bongo. Ils évoquent la perspective du référendum sur le Sahara occidental, dont le Roi annoncera lui-même, dans quelques jours, à la tribune des Nations-Unies, la date (première quinzaine de janvier 1986). Il souhaite qu'Abdou Diouf, président de l'OUA, transmette le dossier à l'ONU et soutienne la tenue de ce référendum. Or, Diouf demande que la consultation soit précédée de pourparlers directs avec le Polisario. Hassan II, qui ne veut pas en entendre parler, compte donc sur Bongo pour convaincre Diouf.

Il a consulté Raymond Barre sur l'idée de lancer un grand emprunt pour le développement du Sahara occidental. Barre lui a suggéré de lancer cet emprunt en écus : *« Vous voulez vous rapprocher de l'Europe ? C'est une bonne occasion de manifester vos sentiments européens. »*

Hassan II se fait fort d'obtenir du Colonel Kadhafi des précisions sur ses intentions au nord du Tchad.

**Lundi 23 septembre 1985**

Les interventions sur le marché des changes fonctionnent : le dollar est passé de 8,73 F vendredi à 8,30 F ce matin. Le cours du deutschemark à Paris reste stable (3,051 F), sans intervention de la Banque de France.

A New York, Roland Dumas rencontre Geoffrey Palmer, vice-premier ministre néo-zélandais.

François Mitterrand reçoit Charles Hernu. Dans l'après-midi, Laurent Fabius harcèle encore celui-ci. Le soir, Paul Quilès remet son rapport au Président et à Fabius : Hernu, dit le rapport, a donné des ordres si *« flous »* que la DGSE s'est cru autorisée à faire sauter le *Rainbow Warrior*. Fabius, Joxe et Badinter semblent prêts à tout pour que le gouvernement auquel ils appartiennent ne porte pas la responsabilité de l'affaire.

Je reçois une jolie lettre de Jacques Rigaud, manifestement rédigée pour être connue :

*« Si j'en crois certaines rumeurs, les arbitrages seraient sur le point d'être rendus en ce qui concerne l'avenir de la télévision (hertzienne et par satellite). Une solution Berlusconi serait, dit-on, le substitut à l'hypothèse CLT.*

*Si tel est le cas, l'administrateur-délégué de la CLT ne peut que s'incliner devant la décision du gouvernement. Mais je me reprocherais de ne pas t'avoir écrit certaines choses en temps utile.*

*Les décisions dont il s'agit pèseront lourd sur les relations franco-luxembourgeoises. Ce n'est pas mon domaine, même si je suis, par mes fonctions, un témoin privilégié de ces relations. Le Luxembourg a périodiquement le sentiment d'être traité par la France comme le département des Forêts qu'il était sous Napoléon. Ce fut le cas sous le septennat précédent. Avec François Mitterrand, les Luxembourgeois avaient eu quelque espoir d'être traités au moins avec la même considération qu'un pays du Tiers Monde. Ils ont été irrités par des attitudes qu'ils jugeaient désinvoltes ou condescendantes. Mais ils avaient repris espoir, notamment quand Laurent Fabius a pris la peine de téléphoner à Jacques Santer. Ils ont cru, en d'autres mots, à la parole de la France. Attendez-vous à quelques retombées, y compris au niveau des rapports entre partis socialistes, s'ils ont le sentiment que la déclaration du 26 octobre dernier est traitée par le gouvernement français comme un chiffon de papier.*

*Le Premier ministre a eu l'occasion de me dire il y a quelques mois qu'il attendait de moi le maintien et la consolidation des intérêts français au sein de la CLT. Je m'y suis employé avant comme après cette rencontre. Ma tâche sera assurément beaucoup plus difficile s'il apparaît que, pour l'avenir de la CLT, rien de bon ne peut venir de la France. Le Luxembourg, la CLT et ses actionnaires seront tentés de choisir, sinon le grand large, du moins d'autres voies de développement européen, ou, pire encore, d'attendre mars, alors que tout le monde était prêt, sans arrière-pensée électorale, à jouer le jeu d'une offre française sérieuse.*

*Je sais toutes les préventions nourries dans les milieux officiels contre les Belges, et nommément contre Albert Frère, et la part qu'y a prise mon ami Jean Riboud, pour des raisons que je comprends, mais où je dois dire que la passion avait sa part. Frère est puissant et peut être redoutable. Il y a sûrement lieu de le contenir. Mais les décisions envisagées auront pour effet de renforcer sa position, y compris par rapport à Havas, qui sortira discrédité de l'opération. Mais je demande si Berlusconi, qu'on est allé chercher, est un personnage plus fréquentable, plus recommandable.*

*Sur ce point, je dois vous mettre en garde. Je ne sais si l'on s'est bien renseigné sur Berlusconi et sur ce qu'il a fait en matière de télévision en Italie. S'il procède comme il l'a fait avec la RAI, il proposera aux vedettes des chaînes de service public une rémunération triple, avec compte en Suisse, et, en renfort de potage, villa sur la Côte. Quant à ses pratiques en matière de publicité, qu'on interroge Rousselet ; il va complètement déstabiliser le marché, pour ne même pas parler de l'aspect moral des choses. Le choix de Berlusconi porte en germe un ou des scandales (...).*

*Au sein même de l'État, je sais que certains ont du mal à croire que ce que je redoute puisse se produire. Et plusieurs m'ont exhorté à user de mon influence — qu'ils exagèrent — pour empêcher l'irréparable. Dans l'audiovisuel comme ailleurs, le réalisme économique n'oblige pas à renoncer à toute ambition culturelle. Berlusconi ne sera pas avare de promesses sur ce terrain. Je crois même comprendre qu'il a séduit Jack Lang. Alternance ou pas en 1986, vous aurez ou bien fourni à la droite un formidable alibi de cynisme mercantile, ou bien créé les conditions, pour vous-mêmes, d'un désastre culturel.*

*Pardonne-moi de m'être exprimé aussi librement que je l'ai fait, à peu près dans les mêmes termes, à l'intention de Laurent Fabius. Mais j'estimais devoir le faire. »*

Je ne peux mieux faire que transmettre ce réquisitoire convaincant au Président.

**Mardi 24 septembre 1985**

De sa mairie de Villeurbanne, Hernu répète à qui veut l'entendre : *« Je n'ai jamais donné l'ordre stupide de neutraliser le* Rainbow Warrior *dans un port étranger. »*

**Mercredi 25 septembre 1985**

Laurent Fabius convoque à nouveau Hernu et Lacoste. A la télévision, il se dira personnellement convaincu que c'est Hernu qui a donné l'ordre. François Mitterrand m'assure du contraire : *« Il a couvert après coup. »*

François Mitterrand reçoit un envoyé d'Assad. Il lui propose d'échanger les otages contre une remise de peine des « Bakhtiaricides », et sa parole que Naccache sera libéré avant la fin de son mandat.

Malgré l'accord des Européens pour soutenir une candidature commune néerlandaise, la France continue de soutenir celle de Boutros-Ghali au Haut Commissariat pour les Réfugiés.

Dîner avec deux de mes amis qui ne se connaissent pas : Fernand Braudel et Michel Colucci. Étonnante rencontre. Merveilleux moment passé avec deux hommes intelligents, généreux, modestes, qui savent écouter l'autre. Rare.

**Jeudi 26 septembre 1985**

La Tunisie rompt ses relations diplomatiques avec la Libye.

Sur Greenpeace, François Mitterrand me confie : *« Pourquoi est-on si dur avec moi sur cette affaire ? On a mis deux mois à trouver la vérité là où de Gaulle avait mis sept mois à ne pas la trouver dans l'affaire Ben Barka. Et la seule chose que ce Président exemplaire trouvera à dire alors, ce sera :* "Mauvaise expérience !" *»*

L'Arabie Saoudite décide de rompre avec sa politique de plafonds de production et de prix officiels, pour pratiquer les prix du marché, et entraîne ses partenaires. De 1980 à 1985, la part de l'OPEP est tombée de 27,6 à 17,1 millions de barils/jour. La demande, qui s'élevait pour le monde occidental à 49,7 en 1980, n'est plus que de 45,6 en 1985. Ceci explique cela.

**Vendredi 27 septembre 1985**

Édouard Chevarnadze est reçu à la Maison Blanche où il esquisse les nouvelles propositions de désarmement que les Soviétiques feront à Genève lors de la rencontre Reagan-Gorbatchev, dans un mois.

Je suis à Bonn pour préparer avec Teltschik la prochaine Conférence intergouvernementale.

Paul Quilès envoie le nouveau patron de la DGSE à la télé. En grand uniforme, la mine terrible, celui-ci lâche, sibyllin : *« J'ai verrouillé. Les branches mortes seront coupées. »* L'affaire est donc terminée. Mais il y a fort à parier qu'on ne verra pas Imbot à l'Élysée chaque semaine comme on y voyait Lacoste. Chat échaudé...

**Samedi 28 septembre 1985**

McFarlane vient à Paris raconter au Président la rencontre de la veille, à Washington, avec Chevarnadze, à quatre jours de l'arrivée à Paris de Gorbatchev. Il redit sa crainte que les peuples d'Occident n'aient plus le courage politique de financer la course aux armements :

**B. McFarlane :** *Chevarnadze nous a dit vouloir discuter à Genève de la réduction de moitié des lanceurs et des ogives stratégiques, de l'interdiction des armes nouvelles (le Trident, mais pas les SS 24 et 25) et de l'arrêt du déploiement des forces nucléaires intermédiaires. Les opinions publiques recevront cela très bien.*

*Le Président Reagan veut arriver à un accord où il resterait 5 000 ogives balistiques et 3 000 missiles de chaque côté, avec l'élimination des FNI et la liberté de recherche et de développement sur l'IDS, que nous nous engagerions à ne pas déployer pendant cinq ou dix ans. Les États-Unis n'ont pas l'intention de tenter de modifier le système politique soviétique, mais ils veulent une compétition pacifique. La décision de se lancer dans l'IDS a été provoquée par notre prise de conscience de la croissance du nombre de têtes mobiles en URSS et par le progrès des Soviétiques dans les lasers et les faisceaux de particules. Il faut discuter de la non-prolifération.*

**François Mitterrand :** *Je comprends que l'IDS soit l'obsession de Gorbatchev : il n'a nul besoin de se lancer dans une nouvelle course aux armements, car il ne peut réussir que s'il apporte aux Russes le bien-être économique.*

*Les Soviétiques n'attendent pas de lui qu'il gagne la guerre, mais qu'il augmente le pouvoir d'achat. Il cherchera donc un* modus vivendi. *Mais, s'il doit s'armer pour équilibrer une nouvelle menace dans l'espace, il le fera.*

**B. McFarlane :** *Le Président Reagan voudrait que la solidarité des Alliés soit totale sur l'IDS.*

**François Mitterrand :** *Je suis hostile à l'IDS, mais je ne ferai pas de mon hostilité une arme pour les Soviétiques. C'est pourquoi je ne veux pas, là-dessus, qu'on me demande de signer de communiqué commun, ni au G7 ni avec les Soviétiques.*

**B. McFarlane** *Le Président Reagan voudrait avoir vos conseils avant toute nouvelle réunion avec les Soviétiques sur les propositions de Chevarnadze.*

**François Mitterrand :** *Je veux réfléchir. Je vois ce que les propositions soviétiques ont de fallacieux. Mais toute réduction sera bonne. Il faut s'en tenir à des principes simples : équilibre stratégique et local, solidarité Europe/États-Unis, dynamique de désarmement, réduction des conflits locaux.*

**B. McFarlane :** *Pour les systèmes offensifs, il devient de plus en plus difficile d'obtenir le soutien du Congrès.*

**François Mitterrand :** *C'est au moins un aspect positif de l'IDS : cela pousse les Russes à discuter. L'IDS est une arme politique, mais elle reste un danger militaire.*

**B. McFarlane :** *Ce que vous dites est très profond. Comment voyez-vous les sociétés occidentales maintenir à long terme leur effort nucléaire ?*

**François Mitterrand :** *Il faut juste viser la suffisance. Pour cela, il faut que les Européens arrivent à une politique commune. Cela prendra du temps en raison de la position de la RFA. La guerre dans l'espace n'est pas dans les moyens des Européens pris isolément. Nous le ferons avec les autres Européens, avec qui je suis prêt à discuter de l'arme nucléaire et de l'arme à neutrons. En Europe, les distances sont courtes, et l'IDS ne nous protège pas. Nous devons avoir une stratégie adaptée aux courtes distances.*

Avant de repartir, McFarlane nous donne une bonne nouvelle : *« Il y a trois mois, Rajiv Gandhi nous a dit qu'un retrait de l'URSS d'Afghanistan se dessine. »*

**Dimanche 29 septembre 1985**

Élections aux assemblées régionales en Nouvelle-Calédonie. Les anti-indépendantistes obtiennent 60,84 % des voix, les indépendantistes 35,18 %. Le FLNKS contrôle trois régions sur quatre.

**Lundi 30 septembre 1985**

Enlèvement de quatre Soviétiques à Beyrouth. Comment vont-ils, eux, gérer ce cauchemar ?

Michel Colucci vient me dire qu'il a l'idée d'ouvrir des restaurants à l'intention des gens sans ressources.

Naturellement, je l'aiderai. On lui trouvera une banque : le Crédit Agricole. Son conseiller autodidacte Jean-Michel Vaguelsy fait des merveilles, il se montre plus imaginatif que bien des inspecteurs des finances.

Où va l'État qui laisse un saltimbanque, peut-être un des derniers véritables hommes de gauche de ce pays, avoir le monopole de l'indignation ?

A la cantonade, Ronald Reagan propose aux sept chefs d'État et de gouvernement de se réunir le 24 octobre à New York, à l'occasion du quarantième anniversaire de l'ONU, *« pour examiner la position de l'Occident un mois avant sa rencontre avec Gorbatchev à Genève ».* Drôles de méthodes : samedi dernier, McFarlane était là et n'en a pas parlé ; comme Clark, en 1982, ne nous avait pas parlé du gazoduc, deux jours avant l'embargo !

François Mitterrand refuse net : *« Les réunions des Sept, une fois par an, cela suffit. Et annoncer ça publiquement, deux jours avant l'arrivée de Gorbatchev à Paris, c'est fou ! »*

Frère, Murdoch et *RTL* font tout pour empêcher l'attribution de la cinquième chaîne à Berlusconi et Maxwell. La droite souhaite donner *Antenne 2* à Hersant et Hachette et vendre *FR3* aux journaux régionaux après mars 1986. Jean Riboud a moins de force...

El Baz, conseiller personnel du président Moubarak, me décrit le schéma de conférence internationale sur le Moyen-Orient convenu entre les Jordaniens, l'Égypte et l'OLP. Première étape : rencontre entre l'Administration américaine et une délégation jordano-palestinienne. Deuxième étape : déclaration de Yasser Arafat reconnaissant les résolutions 242 et 338, ainsi que le droit d'Israël à l'existence. Troisième étape : conversations entre les États-Unis et l'OLP. Quatrième étape : réunion d'une conférence internationale avec les membres permanents du Conseil de sécurité et les parties en conflit, c'est-à-dire Israël, Jordanie, Égypte, OLP, Syrie (si elle veut ou quand elle voudra).

Avant d'accepter, les États-Unis souhaitent qu'un lien soit établi entre ce processus et des conversations directes entre Israël et l'OLP. D'autre part, ils veulent que l'ensemble des quatre étapes se déroule en quelques semaines, redoutant de prendre un risque considérable en acceptant la première sans garantie sur la suite, en particulier sur la seconde étape.

A Genève, en séance plénière, l'URSS présente à la délégation des États-Unis les propositions que Bud McFarlane a annoncées la veille à François Mitterrand : *« Réduction de part et d'autre de 50 % des vecteurs nucléaires capables d'atteindre le territoire des États-Unis et de l'URSS. Un total maximum de 6 000 charges nucléaires sur les vecteurs autorisés. Pas plus de 60 % des charges autorisées sur un seul composant, ICBM, SLBM ou avion. Interdiction de tous les missiles de croisière, notamment des ALCM (missiles de croisière lancés par avion en vol). Interdiction ou limitation sévère des nouveaux systèmes de lancement. Limitation la plus importante possible des systèmes à moyenne portée, conformément au principe de l'égalité et de la sécurité égales. Suspendre tout travail sur les forces de frappe spatiales. S'engager à ne pas installer d'armes nucléaires dans des pays où elles ne se trouvent pas à présent. Cesser d'ajouter ou de remplacer des armes nucléaires dans les pays qui possèdent de ces armes nucléaires jusqu'à ce que l'attitude des autres puissances nucléaires soit clarifiée. »*

**Mardi 1er octobre 1985**

Ronald Reagan commente par écrit à l'intention de François Mitterrand le détail des propositions formulées à Genève par les Soviétiques : *« La proposition générale faite par l'URSS est celle que Bud McFarlane vous a exposée samedi dernier. Ils ont précisé quelques chiffres sur les START, les charges nucléaires, et proposé quelques limitations supplémentaires sur certains armements. »* Suit un long exposé technique sur les systèmes en discussion. Puis Reagan exprime sa déception *« très vive »* face à la modestie des propositions soviétiques, et insiste sur le fait que la menace qui pèse sur ses *« amis et alliés »* reste inchangée, l'URSS excluant des négociations la plupart des armes visant l'Europe. *« En outre,* poursuit-il, *les Soviétiques, en proposant l'arrêt de la modernisation de certains armements, visent expressément à empêcher le déploiement du Trident D5, du Midgetman et du bombardier furtif, alors que leurs SS 24 et 25 seraient autorisés. »*

Le Président américain aborde enfin la question de la force française de dissuasion : *« Par exemple, ils ont dit que leur moratoire sur les essais nucléaires dépendrait de la clarification de l'attitude d'autres États, ce qui est manifestement une allusion à des essais tels que ceux qu'effectue votre pays. De même, bien que la présentation soviétique des FNI (Forces nucléaires à portée intermédiaire) soit restée jusqu'à présent assez vague, le chef de la délégation soviétique a fait lundi une déclaration publique faisant référence aux forces française et britannique. Il est possible que M. Gorbatchev vous fasse quelque déclaration ou vous présente certaines initiatives à cet égard. Je reconnais l'importance de consultations particulièrement étroites et j'espère donc que ces informations seront bienvenues et de quelque utilité. »*

François Mitterrand est le seul à décliner l'invitation de Ronald Reagan à venir à New York. Encore une fois, nous faisons bande à part.

L'aviation israélienne bombarde le QG de l'OLP à Tunis (60 morts). L'attaque est menée par six chasseurs F16 équipés chacun d'une bombe Mark 2 d'une tonne à guidage laser. Pendant l'attaque, les deux radars tunisiens n'ont rien vu. Un avion Awacs américain se trouvait au-dessus de la zone au moment du raid : impossible qu'il n'ait pas repéré les F16 israéliens.

**Mercredi 2 octobre 1985**

Pour 1986, la prévision est de 2,5 à 3 % de croissance du PNB ; 2 % de hausse des prix ; plus de 90 milliards d'excédent de la balance des paiements ; une réduction sensible du chômage.

Le Conseil des ministres adopte le projet de loi mettant un terme au monopole public sur la télévision.

La RFA, la Grande-Bretagne et l'Italie entendent constituer un groupement industriel pour construire l'avion de combat sans la France, et invitent les autres Européens à y participer. Pour y faire pièce, François Mitterrand convie les mêmes à un groupe de travail autour du projet français qu'il est prêt à « européaniser ».

Gorbatchev est à Paris pour quatre jours. C'est sa première visite en Occident depuis qu'il est devenu Secrétaire général du PCUS, et la première visite d'un dirigeant suprême de l'URSS à l'Ouest depuis la visite de Leonid Brejnev en RFA en novembre 1979 ; c'est aussi la première en France depuis juin 1977.

Premier entretien en tête à tête, qui porte sur le désarmement. Gorbatchev pousse le Président à participer aux négociations stratégiques. François Mitterrand esquive.

**François Mitterrand :** *Votre accession au pouvoir a suscité un immense intérêt. Vous êtes un des responsables les plus importants du monde. Votre personne suscite une curiosité que je crois constructive.*

*La France est un pays fier de son indépendance. Bien sûr, nous connaissons l'évolution du monde et du rapport des forces, et le poids prééminent des États-Unis et de l'URSS. Mais nous avons préservé notre autonomie de décision. Nous faisons partie d'une Alliance, même si nous ne sommes pas favorables aux blocs.*

*J'ai plaisir à parler avec vous. J'aurai une grande liberté de ton. Vous savez, et vous me l'avez dit vous-même en voiture, que l'amitié franco-soviétique est une réalité populaire et même intellectuelle. Nous n'oublions pas vos 20 millions de morts, à qui nous devons une large part de notre liberté, ni les défenseurs de Volgograd auxquels j'avais tenu à rendre hommage durant mon voyage.*

**Mikhaïl Gorbatchev :** *Cela avait été un acte très significatif et très apprécié.*

**François Mitterrand : :** *Oui, la victoire de 1945 a été une victoire commune, et il existe de forts symboles de cette période : Volgograd, Normandie-Niemen...*

*Dans nos entretiens, je vous dirai franchement ce que je pense. Vous avez environ quatorze ans de moins que moi. En ce qui me concerne, j'ai vécu la guerre, je n'avais qu'une vingtaine d'années, mais je garde l'esprit complètement ouvert à tout ce qui peut intéresser la génération actuelle.*

**Mikhaïl Gorbatchev :** *Je me rappelle très bien nos deux premières rencontres. L'une, brièvement, au cours d'un dîner en juin 1984 au Kremlin, et l'autre en mars de cette année, dans des circonstances tristes. J'ai toujours été convaincu de la nécessité d'accroître l'attention portée aux relations soviéto-françaises et au rôle de la France. Je suis venu avec un seul objectif : donner une nouvelle impulsion à la coopération soviéto-française, élargir cette coopération dans les domaines de l'économie, du commerce, de la culture.*

*Nous pensons que nous pourrions mener une action pour assainir, avec la France, la situation dans le monde sans pour autant porter préjudice aux relations entre la France et les États-Unis, entre la France et les autres pays d'Europe. C'est notre intérêt commun. On dit que je serais venu en France pour y semer la brouille avec les États-Unis. Ce n'est pas le cas. Nous pouvons nous référer à nos expériences communes et à notre passé.*

**François Mitterrand :** *J'ai l'esprit ouvert sur chaque question. Je suis l'allié des États-Unis et, compte tenu de l'équilibre des forces actuelles dans le monde, je pense que les choses doivent demeurer ainsi. Mais nous n'acceptons pas toutes les initiatives de nos partenaires. J'ai critiqué la politique américaine en Amérique centrale devant le Congrès des États-Unis. J'ai, dans le passé, critiqué l'intervention américaine au Vietnam. Je désapprouve ce qui se passe en Afrique australe. Je n'éprouve aucun enthousiasme pour l'armement dans l'espace. Et tout cela, je le dis parce que je le pense. Je ne recherche évidemment pas la tension avec les États-Unis, mais j'ai une opinion franche sur chaque problème dès lors qu'il est en rapport avec la paix ou la guerre.*

*Je suis dans les mêmes dispositions d'esprit en ce qui vous concerne. Vous êtes le leader du bloc d'en face, mais vous n'êtes pas mon ennemi. Nous sommes deux pays souverains.*

*En ce qui concerne le désarmement, je vous dirai les raisons de mon hostilité aux SS 20, qui n'était pas une hostilité à l'Union soviétique en elle-même. Je me suis déterminé en fonction de l'intérêt de la France. Je vous en parlerai à fond.*

*Tout découle d'un principe central : l'équilibre des forces dans le monde comme en Europe. Tout ce qui aggrave le déséquilibre est mauvais. Évidemment, il est difficile de juger de l'état exact des armements respectifs. Lorsque je recevais votre ancien ambassadeur à Paris, M. Tchervonenko, il me disait : vous vous trompez, les SS 20 ne sont pas à l'origine du déséquilibre ; avec leurs systèmes avancés, les Américains avaient un avantage, etc. C'est difficile à juger. Comment contrôler ?*

*J'aimerais vous parler de tous les problèmes litigieux.*

*Par exemple, à propos de l'Afghanistan. Pourquoi n'accepteriez-vous pas un statut de neutralité ? Il me semble que la situation actuelle vous est préjudiciable. Il y avait eu des propositions de la part de M. Perez de Cuellar qui étaient intéressantes. Comme je ne comprends pas, je souhaiterais que vous m'expliquiez. Ce n'est qu'un exemple.*

*En ce qui concerne le Vietnam, il y a peut-être une approche à trouver pour aborder le problème du Cambodge.*

*Quant au Proche-Orient, toutes sortes de gens nous disent : il ne faut pas que l'URSS participe à quoi que ce soit ; ce serait très grave, etc. Que l'URSS soit partie prenante à une conférence dans des conditions à préciser, je trouve cela normal. Votre rôle pourrait être utile.*

*Bref, il y a des désaccords. Il y a aussi beaucoup de malentendus.*

*Revenons au problème de l'armement. Votre puissance, et celle des États-Unis, sont très loin au-dessus de la nôtre. Je vois bien que vous n'avez pas envie de consacrer tous vos efforts à la course aux armements. Mais j'ai dit au Président Reagan : si vous obligez les Russes à faire la course, ils la feront ; il faut tenir compte de leur patriotisme et de leurs capacités technologiques. Je lui ai dit aussi : ils ne veulent pas plus la guerre que vous. Il est donc peut-être possible de trouver le chemin du bon sens. J'essaierai de l'expliquer aux autres Européens.*

*Je suis l'allié des États-Unis, mais c'est une réalité politique actuelle plutôt qu'une perspective. Je veux renforcer l'Europe de l'Ouest, et cela, c'est une perspective. Mais elle ne doit pas être perçue comme fâcheuse par l'URSS. Je ne veux pas d'une Europe qui soit l'auxiliaire d'États-Unis offensifs, je ne serais pas d'accord. Si des possibilités nouvelles de* modus vivendi *avec l'URSS s'ouvrent, ce serait une bonne chose.*

*Naturellement, au centre de tout cela, il y a le problème allemand qui est très difficile à saisir. Nous sommes partagés là-dessus, en France. Mon esprit même est partagé. D'un côté, je ne souhaite rien d'autre que de m'entendre fraternellement avec les Allemands. Par ailleurs, je ne peux pas souhaiter la reconstitution d'un pôle dominant au centre de l'Europe. Sur tout cela, vous verrez que je ne parlerai pas en partisan.*

*J'ai été élevé dans l'Histoire et j'ai appris que depuis le XVI^e^ siècle, ces deux pays, la France et la Russie, aux deux extrémités de l'Europe, avaient été presque continuellement alliés et amis. L'histoire et la géographie nous dictent des constantes...*

**Mikhaïl Gorbatchev :** *Pour nous, et je voudrais que vous m'indiquiez si vous pensez ainsi, nous voyons dans la France un partenaire essentiel pour élargir le dialogue politique et développer une coopération sur les problèmes bilatéraux et globaux. Peut-être pourrions-nous constater, à l'issue de nos conversations, notre compréhension commune sur les points suivants :*

*— l'URSS et la France estiment que la situation actuelle est grave et complexe. Elles vont donc rechercher ensemble les voies de l'assainissement et de la coopération.*

*— Il faut rétablir la détente.*

*— Il faut réduire les confrontations et les tensions.*

*Je ne vous demande pas d'inscrire cela dans un mémorandum ou de signer un texte. Je voudrais simplement arriver à un sentiment précis. Sur cette base, chacun pourrait s'exprimer.*

**François Mitterrand :** *En ce qui concerne le rôle de la France dans la diminution des tensions, la réponse est oui.*

*Peut-on proclamer notre désir de détente et naturellement indiquer certains moyens d'y parvenir ? La réponse est oui.*

*Nous aurons chacun notre façon de dire.*

*Si, dans cette même conférence, le mot de détente est prononcé par vous et par moi, c'est important. Il en va de même sur l'espace. Vous direz de votre manière ce qui vous oppose à la Guerre des étoiles et, à la mienne, je dirai ce qui m'oppose à l'IDS. Il faut donc bien cerner les points essentiels : la détente, l'espace, le bilatéral.*

*Bien sûr, je ne veux pas forcer la dose à l'égard de mes alliés américains qui, déjà, n'ont pas une très bonne opinion de moi. Ce sont mes alliés, mais je pense que c'est en restant ce que nous sommes que nous pouvons être utiles pour améliorer la situation.*

**Mikhaïl Gorbatchev :** *Si vous le voulez bien, je voudrais vous parler de la course aux armements.*

**François Mitterrand :** *C'est vrai, on parle de désarmement et on ne fait que du surarmement. Le seul acquis véritable en matière de contrôle des armements remonte au Traité ABM de 1972.*

**Mikhaïl Gorbatchev :** *Le 27 septembre, j'ai écrit au Président Reagan pour lui proposer de réduire la course aux armements, surtout nucléaires. Je lui suggérais que l'URSS et les États-Unis signent un accord pour interdire les armes cosmiques d'attaque et pour réduire de 50 % toutes les armes nucléaires capables d'atteindre le territoire de l'autre partie.*

*En ce qui concerne les armes nucléaires à moyenne portée, je suis d'avis que nous pourrions les considérer séparément des armes cosmiques et stratégiques, mais nous sommes en faveur d'un moratoire sur le déploiement de ces missiles à moyenne portée.*

*En plus de ce moratoire, je puis vous informer que l'URSS a, sur des zones de tir capables d'atteindre l'Europe (c'est-à-dire au-delà de l'Oural), 243 missiles SS 20, soit le même nombre qu'en juin 1984, au début des mesures de réponse au déploiement des missiles américains. Nous avons déjà enlevé un certain nombre de ces missiles et les installations fixes qui les supportent seront démontées dans les deux mois qui viennent. En revanche, les contre-mesures que nous avons édictées contre le territoire américain après le déploiement en Europe resteront en vigueur.*

*Ce que nous souhaitons, c'est une participation active de la France à ce processus. Les États-Unis, pour leur part, ne veulent que développer de nouveaux programmes d'armements.*

*Pour la France, une situation nouvelle serait créée si les propositions que je fais se réalisent. Je connais vos positions, vous me les avez expliquées à Moscou et je sais que vous n'accepterez de participer à des négociations qu'à une certaine étape.*

*J'ai une proposition à vous faire. D'abord, jamais nous n'avons envisagé de mettre les forces nucléaires françaises dans un inventaire soviéto-américain. Peut-être, dans une situation nouvelle, des possibilités apparaîtraient pour des conversations directes entre l'URSS d'une part, la France et la Grande-Bretagne d'autre part, afin d'arriver à un arrangement séparé mutuellement acceptable. Nous ne fixerions pas de plafond pour vos programmes de développement. Il y aurait en quelque sorte des équivalents mobiles. Le problème de l'équilibre en Europe serait traité entre la France et la Grande-Bretagne d'une part, l'URSS d'autre part. En tout cas, ma direction m'a chargé de vous déclarer que l'URSS n'avait pas l'intention de porter atteinte à la sécurité de la France, mais que nous souhaitions que la France contribue à la recherche d'un équilibre au niveau le plus bas.*

**François Mitterrand :** *Sur le fond de votre proposition, je vais réfléchir. Mais je voudrais vous redire les principes sur lesquels est fondée notre politique. La France a une force défensive — qui ne peut être que défensive — d'environ 140 ogives nucléaires, ce qui est très loin de l'URSS. Quand vous discutez avec les États-Unis, vous introduisez des distinctions entre les forces stratégiques, intermédiaires ou tactiques. Mais, pour nous qui ne sommes pas séparés de vous par un océan, ce sont là des distinctions d'état-civil ! Toutes ces forces sont capables de nous atteindre. Elles auraient le même effet. Pour nous, tout est stratégique. En plus, la force française est aux 9/10e sur sous-marins, et elle échappe donc à la définition de force intermédiaire.*

*A propos de votre discussion avec les États-Unis, je voudrais vous dire que nous ne sommes pas concernés par les négociations de Genève et que nous ne tiendrons pas compte de ses résultats si on prétendait nous l'imposer. Je ne demanderai pas la permission aux États-Unis de construire un nouveau sous-marin ; sinon, cela signifierait que la France a été réintégrée dans l'OTAN. Évidemment, les Américains seraient contents...*

*Mais si vous me parlez de la recherche d'un accord bilatéral direct, c'est différent. Des conversations directes avec nous ? Oui, pourquoi pas ? Mais vous avez plus de SS 20 qu'il ne vous en faut. Pour moi, c'est de la surproduction ! Or cela ne change plus rien à rien, d'autant que l'Europe occidentale ne vous menace pas. Vous avez tout ce qu'il vous faut pour l'écraser en un quart d'heure. Cela dit, je ne vous crois pas du tout désireux d'attaquer. Je parle de vos possibilités de vous défendre. J'ai la conviction que l'URSS n'est pas belliciste, tout simplement parce qu'elle n'en a pas besoin. C'est vous dire que je ne vis pas dans la peur par rapport à vous. Notre armement n'est pas très nombreux, mais il est puissant.*

*Si vous arrivez à un accord avec les États-Unis à Genève, tant mieux ! Si vous voulez qu'il y ait des conversations entre la France et l'URSS sur les problèmes d'armement sans passer par les États-Unis, je suis à votre disposition. L'essentiel est que soit maintenu le Traité ABM qui interdit les missiles antimissiles.*

*Vous avez proposé une réduction de 50 % des armements stratégiques. Je souhaite que vous y arriviez. Mais le problème central, c'est bien sûr l'espace, et je suppose que, pour vous, c'est une condition à tout le reste...*

**Mikhaïl Gorbatchev :** *Oui, sinon nous ne ferons rien.*

**François Mitterrand :** *Je pense que le compromis est possible. La conception que le Président Reagan a de l'IDS relève soit de la rêverie humanitaire, soit de la propagande. D'ailleurs, il parle de l'IDS, mais regardez la progression des armes nucléaires. Si c'est une rêverie, l'État-Major américain s'en apercevra. Mais je pense qu'un compromis reste possible, soit sur la recherche sous différentes formes : pacifique, militaire..., soit sur ce que l'on pourrait être autorisé à mettre dans l'espace.*

*Il est vrai que l'on peut avoir aussi l'impression inverse et penser que les États-Unis recherchent une position dominante. Dans ce cas, aucun argument n'est admis par eux...*

**Mikhaïl Gorbatchev :** *Je pense que les États-Unis ont la certitude qu'il pourront, dans l'espace, grâce aux technologies avancées, en particulier à l'électronique et à l'informatique, devancer et dominer l'URSS. Nous avons déjà vu cela dans le passé. Cela a été à chaque fois un échec. Mais la vraie question est : où tout cela conduit-il ? Si cela continue, il n'y aura plus de négociations productives possibles et, par rapport à l'espace, plus aucun garde-fou. Celui qui est en avance aura la tentation de frapper.*

**François Mitterrand :** *Il y a en effet deux risques. Celui qui prend de l'avance peut être tenté d'en profiter, et celui qui redoute l'avance de son adversaire peut être tenté d'essayer de le stopper.*

**Mikhaïl Gorbatchev :** *Dans un sens comme dans l'autre, c'est une déstabilisation.*

**François Mitterrand :** *Dans mon esprit, cette affaire de l'espace est simple : je ne dénonce pas, mais je suis hostile, et la France ne s'y associera pas.*

**Mikhaïl Gorbatchev :** *Ce que vous dites est très important, surtout en l'étape actuelle. A mon avis, s'il n'y a pas de compréhension commune entre l'URSS et l'Europe occidentale, si nous n'agissons pas ensemble, l'Administration Reagan ne bougera pas.*

**François Mitterrand :** *Je ne sais pas ce qui la fera bouger ; elle n'est pas très malléable...*

**Mikhaïl Gorbatchev :** *Nous ne voulons pas discréditer l'Administration américaine, mais nous voudrions trouver un moyen pour la faire bouger : des forces populaires, des mouvements d'opinion publique, des alliés des États-Unis capables de se faire entendre d'eux... Je dirai d'ailleurs à Ronald Reagan à Genève : on vous impose des conceptions à courte vue, dangereuses.*

**François Mitterrand :** *En Europe, il y a un petit mouvement d'opinion. A Bonn, je me suis retrouvé seul publiquement, mais je n'avais pas été seul en séance. Les États-Unis connaissent mal l'Europe. Ils pensent que vous ne voulez rien. Vous aurez besoin de beaucoup de force de conviction, mais je vois que vous en avez beaucoup. En tout cas, c'est la méfiance qui prévaut.*

**Mikhaïl Gorbatchev :** *Étant donné la forme directe de nos conversations, je voudrais aborder le sujet de l'Allemagne. Si la France et la RFA coopèrent pour la paix, parfait. Mais nous avons noté avec une certaine préoccupation le développement de la coopération militaire entre la France et la RFA, ces dernières années.*

**François Mitterrand :** *C'est tout à fait exact, sauf en ce qui concerne le nucléaire.*

**Mikhaïl Gorbatchev :** *Justement, c'est la question à laquelle je voulais venir. Nous avons toujours pensé qu'il y avait entre l'URSS et la France une certaine compréhension commune à ce sujet. Nous voudrions être sûrs que la RFA n'aura jamais accès à l'arme nucléaire.*

**François Mitterrand :** *Bien entendu ! Mais s'il n'y avait pas l'obstacle du nucléaire, nous aurions un accord militaire complet avec la RFA. Mais le nucléaire, ça, non !*

*Il y a une campagne en France, que je comprends par certains côtés. J'ai reçu des propositions précises du Chancelier Schmidt. Le Parti socialiste français a même pris des positions qui vont au-delà de mon opinion personnelle. Mais je ne veux pas vous tromper. Pour tout ce qui concerne le conventionnel, nous resserrerons nos liens. En ce qui concerne les équipements et les armes, nous essaierons constamment de constituer des équipements ou des armements en commun.*

*Il y a le problème de l'arme à neutrons qui équiperait les Hadès. Je n'ai pas encore donné l'ordre de la mettre en fabrication. Si aucun progrès en matière de désarmement n'intervient dans aucun domaine, je le ferai.*

*L'arme nucléaire, la France ne peut pas la partager avec la RFA parce que cela mettrait en péril tout l'équilibre européen. D'abord par rapport à vous, mais surtout parce que nous n'y avons pas intérêt. Mais, je vous le redis, parce que je ne veux pas vous tromper : sauf dans ce domaine, nous resserrerons nos accords avec la RFA.*

**Mikhaïl Gorbatchev :** *Pour nous, ce point est aussi important que celui de l'inviolabilité des frontières.*

**François Mitterrand :** *Remarquez, je n'approuve pas ce qui s'est fait à Téhéran. Staline s'y est montré bien plus habile que Roosevelt et Churchill. Ils n'auraient pas dû accepter tout cela. Mais nous sommes en 1985. L'équilibre du monde est fragile, les frontières sont les frontières. Il ne faut pas y toucher.*

*Voilà, Monsieur le secrétaire général. Si je vous redis que nous sommes les alliés loyaux des États-Unis et en même temps un pays indépendant, et que nous voulons resserrer nos liens et renforcer notre coopération avec l'URSS, je vous aurai en quelque sorte tout dit. Nous pourrions en rester là.*

**Mikhaïl Gorbatchev :** *Je suis très content du climat dans lequel se déroulent nos entretiens. J'ajouterai à vos trois points que la France et l'URSS ont des responsabilités communes par rapport à la paix dans le monde, et que les deux pays peuvent apporter une contribution commune pour améliorer la situation.*

M. Gorbatchev signe le Livre d'or.

**François Mitterrand :** *Le Président Moubarak qui, comme vous le voyez, a été le dernier à signer avant vous, m'a demandé de vous faire part de son salut amical et de vous dire que les Arabes modérés veulent resserrer leurs liens avec l'URSS.*

**Mikhaïl Gorbatchev :** *Cela nous intéresse aussi.*

**François Mitterrand :** *Le peuple d'Égypte est un peuple intelligent. C'est le plus grand pays arabe. J'en tiens le plus grand compte. Évidemment, ils s'entendent mal avec vos amis syriens !*

**Mikhaïl Gorbatchev :** *Je voudrais savoir qui s'entend avec qui, au Proche-Orient !*

Gorbatchev me laisse une impression de force, de présence, d'intelligence et de gentillesse. En direct à la télévision, ce soir, il envoie dans les cordes Dan Rather et Ivan Levaï. Au dîner à l'Elysée, une chose me frappe : pas un militaire dans sa suite ; en tout cas, pas en uniforme. L'URSS n'est plus l'URSS.

Pour compenser l'affront fait à Reagan en refusant sa réunion à Sept, Roland Dumas téléphone à George Shultz pour proposer des dates et des lieux en vue d'un rendez-vous avec le Président Reagan. Shultz, très froid, ne permet que de répondre rapidement.

Rock Hudson meurt du sida.

**Jeudi 3 octobre 1985**

Avant la reprise des entretiens élargis en début d'après-midi au Palais de l'Élysée, François Mitterrand et Mikhaïl Gorbatchev ont un bref tête-à-tête :

— *Il me semble que vous seriez d'accord pour des conversations entre la France et l'URSS sur le désarmement ?* interroge le secrétaire général du PCUS.

— *Je vais réfléchir. Nous conclurons demain matin,* répond le Président.

**Vendredi 4 octobre 1985**

Dernier tête-à-tête entre François Mitterrand et Mikhaïl Gorbatchev :

**François Mitterrand :** *Ce qui caractérise nos relations, c'est que nous n'avons rien à négocier, mais nous pouvons chercher à créer un climat.*

**Mikhaïl Gorbatchev :** *A propos des missiles à moyenne portée, je n'ai pas l'intention de porter atteinte à la sécurité de la France, ni de vous demander d'accepter un plafond. J'invite seulement la France à un échange de vues sur ce sujet afin d'améliorer la compréhension mutuelle.*

**François Mitterrand :** *Des conversations, oui, sur tous les sujets. Des négociations, non, car l'ordre de grandeur entre nos arsenaux est trop différent. Un échange de vues, oui, parfaitement.*

**Mikhaïl Gorbatchev :** *Je voudrais être encore plus explicite. Je n'ai pas proposé de réduction concernant la France. Vous avez le droit de développer vos armes, c'est un droit souverain, et cela n'a pas à figurer dans la négociation américano-soviétique. Je ne vous propose qu'un simple échange de vues là-dessus. Arriverons-nous un jour à envisager une négociation ? On verra bien... Je ferai la même suggestion à la Grande-Bretagne.*

**François Mitterrand :** *Je vous remercie beaucoup de votre clarté. Je vous ai dit ma pensée. Vous avez trop d'expérience pour ne pas connaître le poids de ce qui ne s'écrit pas.*

Le Conseil de sécurité de l'ONU condamne à l'unanimité le raid israélien sur Tunis.

Le Premier ministre japonais, par l'intermédiaire de son nouveau *sherpa*, revient à la charge à propos du Sommet de Tokyo. Il propose maintenant les dates des 4 et 5 mai. Tous les autres pays ont donné leur accord. François Mitterrand : *« Oui, en lui disant que notre conversation de juillet m'a apporté des assurances... »*

Le Président écrit à Ronald Reagan, Margaret Thatcher et Helmut Kohl une longue lettre d'explication après la visite de Gorbatchev : *« Je ne tombe pas sous le charme d'un personnage, mais ce sont les réalités qui parlent. »*

François Mitterrand, à propos de la promotion d'un haut fonctionnaire, qu'il vient de signer : *« Ce serait dommage que tant de trahisons ne soient pas récompensées. »*

Jean Drucker envoie à Georges Fillioud, au nom de la CLT, un mémorandum exposant leur candidature à la cinquième chaîne ou à la sixième.

**Dimanche 6 octobre 1985**

A Séoul, le Comité intérimaire regroupant 22 pays, dont la moitié de pays en développement, examine le rapport du Groupe des Dix. C'est la première réunion de pays riches et de pays en développement sur l'amélioration du Système monétaire international. Ce sera aussi la dernière : rien n'en sort.

**Lundi 7 octobre 1985**

En Méditerranée, détournement de l'*Achille Lauro.*

Les Syriens confirment : pas de libération des otages français au Liban sans libération immédiate de Naccache. Le Président refuse.

La date du Sommet de Tokyo est annoncée, avec la participation de François Mitterrand.

**Mardi 8 octobre 1985**

Petit déjeuner avec Michel Rocard, qui me dit être *« tout surpris »* du soutien dont bénéficie son courant avant le prochain Congrès du PS, et m'assure de *« sa volonté d'éviter toute agression d'aucune nature contre le Président et contre le gouvernement ».*

Début de l'occupation de l'usine Renault du Mans à l'appel de la CGT.

R. Lubbers écrit à François Mitterrand pour protester contre le refus de la France de soutenir le candidat néerlandais au secrétariat général du Haut Commissariat aux Réfugiés :

> *« Je voudrais vous faire part de la profonde déception du gouvernement néerlandais devant la position adoptée tout récemment par votre pays quant à la candidature de M. Max van der Stoel au poste de Haut-Commissaire des Nations-Unies pour les Réfugiés. Après une concertation large et approfondie, les Dix — à l'exception du Danemark qui n'avait pas encore pris position, dans l'attente de l'évolution de la situation en ce qui concerne les candidatures des pays nordiques —, avaient convenu à la fin du mois de mai dernier qu'ils soutiendraient la candidature présentée par les Pays-Bas. Dans le cadre de la campagne en faveur de M. van der Stoel, les Pays-Bas ont donc toujours fait état du soutien des Dix (moins le Danemark) en vue d'accroître les chances du candidat européen.*
>
> *Dans ces conditions, l'annonce du soutien par la France de la candidature de M. Boutros-Ghali au poste de Haut-Commissaire des Nations-Unies pour les Réfugiés — annonce qui a été faite récemment, apparemment sur ordre de l'Élysée, par le représentant permanent de la France, au secrétaire général des Nations-Unies — ne nous est guère compréhensible.*
>
> *En effet, non seulement cette démarche marque une rupture de l'unanimité des neuf partenaires européens, mais elle sème aussi le doute quant au crédit à accorder aux communications faites jusqu'ici par le gouvernement néerlandais, aussi bien au secrétaire général des Nations-Unies qu'à d'autres pays, en ce qui concerne le soutien dont bénéficie la candidature de M. van der Stoel.*

*Dans l'hypothèse où votre choix en faveur du candidat égyptien serait définitif, j'espère que vous voudriez communiquer au secrétaire général des Nations-Unies que, si celui-ci ne souhaite pas soumettre la candidature de M. Boutros-Ghali, des autres candidatures, c'est celle de M. van der Stoel qui a expressément la préférence de la France. »*

François Mitterrand prend à part Roland Dumas : *« J'attire votre attention sur cette candidature... et sur notre revirement, qui choque légitimement les Pays-Bas. Nous n'avons pas besoin de cela. »*

Dumas répond : *« Pendant plusieurs mois, nous avons maintenu l'équivoque jusqu'au moment où il a fallu se prononcer, et donc maintenir le choix de M. Boutros-Ghali. Il apparaît aujourd'hui que ce dernier n'a pas de chances d'être désigné. Trois candidats sérieux restent en piste, dont M. Max van der Stoel, face à un Suisse notamment. Nous pouvons donc maintenant le soutenir sans inconvénient. »*

**Mercredi 9 octobre 1985**

François Mitterrand rend compte au Conseil des ministres de la visite de Mikhaïl Gorbatchev à Paris :

*« Visiblement, M. Gorbatchev recherchait, par l'intermédiaire de la France, le moyen de se rapprocher de l'Europe. Cela correspond à ce que nous souhaitons. C'est un moyen pour lui de tenir la dragée haute à l'Amérique. Il est pressé de réussir économiquement, d'où son souci de ne pas se laisser entraîner dans la course aux armements.*

*Il est là pour longtemps. Il y a une large part de sincérité dans ses prises de position.*

*Le problème des armes nucléaires françaises et britanniques embarrasse les Russes et les Américains. C'est sur ce petit obstacle que grippe leur négociation. Il faut se méfier aussi de la position des Américains, car, en définitive, ils pensent sur ce problème la même chose que les Soviétiques. On peut croire que les négociations de Genève dureront longtemps.*

*Les Américains ont bien l'intention de militariser l'espace. M. Gorbatchev pourrait être conduit à céder sur ce point. Ce qui peut inciter les uns et les autres à la sagesse, c'est qu'ils risquent de se ruiner dans cette course aux armements. Il n'est pas possible qu'ils arrivent à s'entendre. M. Gorbatchev est conciliant, mais il n'est pas mou.*

*L'URSS, s'il s'y développait une revendication anti-Yalta, pourrait bien s'ouvrir à une révolution qui pourrait la soulager. Certes, les Russes exploitent les pays de l'Europe de l'Est, mais il faut dire aussi que ces pays leur coûtent cher... »*

François Mitterrand et Helmut Kohl doivent se rencontrer demain à Berlin-Ouest. Délicat problème de cérémonial à l'arrivée : à Berlin, le Chancelier Kohl ne peut pas recevoir les honneurs militaires. Comme le Président pensait amener Kohl dans son avion, il faudra que le Chancelier descende par une autre porte que le Président, ou qu'il attende, dans l'avion, que les honneurs militaires rendus par les troupes françaises soient terminés. Dans les deux cas, c'est le mettre dans une situation embarrassante. Il peut aussi passer outre, comme l'a déjà fait Genscher avec Cheysson. On suggère au Chancelier Kohl de prendre son avion, Roland Dumas l'accompagnant. Il accepte.

**Jeudi 10 octobre 1985**

Décès de Yul Brynner et d'Orson Welles.

Cela se gâte au nord du Tchad : le colonel Al Rifi, proche de Kadhafi, qui avait commandé les forces libyennes au Tchad en 1983-84, en reprend le commandement. Il ordonne aussitôt une remise en condition des matériels, demande une accélération des livraisons de pièces de rechange et de carburant, et l'envoi sur la piste, achevée, de Ouaddi Doum, de 4 hélicoptères Chinook et de 2 Antonov 26. Il demande également que soient acheminés sur Faya et Fada tous les combattants tchadiens en garnison dans le Sud libyen, *« afin de les préparer au combat »*. Il donne enfin instruction de placer les unités des « coalisés » sous les ordres d'officiers et de sous-officiers libyens. Pour la première fois depuis 1983, des avions libyens (Antonov 26, Tupolev 22, Mig) entreprennent des reconnaissances aériennes au sud du 16e parallèle, survolant notamment les garnisons tchadiennes, N'Djamena et les provinces méridionales jusqu'à la frontière de la République Centrafricaine. Ces vols se poursuivent. On ne saurait exclure que Kadhafi soit tenté par un nouvel engagement, plus profond, au Tchad.

En visite à Moscou, Kadhafi propose *« d'envoyer ses troupes au Tchad, avec l'accord préalable de toutes les formations politiques tchadiennes, pour que l'armée libyenne y joue un rôle analogue à celui joué par l'armée syrienne au Liban »*.

**Vendredi 11 octobre 1985**

A Toulouse, au Congrès du Parti socialiste, la salle fait un égal triomphe à Fabius et à Hernu.

Fabius y défie, pour un combat télévisé, à la fois Jacques Chirac et Raymond Barre. Ce dernier décline. Chirac, lui, accepte aussitôt.

McFarlane me confie au téléphone être très hostile au projet de Sommet des Sept qu'a voulu imposer Reagan à New York, et souhaite visiblement réparer ce qu'il estime être un impair.

Nommé par la Haute Autorité, Jean Drucker quitte la CLT et succède à Jean-Claude Héberlé à la tête d'*Antenne 2*. Il n'est plus là pour défendre le projet de cinquième chaîne de la CLT. Jacqueline Langlois-Gandier succède à André Holleaux (*FR 3*) ; Bourges (*TF 1*) et Labrusse (SFP) restent en place.

**Lundi 14 octobre 1985**

Voyage officiel de François Mitterrand au Brésil et en Colombie. Parmi ses invités, modeste et lumineux, Claude Lévi-Strauss qui n'était pas retourné là-bas depuis *Tristes Tropiques.*

**Mercredi 16 octobre 1985**

Quilès me fait part de sa stupeur : *« Hernu a menti pendant deux mois et n'a pas hésité à mettre le Président en danger pour sauver l'institution militaire ! »*

Fin de l'occupation de l'usine Renault du Mans : aucune revendication n'est satisfaite.

Le gouvernement du Nicaragua suspend les libertés fondamentales.

**Vendredi 18 octobre 1985**

Accord RPR-UDF pour les législatives : listes communes dans 45 départements seulement.

Comme le Président l'a souhaité, le CNES est maître d'œuvre pour l'ensemble du programme Hermès : avion spatial et moyens au sol. La maîtrise d'œuvre de l'avion spatial proprement dit sera confiée à L'Aérospatiale, Dassault ayant la responsabilité de maître d'œuvre délégué pour le reste.

Hissène Habré s'inquiète des mesures récentes prises par les Libyens. Il nous demande la reprise, avec nos appareils basés à Bangui, des vols de reconnaissance, momentanément interrompus, au nord du Tchad, dans la zone revendiquée par la Libye.

**Dimanche 20 octobre 1985**

Décès de Jean Riboud. L'ami laisse un vide immense ; l'industriel, une trace considérable ; le politique, une énigme.

Berlusconi écrit à Fabius pour faire officiellement acte de candidature à la cinquième chaîne. Copie à François Mitterrand. La CLT n'a plus Jean Drucker pour la défendre.

**Mardi 22 octobre 1985**

Au petit déjeuner, on parle du voyage au Brésil et en Colombie. François Mitterrand s'insurge contre le fait que les bourses aux étrangers décroissent, alors que les salaires des professeurs français à l'étranger augmentent. Les étrangers se plaignent de ne plus pouvoir envoyer leurs enfants dans les écoles militaires françaises.

On critique la presse. François Mitterrand : *« Il faut faire ressortir le thème central de la prochaine campagne électorale : contre le Front national. »*

Le débat télévisé entre Fabius et Chirac aura lieu dimanche prochain sur *TF 1*. Fabius s'en réjouit d'avance, sûr de ne faire qu'une bouchée de son adversaire.

Le Président Diouf propose une conférence sur la dette en Afrique. Nous avons des idées : étalement, moratoire... Il ne va être question que de cela à l'ONU, à l'OUA, puis à la Conférence franco-africaine à Paris, en novembre.

Je m'organise pour rencontrer le directeur général du FMI, Jacques de Larosière, le président de la Banque mondiale, Tom Clausen, et le Président de Cuba, Fidel Castro.

**Mercredi 23 octobre 1985**

Avant son débat de dimanche avec Chirac, Fabius affecte une décontraction parfaite : *« Les arguments sont connus et déjà échangés. »* Il part pour Mururoa assister aux essais nucléaires.

François Mitterrand : *« Il a tort, le décalage horaire va l'assommer. »*

Pierre Bérégovoy est de plus en plus entre les mains de ses services. Ses lettres au Président sont elles-mêmes de plus en plus technocratiques. La dernière est un sommet du genre :

> *« Par lettre en date du 23 septembre 1985, l'ensemble des chefs des États membres de la BEAC vous ont saisi d'une demande de distribution de l'intégralité du produit de la garantie de change aux États de la zone monétaire. »*

Le Président annote : *« Qu'est-ce que ce charabia ? »*

Paul Quilès est d'avis de répondre aux survols libyens au sud du 16e parallèle par le stationnement à N'Djamena, pour quelques jours, de quelques Jaguar français qui survoleraient la ligne du 16e parallèle en débordant légèrement au nord.

Habré n'est pas d'accord. Il craint que l'installation, même provisoire, de quelques intercepteurs français à N'Djamena ait des inconvénients politiques au moment où se noue une tentative de dialogue avec Tripoli. Il demande la livraison d'une batterie de Crotale à installer à Biltine ou à Arada. Pour Quilès, *« cela ne saurait répondre au problème posé : la ligne du 16e parallèle est longue de près de 1 000 km. Les Crotale ne sont efficaces que face à des avions volant à basse altitude »*.

**Jeudi 24 octobre 1985**

A l'occasion du quarantième anniversaire de l'ONU, les six ministres des Affaires étrangères des Sept (moins celui de la France) se réunissent. Reagan est furieux contre François Mitterrand. Dumas rencontre Genscher à New York après la réunion : *« C'est vous qui avez raison ; vous avez pris la bonne décision en ne venant pas. »* Genscher s'inquiète du dérapage de l'IDS. Weinberger lui a dit : *« Dès que les phases d'expérimentation auront été atteintes, nous passerons au déploiement. »* Il s'interroge aussi sur la définition américaine des missiles « stratégiques », à savoir *« ceux qui peuvent atteindre le territoire de l'autre Super-Grand »*. Il y voit — et il l'a dit aux Américains — un risque d'abandon de l'Europe : *« Il ne peut y avoir une petite sécurité pour les petits pays et une grande sécurité pour les grands pays. »* Il attend beaucoup de la réunion de Hanovre sur *Eurêka*, que Kohl ouvrira en annonçant une modeste participation financière sur fonds publics.

Margaret Thatcher réclame un complément de remboursement de 260 millions d'écus pour 1984 ! Genscher et Dumas décident de refuser : le forfait de Fontainebleau valait pour solde de tout compte.

Journée nationale d'action de la CGT, la première depuis 1981. Le défilé à Paris connaît une certaine affluence, mais les mots d'ordre de grève n'ont pas été suivis. Une enquête de l'UIMM montre que le taux de syndicalisation en France est tombé de 20 % en 1975 à 15 % en 1984. La CGT a perdu le tiers de ses effectifs, la CFDT le quart. Inquiétant.

**Vendredi 25 octobre 1985**

L'INSEE annonce que les prix ont augmenté de 0,1 % en septembre. L'inflation est vaincue.

Déjeuner à l'Élysée avec le Premier ministre israélien Shimon Pérès, qui presse le Président d'exclure l'OLP des négociations. Affaiblie militairement par ses retraites de Beyrouth et de Tripoli, l'OLP a de plus perdu, du fait de Larnaka et de l'assassinat d'un passager de l'*Achille Lauro*, le terrain politique conquis ces derniers temps. La solution ne doit être recherchée, dit-il, qu'*« à travers un contact direct Israël-Jordanie »*. Il demande au Président d'en convaincre Hussein. Pour François Mitterrand, *« la Jordanie ne peut avancer dans un processus de paix qu'avec des Palestiniens qui soient d'une façon ou d'une autre acceptés par l'OLP »*. L'offre de Shimon Pérès a donc très peu de chances d'être prise en considération. De plus, Hussein et la Syrie commencent à se rapprocher, et Moubarak refuse de venir en Israël. François Mitterrand : *« Hussein m'a dit : "En 1970, mes amis m'ont donné vingt-quatre heures pour quitter le pays. Mes bons amis m'ont donné trente-six heures". »*

Finalement, Pérès obtiendra du Président qu'il dise que, *« comme toujours, la France est favorable aux négociations directes »*. Ce qui constitue, en fait, un renversement de la politique française.

Bud McFarlane m'envoie, avec d'exceptionnelles mesures de secret, un message convoquant une nouvelle réunion de chefs d'État occidentaux. Cette fois, c'est à Bruxelles et ce sont les membres de l'OTAN qui sont conviés. *« A la suite de la consultation des Alliés à New York et à leur demande, le Président a accepté de se rendre à Bruxelles le 21 novembre pour faire à nos alliés de l'OTAN un exposé sur sa rencontre avec le secrétaire général soviétique Gorbatchev. Nous pensons que cette réunion doit être réservée aux chefs d'État et de gouvernement. Nous organiserons cette réunion avec Lord Carrington à Bruxelles, mais je voulais t'avertir à l'avance du fait que nous envisageons cette réunion. J'apprécierai d'avoir tes réactions sur cette proposition d'exposé. »*

François Mitterrand proposait, lui, une rencontre bilatérale avec Reagan. Sans y faire la moindre allusion, les Américains répliquent donc par une offre de réunion à dix-huit, à une date encore une fois imposée ! L'agenda du Président prévoit ce jour-là la visite de l'Émir du Qatar. De toute façon, l'idée même d'un Président des États-Unis exposant sa politique au Président de la République française assis au milieu de 18 Premiers ministres est difficilement tolérable. Le Président refuse.

Présentation du projet Hermès à Paris à quelque 700 industriels de tous les pays européens. Il pourra être engagé début 1987, en cohérence avec les programmes Colombus et Ariane V.

**Samedi 26 octobre 1985**

Felipe Gonzalez répond à François Mitterrand à propos de l'avion européen :

> *« Comme vous le savez, avant de se joindre de manière définitive au groupe formé à cet effet par la République fédérale d'Allemagne, l'Italie et le Royaume-Uni, le gouvernement espagnol a laissé s'écouler un certain délai dans l'espoir que l'on pourrait aussi compter sur la participation de la France. C'est pourquoi la teneur de votre lettre ne peut être que considérée favorablement par le gouvernement que je préside (...). A cet effet, l'Espagne est prête à participer à une réunion des ministres des Relations extérieures et de la Défense des pays européens concernés aux fins d'examiner, au niveau politique, les moyens et les méthodes les plus appropriés pour atteindre cet objectif... »*

**Dimanche 27 octobre 1985**

En entrant sur le plateau de *TF 1*, Fabius refuse de serrer la main à Chirac. Première faute. Dès le début du débat, surprise : Chirac se révèle sympathique ; Fabius, prétentieux et agressif.

Le Premier ministre sort une formule manifestement mise au point avec ses conseillers pour déstabiliser son adversaire : *« Ne vous énervez pas, ne vous énervez pas. »* Mais, au bout du compte, c'est lui qui dérape :

**Chirac :** *J'ai, de ce point de vue, au moins autant d'expérience que vous, et par conséquent...*

**Fabius :** *Ça, je reconnais que vous avez plus d'expérience politique que moi...*

**Chirac :** *Soyez gentil de me laisser parler et de cesser d'intervenir incessamment — un peu comme un roquet...*

**Fabius :** *Écoutez, je vous en prie, vous parlez au Premier ministre de la France !*

Et puis, autre faute, cette fois sur l'immigration, après un long exposé de Chirac :

**Fabius :** *Sur ces principes-là, à une ou deux exceptions près, je crois qu'il n'y aurait pas de désaccords forts entre nous.*

**Chirac :** *C'est nouveau !*

Écrasant...

**Lundi 28 octobre 1985**

Déjeuner avec Charles Hernu. Il n'est plus ministre de la Défense, mais il ne l'a pas encore réalisé...

**Mardi 29 octobre 1985**

Fabius arrive au petit déjeuner, dépité et légèrement agressif : *« Bon, eh bien, c'est raté, on ne va pas en faire un plat ! Il faut mettre son mouchoir par-dessus ! »*

François Mitterrand, plus amusé que déçu : *« Vous n'avez pas maîtrisé les choses. Vous n'avez pas su changer de stratégie au cours du débat, et vous vous êtes laissé enfermer. »*

Puis on parle du cumul des mandats (le Président est hostile à leur limitation : *« Être élu est un métier qui exige une présence partout sur le terrain »*), de la télévision privée *(« Ne vous laissez pas impressionner, allez-y ! »)*.

Je réponds à Bud McFarlane pour décliner la convocation à la réunion de Bruxelles :

> *« Je te remercie de ton message personnel. J'ai été sensible à ton souci de nous informer de ce projet du Président des États-Unis, vingt-quatre heures avant que la nouvelle n'en soit publiée au siège de l'OTAN à Bruxelles. Malheureusement, l'emploi du temps très chargé du Président lui rend impossible de se rendre à Bruxelles pour entendre l'exposé du Président des États-Unis à son retour de Genève. Si ce projet se confirme, le Président de la République demandera à son Premier ministre ou, à défaut, à son ministre des Affaires étrangères, d'assister à cet exposé.*
>
> *Par ailleurs, le Président reste tout à fait désireux, comme il l'a dit et fait savoir, de voir trouver une date mutuellement convenable pour un entretien bilatéral approfondi. »*

Cet entretien n'aura lieu que l'année prochaine.

Les États-Unis franchissent un nouveau pas dans leur offensive contre la politique commerciale communautaire : ils engagent une procédure visant à faire condamner par le GATT la politique agricole commune.

Le financement de l'assurance-chômage est assuré, mais la CGT refuse de signer.

**Mercredi 30 octobre 1985**

Libération des trois otages soviétiques enlevés un mois auparavant au Liban. Le quatrième a été abattu. Selon l'ambassadeur d'URSS à Beyrouth, les Soviétiques, qui entretiennent de bonnes relations avec toutes les factions au Liban, n'avaient aucune raison de s'inquiéter. Afin d'éviter des réactions imprévisibles de la part des ravisseurs, Moscou n'a pas cherché à les identifier de façon précise. La tactique aurait consisté à prendre le maximum de contacts avec tous les pays ou organisations concernés, afin que des pressions convergentes, *« aussi fortes que possible »*, soient exercées sur les ravisseurs. Ceux-ci auraient fini par libérer les otages *« in the darkness »*, sans que leur identité réelle ait pu être exactement déterminée. Conte de fées ou réalité ? D'autres versions, plus brutales, de la tactique employée par les Soviétiques, circulent.

Au Conseil des ministres, je demande à Henri Nallet de recevoir Coluche pour l'aider à obtenir de la viande et des produits agricoles à bas prix pour ses Restos.

**Samedi 2 novembre 1985**

Le gouvernement d'Afrique du Sud interdit à la presse de couvrir les manifestations. C'est casser un thermomètre pour faire baisser la fièvre.

Comme Felipe Gonzalez, Bettino Craxi réagit positivement à la proposition de François Mitterrand de relancer la coopération européenne en matière d'aéronautique militaire autour du projet français.

**Lundi 4 novembre 1985**

Procès des Turenge à Auckland. Leur avocat, Daniel Soulez-Larivière, demande aux deux officiers de plaider coupables d'*« homicide involontaire »*. Ce qu'ils font. Selon la loi locale, le procès n'a alors pas lieu.

Hissène Habré refuse la présence d'appareils français à N'Djamena. On décide donc de ne pas effectuer d'opérations de démonstration au nord du 16e parallèle, mais seulement une reconnaissance à haute altitude sur Ouaddi Doum.

*Canal-Plus* ne compte que 157 190 abonnés au lieu des 700 000 prévus. Et il en faudrait un million pour être rentable.

**Mardi 5 novembre 1985**

Au petit déjeuner, échange de vues sur la nécessaire baisse des prélèvements obligatoires, le revenu minimum social, l'allocation pour le troisième enfant, *Eurêka*, l'avion de combat européen. François Mitterrand : *« Il faut un traité de coopération militaire qui soit d'abord seulement franco-allemand. C'est un point de passage obligé. La Grande-Bretagne n'est positive en Europe que lorsque cela peut l'aider à freiner une démarche bilatérale franco-allemande. Et un traité de sécurité à Douze ne peut qu'échouer. »*

On arrête le slogan de la campagne de mars 1986 : *« Les résultats acquis seront remis en cause par la victoire de la droite. »*

A Hanovre, la deuxième conférence *Eurêka* lance des projets concrets. Le principe d'un secrétariat, coordonné avec la Commission à Bruxelles, mais sans être confondu avec elle, est retenu.

Henri Nallet reçoit Coluche qui fait sensation au ministère de l'Agriculture.

Plus tard dans la journée, François Mitterrand reçoit Schluter, Premier ministre danois. C'est l'occasion pour le Président de commenter sa politique étrangère :

*« Gorbatchev est mieux informé que ses prédécesseurs de l'image de son pays dans le reste du monde. Il est prêt à adapter sa politique au monde moderne. Il*

*attend des propositions américaines sur l'Afghanistan. Sur Israël, il est d'accord pour la reprise des relations. Son principal souci est la Guerre des étoiles, qui le contraint à discuter. De plus, la situation économique de l'URSS, désastreuse, le force à bouger. J'ai refusé la négociation qu'il a proposée à la France sur les armes nucléaires. Cela n'a pas obscurci le climat de nos discussions.*

*Je n'ai pas été à New York pour éviter d'entrer dans un directoire mondial, que je rejette. J'ai aussi décliné l'invitation de Bruxelles. Nous n'avons pas de forces intermédiaires, nous n'avons donc pas à nous mêler des négociations. J'ai même dit à Gorbatchev que notre plan est d'aller vers 500 têtes en 1990. Les Américains et les Russes doivent trouver un compromis sur l'usage militaire de l'espace. »*

On passe à l'Europe et à la Conférence intergouvernementale.

**Schluter :** *J'approuve le plan français pour la Conférence intergouvernementale en Europe, mais je suis minoritaire dans mon pays et je dois exiger le maintien des règles actuelles dans le domaine de l'environnement et du travail.*

**François Mitterrand :** *L'Europe est encore loin des institutions qu'elle doit avoir. C'est dommage. Si cela continue, dans trente ans, elle ne pèsera plus très lourd. Successivement, l'Europe a mis en commun la gestion de ses réserves de change, de son charbon et de son acier, elle a échoué dans sa tentative d'intégration de ses armées, avant de réussir le Traité de Rome. Ainsi, en vingt-cinq ans, l'Europe a su tenir ce qu'elle s'était promis : elle a protégé l'équilibre de son territoire ; ses savants, ses entreprises communiquent ; son niveau et son genre de vie se sont harmonisés ; elle parle d'une seule voix sur des sujets de plus en plus nombreux ; elle a réussi à imposer à l'Amérique la réduction de son protectionnisme et à proposer au Tiers Monde un contrat audacieux de développement. Certes, rien n'est fait encore sur des sujets centraux qui conditionnent l'identité future du continent : la fiscalité, la monnaie ou la technologie, et surtout dans les domaines culturels, sociaux, militaires et politiques. Pour faire l'Europe, il ne faut pas rater le rendez-vous spatial, il faut éviter que l'espace ne soit américain, et donc conquérir un espace européen. Il faut faire l'Europe en deçà et au-delà du nucléaire.*

Les choses ne s'arrangent pas avec Washington ; le rendez-vous avec Reagan n'est toujours pas fixé. Je vais aller voir Bud McFarlane à la Maison Blanche.

**Mercredi 6 novembre 1985**

Henri Nallet en Conseil des ministres : *« Depuis deux mois, nous expliquons aux Néo-Zélandais qu'ils peuvent certes garder dans leurs cachots deux officiers français pendant longtemps, mais que, dans ce cas, ils garderont aussi dans leurs frigos leurs moutons et leur beurre. Bref, on leur propose d'échanger le contenu des cachots contre celui des frigos. »*

Déjeuner comme souvent avec Fernand Braudel, qui ce jour-là me parle de l'Ariège avec les accents d'un jeune conseiller général essayant de promouvoir son canton. Savoir est un privilège de l'âge. S'étonner rajeunit.

**Jeudi 7 novembre 1985**

Déjeuner du Président avec le Roi de Jordanie.

Hussein : « *Il ne faut pas faire de la Résolution 242 un préalable. Il faut aller vers une conférence internationale avec, à l'intérieur, des négociations bilatérales. Pour la première fois depuis vingt-huit ans, je suis prêt à m'éloigner des États-Unis, parce que le Congrès refuse de me vendre des armes.* »

François Mitterrand, après son départ : « *Hussein est un homme aimable, timide, déterminé. Il ne veut pas se séparer de l'OLP, qu'il condamne pourtant.* »

Départ pour le Sommet franco-allemand à Bonn. Je remarque pour la première fois dans le bureau de Kohl, l'aquarium et les éléphants, qu'il collectionne, dans son secrétariat. On parle surtout coopération militaire franco-allemande :

**Helmut Kohl :** *Tout ce qui viendra après Hussein et Moubarak sera pire.* (Décidément, il affectionne cette formule qu'il emploie ponctuellement sur chacun des sujets : sur l'Europe de l'Est, sur Gorbatchev, sur Reagan...)

*Si j'étais français, je voudrais renforcer la capacité de défense autonome de l'Europe, et d'abord en discutant le rôle opérationnel de la Première armée et de la FAR dans la défense du continent. Nous devons échanger des unités, faire une école de guerre commune. Il faut se voir à l'Élysée avant Noël sur les questions militaires.*

**François Mitterrand :** *Tout est possible, sauf l'intégration de l'arme nucléaire, en raison des réactions soviétiques et de l'intérêt évident de la France. J'ai prévenu Gorbatchev que nous allions renforcer nos liens militaires. Il a tout de suite demandé : "Et le nucléaire, allez-vous intégrer les commandements ?" C'est un point que l'URSS n'acceptera jamais. Sur le reste, je suis d'accord.*

**Helmut Kohl :** *Je n'ai pas d'illusions. Les Américains aussi seraient hostiles à une alliance nucléaire entre la France et la RFA. Je ne vous parle que du conventionnel. Nous n'oublierons jamais votre discours au Bundestag. Sans vous, Lubbers n'aurait pas pris cette décision et Gorbatchev ne serait pas venu à Genève. Les Soviétiques n'ont pas changé. L'armée soviétique n'est forte que quand elle sait pourquoi elle se bat. Après 1942, la débâcle russe était absolue. Hitler a été stupide, de son point de vue, de ne pas s'allier, en novembre 1941, avec les Ukrainiens au lieu de les traiter en sous-hommes. Tout aurait été différent. Staline s'est vengé de l'Ukraine après la guerre.*

**François Mitterrand :** *Il faut faire ensemble la conquête de l'espace qui permettra à l'Allemagne d'aller, dans vingt ans, au-delà du nucléaire et d'avoir une réelle puissance défensive. Si j'étais allemand, je m'y intéresserais, parce que c'est le seul domaine stratégique où vous pouvez avancer sans heurter la Russie.*

**Helmut Kohl :** *Vous avez devancé mes pensées. Depuis 1983, j'ai pris trois décisions : déploiement, rénovation de l'armée, prolongement du service militaire. Je suis d'accord pour la coopération dans l'espace.*

**François Mitterrand :** *Il ne faut pas que l'espace soit américain.*

On discute de l'avion de combat européen et de l'Airbus. Le Chancelier donne la priorité à la nouvelle génération d'avions Airbus et à l'aéronautique militaire, le projet de satellite ne venant qu'au troisième rang. Il est prêt à investir 3 milliards de deutschemarks en coût de développement d'Airbus. Kohl annonce aussi qu'il est prêt à financer *Eurêka*, mais pas l'IDS. On discute de la localisation du secrétariat d'*Eurêka*. Le Président réussit, comme pour la Commission, à avancer le nom d'un Français comme secrétaire général. Yves Stourdzé est malheureusement trop malade pour obtenir ce poste qui lui reviendrait de droit.

**François Mitterrand :** *Si on met le secrétariat à Bruxelles,* Eurêka *est étouffé.*

**Helmut Kohl :** *Je suis d'accord, les entreprises ne voudront pas travailler avec la Commission. Si on leur parle de ça, elles se lèvent et s'en vont. Que proposez-vous ?*

**François Mitterrand :** *Nos pays devraient coordonner cette opération à deux... J'ai pensé à Strasbourg.*

**Helmut Kohl :** *O.K. Si j'avais été français, j'aurais fait de Strasbourg une sorte de* Washington DC *européen. Qui, comme secrétaire général d'Eurêka ? Je n'ai pas d'idée...*

**François Mitterrand :** *J'ai pensé à Yves Sillard, le père d'Ariane et de l'océanographie. Mais il faut aussi un Allemand important. Votre idée d'extraterritorialité pour Strasbourg est excellente !*

**Helmut Kohl :** *Le sujet va revenir pour le Parlement européen, je défendrai Strasbourg. Le problème, c'est le transport.*

**François Mitterrand :** *Quoi d'autre ?*

**Helmut Kohl :** *Sur l'Europe de l'Est, le nouveau programme économique de Gorbatchev est décevant. En RDA, on dit que Honecker va se retirer. En Roumanie, Ceausescu est de plus en plus malade. Il est prêt à parler avec nous. En Pologne, Jaruzelski est de plus en plus fort.*

**François Mitterrand :** *Honecker veut venir en France.*

**Helmut Kohl :** *Il faut qu'il vienne en Allemagne d'abord.*

**François Mitterrand :** *Je ne ferai rien sans votre accord.*

**Helmut Kohl :** *Il se passe des choses étranges en RDA. L'image de notre rencontre à Verdun a eu beaucoup d'impact.*

**François Mitterrand :** *Des sources françaises disent qu'à Kaboul, l'Armée rouge est en pleine déliquescence. Les Soviétiques ne retrouvent leurs vertus militaires que pour défendre leur territoire.*

Helmut Kohl ne veut plus d'un accord intergouvernemental entre la République fédérale et les États-Unis sur l'IDS. Le gouvernement britannique espérait il y a quelques mois recevoir des commandes américaines allant jusqu'à 1,5 milliard de dollars. Depuis, à Londres, on en est revenu à une formule de simple accord sans contenu financier précis.

**Vendredi 8 novembre 1985**

Le Roi du Maroc est à Paris. Il souhaite que le Président participe à la réception de la communauté marocaine en France. Le Président accepte.

François Mitterrand sur la liberté et l'évasion : « *La liberté, c'est toujours de passer d'un état à l'autre, c'est s'arracher à quelque chose. Donc, la liberté est une rupture. Pour conquérir ma liberté de prisonnier de guerre, il a fallu qu'un petit matin de mars, je rompe avec la pratique quotidienne d'un temps de prisonnier, avec l'enchaînement de risques que cela supposait. Le fait de franchir une clôture de fils de fer barbelé est une rupture. Cela m'a servi d'image pour le reste de ma vie. Le confort naît tout naturellement d'un ordre établi, même si cet ordre établi joue contre vous. On est dedans, c'est une sorte de confort. Il faut préférer un autre confort, qui est celui de l'esprit de liberté, pour pouvoir rompre. J'ai failli ne pas partir, au mois de mars 1941, parce que j'avais reçu quelques jours avant, et pour la première fois, un colis de ma famille dans lequel il y avait une paire de magnifiques brodequins, de très belles chaussures. Comme elles étaient toutes neuves, je ne pouvais les emmener avec moi, je ne pouvais les mettre et marcher avec, elles auraient été tout de suite repérables. Elles n'étaient pas encore faites à mon pied. La cause était vraiment infime, mais j'ai été tenté de rester pour garder mes chaussures. J'avais la possibilité de rester là où j'étais, mais (j'emploie les mots dans leur acception commune) la liberté était de pouvoir aller et venir là où je voulais : pouvoir rentrer dans mon pays, pouvoir reprendre le combat, pouvoir retrouver les gens que j'aimais, pouvoir sortir de cet état de sujétion dans lequel je me trouvais. Bien entendu, j'avais aussi la liberté de dire : Je puis rentrer chez moi, mais je ne rentre pas parce que je préfère rester.* »

**Samedi 9 novembre 1985**

Début de la Convention nationale du PS pour arrêter les listes départementales de candidats aux législatives. La campagne portera sur l'*« identité de gauche »* des socialistes.

**Lundi 11 novembre 1985**

Je prends mon petit déjeuner à la Maison Blanche avec Bud McFarlane. Il occupe maintenant le grand bureau donnant sur le jardin, devant, qui fut celui de Kissinger et que ni Allen, ni Clark n'eurent le privilège d'occuper. Conversation très ouverte, parfois brutale, toujours constructive, avec un homme anxieux, rigoureux, ouvert à l'Europe, ayant une vraie vision stratégique des intérêts américains.
Il me dit d'entrée de jeu que Ronald Reagan a considéré comme un *« affront réel »*, un *« coup sévère »*, le refus du Président de se rendre à un Sommet à Sept à New York. Sans lier explicitement les deux sujets, il ajoute qu'il est très difficile pour le Président Reagan d'envisager une rencontre avec le Président Mitterrand dans les mois qui viennent, occupés par le Sommet de Genève, par des négociations avec le Canada, le Japon et les problèmes intérieurs. Je lui explique toutes les raisons de fond et de forme du refus de Président Mitterrand (sa propre visite à Paris, où il n'a pas parlé de la réunion de New York, la divulgation sans discussion préalable de la date de ce sommet à Sept avant même la réception de la lettre l'annonçant, et ceci deux jours avant l'arrivée de Gorbatchev à Paris). Il reconnaît qu'*« une erreur typiquement américaine a été commise dans l'organisation de cette réunion »*. Il n'empêche, Reagan refuse tout rendez-vous avec François Mitterrand. Nous avons sous-estimé la réaction d'amour-propre du Président Reagan. George Shultz — qui ne nous aime pas — y est pour beaucoup. Après un : *« Le temps enterre tout »*, Bud passe ensuite à autre chose.
Je lui raconte la visite de Gorbatchev à Paris. Gorbatchev, me répond-il, ne s'intéresse qu'à l'accès de l'URSS aux nouvelles technologies. Mal informé sur les positions et les arguments américains, il sera, pense-t-il, dur avec Reagan à Genève : il a besoin d'une victoire idéologique avant le congrès du PCUS en février. Il m'expose ce que Reagan attend de sa prochaine rencontre à Genève : le Président américain veut vraiment négocier, même si cela prend du temps. Pour l'heure, aucun communiqué n'est prévu. Il pense qu'on finira avec un texte où on s'engagera 1) à mener à bien des négociations visant à réduire de moitié les armes offensives, sans définir encore ce qu'on entend par là ; 2) à établir la parité des Forces nucléaires intermédiaires, en excluant les forces tierces ; 3) à ouvrir

réciproquement les centres de recherche spatiale au contrôle de l'autre. Par ailleurs, les deux pays s'entendront sur un commun contrôle de la sécurité aérienne civile, sur une participation américaine au programme de physique nucléaire théorique Tokamak, auquel Gorbatchev tient beaucoup, sur l'ouverture de consulats à New York et à Kiev, et sur deux visites d'État, l'une en 1986, l'autre en 1987, dans un ordre à déterminer.

Par ailleurs, divers sujets resteront sans solution. Sur le traité ABM : *« Nous ne reporterons pas sa date d'abrogation, pour éviter de nous mettre en situation de l'enfreindre. »* Sur l'Afghanistan : *« Nous ne pouvons pas déclarer que nous arrêterons d'aider les maquisards, car l'aide qu'ils reçoivent est de source privée. »* Sur le Moyen-Orient, il ne se passera rien, car *« je suis le seul ici à penser qu'Hussein est un interlocuteur valable ».* Sur les Juifs d'URSS, il est possible que Gorbatchev fasse un geste spectaculaire avant Genève ; Reagan en parlera en privé à Gorbatchev, mais il n'y a aucune négociation en cours et le désaccord est total.

Bud McFarlane, qui sait que je me rends à la réunion des *sherpas* à Kyoto dans dix jours, m'invite à m'arrêter au retour à San Francisco, *« pour me transmettre les vues personnelles du Président Reagan après Genève ».* Il mentionne en passant, sans insister, que Reagan s'arrêtera quelques heures à l'OTAN, à Bruxelles, après Genève. Il termine sur un très vibrant et visiblement sincère témoignage d'admiration pour la façon dont le Président français conduit la politique étrangère de la France. La visite de Gorbatchev à Paris était, dit-il, *« un chef-d'œuvre de fermeté et de lucidité, et me renforce dans la certitude que la France est un allié sûr. Votre indépendance est parfois difficile à comprendre, mais elle est finalement dans notre intérêt ».*

Nous avons tout avantage à cultiver d'excellents rapports avec cet ancien militaire devenu diplomate, à la fois cordial et timide, cultivé et compétent, distant et passionné, si différent des Californiens qui l'entourent, le jalousent et feront tout pour l'abattre. L'homme qui incarne un État américain ayant le sens de ses devoirs et soucieux de prendre ses alliés en considération.

**Mardi 12 novembre 1985**

Au ministère de l'Agriculture, Coluche vient discuter le dossier de la déduction fiscale pour les dons aux organisations caritatives, qui deviendra l'*« amendement Coluche ».* Henri Nallet met à sa disposition trois hauts fonctionnaires du ministère, dont deux retraités. Il croise à la sortie des manifestants CGT qui veulent gentiment le prendre en otage. Il n'apprécie pas.

Pour la visite d'État de l'Émir du Qatar, le Président, toujours soucieux de limiter au maximum les engagements officiels le soir, souhaite éviter le dîner de retour offert par l'Émir. Impossible, les Qatari s'y préparent de longue date. Très attentif aux formes, très sensible aux apparences, le souverain du plus petit État du Golfe mesurera les égards dont il sera l'objet en France par comparaison à ceux qu'il aura reçus en Grande-Bretagne où il séjourne actuellement en visite d'État.

**Mercredi 13 novembre 1985**

François Mitterrand : *« Les immigrés, ou bien on les garde, ou bien on les expulse. Si on les garde, il n'y a que deux systèmes : l'intégration ou l'apartheid. L'opposition ne pourra pas s'en tirer en se contentant de dire qu'elle n'est pas d'accord avec Le Pen, tout en reprenant ses idées. »*

Note d'André Rousselet à François Mitterrand pour lui déconseiller à nouveau de laisser entrer Berlusconi dans la *Cinq*. Le patron de *Canal-Plus* est têtu, mais il perd son temps. Le Président a déjà pris sa décision.

En Colombie, éruption du volcan Nevado del Ruiz, qui submerge Arnero. On se rappellera longtemps l'image de cette petite fille mourant en direct à la télévision. Qui se souviendra des 25 000 autres victimes ? L'image prime le nombre.

Décision à prendre sur la composition de la délégation qui accompagnera le Président au prochain Sommet bilatéral de Londres — corvée, il est vrai, souvent dépourvue d'intérêt. En 1981, tous se disputaient les places. Aujourd'hui, les ministres se décommandent, préoccupés de leur réélection. Pierre Joxe a un *« conseil de famille »* (François Mitterrand : *« Qu'est-ce que c'est que ça ? »*). Édith Cresson a un débat sur les nationalisations à préparer. Pierre Bérégovoy, une réunion européenne à Luxembourg... François Mitterrand : *« Il faut six et peut-être sept ministres. Joxe devra remettre son conseil de famille. »*

**Jeudi 14 novembre 1985**

Nouveau rituel : pour la prochaine conférence de presse à l'Élysée, le Président ne veut que le Premier ministre, Lang et Fillioud à ses côtés, et non plus, comme avant, tout le gouvernement et tout l'Élysée.

François Mitterrand demande à Laurent Fabius de boucler au plus vite le dossier des cinquième et sixième chaînes : les élections approchent.

Nous nous alignons systématiquement sur les offres américaines, plus avantageuses que les nôtres en Inde, pour soutenir Bull contre Control Data.

François Mitterrand en visite à la FAO, à Rome, où il est invité à prononcer le discours d'ouverture de l'assemblée annuelle. Il y rencontre Suharto, qui préside cette année. Le Président indonésien l'interroge sur le Cambodge : *« Où en est le Prince Sihanouk avec sa cocktail-party ? »* L'Indonésie souhaiterait que cette réunion regroupant tous les acteurs du drame cambodgien, ait lieu à Djakarta, mais il se pliera au choix des protagonistes si ceux-ci préfèrent l'Australie ou Paris. Sur le Sommet des Sept : *« Pas plus que la France, les pays non alignés ne souhaitent que le Sommet des Sept ne devienne un directoire mondial. »* En revanche, d'autres projets l'intéressent : *« Où en est l'idée d'une conférence monétaire internationale ? Où en est le programme intégré pour les matières premières ? »* Nous sommes obligés de reconnaître que rien n'avance.

Un peu plus tard, conversation avec le Président du Conseil italien, Bettino Craxi, à propos de l'attaque américaine contre la Libye et de l'arrestation musclée des pirates de l'*Achille Lauro* par les Américains. *« Les Américains nous ont embarqués dans cette affaire. Ils ont essayé de prendre le pouvoir chez nous ! »* François Mitterrand : *« On peut se demander s'ils ne veulent pas parfois que nous fassions le sale boulot à leur place. Le jour du départ de Goukouni en 1981, Haig a voulu me faire croire que les Libyens avaient fomenté un coup d'État. J'ai vérifié moi-même : il n'en était rien. »*

A l'issue de la réunion, nous nous échappons pour une longue promenade et allons boire un café Piazza Navona. Le Président me raconte qu'il a commencé de relire les mémoires de Casanova, qu'il trouve passionnants. Il y voit, affirme-t-il, de grandes similitudes avec les mœurs politiques d'aujourd'hui.

De retour à Paris, une dizaine de parapheurs attendent comme d'habitude sur le bureau. Les ministres continuent d'utiliser le Président comme instance d'appel aux décisions du Premier ministre. Ainsi Roger Quilliot écrit à propos du logement et des hausses de loyers :

> *« Je n'aurais pas fait mon travail et j'aurais manqué à mon devoir d'information si je n'attirais votre attention sur les conséquences de décisions qui pourraient être prises avant la fin de ce mois. Un accord entre HLM et locataires sur les hausses de loyers dans le secteur HLM n'a pu être trouvé, et la raison essentielle en est l'intervention, en cours de négociations, des administrations qui ont poussé les locataires à revenir sur leurs positions initiales.*
>
> *Je crains maintenant que le gouvernement fixe la hausse au 1er janvier en deçà de la variation annuelle de l'indice du coût de la construction (3 %), c'est-à-dire bien en deçà des prétentions mêmes des locataires, qui acceptaient 3,5 %.*
>
> *... Il me paraît donc de première importance de ne pas aggraver la situation difficile du secteur témoin de l'économie mixte que sont les organismes d'HLM. Sinon, les partisans d'un libéralisme sauvage y trouveront matière à justifier leur volonté de privatiser une part importante du Mouvement HLM et de remettre en cause la fonction sociale qu'il exerce avec l'aide de l'État au bénéfice de la collectivité nationale. »*

Curieux : voilà que l'auteur de la loi Quilliot plaide contre les locataires ! Conscient de l'étrangeté de son geste, il ajoute :

> *P.S. : Cette lettre est purement personnelle. Son existence demeure confidentielle. Mais je croirais manquer à l'amitié respectueuse que je vous porte si je ne vous disais que, chez certains hauts fonctionnaires, je trouve la volonté très nette de démontrer que la "loi Quilliot" n'est pas viable et que le logement social est passé de mode. »*

Le Président interviendra et Quilliot aura gain de cause.

### Vendredi 15 novembre 1985

Robert Armstrong m'annonce, avant qu'il ne soit rendu public, un accord anglo-irlandais, qu'il a négocié, prévoyant une coopération des deux pays à propos de l'Irlande du Nord, avec un financement américain. Il est enthousiaste. C'est pour lui la fin du conflit irlandais.

François Mitterrand demande à Georges Fillioud de boucler au plus vite le dossier de la cinquième chaîne, et lui annonce une conférence de presse pour le jeudi 21 novembre. Il demande également à Fillioud de déposer à l'Assemblée l'« amendement Tour Eiffel » qui bloque la création d'une chaîne parisienne (en disposant, pour TDF seule, de l'utilisation des « superstructures publiques ou privées », et ce, contre l'avis de Seydoux et de Berlusconi). Début d'intenses négociations au ministère de la Communication sur TDF1, la *Cinq* et la *Six*.

Le directeur de cabinet de Valéry Giscard d'Estaing vient d'appeler Jean-Louis Bianco. Giscard d'Estaing aurait un message à transmettre à François Mitterrand. Il souhaiterait pour cela que le Président autorise Bianco à se rendre à son domicile, rue Bénouville, lundi matin, pour le lui transmettre de façon verbale.

François Mitterrand : *« Cette visite est assez délicate, à cause de l'aspect protocolaire qu'on veut lui donner. Sur le fond, pas d'objection, bien qu'il serait facile à M. Giscard d'Estaing de m'écrire et de faire porter la lettre par l'un de ses collaborateurs ! Il faudrait donc une garantie de non-publicité. »* Ce sera fait.

**Dimanche 17 novembre 1985**

A Paris, Maxwell persuade Fillioud de baisser (de 150 à 120 millions) le loyer annuel d'un canal de TDF1 qu'il veut obtenir en plus de sa participation à la *Cinq*.

**Lundi 18 novembre 1985**

Jean-Louis Bianco se rend discrètement chez Valéry Giscard d'Estaing qui lui fait un cours de droit constitutionnel sur la cohabitation.

**Mardi 19 novembre 1985**

Fabius présente les contrats de concession de la *Cinq* à l'Élysée. Le cabinet présidentiel donne son feu vert.

Le soir, signature du contrat au siège de Chargeurs SA entre Jérôme Seydoux, Christophe Riboud, qui a succédé à son père, et Silvio Berlusconi.

Bouygues annonce sa décision de se lancer dans la télévision privée. Indifférence générale.

L'ambassadeur des États-Unis à Damas indique que les autorités syriennes ne lui ont fourni ces derniers temps aucune indication sur le sort des otages américains. On en reste aux bonnes nouvelles prodiguées le 17 septembre au général Walters. L'ambassadeur est assez pessimiste devant une situation qui lui paraît bloquée.

La réunion entre Reagan et Gorbatchev commence à Genève. Cinq à six heures de tête à tête pour couvrir les principaux sujets : maîtrise des armements, espace, droits de l'homme. Selon le compte rendu que nous en font les Américains, l'objectif de Gorbatchev est de ne pas dramatiser les difficultés. *« Il n'est pas question,* dit-il, *de faire échouer le Sommet sur la question de l'espace. Nous devons prouver que nous sommes entrés dans un processus permanent de dialogue sans conditions, ce qui ne signifie pas que nous renoncions à nos positions. »* C'est ce qui explique que Gorbatchev n'insiste pas, au contraire de ses diplomates, pour inclure dans la déclaration conjointe une référence explicite au lien entre réduction des armes offensives et abandon de l'IDS. Le Président américain a rappelé qu'*« il n'abandonnerait pas ce programme de recherche qui peut offrir la possibilité d'en finir réellement avec les armes offensives comme base de la dissuasion. »*

Des propos de Gorbatchev, il ressort également que ses conseillers scientifiques lui présentent l'IDS comme un système polyvalent, permettant non seulement d'arrêter les missiles, mais aussi d'atteindre des objectifs civils et militaires. Enfin, sur les questions de contrôle et de vérification, la position soviétique est assez claire : pas de contrôle sans interdiction.

Pour sa part, le Président américain a réaffirmé sa position sur le Traité ABM. Il rappelle également sa proposition de partage de technologie dans le domaine de l'IDS avec les Soviétiques, si complexe que puisse se révéler dans l'application un tel partage. Les Soviétiques ne répondent rien.

Sur les problèmes régionaux, le Président Reagan reprend son argument selon lequel ce sont les difficultés de cet ordre qui entraînent la course aux armements, et non l'inverse.

A la fin de la réunion de Genève, Reagan et Gorbatchev signent un texte appelant *« à des progrès rapides dans ces négociations, en particulier dans les domaines où il y a des convergences, y compris sur le principe d'une réduction des armes nucléaires des États-Unis et de l'URSS (...), ainsi que sur l'idée d'un accord intérimaire sur les missiles de portée intermédiaire. »* Les deux parties se sont accordées pour *« accélérer les efforts visant à parvenir à une convention efficace et vérifiable »* sur l'interdiction des armes chimiques et la destruction des stocks existants. La déclaration conjointe fait état d'un accord sur l'ouverture de consulats à Kiev et à New York, sur des mesures destinées à assurer la sécurité aérienne dans le Pacifique nord, ainsi que la protection de l'environnement.

D'une manière générale, nous rapporte le directeur américain des Affaires politiques, Dick Burt, M. Gorbatchev *« est bien informé des idées du Président Reagan. Ce n'est pas un hasard si M. Gorbatchev a fait diverses allusions à des problèmes comme la religion, le rôle de la famille dans la société. De toute évidence, M. Gorbatchev et son épouse ont souhaité que le Sommet soit un succès. Aussi se sont-ils l'un et l'autre montrés attentifs à ce qu'ils pensaient être la philosophie générale de leurs interlocuteurs. M. Reagan en a tiré quelque amusement. M. Shultz a joué un grand rôle d'orientation, c'est à lui qu'on doit le résultat final, notamment l'accord sur le document final. M. Gorbatchev ne s'est pas opposé au rôle de conseiller et, en quelque sorte, de guide qu'a assumé M. Shultz ».* [Ce qui veut dire à mon avis que Shultz a négocié à la place de Reagan.] *« Sur les droits de l'homme, la discussion en tête à tête a été assez rude. Nous n'avons rien obtenu à propos de l'émigration des Juifs. En dehors des cas proprement américains (par exemple : mariages mixtes, etc.), ils n'ont eu que des réponses dures et négatives sur le cas de citoyens soviétiques que nous leur avons soumis. Pour l'avenir, M. Gorbatchev ne prend aucun engagement. »*

**Mercredi 20 novembre 1985**

En Conseil des ministres, Laurent Fabius déclare qu'il *« croit savoir que l'opposition a l'intention de privatiser* Antenne 2 *au profit d'un groupe Hersant-Hachette, et de laisser* FR3 *retourner au néant. Si l'on fait démarrer maintenant les deux chaînes privées — la* Cinq *et la* Six *—, il ne sera plus possible, compte tenu du marché publicitaire, de privatiser* Antenne 2 *ou* FR3. *Voilà le fond du* *débat, qui sera sauvage. Ce sera l'une des plus dures batailles depuis le début du septennat* ».

François Mitterrand : « *Tout ce qui est médiatique est politique. Nos décisions vont soulever des difficultés dès lors que l'on touche du pied la fourmilière des grands intérêts. Ces derniers se sont entretués jusqu'à il y a dix jours, avant de faire semblant de se grouper contre les projets qui sont présentés (...). Derrière tout cela se pose la question de savoir qui aura le marché publicitaire. Il est intéressant de constater que ce sont les représentants de la société libérale qui protestent, parce que le groupe avec lequel nous contractons va prendre une certaine avance (...). C'est cela qui les exaspère, alors que les personnes en question pensaient imprudemment être assurées d'une victoire politique et de la servilité future des détenteurs du pouvoir. C'est pour cela qu'ils n'ont rien demandé en ce qui concerne la cinquième chaîne.* »

Il conclut : « *Il faut maintenant répondre aux critiques des socialistes qui disent que nous allons faire alliance avec nos pires adversaires, à celles des non-socialistes pour lesquels nous allons faire une télévision socialiste. J'aborde cette bataille avec confiance car, en fin de compte, le public sera content d'avoir plus d'images.* »

Après le Conseil, Georges Fillioud présente le contrat de concession de la *Cinq*. Sur la *Six*, rien n'est encore tranché : Publicis ? RTL ?...

Le rendez-vous avec Bud McFarlane à San Francisco ne peut s'organiser, faute de temps.

François Mitterrand écrit à Reagan une lettre aimable après la rencontre de Genève :

> « *S'agissant des négociations de maîtrise des armements américains et soviétiques, qui ont été au cœur de vos entretiens avec M. Gorbatchev, nous n'entendons pas nous immiscer dans une tâche dont vous portez la lourde responsabilité. Il reste qu'un certain nombre de critères auxquels nous sommes particulièrement attachés recueillent un large assentiment : d'éventuels accords de contrôle des armements doivent aboutir au renforcement de la dissuasion nucléaire qui reste, pour longtemps encore, la base de notre sécurité ; il faut empêcher l'apparition dans l'Alliance de zones de sécurité amoindrie, notamment sous les apparences d'un équilibre euro-stratégique illusoire...* »

**Jeudi 21 novembre 1985**

Quatrième conférence de presse de François Mitterrand. Prévue à l'origine pour y traiter surtout d'économie, elle est essentiellement consacrée à la *Cinq* :

« *Avec l'arrivée du câble et des satellites, il y aura d'ici cinq ans des dizaines de programmes télévisés à la disposition des téléspectateurs. Comment voulez-vous dans ces conditions maintenir le monopole ? On ne va pas entrer chez les gens avec des moyens de police pour leur interdire de placer, derrière leur petit écran ou au-dessus, la petite boîte qui leur permettra d'écouter ou de voir autre chose. Pour sauvegarder le service public, il fallait que le monopole éclate. Cessons cette mauvaise plaisanterie !* »

**Vendredi 22 novembre 1985**

Verdict dans le procès des faux époux Turenge : 10 ans fermes. On a évité le pire. Maintenant, la négociation pour leur libération peut s'engager.

La Conférence intergouvernementale travaille à un traité de coopération politique européenne sous un préambule commun avec les Traités de Rome révisés. Les Britanniques, naturellement, participent, malgré leur vote de Milan. Le désaccord persiste entre la plupart des Européens et nous sur la nature du secrétariat à créer : soit un secrétariat de la Coopération politique indépendant, soit un secrétariat général de l'Union européenne fusionné avec le secrétariat du Conseil. Cette dernière idée était au départ allemande. Mais, hormis la France, plus personne n'en veut aujourd'hui : ni la Commission, ni les petits pays, ni bien sûr l'actuel secrétaire du Conseil. Même l'Allemagne, à l'origine de l'idée, ne nous appuie plus.

François Mitterrand : *« Ne pas s'entêter. »*

Roland Dumas propose de regrouper le Politique et l'Économique dans un *« Acte unique »* qui comprendrait : un préambule sur l'Union européenne, un Titre 1 qui institutionnaliserait le Conseil de l'Union et le Conseil européen (qui n'a pas pour l'instant d'existence juridique), un Titre 2 qui rassemblerait les révisions au Traité de Rome, le Titre 3 étant consacré à la coopération politique.

Sur la défense, on est loin du projet franco-allemand élaboré avant Milan, qui prévoyait de reconnaître un rôle majeur à l'UEO. Nous proposons : *« Les États signataires considèrent cette coopération comme un élément du processus d'unification et estiment que cette concertation peut aller au-delà de la proposition et du cadre actuel de l'Union de l'Europe occidentale. »* La présidence luxembourgeoise propose, elle : *« Les dispositions du présent Traité ne font pas obstacle à l'existence d'une coopération plus étroite dans le domaine de la sécurité entre certaines HPC (Hautes Parties contractantes) dans le cadre de l'Union de l'Europe occidentale et de l'Alliance atlantique. »* Compte tenu de notre protestation face à un texte si faible, on en arrive à : *« Les dispositions du présent traité ne font pas obstacle à l'existence d'une coopération plus étroite dans le domaine de la sécurité. »* — et plus tard : *« Les HPC qui souhaitent coopérer plus étroitement encore dans le domaine de la sécurité peuvent le faire au sein de l'UEO. »*

Je pars pour la première réunion de *sherpas* destinée à préparer le prochain Sommet, à Kyoto, sans avoir pu passer par San Francisco pour voir McFarlane.

L'ambiance générale y est à l'inquiétude devant la dette du Tiers Monde, la fragilité croissante du système bancaire mondial, la montée du protectionnisme et la baisse des prix des matières premières, annonciatrice d'une dépression à venir. Le Tiers Monde ne maintient actuellement le paiement de ses dettes que par la récession, qui commence à entraîner ses créanciers dans une spirale déflationniste. Les recommandations sont toujours les mêmes : réduction du déficit budgétaire américain, ouverture du marché japonais, progrès dans la reconstruction du système monétaire international, ralentissement de l'inflation.

Nakasone vient de créer auprès de lui un groupe de travail d'experts japonais de très haut niveau pour préparer des propositions qu'il pourrait faire en matière de finances et de commerce. On peut donc s'attendre à ce qu'il fasse une fois de plus un geste symbolique, juste avant le Sommet, pour éviter que le Japon ne soit mis en accusation pour son protectionnisme.

Tous, sauf moi, souhaitent qu'une pression des Sept soit exercée sur l'ONU pour que la session consacrée à la dette de l'Afrique, prévue pour avril, soit retardée à septembre, afin de ne pas précéder le Sommet de Tokyo.

Le Japon souhaite que ce Sommet soit l'occasion d'une déclaration sur les perspectives politiques à long terme (dialogue des civilisations, relations Atlantique/Pacifique).

On continue à faire pression pour que de multiples réunions de hauts fonctionnaires et de ministres se déroulent avant Tokyo : des 7 directeurs des Affaires juridiques, des Affaires étrangères, des 7 directeurs généraux de la Police. Comme d'habitude, la France n'accepte aucune réunion de ministres, et les réunions de hauts fonctionnaires ne sont acceptables que si elles sont préparatoires aux réunions de *sherpas*. Sinon, on décidera à Sept, sous diktat américain, de tout et n'importe quoi, avec une Europe couchée. J'ai une passion pour les États-Unis, leur culture, leur goût et leur sens de la liberté. Mais leur intérêt n'est pas que l'Europe leur soit vassale. Qui le comprend à Washington aujourd'hui ? McFarlane et David Mulford. Personne d'autre.

Nakasone envisage d'introduire les problèmes de l'Éducation au Sommet de Tokyo, ce qui pose problème au Canada où ce sujet est de compétence provinciale.

Conférence de presse de Silvio Berlusconi, Jérôme Seydoux et Christophe Riboud.

**Samedi 23 novembre 1985**

Le Premier ministre organise une réunion sur l'affaire Turenge avec Bianco, Badinter, Dumas et Quilès. Les déclarations de David Lange sont, comme à l'ordinaire, curieuses : *« Pas de libération avant la moitié de la peine, et, en tout cas, pas de libération avant nos élections* [juillet 1987]. *»* On décide de n'être pas du tout demandeur publiquement, mais, dans le dialogue direct, de se montrer de la plus extrême fermeté. Il faudrait trouver l'occasion d'un contact entre Roland Dumas et le vice-premier ministre pour être certain que le message est bien compris.

Le Cinéma s'oppose à la création de la *Cinq*. Le Bureau de liaison des industries cinématographiques, qui réunit l'ensemble des professionnels et des représentants des producteurs privés de télévision, admet que les télévisions privées sont inéluctables et qu'elles représentent un marché supplémentaire dans une période particulièrement difficile pour la profession. Mais ils protestent, car ils n'ont été consultés sur rien. Ils s'inquiètent que, dans le cahier des charges de la cinquième chaîne, soit instituée une période transitoire pendant laquelle ils craignent qu'on n'écoule en France le stock de films de basse qualité détenu par Berlusconi. Les deux points délicats de la négociation portent sur le délai de diffusion des films pendant cette période transitoire (24 ou 36 mois), et sur le quota de films français pendant les cinq années qui viennent (25 % à 50 %). Ils sont décidés à se battre pour obtenir communication du cahier des charges de la cinquième chaîne, ce qui paraît légitime, mais ils ont d'ores et déjà décidé son boycott.

Un apaisement souhaitable me paraît possible, à trois conditions : une ouverture du capital de la cinquième chaîne aux sociétés de production ; la nomination d'une personnalité du cinéma à un poste de responsabilité ; l'instauration d'un dialogue entre la cinquième chaîne et les professionnels du cinéma pour définir un meilleur cahier des charges. C'est évidemment dans l'intérêt de tous. J'en parle au Président. Pour *Canal-Plus*, lui dis-je, les professionnels du cinéma s'étaient montrés particulièrement coopératifs, surtout lors des échéances décisives de mars dernier. François Mitterrand me répond : *« Mais pas du tout ! Ça a été le contraire ! »* Chacun lit l'Histoire à l'aune de sa mémoire.

**Lundi 25 novembre 1985**

Abdou Diouf à Paris. On parle de la dette africaine. Comment obtenir un moratoire ? L'Afrique devrait avoir, pour ses dettes publiques, des délais de remboursement s'étalant sur trente ans, avec un différé de dix années et des taux d'intérêt ne dépassant pas 5 %. En outre, dans le sens des propositions avancées par James Baker à Séoul, il faudrait faire en sorte qu'au-delà d'un allégement des charges de la dette, les pays africains puissent bénéficier d'un *« flux additionnel de ressources concessionnelles »*. L'Afrique ne réclame pas l'annulation de sa dette. J'explique qu'il faut mobiliser tous les arguments faisant ressortir la spécificité de la situation africaine, et notamment le fait que la dette y est essentiellement une dette publique. L'Afrique devrait mettre l'accent sur les moyens d'utiliser les instruments (Fonds spécial pour l'Afrique, Fonds fiduciaire) et les forums existants (Comité du développement de la Banque mondiale).

La CLT dépose un recours devant le Conseil d'État contre l'attribution de la *Cinq*. Elle ira jusqu'au bout.

Un Boeing d'Egypt Air est détourné sur Malte. On ne peut arriver à un accord par la négociation. A la demande des Égyptiens, François Mitterrand fait préparer le GSPR en vue d'une intervention. A la dernière minute, l'armée égyptienne intervient seule : 50 morts.

**Mardi 26 novembre 1985**

Au petit déjeuner, Jospin critique l'attribution de la cinquième chaîne à Berlusconi et l'octroi de la publicité aux chaînes privées.

**François Mitterrand :** *On ne peut dire que la télévision privée est autorisée et ne pas lui donner les moyens de réussir.*

**Laurent Fabius :** *Pour la sixième chaîne, trois groupes se profilent :* RTL, *Publicis et un groupe autour de* Libération.

Première nouvelle pour moi...

Puis le Premier ministre s'en prend vivement au Président sur la question des immigrés : *« Il faut cesser de parler de droit de vote des immigrés. C'est constitutionnellement impossible ! »*

**François Mitterrand** répond sèchement : *Non, il faut, si on peut, renverser la charge de la preuve de la nationalité.* Puis, à l'adresse de ses deux lieutenants socialistes, il ajoute : *Cessez de gémir : après 1986, il peut y avoir cristallisation autour du PS et l'élection d'un socialiste en 1988 est possible. On doit avoir un moral de vainqueurs si on intègre l'idée que notre défaite en 1986 n'est qu'une péripétie.*

**Mercredi 27 novembre 1985**

Mort de Fernand Braudel. J'ai perdu mon mentor.

**Jeudi 28 novembre 1985**

Hassan II en visite officielle à Paris. Il arrive très, très en retard au dîner donné pour lui à l'Élysée.

Quatrième emprunt de l'année : au total, 100 milliards de francs pour 1985.

**Vendredi 29 novembre 1985**

Pourquoi ne pas annoncer la création d'une chaîne culturelle, qu'on pourrait d'ailleurs appeler *« sixième chaîne »*, en publiant dès la semaine prochaine un cahier des charges et la liste des membres de son conseil d'administration ?

Une négociation est en cours entre Rousselet et Albert Frère pour qu'il entre dans le capital de *Canal-Plus*. L'aurions-nous écarté d'une chaîne pour l'avoir dans l'autre ?

Les États-Unis s'abstiendront, mardi prochain, au Conseil de sécurité, sur le projet d'une conférence désarmement/développement, issu du discours de François Mitterrand de 1983, malgré leur intention de voter contre. Le même jour, on votera sur le Nicaragua. Nous essayons d'obtenir une amélioration du texte nicaraguayen sur les droits de l'homme pour pouvoir voter pour, comme l'Espagne, la Grèce et le Danemark. S'abstiennent : Italie, Grande-Bretagne, Pays-Bas, Belgique, Portugal, Irlande et RFA.

Le général Jaruzelski est à Alger. Par l'ambassade de France, il demande à faire, mercredi prochain, une escale technique à Paris en rentrant sur Varsovie. François Mitterrand, interrogé, accepte sans hésiter ni consulter personne : Kohl, Genscher, Brandt, Craxi et même le Pape n'ont-ils pas reçu le dictateur polonais avant lui ?
La nouvelle ne doit être annoncée que la veille, mardi.

François Mitterrand reçoit Garret Fitzgerald, l'Irlandais, avant le Sommet de Luxembourg, qui commence lundi prochain. On parle de la Conférence intergouvernementale qui s'achève, du texte de l'Acte unique, où il n'y a pas d'accord sur l'Union monétaire. François Mitterrand : *« Nous ne laisserons pas se faire le Grand Marché s'il n'y a pas, en perspective, un accord d'union monétaire. Sinon, c'est suspect : le Grand Marché ne servirait que les intérêts d'une Grande-Bretagne nationaliste ou d'une Allemagne impérialiste. Il n'y a pas d'homogénéité en Europe. Aussi ne faut-il ni une Commission ni un Parlement trop puissants. En biologie, la fonction crée l'organe. En politique, c'est le contraire. Il ne faut pas que les égoïsmes nationaux se déguisent en volonté communautaire. »*

**Lundi 2 décembre 1985**

Après déjeuner, nous partons pour le Sommet européen : il se présente mal. Les projets de textes révisant le Traité de Rome sont encore trop imparfaits pour être soumis aux chefs d'État et de gouvernement, et le front anglo-allemand est solide contre la France sur tous les éléments du projet d'Acte unique. Aussi le Luxembourg a-t-il rédigé un rapport de synthèse *« à caractère politique »* qui énumère et commente les principales questions sur lesquelles une décision du Conseil européen est requise.

Dans l'avion, François Mitterrand me dit : *« Si le Sommet de Luxembourg échoue, ce peut être une bonne chose. Il ne faut pas chercher à tout prix une réussite apparente. Regardez l'attitude actuelle des pays de la Communauté. L'Angleterre est très étroitement liée aux États-Unis. L'Allemagne regimbe parfois, mais elle est obligée, elle aussi, de se soumettre à Washington, compte tenu de sa situation par rapport à l'Est. De plus, elle refuse toute concession sur le SME, car, en fait, ce qu'elle veut, c'est une zone mark. Les pays du Bénélux sont des Européens sincères, mais ils ne pèsent pas lourd. Le Danemark ne peut pas dépasser ce que sa Constitution lui permet, et la Grèce est imprévisible. Quant à l'Espagne et au Portugal, ils ont assez avec leurs problèmes. Dans ces conditions, il faut se garder de précipiter des réformes institutionnelles qui risqueraient de faire éclater la Communauté. Évitons donc un conflit entre la majorité de nos partenaires et la France. »*

La leçon de Milan a porté.

En descendant de l'avion, à l'aéroport de Luxembourg, une journaliste de l'AFP demande à François Mitterrand s'il confirme une dépêche d'Alger annonçant qu'il recevra le général Jaruzelski le surlendemain. Le Président confirme. Laurent Fabius l'apprend à 15 heures par la dépêche qui vient de tomber. Il téléphone à Michèle Gendreau-Massaloux, secrétaire général adjoint de l'Élysée, et passe sur elle sa colère : *« C'est honteux ! »*

Il m'appelle à Luxembourg :

— *Passe-moi le Président.*

— *Impossible, il est déjà en séance. Je peux aller chercher Dumas, si tu veux.*

Dumas arrive, très ennuyé d'avoir à avouer qu'il ait été au courant avant le Premier ministre.

**Laurent Fabius :** *C'est vrai, pour Jaruzelski ?*

**Roland Dumas :** *Eh oui, c'est vrai...*

**Laurent Fabius :** *C'est un scandale ! Faire ça sans me prévenir ! Cela ne se passera pas comme ça ! Je ne vais pas me laisser faire !*

Le Sommet commence. Jacques Santer, Premier ministre luxembourgeois, propose que les ministres des Relations extérieures se réunissent à nouveau en conférence, après un accord au sommet, pour parachever avant la fin de l'année la rédaction des textes. Le Conseil n'aura donc pas à se prononcer sur le fond, mais doit créer un cadre juridique.

L'Allemagne n'accepte l'inclusion d'un volet monétaire dans le Traité qu'à condition que les progrès du SME soient soumis à la ratification des Parlements nationaux (ce qui marquerait un recul par rapport à la situation actuelle qui permet des avancées dans le domaine monétaire par simple accord entre les ministres et les gouverneurs). L'obligation de ratifier par les Parlements bloque tout et est donc inacceptable. Si le Chancelier persiste dans cette voie, il vaut peut-être mieux renoncer à inclure un volet monétaire dans le Traité et se borner à adopter une déclaration, voire à inclure un élément monétaire dans le préambule. Nous voulons mentionner l'écu, ce que refusent les Allemands. Mme Thatcher, elle, soutient l'écu, mais veut préserver sa liberté vis-à-vis du mécanisme de change.

Tous les États membres sauf deux (l'Italie et le Danemark) approuvent le texte de la Présidence qui associe le Parlement, par un système de navette, à la décision législative, mais laisse le dernier mot au Conseil. L'Italie estime ce projet insuffisant. Le Danemark le juge trop favorable au Parlement.

La décision politique à prendre est la suivante : en quels domaines peut-on accorder au Parlement un droit de veto ? On pourrait envisager de le faire pour les traités d'adhésion et pour les accords avec les pays tiers, ainsi que pour les procédures de vote pour les élections au Parlement européen. Difficile d'aller plus loin.

La Présidence soumet un texte au Conseil européen : en l'absence de décisions explicites du Conseil, la délégation à la Commission serait de droit. Nous préférerions, comme les Allemands et les Britanniques, écrire que le Conseil « confère à la Commission *des* compétences d'exécution », sans délégation automatique, qui serait excessive. Ce point de vue est partagé par la majorité des États, sauf l'Italie et la Belgique.

La Commission et la France sont unies pour demander le rapprochement des politiques sociales par la négociation collective. L'Allemagne et le Royaume-Uni y sont hostiles.

La France propose l'introduction dans le Traité d'un nouvel article, appelé 235 bis, visant à permettre que certains pays puissent aller plus vite que d'autres dans le cadre communautaire. Cette proposition est rejetée.

**Mardi 3 décembre 1985**

Comme à chaque Sommet européen, petit déjeuner entre François Mitterrand et Helmult Kohl, le matin du second jour :

**François Mitterrand :** *Le marché intérieur sans monnaie, ça n'a pas de sens ! Les Anglais ne le comprennent pas.*

**Helmut Kohl :** *Mes contacts avec Mme Thatcher sont de plus en plus difficiles. Je lui ai dit qu'elle s'éloignait de son peuple. J'ai parlé aux étudiants de Cambridge : ils ne sont pas différents de ceux de l'ENA. Ils sont beaucoup plus européens qu'elle.*

**François Mitterrand :** *Vous avez entendu parler de mon visiteur de demain ?*

**Helmut Kohl :** *Oui. Je trouve très bien que vous le receviez. Tout ce qui viendra en Pologne après Jaruzelski sera pire que lui. Il est sérieux. Une sorte de bâtard de Prussien. Il est tragique. Il n'est pas en cour à Moscou. Dites-lui que je voudrais établir des relations raisonnables avec la Pologne, comme nous en avons maintenant avec la France et avec les Juifs. Nous n'avons aucune revendication de frontière avec la Pologne. Nul ne remettra plus en cause la ligne Oder-Neisse. Mais les Polonais parlent encore de Katyn comme d'un massacre allemand.*

**François Mitterrand :** *Moi, je compte lui demander de faire des actes significatifs et qu'il mette fin aux séquelles de la guerre avec la RFA.*

Le Sommet reprend dans la confusion :

**Helmut Kohl :** *Je suis pour l'alinéa 1... Mais de quoi parle-t-on au juste ?*
Un peu plus tard, l'humour d'Andreotti fait mouche :
**Margaret Thatcher :** *Vous allez tuer les entreprises, avec votre réglementation ! Moi qui ai travaillé dans une entreprise de trois personnes, je peux vous le dire...*
**Giulio Andreotti :** *Que sont devenues les deux autres ? Elles sont mortes de maladie professionnelle, sans doute ?*
**Margaret Thatcher :** *Cela devient très discourtois !*

En fin d'après-midi, accord pour la création d'un Marché unique à la fin de 1992. Après avoir voulu donner à la date du 31 décembre 1992 une force juridique contraignante, la Présidence et la Commission acceptent qu'elle n'ait qu'une valeur d'engagement politique. La règle de l'unanimité sera maintenue pour l'harmonisation fiscale, la circulation des personnes, les droits et obligations des travailleurs. Les décisions seront prises à la majorité pour les activités financières, excepté l'harmonisation fiscale, et pour d'autres articles de moindre importance dont la liste sera arrêtée par les ministres.
Sur proposition de M. Lubbers, on ramène de trois à deux par an le nombre des Conseils européens à partir de 1986. Le Conseil de mars à Bruxelles disparaît.

Lors de sa conférence de presse, les journalistes parlent plus au Président de Jaruzelski que de l'Acte unique. François Mitterrand est serein : *« La France doit venir en aide aux Polonais. Le problème qui semble être discuté par une partie de l'opinion est : quelle est la meilleure façon de les aider ? Je réponds que c'est en discutant, en proposant. »*
Avant de repartir : *« Laissez brailler ceux qui protestent, ils verront bien dans l'avenir que c'est moi qui ai eu raison (...). Il y a encore quelques incapables au gouvernement. Le Premier ministre n'a pas encore la totale maîtrise de l'appareil d'État... »*

Dans l'avion qui nous ramène à Paris, je demande à François Mitterrand quelle est, à son avis, la principale qualité de l'homme politique. Il répond : *« J'aurais voulu répondre : la sincérité ; en réalité, c'est l'indifférence. »*

**Mercredi 4 décembre 1985**

Tôt le matin, deux coups de téléphone stupéfiants sur le même sujet. L'un de Reda Guedira, le plus intime conseiller du Roi du Maroc : le roi veut rencontrer Shimon Pérès à Paris, avec le Président. Un peu plus tard, le principal collaborateur de Pérès m'annonce un coup de téléphone de ce dernier pour ce soir et ajoute : *« Je ne sais pas si vous êtes au courant d'un projet de rencontre chez vous, mais Pérès veut que le Président sache ceci : les Marocains nous ont proposé ce matin une rencontre à Paris. Nous en avons été très surpris et très heureux. Ils nous ont dit qu'ils en ont parlé à Paris et qu'ils attendent votre point de vue. Pérès veut que le Président sache qu'il est très intéressé, et souhaite que cette rencontre ait lieu le plus vite possible. »*
Ce serait un formidable succès diplomatique. Je fonce dans son bureau raconter l'affaire au Président. A ma grande surprise, il se montre tout de suite hostile au projet : une telle rencontre fâcherait les autres Arabes. Il écarte même l'idée que cette rencontre ait lieu à Paris en son absence.

Comme chaque mercredi, avant le Conseil des ministres, Laurent Fabius est reçu par le Président. Entretien tendu. Fabius est blême : *« La rencontre avec Kadhafi, c'était beaucoup. Avec Gorbatchev, c'était trop. Avec Jaruzelski, ça suffit ! »*

Les deux hommes se mettent d'accord sur la réponse à faire à l'Assemblée nationale l'après-midi même. François Mitterrand demande à Fabius de laisser Dumas répondre. Fabius est réticent : Dumas engage le gouvernement, donc lui-même. Or, ils ne sont pas du même avis sur cette affaire.

Une heure plus tard, devant un Conseil des ministres figé où chacun observe les deux regards qui ne se croisent pas, François Mitterrand explique : *« Cette rencontre fait couler beaucoup d'encre. Plus que je ne l'avais prévu. Les aspects psychologique et symbolique tendent à prendre le pas sur les autres. Nous sommes le seul pays occidental qui n'a pas de relations actives avec la Pologne. Il y a longtemps que je cherchais à renouer les fils pour une rencontre sans compromission, ni sur les libertés ni sur les droits de l'homme. Il est toutefois certain que cette rencontre fait image. S'agit-il d'une image sanguinaire ? Moins sans doute que s'il s'agissait du Chilien Pinochet ou du Sud-Africain Botha. J'ai reçu à deux reprises le général Zhia. J'ai eu des contacts avec le Président Suharto. Mais, c'est vrai, les Français sont évidemment plus sensibles à une rencontre avec les Polonais qu'avec des Pakistanais ou des Indonésiens. Si j'étais une personne privée, je n'irais pas en Pologne, je ne verrais pas le général Jaruzelski. Mais j'estime avoir des devoirs d'État, et les pays communistes existent. Il faudra longtemps, peut-être un demi-siècle, pour parvenir à la jonction des deux Europes. Pour aller dans cette direction, il nous faudra parfois marcher comme des Sioux pour ne pas être entendus. Mais je n'hésiterai pas à le proclamer, le cas échéant : c'est la seule grande perspective d'avenir. Je récuse absolument dans cette affaire une critique morale de la part de ceux qui ont vu hier Brejnev et qui, avant-hier, voyaient Staline. C'est moi qui ai pris la décision, celle-ci est incommunicable. Elle relève de l'intuition ou de l'instinct. Vous verrez, il y aura une suite à ce choix. »*

A propos de l'accord sur l'Acte unique : *« A Luxembourg, le traité politique a été adopté dans ses dispositions principales. La Communauté tient. »*

Les ministres quittent l'Élysée. François Mitterrand dit à Roland Dumas : *« Il va y avoir des questions sur cette affaire, cet après-midi, à l'Assemblée. J'ai dit à Laurent Fabius de vous laisser répondre. Il n'en est pas content. »* Le Président ajoute : *« C'est vous qui ferez aussi le commentaire à la fin de notre entretien. »*

François Mitterrand passe au Salon des Ambassadeurs pour recevoir Jaruzelski qui arrive par le jardin et la Grille du Coq. L'homme est impressionnant par sa raideur, ses yeux doux cachés derrière des lunettes noires, sa façon de se tenir assis au bord de la chaise. Je ne puis oublier, en l'écoutant, que son père a été fusillé par les Russes et que lui-même passa sa jeunesse dans un camp à régime sévère en Sibérie.

L'entretien dure une heure vingt, dans un salon du rez-de-chaussée. En voici le compte rendu intégral. Il me semble nécessaire de ne pas en omettre un seul mot :

**François Mitterrand :** *Je voudrais vous dire, pour commencer, que la Pologne a toujours été considérée par les Français comme une amie.*

**Général Jaruzelski :** *Je vous remercie. Cette rencontre est très importante pour les relations franco-polonaises. C'est aussi une expérience très importante pour moi de venir pour la première fois en France. La France a une signification affective particulière pour ma génération. Nous avons l'amour de la France dans* *le sang. Je suis très heureux de vous rencontrer et j'espère que nos relations pourront, après cela, connaître des développements satisfaisants.*

**François Mitterrand :** *Je souhaite également la bienvenue à votre ministre des Affaires étrangères.*

*Nous avons des sujets difficiles à aborder, beaucoup d'arriérés dans nos relations qui n'ont pas été apurés. Et un des éléments utiles de cette conversation pourrait être notamment de les aborder. J'évoquerai d'un mot l'aspect protocolaire. Un chef d'État a sa place chez un autre chef d'État, qui plus est quand c'est la Pologne et quand c'est la France ! C'est le cas, compte tenu de ce qu'est votre personne, et du rôle de votre pays en Europe. Pour mieux connaître les problèmes et les personnes, il n'y a pas d'autre moyen que les relations directes, même si c'est parfois difficile.*

*Parmi les problèmes qui se posent entre nous, il y en a des réels et d'autres qui ne sont qu'apparents. Nous devons essayer de les distinguer et de les éclairer. Je crois que c'est pour cela que vous avez souhaité profiter de cette escale.*

**Général Jaruzelski :** *Je suis un soldat, pas un diplomate. Je connais et j'apprécie la compréhension que vous avez des problèmes de la guerre et de la paix. En me rencontrant, vous montrez du courage et vous avez pris un risque. Mais peut-être la poursuite de la suspension de nos relations aurait-elle été un risque plus grand ?*

*La situation actuelle a fait que la France, qui d'habitude a une place élevée dans nos relations, est maintenant très en arrière. En 1981, la France était notre troisième partenaire économique en Occident. Elle est maintenant le sixième. Le français disparaît de nos écoles, car cela est lié à l'ensemble d'une coopération économique, scientifique, technique qui s'est distendue.*

*J'ai eu ces derniers mois beaucoup de contacts, à des niveaux élevés, avec des dirigeants occidentaux. J'ai rencontré M. Papandréou, M. Kohl, M. Craxi, M. Gonzalez, les ministres des Affaires étrangères de Grande-Bretagne et du Japon. M. Brandt, président de l'Internationale socialiste, est ces jours-ci à Varsovie. J'ai constaté avec eux tous que la convergence de nos analyses sur la situation internationale était grande.*

*Vous êtes un éminent homme d'État. Vous êtes dans une autre alliance, mais vous avez une politique indépendante. J'ai parlé avec Gorbatchev, qui a énormément apprécié les conversations qu'il a eues avec vous.*

*Donc, notre rencontre est un grand événement. Il ne faut pas le surestimer, mais il a son importance. Je crois que vous souhaitez maintenir le niveau d'activités de la France vers l'Est. Il faut tenir compte de la Pologne, avec ses 38 millions d'habitants auxquels s'ajoutent 15 autres millions de Polonais en dehors des frontières. En ce moment, la Pologne reconstruit sa place. J'ai d'ailleurs de bonnes relations personnelles avec Gorbatchev, le nouveau Président du Conseil des ministres, Rijkov, le maréchal Sokholov.*

*En ce qui concerne nos relations, nous devrions essayer de les animer. Un certain modèle avait prévalu pendant près de quarante ans après la guerre. Il faudrait essayer de revenir graduellement à cela. Ces relations avaient été maintenues même pendant la guerre froide, et entre la France et la Pologne elles se portaient beaucoup mieux que l'ensemble des relations Est/Ouest. C'est en 1975 qu'elles ont atteint le niveau le plus élevé. C'est alors que nous avions signé une charte de coopération économique franco-polonaise, avant Helsinki. Puis, plus récemment, il y a eu cette période difficile. Sur tout cela, c'est l'Histoire qui donnera la réponse la plus sûre.*

*J'ai passé toute ma vie à servir mon pays. Les décisions qu'il a fallu prendre ont été un acte dramatique pour moi. Beaucoup de Polonais ont pensé que les décisions prises étaient celles de la dernière chance, mais il y a des périodes dans la vie des peuples où il faut savoir beaucoup sacrifier pour ne pas tout perdre.*

*Dans le processus que nous avons suivi depuis 1981, nous avons essayé de prendre en compte les valeurs humanistes et démocratiques d'une façon qui corresponde à notre situation concrète. Nous avons apprécié et assimilé beaucoup de valeurs issues de la Constitution ouvrière depuis 1981. C'est ce que nous appelons le "renouveau socialiste". Mais tout ce que nous faisons est vu à l'étranger dans un miroir déformant et nous souffrons beaucoup de la politique américaine. La France a réagi émotionnellement à nos affaires et l'émotion n'est pas bonne conseillère en politique. Mais les États-Unis, eux, nous traitent instrumentalement. La seule chose qui les intéresse, c'est d'affaiblir un des chaînons de l'alliance opposée.*

*Nous sommes préoccupés également, sans obsession, par le problème allemand. Nous sommes vigilants sur tout processus qui peut se produire et qui implique les Allemands. Tout ce qui pourrait se produire de désavantageux en Allemagne serait très mauvais pour la Pologne comme pour la France. Je ne pense pas que cette menace soit immédiate, ni qu'elle prenne des formes extrêmes. Mais ce potentiel croissant, au centre de l'Europe, ne peut pas ne pas constituer un problème. Sans aller jusqu'à se remémorer les drames des années 40, nous devons en parler entre Polonais et Français.*

*Les processus que nous essayons de poursuivre en politique sont axés sur la démocratie. Non pas parce que Ronald Reagan l'exige — la Pologne n'accepte pas d'ultimatum —, mais parce que nous sommes convaincus que c'est la seule façon d'enrichir le processus politique.*

*Les dernières élections en Pologne ont permis d'obtenir des résultats élevés. On peut même parler de plébiscite. Mais nous voudrions aller au-delà dans ce processus, ce qui n'est pas facile. Cela serait plus facile si nous pouvions arriver à la normalisation et s'il y avait moins d'ingérences.*

*Aux États-Unis, par exemple, une fondation a été créée pour dispenser une aide matérielle à nos opposants. Une grande puissance peut se tromper, mais elle ne devrait pas pouvoir être ridicule. L'idée de cette fondation était, pour les Américains, un alibi avant Genève. Ils ont besoin d'un bouc émissaire. Juste après Genève, le Président Reagan a reçu le représentant de* Solidarité, *qui a son siège à Bruxelles. Comme contrepoids à la conférence de Genève, c'est risible !*

*Je voudrais maintenant vous parler d'un problème délicat évoqué par la France, celui des droits de l'homme. Avec l'estime que je vous dois, je voudrais souligner votre mesure sur ce point. Mais votre ancien ministre des Relations extérieures était très émotif. En 1981, à l'automne, j'ai parlé à Claude Cheysson de la situation dans laquelle se trouvait la Pologne. Il m'a dit : l'essentiel, c'est que vous résolviez vos problèmes sans ingérences extérieures. Or, c'est exactement ce que nous avons fait. Et vous connaissez les réactions ! Tout cela nous laisse un mauvais goût...*

*Sur les droits de l'homme, nous voudrions avoir une approche différente. Le problème est très important, mais il faut prendre en compte* tous *les droits de l'homme, et pas uniquement d'un point de vue humanitaire étroit. En réalité, l'amnistie complète a été faite chez nous. Nous ne voulons pas de prisonniers politiques, mais certains font tout pour être des martyrs. Il ne s'agit pas de délits d'opinion. Ils mènent des actions contre les lois. En ce qui concerne l'expression des opinions, il y a beaucoup de publications qui circulent sous l'égide de l'Église et qui contiennent des articles très durs contre le gouvernement. Nous sommes très ouverts, en réalité. C'est un fait unique dans notre Alliance et dans notre environnement. Les poursuites qui sont entamées le sont quand les lois sont enfreintes, comme c'est le cas en France si l'on enfreint les Articles 87, 97, 104 et 209 du Code pénal, et il y a le même genre d'articles dans le Code pénal américain. C'est la même chose chez nous : il ne s'agit pas de délits politiques, mais d'actions contre les lois, c'est-à-dire de délits. Si quelqu'un chez nous frappe un milicien, aussitôt il est considéré comme un héros, et s'il est emprisonné, c'est aussitôt un prisonnier politique ! Pardonnez-moi si je me montre amer sur ces questions, et beaucoup trop laconique pour en traduire l'extrême complexité.*

**François Mitterrand :** *Je comprends très bien votre analyse de votre situation politique et je ne peux pas raisonner comme si la Pologne était dans la même situation que la France. Mais je n'établis pas de hiérarchie. Je parle de votre situation objective. Nous sommes tous plus ou moins soumis aux conséquences de la Seconde Guerre mondiale. Il y a deux très grandes puissances. C'est une situation que nous pouvons comprendre et nous pourrons essayer de ne pas nous incriminer l'un l'autre. J'ai bien noté votre patriotisme polonais. Vous servez, vous croyez servir votre pays. Je ne doute pas que vous le pensiez.*

*En ce qui concerne les relations entre nos pays, il y a une amitié historique réelle, profonde. Elle est un peu sentimentale, ce qui est à la fois sa force et sa faiblesse. Tout à son sujet est émotif. L'information, qui est dans mon pays très présente, est très partiale à ce sujet. Elle fait preuve d'une sensibilité exacerbée. Tout est traité sur le mode de la crise. Tout est passionnel, et on sait que les passions ne sont jamais de tout repos ! Tout cela est vrai, au moins depuis 1848 où la Pologne occupait la première place dans le cœur des Français, et vous connaissez sans doute l'apostrophe d'un député français, Charles Floquet, au Tsar en visite en France en 1878 : "Vive la Pologne, Monsieur !", alors que la Pologne avait été partagée. Cela est présent dans la tête de tous les petits Français. Moi aussi, j'ai été élevé comme cela. S'y ajoute la mauvaise conscience des Français envers la Pologne depuis 1939, et tout cela se mélange donc. Quand vous avez été conduit à intervenir d'autorité contre le désordre économique, quoi qu'on puisse en penser, cela a été mal compris, très mal ressenti. Et la valeur symbolique de cet acte est plus forte que tous les raisonnements. Il n'y a cependant pas de doute à mes yeux que votre gouvernement a commis des actes critiquables. Je pense en particulier aux libertés syndicales et religieuses. Mais, par rapport à ce qui se passe dans le reste du monde, cela ne devrait pas être à ce point le symbole que c'est devenu.*

*Face à une passion, il faut essayer de faire preuve de sang-froid. J'assume mes responsabilités. Je vous explique tout cela parce qu'il faut que vous compreniez bien les points à propos desquels notre opinion publique est en retrait, mais aussi que ces sentiments sont partagés de façon réelle par beaucoup de braves gens. Il y a eu des événements, en un sens, qui ont pris valeur de symboles. Il faut que vous vous efforciez de créer des symboles dans l'autre sens. Vous avez apaisé les choses par rapport au début et j'ai toujours dit qu'on ne mesurait pas assez l'ampleur de votre tâche. Si vous voulez que l'Occident et la France en particulier vous comprennent mieux, si cela vous paraît souhaitable, comme à moi, il vous faut créer d'autres symboles qui viennent réduire la portée de ces symboles négatifs qui permettent à tant de fantasmes de se développer.*

*Si je peux alors vous aider, je le ferai, car je crois comprendre qui vous êtes. Mais il faut m'y aider.*

*Il est normal qu'autour du mouvement syndical se soit développé un mouvement aussi puissant. Les syndicats représentent des valeurs ouvrières parmi les plus puissantes. C'est pourquoi je redis l'importance des droits de l'homme dont vous avez vous-même parlé, celle des libertés syndicales, celle des relations avec l'Église, dont vous êtes juge, mais qui est une réalité occidentale.*

*Quant au Code pénal français, vous le connaissez mieux que moi, et si vous m'interrogiez sur le Code pénal polonais, j'aurais une plus mauvaise note encore ! Mais enfin, en France, on ne peut pas considérer qu'il y ait des délits politiques.*

*Je vous le redis : le meilleur climat auquel je puisse contribuer passe par quelque acte symbolique.*

*Vous n'avez jamais commis, en ce qui vous concerne, d'actes barbares, vous avez même été parfois un facteur d'apaisement. Pourquoi ne continueriez-vous pas ? Y a-t-il des résistances, des inconvénients majeurs dont vous avez considéré que le prix politique serait trop élevé ? Je ne sais pas.*

*Vous avez le problème de l'amnistie, celui des relations avec l'Université. A l'Université, je le sais bien, ils ont des gènes spéciaux ! Ce n'est jamais facile, même chez nous, mais il faut en tenir compte ! Quant à l'Église, je n'ai pas à parler en son nom. Il y a de par le monde des Polonais meilleurs spécialistes que moi.*

*Je vous reçois aujourd'hui contre mon opinion publique. Je n'en tire pas de mérite particulier. Sachez simplement que je suis prêt à continuer. Et, dans cet état de l'opinion publique, il n'y a pas que la pression américaine. Aujourd'hui, ainsi, j'ai donné instruction de voter la résolution présentée aux Nations-Unies par le Nicaragua. Mon pays est indépendant. C'est également vrai sur le plan intellectuel.*

*Je souhaite que vous agissiez de façon à ce que je trouve un appui pour améliorer nos relations. C'est à vous de décider.*

*Sur un plan pratique, il y a par exemple cette fondation d'aide à l'agriculture polonaise privée, prête à fonctionner, pour laquelle des fonds importants ont été rassemblés et que votre gouvernement a bloquée. Si vous la laissiez développer ses activités, cela aurait un grand retentissement. Il y a aussi les échanges entre intellectuels français et polonais, par exemple sous l'égide de l'Académie des Sciences et de la Maison des Sciences de l'Homme, qu'il serait précieux de pouvoir développer, et enfin, je vous le redis, l'amnistie, tout ce qui libère les hommes.*

*Économiquement, vous le savez, nous ne sommes pas rentrés dans le système des sanctions. Vous avez des problèmes financiers. Nous vous avons aidés à rééchelonner vos dettes. La France préside, vous le savez, le Club de Paris. Nous restons prêts à envisager des crédits à court terme pour la modernisation de l'économie polonaise. Nous sommes prêts à tenir la Commission mixte. Il y a un projet d'installation d'une usine Renault. Nous sommes favorables à votre retour dans le FMI.*

*Il ne faut donc pas avoir une vision caricaturale de la position de la France.*

*Mais je vous ai expliqué les raisons psychologiques qui font qu'en France, la physionomie de certaines personnalités syndicales, de dirigeants dans ce domaine, apparaît comme hautement représentative. Je vous demande de comprendre cette situation.*

*Et je vous demande aussi en quoi la France pourrait aider la Pologne.*

**Général Jaruzelski :** *Notre rencontre est l'événement le plus fort que l'on puisse concevoir, et je la considère comme une aide précieuse pour la Pologne. Elle laisse présager une heureuse reconstitution des relations, une normalisation de ces relations qui pourrait prendre la forme d'une visite en Pologne du ministre français des Relations extérieures ou d'une visite en France du ministre polonais des Affaires étrangères. Il pourrait y avoir aussi des échanges de parlementaires.*

*Monsieur le Président, j'apprécie les intentions que vous m'avez exprimées. Elles sont très proches des miennes. J'espère faire avancer ce processus que nous appelons "normalisation". Mais je voudrais vous dire la chose suivante. Dans le passé, on a pu dire après... : "L'ordre règne à Varsovie". Et bien, cet ordre-là, nous n'en voulons pas. Un État est puissant s'il est démocratique. C'est à cela que doit servir l'amnistie qui a été décidée* de facto. *C'est vrai, je le reconnais, il y a un groupe qui n'en a pas bénéficié. Ils ont multiplié les manifestations hostiles. En fait, ils sont devenus les instruments des ingérences américaines. Il faut que ces ingérences américaines cessent.*

*Nous essaierons de traiter les points qui sont névralgiques aux yeux de l'opinion française. Que les médias expriment de libres opinions, c'est normal. C'est le droit de critique. Mais le mensonge pur et simple est choquant.*

*On ne veut pas voir la situation dans laquelle était la Pologne en 1981. Il n'y avait plus de lait pour les enfants, plus de charbon, plus de savon, plus rien. Tout était désorganisé. La guerre civile menaçait et il y avait, par rapport à certaines actions, un très grand enthousiasme extérieur. Le monde aime beaucoup quand les Polonais se battent entre eux ou avec d'autres. De même qu'il faut voir que notre pays n'a jamais dépassé l'étape de la force imposée par l'autorité royale ; la nation polonaise a été, en plusieurs périodes de son histoire, privée d'État. Nous avons eu en tout et pour tout huit ans de régime parlementaire normal après la Première Guerre mondiale. Après la guerre, nous avons eu la dictature de Pilsudski, qui était un semi-fasciste. Tout cela n'a rien à voir avec l'histoire de France, et aujourd'hui nous avons le sentiment d'avoir avancé par rapport à notre propre histoire. Nous n'avons pas détruit* Solidarité. *Nous avons simplement écarté un dirigeant extrémiste qui les menait dans une direction très dangereuse. Mais nous développons dans beaucoup de domaines de notre économie la décision par les travailleurs eux-mêmes.*

*En ce qui concerne la religion, nous tenons compte de la force considérable de l'Église. Elle a certaines exigences risibles. Mais, en ce qui concerne le dialogue, il a toujours lieu ; même dans la nuit du 12 au 13 décembre 1981, il y a eu une conversation avec le Primat. J'ai revu dix fois le Primat depuis lors. Il y a bien sûr certains prêtres qui se laissent aller à avoir des activités purement politiques, mais, dans le même temps, nous bâtissons 1040 églises, plus que tout le reste de l'Europe réunie. Il y a au moins une centaine de publications de l'Église qui circulent librement. C'est une situation exceptionnelle.*

*Nous avons donc repris le pouvoir en 1981. On parle de coup d'État, mais j'étais Premier ministre depuis un an, et déjà dirigeant du POUP. Le gouvernement a profité du droit constitutionnel pour garantir le fonctionnement de l'État et de l'économie.*

**François Mitterrand :** *Je ne me plaçais pas sur le terrain constitutionnel dans mes remarques. Ce n'est pas mon problème. Mais, maintenant, quatre ans ont passé. Pour que l'amitié entre la France et la Pologne puisse renaître, faites-nous des signes. Bien sûr, cela dépend de votre décision souveraine.*

**Général Jaruzelski :** *Je vous remercie. Je considère que vos conseils sont basés sur les meilleures intentions. Je ferai tout pour adoucir les conflits qui persistent dans la vie publique polonaise. Je vous le redis, la France et la Pologne sont sœurs. J'ai été élevé dans le culte de la France. Un des premiers livres que j'ai lus à huit ans racontait l'histoire d'un enfant qui rêvait qu'il était un grenadier de Napoléon. La Pologne aidera la France dans ses efforts pour la paix.*

**François Mitterrand :** *Il y aura, après notre entretien, un bref compte rendu, purement descriptif, par M. Dumas. Pour le reste, donnons-nous le temps de méditer. Les ministres se reverront. En ce qui me concerne, j'aurai l'occasion de parler lundi prochain à la radio, mais je ferai le minimum de déclarations.*

*Je ne fais jamais de communiqué commun, car on y parle en détail de ce qui n'a jamais été évoqué dans les entretiens.* [Le général Jaruzelski rit.] *Nous allons réunir la Commission. Je vous rappelle les signes dont je vous ai parlé. Il faudrait que la réalité l'emporte maintenant sur la parole, et vous verrez qu'alors, dans les mois qui viennent, notre amitié pourra renaître.*

**Général Jaruzelski :** *Je suis très heureux de notre entretien.*

**François Mitterrand :** *Ne le dites pas trop !*

Parce que le Président a demandé à Roland Dumas de parler à la presse après l'entretien au lieu de laisser Michel Vauzelle le faire au nom de l'Élysée, Laurent Fabius décide d'intervenir au Parlement. Son obsession : ne pas être sali. Robert Badinter l'y pousse.

Le Président décide d'informer le Pape dès que possible ; de prendre contact avec le Cardinal Lustiger ; de recevoir au Quai d'Orsay et à l'Élysée les représentants de la CFDT et de FO, qui ne manqueront pas de demander audience ; et de faire recevoir des représentants parisiens de *Solidarité* dès aujourd'hui.

Lech Walesa déclare à la presse : *« En politique, c'est l'efficacité qui compte. Si le Président français obtient beaucoup pour le peuple polonais, alors je me féliciterai de cette rencontre. »* A Bonn, le Chancelier Kohl fait savoir qu'il approuve la rencontre : *« Il est juste et important de parler ensemble. »*

François Mitterrand s'envole pour un voyage officiel aux Antilles et maintient ses instructions : soutien de la France au Nicaragua à l'ONU.

A l'Assemblée nationale, la séance commence comme il a été convenu un peu plus tôt en réunion de groupe : le député socialiste d'Ille-et-Vilaine Jean-Michel Boucheron pose la première question (Fabius a fait savoir qu'il répondrait lui-même) : *« Monsieur le Premier ministre, alors qu'une partie de l'opinion publique s'interroge, pouvez-vous expliquer le sens de cette rencontre Mitterrand-Jaruzelski ? »*

**Laurent Fabius :** *C'est la question la plus difficile à laquelle j'aie été amené à répondre depuis ma nomination. La visite en France, même rapide, du chef de l'État polonais, m'a personnellement troublé. Au cours d'une discussion avec le chef de l'État, j'ai posé, comme il est normal, les questions qui me venaient à l'esprit. Je vous transmets les réponses qu'il a bien voulu me donner : François Mitterrand a rappelé notre solidarité avec le peuple polonais, solidarité qui doit s'exprimer par toutes les voies possibles (...). Tout d'abord, le Président de la République estime qu'il doit exister des relations d'État entre deux pays comme la Pologne et la France (...) et entre leurs dirigeants (...). Personnellement, en tant que Premier ministre, je n'ai rien à ajouter, sinon que, lorsqu'il a appris cette rencontre, Lech Walesa a dit en substance qu'il faudrait la juger à l'efficacité qu'elle aura pour le peuple polonais. Je partage pleinement ce sentiment.*

Coup de poignard. Roland Dumas riposte indirectement à Laurent Fabius en répondant à la deuxième question posée par le député RPR des Hauts-de-Seine Jacques Baumel : *« Personne ne peut ni ne doit douter un seul instant — ce matin autant qu'hier et que demain — que ce sont nos préoccupations à l'égard du peuple polonais qui guident notre comportement. J'en prends l'engagement au nom du gouvernement. »*

A bord du Concorde, François Mitterrand prend connaissance des déclarations de son Premier ministre. A son arrivée au Lamentin, il me téléphone. Colère froide. François Mitterrand : *« Fabius s'est trompé. Il n'aurait pas dû dire cela. C'est inacceptable de la part de mon Premier ministre. Je n'ai rien fait que de normal. Il restera Premier ministre, mais je ne l'oublierai pas. Notez cela. »* Puis il appelle Fabius et essaie d'amortir le choc avec lui : *« Il faut calmer le jeu. Pourquoi ne viendriez-vous pas avec moi visiter l'exposition sur le projet "Banlieue 89", samedi matin, à mon retour ? »*

**Fabius :** *Non, j'y ai déjà été !*

Le Président me rappelle pour me faire part de cet échange. Je le sens blessé, meurtri pour longtemps.

Dans la soirée, Roland Dumas envoie le message prévu à Mgr Silvestrini, à l'intention du Pape. Exposé détaillé de l'entretien :

> *« Vous connaissez l'intérêt que porte la France à la Pologne, lien tissé par les circonstances de l'Histoire, lien vécu avec passion par le peuple français qui suit de près tout ce qui touche à la nation polonaise, en particulier depuis les événements de 1981. Depuis ces événements, le gouvernement français a eu à cœur d'agir à l'égard de la Pologne avec vigilance, dans le souci constant de la situation et des intérêts du peuple polonais. Dans ces circonstances difficiles, nous avons tenu le plus grand compte de l'attitude de l'Église, si proche et si chère à ce peuple. Ainsi la France n'a pas manqué de condamner ce qui était condamnable dans les atteintes aux libertés publiques et individuelles remises en cause sitôt après avoir été reconquises ; dans les atteintes aux conditions de vie et à la dignité des Polonais. Le moment venu, elle s'est efforcée d'apporter à la Pologne un soutien économique et financier afin que le peuple polonais lui-même ne se trouve pas pénalisé. Les liens bilatéraux, politiques et culturels, ont été maintenus dans l'espoir de préserver à ce peuple la présence et le soutien moral qu'il était en droit d'attendre de la France.*
>
> *C'est dans ce contexte que le Président de la République, saisi par le général Jaruzelski d'une demande de visite, a, vous le savez, estimé de son devoir d'État d'accorder une audience au Président de la République polonaise. Il a tenu à lui faire connaître les sentiments que la France nourrit à l'égard de tout ce qui touche à la Pologne, comme l'avaient fait auparavant pour leur compte les chefs de gouvernement de différents pays d'Europe occidentale.*
>
> *Le général Jaruzelski s'est longuement expliqué sur les événements de 1981, estimant que les circonstances de l'époque imposaient des sacrifices qui ont dû être faits pour préserver ce qui pouvait l'être. Il a tenu à souligner qu'il s'employait à préserver le maximum des acquis sociaux et politiques de la période précédente et que la situation actuelle ne pouvait être jugée qu'à l'aune de l'histoire de la Pologne. Selon lui, le dialogue social n'a pas cessé et le mouvement* Solidarité *continue d'exister dans les faits. Le dialogue avec l'Église se poursuit, de son point de vue, dans un pays qui construirait autant d'églises que l'Europe occidentale.*
>
> *Le Président de la République a rappelé à son interlocuteur les préoccupations de la France en matière de droits de l'homme, notre attachement aux conditions d'existence de certains dirigeants syndicaux, notre souhait que soit préservé l'indispensable dialogue social. Des gestes précis ont été demandé sur certains dossiers sensibles. L'attitude de l'opinion française a été longuement exposée au général Jaruzelski, comme sa sensibilité aux difficultés actuelles.*
>
> *Je me tiens à la disposition de Sa Sainteté — comme de vous-même — pour venir lui exposer en détail le contenu de cet entretien auquel il m'a été donné d'assister en ma qualité de ministre des Relations extérieures de la République française. »*

**Jeudi 5 décembre 1985**

Les promesses de financement des différents pays pour Hermès couvrent 90 % du coût du projet, en incluant une participation française de 50 %. Mais l'Allemagne ne veut pas y prendre part. Elle oppose ses contraintes budgétaires. Certes, nous pourrions réaliser Hermès sans les Allemands, mais la cohérence du programme spatial européen s'effondrerait. Pour la France, tout est lié.

Je déjeune à l'ambassade américaine. L'ambassadeur ne me dit rien sur la Pologne. Par contre : *« La Maison Blanche a fait tous ses efforts et obtenu, en dépit de l'opposition des services, un vote des États-Unis favorable à la proposition qui tient à cœur au Président de la République française, concernant le projet de conférence sur le développement qui se réunira en juillet à Paris. Elle souhaite en retour une même compréhension sur le problème du Nicaragua, à propos duquel le Président Reagan escompte avec beaucoup d'insistance une abstention française. Le vote est dans trois heures. »*

Je transmets au Roi du Maroc et au Premier ministre d'Israël le refus du Président de les rencontrer ensemble en France. L'un et l'autre insistent et ne veulent pas considérer ce refus comme définitif.

**Vendredi 6 décembre 1985**

A Séoul est lancé le Plan dit Baker, repris de nos idées sur la Dette, mises en forme par David Mulford.

Londres accepte de participer au programme IDS en signant un mémorandum très vague entre les deux ministres de la Défense, Michael Heseltine et Caspar Weinberger. Heseltine nous informe : *« Notre démarche s'est concentrée sur les transferts de technologie et la quantité de travaux subventionnés par les États-Unis qui seront effectués en Grande-Bretagne. L'accord auquel nous sommes parvenus est destiné à créer une base solide pour un authentique échange de technologie bilatéral et à nous permettre de tirer profit de la recherche effectuée ici de manière mutuellement bénéfique.*

*Nous sommes en train de créer, au sein du ministère de la Défense du Royaume-Uni, un bureau de participation à l'IDS, chargé de coordonner et de contrôler les contributions faites par les entreprises et les établissements de recherche britanniques, et d'assurer la liaison avec le bureau américain de participation à l'IDS.*

*L'accord donné par le Royaume-Uni pour participer au programme de recherches américain n'implique aucun jugement sur le concept et le principe d'une défense stratégique (par opposition à l'appui apporté à un programme de recherches menées dans le cadre de traités existants). »*

L'accord est donc donné du bout des lèvres, et les Britanniques n'espèrent plus de contrats mirifiques.

Hassan II me fait dire par Guedira qu'il lui suffirait que le Président soit présent au tout début de la rencontre avec Pérès et qu'il les laisse discuter seuls après. Shimon Pérès, lui, m'appelle trois fois dans la journée : *« Une telle rencontre en la présence du Président français serait de la plus haute importance du point de vue psychologique au Moyen-Orient. Elle porterait sur les modalités de négociation d'une paix globale. Elle peut beaucoup contribuer à l'état d'esprit général et encouragerait les autres à se joindre au processus. La présence du Président au tout début suffirait, et il peut nous laisser seuls après nous avoir accueillis. C'est une chance inouïe, inespérée ; ne la laissons pas passer. »* Guedira insiste pour que je le rappelle demain après-midi.

Ils ont d'ailleurs déjà convenu entre eux de la date : le 10 ou 11 décembre, à Paris. Je leur répète à l'un et à l'autre que la décision du Président est prise et peu susceptible de changer. Mais, puisqu'ils le souhaitent, je lui reposerai la question.

Je suggère au Président de les faire se rencontrer seuls dans un grand hôtel parisien et de se contenter de les y saluer à leur arrivée. Le Président refuse même cela. Dommage. Le courage de ces deux hommes d'État méritait mieux.

Comme à intervalles réguliers, vendredi soir, Roland Dumas a soumis à l'accord du Président des nominations d'ambassadeurs pour le Conseil du mercredi suivant. On y trouve cette fois des noms intéressants :

*« A la Délégation française auprès des Communautés européennes, François Scheer, actuellement ambassadeur à Alger.*

*A Alger, Bernard Bochet.*

*Pour prendre sa place à Mexico, j'aimerais faire revenir de la COGEMA, où il a fait une carrière brillante, François Bujon de l'Estang, ancien collaborateur du général de Gaulle, dont la candidature au poste de Jean-Claude Paye vous avait été soumise par Claude Cheysson. Il est prêt à accepter ce poste en toute loyauté. »*

François Mitterrand répond :

*« 1) Il faut quelque chose de solide pour La Barre de Nanteuil.*

*2) ;afEtes-vous sûr que Scheer n'aura pas l'impression d'une* diminutio capitis *?*

*3) Je ne veux pas que Thibau parte contraint et forcé. S'enquérir de ses vraies dispositions. »*

Ce sera fait.

**Samedi 7 décembre 1985**

Attentats au Printemps et aux Galeries Lafayette : 35 blessés. A l'évidence, la partie engagée avec les enlèvements de Français au Liban se poursuit. Rafigh Doust propose à la France l'échange de Carton, malade, contre un des cinq membres du commando Naccache, lui aussi malade. François Mitterrand refuse et veut un échange en bloc, pour éviter les surenchères d'un marchandage otage par otage.

Le Président voit Lionel Jospin. Il lui dit que la crise est grave entre lui et Laurent Fabius, mais qu'il ne peut en tirer de conséquences.

**Lundi 9 décembre 1985**

Les principaux responsables de la dictature militaire argentine sont condamnés par un tribunal civil. La démocratie s'installe.

Le pire est passé pour la dette argentine, grâce à Larosière qui a su gérer la crise avec les banques privées.

François Mitterrand déjeune en tête à tête avec Laurent Fabius. Il remonte, le visage fermé.

Le soir, il déclare à la radio : *« Je sais que M. Fabius ne doute pas de mon engagement pour la défense des droits de l'homme, qui a représenté pour moi une constante de ma vie personnelle et politique. »*

**Mardi 10 décembre 1985**

Le petit déjeuner avec Fabius et Jospin est très tendu. Crispation entre Fabius et le Président, entre Fabius et Jospin. Fabius parle de la *Six*. Il y a maintenant trois solutions : la CLT avec des capitaux français majoritaires, Dassault avec Publicis, ou bien *Europe 1*. On parle des médias et de la cohabitation. François Mitterrand : *« Dissoudre la Haute Autorité ne peut être un point d'accord entre les trois dirigeants de la droite, mais un point de conflit entre eux. L'union de nos adversaires tiendra jusqu'au 16 mars. Pour les élections, je suis prêt à faire deux meetings : Roanne et Lille. Il faut aussi organiser un colloque d'économistes et d'intellectuels. Il faut lancer les invitations. »*

Bud McFarlane quitte la Maison Blanche. Ils l'ont eu ! Son adjoint Pointdexter le remplace. Il est le quatrième conseiller à la Sécurité en cinq ans ! McFarlane m'écrit :

> *« Cela fut une période exaltante de notre histoire et des relations franco-américaines. S'il y eut un réel progrès et une merveilleuse compréhension, cela a été dû pour une large part à la bonne volonté réciproque et à la communauté de valeurs fondamentales, ainsi qu'à notre lien personnel. (...) Si jamais je puis être d'une aide quelconque, n'hésitez pas à me le demander. »*

Je regretterai cet homme d'exception. Une grave perte. Derrière Pointdexter se pointe un nouvel adjoint, F. Carlucci. Et l'adjoint de l'adjoint, Colin Powell. Ces deux-là deviendront à leur tour un peu plus tard conseillers à la Sécurité de Reagan !

**Mercredi 11 décembre 1985**

Le PCF et la CGT mènent campagne contre le projet de loi sur l'aménagement du temps de travail.

Avant le Conseil des ministres, conversation avec Jack Lang et Georges Fillioud à propos de la *Cinq*. Les professionnels disent que l'Article 7 de la Convention (prévoyant que les conditions faites à la *Cinq* devront être modifiées si une nouvelle chaîne francophone bénéficiant de libertés commerciales plus grandes que la *Cinq* est créée), rend inutile toute discussion avec eux : il suffirait qu'un Allemand, un Luxembourgeois ou un Américain crée, sur satellite, une chaîne francophone sans aucune obligation d'achats français, pour que la *Cinq* devienne libre de toute obligation à l'égard de la production française de films ! Un accord de l'État français avec le cinéma français est donc suspendue au bon vouloir de décisions totalement étrangères ! Pour Georges Fillioud, cet article doit être interprété comme ne tenant compte que de celles des chaînes francophones qu'autoriserait le gouvernement français. Il n'y aurait donc aucun risque qu'un satellite luxembourgeois, par exemple, conduise l'État à renoncer aux obligations de la *Cinq* vis-à-vis des producteurs français.

**Jeudi 12 décembre 1985**

Douzième Sommet franco-africain à Paris, au Centre Kléber. Le Président fait la tournée des chefs d'État.

Après le dîner, discussion sur les conditions de la négociation avec la Nouvelle-Zélande en vue d'obtenir l'expulsion des Turenge.

**Vendredi 13 décembre 1985**

Le Conseil constitutionnel déclare non conforme l'amendement dit « Tour Eiffel » : trop d'avantages ont été accordés à la *Cinq* pour considérer qu'il y a véritablement concession de « service public ». De plus, l'Article 15 de la loi de 1982 prévoit la consultation de la Haute Autorité, qui n'a pas eu lieu.

Le Président s'inquiète : le ministre des Finances et son cabinet auront-ils déménagé du Louvre, comme prévu, avant le 31 janvier 1986, et le ministre du Budget et son cabinet avant le 15 février ? Il importe que les locaux libérés soient immédiatement réutilisés par le Louvre, pour que la cohérence de l'opération apparaisse sans faille. Sur cet aménagement se sont récemment divisés le ministère de la Culture, la Mission de Coordination et l'Établissement public du Grand Louvre.

François Mitterrand : *« Le dire à Lang. Nous n'avons pas le droit de perdre un seul jour ! »*

Et Bercy qui n'est pas encore prêt... Tant pis, ils iront dans des locaux provisoires.

**Samedi 14 décembre 1985**

Devant le Comité directeur du PS, Pierre Mauroy appelle les socialistes à mener la campagne résolument dans le sillage du Président de la République. Fabius n'est guère applaudi.

**Lundi 16 décembre 1985**

Sur le chemin de la prochaine réunion des *sherpas*, fin janvier, je m'arrêterai à Cuba et au Mexique, pays concernés au premier chef par les problèmes de la Dette.

Les Restaurants du cœur se développent. Pourquoi faut-il que ce soit Michel qui s'en charge ? Pourquoi aucun ministre, aucun service ne s'y est intéressé ? Pourquoi ce formidable aveuglement devant la montée de la misère ? A-t-on perdu toute capacité de s'indigner ?

**Mardi 17 décembre 1985**

Au petit déjeuner, Fabius, furieux, reproche à Jospin de ne pas avoir fait applaudir son arrivée au dernier Comité Directeur.

François Mitterrand : *« Il faut faire taire vos différences et foncer. Nous sommes sur la scène. Le rideau est ouvert et le public est dans la salle. Beaucoup a été fait, beaucoup reste à faire. Une bonne gestion donne les moyens de faire reculer le chômage. Il nous faudrait deux législatures. Durant la cohabitation, on pourra espérer renverser le gouvernement avec le PS et des dissidents de droite. Ou alors engager une grande bataille de principe. Ce sont les six premiers mois qui seront les plus durs. Après, on sera dans la campagne présidentielle. Notre slogan devrait être : "Grandes réformes et bonne gestion". Ils* [la droite] *seront unis jusqu'au 16 mars 1986, et atrocement divisés le 17. »*

François Mitterrand reçoit Helmut Kohl pour une discussion sur la sécurité en Europe. Ils doivent approfondir en détail les conditions dans lesquelles la France pourrait participer à la défense nucléaire de l'Allemagne.

En attendant le Président, le Chancelier me parle des intellectuels français. Rovan ? *« Magnifique ! »* Aron ? *« J'ai lu dans ses* Mémoires *ce que vous lui avez dit à propos de l'ignorance de l'existence des camps par les contemporains. C'est l'objet d'une grande discussion chez les Allemands. C'est vrai que nous ne savions rien d'Hitler et du génocide des Juifs... »* L'homme est sincère ; il assume le même héritage qu'Adenauer, et la même culpabilité. Pourquoi est-il si injustement décrié ?

Le Président raconte au Chancelier sa rencontre avec Jaruzelski :

**François Mitterrand :** *Pour moi, Jaruzelski, c'est Kadar. Il m'a parlé de Glemp, de liberté de la presse, des prisonniers politiques. Il m'a dit : "La Pologne est le pays chrétien où l'on construit le plus d'églises..."*

**Helmut Kohl :** *C'est un patriote polonais. Il sait qu'on ne l'aime pas à Moscou. Le Père Popieluszko a été assassiné sur ordre des Soviétiques pour lui nuire. L'Église polonaise est spécifique. Elle a résisté contre les nazis, à la différence de l'Église hongroise et tchèque.*

**François Mitterrand :** *Jaruzelski m'a dit en substance : "On ne peut tout faire pour être libre. Mais on peut tout faire pour ne pas être tout à fait esclave."*

Ils évoquent le « plan » que Schmidt a proposé pour que la France s'associe à la défense de l'Allemagne. Il est jugé *« irréaliste »* par François Mitterrand, *« aberrant »* par Helmut Kohl. Ils sont d'accord pour considérer que la défense de l'Allemagne est *« impensable »* sans les États-Unis.

**Helmut Kohl :** *Nous ne savons pas ce que peuvent être les États-Unis plus tard, ni ce que sera le Président des États-Unis en l'an 2000. Le système politique américain est très bien, mais, comme on l'a déjà dit, c'est un miracle qu'ils arrivent à élire des présidents !*

*Nous devons donc tout faire en Allemagne pour maintenir la présence américaine et leur engagement, surtout au moment où l'URSS entre dans une nouvelle phase. Je ne sais pas ce qui se passera quand l'URSS et Gorbatchev s'apercevront qu'ils ont de moins bonnes cartes que nous et qu'ils vont perdre la course à terme. Donc, ce qui est raisonnable et important, c'est de maintenir les Américains chez nous.*

*Mais je n'oublie pas que la RFA est dans ce que l'on appelle la Mittel Europa. La protection de la RFA sans ses voisins est impensable, et quand je pense à ses voisins, je pense d'abord bien sûr à la France. Les autres, ça n'est pas pareil ; la Grande-Bretagne est éloignée par la Manche.*

*La France et l'Allemagne sont une unité du point de vue de la sécurité. C'est pourquoi nous devons :*

*— nous appuyer sur le pilier américain,*

*— accroître la dimension franco-allemande.*

*Nous ne sommes pas une puissance militaire nucléaire, et d'ailleurs nous ne le voulons pas. Pourrions-nous l'être technologiquement ? Cette question n'a même pas de sens, et le pire pour nous serait de devenir une puissance nucléaire. Mais que* vous, *vous soyez une puissance nucléaire, c'est très bien.*

*De toute façon, comme vous l'avez dit vous-même, dans un avenir assez proche, le nucléaire sera relativisé.*

*En ce qui concerne notre effort, nous avons avec la Bundeswehr l'armée conventionnelle la plus forte en Europe. Cela est très important, y compris pour la France. De ce fait, l'URSS ne peut pas risquer une attaque conventionnelle, ce qui est une assurance pour la paix.*

*La force de frappe française est une réalité, ce n'est pas un problème ; mais ce qui m'intéresse, ce serait de savoir dans quelle mesure on pourrait rendre comparables les intérêts politiques vitaux des deux pays.*

*Avec la Grande-Bretagne et les États-Unis, nous avons des consultations sur les armes nucléaires.*

*Pour ce qui est du troisième volet, la coopération dans le domaine spatial, je ne pense pas que le problème soit insoluble. Pour l'IDS, nous ne donnons pas d'argent. Ce sont simplement les entreprises qui participent, et je ne suis pas sûr qu'il n'y ait pas autant d'entreprises qui participent à l'IDS en France qu'en Allemagne.*

**François Mitterrand :** *C'est fort possible.*

**Helmut Kohl :** *La seule différence, c'est que nous avons besoin d'un cadre juridique pour ce qui est des brevets et des retombées technologiques. Mais je pense qu'il est possible de travailler en coopération avec l'Europe, c'est-à-dire la France. Là aussi, nous nous tenons sur nos deux jambes. L'ancrage en Europe est fondamental pour nous. Le problème allemand, en effet, ne pourra être résolu que dans le cadre européen. Bien sûr, ce n'est pas dans le cadre de la CEE que nous pourrons traiter et résoudre les questions de sécurité, mais, en ce qui concerne la France, j'ai relu le Traité d'amitié. Il comporte des buts précis...*

(Le Chancelier lit le paragraphe II.B. DÉFENSE du Traité franco-allemand de l'Élysée.)

*Je vois que le Traité prévoyait des échanges de personnels, des formations communes, et allait jusqu'à prévoir "des détachements temporaires d'unités entières".*

*Je pense que nous devrions aller dans ce sens. Il pourrait être prévu que les officiers d'état-major français et allemands aient à travailler pendant un an dans un institut commun. Ainsi, au bout de quelques années, il n'y aurait plus un seul général, français ou allemand, qui n'ait vécu quelque temps avec son homologue français ou allemand. Il n'y aurait plus de retour en arrière possible.*

*Vous avez parlé de nos différences. Dans beaucoup de cas, je crois que cela devrait nous permettre de faire ce que l'autre ne peut pas faire. C'est en quelque sorte un avantage.*

*Nous pourrions donc relancer l'application des quatre points du Traité de l'Élysée.*

*Nous pourrions avoir un accord sur l'espace.*

*Quant à l'avion des années 90, nous considérons que c'est quelque chose à ne pas répéter.*

**François Mitterrand :** *Vous avez abordé la coordination, voire une évolution vers la fusion des armées, dans l'esprit du Traité de 1963. En effet, nous pourrions accélérer l'allure et il y a des questions que l'on peut se poser à propos de l'action de l'armée française en Allemagne : où, pour quelles missions, etc.*

*Mais il y a l'imbrication de l'armée allemande dans l'OTAN. Vous tenez deux ou trois créneaux de votre frontière avec l'Est. L'armée française, elle, la Première armée, n'est pas intégrée ; elle se tient en deçà de la frontière, et il y a en France une discussion, qui n'est pas close, sur la bataille de l'avant. Nos armées vont-elles se mêler au premier choc ? Ou vont-elles rester derrière, comme en réserve, à l'instar de la Première armée ? J'ajoute que même dans le cas de la Première armée, c'est une hypothèse d'emploi. Il n'y a pas de décision prise à l'avance. La FAR, en ce qui la concerne, est même en deçà de la Première armée. Sa position en réserve n'est pas encore prévue. La première étape concerne donc la FAR.*

*Sur toutes ces questions, que souhaite l'Allemagne ? Et jusqu'où peut aller la France sans être entraînée dans une guerre où elle devrait employer son arme nucléaire, car le concept de bataille reste antagoniste avec celui de dissuasion.*

**Helmut Kohl :** *La première chose qui me frappe, c'est que c'est la toute première fois que ce genre de discussion peut avoir lieu. Jamais cela n'a été possible avant entre un Président et un Chancelier. Cela est dû à notre rapport très confiant. La France n'est pas dans le Commandement intégré, c'est clair. Ce n'est pas du tout un problème pour nous. Il faut que nous trouvions quelque chose en deçà, qui respecte la situation de la France. Il faut que nous le disions à nos chefs d'état-major. Il faut qu'ils fassent une recherche technique sur ce point et qu'ils émettent des propositions par écrit.*

*Nous serions approuvés au sein de l'OTAN, mais je crois que, sans attendre, nous devrions lancer des signaux, et la formation en commun d'officiers devrait en faire partie.*

*Sur le nucléaire, je comprends, j'accepte votre position. A votre place, j'aurais la même, et je pense qu'à ma place, vous auriez ma position.*

*Je n'ai qu'un souhait concret. C'est que nous puissions procéder au même type de consultations que celles que nous avons avec les États-Unis et la Grande-Bretagne, avec discrétion bien sûr. Mais je voudrais établir le même type d'échanges que ceux qui existaient entre Kissinger et Johnson, et entre Brandt et Heath. Naturellement, ces échanges ne peuvent passer que par des discussions très personnelles.*

**François Mitterrand :** *Il faut éviter, dans ces discussions, l'irréalisme. Ainsi, le Chancelier Schmidt m'avait saisi d'une proposition qu'il avait, je crois, présentée au Bundestag, de dissuasion nucléaire française élargie à l'Allemagne. Mais si les États-Unis n'intervenaient pas dans un conflit, l'arme nucléaire française ne suffirait pas. S'ils interviennent, pour les Européens, c'est leur dissuasion qui assure la protection et tient l'URSS en respect.*

*Si je disais que la force atomique française protégerait la RFA, pourquoi pas la Belgique, les Pays-Bas... Nous n'en avons pas les moyens. Je crois même que poser le problème en ces termes, c'est s'interdire d'approfondir.*

*Et pourtant, cela m'a été demandé également par beaucoup de Français, même au sein du Parti socialiste ! Au surplus, ce serait même dangereux pour les Allemands. Leur sécurité nucléaire ne peut qu'être américaine.*

**Helmut Kohl :** *Je crois que ce n'est même pas la peine de parler de cette idée. L'opinion de Schmidt est aberrante, c'est un pur jeu intellectuel.*

*Je comprends et je respecte votre point de vue et votre stratégie nucléaire. J'ajouterai même qu'en tant qu'ami de la France, je l'approuve.*

**François Mitterrand :** *Sur le nucléaire, donc, le problème est de savoir s'il y a une concertation possible. Je comprends qu'à propos des cibles qui se trouveraient éventuellement en Allemagne, vous disiez : cela me regarde. Il faut donc réfléchir. Y a-t-il une concertation possible ?*

**Helmut Kohl :** *C'est "le" problème.*

**François Mitterrand :** *Il faut voir quel pourrait être un mécanisme de consultation.*

**Mercredi 18 décembre 1985**

Eurodisneyland s'installera à Marne-la-Vallée.

François Mitterrand me fait passer un mot : *« On m'a dit dans la Nièvre que les 500 micro-ordinateurs promis et commandés seraient encore pris dans les réseaux administratifs. Enquêtez (Préfet, Dr Bérier, etc.) et corrigez ces retards. »*

Devant le Conseil des ministres, le Président réaffirme que la France ne peut pas prendre d'*« engagement à l'égard de l'Allemagne dans le domaine nucléaire ».* Tout au plus *« peut-on aller jusqu'à une information ou une concertation ».*

Shimon Pérès me répète au téléphone, de Genève : *« Une rencontre avec le Président de la République serait de la plus haute importance d'un point de vue psychologique. Elle porterait sur les modalités de négociation d'une paix globale. Elle peut beaucoup contribuer à l'atmosphère générale et pourra en encourager d'autres à rejoindre le processus. »*

Le Président accepte de lui parler pour lui expliquer son refus : *« Ne pas indisposer les Palestiniens. »* Il lui dit devoir rencontrer le Roi demain, et qu'il lui en reparlera après.

Bonn ajourne sa décision sur la participation au programme IDS.

**Jeudi 19 décembre 1985**

Le Président explique au Roi du Maroc les raisons de son opposition à une rencontre, à Paris, avec les Israéliens.

**Vendredi 20 décembre 1985**

Adoption par le Sénat et l'Assemblée (dans les mêmes termes) des projets de lois sur le cumul des mandats électifs.

Shimon Pérès, qui ne désespère pas, propose au Roi du Maroc de se voir seuls après que François Mitterrand les aura reçus séparément. Ni lui ni le Roi n'ont renoncé à convaincre François Mitterrand d'ouvrir symboliquement la rencontre.

Pérès est plus que jamais convaincu qu'une telle rencontre ne pourra qu'inciter le Roi de Jordanie à accélérer le mouvement vers la paix, et ne retardera aucunement le processus de paix, comme le redoute le Président.

Nouvel appel de Shimon Pérès. Il me dit que Roland Dumas ne le rappelle pas ni ne le prend au téléphone. Il souhaite parler de nouveau au Président. Certains le poussent même à se rendre à Paris. *« Faute de réponse claire, je continue à espérer que cette réunion aura lieu, et nous sommes prêts à nous voir à Paris, sans le Président, si celui-ci nous voit ensemble après que nous aurons abouti à quelque chose. »* Je lui promets d'intervenir à nouveau, sans grand espoir.

Le Président dit non, définitivement. Et me prie d'en finir avec cette histoire.

Pour célébrer le démarrage des « Restos », Coluche vient m'apporter une merveilleuse montre de collection qu'il a fait fabriquer spécialement pour moi. Il s'est trompé : je ne collectionne que les sabliers.

Le pouvoir d'achat du SMIC a augmenté de 16 % depuis mai 1981. Le pouvoir d'achat du minimum vieillesse a été augmenté de 25 % ; celui des allocations familiales pour 2 enfants a progressé de 45,5 %, et pour 3 enfants de 16 %.

En 1985, la tendance à l'alourdissement continu des prélèvements obligatoires est enfin inversé : 13 millions de contribuables dont l'impôt est inférieur à 21 250 francs voient leur impôt sur le revenu diminuer.

Vu Michel Rocard. Je regrette son absence au gouvernement. J'espère que son intelligence, sa passion de la vérité, son sens de l'État seront un jour de nouveau mis à contribution.

**Samedi 21 décembre 1985**

Adoption définitive de la loi (révisée) sur les télévisions privées. En cinq ans, 1 400 radios locales privées ont été créées. *Canal-Plus* atteint maintenant le succès. Rousselet jubile. Il sait que le succès appelle le succès.

François Mitterrand sur la guerre nucléaire : *« Essayons d'imaginer ce que serait une guerre nucléaire. Impensable, l'esprit se perd dans l'horreur. En soi, la guerre, ce n'est pas le pire. Pour la plupart des gens, cela peut paraître plutôt moins grave que l'assassin qui viole et tue votre enfant. La guerre est quelque chose d'aveugle. Mais, aujourd'hui, cela devient épouvantable à cause de l'aspect de masse : tout un peuple, toute une région, une partie de l'humanité qui disparaît ! Je suis partisan de l'armement nucléaire parce que je crois que disposer de cette arme rend impossible une agression contre la France, et impossible une guerre nucléaire entre les deux plus grandes puissances. Mais on n'a pas encore eu, dans l'histoire de l'humanité, d'exemple de nation n'utilisant pas les armes dont elle dispose. Agissant dans le cadre des responsabilités qui sont les miennes, et cherchant à permettre aux 55 millions de compatriotes dont j'ai la charge d'échapper à ce désastre, j'emploie la stratégie qui me paraît le mieux convenir. Je me dote de moyens de rétorsion, de dissuasion. Il faut compter sur la sagesse des gouvernements et la peur de chacun. Jusqu'où la peur du nucléaire est-elle la meilleure défense ? Les plus petites de nos bombes représentent quatre fois Hiroshima...*

*Je sens que la stratégie est là pour l'empêcher. Mais, parfois, je me dis : et si jamais... ? Je dispose de la liberté, si la France est en danger de mort... Vous avez cinq, sept minutes pour décider la riposte. La pression psychologique serait énorme. Il faut que celui qui le décide soit capable de le décider, mais aussi de l'éviter...*

*Préserver la paix, c'est disposer d'une infinie patience, de ressources multiples d'imagination et d'intelligence, et d'une résolution plus ferme encore. Avec, cependant, une réserve : c'est que, face à un pays belliqueux, il faut bien alors faire la guerre.*

*La conscience est essentielle à la vie. La vie sans conscience n'a pas de sens. L'homme a choisi la conscience et continue à rêver à ce qu'il n'a pas. Dès qu'on a fait un choix, on rêve aux délices qu'on éprouverait à ne pas l'avoir fait...* »

Le numéro deux du Pentagone, Richard Pearle, me dit que les Européens ont tort de s'inquiéter de l'IDS et de la percevoir comme un *« couvercle »* mis sur les États-Unis, dont ils seraient exclus. En réalité, ajoute-t-il, *« il s'agit d'un couvercle mis sur l'URSS et qui empêchera tout missile d'en sortir ».* Cette présentation, déjà entendue de la bouche de McFarlane il y a quelque temps, suffit à révéler l'absurdité stratégique du concept : si on met un couvercle sur l'URSS, on ne se protège que d'une fraction des missiles soviétiques, puisqu'on oublie leurs sous-marins, qui peuvent être n'importe où.

L'IDS ne peut être que mondiale ou inutile. Bien avant de pouvoir intercepter toutes les fusées à leur départ, y compris en mer, l'IDS servira de bouclier local à l'arrivée contre des fusées, c'est-à-dire permettra de renforcer la défense des silos où se trouvent les armes nucléaires terrestres, mais non la sécurité des personnes.

On ne sait si les Soviétiques se sont déjà engagés, comme les Américains, dans des recherches sur un système antimissiles à grande échelle.

Le vrai moteur de la négociation serait la volonté personnelle du Président Reagan de finir son second mandat en homme de paix, contre sa propension à se vouloir l'homme qui aura dépassé la dissuasion. Pour le moment, Reagan va essayer de convaincre le Congrès de ne pas trop réduire le budget de la Défense, car si les Américains croient être redevenus les plus forts, aucun système d'armes nouveau n'est en fait prêt.

Les Soviétiques ont un véritable intérêt militaire et stratégique à parvenir à des accords qui empêchent les États-Unis de reprendre de l'avance dans presque tous les domaines.

**Vendredi 27 décembre 1985**

Je vois Abdou Diouf à Dakar. Il m'annonce qu'une réunion des ministres africains chargés de la Dette se tiendra à Libreville dans la première quinzaine de février. A ses yeux, la politique actuelle de rééchelonnement couvre des périodes beaucoup trop courtes.

La session spéciale de l'Assemblée générale des Nations-Unies consacrée à l'examen de la situation économique de l'Afrique est essentielle. Le Président Diouf est conscient de la nécessité d'isoler le dossier de la dette africaine de celui de la dette mondiale.

Bettino Craxi proteste contre la nouvelle réunion à Cinq qui s'est tenue à Séoul, après celle de New York. Il écrit au Président pour protester contre l'exclusion de l'Italie des réunions des ministres des Finances du G5. L'Italie met en avant de bons arguments : elle subit les conséquences des décisions prises à la dernière réunion du G5 du 22 septembre, à New York, sur la baisse concertée du dollar ; l'Italie participe au Sommet des pays industrialisés et ne comprend pas pourquoi elle est écartée du G5.

Jusqu'ici, si les membres du G5 ont écarté l'Italie, c'est qu'ils craignent de devoir admettre également le Canada et la Commission européenne, et parce qu'il serait plus difficile de maintenir la confidentialité des réunions.

**Samedi 28 décembre 1985**

Intense pression médiatique au sujet des otages. Chaque jour, leurs photographies sont montrées à la télévision. François Mitterrand hésite beaucoup, puis propose, par l'intermédiaire des Syriens, en échange de la libération de tous les otages français, la grâce immédiate du seul Naccache, et une promesse de libération des autres membres du commando avant la fin de son mandat. Doust donne son accord. Les Syriens demandent qu'une lettre du Président soit adressée à Assad dans ce sens. L'affaire semble conclue.

**Mardi 31 décembre 1985**

Le Royaume-Uni se retire de l'UNESCO. La crise s'aggrave et nul ne veut faire partir M'Bow...

François Mitterrand écrit à Assad : *« Je vous confirme les ouvertures faites par la France et dont vous aviez été informé. Elles demeurent valables. Je veillerai, comme vous le faites vous-même, à la bonne réalisation de ce qui est prévu. »*

Petit bilan de fin d'année, demandé par le Président :

C'est à travers l'actuel effort de recherche que se dessine notre futur. Les crédits de recherche-développement ont été multipliés par deux entre 1981 et 1985. La part du Budget français consacré à la recherche était, en 1985, de 100 milliards de francs, soit 2,3 % du PIB. Les crédits d'impôts accordés aux entreprises qui approfondissent leurs efforts de recherche ont doublé.

Le différentiel d'inflation avec la RFA était de 8 points à la fin de 1980. Il n'est plus que de 3 points. Quant à l'écart par rapport à la moyenne des pays de la CEE, il a aujourd'hui entièrement disparu.

Le déficit du commerce extérieur est quatre fois moins important qu'en 1980. Le solde des transactions courantes est excédentaire, alors qu'il était négatif en 1980.

La dette publique se monte à 34,8 % du PIB pour la France, alors qu'elle est de 42,4 % en RFA, 46,2 % aux États-Unis, 56,9 % en Grande-Bretagne, 68,4 % au Japon et 91,8 % en Italie.

Il en va de même pour l'endettement extérieur, puisqu'il est plus faible, en pourcentage du PIB, en France que chez nos principaux partenaires.

Les entreprises industrielles nationalisées en 1982, qui avaient perdu 1,7 milliard en 1981, en ont gagné 5 en 1985.

La croissance sur les cinq années a été, en moyenne, de 1,2 % par an, c'est-à-dire égale à celle de la CEE. Contrairement à ce qui s'est produit dans les pays voisins, le PIB n'a jamais été négatif.

Enfin, le pouvoir d'achat du revenu disponible, c'est-à-dire l'ensemble constitué par le salaire plus les prestations sociales, déduction faite des impôts et des cotisations sociales, a progressé, sur l'ensemble de la période, d'environ 5 %. Le pouvoir d'achat du SMIC s'est accru, lui, de 15 %, et celui du minimum vieillesse de 22 %.

Cela n'empêchera sans doute pas les socialistes de perdre les élections dans trois mois : le chômage a encore augmenté.

# 1986

(du 1er janvier au 16 mars)

**Mercredi 1er janvier 1986**

Avant qu'il ne parte pour Israël, Charles Hernu reçoit un appel téléphonique de François Mitterrand qui passe le réveillon à Latché. Le Président insiste : *« Plus un mot sur l'affaire Greenpeace ! »*

**Jeudi 2 janvier 1986**

La décision de boycott de l'Afrique du Sud, prise en grande pompe il y a trois ans, n'est appliquée par personne, ni par la RFA, ni par les Anglais. Ni même par la France. Seuls les Belges et les Luxembourgeois l'ont respectée. Le projet de décret doit repasser en Conseil.

**Vendredi 3 janvier 1986**

A l'Élysée, les conseillers réfléchissent à l'intervention que le Président pourrait faire durant la campagne des législatives : on retient l'hypothèse d'un vendredi soir, en février. Trois dates possibles : le 7, le 14 ou le 21, à Lille. Les élus socialistes du Nord font remarquer que les 14 et 21 seront des dates de congés scolaires dans leur zone géographique. Le meeting aura donc lieu vendredi 7 février.

Dîner avec Maurice Faure, toujours aussi chaleureux et amical. Il en a visiblement assez d'être en campagne, il aimerait que *« le Président le sorte de ses obligations de campagne électorale en lui donnant quelque chose à faire, à Paris ou ailleurs »*. Il suggère par deux fois : *« Tu ne pourrais pas m'envoyer huit jours en mission en Éthiopie ? »*

**Samedi 4 janvier 1986**

Réponse d'Assad à la lettre de François Mitterrand du 31 décembre :

*« Je suis heureux de pouvoir vous informer que nous sommes à présent parvenus à des résultats définitifs comprenant les éléments de solution à ce problème dans le sens des idées que nous avons échangées dans nos lettres (...). Je suis convaincu que tout ira pour le mieux de manière à assurer une exécution rapide, susceptible de nous conduire à l'issue heureuse que nous appelons tous de nos vœux. »*

C'est pour demain. Enfin ! Nul n'est au courant et pourtant, par ondes successives, une sorte d'euphorie s'empare de tout Paris, et chacun fait mine d'être dans la confidence.

**Dimanche 5 janvier 1986**

Ce soir, Roland Dumas doit partir pour Damas chercher les otages. Le Mystère 50 présidentiel est prêt à décoller à Villacoublay. Mais Assad appelle le Président : *« Il y a encore des difficultés à régler. »* Le voyage est simplement retardé. Plus tard, dans la nuit, les Syriens indiquent à l'ambassadeur de France à Damas qu'ils ont envoyé des hommes dans la plaine de la Bekaa, à Baalbek, pour chercher les otages. *« Nous vous appellerons dès que les otages seront là. »* On attend. Tout est remis à demain. L'exaltation retombe.

**Lundi 6 janvier 1986**

Roland Dumas envoie un message à notre ambassadeur à Damas : *« Que l'opération prévue ne prenne plus aucun retard. Celui-ci nous surprend et nous préoccupe. Nous n'en comprenons pas les raisons et en redoutons les conséquences. »*

**Mardi 7 janvier 1986**

Au petit déjeuner, François Mitterrand glisse : *« Après 1986, j'ouvrirai le champ de la naturalisation. »* Fabius apprécie peu. Le Président poursuit : *« Aux législatives, avec de bons candidats et sur un combat frontal, on ne peut pas faire moins de 150 élus. »*

De Damas, Servant, notre ambassadeur, écrit : *« Il est clair que les Syriens rencontrent des difficultés, dont ils préfèrent ne pas nous donner le détail, dans leur dialogue avec le Hezbollah et Téhéran. »* Le Hezbollah craint de libérer les otages avant que Naccache n'ait quitté la France. Il propose le transfert de Naccache dans un pays tiers tel que l'Algérie où, sous garde algérienne et française, il attendrait la libération des otages. Refus français. Sadegh repart pour Téhéran où, promet-il, il va s'efforcer de plaider la cause de la France.
Malchance : à Téhéran les pourparlers franco-iraniens sur le contentieux Eurodif sont enlisés.

Après les attentats de Vienne et de Rome, Ronald Reagan annonce la rupture des relations économiques et commerciales avec la Libye.

**Mercredi 8 janvier 1986**

Ronald Reagan écrit à François Mitterrand pour dénoncer le rôle de la Libye dans le terrorisme international. Il propose à nouveau d'organiser une coopération à Sept contre la Libye. Coopération, oui. A Sept, non !

A la demande de Georges Lemoine, le Président accepte de se rendre à Chartres afin d'inaugurer une rue Maurice-Violette. Mais il refuse d'aller inaugurer un IUT à Montluçon. Jubilation ici, colère rentrée là.

Selon Servant, à Damas, *« les négociations avec le Hezbollah et Téhéran sont difficiles, même si ni les uns ni les autres ne posent de nouvelles conditions. C'est le problème des relations de la Syrie avec ses interlocuteurs qui se trouve posé, en même temps que celui de l'influence iranienne au Liban. Sans doute aussi les ravisseurs du Hezbollah craignent-ils qu'en libérant les otages, ils ne se privent d'un gage essentiel pour leur propre sécurité ».*

La Belgique, les Pays-Bas, le Danemark et la Norvège acceptent notre proposition d'étudier un avion de combat européen afin de préparer de longue main le remplacement, à la fin du siècle, de l'appareil américain F 16 dont ils se sont dotés.

L'accueil est, au contraire, négatif à Bonn, à Rome et à Londres, déjà lancés dans la conception de leur propre avion.

**Vendredi 10 janvier 1986**

Vu l'ambassadeur Grenier qui part prendre ses fonctions à Damas.

François Mitterrand : *« On a vu de grands savants et de grands intellectuels qui allaient vers la foi par leur science ; on en a vu d'autres, du même gabarit, s'éloigner de la foi par la science. Je crois que, naturellement, la foi n'est pas rationnelle. »*

*Un piège évident de la foi, c'est le refus de savoir, le refus d'aller plus loin. On a déjà une réponse, pourquoi chercher plus loin ? Dans les autres siècles, on jetait l'anathème sur tous ceux qui savaient, sur ceux qui croyaient à la transmutation des métaux. On appelait très rapidement sorcellerie toute expérience nouvelle et toute découverte scientifique. Donc, le fanatisme est un piège. Je devrais plutôt dire : le dogmatisme entraîne le sectarisme, l'intolérance et donc la persécution.*

*Finalement, l'histoire des Églises montre que la manière la plus sûre d'assurer la pérennité de son propre enseignement, de sa propre foi, c'est de disposer du pouvoir et donc des moyens de l'enseignement. C'est sémantiquement incompatible si l'on se dit agnostique. On ne peut pas être agnostique et avoir une foi religieuse. Il y a bien entendu beaucoup d'hommes de haute stature qui ont une foi dans l'homme d'autant plus forte qu'ils se passent de l'explication surnaturelle. Pour moi, il est tout à fait conciliable d'avoir foi en Dieu et en l'homme, parce que l'homme est porteur d'un message qui le dépasse. La conquête de sa liberté, son affranchissement progressif, sa maîtrise du monde, le développement de son esprit sont tout à fait compatibles avec la foi. Il n'y a pas d'antinomie entre la foi en l'homme et la foi en Dieu. »*

**Lundi 13 janvier 1986**

François Mitterrand envisage de tenir, avant les élections de mars, une série de dix déjeuners, par thèmes, avec *« ceux qui font gagner la France »*, ou un grand *« dîner pour la France qui gagne »* réunissant à l'Élysée deux cents artistes, créateurs, entrepreneurs, animateurs sociaux de toute sorte. On voit d'où vient l'idée. Puis il se reprend : *« Avancer avec prudence pour éviter des refus »*. Fabius est contre.

**Mardi 14 janvier 1986**

Accident d'hélicoptère sur le Paris-Dakar : 5 morts, dont Thierry Sabine et Daniel Balavoine. Daniel avait toujours su garder la distance juste entre action et rébellion.

Une date est arrêtée pour le dîner de « la France qui gagne » : le 14 février. Puis François Mitterrand freine à nouveau : *« Je crains des refus qui joueraient contre l'utilité de cette initiative. »*

**Mercredi 15 janvier 1986**

Réunion sur le lien TransManche. Le choix est fait : ce sera un tunnel ferroviaire.

Nouvelles propositions de désarmement de Gorbatchev *« pour libérer la terre des armes nucléaires d'ici la fin du siècle »*. Il reprend intelligemment à son compte l'approche reaganienne de suppression de l'arme nucléaire, mais en sautant l'étape de l'IDS. Dangereux : cela laisserait, à terme, l'Europe à la merci de la puissance conventionnelle soviétique.

Selon ces propositions, les États-Unis et l'URSS renonceraient à créer, essayer et déployer les armements spatiaux de frappe. (Cela ne concerne pas les missiles antimissiles basés au sol.) L'URSS et les États-Unis stopperaient tous leurs essais nucléaires. Ils réduiraient de moitié, en cinq à huit ans (d'ici 1991 ou 1994), leurs arsenaux nucléaires. Ils garderaient un maximum de 6 000 ogives chacun. Les États-Unis retireraient, *« dans la zone européenne »*, leurs Pershing II et missiles de croisière, l'URSS ses SS 20 et ses missiles de croisière. Les États-Unis ne fourniraient pas de missiles stratégiques à moyenne portée à d'autres pays. La France et la Grande-Bretagne gèleraient leurs armements nucléaires « correspondants ». Les autres puissances nucléaires gèleraient tous leurs armements « correspondants » et ne disposeraient pas de missiles sur le territoire d'autres pays.

Lorsque la réduction de 50 % serait atteinte, ils décideraient la suppression par toutes les puissances de l'arme nucléaire tactique. L'accord d'interdiction des armements spatiaux de frappe serait étendu à « toutes les puissances industrielles ». Toutes les puissances mettraient fin aux essais nucléaires. Enfin, on déciderait l'interdiction de mise au point d'armes nonnucléaires basées sur des principes physiques nouveaux.

Puis, à partir de 1995 au plus tard, jusqu'à la fin de 1999, liquidation des armements nucléaires encore conservés. Accord universel pour empêcher que l'arme nucléaire ne ressuscite. Contrôle par des moyens techniques nationaux et des inspections sur place.

*« Au moment opportun »*, cessation de la fabrication des armes chimiques. Liquidation de la base industrielle de fabrication et des stocks avec vérification internationale, y compris sur place.

François Mitterrand accepte, avec prudence, la coopération proposée par Ronald Reagan à propos de la Libye :

*« S'agissant des mesures que vous proposez, j'en ai prescrit, vous le comprendrez, un examen attentif. La France souhaite mener à ce propos une consultation approfondie entre Européens. C'est pourquoi elle a donné son accord à la récente proposition italienne de réunion ministérielle de coopération politique, afin d'examiner sans délai les possibilités de renforcer la coopération européenne dans la lutte contre le terrorisme, les relations des Douze avec la Libye, y compris les mesures adoptées par les pays concernés, ainsi que la situation en Méditerranée, et d'arriver à des positions communes.*

*S'agissant de la Libye, vous savez que la situation au Tchad et en Tunisie nous a déjà conduits depuis plusieurs années à faire certains choix draconiens et à mettre en place un important dispositif de sécurité, qui a fait ses preuves. Nos échanges avec ce pays, qui ne portent sur aucun matériel sensible, sont aujourd'hui trois fois moins importants qu'il y a quatre ans. C'est dire que nous n'avons aucune intention de compliquer la mise en œuvre des décisions américaines.*

*Les éléments que je viens de rappeler m'amènent à penser que notre coopération dans la lutte contre le terrorisme doit être intensifiée dans toutes les instances compétentes, dans le respect de la souveraineté de chacun. C'est pourquoi j'ai donné aux ministres compétents les instructions appropriées, qui conduiront rapidement, je l'espère, à des résultats concrets.*

*Je propose que les directeurs politiques américain, britannique, allemand et français procèdent à un échange de vues confidentiel et approfondi sur les divers aspects du terrorisme au Proche-Orient.*

*Nous réfléchissons également à ce que pourrait être la meilleure façon d'organiser une coopération régulière entre les pays européens et les États-Unis à ce sujet. »*

Bettino Craxi proteste une seconde fois contre la prochaine réunion du G 5, prévue à Londres dans quelques jours. Cette fois, il n'écrit qu'à François Mitterrand :

*« La prochaine réunion du Groupe des Cinq est désormais imminente, mais je n'ai pas encore eu de réaction formelle à notre demande. D'après les échanges d'informations que nous avons pu avoir avec les gouvernements des pays intéressés, il semblerait toutefois que les principales difficultés à une participation italienne proviendraient des membres européens.*

*... Vous êtes certainement au courant des lourdes charges supportées par l'Italie à la suite des décisions de la précédente réunion pour maintenir des conditions ordonnées dans le marché des changes. Les tensions provoquées dans le Système monétaire européen à la suite de la chute du dollar ont conduit à une cession importante de réserves de la Banque d'Italie. Il est objectivement douteux que l'Italie puisse continuer à participer, je le répète, d'une manière onéreuse, à l'application de décisions auxquelles elle n'est pas appelée à prendre part.*

*Je vous dirai en toute franchise que cela a réveillé les anciennes critiques sur notre participation au SME. Ainsi se sont accrues les pressions de ceux qui plaident, en de semblables situations, pour le maintien de vastes pouvoirs discrétionnaires du gouvernement italien, lequel défendrait certainement mieux les intérêts économiques du pays. L'on souligne, non sans quelque logique, que l'économie italienne, en l'absence de liens avec le SME, serait en mesure de bénéficier de la conjoncture actuelle.*

*Il n'est pas difficile de prévoir que, dans l'hypothèse d'une nouvelle absence de l'Italie aux réunions du Groupe des Cinq, se manifesteront avec plus d'acuité les demandes de ceux qui, en guise d'alternative à une augmentation des taux d'intérêt, préjudiciable aux perspectives de reprise économique, réclament d'ores et déjà un relâchement unilatéral, bien que temporaire, de la discipline des changes prévue par le SME. »*

Craxi cherche-t-il à préparer la sortie de la lire du SME ?

François Mitterrand sollicite l'avis de Pierre Bérégovoy, qui se déclare hostile : si le G 5 devait se transformer en G 8, pense-t-il, les États-Unis, la République fédérale et le Japon pourraient organiser entre eux des réunions à trois dont nous serions exclus. Cela s'est déjà produit à l'époque du Président Giscard d'Estaing. Bérégovoy propose de ne pas émettre d'avis négatif tout en laissant le soin au pays invitant, le Royaume-Uni, d'opposer à l'Italie un refus collectif.

Le Président : *« Non. Prévenir l'Allemagne et la Grande-Bretagne que nous appuierons la demande italienne »* — et il répond à Craxi : *« Vos deux lettres me sont bien parvenues. Je partage votre argumentation et comprends vos soucis. »*

**Jeudi 16 janvier 1986**

Réflexion de François Mitterrand sur la cohabitation : *« La question de savoir comment s'applique la Constitution à la lumière de la libre expression du suffrage universel relève du Président de la République et de lui seul, en vertu d'un texte clair et qui n'a jamais été critiqué par personne jusqu'à présent, personne n'ayant proposé de réécrire l'Article 5 de la Constitution.*

*Cet article dicte d'ailleurs les devoirs du Président et donc ses pouvoirs : il est le garant de l'unité nationale, de l'intégrité du territoire et du respect des engagements internationaux de la France. Cela ne peut être discuté, pas plus que la responsabilité suprême du Président en matière de défense de la France.*

*Passé les premiers jours à discuter sur les attributions respectives des uns et des autres, une nouvelle discussion juridique va monopoliser les députés et les Français : l'opposition propose, dès le lendemain des élections, de récrire le Code électoral pour revenir au scrutin d'arrondissement.*

*Mais ce retour n'est pas aussi facile, car les interprètes de la Constitution ont récemment reçu, à propos de la loi sur la Nouvelle-Calédonie, un avertissement du Conseil constitutionnel : le découpage électoral précédemment appliqué ne peut être rétabli tel quel, car il est devenu, du fait des mouvements de population, contraire à la Constitution. Il n'assurerait plus l'égalité du suffrage populaire, puisque certaines circonscriptions (une vingtaine) ont un député pour moins de 50 000 habitants alors que d'autres (également une vingtaine au moins) ont plus de 200 000 habitants et n'élisent qu'un député.*

*... Or, le découpage est de la compétence des assemblées et chaque député essaie donc, à cette occasion, de se tailler la meilleure circonscription. On imagine les heures de discussions parlementaires pour aboutir à un accord : ils en auront au bas mot pour six mois, pendant lesquels on ne fera rien d'autre. »*

Le Président et le Chancelier Kohl se retrouvent à Baden-Baden, au quartier général des forces françaises en Allemagne, pour mettre au point les grandes lignes du processus de consultation sur l'emploi éventuel des armes nucléaires à courte portée françaises en Allemagne : pas de consultation sur la définition des cibles, ni sur les conditions d'emploi, mais, seulement en cas de crise, sur la décision d'emploi.

**François Mitterrand :** *Pour l'emploi des armes préstratégiques françaises, c'est un problème de consultation entre nos deux pays. Je pense que, là-dessus, nous pouvons mettre au point un système.*

**Helmut Kohl :** *La meilleure chose serait que nous arrivions à une solution analogue à celle qui existe entre le Président Reagan et nous. J'ai une lettre de Reagan, je veux une lettre de vous. Nous en reparlerons à Paris.*

Le général Saulnier, qui assiste à l'entretien, est absolument contre.

Après la décision du Conseil constitutionnel annulant la concession de la *Cinq*, la Haute Autorité entend à nouveau tout le monde, y compris Jacques Rigaud. Les dirigeants de la chaîne annoncent qu'ils ne feront pas d'information avant septembre...

### Vendredi 17 janvier 1986

François Mitterrand à Grand-Quevilly. Décidément, il adore les meetings. Il arrive agacé, fatigué, et, à la tribune, il rajeunit de dix ans.

Signature des contrats de la *Cinq*, modifiés.

### Samedi 18 janvier 1986

Nouvelle réunion des cinq ministres des Finances à Londres. Les Italiens n'ont pas été invités. Les États-Unis et la Grande-Bretagne font obstacle à une diminution concertée des taux d'intérêt.

### Lundi 20 janvier 1986

Pour la première fois depuis 1979, le prix de référence du pétrole brut descend au-dessous de 20 dollars le baril. Le Mexique ne pourra pas payer sa dette. La crise est là.

Maurice Lévy, patron de Publicis, rencontre Georges Fillioud et lui présente son projet pour la *Six*.

Édouard Balladur souhaite rencontrer Roland Dumas en privé. François Mitterrand l'y autorise, mais l'invite à la *« prudence »*. La rencontre, chez un ami commun, sera l'occasion d'une vaste dissertation sur la cohabitation. Les grandes lignes d'un code de bonne conduite sont esquissées.

Les Allemands proposent qu'une lettre conjointe soit écrite par le Chancelier et le Président français au Premier ministre irlandais afin de proposer une procédure et un calendrier pour l'Union politique. François Mitterrand accepte. Je travaille au projet, de sorte qu'il soit prêt avant le Sommet franco-allemand du 23 février.

Premiers contacts du Président avec la droite avant les élections. Par l'intermédiaire de deux vieux amis de François Mitterrand, Pierre Guillain de Bénouville et Pierre Merli, Jacques Chirac fait savoir qu'il souhaite être Premier ministre. D'autres dirigeants de droite — Chaban par le sénateur Merli, Peyrefitte par Jean-Louis Bianco, Simone Veil par André Rousselet — font également savoir qu'ils ne diraient pas non si on leur proposait Matignon.

Au XXVIIe Congrès du PC à Moscou, Mikhaïl Gorbatchev écarte tous ceux qui se sont opposés à un moment ou à un autre à son ascension. Les hommes qui l'entourent portent sur le passé brejnévien un diagnostic sévère. Comme préalable à toute reprise, ils exigent une véritable « purge » des mécanismes fondamentaux du système : en fait, ils veulent introduire l'économie de marché. Une fraction de l'appareil techno-industriel (le Premier ministre Rijkov et son ancien adjoint Eltsine, à présent secrétaire du Parti communiste à Moscou) sont pour. Mais Gorbatchev, quant à lui, n'accepte pas de se lancer dans une telle révolution. Critique vis-à-vis des réformes hongroise et chinoise, il préfère une médecine plus traditionnelle. Il refuse une refonte du système des prix, notamment de celui de l'énergie. La chute accélérée du prix du pétrole conduit à un manque à gagner de 9 milliards de dollars. Gorbatchev n'est pas menacé de perdre le pouvoir, mais il sera contraint, comme l'avait été Brejnev en son temps, d'accepter une répartition du pouvoir qui entamera son autonomie. Il entend réduire l'influence politique de l'aile moderniste de l'armée qui, avec le maréchal Ogarkov, plaide pour une concentration des efforts vers l'espace, les ordinateurs, la modernisation du corps de bataille, au détriment de la marine traditionnelle, d'une présence excessive dans le Tiers Monde, des gros effectifs et de l'intervention en Afghanistan. Il va avoir d'autant plus besoin d'une « pause » à l'extérieur.

**Mardi 21 janvier 1986**

A la demande de Ronald Reagan, le numéro deux du State Department, John Whitehead, vient à Paris pour proposer une stratégie commune à Sept sur le terrorisme : *« Les réserves de la France à l'égard d'une concertation à Sept sont bien connues à Washington. Un renforcement de cette concertation est néanmoins indispensable, et les six autres pays sont prêts à engager une coopération plus opérationnelle couvrant tous les aspects du terrorisme. La France devrait donc faire rapidement des contre-propositions précises si elle veut prendre part au mouvement en cours. Les États-Unis envisagent en effet d'élargir le cercle des Six à d'autres pays intéressés (sans doute l'Espagne, la Turquie, l'Égypte) pour constituer un "groupe des pays partageant la même attitude", afin d'améliorer la concertation en cas d'incident. »*

Cette dernière proposition, encore vague, pourrait apparemment permettre de sortir du cadre formel des Sept. Mais cela ne nous garantira en rien contre des déclarations intempestives à ce sujet lors du Sommet des Sept, amplifiant la dimension politique de la démarche américaine et réduisant d'autant les possibilités de coopération efficace entre services.

**Mercredi 22 janvier 1986**

Bob Geldof, le fondateur de Band Aid, élu *« Homme de l'année 1985 »* par les grands journaux américains et *Le Point*, est à Paris pour les obsèques de Daniel Balavoine. Dans ses mémoires, il racontera son déjeuner à l'Élysée avec le Président en s'étonnant que l'interprète se mêle à la conversation. L'interprète, c'est moi.

Bleustein-Blanchet et Lévy, reçus par Fabius, se proposent publiquement pour créer une chaîne musicale, la *Six*.

François Mitterrand : *« Vivre est absurde. Nous sommes comme les passagers d'un avion — avec plusieurs classes — qui boivent du champagne alors qu'ils savent que l'avion va s'écraser sur une montagne. »*

**Dimanche 26 janvier 1986**

En route pour la réunion des *sherpas* à Honolulu, je passe par La Havane. Dans le palais du vice-roi, à côté du trône réservé au souverain espagnol au temps de la colonisation, une grande photographie de Juan Carlos : farce ou... nostalgie ?

L'heure d'entretien annoncée avec Castro se prolonge. Je passe sept heures avec lui, d'abord en tête à tête, puis avec Gabriel García Marquez, de 20 heures à 3 heures du matin. En étonnante forme physique, le *líder maximo* est manifestement heureux — et heureux de me recevoir. D'une extraordinaire vivacité, capable de beaucoup parler, mais aussi d'écouter et d'interroger avec une attention soutenue, cet homme qui a beaucoup lu fait preuve d'une curiosité intellectuelle, d'un appétit de savoir touchants. Résolu à tirer le maximum de son interlocuteur, rusé dans la discussion mais disposé à la conciliation, prudent (l'expression : *« Nous faisons très attention à... »* revient souvent) mais en même temps déterminé, il s'émerveille lorsque la pensée de l'autre rejoint la sienne, et jubile quand il pense détenir la vérité. Il affiche un comportement d'étudiant (fasciné par l'histoire de France), d'excellent élève avide d'apprendre pour mieux faire.

On parle d'abord de la dette du Tiers Monde. Il rappelle qu'il s'y est intéressé dès sa visite à la CEPAL, à Santiago du Chili, en 1971, alors que la dette latino-américaine n'était encore que de 30 milliards de dollars. La situation ayant empiré, il n'a cessé depuis lors, chaque fois qu'il en avait l'occasion, de la dénoncer, tant devant les non-alignés qu'aux Nations-Unies en 1979 (il cite même une lettre au Pape). Chiffres à l'appui, prenant des exemples concrets (ceux de tel ou tel pays : Uruguay, Tanzanie, Ghana, à telle ou telle époque), il dénonce l'aggravation de cette situation à partir du premier choc pétrolier (égratignant au passage le Japon qui réussit alors à la fois à faire des économies d'énergie et à augmenter le prix de ses exportations), campe solidement sur l'idée que la dette est impayable, appelle à un nouvel ordre économique mondial qui permette le développement et mette fin au tragique malentendu Nord/Sud. Pour le Tiers Monde, victime d'échanges inégaux, avec un pouvoir d'achat divisé par dix en dix ans (une tonne de sucre valait cinq tonnes de pétrole, il en faut maintenant deux contre une), il n'y a pas d'autre issue.

C'est *« bouleversé par cette absurdité qu'au début de 1985, alors que l'ouverture démocratique latino-américaine risquait d'être défigurée par les mesures drastiques, inhumaines, imposées à de jeunes gouvernements »*, qu'il a décidé de parler. Tous les calculs et projections — y compris les perspectives de rééchelonnement et de réduction des taux d'intérêt — le confirment dans son analyse : impossible de payer une dette qui ne cesse de croître, et tous, les plus pauvres comme les relativement aisés, et *« même un bon élève du FMI comme le Mexique »*, sont logés à la même enseigne. *« La dette du Tiers Monde est impossible à payer. Les pays développés ont payé 100 milliards de dollars pour le pétrole et se sont adaptés. Ils pourraient s'adapter à l'annulation de la dette dans les pays pauvres. Les peuples ne doivent pas payer la dette des dictateurs. Si les Mexicains sont forcés de payer, il y aura une catastrophe. Il vaut mieux devoir de l'argent à un État qu'à une banque. On plaide l'internationalisme, et c'est gagné ! Mais l'Amérique latine n'ose pas. Carthagène n'est pas un club, mais un semi-club. »*

Se défendant d'être un agitateur, de vouloir saper le système bancaire, il dit n'avoir pris une position dure que par souci tactique, en quête d'une solution politique et pour marquer sa solidarité. Reprenant sa thèse sur l'élimination des dépenses militaires, il l'abandonne aussitôt pour aller plus loin : *« Ce n'est pas la peine d'en discuter plus longtemps. Il faut une solution rapide. L'effort attendu des pays industrialisés n'est pas supérieur à ce que leur ont coûté les chocs pétroliers successifs, et il s'en sont bien remis... En sens inverse, ils vont économiser, en 1986, 80 milliards de dollars du fait de la baisse du pétrole... »* L'actuelle évolution des cours porte le coup le plus dur au pays qui a déployé le plus gros effort pour payer, le Mexique, dont les problèmes fascinent Fidel Castro : *« Les Mexicains n'ont envoyé personne à la réunion de juin dernier à La Havane. Mais je ne leur en veux pas... Je fais très attention, je ne dis jamais un seul mot qui pourrait offenser ce pays, mais il court à une catastrophe sociale. »* Finalement, Fidel Castro, qui prend grand soin, au passage, de dissocier le rêve de la réalité dans son approche du problème de la dette, estime que son initiative a été bien reçue en Amérique latine : *« Nos frictions avec Alan Garcia se sont estompées, Cuba a retrouvé le Pérou (...). L'effort de réintégration au sein de la famille latino-américaine, clairement amorcé à partir de la crise des Malouines, demeure d'actualité. »*

Le *líder maximo* reconnaît même un rôle positif à la Banque mondiale, *« un bon Samaritain que nous respectons, bien qu'il ne nous ait jamais rien apporté, alors que nous attaquons le FMI »*.

Amené à préciser le rôle qu'il a entendu jouer, il indique : *« Je n'ai pas cherché un premier rôle... J'ai voulu faire naître une idée, et non pas m'immiscer dans les affaires des autres... Qu'un autre pays, l'Argentine, le Brésil, le Mexique, prenne l'affaire en main ; j'appuierai tout autre pays qui reprendra l'initiative. »*

Surtout, il conçoit bien la différence entre dette africaine et dette latino-américaine (dette aux États, dette aux banques), avec des risques très inégaux d'explosion sociale en raison des structures de populations différentes (villages et mégapoles). Dès lors, il ne fera rien qui puisse contrarier les projets français dans la recherche d'une solution spécifique pour l'Afrique. *« Je coopérerai au succès de la session spéciale de l'Assemblée générale des Nations-Unies de mai prochain. Il faut mettre de côté un pourcentage de la baisse des cours du pétrole pour payer la dette du Tiers Monde. »* Pour lui, la seule solution durable au problème de la dette du Tiers Monde est un moratoire accordé par les pays industrialisés et financé grâce aux fonds libérés par une réduction réelle du niveau international des armements.

Partisan d'une évolution qui éviterait des explosions imprévisibles et incontrôlables, il insiste en conclusion sur les raisons tactiques de sa démarche et souligne sa confiance dans notre pays, le mieux à même de comprendre les problèmes du Tiers Monde *(« l'URSS n'a pas cette perception »)*, susceptible de convaincre l'Europe d'agir plus largement en faveur du développement de l'Amérique latine.

A propos de l'IDS, une formule fulgurante : *« Pendant que les États-Unis rêvent d'acheter les étoiles, le Japon achète les États-Unis. »*

On parle du Superbowl, des États-Unis, de l'organisation du travail à l'Élysée. Il pose force questions, parfois d'apparence naïve. Nostalgique, il évoque l'impossible rêve d'un voyage en Europe. Il amène négligemment la conversation sur ce sujet en s'exclamant : *« Quel dommage que je ne puisse pas voir tout cela ! Mais vous ne m'accordez pas de visa... Non, je plaisante, je sais que je suis invité... Peut-être un jour... »* Il y a à la fois de la rouerie et une réelle émotion dans cette démarche qui se veut sans insistance...

**Lundi 27 janvier 1986**

Au Mexique, la chute du prix du pétrole suscite de l'inquiétude : la négociation avec les banques est compromise et la stratégie économique du gouvernement vouée à l'échec. Politiquement, celui-ci ne peut aller au-delà des efforts déjà consentis et devrait au contraire saisir l'occasion des événements pétroliers pour desserrer l'étau des contraintes financières. Quand ? Comment ? La question n'est pas tranchée, mais pourrait l'être incessamment.

Sachant qu'une baisse de un dollar équivaut pour le Mexique, en rythme annuel, à 550 millions de dollars de perte, les besoins d'argent frais pour 1986 ne sont plus de 4,1 milliards, mais de 6,5 milliards de dollars. Il faut donc revoir tout le programme économique. D'ores et déjà, la perte de recettes fiscales impliquerait un déficit de 7 % du PIB, au lieu des 4,9 annoncés, et une dérive de l'inflation. Nouvelles restrictions des dépenses publiques, ventes d'actifs publics, limitation des importations. Beaucoup a déjà été fait. Le Mexique n'aimerait pas se résoudre à des actions unilatérales, mais il pourrait y être contraint, faute de solution négociée. Il y a bien sûr une autre hypothèse : que les créanciers prêtent les 6,5 milliards de dollars nécessaires...

A Mexico, longue conversation, au cours d'un dîner privé, avec mon ancien élève à Paris, José Cordoba, devenu secrétaire d'État, et son supérieur, le ministre du Plan et du Budget, M. Salinas de Gortari. Celui-ci, très proche du Président de La Madrid, m'explique que le chef de l'État, affaibli, pourrait être incapable d'empêcher son pays d'aller à la faillite financière. Politiquement et économiquement, le plan de stabilisation annoncé pour 1986 représente l'extrême limite de l'effort qui peut être demandé au pays après trois ans de crise. Pour fonctionner, ce plan suppose l'apport de 4 milliards de dollars net d'argent frais par la communauté internationale. Le plan Baker, loin de favoriser l'obtention de cet argent, complique les choses : banques et institutions internationales sont incitées à se renvoyer la balle sans agir. Dans le meilleur des cas, et avant les événements pétroliers, le Mexique n'aurait pas pu compter sur l'arrivée effective de ces financements avant le second semestre. Aujourd'hui, il ne peut même plus compter là-dessus. Il ne saurait être question de reprendre la négociation sur les bases antérieures : *« La bureaucratie tatillonne du Fonds et de la Banque est insupportable ! »* se plaint le ministre. Il faut, dans les dix jours qui viennent, un geste politique qui modifie le rapport de forces entre le Mexique et ses créanciers, avant de mettre en place, pour le long terme, les formules qui permettent d'alléger le service de la dette.

Le Président de La Madrid hésite, me dit Salinas, entre trois possibilités. La première : exiger l'application immédiate et inconditionnelle du plan Baker à hauteur des nouveaux besoins du Mexique. La deuxième : ne pas honorer cette année les échéances et renvoyer à un an le paiement des sommes dues, pour bénéficier d'un répit (convoquer les banques à cet effet et leur remettre un *« junked bond »*). La troisième : établir un lien direct entre la chute du prix du baril et l'interruption des paiements, dont seraient déduites les sommes représentant la perte due à la différence entre le prix réel du pétrole et l'hypothèse admise dans les prévisions mexicaines pour 1986. Techniquement adaptée à la spécificité du cas mexicain, cette solution aurait le mérite politique de faire porter la responsabilité à ceux qui, à l'extérieur du Mexique, manipulent le marché pétrolier. Une fois ce coup frappé, l'avenir pourrait être envisagé plus à loisir. Il s'agirait alors de conduire au cours de l'année 1986 une négociation visant à la capitalisation des intérêts au-delà d'un certain seuil pour les années suivantes. Ce scénario en deux temps sera soumis dans les prochains jours aux autres membres du cabinet.

*« Au point où il en est,* me dit le ministre, *le Mexique s'estime acculé à jouer cette carte. Sans elle, toute notre stratégie économique, fondée sur une libéralisation du marché intérieur et une ouverture sur l'extérieur, s'effondre, et, avec elle, tout espoir de moderniser l'économie mexicaine. Sans elle aussi, le cheminement adopté en vue d'une relance, indispensable au plus tard à la mi-1987, est voué à l'échec. Or, cette échéance est celle de la succession présidentielle, et il ne faut pas l'aborder en position d'échec. A la limite, la baisse du prix du baril apparaît comme une occasion à ne pas manquer pour desserrer les contraintes. Au point où en sont les choses, il vaut peut-être mieux que le baril chute — et sortir de cet étau. »*

Fabius annonce à Bleustein-Blanchet qu'il sera le concessionnaire de la *Six*.

**Mardi 28 janvier 1986**

Explosion de la navette spatiale américaine Challenger. Tragédie en direct, vue par des dizaines de millions de personnes. Moins de deux heures plus tard, magnifique et émouvant discours de Reagan. Quel beau travail du *speech writer* !

J'informe le Club de Paris du projet mexicain. Panique. Coups de téléphone.

**Mercredi 29 janvier 1986**

A « L'Heure de Vérité », Giscard d'Estaing invite publiquement Raymond Barre et Jacques Chirac à un meeting commun à Clermont-Ferrand.

A Hawaï, surréaliste réunion de *sherpas* dans un palace, propriété japonaise, en bord de plage, au milieu des guitaristes.

Le Japon propose d'étendre le champ de la Déclaration de Bonn de 1978 sur les détournements d'avions à tous les aspects du terrorisme aérien. J'accepte, pour circonscrire le désaccord. Cela ne suffira pas pour bloquer le développement parallèle d'une action à Six qui peut conduire à une mise en cause de l'attitude de la France ; c'est pourquoi je propose de mettre rapidement au point une formule de dialogue régulier euro-américain en matière de lutte contre le terrorisme international, par exemple sous la forme d'une rencontre semestrielle entre la troïka des directeurs politiques de la Communauté et le sous-secrétaire d'État chargé de la lutte contre le terrorisme, accompagnés au besoin d'experts compétents. Au moins, la réunion ne sera pas à Sept !

Les directeurs des Affaires juridiques des ministères des Affaires étrangères des Sept pays, qui se sont déjà réunis plusieurs fois pour parler du terrorisme aérien, ont convenu de se réunir à nouveau à Tokyo les 18 et 19 février prochains pour examiner les suites du Sommet de Bonn. Cette réunion n'a pas à préparer le Sommet de Tokyo ni à prévoir, à notre insu, une autre date de rendez-vous. J'y veillerai.

Les Japonais proposent une déclaration de politique générale tentant encore une fois de faire entériner le concept d'alliance globale Atlantique/Pacifique. Je redis les raisons de notre opposition à une telle définition stratégique.

En matière économique, euphorie sur les conséquences de la chute du prix du pétrole dans les pays industrialisés, et pessimisme sur ses conséquences à moyen terme du fait des faillites probables du Mexique, de l'Indonésie, du Nigeria, de l'Égypte et de quelques autres pays en développement.

Les Italiens protestent vigoureusement contre la tenue de la réunion du G5. La Commission aussi est furieuse. D'autant qu'elle n'est pas non plus représentée au G7 des ministres des Finances.

**Jeudi 30 janvier 1986**

A la suite du refus de plusieurs invités de participer au dîner de *« la France qui gagne »* et au colloque « économique », Fabius annule ce projet à l'égard duquel il s'est toujours montré réticent.

**Dimanche 2 février 1986**

Raymond Barre décline l'invitation de Giscard à tenir un meeting unitaire avec Chirac.

**Lundi 3 février 1986**

Attentat à l'explosif dans la galerie Claridge des Champs-Élysées.

**Mardi 4 février 1986**

Attentat à l'explosif à la librairie Gibert Jeune.

Attentat à l'explosif à la FNAC-Sports, revendiqué, comme celui d'hier, par le CSPPA (« Comité de solidarité avec les prisonniers politiques arabes et du Proche-Orient », qui entend faire libérer le groupe Naccache). Au total, les attentats des 3, 4 et 5 février ont fait 19 blessés. Le signal ne peut être plus clair.

Le Président reçoit le rapport de la commission chargée fin 1984, par le ministre de la Défense, d'examiner les perspectives et les conséquences de l'éventuelle apparition d'armes à laser.

Un système de défense spatiale ne pourrait devenir réalisable qu'au prix d'un effort de recherche et de développement considérable. Ce n'est pas avant 2010 qu'une composante spatiale significative pourrait être mise en place, et elle serait loin d'être étanche. L'efficacité de nos forces stratégiques devrait subsister au prix d'une adaptation garantissant que le nombre d'ogives nucléaires pénétrant les défenses adverses reste suffisant pour une stratégie anticités, même dans l'hypothèse où un système de défense spatiale serait déployé par l'URSS.

**Jeudi 6 février 1986**

Les services d'écoute britanniques interceptent une communication-radio où il est question de la libération préalable de Naccache, suivie d'un troc *« un contre un »* entre ses quatre complices et les quatres otages. *« Dans ce cas, comment régler le problème de Morqi, qui s'est envolé de sa cage ? »* Qui est Morqi ? La France l'ignore. Le Quai pense que c'est Carton et qu'il est mort.

François Mitterrand reçoit le Premier ministre néerlandais, Lubbers, qui préside maintenant la Communauté pour six mois et doit se rendre avec nous à Tokyo. Seuls les Grecs et les Danois hésitent encore à signer l'Acte Unique.

**Lubbers :** *Il faut signer le 17 sans attendre les Danois et les Grecs s'ils ne sont pas prêts.*

**François Mitterrand :** *Oui, absolument, sans attendre. L'Europe est capable d'accepter le départ d'un de ses membres.*

**Lubbers :** *Oui. On a dépassé l'heure de la diplomatie, c'est l'heure du droit.*

**François Mitterrand :** *Pour* Eurêka, *cela doit être hors CEE.*

**Lubbers :** *Il faut mettre le secrétariat d'*Eurêka *à Bruxelles, avec un secrétaire général français.*

**François Mitterrand :** *Je suis très hostile à ce que le siège d'Eurêka* soit à Bruxelles.

On discute des excédents agricoles, du Sommet de Tokyo, du Moyen-Orient (François Mitterrand : *« Je suis pessimiste, je ne vois pas en quoi cela peut bouger. »*), et de l'IDS *(« Les États-Unis n'y renonceront pas à Genève. »).*

Teltschik m'appelle pour faire savoir au Président que le Chancelier Kohl recevra Raymond Barre aujourd'hui. Le Chancelier Kreisky m'appelle pour m'informer qu'il rencontre Kadhafi à Malte, samedi, et demande si le Président souhaite lui faire transmettre un message. Shimon Pérès m'appelle pour me dire qu'il est toujours désireux de rencontrer le souverain marocain ; il se tient prêt à venir à Paris quand celui-ci y sera, par exemple à l'occasion du prochain Sommet francophone qui va enfin concrétiser le travail de Brian Mulroney. Je crains qu'il n'obtienne jamais le feu vert présidentiel.

**Vendredi 7 février 1986**

Le général Saulnier rencontre son homologue allemand, le général Altenburg, pour parler des éventuelles consultations nucléaires. Celui-ci rappelle que la

République fédérale d'Allemagne dispose, avec ses partenaires américain et britannique, de deux procédures de consultation de l'emploi du feu nucléaire « tactique » : l'une à travers l'OTAN, l'autre sur la base d'un accord intergouvernemental aux termes duquel le Président américain et le Premier ministre britannique informent le Chancelier allemand de leur intention d'y recourir. Compte tenu de notre position au sein de l'Alliance, c'est cette seconde formule que les Allemands souhaiteraient examiner avec nous.

Dans un tel schéma, la décision d'emploi reste une décision souveraine relevant exclusivement de l'État détenteur des armes nucléaires. Le concept d'emploi de l'arme nucléaire préstratégique française obéit à une logique politico-militaire et se traduit techniquement par des plans de frappe ayant certaines caractéristiques. Celles-ci sont-elles compatibles, en tout ou en partie, avec les desiderata allemands ? Tel est l'enjeu de la question qui nous est posée aujourd'hui. La consultation souhaitée s'étend également aux modalités techniques d'emploi de l'arme nucléaire. Les plans de frappe français seraient en effet assortis de certaines restrictions touchant d'une part à la nature des explosions (puissance et hauteur), d'autre part à la désignation des objectifs (points sensibles à éviter). La portée exacte de ces limitations ferait l'objet d'une négociation, et le général Altenburg doit transmettre au général Saulnier un texte précis énonçant les souhaits allemands en ce domaine.

Meeting à Lille. *« En-foi-ré ! »* scande le public à l'arrivée de Coluche. A propos du Président, Michel me dit : *« C'est un pro. Il sait tenir une foule. Et fais-moi confiance, je sais de quoi je parle ! »* Un dîner suit où sont réunies autour de François Mitterrand et de Pierre Mauroy un certain nombre de personnalités, dont plusieurs ministres. Le Président : *« Plus on approchera du 16 mars, plus il faudra transformer ces législatives en un second tour de présidentielle pour parvenir à provoquer le réflexe du vote utile dans l'électorat du PC. L'UDF et le RPR vont peut-être obtenir une courte majorité à l'Assemblée, mais il y en a trois* [Giscard, Barre et Chirac] *qui, à force de s'étriper, ont déjà perdu. »* Enfin : *« Je ne vais pas m'arrêter là. Je continuerai à intervenir dans la campagne sous des formes diverses. J'ai quelques idées... »*

A la sortie, Coluche dédicace les épaulettes d'une haie de gardiens de la paix hilares. Il en est tout fier : *« Si ma mère voyait ça ! »*

**Samedi 8 février 1986**

Discours de Gorbatchev. Personne avant lui n'aurait pu tenir en URSS les propos suivants : *« Bien que, d'après les plans envisagés, l'entreprise de la "Guerre des étoiles" doive être menée à bien dans plusieurs dizaines d'années et que seule une poignée d'"enthousiastes" croie sa réalisation possible, elle risque d'entraîner des conséquences très sérieuses si les États-Unis persévèrent dans cette voie. J'admets que, personnellement, le Président Reagan croie à la mission "salutaire" de la "Guerre des étoiles". Mais, s'il s'agit d'en finir avec la menace nucléaire, pourquoi les États-Unis n'accepteraient-ils pas, dans leur principe, les dernières propositions de l'URSS ? J'ai la certitude qu'on est conscient de cela à Washington où, pour une personne qui "croit" à ce plan surréaliste de liquidation de la menace nucléaire, on compte au moins dix esprits cyniques qui voient les choses tout autrement que le Président Reagan dans ses discours et ses rêves. Les uns, par exemple, sachant qu'on ne peut créer de "bouclier étanche", sont disposés à voir moins grand, à concevoir une défense antimissiles limitée — laquelle engendrerait la possibilité d'une agression nucléaire impunie. D'autres courent tout simplement après les profits ou bien veulent entraîner l'URSS dans la course aux armements spatiaux pour saper son économie. D'autres encore aspirent à creuser l'écart technologique entre les États-Unis et l'Europe occidentale pour rendre ainsi celle-ci plus dépendante... Et ainsi de suite.* »

**Lundi 10 février 1986**

Haïti est en révolte. Devant l'ampleur de l'émeute, « Baby Doc » Duvalier doit quitter l'île, et Roland Dumas comme George Shultz cherchent pour lui un pays d'accueil. Le Togo, sollicité par les Américains, n'a pas donné de réponse. On sonde les Seychelles, le Brésil.

L'opposition haïtienne de l'extérieur réunit ses assises après-demain, à New York, pour arrêter sa position face au nouveau gouvernement. Dans la partie incertaine qui se joue à Port-au-Prince, il importe que nous soyons dès maintenant présents. Il y va de l'avenir de notre influence et de la francophonie en Haïti. Le Président y envoie Christian Nucci.

**Mardi 11 février 1986**

M. Hu Yaobang, Secrétaire général du PC chinois, se propose de venir en France du 16 au 19 juin prochains. François Mitterrand accepte.

Hassan II refuse de venir à Paris pour assister à la conférence sur la francophonie, la semaine prochaine. Voilà qui met fin à tout rêve de rencontre avec Pérès. Il écrit à François Mitterrand :

> « *Monsieur le Président de la République et Grand Ami,*
> *Vous avez bien voulu nous convier à venir à Paris les 17, 18 et 19 février pour participer à la réunion des chefs d'État et de gouvernement ayant en commun l'usage de la langue française.*
> *L'intérêt d'une telle rencontre ne nous échappe guère, tant nous estimons impérieux, dans la conjoncture mondiale actuelle, de ne négliger aucun moyen susceptible d'ouvrir et de renforcer la voie de la coopération entre tous pour un meilleur développement et un plus grand progrès de la science et de la connaissance.*
> *Dès lors, nous aurions tant désiré être parmi les participants à cette importante réunion !*
> *Malheureusement, des obligations auxquelles nous ne pouvons nous soustraire nous retiennent au Maroc, et nous regrettons bien sincèrement de ne pouvoir répondre à votre aimable invitation.*
> *Le Maroc ne sera cependant pas absent de vos délibérations. Notre ministre des Affaires étrangères et de la Coopération l'y représentera.*
> *Je saisis cette occasion pour vous dire combien je suis fasciné par la manière dont vous dirigez la campagne électorale des législatives. Elle confirme et dépasse ce que je savais de vous : l'art de la stratégie et les réflexes d'un grand homme d'État.*
> *Navré, sincèrement, de ne pouvoir vous dire cela — et beaucoup d'autres choses — de vive voix, je vous prie, Monsieur le Président de la République et Grand Ami, de croire en mon amitié sincère et ma très haute et sympathique considération.* »

François Mitterrand : *« Quelquefois, je dis à mes amis, pour rire : le seul Juif pas intelligent, c'est Jacob. C'est un naïf qui est toujours trompé, mais pourtant c'est lui qui a fondé l'État d'Israël... Moïse, lui, ne voulait pas devenir Moïse ; mais il n'a pas obéi à la logique de son rang de prince égyptien. Il n'aurait été qu'un grand prince, alors qu'il est devenu Moïse. »*

**Mercredi 12 février 1986**

La police, secondée par la DST, effectue une rafle dans les milieux militants pro-islamiques, qui se solde par une cinquantaine d'interpellations. Deux Irakiens, opposants au régime de Bagdad, font l'objet d'un arrêté ministériel d'expulsion pris le jour même. Le premier, Fawzi Hamza, demande à partir pour la Grande-Bretagne ; le second, Hassan Kheireddine, interpellé à Caen, souhaite gagner le Paraguay... Pierre Joxe a bien travaillé !

**Samedi 15 février 1986**

Pierre Messmer fait une visite discrète à Jean-Louis Bianco, secrétaire général de l'Élysée. Sujet de la conversation : le Tchad et la situation en Afrique, où l'ancien légionnaire vient d'effectuer une tournée.

**Lundi 17 février 1986**

Un avion libyen bombarde la piste de l'aéroport de N'Djamena.

Le Foreign Office refuse d'accueillir l'Irakien expulsé Fawzi Hamza.

Sommet francophone. Enfin, on peut repérer, comme autour du Commonwealth, une communauté Nord/Sud unie par sa langue. On parle économie. Les Canadiens proposent un projet de résolution sur la Dette. Il est très éloigné des demandes du Sénégal et ne souffle mot de notre projet de conférence monétaire.

**Mardi 18 février 1986**

François Mitterrand donne l'ordre de préparer un nouveau dispositif au Tchad (« Épervier »).

Fabius songe à Crépeau pour succéder à Badinter, qui quitte le gouvernement demain pour présider le Conseil constitutionnel à l'expiration des trois années de mandat de Daniel Mayer.

**Mercredi 19 février 1986**

Clôture du Sommet de la francophonie.

Michel Crépeau : *« Quand je suis arrivé à l'Élysée, le Président m'a dit : "Je vous verrai à la fin du Conseil avec le Premier ministre." J'ai cru que j'allais me faire engueuler. Finalement, c'était pour me demander de remplacer Badinter. »*

Robert Badinter est nommé Président du Conseil constitutionnel. Son bilan est magnifique : abolition de la peine de mort, abrogation de la loi « anticasseurs » et de la loi « Sécurité et Liberté », suppression de la Cour de Sûreté de l'État et des tribunaux permanents des forces armées, suppression du délit d'homosexualité, institution d'un *habeas corpus*, droit au recours individuel devant la Cour européenne des droits de l'homme, meilleure indemnisation des victimes d'infractions, accélération de la réparation des préjudices, renforcement des droits des victimes d'accidents de la circulation, accès à la justice facilité pour les plus défavorisés (le nombre des bénéficiaires de l'aide judiciaire a été multiplié par 1,5).

Asunción s'oppose à l'entrée de Duvalier au Paraguay. Les Paraguayens refusent aussi de recevoir Hassan Kheireddine, l'autre Irakien expulsé.

Honte : expulsion vers Bagdad des deux opposants irakiens ! La DST avait, *« à toutes fins utiles »,* réservé pour eux des places à bord d'un appareil des lignes aériennes irakiennes à destination de Bagdad. A Orly, ils protestent et se débattent. Menottés dès leur arrivée à Bagdad où ils sont arrêtés par la police de Saddam Hussein.

Le Président est furieux de cette décision du ministre de l'Intérieur. Le gouvernement français multiplie les contacts avec le régime de Saddam Hussein pour obtenir, à défaut de leur retour en France, l'assurance que les deux Irakiens auront la vie sauve. Bagdad fait savoir qu'ils ne seront pas exécutés. L'ambassadeur Jacques Morizet et Jean-Claude Cousseran se rendent à Bagdad pour tenter de les ramener. En vain.

Le général Altenburg fait remettre au général Saulnier un projet de déclaration conjointe pour le prochain Sommet franco-allemand :

> *« Dans le cadre de la collaboration politico-stratégique avec la République fédérale d'Allemagne, le gouvernement français se déclare disposé à consulter le gouvernement allemand avant tout emploi d'armes nucléaires françaises dans la mesure où un tel emploi affecterait directement des intérêts vitaux de la République fédérale d'Allemagne.*
>
> *Les gouvernements des deux pays ont donné leur accord à une coopération opérationnelle élargie. En cas de besoin, le gouvernement français emploiera des forces françaises sur le territoire de la République fédérale d'Allemagne dans le but d'appuyer la défense de l'avant, tout en se réservant la décision sur la nature et l'ampleur de cet emploi. Selon la volonté des deux gouvernements, des options d'emploi opérationnel devront être expérimentées en temps de paix, à partir de 1986, sous la forme d'exercices de grandes unités.*
>
> *Les deux gouvernements ont donné leur accord à une formation en commun, en ce qui concerne les personnels militaires supérieurs, dans les Écoles de Guerre de Paris et de Hambourg, ainsi qu'à une formation avancée — dans une première phase, au Centre des Hautes Études militaires à Paris — de ces personnels dès 1986, dans le but de les préparer à des fonctions de commandement supérieures. En*

*donnant son assentiment à cette solution, le gouvernement français part de l'hypothèse qu'en contrepartie, une formation avancée analogue pourra être dispensée dans un proche avenir à des officiers français dans le cadre d'une institution de formation avancée comparable en République fédérale d'Allemagne. »*

Beaucoup à discuter avant d'accepter cela : en bref, le Chancelier demande à être associé à la décision d'emploi de l'arme nucléaire française.

**Jeudi 20 février 1986**

Une fois terminé le Sommet francophone, le Président reçoit Brian Mulroney. Il lui parle du voyage qu'il compte faire au Canada en septembre 1987 à l'occasion du prochain Sommet de la francophonie — façon de dire qu'il sera toujours là.

Brian Mulroney : *« Vous avez favorisé l'unité canadienne. Votre visite chez nous sera inoubliable (...). Pourquoi Reagan se comporte-t-il ainsi sur la question du Nicaragua ? »*

François Mitterrand cite l'exemple de Peña Gomez et de Carter qui ont réglé le problème de Saint-Domingue, lors du départ de Trujillo, sans crise.

Mulroney explique qu'il a appelé Reagan un samedi après-midi pour lui annoncer qu'il refusait de s'associer à l'IDS après que Weinberger eut évoqué l'hypothèse d'installer des Pershing aux États-Unis. Il s'attendait à une explosion de colère. Reagan se montra au contraire très *« relax »*.

A 20 h 30, la *Cinq* commence à émettre. Débauche de bulles et de paillettes. Le Président : *« C'est peut-être une des meilleures décisions de mon septennat. »* Antoine Riboud aurait voulu en être. Jérôme Seydoux a refusé.

**Vendredi 21 février 1986**

Stupeur : le Chancelier demande l'accord du Président sur le texte transmis avant-hier par Altenburg, lequel *« aurait été négocié entre Saulnier et son homologue »*.

Mais rien n'a été négocié ! Le général Saulnier n'a vu qu'une fois son homologue. Celui-ci a décommandé le rendez-vous suivant tout en lui faisant remettre un projet de déclaration conjointe. Mais ils n'en ont jamais discuté !

Teltschik vient me voir lundi matin à ce sujet.

François Mitterrand enrage contre Poher qui a fait une déclaration d'une rare violence après la nomination de Robert Badinter au Conseil constitutionnel : *« Je ne veux plus voir ce minable ici. »*

**Samedi 22 février 1986**

*TV 6*, chaîne musicale, commence à émettre.

**Lundi 24 février 1986**

Cinq Français sont arrêtés à Téhéran.

Bilan de la législature : de 1980 à 1985, la croissance française aura été en moyenne de 1,2 % par an, soit autant que celle constatée dans la CEE. Mais, au contraire de chacun des autres pays, nous n'avons jamais connu de diminution du PIB pendant cette période. L'écart d'inflation avec la moyenne de la CEE a été annulé ; l'écart d'inflation avec la RFA est tombé de 8,1 points à la fin de 1980 à 3,1 points en septembre 1985. Et ces résultats ont été obtenus malgré un dollar élevé et une libération progressive des prix. Le déficit du commerce extérieur en 1984 et 1985 est quatre fois moins important que celui de 1980, dernière année de la gestion de M. Barre ; le solde des transactions courantes est pratiquement équilibré en 1984 et excédentaire en 1985, alors qu'il était négatif en 1980. Un déficit global du secteur public (État, Sécurité sociale, collectivités locales) inférieur au déficit moyen des pays industrialisés. Un endettement de l'État parmi les plus faibles du monde occidental. L'État a d'ailleurs remboursé par anticipation, en août 1985, une partie de sa dette extérieure (15 %). L'effort de recherche a connu un très sensible accroissement : de 1,8 % du PIB en 1980 à 2,25 % du PIB en 1985. Les résultats des entreprises se redressent : tombé à 23,1 % à l'issue de six années de dégradation, le taux de marge des entreprises dépasse 25 % en 1985. Les entreprises industrielles nationalisées en 1982 sortent du rouge ; déficitaires de 1,7 milliard de francs en 1981, elles sont bénéficiaires avec plus de 5 milliards de francs de résultat positif en 1985.

Je vois Teltschik à Paris. On commence à négocier le texte d'un éventuel accord militaire à partir du projet proposé par Altenburg. Le débat porte sur la décision d'emploi de l'arme nucléaire.

François Mitterrand répond à Gorbatchev sur son plan de désarmement :

> « ... *Aux yeux de la France, l'objectif ultime de l'élimination de l'arme nucléaire est légitime s'il n'est pas séparé de la suppression des autres armes. Il serait artificiel d'isoler le problème de l'arme nucléaire en Europe, comme ailleurs, des équilibres d'ensemble dont elle est partie prenante. Pour parler plus particulièrement de l'Europe, j'ai noté que vous proposiez un certain nombre de mesures quant à la limitation de l'arme chimique. Vous évoquez également la conférence sur le désarmement en Europe et le problème des mesures de confiance. Je crois que c'est par là qu'il faudrait commencer. Il serait très intéressant que vous précisiez ces propositions et avanciez un calendrier en ce qui les concerne.*
>
> *Vous connaissez les conditions que j'ai posées en septembre 1983, à la tribune des Nations-Unies, à une participation de la France à un processus de désarmement nucléaire, par exemple sous la forme d'une conférence sur le désarmement des Cinq puissances.*
>
> *La situation présente n'a pas suffisamment évolué pour que la France ralentisse son effort d'adaptation de sa force de dissuasion dans un but évidemment défensif.* »

François Mitterrand répond à Ronald Reagan sur le même sujet :

> « ... *La démarche de M. Gorbatchev est assurée et inventive, du moins quant à la forme, car ses objectifs demeurent ceux que nous connaissons. Hormis les questions liées aux armements stratégiques et à l'espace, je relève que la préoccupation prioritaire des Soviétiques reste d'obtenir la disparition des armes nucléaires d'Europe.*

*Faute d'avoir pris les précautions indispensables, aller dans ce sens serait accroître la possibilité pour l'URSS d'exercer des pressions sur notre continent en usant de la menace des forces de toute nature, y compris conventionnelles et chimiques, qu'elle y a accumulées.*

*Néanmoins, le plan de M. Gorbatchev comporte des éléments intéressants et, tel qu'il est présenté, il est propre à séduire certains. C'est pourquoi j'estime, comme vous, qu'il mérite une réponse sérieuse. Il est nécessaire de rappeler à l'URSS et aux opinions que la paix découle de l'équilibre de toutes les forces, et que tout désarmement doit prendre en compte l'ensemble des armes existantes. C'est pourquoi je souscris entièrement à votre remarque selon laquelle la suppression finale des armes nucléaires est un objectif louable, qui sera difficile à réaliser, et qu'il faut pour cela nous "pencher sur les conditions qui ont rendu ces armes nécessaires".*

*C'est bien pourquoi mon pays estime, comme vous le savez, qu'en Europe il conviendrait de corriger en premier lieu le déséquilibre conventionnel, armes chimiques incluses. M. Gorbatchev avance quelques propositions dans ces domaines, mais elles demeurent imprécises et ne comportent pas de calendrier. Nous pourrions lui demander des précisions sur ce point décisif. Il en va de même des éventuels moyens de vérification des accords conclus.*

*S'agissant enfin des tentatives réitérées des Soviétiques d'imposer à mon pays des contraintes sur ses moyens nucléaires, vous connaissez nos positions. La France n'acceptera pas d'interrompre la modernisation nécessaire de sa force de dissuasion alors même qu'aucune des conditions de bon sens que j'ai posées en septembre 1983 à la tribune des Nations-Unies à une éventuelle participation de mon pays au processus de désarmement, par exemple sous la forme d'une conférence des Cinq puissances nucléaires, ne serait remplie ou même en voie de l'être. Il faudrait pour cela qu'ait été réalisée effectivement une réduction significative des arsenaux américain et soviétique, mais aussi qu'aient été corrigés les déséquilibres dans le domaine conventionnel et éliminée la menace chimique, et enfin que n'aient pas été développées d'autres armes susceptibles de peser sur la crédibilité des politiques de dissuasion nucléaire.*

A fortiori, *aucune réduction ne saurait être envisagée si ces conditions n'étaient pas réunies.*

*Je n'ai jamais douté de votre détermination à refuser tout arrangement avec les Soviétiques qui ne tiendrait pas compte des préoccupations fondamentales de mon pays. Je me félicite à cet égard de votre engagement selon lequel "il n'y aurait pas, dans le projet d'accord que vous proposez, de contraintes agréées s'agissant des forces du Royaume-Uni ou de la France".*

*Mon pays n'est pas partie à la négociation de Genève mais, d'un simple point de vue logique, je partage également votre analyse quant à la nécessité de ne pas ignorer, pour tendre vers une véritable "option zéro", les missiles SS 20 stationnés en Asie, mais mobiles, ni, par ailleurs, les missiles à courte portée en Europe, ni, ajouterai-je, les armements conventionnels et chimiques.*

*Je me réjouis du climat de confiance qui règne entre nous sur ces problèmes si déterminants pour l'avenir de nos peuples et vous prie d'agréer, Monsieur le Président, cher Ron, l'expression de ma très haute considération. »*

On ne fait pas plus aimable et conciliant.

**Mardi 25 février 1986**

Au petit déjeuner, François Mitterrand, sur la cohabitation :

*« S'ils choisissent eux-mêmes un Premier ministre, je ne le désignerai pas. Le RPR, ce sont des hommes de violence, qui piétinent les institutions qu'ils ont fondées.*

*Ce serait amusant de nommer un Premier ministre par jour, entre le 16 mars et le 2 avril : l'union de l'opposition s'en porterait sûrement bien ! Ils ont trahi les hommes ; maintenant, ce sont les institutions qu'ils trahissent. »*

Le Président approuve la suggestion de Mary Seurat : envoyer quelqu'un à Téhéran. Les contacts actuels peuvent en effet ne pas avoir suffi à donner le signal politique éventuellement nécessaire.

François Mitterrand reçoit Vernon Walters, ambassadeur américain à l'ONU, qui vient lui parler de la Libye : *« Fin mars, nous entrerons dans le Golfe de Syrte. Si vous voulez, vous pouvez réfléchir à une attaque terrestre simultanée. Parlons-en. »* Le président l'écoute, sans plus.

Le Président sur Fabius : *« C'est au total un très bon Premier ministre, compétent, lucide et, au-delà. Il lui aura manqué six mois pour gagner les élections. »*

**Mercredi 26 février 1986**

Maurice Duverger espérait bien rejoindre son collègue Georges Vedel, nommé, lui, par Giscard, autour de la table des « Sages » du Palais-Royal. Beaucoup ne veulent pas de lui. Ni maintenant, ni plus tard.

Jacques Chirac pose ses conditions pour gouverner. Le Président hausse les épaules.

**Jeudi 27 février 1986**

Dernier Sommet franco-allemand de la législature à l'hôtel Marigny. Même rituel. Le sujet d'aujourd'hui est celui de la coopération dans la décision d'emploi de l'arme nucléaire, aboutissement de quatre années de rapports confiants :

**Helmut Kohl :** *L'ambiance est difficile pour moi. Je suis victime d'attaques personnelles.*

**François Mitterrand :** *J'ai pensé à vous durant cette campagne calomnieuse. En France, le PS a eu seul la majorité une seule fois en un siècle et demi. La question est de savoir si la droite sera majoritaire ou non. Selon les sondages, ils auront la majorité absolue. Mais ils font un jeu à trois, comme chez vous où j'irai d'ailleurs bientôt prendre des leçons !*

**Helmut Kohl :** *Vous avez déjà traversé beaucoup de tempêtes...*

**François Mitterrand :** *Parlons des questions militaires. J'ai tenu compte, dans mon livre*[1]*, de vos idées. Quant à la note que vous m'avez donnée hier, je vais l'étudier ce soir.*

**Helmut Kohl :** *Ça ferait très bien dans le contexte général.*

**François Mitterrand :** *Je suis d'accord pour une coopération politico-stratégique avec le gouvernement allemand dès lors que le territoire allemand est affecté. Cela ne peut être confondu avec une codécision sur l'arme nucléaire, qui exige une très grande rapidité de décision. C'est une affaire de minutes. Il faut donc avoir une bonne liaison. Je suis prêt à organiser cette consultation ou à rédiger une lettre sur ces bases. Pour ce qui est de la coopération opérationnelle,*

1. *Réflexions sur la politique extérieure de la France*, Fayard, 1985.

*je suis aussi d'accord. La première armée et la FAR sont habilitées par moi seul à dépasser la ligne Rhin-Danube-Main, et à aller vers la frontière. Il faut donc faire attention au vocabulaire et éviter l'expression de "bataille de l'avant". Il y a 50 kilomètres entre la ligne RDM et la frontière. C'est très court. Ce sont des batailles sur des mots, mais l'opinion française est très sensible.*

**Helmut Kohl :** *On peut les laisser tomber.*

**François Mitterrand :** *Je vous propose d'aller à la frontière, mais sans commandement de l'OTAN.*

**Helmut Kohl :** *Pas de problème.*

**François Mitterrand :** *Dans ce cas, il faut rédiger une lettre secrète d'une page.*

L'affaire est entendue.

Puis la discussion reprend sur la Déclaration commune franco-allemande préparée par Teltschik et moi la veille, à partir du projet Altenburg. Un paragraphe est particulièrement discuté :

> *« Dans les limites qu'impose l'extrême rapidité de telles décisions, le Président de la République se déclare disposé à consulter le Chancelier de RFA sur l'emploi éventuel des armes préstratégiques françaises sur le sol allemand. Il rappelle qu'en cette matière, la décision ne peut être partagée. Le Président de la République indique qu'il a décidé, avec le Chancelier fédéral, de se doter des moyens techniques d'une consultation immédiate et sûre en temps de crise. »*

Le point crucial de la discussion, réglé *in fine*, est l'expression *« sur le sol allemand »*, qui inclut l'Allemagne de l'Est, alors que le texte d'Altenburg prévoyait seulement le territoire de la RFA. Genscher a beaucoup insisté là-dessus.

Amnesty International annonce que l'un des deux Irakiens renvoyés à Bagdad a été exécuté. Nous sommes effondrés.

**Vendredi 28 février 1986**

Jean-Claude Héberlé transmet son projet de Carrefour international de la Communication, qui complète et précise les différentes études réalisées depuis 1982 pour la Tête Défense.

Les trois axes que privilégie ce projet sont la représentation de la riposte française et européenne en matière de communication, la recherche sur les sujets clés de l'avenir, enfin l'établissement d'une véritable Cité de la Communication accueillant un grand nombre de télévisions du monde, lieu de recherche et de référence pour les nouveaux produits et les nouveaux usages du secteur de la communication.

Assassinat d'Olof Palme. Trop seul ? Trop menacé ? Trop radical ?...

Adoption de la loi Delebarre sur l'aménagement du temps de travail. Dernière loi de la législature.

*Canal-Plus* atteint le nombre d'abonnés (800 000) nécessaire à son équilibre. Magnifique succès.

Michel Camdessus, nouveau gouverneur de la Banque de France, propose de créer un nouveau billet à l'effigie du Général de Gaulle. François Mitterrand hausse les épaules : *« C'est trop tôt. »*

**Samedi 1er mars 1986**

Jacques Chirac a l'intention, dit-on, s'il en a un jour les moyens, de retirer la *Cinq* à Seydoux pour la confier à *RTL*. C'est possible, le contrat de la *Cinq* ne prévoyant aucune indemnisation précise autre que celle que pourraient fixer ultérieurement les tribunaux.

L'hiver, très rude, se termine. Les « Restos du cœur » auront servi huit millions de repas gratuits. Magnifique !

**Dimanche 2 mars 1986**

Le Président joue avec l'idée de démissionner avant les élections de mars. Et de se représenter...

Show télévisé Mitterrand-Mourousi (*« Chébran »*).

**Lundi 3 mars 1986**

Le Président me confie : *« Je choisirai Chirac : c'est le plus dur. Il faut l'affronter de face. »*

Le successeur de Saulnier, Gilbert Forray, reçoit quatre officiers américains et discute du plan d'une attaque militaire contre la Libye en cas de nécessité.

Je reçois le premier projet de future déclaration générale du Sommet de Tokyo, proposé par les Japonais :

> *« Nous, chefs d'État et de gouvernement des sept grandes démocraties industrielles des régions du Pacifique et de l'Atlantique, ainsi que les représentants des Communautés européennes, avons saisi l'occasion de cette rencontre à Tokyo pour définir nos objectifs tant pour ce siècle que pour le prochain (...). L'heure est venue pour l'Atlantique et le Pacifique d'unir leurs énergies dans la quête d'un ordre international plus sûr, plus sain, plus civilisé et plus prospère... »*

Bavardage globalisant. Pas difficile à maîtriser.

**Mardi 4 mars 1986**

Au petit déjeuner, François Mitterrand : *« Après le 16 mars, je serai moralement à Rambouillet. Mais il est évident que je m'occuperai et contrôlerai tout ce qui touche à la sécurité de la France. Avec Chirac, la corde se tend toujours, mais elle ne casse jamais. »*

**Mercredi 5 mars 1986**

Le Djihad annonce l'exécution de Michel Seurat, en riposte à l'expulsion des deux Irakiens. Terrible vengeance. Honte sur la République, même si c'est faux.

Hachette acquiert les parts de la Sofirad et prend le contrôle d'*Europe 1*. Retour à la case départ...

**Jeudi 6 mars 1986**

Baisse des taux d'intérêt allemands, suivie par tous les grands pays.

Réflexions sur un éventuel usage des ordonnances par un gouvernement de droite : la décision du Conseil constitutionnel du 1er janvier 1967 permet d'exiger que, dans la loi d'habilitation, le champ des ordonnances soit à l'avance délimité de façon très précise. Cette loi d'habilitation peut donc être l'occasion d'un débat parlementaire approfondi et d'une intervention du Président en tant que gardien de la Constitution.

Lettre de François Mitterrand à Jean-Claude Héberlé :

> *« Parmi les grands projets auxquels je suis très attaché, à Paris comme en province, le Carrefour international de la Communication devra tenir la place qui lui revient. Aujourd'hui, la construction de la "Grande Arche" est engagée dans des conditions architecturales, techniques et financières satisfaisantes. Il est donc temps d'accélérer la mise en œuvre du programme que vous me proposez. Il conviendra de mettre en place dès 1987 les équipements nécessaires qui n'avaient pu jusqu'ici être précisément définis. Je demande au Premier ministre, aux ministres responsables et au président de la Mission interministérielle d'y veiller. »*

**Vendredi 7 mars 1986**

Pierre Verbrugghe me dit que Joxe a reçu l'ambassadeur d'Irak juste avant l'expulsion des deux Irakiens. Pourquoi ?

Mary Seurat est reçue par le Président. Elle est le visage même de la tragédie. La compassion ne suffit plus.

Nouvelle réflexion de François Mitterrand sur la cohabitation : *« Les ambassadeurs de France sont les ambassadeurs du chef de l'État auprès des chefs d'État étrangers. Le Général de Gaulle recevait d'ailleurs, quelques minutes avant leur départ en poste, tous "ses" ambassadeurs. Est-ce qu'il ne serait pas intéressant de restaurer cette pratique tombée en désuétude, sauf exception, depuis Georges Pompidou, afin de renforcer le lien personnel entre le Président et "ses" ambassadeurs ? »*

Je suis à Londres à compter de ce soir, jusqu'à dimanche, pour la réunion des *sherpas* préparatoire au Sommet de Tokyo. La dernière de la législature.

Après que Georges Fillioud lui a fait demander de trouver une solution autre que le projet Pomonti pour le satellite, Berlusconi rencontre Maxwell à Londres.

**Samedi 8 mars 1986**

L'horreur s'approfondit. Enlèvement de quatre journalistes d'*Antenne 2* à Beyrouth : Philippe Rochot, Georges Hansen, Jean-Louis Normandin, Aurel Cornea. François Mitterrand charge Éric Rouleau, notre ambassadeur à Tunis, de demander aux Palestiniens basés dans la capitale tunisienne d'intervenir de façon à assurer au moins la sécurité des otages. Le chef de l'OLP promet d'user de son influence. Il dit à Rouleau qu'à sa connaissance, l'opposition française s'emploie à contrecarrer l'action du gouvernement. Abou Iyad assure même qu'un accord a été conclu entre un représentant de l'opposition et Téhéran sur le sort des otages.

A la réunion de *sherpas*, j'explique qu'après mars, le Président conservera la totalité du pouvoir en politique étrangère. Le Sommet de Tokyo laissera un maximum de temps aux réunions rassemblant les seuls chefs d'État et de gouvernement. Il y aura un problème avec la presse américaine qui rompt les accords antérieurs et installe un centre de presse à part, comme à Ottawa. Je proteste, et menace de rendre publique cette protestation, mais je crains que cela ne reste sans effet, en raison de la connivence américano-japonaise.

M. Nakasone insiste à nouveau pour que la notion de *« dialogue Atlantique/Pacifique »* soit inscrite comme une façon de signifier une sorte d'extension de l'Alliance atlantique au Pacifique. Je m'y oppose, comme les Allemands et les Italiens, en expliquant que la France et l'Europe ne se réduisent pas à leur façade atlantique. Est également en préparation une déclaration sur le terrorisme. Je réserve totalement notre approbation sur l'existence même de ce texte. Il ressort de la discussion un projet très court, sans problème.

L'ambiance est toujours à l'euphorie en raison de la chute des cours du pétrole et de la possibilité qu'elle offre de masquer tous les problèmes commerciaux, monétaires et financiers du moment. Les problèmes posés par la Conférence monétaire internationale et la dette du Tiers Monde ont disparu. Les Japonais souhaitent voir aborder deux sujets nouveaux : éducation et biotechnologie. Sur la biotechnologie, ils ont l'intention d'introduire leur projet « Frontières humaines » et de lancer un appel aux autres nations pour s'y associer, un peu comme les Américains l'ont fait l'année dernière pour l'IDS. Ce projet est très intéressant. Les experts japonais viennent m'en parler à Paris dans une semaine.

La prochaine et dernière réunion de *sherpas* aura lieu en France, au château de Rambouillet, les 17, 18 et 19 avril, soit après les élections législatives. Elle sera restreinte à un seul représentant par pays, à la demande expresse de nos partenaires qui souhaitent que cette réunion soit consacrée à la mise au point définitive de l'ordre du jour et des éventuelles déclarations. Voilà qui nous rend plutôt service...

**Dimanche 9 mars 1986**

Le Dr Raza Raad est de nouveau à Beyrouth ; l'ambassadeur de France à Tunis, Éric Rouleau, est invité secrètement à Téhéran par le ministre des Gardiens de la Révolution, Rafigh Doust.

François Mitterrand est à Lisbonne pour l'investiture de Mario Soares. Déjeuner officiel réunissant les chefs d'État et de gouvernement.

Accord Berlusconi-Maxwell-Seydoux-Kirch sur le partage des canaux de TDF 1

**Lundi 10 mars 1986**

L'inflation est tombée à 5 %. Le déficit extérieur est passé de 93 milliards en 1982 à 24 milliards en 1985. Le pouvoir d'achat a augmenté de 5 % en cinq ans. Mais la justice sociale ?

Le Djihad islamique fait parvenir à la presse les photographies du cadavre de Michel Seurat. Mary Seurat accuse la France d'être responsable de la mort de son mari : *« J'impute la responsabilité de l'exécution, du meurtre de mon mari, à M. Pierre Joxe. »* Rien à répondre.

**Mardi 11 mars 1986**

François Mitterrand n'a pas pardonné à Joxe l'expulsion des deux Irakiens : *« Un crime infamant commis par la France. Joxe devra en porter le poids. On est trop lié à l'Irak. Depuis le début, je suis contre cette politique. J'ai condamné la décision de vendre des armes à l'Irak en 1982. »*

Contrairement à beaucoup, il voit venir la cohabitation sans crainte excessive. *« On peut espérer soit conserver le gouvernement avec le PS et 80 dissidents de droite, soit mener une grande bataille sur quelques grands principes. Ce sont les six premiers mois qui seront les plus durs. Après, on entrera dans la campagne présidentielle. »*

Georges Fillioud annonce la création du consortium chargé de l'exploitation de TDF 1.

**Mercredi 12 mars 1986**

Dernier Conseil des ministres de la législature, qui s'ouvre par un long exposé de François Mitterrand sur l'expulsion des deux Irakiens : *« Ce qui a été fait là est une inexcusable négligence, à moins qu'il ne s'agisse d'une malveillance. Le gouvernement suivant sera confronté au même devoir cruel dont la France a la charge. Je fais confiance au Premier ministre. Nous agirons et parlerons en conséquence. Je n'ai pas connu depuis cinq ans de situation plus difficile. Gouverner est difficile. Certains disent qu'il faut que j'intervienne à la télévision. D'autres voudraient des mesures spectaculaires. Sur les otages, la France n'a pas cédé. Pour les sauver, elle fera tout, sauf céder.*

*Au total, je vous remercie du travail accompli. C'est l'Histoire qui écrira le reste. »*

En mémoire de Michel Seurat, radios et télévisions observent une minute de silence au cours de leurs journaux de la mi-journée. A la même heure, les cloches de Notre-Dame de Paris sonnent le glas. Les entendre du cœur du pouvoir d'État a quelque chose de terrifiant.

Bagdad annonce que les deux opposants expulsés par Paris sont graciés. Qui peut savoir ?...

Éric Rouleau et Pierre Lafrance, notre chargé d'affaires, rencontrent Rafigh Doust à Téhéran. Un scénario d'échange Naccache/otages est de nouveau examiné. Rouleau et Lafrance sont optimistes.

Nabih Berri reçoit Serge Boidevaix et lui dit qu'il condamne le meurtre de Michel Seurat. Il rappelle qu'il a beaucoup œuvré pour la libération de Seurat et Kauffmann au moment de l'affaire du Boeing de la TWA. Il avait obtenu la promesse du Jihad islamique d'une libération de nos deux compatriotes, mais les Hezbollah n'ont pas tenu parole. L'affaire des deux Irakiens renvoyés à Bagdad, pour regrettable qu'elle soit, ne justifie pas, à son avis, un tel assassinat, qu'il qualifie d'incroyable.

En ce qui concerne l'enlèvement des quatre journalistes d'*Antenne 2*, il a obtenu des informations selon lesquelles cette opération avait été menée non par des Hezbollah, mais par des Irakiens opposés au régime de Saddam Hussein. Ses hommes ont capturé *« trois ou quatre »* membres de cette organisation aux fins d'interrogatoire. L'un d'eux semblait être le principal responsable ; il espère pouvoir en tirer quelques renseignements intéressants dont il nous fera part. En tout cas, sa dernière déclaration à la presse demandant la libération immédiate et inconditionnelle de nos compatriotes a entraîné une mise au point à peu près similaire du Cheikh Hussein Fadlallah. C'est là un signe encourageant.

Comme il l'avait promis, Cheikh Chamseddine envoie aujourd'hui à « Clemenceau », siège des forces françaises, son conseiller politique, Mehdi Mahfouz, chargé d'un message : le Cheikh se dit vivement contrarié de n'avoir pu recevoir l'émissaire du gouvernement français, mais il a craint que sa sécurité ne puisse être assurée. La France, selon le Cheikh, a commis *« une grave erreur »* en expulsant vers leur pays d'origine les deux opposants au régime irakien. Cette opération a gêné son action : il se trouvait à Téhéran au moment même de cet incident et plaidait alors pour la libération de nos otages en insistant sur le rôle bénéfique de la France et le sacrifice de ses soldats au Sud-Liban. Mais ses interlocuteurs les plus modérés, qui auraient pu avoir une influence sur les responsables iraniens, ont été réduits au silence par ces expulsions. L'erreur du gouvernement français est d'autant plus grave que le Jihad islamique, opposé au régime du Président Saddam Hussein, ne pouvait laisser passer cela. De toute façon, il pense que le Jihad n'a jamais eu l'intention de relâcher les otages, ne serait-ce que pour ridiculiser la Syrie dans son rôle d'intermédiaire. Les ravisseurs défendent uniquement les intérêts de l'Iran sans se préoccuper de ceux du Liban, qu'ils ne mentionnent jamais dans leurs revendications.

**Jeudi 13 mars 1986**

Inauguration de la Cité des Sciences et de l'Industrie à La Villette. Magnifique réussite.

Rafigh Doust aurait décidé de repousser au lendemain des élections législatives du 16 mars ses démarches en faveur de la libération des otages, en raison, nous dit-il, de propositions *« plus avantageuses »* émanant de l'opposition française. Éric Rouleau envoie de Téhéran ce message terrible :

*« Le ministre des Pasdarans m'a signifié cet après-midi qu'il ne pouvait rien entreprendre pour obtenir la libération de nos otages* (...). *Mohsen Rafigh Doust n'a formulé aucune contre-proposition, aucune suggestion pour régler le problème des*

*otages. Au cours de deux conversations, l'une avant, l'autre après ma rencontre avec le ministre, son homme de confiance chargé des missions spéciales, Mohammed Sadegh, m'a fourni les indications suivantes : c'est un "consensus" au plus haut niveau de l'État qui a interdit à Rafigh Doust d'intervenir auprès des ravisseurs pour qu'un règlement intervienne tel que nous le souhaitions. Compte tenu du rapport de forces, nos propositions ont été jugées trop modestes et trop tardives. "La bourse des valeurs a atteint son zénith", a remarqué Sadegh en se référant à des propositions émanant de l'opposition. Cette dernière, selon lui, entretient des relations suivies depuis trois mois avec les ravisseurs et avec des milieux proches du gouvernement iranien, en leur promettant un règlement beaucoup plus avantageux que celui élaboré par l'actuel gouvernement. L'opposition aurait encore mis en garde les intéressés contre tout accord qui valoriserait l'actuelle majorité aux yeux de l'opinion française à la veille des élections législatives. »*

**Vendredi 14 mars 1986**

François Mitterrand : *« Un Premier ministre ? Je n'ai que l'embarras du choix. »*

Le Président téléphone de nouveau à Assad. Éric Rouleau prend sur lui de relancer la négociation en acceptant l'idée que la libération de Naccache précède celle des otages. Il adresse un message à Paris *« pour le Président de la République seul »* :

> *« Le détenu Anis Naccache, gracié par le Président de la République, serait remis dès ce soir à Damas au représentant du Président syrien. Le Président Mitterrand s'engagerait simultanément à faire libérer les quatre autres prisonniers selon un calendrier prévoyant une première libération au plus tard dans trois mois, et les trois autres échelonnées sur les six mois suivants. Dès que le Président Assad serait averti du départ de France d'Anis Naccache, le chef de l'État syrien et les responsables donneraient l'ordre aux ravisseurs de remettre les otages français aux autorités de Damas. »*

La télévision diffuse chaque jour des photos de Fontaine, Carton, Kauffmann, Rochot, Normandin et Cornéa.

**Samedi 15 mars 1986**

Veille d'élections. Voyage à Stockholm pour les obsèques de Palme. On y voit Craxi, Pérès, bien d'autres. Triste et digne.

Le Président n'attend plus beaucoup de son coup de téléphone de la veille. Son envoyé en Syrie n'a rien obtenu non plus.

François Mitterrand, sur la cohabitation : *« Je ne veux pas être mouillé dans leurs histoires. Je les laisserai gouverner. »*

**Dimanche 16 mars 1986**

En France, élections législatives et régionales. A 16 heures, nous savons que le PS est déjà à 27 %. La droite obtiendrait 42 % des voix et 288 sièges. Avec Saint-Pierre-et-Miquelon, Wallis-et-Futuna et Tahiti, elle dépasserait de 2 voix la majorité absolue à la Chambre. Le Front national, grâce à la proportionnelle, entrerait à l'Assemblée nationale avec 35 députés.

Le PS dépasse en fait la barre des 30 % et atteint son record historique (hors la vague de juin 1981). Avec 215 députés, il reste le premier groupe parlementaire.

Laurent Fabius trouve le mot juste en arrivant à l'Élysée : *« Ce soir, cela va mieux qu'hier et... mieux que demain ! »*

François Mitterrand, à Château-Chinon : *« La démocratie est faite pour que les gens vivent ensemble dans les mêmes institutions. Il faut que les deux camps fassent preuve de sagesse, c'est en tout cas ma disposition d'esprit... »*

Jacques Chirac déclare qu'en *« confiant au RPR et à l'UDF la majorité absolue à l'Assemblée nationale, les Français ont manifesté leur volonté de voir se constituer un gouvernement nouveau pour mener une politique nouvelle.*

*Maintenant, c'est à tous les responsables de notre vie nationale d'assurer le respect de la volonté populaire et de la mettre en œuvre sans faiblesse. Si les résultats permettent de constituer une majorité, il faudra conduire une alternance ferme et raisonnable, sans rancune et sans rancœur, pour faire redémarrer notre pays. »*

Vers minuit, réunion dans le bureau du Président avec Jospin, Fabius, Joxe, Mermaz, Pisani, Bianco et moi.

François Mitterrand : *« Je ne connais pas ce monde. Je veux choisir un Premier ministre qui me garantisse qu'il n'y aura pas de Front national au gouvernement ; pas de ministre contre moi ni à l'Intérieur, ni aux Affaires étrangères ni aux Finances. Mais, dès que je nommerai un Premier ministre, il sera libre de choisir ses ministres. Difficile à concilier ! »*

Tard dans la nuit, François Mitterrand sur la prière : *« Il faudrait vraiment beaucoup de vanité pour prétendre conduire toute sa vie en ne comptant que sur ses propres forces. Je crois qu'on a besoin de prières, c'est-à-dire de rechercher une communication, par la pensée, avec quelque chose de plus haut. C'est peut-être déraisonnable. Une des belles choses de la religion catholique, c'est ce qu'on appelle la "communion des saints", qui est au fond la communauté de la prière, ce qui rejoint beaucoup de pratiques ésotériques.*

*Le fait de prier ici et d'exprimer la même prière au même moment à mille kilomètres, et puis partout sur la Terre, est considéré comme pouvant établir un pouvoir de transmission, de communication entre tous ces gens. Et, pour prendre un exemple simpliste, en voyant la manière dont les ondes portent le son et l'image, on peut se demander pourquoi elles ne porteraient pas aussi une très grande intensité de pensée...*

*Tout cela ne me paraît pas absurde. Je trouve que c'est une belle idée, en tout cas.*

*Il m'arrive de prier, dans le vrai sens du terme, pas au sens étroit. Je ne me pose pas en homme plus détaché de son sort qu'il ne l'est. »*

# INDEX DES PERSONNES CITÉES

Les fonctions mentionnées en regard des personnes vivantes sont en général celles occupées à l'epoque dont il est question dans le présent volume.

C

D

E



F

## G

## H

## I



## J

## K

## N



## O

## P



## Q

**R**

S

T



U

Index établi par Marc Le Coeur

*Composition réalisée par SCCM - 75014 Paris*

*Impression réalisée sur CAMERON par*
*BRODARD ET TAUPIN*
*La Flèche*
*pour le compte des Éditions Fayard*
*en avril 1993*

*Imprimé en France*
Dépôt légal : avril 1993
N° d'édition : 9989 - N° d'impression : 1760H-5

35-57-7700-01
ISBN : 2-213-01928-2